UTB
FÜR WISSEN
SCHAFT

Eine Arbeitsgemeinschaft der Verlage

Wilhelm Fink Verlag München
Gustav Fischer Verlag Jena und Stuttgart
Francke Verlag Tübingen und Basel
Paul Haupt Verlag Bern · Stuttgart · Wien
Hüthig Verlagsgemeinschaft
Decker & Müller GmbH Heidelberg
Leske Verlag + Budrich GmbH Opladen
J.C.B. Mohr (Paul Siebeck) Tübingen
Quelle & Meyer Heidelberg · Wiesbaden
Ernst Reinhardt Verlag München und Basel
Schäffer-Poeschel Verlag · Stuttgart
Ferdinand Schöningh Verlag Paderborn · München · Wien · Zürich
Eugen Ulmer Verlag Stuttgart
Vandenhoeck & Ruprecht in Göttingen und Zürich

Horst S. und Ingrid G. Daemmrich

Themen und Motive in der Literatur

Ein Handbuch

Zweite, überarbeitete und erweiterte Auflage

Francke Verlag Tübingen und Basel

Horst S. Daemmrich ist Professor für Neuere Deutsche Literatur und Komparatistik an der University of Pennsylvania, Philadelphia. Er veröffentlichte zahlreiche Untersuchungen zur Literatur und Literaturtheorie des 18. bis 20. Jahrhunderts, u.a. Arbeiten über Lessing, Goethe, Schiller, E.T.A. Hoffmann, Wilhelm Raabe, Thomas Mann, Karl Krolow. Aufsätze zur Themen- und Motivforschung.

Ingrid G. Daemmrich ist Professorin für Kommunikationswissenschaft an der Drexel University Philadelphia. Sie verfaßte grundlegende Arbeiten zur Themen- und Motivgeschichte der englischen und französischen Literatur. Aufsätze zur Kommunikationstheorie und zur Literatur des 16. bis 20. Jahrhunderts.

Die Deutsche Bibliothek – CIP-Einheitsaufnahme

Daemmrich, Horst S.:
Themen und Motive in der Literatur : ein Handbuch / Horst S. und Ingrid G. Daemmrich. –
2., überarb. und erw. Aufl. – Tübingen ; Basel : Francke, 1995
(UTB für Wissenschaft : Uni-Taschenbücher ; 8034 : Grosse Reihe)
ISBN 3-8252-8034-9 (UTB)
ISBN 3-7720-1734-7 (Francke)
NE: Daemmrich, Ingrid G.:; UTB für Wissenschaft / Uni-Taschenbücher

2., überarbeitete und erweiterte Auflage 1995
1. Auflage 1987

Dischingerweg 5 · D-72070 Tübingen
ISBN 3-7720-1734-7

Gedruckt auf chlorfrei gebleichtem und säurefreiem Werkdruckpapier.

Einbandgestaltung: Alfred Krugmann, Stuttgart
Satz: Ad hoc, Ostfildern (Ruit)
Druck und Verarbeitung: Legoprint S.r.l., Trento
Printed in Italy

UTB-ISBN 3-8252-8034-9

Inhalt

Abkürzungen

→	verweist auf Artikel, die zusätzliche Erläuterungen geben.
Abt.	Abteilung
Archiv	Archiv für das Studium der neueren Sprachen und Literaturen
AUMLA	Journal of the Australian Language and Literature Association
Ausg.	Ausgabe
Bl.	Blatt, Blätter
ca.	zirka, ungefähr
CAIEF	Cahiers de l'Association Internationale des Études Françaises
C. c.	Century(ies), Jh.
CL	Comparative Literature
CLS	Comparative Literature Studies
Coll Germ	Colloquia Germanica
Curtius	Ernst Robert Curtius: Europäische Literatur und lateinisches Mittelalter. Bern 1948
Daemmrich, *WS*	Horst S. und Ingrid Daemmrich: Wiederholte Spiegelungen. Themen und Motive in der Literatur. Bern, München 1978
ders.	derselbe(n)
dies.	dieselbe(n)
Diss.	Dissertation
Dr.	Druck, erschienen
DU	Deutschunterricht
DVjs	Deutsche Vierteljahrsschrift für Literaturwissenschaft und Geistesgeschichte
Ed.	Edition
EG	Études Germaniques
EM	Enzyklopädie des Märchens. Handwörterbuch zur historischen und vergleichenden Erzählforschung. Berlin 1975ff.
Euph.	Euphorion
ff	für und folgende Seiten
F.	Folge
Fass.	Fassung
FDH	Freies Deutsches Hochstift
Ffm	Frankfurt/Main
FR	French Review
Frenzel, *Motive*	Elisabeth Frenzel: *Motive der Weltliteratur.* Stuttgart 1992
Frenzel, *Stoffe*	Elisabeth Frenzel: *Stoffe der Weltliteratur.* Stuttgart 1992
FS	Festschrift
Ges.	Gesellschaft
GLL	German Life and Letters

GQ	German Quarterly
GR	Germanic Review
GRM	Germanisch-Romanische Monatshefte
H.	Heft
HdA	Handwörterbuch des deutschen Aberglaubens. Berlin 1927–42
Hs., Hss.	Handschrift, handschriftlich
HR	Hispanic Review
IASL	Internationales Archiv für Sozialgeschichte der deutschen Literatur
Jb.	Jahrbuch, Jahrbücher
JbIG	Jahrbuch für internationale Germanistik
JDSG	Jahrbuch der deutschen Schillergesellschaft
JEGP	Journal of English and Germanic Philology
Jg.	Jahrgang
Jh.	Jahrhundert(s, e)
MAL	Modern Austrian Literature
MDU	Monatshefte für deutschen Unterricht, deutsche Sprache und Literatur
MLQ	Modern Language Quarterly
MLR	Modern Language Review
NCFS	Nineteenth-Century French Studies
NDH	Neue deutsche Hefte
Neoph.	Neophilologus
NF	Neue Folge
NRs	Neue Rundschau
NS	Die Neueren Sprachen
OL	Orbis Litterarum
PMLA	Publications of the Modern Language Association of America
posthum	nachgelassen
Publ.	Publication(s)
RHL	Revue d'Histoire Littéraire de France
RLC	Revue de Littérature Comparée
RSH	Revue des Sciences Humaines
SIR	Studies in Romanticism
Soc.	Society(ies)
TSLL	Texas Studies in Language and Literature
U	Universität, University, Université
Verf., verf.	Verfasser, verfaßt
WB	Weimarer Beiträge
Wirk Wort	Wirkendes Wort
YCGL	Yearbook of Comparative and General Literature
YFS	Yale French Studies
ZfdA	Zeitschrift für deutsches Altertum und deutsche Literatur
ZDP	Zeitschrift für deutsche Philologie
Zs.	Zeitschrift

Bibliographien zur Themen- und Motivforschung

F. Baldensperger, W.P. Friederich: Bibliography of Comparative Literature. New York 1950, 1960.

K. Bauernhorst: Bibliographie der Stoff- und Motivgeschichte der deutschen Literatur. Berlin 1932.

Bibliographie der französischen Literaturwissenschaft. Hg. O. Klapp. Ffm 1956–

Bibliographie der deutschen Literaturwissenschaft. 1–8 für die Jahre 1945–68. Hg. H.W. Eppelsheimer. Ffm 1957–69; fortgesetzt als: Bibliographie der deutschen Sprach- und Literaturwissenschaft. Hg. C. Köttelwesch u.a. Ffm 1970–

Canadian Review of Comparative Literature. 1974–

S. Elkhadem: The York Companion to Themes and Motifs of World Literature: Mythology, History, and Folklore. Fredericton, NB 1981.

Germanistik. Tübingen 1960–

C. Köttelwesch (Hg.): Bibliographisches Handbuch der deutschen Literaturwissenschaft 1945–69. I: Von den Anfängen bis zur Romantik. Ffm 1973; II: 1945–72. 1830 bis zur Gegenwart. Ffm 1976.

R. Rancœur: Bibliographie de la littérature française du Moyen Age à nos jours. Paris 1967–81; erscheint nach 1981 in RHL.

D.P. Rotunda: Motif-Index of the Italian Novella. Bloomington, IN 1942.

F.A. Schmitt: Stoff- und Motivgeschichte der deutschen Literatur. Berlin 1976.

S. Thompson: Motif-Index of Folk Literature. Rev., enl. ed., Bloomington, IN 1955–58.

YCGL.

Einführung

Die vorliegende Auflage des Handbuchs ist völlig überarbeitet und stark erweitert. Die Anordnung der einzelnen Artikel, die sich nach übereinstimmendem Urteil bewährt hat, ist erhalten geblieben. Jeder Artikel behandelt Fragen der Begriffsbestimmung, Funktion, Gesetzmäßigkeit, historischen Entwicklung und Bedeutung eines Themas oder Motivs für Autoren, Werke und literarische Epochen. Hinweise in Artikeln und Quellen, die auch vereinzelt wirkungsgeschichtlich wichtige Werke der russischen und skandinavischen Literatur einbeziehen, geben Auskunft über die Verbreitung und den Funktionsrahmen von thematisierten Figuren, Themen und Motiven. Wir haben unsere Forschungsergebnisse an sorgfältig ausgewählten Beispielen erläutert. Die kritisch gesichteten Literaturangaben bieten die Voraussetzung zum weiteren Studium. Die teilweise unterschiedlichen Schwerpunkte der komparatistischen Themenforschung bedingen, daß in einzelnen Artikeln mitunter in deutscher, mitunter in französischer oder englischer Sprache verfaßte Arbeiten stärker berücksichtigt sind. Quellen sind chronologisch gegliedert. Das Literaturverzeichnis ist alphabetisch geordnet. Dieses Verfahren ermöglicht Studenten wie Forschern einen historischen Überblick und macht die Fachliteratur leicht greifbar. Das Handbuch gewährt aus komparatistischer Sicht einen sicheren Zugang zu einem der anregendsten Forschungsgebiete der Literaturwissenschaft. Es verweist auf viele, noch zu lösende Aufgaben und versetzt Benutzer in die Lage, sich der Literatur auf dem Weg über thematische Konstellationen und Deutungsmuster zu nähern.

Themen und Motive sind Grundbausteine literarischer Werke. Ihre Position, Verteilung, Wechselbeziehung, Wiederholung und Variation formen ein weitläufiges Bezugssystem. Die jeweilige Zusammenfügung befestigt nicht nur die Struktur eines Textes, sondern vermittelt auch die Signale, die im Lesevorgang zur Orientierung, zur Erfassung von Bedeutungsgehalten und zur Wahrnehmung künstlerischer Eigenheiten anregen. Bestimmte Themen oder Motive können das Werk einzelner Autoren oder das Schaffen einer Epoche prägen. Ihre Eigenart besteht jedoch darin, daß sie in verschiedenen Sprachräumen vorkommen und auf lange Zeiten hin in der literarischen Tradition wirksam sind. Autoren und Autorinnen verschiedener Nationen und weit auseinanderliegender Zeitalter haben thematische Grundfiguren, Stufen der individuellen Entwicklung und die ihnen zugeordneten Stationen der Lebensfahrt, Motive und Motivreihen aufgegriffen, erweitert und neu zusammengefügt. Die so entstehenden Muster kennzeichnen einzelne Werke. Außerdem führen sie die Tradition fort, bereichern und erneuern sie selbst dann, wenn sie durch eine kritische Bearbeitung in Frage gestellt, erweitert oder neu begründet wird. In der Gestaltung von Themen und Motiven stellen Autoren, bewußt oder unbewußt Denkformen und kommunikative Konventionen der Gesellschaft übernehmend, einen Dialog mit der literarischen Tradition her. Die Untersuchung dieser Textelemente vergegenwärtigt daher häufig unerwartete Zusammenhänge zwischen Werken, die im allgemeinen nicht miteinander in Verbindung gebracht werden. Sie bietet Einblicke in das historische Selbstverständnis von Autoren und verweist auf geistesgeschichtliche Beziehungen. Sie belegt außerdem überzeugend den starken Systemzwang stilbildender Figuren und in Themen oder Motiven eingefangener Grundtendenzen einer kommunikativen Vernunft, die sich im literarischen Werk niederschlägt. Darüber hinaus erschließt das Themenstudium die wechselseitige Abhängigkeit von Figurenkonzeptionen, Motiven und Themen. Ersichtlich wird das Problem eines bisher wenig beachteten Funktionszusammenhangs: Themen und Motive bestimmen häufig wiederkehrende Grundmuster literarischer Werke, die Aufschluß geben über ein unausgesprochenes Regelsystem, das der individuellen Formgebung innerhalb einer unüberschaubaren literarischen Produktion zugrunde liegt. Themen und Motive haben einen entscheidenden Einfluß auf das Netz textinterner Beziehungen. Sie koordinieren Handlungsverläufe, verknüpfen diskursive Beziehungen, in denen sich das Geschehen zuspitzt, und integrieren das Textfeld. Sie haben einen stark ausgeprägten Verweischarakter. Sie ermöglichen nicht nur Rückwendungen und straffen die Handlungsstränge, sondern deuten auch voraus und variieren das bereits Mitgeteilte. Außerdem erfassen sie prinzipiell menschliche Verhaltensweisen. Sie vermitteln Grunderfahrungen des Daseins, erschließen die Zusammenhänge zwischen Empfindungen, Bewußtsein und Bedürfnissen; sie vergegenwärtigen sowohl Hoffnungen wie auch Angstvorstellungen und beleuchten wiederkehrende menschliche Phantasiegebilde. Zentral für die Themenführung ist die existentielle Prüfung des Menschen und die ihr zugeordnete Gestaltung der Identitätssuche, des Selbstverständnisses und der möglichen Erkenntnis des Daseins, die von der Beurteilung anderer bis zur Auseinandersetzung mit historischen Prozessen reicht. Dadurch werden Zeitnähe und Vergangenheit gleichermaßen bedeutsam. Primäre Themenkonstellationen wirken im Vorstellungsgehalt nahezu unbegrenzt. Sie geben Auskunft über kollektive Denkformen und Zusammenhänge, die sowohl im Leben gegeben sind als auch in der Tradition gestaltet wurden. Sie sind dynamisch, denn sie haben teil am Vorgang ständiger Neugestaltung. Motive von übernationaler Spannweite halten daseinsbestimmende Situationen fest und erschließen die existentielle Verunsicherung als Wesensstruktur des Menschen. Sie können daher, vom Werk abgelöst, in der Tradition fortbestehen. Der Unsicherheitsfaktor ist von größter Bedeutung im Signalsystem der Texte. Er hat Appellfunktion, ruft Assoziationen hervor, fordert Leser auf, die Bedeutungssphäre des Textes näher zu bestimmen und analoge Erinnerungsbilder zu überprüfen. Es entsteht ein Dialog, in dem Leser und Motiv in der Artikulationssphäre der Sinnfindung und Sinngebung zusammenfinden. Auf diese Art erweitern Themen und Motive nicht nur die Wahrnehmungsfähigkeit, sondern auch den Erkenntnisvorgang der Leser. Sie fordern zum ständigen Mitdenken und dadurch zum kritisch sichtenden Erkennen auf. Unseres Erachtens vermitteln sie Chiffren für persönliche Entwicklung, Selbsterfahrung, Welterkenntnis, das unerwartete Zusammenspiel heterogener Kräfte, das Zufällige im Dasein und menschliches Versagen und Gelingen. Das Dasein verlangt ständige Entscheidungen für oder gegen mögliche Verhaltensweisen. Die Sozialpsychologie weist darauf hin, daß die erfolgreiche Lebensfahrt eines einzelnen von vielen, oft nur schwer bestimmbaren Faktoren abhängt. Das Zeichensystem der Motive und

Themen in der abendländischen Literatur hat die rhetorische Schlüsselfunktion des ständigen Umschaltens auf neue Stufen des Erkennens und nimmt den ontologischen Charakter des Rufens an. Es ruft auf, die in der Situation eingefangene Überlieferung des Handelns zu überprüfen, erinnert an Fehlentscheidungen und weist in die Zukunft. Es steht für Bekanntes und für noch nicht Erschlossenes und verlangt eine kritische Prüfung aller bestehenden Verhältnisse. Die Mitteilung regt zur ständigen Auseinandersetzung mit der Welt an und bejaht in diesem Sinne das Leben. Aus diesem Grund hat das Studium der Themen und Motive eine weit größere Bedeutung für andere Forschungsgebiete, als man bisher angenommen hat.

Die Themenforschung unterscheidet sich in ihren Zielen von der Stoffgeschichte. Sie zieht jedoch stoffgeschichtliche Arbeiten und Sujet-Studien zum Studium der Quellen heran. Zusammen mit der Tendenz, Stoffe als Motive zu klassifizieren, hat dieser Umstand zur Folge, daß referierende Einführungen in das Studium der Literaturwissenschaft die Begriffe oft ungenau abgrenzen. Der folgende Abriß soll die Begriffe klären, einen kurzen Überblick über das Gebiet geben und den Zugang zum Themenstudium erleichtern.

Stoff, Sujet, Stoffgeschichte. Stoff ist der jeweils begrifflich definierte Gegenstand einer künstlerischen Bearbeitung. Er kann der literarischen Tradition, der Geschichte oder der Gegenwart entnommen sein. Jeder Stoff hat einen definierbaren Bedeutungsgehalt, der jedoch durch die jeweilige Formung geprägt wird. Die nähere Bestimmung berücksichtigt deshalb gemeinsame oder ähnliche Merkmale, die der Begriffsbildung zugrunde liegen. Die Zusammengehörigkeit ermöglicht die Gruppierung von Stoffen. Durch die literarische Bearbeitung entstehen Verbindungen mit anderen Formelementen. Dieser Umstand begünstigt die Tendenz, die Kategorie zu erweitern und sie anderen Begriffen wie Sujet, Topos, Motiv, Mythos und Thema anzugleichen.

Das Wort Sujet wird im frühen 18. Jh. aus der französischen Sprache übernommen. Es bezeichnet im Kontext erläuternder Erklärungen den Stoff oder die materielle und ideelle Vorlage einer Bearbeitung. Sujet hat eine andere Bedeutung in den Schriften der russischen Formalisten (Konkretisierung einzelner Elemente zur Texteinheit), der Semiotik (logisches Subjekt), in der Psychologie (Realsubjekt) und in literarhistorischen Arbeiten, die an den Strukturalismus und Poststrukturalismus anknüpfen (Motivkonstante, Fabel, gestaltgebendes Organisationsprinzip, das eine Kette von Motiven oder Ereignissen verbindet).

Die Stoff- und Sujetdefinitionen begünstigen weitverzweigte Forschungsziele. Die Arbeiten erstrecken sich von umfassenden Quellensammlungen bis zu Untersuchungen einzelner Stoffe, die deren Konstanz und Entwicklung auf vergleichender Grundlage in Längsschnitten durch die Tradition darlegen. Die Arbeitsergebnisse vermitteln einerseits aufgrund sorgfältiger Quellenstudien neue Erkenntnisse; sie konzentrieren sich andererseits auf quantitative, schematisierende Anordnungen, die auf Funktions- und Strukturanalysen verzichten. Die Untersuchungen beziehen häufig Motive ein und stützen sich auf Kategorien, die der stofflichen Formung Rechnung tragen (formelhafte, situationsgebundene, konfliktauslösende, figurenbezogene und denkbildorientierte Stoffe). Kritische Vorbehalte richten sich gegen die Unsicherheit in der Bewertung des Materials und die Ausdehnung des Stoffbegriffs auf die Imagologie-, Motiv-, Mythen- und Themenforschung. Die gegenwärtige Praxis belegt die zunehmende Bedeutungserweiterung. Untersuchungen tendieren daher dazu, die jeweilige Modifikation des Begriffs im einzelnen darzulegen.

Lit.: Arbeiten, die der Themen- u. Motivforschung wesentliche Erkenntnisse vermitteln, sind im Handbuch aufgeführt; A. Badio: Théorie du sujet. Paris 1982; M. Beller: Stoff, Motiv, Thema. In: H. Brackert, J. Stückrath (Hg.), Literaturwissenschaft. Ein Grundkurs. Reinbek 1992; A.J. Bisanz: Zwischen Stoffgeschichte u. Thematologie. In: DVjs 47 (1973); M-J. Borel: Essai sur le problème du sujet dans le langage et la logique. Neuchâtel 1978; P. Brunel: Mythocritique. Théorie et parcours. Paris 1992; H.S. Daemmrich: Stoff. Sujet. Stoffgeschichte. In: K. Weimar (Hg.): Reallexikon der deutschen Literaturwissenschaft. Berlin 1995; E. Frenzel: Stoff- u. Motivgeschichte. In: Reallexikon der deutschen Literaturgechichte. Berlin 1980; dies.: Stoff-, Motiv- u. Symbolforschung. Stuttgart 1988; dies.: Stoffe der Weltliteratur. Stuttgart 1992; B. Ogilvie: Lacan: La Formation du concept de sujet (1932–1949). Paris 1988; G. Prince: Introduction à l'étude du narrataire. In: Poétique 4 (1973); P. Steiner: Russian Formalism. A Metapoetics. Ithaca, NY 1984; J. Striedter, W. Stempel (Hg.): Texte russischer Formalisten. 2 Bde. München 1969–72; Sujet, Texte, Histoire (Colloque du 28 avril 1979). Centre de linguistique et de sémiologie littéraires. Annales littéraires de l'Université de Besançon, No. 259. Paris 1981; R. Trousson: Plaidoyer pour la Stoffgeschichte. In: RLC 38 (1964); E. Volek: Die Begriffe Fabel und Sujet in der modernen Literaturwissenschaft. In: Poetica 9 (1977).

Motiv. Der Begriff wurde zuerst in der *Encyclopédie* (1765) zur Bezeichnung einer charakteristischen, melodischen Einheit einer musikalischen Komposition verwendet. Auf die anderen Künste übertragen, blieb der Begriff allseitig veränderlich. Unterschiedliche Zielsetzungen und Ergebnisse in Forschungsbereichen erweiterten die Definition und führten dazu, daß heute widersprüchliche Auffassungen nebeneinander bestehen. In Nachschlagewerken werden Motive mit dem Gegenstand, der stofflichen Vorlage, der Grundidee und dem thematischen Element, das einem Kunstwerk seine besondere Prägung verleiht, aber auch dichterischen Grundhaltungen und bildlichen Zügen identifiziert. In der Musik bezeichnet das Motiv die kleinste nachweisbare, charakteristische, melodische Einheit und deren Variation in einem musikalischen Stück. In der Architektur, Malerei und Plastik kennzeichnet es einen ornamentalen oder figurativen Zug. In den bildenden Künsten begreift man unter Motiv nachweisbare formale Elemente: die S-Konfiguration in der Malerei, allegorische Züge, charakteristische Struktureigenheiten wie die hervortretenden Sockelplatten bei Säulen oder die Ordnung einzelner Pilaster zu Bündeln, aber auch dekorative Einzelheiten und kompositorische Eigenschaften wie Spannung und Bewegung. Einige Forscher orientierten sich in der Bestimmung der Eigenart von Motiven an Aussagen einzelner Autoren. Derartige Überlegungen weichen jedoch stark voneinander ab. So bemerkt Goethe („Bedeutende Fördernis durch ein einziges geistreiches Wort", 1823) im Rahmen einer Beobachtung über gegenständliches Denken und gegenständliche Dichtung: „Mir drückten sich gewisse große Motive, Legenden, uralt geschichtlich Überliefertes so tief in den Sinn, daß ich sie vierzig bis fünfzig Jahre lebendig und wirksam im Innern erhielt . . .". In *Maximen und Reflexionen* stellt er fest: „was man Motive nennt, sind also eigentlich Phänomene des Menschengeistes, die sich wiederholt haben und wiederholen werden und die der Dichter nur als historische nachweist". Henry James bezeichnet im Vorwort zu *The Wings of the Dove* (1902) die zentrale Idee seines Romans als ein „sehr altes . . . sehr junges Motiv", betrachtet dieses jedoch zugleich in daran anknüpfender Gedankenfolge als Thema, Situation, Idee, Bild und Stoff. Thomas Mann setzt den zeitlos-typischen Zug einer wiederkehrenden menschlichen Situation dem Mythischen gleich, „insofern es Ur-Norm und Ur-Form des Lebens ist, zeitloses Schema und von je gegebene Formel". Unterschiedliche Bestimmungen und Angleichungen des Begriffs an andere Stilelemente sind gleichermaßen charakteristisch für die Literaturwissenschaft.

Motivuntersuchungen erhielten in ihren Anfängen nicht nur starke Anregungen von der Volkskunde und Märchenforschung, sondern konzentrierten sich auch in der Auswertung des Materials auf seine stoffgeschichtliche Bedeutung. Dieser Ansatz führte zu der eigentümlichen Situation, daß sich jede theoretische Grundlegung mit dem Wechselverhältnis von stofflichem Gehalt und seiner Gestaltung auseinandersetzte. Die Erklärungen weichen stark voneinander ab und stellen Stoff in Beziehung zu der Fabel als dem Erzählbaren, zum Motiv als der Konkretisierung eines Grunderlebnisses, einer prägnanten Situation oder eines Erfahrungsgehalts und zum Thema als einer im Text entwickelten geistigen Vorstellung. Die Verarbeitung und Gliederung aller Elemente im Textfeld stellt jedoch veränderliche Größenordnungen her, die auf Substanz, Funktion und Sinngehalt verweisen. Dieser Umstand trug zu den widersprüchlichen Definitionen bei, die Stoff mit Fabel, Inhalt, Erlebnis, Situation, aber auch Topos, Motiv, Thema und Mythos in Verbindung setzen.

Die erkenntnis- und wissenschaftstheoretischen Konzeptionen der Typenforschung (Jolles) und Folklore (Propp) gewähren Einblicke in die schematisierende Eigenart und die Kommunikationsfunktion der Motive. Christensen bestimmt das Motiv als fruchtbares Moment im Aufbau der Erzählung. Das Motiv ist Sinnträger und beeinflußt deshalb die Struktur des ihm zugeordneten Textfeldes. Unter Berücksichtigung des mündlich überlieferten Erzählgutes charakterisiert Thompson (1946) das Motiv als ein Textelement, das, aus dem konkreten Zusammenhang herausgelöst, in der Tradition weiterleben kann. Er führt in seiner Sammlung (1955) daher unter anderem den Drachentöter, den durchtriebenen Bettler, Betrug, Zeichen des Erkennens (Muttermal, Taschentuch, Ring), Pantoffel- oder Schuhprobe, Bewährungsproben und Bestrafung der bösen Stiefmutter an. Lüthi (1962) vertritt die Auffassung, daß das Motiv die kleinste Erzähleinheit darstellt, die nicht nur als Einzelelement, sondern auch als in sich schlüssiges Relationsfeld in der Überlieferung fortbesteht. Er ergänzt seine Erklärung (1975, 1980) mit dem Hinweis auf die strukturbildende Funktion der Motive. Sie stellen Spannungsbögen in Texten her, wirken direkt auf die Handlung zurück und veranschaulichen Themen. In der Textkonstellation ist das Motiv der konkrete Nukleus, das Thema (Idee, Problem), die geistige Sphäre. Motive werden im Gedächtnis der Zuhörer (Leser) und im kollektiven Bewußtsein aufbewahrt und können deshalb in späteren Zeiten neu belebt oder verwandelt werden. Dundes (1962) unterscheidet zwischen „etischen" (*etic*) Einheiten (Form, Lokalisierung im historischen Ablauf, Klassifizierung, Motiv-Index) und emischen Elementen (motifeme, Motivem, strukturelles in die Erzählung eingebautes Motivmuster, durch ein konkretes Motiv aktualisiert, stellt Textrelationen her, syntagmatisch). Das Motiv ist der Funktionsträger des Textes.

Die im vorliegenden Handbuch aufgenommenen wissenschaftlichen Arbeiten legen Zeugnis ab für die unterschiedlichen Ansatzpunkte in der Motivforschung. Die Forschungsergebnisse sind außerordentlich aufschlußreich und wurden häufig anhand gezielter Einzelanalysen erarbeitet. In letzter Zeit versuchen theoretische Untersuchungen, eine Brücke zwischen wirkungsgeschichtlichen Konzeptionen und der Literatursoziologie, der Semiotik, dem Strukturalismus und werkimmanenten Methoden zu schlagen (Vanhelleputte; Wolpers). In der Sichtung und Auswertung wissenschaftlicher Einzelergebnisse besteht Übereinstimmung darüber, daß Motivdeutungen forschungspragmatisch sowohl die historische Entwicklung als auch die besondere Funktion eines Motivs im Text berücksichtigen müssen. Jedes Motiv kann in seiner besonderen Eigenart in der literarischen Tradition weiterbestehen. Beller (1981), Frenzel (1988), Jost, Petersen, Petsch, Pollmann, Todorov (1967), Weisstein und Wellek erklären das Entstehen und die fortgesetzte Verwendung der Konstanten durch die Charakteristik des Motivs, in äußerst anschaulicher Präzisierung eine typische Denkform, menschliche Verhaltensweise oder Situation auszudrücken. Frenzel (1992), Trousson (1965) und Lüthi (1980) gehen davon aus, daß Motive schematische Muster von typischen, möglicherweise archetypischen Eigenschaften und im Leben wiederkehrenden Situationen darstellen. Vermutlich wiederholen sie sich aufgrund eines Rückkopplungsvorgangs, der sich in der Übermittlung und Rezeption wechselnder Ansichten des Daseins herausbildet. Motive übermitteln Information, die in einem Bewußtseinsprozeß geordnet wird; sie bewahren die Signalfunktion, weil die Nachricht im Lehr- und Lernvorgang der nächsten Generation übermittelt wird; jede neue Rezeption des Signals ruft die gespeicherte Information wieder hervor und verlangt eine Neubewertung.

Aus dieser Annahme wären drei Folgerungen abzuleiten: (1) Motive können mit den gespeicherten Verhaltensmustern in Genen übereinstimmen; (2) Motive drücken Grundformen des Denkens aus; ihre Struktur entspricht den Organisationsprinzipien des mythischen Denkens (Albouy, Brunel, Danckert, Derche, Fraisse); (3) Motive erfassen unbewußte, das heißt, noch nicht bewußt gewordene Verhaltensweisen im Individuationsprozeß (Jaffé); sie können jedoch auch in ihrer besonderen Formgebung dem Erlebnis eines Autors entspringen (Körner, Krogmann, Sperber). Von durchaus gleicher Bedeutung ist die erzähltechnische Funktion von Motiven, die im Handbuch in den einzelnen Artikeln erläutert wird. In diesen Zusammenhang gehört auch das wechselseitige Verhältnis von Motiven und einzelnen Gattungen, das besondere Verfahren der Anordnung und Verknüpfung bedingt und darüber hinaus die Stilzüge einzelner Epochen prägen kann (Daemmrich, 1994; Wolpers, 1984, 1989, 1992).

Die Funktion, zu begründen, zu bewegen und Relationen herzustellen, klingt in der semantischen Bedeutung des Wortes Motiv (<lat. *movere*, bewegen, durch große Eindringlichkeit überzeugen) noch an. Zahlreiche Forscher (Beiss; Curtius, 1954; Jost; Kayser; Levin; Prawer) gehen in der Begriffsbestimmung von der funktionalen Betrachtung aus. Das Motiv spiegelt keine Zusammenhänge, es führt sie herbei. Es ist

grundsätzlich geformt, hat eine Struktur und stellt Relationen zu anderen Texteinheiten her. Die Beobachtung „sie setzen die Segel“, „das Segel wird gerafft“ hat konkrete Bedeutung für die Schiffahrt zu einer Zeit, in der Segelschiffe der Beförderung dienen. Sie kann Anlaß zu einer festen Redewendung geben und schließlich in übertragener Bedeutung den Anfang und das Ende jeder Reise bezeichnen. Sie kann außerdem zum Topos für das poetische Unternehmen der Textgestaltung werden (Curtius, 1948) und die Grundlage einer Motivreihe (→ Schiff-Schiffbruch/Hafen) bilden.

Das Motiv steht in einem dynamischen Wechselverhältnis mit anderen Elementen eines Textes und ist deshalb wechselseitig bedingt. Es verknüpft Erzählschichten und wirkt strukturbildend. Czerny rechnet Motive zu dem ideellen Horizont eines Werkes. Sie sind elementare, geistige Formeln, die der Struktur und dem Sinngehalt der Texte ihre innere Stimmigkeit verleihen. Da literarische Motive ihre Bedeutung in einer Folge einzelner Details aktualisieren, können sie durchaus eine betont bildliche Grundlage haben und im Handlungsaufbau neue Einzelheiten aufnehmen. Jede Anordnung von Details ruft Bedeutungsgehalte hervor. Dementsprechend folgern Curtius, Falk und Levin, daß Motive in ihrer Verweisfunktion die objektive Darstellungskomponente eines Themas verkörpern. Sie präzisieren das Thema, heben es hervor und tragen zu seiner Entwicklung bei. Deshalb regt Beller (1972) an, zu unterscheiden zwischen einem „strukturalen Motivbegriff“, der den Grundgedanken bezeichnet, und einem inhaltlich-formalen Motivbegriff, der die Eigenart des Motivs erfaßt, „den topischen Grundgedanken in poetisch-anschaulichen Bildern“ auszudrücken. Um dem Bedeutungs- und Funktionsumfang eines Motivs gerecht zu werden, muß es zugleich als inhaltlich bezogen und formal gebunden betrachtet werden.

Die Einteilung in hierarchisch geordnete Klassen (Frenzel, Lämmert, Petsch, u.a.) dient der näheren Bestimmung der unterschiedlichen Funktion einzelner Motive. Die Hauptgruppen erfassen neben Kern-, Füll-, Raum-, Situations-, Verweis- und Rahmenmotiven die beschreibenden, figurenbezogenen, handlungsdynamischen und blinden Motive. Die zur Erläuterung „blinder“ Motive angeführten Beispiele lassen durchaus unterschiedliche Rückschlüsse zu. Ein Erzähler kann einzelne Aspekte eines Zuges oder Motivs aus der folkloristischen oder literarischen Tradition aufnehmen, ohne den Zusammenhang oder die Funktion zu erkennen. Das Motiv verfehlt die Appellfunktion und trägt nicht zur Organisation des sprachlichen Kunstwerkes bei, weil es im weiteren Erzählverlauf in keiner deutbaren Relation zu anderen Textelementen steht. Ein Autor mißt dem Zeichen ausschließlich beschreibende oder szenisch raffende Bedeutung zu. Ein Zeichen kann jedoch der näheren Beschreibung dienen, durch besondere Fügung das Interesse des Lesers wecken und ästhetische Valenz haben (Ingarden, Iser). Das Element kann spielerisch verwendet werden oder die Verrätselung begünstigen. Die rätselhafte Textstelle verursacht Unschlüssigkeit, die die Leser mit den handelnden Figuren teilen. Blinde Motive, die das Rätsel auch am Ende der Erzählung nicht lösen, vermögen daher die Unbestimmtheit einzelner Texte hervorzuheben. Demgegenüber bestimmen Raummotive und alle Motive, die Identitätskrisen und die Erfahrungssuche begründen, weitgehend den Aufbau literarischer Texte.

Unsere Einzelanalysen erschlossen acht Grundbedingungen für die Herausbildung und Funktion von Motiven:

(1) ***Schein.*** Motive vermitteln entweder den Eindruck anschaulich erfaßbarer Eigenschaften (Ort/Topos, Objekt/Bild, Vergleich/Metapher, Figur/Charaktermerkmale) oder übernehmen eine Schaltfunktion in Relationsfeldern (Handlung/Reaktion: Struktureigenheiten), deren Signalfolge in Bildfügungen und Handlungsabläufen wahrnehmbar ist. Die Wechselbeziehung zwischen Motiv und anderen Texteinheiten führt den ursprünglich wahrgenommenen Eigenschaften neue Elemente zu und erweitert dadurch ihren Bedeutungsgehalt.

(2) ***Stellenwert.*** Motive haben die Funktion von Schaltelementen. Im chronologischen Aufbau eines Textes treten Motive an Gelenkstellen auf und steuern die Informationsverarbeitung im Wahrnehmungsvorgang. Sie schalten auf ein bewegliches System von Bedeutungseinheiten um. Motive gewährleisten im Zusammenwirken der sukzessiven Anordnung eines Textes mit der hierarchisch-vertikalen Schicht möglicher und deshalb veränderlicher Sinngehalte (Barth, Beiss, Benveniste) die Übertragung der Information von einer Schicht zur anderen und von einer Bedeutungsebene zu der folgenden. Die im Wahrnehmungsvorgang wirksam werdende Information hängt von der Geschwindigkeit ab, mit der sich Leser an der Bedeutung des Zeichens orientieren können. In der Signalfolge sind deshalb Auffälligkeit, Frequenz, Typik und Überraschung wichtig. Die Texteinheit ist auffällig, wenn sie bekannte Elemente enthält, überraschend, wenn diese in veränderter Form oder Folge auftreten. Jede Wiederholung in dem ursprünglichen oder verwandelten Muster ruft neue Assoziationen hervor, die einen Prozeß fortgesetzter Reflexionen einleiten (→Nebel: getrübte oder mysteriöse Atmosphäre, Dunst, fallender Nebel/Wolken, steigender Nebel, →Licht, Überblick, Klarheit, Erkenntnis). Motive sind somit linear im Text geordnet, aber auch als Schalter auf der Achse der Sinngehalte verteilt. Sie stellen durch die gegenseitige Beeinflussung veränderlicher Größen echte Kopplungen her.

(3) ***Polarstruktur.*** Motive werden in Texten verarbeitet, die in der Zahl konkreter Gestaltungen eine unübersehbare Menge an Information und Variationsmöglichkeiten enthalten. Die gesamte Information kann daher nicht im bewußten Erkenntnisprozeß wirksam werden. Das wesentliche Problem in jeder Informationsübermittlung ist die Art, wie Empfänger auf Signale reagieren, aus ihnen wählen und die Auswahl verwerten. Motive haben die Eigenart, besonders starke Reize auszusenden. Sie sind leicht faßbar, sprechen bereits gespeicherte Informationen an und beleuchten in konzentrierter Form (Reduktion) komplizierte Sachverhalte, Situationen, menschliche Verhaltensweisen, Entscheidungen und existentielle Orientierungsmöglichkeiten. Sie kristallisieren ein ausgedehntes Netz unterschiedlicher Empfindungen und erwecken dadurch den Eindruck der Übersichtlichkeit und Vorhersagbarkeit (→Vater-Sohn: Selbstverständnis, Ich-Gegenüber, Anziehung/Abstoßung). Dieser Signalstrom wird jedoch durch eine in der Motivformung immer wieder auftauchende Tendenz sowohl verstärkt als auch umgewandelt: Motive bilden Polarstrukturen. Durch die Verknüpfung mit Figuren, Situationen und Themen entstehen völlig gegensätzliche Sinnbezüge: Reiter-Pferd: Lebensbejahung/Tod, im Augenblick leben/keine Voraussicht;

→Fenster: offen/geschlossen, Pforte des göttlichen Lichts/Ausschluß von der Gesellschaft; →Garten, Spiegel des Menschen und der Kultur: gepflegt/verwildert. Die wechselseitigen Beziehungen steuern den Prozeß fortgesetzter Horizonterweiterung im Vorgang der Wahrnehmung, der bewußten Auseinandersetzung, die der wiederkehrenden Beobachtung und erneuten Reflexion entspringt.

(4) ***Spannung.*** Polarstrukturen und Motivreihen (→Fruchtbarkeit-Unfruchtbarkeit; →Herz-Hand; gerader und krummer →Weg; →Schiff-Schiffbruch/Hafen) beeinflussen die Struktur der Texte und bewirken starke Spannungsbögen. Da jede Zuordnung prinzipiell eine der individuellen Textlösung widersprechende Aussicht anklingen läßt, entstehen Erwartungen, die zu angestrengter, geistiger Auseinandersetzung anregen. Der Konflikt zwischen Wollen und Sollen spielt in dem Vorgang eine bedeutende Rolle.

(5) ***Schematisierung.*** Sowohl die fortgesetzte Wiederaufnahme und Erneuerung von Motiven in der literarischen Tradition als auch die Reduktionstendenzen in der Bearbeitung einzelner Motive begünstigen schematische Handlungsfolgen. Bestimmte Motive können streckenweise konstant verlaufen und stellen eine direkte Regelung her. So entsteht die Situation, daß die individuelle Textstruktur einem festen Plan folgt, dessen Prinzipien der Spieleröffnung, der möglichen Konflikte und Lösungen bekannt sind. Die →Blutrache, der →Bruderkonflikt, die →Täuschung und die →Verkleidung bestätigen diese schematischen Tendenzen. Es ist durchaus denkbar, daß jede Schematisierung den Zugang zum Text erleichtert. Zuschauer oder Leser gewinnen Sicherheit; sie können das fiktive Geschehen und Verhalten der Figuren voraussagen; sie orientieren sich an dem Plan. In der bewußten Aufnahme eines Werkes würden dann individuelle Textmerkmale weniger Beachtung finden als das Schema oder seine Variation.

(6) ***Themenverflechtung.*** Motive stützen, unterstreichen, vergegenwärtigen und klären die thematische Organisation von Texten. Sie stellen ein Netz von Beziehungen her, die der Aufnahme, Verarbeitung und Umwandlung begrifflich abstrakter Information (→Aggression, →Begrenzung-Freiheit, →Entfremdung) dienen. Sie lösen Assoziationen aus, die den Einzugskreis eines Themas kennzeichnen.

(7) ***Gliederung des Textes.*** Außer den bereits erwähnten Funktionen übernehmen Motive die Aufgabe, die Struktur der Texte zu befestigen. Motive sind Bedeutungs- und Strukturträger. Sie lösen Handlungen aus, verweisen auf zukünftige Ereignisse, verknüpfen Erzählstränge, raffen die Handlung und geben rückwendende Auflösungen. Jede Wiederholung erhöht den Schein der Seinswirklichkeit eines Textes. Motive begründen Verhaltensweisen und verdeutlichen Charaktereigenschaften der Figuren. Sie können darüber hinaus wie die →Fenster-, →Garten-, →Landschafts- und →Ruinenmotive wesentliche Raum- oder Zeitkoordinationen herstellen. Die vielfältigen Funktionen sind ausschlaggebend für die Dynamik der sprachlichen Kunstwerke.

(8) ***Deutungsmuster.*** Motive kennzeichnen existentielle Grundsituationen, die einerseits mit einzelnen Figuren verknüpft sind (→Don Juan, →Don Quijote, →Odysseus), andererseits mit keiner bestimmten Figur in Verbindung stehen (→Androgynie, →Wanderer). Sie verdichten soziale Anliegen (Aggressionsmotive, →Altern) und

ökonomische Entwicklungen (→Geld). Sie entschlüsseln kollektive Vorstellungen, Wünsche und psychologische Tiefenschichten (→Abenteuer, →Andere, Imago-Bilder). Sie können sowohl durch Assoziationen als auch Inversionen auf verdrängte oder verdunkelte gesellschaftliche Probleme hinweisen (→Antigone, →Blaubart, →Frau).

Die wechselnden historischen, kulturellen, gesellschaftlichen und ökonomischen Bedingungen führten Motiven neue Impulse zu und beeinflußten ihre Verwendung. Außerdem gebrauchten Autoren zu allen Zeiten den Kunstgriff der bewußten Inversion. Läßt ein Motiv in der verwandelten Formgebung die ursprüngliche Sinnsphäre anklingen, so entsteht durch den erkennbaren Gegensatz eine wechselseitige Beleuchtung von Bild und Gegenbild, Aussage und Inversion. Die Bezüge erweitern die Perspektive. Die ursprüngliche Fragestellung klingt nach. Der Sachverhalt wird abgeändert und die Antwort entweder ironisch gebrochen, bezweifelt oder spielerisch verwandelt. Die Inversion ändert jedoch nie den allgemeinen Funktionskreis eines Motivs.

Lit.: A. Aarne: Leitfaden der vergleichenden Märchenforschung. Hamina 1913; ders., S. Thompson: The Types of the Folktale. 2. Aufl. Helsinki 1961; P. Albouy: Mythes et mythologies dans la littérature française. Paris 1969; R. Barthes: Introduction à l'analyse structurale des récits. In: Communications 8 (1966); A. Beiss: Nexus u. Motiv. In: DVjs 36 (1962); D. Ben-Amos: Folklore in Context. New Dehli 1982; ders.: The Concept of Motif in Folklore. In: V.J. Newell (Hg.), Folklore Studies in the 20th C. Totowa, NJ 1980; M. Beller: Von der Stoffgeschichte zur Thematologie. In: Arcadia 5 (1970); E. Benveniste: Problèmes de linguistique générale. Paris 1966; P. Brunel: Le Mythe d'Electre. Paris 1971; ders.: Le Mythe de la métamorphose. Paris 1974; A. Christensen: Motif et thème. Finnish Folklore Communications 59. Helsinki 1925; Curtius: Kritische Essays zur europäischen Literatur. Bern 1954; Z. Czerny: Contribution à une théorie comparée du motif dans les arts. In: Stil- u. Formprobleme in der Literatur. Heidelberg 1959; H.S. u. I.G. Daemmrich: Spirals and Circles. A Key to Thematic Patterns in Classicism and Realism. 2 Bde. New York 1994; W. Danckert: Goethe. Der mythische Urgrund seiner Weltschau. Berlin 1951; R. Derche: Quatre mythes poétiques. Paris 1962; W. Dilthey: Einleitung in die Geisteswissenschaften (1883); ders.: Studien zur Grundlegung der Geisteswissenschaften (1905); ders.: Das Erlebnis u. die Dichtung (1906). In: Gesammelte Schriften. Stuttgart 1922ff; A. Dundes: From Etic to Emic Units in the Structural Study of Folktales. In: Journal of American Folklore 75 (1962); ders.: The Morphology of North American Indian Folktales. Helsinki 1964; E. Falk: Types of Thematic Structure. Chicago 1969; S. Fraisse: Le Mythe d'Antigone. Paris 1974; W. Freedman: The Literary Motif. A Definition and Evaluation. In: Novel 4 (1970–71); E. Frenzel: Motive der Weltliteratur. Stuttgart 1992; W. Iser: Die Appellstruktur der Texte. Konstanz 1971; A. Jaffé: Bilder u. Symbole aus E.T.A. Hoffmanns Märchen ‚Der goldne Topf'. In: C.G. Jung, Gestaltung des Unbewußten. Zürich 1950; H. Jason: Ethnopoetry. Bonn 1979; A. Jolles: Einfache Formen. 2. Aufl. Halle 1956; F. Jost: Introduction to Comparative Literature. New York 1974; W. Kayser: Das sprachliche Kunstwerk. Bern 1959; G.P. Knapp: Stoff-Motiv-Idee. In: H.L. Arnold (Hg.), Grundzüge der Literatur- u. Sprachwissenschaft. München 1973; J. Körner: Erlebnis-Motiv-Stoff. In: J. Wahle (Hg.), Vom Geiste neuer Literaturforschung. Widpark-Potsdam 1924; W. Krogmann: Das Friederikenmotiv in den Dichtungen Goethes. Berlin 1932; ders.: Motivübertragung u. ihre Bedeutung für die literaturhistorische Forschung. In: Neoph. 17 (1932); ders.: Motiv. In: Reallexikon der deutschen Literaturgeschichte. Berlin 1965, II, 427ff; E. Lämmert: Bauformen des Erzählens. Stuttgart 1955; H. Levin: Thematics and Criticism. Grounds for Comparison. Cambridge 1972; ders.: Motif. In: Dictionary of the History of Ideas. New York 1973; M. Lüthi: Märchen. Stuttgart 1964; ders.: Das Volksmärchen als Dichtung. Düsseldorf 1975; ders.: Motiv, Zug, Thema aus der Sicht der Volkserzählungsforschung. In: A.J. Bisanz, R. Trousson (Hg.), Elemente der Literatur. Stuttgart 1980;

J. Peterson: Das Motiv in der Dichtung. In: Dichtung u. Volkstum 38 (1937); R. Petsch: Wesen u. Form der Erzählkunst. Halle 1934; ders.: Motiv, Formel, Stoff. In: Deutsche Literaturwissenschaft. Berlin 1940; L. Pollmann: Literaturwissenschaft u. Methode. Ffm 1971; S. Prawer: Comparative Literary Studies. London 1973; V.J. Propp: Morfologija Skazki. Leningrad 1928 (Deutsch 1975); J. Rickes: Führerin u. Geführter. Zur Ausgestaltung eines literarischen Motivs in Christoph Martin Wielands Musarion. Ffm 1989; H. Sperber: Motiv u. Wort. Studien zur Literatur u. Sprachpsychologie. Leipzig 1918; S. Thompson: The Folktale. New York 1946; ders.: Motif-Index of Folk Literature. Bloomington, IN 1955–58; T. Todorov: Littérature et signification. Paris 1967; ders.: Introduction à la littérature fantastique. Paris 1972; R. Trousson: Un Problème de littérature comparée. Les Etudes de thèmes. Paris 1965; M. Vanhelleputte, L. Somville (Hg.): Prologemena tot een motievenstudie. Brussels 1985; dies.: Bijdragen tot een motievenstudie. Brussels 1985; dies.: Motifs in Art and Literature. Leuven 1987; U. Weisstein: Einführung in die vergleichende Literaturwissenschaft. Stuttgart 1968; R. Wellek, A. Warren: Theory of Literature. New York 1956; T. Wolpers (Hg.): Motive u. Themen romantischer Naturdichtung. Göttingen 1984; ders. (Hg.): Gelebte Literatur in der Literatur. Göttingen 1986; ders. (Hg.): Gattungsinnovation u. Motivstruktur. 2 Bde. Göttingen 1989–92; ders.: Recognizing and Classifying Literary Themes. In: F. Trommler (Hg.), Thematics Reconsidered. FS H.S. Daemmrich. Amsterdam 1995.

Thema. Literaturwissenschaftliche Untersuchungen stützen sich einerseits auf Auslegungen des Begriffs als den entwickelten Grundgedanken, die geistige Komponente eines Textes. Andererseits begrenzen Einzelanalysen die Begriffsbestimmung auf zentrale Ideen, die in repräsentativen Konfliktsituationen zum Ausdruck kommen und sich in der Charakterentwicklung geltend machen. Curtius identifiziert beispielsweise „Waffen und Wissenschaften" (armas y letras) als Topos, dessen Gestaltung zum festen Bestand der literarischen Tradition gehört. Er bezeichnet trotzdem wiederholt sowohl Topos als auch Motiv als die objektive Darstellungskomponente eines Themas. Eine thematische Betrachtung zeigt jedoch, daß die ausdrückliche Verknüpfung von Schwert und Feder zu Fragen anregt, die den Rahmen der Topos-Betrachtung überschreiten. Der Rang der Figuren, ihre persönliche Selbsteinschätzung, ihre Haltung zur Welt und das Werturteil der Gesellschaft erweitern die Problemstellung. Die Zuordnung von Schwert und Feder motiviert unter anderem einen unüberbrückbaren Persönlichkeitskonflikt (Tasso und Antonio in Goethe, *Torquato Tasso,* 1790) und bildet die Grundlage einer Motivreihe, welche die Selbstbeurteilung einzelner Künstlerfiguren veranschaulicht und ihre kritische Einstellung zur Welt beleuchtet, die sich im Bild der geschliffenen Feder äußert (z.B. Honoré de Balzac, *Les Illusions perdues,* 1837–43; Thomas Mann „Tonio Kröger", 1903). Die Motivreihe verweist auf die Haltung des Künstlers zur Gesellschaft. Der Informationsgehalt der Motive hängt jedoch von ihrem Auftreten und den besonderen Verflechtungen mit dem Handeln der Figuren ab. So entstehen Fragenkreise, die nicht nur unterschiedliche Auffassungen der gesellschaftskritischen Funktion der Literatur, sondern auch die menschliche und künstlerische Entwicklung der einzelnen Figuren betreffen. Die Darstellungen enthalten eine Konfliktsituation. Die thematischen Gestaltungen und Konfliktlösungen zeigen jedoch erhebliche Unterschiede. Goethes Schauspiel schließt mit einem Aufschrei des Dichters, der in der Erfahrung des persönlichen Schiffbruchs zugleich die Gewißheit einfängt, daß das dichterische Werk die Zeit überleben werde. In Balzacs Werk geht Lucien de Rubempré unter, nachdem seine Feder versagt. Manns Erzählung bricht mit der Selbsteinschätzung Krögers ab, die sowohl leichte Resignation als auch zaghafte Hoffnung auf die Zukunft äußert.

Wiederholte Bearbeitungen identischer oder analoger Problemstellungen in gesellschaftlich und historisch wechselnden Rahmen lassen eine besondere Eigenart der Themenfügung erkennen. →Figurenkonzeptionen, Themen und Motive sind wechselseitig bedingt. Die jeweilige Kopplung verursacht eine gegenseitige Beeinflussung in veränderlichen Textgrößen. Ein Thema kann zum Beispiel wie die →Aggression in wiederkehrenden Charaktereigenschaften und konstanten Konfliktsituationen die künstlerisch wirkungsvollste Ausformung finden. Ein anderes Thema wie etwa →Altern kann in durchaus unterschiedlichen, aber traditionsprägenden Ausführungen entwickelt werden. Eine Figur kann in der literarischen Tradition fortgesetzt im Zusammenhang mit einer Situation auftreten; andererseits kann eine fest umrissene Situation bestimmte Charaktereigenschaften der Figuren erfordern. Aber weder die Stellung im Text noch die archetypischen oder mythischen Eigenschaften (Derche, Poulet, Ziolkowski) bestimmen allein die thematische Konstellation. Sie erschließt sich erst aus dem Stellenwert im Verhältnis zu den angelegten Textrelationen, aus der Handlungsfolge und dem Zusammenwirken von Spieler und Gegenspieler. Eine Figur in einem Zimmer ist kein Thema. Personen, die im Raum (vgl. die wiederholt im Handbuch nachgewiesenen Raummotive) mit der Sinnfrage des Seins ringen, sich mit der Begrenzung abfinden, der tödlichen Umgebung entfliehen wollen (Edgar Allan Poe, „The Pit and the Pendulum", 1840), um Aufnahme in die menschliche Gemeinschaft flehen (Franz Kafka, *Die Verwandlung*, 1916), sich mit der schwierigen Frage der künstlerischen Formgebung einer Tragödie auseinandersetzen (Mann, „Schwere Stunde", 1905) oder am Morgen aufwachen und in einem ununterbrochenen Prozeß geistiger Reflexion ihr Dasein überdenken (Mann, *Lotte in Weimar,* 1939), bieten dagegen die geistige Substanz zu einer thematischen Gestaltung. Frauenrath hat nachgewiesen, daß Situationen (Heimkehr des Sohnes) und Ereignisse (Mord) den Aufbau der Texte entscheidend beeinflussen, aber dennoch thematische Variationen zulassen (vgl. →Täuschung). Christensen unterscheidet zwischen Aktions-Reaktions-Themen (Wille, Entschluß, Ergebnis) und Themen der menschlichen Erfahrung (Erziehung, Bildung, vgl. →Selbstverwirklichung). Troussons Untersuchung (1964) bestätigt, daß wechselnde historische Erfahrungen die Auswahl und die Rangordnung einzelner Themen bestimmen. Dennoch kann die Figur deutlich erkennbare Eigenschaften und Verhaltensweisen in der Tradition bewahren. Er schlägt daher vor, zwischen figurenbezogenen und Situationsthemen zu unterscheiden.

Die meisten komparatistischen Themenstudien in Deutschland, England, Frankreich und den Vereinigten Staaten (Beller, Brown, Falk, Jost, Knabe, Petriconi, Saisselin, Weber) stützen sich auf die Annahme, daß im Thema die zentrale Idee eines Werkes verankert ist. Levin und Schulze betonen, daß dieser Grundgedanke entweder im Text begrifflich angesprochen wird oder aus der Figurenentwicklung abzulesen ist. Lüthi warnt vor der Neigung, Themen auf abstrakte Begriffe zu begrenzen, da sich ein literarisches Thema erst aus der besonderen Zusammenstellung einzelner Textelemente entfaltet. Anschauliche Einzelheiten können jedoch mit widersprüchlichen Themen auftreten (Ziolkowski, 1976); sie bilden die Grundlage für Motive und können symbolisch bedeutsam werden (die Rose: Seward; →Blaue Blume). Diese Unterschiede in der Bewertung der durch ein Thema hergestellten Relationen in einem Text erstrecken sich auf die Abstraktionsstufe, die dem Thema von unterschiedlichen Wissenschaftlern eingeräumt wird. Der Aktionsradius von Themen reicht von engster Figurenbindung über universelle menschliche Grunderfahrungen der Prüfung und der Bewährung, der Geburt, der Liebe und des Todes bis zu allgemeinen Vorstellungen, die sich wie die der Vergänglichkeit des Lebens in der Tradition erhalten. Die nachdrücklichsten Vertreter einer Literaturgeschichte als Themengeschichte (Petriconi, Bachelard, Poulet, Richard) sind überzeugt davon, daß Themen maßgebende Verhaltensweisen in zwischenmenschlichen Beziehungen und Grundformen des Denkens einfangen. Ihr Einzugsbereich erstreckt sich von der sozial-politischen Sphäre bis zu metaphysischen Darlegungen.

Wir haben in unserer Forschung sechs charakteristische Wesensmerkmale der Themen ermittelt:

(1) ***Begriffsbestimmung.*** Themen haben eine ideelle Sphäre, die häufig aus einem Netz assoziativ ergänzter Beziehungen besteht und sich deshalb mit anderen Vorstellungen überschneiden kann. Aggression, Anpassung, Narzißmus und Selbstverwirklichung sind abstrakte Begriffe. Ihre besonderen Eigenschaften sind von unzähligen Beobachtungen abgeleitet. Die Bestimmung des einzelnen Themas erfaßt individuelle Erscheinungen unter der Voraussetzung und im Hinblick auf allgemeine Merkmale. Die Substanz eines Themas gründet in qualitativen (Sinngehalt) und quantitativen (Vorkommen) Eigenschaften. Diese beruhen auf der besonderen Organisation einzelner Elemente, die in Gruppierungen und Staffelungen aktualisiert werden. Diese Anordnungen sind in ihrem Wesen abhängig von den von ihnen hergestellten Relationen (Handlung, Metapher, Motiv). Die Relationen bilden ein System von veränderlichen Größen in einem horizontalen (Folge des Auftretens) und einem vertikalen (Stufen der Deutung) System. Das Thema muß folglich eine substantielle Funktion erfüllen und sowohl sich selbst als die ihm zugeordneten Relationen tragen. Da wir die Substanz eines Themas nie getrennt von den Eigenschaften wahrnehmen und immer die auf den Ort oder die Figuren bezogenen Wunschvorstellungen, Willensäußerungen, Handlungen und Auswirkungen mitdenken, entsteht die Tendenz, ein Thema in Subjekt-Objekt-Beziehungen zu lokalisieren: Mangel an sozialer und menschlicher Vollkommenheit – Reformer – Reform – Paradies – Utopie; individueller Aggressor – Aggression – identifizierbare Auswirkung – Opfer; Narcissus – Narzißmus – Ich-Bezogenheit – selbstsüchtige Liebe – Schwunderscheinung der Liebe im Verhältnis zu anderen; entwicklungsfähige Person – Entfaltung der Persönlichkeit im Prozeß des menschlichen Reifens – Selbst- und Welterkenntnis. In diesem Augenblick der Gedankenfolge erscheint das Thema als eine Größe, die eine denkbar große Zahl von Eigenschaften in sich vereint. In jeder Klassifizierung der Eigenschaften eines Aggressors, des Narcissus und einer entwicklungsfähigen Figur können wir jedoch nur sinnvolle Übereinstimmungen und Zusammenhänge herstellen, indem wir entweder die Beziehungen zwischen der Figur und dem Textfeld untersuchen oder die Kongruenz zwischen dem

Thema und seinen Erscheinungsformen überprüfen. Aggression in Texten beispielsweise schließt vieles ein: Spiel, Gesten, Sprachgebrauch, Vergewaltigung und Mord. In ihrer allgemeinen Struktur sind die Handlungen aggressiv. Ihre Vielseitigkeit beruht auf der Intensität und der individuellen Anordnung der Einzelheiten.

(2) ***Wahrscheinlichkeit.*** Themen wirken psychologisch wahrscheinlich und logisch schlüssig. Sie können nicht ihrer Bedeutung widersprechen und können daher nicht gegen das Fundament des Bezugssystems im Text entwickelt werden. Da die Signalfolge der Relationen im Text den Sinngehalt eines Themas enthüllt, stützt sich die Verwirklichung auf konkrete Beispiele, Vergleiche und Assoziationen, die dem Leser verständliche Denkformen und Vorstellungsgehalte ausdrücken.

(3) ***Ausarbeitung.*** Die Textorganisation kann auf ein zentrales Thema ausgerichtet sein. Texte können aber auch mehrere Themen entwickeln. Einzelne, in einem Text entworfene, untergeordnete Themen erfüllen unterschiedliche Aufgaben in der Organisation des Textes. Ihr Informationsinhalt kann beispielsweise das Hauptthema näher bestimmen, Ambivalenz hervorrufen oder die Themenführung ins Mehrdeutige ausweiten (Reiter – Pferd; Schiffer – Schiff/Schiffbruch: Lebensbejahung/Verneinung der Vorsorge; Jubel/Untergang; hoffnungsvolle Ausfahrt/das Unbekannte; Abenteuer/ungewisser, offener Ausgang). Ein Thema bleibt jedoch immer eine feste begriffliche Einheit, auch wenn es sich mit anderen Themen überschneidet. Ein Thema, das im Sinne seiner Definition unterschiedliche Lösungen anbietet und gegensätzliche Aufschlüsselungen ermöglicht, kann unter Einbezug der Polarstruktur einzelner Motive Widersprüche des Lebens einfangen.

(4) ***Funktion.*** Themen sind Grundbausteine eines Textes. Sie sind strukturbildend. Themen bestimmen die Verwendung von Motiven, beeinflussen die Figurenkonzeption und integrieren durch Synchronisierung und Raffung mehrschichtiger Zeitabläufe den Aufbau von Texten. Das Thema wirkt daher nie statisch, sondern kinetisch und expansiv.

(5) ***Frequenz.*** Themen, die durch wiederholte Bearbeitung zum festen Bestand der literarischen Tradition werden, bewahren ihre prinzipiellen Eigenschaften. Es ist jedoch deutlich, daß ihre fortgesetzte Anziehungskraft der historischen Bewußtheit der Autoren entspringt, die jede, dem Thema innewohnende Typik in ein neues Muster der Formgebung weben.

(6) ***Einbeziehung des Individuationsprozesses.*** Zentrale, in jeder literaturgeschichtlichen Epoche nachweisbare Themen beleuchten übereinstimmend Fragen der menschlichen Entwicklung. Sie rufen zur Auseinandersetzung mit ungelösten Problemen der menschlichen Seinsorientierung auf, erfassen die Möglichkeit, im Widerspruch des Lebens bestehen zu können, wollen belehren, fordern Kritik heraus, zeigen einzelne in ihrer Bindung an die Gesellschaft, ihr Verhältnis zu den ordnungsgebenden Prinzipien der Welt und die Grenzen ihrer Erkenntnisfähigkeit. Themen haben daher in der abendländischen Literatur eine nachhaltige Tradition geprägt, die die wiederkehrende, an jeden Menschen herantretende Forderung der Selbstverwirklichung und Erfahrungssuche in einem fiktiven Raum spiegelt, der bewahrende Elemente und revolutionäre Erneuerung, einen fortgesetzten Dialog mit der Vergangenheit und Visio-

nen der Zukunft aufnimmt. In Themen spiegelt sich ein lebendiger Prozeß der Annäherung an die wechselseitige Beziehung von Individuum und Welt. Dieser weist in den geschaffenen Bewußtseinslagen häufig die Richtung auf ein Ziel, ohne den Weg einseitig zu begrenzen. Die Stationen der Prüfung und Bewährung sind eindeutig umrissen. Die Auseinandersetzung der Handlungsträger im Augenblick der Prüfung mit der Sinndeutung des Daseins spiegelt die fortschreitende historische Vertiefung in der Fragestellung. Deshalb ermöglicht der Vergleich wiederkehrender Themen in der Literatur sowohl Rückschlüsse auf den Vorgang der menschlichen Orientierung im Dasein als auch auf die in ihm zum Ausdruck kommenden geistesgeschichtlichen Umschichtungen einer Zeit. Darüber hinaus vergegenwärtigen Themen den ständigen Prozeß der Befragung der Tradition und Erneuerung der Literatur.

Lit.: Vgl. die unter Motiv aufgeführten Arbeiten von Beller, Daemmrich, Prince, Trousson u. Wolpers; von grundlegender Bedeutung für die Themenforschung sind die Beiträge in W. Sollors (Hg.): The Return of Thematic Criticism. Cambridge, MA 1993 u. F. Trommler (Hg.): Thematics Reconsidered. FS H.S. Daemmrich. Amsterdam 1995; G. Bachelard: L'Eau et les rêves. Paris 1942, dt. Das Wasser u. die Träume. Ffm 1994; ders.: Psychoanalyse des Feuers. Ffm 1990; M. Beller: Thematologie. In: M. Schmeling (Hg.), Vergleichende Literaturwissenschaft. Wiesbaden 1981; C.S. Brown: Theme and Variations as a Literary Form. In: YCGL 27 (1978); A. Christensen: Motif et thème. Finnish Folklore Communication 59. Helsinki 1925; E.R. Curtius: Europäische Literatur u. lateinisches Mittelalter. Bern 1948; Daemmrich: Thema. In: K. Weimar (Hg.), Reallexikon der deutschen Literaturwissenschaft. Berlin 1995; R. Derche: Quatre mythes poétiques. Paris 1962; N. Diengott: Thematics. Generating or Theming a Text. In: OL 43 (1988); École des Hautes Études en Sciences Sociales. Konferenzbeiträge: Pour une thématique 1–3: Du thème en littérature. In: Poétique 16 (1985); Variations sur le thème. In: Communications 47 (1988); Perspectives sur la thématique. In: Strumenti critici 4 (1989); E. Falk: Types of Thematic Structure. Chicago 1967; M. Frauenrath: Le fils assassiné. München 1974; E. Frenzel: Neuansätze in einem alten Forschungszweig: Zwei Jahrzehnte Stoff-, Motiv- u. Themenforschung. In: Anglia 111 (1993); F. Jost: Introduction to Comparative Literature. New York 1974; P.E. Knabe: Schlüsselbegriffe des kunsttheoretischen Denkens in Frankreich von der Spätklassik bis zum Ende der Aufklärung. Düsseldorf 1972; H. Levin: Thematics and Criticism. In: Grounds for Comparison. Cambridge, MA 1972; M. Lüthi: Motiv, Zug, Thema aus der Sicht der Volkserzählungsforschung. In: A. Bisanz, R. Trousson (Hg.), Elemente der Literatur. Stuttgart 1980; H. Petriconi: Metamorphosen der Träume: Fünf Beispiele zu einer Literaturgeschichte als Themengeschichte. Ffm 1971; G. Prince: Thématiser. In: Poètique 16 (1985); G. Poulet: Metamorphosen des Kreises in der Dichtung. Ffm 1988; J.-P. Richard: Littérature et sensation. Paris 1954; R. Saisselin: The Rule of Reason and the Ruses of the Heart. Cleveland, OH 1970; J. Schulze: Geschichte oder Systematik? Zu einem Problem der Themen- u. Motivgeschichte. In: Arcadia 10 (1975); B. Seward: The Symbolic Rose. New York 1960; R. Trousson: Thèmes et mythes: questions de méthode. Bruxelles 1981; ders.: Le Thème de Prométhée. Genève 1964, 1976; J.P. Weber: Domaines thématiques. Paris 1963; U. Weisstein: Einführung in die vergleichende Literaturwissenschaft. Stuttgart 1968; T. Wolpers (Hg.): Motive u. Themen in Erzählungen des späten 19. Jh. Göttingen 1982; A. Zholkovsky: Themes and Texts. Toward a Poetics of Expressiveness. Ithaca, NY 1984; T. Ziolkowski: Varieties of Literary Thematics. Princeton, NJ 1983.

Wir danken Studenten und Kollegen, besonders Manfred Beller, Wolfgang Paulsen und Wolfgang Speyer, für zahlreiche Hinweise und wertvolle Anregungen. Besonders verpflichtet sind wir Brigitte und Gunter Narr für ihr Interesse an der Erweiterung des Handbuchs.

Abelard und Héloise *(Héloïse)*

1. Die Ereignisse, die die feste Verknüpfung der Lebensläufe der beiden Personen bestimmen, boten den Anlaß zu einer Motivverkettung, deren wiederholte Adaptionen die Formgebung und Entwicklung des Briefromans beeinflußten. Der Motivgehalt kristallisiert und stilisiert die situationswirksamen und daseinsbestimmenden Aspekte des Lebens Abelards und Héloises: Leidenschaft, Geliebte, die durch Gewalt getrennt werden, eine Korrespondenz rührender Briefe und eine Reihe spekulativer theologischer Schriften.

2. Die historische Grundlage des Motivs wurde mehrfach angezweifelt. Alle zuverlässigen Quellen stimmen jedoch darin überein, daß sich Abelard (1079–1142; auch Abailard, veraltet Abälard), Scholastiker, Philosoph, anregender Lehrer und umstrittener Theologe, in Héloise, die gebildete und kluge Nichte des Kanonikus von Notre-Dame verliebte, sie verführte und nach der heimlichen Geburt eines Sohnes heiratete. Nachdem Abelard gegen die Wünsche Héloises und ihrer Familie die Heirat öffentlich bekanntgab, wurde er von Anhängern des Oheims ergriffen und entmannt. Er wurde Klosterbruder und überzeugte Héloise, die Ehe zu leugnen und den Schleier zu nehmen. Aufgrund seiner theologischen Ansichten verfolgt und zweimal in Haft genommen, gründete Abelard das Kloster Paraclet in der Nähe von Nogent-sur-Seine, in dem er später persönlich Héloise als Äbtissin einsetzte. Erneute Verfolgungen bewogen ihn, sich in die Bretagne zurückzuziehen. Hier schrieb er die *Historia calamitatum*. Die Selbstdarstellung in diesem Werk wurde der Ausgangspunkt des Briefwechsels der beiden Persönlichkeiten.

3. Schriftsteller des Mittelalters lobten sowohl Abelards als auch Héloises Belesenheit, Gelehrsamkeit und Frömmigkeit. Jean de Meung berücksichtigt „la saige Heloys" im zweiten Teil seines *Roman de la rose* (1275–1280), und François Villon gab „la tres sage Hellois" einen gebührenden Platz unter den Königinnen, Kurtisanen und Heiligen, deren Hinscheiden er in „Ballade des dames du temps jadis" (1462) beklagt. In Gehalt und Form schließt der Briefwechsel in seiner Betonung seelischer Erlebnisse und Stilisierung der Liebe direkt an den im 11. und 12. Jh. gepflegten Briefaustausch zwischen jungen Stiftsdamen oder Zöglingen und ihren Lehrern an. Die Briefe enthalten eindringliche Charakterzeichnungen und gestalten das künstlerische Bild junger Frauen, die sich ihrer Gefühle bewußt werden, diese literarisch deuten und dann selbst kunstvoll formulieren.

4. Die Wiederbelebung des Motivs im 17. Jh. und seine weite Verbreitung im 18. Jh. führten dem Briefroman starke Anregungen aus der mittelalterlichen Tradition zu. Subtile Darstellungen der Gefühle traten neben vorgegebene Ausdrucksmöglichkeiten erwachender Liebe. Schon Christian von Hoffmannswaldau hatte die Briefe der beiden Liebenden in seine *Helden-Briefe* (1673) aufgenommen, doch das eigentliche Interesse an der Abelard-Héloise-Problematik und seine große Beliebtheit entstanden erst durch die in den folgenden zwei Schriften entworfene Motivvariation und eindringliche Konzeption der Figuren. Die in *Les Amours d'Abailard et d'Héloise* (1675) von Alluis und der Übersetzung der Briefe von Héloise (1687) durch Roger de Bussy-Rabutin angestrebte und auch erreichte zeitgenössische Sageweise und Metaphorik verwandelten die Frauenfigur grundsätzlich. Anstatt einer gläubigen und gebildeten Äbtissin des Mittelalters sieht sich der Leser einer sentimentalen *Précieuse* gegenüber. Das tief problematische Verhältnis der beiden Liebenden wird zu einem typischen „galanten Abenteuer" des 17. Jh. Nachahmungen (Pierre Chayer, Du Bois), in denen die schematisierende Komponente der Motivverkettung besonders deutlich hervortrat, wurden zu Modeerscheinungen. In der in Versen geschriebenen und mit gesucht geistreichen Vergleichen angereicherten Fassung von Pierre-François Godard de Beauchamps (1714, Nachdr. 1721, 1737) wirkt das Verhältnis der Liebenden geziert. Héloise macht den Eindruck, mit Gefühlen zu kokettieren, und Abelard erscheint überspannt. Diese Preziosität wurde in einer satirischen Posse von François-Huguet Armand im Jahre 1724 verspottet. Sie klingt jedoch selbst noch

in Jean Pauls empfindsamem Briefroman *Abelard und Heloise* (1781) nach. Alexander Pope erfaßte als erster voll die in dem Motiv angedeutete Grundsituation der menschlichen Verzweiflung. Sein Gedicht, poetisch eindrucksvoll und künstlerisch straff gefaßt, ist weder eine Übersetzung noch eine Nachahmung. *Eloïsa to Abelard* (1717) hat die Form eines einzigen Briefes, in dem die einsam in der Zelle schreibende Héloise ihre widersprüchlichsten Gefühle der Liebe, des Leidens, der Einsamkeit, der Bitternis und des Verlangens nach dem Geliebten zum Ausdruck bringt. Sie gesteht, daß das Gelübde, welches sie zur „Braut Gottes" machte, auf der Verstellung beruhte: „Wenn ich deine Liebe verliere, verliere ich mich selbst".
In Frankreich gleichermaßen bewundert wie in England, wurde Popes Gedicht im 18. Jh. mehrfach ins Französische übersetzt. Größter Beliebtheit erfreute sich Charles-Pierre Colardeaus Übersetzung *Lettre d'Héloïse à Abelard, traduction libre de M. Pope,* die zwischen 1757 und 1841 in 26 Auflagen erschien. Colardeau schrieb außerdem ein *Fragment d'une réponse d'Abelard à Héloïse,* das von Henri-Lambert Thibouville (1758) und Claude-Joseph Dorat (1761) fortgeführt wurde. Die Auflage von 1758 der *L'Année Littéraire*, die Jean-Jacques Rousseau während der Niederschrift der *La Nouvelle Héloïse* (1661) las, verzeichnete sieben Versionen der Abelard-Héloise-Darstellung.

5. Rousseau löste in seiner *La Nouvelle Héloïse* das Motiv aus allen historisch-persönlichen Bezügen. Dadurch kommt die überpersönliche Motivierung in der Niederschrift, die die Situation zweier Liebender, eines Lehrers und eines Zöglings, das Leid und die Verzweiflung umfaßt, stärker zum Ausdruck. Außer Rousseaus Roman trugen die 1669 in Frankreich veröffentlichten, somit zeitlich zurückliegenden, aber allgemein bewunderten und populären *Lettres portugaises* zur Reduktion des Motivs bei. In den heute Gabriel-Joseph de Lavergne de Guilleragues zugeschriebenen Briefen wird das Motiv auf eine einzige Situation reduziert. Die Gelenkstelle bleibt die wechselseitige Bedingtheit der Situation der Liebenden und des Schreibens. Die Nonne Mariana Alcoforado schreibt in ihrer Klause dem fernen Geliebten, dem Grafen Chamilly. Die Briefe beleuchten Marianas wechselnde Empfindungen von Hoffnung, Verzweiflung und endgültiger Entsagung, als sie erkennt, daß sie von ihrem Geliebten verlassen ist. Der Motivstrang enthält deutlich drei Aspekte, die sich zur künstlerischen Bearbeitung eignen: Freiheitsverlust, Ferne des Geliebten und eine die Einbildungskraft belebende Kompensation durch die künstlerische Gestaltung der Situation in den Briefen. Daß diese Kette trotz ihrer Schematisierung große Variationsmöglichkeiten in der künstlerischen Gestaltung der Einzelheiten zuläßt, belegen Werke wie etwa Roxanens Briefe in Charles-Louis de Montesquieus *Lettres persanes* (1721), Claude Prosper Jolyot de Crébillon-fils, *Les Egarements du cœur et de l'esprit* (1738), die *Lettres de la marquise de M**** (1732) und George Augustus Moores historischer Roman *Héloise and Abelard* (1921), in dem sorgfältig eingearbeitete Szenen den unlösbaren Widerspruch zwischen keuscher Liebe und Sinnlichkeit unterstreichen. Die Motivkomponente der verlassenen und vereinsamten Frau, die ihren seelischen Zustand in Briefen an den unerreichbaren Mann beschreibt, gab der Entwicklung des Romans wesentliche Impulse.

Lit.: Abelard en son temps. Paris 1981; D.L. Anderson: Abelard and Héloïse: Eighteenth-Century Motif. In: Studies on Voltaire and the Eighteenth Century 84 (1971); C. Charrier: Héloïse dans l'histoire et dans la légende. Paris 1933; P. Dronke: Abelard and Héloïse in Medieval Testimonies. Glasgow 1976; L. Georginna: Any Corner of Heaven: Héloïse's Critique of Monasticism. In: Medieval Studies 49 (1987); P. Kamuf: Fictions of Feminine Desire: Disclosures of Héloise. Lincoln, NE 1982; E. Könsgen: Epistolae Duorum Amantium. Leiden-Köln 1974.

Siehe auch: Begrenzung-Freiheit, Frau

Abend

1. Die Ruhe des Abends veranlaßt prüfendes und vergleichendes Nachdenken über sich selbst, das Verhältnis zu Gott und die Haltung zum Mitmenschen. Die Selbstreflexion prägt die gemeineuropäische Tradition von Gedichten, Abendgebeten, Liedern und geistlichen Liedern, die gleichermaßen in katholische und evangelische Erbauungs- oder Gesangbücher aufgenommen wurden (St. Ambrose, Erasmus Alberus, Paul Gerhardt, Johannes Rist, Andreas Gryphius, Johann Klaj, Philipp von Zesen, Thomas Ken, Johann Christian Günther, Christian Fürchtegott Gellert, Kaspar Neumann, J. Klug, Henry F. Lyte, Louise Hensel, John Ellerton, Sabine Baring-Gould u.a.). Die Gedichte vermitteln die Erfahrung der göttlichen Gnade, rufen zur Verantwortung auf, betonen die christliche Lebensführung, überwinden im Mitdenken des anderen die Vereinzelung (Claudius, „Abendlied"; Hensel, „Müde bin ich"), lassen aber auch Todesgedanken anklingen (Gryphius, „Abend"; Alexander Pope, „Solitude").

2. Das Motiv erfaßt kollektive Denkformen, hat auslösende Funktion und bestimmt die Raumkoordination. Das sprechende Ich befindet sich im Schnittpunkt vertikaler und horizontaler Linien, die einerseits zum Göttlichen (Licht, Abendstern) und andererseits in die Welt (verantwortliches Handeln) führen: „Es reget sich die Menschenliebe, / Die Liebe Gottes regt sich nun" (Goethe, *Faust I*). Die Raumgliederung kennzeichnet ferner Gedichte, in denen die Ortung der menschlichen Situation das Heimweh/Fernweh (Joseph von Eichendorff, „Abendlandschaft", „Abendständchen", „Abschied") und die innere Ruhelosigkeit anspricht (Friedrich Hölderlin, „Abendphantasie"; Kurt Heynicke, „Der Abend"), die Verzauberung der Welt durch die Kunst andeutet (Clemens Brentano, „Abendständchen"; Victor Hugo, „Soleils couchants"; Charles Baudelaire, „Harmonie du soir"; Theodor Däubler, „Berauschter Abend"), die Einsamkeit und ihre Überwindung im Eingehen in das All anklingen läßt (Alphonse de Lamartine, *Méditations;* Paul Boldt, „Novemberabend"; August Stramm, „Abendgang"), die Trauer über Vereinzelung, die Götterferne, das Verbleichen des Lichts und die Öde der Welt hervorhebt (Algernon Charles Swinburne, „Evening on the Broads"; Stefan George, „Der abend schwül") und das Rätsel der menschlichen Verstrickung in Freiheitsverlangen und Begrenzung beleuchtet (Rainer Maria Rilke, „Abend"; Stefan George, „Der Teppich," „Zwei Abende"). In der Literatur des Fin de siècle vertieft die Abendstimmung das Bewußtsein des Verfalls und des bevorstehenden Untergangs der Zivilisation. Das Denkbild besteht fort im Gefühl der Todesnähe alter Figuren im absurden Theater (Samuel Beckett, *En attendant Godot,* 1952; *O Les Beaux Jours,* 1961).

3. In Verbindung mit Reisen und symbolischen Lebensfahrten dient das Motiv häufig der Selbstversicherung. Der Rückblick auf den Ausgang der Reise (Kindheit, Heimat) bietet Orientierung und leitet über in Betrachtungen der Zukunftsgestaltung. Die Dynamik von Vergangenheit und Zukunft, von Urerlebnissen und Erwartungen des Kommenden charakterisiert selbst formelhafte Landschaftsdarstellungen in der deutschen Romantik (Novalis, *Heinrich von Ofterdingen,* 1802; Achim von Arnim, *Die Kronenwächter,* 1817; Joseph von Eichendorff, *Aus dem Leben eines Taugenichts,* 1826). Eine Strukturanalyse des Motivs liegt bisher nicht vor.

Lit.: HdA 1: 23–35; E. Feise: Ein deutsches Abendlied in drei Jahrhunderten. In: ders., Xenion. Baltimore, MD 1950; G. Hübert: Abend und Nacht in Gedichten verschiedener Jahrhunderte. Diss. Tübingen 1974; W. Ross: Das Abendlied. In: ders., Die Feder führend. München 1987.

Siehe auch: Nacht

Abenteuer

1. Schilderungen außergewöhnlicher Reisen in entlegene Länder, Berichte erstaunlicher Fahrten und Nachrichten über Entdeckungen und Erforschungen unbekannter Landstriche reizten die Einbildungskraft der Zuhörer und Leser seit dem babylonischen *Gilgamesch*, den Reisebeschreibungen des Ägypters Sanehet (Sinuhe, 1970 v. Chr.), Homers *Odyssee* (6. Jh. v. Chr.) und Herodots Geschichtsbüchern (4. Jh. v. Chr.). Die Abenteuerliteratur übernahm Nachrichten von Entdeckern. Sie verarbeitete und ergänzte die Taten von Herrschern (Alexander der Große) oder Kriegsführern (Spartakus, Cäsar), die Streifzüge der Vikinger und der Konquistadoren, die Entdeckungen von Kolumbus und Vasco da Gama und besonders die Geschichten und Anekdoten, die mit dem abenteuerlichen Leben eines Grafen Cagliostro, John Hawkins, Francis Drake und William Dampier verflochten waren. Die in der ganzen Welt verbreiteten Geschichten Sindbad des Seefahrers und der amerikanische Comic strip *Prince Valiant* zeigen die Popularität und erstaunliche Anpassungsfähigkeit der Abenteuerliteratur. Einige Literaturhistoriker führen die Anfänge der europäischen Abenteuerliteratur auf *De vermakelijke Aventurier* (1695) von Nicolaus Heinsius zurück. Andere verweisen auf mittelalterliche Quellen: die *Navigatio Brendani* (ca. 1050) des Abts Brandan, Heinrich von Neustadts *Appolonius von Tyrland* (14. Jh.) und die zahlreichen Erweiterungen von Heldensagen, die seit der Mitte des 13. Jh. weitgehend ins Abenteuerliche umgestaltet werden und bereits von Ulrich Füetrer in seine Nachdichtungen *Buch der Abenteuer* (1478–83) einbezogen wurden. Die thematische Konstellation läßt sich jedoch bereits in den frühesten literarischen Dokumenten nachweisen. Sie tritt deutlich in der Literatur des 18. Jh. hervor, setzt sich in populären historischen Romanen des 19. Jh. durch (Felix Dahn, Alexandre Dumas-père, Georg Ebers, Gustav Freytag, Eugène Sue, Sir Walter Scott) und besteht heute in der Phantasieliteratur und Science-fiction fort.

2. Im Gegensatz zum Thema des menschlichen →Reifens, das die zunehmende Erkenntnisfähigkeit und die geistige Auseinandersetzung mit Gesellschaft und Geschichte herausarbeitet, ist das Thema des Abenteuers grundsätzlich mit einer völlig anders gearteten Figurenkonzeption verknüpft. Der Figurenaufbau betont physische Kraft, die Fähigkeit, völlig unerwartete Hindernisse zu überwinden, Charakterzüge der Rechtschaffenheit, Zuverlässigkeit und Treue. Mit Ausnahme des Forschers, des Einfaltspinsels und des Picaros (→Schelm) werden Abenteurer allgemein als vorbildlich und oft auch als heroisch gezeichnet. Der Abenteurer vertritt ein naives Rechtsempfinden, kämpft gegen negative gesellschaftliche Tendenzen, die in unmißverständlich bösartig gezeichneten Figuren eingefangen werden, und verteidigt die Hilflosen. Er verkörpert außerdem häufig das Gewissen der Gesellschaft (Karl May, Louis L'Amour). Der Erzählvorgang verläuft sukzessiv und wird aus einer Folge spannungsgeladener Szenen aufgebaut. Um die Erwartung des Lesers zu erhöhen und die Spannung zu steigern, wird die zentrale Figur zu Beginn des Abenteuers entweder einer schwerwiegenden Bedrohung ausgesetzt oder in eine Katastrophe verwickelt. Der Abenteurer besteht jedoch jede Gefahr erfolgreich und gewinnt Ansehen oder Ruhm.

Das Zusammenspiel von Figurenkonzeption und Thema wirkt typenbildend und beeinflußt Erzählstil und Darstellungsmittel. Die Handlungsführung ist einsträngig und versucht, durch eine Fülle beschreibender Einzelheiten den Eindruck großer Lebensnähe zu erwecken. Die Rolleneinkleidung des Erzählers bleibt begrenzt. Die Ereignisse werden häufig in der Ichform aus der Perspektive des Abenteurers oder aus der fiktiven, überpersönlichen Position eines Erzählers berichtet. Eingeschobene Dialoge und szenische Darstellungen der Handlung und wechselnder Schauplätze vermitteln einen Einblick in das Leben der Figuren. Der Gestaltungsvorgang fügt Erscheinungen, die in der Realität nur schwer überschaubar sind, zu einer leicht faßbaren Einheit zusammen. Er verknüpft komplizierte historische Geschehnisse und ambivalente menschliche Verhältnisse zu einem in sich widerspruchslosen Weltbild. Der Leser gewinnt den Eindruck, daß die Figuren frei über ihr Dasein bestimmen und handelnd die Umwelt verändern können. Viele Erzählungen enden, wenn das Unbekannte erforscht, das Ziel erreicht ist und Hilflose, seien sie unterdrückt, schiffbrüchig, ausgesetzt oder von Wilden gefangen, dem Untergang entrissen sind. Abgesehen von Texten, in denen der Handlungsträger mit einem letzten Blick auf die von ihm Geretteten stirbt (Frederick Marryat, *Masterman Ready*, 1841–42) oder Taten vollbringt, die nicht zu überbieten sind (Hans Dominik, *Der Sieger*, 1913; *Klaus im Glück. Vom Hirtenjungen zum Diamantenkönig*, 1928), können Abenteuergeschichten fortgesetzt werden. Da die Handlungsträger physische Kraft, nicht zunehmende geistige Reflexionsfähigkeit ausstrahlen sollen, können

Fortsetzungen direkt an bereits stilisierte Charaktereigenschaften anknüpfen. Einige, wie etwa die Erzählung Adolf Mützelburgs *Der Herr der Welt* (1856), die Edmond Dantès (Alexandre Dumas-père, *Le Comte de Monte-Cristo*, 1845) Leben fortführt, erweckten wenig Interesse. Andere, wie zum Beispiel Jules Vernes Roman *Le Sphinx des glaces* (1897), der die Suche nach Arthur Gordon Pym und seinem Schiff „Jane Guy" gestaltet (Edgar Allan Poe, *Narrative of A. Gordon Pym*, 1838), wurden weltbekannt.

Diese und ähnlich angelegte Texte der Gegenwart bieten dem Leser eine angenehme Unterhaltung, da sie Erfahrungen schildern, die von den Krisenerscheinungen der Zeit ablenken. Sie entlasten jedoch nicht nur vom Realitätsdruck, sondern verdrängen auch wie die Schriften der popularisierten Natur- und Geschichtswissenschaft das Gefühl, man müsse sich mit der Vergangenheit ernsthaft auseinandersetzen. Darüber hinaus entwickeln die Texte Orientierungsnormen, die ideologisch auf die Leserschicht ausgerichtet sind. Sie erlauben die gefühlsmäßige Identifizierung mit unkomplizierten Figuren und erregenden Abenteuern. Das Bedürfnis nach unkomplizierten Wunschbildern erklärt zumindest teilweise den ungeheueren Erfolg der Bestsellerreihen der *Buffalo Bill*-Geschichten, der Abenteuer von *Sun Koh*, der *Tarzan*-Romane von Edgar Rice Burroughs, der Hopalong Cassidy-Romane von Louis L'Amour und der 80 Abenteuer-Heftreihen in Deutschland.

3. Die Abenteuerliteratur konzentriert sich auf einen bestimmten Weltausschnitt, wobei fremde Länder, Kämpfe an Grenzen der Zivilisation und der Aufbruch ins Unbekannte bevorzugt werden. Die Wahl des Ortes führte zu keiner klar ersichtlichen Übereinstimmung in der Landschaftsmetaphorik. Sie begünstigte jedoch wiederkehrende Konstanten in der Darstellung der Raumerfahrung, eine weitere Schematisierung der Figuren, die Klischeebildung in der Milieugestaltung, die Verbreitung von nationalen Vorurteilen und die Stratifikation einiger Motive.

Afrika: Reisebeschreibungen von Mungo Park (1771–1806), David Livingstone (1813–73), Heinrich Barth (1821–65), Gustav Nachtigal (1834–85), Henry M. Stanley (1841–1904). Quellen: Daniel Defoe, *Bob Singleton* (1720); Jules Verne, *Cinq Semaines en ballon* (1863); H. Rider Haggard, *Alan Quatermain* (1877); *Tschetwajo and His White Neighbors* (1881); *King Solomon's Mines* (1885); *She* (1887); Henryk Sienkiewicz, *Mahdi* (1887); *Aus Busch und Wüste* (1912); Emilio Salgari, *The Bride of the Mahdi* (1887); Stafanis Jacobus du Toit, *Die Königin von Saba* (1898); Friedrich Wilhelm Mader, *Im Lande der Zwerge* (1911); R. Frison-Roche, *La Piste oubliée* (1950); *La Montagne aux écritures* (1952); Herbert Kaufmann, *Der verlorene Karawanenweg* (1955); *Roter Mond und heiße Zeit* (1957); Karl Rolf Seufert, *Die Karawane der weißen Männer* (1961).

Australien: Das Logbuch (1629) des Kapitäns Francis Pelsart, der die „Batavia" nach Australien segelte, berichtet von Gewalttätigkeiten, Meuterei und Schiffbruch (1629). Die Erforschung des Kontinents ist eingehend dokumentiert in Berichten, Journalen und Tagebüchern von August Gregory, George Grey, Ludwig Leichhardt und Donall Stuart. Die zuerst nahezu unüberwindbaren Hindernisse in der Besiedlung des Kontinents klingen in Erzählungen von Charles Bernard Nordhoff, Mary E. Patchet, James Marshall und Denis Clark an. Gut gelungene Schilderungen und Charakterstudien der Abenteurer, Siedler und Sträflinge sind thematisch mit der Erfahrung von Abenteuern verknüpft in: Friedrich Gerstäcker, *Die beiden Sträflinge* (1856), *Im australischen Busch* (1862); Adam Lindsay Gordon, *The Feud* (1864), *Sea Spray and Smoke Drift* (1867); Marcus Clarke, *Long Odds* (1868), *For the Term of His Natural Life* (1870–72); Rolf Boldrewood (Browne), *Robbery Under Arms* (1888), *A Squatter's Dream* (1890), *Nevermore* (1892), *A Modern Buccaneer* (1893). Australien, Tasmanien und Neuseeland sind ferner, wenn auch teilweise nur skizzenhaft, als Sujet in Schilderungen abenteuerlicher Seereisen im 19. Jh. nachweisbar. Trotzdem hatte Ozeanien als Schauplatz für Abenteuergeschichten nicht dieselbe Anziehungskraft wie andere Gegenden.

China: Die bekanntesten Reiseerlebnisse stammen von dem Venezianer Marco Polo (ca. 1254–1324), dem portugiesischen Abenteurer Fernão Mendez Pinto (1509–83) und von holländischen (1656) und englischen (1794, 1816) Gesandten in China. Die Rezeption fernöstlicher Kultur, besonders in Kunst, Gewerbe, Kleinmalerei, Möbel, Pavillons und Tapeten, führte im 18. Jh. zur Schwärmerei, die in der Vorliebe für Chinoiserien sichtbar wird. In der Literatur dagegen, beispielsweise Oliver Goldsmith, *The Citizen of the World* (1762), Johann Wolfgang Goethe, „Chinesisch-Deutsche Jahres- und Tageszeiten" (1827), Paul Claudel, *Connaissance de L'Est* (1900), Alfred Döblin, *Die drei Sprünge des Wang-lun* (1915), Hermann Hesse, *Siddhartha* (1922) und *Das Glasperlenspiel* (1943), regen fiktive Chinesen und chinesisches Denken weitgehend zur kritischen Ortung der sozialen Bedingungen und gesellschaftlichen Zustände des eigenen Landes an. Unübersehbar ist das Bemühen der Autoren, buddhistisches und taoistisches Denken mit der westlichen Tradition und eigenen sozialutopischen Vorstellungen zu verbinden. Übertriebene und einseitige Berichte des chinesischen Widerstandes gegen den von europäischen Mächten im 19. Jh. ausgeübten politischen und ökonomischen Druck, Opium-Krieg (1838–42), Empörung der Taiping (1850–64), Boxeraufstand (1899–1901), erzeugten nicht nur die Stereotypie des messerschwingenden gelben Schurken und das Klischee der Opiumhöhle in Kriminalerzählungen (Edgar Wallace), sondern auch die Angstvorstellung der „gelben Gefahr". Die weite Verbreitung von Justus Doolittles *The Social Life of the Chinese* (1865) und Sven Hedins *Die Seidenstraße* (1936), besonders aber der Romane von Pearl S. Buck, der Schriften des französischen Arztes Albert Gervais und der Erzählungen von Fritz Mühlenweg, Karl R. Seufert und Elizabeth Lewis änderten die oberflächliche Betrachtungsweise.

Indien: Die Eroberungen Alexanders des Großen und sein Feldzug nach Indien (331–329 v. Chr.), festgehalten in seinen Aufzeichnungen und Briefen an Darius und auch in Berichten von Aristobulos, Arrian, Nearchos und Kallisthenes, wurden dichterisch in dem irrtümlicherweise Kallisthenes zugeschriebenen *Alexanderbuch* verarbeitet. Im *Pseudokallisthenes* (*Roman d'Alexandre, Libro de Alexandre)* verschmelzen Tatsachen, Phantasie und orientalische Märchenelemente im Bild eines Fabelreiches. Während im *Alexanderbuch* die Figur des Feldherrn abenteuerliche Züge eines Eroberers trägt, erscheint Alexander in den verschiedenen Versionen des *Alexanderlieds* (Albéric de Pisançon, Pfaffe Lamprecht, *Großer Alexander, Basler und Straßburger Alexander)* als vorbildlicher Herrscher. Nachdem Vasco da Gama Indien im Jahre 1498 auf dem Seewege erreicht hatte, brachen zahlreiche Abenteurer auf, um in dem geheimnisumwitterten Land ihr Glück zu suchen. Ihre Aufzeichnungen, besonders Fernão Mendez Pintos *Peregrinacam* (16. Jh.), erweckten großes Interesse und regten phantasievolle Ausgestaltungen noch im folgenden Jh. an (Erasmus Francisci, *Ost- und West-Indischer wie auch sinesischer Lust- und Staatsgarten*, 1668; Anselm von Zigler und Kliphausen, *Die asiatische Banise*, 1689). Als England während des Siebenjährigen Krieges Indien eroberte, wurden sowohl Depeschen wie Berichte aufmerksam gelesen. Dessenungeachtet ließ das Interesse an Indien nach. John Retcliffe (H.O.F. Goedsche) verarbeitete Ereignisse aus dem Sepoy-Aufstand gegen die Ostindische Kompanie (1857–59) in *Nena Sehib* (1859). Die Vorstellung europäischer Leser wurde jedoch grundlegend beeinflußt durch Rudyard Kiplings Erzählungen der Taten Mowglis und Kims (*Jungle Book*, 1894; *The Second Jungle Book,* 1895; *Kim,* 1901). In einer Reihe erfolgreicher autobiographischer Erinnerungen mit teilweise stark lyrischen Zügen trat das rein Abenteuerliche zurück. Trotzdem sind diese Schriften besonders aufschlußreich, da sie das Abenteuerliche in die Landschaftsmetaphorik einbeziehen und die Betrachtung der Beziehungen zwischen Europäern und Indern mitbedenken: Max Dauthendey, *Lingam* (1910); Hans Heinz Ewers, *Indien und ich* (1911); Hermann Hesse, *Aus Indien* (1913); Waldemar Bonsels, *Indienfahrt* (1916); und Francis Yeats-Brown, *Bengal Lancer* (1930).

Nordamerika: Die Erforschung und Besiedlung der Neuen Welt erregte größte Aufmerksamkeit unter europäischen und später amerikanischen Schriftstellern. Entdeckungszüge und die mit der Ansiedlung verbundenen Auseinandersetzungen mit Indianern vermittelten der Abenteuerliteratur entscheidende Eindrücke. Wahre und erfundene Geschichten aus dem Leben von Daniel Boone (1734–1820), David Crockett (1786–1836) und Paul Bunyan, dem Helden der Holzfällerfabeln, sind in die amerikanische Überlieferung eingegangen und unlösbar mit dem literarischen Amerikabild verknüpft. Das Roden der Wildnis, der Pelzhandel, die Expansion im Westen, Kämpfe in dem sich ständig verschiebenden Grenzbereich, der Widerstand der Indianer, das Goldfieber in Kalifornien und Alaska, die mit Lebensgefahr verbundene Durchquerung des Landes in Wagenzügen, Glücksspiel auf den Flußbooten, der idealisierte Cowboy und der Wilde Westen mit seinen Räubern, Bahnüberfällen und legendären Rechtsvertretern (Marschall Dillon) bildeten eine scheinbar unerschöpfliche Quelle für Lagerfeuergeschichten und Erzählungen. Unübersehbar ist heute, daß besonders in der deutschen Literatur der Fixpunkt der in die Breite wirkenden Erfolgsautoren (Karl May, Balduin Möllhausen, Otto Ruppius, Friedrich August Strubberg) ein an vorbildlichen Figuren verdeutlichtes bürgerliches Ordnungsethos war, jedoch nicht die Erfahrung oder Erkenntnis der Entwicklung des Landes. Das ist aufschlußreich: Möllhausen hielt sich bei den Omahas auf; Ruppius und Strubberg lebten jahrelang in Amerika. In der amerikanischen Literatur zeichnet sich die Gemeinsamkeit im Thematischen ab: individueller Autonomieanspruch, Selbstbehauptung im Grenzland und Widerstand gegen jede Einschränkung, besonders gegen die festumrissene, gesicherte Welt der Städte im Osten.

In der Darstellung indianischer Wesenszüge zeichnen sich zwei gegensätzliche Richtungen ab. In der europäischen Literatur setzten sich grundsätzlich positive Darstellungen der Indianer durch. Die Figurenkonzeption des Indianers entspricht der des →edlen Wilden. Mit Ausnahme von Kontrastfiguren, deren innere Haltlosigkeit durch den verderblichen Umgang mit Weißen motiviert wird, erscheinen die Indianer als heroisch-furchtlose Verteidiger ihres Landes und einer Lebensform, die schließlich der Zivilisation zum Opfer fällt. Diese Figurenkonzeption kennzeichnet die Erzählungen von Charles Sealsfield, Friedrich Gerstäcker, Karl May und Mayne Reid, der das Land genauestens kannte und, nach England zurückgekehrt, über 40 abenteuerliche Amerikaerzählungen schrieb. In der amerikanischen Literatur setzte sich dagegen eine andersgeartete Figurenzeichnung durch. Besonders im populären Schrifttum erscheinen Indianer als gefährliche, unberechenbare und heimtückische Gegner, die sich im Französisch-Englischen Krieg (French and Indian War) mit dem Feinde verbündeten und die tapferen Siedler marterten oder skalpierten. Diese Vorstellung beherrscht noch immer die wechselseitige Beziehung von Figurenzeichnung und Handlung in den bis ins 20. Jh. weitverbreiteten *Buffalo Bill*-Geschichten. William Cody (1846–1917), der Held dieser Erzählungen, trug bei seinem öffentlichen Auftreten stolz Skalp und Federn des von ihm getöteten Häuptlings Yellowhair zur Schau und ließ auch, völlig ungerührt von der Unangemessenheit seines Handelns, Häuptling Sitting Bull in seinen Wildwestvorstellungen auftreten.

James Fenimore Cooper fing in seinen „Lederstrumpfgeschichten" (*The Pioneers*, 1832; *The Last of the Mohicans*, 1826; *The Prairie*, 1827; *The Pathfinder*, 1840; *The Deerslayer*, 1841) auf unübertroffene Weise den Lockruf der Wildnis, den Reiz der unberührten Natur, die unaufhaltbar vordringende Zivilisation und die fast kindlich wirkende Unschuld (Chingachgook), aber auch die bedrohlichen Charaktereigenschaften des Indianers ein. Autoren wie William A. Carruthers, William Gilmore-Simms, John Neal, Beverly Tucker und John Kennedy setzten die Tradition fort. Zane Grey (1872–1939), der in seinen 63 Romanen auf jede Charaktervertiefung oder differenzierte Raumgestaltung verzichtet, setzte dem unbezwingbaren Cowboy und dem tugendhaften Grenzgänger ein Denkmal. Dagegen gewähren die Geschichten von Bret Harte (*The Luck of Roaring Camp and Other Sketches*, 1870) Einblicke in den oft verzweifelten Lebenskampf der buntgemischten Siedler, Goldgräber und Trapper. Die Erzählungen Jack Londons (*The Call of the Wild*, 1903; *Burning Daylight*,

1910; *Smoke Bellew*, 1912), in denen die Auseinandersetzung mit der Wildnis zur Frage der Prüfung und Bewährung des einzelnen umgestaltet ist, beurteilen aus bereits sozialkritischer Sicht den Zusammenstoß von Zivilisation und offenem Land, von notwendiger Begrenzung und Wunschvorstellungen der Freiheit.

See: Das Meer stellt einen wichtigen Schauplatz der Abenteuerliteratur dar. Gerüchte und aufregende Berichte tatsächlich erfahrener oder auch nur vorgestellter Todesgefahr in Stürmen und der Unsicherheit weit abliegender Küsten wurden bereits von griechischen und arabischen Autoren ausgestaltet (*Odyssee, Argonautica, Tausendundeine Nacht*). Die Literatur erhielt ständig neue Impulse durch die Züge der Wikinger, die Fahrten von Kolumbus, Magellan, James Cook und, in unserer Zeit, Thor Heyerdahl. Anregungen vermittelten die Schilderungen von Meutereien und Überfällen durch Piraten, Chroniken berühmter Bukaniere und das Seemannsgarn der Wal- und Robbenfänger. In Erzählungen von Seeabenteuern steht die Auseinandersetzung mit überwältigenden Elementarkräften wie Wirbelsturm, Taifun oder tödlicher Windflaute unter sengender Sonne im Brennpunkt des Geschehens. Zu den bevorzugten handlungstechnischen Elementen gehören Ausbrüche von Gewalttätigkeiten an Bord, Verschwörung, Meuterei, Kampf mit Piraten, Gefangennahme, Verkauf in die Sklaverei, die Leiden und Rettung der Schiffbrüchigen oder Gefangenen. Eine Reihe wiederkehrender Motivkonstanten (→Aggression-Opfer, →Schiff-Schiffbruch/Hafen, →Insel, Meuterei und Schatzsuche), die entweder einzeln oder zusammen auftreten, ordnen das Handlungsgeschehen in diesen Werken. Das Karibische Meer, das Ostchinesische Meer und der Stille Ozean wurden beliebte Schauplätze für Schatzsuche und Piratenabenteuer. Literarische Anregungen vermittelten geschichtliche Darstellungen der Piraten, die im 17. Jh. vom englischen Kapitän Johnson und dem Holländer Alexander O. Exquemelin geschrieben wurden. Aus genauer Kenntnis der Quellen entwarf Ernst Löhndorff ein packendes Lebensbild der Bukaniere in dem Roman *Old Jamaica Rum* (1941).

Mit der Veröffentlichung seines *Robinson Crusoe* (1719) wirkte Daniel Defoe richtungweisend auf die literarische Tradition der →Robinsonaden. In Robinsonaden, gewöhnlich gekennzeichnet durch eine Verknüpfung des Motivs der Absonderung mit dem Thema der Selbstverwirklichung, übernimmt das Meer nur auslösende (Schiffbruch, Aussetzung), hoffnungerweckende (mögliche Rettung) und abschließende Funktion. Robert Louis Stevenson verknüpft in *Treasure Island* (1883) kunstvoll eine Folge spannender Ereignisse mit den Motiven der Schatzsuche, der Reise und des Inselaufenthalts. Die geheimnisvolle, zuweilen schreckenerregende Handlung konzentriert sich jedoch streng auf das menschliche →Reifen des Knaben Jim. Auch der szenische Aufbau der einzelnen Abschnitte, die Kontrastierung und Vorausdeutung, besonders aber die meisterhafte Charakterisierung ambivalenter Gefühle einzelner Figuren (der blinde Bettler, Long John Silver) sind der Entwicklungsthematik zugeordnet. Durch das Medium des kleinen Jim erfährt die abenteuerliche Welt eine Öffnung ins Geistige. Einige Autoren wie Marryat, W. Clark Russell und Robert Kraft verschmolzen eindringlich erfaßte Milieuszenen mit spannungsreichen Handlungen. Andere, vor allem Cooper, *The Red Rover* (1827), Jules Verne, *Vingt Mille Lieues sous les mers* (1869), London, *The Sea-Wolf* (1904) und Cecil S. Forester in seinen „Captain Hornblower"-Romanen, bedienten sich des Meeres als Schauplatz für die Prüfung und Bewährung des einzelnen. Zwei Autoren, Herman Melville und Joseph Conrad, schufen Werke von Weltrang, indem sie das Thema des Abenteuers direkt auf Fragen der Sinngebung des menschlichen Daseins bezogen.

In *Moby-Dick or, The White Whale* (1851) stimmt Melville individuelle und gesellschaftliche Triebkräfte aufeinander ab. Kapitän Ahab, dessen stolze, maßlose Auflehnung gegen die Natur wie die Hybris eines einzelnen erscheint, verkörpert in seinem Kampf mit dem Wal durchaus eine allgemeine Tendenz seiner Gesellschaft. Die gemischte Erzählsituation, in der sich Beobachtungen Ishmaels, Beschreibungen, Gespräche, Monologe Ahabs und Reflexionen des Erzählers abwechseln, fördert den Einblick in die widerstrebenden Tendenzen. Diese äußern sich in einer naiv-mystischen, einer materialistischen und einer vom Geist der Auflehnung getragenen Einstellung zur Natur. Diese wird jedoch nicht nur ausgebeutet, sondern stellt in ihrem organischen In-sich-Ruhen eine Herausforderung an Ahabs Willen zur Macht dar. Die Natur lehnt sich auf; der Wal reißt Ahab in die Tiefe und zerstört das Schiff. Aber die „Pequod" sinkt mit einer letzten Geste der Herausforderung. Während das Wasser schon über seinen Kopf spült, ergreift der Ausguck hoch oben am Mast einen aus dem Himmel stoßenden Falken und zieht ihn, eisern umklammernd, mit sich in die Tiefe. Die Auseinandersetzung zwischen dem absoluten Willensanspruch des einzelnen und der von ihm mißdeuteten Freiheit endet im Schiffbruch und in der Selbstzerstörung. In der allgemeinen Vernichtung enthüllt sich die Blindheit der Gesellschaft für die eigene Begrenzung. Joseph Conrad gestaltet in *Typhoon* (1902) die Fähigkeit des einzelnen, sein Lebensschiff durch die Krise höchster Bedrohung zu steuern. Der Wille zum Durchhalten, verkörpert in Kapitän McWhirr, überträgt sich auf die Seeleute, die ihre Furcht besiegen und ihrem Steuermann vertrauen, der das schwerbeschädigte Schiff schließlich sicher in den Hafen bringt.

Südseeinseln: Bereits die ersten Nachrichten von Entdeckern und Reisenden führen zu einer idealisierten Sicht des paradiesischen Daseins auf reizenden Inseln. Kurz nachdem Jacques-Henri Bernardin de Saint-Pierre das von der Zivilisation unberührte Leben auf der Insel Réunion in *Paul et Virginie* (1788) dargestellt hatte, erschienen unzählige Geschichten, die das naive Dasein in einer von Palmen beschatteten und von der leuchtenden See umgebenen Welt priesen. Dramatisierte Berichte von Kapitän Bligh und seiner Mannschaft (zusammengefaßt von Charles B. Nordhoff und James N. Hall, *Mutiny on the Bounty,* 1932), verstärken den Eindruck, daß jeder Europamüde in den offenen Hafen des dauerhaften Glücks einfahren könne. Eine angemessenere Darstellung der Inseln setzte mit Melvilles *Typee* (1845) und *Omoo* (1847) ein. Gerstäcker schrieb die Liebesgeschichte eines jungen Franzosen (*Tahiti,* 1845), veröffentlichte eine Sammlung von Kurzgeschichten (*Blau Wasser*, 1858) und verfaßte Skizzen aus dem Leben von Missionaren (*Die Missionäre,* 1868). Nach seiner Reisebeschreibung *In the South Seas* (1889) verwertete Stevenson seine Eindrücke in *Island Nights' Entertainment* (1893) und *The Isle of Voices* (1893). Paul Gauguins *Noa-Noa* (1900) wurde wenig beachtet. H.E. Raabes *Cannibal Nights* (1927) und Löhndorffs *Der Narr und die Mandelblüte* (1935) sind heute bereits vergessen, obwohl die Erzählungen zuerst großen Zuspruch fanden. Dagegen erfreuen sich die Südseegeschichten Jack Londons noch heute großer Beliebtheit.

Unbekannte Räume und Welten: Fahrten zum Mond (Jules Verne, *De la terre à la lune*, 1864), zu Planeten (George Griffith, *Stories of Other Worlds*, 1900), ins Erdinnere (Verne, *Voyage au centre de la terre*, 1864) und Entdeckungsreisen in Zeitmaschinen (H.G. Wells, *The Time Machine*, 1895) gehören seit dem 19. Jh. zum festen Bestand der Abenteuerliteratur. Mit der Verbreitung des Fernsehens im 20. Jh. bricht die Zeit an, in der die Fremde zum Alltagsbild reduziert ist. Das Unbekannte wird des Geheimnisvollen entkleidet, wirkt heimisch-vertraut. Gleichzeitig beginnt in der Phantasieliteratur und Science-fiction die Eroberung von Phantomwelten und Sphären, in denen selbst die räumliche und zeitliche Kontinuität aufgelöst oder verschoben ist. Die Reise in die Magie beginnt mit J.R.R. Tolkiens *Fellowship of the Rings* (1954–55), führt durch eine Flut von Nachahmungen zu Ursula Le Guins *The Earthsea Trilogy* (1968–72), und mündet vorerst über die in rascher Folge von Piers Anthony, Robert Asprin und John Fowles verfaßten Geschichten von Zauberern wieder in die von Christopher Tolkien herausgegebene zehnbändige Geschichte Tolkiens *The History of Middle Earth* (1993), die jedoch bereits abgelöst wird von Mercedes Lackey, *If I Pay Thee Not in Gold* (1993). Die Besiedlung des Weltraums erhält den entscheidenden Anstoß durch Isaac Asimovs *Foundation Series* (1951–82). Die immer tiefer ins All führenden Vorstöße (Arthur C. Clarke, Robert Heinlein, Stanislav Lem) bieten ein Kaleidoskop bunter Welten, in denen Drachenreiter durch Äonen fliegen (Anne McCaffrey) und gigantische, lindwurmähnliche Vermes die Sanddünen bevölkern (Frank Herbert), Welten, in denen Vernichtungskriege toben (zuletzt Timothy Zahn, *Star Wars,* 1990–93) und die Reinkarnation der Figur im selbstgesteuerten Computer stattfindet (Paul Anderson, *Harvest of Stars*, 1993). Was verbindet dieses Schrifttum? Anthologien wie etwa Ursula Le Guins und Brian Alterburys *Norton Book of Science Fiction 1960–1990* (1993) geben eine Antwort. Alles ist verfügbar. Rückgriffe auf die Artustradition, auf Märchenelemente, Utopien und die Geschichte werden mit aus Tagesnachrichten stammenden Hinweisen auf naturwissenschaftliche Theorien, technologische Fortschritte, den kryptischen Dekonstruktivismus, Diskettenspiele und Chaostheorie verbunden. Die Welten zerfließen. Die Metamorphosen ins Magische, Tierische, Roboterhafte und Zeitlose scheinen die Darstellung des Persönlichkeitszentrums aufzulösen. Dieser illusorischen Notlage widerspricht jedoch die verpflichtende, gemeinsame Position der Autoren. Sie greifen Fragen des gesellschaftlichen Umbruchs, der Aggression, des Umweltschutzes und des genetischen oder sozialen Determinismus auf, reduzieren diese auf knappe Formeln und geben befriedigende, leicht verständliche Antworten auf komplexe Probleme. Wie die für den Massenkonsum geschriebene Serie „Perry Rhodan“ belegt, scheuen sie auch vor pseudowissenschaftlichem Unsinn nicht zurück. Die Abenteurer, die Helden leben. Sie reflektieren nicht. Sie beziehen die Gegenposition zu den Figuren, die nach Selbst- und historischer Erkenntnis streben. Sie überleben androgyne Symbiosen und telepathische Angriffe; sie fliegen durch 300 Millionen Grad Hitze, befreunden sich mit sprechenden Sternen und bleiben selbst als hölzerner Golem unversehrt. Die ständig wachsenden Auflagen der in Massenproduktion hergestellten Erzählungen sind ein Phänomen, das von der Sozialgeschichte der Literatur im Hinblick auf Themenkonstanten dringend der Klärung bedarf.

4. Darstellungen von Abenteuern, die sich auf Tatsachenberichte stützten und häufig für ein breites Publikum oder die Jugend geschrieben waren, boten nur ganz selten den Erfahrungshorizont, die Erkenntnisfähigkeit oder Unmittelbarkeit der Beobachtung, die man in den Logbüchern oder Berichten von Forschern wie etwa Richard Hakluyt, Gaspar de Carvajal, James Cook, Edward Parry, Robert Peary, Roald Amundsen, John Wetherell oder Sven Hedin findet. (Vgl. die Veröffentlichungen der Hakluyt Society in London und W. Stefansson, *Great Adventures and Explorations. From the Earliest Times to the Present as Told by the Explorers Themselves.* New York 1952).

5. Die überwiegende Mehrzahl von Abenteuergeschichten verwendet im Aufbau entweder das auslösende Moment eines plötzlichen, unerwarteten, zuweilen zufälligen Ereignisses oder die Gefährdung eines sorgfältig ausgearbeiteten Planes durch außerordentliche, bedrohliche Situationen. Beide Konstellationen bieten Lesern nicht nur die Erfahrung des Ungewöhnlichen, sondern auch Einblicke in Auseinandersetzungen, in denen sich der menschliche Wille angesichts scheinbar unüberwindlicher Schwierigkeiten durchsetzt. Außerdem halten die Erzählungen an dem Organisationsprinzip Weltfahrt-Prüfung-Erfolg fest. Reisen nach dem fernen Land und eine Reihe von erregenden Ereignissen prüfen den Mut und die Beharrlichkeit der zentralen Figur. Das Thema und die mit ihm verknüpften Strukturmerkmale können selbst in Texten mit betont sozialkritischer Anlage wirksam werden (B. Traven, *Das Totenschiff*, 1926; *Der Schatz der Sierra Madre*, 1927; *Der Marsch ins Reich der Caoba*, 1930). Wie jedoch bereits Melvilles *Moby-Dick* belegt, kann das Thema Vielseitiges einbeziehen: Lebenskraft, die Fähigkeit, durchzuhalten, das Vermögen, sich völlig unerwarteten und wechselnden Situationen anzupassen, besonders aber die Bejahung des Daseins. Joseph von Eichendorff erschließt durch eine kunstvolle Erweiterung des Themas in *Aus dem Leben eines Taugenichts* (1826) die freudige Anerkennung des zufälligen Geschehens im Leben. Abenteuererzählungen gewähren wie manche Märchen einen kurzen Traum der Gerechtigkeit und sozialen Gleichstellung. Sie erhöhen das Alltägliche zum Außerordentli-

chen und feiern die Chancen des einzelnen, im Kampf ums Dasein zu bestehen.

Lit.: N. Barron (Hg.): Fantasy Literature. New York 1990; M. Beaujean: Frauen-, Familien-, Abenteuer- u. Schauerroman. In: H.A. Glaser (Hg.), Deutsche Literatur. Eine Sozialgeschichte. Hamburg 1987; O.F. Best: Abenteuer-Wonnetraum aus Flucht u. Ferne: Geschichte und Deutung. Ffm 1980; S. Brocher: Abenteuerliche Elemente im modernen Roman. München 1981; K. Carpenter, B. Steinbrink (Hg.): Ausbruch u. Abenteuer. Oldenburg 1984; A. Deeken: Seine Majestät das Ich. Bonn 1983; H. Hirsch: Bürgertum und Barock im deutschen Roman. Köln 1957; V. Klotz: Abenteuer-Romane. München 1979; V. Kapp: Der Abenteurer als Demonstrationsobjekt und Skandalon der französischen Aufklärung. In: Euphorion 79 (1985); B. Lecke: Ferne, Fremde und Selbsterfahrung. In: German Studies in India 11 (1987); F. N. Magill (Hg.): Survey of Modern Fantasy Literature. 15 Bde. Englewood Cliffs, NJ 1983; A. Maler (Hg.): Exotische Welt in populären Lektüren. Tübingen 1990; R.-P. Märtin: Wunschpotentiale. Geschichte u. Gesellschaft in Abenteuerromanen von Retcliffe, Armand, May. Königstein/Ts. 1983; M. Nerlich: Kritik der Abenteuerideologie. Berlin 1977; H. Petriconi: Metamorphosen der Täume. Ffm 1971; H. Pleticha: Abenteuer-Lexikon. Würzburg 1978; H. Plischke: Von Cooper bis Karl May. Düsseldorf 1951; E. Reichel: Der Abenteurer u. sein Jh., In: Rom. Forschungen 98 (1986); W. Röcke: Die Wahrheit der Wunder. Abenteuer u. Erfahrung im ‚Brandan- u. Apolonius-Roman.' In: T. Cramer (Hg.), Wege in die Neuzeit. München 1988; H. Schmidt (Hg.): Karl May. Ffm 1983; B. Steinbrink: Abenteuerliteratur des 19. Jh. in Deutschland. Tübingen 1983; J.-J. Tadié: Le Roman d'aventures. Paris 1982; P. Zweig: The Adventurer. New York 1974.

Siehe auch: Andere, Aventiure, Robinson, Schelm, Schiff-Schiffbruch/Hafen

Abgrund *(Abyss, Abîme, Gouffre)*

1. Martin Luther kennzeichnet das Wesen des Bodenlosen in seiner Bibelübersetzung als wüste, leere und finstere Tiefe (Mose 1,2) und Brunnen des Abgrunds, in den Satan, der gebundene Drache, geschleudert wird (Offenbarung Johannes 9,1; 17,8; 20,1,2). Das Motiv umfaßt eine geistige Vorstellung und anschaulich-bildliche Umschreibungen. Als Bezeichnung im engeren Sinne für die unerforschte Meerestiefe oder Klüfte im Gebirge erscheint es häufig in der Literatur. Die Metapher hat unterschiedliche Bedeutungen: Chaos, Formlosigkeit, Leere, Schweigen, Finsternis, Sinnlosigkeit und das Nichts. Sie verweist entweder auf den Gegenpol oder wird durch Begriffe der festen, haltgebenden Fläche näher bestimmt.

2. Theologen und Philosophen bezeichneten mit dem Begriff das Mysterium Gottes, das Rätsel des Lebens, unentschlüsselte Naturerscheinungen, den Bereich der Hölle und undurchschaubare, subjektive Triebe. Im Bestreben, eine ursprüngliche Seinsart zu deuten, ist das Bodenlose nicht nur Gott, Satan und dem Menschen, sondern auch grundsätzlichen Spannungen zwischen Leben und Tod, Gut und Böse und dem Bruch zwischen Realgeschehen und innerer Erfahrung zugeordnet. Augustinus bezeichnete als abgründig sowohl die beständigen Formwandlungen der Natur, des Lebens und des Menschen als auch das unergründbare Wesen Gottes. Pascal deutete die menschliche Situation im Sinne eines Ausgesetztseins zwischen dem Nichts und der Ewigkeit. Kierkegaard empfand, daß der abgründige Bruch zwischen dem Göttlichen und dem Menschen nur noch von Gott geheilt werden könne. Auch Heidegger erfaßte die menschliche Existenz als eine beständige Aufforderung zum Mitleben am Rande des Abgrundes. Erst die Anerkennung des Seins zum Tode und die Erkenntnis der wesenhaft im Dasein begründeten Sorge ermöglicht die Entschlossenheit zu einer echten Begegnung mit dem anderen und dadurch zum Mitleben. Schließlich verweisen sowohl Ferdinand Ebner als auch Martin Buber auf den Rufcharakter der Furcht vor dem Sturz in den Abgrund. Im Hören kann sich der einzelne aus der Ich-Begrenzung lösen und in einer echten Begegnung mit dem „Du" des Mitmenschen verwirklichen.

3. In literarischen Werken zeichnen sich Bestrebungen ab, die Erfahrung der Tiefe durch die vertikale Orientierung der Möglichkeit eines angedeuteten oder mitgedachten Sturzes zu intensivieren. Außerdem entstehen ambivalente Auffächerungen im Sinngehalt durch die Zuordnung der dunklen Tiefe zum göttlichen Licht selbst in Texten, in denen der Abgrund ausschmückend oder metaphorisch verwendet wird. So kennzeichnet Friedrich Klopstock im *Messias* (1749/80) nicht nur

das unerforschliche Wesen des Göttlichen, sondern auch die gefallene Welt als abgründig (V. 16, 62, 2262, 2607; 16, 370, 593). In der Barockdichtung bezeichnet die Metapher die Welt menschlicher Heimsuchung und Konflikte. Sie umschreibt jedoch auch in visionärer Vertiefung den Glückszustand der Erlösung im Jenseits. Sie beleuchtet die widersprüchlichen Empfindungen der Qual und Erwartung, der Furcht und des Vertrauens im Menschen, der aus der Welt des Verfalls in die zeitlose Sphäre des Lichts blickt. Der Abgrund behält auch während der zunehmenden Säkularisierung des Schrifttums eine religiöse Komponente bei und bezeichnet, vornehmlich als Adjektiv, weiterhin das unerforschliche Wesen des Göttlichen.

Daß der Sinngehalt der Motivfügung weit über die in der Literatur fortbestehende toposhafte Konstanz der lichten Höhe und finsteren Tiefe hinausgeht, wird an Gedichten Schillers und Hölderlins besonders deutlich. Das Motiv hat deutlich Rufcharakter und fordert den einzelnen auf, über den existentiellen Standort nachzudenken. Die „Sprüche des Konfuzius" (1800) mahnen den Leser zur Selbstbesinnung: „In die Tiefe mußt du steigen, / Soll sich dir das Wesen zeigen". Sie vermitteln die aufrüttelnde Gewissenserfahrung, sich in tiefster Wesensschau der Wahrheit zu nähern: „Im Abgrund wohnt die Wahrheit". Die unterschiedlichen Ortungen Schillers und Hölderlins beleuchten die menschliche Verunsicherung. Ausgesetzt im „grenzenlosen Raum", besitzt der einzelne sowohl die Voraussetzung zur höchsten Freiheit und Selbstbestimmung als auch die Anlage zur tiefsten Sklaverei und Selbstauflösung. Der Mensch kann sich demütig, staunend und liebevoll den Gestirnen zuwenden (Friedrich Hölderlin, „Die Unsterblichkeit der Seele", „An die Stille", „Freundes Wunsch", 1784–95). Wer den Ruf nicht hört, gleicht dem Geschlecht, das ans „eigene Treiben geschmiedet" wie im Orkus lebt (Hölderlin, „Der Archipelagos", um 1800). Gegenüberstellungen von Lichterscheinungen und der Tiefe des empörten Meeres, des Meeres „furchtbarer Pfade", des stummen Schattenreiches und des Fallens „ins Ungewisse hinab" unterstreichen die vertikale Dimension des Motivs (Hölderlin, „Die Unsterblichkeit der Seele", V. 7, 9; „Hero", „Diotima" mittlere Fassung, „Hyperions Schicksalslied", „Der Archipelagos"). Hinzuzufügen ist der starke Gegensatz zwischen dem langsamen Emporreifen zum Licht („Hymne an die Menschheit") und dem immer gegebenen Sturz in den Abgrund der wilden Ozeane der alten Nacht („An die Freundschaft", V. 5, 6; 1793). Für Schiller liegt die Verfehlung des Rufes zur Seinsorientierung in dem tollkühnen Unterfangen, die Welt und Gott willkürlich herauszufordern („Der Eroberer", 1787), die Gefahren des Abgleitens in die grauenhafte Tiefe zu unterschätzen („Der Taucher", 1799; „Hero und Leander", 1801) oder sich von der Begierde zur Erde ziehen zu lassen (*Wallensteins Tod,* 1800, II: 2). So steht der einzelne wie Wallenstein am Kreuzweg zwischen dem gewaltigen Lichtreich Jupiters und Saturn, der „über allem, was das Licht scheut, waltet".

Die ungeheure Spannung zwischen Sinnenglück und Seelenfrieden, des „Lichtes Spuren" und dem grauenvollen Schlund des Abgrundes, in dem „kein Anker" Grund findet („Das Ideal und das Leben", 1795), deutet an, daß die Funktion des Motivs weniger darin liegt, positive Gehalte zu vermitteln, als den Leser zur Wahrheitssuche anzuregen. Der einzelne befindet sich plötzlich auf einem Seil, das in Arkadien verankert ist und bis Elysium reicht. Oben strahlt das unerforschliche Licht, unten gähnt der bodenlose Abgrund. Der Ruf ist jedoch unmißverständlich. Jeder muß sich dem Abenteuer der Selbsterkenntnis aussetzen. Damit verschmelzen Bildkomponente, Dynamik der Bewegung und Aufruf im Funktionsradius des Motivs.

4. Im Zusammenhang mit dem erwachenden Interesse der Romantiker an Bewußtseinslagen, Regungen des Unterbewußten und Traumvisionen entsteht eine Neuorientierung in der Ausgestaltung der Bildsphäre des Motivs. Schwindelerregende Abgründe bedrohen den einsamen Wanderer im Gebirge. Unermeßliche Schätze in tiefen Schächten der Erde verlocken den Menschen, die Lichtwelt zu verlassen. Im Inneren tut sich plötzlich „ein Abgrund von Gestalten und Wohllaut, von Sehnsucht und Wollust" auf. Ein Wasserfall von „tausend und abertausend brüllenden

Strömen" verhindert die Möglichkeit der Selbsterkenntnis. Der Strudel, der die unglücklichen Figuren, die den Verlockungen der Tiefe erliegen, ins Verderben reißt, unterstreicht nicht nur die menschliche Verfehlung, sondern auch auf geradezu unheimliche Art die Furcht vor den im Inneren schlummernden Trieben. Die Sorge, die in Wilhelm Wackenroders Erzählung „Ein wunderbares morgenländisches Märchen von einem nackten Heiligen" (1799) in ihrer Todesbezogenheit deutlich auf die Lebensverfehlungen derer weist, die im Tosen der Zeit den Ruf des Gewissens nicht vernehmen, hat bereits in E.T.A. Hoffmanns *Die Elixiere des Teufels* (1815–16) alle Kennzeichen einer tiefen Lebensangst. Das Motiv spielt eine nachdrückliche Rolle im Figurenaufbau und in der Verwicklung oder Lösung von Handlungskonflikten. Es bereitet in Goethes *Die Leiden des jungen Werthers* (1774) den Erzählschluß vor. Werther schwebt vor seinem Ende „zwischen Sein und Nichtsein" und blickt zitternd in den „Abgrund der Zukunft", während seine Welt versinkt. Das Motiv vermittelt Einsichten in die Entscheidungen und die Grundhaltung von Personen (Karl Philipp Moritz, *Anton Reiser*, 1785–94; Ludwig Tieck, *Abdullah*, 1795; *William Lovell*, 1796; Clemens Brentano, *Godwi*, 1801–02). Außerdem dient es dazu, Kontraste aufzubauen und ausschlaggebende Entscheidungen der Personen oder deren unheimliche Todesbezogenheit zu begründen (François-René Chateaubriand, *René*, 1802; Tieck, „Der Runenberg", 1804; Friedrich de La Motte-Fouqué, *Undine*, 1811; Hoffmann, *Die Elixiere des Teufels*; Alfred de Musset, *La Confession d'un enfant du siècle*, 1836). In Tiecks wie auch besonders in Hoffmanns und Hofmannsthals „Falun"-Erzählungen wird deutlich, daß das Motiv nicht nur Rufcharakter hat, sondern eindringlich die Lebensverfehlungen beleuchtet. Der Abgrund lockt. Die Figuren geben sich völlig der unheimlichen Welt hin und versinken in tödliche Vereinsamung.

Die Erfahrung innerer Triebkräfte wurde jedoch nicht nur als einzigartiges persönliches Erlebnis gestaltet. Sie diente der Artikulation der Wesensschau, die zutiefst mit dem künstlerischen Schaffen verbunden ist. Künstlerfiguren, wie beispielsweise Wackenroders Joseph Berglinger, Hoffmanns Kreisler, Balzacs Balthazar Claës, Eichendorffs Maler Rudolf, Zolas Claude Lantier und Thomas Manns Adrian Leverkühn, erfuhren, daß die im Abgrund ruhenden dämonischen Kräfte, einmal erwacht, die Phantasiewelt mit Schreckensbildern durchsetzten und den Seher in Wahnsinn oder Selbstmord trieben.

Demgegenüber steht die grundsätzlich positive Darstellung der Erfahrung der Tiefe im Schaffen Baudelaires, der den Abgrund als Schauplatz der reinigenden Künstlerweihe und Vorbereitung für den Kampf gegen alles Mittelmäßige in der Welt beschreibt. In Baudelaires Gestaltung zeichnet sich deutlich die Entschlossenheit ab, die untergründig schwelende Lebensangst zu überwinden. Sein Denken spiegelt außerdem deutlich Ansätze im Denken des 19. Jh., den „Abgrund des Nichts" auszuloten oder im Sinne Nietzsches als Grundmodus des Seins zu verstehen. Die Vorstellung, daß „jeder Mensch in sich einen Abgrund trägt, unerforschlich wie das Meer" (Baudelaire, „Spleen et idéal", V. 11), die in Woyzecks Ausruf „Jeder Mensch ist ein Abgrund; es schwindelt einem, wenn man hinabsieht" (Georg Büchner, *Woyzeck*, posthum 1879) wiederkehrt, verbindet die in den Stilprinzipien sonst stark voneinander abweichenden Werke Bonaventuras, Hebbels, Flauberts und Rimbauds. Durch die Verknüpfung des Motivs mit Erkundungen innerweltlicher Realitäten und dem Denkbild eines chaotischen Urgrunds des Universums entstehen wichtige Bezüge zum Expressionismus, Existentialismus, dem absurden Theater und der Gegenwartsliteratur.

Quellen: Friedrich Schiller, *Die Räuber* (1782); „Das Ideal und das Leben" (1795); „Der Spaziergang" (1795); „Der Taucher" (1797); *Maria Stuart* (1801); Friedrich Hölderlin, *Hymnen* (1784–88); Jean Paul, „Rede des toten Christus vom Weltgebäude herab, daß kein Gott sei" in: *Siebenkäs* (1796); Bonaventura, *Nachtwachen* (1804); William Wordsworth, *The Prelude* (Druck 1805); *The Excursion* (1814); Joseph von Eichendorff, *Ahnung und Gegenwart* (1815); John Keats, *Endymion* (1818); E.T.A. Hoffmann, *Die Bergwerke zu Falun* (1819); George Gordon Byron, *Don Juan* (1819–24); Honoré de Balzac, *Le Chef d'œuvre inconnu* (1831); Edgar Allan Poe, „A Descent into the Maelström" (1841); Victor Hugo, *Contempla-*

tions VI: Au bord de l'infini (1856); Charles Baudelaire, *Les Fleurs du mal* (1857); Gustave Flaubert, *Salammbô* (1862); *La Tentation de Saint-Antoine* (1874); Arthur Rimbaud, *Une Saison en enfer* (1873); Friedrich Nietzsche, *Also sprach Zarathustra* (1883–85); Emile Zola, *L'Œuvre* (1886); Jules Laforge, *Le Sanglot de la terre* (1901); Hugo von Hofmannsthal, „Das Bergwerk zu Falun" (1906); Thomas Mann, *Doktor Faustus* (1947); Ramón J. Sender, *Hipogrifo violente* (1954); *Los laureles de Anselmo* (1958); *El rey y la reina* (1970); Ronald S. Thomas, *Not That He Brought Flowers* (1968); Thomas Bernhard, *Minetti* (1976); Botho Strauß, *Groß und Klein* (1978); Dieter Wellershoff, *Die Sirene* (1980); Tankred Dorst, *Ich, Feuerbach* (1986, mit U. Ehler).

Lit.: F. Cunen: Le Gouffre et l'abîme de Baudelaire: Thèmes fondamentaux de Baudelaire. In: Travaux de Linguistique et de Littérature 15,2 (1977); L. Dällenbach: Le Récit spectaculaire. Essai sur la mise en abyme. Paris 1977; A. Doppler: Das Motiv des Abgrunds in den Werken Friedrich Schillers. In: Goethe-Jb. Wien 66 (1962); ders.: Der Abgrund. Studien zur Bedeutungsgeschichte eines Motivs. Graz 1968; R.B.J. Fourie: Das Abgrund-Motiv in Hebbels Tagebüchern u. Tragödien. Stuttgart 1984; V. Lilienthal: Irrlichter aus dem Dunkel der Zukunft. In: H. Kreuzer (Hg.), Pluralismus u. Postmodernismus. Ffm 1989; K.P. Philipp: Versinken im Wirbel. Chaos u. Ordnung im Werk Ernst Jüngers. In: DVjs 63 (1989); W. Rehm: Tiefe u. Abgrund in Hölderlins Dichtung. In: Hölderlin. Gedenkschrift zu seinem 100. Todestag. Tübingen 1943; K.R. Scherpe: Dramatisierung u. Entdramatisierung des Untergangs. Zum ästhetischen Bewußtsein von Moderne u. Postmoderne. In: A. Huyssen, K. Scherpe (Hg.), Postmoderne. Zeichen eines kulturellen Wandels. Reinbek 1986; S.H. Watson: Abysses. In: H.J. Silvermann (Hg.), Hermeneutics and Deconstruction. Albany, NY 1985.

Abraham

1. Aus den mit dem Leben Abrahams verbundenen Ereignissen regte besonders das verhinderte Sohnesopfer zur literarischen Fixierung, zu Auslegungen und Umdeutungen an. Das Zusammenwirken von Versuchung und unerhörtem Gebot mit dem das Fassungsvermögen übersteigenden Gehorsam Abrahams und der abschließenden Lösung (Mose 1, 22) erfaßte das archetypische Erlebnis des Gegenüberstehens von Mensch und außerweltlicher Geistigkeit, das in der Substanz zur Motivfügung anregte. Im Prozeß der Wiederholung zeigt sich: das, was gefordert wird, ist verwehrt; es ist geboten und verflucht. Gehorsam und mögliche Auflehnung stehen eng beisammen. Göttliche Weisheit und Entsetzen angesichts eines Bildes des Bösen sind verflochten. Das Geschehen wird zum Spiegel dessen, was der Mensch ist und was er werden kann. Das Motiv eignete sich daher sowohl zur Begründung der Ablehnung einer entsetzlichen Gottheit als auch der demütigen Unterwerfung unter einen göttlichen Willen, dessen Planen den menschlichen Erfahrungshorizont übersteigt. Das Motiv wurde insbesondere bühnentechnisch im Figurenaufbau, in der Gestaltung von Konfliktsituationen und vorausgreifenden Lösungen wirksam.

2. In der christlichen Tradition stehende Autoren wie zum Beispiel Pedro Calderón de la Barca in seinem *Primero y segundo Isaac* (17. Jh.) schlossen gewöhnlich an die Deutung der Kirchenväter an, die in Isaaks verhindertem Opfer eine erste vorausdeutende Verkündung des Sühneopfers Christi sahen. Die Andeutung oder Ausarbeitung dieses Gesichtspunktes verstärkte die dramatische Wirkung leidenschaftlicher Konflikte und erregter Auseinandersetzungen, in denen Vater, Mutter und Sohn mit dem unbegreiflichen Gebot ringen („Story of Isaac", *Cycle of York, Ludus Coventriae, Cycle of Chester*, usw., 14. Jh.; *Brome Play of Abraham and Isaac,* 15. Jh.; „Le Mystère du Viel Testament: Du sacrifice d'Isaac", 15. Jh.; Théodore de Bèze, *Abraham sacrifiant*, 1549).

3. Mit Bèzes Werk setzt sich eine Funktionsangleichung des Motivs an die Iphigenie-Konzeption durch. Isaaks Abschiedsrede an die Sonne war in *Abraham sacrifiant* nach dem Vorbild von Euripides gestaltet. Père Dumorets *Le Sacrifice d'Isaac* (1699) war eine freie Übertragung und Bearbeitung von Jean Racines *Iphigénie,* und auch Johann Kaspar Lavaters *Abraham und Isaak* (1776) zeigte deutliche Einflüsse der Iphigenie-Problematik.

4. Sören Kierkegaards durchgreifende Neubewertung des Bibeltextes in *Furcht und Beben* (1842) gab den Anstoß zu stark differenzierten, individuell geprägten Motivgestaltungen. Kierkegaard erläutert das Geschehen im Sinne einer Glaubenshandlung des völligen Vertrauens auf die göttliche Vorsehung, die sich der rationalen Wahrheitsfindung entzieht. Der Mensch steht vor Gott und erfährt den Übergang von Verzweiflung zu Freude, indem er die Widersprüche des Daseins im völligen Vertrauen auf die übernatürliche Formkraft anerkennt. Analog zu Kierkegaards Umdeutung des Geschehens zu einer Bewußtseinslage, die heilsvermittelnd die Wirklichkeitserfahrung läutert, vollzieht sich in der Moderne eine Entwicklung, durch die das Motiv weitgehend aus dem biblischen Zusammenhang gelöst wird. Es wird zur Grundlage unterschiedlicher Ausführungen und stark differenzierter Bedeutungsgehalte. Außerdem zweigt sich aus ihm die Reflexion über Opfer und Untergang ab. Die Verdichtung im Opfermotiv versetzte Autoren in die Lage, den Krieg als mythisches Geschehen zu verdammen, in dem die Väter die Jugend des Landes opferten (Wilfred Owen, „The Parable of the Old Man and the Young", 1918; Leonard Cohen, „Story of Isaac", 1970), oder symbolisch die Unterdrückung des Volkes durch brutale Machthaber zu gestalten (Joseph Brodsky, „Isaac and Abraham", 1963; Claude Vigée, „L'Acte du bélier", 1972). Zusätzlich diente das Motiv sowohl dazu, das Leid von Vater und Sohn angesichts des Todes darzustellen (Alfred Döblin, *Berlin Alexanderplatz,* 1929), als auch dazu, die erzwungene Trennung von beiden Eltern, von Mutter oder Vater auszumalen (Marcel Proust, *Du côté de chez Swann*, 1913; Laurence Housman, *Abraham and Isaac*, 1950). Richard Beer-Hofmann benutzt das Motiv in *Jaakobs Traum* (1918) für den Appell, der christlichen Demut zu entsagen. Die freie Selbstbestimmung verlangt nicht nur die Vorstellung eines ungerechten, unbarmherzigen Gottes; sie gebietet es auch, übernommene Leitbilder der alten Ordnung und Autorität zu beseitigen. Dagegen übernimmt das Motiv eine wesentliche Funktion in der Vervollständigung des Menschen- und Geschichtsbilds der Figuren in Thomas Manns Romanzyklus *Joseph und seine Brüder* (1933–43). Es verknüpft ursprüngliche Gottesvorstellungen und unverständliche Gebote („Urgeblök") mit dem göttlichen Spiel (Josephs Opferung, Joseph und Potiphar, Joseph in der Grube). Es klingt in den Adonis-Osiris-Bezügen an, verbindet Handlungsstränge und begründet Josephs Einstellung zum Göttlichen. So steht trotz der bewußt angestrebten Entmythologisierung Manns Motivgebrauch auf dem Boden der literarischen Tradition.

Quellen: Feo Belcari, *Rapprezentazione di Abramo e Isaaco* (1449); Hans Sachs *Tobias und Isaacs Aufopferung* (16. Jh.); Hieronymus Zigler, *Isaaci Immolatio* (1544); Guillaume Du Bartas, *Judith* (1574); Christian Weise, *Die Opferung Isaacs* (1680); Pietro Metastasio, *Isaaco, figura del Redentore* (1730–40); Christoph Martin Wieland, *Geprüfter Abraham* (1752); Pierre Emmanuel, *Jacob* (1970).

Lit.: R. Coffignal: L'Epreuve d'Abraham. Toulouse 1976; EM 1: 22–26; S. Spiegel: The Last Trial. On the Legends and Lore of the Command to Abraham to Offer Isaac As a Sacrifice. New York 1979.

Siehe auch: Iphigenie

Absurd

1. Formgebungen der absurden Seinsverfassung motivieren den Ich-Zerfall und die Identitätssuche. Sie thematisieren Krisenerscheinungen des Realitäts- und Selbstverständnisses einzelner Figuren. Die Bedeutung des Wortes geht zurück auf den lateinischen Sprachzusammenhang (*ab-surdus:* mißtönend, tonlos), der sowohl Schallwahrnehmungen als auch intellektuell sinnlose Äußerungen einbezog (Cicero, *De divinatione II,* 58). Cotgrave definiert im *Dictionarie of the French and English Tongues* (1611) absurd als „grosse unlikely or unreasonable matter". Furetière schließt an die Definition an und fügt im *Dictionnaire universel* (1690) „Ce qui choque le sens commun; qui est impertinent, contradictoire, impossible" hinzu. Auch die Begriffsbestimmung im Deutschen erfaßt eindeutig das Unvernünftige und Widersinnige (Adelung, Grimm). Im Sprachgebrauch der Goethezeit wird der Bedeutungsgehalt erweitert. Absurd sind Aussschweifungen der Phantasie und unkonventionelle Ansichten. Das Absurde verstößt gegen den gesunden Menschenverstand und kennzeichnet u.a. das Benehmen des Harlekins. Obwohl Goethe in *Dichtung und Wahrheit* (1812, Buch 15) und in den *Annalen* (1805) bemerkt, die menschliche Einbildungskraft habe „von Natur einen unwiderstehlichen Trieb zum Absurden", und das Absurde „erfülle" eigentlich die Welt, hält er in den *Xenien* (1797) fest: „nichts schrecklicher kann dem Menschen geschehn, / Als das Absurde verkörpert zu sehen". Erst Albert Camus erfaßt die von Goethe mit Sorge betrachtete, gegen „alle Kultur" wirkende Tendenz zum Widersinnigen als charakteristisches Phänomen der menschlichen Entfremdung. Camus deutet in *Le Mythe de Sisyphe* (1942) das Absurde im Sinne einer grundlegenden Spaltung, die „den einzelnen vom Leben, den Spieler vom Spielraum" trennt.

2. Maßgebende Theologen, die Kirchenväter, Calvin und Pascal bezeichnen mit dem Begriff die der reinen Vernunft widersprechende „Verstandeshürde", die den Weg zur Glaubensgrundlage des Gleichwerdens, des Sühneopfers und der Auferstehung Christi versperre. Pascal widerspricht entschieden den Bestrebungen, den Glauben durch Vernunftgründe zu stützen. Der Glaube ist eine lebendige, feste Zuversicht auf Gottes Gnade. Im reinen Glauben gibt sich der Mensch für ewig dem Göttlichen hin, das „im Mantel des Absurden" erscheint (*Pensées*). Als Inbegriff aller Vernunft entzieht sich Gott der begrenzten menschlichen Vernunftfindung. Nur dann, wenn der einzelne nicht zweifelt, sondern alle logischen Denkgesetze hinter sich läßt, kann er den Zugang zum Wunder des Glaubens an das Nichtgegenwärtige finden.

3. In philosophischen Streitgesprächen diente die Bezeichnung „absurd" dazu, dem Gegner die Legitimation abzusprechen, seine Lehre zu widerlegen und Beweise zu entkräften. Die Anwendung greift im Zeitalter der Aufklärung um sich. Sie steht geradezu im Dienst einer philosophischen Kirchen- und Glaubenskritik in Frankreich: La Mothe le Vayer, Fontenelle, Bayle und andere sahen im Fürwahrhalten des Glaubens eine „absurde" Mutmaßung, die sich auf unlogische, unvernünftige, widersprüchliche, willkürliche und lächerliche Gründe stützte. Obwohl sie nicht so weit wie Denker des 19. Jh. gingen und Gott verneinten, bahnte sich in diesen Diskursen die Ideologiekritik der Neuzeit an. Sicherlich gehören die von Montaigne in der „Apologie de Raimond Sebond" entwickelten Gedanken zum historischen Bewußtsein der Moderne. Ohne ein göttliches Leitbild ist der Mensch völlig auf sich gestellt. Für Sartre und Camus wird die radikale Verneinung eines göttlichen Leitbilds zum Ausgangspunkt der existentiellen Selbstvergewisserung. Sie bestreiten nicht mehr den möglichen Wahrheitsgehalt gegensätzlicher Ansichten, indem sie deren Unbeweisbarkeit enthüllen. Sie geben der Frage nach dem Sinn des Daseins eine neue Richtung. Sie fordern den Menschen auf, sich frei zu seiner Existenz zu bekennen, verantwortlich zu handeln, die Widersprüche einer fremden Welt auszutragen und im bewußten Schritt auf den anderen hin eine Existenzbasis zu schaffen.

4. Die Bestimmung des Absurden im Sinne einer zeitlosen Lebenserfahrung und eines ursprünglichen Verhältnisses zum Dasein wurde zum Ausgangspunkt umfassender thematischer Ausgestaltungen, die im absurden Theater und in der zeitgenössischen Prosa seit 1960 ihren verbindlichen Ausdruck fanden. Das Zusammenwirken von Figurenaufbau und Handlung verdeutlicht die Appellfunktion des Themas. Das Geschehen soll allgemeine Verdrängungserscheinungen in der Gesellschaft entlarven. Die Akteure verlieren daher den Schutz der Konvention. Sie treten als entblößte Sucherfiguren auf, deren Herkunft und Zukunft gleichermaßen undurchsichtig sind. Sie werden gezwungen, die Frage nach dem Sinn des Daseins zu stellen, und erfahren eine tiefgreifende Identitätskrise, da konventionelle Formen der Lebensbewältigung als Existenzlüge erscheinen. Die Vorstellung des „sinn-entleerten" Handelns schneidet den Weg nach außen ab. Gesprächspartner sind unerreichbar. Die Wendung nach innen geht jedoch auch oft ins Leere, da die Figuren in sich selbst die Widersprüche der Welt erfahren. Literaturwissenschaftliche Betrachtungen haben zwei charakteristische Eigenschaften der Werke hervorgehoben. Eine Reihe von Texten führen dem Zuschauer das schreckenerregende Ausmaß der Entfremdung vor Augen; sie erkunden das seinsbedingte Gefühl der Fremdheit angesichts einer absurden Welt; sie beleuchten die Versachlichung menschlicher Beziehungen; das Handlungsgeschehen läuft jedoch in einer Folge überschaubarer und verständlicher Ereignisse ab. In anderen Texten beeinflußt das Thema nicht nur die Figurenkonzeption, sondern auch den Handlungsaufbau. Die Figuren werden zu Chiffren des Zustandes des Absurden; die konsequent gezeichnete Kontaktlosigkeit des Menschen führt zwangsläufig zu Brüchen in der Handlung; die Fabel verflüchtigt sich; Anfänge, Vorausdeutungen, Rückgriffe oder konkrete Bezüge zur gesellschaftlich-historischen Situation fehlen. So erscheint das entfremdete Bewußtsein völlig aus dem historischen Raum herausgelöst. Das Gefühl der Fremdheit wirkt wie ein zeitloses Schicksal. Die Figuren nehmen marionettenhafte Züge an. Sie widerrufen ihre eigenen Urteile. Der verbindliche Dialog endet im Schweigen, und das Geschehen vermittelt den Eindruck wiederkehrender Angstträume.

5. Die Versuchung ist groß, im Leiden eines Philoktetes oder im Aufschrei des Herakles (Sophokles, *Die Trachinerinnen, Philoktetes*) bereits das Aufbegehren gegen eine sinnwidrige Weltverfassung zu sehen. Aber im unbesonnenen Handeln, im Zorn oder in der Rache, selbst angesichts unerklärbarer Strafgerichte oder unverständlicher Leiden, bleiben in der griechischen Literatur die Götter miteinbezogen in das Geschehen der Sterblichen. Auch die germanische Heldensage, in der die Handelnden in der Sippe verwurzelt sind, kennt nicht die Erfahrung späterer Zeiten, die Isabella in Schillers *Braut von Messina* (1803) zur Feststellung bewegt, daß sich „nichts Wahres“ von der Zukunft wissen läßt, da „alle Zeichen trügen“. Das Gefühl, sinnlosen, undeutbaren Heimsuchungen ausgeliefert zu sein, setzt sich jedoch bereits in der französischen Barockdichtung durch. Dichter wie beispielsweise Agrippa D'Aubigné, Guillaume Du Bartas, Pierre Le Moyne und Jean-Baptiste Chassignet erfaßten das Absurde einer ontologischen Zuordnung des Menschen zur Willensauflehnung und zugleich zur Unterwerfung, zum Handeln und zugleich zu einer leidenden Erfahrung der Welt. Tristan l'Hermite, Théophile de Viau und Marc-Antoine de Saint-Amant gestalteten den Menschen als Spielball von Zeit und Tod. Seit dem 19. Jh. zeichnen sich Figurenkonzeptionen ab, in denen zu der Einbuße des Glaubens an eine sinnvolle Ordnung des Daseins und dem Verlust an Geschichtsbewußtsein Defizite treten, die im gesellschaftlichen Bezug und in zwischenmenschlichen Beziehungen die Entfremdung der Personen charakterisieren. Repräsentative Figuren in Texten von Hebbel, Dostojewski, Strindberg, Kafka, Malraux, Updike, Styron, Bellow, Salinger, Bernhard, Dorst und Hildesheimer enthüllen die Deformationserscheinungen im Endzustand einer absurden Welt. Ihre Wesenszüge werden von einer völlig versachlichten Dingwelt geprägt. Als Einzelwesen verlassen, metaphysisch entwurzelt und von erschreckender Lebensangst gequält, suchen die Figuren nach einer geistigen Position, die es ihnen ermöglicht, im Absurden bestehen zu können. So wirkt es kaum überraschend, daß einige versuchen, das Absurde zur eigentlichen Sinngebung des Daseins zu erheben.

6. Wo direkte Rede verwendet wurde, diente das Absurde dazu, Funktionszusammenhänge zwischen einer möglichen vernünftigen Handlungswelt und einem gleichermaßen als möglich gedachten sinnwidrigen Geschehen darzustellen. Durch Übertreibung, Überbietung einer Aussage oder Häufung des Zusammenhanglosen (Commedia dell'arte, Fastnachtspiele, Puppenspiele, Punch- und Judy-Spiele, Vaudeville), aber auch durch Wortspiele und die bewußte Ausnutzung sprachlicher Widersprüche und sinnwidriger Feststellungen (François Rabelais, Christian Morgenstern, Edward Lear, Lewis Carroll) entstehen Widersprüche, die die Inkongruenz von Handeln und Denken beleuchten. In der Komödie (Shakespeare, Molière, Kleist, Nestroy) kann die wechselseitige Beziehung von vernünftiger und sinnwidriger Rede, von komischer Handlung und betont bedeutungsschwerer Rede zur tiefgreifenden Problematisierung des Geschehens führen.

7. Zum eigentlichen gestaltgebenden Prinzip wird das Thema zuerst in Alfred Jarrys bahnbrechendem Puppenspiel *Ubu Roi* (1896). Das Spiel weist die charakteristischen Züge des absurden Theaters auf: innere Widersprüchlichkeit der Figuren, die Reduktion der Personen zu Masken, Verzicht auf eine logische oder kausale Folge des Geschehens, Un-

vereinbarkeit der Handlung, schreckenerregende, an Angstträume erinnernde Situationen, Gespräche, die keine Mitteilungen machen und dadurch die Beziehungslosigkeit in der Welt enthüllen. Trotz verschiedener Ansätze, wie etwa Guillaume Apollinaires *Les Mamelles de Tirésias* (1917), entwickelte sich das absurde Theater zu einer abgrenzbaren literarischen Richtung erst durch die Stücke von Beckett und Ionesco, das Frühwerk Adamovs und Texte von Arrabal, Genet, Pinget, Buzzati, Pinter, Albee, Bernhard, Dorst, Hildesheimer, Frisch und Vian. Theoretiker des absurden Theaters betonen auch heute noch die Konfrontationsfunktion des Themas. Demgegenüber ist zu beachten, daß die konsequente Gestaltung des Themas in einem aus gesellschaftlichen und historischen Bezügen gelösten Bild zu einer Ideologie führen kann, die den Zuschauer mit durchaus deutbaren historischen Fehlentwicklungen versöhnt. In Bühnenwerken, besonders im politisch-dokumentarischen Theater, tritt das Thema seit den sechziger Jahren zurück. Dagegen zeigen sich in der zeitgenössischen Prosa deutlich Tendenzen, das Absurde einzuschalten, um gesellschaftliche Widersprüche und den Verlust einer echten Dialogsituation im Leben zu deuten.

Quellen: Aischylos, *Der gefesselte Prometheus*; Sophokles, *Ajax*; Hanswurstszenen bei Shakespeare; *King Lear;* Michel de Montaigne, „Apologie de Raimond Sebond“ in: *Essais* II, 12 (1580); Agrippa D'Aubigné, *Les Tragiques* (1577); Tristan l'Hermite, *La Folie du Sage* (1641); Blaise Pascal, „Le Nœud“ in: *Pensées* (1670); Bernard de Fontenelle, *L'Origine des fables* (1724); Georg Büchner, *Dantons Tod* (1835); Fjodor Dostojewski, *Aufzeichnungen aus einem toten Hause* (1864); August Strindberg, *Nach Damaskus I* (1898); *Traumspiel* (1902); Luigi Pirandello, *Il fù Mattia Pascal* (1905); Franz Kafka, *Das Schloß* (1926); Jean-Paul Sartre, *La Nausée* (1938); Saul Bellow, *Dangling Man* (1944); Jean Genet, *Haute Surveillance* (1949); *Le Balcon* (1956); *Les Nègres* (1958); Arthur Adamov, *La Parodie* (1950); *L'Invasion* (1950); *Paolo Paoli* (1957); Boris Vian, *L'Equarrissage pour tous* (1950); Eugène Ionesco, *La Cantatrice chauve* (1950); *Les Chaises* (1952); *Rhinocéros* (1959); William Styron, *The Long March* (1952); *Set This House on Fire* (1960); Samuel Beckett, *En attendant Godot* (1952); *Fin de partie* (1957); *Comédie* (1966); Günter Grass, *Die bösen Köche* (1957); Edward Albee, *The Zoo Story* (1958); *The American Dream* (1959); Dino Buzzati, *Sette piani* (1958); *Suicidio al parco* (1966); Max Frisch, *Biedermann und die Brandstifter* (1958); Wolfgang Hildesheimer, *Paradies der falschen Vögel* (1953); *Spiele, in denen es dunkel wird* (1958); *Erlanger Rede* (1960); *Die Verspätung* (1961); *Vergebliche Aufzeichnungen* (1963); *Über das absurde Theater* (1966); *Frankfurter Vorlesungen* (1967); Robert Pinget, *Lettre morte* (1959); Tankred Dorst, *Die Kurve* (1960); Harold Pinter, *The Birthday Party* (1960); *The Room* (1960); John Updike, *Rabbit, Run* (1960); J.D. Salinger, *Franny and Zooey* (1961); Thomas Bernhard, *Frost* (1963); *Das Kalkwerk* (1970); *Der Weltverbesserer* (1980); John Barth, *Giles Goat-Boy* (1966); *Lost in the Funhouse* (1968); *Sabbatical. A Romance* (1982); Thomas Pynchon, *The Crying of Lot 49* (1966); *Gravity's Rainbow* (1973); Tom Stoppard, *Rosencrantz and Guildenstern Are Dead* (1967); *Jumpers* (1972); *Travesties* (1974); *Night and Day* (1978); Friedrich Dürrenmatt, *Portrait eines Planeten* (1971); Václav Havel, *Das Gartenfest* (1989); *Theaterstücke* (1990); Daniil Chaarms, *Fallen* (1992); *Zwischenfälle* (1993).

Lit.: K. Bartsch (Hg.): In Sachen Thomas Bernhard. Königstein/Ts. 1983; T. Bishop, R. Federman (Hg.): Samuel Beckett. Paris 1976; K.A. Blüher (Hg.): Modernes französisches Theater. Darmstadt 1982; L.S.J. Butler, R. J. Davis (Hg.): Rethinking Beckett. A Collection of Critical Essays. New York 1990; J. Chiari: Landmarks of Contemporary Drama. London 1965; EM 1: 36–39; M. Esslin: Das Theater des Absurden. Reinbek 1965; E. Fischer-Lichte: Geschichte des Dramas. Bd. 2, Von der Romantik bis zur Gegenwart. Tübingen 1990; C. François: La Notion de l'absurde dans la littérature française du XVIIe siècle. Paris 1973; D. Galloway: The Absurd Hero in American Fiction. Austin, TX 1966; O. Gouchet: Kafka, Panduro, Seeberg, Sørensen: De l'absurde à l'absurdisme. In: RLC 62 (1988); P. Hinchcliffe: The Absurd. London 1969; A. Illiano: A View of the Italian Absurd from Pirandello to Eduardo De Filippo. In: From Surrealism to the Absurd: Proceedings of the Comparative Literature Symposium III. Garden City, NY 1968; J. Kott: The Absurd and Greek Tragedy. In: W. Zyla (Hg.), From Surrealism to the Absurd. Lubbock, TX 1970; P. A. McCarthy (Hg.): Critical Essays on Samuel Beckett. Boston, MA 1986; H. Peyre: The Notion of the Absurd in Contemporary French Literature. In: ders., French Literary Imagination and Dostoyevsky and Other Essays. Tuscaloosa, AL 1975; A. Pieper (Hg.): Die Gegenwart des Absurden. Studien zu Albert Camus. Tübingen 1994; C.J. Sheldon: Dread Amusement. Studies in the Melancholic Absurd. Baltimore, MD 1990; D. Stolz: Der frühe Grass u. die Literatur des Absurden. In: Germanica Wratislaviensia 82 (1988).

Siehe auch: Automat, Dialog-Schweigen

Afrikabild

Siehe Abenteuer

Aggression

1. Gegenstand des Themas ist, was die Zivilisation bedroht: einerseits der Rückfall ins Barbarische, andererseits die Absolutsetzung willkürlicher Ansprüche gegen das Rechtsempfinden, die gesellschaftliche Konvention oder gesetzliche Schranken. Das Thema bedingt eine funktionale Bezogenheit der Figuren auf aggressives Handeln. Deshalb ist die absolute Willensbehauptung ein dominanter Zug der Figuren. Sie streben nach Macht, bestehen erbarmungslos auf ihrem Willen, setzen sich über das Existenzrecht anderer hinweg und weisen die Ansprüche der Gesellschaft zurück. Das Thema diente der Darstellung tyrannischer Organisationen, undurchschaubarer Gesellschaftsstrukturen, die das Leben einzelner beeinträchtigen, asozialer Elemente, der Ausschreitung von Gruppen, einzelner Mordszenen und revolutionärer sozialer oder historischer Vorgänge. In Märchen, in der Jugendliteratur und in Comics richtet sich die Aggression gegen die Übertretung eines naiv-natürlichen Rechtsempfindens und sichert die Wunschvorstellung einer heilen Welt. In der literarischen Gestaltung aggressiver Verhaltensweisen sind Autoren latenten Triebfedern nachgegangen und haben individuelle Anlagen und Wesenszüge ermittelt, deren Kenntnis für die Sozialpsychologie wichtig wurde. Eine ganze Reihe von Texten vermittelt jedoch den Eindruck, daß der Terror tief im sozialen Bereich wurzelt oder antagonistischen Gesellschaftsverfassungen entspringt. Es ist deutlich, daß die Aggressivität ihre Energie unmittelbar aus der sozialen Sphäre bezieht und das Verhalten anderer Figuren direkt beeinflußt, deren Reaktion von Panik und Terror bis zu offenem Widerstand und rücksichtsloser Rache reicht. Durch die Beziehung zwischen Aggressor und Opfer entsteht eine deutlich ersichtliche Grenzlinie, die entweder die Kluft zwischen individuellem Willen und kollektivem Wollen oder den äußeren Kreis der Toleranzfähigkeit markiert. Die Aggression, in der literarischen Tradition mit Figuren wie Medea, Caligula, Don Juan, den Medici und Dracula verbunden, wird häufig durch die wirkungskräftigen Motive des →Bruderkonflikts, des →Kannibalismus, der →Jagd, der →Hand und der →Rache gesteigert.

Werke, in denen die Aggression das Geschehen bestimmt, wecken Zweifel an vernünftigen Lösungen der menschlichen Probleme. Indem die Aggression in die Sphäre der Sittlichkeit, der Familie, der Gesellschaft und des Staates eindringt, vermischen sich Sach- und Sinnzusammenhänge. Dadurch erscheint die Möglichkeit einer zivilisierten Entwicklung der Menschheit zutiefst fragwürdig. Außerdem enthüllen die Texte nicht nur eine Vorliebe für Urinstinkte, Unmoral und Unvernunft, sondern auch ein stark ausgeprägtes Interesse an der Panikbereitschaft des Menschen. In der Charakterisierung aggressiver Personen zeichnen sich neben tiefsinnigen psychologischen Erörterungen stark schematisierende Tendenzen ab. Die Handlung, konsequent auf erregende Momente und explosive Zusammenstöße angelegt, konzentriert sich nicht nur auf Auseinandersetzungen innerhalb bestehender Herrschaftsverhältnisse, sondern auch ganz allgemein auf Vergehen gegen Menschenwürde und Humanität. Außerdem erfaßt das Geschehen oft Prozesse (Krieg) und Situationen (Lager, Gefängnisse), in denen sich unheimliche oder bösartige Kräfte entfalten. Einzelne Texte erschließen die Willkür absoluter Willensentfaltung in Visionen des Machtrausches, andere vergegenwärtigen anonyme Bürokraten- und Henkerfiguren, die als ausführende Organe undurchschaubarer Prozesse oder Institutionen Schrecken verbreiten und das Leben verheeren. Der Willensmensch wird in der Regel als unruhig, übersteigert und titanenhaft charakterisiert. Bei namenlosen Vertretern der Macht signalisiert deren maskenhaftes Äußeres ihre menschlichen Defizite. Texte können die Aggression sowohl verurteilen als auch kritiklos anerkennen. Die Skala intentionaler Sachverhalte reicht von deutlich nachweisbaren Aufforderungen zur Reform bis zur Vermittlung lüsterner Reizerscheinungen durch das Zusammenspiel von Brutalität und sexuellen Triebkräften. Als tragendes Element im Sinngefüge eines Textes formt das Thema grundsätzlich ein Spannungsfeld zwischen Aggressor und Opfer.

2. Die Technik für die Rolleneinkleidung aggressiver Mächte erstreckt sich von der Darstellung furchterregender Ereignisse und der Untersuchung komplizierter Prozesse bis zur psychologischen Analyse individueller Herrschaftsgelüste. Außerdem wird das Thema zum Träger fester literarischer Konventionen.

Gewaltherrschaft. Tyrannen oder Usurpatoren, die ihre Macht zum Schaden des Gemeinwohls mißbrauchen, sind von jeher ein fester Bestand der abendländischen Literatur. Individuelle Darstellungen und Erörterungen des Widerstandsrechts spiegeln häufig theologische, philosophische und politische Überlegungen bedeutender Denker (Platon, Polybius, Cicero, Augustinus, John of Salisbury, Thomas Aquino, Bodin, Hobbes, Montesquieu, Mill, Hegel). Die Literatur wie die Philosophie stellten grundsätzliche Fragen in den Mittelpunkt der Betrachtung. Sie betrafen Wesen und Ausmaß der Autorität, Vergleiche zwischen idealen Verfassungen und Ausschreitungen eines Unrechtsstaates, Fragen der formalen Verletzung des geltenden Rechts, Tyrannenmord, Eigenschaften wie Weisheit, Gerechtigkeit und Selbstbeherrschung eines Prinzen und die soziale, politische Struktur, auf die sich eine → Reform von Bestand stützen konnte. Während jedoch die Rechts- und Staatsphilosophien mit wenigen Ausnahmen das für eine Zeit ideale Wesen des Staates herausstellten, Unterschiede zwischen Tyrann und vorbildlichem Herrscher beleuchteten, die Machtbefugnisse abgrenzten und politische Teilreformen dem völligem Umbruch oder Neuansatz vorzogen, konzentrierten sich literarische Werke weitgehend auf eine apokalyptische Sicht der Grenzüberschreitungen. Eine Ausnahme bilden Staats- und Erziehungsromane, in denen Reformanliegen überwiegen. Zur Motivation tyrannischer Ausschreitungen dienen subjektive Gefühle, Stimmungen und Urteile, das absolute Bestehen auf persönlichen Überzeugungen, moralischer Verfall, Besitzgier, Lust am Bösen und Machthunger. Die Übertretungen verletzen immer das Gefühl für Menschenwürde und stehen im Widerspruch zu freien, ethischen Entscheidungen. Sie sind weitgespannt und umfassen Verstöße gegen die Pietät anderer (Kreon in Sophokles, *Antigone*), die Verneinung des Göttlichen (Pentheus in Euripides, *Die Bakchantinnen*), die Auflehnung gegen den Rechtsstaat (Félix Lope de Vega, *Fuenteovejuna,* 1619) sowie zahlreiche Vergehen, die die Rechtsverfassung des Staates zerrütten und die ethische Einstellung wie auch das Gewissen der Bevölkerung untergraben (Seneca, *Phoenissae; Troades;* Shakespeare, *Richard II,* ca. 1594; Johann Christian Hallmann, *Heraclius*, ca. 1673; Gotthold Ephraim Lessing, *Emilia Galotti*, 1772; Friedrich Schiller, *Die Verschwörung des Fiesko zu Genua,* 1783). Figuren wie Herodes, Saul, Nero, Sextus Tarquinius und Diokletian, deren Taten den Eindruck historischer Glaubwürdigkeit vermittelten, gehören zum Arsenal der Kritik fordernden, aber wirkungsvollen Tyrannen in Schauspielen des 16. und 17. Jh. Historische Ereignisse bereicherten die Literatur mit neuen Einzelheiten. Ihre Rezeption änderte jedoch nichts am Bestreben der Autoren, den inneren Ursachen der Aggression nachzugehen, Affekte zu beleuchten und notwendige Lösungen aus der Anlage der Figuren zu gestalten. In Texten vorgebildete Deutungen wiesen auf krankhafte Störungen des Trieblebens, Verkrampfungssymptome und ins Aggressive gesteigerte Angsterscheinungen hin. Aggressoren wurden unter anderem dargestellt als Personen, die den Mißbrauch der Macht freudig genossen (Jean de Rotrou, *Le Véritable Saint-Genast,* 1646), als Figuren, die lüstern Frauen verfolgten, verführten oder vergewaltigten (Shakespeare, *The Rape of Lucrece*, 1594; Thomas Heywood, *The Rape of Lucrece*, 1608; John Webster, *Appius and Virginia,* 1654), aber auch als haltlos zwischen Furcht und Haß, hemmungslosem Ehrgeiz und Schwäche, Vertrauen und Mißtrauen, großangelegten Plänen und kleinlichen Angelegenheiten schwankende Gestalten (Shakespeare, *Richard III*, 1593; Lessing, *Emilia Galotti*; Friedrich Maximilian Klinger, *Otto,* 1775; Friedrich Hebbel, *Herodes und Mariamne,* 1850; Alfred Jarry, *Ubu Roi,* 1896; Heinrich Mann, *Der Tyrann*, 1918; Albert Camus, *Caligula,* 1945).

Das häufig verwendete Motiv der Verschwörung verstärkte nicht nur die Spannung durch den kunstvollen Aufbau strategischer Pläne und Gegenzüge. Es ermöglichte auch Reflexionen über denkbare Verwandlungen von Personen, die zuerst den Ruf vernehmen, den Tyrannen zu beseitigen, dann aber im Affekt ihren Zielen untreu werden, ihre Ideale vergessen oder anzweifeln und vom persönlichen Ehrgeiz übermannt werden. (Shakespeare; Thomas Kyd, *The Spanish Tragedie*, 1592; James Shirley, *The Traitor*, 1631; Saverin Cyrano de Bergerac, *La Mort d'Agrippine*, 1633; Thomas Otway, *Venice Preserved*, 1682; Alfred de Musset, *Lorenzaccio*, 1834; Alexandre Dumas-père, *Une Nuit à Florence sous Alexandre des Médicis,* 184l; Conrad Ferdinand Meyer, *Jürg Jenatsch*, 1882). Die Begründung der Auflehnung gegen die Gewaltherrschaft durch das Rachemotiv erlaubt den Aufbau einer übersichtlichen Handlungsfolge mittels einer Reihe von Zügen und Gegenzügen und begünstigt die unmißverständliche Charakterisierung der Spieler, Gegenspieler und leidtragenden Personen. Das Motiv bietet außerdem nicht nur einen direkten Berührungspunkt für Zuschauer oder Leser im sinnlich Erfahrbaren, sondern auch eine Erkenntnisgrundlage im Erfassen wesensnotwendiger Verflechtungen. Unterschiedliche Werke wie Cyril Tourneurs *The Revenger's Tragedy* (1607), Francis Beaumonts und John Fletchers *The Maid's Tragedy* (1610), Heinrich von Kleists *Michael Kohlhaas* (1810) und George Gordon Byrons *The Two Foscari* (1821) belegen, daß die Schaltfunktion des Motivs die Anwendung auf verschiedene Bereiche des menschlichen Verhaltens ermöglicht.

Zum Bereich des Motivs gehört natürlich nicht alles, was im Text geschieht, sondern lediglich das, womit es im Prinzip überhaupt in Wechselwirkung treten kann. Zu den Verknüpfungen gehören: Vergeltung für den Mord von Familienangehörigen oder Freunden, die Verführung der Tochter, Schwester oder Verlobten, persönliche Beleidigungen und die Verneinung der bürgerlichen Rechte. Häufig wurde das Motiv mit Tyrannenmord verbunden, eine Verknüpfung, die außer explosiven Lösungen die Möglichkeit bot, einen Ausblick auf die friedliche Existenz im Rechtsstaat einzuflechten. Auch das Recht zum Widerstand und zur Vernichtung des Aggressors wurde verschiedenartig fixiert. Einige Werke rechtfertigen persönliche Gewissensentscheidungen und zeichnen das Ende des Gewaltherrschers als unabwendbare Konsequenz seiner Taten. Eine große Zahl von Texten wendet sich an das natürliche Rechtsempfinden, stellt das Postulat unveräußerlicher Naturrechte auf und betont die sittliche Reinheit des Rächers (Schiller, *Wilhelm Tell,* 1804; Thornton Wilder, *The Ides of March,* 1948). Zu den bevorzugten Darstellungsarten gehört auch die Entwicklung einer zwingenden Kongruenz von Tyrannei, Terror, Haß und unausbleiblicher Abrechnung (Shakespeare, *Macbeth,* 1606?; Emile Zola, *Germinal,* 1885; Bernt von Heiseler, *Cäsar*, 1942). Eine größere Spannweite erhält das Motiv in Texten, die Aggression nicht aus dem Wesen eines einzelnen deuten, sondern ihre Wurzel im Klassensystem oder im politischen Zeitgeschehen suchen. In diesen Gestaltungen spiegelt sich selbst in individuell extremen Zügen das Gesellschaftliche (Friedrich Stolberg, *Timoleon*, 1784; Maxim Gorki, *Die Feinde*, 1906; Fritz Hochwälder, *Der öffentliche Ankläger,* 1947; Peter Weiss, *Die Ermittlung,* 1965; Walter Kempowski, *Im Blick,* 1969; Franz Xaver Kroetz, *Geisterbahn,* 1972).

Familie. Das Thema spielt eine wesentliche Rolle in der Darstellung von Familienzerwürfnissen. Obwohl sich Unterschiede aus der Kulturkreiszugehörigkeit ergeben, bestehen auffallende Übereinstimmungen in der Motivwahl (→Bruderkonflikt, →Generationskonflikte, →Vater-Sohn-Antagonismus und Mord des unerkannt heimkehrenden Sohnes zum Zweck der eigenen Bereicherung, →Täuschung) und auch in der Situationsdramatik und Gruppierung einzelner Fraktionen (George Lillo, *The Fatal Curiosity*, 1736; Gertrude Robins, *The Homecoming*, 1813; Albert Camus, *Le Malentendu*, 1944). In Familienkonflikten übernimmt die Figurenanordnung von Aggressor-Opfer und der direkte Bezug von Aggression-Reaktion eine wesentliche Funktion in der Verknüpfung der Handlung.

Außerdem zeigt sich, daß die Grundsituation eine wiederkehrende Anordnung typischer Konzentrationsmomente im Erzählverlauf veranlaßt: Augenblick des Erkennens, mögliche Neuorientierung mit Ausblick auf eine friedliche Lösung, Erneuerung des Konflikts und Lösung in der Form der erfolgreichen Selbstbehauptung einer Person, der Vernichtung des Aggressors oder des Zerfalls der Gruppe. In Familiensituationen erscheint das Thema häufig im Zusammenhang mit Rollenkonflikten, Erziehungsproblemen, Kommunikationsschwierigkeiten, Unstimmigkeiten und Fragen des Selbstverständnisses, die insgesamt sozialen oder ökonomischen Spannungen entspringen. In der Tradition kreisen fortbestehende Problemstellungen um wirkliche oder beargwöhnte leidenschaftliche Beziehungen, Verlobungen und geplante Heiraten (Konrad von Würzburg, *Herzmaere*, ca. 1255; Shakespeare, *Romeo and Juliet*, ca. 1593; Thomas Otway, *The Orphan, or the Unhappy Marriage,* 1680; Johann A. Leisewitz, *Julius von Tarent*, 1776; Schiller, *Kabale und Liebe*, 1784; Gustave Flaubert, *Salammbô,* 1862; William Faulkner, *Absalom, Absalom!,* 1936), das tödliche Ringen um Vorherrschaft (August Strindberg, *Der Vater*, 1887; Arthur Adamov, *Les Retrouvailles*, 1955) und mitleidlose Konfrontationen, die von scheinbar nichtigen Bemerkungen oder Episoden ausgelöst werden, jedoch seit langem gärende Gegensätze, unterdrückte Wünsche und unvereinbare Anschauungen ans Licht bringen (Gerhart Hauptmann, *Vor Sonnenaufgang*, 1889; Tennessee Williams, *A Streetcar Named Desire,* 1947; Edward Albee, *Who's Afraid of Virginia Woolf?,* 1962). Seit dem Naturalismus zeichnet sich eine Verlagerung der Aggression von tätlichen Ausschreitungen in die aggressive Sprache ab. Im Sprachvorgang kündigt der in scheinbar harmlosen Äußerungen mitklingende zusätzliche Bedeutungsgehalt die Aggressivität an. In der Technik des unbarmherzigen Dialogs ersetzt die scharf geschliffene Rede, die jede Schwäche des Gegenspielers sondiert, den traditionellen Dolch. Dramatiker wie Strindberg (*Kameraden*, 1888), Hauptmann (*Das Friedensfest*, 1890), Williams (*The Glass Menagerie*, 1945) und Eugène Ionesco (*La Cantatrice chauve*, 1948; *La Leçon*, 1950) verwenden das Verfahren wirkungsvoll, um die Lebenslüge, die Entfremdung und völlige Enthumanisierung der Figuren aufzudecken. Die Heimkehr, Wiedervereinigungen oder Familienfeiern arten zu quälenden, folternden Auseinandersetzungen aus. Personen, die scheinbar teilnahmslos auf den unvermeidlichen Verfall oder auf den Tod warten, genießen plötzlich den Taumel der Macht, andere vor ihrem eigenen Ende noch zu unterjochen oder zumindest schmerzhaft zu verletzen. Zimmer verwandeln sich in Zellen, in denen der Terror jeden Augenblick ausbrechen kann (Guillaume Apollinaire, *Les Mamelles de Tirésias*, 1917; Jean-Paul Sartre, *Huis-Clos*, 1944). Die Figuren verlieren schließlich jede Menschenwürde und erscheinen als Puppen oder treten als kostümierter Tod im Varieté auf. Ihre Bewegungsfreiheit erschöpft sich in Ausbrüchen des tödlich gehandhabten Wortes.

Die Absolutsetzung des Willens. Literarische Darstellungen des Willens zur Macht stehen im Zeichen einer subjektiven Freiheit, die völlig aus dem sittlichen Lebenszusammenhang herausgelöst ist. Sie greifen zuweilen auf Nietzsches Deutung des Willens zur Macht zurück, ohne sich notwendigerweise ernsthaft mit Nietzsche auseinanderzusetzen. Sie verneinen jeden lähmenden Relativismus des Erkennens, des Wissens und der Vernunft. Sie erneuern manchmal Dionysos-Vorstellungen und fordern ein freies Bekenntnis zur Macht. Sie sehen im Weltgeschehen eine ständige Auseinandersetzung des Willens mit der Umwelt. Sie heben besonders hervor, daß sich der Wille in ständigem Existenzkampf unaufhaltsam und unnachgiebig durchsetzen muß. Selbst der Machtbesitz befriedigt nicht. Nur die fortschreitende Aneignung und ständige Vergrößerung der Macht gewährt die intensive Erfahrung der Freude und Stärke. Jede Zunahme der Macht steigert den Genuß, jede Abnahme weckt tiefe Furcht. Schriftsteller vor und nach Nietzsche erkannten die Dynamik der Willensentfaltung und schilderten die Auseinandersetzungen, die von Figuren heraufbeschworen wurden, die mit eisiger Konsequenz ihre Ziele verfolgten, Mitmenschen, Gesellschaft, Natur, Vernunft und alle Werte verlachten, ihr Handeln zum obersten Gesetz machten, sich über die Schwächen anderer freuten und aus den Leiden der Umwelt neue Kraft schöpften. Literarische Charakterstudien versuchten, den absoluten Wissensdrang zu ergründen (→Faustus), versinnbildlichten den Aufstand gegen das innerste Wesen der Natur (Ahab in Melvilles *Moby-Dick*, 1851) und gestalteten den hemmungslosen Rausch der Ich-Erfahrung in der Bejahung des Bösen als alleinige Triebkraft des Lebens (Lautréamont, *Les Chants de Maldoror*, 1869). Die Konzentration des Willens zur Macht im Handeln bleibt konstant. Trotzdem zeigen sich große Variationsmöglichkeiten in der Darstellung einzelner, charakteristischer Züge. Zu den typischen Vertretern des Machtwillens zahlen Alban (E.T.A. Hoffmann, „Der Magnetiseur", 1814) und Svengali (George du Maurier, *Trilby*, 1894), die eine beispiellose Intensivierung ihrer Macht verspüren, nachdem sie andere durch Hypnose unterjochen, und Wolf Larsen (Jack London, *The Sea-Wolf*, 1904), der nur das Gesetz des Überlebens der Stärksten anerkennt, aber auch Tobias (Thomas Mann, „Tobias Mindernickel", 1897), der einen hilflosen Hund quält, um die Illusion der Stärke aufrechtzuerhalten, und der hinterhältige, kalt berechnende Flem (Faulkner, *The Hamlet,* 1940; *The Town,* 1957; *The Mansion*, 1959), der unnachgiebig seinen Plan verwirklicht, eine ganze Stadt zu besitzen.

3. Das Thema eignet sich besonders gut, um die Spannung durch Beschreibung der Gemütszustände der Opfer zu erhöhen. Das Verfahren entspricht Edgar Allan Poes Kompositionsprinzip: Das Geheimnis wird den Leidtragenden vorenthalten. Sie haben untrügliche Ahnungen, wissen aber nicht, von wem die Gefahr ausgeht. Ihr Verdacht wächst, aber die Ursachen für die Bedrohung bleiben unklar. Die Zukunft erscheint völlig unsicher. Ihre →Angst wird hochgepeitscht, bis sich die Handlung in der Entlarvung des Täters explosiv entlädt. Das Gefühl unheimlicher Ahnung und unbestimmbarer Furcht wird noch gesteigert in Texten, die rätselhafte und im verborgenen lauernde Angreifer, übernatürliche Kräfte, unberechenbaren Terror und die Bedrohung durch anonyme, unkontrollierbare Prozesse einführen. Die Technik, die sich im englischen Schauerroman (Gothic Novel) angebahnte und von Hoffmann, Poe, Dumas-père, Barbey d'Aurevilly und Pétrus Borel verfeinert wurde, verwendet Metaphern des schrumpfenden Raumes, entstellte Landschaftsbilder, von bösen Geistern durchsetzte Gebäude, okkulte Ereignisse und negative Erbanlagen.

Die Erfahrung der beiden Weltkriege, die Entwicklung totalitärer Staaten, grundlegende technische Neuerungen und tiefgreifende Wandlungen in den Naturwissenschaften trugen in der Literatur zu einer Verschiebung von individuell-subjektiv motivierter Aggression zur Bedrohung des Menschen durch überpersönliche Kräfte bei. Das literarische Interesse konzentrierte sich auf Personen, Gruppen oder ganze Gesellschaften. Die Menschen stehen Prozessen gegenüber, die sich weder deuten noch steuern lassen, und erfahren die Auswirkung von Entwicklungen, die sich der Kontrolle entziehen. Die Leiden sind deutlich, wenn die Figuren ihrem Schicksal fremd und ohnmächtig gegenüberstehen. Sie sind gleichermaßen eindringlich gestaltet, wenn die Personen nach den Hintergründen und Ursachen forschen. In der Verinnerlichung wie in der konsequenten Wendung nach außen stehen die Figuren plötzlich einer dem Leser vertrauten, durchaus realen Bedrohung gegenüber. Die Darstellungen vergegenwärtigen Auseinandersetzungen mit Anklagen, die von einer das ganze Dasein beherrschenden Bürokratie erhoben werden (Kafka; Heiner Müller, *Die Hamletmaschine,* 1979). Sie beleuchten in der Verbindung von Brutalität und Sexualität gleichermaßen zeittypische und zeitlose Verhaltensweisen (Frank Wedekind, *Erdgeist*, 1895; *Die Büchse der Pandora*, 1904). Sie veranschaulichen fernerhin die Unterdrückung und Deformierung durch besessene Wissenschaftler (George Griffith, *The Great Pirate Syndicate*, 1899; *The Great Weather Syndicate,* 1906; Alun Llewelyn, *The Strange Invaders*, 1934; Frederick H. Rose, *The Maniac's Dream*, 1946), die Furcht vor Maschinen oder Automaten (Karel Čapek, *R.U.R.*, 1921; Edward M. Forster, „The Machine Stops", 1928), die Herrschaft sadomasochistischer

Rituale (Jean Genet, *Haute Surveillance*, 1949) und das Entsetzen angesichts eines rasenden Lynchmobs (James Baldwin, „Going to Meet the Man", 1965). Sie enthüllen auch die Leiden derer, die sowohl grausamen als auch völlig unpersönlichen Vertretern der Macht ausgeliefert sind (Ernst Wiechert, Alexander Solschenizyn), und schließlich die letzte Abrechnung mit der Lebenslüge der Anpassung an das moderne Staatsgebilde (Stefan Heym, *Collin*, 1979). Zu den Elementen, die am eindringlichsten die Erfahrung des Entsetzens vermitteln und vertiefen, gehören die Ausschaltung jeder Reue oder Strafe (der moderne Vertreter des Schreckens erfüllt nur seine Pflicht; die Organisation selbst oder der Prozeß entzieht sich des direkten Eingriffs) und die Reduktion der Daseinsgestaltung auf eine Entscheidung: entweder leiden oder anderen Leid zufügen (Sartre, *Les Mains sales,* 1948).

4. Die in der amerikanischen Kritik betonte Auffassung, daß sich das Thema grundsätzlich und besonders deutlich in der Kriegsliteratur niederschlägt, ist unhaltbar. Aggression kann zentrale Funktion in Werken übernehmen, die den Menschen zum Produkt des Milieus oder unkontrollierbarer Prozesse machen. Andererseits stehen daneben Texte, in denen das Kriegsgeschehen die Funktion übernimmt, das unterschiedliche Handeln einzelner in der Krisensituation zu schildern. Das Interesse konzentriert sich dann auf Furchtlosigkeit, Mut, Kameradschaft, Vaterlandstreue oder die Prüfung des Gewissens, aber auch auf Zweifel, die Kunst des Überlebens oder die Hoffnung auf Frieden. Daneben gab es immer eine Kriegsliteratur, in der schematisierte Kontraste (Aggressor/Feind; Unrecht/heroischer Widerstand-Recht-Verteidigung) das Thema unterstreichen. Der Krieg hat dann häufig nur begrenzte Motivfunktion. Im Vordergrund der Betrachtung steht das Kriegsgeschehen, das durch eine Häufung beschreibender Einzelheiten geschildert wird. In einer bedeutenden Reihe von Werken, unter anderem Tatsachenberichten, autobiographischen Darstellungen, patriotischen Hymnen auf das Erwachen des Volkes, Siegesfeiern und Todesklagen (*epikedeion, threnos, kommos,* Nänie, Totenlied), klingt das Thema entweder nur leicht an oder erscheint überhaupt nicht.

Die Ansicht, daß der Krieg ein Vorgang ist, der unaufhaltsam abrollt, weil das Geschehen an sich ihm ständig neue, zerstörerische Kräfte zuführt (Homer; Wilhelm Raabe, *Das Odfeld,* 1888), ein Prozeß, der gleichermaßen Sieger und Überwundene verschlingt (Hans Jacob Christoffel von Grimmelshausen, *Simplicissimus Teutsch*, 1669; *Trutz Simplex: Oder Ausführliche und Wunderseltzame Lebensbeschreibung der Ertzbetrügerin und Landstörzerin Courasche,* 1670; Schiller, *Wallenstein,* 1800) oder ein Ereignis ist, welches in staatlichen Plänen, politischen Zielen, ökonomischen Ansprüchen, aber auch im vom Staat genährten Massenwahn wurzelt (Henri Barbusse, Remarque, Plievier, John Dos Passos, Bertolt Brecht) und alle Menschenwürde zerstört (Jean Giono, Mailer), setzte sich in der Literatur erst im gegenwärtigen Jh. der totalen Kriegsführung durch. Werke, in denen Aggression uneingeschränkt mit der Unterjochung und dem Freiheitsverlust des Individuums verknüpft ist, bevorzugen in der Darstellung die Grenzsphäre der Arbeits- und Todeslager, in denen die Erfahrungen menschlicher Leiden jedes Maß des Erträglichen überschreiten. Erwartungsgemäß weichen die Texte in der individuellen Formgebung und Gestaltung der Ereignisse stark voneinander ab. Sie erfassen die unheimliche Vision der Zerstörung durch eine mitleidlose Ideologie in Kafkas „In der Strafkolonie" (1919) und das Entsetzen des Endes im Viehwagen in Kurt Vonneguts *Slaughterhouse-Five* (1969). Sie bekunden den nicht mehr kontrollierbaren Haß gegen die Ungerechtigkeit des Systems (Upton Sinclair, *The Jungle*, 1906; Victor Serge, *Les Hommes dans la prison,* 1930; Arthur Koestler, *Ein spanisches Testament*, 1930; Anatoly Marchenko, *My Testimony,* 1960) und versuchen, selbst aus distanzierter Sicht, das Entsetzen der eingekesselten Opfer zu gestalten (Primo Levi, *Se questo è un uomo*, 1956; *Il sistema periodica*, 1975; Solschenizyn).

Die Texte stimmen jedoch grundsätzlich in einer thematischen Komponente überein: die Brutalität, der Terror und das Ausmaß der Verbrechen haben derartige, einst unvorstellbare Dimensionen angenommen und sind so alltäglich geworden, daß beschreibende Einzelheiten nicht die Ausnahme, sondern den allgemeinen Zustand präzisieren. Das Thema wahrt die sphärische Geschlossenheit der Texte, ermöglicht jedoch in der Stilisierung der Standortbestimmung des Leidens unterschiedliche Stilmittel. Anna Akhmatova („Requiem", 1956) nähert sich der Tonlage einer stammelnden, versagenden Stimme. Paul Celan („Todesfuge", 1952) bindet die Aussage in einem strengen metrischen Rahmen. Solschenizyn verwendet im *Archipel Gulag* (1974–76) eine Technik der ständigen Anhäufung und Wiederkehr desselben, um die Ausdehnung des Leidens auf die ganze Gesellschaft einzufangen. Und Vonnegut bemerkt lakonisch nach jedem entsetzlichen Vorfall: „So geht's". Es ist deutlich, daß diese Autoren das Thema nicht nur schärfer nuancieren, sondern auch im Bezugspunkt auf das allgemein menschliche Leiden viel stärker herausstellen als Schriftsteller vergangener Jahrhunderte. Es übernimmt im 20. Jh. zunehmend die Funktion, kritische Einblicke in die Krisenerscheinungen der Gegenwart zu vermitteln. Die Darstellungen der Verdinglichung des Lebens, der Entwertung der Mitmenschen und der zunehmenden Brutalität in zwischenmenschlichen Beziehungen in Stücken und Erzählungen von Gabriel García Márquez, Ödön von Horváth, Marieluise Fleißer, Martin Sperr, Rainer Werner Fassbinder, Sam Shepard und Alice Walker beleuchten in immer neuen Facetten die Aggression als lebensnegierendes Ritual der modernen Massengesellschaft.

Quellen: Sophokles, *Antigone*; Euripides, *Medea*; James Shirley, *The Traitor* (1631); *The Cardinal* (1641); Savinien Cyrano de Bergerac, *La Mort d'Agrippine* (1633); Horace Walpole, *The Castle of Otranto* (1764); Friedrich Klinger, *Die Zwillinge* (1776); Vittorio Alfieri, „Etruria Vendicata" (1788); Matthew Gregory Lewis, *Ambrosio, or the Monk* (1796); Etienne de Senancour, *Oberman* (1804); E.T.A. Hoffmann, „Der Magnetiseur" (1814); *Die Elixiere des Teufels* (1815–16); Charles Robert Maturin, *Melmoth, the Wanderer* (1820); Jules Barbey D'Aurevilly, *Le Cachet d'Onyx* (1831); *Les Diaboliques* (1874); George Sand, *Une Conspiration en 1537* (1833); Edgar Allan Poe, *The Murders in the Rue Morgue* (1843); *Tales* (1845); Alexandre Dumas-père, *Une Année à Florence* (1841); *Une Nuit à Florence sous Alexandre des Médicis* (1841); Johann Nepomuk Nestroy, *Der Zerrissene* (1845); Fjodor Dostojewski, *Aufzeichnungen aus einem toten Hause* (1864); *Die Dämonen* (1871); Ambrose Bierce, *The Fiend's Delight* (1872); *The Dance of Death* (1877); *Fantastic Fables* (1899); Leon Bloy, *Le Désespéré* (1886); Gertrude Reynolds, *Keep My Secret* (1886); Gerhart Hauptmann, *Vor Sonnenaufgang* (1889); *Das Friedensfest* (1890); *Veland* (1925); *Die Schwarze Maske* (1929); *Die Atriden-Tetralogie* (1949); Joseph Smith Fletcher, *God's Failures* (1897); *The Golden Spur* (1901); Alfred Jarry, *Ubu Roi* (1896); Upton Sinclair, *The Jungle* (1906); André Gide, *Les Caves du Vatican* (1914); Adolf Latzko, *Menschen im Krieg* (1918); Heinrich Mann, *Der Untertan* (1918); Ernst Jünger, *In Stahlgewittern* (1920); *Auf den Marmorklippen* (1939); Franz Kafka, *Der Prozeß* (1920); Karel Čapek, *R.U.R.* (1921); E.E. Cummings, *The Enormous Room* (1922); Antonin Artaud, *L'Ombilic des limbes* (1925); *Le Pèse-Nerfs* (1927); Thomas Alexander Boyd, *Points of Honor* (1925); Algernon Blackwood, *The Dance of Death and Other Stories* (1928); Michel de Ghelderode, *Fastes d'enfer* (1929); Erich Maria Remarque, *Im Westen nichts Neues* (1929); *Three Comrades* (1937); Theodor Plievier, *Des Kaisers Kulis* (1929); *Stalingrad* (1945); *Moskau* (1952); *Berlin* (1954); Frank Belknap Long, *The Goblin Tower* (1935); Arnold Zweig, *Erziehung vor Verdun* (1935); Ernst Wiechert, *Der Totenwald* (1946); *Missa sine nomine* (1950); Norman Mailer, *The Naked and the Dead* (1953); Anthony West, *Another Kind* (1951); Alain Robbe-Grillet, *Les Gommes* (1953); Fernando Arrabal, *Les Deux Bourreaux* (1956); Siegfried Lenz, *Zeit der Schuldlosen* (1961); *Haussuchung* (1967); Hans Magnus Enzensberger, *Politik und Verbrechen* (1964); Ray Bradbury, *The Small Assassin* (1965); Kurt Vonnegut, *Slaughterhouse-Five* (1969); James Dickey, *Deliverance* (1970); Alexander Solschenizyn, *August Vierzehn* (1971); *Der Archipel Gulag* (1974–76); Marieluise Fleißer, *Eine Zierde für den Verein* (1975); Sam Shepard, *True West* (1980); *Fool for Love* (1984); Elfriede Jelinek, *Burgtheater* (1982); Alice Walker, *The Color Purple* (1982); Rolf Hochhuth, *Sommer 14. Ein Totentanz* (1989); Botho Strauß, *Angelas Kleider* (1991); Werner Schwab, *Fäkaliendramen* (1991).

Lit.: A. Alvarez Villar: Analisis temático de la literatura terrorifica. In: Arbor 78 (1971); F. Aspersberger: Gewalt u. Gewaltlosigkeit als Problem literarischer Verfahrenswesen. In: ders., Der Historismus u. die Folgen. Ffm 1987; B. Bettelheim: The Informed Heart. Autonomy in a Mass Age. Glencoe, IL 1960; J.G. Bromfield: De Lorenzino de Médicis à Lorenzaccio. Paris 1972; B. Brophy: Black Ship to Hell. New York 1962; P. Chapleau: L'Imaginaire guérrier. In: Recherches sur l'imaginaire 12 (1984); D. Craig: Extreme Situations: Literature and Crisis from the Great War to the Atom Bomb. London 1979; J. Duytschaever: History and Violence in

Anglo-Irish Literature. Amsterdam 1988; W. Fowlie: Climate of Violence. The French Literary Tradition from Baudelaire to the Present. New York 1967; P. Fussell: The Great War and Modern Memory. New York 1975; M. Fuhrmann (Hg.): Terror u. Spiel. Probleme der Mythenrezeption. München 1971; G. Gönner: Von zerspaltenen Herzen u. der gebrechlichen Einrichtung der Welt. Versuch einer Phänomenologie der Gewalt bei Kleist. Stuttgart 1989; G. Guntermann: Gewalt u. zeitgenössische Literatur. In: N. Oellers (Hg.), Germanistik u. Deutschunterricht im Zeitalter der Technologie. Bd. 2. Tübingen 1988; H. Grundmann: Tatort Familie. In: G. Häntzschel (Hg.), Alles Leben ist Raub. Aspekte der Gewalt bei Friedrich Hebbel. München 1992; H. Hartwig: Die Metaphorik des Unheimlichen u. Grausamen in der Medientheorie. In: P. Gendolla, C. Zelle (Hg.), Schönheit u. Schrecken. Entsetzen, Gewalt u. Tod in alten u. neuen Medien. Heidelberg 1990; S.B. John: Violence and Identity in Romantic Drama. [und] A Theatre of Victims. In: J. Cruickshank (Hg.), French Literature and Its Background. Bd. 4, 6. London 1969–70; E. Kogon: Der SS-Staat. Stockholm 1947; H. Kord-Lütgert: Der Krieg in der englischen Dichtung 1918–1945. Hannover 1971; J.O. Lowrie: The Violent Mystique. Genève 1974; C.-H. Mallet: Kopf ab! Über die Faszination der Gewalt im Märchen. München 1990; R. Michaelis: Der schwarze Zeus. Berlin 1962; K.L. Morell: A Computerized Content of Analysis of Violence in 19th- and 20th-C. French and American Novels. Diss. Washington U. 1971; W. Müller-Seidel: Ästhetik u. Ideologie des Kampfes. Ein Kapitel zur deutschen Literatur zwischen 1900 u. 1933. In: Runa 13/14 (1990); C.W. Reilly: English Poetry of the First World War. A Bibliography. London 1978; J.-P. Reverseau: Pour une étude du thème de la tête coupée dans la littérature et la peinture de la seconde partie du XIXe siècle. In: Gazette des Beaux Arts 80 (1972); L. Riegel: Guerre et littérature. Paris 1978; V. Scannell: Not Without Glory. London 1976; M. Tatar: Von Blaubärten u. Rotkäppchen. Salzburg 1990; A. Wallas: Gewalt u. Zerstörung. Zur Thematisierung von Violenz in der österreichischen Literatur der Jahrhundertwende. In: ZDP 108 (1989); J. Wertheimer (Hg.): Ästhetik der Gewalt. Ihre Darstellung in Kunst u. Literatur. Ffm 1986; P.P. Wiener, J. Fischer (Hg.): Violence and Aggression in the History of Ideas. New Brunswick, NJ 1974.

Siehe auch: Bruderkonflikt, Dialog-Schweigen, Hand, Vater-Sohn

Ahasver

Siehe Wanderer

Alchimie

1. Die Lehren der Alchimie zeigen in der Grundform des Denkens Ähnlichkeiten mit den esoterischen Traditionen der Gnosis, der Mystik und der Anhänger des Hermes Trismegistos. Die Grundsätze – Materie wird nie verbraucht, nur umgeformt; alle Elemente können von einem Zustand in einen anderen verwandelt werden – veranlaßten die Suche nach dem innersten Wesen der Materie, dem Stein der Weisen, der Lauge, die eine Umwandlung bewirken sollte, und dem Elixier der ewigen Jugend. Sie begünstigten außerdem die Vorstellung, daß eine tiefgreifende Um- und Neugestaltung der Persönlichkeit möglich sei. In der Literatur des ausgehenden Mittelalters und der Renaissance entwickelten sich Metaphern und Motive aus diesen und verwandten Ideen, die der Magie und den Figuren der Wahrsager, Zauberer und Astrologen zugeordnet sind (Hans Folz, *Der Stein der Weisen,* um 1490; Johannes Trithemius, auch Tritheim, *Antipalus maleficiorum,* 1485?; *Steganographia,* um 1500; Heinrich Cornelius Agrippa von Nettesheim, *De occulta philosophia,* 1510). Dichter und insbesondere Dramatiker bedienten sich der drei Stufen von *nigredo*, *nigresco* (Schwärze, schwärzen), *albedo* (Weiße, weißwaschen) und *rubeo, rubesco* (durch Feuer röten). Außerdem übernahmen sie die sieben Stadien der alchimistischen Verfahren (*calcinatio*: abbrennen; *solutio*: im Wasser lösen; *coagulatio*: fixieren; *sublimatio*: verdunsten; *separatio*: trennen; *putrefactio et mortificatio*: verwesen; *coniunctio*: eingliedern) in die literarische Kompositionstechnik, um Persönlichkeitsveränderungen zu beschreiben und Texte zu gliedern. Von besonderer Bedeutung war die Anpassung alchimistischer Axiome an den Zyklus von Geburt, Tod und Wiedergeburt.

2. Alchimistische Darstellungen von Änderung, Verwandlung und Erneuerung spielen eine wesentliche Rolle im Thema der Transzendenz und in der weitgespannten Liebesmetaphorik in John Donnes *Songs and Sonnets* (1593/1633). Shakespeare bildet aus *solutio* und *coagulatio* die Motivreihe Zerstörung-Auflösung/Heilung-Ordnung. Sie wird

zum Organisationsprinzip in *King Lear* (1605?), *Pericles* (ca. 1608), *Cymbeline* (1610?), *The Winter's Tale* (1610?) und *The Tempest* (1611?). Die zyklische Handlungsfolge der Schauspiele von Schöpfung und Gründung über Auflösung und Unfruchtbarkeit zur Erneuerung in verwandelter Form schließt deutlich an alchimistische Vorstellungen an.
Alchimistische Motive stellen ein Netz weitläufiger Beziehungen in Goethes *Faust* (1832) her. Ihre positiven und negativen Züge unterstreichen menschliches Streben, mythisches Denken, Fehlschlüsse und Vergehen. Sie gliedern den Text und motivieren das Handeln der Figuren. Wagners Schöpfung des Menschenlebens auf dem Weg alchimistischer Experimente und Mephistos Versprechen, Gold zu beschaffen, verweisen auf Fehlurteile. In Fausts Suche nach der Entschlüsselung des innersten Wesens und Wirkens des Universums (der Schlüssel, der Stein der Weisen) klingt der Traum der Alchimisten an, den Sinn der Elementarwesen zu deuten. Dementsprechend wird die Suche zum Grundmotiv des Werkes, welches direkte Bezüge zwischen erster Andeutung (Zeichen des Nostradamus), dem anfänglichen Experiment (Hexenküche, Hinweise auf alchimistische Symbole) und der Erforschung okkulter, mythischer Bereiche (Schlüssel, Fahrt zu den Müttern, Mephistos Sorge) herstellt. Schließlich enthüllt Fausts Drang, hinter der Welt der Erscheinung die Grundsubstanz der Elementarkraft zu ergründen, die Sehnsucht der Alchimisten, die Handschrift des Universums zu entziffern.
Neben dem Wunsch, die Chiffre der Natur zu verstehen, werden alchimistische Motive von entscheidender Bedeutung in der Romantik. Sie begründen den mystischen Vorgang, der den Wahrheitssucher in Märchenwelten versetzt; sie veranschaulichen den Aufruf zur Wanderung durch Natur- und Planetengebiete; und sie beleuchten die ständige Begegnung mit Naturgeistern (Novalis, *Die Lehrlinge zu Sais*, 1797; Ludwig Tieck, „Der Runenberg", 1802; „Liebeszauber", 1811; „Die Elfen", 1811; E.T.A. Hoffmann, „Der Elementargeist", 1822; Thomas De Quincey, *Suspira de Profundis,* 1845; Jules Barbey d'Aurevilly, *Une Vieille Maîtresse,* 1851; *Les Diaboliques,* 1874). Nachweisbar sind fernerhin Hinweise auf alchimistische Zeichen für Elementargeister, Grundelemente und selbst die Stufen der Verwandlung und Erneuerung, die sowohl schreckenerregend (Hoffmann, „Johannes Kreislers Lehrbrief", 1815) als auch versöhnend wirken (Hoffmann, *Der goldne Topf,* 1814).
Im weiteren Verlauf des 19. Jh. werden einerseits einzelne Aspekte des Motivs in der Abenteuer- und Schauerliteratur wirksam. Andererseits sind Anspielungen auf Stufen menschlicher Verwandlung in der Entwicklungsthematik nachweisbar. Seit der Jahrhundertwende treten alchimistische Motive und Zeichen stärker in den Vordergrund. Neben bewußten Rückgriffen entstehen eigentümlich verhüllte Assoziationen, die nur mit Vorbehalt zur Tradition gezählt werden können. Im Schaffen Maurice Maeterlincks (*Les Aveugles,* 1890) und August Strindbergs (*Nach Damaskus,* 1897–1904; *Traumspiel,* 1902) zeichnen sich beispielsweise Überschneidungen von Figurenkonzeption, Handlung und im Text verankerten Sinndeutungen ab, die das Phänomen der Verwesung fest an den Regenerationswunsch binden. Das Geschehen zeigt den Menschen in der Vereinzelung. Er nimmt nur entstellte Spiegelungen anderer wahr. Zugleich enthüllt die Szenenfolge die Dynamik zusammenwirkender Gegensätze. Alles ist im beständigen Austausch und befindet sich im Prozeß einer möglichen Substanzverwandlung. Anklänge an die Stadien *nigredo* und *putrefactio et mortificatio* finden sich in Michel Ghelderodes *Escurial* (1927), in Paul Claudels *Partage de midi* (1905), in dem Ysé im Sinne der Alchimie erneuert wird, und in *The Only Jealousy of Emer* (1919) von William Butler Yeats, der die Figuren einem Prozeß der Läuterung durch Feuer und Wasser aussetzt.
Die vielfältigen, versteckten Anspielungen und offenen Hinweise auf *Hermes Trismegistos* in Thomas Manns *Der Zauberberg* (1924) lassen erkennen, daß Hans Castorps Erziehung auf dem Zauberberg nicht nur darauf abzielt, ihn den Hauptströmungen westlichen Denkens auszusetzen (Theodizee, Philosophie, humanistische Tradition, Natur-

wissenschaft, Morphologie), sondern auch danach strebt, seine Persönlichkeit völlig zu verwandeln. Die Stationen seines Bildungsabenteuers und seines Wachstums entsprechen denen der Lehre eines Jüngers der hermetischen Wissenschaft: Einweihung in eine Geheimgesellschaft, Absonderung von unwesentlichen Belangen, Rückkehr zum Ursprung (Castorps Kindheitserlebnisse, Träume), bewußtes Nachdenken, das Phänomen der Zeit meistern, Experimente, die von wissenschaftlichen Untersuchungen bis zu parapsychologischen Erlebnissen reichen, Umwandlung, Offenbarung, Tod und Wiedergeburt. Da sowohl die Entwicklung der Persönlichkeit als auch die Struktur des Romans von dem Motiv geprägt werden, ist *Der Zauberberg* ein treffendes Beispiel für die Ausarbeitung und Funktion eines Motivs.
In *Finnegans Wake* (1939) verwendet James Joyce die Transformationsphasen von *nigredo* und *albedo* und die Verwandlung von Blei in Gold, in der sich alles Unedle aussondert, als eine wiederkehrende Metapher für die Umgestaltung des „Müllhaufens" des Daseins durch den Künstler in ein Kunstwerk. Das Motiv stützt jedoch nicht nur den Zyklus von Leben, Tod und Wiedergeburt, sondern beleuchtet einzelne Charaktermerkmale und Handlungen, wie etwa die Szene, in der der Alchimist Shem aus seinem Exkrement Tinte herstellt.
Motiv-, Themen- und Traditionszusammenhänge sind bisher noch nicht völlig geklärt.

Lit.: Alchimie. In: Katalog der deutschsprachigen illustrierten Handschriften des Mittelalters. München 1986–91; B.D. Bernard: Alchemy and Finnegans Wake. Albany, NY 1980; F. Bonardel: Le mythe et l'alchimie. In: dies., Le Retour du mythe. Grenoble 1980; A.C. Debus: The Chemical Dream of the Renaissance. Cambridge 1968; M. Eliade: Forgerons et alchimistes. Paris 1955; J. Hartlieb: Das Buch aller verbotenen Künste des Aberglaubens und der Zauberei. Ahlerstedt, 1987; H. Jantz: Goethe, Faust, Alchemy, and Jung. In: GQ 35 (1962); B.L. Knapp: Theatre and Alchemy. Detroit, MI 1980; N. Mesh-hadi: Die Einschätzung der Alchemie in Faust-Dichtungen. Ffm 1979; C. Nicholi: The Chemical Theatre. London 1980; H.J. Shepard: Gnosticism and Alchemy. In: Ambix 6 (1957); ders.: The Redemption Theme and Hellenistic Alchemy. In: Ambix 7 (1959); J. Telle: Astrologie et alchimie au XVIe siècle. In: Chrysopoeia 3 (1989); ders.: Mythologie u. Alchemie. Zum Fortleben der antiken Götter in der früheren neuzeitlichen Alchemieliteratur. In: Beiträge z. Humanismusforschung 6 (1980); ders.: Sol u. Luna. Hürtgenwald 1983.

Alchimist

1. Literarische Deutungen des Alchimisten als ambivalente Figur, die danach strebt, die Geheimnisse des Universums zu entschlüsseln, aber zugleich die Mitbürger betrügt, spiegeln die unterschiedlichen Auffassungen der Gesellschaft, die zwischen Wissenschaftler, Magus und Betrüger schwanken. Die christliche Kirche verdammte Versuche, durch „naturwissenschaftlich-magische" Experimente die göttlichen Geheimnisse des Universums zu enträtseln. Trotzdem ließen sich weltliche Herrscher und Schatzmeister mit leeren Kassen gern von den alchimistischen Träumen der Goldgewinnung verlocken. Schriftsteller charakterisierten den Alchimisten als Träumer, Sonderling und dämonische, tragische oder tragikomische Persönlichkeit. Außer einigen bemerkenswerten Ausnahmen verraten literarische Darstellungen kein echtes Verständnis für das Wesen der Alchimie. Die Figuren dienen daher hauptsächlich dazu, Geschehnisse zu begründen, Reaktionen auszulösen und auch durch komische Züge kontrastierend zu wirken.
2. Die meisten Charakterzüge der Figur sind bereits in einer frühen Darstellung des Alchimisten nachweisbar: Francesco Petrarcas *Dialogue de Alchymia* (1366). Von Rauch, Asche, geheimnisvollen Geräten und chemischen Lösungen umgeben, wirkt der Alchimist verwelkt, verhungert, verschmutzt und ist durch schlaflose Nächte und monomanische Besessenheit von Gold an den Rand des Wahnsinns getrieben. Sein verkommenes Aussehen und seine Umgebung reizen zum Lachen; sie rufen aber zugleich zur Reflexion über das sinnlose Streben nach materiellem Besitz auf. Darstellungen des Alchimisten als armer, mit Kohlenstaub bedeckter Bettler, Tor und fragwürdiger Scharlatan, der Gewinn aus der Leichtgläubigkeit seiner Opfer zieht, setzen sich fort in: Geoffrey Chaucer, *Canon Yeoman's Tale* (ca. 1390); John Gower, *Confessio Amantis* (1390); Johann Fischart, *Affenteurliche und ungeheurliche Geschichts-*

schrift vom Leben . . . der Helden . . . Gargantua und Pantagruel (1575); und Thomas Lodge, *The Anatomie of Alchymie* (1595). In seinen Komödien *Eastward Hoe* (1604 mit Marston u. Chapman) und *The Alchemist* (1610) übertrug Ben Jonson die Charaktereigenschaft des Betrügers auf die wachsende Geschäftsgier der Zeit. Die Figur verweist nun eindeutig auf die bedenklichen Nebenerscheinungen des kapitalistischen Systems. Anrüchiges Geschäftsgebaren und die wirtschaftliche Unbeständigkeit spiegeln sich in Personen wie beispielsweise dem Lehrling Quicksilver, der profitiert, indem er Gold von Münzen schabt, und sich wie Quecksilber dem Zugriff entzieht. Im Gegensatz zu den frühen satirischen oder komischen Darstellungen schildern Autoren seit dem 19. Jh. den Alchimisten als einen ernsten, oft tragischen Forscher (Edward Bulwer-Lytton, *Zanoni*, 1842; Friedrich Halm, *Der Adept*, 1838; besonders Honoré de Balzac, *La Recherche de l'absolu*, 1834, und Alexandre Dumas-père, *Les Mémoires d'un médecin*, 1846–48). Somit hat die Figur zwei Bezugssphären. Sie fordert Kritik heraus und regt zur Auseinandersetzung mit gesellschaftlichen Mißständen an. Sie vermittelt die Problematik der mystischen Weltschau und regt dazu an, über den Sinn des Lebens nachzudenken.

Lit.: M. Eliade: Forgerons et alchimistes. Paris 1955; EM 1: 264; G.F. Hartlaub (Hg.): Alchemisten u. Rosenkreuzer: Charakter- u. Sittenbilder der Malerei u. Dichtung von Breughel bis Kubin, von Petrarca bis Balzac. Heidelberg 1947; C. Nicholl: The Chemical Theatre. London 1980; J. Read: The Alchemist in Life, Literature, and Art. London 1947.

Alkestis

1. In dieser Figurenkonzeption fand das Thema des selbstlosen Handelns, der Bereitschaft, das eigene Leben für den Geliebten zu opfern, gültigen Ausdruck. Die Figur ist mit einer Handlungskomponente verflochten, die in unterschiedlichen Einkleidungen in Sagen und Legenden erzählt wird. Ein Mensch in der Blüte des Daseins oder auf der Höhe des Ruhms ist plötzlich dem Untergang geweiht und fleht, vom Tod entbunden zu werden. Er erhält die Zusage der Auslösung unter der Bedingung, eine andere Person zu finden, die bereit ist, für ihn zu sterben. Nach langer Suche unter Familienmitgliedern und Freunden findet der Todeskandidat eine Mutter, Schwester oder Geliebte, die sich selbstlos opfert.

2. In der ersten überlieferten literarischen Gestaltung, der *Alkestis* (438 v. Chr.) von Euripides, übernehmen die Motive der Gastfreundschaft und der Rückkehr aus der Unterwelt die Funktion, die überraschend glückliche Wendung des Schicksals zu begründen. Weil Admetos, trotz des Begräbnisses und der tiefen Trauer über das Opfer seiner Frau, die Tugend der Gastfreundschaft wahrt und den Besucher Herakles ehrt und bewirtet, erklärt sich dieser bereit, Alkestis zu retten. Er fährt in die Unterwelt und führt die tiefverschleierte Alkestis ins Leben zurück.

Die Spannung und Ungeduld, mit der Admetos nach einem Stellvertreter sucht, wie auch die freudige innere Befreiung, die er verspürt, nachdem sich seine Frau für ihn opfert, bewegten spätere Autoren wie Sachs, Hardy, Wieland und Alfieri dazu, die humoristisch-satirische Dimension einzuschränken. Sie änderten die Folge der Ereignisse und verliehen Admetos Charakterzüge, die ihn des großen Opfers würdig erscheinen ließen. Die Gestaltungen legen besonderen Wert darauf, daß Alkestis ohne das Wissen ihres Mannes ganz im stillen die Entscheidung trifft. Die Folge einer überraschenden Offenbarung des Gelöbnisses, des Todes und der Wiedervereinigung von Mann und Frau ermöglichten Darstellungen, in denen sich sentimentale Züge in das Pathetische mischten. Anklänge an das Motiv der Bürgschaft (→Freundschaft) ergeben sich aus der Ähnlichkeit der literarischen Konstante. Eine Motivübertragung läßt sich nicht nachweisen.

3. Spätere Bearbeitungen von Browning, Morrison, Hofmannsthal, Rilke, Lernet-Holenia, Eschmann und Wilder verfolgen mit zunehmender Freiheit die unterschiedlichen, oft widersprüchlichen Deutungen, die das Thema mit sich bringt. Browning beleuchtet die Entwicklung von Admetos, der sich aus seiner egozentrischen Bindung löst und zu einer neuen Lebenshaltung findet, die es ihm ermöglicht, neben Alkestis zu bestehen. In

Hofmannsthals Werk erweckt Admetos den Eindruck tragischer Größe. Er wächst über sich selbst hinaus, als er erkennt, daß das Schicksal seiner Frau unabänderlich ist. Wilder, Rilke, Lernet-Holenia und Eschmann betonen weniger die Selbstverneinung und Opferbereitschaft als die Überwindung des Todes durch Liebe und die Erkenntnisfähigkeit unabänderlicher Naturgesetze. So entsteht allmählich eine neue Auslegung der menschlichen Seinsverfassung: Alkestis überwindet den Tod durch ihre gläubige Hinwendung zu Apollo und durch ihre selbstlose Liebe.

4. In den Werken von Eschmann und Wilder tauchen verhüllte Anspielungen auf Christi Sühneopfer und Auferstehung auf. In Eliots Stück wird die Affinität zur symbolischen Entsprechung. Eliot behandelt das Thema völlig neuartig, indem er aus ihm verschiedene Stränge herauslöst und auf Figuren verteilt, die sich in zwangloser Geselligkeit zusammenfinden. Edward und Lavinia Chamberlayne übernehmen die Rolle der ehelichen Beziehungen zwischen Alkestis und Admetos. Die Missionsschwester Celia, von Heiden auf einem Ameisenhaufen gekreuzigt, verkörpert die absolute Opferbereitschaft. Ihr vorbildliches Handeln und ihr Tod leiten einen Erkenntnisvorgang ein, der die literarische Tradition der Alkestis-Figur neu belebt.

Quellen: Euripides, *Alkestis*; Hans Sachs, *Tragoedia von der Getrewen Frau Alkestis und ihrem Getrewen Mann Admeto* (1536?); Alexandre Hardy, *Alceste, ou la fidélité* (1602); Christoph Martin Wieland, *Alceste* (1773); Goethe, *Götter, Helden und Wieland* (1774); Vittorio Alfieri, *Alceste prima*; *Alceste seconda* (1798); Johann Gottfried Herder, *Admetus' Haus, oder Der Tausch* (1802); Robert Browning, *Balaustion's Adventure* (1871); Theodore Morrison, *The Dream of Alcestis* (1885); Hugo von Hofmannsthal, *Alkestis* (1893); Rainer Maria Rilke, „Alkestis" in: *Neue Gedichte* (1906–7); Alexander Lernet-Holenia, *Alkestis* (1946); Ernst Wilhelm Eschmann, *Alkestis* (1950); Thornton Wilder, *The Alcestiad* (1935); T.S. Eliot, *The Cocktail Party* (1950).

Lit.: K. Fritz: Euripides' *Alkestis* u. ihre modernen Nachahmer u. Kritiker. In: Antike u. Abendland 5 (1956); K. Hamburger: Von Sophokles zu Sartre. Griechische Dramenfiguren, antik und modern. Stuttgart 1962; O. Kuhn: Mythos-Neuplatonismus-Mystik: Studien zur Gestaltung des Alkestisstoffes bei Hugo von Hofmannsthal, T.S. Eliot u. Thornton Wilder. München 1972; A. Lesky: Alkestis, der Mythus u. das Drama. In: Sitzungsberichte der Wiener Akademie. Phil-hist. Klasse 205 (1925) 2. Abhandl.; A.W. Verall: Euripides, The Rationalist. Cambridge 1895.

Alter Ego

Siehe Doppelgänger

Altern

1. Schilderungen des Alterns erstrecken sich von Idealbildern gottesgefälliger Lebensführung bis zu Milieustudien im Vorzimmer des Todes, vom Alter als Inbegriff des göttlichen Segens bis zum Verfall morbider Körper, deren Gebrechen als Summe des Lebens erscheinen. Der Stoff beschreibender Details ist so ergiebig wie uferlos. Er schließt Weisheit und Laster, Armut und Habgier, Integration in die Familie und Ausschluß aus der Gesellschaft ein. Die Skizzen und Hinweise im Erzählverlauf haben vielfältige Funktion und geben Auskunft über Familienkonflikte, Generations- und Sozialprobleme, aber auch über die sinnvolle oder törichte Lebensführung. Dagegen entwickelt das Motiv eine deutlich begrenzte Polarstruktur von Verklärung und Verfall. Und in der thematischen Ausarbeitung des Alterns entstehen eine Reihe bedeutender Grundmuster.

2. Das Motiv löst Konflikte aus, kristallisiert Vorstellungen, die zur Nachahmung oder Kritik aufrufen, hebt Reformanliegen hervor und profiliert die Thematisierung der Lebensangst, des Kontaktverlusts und der absurden Seinsverfassung. Schließlich kann das Motiv, wenn es in höchster Bildkonzentration alte Menschen in der Mülltonne (Samuel Beckett, Nagg und Nell in *Fin de partie*, 1957) oder den Haßausbruch auf Sohn und Jugend (Edwin O'Connor, *I Was Dancing*, 1964) zeigt, den Schrecken der Vergreisung einer Gesellschaft einfangen. Als Repräsentanten des geistig Überholten verursachen alte Personen häufig unlösbare Konflikte. Sie beharren uneinsichtig auf ihrer Lebensweise und ihren Vorstellungen unzeitgemäßer Ehrbegriffe (→Ehre), auf unreflektiert übernommenen politischen Anschauungen (Jens Ole

Jepsen in Siegfried Lenz, *Deutschstunde,* 1968; Dieter Wellershoff, *Die Schönheit der Schimpansen,* 1977; Martin Walser, *Ein fliehendes Pferd,* 1978) und überholten gesellschaftlichen Konventionen (Molière, *L'Avare,* 1668; Honoré de Balzac, *Gobseck,* 1830; Peter Härtling, *Eine Frau,* 1974). Die Alten zwingen die Jugend zur Neuorientierung und zur Suche nach gültigen Antworten. Das Motiv ist stark ausgeprägt in Werken der deutschsprachigen Literatur nach 1945, in denen Versuche der geistigen Bewältigung der politischen Vergangenheit entweder den Generationskonflikt heraufbeschwören oder zur Abrechnung mit dem eigenen Leben führen (Thomas Bernhard, *Frost,* 1963; *Korrektur,* 1975; Johannes Bobrowski, *Levins Mühle,* 1964; Elisabeth Plessen, *Mitteilungen an den Adel,* 1976; Bernward Vesper, *Die Reise,* 1977; Ruth Rehmann, *Der Mann auf der Kanzel. Fragen an einen Vater,* 1979; Peter Härtling, *Nachgetragene Liebe,* 1980; Christoph Meckel, *Suchbild. Über meinen Vater,* 1980). Das Motiv kann in der Verbindung mit dem Thema der →Selbstverwirklichung zum Sinnbild für das bescheidene, alltägliche Dasein (Gustave Flaubert, „Un cœur simple", 1877) oder den Willen zum Durchhalten (Ernest Hemingway, *The Old Man and the Sea,* 1952) werden.

Situationstechnisch wirksam ist das vom Altern abgeleitete Motiv der verliebten Alten. Ungleiche Paare sind in Komödien und Satiren häufig Zielscheibe des Spotts. Darüber hinaus strafft das Motiv im Aufbau von Intrige und Gegensätzen die Handlungsführung. Bevorzugte Zusammenstellungen ungleicher Paare sind: (1) lüsterne Greise, die jungen Mädchen nachstellen, deren Pläne jedoch vereitelt werden (zahlreiche Stücke aus der italienischen Commedia dell'arte, 15.–16. Jh.; Molière, *L'Ecole des femmes,* 1662; *L'Avare,* 1668; Pierre Caron de Beaumarchais, *Le Barbier de Séville,* 1775); (2) Senioren und vom Geld betörte Konkubinen (Molière, *Le Mariage forcé,* 1664; →Kurtisane); (3) verliebte Frauen und junge Galane (Pierre Carlet de Marivaux, *Le Paysan parvenu,* 1734; →Schelm).

3. Verbindlicher Ausgangspunkt für die unterschiedlichen thematischen Ausarbeitungen ist die Standortbestimmung im Sinne einer Bestandsaufnahme dessen, was zurückliegt, und dessen, was bleibt. Die auf die Figur übertragene oder in der Erzählperspektive angedeutete Selbstvergewisserung kann dann entweder die Perspektive der Umwelt übernehmen und die Bilanz des Lebens schließen oder im Blick auf neue Horizonte noch erfüllbarer Aufgaben das Alter überspielen. Die beiden Haltungen bestimmen einerseits die Darstellungen, die von früh gealterten, verzweifelten Jugendlichen bis zu den Endspielfiguren im absurden Theater (→Absurd) reichen, andererseits die Schilderungen der schöpferischen Unruhe, der tätig-hilfsbereiten Rückwendung zum Leben und der Metamorphosen in das Zeitlos-Gültige, Ewig-Jugendliche.

Die harten Konturen in Grundmustern des Alterns treten besonders scharf in der Selbstvergewisserung von Senioren hervor, die die Urteile und Vorurteile der Gesellschaft verinnerlicht haben. Der Blick ist scharf, ganz gleich ob die Texte soziale Reformanliegen anstreben oder nicht. Im Gegensatz zur Entwicklungsthematik sind Gegenwart und Zukunft von dem bereits geführten Leben bestimmt. Das Feld der Möglichkeiten ist begrenzt. Die gesellschaftlichen Bedingungen können Kinder oder Jugendliche zum vorzeitigen Altern oder zum Tod verurteilen (der Knabe Vater Zeit in Thomas Hardy, *Jude the Obscure,* 1896; Ilse Aichinger, *Die größere Hoffnung,* 1948; Christoph Meckel, *Bockshorn,* 1973). Auch die Erkenntnis des unaufhaltsamen Prozesses des Alterns kann plötzlich und vorzeitig ins Bewußtsein der Figuren treten (Erwin Strittmatter, „In einer alten Stadt", 1969). Distanzierte Diagnosen der Leiden alter Menschen können in Darstellungen der Identitätssuche jüngerer Figuren die Fragestellung vertiefen. Die Prüfung der Situation der Alten, die aus der gesellschaftlichen Ordnung herausfallen und entfernt werden, wird dann zur Selbstprüfung (Siegfried Lenz, *Der Verlust,* 1981). Die tiefgreifende Auseinandersetzung mit dem Altern setzt jedoch vorwiegend mit der Verunsicherung ein, die sich einstellt, wenn eine Figur nach der Sinnerfüllung des zurückliegenden Lebens und der verbleibenden Zeit fragt. Historische Erfahrungen, zeittypische Einflüsse und individuell-spezifische Vorstellungen einzelner Autoren bestimmen die Themenführung. Die Ausprägungen zeigen daher markante Unterschiede in verschiedenen literaturgeschichtlichen Epochen und im Schaffen einzelner Autoren. Auch die Positiv-Negativbilder der Alten reichen von aktiven, vorbildlich wirkenden Senioren bis zu Mitleid erweckenden Vergreisungserscheinungen und neuerdings den gierigen „Grufties", die egoistisch auf ihrer Versorgung bestehen. Dennoch lassen sich sieben Grundmuster des thematisierten Alterns nachweisen:

(1) Der Handlungsverlauf schildert Lebensläufe in fallender Linie. Der Rückblick läßt Zweifel aufkommen, ob das Leben sinnvoll war. Die Ortung der eigenen Situation hebt zwischenmenschliche Probleme wie Kontaktverlust und verzweifelte Kontaktsuche scharf hervor. Selbst scheinbar ausgezeichnete soziale Bedingungen der Altersfürsorge, die „objektiven" Lebenslagen, verhindern keinesfalls die Verinnerlichung von außen übernommener Urteile, das Grauen vor dem Verfall und die Furcht vor der Todesnähe. Die literarisch konkretisierte Zeiterfahrung erfaßt Intensitätsgrade vergangener Erlebnisse. Jede Erfahrung erscheint aus der Perspektive des Rückblicks entweder erweitert oder verengt. Die Zeitraffung kann zu Schwunderscheinungen führen. Die Figuren erinnern sich nur an den Anfang, verspüren die Gegenwart des Leidens und warten auf das Ende. Im Extremfall ist Altern die Abkehr vom Leben, die von Améry konstatierte unerwünschte, unersprießliche, ungesunde Verschlackung des Körpers und das Erlebnis, eine Sozialleiche zu sein.

Quellen: bevorzugte Konstellation im absurden Theater; Josephine Lawrence, *Years Are So Long* (1934); *The Web of Time* (1953); Eudora Welty, „A Visit of Charity" (1941); Christine Lavant, „Alter Schlaf" (1956); Samuel Beckett, *Krapp's Last Tape* (1958); Ilse Aichinger, „Herodes", „Nach Mir" in: *Eliza, Eliza* (1965); Jean-Louis Curtis, *La Quarantaine* (1966); Simone de Beauvoir, *La Vieillesse* (1970); Peter Handke, *Wunschloses Unglück* (1972); Wolfgang Hildesheimer, *Masante* (1973); Jean Améry, *Über das Altern. Revolte und Resignation* (1979); May Sarton, *Anger* (1982); Gabriele Wohmann, *Der Flötenton* (1987).

(2) Die Alten werden aus der Gemeinschaft ausgeschlossen. Sie verlieren Ansehen und Macht und wirken im Vergleich mit dem Potential der Jugend hinfällig. Sie fallen entweder den Kindern und der Gesellschaft zur Last und werden ausgestoßen oder kapseln sich selbst ab. Vorstellungen der Außenseiterexistenz und des Enklavendaseins beherrschen den Gesichtskreis der zentripetal nach innen verlaufenden Handlungsführung. Die Alten verfallen physisch und geistig oder rächen sich wie in Kingsley Amis' *The Old Devils* (1986) am Leben, indem sie ihre Selbstsucht genießen.

Quellen: François Villon, *Testament* (1465); Shakespeare, *King Lear* (1606); William Wordsworth, „Michael" (1800); Balzac, *Le Père Goriot* (1834); *Le Cousin Pons* (1847); Emile Zola, *La Terre* (1887); Otto Julius Bierbaum, *Stilpe* (1807); Heinrich Mann, *Professor Unrat* (1905); Franz Nabl, *Ödhof* (1911); Josephine Lawrence, *The Web of Time* (1953); John Updike, *The Poorhouse Fair* (1958); May Sarton, *The Small Room* (1961); Chaim Bermont, *Diary of an Old Man* (1966); Karl Otto Mühl, *Rheinpromenade* (1973); William Trevor, „Broken Homes" (1978) und am Beispiel der plötzlich einsetzenden Aphasie, die Ulrich Martens zum Schweigen, „einer langsamen Art zu sterben", verurteilt in Lenz, *Der Verlust*.

(3) Die Darstellungen konzentrieren sich auf ältere Menschen, die den Rest ihres Lebens im Ruhestand verbringen. Ihre Selbsteinschätzung erscheint im Spiegel der Lebenszyklusthese. Physische Alterserscheinungen führen jedoch seltener zu Krisen als der Verlust gezielter, sinnvoller Aktivität. Das aus der Gesellschaft übernommene Leitbild der Arbeitsfähigkeit/Erwerbstätigkeit setzt den Ruhestand herab und bevorzugt die Leistungsfähigkeit. Im Selbstbewußtsein der Alten setzt sich das Gefühl durch, daß sie sich dem Urteil der Umwelt fügen müssen. Sie wehren sich zwar innerlich, passen sich aber an und verbleichen.

Quellen: Guy de Maupassant, *Une Vie* (1883); *Fort comme la mort* (1889); Georg Herrmann, *Kubinke* (1911); Oskar Maria Graf, *Bolwieser* (1931); Theodor Roethke, „Old Lady's Winter Words" (1958); Louis Auchincloss, *Second Chance. Tales of Two Generations* (1970); Heinrich Henkel, *Olaf und Albert* (1973); Peter Härtling, *Nachgetragene Liebe* (1980); Pat Barker, *Union Street* (1982).

(4) Durchaus positiv wirken die Schilderungen des Alters als einer eigenständigen Lebensphase, in der die Figuren neue Projekte

planen, ihre „Pflicht“ erfüllen, sich täglich neu bewähren oder auch sich an der Gesellschaft rächen. Das Handeln der Figuren kann ethisch vertretbar (Friedrich Dürrenmatt, *Der Richter und sein Henker,* 1952; *Der Verdacht,* 1953) oder zweifelhaft sein (Dürrenmatt, *Der Besuch der alten Dame,* 1956). Wichtig bei diesem Muster ist das ausgeprägte Selbstbewußtsein der Alten. Ihre Leistungsfähigkeit, die wie im Sonderfall Jane Marples in Agatha Christies Detektivromanen das Niveau der Jüngeren übertrifft, bildet die Grundlage ihrer Bewußtseinsbildung. Daher stehen Figurenkonzeption und Handlungsverläufe in scharfem Gegensatz zur Entrechtung und Entwürdigung der von der Gesellschaft ausgeschlossenen Personen.

Quellen: Goethe, „Der Mann von fünfzig Jahren“ in: *Wilhelm Meisters Wanderjahre* (1821–29); Eugène Scribe, *Jeune et vieille* (1830); *La grand-mère* (1840); Balzac, *Le Colonel Chabert* (1832); Adalbert Stifter, *Die Mappe meines Urgroßvaters* (1847); Gottfried Keller, „Der Landvogt von Greifensee“ (1878); Mary E. Freeman, „A Mistaken Charity“ (1887); Theodor Fontane, *Der Stechlin* (1898); Stefan Zweig, *Vierundzwanzig Stunden aus dem Leben einer Frau* (1936); Bertolt Brecht, „Die unwürdige Greisin“ (1940); Joyce Cary, *The Horse's Mouth* (1944); E.M. Forster, „The Road from Colonus“ (1947); die Mutter in Heinrich Böll, *Billard um halbzehn* (1959); John Cheever, „The World of Apples“ (1966); Peter Härtling, *Eine Frau* (1974); Carol Bly, „Gunnar's Sword“ (1979).

(5) Ein besonders im 19. Jh. bevorzugtes Muster entwickelt die Vorstellung der Reintegration alter Personen durch aktive Hilfeleistung und soziale Fürsorge. Die Helferfiguren übernehmen die Erziehung von Halb- oder Vollwaisen und unterstützen gefährdete Jugendliche in kritischen Situationen. Sie bieten durch ihr Handeln den Ansatzpunkt zu einer alternativen, heilen Familie, schaffen die Voraussetzungen für eine freie Entfaltung menschlicher Anlagen und bewahren ihre eigene Integrität. Das tätige Eingreifen verjüngt die Alten, die auch durch Details als jugendlich beschrieben werden.

Quellen: zahlreiche Figuren in den Werken von Charles Dickens, Honoré de Balzac, Emile Zola, Friedrich Spielhagen, Wilhelm Raabe und Mark Twain; Wilhelm Raabe, *Prinzessin Fisch* (1883); *Horacker* (1883); *Villa Schönow* (1884); *Im alten Eisen* (1887); *Hastenbeck* (1899); Herbert Heckmann, *Benjamin und seine Väter* (1962); Angus Wilson, *Late Call* (1964); Gunter Preuss, „Die große Reise des alten Wieck“ (1973); Joyce Carol Oates, „Theory of Knowledge“ (1977); Toni Cade Bambara, *The Salt Eaters* (1980).

(6) Die Konzeption des Themas im Sinne des optimalen Reifens zur Selbst- oder Welterkenntnis eröffnet den Ausblick auf eine Bewußtseinsstufe, in der die Spannung zwischen dem Jugendideal der Gesellschaft und dem notwendigen Altern überwunden ist. Die Figuren erscheinen grundsätzlich als entwicklungsfähig. Goethe schildert in *Wilhelm Meisters Wanderjahren* unterschiedliche Wesensarten des Reifens, die von dem tätigen Engagement des Abbés bis zur abgeklärten Weltsicht Makaries reichen. William Wordsworth, „The Old Cumberland Beggar“ (1797), und Wilhelm Raabe, *Altershausen* (1911), veranschaulichen den im Alter gewonnenen Überblick über das Dasein. James Boswell, *The Life of Samuel Johnson* (1791), betont die Notwendigkeit des ständigen Dialogs des einzelnen mit den historischen Ereignissen, die das Leben bestimmen. Hermann Broch erfaßt im inneren Monolog Vergils (*Der Tod des Vergil,* 1945) die schöpferische Unruhe des Künstlers, der bis zum Ende mit der Vorstellung ringt, daß Kunst zur Erkenntnis gesteigert werden muß. Samuel Taylor Coleridge, *The Rime of the Ancient Mariner* (1798), William Carlos Williams, „Asphodel, That Greeny Flower“ (1955), Theodor Roethke, „Meditations of an Old Woman“ (1958), Robert Nathan, „The Color of Evening“ (1960), und Louise Bogan, *The Blue Estuaries. Poems 1923–1968* (1968), betonen die Fähigkeit des Sprechen-Könnens, die das Schweigen des Alters durchbricht und die Welt verjüngt und belebt. Thomas Mann verknüpft nahezu alle in dem Thema anklingenden Fragen in *Lotte in Weimar* (1939) zu einer Darstellung, die in der Bejahung eines nie abgeschlossenen Prozesses dynamischer Selbstverwirklichung gipfelt. Die thematische Entwicklung setzt sofort mit der Ankunft der sichtbar gealterten Charlotte ein und verläuft über um Goethe kreisende Gespräche zur Einführung der Figur Goethes im siebenten Kapitel. Die Unterhaltungen fangen die am-

bivalente Haltung der Personen um Goethe ein, die den Dichter bewundern und ablehnen, verehren und erniedrigen, die sein Alter hervorkehren, seine Vitalität aber anerkennen. Der Kunstgriff Manns besteht darin, die einführenden Gespräche aufzugreifen, auf innere Monologe und Dialoge auszudehnen und mit dem ersten inneren Monolog der Figur zum gestaltgebenden Prinzip im Leben des Künstlers zu erweitern. Nahezu verdeckt, übernimmt das Verfahren nicht nur eine nachweisbare Grundhaltung der historischen Person, sondern auch die von Gerontologen beobachtete Tendenz des Vor-sich-Hinredens alter Menschen. Das Selbstgespräch der Figur erschöpft sich jedoch nicht im Sprechen, sondern wird zum Dialog mit der Welt, der erhöhte Aufmerksamkeit, gesteigerte Aktivität und überwältigende Reflexionskraft bekundet. Die Betrachtungen beleuchten die aktive Beteiligung am öffentlichen Leben, die beständige Auseinandersetzung mit der Welt, das Bemühen, das historische Geschehen zu verstehen, und das Ringen mit Fragen des künstlerischen Schaffens. Erinnerungen und Tagespläne, Liebe, Freundschaft und naturwissenschaftliche Fehden fließen ineinander. Manns Erkundung der geistig-seelischen Verfassung der 67jährigen Figur entwirft das Bild kreativer Unruhe und höchster Leistungsfähigkeit. Der Altersprozeß wird zum Vorgang des Wachsens.

(7) Im Muster des Reifens bejahen Autoren das Altern. Metamorphosen der Verjüngung negieren es. Aus der Perspektive der Verwandlung ins Natürliche (→Philemon und Baucis), ständiger geistiger Erneuerung (Goethe, „Selige Sehnsucht", *Faust,* 1832; Alfred Tennyson, „Ulysses", 1842) oder einer gestaffelten, ins Unendliche verlaufenden Verselbstung (Hermann Hesse, „Stufen", *Das Glasperlenspiel,* 1943) verblassen reale Lebensumstände. Die besondere Themenvariante zielt auf die Schönheit der Verklärung im Ewig-Jugendlichen. Die Häßlichkeit des Alters schwindet, und selbst der Tod verwandelt sich in neues Leben.

Lit.: Arbeiten auf den Gebieten der Gerontologie, Psychologie und Soziologie gaben Anstoß zur literaturwissenschaftlichen Auseinandersetzung mit Fragen des Alterns; P. v. Dorotka Bagnell, P. Spencer Soper (Hg.): Perceptions of Aging in Literature. Westport, CT 1989; P.B. Baltes, J. Mittelstraß (Hg.): Zukunft des Alterns und gesellschaftliche Entwicklung. Berlin 1992; G. Benn: Altern als Problem des Künstlers (1954); W.G. Booth: The Art of Growing Older. New York 1992; H.S. Daemmrich: Old Age. Considerations for a Thematic Definition. In: Dayton Review 20 (1990); Deutsches Zentrum for Altersfragen (Hg.): Die ergraute Gesellschaft. Berlin 1987; H. Hesse: Über das Altern (1954); K.M. Horn: Einsamkeit u. Alter. Literaturkrit. Untersuchung zum Problem der Vereinsamung im Alter. Kiel 1977; Index to Periodical Literature on Aging. Detroit, MI 1990 ff.; H. Joas: Die Kreativität des Handelns. Ffm 1992; H.-U. Klose (Hg.): Altern der Gesellschaft. Köln 1993; L. Porter, L.M. Porter, L.M. Butler (Hg.): Aging in Literature. New York 1984; S. Neckel: Altenpolitischer Aktivismus. In: Leviathan 21 (1993); Vieillesse et vieillissement au Moyen Age. Aix-en-Provence 1987; K.M. Woodward: Aging and its Discontents. Bloomington, IN 1991; dies., M.M. Schwartz: Memory and Desire. Bloomington, IN 1986; R.E. Yahnke, R.M. Eastmann: Aging in Literature. Chicago, IL 1990.

Siehe auch: Selbstverwirklichung, Reifen, Tod

Amazone

Siehe Figurenkonzeption, Frau

Amphitryon

1. Das mit der Figur verknüpfte Geschehen bildet die Grundlage eines weitverbreiteten Motivs. Es wirkt handlungstechnisch in Komödien und stellt eine literarische Variante der folkloristisch belegten Motive der Personenverwechslung, Verkleidung und Entlarvung dar. Das Motiv hat Schaltfunktion. Es löst Ereignisse aus, die nicht nur komplizierte und ambivalente Eheverhältnisse, Liebe und Täuschung beleuchten, sondern auch das amoralische So-Sein der Götter der menschlichen Verhaltensweise gegenüberstellen. Das Motiv ist ausgesprochen formgebunden und zeigt in sprachlichen Assoziationen, daß Autoren bewußt auf ihre Vorgänger zurückgriffen. Anstoß zu Bearbeitungen gab der griechische Mythos der göttlich-menschlichen Abstammung des Halbgottes Herakles. In konsequent zu Ende geführten provokativen Anspielungen auf die göttliche und menschliche

Sachwalterschaft Jesu sprengt das Motiv den Situationscharakter und übernimmt aufschlüsselnde Symbolfunktion. Mit dem Motiv verwandt, aber nicht identisch ist die Irreführung Brünhildes durch den Rollentausch Siegfrieds mit Gunther im *Nibelungenlied* (ca. 1200). Eine deutliche Entsprechung zu dem Motiv kommt in der Königschronik von Geoffrey of Monmouth vor. Geoffrey spielt in seiner Schilderung der Herkunft des Königs Artus auf Herakles an. Er berichtet, König Uther habe die Gestalt von Gorois angenommen, um Ingerna zu täuschen und mit ihr König Artus zu zeugen (*Historia regum Britanniae*, 1130–36).

2. Die Motivüberlieferung geht auf Plautus zurück, dessen Tragikomödie *Amphitruo* (nach 224 v. Chr.) möglicherweise bereits an ein nicht erhaltenes Schauspiel von Euripides anschließt. Das Stück beleuchtet die Motivfunktion. Die Verkleidung des Gottes löst die unerhörte Begebenheit der Täuschung der Frau aus. Am Sich-erkennen-Geben entzünden sich menschliche Konflikte. Das Handeln verweist auf möglicherweise unabsehbare Folgen. Mit Ausnahme leichter Abänderungen folgen alle Amphitryon-Gestaltungen Plautus in der Anlage grundsätzlichen Aspekten des Motivs: (1) Jupiter befiehlt der Nacht, in ihrem Lauf innezuhalten, damit er, als Amphitryon verkleidet, seine Leidenschaft für Alkmene befriedigen kann; (2) Merkur tritt auf. Er ist als Sosia, Amphitryons Diener, verkleidet. Die beiden stoßen aufeinander, und Merkur verprügelt den Diener; (3) Jupiter verläßt nach erfolgreicher Täuschung Alkmenes Schlafzimmer; (4) das Erscheinen des betrogenen Amphitryon führt zu einer Reihe tragikomischer Mißverständnisse; (5) Jupiter kehrt in der folgenden Nacht zurück und stillt abermals seine Lust, während Merkur, in der angenommenen Gestalt Sosias, den armen Amphitryon aus seinem eigenen Haus ausschließt; (6) die beiden Amphitryon-Figuren, Mensch und Gott, treten sich gegenüber. Jupiter enthüllt seine göttliche Macht, besteht auf seinem Handeln und verfügt, daß Amphitryon seine Frau ehren solle. Er verheißt jedoch die Geburt zweier Söhne, des Halbgottes Herakles und eines der menschlichen Ehe entspringenden Nachkommen.

3. Das Motiv begründet im Ablauf des Geschehens die wesentlichen Handlungsmomente. Es bietet jedoch in der Gelenkstelle (Tat/Reaktion; Gott/Mensch; Frau/Gott; Mann/Frau Erkennen/Identitätskrise) durch den Beziehungsreichtum einen weiten Raum zu immer neuen Reflexionsmöglichkeiten. Die Spannweite reicht von göttlicher Komödie und menschlicher Tragödie bis zum Durchgang der Handlungslinie vom Endlichen ins Unendliche und weiter in einen Bereich des göttlichen Spiels, in dem Komik und Tragik noch nicht getrennt sind. Dementsprechend scheidet Vitalis Blesensis in seiner Komödie *Geta* (12. Jh.) jeden Widerspruch zwischen innerer Sicherheit und äußerer Wirklichkeit aus, den der Rollentausch erfordert. Blensius überspielt jede mögliche Bedrohung des Menschlichen, die sich aus der Täuschung ergeben kann. Er entwickelt das Geschehen aus der Situationskomik und läßt die Figuren in ihren humoristisch wirkenden Eigenheiten hervortreten. So erscheint Sosia als Sklave, Redekünstler und Sophist, dessen unvollkommene Ausbildung ständig zu Erklärungen führt, die zum Lachen reizen. Im Gegensatz dazu verwendete Johannes Burmeister das Motiv in seinem Mirakelspiel *Sacri Mater Virgo* (1621), um dem Wesen des Göttlichen näherzukommen. Im Vordergrund der Betrachtung steht die innere Gewißheit der Menschen, die in der Liebe Gottes einen Heilsvorgang erblicken. Thomas Heywood arbeitet das Geschehen in *The Silver Age* (1613) zu einem großangelegten Festspiel um. Wiederholte wirkungsvolle Licht- und Schalleffekte unterstreichen das Auftreten Jupiters, der die Menschen durch seine Gegenwart ehrt und eine bewundernswerte Tat vollbringt. Dagegen schmälert Luis de Camões in *Os Anfitriões* (ca. 1640) Jupiters Ansehen. Der Gott verstrickt die schmiegsam-nachgiebige Alkmene in seine erotische Befangenheit und stürzt sie in tiefe Verwirrung.

Daß sich das Motiv nicht nur zur Durchleuchtung komplizierter Zusammenhänge von Verhaltensweisen, die von einem äußeren, übernatürlichen Eingriff bestimmt werden, sondern auch von Reaktionen eignet, die den realen menschlichen Interessen entspringen, belegen Jean de Rotrous *Amphitruo* (1636) und Molières *Amphitryon* (1668). Beide Werke erschließen Verdrängungserscheinungen, die Selbsttäuschung und besonders die tückische Zwangslage, in der sich die Figuren befinden. Jupiters Handeln wirkt komisch, weil er im eigentlichen Sinne die Handlungsfreiheit verliert. Jupiter verneint sein erhobenes Wesen als absoluter Herrscher und verwandelt sich in einen eifersüchtigen Liebhaber. Wie Amphitryon verlangt er in wiederholten Auftritten die Gegenliebe Alkmenes. Aber gerade indem Jupiter darauf besteht, nicht als Ehemann, sondern als innig Geliebter von Alkmene empfangen zu werden, durchbricht er den Rahmen der gesellschaftlichen Konvention. Alkmene erkennt in der „unnatürlichen" Forderung das unbedingte Wesen des Göttlichen. Sie gewinnt ihre innere Gewißheit zurück und wendet sich ihrem Ehemann zu. Auch John Dryden verwendet das Motiv zur Gegenüberstellung von sittlich-vernünftigem Eheleben und leidenschaftlich-eifersüchtiger Erotik. Sein *Amphitryon* (1690) entwirft eine Alkmene, die das Liebesspiel mit Jupiter genießt und von der Täuschung innerlich unberührt bleibt.

Ganz anders Kleist. In seinem Lustspiel *Amphitryon* (1807) ruft der Einbruch des Göttlichen in die Welt eine tiefe Verunsicherung hervor. Alkmene vertraut ihrem Gefühl. Ihre unbedingte Gewißheit, daß die heitere Klarheit der Empfindung der Welt zugeordnet ist, wird jedoch schwer erschüttert. So entsteht im Werk aus mehrfach gebrochener Sicht ein tiefer Widerspruch zwischen äußerer Wirklichkeit und innerer Sicherheit. Das Handeln der Figuren vergegenwärtigt eine entscheidende existentielle Erfahrung der gebrechlichen Welt. Im Widerstreit zwischen sittlichem Gefühl und der Versuchung durch das Göttliche, zwischen dem himmlischen und dem irdischen Amphitryon und in der Erfahrung des fehlbar-unfehlbaren Gefühls bildet Alkmene den Schnittpunkt, in dem das Unendliche und das Endliche zusammentreffen. Ihr Erlebnis spiegelt die Sehnsucht nach dem Absoluten, die Notwendigkeit, im Widerspruch bestehen zu müssen, und die Erkenntnis, daß Gefühl und Verstand gleichermaßen berechtigt im Dasein bestehen. Das Durchhalten der Gegensätze äußert sich im Werk in der wechselnden Charakterisierung des Olympiers, in seiner göttlichen Eigenbestimmung und im Absinken zum Hahnrei, der die Rolle des Verführers spielt, aber auch in der Kompromißbereitschaft Amphitryons und im abschließenden „Ach!" der Alkmene.

Die Widersprüchlichkeit des Seins verliert ihre Schärfe in *Amphitryon 38* (1929) von Jean Giraudoux. Im selbstironischen und dennoch liebevollen Handeln Amphitryons bahnt sich das Wissen um eine tragfähige Grundlage der menschlichen Existenz an. Alles Gefühlte ist wirklich; jede Erkenntnis ist unzulänglich. Die Götter sind Ideal und Wahn, geschichtlich und ungeschichtlich. Von Bestand ist allein die Chance des einzelnen, den Augenblick zu bejahen und einen Weg zum anderen zu finden. Georg Kaiser arbeitet den im Motiv latent vorgebildeten Aspekt des Machtanspruches in *Zweimal Amphitryon* (1944) heraus. Das Spiel ebnet zweideutige Phänomene ein und verneint das Tragikomische. Amphitryons Handeln signalisiert den militanten Machtanspruch, der jede menschliche Regung dem Ziel der militärischen Herrschaft unterordnet. Amphitryons barbarischer Machtwille verhindert jede Liebesäußerung und treibt ihn in die Schlacht, bevor die Liebe seiner Frau überhaupt Wurzel fassen kann. Jupiter beantwortet ihr Gebet, wird ihr Geliebter und ermöglicht ihr die Erfahrung, daß es eine reine, von Machtansprüchen unbefleckte Gefühlswelt gibt. Die Liebe wird zur Heilserfahrung: Jupiter verheißt die Geburt eines neuen Messias, der der Welt den Frieden bringen wird.

Peter Hacks schlägt noch einmal die Brücke zu den Anfängen des Motivs und greift bewußt auf die reiche literarische Tradition zurück. Sein *Amphitryon* (1969) führt nicht nur die tief im Inneren schlummernden Wunschvorstellungen, sondern auch alles von der sittlichen Norm Ausgegrenzte vor Augen. Im Donnern und Lichtzauber des Gottes, in der leidenschaftlichen Umarmung, in der im Zustand der Zeitlosigkeit verharrenden Nacht, in der eigenständigen, nicht kontrapunktischen Stimme des plappernden Sosias und in der Verwirrung der Amphitryon-Figuren enthüllt sich spielerisch die Vorstellung, daß es eine Sphäre der Freiheit jenseits der Notwendigkeit gibt. Molière entlarvt die Relativität der Moral einer nicht mehr mit ihren Idealen übereinstimmenden Gesellschaft, um die Relativität des Seins an sich aufzuzeigen. Hacks demaskiert die tragikomische Relativität des subjektiven Seins in einer Welt, in der die Vorstellung von absoluten Wahrheiten nur zu tragischen Lösungen führen kann. Das Spiel vollzieht die metaphysische Aussöhnung mit Schicksalsmächten und führt damit auch die Verweisfunktion des Motivs auf seine ursprüngliche Anlage zurück.

Lit: Die Literaturwissenschaft hat sich in Amphitryon-Deutungen hauptsächlich mit Bedeutungsgehalten individueller Werke auseinandergesetzt. Erörterungen übergreifender Problemstellungen der Figurenkonzeption finden sich bei: H. Jacobi: Amphitryon in Frankreich u. Deutschland: Ein Beitrag zur vergleichenden Literaturgeschichte. Zürich 1952; O. Lindberger: The Transformations of Amphitryon. Stockholm 1956.

Siehe auch: Täuschung

Andere

1. Die Existentialphilosophie erschließt den Begriff aus den wechselseitig bedingten Beziehungen zwischen dem einzelnen und gesellschaftlichen Strukturen, die das Leben maßgebend bestimmen, und zwischen dem Ich-Bewußtsein und seiner Bedingtheit durch ein anderes denkendes Subjekt. Das Individuum erkennt sich im ständigen Dialog mit anderen und wird aufgerufen, im Willen zum Mitleben eine lebenswürdige Grundlage des Daseins zu schaffen. In der Begegnung von Ich und anderen bahnt sich ein Verhältnis zur Welt an, das die Erfahrung der Entfremdung überwindet. Schilderungen dieser möglichen Begegnung sind von maßgebender Bedeutung für zahlreiche Themen. Darstellungen des verhinderten menschlichen Kontakts bilden die Grundlage von Konfliktmotiven und allen Beschreibungen, in denen die Erniedrigung des Mitmenschen zum Objekt klar hervortritt.

2. Der neue sozial- und stoffgeschichtlich orientierte Forschungsbereich der Imagologie verwendet den Begriff zur Deutung der sozial und kulturell bedingten Vorstellungen, die sowohl einzelne als auch Gruppen und Völker von anderen haben. Die Forschungsarbeiten geben Auskunft über Urteile und Vorurteile, Wunsch- und Zerrbilder, die Klischeebildung im Verständnis anderer Nationen und eigene Idealkonzeptionen. Sie enthalten besonders in Untersuchungen der Frauenliteratur und von Reiseberichten wertvolle Hinweise auf die literarische Typenbildung, die für die Themenforschung außerordentlich wichtig ist. Außerdem belegen Arbeiten, die beispielsweise aufgrund genauer Quellenkenntnis die Rezeption fernöstlichen Denkens im Werk von Oliver Goldsmith, Alfred Döblin, Hermann Hesse und Günter Eich oder den Wandel im Amerikabild deutscher und französischer Autoren darstellen, daß die konventionellen Kategorien der Motivforschung den Gestaltungsmöglichkeiten der Wahrnehmung des Fremden nicht völlig gerecht werden. Eine Themenuntersuchung ist deshalb ein vordringliches Desiderat.

Lit.: Die einschlägigen Bibliographien verzeichnen umfassende ethnographische und literarhistorische Studien aus dem 19. u. 20. Jh. zum Exotismus in allen europäischen Sprachgebieten. Die folgenden Hinweise erfassen nur eine knappe Auswahl von Arbeiten zur Imagologie, Alterität: W. Bauer, C. Peng, M. Lackner (Hg.): Das chinesische Deutschlandbild der Gegenwart. 2 Bde. Wiesbaden 1989; W. Bauer, S. von Minden: Das chinesische Deutschlandbild der Gegenwart. Wiesbaden 1992; M. Beller: Typologia reciproca. Über die Erhellung des deutschen Nationalcharakters durch Reisen. In: C. Wiedemann (Hg.), Rom-Paris-London. Stuttgart 1988; W. Berger: China-Bild u. China-Mode im Europa der Aufklärung. Köln 1990; G. Blaicher (Hg.): Erstarrtes Denken. Studien zu Klischee, Stereotyp und Vorurteil in englischsprachiger Literatur. Tübingen 1987; W. Borchmeyer: Wege des Mythos in der Moderne. München 1987; G. Deton: Die Schönheit der Schlangenlinie. Neckargemünd 1987; ders.: Thomas Mann u. China. In: T-M-Jb. 3 (1990); H.-J. Diller, S. Kohl, u.a. (Hg.): Images of Germany. Heidelberg 1986; H. Dyserinck, K.U. Syndram (Hg.): Europa u. das nationale Selbstverständnis. Imagologische Probleme in Literatur, Kunst u. Kultur des 19. u. 20. Jh. Bonn 1988; U. von Felbert: China u. Japan als Impuls u. Exempel. Ffm 1986; L. French: Meine beiden Ichs. In: Woman in German Yearbk 5 (1989); R. Grimm, J. Hermand (Hg.): Blacks and German Culture. Madison, WI 1986; C.C. Günther: Aufbruch nach Asien. Kulturelle Fremde in der deutschen Literatur um 1900. München 1988; K. Heitmann, T. Scamardi (Hg.): Deutsches Italienbild u.

italienisches Deutschlandbild im 18. Jh. Tübingen 1993; W. Hinderer: Produzierte u. erfahrene Fremde. In: A. Wierlacher (Hg.): Das Fremde u. das Eigene. München 1985; A. Hsia (Hg.): Deutsche Denker über China. Ffm 1985; ders.: Zur Typologie des anderen China in der deutschen Literatur. In: Arcadia 25 (1990); U. Heukenkamp: Von Utopia nach Afrika. In: Literatur in der DDR. Text & Kritik Sonderband. München 1991; P.U. Hohendahl, S. Gilman (Hg.): Heinrich Heine and the Occident. Lincoln, NE 1989; T. Koebner, G. Pickerodt (Hg.): Die andere Welt. Studien zum Exotismus. Ffm 1987; D. Kusche, A. Wierlacher (Hg.): Hermeneutik der Fremde. München 1990; P.M. Lützeler: Zeitgeschichte in Geschichten der Zeit. Bonn 1986; A. Maler (Hg.): Exotische Welt in populären Lektüren. Tübingen 1990; W. Michel: Modelle der Fremdwahrnehmung. In: Jb. Deutsch als Fremdsprache 11 (1985); J. Ming: Expressionistische Nachdichtungen chinesischer Lyrik. Ffm 1990; B. Müller-Kampel: Inbrunst u. Ehrsucht. Spanienbilder in deutschsprachigen Don-Juan-Fassungen. In: DVjs 66 (1992); W. Neuber: Fremde Welt im europäischen Horizont. Berlin 1991; H.D. Osterle (Hg.): Amerika! New Images in German Literature. New York 1989; A. Pelz: Europäerinnen u. Orientalismus. In: dies. (Hg.), Frauen-Literatur-Politik. Hamburg 1988; M. Rector: Die Tugend der Not. In: Akten d. 8. Int. Germanisten-Kongresses. Bd. 8. München 1990; G. Sauder, J. Schlobach (Hg.): Aufklärungen. Frankreich u. Deutschland im 18. Jh. Heidelberg 1985; I. Schuster: Vorbilder u. Zerrbilder. China u. Japan im Spiegel der deutschen Literatur 1773–1890. Bern 1988; M. Wei: Günter Eich u. China. Heidelberg 1989; C. Wiedemann (Hg.): Rom-Paris-London. Stuttgart 1988.

Siehe auch: Abenteuer, Edler Wilder, Reifen, Tod

Androgynie

1. Ursprünglich ist das Androgyne eine symbolische Vergegenwärtigung der Vorstellung uranfänglicher Einheit der Geschlechter und des Einsseins des Menschen mit Natur und Gott. Der Bewußtseinszustand, dem die unmittelbare Bedeutung und die in ihr anklingenden, vielfältigen Beziehungen entspringen, orientiert sich an einer allgemeinen Weltvollkommenheit. Sinnlichkeit und Vernunft, Sittlichkeit und Kunst, Pflicht und Neigung sollen übereinstimmen. Die Idee der Wiedervereinigung und die Sehnsucht, eine psychisch-physische Ganzheitserfahrung zu machen oder ihre Ahnung zu vermitteln, klingen grundsätzlich in Darstellungen der Androgynie an. Das Androgyne ist somit weniger aus dem Geschlechtlichen als einer seelisch-geistigen Grundhaltung zu erfassen. Es gehört zum festen Bestand einer langen literarischen Traditionskette. Aktualisierungen der Androgynie treten besonders in der Antike, der Renaissance und, in zunehmendem Maße, um die Jahrhundertwende und im 20. Jh. hervor. Die Funktionselemente des Motivs, die sowohl den idealen Zustand als auch den Prozeß der potentiellen Entwicklung einbeziehen, ermöglichten Wechselwirkungen, die zur Begründung und Ausgestaltung von zwei Grundhaltungen dienten. Die eine geht von der Überzeugung aus, daß sich jeder einzelne um die Ganzheitserfahrung bemühen muß, um den tieferen Sinn des Mitseins im Leben zu begreifen. Die andere Haltung ist gekennzeichnet von kritischen Vorbehalten in der Erzählperspektive. Auch ihr eignet das Streben zum Ideal. Es wird jedoch aus kritischer Sicht gedeutet und erscheint als Wunschbild sensitiver Figuren, die in einer materialistischen, verdinglichten Welt vergebens die im geschichtlichen Verlauf verlorene Unschuld wiederfinden wollen. Sobald das Motiv auf die Sehnsucht nach dem verlorenen →Paradies oder die Wiedereroberung eines wie auch immer gearteten unschuldigen Naturzustandes umschaltet, wird es häufig von anderen Motiven oder Themen wie etwa →Inzest und →Narzißmus überlagert oder ganz verdrängt.

Von besonderer Bedeutung sind Überschneidungen des Motivs mit hermaphroditischen Mythen und Legenden. Androgyne Ideen und Vorstellungen göttlicher Bisexualität sind in der Literatur gleichermaßen mit Aphrodite, Dionysos, Eros, Hermaphroditos und Mondgottheiten verknüpft. Hermaphroditos ist jedoch vorwiegend der physischen Welterfahrung und nur sekundär dem kosmischen Geschehen zugeordnet. Der Mythos bringt diese Eigenart deutlich zum Ausdruck. Hermaphroditos, der Sohn des Hermes und der Aphrodite, wurde auf Bitten der von ihm nicht beachteten Nymphe Salmakis mit ihr vereinigt, als er in ihrer Quelle badete. Aus dem Wasser stieg jedoch nicht das Wesen des Ursprungs, sondern eine Zwienatur. In künstlerischen Darstellungen überwiegen daher zuweilen männliche, zuweilen weibliche Züge. Hermaphroditos wird mit Vorliebe in Liebesszenen abgebildet und gehört der Welt sinnlicher Vorstellungen an. In Dichtungen, in denen die Figuren vorwiegend hermaphroditische Eigenschaften besitzen, verlagert sich dementsprechend die Betonung auf erotische Erfahrungen oder Wunschvorstellungen.

2. Die von Carl Gustav Jung in der Abhandlung *Psychologie und Alchemie* (1944) entwickelten Gedanken, daß die innerste Sphäre des Unbewußten androgyn sei, führten unter anderem auch über die Schriften Karl Kerényis dem Motiv neue Impulse zu. Den ersten Anstoß zur Motivbildung gab jedoch Platons *Symposion*. In den Abschnitten 189–93 erzählt Aristophanes eine Geschichte, die alle zur beständigen und gottesfürchtigen Liebe auffordert. Der Erzähler berichtet in diesem Zusammenhang von der ursprünglichen Schöpfung dreier Geschlechter, Mann, Weib und ein ungetrenntes Wesen, welches in späteren Erklärungen aus dem Kreisbild gedeutet wurde. Der Kreis ist Ausdruck der schöpferischen Kraft in der Mitte, die ihrer Umgebung erst Sinn gibt. Die untrennbare Monade spiegelt am reinsten die göttliche Zielsetzung des echten Menschwerdens. Aber die runden Geschöpfe fielen von Gott ab, stürmten gegen den Himmel und wurden von Zeus bestraft. Er spaltete sie und überließ sie ihrem Schicksal, in ungestillter Sehnsucht von der Rückkehr zur ursprünglichen Einheit zu träumen.

Gnostische und kabbalistische Auslegungen Gottes als androgynes Wesen erweiterten Platons Auffassung des Selbstseins und der im historischen Geschehen verankerten Entfremdung. Dem Göttlichen zugeordnet war der androgyne Adam, der sich erst im Abfall von Gott in ein männliches und weibliches Wesen trennte. Gleichzeitig sondert sich das Weltgeschehen vom Dasein Gottes ab. Der Mensch tritt in die Geschichte ein; er erfährt den Zwang der Bedürfnisse, das Gebot der blinden Notwendigkeit und das Fragmentarische der Welt. Der ursprüngliche seelische Einklang mit dem Kosmos geht verloren. Was bleibt, ist die Ahnung der entschwundenen Einheit und die Hoffnung auf Versöhnung. Die Mystiker John Scotus Eringena (*De Divisione naturae*, ca.1807) und Jakob Böhme (*Mysterium magnum*, 1623) glaubten, daß die in jedem einzelnen schlummernde mögliche Vervollkommnung nur durch die göttliche Vermittlung wieder entfaltet werden könne. Im Fleischwerden Christi, der die Züge der androgynen Figur Adams trägt, und durch sein Opfer bahnt sich der Weg zur Versöhnung der Geschlechter, des Menschen mit Gott und des Individuums mit der Energiequelle des Universums an. Direkte Einflüsse und Anklänge der Gedanken Böhmes sind in der Romantik nachweisbar. Im späten 18. und frühen 19. Jh. verband die Vorstellung des Androgynen alle Denker und Schriftsteller, die die analytische und mechanistische Methode der Rationalisten und *philosophes* ablehnten. Sie glaubten nicht, daß das geheimnisvolle Wesen des Universums allein auf dem Vernunftwege zu erschließen sei. Die Saint-Simonisten Leroux und Enfantin waren überzeugt, daß sich die Menschen nur durch die Wiedereroberung des ursprünglichen androgynen Zustandes innerer Einheit (Ich-Andere) und Reinheit von den negativen Tendenzen der Gegenwart (Entfremdung, materialistische Triebe, falsches Weltsystem, inhumane Beziehungen) befreien könnten.

3. In französischen neuplatonischen Renaissancedichtungen zeichnen sich deutliche Bedeutungsverlagerungen vom seelisch-geistigen zum sinnlichen Gehalt des Motivs ab. Antoine Héroët, *L'Androgyne de Platon* (1542), verpflanzt Platons Erzählung in den Rahmen höfischer Liebe. Der edle Charakter der „vollkommenen Freundin“ verkörpert die wiedergefundene Hälfte des Liebenden. Die Liebeserfüllung beruht auf der Begegnung mit dem zweiten Ich. Marguerite de Navarre verwendet die Suche nach dem anderen Ich in ihrem Gedicht „Prisons“. Auch die Erörterung der Beständigkeit in der Liebe, die der achten Novelle ihres *Heptamérons* (1558) folgt, hebt nachdrücklich hervor, daß die Seelen der Liebenden zueinanderfinden müssen. Pierre Ronsard (Sonnet XLVII, *Amours*, 1552) und Joachim Du Bellay („A une dame“, *Jeux rustiques,* 1558) verweisen unmißverständlich auf Platon. Aber die Androgynie dient nun wie der Rollentausch in

der italienischen Renaissance der Neueroberung einer sinnlichen Liebes- und Lebensbejahung. Spätere Dichter wie Rémi Belleau und Pontus de Tyard verzichten auf direkte Anspielungen. Sie entscheiden sich mit der Kurzformel „meine Hälfte“ für das Androgyne und wenden diese durchaus sinngemäß auf den „sinnlich-übersinnlichen“ Liebhaber an.

4. Die Anpassungsfähigkeit und die Variationsmöglichkeiten des Motivs zeigen sich in den kunstvollen Bearbeitungen während der Goethezeit. Um dies zu ermöglichen, waren wahrscheinlich zwei Faktoren notwendig: ein lebendiger Sinn für die Tradition und die instinktive Zustimmung zu dem, was man als echte Liebesbereitschaft bezeichnen kann. Goethe fängt den Zauber des inneren harmonischen Einklangs und der Suche nach Wiedervereinigung in der androgynen Figur Mignons ein (*Wilhelm Meisters theatralische Sendung,* Buch 4,3, 1785; besonders deutlich in den für Meister in Italien gemalten Bildern Mignons: *Wilhelm Meisters Lehrjahre, Wanderjahre,* 1795–1829). Knabe Lenker hat Züge des Androgynen, und Homunculus findet seine wahre Bestimmung erst im Augenblick der liebenden Umarmung mit Galatea. Er wird eins mit der ihm fehlenden Hälfte, geht ein in die Elemente in „feurigem Wunder“ und verklärt die „mildgewogenen“ Lüfte (*Faust II,* 1832). Im *West-östlichen Divan* steht das Motiv an zentraler Stelle in den Gedichten „Gingo biloba“ und „Wiederfinden“ (1815). Aus der Betrachtung des Gingoblattes entwickelt sich die Frage nach dem Sinn der Trennung und gleichzeitigen Vergegenwärtigung des Einsseins. In der Antwort verweist der Dichter auf seine Lieder, die ein Zeugnis dafür sind, „daß ich eins und doppelt bin“. In dem Gedicht „Wiederfinden“ streben die Liebenden aus dem rastlosen Weltgeschehen zur Vereinigung. Sie werden „musterhaft“, nicht im unbewußten Sehnen, sondern in der bewußten Hinwendung zum anderen, die erst ein sinnvolles Mitleben ermöglicht. In den Schriften der Romantiker erscheint das Motiv häufig in Erörterungen der idealen Liebe und →Freundschaft, die jedoch E.T.A. Hoffmann bereits im *Kater Murr* (1820–22) parodiert. Obwohl Novalis das Motiv fast bis zur Unkenntlichkeit verschlüsselt, kommt es in den *Hymnen an die Nacht* (1797) zur großartigsten Entfaltung. Nicht nur ist das Streben nach All-Einheit eine verbindliche Idee der Strophen, auch Bildfügungen und die Kreisdynamik greifen auf Motivaspekte zurück. Die *Hymnen* streben aus der Erkenntnis des schmerzlichen Ausgesetztseins, der Entfernung vom anderen Ich und vom Göttlichen zum Wissen um die androgyne Natur des Erlösers: das himmlische Herz entfaltet „sich zu einem Blütenkelch allmächtiger Liebe, des Vaters hohem Antlitz zugewandt und ruhend an dem ahndungssel'gen Busen der lieblich-ernsten Mutter“. Der Ausruf, der die Erfahrung einer wiedererworbenen Einheit beschließt („Die Lieb' ist freigegeben / Und keine Trennung mehr“), wird zur Verkündigung der Seelenverfassung, die keine Trennung anerkennt. Auch *Die Lehrlinge zu Sais* (1798) und *Heinrich von Ofterdingen* (1802) enthalten Textstellen, in denen sich das Motiv herauskristallisiert. Es hat teil an der Natursehnsucht (→Blaue Blume), begründet das Geschehen im Märchen von „Hyazinth und Rosenblütchen“ und bestimmt die „wunderbare Sympathie mit dem menschlichen Herzen“ der dichterischen Seinsverfassung.

Die in der Romantik ausgeprägten Spannungen zwischen Leben und Geist und die Anziehungskraft polarer Tendenzen wirken strukturbildend im Schaffen Thomas Manns und Hermann Hesses. Beide Autoren begründen die Vorstellung des menschlichen →Reifens zu einer lebenswürdigen Haltung im Figurenaufbau von Castorp, Joseph, Haller und Knecht durch Anspielungen auf eine echte, in ihrer Wurzel androgyne Liebesfähigkeit.

5. Mit androgynen Zügen ausgestattete Figuren (Liebesbereitschaft, das Streben nach idealer Vollkommenheit) und visionäre Wunschbilder einer sittlich-seelisch-sinnlichen Alleinheit dienten dazu, durch scharfen Kontrast die negativen Tendenzen der Gesellschaft hervorzuheben. In diesem Fall wurde die Gegenüberstellung zum Informationsträger. William Wordsworth (*The Prelude*, Bks. VI, VIII, 1805), Samuel Taylor Coleridge (*The Statesman's Manual, The Friend, The Rime of the Ancient Mariner,* 1798), Josephin

Péladan (*L'Androgyne,* 1891), Thomas Mann (*Bekenntnisse des Hochstaplers Felix Krull,* 1954) und Ursula Le Guin (*The Left Hand of Darkness,* 1969) nutzten diese Technik der Wechselwirkung zum Protest gegen die Auswirkungen materialistischer Interessen und zum Aufruf, soziale Mißstände, die →Aggression und die zunehmende Vereinzelung der Menschen in der industriellen Gesellschaft aufzuheben. In anderen Texten übernahmen Personen, die von beiden Geschlechtern geliebt wurden, eine ähnliche Funktion. Die Handlungsträger in Honoré de Balzacs *Séraphîta* (1835), in *La Fille aux yeux d'or* (1835) und in Théophile Gautiers *Mademoiselle de Maupin* (1835–36) üben eine unheimliche Anziehungskraft auf Personen aus, die unter den Zeitumständen leiden und von einer Neugestaltung des Daseins träumen. In der Diskrepanz zwischen seelischer Verkümmerung und androgyner Vollkommenheit zeigt sich deutlich der Wunsch nach einer grundlegenden gesellschaftlichen Reform.

In der kontrastierenden Rollenfunktion, in der das Androgyne die menschliche Vereinsamung beleuchtet, wird das Motiv zuweilen einseitig auf die sinnliche Dimension festgelegt. In diesem Fall überlagern Darstellungen von hermaphroditischen, inzestuösen und narzißtischen Neigungen das Motiv (Matthew G. Lewis, *Ambrosio, or the Monk,* 1796; Gustav Meyrink, *Der Golem,* 1915; Thomas Mann, „Wälsungenblut", 1921). Charles Dickens (*Hard Times,* 1853) und George Eliot (*The Mill on the Floss,* 1860) verweisen in der Darstellung übertriebener Geschwisterliebe auf die Deformationserscheinungen einer Gesellschaft, die das „natürliche" Streben nach einer androgynen Einheit unterbindet. Symbolische Auffächerungen seit der Jahrhundertwende, das zunehmende Interesse an →Dekadenzerscheinungen (Stéphane Mallarmé, *Hérodiade,* 1893; Stanislaw Przybyszewski, *Androgyne,* 1906), bewußte Rückgriffe auf Erkenntnisse der Sexualpsychologie, Anspielungen auf die Künstlerexistenz (Narzißmus, Zirkus, Trapezkünstler; Jean Cocteau, *Les Enfants terribles,* 1929; *Opium,* 1930; Mann, *Krull*) und vorsätzliche spielerische Abwandlungen der Überlieferung (Robert Musil, *Der Mann ohne Eigenschaften,* 1930–43; Georg Trakl, *Offenbarung und Untergang,* 1943; Thomas Mann, *Joseph und seine Brüder,* 1933–43) erschließen im 20. Jh. neue Formgebungen des Motivs.

Quellen: Leone Ebreo, *Dialoghi d'amore* (1535); Antonio Becadellis, *Hermaphroditus* (ca. 1410); Pietro Aretino, *Ragionamenti* (1535–38); Kaspar Stieler, *Der vermeinte Printz* (1665); Friedrich Schlegel, *Lucinde* (1799); Clemens Brentano, *Godwi* (1801–02); Paul Bourget, *Cruelle Enigme* (1885); *Le Disciple* (1889); Maurice Maeterlinck, *La Princesse Maleine* (1889); Felix Dörmann, *Neurotica* (1891); Thomas Mann, „Tonio Kröger" (1903); *Der Zauberberg* (1924); „Die vertauschten Köpfe" (1940); *Der Erwählte* (1951); Hermann Hesse, *Das Glasperlenspiel* (1943); Tennessee Williams, *Androgyny. Mon Amour* (1977).

Lit.: M.K. Abrams: Natural Supernaturalism. Tradition and Revolution in Romantic Literature. New York 1971; J.-T. Ahn: Östliche Weisheit. Tiefenpsychologie u. Androgynie in deutscher Dichtung. Ffm 1991; D.C. Allen: Mysteriously Meant. The Rediscovery of Pagan Symbolism and Allegorical Interpretation in the Renaissance. Baltimore, MD 1970; Androgyny. In: Sonderheft Women's Studies 2 (1974); A. Aurnhammer: Androgynie. Studien zu einem Motiv in der europäischen Literatur. Köln 1986; E. Benz: Adam: Der Mythus vom Urmenschen. München 1955; A.J.L. Busst: The Image of the Androgyne in the 19th C. In: I. Fletcher (Hg.), Romantic Mythologies. New York 1967; T. Bütow (Hg.): Heinrich von Kleist. Androgynie und preußischer Staat. Bad Segeberg 1986; K.B. Dijkstra: The Androgyne in 19th-C. Art and Literature. In: CL 26 (1979); R. Exner: Androgynie u. preußischer Staat. In: Aurora 39 (1979); ders.: Das berückend Menschliche oder Androgyne in der Literatur. In: NDH 182 (1984); ders.: Die Heldin als Held u. der Held als Heldin. Androgynie als Umgebung oder Lösung eines Konflikts. In: W. Paulsen (Hg.), Die Frau als Heldin u. Autorin. Bern 1979; S. Friedrichsmeyer: The Androgyne in Early German Romanticism. Bern 1983; R. Furness: The Androgynous Ideal: Its Significance in German Literature. In: MLR 60 (1965); T. Klausner, E. Dassmann (Hg.): Reallexikon für Antike u. Christentum. Stuttgart 1950 ff. 14, 649–82; C. Mayer-Iswandy: Vom Glück der Zwitter. Geschlechterrolle u. Geschlechterverhältnis bei Günter Grass. Ffm 1991; R.V. Merrill: The Pléiade and the Androgyne. In: CL 1 (1949); N. Ritter: Art and Androgyny: The Aerialist. In: Studies in 20th-C. Literature 13 (1989); J. Singer: Androgyny. Toward a New Theory of Sexuality. Garden City, NJ 1977; B. Wedekind-Schwertner: Daß ich eins und doppelt bin. Ffm 1984.

Siehe auch: Blaue Blume, Inzest, Liebe, Narzißmus

Angst

1. Angst ist ein Grundthema, welches typenbildend und strukturformend ein invariantes System von Beziehungen im Schauerroman, der Gothic Novel und der Horrorstory hervorruft. In wirkungsvollen Gestaltungen des Themas zeichnet sich eine wiederkehrende Konstellation ab. Sie bedingt: (1) eine Person, die die Entscheidungsfreiheit verliert, die Zukunft scheinbar nicht bestimmen kann und eine ständig steigende Beklemmung angesichts des bevorstehenden Unglücks verspürt; (2) eine Situation, die Entsetzen hervorruft; (3) eine undeutlich wahrgenommene, geahnte oder unerkannte Gewalt; (4) einen übermächtigen Vertreter des immer näher kommenden Schreckens. Der Handlungsaufbau verbindet die dramentechnischen Begrenzungszüge der Einheit von Handlung, Ort und Zeit mit szenischen Beschreibungen, die angelegt sind, die Wirklichkeit zu entfremden oder zu entstellen. Das Geschehen ist geordnet, um Spannung hervorzurufen; die Handlung strebt unaufhaltsam ihrem entsetzenerregenden Höhepunkt zu. Allmählich in den Handlungsverlauf eingeführte Situationen steigern die Furcht. Die erzählte Zeit macht generell den Anspruch der fiktiven Gegenwart. Sie ist auf den antizipierten, deshalb immer gegenwärtigen Augenblick des Schreckens begrenzt, der sich jedoch in der Wahrnehmung der Figuren unendlich ausdehnt und die Grenze des Erträglichen zu überschreiten droht. Die Spannung wird häufig durch den Kunstgriff erhöht, ein rätselhaftes Geheimnis einzuplanen, dessen Lösung sowohl den Figuren als auch den Lesern bis zum Ende der Erzählung vorenthalten wird.

Die Anordnung furchterweckender Elemente im Text ist von entscheidender Bedeutung im ästhetischen Wahrnehmungsvorgang. Sie hat die zweifache Funktion, die Gefühle der Figuren zu betonen und die Leser in Furcht zu versetzen. Allerdings kann in den unterschiedlichen Phasen des Wahrnehmungsvorgangs die innere Gewißheit, nicht direkt von dem Handlungsgeschehen betroffen zu sein, angenehme Empfindungen hervorrufen, die den Schrecken mindern. Die Erwartungen der Leser werden jedoch gerade von diesem Thema besonders stark begünstigt. Sie haben Angst vor zukünftigen, zufälligen Ereignissen, die alle Lebenspläne in Frage stellen. Außerdem erinnern die von den Texten ausgehenden, intensiven Suggestionen beständig daran, daß das Entsetzen in der Außenwelt lauert. Funktion und Auswirkung der Themenfügung unterscheiden sich daher grundsätzlich von der Dynamik der Detektiv- und Kriminalhandlung, die das intellektuelle Vermögen anspricht, eine konkrete Aufgabe zu lösen. Das zeigt sich eindringlich in Texten wie etwa den Kriminalerzählungen von Edgar Wallace, die das Thema der Angst übernehmen. Die Angst ist den Schachzügen der Problemlösung untergeordnet. Besonders aufschlußreich zur Bestimmung des Themas sind die Erzählungen Edgar Allan Poes, der die Konstellation und ihre Auflösung meisterhaft entwickelt. In „The Pit and the Pendulum" (1845) überträgt sich die Furcht des Opfers in der Zelle auf den Leser. Jeder Gedanke an einen Ausweg wird systematisch vernichtet und von ständig zunehmenden Angstzuständen abgelöst. Die Angst wird aufs äußerste gesteigert, während der Gefangene das Todesinstrument des unaufhaltsam näherkommenden, geschliffenen Pendels anstarrt. Sie entlädt sich explosiv in der unerwarteten Rettung, mit der die Erzählung schließt. Dagegen hält der Erzähler in anderen Geschichten die Angst und das strategische Denken im Gleichgewicht oder betont wie in „A Descent into the Maelström" (1841) das von der Furcht ausgelöste, geistigkritische Bemühen, dem Schicksal zu entrinnen. Bei dieser Erzählform wird das Unbekannte einer Handlungsführung unterstellt, die im Rahmen eines sorgfältig ausgeführten Plans das Element des Zufälligen ausschaltet.

2. Bevorzugte Stilmittel und Prinzipien in der Gestaltung des Themas umfassen Beschreibungen der bedrückenden Atmosphäre des Ortes, die Veränderung des vertrauten Gesichtskreises durch Reise oder Umzug in eine ungewöhnliche oder unheimliche Umgebung, das Eindringen schreckenerregender Figuren oder unheimlicher Prozesse in die vorher gesicherte Welt, unmotivierte Persönlichkeitsverwandlungen, Krankheitszustände oder Ich-Spaltungen, die beständige Erwartung des Entsetzens, Verlust der Orientierung (labyrinthische Gebäude, verlassene Straßen, undurchdringliche Wälder), peinigendes Schweigen, räumliche Verengungen (Kreisbewegung, Gefängnis, tropfende Verliese, fensterlose Zimmer) und ständig vorhandene oder befürchtete Beobachter. Die Schaltfunktion der mit dem Thema verbundenen Motive der Zelle, des bösen →Auges und des unerkannten Aggressors dient dazu, die Angst im Opfer zu verinnerlichen. In einigen Erzählungen orientiert sich das Geschehen deutlich an der Ortsbestimmung oder einer direkten physischen Bedrohung. In anderen steuern eine Folge von spannenden Handlungsmomenten, Flucht und Verfolgung oder Angriffe auf die seelisch-geistige Substanz das Geschehen. In allen Darstellungen wird jedoch gleichermaßen ersichtlich, daß die sinnverbindenden Tendenzen des Themas einen tiefen Widerspruch zur rationalen Weltordnung unterstreichen. Die Bruchstelle ist deutlich: der Zufall bricht in die Welt ein.

In Texten, in denen Angst das Grundthema ist, zeichnet sich das Bemühen ab, allen anderen Textelementen scharfe Konturen zu verleihen, die das Thema entweder ankündigen oder verstärken. Alles, was ablenkt, wird untergeordnet. Infolgedessen mindern auch scheinbar rationale Erklärungen der Angstzustände wie Sinnestäuschungen, Fieber, Drogen, Alkohol oder Wahnsinn fast nie das Entsetzen im Handlungsgeschehen. Noch weit seltener befriedigen sie das Verlangen des Lesers nach einer rationalen Erklärung.

3. Angst läßt sich in der literarischen Tradition zu den unterschiedlichsten Zeiten nachweisen. Zum maßgebenden Thema wurde die Angst in der Mitte des 18. Jh., als die Veröffentlichung des Romans *The Castle of Otranto* (1765) von Horace Walpole die Literatur der Gothic Novel einleitete. An diese Tradition schließen die im 19. Jh. weit verbreiteten Schauerromane und Gespenstergeschichten an. Das Thema setzt sich dann erneut in der Literatur des 20. Jh. durch, die sich eindringlich mit der existentiellen Angst auseinandersetzt. Die Voraussetzung für die Breitenwirkung des Themas in der Unterhaltungsliteratur der zweiten Hälfte des 19. Jh. war wahrscheinlich das gewandelte Selbstverständnis des Lesepublikums, das in dieser Zeit ein stark ausgeprägtes Gefühl persönlicher, ökonomischer und politischer Sicherheit entwickelte. Die gemischten Empfindungen von Schauder, Schrecken und Vergnügen im Bewußtsein der eigenen Sicherheit konnten erst entstehen, nachdem das naturwissenschaftliche Denken und technische Neuerungen den Eindruck vermittelten, daß die Gesellschaft die bedrohlichen Kräfte der Natur gemeistert habe, nachdem Philosophen die Vernunft, das rationale Denken und evolutionäre Prozesse zu daseinsbestimmenden Kräften erklärt hatten und nachdem politische Reformen die Macht despotischer Herrscher beschränkt hatten. Dazu kommt die besondere Bedeutung der innerliterarischen Signatur des Themas, die den Kommunikationsraum erweitert. Die Schematisierung, die geschlossene Handlungssphäre und die Stereotypie im Figurenaufbau ermöglichen ein leichtes Erfassen der Struktur. Die Lösung vermittelt den Eindruck, man könne letztlich doch die Furcht meistern. Demgegenüber ist jedoch zu berücksichtigen, daß eine beachtliche Zahl von Werken nach der Jahrhundertwende Gefühle der Sicherheit abbauen. Im Handlungsverlauf entstehen Zweifel an den normbildenden kulturellen Werten. Die Figuren erfahren wie in Stanislaw Przybyszewskis *Totenmesse* (1893) und *Totentanz der Liebe* (1903) oder Hugo von Hofmannsthals „Märchen der 672. Nacht" (1895) die „Unentrinnbarkeit des Lebens". Ihre Identitätsverunsicherung äußert sich in der Furcht vor der Begegnung mit anderen. Sie verschließen sich, spüren wie der junge Kaufmann in Hofmannsthals Märchen steigende Angst und verlieren ihren Weg im Labyrinth des Lebens. Auf sich allein gestellt, erfahren sie die lähmende Todesbezogenheit (Hermann Lenz, *Der Letzte,* 1984).

4. Darstellungen der Lebensangst sind nicht immer an ausführende, furchterregende Organe gebunden. Sie wirken jedoch in mysteriösen Anspielungen fast noch unheimlicher. Das Kind in Goethes „Erlkönig" (1782) und der Student Nathanael in E.T.A. Hoffmanns „Der Sandmann" (1816) machen die Erfahrung der Existenzangst. Aber in Goethes Gedicht wird der Todesbote noch im tödlichen Erschrecken des Kindes greifbar. Und der Student Nathanael in Hoffmanns Erzählung projiziert sein Entsetzen auf eine Reihe ineinander übergehender Figuren. Dagegen dringt in den Erzählungen von Georg Heym, Franz Werfel und Franz Kafka die Existenzangst in jedes Zeichen, jede Äußerung und jeden Bereich der Welt. Sie verknüpft das Geschehen (Reinhard Goering, *Jung Schuk*, 1930), wird richtunggebend im Titel, bestimmt alle Sprachvorgänge (Paul Leppin, „Angst"; Franz Werfel, „Angst"; Stefan Zweig, „Angst") und mündet ein in den Aufschrei (August Stramm, „Patrouille", „Sturmangriff"). Eine Reihe expressionistischer Gedichte steigert das Entsetzen zu apokalyptischen Visionen des Weltuntergangs (Johannes R. Becher, „Der Tod im Sommer"; Max Brod, „Angst"; Lili Börsch, „Angst"; Albert Ehrenstein, „Ich bin des Lebens und des Todes müde"; Paul Kraft, „Grauen"; Alfred Lichtenstein, „Angst"; Alfred Wolfenstein, „Furcht"). Im →absurden Theater wird die Angst schließlich zur Grundverfassung des menschlichen Daseins. Die Entstehung totalitärer Regierungsformen, die Verbreitung oppressiver Staatsapparate und erdrückender bürokratischer Organisationen mit ihren anonymen Agenten des Terrors fügen dem Thema im 20. Jh. ständig neue Impulse zu. Dazu treten zunehmende Zweifel am wissenschaftlichen und technischen Fortschritt (die →Stadt als Ungeheuer, besessene Forscher, amoklaufende Roboter). Aber auch in der Literatur des 20. Jh. fängt das Thema keineswegs nur irrationale Befürchtungen ein oder unterstreicht ein tiefes Gefühl chronischer Sorge. Es verweist auf die Betäubung der Menschen, die sich unkontrollierbaren Mächten ausgeliefert fühlen, auf die Desorientierung derer, die in historischen Prozessen reine Zufallserscheinungen sehen, und auf die Jugend, die in eine Welt der Vernichtung hineinwächst (Ingeborg Bachmann, „Thema mit Variationen", 1953; Günter Eich, *Träume*, 1953).

Quellen: Clara Reeve, *The Old English Baron* (1778); Eliza Parsons, *The Castle of Wolfenbach* (1793); Ann Radcliffe, *The Mysteries of Udolpho* (1794); *The Castle Spectre* (1798); *Manfrone, or The One-handed Monk* (1809); William Godwin, *Caleb Williams* (1795); Richard Warner, *Netley Abbey* (1795); Matthew G. Lewis, *Ambrosio, or The Monk* (1796); Eleanor Sleath, *The Orphan of the Rhine* (1798); Francis Lathom, *The Midnight Bell* (1798); *Astonishment. A Romance of a Century Ago* (1802); Mrs. Isaacs, *Ariel, or The Invisible Monitor* (1801); Thomas Pike Lathy, *The Invisible Enemy* (1806); Charles Robert Maturin, *Fatal Revenge, or The Family of Montorio* (1807); *Albigenses* (1824); Mary Byron, *The Alderman and the Peer, or The Ancient Castle and the Modern Villa* (1810); Charlotte Dacre, *The Passions* (1811); Percy Bysshe Shelley, *St. Irvyne, or The Rosicrucian* (1811); Louisa Sidney Stanhope, *The Confessional of Valombre* (1812); *The Festival of Mora* (1821); *The Seer of Tivotdale* (1827); E.T.A. Hoffmann, *Die Elixiere des Teufels* (1815/16); *Nachtstücke* (1816/17); Mary Shelley, *Frankenstein, or The Modern Prometheus* (1818); Thomas Love Peacock, *Nightmare Abbey* (1818); Grenville Fletcher, *Rosalviva, or The Demon Dwarf* (1824); William Child Green, *Alibeg the Tempter* (1831); Honoré de Balzac, *Melmoth réconcilié* (1835); Edgar Allan Poe, *Tales of the Grotesque and Arabesque* (1840); *The Murders in the Rue Morgue* (1840); *The Man That Was Used Up* (1843); Ambrose Bierce, *The Fiend's Delight* (1872); *Cobwebs from an Empty Skull* (1873); „A Horseman in the Sky" (1891); Auguste Villiers de l'Isle-Adam, *Contes cruels* (1883); Robert Louis Stevenson, *The Strange Case of Dr. Jeckyll and Mr. Hyde* (1886); Joseph S. LeFanu, *The Watcher and Other Weird Stories* (1894); Algernon Blackwood, *The Empty House and Other Ghost Stories* (1906); *The Listener and Other Stories* (1907); *The Centaur* (1911); *A Prisoner in Fairyland* (1913); D. Sayers (Hg.), *Great Short Stories of Detection, Mystery, and Horror* (1947); Boris Vian, *Les Bâtisseurs d'empire* (1959); Simon Vestdijk, *De filosoof en de shripmoordenaar* (1961); *Het spook en de schaduw* (1966); Robert L. Coover, *Pricksongs and Descants* (1969); *The Rivals of Sherlock Holmes* (1971); Rolf Dieter Brinkmann, *Besuch einer sterbenden Stadt* (1973); Hermann Lenz, *Die Augen des Dieners* (1964); *Die Begegnung* (1979); *Der Letzte* (1984); Adolf Muschg, *Albissers Grund* (1974); Maxine Hong Kingston, *The Woman Warrior: Memoirs of a Girlhood Among Ghosts* (1976).

Lit.: R. Alewyn: Die literarische Angst. In: Aspekte der Angst. Stuttgart 1965; T. Anz: Die Historizität der Angst. In: JDSG 19 (1975); W.H. Auden: The Age of Anxiety. New York 1947; W. Bayer: Angst. Ffm 1973; C. Begemann: Furcht und Angst im Prozeß der Aufklärung. Ffm 1987; H.-J. Braun, A. Schwarz (Hg.): Angst. Zürich 1988; H. Conrad: Die literarische Angst. Düsseldorf 1974; H. v. Ditfurth (Hg.): Aspekte der Angst. München 1977; B.F. Fischer: The Gothic's Gothic: Study Aids to the Tradition of Terror. New York 1988; F. Frank: Guide to the Gothic. Metuchen, NJ 1984; ders.: The First Gothic. New York 1987; ders.: Gothic Fiction: A Master List. New York 1988; S. Freud:

Das Unheimliche (1919); ders.: Hemmung, Symptome und Angst (1926); M. Heidegger: Sein u. Zeit (1927); S. Kierkegaard: Furcht u. Beben (1844); ders.: Der Begriff der Angst (1844); ders.: Die Krankheit zum Tode (1849); A. Le Brun: Les châteaux de la subversion. Paris 1986; N. Slibar: Angst, Verbrechen, das Unheimliche. In: D. Göttsche, H. Ohl (Hg.), Ingeborg Bachmann. Würzburg 1993; M. Summers: The Gothic Quest. London 1968; Thema Angst. In: Almanach f. Lit. u. Theologie 8 (1974); P. Tillich: Der Mut zum Sein. Stuttgart 1953; A.B. Tracy: Patterns of Fear in the Gothic Novel 1790–1980. New York 1980; W. Trautwein: Erlesene Angst. Schauerliteratur im 18. u. 19. Jh. München 1980; T. Vollhaber: Das Nichts – Die Angst – Die Erfahrung. Berlin 1987; C.C. Walcutt: Fear Motifs in the Literature between Wars. In: South Atlantic Quarterly 46 (1947); H. Weisbrock (Hg.): Die politische u. gesellschaftliche Rolle der Angst. Ffm 1967.

Siehe auch: Absurd, Aggression

Anpassung

1. In der übergreifenden Konstellation der menschlichen Entwicklungsthematik zeichnet sich deutlich eine Darstellungsform ab, die zwischen dem übertriebenen Anspruch menschlicher Größe oder Schwäche, zwischen dem Drang nach höchster individueller Freiheit und den Ansprüchen der Gesellschaft, zwischen dem Ideal der ungehinderten Entfaltung aller persönlicher Anlagen und der Notwendigkeit sozialer, gesellschaftlicher Einordnung vermittelt, indem sie die Dialektik in den Figuren austrägt und in einer klugen, gewitzt-verschämten Anpassung an die Welt eine Möglichkeit der erfolgreichen Selbstverwirklichung andeutet. Das Widerspruchsvolle an dem Thema ist die notwendige Erscheinungsform der widersprüchlichen, komplizierten Prozesse. Das Thema setzt das literarische Geschehen in direkte Beziehung zum Leben, zu sozialen Umschichtungen und zu historischen Entwicklungen. Es erfaßt, wie der Mensch in seiner Zeit entsteht, wie er sich zur Welt verhält und wie er versucht, einen Handlungsspielraum zu bewahren, der ihn im Leben bestehen läßt. In dem Thema spiegelt sich zuweilen die subjektive Enttäuschung darüber, daß die Welt nicht dem Ideal entspricht. Es kann durchaus zeitkritisch die Anpassung an politische Systeme oder die Entmutigung einzelner angesichts ihnen undeutbarer historischer Prozesse herausstellen, aber auch humoristisch die Selbstzufriedenheit im kleinen Kreis beleuchten. Das Thema formuliert jedoch vorwiegend die Bejahung des Daseins in einem illusionslosen Optimismus.

Die Anpassungsthematik steht in direktem Bezug zu einer Figurenkonzeption, in der Charaktereigenschaften der Lebenskünstler überwiegen. Die Figuren weichen tragischen Spannungen aus und lösen Konflikte, indem sie die Unvollkommenheit der Welt akzeptieren. Sie werden in Ereignisse verwickelt, die entweder im Text kritische Beobachtungen des Milieus, der Gesellschaftsstruktur und maßgebender Ideen einer Zeit einleiten oder diese im Leser anregen. Erzählungen verzichten jedoch auf konfliktgeladene Zuspitzungen in unüberbrückbaren Gegensätzen von Ideal und Wirklichkeit, Vollendung und menschlicher Unzulänglichkeit, Utopie und Verfall, vorbildlichem Handeln und niedrigem Planen. Die Erzählung orientiert sich am Spielraum vielfältiger, auch gleichzeitiger Verhaltensweisen. Das Handeln erscheint nicht unwandelbar, sondern veränderlich. Gefährdungen wirken sich nicht zerstörerisch aus; sie sind überwindbar.

Die im Text dargestellten Ereignisse bilden die Grundlage eines ständigen Bemühens zu lernen und des Wunsches, das Leben zu bewältigen. Die Fähigkeit, überleben zu können, wird zum Grundzug der Charakterdarstellung. Daher vergegenwärtigen Erzählungen, in denen die Anpassungsthematik das Geschehen bestimmt, die vielfach rein zufällige Natur des menschlichen Zusammentreffens, der gesellschaftlichen Bezüge, der Bindung, Auflockerung und Trennung. Außerdem veranschaulicht das Thema nicht nur, wie sich Interessen herausbilden, umwandeln und in Vergessenheit geraten, sondern auch, wie sich Erfolg und Mißerfolg durchkreuzen. Diese Zuordnung bedingt die Tendenz zum Humoristischen oder Satirischen. Im Rahmen der Variationsmöglichkeiten des Themas zeichnen sich drei bevorzugte Gestaltungsarten ab: (1) die Erzählung läßt die begrenzte Sicht der Figuren in den Vordergrund treten;

sie passen sich an, ohne bewußt über ihr Handeln nachzudenken (z.B. die fünf Geliebten Landolts in Gottfried Kellers „Der Landvogt von Greifensee“, 1878); (2) die Figur paßt sich bewußt an und überlistet die Gesellschaft; (3) die Wahrnehmungen der Figur und die Perspektive des Erzählers greifen, bewußt spielerisch gestaltet, ineinander (Rahmen und Anlage von Kellers *Züricher Novellen*, 1878; Wilhelm Raabe, *Christoph Pechlin*, 1873; *Eulenpfingsten,* 1879; Thomas Mann, *Joseph und seine Brüder*, 1933–43). Das Thema unterscheidet sich jedoch grundsätzlich von der Darstellung des Freiheitsverlusts in Situationen, in denen die Figuren von den Umständen erdrückt werden (→Begrenzung-Freiheit). Der Ort der Anpassungsthematik ist die Welt des Handelns, des im Handeln manifestierten Sinnes und, darauf bauend, des Spiels mit Schein und Wirklichkeit.

2. Das Thema ist von entscheidender Bedeutung in der Schelmenliteratur und Lügendichtung vom 16. Jh. (*Friar Bacon and Friar Bungay*, 1580?; Robert Greene, *The Conny-Catching Tracts*, 1591–92; Thomas Dekker, *The Bellman of London,* 1608; *Guls Horn-Booke,* 1609) bis in die Gegenwart (Kingsley Amis, *Lucky Jim*, 1954; Alan Sillitoe, *Saturday Night and Sunday Morning*, 1958). Es steht in direkter Beziehung zum Possenreißer (*Eulenspiegel,* 1515; verschiedene Schwänke von Hans Sachs; Christian Reuter, *Schelmuffsky*, 1696), zum Lügner (Lukan; *Finkenritter,* 1650), zu Münchhausengeschichten (engl. Rudolf Erich Raspe; dt. Gottfried August Bürger, 1786) und zu Komödien des Ehelebens (Sachs, Dekker, Molière, Marivaux, George Bernard Shaw).

Das Zusammenwirken von Thema, Figurenzeichnung und Aufbau der Handlungsfolge wird besonders deutlich in Schelmenromanen. Die Abenteuer des →Schelms prüfen seine Ausdauer, Intelligenz, List und sein sicheres Gefühl für die richtige Reaktion auf wechselnde Umstände. Er lebt sich in Rollen ein, die ihn befähigen, selbst zufällige Ereignisse zu seinem eigenen Vorteil zu manipulieren. Er überlistet die Welt, indem er Sein und Schein in seiner Existenz vereint. Sein Handeln, zuerst vom Willen zur Anpassung, zum geschickten Spiel mit Sein und Schein bestimmt, wird zum unwillkürlichen Impuls der Situation. Diese Befähigung zur Anpassung verwandelt die Figur zum vorbildlichen Muster der Person, des Standes oder des gesellschaftlichen Ansehens. Der Anpassungskünstler entspricht den Erwartungen der Welt, weil er alle Züge des Typs vereinigt (Herman Melville, *The Confidence-Man*, 1857; Carl Zuckmayer, *Der Hauptmann von Köpenick,* 1931). Der Schelm verändert das Geschehen zu seinem Vorteil. Er sucht materielle Vorteile in einer von materiellen Interessen bestimmten Welt. Er steigt nach oben, strauchelt und fällt wieder auf die Füße, verfeinert den Eigennutz zur Kunstform in einer selbstsüchtigen Welt, nützt die Schwächen anderer aus, ersinnt neue Pläne und beantwortet die Anforderungen des Daseins, indem er sich fügt und überlebt. Die Gestaltung dieser Form der Anpassung vermittelt möglicherweise tiefere Einblicke in die Umbrüche der Zeit als die Darstellung dramatischer Ausnahmesituationen.

Die Grenze zwischen Betrug und Täuschung, beabsichtigter Irreführung und dem bewußten Eingehen auf irrtümliche Erwartungen läßt sich nur schwer in solchen Erzählungen bestimmen, die den Figuren auch in der Anpassung einen inneren Spielraum der freien Entscheidung einräumen. Die Koexistenz von Anpassung und innerer Freiheit setzt die gleichzeitige Verwirklichung entgegengesetzter Vorstellungen voraus: die expansive Sicht individueller Entwicklung, die Einschränkung durch gesellschaftliche Kräfte und die Überwindung der Begrenzung durch die Anpassung. Einige Texte erfassen das Problem durch die Darstellung einer Folge von Ereignissen und Charakterskizzen, die im Querschnitt ein Bild der Gesellschaft bieten (Henry Fielding, *The History of Tom Jones,* 1749; Tobias Smollett, *The Adventures of Peregrine Pickle,* 1751; Denis Diderot, *Jacques le fataliste et son maître,* 1773; Gabriele Eckart, *Frankreich heißt Jeanne*, 1990). Andere Werke verdeutlichen die Koexistenz widerstrebender Tendenzen in strengem Bezug auf einen Handlungsträger oder eine zentrale Figur, deren Motive von einem nachdenklichen Beobachter (Figur oder Erzähler) beleuchtet werden (Wilhelm Raabe, *Stopfkuchen,* 1891;

Theodor Fontane, *Frau Jenny Treibel*, 1892; Saul Bellow, *The Adventures of Augie March*, 1953; Thomas Mann, *Die Bekenntnisse des Hochstaplers Felix Krull*, 1954). Diese Erzählungen schildern die besonderen Umstände und Einflüsse, die das Leben der Personen prägen. Sie stimmen jedoch in der Gestaltung und Lösung der Anpassungsthematik überein. Die Figuren überwinden die gesellschaftliche Begrenzung, indem sie sich klug den Erwartungen ihrer Zeit anpassen. Aber im Gegensatz zu Figuren wie Nana (Emile Zola, *Nana*, 1880) oder Hans-Peter Dallow (Christoph Hein, *Der Tangospieler*, 1989), die sich instinktiv mit dem Zeitgeist identifizieren und ihm verfallen, bewahren die anpassungsfähigen Lebenskünstler einen Spielraum innerer Freiheit, der es ihnen ermöglicht, auf dem schmalen Grat zwischen Freiheit und Begrenzung zu wandeln. Die erfolgreich-vorteilhafte Verbindung von hintergründig-klugem Handeln und Lebensfreude, von Anteilnahme und witziger Tatkraft gewährt Einblicke in die menschliche Natur und die Gesellschaftsstruktur.

Lit.: A. Chiarloni: Anpassung. In: dies. (Hg.), Die Literatur der DDR. Pisa 1988.

Siehe auch: Schelm

Antichrist

Siehe Christus

Antigone

1. Die Figurenkonzeption stützt sich auf die primäre Charaktereigenschaft kindlicher Liebe und Ehrfurcht. Diese wird zum Richtmaß eines kompromißlosen Verhaltens und motiviert das von einem unerschütterlichen Pflichtgefühl getragene Handeln, welches sich über die weltliche Ordnung hinwegsetzt und bis zur Bereitschaft geht, den Opfertod zu erleiden. Die menschliche Bewährung bietet die Voraussetzung für thematische Ausführungen.

2. Die klassische Philologie nimmt an, daß eine nicht überlieferte Darstellung des Thebaides-Geschehens bereits zwei Elemente enthielt, die sowohl verbunden als auch thematisch unabhängig voneinander gestaltet werden können: kindliches Pflichtgefühl oder absoluten Gehorsam gegenüber der Familie und Widerstand gegen die Autorität. Sophokles entwirft beide Konstellationen. In *Ödipus auf Kolonos* verkörpert Antigone die hingebungsvolle Tochter, die hilfsbereit und zärtlich ihren blinden Vater führt und sich, wie ihre Schwester Ismene, dem grausamen Familienschicksal fügt. In *Antigone* entwickelt sich das Geschehen aus ihrer Auflehnung gegen Kreon. Sie widersetzt sich ihrem Onkel, als dieser nach dem tödlichen Zweikampf der Brüder anordnet, Eteokles sei mit königlichen Ehren zu bestatten, Polyneikes dagegen sei unbegraben, in Unehre, liegenzulassen. Ihr Aufbegehren, das die Form eines grundsätzlichen Widerstandes gegen das Gesetz annimmt, löst Ereignisse aus, die alle in ihre tödliche Verstrickung einbeziehen. Kreon überlebt als einziger. Aber der Vertreter eines absoluten überpersönlichen Rechtsanspruchs ist seelisch gebrochen.

Die zu inneren Konflikten und äußeren Auseinandersetzungen führende Verknüpfung von Pflichtgefühl und Widerstand bot die Grundlage zur Gestaltung von grundsätzlichen Fragen des Rechts und der Gerechtigkeit, der Liebe und Ehre, der Selbsterhaltung und Aufopferung. Kindliche Liebe und Opfer wirken strukturbildend in Schauspielen von Seneca, Garnier, Rotrou, Ducis und Ballanche. Später konnten Künstler auf das in der literarischen Tradition bewahrte Schema der mitleiderregenden, standhaften Hingabe an ein Ideal zurückgreifen oder direkt an die Antigone-Figur anschließen. Daraus ergeben sich Ähnlichkeiten und Überschneidungen mit den Frauenfiguren in Richard Wagners Opern (Elisabeth im *Tannhäuser;* Brunhilde in der *Walküre*), mit der neuplatonischen Philosophin Hypatia, die gesteinigt wurde, weil sie ihren Glauben nicht aufgeben wollte (Charles Marie-René Leconte de Lisle, *Poèmes antiques*, 1852), mit Jeanne d'Arc (Charles Péguy, *Jeanne et Hauviette*, 1904), aber auch mit Christus und der trauernden Jungfrau Maria (Sören Kierkegaard, *Entweder-Oder*, 1843; Paul Zumthor, *Antigone ou la piété,* 1945). In allen Texten, in denen die Selbstverleugnung und Opferbereitschaft die Themenführung motivieren, ist Antigones innerer Konflikt, in dem sich die widerstreitenden Gefühle ihrer Liebe zu Hermon und ihres Hasses auf Kreon äußern, von sekundärer Bedeutung. Werke, in denen das Ringen mit Kreon im Hintergrund steht, versuchen dagegen gerade diesen inneren Gefühlskonflikt zum Ausdruck zu bringen (Racine, Alfieri, Anouilh, Brecht, Living Theater und Karvaš). Racine und Alfieri beleuchten die qualvolle Selbstvergewisserung angesichts einer Entscheidung, die entweder den Weg zur Liebe und in das Leben ebnet oder in bewußter Pflichterfüllung zum Tod führt. Champein und Duhamel veranschaulichen, wie der Ruf des Gewissens über die Liebe triumphiert.

In Bearbeitungen und Neugestaltungen des 20. Jh. wird Antigone zusehends zur Vertreterin einer revolutionären Phase in der Geschichte. Die Autoren wollen Vorgänge sichtbar machen, die hinter dem äußeren Geschehen liegen. Die dargestellten Ereignisse erhalten eine historische Dimension. An Antigone selbst wird entweder ein gesellschaftlicher Entwicklungsgrad sichtbar, oder sie wird in eine Situation versetzt, in der ihr Handeln vorbildlich wirkt. Antigones Standort verlangt Kompromißlosigkeit (Anouilh), ein vorbehaltloses Nein (Brecht), eine richtungweisende, revolutionäre Tat (Living Theater) oder Auflehnung im Namen der Gemeinschaft (Karvaš). Das Bemühen, die geschichtliche Notwendigkeit von Antigones Handeln hervorzuheben, führt zur Betonung unterschiedlicher Charakterzüge Kreons. Er erhält ausgesprochen militaristische, tyrannische Züge (Hasenclever) und erinnert an Hitler (Anouilh, Brecht) und an einen SS-Aufseher (Karvaš). Für Brecht, der sich eingehend mit der Figur der Antigone beschäftigt hat, ergeben sich aus der kritischen Beleuchtung der Situation, aus historischer und zugleich zeitnaher Perspektive, einschneidende Folgerungen im Hinblick auf die Motivation. In seinem „Vorspiel. Berlin April 1945" zeigt er mit unerbittlicher Konsequenz (zwei Schwestern, Bruder vor der Tür am Fleischerhaken gehenkt, SS-Mann, Frage und Verleugnung des Bruders), wie die Menschen aus Furcht vor der Tyrannei zerstört werden.

3. Die Antigone-Tradition verdeutlicht, daß selbst die Bindung einer Figur an eine scharf begrenzte Situation durch entscheidende Akzentuierung der Motivation thematische Bedeutungsverschiebungen zuläßt. Die Werke erfassen jedoch mit wenigen Ausnahmen, in denen die Liebe Antigones im Blickpunkt des Geschehen steht (*Le Roman de Thèbes;* Jules Regnier, *Antigone*, 1885; Paul Bourget, *Antigone,* 1897), die innere Krise des Menschen im Spannungsfeld von Pflicht und Neigung, zeitloser Gerechtigkeit und zeitbedingtem Rechtsanspruch.

Quellen: Aischylos, *Die Sieben gegen Theben*; Sophokles, *Antigone; Ödipus auf Kolonos*; Euripides, *Phönissen*; Seneca, *Phoenissae*; Statius, *Thebaide; Le Roman de Thèbes* (1150); Luigi Alamanni, *Antigone* (1533); Robert Garnier, *Antigone ou la piété* (1580); Giovanni P. Trapolini, *Antigone* (1814); Jean de Rotrou, *Antigone* (1637); Jean Racine, *La Thébaide ou les Frères ennemis* (1664); Vittorio Alfieri, *Antigone* (1776); Jean-François Ducis, *Œdipe chez Admète* (1778); Friedrich Hölderlin, *Antigonae* (Sophokles übers. 1804); Pierre-Simon Ballanche, *Antigone* (1814); Marie-Joseph Chénier, *Œdipe à Colone* (1818); Jeanne Champein, *Antigone* (1834); A. Duhamel, *Antigone* (1834); Walter Hasenclever, *Antigone* (1917); Jean Anouilh, *Antigone* (1944); Bertolt Brecht, *Antigone* (Sophokles bearb. nach Hölderlin, 1948); Paul Zumthor, *Antigone ou l'espérance* (1945); Peter Karvaš, *Antigone a ti druhi Bratislava* (1961); Roger Wybot, *Antigone. Tragédie.* In: *Pourquoi Barabbas* (1965); Bearbeitung von Brechts *Antigone* durch das Living Theater (1967); Rolf Hochhuth, *Die Berliner Antigone* (1966).

Lit.: W. Barner: Durchrationalisierung des Mythos? In: P.M. Lützeler, H. Lehnert, G.S. Williams (Hg.), Zeitgenossenschaft. FS E. Schwarz. Ffm 1987; J. Bossinade: Das Beispiel Antigone. Textsemiotische Untersuchungen zur Präsentation der Frauenfigur. Von Sophokles bis Ingeborg Bachmann. Köln 1990; G.V. Dibbie: Antigone: From Sophocles to Hölderlin and Brecht. In: K.V. Hartigan (Hg.), Legacy of Thespis. Lanham, MD 1984; S. Fraisse: Le Mythe d'Antigone. Paris 1974; W. Hecht (Hg.): Brechts Antigone des Sophokles. Ffm 1988; C. Molinari: Storia di Antigone da Sofocle al Living Theater. Bari 1977; W. Müller-Seidel: Antigone im deutschen Expressionismus. In: D. Kuhn, U.B. Zeller (Hg.), Genius huius loci. Wien 1982; G. Steiner: Die Antigonen (Antigones). Geschichte u. Gegenwart eines Mythos. München 1988; R. Trousson: L'Antigone de Pierre-Simon Ballanche.

In: Synthèses 1960; ders.: Un Problème de littérature comparée: les études de thèmes. Paris 1965.

Siehe auch: Bruderkonflikt, Selbstverwirklichung

Apokalypse

1. Die mit dem Weltende verknüpften Vorstellungen haben sich in der Literatur als thematisches Grundanliegen herausgebildet. Sie übernehmen außerdem Motivfunktion. In einer überwiegenden Mehrheit des religiösen und säkularen Schrifttums lassen sich vier Konstellationen nachweisen: (1) die Darstellung des menschlichen und gesellschaftlichen Verfalls, (2) der Ausbruch der Katastrophe, (3) die Vernichtung der Zivilisation und (4) die Ankündigung oder Ankunft einer neuen Ordnung. Thematische Bearbeitungen stützen sich oft auf Darstellungen weitverbreiteter Entartungserscheinungen. Sie beleuchten den moralischen Verfall, die wachsende Macht des Bösen, natürliche Heimsuchungen oder von Menschen heraufbeschworene Katastrophen und die Stunde der Abrechnung, das Jüngste Gericht. Linear angelegte apokalyptische Schriften betonen das Unwiderrufliche, Endgültige der Zerstörung. Dagegen zeichnet sich eine Spiraltendenz in Werken ab, in denen das Thema Rufcharakter annimmt und in der Vision einer von der Schuld befreiten, heilen Menschheit zur Selbstbesinnung aufruft. Das Motiv der Apokalypse übernimmt auslösende Funktion, vergegenwärtigt und stützt die Themen der →Dekadenz, des Verfalls der politischen Ordnung und der gesellschaftlichen →Reform. Es dient als Warnung für alle Personen, die den Niedergang ihrer Zeit nicht wahrnehmen wollen. In der konkreten Verwendung stellt das Motiv Bezüge her zu dem Wunsch, die bestehenden Machtverhältnisse zu ändern, aber auch zu denkbaren, bevorstehenden Gefahren. Es verweist auf die Ohnmacht angesichts unkontrollierbarer Naturkräfte oder drohender, technischer Entwicklungen (Unfälle in der Gentechnik oder Pharmaindustrie). Es ruft zugleich dazu auf, die entfesselten Kräfte, die sich in der Möglichkeit eines totalen Krieges oder einer thermonuklearen Vernichtung äußern, zu bändigen. In diesen Verkettungen zeigt sich deutlich die Schaltfunktion des Motivs auf andere Bedeutungsgehalte: eindeutigen Begründungen (Ohnmacht) stehen gegensätzliche Vorstellungen (Aufstand-Umbruch) zur Seite.

2. Alle Kulturen haben apokalyptische Mythen. Die frühesten Überlieferungen bekunden einen weit verbreiteten Glauben an ein gewaltsames Ende der Welt und die Gründung einer neuen Ordnung. Apokalyptische Visionen erscheinen im Alten und Neuen Testament (Daniel, Jesaja, Hesekiel, 2. Petrus und Offenbarung Johannes). Hesiod verwendet apokalyptische Motive zur Begründung des kosmischen und besonders des menschlichen Verfalls nach dem Goldenen Zeitalter (*Erga*). Der Stoizismus entwickelt Gedanken einer letzten Feuersbrunst; die nordischen Götterlieder verkünden den Weltenbrand (Ragnarök) und die Götterdämmerung („Völuspâ"). Religiöse apokalyptische Offenbarungen stimmen in folgenden Zügen überein: der Absonderung des Individuums von einer ursprünglichen Lebensharmonie (Mensch-Gesellschaft-Tiere-Gott); einem ursächlichen Zusammenhang zwischen ethischem Niedergang und dem Weltende; der Ausbreitung der Mächte des Bösen; der Zerstörung der Welt durch das Jüngste Gericht. Nachdem der Kosmos von der moralischen Verwahrlosung befreit ist, kann Gott eine „neue Erde unter dem neuen Gestirn" für die erlösten oder neugeschaffenen Menschen ins Leben rufen. Mit Ausnahme der islamischen Tradition enden Apokalypsen mit einem Ausblick auf die Zukunft. In der Sicht religiöser Offenbarungen vereint Gott in sich alle Macht. Er ist Anfang und Ende, Schöpfer und Vernichter, Richter und Erlöser. Diese Auffassung prägt eine stark entwickelte Tradition. Sie bestimmt Sprachfiguren und Aufbau des Geschehens in Werken wie etwa Augustinus, *Vom Gottesstaat* (413–426), Hans Engelbrecht, *Wahrhafftige Geschichte und Gesicht vom Himmel und der Hellen* (1625), John Milton, *Paradise Lost* (Kap. 12, 1667), William Blake, *The Four Zoas* (1797), *Jerusalem* (1804), *A Vision of the Last Judgment* (1810), und wirkt sich noch deutlich in der

frühen puritanischen Literatur Amerikas aus. Eine Reihe amerikanischer Schriftsteller (Hawthorne, Melville, Mark Twain, Faulkner, Ralph Ellison, James Baldwin und Richard Wright) verwendet einzelne Aspekte der Apokalypse wie die Zahl 7, die vier Reiter, das Wachsen der satanischen Macht, das kosmische Chaos, die Katastrophe der alten und die Gründung der neuen Welt als Motive, um durchaus unterschiedliche thematische Anliegen zu begründen.

3. Die amerikanische Unabhängigkeitsbewegung und die Französische Revolution gaben den Anstoß, das Thema einerseits mit konkreten historischen Bezügen anzureichern, es andererseits aber auch symbolisch zu erweitern. Schriftsteller schilderten den gewaltsamen Umsturz alter Verfassungen aus der Perspektive säkularisierter Apokalypsen. Die Korruption der regierenden Klasse, Justizirrtümer und die geradezu „satanische" Unterdrückung des Volkes boten die Voraussetzungen für Aufrufe, die Menschenrechte zu wahren und eine neue menschenwürdige Staatsverfassung zu gründen. Die englischen Dichter William Blake (*The French Revolution,* 1791; *A Song of Liberty,* 1793; *America: A Prophesy,* 1793; *Europe: A Prophesy,* 1794) und William Wordsworth (*Descriptive Sketches,* 1793) schilderten die Revolution als eine absolut notwendige Phase im Aufbau eines neuen politischen Systems. Dagegen entwarf Louis-Sébastien Mercier in seinem *L'An 2440* (1770) ein grauenerregendes Tableau der verlassenen und zerstörten Stadt Paris nach der Apokalypse. In den Schriften anderer Autoren (Friedrich Hölderlin, Jean Paul, Moritz Arndt, Friedrich Rückert) werden apokalyptische Anklänge so stark von der Verkündung einer neuen Ordnung überlagert, daß sie nur noch unter großen Schwierigkeiten nachweisbar sind.

In thematischen Darstellungen des 19. und 20. Jh. spiegelt sich deutlich das zunehmende Unbehagen am Verfall humanistischer Ideale. Außerdem beeinflußt der Protest gegen den Kapitalismus und das materialistische Denken die konkrete Bildsphäre der Texte. Die emanzipierte heil- und gottlose Welt wird mit diabolischen Zügen überladen. Neben Bildern des Weltenbrandes stehen Metaphern der eisigen Luftverdünnung und absoluten Finsternis. Technik, Industrialisierung und Vermassung sind die niederen Dämonen, die das Gefüge der Welt untergraben und die Apokalypse vorbereiten. Schriftsteller, gleichsam Vertreter der Besinnung auf zeitlose Werte, versuchen die herrschende Anarchie mit ordnungsstiftenden Visionen zu durchdringen. Der Dichter übernimmt die Rolle des Richters, der unerbittlich mit der Macht des Bösen auf der Erde abrechnet (George Gordon Byron, „Darkness", 1816). Die von moralischer Unduldsamkeit und dem Pathos des Glaubens an die wahre menschliche Bestimmung getragenen Abrechnungen nehmen gegen das Ende des 19., zu Anfang des 20. Jh. und nach dem 2. Weltkrieg zu (Heinrich Hart, *Weltpfingsten,* 1872; Georg Schaumberg, „Apokalypse", 1893; Alfred Kubin, *Die andere Seite,* 1909; *Ein Totentanz,* 1918; Maria Janitschek, „Gomorrha", 1910; Karl Henckell, „Apokalypse", 1914; Franz Werfel, *Der Gerichtstag,* 1919; Joseph Winckler, „Der Untergang" in: *Der Ruf des Rheins,* 1923; Albert Camus, *La Peste,* 1947; Wolfgang Koeppen, *Das Treibhaus,* 1953; Eugène Ionesco, *Rhinocéros,* 1960). Eschatologische Motive stützen die Visionen apokalyptischer Heimsuchung, die den Leser zur Selbstbesinnung aufrufen: Rainer Maria Rilke, *Das Stundenbuch* (1905); Stefan George, *Der siebente Ring* (1907); Georg Heym, „Der Gott der Stadt", „Die Dämonen der Städte", „Umbra Vitae", „Der Krieg" (vor 1912); Johannes R. Becher, *Verfall und Triumph* (1914); Günter Eich, *Die Stunde des Huflattichs* (1958) und *Festianus, Märtyrer* (1966).

4. Samuel Taylor Coleridge löste in *Dejection: An Ode* (1802) die Apokalypse aus dem direkten religiösen Zusammenhang und übertrug das Motiv auf die schöpferische Einbildungskraft der Künstler. Der Sehergabe, das heißt der seelischen und psychologischen Gereiztheit des Künstlers, entspringen neu geschaffene, apokalyptische Visionen, die den drohenden oder bereits stattgefundenen Einbruch der Barbarei aufhalten sollen. Geistesgeschichtlich bedeutsam sind die Bewußtseinsinhalte der Tableaus dieser Katastrophen. Unkontrollierbarer technischer Fortschritt, Verdinglichung der Welt, Vermassung und Entfremdung werden zu verbindlichen Leitbegriffen eines kulturpessimistischen Denkens, das eine tiefe Verunsicherung im Verständnis historischer Entwicklungen andeutet. Die wahren Ursachen des gesellschaftlichen Verfalls und der menschlichen Deformation entziehen sich in vielen dieser Apokalypsen der historischen Erklärung. Sie erscheinen unabänderlich, zeitlos. Die Katastrophe muß kommen. So entsteht besonders in der immer stärker um sich greifenden Science-fiction eine Vorliebe für die Darstellung von Erscheinungen, deren Gründe unerschlossen bleiben, und eine Sympathie mit dem Bösen, dem die verbindliche religiöse Grundlage abgeht. Zugleich belegen die Science-fiction-Geschichten und auch die Erzählungen von Hans Helmut Kirst, Heinz G. Konsalik und Johannes Mario Simmel sowohl die schematisierende Wirkung eines Themas als auch die leicht mögliche Umschaltung auf Varianten im Aufbau von Faktoren, die die Vernichtung auslösen. Bewahrt werden muß nur der kausale Zusammenhang. Die Beschreibungen leugnen mögliche Widersprüche des Daseins. Sie erfassen dagegen vielfältige, lokalisierbare Erscheinungen: subjektiven Machthunger, Naturkatastrophen, von amoralischen Naturwissenschaftlern heraufbeschworene Verhängnisse, die Zerstörung der Welt durch Technik, Massenwahn und den Ausbruch instinktiver Urtriebe.

Zu den wiederkehrenden, die Erzählphasen ordnenden Anlässen gehören kosmische Verheerungen (Meteorensturz, Verlust des Sonnenlichtes, Erschöpfung der Bodenschätze, Erdbeben, Vulkanausbruch), haltlose Menschen, die unmoralischen Mächten dienen (politische Aggression, chemische oder biologische Kriegführung, atomare Zerstörung) oder aus dem Weltraum kommende aggressive Eroberer. Die entfesselten Mächte in der säkularisierten Apokalypse sind grundsätzlich dem Menschen feindlich gesinnt oder stehen ihm teilnahmslos gegenüber. Jeder Widerstand gegen die nicht- oder unmenschlichen Mächte scheint sinnlos. Weder ideologisches Engagement noch geistige Selbstbesinnung bieten Hoffnung. Angstpsychosen dienen zur Charakterisierung der Personen. Es bleibt einem Überlebenden oder einer kleinen Gruppe vorbehalten, einen letzten Blick auf das Geschehen zu werfen (Jean-Baptiste Cousin de Grainville, *Le Dernier Homme,* 1805; Mary Shelley, *The Last Man,* 1826; Thomas Hood, „The Last Man“, 1826; Edgar Allan Poe, „The Masque of the Red Death“, 1843; Matthew P. Shiel, *The Purple Cloud,* 1901; John B. Priestley, *The Doomsday Men,* 1938; J.G. Ballard, *The Wind from Nowhere*, 1962; *The Drowned World,* 1962; *The Drought,* 1965, *The Crystal World,* 1966). Die letzten Vertreter der Menschheit werden entweder in den Strudel der Vernichtung hineingezogen (Aldous Huxley, *Ape and Essence,* 1948; Doris Lessing, *Shikasta,* 1970), beteiligen sich an der Zerstörung der Welt (Shiel, *The Purple Cloud;* James G. Cozzens, *Castaway,* 1934; Ballards Quartet) oder verteidigen die Menschheit bis zum letzten, überleben und gründen eine neue Gesellschaft (Ray Bradbury, *The Martian Chronicles,* 1950; Kurt Vonnegut, *Cat's Cradle,* 1963; William Burroughs, *Nova Express,* 1964).

Kritiker haben die erstaunliche Beliebtheit der ständig anwachsenden Science fiction-Literatur auf die allgemeine menschliche Verunsicherung angesichts bevorstehender ökologischer und technologischer Katastrophen zurückgeführt. Gleichermaßen bedeutsam ist die Schematisierung der Grundstrukturen dieser Erzählungen. Sie erleichtert den Überblick und vermittelt zugleich im festen Ordnungsgefüge die Illusion des Gleichmaßes, obwohl die Welt im Handlungsgeschehen in Auflösung begriffen ist. Das Grundschema und die Motivzusammenhänge der Apokalypse werden jedoch nicht nur in der Science-fiction, sondern auch in phantastischen Erzählungen übernommen, die Handlungen und Personen auf erdähnlichen Planeten oder im historischen Niemandsland der Erdgeschichte ansiedeln. So lehnt sich der Entwurf der berühmten Romantrilogie *Fellowship of the Ring* (1954–1955) von J.R.R. Tolkien streng an die Apokalypse an. Die Ereignisse folgen der Gliederung von Verfall, Übernahme der Welt durch die satanische Macht, Treue des einzelnen und Neuordnung des Daseins.

5. Wesentliche Neuerungen in der Themengestaltung und der Motivverwendung zeich-

nen sich in einigen sozialkritischen, mit komischen und satirischen Elementen angereicherten Erzählungen der Gegenwart ab. In der deutschen Literatur liegt die Betonung einerseits auf der Abrechnung mit der Vergangenheit des Dritten Reiches (→Holocaust; Ilse Aichinger, *Die größere Hoffnung,* 1948; Günter Grass, *Die Blechtrommel,* 1959; Rolf Hochhuth, *Der Stellvertreter,* 1963; Peter Weiss, *Die Ermittlung,* 1965; Günther Anders, „Apokalypseblindheit", 1985), andererseits auf der Erkundung des menschlichen Selbstbetrugs, der unreflektierten Anpassung an die Gesellschaft und der zunehmenden Inhumanität (Christoph Meckel, *Bockshorn,* 1973; Günter Grass, *Der Butt,* 1977; *Die Rättin,* 1986; Heinar Kipphardt, *März,* 1976; Rolf Hochhuth, *Ärztinnen,* 1980; Friedrich Dürrenmatt, „Der Winterkrieg in Tibet", 1981). Die Opposition gegen die bestehenden Mißstände ist in den Werken stark ausgeprägt. Wo dagegen das Gefühl existentieller Ausgesetztheit vorherrscht, löst die spielerisch-humoristische Ambivalenz das moralisch Eindeutige ab (Joseph Heller, *Catch-22,* 1961; Thomas Pynchon, *The Crying of Lot 49,* 1966; Michael Moorcock, *An Alien Heat,* 1972). Die Romane veranschaulichen Tendenzen, die auch in Filmen wie etwa „Dr. Strangelove", „The Pink Panther" und „The Revenge of the Pink Panther" deutlich werden. Das Weltende erscheint als ein langsamer, unaufhaltsamer bürokratischer Prozeß der Entropie. Die Welt ist total organisiert. Es gibt keine unkontrollierbaren Faktoren. Sobald Störungen auftreten, wenden sich die zuständigen Instanzen der Planungsorgane den Problemen zu. Diese können jedoch nur nach dem Modell eines bestehenden Regelsystems arbeiten. Daraus ergeben sich ständig neue Störungen. Im Sinne der Kommunikationstheorie nimmt das Geräusch zu, die Information ab. Dialoge führen deshalb nicht ins Schweigen oder zur Aggression, sondern münden ein in eine Sprache, die von Werbeschlagwörtern, Klischees und Abstraktionen durchsetzt ist. Die Sprache beleuchtet allgemeine Schwunderscheinungen. In dieser Welt der Angleichung an Rechenautomaten und Datenträger wird Satan zum Kybernetiker, fällt selbst dem Rhythmus der Mechanik zum Opfer, verliert seine Handlungsfreiheit und wirkt komisch.

6. Gestaltungen des Themas stehen im Zeichen der revolutionären Katastrophe. In den Darstellungen vermischen sich Ansatzpunkte in der Erfassung des konkreten Zeitgeschehens mit dem überrealen Orientierungsort. Die feste Vorausdeutung wird im Erzählvorgang durch eingeschobene Hinweise unterstützt. Trotz interner Konfliktspannungen bleiben die Erzählungen auf das Ziel ausgerichtet. Durch das Thema verlagert sich deshalb die Betonung in Figurenaufbau und Handlungsverlauf auf den Ausgang.

Quellen: Edgar Allan Poe, „The Conversation of Eiros and Charmion" (1839); Nathaniel Hawthorne, *The Blithdale Romance* (1852); Herman Melville, *The Confidence Man* (1856); Herbert G. Wells, *The Time Machine* (1895); *The War of the Worlds* (1898); *Mind at the End of Its Tether* (1945); Matthew P. Shiel, *The Yellow Danger* (1898); Alfred Kubin, *Die andere Seite* (1909); *Ein Totentanz* (1918); Jules Verne, *L'Eternel Adam* (1910); Jack London, *The Scarlet Plague* (1912); William Hope Hodgson, *The Night Land* (1912); Karel Čapek, *R.U.R.* (1921); Charles Ferdinand Ramuz, *Présence de la mort* (1922); William Olaf Stapledon, *Last and First Men* (1930); Edwin Baler, Philip Wylie, *When Worlds Collide* (1933); Djuna Barnes, *Nightwood* (1937); Stephen Vincent Benét, „By the Waters of Babylon" (1937); John Christopher, *The Death of Grass* (1956); *The World in Winter* (1962); *A Wrinkle in the Skin* (1965); Günter Eich, *Die Stunde des Huflattichs* (1958); Festianus, *Märtyrer* (1966); Doris Lessing, *The Four-Gated City* (1969); Norman Mailer, *Of a Fire on the Moon* (1970); Angela Carter, *The Infernal Desire Machines of Doctor Hoffman* (1972); *Nights at the Circus* (1986); Franz Xaver Kroetz, *Geisterbahn*; 1973; Russell Hoban, *Riddley Walker* (1980); Mario Vargas Llosa, *La guerra del fin del mundo* (1981); Christoph Hein, *Drachenblut,* 1982; Robert Irwin, *The American Nightmare* (1987); Salmon Rushdie, *The Satanic Verses* (1987); Peter Handke, *Versuch über den geglückten Tag* (1991).

Lit.: HdA 1: 542–45; N.O. Eke, H. Müller: Apokalypse u. Utopie. Paderborn 1989; G.E. Grimm, W. Faulstich, P. Kuon (Hg.): Apokalypse. Weltuntergangsvisionen in der Literatur des 20. Jhs. Ffm 1986; G. R. Kaiser (Hg.): Poesie der Apokalypse. Würzburg 1991; F. Kermode: The Sense of an Ending: Studies in the Theory of Fiction. New York 1967; D. Ketterer: New Worlds for Old: The Apocalyptic Imagination. Science Fiction and American Literature. New York 1974; A.A. Kuzniar: Delayed Endings. Athens, GA 1987; J.R. May: Toward a New Earth: Apocalypse in English Renaissance Thought and Literature. Ithaca, NY 1984;

S. Mayer: Zwischen Utopie u. Apokalypse (G. Grass). In: G. Labroisse, G.P. Knapp (Hg.), Literarische Tradition heute. Amsterdam 1988; H. Petriconi: Das Reich des Untergangs: Bemerkungen über ein mythologisches Thema. Hamburg 1958; K.L. Pfeiffer: Apocalypse: It's Now or Never. In: Sprache im technischen Zeitalter. Berlin 1982; E.S. Rabkin (Hg.): The End of the World. Carbondale, IL 1983; H.H. Rowley: The Relevance of Apocalyptic: A Study of Jewish and Christian Apocalypse from Daniel to the Revelation. New York 1955; D. Schumann: Motifs of Cultural Eschatology in Post-Expressionistic German Poetry. In: MDU 34 (1942); P. Volz: Die jüdische Eschatologie. Leipzig 1903; W.W. Wagar: Terminal Visions: The Literature of Last Things. Bloomington, IN 1982.

Siehe auch: Angst

Arbeit

1. Dem Wesen und der Wirkung der Arbeit haftet etwas Zwiespältiges an. Das äußert sich in den seit biblischen Zeiten wiederkehrenden Hinweisen auf die Anstrengung (Mühsal, travail, toil, drudgery), eine physische oder geistige Arbeit zu beenden, und auf die unerfreuliche Notwendigkeit, durch Lohnarbeit die Existenz abzusichern. Es kommt zum Ausdruck in den Auseinandersetzungen mit Fragen der Sklaverei, der Leibeigenschaft und der Arbeitsteilung. Die literarische Beurteilung spiegelt stärker als andere thematischen Darstellungen die wechselnden sozialen und ökonomischen Bedingungen, veränderte religiöse Anschauungen und Wandlungen im philosophischen Denken. Die Wertschätzung der Arbeit erstreckt sich von der Verwurzelung in heilsgeschichtlichem Denken bis zur Bejahung des Wertesystems der Konsumgesellschaft. Aus der thematisierten Arbeit läßt sich jede, auch noch so abwegige Deutung belegen. Texte hoben die Notwendigkeit hervor, das Leben durch harte Arbeit sinnvoll zu gestalten, verfochten das Arbeitsethos und wurden zum Fürsprecher einer Arbeitsideologie. Sie rechtfertigten die Arbeit als Mittel, Gottes Gnade oder die Rettung der Seele zu erlangen, befürworteten sowohl die städtische Lebensweise als auch die Industriearbeit, schätzten die →Ehre höher ein als materiellen Gewinn und verurteilten das System der Arbeitsteilung. Außerdem zeichneten Texte verlockende Bilder des Reichtums (→Fortuna) und beglückten Leser mit Geschichten der geschickten Manipulation der Güterverteilung (→Schelm). Eine bedeutende Zahl von Metaphern und Vergleichen enthüllt eine tiefgreifende Ambivalenz, die jedoch überlagert ist von deutlichen Tendenzen, die Arbeit als positives und bestimmendes Element in der Persönlichkeitsentwicklung zu deuten. Arbeit begünstigt die Identifizierung mit einer Gruppe oder Gemeinschaft, ist unerläßlich für die gesellschaftliche Eingliederung, fördert Freundschaft und motiviert in der Arbeitsuche die thematische Sequenz unterschiedlicher Reformvorschläge.

2. Bis zum 18. Jh. ist das Thema in der Regel stärker ausgeprägten literarischen Konstanten untergeordnet. Es wird überlagert von individuell geprägten Konfliktsituationen und Erfahrungen einzelner, in denen gefühlsmäßig betonte Beziehungen zum Arbeitsprozeß vorherrschen. Darstellungen der Arbeit verschmelzen außerdem mit Vorstellungen des entwicklungsfähigen Menschen (Daniel Defoe, *Robinson Crusoe,* 1719; Richard Steele, *The Christian Hero,* 1701; William Law, *A Serious Call to a Devout and Holy Life,* 1728; George Lillo, *The London Merchant,* 1731; Samuel Johnson, *Resselas*, 1759; Goethe, „Neapel", 1787; *Hermann und Dorothea,* 1797; Ulrich Bräker, *Lebensgeschichte und natürliche Ebentheuer des Armen Mannes im Tockenburg,* 1789; Friedrich Schiller, „Das Lied von der Glocke", 1800).

3. Im Zuge der Industriellen Revolution häufen sich Aktualisierungen der Arbeit. Zugleich wird das Thema, stark ideologisch aufgeladen. Von sozialen und politischen Reformgedanken bewegt, verwendeten zahlreiche Autoren das Thema, um negative Zeiterscheinungen zu kritisieren. Sie forderten Agrarreformen und prangerten die Auswirkung der Industriellen Revolution, des Merkantilismus und der technischen Neuerungen an. Trotz der scharfen Angriffe gegen die Ausbeutung der Arbeiter und die entsetzlichen Arbeitsbedingungen in den Fabriken bewahrte selbst die Reformliteratur weitgehend eine durchaus positive Einstellung zur Arbeit.

Daraus ergeben sich in zahlreichen Romanen des 19. Jh. ungelöste Widersprüche in der thematischen Gestaltung. Viele Texte verbinden die noch rein klassische Figurenkonzeption des entwicklungsfähigen Menschen mit der Auffassung, daß sich der einzelne erst in der Arbeitsgemeinschaft voll entfaltet. Zugleich stellen die Schilderungen des entsetzlichen Milieus diese Möglichkeit grundsätzlich in Frage. Diese Widersprüche werden besonders deutlich, wenn Werke Lösungsversuche anstreben, die nicht von einer grundsätzlichen Veränderung der Gesellschaft ausgehen, sondern sich auf die Neugestaltung menschlicher Beziehung stützen (Elizabeth Gaskell, *Mary Barton,* 1848; Charles Dickens, *David Copperfield,* 1850; Charles Kingsley, *Alton Locke,* 1850; Wilhelm Raabe, *Der Hungerpastor,* 1864; Friedrich Spielhagen, *Hammer und Amboß,* 1869; Alphonse Daudet, *Le Nabab,* 1877; Emile Zola, *Germinal,* 1885).

Die literaturwissenschaftliche Betrachtung des 19. Jh. stellt gewöhnlich entweder Werke in den Vordergrund, in denen sich die gesellschaftlichen Wandlungen im Leben einer Figur spiegeln (Leidtragende und Opfer der Prozesse), oder Werke, in denen das individuelle Dasein zugleich das Gesellschaftliche einfängt und die Entfremdung des Arbeiters von seinem eigenen Erzeugnis verdeutlicht. Die literarische Gestaltung des Themas zeigt zwar zeitlich gleichlaufende, aber durchaus unterschiedliche Entwicklungen. Eine Reihe thematischer Darstellungen bekundet ein naives optimistisches Vertrauen auf den Fortschritt und die Vorteile des kapitalistischen Systems. Das Thema wird in diesen Texten folgerichtig mit einer Figurenkonzeption des Heldentums im Alltag verknüpft. Erst die Arbeit verleiht dem Dasein Sinn. Man akzeptiert die bestehenden Verhältnisse, vertraut auf Erfolg und vermittelt den Eindruck, daß jeder Arbeitswillige auch Beschäftigung finden wird (Spielhagen: „Arbeit macht frei"). Bezeichnend für diese Entwicklung sind die Werke von William E. Henley, G.K. Chesterton und Mary Ward in England, die Schriften von Ferdinand Brunetière, Paul Bourget und Maurice Barrès in Frankreich, das Schaffen Gustav Freytags, Wilhelm Jensens und Hans Dominiks in Deutschland und besonders die weitverbreiteten Horatio-Alger-Geschichten in den Vereinigten Staaten. Das Thema führte außerdem einer anderen Strömung des 19. Jh. wesentliche Impulse zu. In der Wendung zum Historischen, in dem Bedürfnis nach Anlehnung an die im Text ständig abgesicherten Geschichtsentwicklungen und in der Vorliebe für „Blut und Boden" machen sich eigentümliche Geltungsansprüche bemerkbar: Die tatkräftige Persönlichkeit kann sich organisch in einer Gemeinschaft entwickeln, in der das Problem der Arbeitsentfremdung noch nicht besteht. Anheimelnde Bilder einer vorindustriellen Gesellschaft und Skizzen väterlicher Geschäftsleute verstärken diese Illusion. In panoramisch angelegten Darstellungen der Entwicklung eines Volkes und in den weit ausholenden Stände- und Generationsromanen wie etwa Gustav Freytags *Soll und Haben* (1855) und *Die Ahnen* (1873–81) oder Felix Dahns *Kleine Romane aus der Völkerwanderung* (1887–1901) und John Galsworthys *The Forsythe Saga* (1922) verschmilzt das Thema mit einer deutlich ausgeprägten Ideologie der bürgerlichen Tugend. Dieselbe Vorstellung prägt fernerhin die Figurenkonzeption in Werken, in denen das Geschehen auf fremde Schauplätze verlegt ist (Karl May, Max Dauthendy).

Die kritische, aber geistig anspruchslose Gegenüberstellung von wertvoller Arbeit und der Ungerechtigkeit des kapitalistischen Systems begünstigte die Typisierung in der Figurenzeichnung. Unter Rückgriff auf die literarische Konstante von →Aggressor-Opfer stellten Schriftsteller häufig dem herzlosen, bösartigen →Geschäftsmann Arbeiter gegenüber, die am Traum einer humanen Gesellschaft festhalten. Die rasch zunehmenden Darstellungen jüdischer Kapitalisten, Ausbeuter und Plutokraten waren zweifelsohne dieser Schematisierung verpflichtet, auch wenn offene oder latente antisemitische Vorstellungen die Wahl einer Figur beeinflußten. Das Stereotyp des →Juden, durch ethnische Herkunft, Kultur und Geschichte zum Kapitalgewinn prädisponiert, bestand bis ins 20. Jh. fort. Es spielte eine wesentliche Rolle in der Gegenüberstellung von leidenden Arbeitern und rücksichtslosen Unternehmern. Die Auswirkungen der politischen Meinungsbildung, der Ansprüche der Genossenschaften und Gewerkschaften, der Rezeption einflußreicher soziologischer Darstellungen (Houston S. Chamberlain, *The Foundations of the Nineteenth Century*, 1898; Werner Sombart, *Die Juden und das Wirtschaftsleben*, 1911; Max Weber, *Die protestantische Ethik und der Geist des Kapitalismus,* 1901) und der bewußtseinsbildenden Macht der Massenmedien auf den soziokulturellen Prozeß der Themenverarbeitung sind beachtlich. Sie führen einerseits zu Klischeebildungen, andererseits zu Auffächerungen, in denen im Konflikt zwischen dem Freiheitsanspruch einzelner und dem Interesse der Arbeitsgemeinschaft die Notwendigkeit, kollektiv zu handeln, in den Vordergrund tritt.

Lit.: Arbeit. In: J. Ritter (Hg.), Historisches Wörterbuch der Philosophie I (1971); Arbeit. In: H. Krings (Hg.), Handbuch philosophischer Grundbegriffe I (1973); G. Büchler-Hauschild: Erzählte Arbeit. Gustav Freytag u. die soziale Prosa des Vor- und Nachmärz. Paderborn 1987; P. Büschinger: Die Arbeit in Goethes Wilhelm Meister. Stuttgart 1986; The Cambridge Economic History of Europe VI. Cambridge 1965; J. Campbell: Scourge or Salvation? In: M. Eksteins, H. Hammerschmidt (Hg.), Nineteenth-C. Germany. Tübingen 1983; W. Eggerstorfer: Schönheit u. Adel der Arbeit. Arbeitsliteratur im Dritten Reich. Ffm 1988; R. Grimm, J. Hermand (Hg.): Arbeit als Thema in der deutschen Literatur vom Mittelalter bis zur Gegenwart. Königstein/Ts. 1979; U. Grossmaas: Arbeiterliteratur als Beitrag zur Gesellschaftsveränderung. Ffm 1983; M. Halter: Sklaven der Arbeit – Ritter vom Geiste. Ffm 1982; S. Heimann: Begriff und Wertschätzung der menschlichen Arbeit bei Sebastian Brant und Thomas Murner. Stuttgart 1990; D.S. Herreshoff: The Theme of Work in 19th-C. American Literature. Detroit, MI 1991; N. Hopster, U. Nassen (Hg.): Märchen u. Mühsal. Arbeit u. Arbeitswelt in Kinder- u. Jugendbüchern aus drei Jahrhunderten. Bielefeld 1988; P. Jackson: Bürgerliche Arbeit u. Romanwirklichkeit. Studien zur Berufsproblematik in Romanen des dt. Realismus. Ffm 1981; H.-C. Koller: Arbeit u. Bildung in deutschen Romanen von 1770 bis 1790. In: IASL17 (1992); G. Lukács: Deutsche Realisten des 19. Jhs. Berlin 1956; C. Lüth: Arbeit u. Bildung in der Bildungstheorie Wilhelm von Humboldts u. Eichendorffs. In: Hans-Georg Pott (Hg.), Eichendorff u. die Spätromantik. Paderborn 1988; D. Meakin: Man and Work. Literature and Culture in Industrial Society. New York 1976; U. Münchow: Arbeiterbewegungen u. Literatur (1860–1914). Berlin 1981; J.U. Nef: Cultural Foundations of Industrial Civilization. London 1958; B. Osterkamp: Arbeit u. Identität. Studien zur Erzählkunst des bürgerlichen Realismus. Würzburg 1983; L.-H. Parias (Hg.): Histoire générale du travail. 4 Bde. Paris 1959–61; T. Schieder (Hg.): Revolution u. Gesellschaft. Freiburg 1973; H.J. Schmidt: Arbeit u. soziale Ordnung. Zur Wertung städtischer Lebensweise bei Berthold von Regensburg. In: Archiv f. Kulturgeschichte 71 (1989); F.A. Schmitt: Beruf u. Arbeit in deutscher Erzählung. Stuttgart 1952; J. Schönert: Arbeit in der deutschen Weise als nationales Erziehungsprogramm im Nachmärz. In: ders., H. Segeberg (Hg.), Polyperspektivik in der literarischen Moderne. Ffm 1988; ders.: Johann Karl Wezels u. Joachim Campes Bearbeitungen des Robinson Krusoe. In: E. Sagarra (Hg.), Deutsche Literatur in sozialgeschichtlicher Perspektive. Dublin 1989; E. Schütz (Hg.): Willkommen u. Abschied der Maschinen. Literatur u. Technik. Essen 1988; H. Segeberg (Hg.): Technik in der Literatur. Ffm 1987; A. Toynbee: Lectures on the Industrial Revolution in England. London 1884; W. Treue: Wirtschaftsgeschichte der Neuzeit im Zeitalter der industriellen Revolution 1700–1960. Stuttgart 1962; J. Van Cleve: The Merchant in German Literature of the Enlightenment. Chapel Hill, NC 1986; C. Weidemann: Arbeit u. Bürgertum. Heidelberg 1979; W. Werner: Gegenwelt Arbeit. Studien zur Rolle erwerbsbezogener Tätigkeit in Erzählwerken der Jahrhundertwende. Ffm 1986.

Arbeiter

Zu unterscheiden ist zwischen dem Arbeiter in der Bestimmung des Industriearbeiters und dem Typ des arbeitenden Menschen, der seit jeher mehr oder weniger mühsam seinen Lebensunterhalt erwarb. Die Figurenkonzeption des Arbeiters steht in enger Verbindung mit den Themen der →Arbeit, der →Begrenzung und der →Reform. Sie tritt häufig in der Motivreihe Aggressor-Opfer auf (→Aggression). In den Erzählperspektiven drücken sich Einstellungen aus, die von der optimistischen Befürwortung des sozialistischen Aufbaus bis zu tiefem Mitleid reichen. Bis zur Grundlegung einer selbstbewußten Arbeiterliteratur wurden Arbeiter weitgehend als Personen geschildert, deren Dasein von Prozessen bestimmt wurde, über die sie keine Kontrolle hatten. Diese Grundsituation ist nachweisbar sowohl in kritischen Darstellungen einer die Entscheidungsfreiheit raubenden Umgebung als auch in optimistischen Schilderungen der Erfolgschancen einzelner, in dem System bestehen zu können. Seit frühesten Zeiten war die Arbeit eine Bürde, die schon Adam und Eva auferlegt wurde, nachdem sie aus dem Paradies vertrieben worden waren (1. Mose 3,17, →Paradies). Wer körperlich arbeiten mußte, hatte keine Wahl. Er konnte das Wirtschaftssystem anerkennen, gegen geringe Entlohnung arbeiten und eine unsichere Zukunft schweigend ertragen. Er konnte auch gegen die unwürdigen Verhältnisse in der vergeblichen Hoffnung aufbegehren, das Dasein vielleicht grundlegend neu gestalten zu können.

Die historischen Bedingungen für ökonomische Entwicklungen waren nicht nur den fiktiven Figuren, sondern auch den meisten Autoren unklar. Die Sachlage selbst schien zwei Möglichkeiten zu bieten: Anpassung oder Neuorientierung. Diese Auffassung prägt die Literatur der Klage und äußert sich in der Figurenkonzeption des gläubigen, aufrechten und zuverlässigen Arbeiters (Chrestien de Troyes, „Plainte des ouvrières" in *Yvain*, ca. 1170; Ruteboeuf, *Dit des corduaniers*, 13. Jh.; Hugo von Trimberg, *Der Renner*, 13. Jh.; Hans Rosenplüt, *Von den Mussiggengern und Arbeitern*, ca. 1470; Thomas Deloney, *Jack of Newbury*, 1597; *The Gentle Craft*, 1598; *Thomas of Reading*, 1600; Jean de La Fontaine, „Le Savetier et le financier", 1678–79; die Darstellung der beiden Stricker in Honoré de Balzac, *Une Double Famille*, 1830 und das Bild der Familie Topinard in *Le Cousin Pons*, 1847; Charles Dickens, *Oliver Twist*, 1837; „A Christmas Carol", 1843; *David Copperfield*, 1849; George Sand, *Le Compagnon du tour de France*, 1840; *Le Péché de Monsieur Antoine*, 1846; *François le Champi*, 1850; Eugène Sue, *Les Mystères de Paris*, 1842–43; Thomas Hood, „Song of the Shirt", 1843; Claude Joseph Rouget de Lisle, „Chant des industriels", 1845; Elizabeth C. Gaskell, *Mary Barton*, 1848; *Ruth*, 1853; Alphonse de Lamartine, „Geneviève, histoire d'une servante", 1850; „Tailleur de pierre de Saint-Point", 1851; Gustave Flaubert, „Un Cœur simple", 1877; Emile Zola, *L'Assommoir*, 1877; Georg Kaiser, *Die Bürger von Calais*, 1914; Ernst Toller, *Masse Mensch*, 1921).

Einzelne Figuren, die sich erfolgreich über Klassenschranken hinwegsetzen, sind dargestellt, als seien sie einem Gefängnis entkommen (Julien Sorel in Stendhal, *Le Rouge et le noir*, 1830; Lucien de Rubempré in Balzac, *Les Illusions perdues*, 1837–43; Ellen Brewster in Mary E. Freeman, *The Portion of Labor*, 1901; Mathilde in Theodor Fontane, *Mathilde Möhring*, 1906). Die ehemaligen Opfer passen sich jedoch dem veränderten Klassenbewußtsein an und verwandeln sich in Ausbeuter und Spekulanten (Rubempré; Moses Freudenstein in Wilhelm Raabe, *Der Hungerpastor*, 1864; Dietrich Heußler in *Der Schüdderump*, 1870; Alexander Rodburg in *Prinzessin Fisch*, 1863).

Seit Mitte des 19. Jh. setzen sich deutliche Auffächerungen in der Figurenkonzeption durch. Der Arbeiter steht nicht mehr für sich allein und vertritt nicht nur den eigenen Anspruch auf Lebensrecht, sondern handelt im Interesse gemeinsamer Ziele. Auch wenn sie nicht als Gruppe auftreten, unterstreichen die Figuren den gemeinsamen gesellschaftlichen Hintergrund. Sie entwickeln erste Ansätze zu der Einsicht, daß ihre Situation nicht nur existentiell bedingt ist, sondern historische Wurzeln hat. Die Ausweitung in der Gestaltung der Dialektik von Individuellem und Gesellschaftlichem zeigt sich in der Darstellung des kollektiven Handelns. Die Arbeiter werden zusehends repräsentative Figuren für den Klassenkampf und werden konsequent mit revolutionären Vorhaben verknüpft. Einzelne verhüllte Hinweise, wie in Alfred de Vignys Schauspiel *Chatterton* (1835), in dem zwölf ungenannte Arbeiter gegen die Zustände protestieren, bahnen den Weg zur Gestaltung des kollektiven Handelns. Besonders wichtig für das Verständnis der Figurenkonzeption sind Werke, die die gesellschaftliche Problematik in allen Beziehungen der Menschen zueinander erfassen und vergegenwärtigen, daß der Arbeiter nun seiner eigenen Arbeit fremd gegenübersteht (Dickens, *Hard Times*, 1854; *A Tale of Two Cities*, 1859; Zola, *Germinal*, 1885; *La Bête humaine*, 1890; Gerhart Hauptmann, *Die Weber*, 1892; Upton Sinclair, *The Jungle*, 1906; Dichtungen der Russen Anatolii Lunatsharski und Nikolai Bogdanov; Bertolt Brecht, *Die heilige Johanna der Schlachthöfe*, 1922; Louis Aragon, *Le Monde réel*, 1934–44; Jean-Pierre Chabrol,

Le Bout-Galeux, 1955). Neue Erkenntnisse zu Fragen der Figurenkonzeption sind von der Prüfung der These Ernst Jüngers (*Der Arbeiter. Herrschaft und Gestalt*, 1932), der Aufarbeitung der nach der „Bitterfelder Konferenz" entstandenen Schriften der Gruppe 61 und von den neueren Untersuchungen zur Arbeiterliteratur zu erwarten. Nicht zu übersehen ist jedoch, daß die literarische Formgebung des klassenbewußten Handelns auf Grenzen stößt. Die Literatur, auch eine historisch bewußte, sucht das Gesellschaftliche im Individuellen. So tritt in der sozialistischen wie in der bürgerlichen Literatur das Einzelschicksal wieder in den Vordergrund (Hans Fallada, *Wolf unter Wölfen*, 1937; Willi Bredel, *Verwandte und Bekannte*, 1941–53; *Ein neues Kapitel*, 1959–64; Heiner Müller, *Der Lohndrücker*, 1958; *Der Bau*, 1965; *Die Umsiedlerin oder Das Leben auf dem Lande*, 1975; Karl-Heinz Jakobs, *Beschreibung eines Sommers*, 1961; *Eine Pyramide für mich*, 1971; Max von der Grün, *Irrlicht und Feuer*, 1963; Hermann Kant, *Die Aula*, 1965; *Das Impressum*, 1969; Anthologie: *Ein Baukran stürzt ein. Berichte aus der Arbeitswelt*, 1970; Gabriel García Márquez, *Relato de un naufrago*, 1970). Selbst in Dokumentarberichten sind Erfolg (Lob der Betriebs- und Landwirtschaft in der DDR-Literatur: Heiner Müller, *Kettwitzer Bericht*, 1958) und Notlage (Günter Wallraff, *Wir brauchen dich. Als Arbeiter in deutschen Großbetrieben*, 1966; *13 unerwünschte Reportagen*, 1972; *Ganz unten*, 1988) mit Einzelerfahrungen verknüpft. Auch die Problematik der Arbeiterin scheint in einigen Werken weniger der ungelösten Frauenfrage als vielmehr der Aktualisierung allgemeiner Reformanliegen zu entspringen. (Charlotte Elizabeth Tonna, *The Wrongs of Women*, 1844; Amalie Skram, *Constance Ring*, 1885; Tillie Olsen, *Yonnondio: From the Thirties*, 1974; Volker Braun, „Die Haltung einer Arbeiterin", 1974; Verena Stefan, *Häutungen*, 1975; Max Schroeder, *Ich stehe meine Frau*, 1975; Maxine Hong Kingston, *The Woman Warrior*, 1976; Rebecca Davis, *Life in the Iron Mills*, 1985).

Lit.: K.-M. Bogdal: Maschinen, Helden, Maschinenhelden. In: E. Schütz (Hg.), Willkommen u. Abschied der Maschinen. Essen 1988; J. Freund: Die Realitätserfahrung des Arbeiters im österreichischen Roman der 70er Jahre. Wien 1985; W. Heist: Die Entdeckung des Arbeiters. Der Proletarier in der französischen Literatur des 19. u. 20. Jh. München 1974; G. Klatt, W. Klein: Kolloquium zur proletarischen Literatur. In: WB 22 (1976); H.G. Klaus: The Strike Novel in the 1890's. In: ders., H. Gustav (Hg.), The Rise of Socialist Fiction 1880–1914. New York 1987; H.-W. Knapp: Die französische Arbeiterdichtung in der Epoche der Juli-Monarchie. Bonn 1978; M.H. Ludwig: Arbeiterliteratur in Deutschland. Stuttgart 1976; M.-T. Müller: Das soziale Profil der Arbeiterfiguren am Beispiel ausgesuchter Werke der DDR-Literatur. Diss. Halle 1987; W. Müller: Zu einigen Problemen, Aspekten u. Entwicklungstendenzen der Darstellung von Arbeitern in der Prosaliteratur der DDR aus der Sicht der 70er Jahre. Diss. Leipzig 1983; M. Ragon: Histoire de la littérature ouvrière du moyen âge à nos jours. Paris 1953; V. Serge: Littérature et révolution. Paris 1976; V. Spörl: Produktivität als Gegenstand u. Wirkungsabsicht dramatisch-theatralischer Aneignung. 2 Bde. Dresden 1985; M. Straub: Die Gestaltung des Arbeiters als epische Aufgabe. Zur DDR-Prosa der 70er u. 80er Jahre. Diss. Jena 1990.

Siehe auch: Aggression, Begrenzung-Freiheit, Reform

Argonauten

1. Die griechische Überlieferung berichtet, daß Pelias seinem Neffen Jason den ihm rechtmäßig zustehenden Thron erst übergeben wollte, nachdem dieser das goldene Vlies errungen hatte. Unter Jasons Führung segelte eine Gruppe junger Helden auf dem Schiff Argo in die Fremde. Sie erreichten Kolchis nach vielen gefährlichen Abenteuern mit Riesen, den Harpyien und der erfolgreichen Durchquerung des Engpasses der Symplegaden. König Aietes erklärte sich bereit, das Vlies des goldenen Widders auszuhändigen, forderte jedoch zuerst von Jason eine scheinbar unerfüllbare Mutprobe. Jason sollte zwei flammenspeiende Stiere mit ehernen Füßen anschirren, Drachenzähne ins Feld säen und die aus der Saat emporsprießenden, bewaffneten Krieger vernichten. Jason geht auf die Bedingungen ein. Er besteht die Probe jedoch nur mit Hilfe eines Zaubermittels, das ihm die Königstochter Medea aushändigt. Aietes vermutet Medeas Mitwirken und sinnt auf Rache. Medea flieht mit Jason, der ihr verspricht, sie als rechtmäßige Gattin nach Grie-

chenland zu führen. Sie verzaubert den Drachen; die Griechen rauben das Fell und kehren zusammen mit Medea unter großen Fährnissen (Verfolgung, Mord des Bruders der Medea, tritonische Bucht, Scylla und Charybdis) in die Heimat zurück.
2. Der Argonautenzug enthält typische Elemente der literarischen Grundkonstellation der →Suche. Er verbindet charakteristische Züge des →Abenteuers und der Lebensfahrt mit mythischen Vorstellungen (der fliegende Widder; das sprechende Schiff Argo; Hylas von der Wassernymphe entführt; Cadmos und der Drache; Heras göttliche Hilfe). Der Handlungsfaden und einzelne Aspekte der Erzählung, besonders die Fahrt in Richtung der aufgehenden Sonne, die Überquerung gefährlicher Grenzen (ursprünglich durch den Widder über den Hellespont, später durch die Seeleute) und schließlich die lebenserhaltenden Zaubermittel, ermöglichen Rückschlüsse auf einen ursprünglichen Unsterblichkeitsmythos. Der Argonautenzug erfaßt im Rahmen des Abenteuers eine ständige Auseinandersetzung mit tödlicher Gefährdung und der Suche nach Lebenserneuerung.
Die Figurenkonzeption Jasons entspricht der des Helden. Der Held (außerordentliche Herkunft, Geburt oder Erziehung) tritt in die Erzählung ein, nachdem er bereits Ruhm erworben hat, und verlangt sein Recht. Er muß unmögliche Aufgaben lösen, überwindet jedoch alle Hindernisse mit Hilfe mächtiger Freunde oder übernatürlicher Mächte. Er kehrt erfolgreich heim, besiegt den ursprünglichen Gegner und wird zum Erneuerer des Landes. In der gegensätzlichen Gestaltung geht er vor oder kurz nach der Heimkehr unter. Sein Ende enthüllt entweder seine innere Makellosigkeit oder ist die Strafe für seine Charakterschwäche, die in der Prüfung der Lebensfahrt offenbar wurde.
3. Die ausgeprägten Charaktereigenschaften Jasons und Medeas wie auch die schicksalshafte Begegnung der beiden lieferten Vorbilder für viele literarische Ausgestaltungen der Argonautenfahrt. Aus literarischer Sicht sind drei Bausteine der Erzählung von Bedeutung: (1) Die Figurenkonzeption Jasons als eines Menschen, der sowohl Achtung verdient als auch starke Kritik herausfordert, ermöglichte thematische Bezüge zur →Selbstverwirklichung und zur →Anpassung; die Figurenkonzeption →Medeas regte eine eigene literarische Tradition an; (2) die wiederkehrende Korrespondenz von Mutprobe und Bewährung, von Todesgefahr und dem Eingreifen mächtiger Helfer entspricht der Konzeption des →Abenteuers und setzt sich in späteren Bearbeitungen durch; (3) die Argonautenfahrt stimmt überein mit der →Suche nach Lebenserfüllung; das Vlies (→Gral) ist der Orientierungspunkt der Wunscherfüllung.

Quellen: Apollonius von Rhodes, *Argonautica*; Euripides, *Medea*; Pindar, *Oden*; Valerius Flaccus, *Argonautica*; Dares, *De exidio Troiae*; Guido della Colonne, *Historia destructionis Troiae* (1286); Raoul Le Fèvre, *L'Histoire de Jason* (1477); Pedro Calderón de la Barca, *El Divino Jason* (1634?); Alexander Pope, „Ode for Music on Saint Cecilia's Day" (1717); John Dyer, *The Fleece* (1757); Friedrich Wilhelm Gotter, *Medea* (1775); August Wilhelm Schlegel, *Über dramatische Kunst und Litteratur* (1809–11); Franz Grillparzer, *Das goldene Vließ* (1822); Charles Kingsley, *The Heroes* (1856); William Morris, *The Life and Death of Jason* (1867); Robert Graves, *Hercules My Shipmate* (1945); *Fleece* (1947); Stephan Hermlin, *Die Argonauten* (1974); Heiner Müller, *Verkommenes Ufer Medeamaterial Landschaft mit Argonauten* (1982).

Lit.: P. Colum: The Golden Fleece. New York 1921; E.R. Curtius: Kritische Essays zur europäischen Literatur. Bern 1954; F.A. Dominguez: The Medieval Argonautica. Sources, Transmissions, and Interpretations. Potomac, MD 1979; EM 1: 767–74; W. R. Halliday: Greek and Roman Folklore. London 1927; N.F.R. Harter: A Literary History through the Middle Ages. Pittsburgh, PA 1954; K. Meuli: Odyssee u. Argonautika. Berlin 1921; P. Philippson: Thessalische Mythologie. Zürich 1944; L. Rademacher: Mythos u. Sage bei den Griechen. München 1943; R. Roux: Le Problème des Argonautes. Paris 1949; G. Schilde: Det gyllene skinnet. Stockholm 1964.

Siehe auch: Goldenes Vlies, Medea, Suche

Arkadien

Siehe Paradies

Artus

1. Die Artussage der Briten, der brythonischen Sprachgruppe der Kelten, geht wahr-

scheinlich auf historische Ereignisse zurück. Artorius, Artus oder Arthur spielte möglicherweise eine bedeutende Rolle gegen Ende des 5. und zu Anfang des 6. Jh. in den Kämpfen der Briten gegen die Sachsen und Pikten. Die Sage bestand in der mündlichen Tradition fort und wurde mit Märchenelementen angereichert. Im Mittelalter wurde sie zur Quelle zahlreicher literarischer Werke. Artus wird von Nennius in seiner *Historia Britonum* (frühes 9. Jh.) und in den *Annales Cambriae* (10. Jh.) erwähnt. Geoffrey of Monmouth gab die erste phantasievolle Darstellung der Abenteuer in der *Historia regum Britanniae* (1130–36), die dann von Wace in seinem *Roman de Brut* (1155) noch weiter mit Märchenmotiven ausgestaltet wurde. Die der Figur zugeschriebene Herkunft, ihre Eigenschaften und Taten verleihen Artus die Züge des Helden, Retters und Heilsbringers. Er verkörpert ein verbindliches, überzeitliches Vorbild. Artus, der Sohn des Königs Uterpendragon, wird von Sir Ector erzogen und später zum König ausgerufen, nachdem er das im Stein fest verankerte Schwert herausgezogen hatte (Beweis der Abstammung, Befähigung zur großen Tat). Er überwindet jeden Widerstand, meistert alle Hindernisse und geht aus den ersten Gefechten siegreich hervor. Seine großen Erfolge werden ermöglicht durch die Hilfe des Zauberers →Merlin, der ihn auch zur weisen Frau am See führt. Sie übergibt Artus das Schwert Excalibur (Caliburnus) und die magische Schwertscheide (übernatürliche Hilfe). Artus heiratet Guenevere, gründet die Gemeinschaft des Runden Tisches (Round Table) und versammelt Ritter um sich. Die Tafelrunde, zu der unter anderem Lanzelot und Gawain gehören, wird zum Mittelpunkt ritterlicher Abenteuer (Orientierungspunkt für Tugend, Ehre, Mutproben und Fahrten). Während seiner Abwesenheit auf dem Festland, entführt sein Neffe Mordred die Königin und ruft sich zum Herrscher aus. Artus kehrt zurück, tötet Mordred, wird aber selbst tödlich verwundet. Ein von holdseligen Frauen gesteuertes Boot entführt ihn nach Avalon (Avilion). In der Stunde der größten Not wird Artus zurückkehren, um den Briten zu helfen (Wiedergeburt). Die Figur steht im Mittelpunkt des Geschehens in Layamons *Brut* (ca. 1200) und im *Morte Arthure* (14. Jh.). Dagegen verknüpfte bereits um 1485 Thomas Malory in seinem *Morte d'Arthur* das Artusgeschehen mit der →Gralssuche und den Abenteuern Lanzelots und anderer Ritter. Die große Zahl späterer Darstellungen greift auf Malorys Zusammenstellung zurück. Thematisch wirksam wird Aventiure, die Darstellung der Fahrten und Wagnisse einzelner Ritter und deren Suche nach weltlicher Ehre und Gottes Gnade. Artus tritt in diesen Erzählungen in den Hintergrund. Trotzdem bleibt die Figur, auch ohne persönlich tätig einzugreifen, ein fester Orientierungspunkt für menschliche und gesellschaftliche Ideale.

2. *Die französische Tradition.* Die Beschreibung der Tafelrunde von Wace und bretonische *contes* bereicherten die Erzählungen, die an normannischen und französischen Höfen der Unterhaltung dienten. Marie de France (12. Jh.) stützte sich in ihren *lais* auf diese Quellen. Aber erst Chrestien de Troyes (1145–1191) gibt dem Artusroman in *Erec; Lancelot, Le Chevalier à la charette; Yvain, Le Chevalier au lion* und *Conte del Graal, ou Perceval* die zeitnahe, ethische Bindung und die übergreifenden Strukturmerkmale, welche die Tradition hauptsächlich beeinflußten. Chrestien verwendet das Kompositionsprinzip der Ausfahrt, der Abenteuer, der Prüfung und Bewährung, der neuen Probe, des Versagens, der Neuorientierung und abermaligen Bewährung und der abschließenden Selbst- oder Welterkenntnis. Der Held, ein Ritter der Tafelrunde, reitet in die Welt und beweist seine ritterliche Ehre in einer entscheidenden Mutprobe. Er kehrt triumphierend zurück, erfährt jedoch eine tiefgreifende Krise. Seine Notlage entspringt dem inneren Konflikt zwischen den Forderungen der ritterlichen Tugenden und der Neigung zu einer Frau oder der Spannung zwischen den Ansprüchen des höfischen Verhaltens und der Ahnung eines transzendenten Ideals. Der Widerspruch von Sitte und Sittlichkeit treibt ihn erneut zur Ausfahrt. Nach einer Reihe von Abenteuern, in denen er Zaubergärten, Grotten und geheimnisvolle weiße Hirsche oder Hirschkühe kennenlernt, Sinnbildern von Gut und Böse (Löwe und Drache) begegnet, gegen Rechts-

brüche kämpft, zum Beschützer einer Lebensquelle wird und den Gral sieht, erlangt der Held eine Stufe der Erkenntnis, die es ihm ermöglicht, den Sinn des Daseins zu entschlüsseln. Diese Folge entspricht den typischen Stationen des Reifens in der Entwicklungsthematik späterer Jahrhunderte. Sie ist belegbar in den Themen der →Selbstverwirklichung, der →Suche und des menschlichen →Reifens.

Einzelne Elemente der literarischen Grundfigur, in der das Abenteuer die Daseinsgestaltung bestimmt, wurden aus der Tradition herausgelöst und selbständig behandelt. Die Suche nach dem Gral steht im Vordergrund bei Robert de Boron, *Roman de l'estoire dou Graal* (ca. 1200), im *Didot-Parceval* (13. Jh.) und in dem großangelegten Zyklus *Graal-Lancelot* (ca. 1215). Abenteuer und Suche bestimmen das Geschehen in *Le Bel Inconnu* (ca. 1190) von Renaud de Beaujeu, in den zwei Darstellungen *Mérangis de Portlesguez* und *Vengeance de Raguidel* (frühes 13. Jh.) von Raoul de Houdan und im *Joufroi* (13. Jh.). In der anonymen Prosafassung *Le Chevalier du Papegau* (14. Jh.) ist Artus wieder der Held des Geschehens.

3. *Die deutsche Tradition.* Hartmann von Aue behält das Aufbauprinzip der Gliederung in einer Folge begrenzbarer Teile bei, vertieft jedoch die Entwicklungsthematik in seinem *Erec* (ca. 1190) und *Iwein* (ca. 1200–1205). Die Helden erleben die Spannung zwischen Genuß und Ehre, Liebe und Ehe, Vernachlässigung der ritterlichen Pflicht und Bewährung in der Welt, instinktiver Tapferkeit und nachdenklicher Sinnfindung, höfischer Tugend und menschlicher Lauterkeit. Die enge Verknüpfung von Abenteuern und Begegnungen, die zu echten Auseinandersetzungen mit der Frage nach dem Zusammenhang von gesellschaftlicher Bindung und individueller Seinsbestimmung anregen, beleuchtet die Entwicklung der Figuren. Die abenteuerliche Weltfahrt ständiger Prüfung und Bewährung ermöglicht die Selbstbesinnung, die zum Ausgangspunkt einer neuen, maßvollen, lebenswürdigen Haltung zur Welt wird. Das bekannteste Werk der Gralssuche dieser Periode ist Wolfram von Eschenbachs *Parzival* (ca. 1200–10). Parzival erfährt den Konflikt zwischen weltlicher Ehre und Gottes Huld in der Entwicklung von problemloser Bejahung weltlicher Sitte zum vorbildlichen, sittlichen Handeln. Seine tiefe Verzweiflung, seine Absage an Gott, das ständige Bemühen, sein hohes Ziel trotz aller Widerstände erreichen zu können, und seine Erlösung stimmen mit den Stationen der Entwicklungsreise überein. Parzival tritt in die Welt ein, ist naiv, selbstbezogen und unerfahren. Er eignet sich höfische Umgangsformen an und lernt ritterliche Ideale kennen. Er versagt aber, als das Standesideal mit einem Ideal sittlicher Vollkommenheit in Konflikt gerät. Erst auf dem Wege weiterer Auseinandersetzungen gewinnt er nicht nur neue Einblicke in das Wesen der Welt, sondern erkennt auch, daß sowohl Handeln als auch Nichthandeln (Unterlassung der Frage) Schuld nach sich ziehen können. In direktem Zusammenhang mit der Entwicklungsthematik steht im *Parzival* außerdem die durchgehaltene Spannung zwischen verwandten wie auch durchaus entgegengesetzten Sinndeutungen der menschlichen Selbstverwirklichung.

Die Freude an der Schilderung abenteuerlicher Märchenzüge kennzeichnet dagegen Ulrich von Zatzikhovens *Lanzelot* (ca. 1190–1200). Lanzelot, von einer Fee auf einer Insel erzogen, wird zum Ritter, der gegen böse Gewalten und Zaubermächte kämpft. Die Erzählung berichtet von Fabelwesen, geheimnisvollen Plätzen und wunderbaren Ereignissen: der Insel ewiger Jugend, dem Schloß, das jeden tapferen Ritter in einen Feigling verwandelt, dem verzauberten Wald des Königs Iweret, dem schreienden Moos, dem Tiere zum Opfer fallen, und dem Zauberer Malduk. In dieser Darstellung tritt der Grundzug der →Abenteuer-Thematik deutlich hervor. Das Geschehen kann durch interessante Ereignisse beliebig angereichert werden. Diese Entwicklung wird besonders augenfällig in späteren Texten, die zwar das höfische Lebensideal beibehalten, aber die Abenteuer stärker betonen: Wirnt von Gravenberg, *Wigalois* (1200–15); Heinrich von dem Türlein, *Diu crône* (ca. 1230); *Wigamur* (1250) und Albrecht von Scharfenberg, *Jüngerer Titurel* (1270). Anspielungen auf Artus, die mit ihm verknüpften Figuren und die Fahrt werden zum festen Bestandteil der spezifisch deutschen Formgebung der Entwicklungsthematik. Zielsetzung, Identitätskrise und Selbstprüfung kennzeichnen noch heute, sei es im Scheitern der Utopie oder im Leben eines schlichten Familienvaters, Artus und die Tafelrunde.

4. *Andere Länder.* Die Artusromane wurden immer wieder überarbeitet und ins Holländische, Norwegische, Schwedische, Spanische, Portugiesische und Italienische übersetzt. In Italien entwickelte sich ein Handlungskreis um Uterpendragon und Meliadus (Rustiano da Pisa, *Meliadus,* ca. 1275 und *Tavola ritonda,* 1391). Im englischen Sprachgebiet wurde die Figur Arthurs und das mit ihm verbundene Geschehen sowohl mit der Entwicklungs- und Abenteuer-Thematik (Tennyson, Robinson, Lewis) verknüpft als auch humoristisch ausgestaltet (Mark Twain, White).

Quellen: Marie de France, *Guingamor*; *Lanval*; *Tyolet*; *Bisclaveret* (12. Jh.); *Sir Gawayn and the Grene Knyght* (ca. 1360–70); *King Arthur and His Knights* (1485), O. Sommer (Hg.), *The Vulgate Version of the Arthurian Romances.* 7 Bde. New York 1969; Edmund Spenser, *The Faerie Queene* (1599); Richard Blackmore, *Prince Arthur. Heroic Poem* (1729); William Morris, *The Defence of Guinevere and Other Poems* (1858); Alfred Tennyson, *Idylls of the King* (1859); Mark Twain, *A Connecticut Yankee in King Arthur's Court* (1889); Friedrich Lienhard, *König Arthur* (1908); Eduard Stucken, *Lanzelot* (1909); Edwin A. Robinson, *Merlin* (1917); *Lancelot* (1920); *Tristram* (1927); Charles Williams, *Arthurian Torso. Poems* (1948); C.S. Lewis, *The Complete Chronicles of Narnia* (1950–70); Terence H. White, *The Once and Future King* (1958); Thomas H. Gignilliat, *Merlinson. A Play in Verse* (1963); Catherine Christian, *The Pendragon* (1979); Tankred Dorst, U. Ehler, *Der nackte Mann* (1985); erw. *Parzival* (1989); Christoph Hein, *Die Ritter der Tafelrunde.* Komödie (1989), Adolf Muschg, *Der rote Ritter. Eine Geschichte von Parzivâl* (1993) .

Lit.: R.W. Barber: The Figure of Arthur. London 1972; ders.: King Arthur in Legend and History. Totowa 1973; ders.: Arthurian Literature. Woodbridge 1981; ders.: Arthurian Literature II. Cambridge 1982; K.O. Brogsitter: Artusepik. Stuttgart 1971; J.D. Bruce: The Evolution of Arthurian Romance from the Beginning Down to the Year 1300. 2 Bde. Göttingen 1925 (Neudr. 1958); H. Brunner: Artus der wise höfsche man. In: D. Peschel (Hg.), Germanistik in Erlangen. Erlangen 1983; Bulletin Bibliographique de la Société Internationale Arthurienne, 1949ff.; R. Cavendish: King Arthur and the Grail. The Arthurian Legends and Their Meaning. London 1978; A. Classen: Transformation des arthurischen Romans zum frühneuzeitlichen Unterhaltungs- u. Belehrungswerk. In: Amsterdamer Beiträge z. älteren Germanistik 33 (1991); EM 1: 828–49; H. Emmel: Formprobleme des Artusromans. Bern 1951; R. Fletscher: The Arthurian Material in the Chronicles. New York 1966; E.G. Gardner: The Arthurian Legend in Italian Literature. London 1931; C.L. Gottzmann: Artusdichtung. Stuttgart 1989; K. Grubmüller: Artus- und Gralromane. In: H.A. Glaser (Hg.), Deutsche Literatur. Eine Sozialgeschichte. Bd. 1. Reinbek 1988; ders.: Der Artusroman und sein König. In: W. Haug, B. Wachinger (Hg.), Positionen des Romans im späten Mittelalter. Tübingen 1991; K. Gürttler: Künec Artûs der guote. Bonn 1976; W. Haug: Arthuriania. In: ders., Strukturen als Schlüssel zur Welt. Tübingen 1989; E. Jenkins: The Mystery of King Arthur. New York 1975; H. Knoll: Studien zur realen u. außerrealen Welt im deutschen Artusroman. Darmstadt 1966; S. Knight: Arthurian Literature and Society. London 1983; W.D. Lange, K. Langosch (Hg.): König Artus u. seine Tafelrunde. Stuttgart 1980; N.J. Lacy (Hg.): The Arthurian Encyclopedia. New York 1986; ders., A. Geoffrey (Hg.): The Arthurian Handbook. London 1988; C.B. Lewis: Classical Mythology and Arthurian Romance. London 1932; R.S. Loomis: Breton Folklore and Arthurian Romance. In: CL 2 (1950); C. Luttrell. The Creation of the First Arthurian Romance. London 1974; J. Marx: Nouvelles Recherches sur la littérature arthurienne. Paris 1965; J.D. Merriman: The Flower of Kings. A Study in the Arthurian Legend in England between 1485–1835. Lawrence, KS 1973; C. u. R. Moorman: An Arthurian Dictionary. Jackson, MS 1978; W.A. Nitze: Arthurian Romance and Modern Poetry and Music. Chicago 1940; D.R. Owen: Arthurian Romance. New York 1971; C.E. Pickford, R. Last: The Arthurian Bibliography. Bd. 1: Author Listing. Bd. 2: Subject Index. Cambridge 1981–83; J.C.M. Reid: The Arthurian Legend. Edinburgh 1938; W.F. Schirmer: Die frühen Darstellungen des Arthurstoffes. Köln 1958; E. Schmid: Familiengeschichten u. Heilsmythologie. Tübingen 1985; H.L. Sharrer: A Critical Bibliography of Hispanic Arthurian Materials. London 1977; F.L. Utley: Arthurian Romance and International Folktale Methodology. In: Romance Philology 17 (1963/64); K. Wais (Hg.): Der arthurische Roman. Darmstadt 1970; J. Whitehead: Guardian of the Grail. London 1959; C.W. Whitword: Arthuriana: A Select Review of Recent Scholarship. In: Cahiers Elisabéthains 10 (1976); F. Wolfzettel (Hg.): Artusroman u. Intertextualität. Gießen 1990.

Siehe auch: Gral

Augen

1. Das Auge hat wechselnden Stellenwert und übernimmt unterschiedliche Funktionen in Texten. Es dient der beschreibenden Darstellung von Personen, tritt als Motiv auf, wird in Schilderungen lebender Bilder und ausgetauschter Blicke tief bedeutsam, erscheint als Symbol der allwissenden, göttlichen Macht und findet über den Weg des Aberglaubens Eingang in literarische Darstellungen des bösen Auges und unheilvollen Blickes. Von der Antike (Hesiod, Platon, Callimachus) bis zum Mittelalter ist das Auge eine beliebte Metapher für die Öffnung zum menschlichen Herzen, durch die das Göttliche Zugang findet. Dem Auge erschließt sich das Wunder der Schöpfung, die lebensspendende Quelle des Lichts, die göttliche Gegenwart und das Wesen geliebter Menschen. In der höfischen Literatur motiviert das Auge die erwachende Liebe. Dem Auge enthüllt sich die Wahrheit verborgener Gefühle (Chrestien de Troyes, *Cligès; Roman d'Enéas,* 12. Jh.; Heinrich von Veldeke, *Eneid*, ca. 1170–90). In der französischen und deutschen Klassik wird die Metapher fest mit dem Motiv des →Herzens verknüpft. In der Zuordnung des Auges zum Herzen klingt die Einstellung zur Welt an, die Schiller in der Votivtafel „Die Übereinstimmung" (1797) beschreibt: „Ist das Auge gesund, so begegnet es außen dem Schöpfer; / Ist es das Herz, dann gewiß spiegelt es innen die Welt." In der klassischen Literatur ist das Auge weiterhin Bedeutungsträger für das Erkennen reiner Gefühle, die von der gesellschaftlichen Konvention nicht entstellt sind. Wenn die Sprache zweifelhaft wird oder versagt, weil das Aussprechen bereits die reine Empfindung verwandelt, kann noch immer der Blick die innere Wahrheit vermitteln. Das Auge, Zugang zum Herzen und Fenster zur Welt, wird zum Schnittpunkt, in dem sich das „Ich" und das „Du" begegnen. Menschliche Gefühle werden erweitert und Einstellungen zum Mitmenschen behutsam verwandelt. Der Mensch kann aus der Ich-Bezogenheit zum Mitleben finden (→Freundschaft; →Liebe; Goethe, „Warum gabst du uns die tiefen Blicke", 1776).

2. Die prophetischen Bücher rufen dazu auf, die Gegenwärtigkeit des göttlichen Auges zu erkennen. Sie warnen außerdem wiederholt vor der Gefahr, daß sich das menschliche Auge in den verlockenden Erscheinungen der materiellen Welt verlieren kann (2. Petrus 2,14; I. Johannes 2,16). Das Auge, das sich der Wahrheit verschließt, sieht nur noch den falschen Schein der Welt. Der Blick bricht sich an den Spiegelungen, führt zu Irrtümern und beschleunigt den inneren Verfall. Auch die Motivbezüge zu innerer und äußerer Erblindung unterstreichen die Unzulänglichkeit im intuitiven Erfassen der Wahrheit oder die Verblendung angesichts offenkundiger Sachverhalte. Von Sophokles bis Jean Cocteau, *La Machine infernale* (1934), klingt in der Konzeption der →Ödipus-Figur immer wieder die Frage nach der eigentümlichen Verstrickung von innerer Blindheit und dem selbstgewollten Strafvollzug der Blendung an. Auch Shakespeare verwendet diese Verweisfunktion des Motivs in *King Lear* (1605?). Lear, unfähig, die reine Liebe seiner Tochter Cordelia zu erfassen, wird erst sehend und erkennt seinen Irrtum, nachdem er geblendet ist. E.T.A. Hoffmann begründet mit dem Motiv nicht nur die im Unterbewußten gärende, entsetzliche Furcht des Studenten Nathanael, sondern auch durchaus im Anschluß an die Tradition dessen Unfähigkeit, die Welt wahrzunehmen und zu deuten („Der Sandmann", 1816). Im *Meister Floh* (1822) erhält Peregrinus das wertvolle Geschenk einer Linse, die es ihm ermöglicht, die innersten Triebkräfte seiner Mitmenschen zu durchschauen. Er erkennt jedoch die Gefahr: das allsehende Auge ist nicht für die Sterblichen bestimmt. Das Motiv behält bis ins 20. Jh. die Funktion bei, im Schnittpunkt der Achse zwischen Innen und Außen die tiefe Problematik im Erkennen der Welt aufzurollen (Ernst Barlach, *Der tote Tag,* 1912; Max Frisch, *Homo Faber*, 1957; *Mein Name sei Gantenbein,* 1964).

3. Das boshafte Auge, der gebrochene Blick, „the evil eye" spielen eine bedeutende Rolle in der Magie, der Zauberei, im Aberglauben, in Sagen und in der mündlichen Überlieferung von Erzählungen. Menschen zitterten vor der Bannkraft des bösen Blickes, fürchteten, von dem Auge verzaubert zu werden, und erwarben Amulette, um sich zu schützen. In literarischen Texten, besonders im Schrifttum der Schauer- und Gespensterliteratur, übernimmt das beständig wachsame, stechende Auge, das durch Fenster, Ritzen in der Wand, Türöffnungen und aus der Dunkelheit lugt, die Funktion, die Spannung zu erhöhen und das Opfer in Furcht zu versetzen (→Angst). Hoffmann, Théophile Gautier und Edgar Allan Poe verwenden das Auge, um die unheimliche Atmosphäre in ihren Erzählungen zu vertiefen. In Poes „The Tell-Tale Heart" (1840) treibt der stechende Blick den anderen zur Raserei und zu tödlicher Vergeltung. In Gustav Flauberts *Salammbô* (1862) gehören Mâthos bluttropfende, entsetzensstarre Augen bereits zum Requisit der atmosphärischen Gestaltung. Bisher kaum erschlossen sind die eigentümlichen Beziehungen zwischen dem leuchtenden Auge und dem gebrochenen Blick, die beispielsweise in Thomas Manns Romanfolge *Joseph und seine Brüder* (1933–43) zum Ausdruck kommen. Hier und in anderen Werken des 20. Jh. entstehen Wechselwirkungen sowohl zwischen Auge und der Suche nach menschlicher Vollkommenheit als auch dem charakteristischen Abwenden des Blickes, das auf persönliche Begrenzungen hinweist.

Lit.: M. Bensimon: The Significance of Eye Imagery in the Renaissance from Bosch to Montaigne. In: YFS 47 (1972); H. Brüggemann: Totenaugen u. offenstehende Fenster. In: ders., Das andere Fenster. Ffm 1989; R. Cline: Heart and Eyes. In: Romance Philology 25 (1971/72); L.K. Donaldson-Evans: Love's Fatal Glance. A Study of the Eye Imagery in the Poets of the École Lyonnaise. University, MS 1980; F.T. Elworthy: The Evil Eye. New York 1908; EM 1: 994–98; S. Freud: Das Unheimliche (1919, zu E.T.A. Hoffmanns Der Sandmann); E.S. Gifford: The Evil Eye. New York 1958; H. Kolb: Die Mystik des Auges u. Herzens. In: Der Begriff der Minne u. das Entstehen der höfischen Lyrik. Tübingen 1958; J. Lacan: Die vier Grundbegriffe der Psychoanalyse. Das Seminar Buch XI. Weinheim 1987; J. Manthey: Wenn Blicke zeugen könnten. Eine psychohistorische Studie über das Sehen in der Literatur u. Philosophie. München 1983; K. Meisen: Der böse Blick, das böse Wort u. der Schattenzauber. In: Rhein. Jb. f. Volkskunde 3 (1952); R.P. Newton: Eye Symbolism and German Poetry. In: Coll Germ 16 (1983); G. Schleusener-Eichholz: Das Auge im Mittelalter. München 1983; S. Seligmann: Der böse Blick u. Verwandtes. 2 Bde. Berlin 1910; J. Starobinski: L'Œil vivant. Paris 1968; K. Weisrock: Götterblick u. Zaubermacht. Auge, Blick u. Wahrnehmung in Aufklärung u. Romantik. Opladen 1990.

Siehe auch: Herz, Licht

Automat *(Marionette)*

1. Im Motivgebrauch sind abzugrenzen: (1) Hinweise auf von Menschen oder übernatürlichen Wesen geschaffene Maschinen, die selbständig Funktionen ausführen; (2) Roboter, die sich unabhängig machen, gegen ihre Erbauer vorgehen und Schrecken erregen; (3) Automaten, die höhere Intelligenz als ihre Schöpfer haben und diese schützen oder lieben; (4) Vergleiche oder die direkte Identifikation eines Menschen mit der Maschine, um dessen Freiheitsverlust anzudeuten. Die bevorzugte Metapher der Marionette dient der kritischen Zusammenschau der an Fäden oder Drähten bewegten Gliederpuppe und einer Figur, die hilflos dem Eingriff unerkennbarer und undeutbarer Mächte ausgeliefert ist. Die Figur erscheint im Zustand der Sorge und ist nicht entwicklungsfähig. Das Motiv gibt somit Auskunft über wiederkehrende Befürchtungen und Hoffnungen, die Beurteilung historischer Prozesse und die wechselnde Einstellung zur Technik. In der literarischen Tradition prägen sich besonders deutlich Ideenverbindungen zur Götterferne und zu dämonischen Mächten aus, die die Menschheit bedrohen. Texte, in denen das Motiv strukturbildend wirkt, zeigen eine hohe Frequenz von unmittelbaren Wiederholungen und metaphorischen Angleichungen. Die Sprache unterstreicht die Darstellung der Mechanik des Daseins. Dialoge und Monologe sind durchsetzt von Klischees, wiederkehrenden Phrasen und stammelnden Zornesausbrüchen gegen unerforschliche Mächte. Situationen und Handlungen versinnbildlichen den monotonen Kreislauf des Gleichen, in dem die Figuren von einem fremden Willen kontrolliert werden. Die Personen erscheinen austauschbar; individuelle Charaktereigenschaften nehmen ab; statt dessen treten anonyme Züge hervor. In besonders markanten

Darstellungen wird das Marionettenhafte durch Überbetonung einzelner Körperteile (Nase, Lippen, Ohren) und durch Vergleiche mit Masken, Metall, Porzellan und Stroh vergegenwärtigt. Die Figuren werden von Trieben beherrscht, welche die freie Entfaltung menschlicher Anlagen unterbinden: überbetonte Sinnlichkeit, materielle Befriedigung, Geldgier, Machthunger, risikolose Anpassung an die Welt. Im Zusammenspiel von Figuren, Geschehen und Ideen signalisiert das Motiv den Verlust des historischen Bewußtseins und eine weitgehend absurde Weltverfassung. Das Motiv ist stark ausgeprägt in der realistischen Literatur, im magischen Realismus und im absurden Theater.

2. Automaten werden zuerst von Homer (*Ilias*, 18) erwähnt. Hephaistos beschäftigt in seiner Schmiede goldene Gesellen, intelligent und stark, die wie lebendige, junge Mädchen aussehen, sprechen können und von den Göttern gelernt haben. Außerdem sind die Blasebälge automatisiert. In der Aussage klingt möglicherweise die Vorstellung des Goldenen Zeitalters an (Automat-Helfer, der Schlaraffenland-Topos der griechischen Komödie). In anderen Hinweisen (Platon, *Euthyphron*; Pindar, *Olympia*; Apollonius von Rhodos, *Argonautica*) überschneiden sich zwei Auffassungen: das paradiesische Einst und die mögliche Bedrohung (der von Hephaistos angefertigte Thron, der Riese Talos, eiserne Krieger). Schilderungen von Bildautomaten, Türhütern, Wächtern und Zauberbrunnen im Mittelalter bewahren die Ambivalenz. Sie verleihen Kampfszenen in den Artusromanen exotische Züge. Sie unterstreichen auch wie etwa in Iweins Gefecht mit Ascalon am Zauberbrunnen und Dietrichs Kampf gegen zwei bewaffnete mechanische Bildwerke auf der Brücke vor dem Tor zur Jochgrimmer Burg (*Eckenlied*, ca. 1230) die besondere Fähigkeit des → Helden, sich gegen alle Widerstände durchsetzen zu können. Eine echte Motivfunktion kommt den Beschreibungen jedoch nicht zu. Auch die theologischen und geschichtsphilosophischen Überlegungen im Zeitalter der Aufklärung, die das Weltgeschehen im Sinnbild des Uhrwerks erfassen und dem Menschen eine vorherbestimmte Rolle zuweisen, stehen nur in indirektem Zusammenhang mit dem Motiv. Die göttliche Vorsehung wirkt von außen auf den Menschen ein und setzt seinem Handeln eine Grenze. In der Wesensbestimmung bleibt jedoch Gott der Urheber von Vernunft und Offenbarung. Der Mensch bewegt sich in Richtung auf das als wahr erkannte Ziel. Er ist verantwortlich dafür, die im Kosmos waltende Vorsehung zu erkennen. Aus der Sicht der heilsgeschichtlichen Vorsehung fügen sich historische Prozesse und individuelle Bemühungen zu einem sinnvollen Ganzen.

Das Motiv kommt zu voller Geltung im Zusammenhang mit dem zunehmenden Individualismus gegen Ende des 18. Jh., der den einzelnen weitgehend für die Sinnfindung des Daseins verantwortlich macht. Die Voraussetzung ist noch nicht die existentielle Verzweiflung, die das Motiv später begründet, sondern die Sorge, daß einzelne keineswegs bestimmend auf die historische Entwicklung einwirken können. Das Motiv kommt nun voll zur Geltung und schließt in der Detaillierung naturwissenschaftliche Erkenntnisse und Experimente ein (Mesmer, Volta, Lichtenbergs elektrische Figuren). Seine Spannweite reicht von der pointierten Aussage, daß sich die von Menschen heraufbeschworenen Geister der Kontrolle entziehen (Goethe, „Der Zauberlehrling“, 1798), bis zur Gestaltung der von einem übernatürlichen Theaterdirektor willkürlich gesteuerten Lebensläufe (E.T.A. Hoffmann, *Kater Murr*, 1820–22). Das Dasein wird von teilnahmslosen oder bösen Mächten kontrolliert, das Handeln einzelner von unsichtbaren Kräften gelenkt. Das Weltgeschehen wird schließlich zum tollen Treiben toter Gliederpuppen (groteske, hektische und marionettenhafte Figuren in nahezu allen Stücken von J.M.R. Lenz; Jean Paul, *Auswahl aus des Teufels Papieren*, 1789; Bonaventura, *Nachtwachen*, 1804; Clemens Brentano, *Ponce de Leon*, 1804; Achim von Arnim, *Isabella von Aegypten; Melück Maria Blainville, die Hausprophetin aus Arabien*, 1812; E.T.A. Hoffmann, „Die Automate“, 1814; „Der Sandmann“, 1816). Damit ist der Singehalt des Motivs eindeutig auf die menschliche Unselbständigkeit festgelegt.

Im weiteren Verlauf des 19. Jh. treten die göttlich-ungöttlich zugeschnittenen Aktualisierungen der undurchschaubaren Macht in den Hintergrund. Statt dessen werden negative Eigenschaften ökonomischer und politischer Entwicklungen zum Orientierungspunkt für das Marionettendasein. Die konzentrierte, vorwiegend sozialkritische Funktion des Motivs erscheint deutlich in Vergleichen und direkten Bezügen zwischen dem „seelenlosen" Treiben der Figuren und den historisch bedingten Erscheinungen der Industriegesellschaft. Der Wunsch, eine reiche Partie zu machen, Geldgier, Finanzspekulationen und Landschwindel charakterisieren unfreie Figuren. Trotzdem ist die Schaltfunktion des Motivs von dieser direkten Zuordnung nicht betroffen. Gerade die Beschränktheit menschlicher Entfaltung verweist auf die Notwendigkeit, dem Handeln neue Ziele zu setzen (vgl. die Schauspiele von Karl Immermann und Johann Nepomuk Nestroy; Henry Becque, *La Parisienne*, 1885). In Honoré de Balzacs *La Comédie humaine* (1829–48) beleuchtet das Motiv die Verkettung von historischen Entwicklungen, die sich dem direkten Eingriff einzelner entziehen, mit individuellen Versuchen, das Dasein zu meistern. In Auguste Villiers de l'Isle-Adams *L'Eve future* (1886) baut Edison für Lord Ewald einen weiblichen Automaten, der dessen erotischen Vorstellungen einer Geliebten entspricht und seine nüchtern denkende Frau ablösen soll. Ein Sturm zerstört jedoch den Automaten und Ewalds Frau. William Thackeray beschließt seinen Roman *Vanity Fair* (1847–48) damit, daß er das große Welttheater als Puppenspiel bezeichnet: „Which of us is happy in this world? Which of us has his desire? or, having it, is satisfied? Come, children, let us shut up the box and the puppets, for our play is played out."

Alfred Jarry macht die Wesenseinheit vollkommen, indem er in seinem Schauspiel *Ubu Roi* (1896) das menschliche Geschehen als Puppentheater abrollen läßt. Dies wurde wegweisend für die Dadaisten, Surrealisten, die Dramatiker des absurden Theaters und andere Schriftsteller des 20. Jh., die ihre Figuren systematisch zu Automaten oder auf eng begrenzte Handlungsreflexe reduzierten. Zu den eindrucksvollen Gestaltungen gehören Automaten und menschliche Bruchstücke: der Strohmann in Oskar Kokoschka, *Sphinx und Strohmann* (1917) und T.S. Eliot, *The Hollow Men* (1925); der hohle Körper des wiedererweckten Sohnes in Edward Albee, *The American Dream* (1960); die Figur in Yvan Goll, *Methusalem oder Der ewige Bürger* (1924), die aus einer Telefonmuschel, zwei Fünfmarkstücken, einer Schreibmaschine und einer Radioantenne besteht. Dagegen kritisieren die surrealistischen Bilder der Konstruktion eines künstlichen Mädchens in Hans Bellmers *Die Puppe* (1934), *Les Jeux de la poupée*, mit 14 Gedichten von Paul Eluard (1949) und *L'Anatomie de l'image* (1957) das alltägliche Kunstverständnis und die phantasielose Einstellung zum Weiblichen. Die Technik des Kugelgelenks der Puppe ermöglicht Gliederverschiebungen, die nicht nur unterschiedliche Lebensphasen andeuten, sondern auch die Sinneseindrücke ins Überreale steigern.

3. Der im 20. Jh. deutlich werdende Zug zum Satirischen öffnet die Sicht auf einen möglichen Traditionsstrang des Motivs, der auf die Reduktionserscheinungen in der Charakterisierung bestimmter Figuren im Schwank- und Possenspiel zurückgeht. Da die häufige Wiederholung desselben Gedankens mit denselben Worten oder geringfügig abgewandelten Ausdrücken nicht nur ein besonderes Stilmerkmal des Motivs ist, sondern auch die Sageweise des Bajazzos, Harlekins und Hanswursts charakterisiert, sind die Zusammenhänge nicht eindeutig belegbar. Ein Motiv kann immer verengt werden und dort Niederschlag finden, wo die Voraussetzungen dafür günstig sind. Das Theater- und Maskenspiel bot eine entsprechende Grundlage. Spielraum und Handlungsfreiheit der Typen sind durch die Situation begrenzt. Zugleich ermöglicht die Parallelführung von Situationskomik und Mechanik die distanzierte Betrachtung der Zwangslage. Deutliche Zeichen der Fremdbestimmtheit des Handelns sind außerdem der Verlust individueller Eigenarten einzelner Typen in mittelalterlichen Spielen, in denen eine rote Perücke den „hinterhältigen" →Juden oder Judas identifiziert, aber auch die genau festgelegten Charaktereigenschaften der Masken in der Commedia dell'arte. Dagegen unterstreicht das Motiv in den Stücken Molières trotz seiner humoristi-

schen Verwendung eindeutig den Freiheitsverlust. Die Gestik und Sprache einzelner Figuren (die Türken, Italiener, Spanier und Narren, wie auch M. Jourdain in *Le Bourgeois Gentilhomme*, 1670; Argan und die Ärzte in *Le Malade imaginaire*, 1673) vergegenwärtigen ihre Bindung an Mächte, die sich ihrer Kontrolle entziehen.

Autoren des 20. Jh. verarbeiteten das Motiv in Darstellungen von Massenerscheinungen, der tödlichen Bedrohung durch Maschinen (→Aggression), des absurden Weltgeschehens und der mechanisierten Lebensform. In vielen dieser Gestaltungen tritt zu den Erscheinungen der Atrophie des Menschlichen (Thomas Bernhard, *Minetti*, 1976) der Wiederholungszwang (Leerlauf der Maschine; Vorbereitungen für das Schreiben, das entweder die eigene Ohnmacht bekundet oder scheitert: Peter Handke, *Nachmittag eines Schriftstellers*, 1987 und *Versuch über die Jukebox*, 1990) und die Vorstellung, daß Personen wie Maschinen auswechselbar sind. Estragon glaubt im ständigen Wechsel von Lucky-Pozzo das Schicksal der Menschheit zu sehen (Samuel Beckett, *En attendant Godot*, 1952). Die Figuren in Eugène Ionescos *La Cantatrice chauve* (1948), *Les Victimes du devoir* (1952) und *Le Tableau* (1955) sind völlig austauschbar; der mechanisierte Ablauf von Vergewaltigung und Mord in *La Leçon* (1951) spiegelt nicht nur die Deformierung des Menschlichen wider, sondern auch den absoluten Terror einer entfesselten Maschinerie. Da sich die absurde Welt der Sinndeutung verschließt, können die Figuren scheinbar nur noch die Reflexe anderer in monotoner Wiederholung imitieren. So wirkt es kaum überraschend, daß in Ionescos *La Leçon* das einundvierzigste Opfer sofort auf die Bühne tritt, nachdem der Professor gerade das vierzigste beseitigt hat.

4. Das Motiv ist außerordentlich wirksam, um Zwangsvorstellungen hervorzurufen. Es fängt das Gebanntsein in einen unablässig abrollenden Prozeß ein, der alle menschlichen Qualitäten und kulturschaffenden Prinzipien verbraucht. Der allgemeine Kulturschwund zeigt sich besonders eindrucksvoll in der gezielten Anwendung von Klischees (Gustave Flaubert, *Dictionnaire des idées réçues*, 1881; Ionesco, *La Cantatrice chauve*), in der Reihung von Obszönitäten (Jarry, *Ubu Roi*; Michel Ghelderode, *Fastes d'enfer*, 1928) und schließlich im zusammenhanglosen Stammeln (Tristan Tzara, *Le Cœur à gaz*, 1921; Albee, *The American Dream*, 1960). Außerdem vergegenwärtigt der Automat nicht nur den immer gegebenen Identitätsverlust, sondern auch die Einordnung des Menschen in das Triebwerk der Maschine. Jacques in Ionescos *Jacques ou la soumission* (1950) erhält seinen Namen auf Befehl von außen; die Personen in John Barths „Life Story“ (1968) werden mit Zahlen oder alphabetischen Buchstaben gekennzeichnet; und in Becketts *Comédie* (1966) reagieren die Figuren F 1, F 2 und H nur, wenn sie vom Projektionsapparat beleuchtet werden.

In der Beschreibung der ursprünglich vom Menschen erfundenen Automaten, Roboter und Maschinen werden einzelne Komplexe des Motivs aus dem Zusammenhang gelöst und gewinnen Eigenleben. Automat und Maschine stehen stellvertretend für eine unaufhaltsame Entwicklung, an deren Ende die nicht-menschliche Intelligenz steht (ausgeprägt in der Deutung des Golems in Eichendorffs *Isabella von Ägypten* und in Gustav Meyrink, *Der Golem*, 1915; Villiers de l'Isle-Adam; Karel Čapek, *R.U.R.*, 1920; Isaac Asimov, *Foundation's Edge*, 1982). Die Maschine signalisiert selbstzerstörerische Prozesse (Franz Kafka, „In der Strafkolonie“, 1919; Arthur Adamov, *Le Ping-pong*, 1955) und erscheint, in genauer Doppelung zu den ersten literarischen Hinweisen auf selbstlose Helfer, im Niemandsland der Zukunft (das Maschinenmädchen Sheen in Piers Anthony, *Split Infinity*, 1980; *Blue Adept*, 1981, und *Juxtaposition*, 1982). Eine einheitliche Darstellung läßt sich jedoch auch in der Science-fiction keineswegs nachweisen. Neben Asimovs ethischen Grundsätzen der Computer, die vorschreiben, daß die Maschine dem Menschen nie schaden darf, stehen Beschreibungen einer bis zum Exzeß getriebenen Brutalität des Tötens, der Massenvergewaltigung und Verstümmelung im Aktionsbereich des Maschinenmädchens Friday (Robert Heinlein, *Friday*, 1982). Das Motiv bewahrt die Polarstruktur bis heute: Der vom Menschen geschaffene Automat unterstützt und gefährdet seinen Schöpfer. Neben der Angst vor der Zukunft, in der Menschen von Automaten unterjocht werden, steht die Sehnsucht nach einer Zeit, in der die Menschen so rational wie Automaten handeln. In den unterschiedlichen Verwendungen drückt das Motiv jedoch der Figurenkonzeption deutlich seinen Stempel auf und bestimmt die Sinndeutung des Daseins.

Lit.: J.D. Bruce: Human Automata in Classical Tradition and Medieval Romance. In: Modern Philology 10 (1913); H.S. Daemmrich: Lenz in themengeschichtlicher Sicht. In: I. Stephan, H.-G. Winter (Hg.), Unaufhörlich Lenz gelesen. Studien zu Leben u. Werk von J. M. R. Lenz. Stuttgart 1994; Tankred Dorst. Geheimnis der Marionette (1957); R. Drux: Marionette Mensch. München 1986; EM 1: 1085–92; M. Esslin: The Theater of the Absurd. New York 1969; M.-M. Fontaine: L'Homme et la machine. Paris 1973; P. Gendolla: Die lebenden Menschen. Zur Geschichte der Maschinenmenschen bei Jean Paul, E.T.A. Hoffmann u. Villiers de l'Isle-Adam. Marbach 1980; ders.: Anatomien der Puppe. Heidelberg 1992; R. Hammerstein: Macht u. Klang. Tönende Automaten als Realität u. Fiktion in der alten u. mittelalterlichen Welt. Bern 1986; G. Hartung: Maschinen u. Maschinenwesen aus der Sicht deutscher Romantiker. In: WB 34 (1988); H. v. Kleist: Über das Marionettentheater (1811); J. La Mettrie: L'Homme machine (1748); F. Link (Hg.): Theatrum Mundi. Götter, Gott u. Spielleiter im Drama von der Antike bis zur Gegenwart. Berlin 1981; R. Majut: Lebensbühne u. Marionette. Berlin 1931; S. Mayer: Golem. Die literarische Rezeption des Stoffes. Bern 1975; R. Preisner: Die Marionette u. das Marionettenhafte. In: ders., Johann Nepomuk Nestroy. München 1968; E. Rapp: Die Marionette in der deutschen Dichtung vom Sturm u. Drang bis zur Romantik. Leipzig 1924; L. Sauer: Marionetten, Maschinen, Automaten. Der künstliche Mensch in der deutschen u. englischen Romantik. Bonn 1983; M. Schmitz-Emans: Maschinen-Poesien. In: W. Oellers (Hg.), Germanistik u. Deutschunterricht im Zeitalter der Technologie. Bd. 1. Tübingen 1988; A. Sutter: Göttliche Menschen. Die Automaten für Lebendiges bei Descartes, La Mettrie u. Kant. Ffm 1988.

Siehe auch: Absurd, Begrenzung-Freiheit

Aventiure *(frz. aventure)*

Der Begriff kennzeichnet (1) eine Begegnung, in der sich der Held bewähren muß; der Ausgang ist ungewiß; (2) die Folge dieser Auseinandersetzungen in Dichtungen des 12. und 13. Jh.; (3) die formale Einteilung des Geschehens in Aventiure wie etwa im *Nibelungenlied*. Die Aventiure ist ein Ordnungsprinzip, das die Ereignisse mit der Hauptfigur verknüpft und die Erzählung festigt. So entsteht deutlich ein Reihentyp der Erzählung, der auch die →Abenteuerthematik auszeichnet. Der Held geht auf Fahrt, besteht glänzende Taten in Turnieren, bewährt sich im Zweikampf, ringt mit Riesen oder Zauberern, begegnet edlen und dämonischen Frauen, befreit gefangene Jungfrauen, gewinnt Glück und Ruhm, versagt und leidet, erreicht aber schließlich sein Ziel. Aus thematischer Sicht ist die im Text angedeutete Zielsetzung nicht von ausschlaggebender Bedeutung für die Beurteilung des Zusammenspiels von Figur und Thema, da sowohl konkrete Vorhaben wie die Brautfahrt als auch die reine Suche nach Abenteuer im Rahmen des Gesamtgeschehens zu deuten sind. In der Sinndeutung dieser Ereignisse unterscheidet sich die Aventiure trotz der sukzessiven Anordnung von der thematischen Konstellation des Abenteuers. Die Fahrt wird zur Lebensfahrt. Die Begegnungen vermitteln Eindrücke der Gesellschaft und der Lebensideale einer Zeit. Der Held stößt auf teils verwandte, teils auch völlig entgegengesetzte Vorstellungen. Er lernt, zwischen der gesellschaftlichen Konvention und zeitlosen Werten zu unterscheiden. Die Stationen seiner Reise sind von symbolischer Bedeutung für die wesentlichsten Stufen der Persönlichkeitsentfaltung. Die Aventiure wird dadurch zugleich Prinzip und Gebilde. Sie ist eine Regel, die sich aus der Bewährung entwickelt und sich an ihr darstellt. Sie vergegenwärtigt die folgenreiche Auseinandersetzung mit dem Leben und verbindet sich in der Sinndeutung mit der Entwicklungsthematik. Indem der Held sowohl Selbst- als auch Welterkenntnis erreicht, unterscheidet sich die Aventiure von den abenteuerlichen Geschichten späterer Prosafassungen.

Quellen: *Chanson de Roland* (1098?); Chrestien de Troyes, *Erec* (ca. 1160); *Yvain* (1170–1200); *Lancelot* (ca. 1170); Hartmann von Aue, *Erec* (ca. 1190); *Iwein* (ca. 1200–05); Wolfram von Eschenbach, *Parzival* (ca. 1205–10); Der Stricker, *Daniel von dem blühenden Tal* (ca. 1220–30); Eckenlied, ca. 1230; vgl. *Nibelungenlied* (ca. 1200).

Lit.: C. Cormeau, W. Störmer: Hartmann von Aue. München 1985; C.L. Gottzmann: Artusdichtung. Stuttgart 1983.

Siehe auch: Abenteuer, Artus, Suche

Bär

Siehe Tierreich

Becket

Siehe Thomas à Becket

Begrenzung-Freiheit

1. Die Wechselwirkung zwischen den einander zugeordneten Themen der Freiheit und der Begrenzung erzeugt durch die ständige Wandlung der qualitativen Bestimmung eine starke textinterne Dynamik. Unbegrenzte Freiheit in der individuellen Willensbehauptung führt zur Isolation und zur Befangenheit in einer subjektiven Gefühlswelt. Dagegen mündet die Absonderung von der Gesellschaft (Motive der Einkreisung) nicht notwendigerweise in selbstzerstörerische Tendenzen. Sie erscheint in manchen Texten als auslösendes Moment, das einen Prozeß geistiger Reflexion einleitet, der zur inneren Freiheit oder Selbsterkenntnis führt. Die äußere Unabhängigkeit garantiert jedoch keine echte Selbständigkeit. Viele Texte begründen den Freiheitsverlust entweder mit der Übermacht gesellschaftlicher Strukturen oder mit dem Verlangen, sich der Umwelt anzupassen. Aktualisiert wird das Thema der Begrenzung häufig durch Aggressionsmotive (→Hand), den entleerten →Dialog und Raummotive, besonders die Bewegung in Kreisen, die den einzelnen immer wieder zum Ausgangspunkt zurückbringt (→Kreis, →Weg), geschlossene Fenster, das Haus als Gefängnis, das Labyrinth der Städte und die systematische Einengung der vertikalen Dimension. Diese Motive vergegenwärtigen den Freiheitsverlust besonders deutlich. Das Thema erhält ein besonderes Gepräge in Werken, die zur Deutung des Erstarrungszustandes des Weltgeschehens die Metaphorik und Bildgebung des Daseins im Gefängnis heranziehen. Trotzdem ergeben sich selbst in diesen Darstellungen unwillkürliche Anklänge an das Freiheitsbestreben. Freiheit im Sinne der unbehinderten Entfaltung aller menschlichen Anlagen in einer Gesellschaft, die diese Entwicklung gewährleistet, kennzeichnet weitgehend die →utopische Literatur und eine Reihe bedeutender Werke der französischen und deutschen Klassik. In diesen Texten wird die thematische Entwicklung gestützt durch die Motive des förderlichen Gesprächs, des geraden Weges und der Möglichkeit, in der Stimme des →Herzens die Wahrheit zu hören.

2. Nachdem Martin Luther in seiner Schrift *Von der Freiheit eines Christenmenschen* (1520) Freiheit und Dienstbarkeit kontrapunktisch nebeneinanderstellte („Ein Christenmensch ist ein freier Herr über alle Dinge und niemand untertan – Ein Christenmensch ist ein dienstbarer Knecht aller Dinge und jedermann untertan“), klingen verwandte Gedanken in literarischen Werken an. Einige Autoren berufen sich auf Luther; andere überlassen es dem Spürsinn der Leser, den Zusammenhang zu entdecken. Außerdem wirkt das Denken so stark auf die geistesgeschichtliche Tradition, daß direkte Beziehungen häufig nicht nachweisbar sind. Tatsächlich entsteht eine literarische Fabelkonstruktion, die die Dialektik in einer Grundform des Denkens beibehält: Das absolute Freiheitsverlangen des einzelnen widerspricht der Gesellschaftsordnung und führt zur ungewollten Vereinsamung. Die unterschiedlichen Bearbeitungen des Themas reichen von dramatischen Charakterstudien aggressiver Willensmenschen (→Aggression) bis zu feinfühligen Darstellungen komplizierter Beziehungen einzelner zur Gesellschaft. Der Spielraum künstlerischer Abwandlungen ist groß. In der Figurenkonzeption wird jedoch die die Kritik herausfordernde Person bevorzugt. Die Verhaltensweise einer Figur muß so angelegt sein, daß die Dialektik von subjektivem Freiheitsverlangen und gesellschaftlicher Begrenzung einprägsam hervortritt. Zu den typischen Erscheinungsformen gehören: (1) ein Wahrheitsanspruch, der nicht absoluter Überzeugung, sondern eher dem Geltungsbedürfnis entspringt (Alceste in Molière, *Le Misanthrope*, 1666); (2) subjektive Ich-Bezogenheit (Tasso in Goethe, *Torquato Tasso,* 1790; Effi in Theodor Fontane, *Effi Briest,* 1895); (3) der unbedingte Freiheitsanspruch, der sich in unkonventionellem Benehmen gefällt (Des Grieux in Antoine-François Prévost, *Manon Lescault,* 1734; Adolphe in Benjamin Constant, *Adolphe*, 1816); (4) die Verneinung der Ansprüche anderer (Olive in Alfred de Musset, *La Confession d'un enfant du siècle,* 1836; Becky in William Thackeray, *Vanity Fair,* 1847–48) und (5) die Unfähigkeit, den Freiheitsdrang mit der gesellschaftlichen Entwicklung in Einklang zu bringen (Jack London, *The Sea-Wolf,* 1904; Lulu von Strauß und Torney, *Lucifer,* 1907; Hans Magnus Enzensberger, *Der kurze Sommer der Anarchie,* 1972). Die innere Isolation wird in diesen Darstellungen häufig noch durch die äußere Verbannung oder Vernichtung unterstrichen.

3. Die Freiheitsberaubung entspricht nicht, wie einige Kritiker annahmen, automatisch dem völligen Freiheitsverlust. Die inhaftierte Figur kann nicht nur eine höhere Stufe der Erkenntnisfähigkeit erreichen, sondern kann sich auch zu wahrer, innerer Freiheit durchringen. Die Absonderung ermöglicht sowohl die ruhige Betrachtung der „Schlingen des Lebens" (Shakespeare, *King Lear,* 1605?) als auch menschlicher Beziehungen (→Abelard). In der Zelle kann der einzelne dem Sinn des Unendlichen nachgehen (Blaise Pascal, *Pensées* 218, „Cachot", 1670) oder Betrachtungen über Leben und Tod anstellen (Jacques-Bénigne Bossuet, „Sur la mort", 1662). Einkerkerung kann echte Reue hervorrufen (Daniel Defoe, *Moll Flanders,* 1723; Tobias Smollett, *Roderick Random,* 1748; Henry Fielding, *The History of Tom Jones,* 1749), kann zu Erlösung und Seelenheil führen (Lew Tolstoi, *Auferstehung,* 1897) und kann sowohl den Weg zur größtmöglichen inneren Freiheit festlegen als auch die unlösbare Verstrickung von Freiheit und Begrenzung einfangen (Friedrich Schiller, *Maria Stuart,* 1802; Paul Claudel, *Le Soulier de satin,* 1929). Indirekt mit dem Thema verbunden sind Schilderungen von Gefangennahmen, die sozialkritische Wirkung beabsichtigen oder die konkrete Funktion haben, eine Figur vor Nachstellungen zu schützen (Defoe, *Journal of the Plague Year,* 1722; Stendhal, *La Chartreuse de Parme,* 1839; Gérard de Nerval, *Sylvie,* 1853; Jean-Paul Sartre, *La Putain respectueuse,* 1946; *Les Mains sales,* 1948; Jean Genet, *Notre-Dame des fleurs,* 1951). Ganz ähnlich wie die Zelle des Mönchs oder der Nonne im Mittelalter übernimmt die reale oder selbst auferlegte Gefangenschaft in der modernen Literatur eine klar umrissene Funktion. Sie ermöglicht ungestörte Reflexionen (Joris-Karl Huysmans, *A rebours,* 1884; Leonid Andrejew, *Die Geschichte von den sieben Gehängten,* 1905; Thomas Mann, *Der Zauberberg,* 1924; Max Frisch, *Stiller,* 1954; Genet, *Journal d'un voleur,* 1949) und belebt die Schaffenskraft (Benvenuto Cellini, *Vita,* 1728; Jean-Jacques Rousseau, *Rêveries d'un promeneur solitaire,* 1776–78; George Byron, *The Prisoner of Chillon,* 1816; Tristan Corbière, *Prison Royal de Gênes,* 1873; Hugo von Hofmannsthal, *Die Frau ohne Schatten,* 1916; Siegfried Lenz, *Deutschstunde,* 1968). Außerdem wurden Gestaltungen der Einkerkerung mit Handlungsfolgen verbunden, die den Gefangenen aus der Prüfung erfolgreich hervorgehen lassen. Der Geist bleibt lebensfähig, der Wille ungebrochen und die Hilfsbereitschaft unerschüttert. Die Figuren entwickeln eine unbeugsame Lebenskraft, die ihnen einen Spielraum innerer Freiheit gibt, den weder Bewachung noch Lagerzäune einengen können (Jack London, „The Star Rover", 1915; Alexander Solschenizyn, *Ein Tag im Leben des Iwan Denissowitsch,* 1962).

Die selbstgewollte psychologische oder physische Absonderung übernimmt Motivfunktion in Liebeserzählungen und begründet das durchaus reale Bestreben, der geliebten Person näher zu sein (Beispiele: Diego de San Pedro, *El Cárcel de amor,* 1598; Joseph Xavier de Saintine, *Picciola,* 1838; Stendhal, *La Chartreuse de Parme,* 1839; Alexandre Dumas-père, *La Tulipe noire,* 1850). Unter düsteren Vorzeichen steht dagegen die in der Gegenwartsliteratur ausgeprägte Trennung vom Mitmenschen und besonders das Hinausgleiten aus der Gesellschaft in die Isolation. In diesem Prozeß tritt die Brüchigkeit menschlicher Beziehungen und die Verletzlichkeit des einzelnen deutlich hervor. Wunschvorstellungen, Phantasien, Ausbruchsversuche und erfundene, aber denkbare Identitätsnachweise beleuchten den Bruch zwischen Individuum und Gesellschaft (Hans Erich Nossack, *Die Begnadigung,* 1955; *Die gestohlene Melodie,* 1972; Max Frisch, *Mein Name sei Gantenbein,* 1964; *Der Mensch erscheint im Holozän,* 1979; Heinrich Henkel, *Eisenwichser,* 1970; Peter Handke, *Die Stunde der wahren Empfindung,* 1975; Nicolas Born, *Die erdabgewandte Seite der Geschichte,* 1976; Martin Walser, *Ein fliehendes Pferd,* 1978; *Das Schwanenhaus,* 1980; Jochen Beyse, *Der Aufklärungsmacher,* 1985).

4. In Texten, die das Weltgeschehen im Sinnbild der Einkreisung deuten, gliedert das Thema Raumstruktur, Handlung und Figurenführung. Wahre Freiheit wird erst jenseits der Welt möglich (→Paradies). Der Tod öffnet den Weg aus der Knechtschaft. Geistesgeschichtlich schließen diese Darstellungen an die Überlegungen neoplatonischer, gnostischer und christlicher Denker an. Der Geist kann sich nur zur Freiheit durchringen, wenn er sich aus der körperlichen Hörigkeit befreit. Pascals Parabel der geketteten Häftlinge fängt die Situation ein. Einige werden täglich hingerichtet. Keiner weiß, wann seine Stunde schlägt. Im Vanitas-Denken der Barockzeit ruft die Vorstellung der Vergänglichkeit aller irdischen Bemühungen zur Neuorientierung auf. Zu ganz anderen Überlegungen regen die Briefe von *Eloïsa to Abelard* (1717) von Alexander Pope an. Eloïsa macht im Akt des Schreibens eine schöpferische Erfahrung, die in eigenartigem Kontrast zu ihrer seelischen Notlage steht. Auch John Gays *The Beggar's Opera* (1721) führt lebhaft vor Augen, wie sich der Mensch eisern am Leben festklammert und auch dann, wenn es einem Zuchthaus gleicht, nach Lichtblicken der Freiheit sucht. Selbst die Gedanken des bevorstehenden Todes (Victor Hugo, *Le Dernier Jour d'un condamné,* 1829) oder die unerbittliche Notwendigkeit, im großen Sträflingslager Sibirien durchhalten zu müssen (Fjodor Dostojewski, *Aufzeichnungen aus einem toten Hause,* 1861), bewahren trotz der erdrückenden Gewalt der Verhältnisse einen Bezug zur Freiheit.

In Werken des 19. Jh., in denen die Erfahrung des Lebens zum Erlebnis der äußeren und inneren Begrenzung wird, nehmen Ausblicke auf die Freiheit ab. Die Dialektik besteht weiter. Sie tritt deutlich hervor im plötzlichen Ausruf eines Mädchens, nur einmal frei sein zu dürfen (Anton Tschechow, *Krankensaal Nr. 6,* 1892), und im letzten Aufbäumen eines Mannes gegen ein unverständliches Schicksal (Adalbert Stifter, „Abdias", 1847). Aber die Isoliertheit nimmt zu; die Menschen finden keine sinnvolle Tätigkeit; die Figuren sind ratlos, fühlen nur, daß sie so nicht mehr weiterleben können; sie verlieren die Bindung zu anderen und erfahren schließlich die völlige Entfremdung im Käfig des Daseins. Die Zellenmetaphorik wird nun zusammen mit dem Thema strukturbildend. Honoré de Balzac entwickelt beispielsweise in der *Comédie humaine* (1829–48) eine Raummetaphorik dicker Mauern, dunkler Straßen, düsterer Treppenhäuser und mit unzähligen Objekten überladener Zimmer, die die Figuren von allen Seiten einengen. Die Entwicklungsmöglichkeiten der Personen werden völlig von ökonomischen und gesellschaftlichen Faktoren bestimmt. Besonders erschreckend wirkt die Tatsache, daß nun auch der Freiheitswunsch eine Form annimmt, die ihre Wurzel in der Verdinglichung des Daseins hat. Einzelne, die sich wie Eugénie Grandet aus der Erstarrung der materiellen Bindung lösen wollen, können ihre Gefühle nur noch in der gesellschaftlich vorherrschenden Sprache des Geldverkehrs ausdrücken. Goldene Münzen oder eine goldene Monstranz ersetzen den Strauß der Feldblumen. In Flauberts Romanen verdeutlicht die Verengung des Raums die hoffnungslose Einkreisung der Figuren. Im Schaffen Fontanes symbolisiert die erstarrte gesellschaftliche Konvention den Freiheitsverlust. Ganz allgemein zeichnet sich im Realismus ein übergreifendes Strukturmerkmal ab, das in direkter Beziehung zum Thema steht. Die Figuren bewegen sich in ständig enger werdenden konzentrischen Kreisen. Der Blick aus dem Zimmer bricht sich an geschlossenen →Fenstern oder Gebäuden, die

die Sicht begrenzen. Auch der Weg nach außen ist abgeschnitten, da jeder Ausflug ins Freie die Personen nur daran erinnert, daß sie der genau umgrenzten Situation nicht entfliehen können. So entstehen zentripetale Bewegungskurven, die die Landschaftsschilderungen, die Handlung und die Gespräche beherrschen (Gustave Flaubert, *Madame Bovary,* 1857; Henry Becque, *La Parisienne,* 1885; Theodor Fontane, *Stine,* 1890; *Unwiederbringlich,* 1891; Henry James, *The Wings of the Dove,* 1902).

Albert Camus charakterisierte das 20. Jh. als das „Jahrhundert der Zellenlyrik" (*La Chute,* 1956). Die Beobachtung trifft sicherlich auf eine entscheidende Stiltendenz der Moderne und der jüngsten Literatur zu. Die Personen scheinen auf einen Zustand reduziert, in dem sie ihren eigenen Käfig mit sich tragen und in jedem Versuch der Kontaktaufnahme nur noch sich selbst gegenübertreten (Franz Kafka, „Brief an den Vater", posthum 1931). Die Verengungsmetaphorik umfaßt zusammenschrumpfende Räume und Zimmer (Kafka, „Die Verwandlung", 1915; *Der Prozeß,* 1925; Jean-Paul Sartre, „La Chambre", 1939; *Huis-Clos,* 1944; *Les Séquestrés d'Altona,* 1956; Eugène Ionesco, *Les Chaises,* 1953; Günter Eich, *Die Stunde des Huflattichs,* 1964; Harold Pinter, *The Basement,* 1970), geschlossene Wagen oder Waggons (Gustave Flaubert, *Madame Bovary,* 1857; Theodor Fontane, *Effi Briest,* 1895; Günter Eich, *Träume,* 1953), Zellen (André Malraux, *La Condition humaine,* 1933; Camus, *L'Etranger,* 1942; Max Frisch, *Stiller,* 1954; Solschenizyn, *Der Archipel Gulag,* 1974), Mülleimer (Samuel Beckett, *Fin de partie,* 1957) und schließlich Urnen, aus denen nur noch die Köpfe herausragen (Beckett, *Comédie,* 1966). Die Unfähigkeit, mit anderen sprechen zu können, wirkt auf die Personen zurück. Sie befinden sich im Zustand der Einzelhaft, der absoluten Begrenzung in „ihrer eigenen Haut" (Tennessee Williams, *Cat on a Hot Tin Roof,* 1955). Diese Isolierung wird zum Orientierungspunkt für das Geschehen in folgenden Werken: Ernst Toller, *Der deutsche Hinkemann* (1923); Marieluise Fleißer, *Die Fußwaschung* (1926); *Fegefeuer in Ingolstadt* (1929); *Karl Stuart* (1946); Williams, *The Glass Menagerie* (1945); *A Streetcar Named Desire* (1947); Max Frisch, *Homo faber* (1957); Franz Xaver Kroetz, *Hartnäckig* (1971); *Maria Magdalena* (1974); *Nicht Fisch, Nicht Fleisch. Verfassungsfeind. Jumbo-Track* (1981); Theun de Vries, *Rivierlandschap in de winter* (1989). Die Metapher der Falle, die bereits früher in der literarischen Tradition zum Motiv entwickelt wurde (→ Aggression; Shakespeare; Samuel Richardson, *Clarissa,* 1747–48; Balzac, *Le Cousin Pons,* 1847), unterstreicht die im Thema eingefangene entsetzliche Bedrückung. Wenn Menschen und Tiere noch nicht gefangen sind, begibt sich wie in Kafkas Aphorismus „der Käfig auf die Suche nach dem Vogel".

Die Figurenkonzeption des Menschen als eines Wesens im Käfig ist eng verknüpft mit einer ständig wechselnden Erzählperspektive, die die Grenzen der inneren und äußeren Erfahrungen abtastet. Die Verbindung der mehrfachen Brechung von Handlungszügen mit der Erzählperspektive, welche die psychologische Innenschicht einer scheinbar objektiven Beschreibung der Dinge zuordnet, erweckt den Eindruck einer starken Verrätselung der Welt (Marcel Proust, *A la recherche du temps perdu,* 1913–27; James Joyce, *Ulysses,* 1922; Peter Handke, *Die Angst des Tormanns beim Elfmeter,* 1972; John Barth, *Letters,* 1979). Thomas Mann verwendet das Prinzip in *Lotte in Weimar* (1939), um die innere Begrenzung der Figuren um Goethe zu charakterisieren. Die Figur Goethes dagegen hat alle Merkmale einer freien Persönlichkeit, die sich in einem beständigen Gespräch mit der Natur, mit Freunden und der geistigen Tradition zur Selbsterkenntnis durchringt. Ein verwandtes Darstellungsverfahren vergegenwärtigt die Begrenzung durch die kreisförmige Anordnung der Erzählphasen, in denen sich Szenen beständig wiederholen (Camus, *La Chute;* Alain Robbe-Grillet, *Dans le labyrinthe,* 1959; Nathalie Sarraute, *Le Planétarium,* 1959; Botho Strauß, *Bekannte Gesichter, gemischte Gefühle,* 1975).

5. Die Symbiose der optischen Begrenzung des Gefängnisquadrats und der Motivreihe Aggressor-Opfer stützt die Darstellungen des Themas, in denen die Begrenzung im Kreislauf des Terrors endet. Physische Folter, psychologische Marter und Mord sind immer gegenwärtig. Durch die Fixierung der Motivreihe entstehen Überschneidungen mit der Aggressionsthematik. Außerdem bedingt der infernalische Standort eine toposhafte Konstante, die sich über lange Zeiten hinweg verfolgen läßt (die Ugolino-Episode in Dante, *Die göttliche Komödie,* 1300–18; Medardus in der Zelle in E.T.A. Hoffmann, *Die Elixiere des Teufels,* 1815–16; Juliens Gefangenschaft in Stendhal, *Le Rouge et le noir,* 1831; der eingekerkerte Meursault in Camus, *L'Etranger*). Der Freiheitsverlust kann konkret im Sinne politischer Unterdrückung gedeutet werden (Vittorio Alfieri, „Parigi sbastigliato", 1787; Byron, *The Prisoner of Chillon;* Alfred de Vigny, *Stello,* 1832; Georg Büchner, *Dantons Tod,* 1835; Fritz Hochwälder, *Der öffentliche Ankläger,* 1947; Max Frisch, *Andorra,* 1961; Peter Weiss, *Die Ermittlung,* 1965). Außerdem kann die Aggression von Personen ausgehen, die entweder subjektive Herrschaftsansprüche erheben (Liebe, Haß) oder gesellschaftliche Verfallserscheinungen verkörpern (Molière, *L'Ecole des femmes,* 1662; Richardson, *Pamela,* 1740–41; *Clarissa*; Denis Diderot, *La Religieuse,* verf. 1760; Pierre Caron de Beaumarchais, *Le Barbier de Séville,* 1778; Frisch, *Biedermann und die Brandstifter,* 1958). In der Schauerliteratur und der Gothic Novel ist die Zelle der makabere Ort, wo die bis zum Exzeß getriebene → Angst der Opfer und die inhumanen Triebe der Henkersfiguren aufeinanderprallen (Horace Walpole, *The Castle of Otranto*, 1764; Matthew Gregory Lewis, *Ambrosio, or the Monk,* 1795; Mary Shelley, *Frankenstein,* 1816; Charles Robert Maturin, *Melmoth the Wanderer,* 1820; Pétrus Borel, *Champavert,* 1833; *Madame Putiphar*, 1838). Die lichtlosen, schreckenerregenden Verliese erwecken schließlich den Eindruck eines höllischen Bereiches, in dem fanatische Daseinsverächter immer neue Methoden der Lebensbegrenzung ersinnen. Die Tradition besteht bis ins 20. Jh. fort (Kafka, „In der Strafkolonie", 1919; Fernando Arrabal, *La Bicyclette du condamné,* 1959). In der begrenzten und konsequenten Gestaltung des Themas, in dem der Freiheitsverlust nicht nur immer gegenwärtig ist, sondern zum alleinigen Prinzip eines immer wiederkehrenden Geschehens wird, geht die dialektische Beziehung zu einer möglichen zukünftigen Freiheit verloren. In den Vordergrund tritt die fortschreitende Verdinglichung menschlicher Beziehungen (Dieter Wellershoff, *Ein schöner Tag,* 1966; *Der Sieger nimmt alles,* 1983). Was bleibt, sind Fragen: Werden wir verhungern, von Unbekannten gefoltert oder von Eindringlingen ermordet? In der neuen Sicht erfährt die Themenverknüpfung eine Ausdeutung, die der ursprünglichen Parallelisierung von Freiheit und Begrenzung ebenbürtig zur Seite tritt.

Lit.: M. Beller: De dea libertate. In: W. Floeck, D. Steland, H. Turk (Hg.), Formen innerliterarischer Rezeption. Wolfenbüttel 1987; B. Blume: The Metamorphosis of Captivity. Some Aspects of the Dialectics of Freedom in Modern Literatures. In: GQ 43 (1970); V. Brombert: Pétrus Borel. Prison Horrors and the Gothic Tradition. In: Novel 2 (1969); ders.: Prison: A Recurring Romantic Metaphor. In: D. Thorburn, G. Hartmann (Hg.), Romanticism: Vistas, Instances, Continuities. Ithaca, NY 1973; ders.: La Prison heureuse. Paris 1975; W. B. Carnochan: Confinement and Flight. Berkeley, CA 1977; N. Carroll: The Philosophy of Horror, or Paradoxes of the Heart. New York 1990; Daemmrich: WS; W. Emrich: Freiheit u. Nihilismus in der Literatur des 20. Jh. Mainz 1981; E. Gelfand: Imprisoned Women. Toward a Socio-Literary Feminist Analysis. In: YFS 62 (1981); W. Hempel (Hg.): Die Idee der Freiheit in der Literatur der romanischen Völker. Tübingen 1980; D. L. Hoffmeister: The Theater of Confinement. Language and Confinement in the Milieu Plays of Marieluise Fleißer and Franz Xaver Kroetz. Columbia, SC 1983; W.M. Lüdke: Anmerkungen zu einer Logik des Zerfalls. Adorno-Beckett. Ffm 1981; W.D. Redfern: The Prisoners of Stendhal and Camus. In: FR 41 (1967/68); M. Sperber: Die Wirklichkeit in der Literatur des 20. Jh. Der Freiheitsgedanke in der europäischen Literatur. München 1983; M. Wood: The Theme of the Prison in Le Soulier de satin. In: French Studies 22 (1968).

Siehe auch: Dialog-Schweigen, Hand, Selbstverwirklichung, Weg.

Berg

1. In der hebräisch-christlichen Überlieferung ist der Berg der Ort der Begegnung des Menschen mit dem Göttlichen. Auf dem Berg wird der Wunsch nach transzendenter Erleuchtung erfüllt. Hier enthüllt sich Gott seinem Volk; hier wird Jesus versucht und schließlich verklärt (Sinai, Ararat, Berg Gottes, Ölberg, Kalvarienberg). Die Griechen verehrten den Olymp als Wohnsitz der Götter, und Asgard ähnelt in der nordischen Mythologie einem Bergschloß. Aber der Berg war auch der Ort der Versuchung (Matthäus 4, 8; Buch Henoch), die Heimat furchterregender Riesen und die Region, aus der Dionysos, die Satyrn und rasende Mänaden hervorbrachen (Euripides, *Die Bakchantinnen*). Aus der eigentümlichen Zuordnung von Verklärung und Versuchung, von geistig-seelischer Transzendenz und sinnlich-leidenschaftlichem Ausbruch des Triebhaften entwickeln sich zwei Traditionsstränge. Einerseits begründet das Bergerlebnis Allegorien der Einheit des Menschen mit Gott, das Streben nach Vollkommenheit und die ruhige Betrachtung, die zur abgeklärten Weltsicht führt. Andererseits wird der Besuch des Berges zum gefährlichen Abenteuer, in dem der Mensch dämonischen Verlockungen erliegt (zerklüftete Zauberberge, Felsbrocken, Walpurgisnächte).

2. Berichte des Venusberges stehen im Mittelpunkt der Tannhäusersage. Der Berg ist Topos und Motiv. Er lenkt die Beschreibung in feste Bahnen; er begründet die Versuchung und das Handeln der Figuren. Außer dem „Tannhäuser-Lied" gibt es über 50 Bearbeitungen und eingehende Hinweise in der deutschen Literatur des 15. und 16. Jh. Die Texte berichten von Tannhäusers Leben mit Venus im Berg. Er genoß bisher unerreichbare Liebesfreuden, wurde von Reue befallen, pilgerte nach Rom, ersuchte den Papst um Vergebung seiner Sünden, die dieser jedoch verweigerte, und kehrte daraufhin zum Venusberg zurück. Die Erzählung verbindet das folkloristisch belegte Motiv der Liebe eines Sterblichen zu einer Elfe und seiner Reise in das Märchenland mit ambivalenten Vorstellungen des Grals und des höllischen Paradieses. Der Reiz der Erzählungen liegt in dem eigentümlichen Einklang durchaus gegensätzlicher Wertaussagen. In der Zuordnung von Versuchung und Verdammnis, Sinnenglück und Reue bewahrt der Berg durchaus seine Polarstruktur.

In anderen Erzählungen werden verlockende Frauen, Venus und an sie erinnernde Erscheinungen in der Bergwelt eindeutig zu Figuren der Versuchung. Die Männer folgen ihren Ahnungen, erliegen dem Reiz und können nicht mehr den Weg in die menschliche Gesellschaft finden (→Femme fatale; Altswert; *Der Tugenden Schatz,* 16. Jh.; Hans Sachs, *Doktor im Venus-perg,* 1545?; Ludwig Tieck, *Der getreue Eckart und der Tannhäuser,* 1800; „Der Runenberg", 1802; E.T.A. Hoffmann, „Die Bergwerke zu Falun", 1819). Dagegen stellen Goethe im *Faust* (1832), Henrik Ibsen im *Peer Gynt* (1867) und Thomas Mann im *Zauberberg* (1924) die doppelte Optik wieder her. In ihren Werken verschmelzen Versuchung, Belehrung und Erleuchtung im Bergerlebnis. Mann verschlüsselt die Hinweise. Neben direkten Parallelen zwischen Venus und Chauchat, Walpurgisnacht-Faust-Tannhäuser, der Vision im Schnee und den Tafeln des Gesetzes enthält der Zauberberg mehrdeutige Anspielungen auf Castorps Versuchungen, seinen Sündenfall und seine neugewonnene Weltsicht.

3. In der Bildgestaltung und Metaphorik der Berge oder des Gebirges zum Zwecke der Raumbeschreibung und atmosphärischen Verdichtung entstehen im 18. Jh. tiefgreifende Wandlungen. Ursprünglich erweckten Gebirge den Eindruck unzugänglicher, wilder Regionen. Sie schienen ungeeignet, empfindsame Gefühle in der Naturbetrachtung zu wecken. Neue Auffassungen des Erhabenen (Edmund Burke, Immanuel Kant, Friedrich Schiller, John Ruskin, „Vital Beauty" in *Modern Painters,* 1843 ff.), der Zug zur Bildreihung und Reiseberichte (Albrecht Haller, *Die Alpen,* 1729; Goethes Harzreisen 1777 und 1783) sowie das Interesse der Romantiker für asymmetrische Formen führten zu einer Umwertung der vorherrschenden Auffassung. Andrew Marvell charakterisierte noch 1674 in seinen Gedichten die Berge als seelenlos und unförmig („unjust and deformed"). Auch Joshua Poole kennzeichnete sie in seinem Gedicht *Parnassus* (1677) als wild und unzugänglich („rocky, pathless, melancholy"). Aber in den Dichtungen nach 1730 von James Thomson, John Dyer, David Mallet und Richard Savage wurde den Bergen Züge des Majestätischen und Erhabenen zugeschrieben. Die Romantiker fügten dem Lob

der herrlichen Bergwelt die Eigenart des Düsteren, des Gefährlich-Bedrohlichen und den Zauber der →Ruine in der verwilderten Natur hinzu. Motivfunktion übernimmt der Berg in der Verbindung mit der Figur des →Wanderers, der auf dem Gipfel einen neuen Einblick in das Leben gewinnt, sich zu einer veränderten Haltung der Welt gegenüber durchringt oder über den Sinn des Lebens nachdenkt (Goethe, „Zueignung", 1784; Schiller, „Der Spaziergang", 1795; William Wordsworth, *The Excursion*, 1814; Alphonse de Lamartine, „L'Isolement", 1818; Percy Shelley, *Prometheus Unbound,* 1820; Alfred de Vigny, *Le Déluge,* 1823; *Le Mont des oliviers,* 1839; Victor Hugo, *Les Feuilles d'automne,* 1831). Der Spannungsbogen führt vom einzelnen über das Göttliche in das Zukünftige. Der Wanderer steigt auf den Berg (vertikale Dimension); sein Streben wird beantwortet (Neigung von oben, Inspiration, Gnade); sein Gesichtskreis erweitert sich; er betrachtet das vor ihm ausgebreitete Land, reflektiert, führt ein Gespräch mit der Welt und stellt neue Zusammenhänge her.
In der Vergegenwärtigung dieser Erfahrung zeichnen sich große Unterschiede zwischen Epochen und einzelnen Autoren ab. Adalbert Stifters *Bergkristall* (1853) belegt, daß das Erlebnis aus einer Erzählperspektive geschildert werden kann, die den Leser direkt einbezieht, während die Wanderer-Figuren von der Sinngebung des Geschehens unberührt bleiben. Die Kinder werden einer ungeheuren Bedrohung ausgesetzt. Sie finden sich im Eis, in dem es kein Jenseits, kein Diesseits, keinen Anfang und kein Ende gibt. Sie überleben, nicht weil ein gewaltiges Leuchten über den Himmel zieht, sondern weil der Knabe Konrad die göttliche Weihnachtsbotschaft der Hoffnung in der zutiefst kindlich-menschlichen Geste der Liebe zu seiner Schwester verkörpert. Die Kinder wissen nichts vom geheimen Sinn ihres Erlebnisses. Ihr Zusammensein vermittelt jedoch dem Leser eine echte Gipfelerfahrung. Andere Erzählungen wie etwa Hermann Hesses *Glasperlenspiel* (1943) und Willa Cathers *The Song of the Lark* (1915) und *The Professor's House* (1925) verdeutlichen die unterschiedlichen Parallel- und Kontrastbezüge, die durch das Bergerlebnis hergestellt werden können.
Die außerordentliche Spannweite zwischen festem Glauben und Versuchung, Wahrheitsfindung und Irrtum läßt sich vielleicht am besten an zwei Beispielen belegen. Johann N. Meyfart („Jerusalem, du hochgebaute Stadt", 1640) und James Montgomery („Come to Calvary's Holy Mountain", 1819) bekunden das feste Vertrauen darauf, daß der Mensch im reinen Glauben eine direkte Erfahrung des Göttlichen machen kann. Goethe läßt im „Hochgebirg" (*Faust* II, 1832, Z. 10075ff.) Mephisto eine seiner vieldeutigen Erklärungen der Urgründe des Daseins geben. Mephisto greift die zeitgenössischen Debatten der Neptunisten und Vulkanisten auf, verwandelt sie zu seinem Zweck, ordnet sie dem Paulusbrief an die Epheser zu und verkündet darauf bauend seine Herrschaft: „Denn wir entrannen knechtig-heißer Gruft / Ins Übermaß der Herrschaft freier Luft". Die Wirkung des Motivs beruht auf dieser polaren Zuordnung zur sinnlichen Erfahrung und zur abstrakten Idealsphäre.

Lit.: P.S. Barto: Tannhäuser and the Mountain of Venus. New York 1916; J. Doolittle: Four Elements in Romantic Writing. In: Symposium 23 (1969); E. Elster: Tannhäuser in Geschichte, Sage u. Dichtung. Bromberg 1908; EM 2: 138–46; W. Golther: Tannhäuser in Sage u. Dichtung. In: Walhalla 3 (1907); M.H. Nicolson: Mountain Gloom and Mountain Glory. Ithaca, NY 1959.

Siehe auch: Femme Fatale, Landschaft, Wanderer

Betrug

Siehe Täuschung

Bettler-Betteln

1. Wechselnde gesellschaftliche Voraussetzungen und historisch bedingte, widersprüchliche Ansichten beeinflußten die literarische Figurenkonzeption. Neben der christlichen Aufforderung zur Versorgung der Armen und der Pflicht zur Barmherzigkeit stehen Darstellungen, die den Bettler verurteilen

und verspotten. Die Gegensätze sind deutlich. Einerseits übernimmt die Literatur aus dem Alten und Neuen Testament Mahnungen zum Erbarmen und zu mildtätigen Handlungen, die das eigene Seelenheil fördern. Diese Einstellung färbt Parabeln, spätere Geschichten vom armen Lazarus, Heiligenviten, Legenden, didaktische Literatur zur Warnung der Reichen, Schilderungen von wohltätigen Armenhäusern und der positiv bewerteten, kommunalen Armenpflege. Andererseits enthalten literarische Werke zahlreiche Beschreibungen verkommener Bettlergestalten, wie auch der Schliche und Betrügereien falscher Bettler (→Schelm, Hans Sachs, Christian Fürchtegott Gellert). So stellen sich der Ermahnung zur Hilfeleistung von Anfang an kritische Vorbehalte entgegen (Platon; William Langland, *Piers Plowman,* 14. Jh.; Sebastian Brant, *Das Narrenschiff,* 1494). Eine echte Polarstruktur entwickelt die Figur des Bettlers in den Anfängen jedoch nicht. Auch wenn der heutige Leser die Gegensätze mitverfolgen kann, verbietet die eindeutige Anlage der Texte diese Deutung. Bis zu den durch die Industrielle Revolution hervorgerufenen Störungen des Kapitalmarkts und den damit verbundenen Perioden weitverbreiteter Arbeitslosigkeit erscheint der Bettler in literarischen Werken vorwiegend als Kontrastfigur. Die bereits früher durch Kriege, Epidemien und Landflucht ausgelöste Armut fand überzeugende Formgebung in der Figur. Deshalb wird der Bettler, abgesehen von wenigen Ausnahmen, als Vagabund geschildert und wirkt komisch oder humoristisch. Seine Funktion im Text entspricht der des Hypochonders und des Geizhalses. Das von gesellschaftlicher Verantwortung scheinbar unberührte freie Leben der Schnorrer wurde zeitweilig in Vagantenliedern, Balladen und Gedichten (*carpe diem*) gefeiert. Außerdem wurden Bettlerfiguren in Schwänken, Fastnachtsspielen und Komödien mit Charaktereigenschaften ausgestattet, die das Asoziale in ein komisches Licht stellten. Die Figuren wirken geistesgegenwärtig und ersinnen Schwindel, um eine Welt zu betrügen, die betrogen werden will (Vortäuschung von Körperbehinderungen, Lähmung, Erblindung; Erzählungen mitleiderregender Geschichten). Bettler spielen bereits eine wesentliche Rolle bei André La Vigne, *Moralité de l'aveugle et du boiteux* (1496); Richard Bromes, *A Jovial Crew, or The Merry Beggars* (1641); John Gay, *The Beggar's Opera* (1728). Die Motivfunktion beschränkt sich jedoch auf Auslösung und Verknüpfung der Handlung. Vergleicht man Gays Stück mit Bertolt Brechts *Dreigroschenoper* (1929), so wird die Motiverweiterung auf gesellschaftliche Sinndeutung bei Brecht augenfällig.

In der Spätrenaissance wurde der Topos der schönen Frau, die Juwelen und Schmuck begehrt (Schönheit/Gier), auf die schöne Bettlerin ausgedehnt. Die Deutung, daß Schönheit die innere Habgier verhüllt und Armut den inneren Wert verdeckt, setzt sich in der Barockdichtung fort (Francisco Gomez de Quevedo, „A una dama que perdia joyas", 1608/13; Claudio Achillini, „Bellissima mendica", 1632; frei übers. von Ayres, „On a Fair Beggar", 1687; Claude de Malleville, *Poésies,* 1649; Anklänge bei Hans Jacob Christoffel von Grimmelshausen, *Trutz Simplex ... Courasche,* 1670)

2. Im 19. Jh. setzt sich die sozialkritische Funktion der Bettler und der um Almosen heischenden Figuren durch (William Wordsworth, Adelbert von Chamisso, Nikolaus Lenau, besonders „Bettlers Klage", 1824; „Begräbnis einer alten Bettlerin", 1830; Friedrich Hebbel, „Das Bettelmädchen", 1842; Berthold Auerbach, Charles Dickens, Elizabeth Gaskell). Die Darstellung unverdienter Armut diente dazu, die Ungerechtigkeit der bürgerlichen Lebensverfassung und soziale Mißstände zu beleuchten. Seit der Jahrhundertwende wird die Figur geradezu zum Vertreter der leidenden Menschheit (Rainer Maria Rilke, „Das Lied des Bettlers", „Der Bettler", 1905; Georg Trakl, „Im Dorf", 1913), zum abgeklärten, nachdenklich das Leben betrachtenden Denker (Du Bose Heyward, *Porgy,* 1925; George Gershwin, *Porgy and Bess,* 1933) und zum Märtyrer, der Leiden und Schuld der Menschen auf sich nimmt (Reinhard Sorge, *Der Bettler,* 1912; Walter Hasenclever, *Der Sohn,* 1914; Ernst Barlach, *Die Sündflut,* 1924). Die unterschiedliche, aber durchaus klar umrissene Intention in der Figurenkonzeption brachte gegensätzliche Traditionsstränge hervor. Die Motivfunktion ist bisher nicht zufriedenstellend erschlossen.

Lit.: EM 2: 243–68; Frenzel: Motive; E. Kraemer: Le Type du faux mendiant dans les littératures romanes depuis le Moyen Age jusqu'au XVIIe siècle. Helsingfors 1944; W. Maas: Die Gestalt des Bettlers in deutschen Dichtungen des 19. u. 20. Jh. Diss. Freiburg 1971; M.J. O'Regan: The Fair Beggar. In: MLR 55 (1960); Ranke II: 243–58; W. Rothe: Der selige Bettler. In: GLL 23 (1969/70); A. Tschopp: The Beggars of England in Prose and Poetry from the Earliest Times to the End of the 17th C. Basel 1903.

Blaubart

Ein blaubärtiger Orientale, dessen siebente Frau die Leichen seiner früheren Geliebten entdeckt, gehört zum Erzählbereich des Terrors. Die Figur, in der Tradition Chevalier Raoul, Gilles de Rais und Ritter Blaubart genannt, hat eindeutige Kennzeichen des Aggressors. Sie ruft Schrecken hervor und übernimmt die Funktion, die Braut einer außerordentlich schwierigen Bewährungsprobe zu unterziehen. Um bestehen zu können, muß sie das Geheimnis des schrecklichen Freiers erkennen, der seinen Geliebten die Lebenskraft aussaugt. Individualpsychologisch gesehen führt die Probe zur Einsicht in den aus Angst und Hoffnung gemischten Zustand der Psyche angesichts der Vereinigung mit dem anderen. Daraus ergeben sich möglicherweise die Verdoppelung in Gut und Böse, Liebhaber und Mörder. Die Assoziation der Siebenzahl (Astrologie, Alchimie) ist nicht geklärt. Funktionstechnisch gehört die Figur trotz parodistischer Züge in Ludwig Tiecks *Ritter Blaubart* (1797) zum Typ des Aggressors. Die Anspielungen und Rückgriffe auf die Tradition aktualisieren häufig sowohl die Erniedrigung und Unterdrückung der Frau als auch allgemeine gesellschaftliche Defizite. Das wird deutlich bei Charles Perrault, „Contes de ma mère l'Oye“ (1697), und Herbert Eulenberg, *Ritter Blaubart* (1905), in den Erzählungen von Henri Régnier, Maurice Maeterlinck, Jean Lorrain und Joris-Karl Huysmans, in Alfred Döblins *Blaubart und Miss Ilsebill* (1921), in Georg Trakls Fragment „Ritter Blaubart“ (posthum 1957), in Konrad Bayers *Der fliegende Holländer* (mit Gerhard Rühm 1960) und Max Frischs *Blaubart* (1982).

Lit.: T. Klugsberger: Undine u. Blaubartimaginationen in Texten von Hans Carl Artmann, Konrad Bayer u. Gerhard Rühm. In: Die Wiener Gruppe. Reinbek 1987; M. Tatar: Von Blaubärten u. Rotkäppchen. Salzburg 1990.

Siehe auch: Aggression, Angst, Kannibalismus

Blaue Blume

1. Literaturwissenschaftliche Untersuchungen betonen grundsätzlich den Symbolgehalt der blauen Blume. Sie bildet seit der deutschen Romantik einen Schwerpunkt der intuitiven Weltschau und der Bemühung um Erkenntnis der Natur. Das Symbol übernimmt Motivfunktion, indem es zum Orientierungspunkt der Suche wird und die Wanderung begründet. Es hat wie andere Motive eine starke Anziehungskraft auf übertragene Bildfügungen und bewahrt auch dann seinen Charakter, wenn es durch andere, vergleichbare Bilder ersetzt wird. Es zeigt die für die →Suche typische Häufung des Futurs in der Ausdrucksform und zielt auf die unendliche Bewußtseinserweiterung. Diese Eigenschaft charakterisiert auch die Sinn- und Funktionsübertragung auf andere Blumen, Blütenkelche und exotische Pflanzen bei Tieck, Hoffmann und Storm.

2. Symbol, Motiv und Metapher schließen an keine einheitlich vorgebildete Tradition an. Anregungen vermittelten wahrscheinlich verschiedene Quellen: Berichte über die geheimnisvolle Lotusblüte, Gedankengut aus Indien und Sagen aus Thüringen, dem Odenwald und dem Wesergebiet, die eine Blume erwähnen, die dem Besitzer prophetische Gaben verleiht. In der inneren Unruhe und der Suche nach der blauen Blume äußert sich die Kritik am Rationalismus, an der gesellschaftlichen Erstarrung und an der unpoetischen Daseinsverfassung. Die blaue Blume öffnet den Zugang zum organischen Wachstum der Natur. Sie wird zum Schlüssel einer optima-

len, harmonischen Lebensform. Sie verbindet das sinnlich Wahrnehmbare und die organische Weltschau mit der transzendenten Vorstellung einer möglichen Diesseitserlösung. Der Bedeutungsgehalt der von August Kopisch entdeckten und in Märchendichtungen verarbeiteten blauen Grotte entspricht dem der blauen Blume. Außerdem sind sinnverwandte Anspielungen in der Verbindung von blau und künstlerischer Inspiration nachweisbar.

Quellen: Jean Paul, *Die unsichtbare Loge* (1793); *Hesperus* (1795); Novalis, *Heinrich von Ofterdingen* (1802); Otto Heinrich Loeben, *Guido* (1806); Joseph von Eichendorff, „Die Zauberin im Walde" (1808); Ludwig Tieck, „Die Elfen" (1811); E.T.A. Hoffmann, „Kreisleriana"; „Der goldne Topf" (1814); Elise Ehrhardt-Rächler, *Die Wunderblume* (1820); Theodor Storm, *Immensee* (1850); Ina Seidel, *Jorinda* (1882); Hermann Hesse, „Iris" (1917); *Klingsors letzter Sommer* (1920); *Siddhartha* (1922); *Das Glasperlenspiel* (1943); ferner Gedichte u. Märchen von Sophie Bernhard, Otto H. Loeben u. Heinrich Heine.

Lit.: O.F. Best: Vom blauen Blümchen zur Blauen Blume. In: GRM 36 (1986); J. Hecker: Das Symbol der Blauen Blume im Zusammenhang mit der Blumensymbolik der Romantik. Jena 1931; F. Hiebel: Novalis. Bern 1951; G. v. Molnár: Novalis' Blaue Blume im Blickfeld von Goethes Optik. In: G. Schulz (Hg.), Novalis. Darmstadt 1986; T.-M. Nischik: Himmlisches Leben im Blauen Gewande. In: Aurora 44 (1984); L.A. Willson: The Blaue Blume. A New Dimension. In: GR 34 (1959).

Blauer Himmel

Aus dem konventionsgebundenen Zeichen entwickelt sich zur Goethezeit ein Raummotiv. Es stellt Beziehungen her zwischen dem Beobachter-Sprecher und der heiteren Atmosphäre, gibt der Natursehnsucht feste Richtung und beleuchtet pantheistische Vorstellungen. Das Motiv stützt die spiegelbildliche Ordnung von Himmel und Natur (Äther ohne Wolken – heitere Stille, Pan schläft; Goethe, William Wordsworth) und beleuchtet das frohe Gefühl des Einklangs von Mensch, Natur und dem Göttlichen (Clemens Brentano, Friedrich Hölderlin, Joseph von Eichendorff).

Das Motiv bewahrt die Raumfunktion auch im 19. und 20. Jh. Es ist jedoch einbezogen in einen fortschreitenden Prozeß der Umgestaltung. In der Art, wie die beiden Sphären ursprünglich zueinander standen, zeichnete sich ein dynamisches Gleichgewicht der Kräfte ab. Jetzt wird der Erd- und Naturbereich mit Elementen verknüpft, die die Entfremdung des Menschen beleuchten. Daher entsteht der Eindruck des entleerten Himmels, der Götterferne (Adalbert Stifter, „Der Hochwald", 1844; „Abdias", 1847; Gustave Flaubert, *Madame Bovary*, 1857; Conrad Ferdinand Meyer, „Das Amulett", 1873; Charles Baudelaire, „Le Cygne"). Der Himmel strahlt unberührt über dem Chaos der Welt (Reinhard Goering, *Seeschlacht*, 1926; Erich Maria Remarque, *Im Westen nichts Neues*, 1929). Das Individuum spürt gnadenlose Schwermut (Stéphane Mallarmé, „Tristesse d'été"; „L'Azur"; Wallace Stevens, „Sunday Morning"; Giuseppe Ungaretti, „Apollo"; „L'azzurro inospite è alto"). Diese Erfahrung schafft scharfe Konturen, welche die einstige Ausgewogenheit des Raums aufheben. Die Motivbezüge sind bisher nicht befriedigend geklärt

Lit.: W.J. Lillyman: The Blue Sky. A Recurrent Symbol. In: GCL 21 (1969).

Blindheit

Der begriffliche Bedeutungsgehalt schließt ein: (1) den der Realsphäre entnommenen Sachverhalt des fehlenden Sehvermögens einzelner; (2) die von Tyrannen befohlene Blendung; (3) die prophetische Sehergabe; (4) die assoziativ ergänzte Vorstellung der Verblendung im Sinne mangelnder Urteilskraft; (5) die unwissentlich-wissentliche Selbsttäuschung. Zum abendländischen Kulturgut gehören Erzählungen von körperbehinderten Personen, die sich wie Blinde und Lahme gegenseitig unterstützen, die aber auch von anderen getäuscht und betrogen werden. Die Hinweise auf Blinde haben in der Literatur seit dem ausgehenden Mittelalter primär eine symbolische (der Blinde in Gustave Flaubert, *Madame Bovary*, 1857) oder sozialkritische Funktion (die Blinden in Maurice Maeterlinck, *Les Aveugles*, 1890, die hoffnungslos auf ihr Ende warten). Auch die Blendung einzelner betont wie in Friedrich Schillers *Wilhelm Tell* (1804) gewöhnlich den politischen Notstand und begründet Reformanliegen. Dagegen motiviert die aus der attischen Tragödie übernommene Verblendung den Geschlechterfluch, die Bestrafung menschlicher Hybris und die individuelle Schuld. Das Motiv ist weit verbreitet in Texten, in denen die menschliche Verblendung und Schuld und Sühne im Mittelpunkt des Geschehens stehen. Es ist unmittelbar mit Identitätskrisen, individueller Selbstverwirklichung und aggressiver Willensanmaßung verbunden. Es bewahrt die Verweisfunktion selbst dann, wenn ein Werk entweder die gesellschaftliche Irreführung (Jean Giraudoux, *La Guerre de Troie n'aura pas lieu,* 1935) oder den individuellen Selbstbetrug in der vorgetäuschten Blindheit (Max Frisch, *Mein Name sei Gantenbein,* 1964) gestaltet.

Lit.: Die hohe Zahl eingehender Untersuchungen zur Problemstellung im Schaffen einzelner Autoren von Sophokles bis Frisch verbietet eine begrenzte Auswahl; EM 2: 450–67; W. Speyer: Die Geschichte vom Blinden u. Lahmen. In: A.J. Bisanz, R. Trousson (Hg.), Elemente der Literatur. Bd. 2. Stuttgart 1980.

Siehe auch: Auge

Blutrache *(Vendetta)*

1. Die Blutrache hat ihre Wurzel im Ehrbegriff der Sippe, der Familie, des Clans, des Stammes und der durch Blutsbrüderschaft verbundenen Personen. Auch das Ehrgefühl des Standes verlangte es, den Mord oder unbeabsichtigten Tod eines Verwandten oder Lehnsmannes zu rächen (vgl. *Chanson de Roland,* 11. Jh; Shakespeare, *Julius Caesar,* 1599). Diese Verpflichtung wurde von Griechen, Römern und Germanen anerkannt. Die Blutrache geriet in Konflikt mit der christlichen Pflicht zur Vergebung. Aber erst die Gesetzgebung starker Zentralregierungen setzte dem Brauch ein Ende. Trotzdem führten die hin und wieder aufflackernden Blutfehden in Korsika und Sizilien der Literatur bis ins 20. Jh. immer neue Impulse zu.

2. Das Motiv wirkt strukturbildend. Bei zentraler Textanlage löst es eine vorhersagbare Folge von Ereignissen aus, motiviert einleuchtend die Reaktionen des Rächers und bestimmt sowohl den Entwurf der Pläne als auch den Ablauf des Geschehens. Die Funktion des Motivs wird in folgenden Werken deutlich: Aischylos, *Oresteia (Agamemnon, Choephoren, Eumeniden)*; Sophokles, *Elektra; Atlamâl, Ältere Edda; Nyalssaga;* Erzählungen und Schauspiele, die das Schicksal Alboins und Rosamundes schildern; Giovanni Battista Giraldi, *Orbecche* (1543); Shakespeare, *Titus Andronicus* (1593–94); John Marston, *Antonio's Revenge* (1599); Cyril Tourneur, *The Revenger's Tragedy* (1605?); Friedrich Maximilian Klinger, *Die Zwillinge* (1776); Honoré de Balzac, *La Vendetta* (1830); Nikolai Gogol, *Taras Bulba* (1835); Prosper Mérimée, *Colomba* (1840); Conrad Ferdinand Meyer, *Jürg Jenatsch* (1874); José Echegaray y Eizaguirre, *La esposa del vengador* (1874); Karl Schönherr, *Glaube und Heimat* (1910). Das Motiv bedingt dramatisch zugespitzte Konflikte und erweckt den Eindruck eines unabwendbaren Geschehens. Die Figuren stehen im Bann schicksalhafter Ereignisse und bekennen sich unnachgiebig zur Tat. In vielen Werken begründet das Motiv außerdem die Erkenntnis der Schuld, das Gefühl der Reue und eine mögliche Sühne.

3. Die besondere Eignung des Motivs für dramatische Effekte wird in der englischen Literatur des 16. und frühen 17. Jh. deutlich. Das Motiv gehört zum festen Repertoire der beliebten Rachetragödien. Es steht im Mittelpunkt unterschiedlicher Konfliktsituationen, beeinflußt die Figurenzeichnung und ordnet den Handlungsverlauf. Typische Situationen erfassen: Rachedurst und gesetzliches Gebot, Rachepflicht und christliche Forderung, Ehre und Konvention (Thomas Norton und Thomas Sackville, *Gorboduc, or Ferrex and Porrex,* 1562; Thomas Kyd, *The Spanish Tragedie,* 1592; George Peele, *David and Bethsabe,* 1599; Marston, *The Malcontent,* 1604). Außerdem entwickelt sich das Motiv zum festen Bestandteil des Dramas, um packende Szenen und leidenschaftliche Ausbrüche darzustellen (John Fletcher, *Valentinian,* 1610–14;

The Blood Brother, 1616–24; William Heming, *The Fatal Contract,* 1628). Das Motiv steht in engster Funktionsbeziehung zur Rache. Es erscheint außerdem zuweilen als Sekundärmotiv im →Bruderkonflikt und in Darstellungen politischer Intrigen.

Lit.: H. Beese: Die Rache als Motiv u. Problem im Drama des Sturm u. Drangs. Diss. Hamburg 1960; F.T. Bowers: Elizabethan Revenge Tragedy. Princeton 1940; A.S. Gerard: The Loving Killers. In: CLS 2 (1965).

Siehe auch: Aggression, Rache

Blutschande

Siehe Inzest

Das Böse

1. Trotz tiefgreifender Änderungen in philosophischen Auffassungen und historisch bedingten Ansichten bewahren Darstellungen des Bösen übereinstimmend eine polare Zuordnung zu sittlichen Gesetzen und absoluten, häufig a priori gegebenen, ethischen Prinzipien. Das Böse ist Inbegriff der Bedingungen, die notwendigerweise eine freie Entfaltung des Willens und der Vernunft unterbinden. Es steht im Gegensatz zur göttlichen oder säkularen Ordnung. Es verhindert die Ehrfurcht vor der Natur und die Achtung der Mitmenschen, die Ausgangspunkt eines sinnvollen Zusammenlebens ist. Sowohl tief-ernste Darstellungen als auch das Spiel mit dem Bösen gehören zum Allgemeingut der abendländischen Literatur. Das Böse in Texten erscheint besonders häufig als Energiequelle. Es ist die ursächliche Kraft, die kausale Verknüpfungen ermöglicht. Das Böse kündigt sofortige Wirkungen an, ruft Widerstand hervor und wird zur Bedingung des Handelns. Das Böse ist integrierender Bestandteil vielfältiger Formen der Tabuübertretung, der →Aggression, des →Holocausts, der Figur →Satans und der Motive des →Kannibalismus, der Menschenvertilgung, des bösen →Auges und der bedrohlichen →Hand. Dennoch werfen selbst Werke, in denen das Böse zum Agens des absoluten Wissensdranges, der Inspiration oder der Umwertung aller Werte wird (→Faustustradition; Mary Shelley, *Frankenstein, or The Modern Prometheus,* 1817; Lautréamont, *Les Chants du Maldoror,* 1869; Robert Louis Stevenson, *The Strange Case of Dr. Jekyll and Mr. Hyde,* 1886), grundsätzliche Fragen einer sittlichen Lebensverfassung auf. Das geschieht entweder gezielt durch die Charakterisierung der Figuren (Zweifel, Gewissensqual, Selbstzerstörung) und die Auswirkungen des Handelns (Leiden) oder indirekt durch eine mitgedachte, menschenwürdige Seinsmöglichkeit.

2. In der europäischen Vorromantik und Romantik häufen sich differenzierte Darstellungen des Bösen. Der Gegensatz von Gut und Böse verliert an Überzeugungskraft; das sittlich Annehmbare wird zur Randerscheinung; Erscheinungsformen des Bösen stehen im Mittelpunkt der Texte. Einige Texte entwickeln ein Prinzip der systematischen Inversion bestehender Normen. Sie erzeugen packende oder schauerliche Eindrücke mittels eingehender Beschreibungen der Faszination zerstörerischer Instinkte, der Darstellung morbider Leidenschaften, der Schilderung des Vernichtungswillens und der Andeutung übernatürlicher, böser Mächte (William Wordsworth, *The Borderers,* 1796; Matthew G. Lewis, *Tales of Terror,* 1801; *Nachtwachen des Bonaventura,* 1804; Charles R. Maturin, *The Fatal Revenge,* 1807; E.T.A. Hoffmann, *Die Elixiere des Teufels,* 1815–16; George Gordon Byron, „A Vision of Judgment", 1822; Heinrich Heine, *William Ratcliff,* 1822). In diesen Werken ist das Böse keine Übergangserscheinung, an deren Ende das Gute hoffnungsvoll aufleuchtet. Das Böse dient auch nicht wie in anderen Werken der Romantik der pointierten Aussage gegen Zeitzustände. Es ist eine Konstruktion gegen das Ordnungsdenken.

Es ist jedoch deutlich, daß das Thema kaum völlig aus der Relation zu einem Anderssein herausgelöst werden kann. Es eignet sich daher besonders gut (1) zur Charakterisierung von Figuren, die entweder den Wunsch haben, den Himmel zu stürmen oder das Dasein ihrem Willen zu unterwerfen, (2) zum Angriff gegen Tabus der Gesellschaft, (3) zu Darstellungen des Verlustes der menschlichen Erkenntnisfähigkeit, sei es angesichts ordnungsstiftender Prinzipien oder historisch deutbarer Entwicklungen, und (4) zur Schilderung der Gefährdung einzelner, die dem Zauber des Bösen erliegen. Unter diesen Voraussetzungen kann die willkürliche Absolutsetzung des eigenen Willens zur Grundlage jeder Erkenntnis werden (die Figur des Roquairol in Jean Paul, *Titan,* 1800–04; Percy B. Shelley, *St. Irvyne, or The Rosicrucian,* 1810; Byron, *Manfred,* 1817). Andere Figuren überlassen dem Zufall die Entscheidung, menschlich zu handeln (Donatien Alphonse F. Sade, *Justine ou les malheurs de la Vertu,* 1791; Albert Camus, *Caligula,* 1944). Das Böse manifestiert sich in Zeichen folgenschwerer Verwünschungen, unerklärbarer Unfälle und in scheinbar vom Schicksal bestimmten Ereignissen, die je nach Sicht gleichermaßen fatalistisch wie zufällig wirken (Zacharias Werner, *Der vierundzwanzigste Februar,* 1810; Hoffmann, „Das Majorat", 1817; Franz Grillparzer, *Die Ahnfrau,* 1817). Diese Werke stehen in scharfem Kontrast zu den historischen Erzählungen des 19. Jh., die die Illusion deutbarer, evolutionärer geschichtlicher Prozesse erwecken. Texte, in denen die Konstellation des Bösen vorherrscht, vermitteln den Eindruck willkürlich ablaufender Prozesse. Die Zersetzungserscheinungen in der Sinndeutung des Daseins treten auf, sobald sich der Gegenpol des Guten verflüchtigt. Sie brechen durch, wenn die Freude an der Vernichtung das menschenwürdige Handeln verdrängt. Schließlich wirkt sich die Verbindung des Bösen mit der Deutung des Daseins als absurd auf die Textstruktur aus. Das Leben wird von zufälligen Ereignissen bestimmt, und die Figuren werden austauschbar. Die Figurenkonzeption beleuchtet dann nicht nur den Orientierungsverlust, sondern auch eine allgemeine Verarmung des Daseins (Jules Michelet, *La Sorcière,* 1865; William H. Hodgson, *The Night Land,* 1912; Georges Bernanos, *L'Imposture,* 1927; *La Joie*, 1929; Naomi Mitchison, *Barbarian Stories,* 1919; Jean-Paul Sartre, *La Nausée*, 1938; John Barth, *Lost in the Funhouse,* 1968). Das Interesse am Bösen im französischen Theater des 20. Jh. und in der deutschen Gegenwartsliteratur zeitigt verblüffende Assoziationsmuster, in denen die Tradition weiterwirkt. Die Darstellung der völligen Auflösung des vertrauten Ichs in einer Welt ohne erkennbares sinnstiftendes Zentrum verbindet Antonin Artauds avantgardistisches Theater und Fernando Arrabals Aggressionsstücke nicht nur mit Stücken wie *Verstörung* (1967), *Vor dem Ruhestand* (1979) und *Elisabeth II* (1982) von Thomas Bernhard oder *Die Hypochonder* (1972) von Botho Strauß, sondern auch mit Erzählungen von Ernst Jünger (*Feuer und Blut,* 1925; *Eine gefährliche Begegnung*, 1985) und Heimito von Doderer (*Die Merowinger oder Die totale Familie,* 1962). Außerdem leben die Figuren absoluter Willensanmaßung wieder in faschistischen Ärzten (die Ärzte in Friedrich Dürrenmatt, *Der Verdacht*, 1953, und Rolf Hochhuth, *Der Stellvertreter* 1963) und asozialen Personen auf (z.B. Gastmann in Dürrenmatt, *Der Richter und sein Henker,* 1957), die Verbrechen begehen, um ihre nihilistische Weltsicht zu beweisen.

Lit.: G. Bataille: La Littérature et le mal. Paris 1957; ders.: Die Literatur u. das Böse. Nachw. G. Bergfleth u. Essay v. D. Leuwers. München 1987; K.H. Bohrer: Die permanente Theodizee. Über das verfehlte Böse im deutschen Bewußtsein. In: Merkur 41 (1987); R. Caillois: Métamorphoses de l'enfer. In: Diogenes 85 (1974); C. Colpe, W. Schmidt-Biggemann (Hg.): Das Böse. Eine historische Phänomenologie des Unerklärlichen. Ffm 1993; J.-P. Dollé (Hg.): La Littérature et le mal. In: Magazine littéraire 209 (1984); W. Einsiedel: Der Böse u. das Böse. In: Merkur 5 (1951); K.S. Guthke: Der Mythos des Bösen in der westeuropäischen Romantik. In: Coll Germ 2 (1968); W. Haug: Der Teufel u. das Böse im mittelalterlichen Roman. In: ders., Strukturen als Schlüssel zur Welt. Tübingen 1989; J.P. Houston: The Demonic Imagination. Baton Rouge, LA 1969; W. Rehm: Roquairol. Eine Studie zur Geschichte des Bösen. In: ders., Begegnungen u. Probleme. Bern 1957; N. Reichel: Der Philosoph des Handelns u. der Reiz des Bösen. Das Motiv des Antichristen bei Renan u. Nietzsche. In: Arcadia 24 (1989); W. Röcke: Die Freude am Bösen. München 1987.

Siehe auch: Absurd, Aggression, Hand, Kriminalität, Satan

Boheme, Bohemien

Siehe Künstler

Born

Siehe Brunnen

Bruderkonflikt

1. Das Motiv übernimmt mehrfache Funktionen. Es bildet in Texten einen Spannungsbogen, der von der Ankündigung über die Vorausdeutung und die Konfliktsituation bis zur explosiven Lösung reicht. Es motiviert kausale Verknüpfungen im Geschehen und veranlaßt im Figurenaufbau das Herausarbeiten typischer Charakterzüge, die das Handeln begründen. Es vereinfacht die Ambivalenz zwischenmenschlicher Beziehungen und erleichtert dadurch das schnelle Erfassen des Geschehens. Als Ursachen des Konflikts wurden von Autoren hauptsächlich zwei Faktoren angegeben: Fluch oder Schicksalsdeterminismus und die Rivalität der Brüder, die ihrem Geltungsdrang entspringt oder in einer inzestuösen Neigung sowohl zur Schwester als auch zur Mutter wurzelt. Das Motiv verleiht häufig beiden Brüdern negative Züge.
Drei mythologische Bruderkonflikte beeinflußten die Entwicklung des Motivs nachhaltig: die tödliche Zwietracht zwischen Polyneikes und Eteokles, die durch die Verfluchung ihres Vaters Ödipus heraufbeschworen wurde; die furchtbaren Verbrechen von Atreus und Thyestes, die in ihrer Leidenschaft für dieselbe Frau wurzelten, aber zugleich von der ursprünglichen Schuld des Tantalus herrührten; die Ermordung Abels durch seinen Bruder Kain, ein Verbrechen, in dem der Haß gegen einen scheinbar ungerechten Gott durchbricht. Historisch belegte Bruderkonflikte, besonders die Feindschaft zwischen Nero und Britannicus, gingen ebenfalls in die literarische Tradition ein.

2. Die weitaus größte Zahl dramatischer Darstellungen der Zwietracht zwischen Polyneikes und Eteokles entwickeln die Vorstellung, daß beide Brüder gleichermaßen im Bann der Prophezeiung standen. Ihre Vernichtung ist die Sühne für den Inzest des Vaters. Trotz verschiedener Ansätze, einen der Brüder in ein günstiges Licht zu rücken, werden die Charaktere hauptsächlich von negativen Zügen bestimmt. Die Brüder wirken monoman in ihrem Blutdurst, rachsüchtig und haßerfüllt. Ihr Handeln ruft Entsetzen hervor; die Vorstellung eines gnadenlosen Schicksals erweckt Furcht und Schrecken. In der nachgriechischen Literatur treten individualpsychologische Deutungen zum Generationsfluch und zur Schicksalskonzeption hinzu. Die unterschiedlichen Figurenzeichnungen vermitteln Einblicke in die Tiefenschichten des Irrationalen. Sie beleuchten Machthunger (Statius, Garnier, Alfieri), dunkle, triebhafte Verdrängungen des nach Klarheit strebenden Lebens des einzelnen (Seneca, Racine) und Ausbrüche erotischer Triebe, die sich im Bruderkonflikt manifestieren. Die psychologischen Deutungen färben auch Darstellungen, die sich nicht mehr direkt auf Polyneikes und Eteokles beziehen, sondern verschlüsselte Assoziationen zu den feindlichen Brüdern herstellen (Corneille, Schiller, Tieck).

Quellen: Sophokles, *Oedipus auf Kolonos*; Aischylos, *Sieben gegen Theben;* Euripides, *Phönissen;* Statius, *Thebais;* Robert Garnier, *Antigone ou la piété* (1580); Jean de Rotrou, *Antigone* (1639); Pierre Corneille, *Rodogune* (1644); Jean Racine, *La Thébaïde* (1664); Vittorio Alfieri, *Polinice* (1775); Friedrich Schiller, *Die Räuber* (1782); Ludwig Tieck, *Karl von Berneck* (1795).

3. In der Atreus-Thyestes-Konstellation entzündet sich die Feindschaft der Brüder an ihrer Liebe für dieselbe Frau. Thyestes verführt die Frau seines Bruders. Der Ehebruch löst eine Reihe entsetzlicher Greueltaten aus. Der rasende Atreus tötet die Kinder seines Bruders und setzt sie dem ahnungslosen Vater zum Mahl vor. Senecas Tragödie, die einzige vollständig erhaltene Dramatisierung des Konflikts, regte zu zahlreichen Neubearbeitungen an. Auch dieser Motivstrang wurde auf andere Figurenkonzeptionen übertragen und durch einzelne Züge des Triebhaften erweitert (Crébillon-fils, Racine). Die weitere Entwicklung in Spanien, während der englischen Restauration, der französischen Klassik und im deutschen Sturm und Drang belegt nicht nur die außerordentliche Bühnenwirksamkeit des Motivs, sondern zeigt auch, daß die Motivstruktur unberührt bleibt, wenn die Identifikation mit den ursprünglichen Personen wegfällt.

Quellen: Seneca, *Thyestes;* Félix Lope de Vega, *La Niña de plata* (1610); Francis Beaumont, John Fletcher, *The Elder Brother* (1637); *The Duke of Normandy* (1639); Jean Racine, *Britannicus* (1669); Thomas Otway, *The Orphan* (1680); John Crowne, *Thyestes* (1681); Claude Prosper Jolyot de Crébillon-fils, *Atrée et Thyeste* (1707); Christian Felix Weiße, *Atreus und Thyestes* (1766); Johann Anton Leisewitz, *Julius von Tarent* (1776); Friedrich Maximilian Klinger, *Die Zwillinge* (1776); (Anonym), *Die unglücklichen Brüder* (1776); August Wilhelm Iffland, *Die Mündel* (1785); Friedrich Schiller, *Die Braut von Messina* (1803).

4. Gestaltungen des Konfliktes zwischen Kain und Abel verweisen auf Fragen der Gerechtigkeit, des Machtanspruchs, der Sünde und der Sühne. Im Mittelalter bestimmen didaktische Ziele weitgehend die Anlage der Texte. Kains Tat wurzelt im ersten Sündenfall der Menschen; sie geht zurück auf die ursprüngliche Mißachtung des göttlichen Gesetzes. Auch im Theater der Reformationszeit färben pädagogische Anliegen die Figurenzeichnung. Die Personen erscheinen häufig als Vertreter von Gut und Böse, Recht und Evangelium. In der Barockzeit verflechten Autoren überdies die Kain-Abel-Konstellation mit der Liebesproblematik. Der Haß bricht aus, weil die beiden Brüder ihre Schwester lieben. Dagegen entwickelt Weise aus dem Geschehen den unversöhnlichen Zusammenstoß zwischen Gottesstaat und weltlicher Macht. In Voltaires, Byrons und Leconte de Lisles Darstellungen erhält Kain sogar die Züge der revolutionären Prometheus-Figur. Kain wird zum heroischen Revolutionär, der sich furchtlos gegen die lebenszerstörerische Ungerechtigkeit erhebt. Kains grenzenlose Willensanmaßung und die Erfahrung des tyrannischen, bösen Gottes geben der Figur den Anschein des mißverstandenen Welterneuerers. Die nachhaltige Wirkung des biblischen Schemas begünstigte eine Entwicklung, die es Autoren erlaubte, die Figuren durch andere Personen zu ersetzen. Oft genügt eine Metapher oder ein Ausruf, um die Verbindung herzustellen. Die Motivverknüpfung Autorität-Herrscher-tyrannischer Prozeß/Aufstand-Zwietracht auf Erden begründet das Geschehen in: (1) der Konkurrenz der Brüder um die Gunst des mächtigen Vaters, eine im englischen Drama des frühen 17. Jh. bevorzugte Konstellation; (2) der von Brecht angedeuteten, durch soziale Bedingungen geschaffenen Rivalität der Brüder; (3) dem von Camus, Ionesco und Pinter aufgewiesenen Verlust der Fähigkeit, den Mitmenschen (Bruder Mensch) zu lieben. In den symbolisch angelegten Schauspielen des 20. Jh., in denen jedes Ich im Gegenüber den Bruder erkennen soll, ist die Motivfunktion so erweitert, daß das ursprüngliche Motiv nur noch leise vernehmbar anklingt.

Quellen: Wakefield Cycle, *The Killing of Abel* (15. Jh.); *Egerer Fronleichnamsspiel* (15. Jh.); *Mistère du Viel Testament* (15. Jh.); The Chester Plays II, „The Creation" (15. Jh.); Valten Voith, *Spil von dem herlichen ursprung, betrübten Fal... und ewiger Freudt des Menschen* (1538); Heinrich Knaust, *Tragedia von Verordnung der Stende* (1538); Hans Sachs, *Die ungleichen Kinder Eve* (1553); Shakespeare, *King Lear* (1605); *The Tempest* (1611); Christian Postel, *Cain und Abel, oder Der verzweifelnde Bruder-Mörder* (1689); Christian Weise, *Kain und Abel* (1704): Pietro Metastasio, *La Morte d'Abelle* (1732); Salomon Gessner, *Der Tod Abels* (1759); Voltaire, „Genèse" in: *Dictionnaire philosophique* (1769); George Byron, *Cain: A Mystery* (1821); Leconte de Lisle, „Quaïn" in: *Poèmes barbares* (1862); Robert Louis Stevenson, *Master of Ballantrae* (1889; Paul Heyse, „Kain" in: *Mythen und Mysterien* (1906); Miguel de Unamuno, *Abel Sánchez* (1917); Bertolt Brecht, *Mutter Courage* (1941); Albert Camus, *Le Malentendu* (1947); Eugène Ionesco, *La Leçon* (1950); *Tueur sans gages* (1957); Fernando Arrabal, *Les Deux Bourreaux* (1958); *Fando et Lis* (1958); Harold Pinter, *The Dumb Waiter* (1960).

Lit.: A. Banuls: Phantastisch zwecklos? Würzburg 1986; D. Beyerle: Die feindlichen Brüder von Aeschylus bis Alfieri. New York 1973; A. Brieger: Kain u. Abel in der deutschen Dichtung. Berlin 1934; P. Brunel (Hg.): Dictionnaire des mythes littéraires. Paris 1988; EM 2: 844–61; H. Matthews: The Primal Curse. The Myth of Cain and Abel in the Theatre. London 1967; R. Messac: Cain et le problème du mal. In: RLC 4 (1924); A. Preaux: Le Motif des frères ennemis. In: RLC 53 (1979); O. Rank: Das Inzest-Motiv in Dichtung u. Sage. Leipzig 1926; I. Vielhauer: Bruder u. Schwester. Bonn 1979.

Siehe auch: Aggression, Antigone, Inzest

Brücke

Siehe Grenze

Brunnen

1. Überlieferungen in Mythen, Märchen und Legenden unterscheiden selten zwischen eingefaßten Brunnen und dem natürlich aus der Erde fließenden Wasser einer Quelle. Aus Brunnen quoll das lebenserhaltende Wasser. Sie waren ein Geschenk der Götter oder wurden von Heiligen wie Bonifatius und Willibrord geschaffen, die die Erde mit ihrem Stab berührten. In Quellen wohnten Götter und Wesen, die den Menschen wohlgesinnt waren. Quellen wurden jedoch auch von gefährlichen Geistern, Schlangen, Drachen und Dämonen bewacht, die ihre Gestalt wechseln konnten. Geheimnisvolle, tiefe Brunnen boten Zugang zur Unterwelt. Personen, die es wagten hinabzusteigen, fanden Zugang zum Reich der Toten. Sie konnten jedoch auch das Paradies entdecken („Frau Holle") oder das Reich einer bezaubernden Fee betreten (*Märchen aus Tausendundeiner Nacht*). Die Identifikation von Jesus mit dem Brunnen des ewigen Lebens (Johannes 4,14) wurde zur Konstante in der christlichen Tradition.

2. Brunnen, gleichermaßen wichtig für Hirten und Landleute, waren in allen Frühkulturen ein wichtiger Platz für Begegnungen, den Austausch von Nachrichten und für geselliges Beisammensein. Die mündliche Überlieferung knüpft an sie Berichte von entscheidenden Treffen und scharfen Auseinandersetzungen über den Brunnenbesitz. Die Literatur bewahrt die zweifache Optik. Häufig wird am Brunnen eine bedeutende Phase im Leben der Figuren eingeleitet. Er ist außerdem der schauerliche Platz menschlicher Verfehlung, der Sünde und des Mordes. Am Brunnen treffen sich Menschen, die füreinander bestimmt sind (Jakob und Rachel). Hier erahnt der Mensch zum ersten Mal seine Berufung (Joseph am Brunnen in Thomas Mann, *Joseph und seine Brüder*, 1933–43); hier vermutet entweder der einzelne seine existentielle Verfehlung, oder er verspürt tiefe Verlassenheit (Gretchen am Brunnen in Goethe, *Faust* I, 1808). In der →Aventiure ist der Brunnen mit der Bewährungsprobe des Helden verknüpft (Hartmann von Aue, *Iwein*, ca. 1200–05). In dieser besonderen Verwendung übernimmt der Brunnen die Funktion, im Erkennen einen Lernprozeß einzuleiten, der zu einer höheren Stufe der menschlichen Selbsterkenntnis führt. Der Brunnen ist außerdem Schauplatz von Verbrechen, an dem die Stimmen der Getöteten zu hören sind (Funktion des Rufens; Kindesmord). In zahlreichen Werken dient der Ort jedoch weitgehend der atmosphärischen Ausgestaltung.

3. In der Lyrik ist die Schaltfunktion des Motivs besonders augenfällig. Der Brunnen regt zur Selbstbesinnung an, erinnert an den Ursprung des Daseins und verweist auf den Rhythmus von Leben und Tod. Außerdem wird die Quelle zum Organisationsprinzip für die rhythmische Wiederholung synonymer Ausdrücke für fließendes Wasser. Gedichte von Joachim Du Bellay, Friedrich Matthison, Ludwig Hölty, Matthias Claudius, Clemens Brentano, Ludwig Tieck, Novalis, Adelbert von Chamisso, Joseph von Eichendorff und Eduard Mörike verdeutlichen die unterschiedlichen Darstellungsmöglichkeiten des Motivs. Die von der Betrachtung des Brunnens hervorgerufenen Assoziationen erfassen durchaus unterschiedliche Eindrücke, Wunschvorstellungen und Erinnerungsbilder. Gemeinsam ist ihnen das charakteristische Moment des Nachdenklichen. Sie vergegenwärtigen die Auswirkung des Göttlichen im Leben (Hans Carossa, „Der alte Brunnen", 1910), die Bejahung des Lebens (Hugo von Hofmannsthal, „Weltgeheimnis", 1894) und die Sehnsucht nach ewigem Frieden, in der bereits eine Ahnung des Todes mitklingt (Wilhelm Müller, „Der Lindenbaum", 1821). Der aufsteigende und fallende Strahl der Fontäne regte zu Betrachtungen an über die Grundbedingung aller Existenz, den rhythmischen Pulsschlag von Diastole und Systole und seiner Bedeutung für das menschliche Bestreben, sich im Sinne Goethes und Bubers „zu entselbsten und zu verselbsten" (Conrad Ferdinand Meyer, „Der römische Brunnen", 1882; Rainer Maria Rilke, „Römische Fontäne", 1906).

Lit.: D. Arendt: Das Symbol des Brunnens zwischen Antike u. Moderne. In: Welt u. Wort 26 (1971); A. Bach: Das Motiv des Brunnens in der deutschen Lyrik vom 17. Jh. bis zur Gegenwart. In: GRM 37 (1956); P.C. Bauschatz: The Well and the Tree. World and Time in Early Germanic Culture. Amherst, MA 1982; EM 2: 941–50; U. Heindrichs: Der Brunnen. In: J. Janing, H. Gehrts (Hg.), Die Welt im Märchen. Kassel 1984; H.-J. Simm (Hg.): Das Brunnenbuch. Gedichte u. Prosa. Ffm 1986; P. Somville: Histoires de l'eau. In: Cahiers Internationaux des Symbolisme 19/20 (1970); U. Wiegers: Der Brunnen in der deutschen Dichtung. Diss. Bonn 1955; R. Wolff: Der Brunnen als Symbol u. Motiv in der Dichtung. In: Kehr um im Bild. Gedenkschrift V.A. Schmitz. Ffm 1983.

Cäsar

1. Leben und Tod von Julius Cäsar (100–44 v. Chr.) boten alle Voraussetzungen für die Anlage dramatisch zugespitzter Konflikte. In der Figurenkonzeption treten die Züge der starken Willensbehauptung, des Stolzes und des kühnen Planens hervor. Im Handlungsaufbau ist die Figur verknüpft mit unberechenbaren Glücksfällen, Verrat, Kabale und Mord. Cäsars Handeln führt zur politischen Revolte (Schema: Agens – Reaktion). In Brutus-Schauspielen dient Cäsar als Kontrastfigur, die das Handeln seines Gegenspielers motiviert. Urkunden, Urteile der Zeitgenossen und historische Berichte (Appian, Cäsar, Cicero, Lucan, Plutarch, Sallust, Sueton) enthalten bereits die grundsätzlichen Überlegungen, die in späteren Gestaltungen der Konflikte anklingen: Kaisertum/republikanische Regierungsform, Wille des einzelnen/Übereinstimmung mehrerer, Verpflichtung zum Amt/Verantwortung für das Gemeinwohl. Außerdem eignet sich die Konfliktsituation dazu, Fragen des Rechts, der Gerechtigkeit, der Freundschaft und der Hintergründe des Handelns der Verschwörer zu beleuchten.

2. Die Figur ist von besonderem Interesse für die Themenforschung. Sie bestätigt, daß der historische Stoff die Anlage eines Werkes bestimmen kann. Sie belegt außerdem, daß erst das Zusammenwirken von Figurenkonzeption und Thema die individuelle Gestaltung prägt. Die Figurenkonzeption wurde von den wechselnden politischen und philosophischen Einsichten der Jahrhunderte beeinflußt. Dramen des 16. Jh. stehen zuerst unter dem Einfluß der in Latein abgefaßten Tragödie Murets. Muret verleiht Cäsar die Züge des Tyrannen und Eroberers, der das Freiheitsverlangen der Römer bedroht. Aber bereits in Shakespeares Gestaltung erscheinen die Verschwörer im Zwielicht individueller Leidenschaften und persönlicher Geltungsansprüche. Cäsar dagegen, beflügelt von einem Gedanken, den seine Zeitgenossen nicht fassen können, steht einsam und erhaben einem Konflikt gegenüber, in dem der Anspruch des einzelnen dem Wollen der Gesellschaft erliegt. Voltaires Stück beleuchtet die Grenzen der psychologischen Motivierung. Voltaire steigert die dramatische Wirkung durch das Motiv des Vatermordes. Brutus tötet in Cäsar seinen eigenen Vater. Die dramatische Verwicklung beeinträchtigt jedoch die Themenkonzeption von Freiheit/Unfreiheit. Die gesellschaftliche Dimension verengt sich zu einer persönlichen Fragestellung. Brecht dagegen arbeitet im Zusammenstoß von Brutus und Cäsar gesellschaftliche Konflikte heraus. Brutus wünscht keine Gesellschaftsreform. Sein Denken bleibt dem Klassengeist der Unterdrücker verhaftet. Das wird besonders deutlich, wenn er einen Sklaven mißhandelt, während er Cäsar der Gewaltherrschaft beschuldigt. Wilder stellt Cäsar in den Mittelpunkt eines Geschehens, in dem sich persönliche und gesellschaftliche Ansprüche eigentümlich mischen. Die Ereignisse wirken ebenso zeitnah wie in Brechts Stück. Der Unterschied ist jedoch aufschlußreich. Brecht versucht, dem Zuschauer Einblicke in einen historisch bedingten Prozeß zu bieten. Wilder vergegenwärtigt die zeitlose Wiederkehr persönlicher Verstrickungen in großangelegten politischen Themen.

Quellen: Marc Antoine Muret, *Caesar* (1550); Hans Sachs, *Historia Leben und Sterben Julii des ersten Kaisers* (1563); Michael Virdungus, *Brutus* (1596); Shakespeare, *The Tragedy of Julius Caesar* (1599); Caspar Brülow, *Caius Julius Caesar* (1616); George Chapman, *Caesar and Pompey* (1631); Pierre Corneille, *La Mort de Pompée* (1641); Colley Cibber, *Caesar in Egypt* (1724); Voltaire, *La Mort de César* (1731); George Bernard Shaw, *Caesar and Cleopatra* (1899); Thornton Wilder, *The Ides of March* (1948); Bertolt Brecht, *Die Geschäfte des Herrn Julius Cäsar* (1949).

Lit.: R. Chevallier (Hg.): Présence du César. Actes du colloque des 9–11 dec. 1983. Hommage au Soyeu M. Rambrand. Paris 1985; F. Gundolf: Caesar in der deutschen Literatur. Palaestra 33. Berlin 1904; C. Jamet: Le Personnage de Jules César à travers la littérature de l'Antiquité au XVIIe siècle. Diss. Paris U. 1982; J. Lecker: Die Darstellung Cäsars in der romanischen Literaturen des Mittelalters. Ffm 1986.

Siehe auch: Figurenkonzeption, Selbstverwirklichung

Christus

1. Christus, äquivalente Figuren und Anspielungen auf ihn kommen in der abendländischen Literatur so häufig und in derart unterschiedlichen Formen vor, daß nur begrenzte Rückschlüsse möglich sind. Die Christus-Figur begünstigt zwei unverkennbare literarische Vorhaben. Ihre Gegenwart ordnet das Geschehen und stellt im Erzählgefüge einen Spannungsbogen zwischen Gegenwart und Zukunft her. Christus ist eine vorbildliche Figur. Sein Handeln zwingt andere zum kritischen Nachdenken über ihr eigenes Verhalten zur Welt. Christus, seine Gesinnung und sein Tun entsprechen den Grundsätzen der christlichen Glaubenslehre; das Handeln äquivalenter Figuren wird vom christlichen Denken bestimmt; der Menschen- und Gottessohn nimmt die Sünden der ganzen Welt auf sich und sühnt durch sein selbstloses Opfer für alle. Sein Leidensweg ist der Weg einer leidenden Menschheit. Die Stationen seiner Lebensfahrt führen zur höchsten Stufe möglicher Selbstentwicklung. In Christi Verklärung erreicht das Thema des →Reifens den absoluten Höhepunkt der Entwicklung. Im Anschluß an die Evangelien haben Autoren eine Vielfalt individueller Züge herausgearbeitet. Christus erscheint als Lehrer ethischer Grundsätze, Vorkämpfer der Unterdrückten und revolutionärer Vertreter einer neuen Haltung zum Mitmenschen. Im Zuge der in der Literatur immer wieder auftretenden Tendenz, Polarstrukturen zu entwickeln, erhält Jesus ambivalente, zwielichtige und selbst eindeutige Charakterzüge eines geheimnisumwitterten Weltverbesserers, Betrügers und Menschen, der vergebens mit seinen eigenen ungelösten Problemen ringt. Außerdem wurde die Christus-Figur in Texten verwendet, die eine Person zum Schnittpunkt der Ereignisse machen, ohne diese selbst auftreten zu lassen. Die Figur erschließt sich dann aus den vielfältigen Beobachtungen anderer. Zielsetzung und Taten der Antichrist-Figuren bewahren selbst in der Manifestation des Bösen einen festen Bezugspunkt zu christlichen Vorstellungen.

2. Im Textaufbau konnten die Autoren mit einer lebendigen Tradition der kanonischen Evangelienbücher, der Evangelienharmonien, der Bibelauslegungen und des Schrifttums christlicher Bibelgeschichten rechnen. Dieser Umstand ermöglichte Angleichungen durch einfache Hinweise auf Szenen und die Wiederholung einzelner Aussagen oder Worte (→Licht, Brot, Wein, Abendmahl, Kelch, Kreuzigung, Judas, Barabbas, dreißig Silberlinge, dreimal verleugnen, Weinstock, Hände waschen). In diesem Sinne wird jede Wiederholung ein Rückverweis, der größere Bedeutungseinheiten vergegenwärtigt. Einzelne dieser Elemente übernahmen in literarischen Texten Motivfunktion. Die Tradition ermöglichte außerdem ein Verfahren, dessen Wirkung primär im Rückverweis gründet. Autoren konnten auf die direkte Identifikation einer Figur mit Christus verzichten und statt dessen durch Sprachfügungen und Motive ein analoges Textfeld schaffen, welches sofort Assoziationen mit Christus hervorrief.

3. Anfänglich dienten die mit dem Leben Christi verbundenen Erzählungen der Belehrung und Erbauung. Darstellungen der Figur betonten Opfergang und Erlösung. Aufführungen waren ausgesprochen publikumsbezogen. Sie konzentrierten sich häufig auf die Karwoche und die Stationen der Leiden. Mittelalterliche Passions- und Mysterienspiele (Arnoul Gréban, Jean Michel; Augsburger Passion, Oberammergauer Passion) versuchen, durch größtmögliche biblische Angleichung aller Figuren die Zuschauer zu erschüttern und sie ganz ähnlich wie Predigten und Kirchenlieder (Ambrosius, Bernard de Clairvaux, Luther, Paul Gerhardt, Angelus Silesius, Isaac Watts, Charles Wesley) zum Glauben zu bewegen. Die direkte Anrede, persönliche Fürwörter und beschreibende Eigenschaftswörter verleihen der Figur in den Chorälen und Kirchenliedern Züge eines vertrauten Menschen, mit dem man das Leben teilt. Selbst nachdem im 19. Jh. David Friedrich Strauß (*Das Leben Jesu,* 1835), Ernest Renan (*Les Origines du christianisme,* 1863–83) und andere Denker die Figur von der Glaubenslehre abgesondert hatten, griffen zahlreiche Schriftsteller auf die ursprüngliche Einheit von Figur und Evangelien zurück, um Analogien herzustellen. Dazu treten Anspielungen und Vergleiche, die wie etwa in Goethes *Die Leiden des jungen Werthers* (1774) ganz allgemein auf den Leidensgang deuten, ohne daß sie notwendigerweise strukturbildend wirken. Übereinstimmungen lassen sich natürlich immer finden, wenn einzelne dulden und sich für die Menschheit opfern oder wenn der einzelne zum Vertreter aller Leidenden wird und sich für die hingibt, die ihn verfolgen und peinigen. Sicherlich bestehen diese Anklänge im Aufbau und Handeln einzelner Figuren wie Alyosha (Dostojewski), Billy Budd (Melville), Jim (Conrad), Conklin (Crane), Peeperkorn (Mann), Knecht und Demian (Hesse), Joe Christmas (Faulkner), Jim Casy (Steinbeck), Meursault (Camus), Santiago (Hemingway) und Matzerath (Grass).

Zahlreiche Erzählungen konzentrieren sich auf Christi Lebenslauf, seine Wunder, seinen Appell an die Menschheit und seine Wiederauferstehung (Elizabeth Stuart Phelps «Ward», *A Singular Life,* 1895; Charles M. Sheldon, *In His Steps,* 1896; Maria Janitschek, *Christi Auferstehung,* 1898; Hans Kahlenberg, *Der Fremde,* 1901; Graham Greene, *The Power and the Glory,* 1940; Gore Vidal, *Messiah,* 1965). Die Ereignisse und besonders der Aufruf an das Gewissen begünstigen die Ausgestaltung typischer Situationen und hervorstechender Charakterzüge, die dem Leser Rückverweise ermöglichen. Das ist augenfällig bei Novalis, *Hymnen an die Nacht* (1797); Léon Bloy, *Le Désespéré* (1886); Leo Tolstoi, *Die Auferstehung* (1899); Albert Fua, *Le Semeur d'idéal* (1901); Antonio Fogazzaro, *Il Santo* (1906); Gustav Frenssen, *Hilligenlei* (1906). Anspielungen auf die Erlösung erstrecken sich von Hartmann von Aues *Gregorius* (ca. 1190–98) über Hölderlins Dichtung bis zu Wolfgang Borcherts *Draußen vor der Tür* (1947) und Alain Robbe-Grillets *Les Gommes* (1953).

4. Das Herauslösen der Figur aus den Konturen der Evangelien begünstigte ausgesprochen gesellschaftskritische Konzeptionen. Auch wenn die Figur noch in den fiktiven historischen Raum der Vergangenheit eingebettet ist, beleuchtet die Problemstellung die tiefe Verbundenheit mit den jeweils gegenwärtigen Reformanliegen. Die Christusfigur wird zum Mitkämpfer der gesellschaftlichen Entwicklung. Das durchgehende Prinzip dieser Gestaltungen ist die Kontrastierung utopischer und sozialistischer Vorstellungen mit der Gleichgültigkeit der Menschen (Franz Xaver Kroetz, *Bauern sterben,* 1985) oder der Unterdrückung und Ausbeutung der Werktätigen (Friedrich Sallet, *Laien-Evangelium,* 1842; Xavier Sauriac, *Le Mort de Jésus,* 1849; Albert Friedrich Dulk, *Jesus der Christ,* 1865; Elizabeth Lynn Linton, *Joshua Davidson. Christian and Communist,* 1874). Diese Entwicklung löste einerseits Gegenkonzeptionen aus, die das biblische Geschehen historisch „objektiv" zu erfassen suchten, andererseits förderte sie Auffächerungen der Erzählperspektive. Jesus erscheint aus der Sicht seiner Zeitgenossen, deren Auffassungen wiederum persönlich und kulturell bedingte Einstellungen widerspiegeln (Sholem Asch, *The Nazarene,* 1939; Robert Graves, *King Jesus,* 1946; Pär Lagerkvist, *Barabbas,* 1950). Das Verfahren ermöglicht starke Akzentverschiebungen wie etwa im *Messias* (1891) von Hanns Gumppenberg, der Christus die Züge eines Betrügers verleiht. Der Abstand von den Evangelien wird besonders deutlich in Texten, die durch Verfremdung oder Parodie des Geschehens die Figur aus der Geschichte herauslösen. Diese Darstellungen zeigen prinzipiell, wie alle Hoffnung auf ein gesittetes Dasein an der Wirklichkeit zerbricht (Gerhart Hauptmann, *Der Narr in Christo Emanuel Quint,* 1910; John Barth, *Giles Goat-Boy or, The Revised New Syllabus,* 1966; der Roman schildert, wie Christus, der Sohn eines Computers, als Ziegenbock erzogen wird; E.M. Nathanson, *The Latecomers,* 1970).

5. Im Gegensatz zu geschichtlichen Tableaus und Versuchen, die Figur unhistorisch, gegenwartsnah zu gestalten, stehen Bestrebungen, welche die Botschaft der Wiederkunft Christi zum Orientierungspunkt der Textanlage machen. Die Prophezeiung verbindet das abermalige Erscheinen mit dem darauffolgenden Weltgericht. Die literarischen Darstellungen knüpfen daran Schilderungen der Gegenwart im Zustand des Endzeitalters. Nur der radikale Umbruch und außerordentliche Taten können dem Verfall der Zeit Einhalt gebieten (Honoré de Balzac, *Jésus-Christ en Flandre,* 1831; Fjodor Dostojewski, *Verbrechen und Sühne „Raskolnikow"*, 1866; „Der Großinquisitor" in *Die Brüder Karamazow,* 1879–80; Fogazzaro, *Il Santo;* Benito Pérez Galdós, *Nazarin*, 1895; das Sonnenkind in Samuel Butler, *Erewhon Revisited,* 1900–01). Die große Zahl direkter Bezüge und indirekter Anspielungen in der utopischen Literatur der Jahrhundertwende erklärt sich aus den sozialen Reformbestrebungen der Zeit. Der Messias Sozialist und Kommunist, erkannt und verleugnet wird zum Brennpunkt der ungelösten gesellschaftlichen Widersprüche. Über lange Perioden hinweg zeichnet sich in den thematischen, durchaus unterschiedlichen Gestaltungen eine übergreifende Konstante ab: Die Figur wird zum Inbegriff sozialer Reformanliegen.

Quellen: Elizabeth L. Linton, *The True History of Joshua Davidson* (1872); Herman Melville, *Billy Budd* (1891); Stephen Crane, *The Red Badge of Courage* (1895); Joseph Conrad, *Lord Jim* (1900); Thomas Mann, *Der Zauberberg* (1924); Hermann Hesse, *Demian* (1919); *Das Glasperlenspiel* (1943); Ricarda Huch, *Der wiederkehrende Christus* (1926); William Faulkner, *Light in August* (1932); *A Fable* (1954); John Steinbeck, *The Grapes of Wrath* (1939); Arthur Koestler, *Darkness at Noon* (1940); Dorothy Leigh Sayers, *The Man Born to be King* (1949); Simone Weil, *La Croix et le péché d'envie* (1951); Ernest Hemingway, *The Old Man and the Sea* (1952); Carlo Coccioli, *Manuel, the Mexican* (1956); Jorge Luis Borges, *Christo-en-la-cruz* (1958); Günter Grass, *Die Blechtrommel* (1959); Gaston Salvatore, *Büchners Tod* (1972).

Lit.: Apokalypse u. Antichrist in der europäischen Literatur. Symposium. In: Litwiss. Jb. Görres Ges. 29 (1988); A.L. Birney: The Literary Lives of Jesus. An International Bibliography of Poetry, Drama, Fiction, and Literature. New York 1989; A.J. Bisanz: The ‚Grand Inquisator' Motif in Samuel Butler's Erewhon Revisited. In: RLC 47 (1973); F.P. Bowman: Le Christ romantique. Genève 1973; ders.: Le Christ des barricades, 1789–1848. Paris 1987; P. Brunel (Hg.): Dictionnaire des mythes littéraires. Paris 1988; A. Dabezies (Hg.): Jésus Christ dans la littérature française. Textes du Moyen Âge au XXe siècle. Paris 1987; F.W. Dillistone: The Novelist and the Passion Story. London 1960; C. Ellis: Shakespeare and the Bible. 3. Aufl. als The Christ in Shakespeare's Dramas and Sonnets. London 1902; I. Feuerlicht: Christ Figures in Literature. In: The Personalist 48 (1967); W. Fiesser: Christus-Motive in Revolutionsdramen. Heidelberg 1977; W. Grenzmann: Christus-Thematik in der heutigen Literatur. In: Stimmen der Zeit 164 (1958/59); H. Hinterhäuser: Die Christusgestalt im Roman des ‚Fin de siècle'. In: Archiv 198 (1961/62); K.-J. Kuschel: Jesus in der deutschsprachigen Gegenwartsliteratur. Zürich 1979; E.M. Moseley: Pseudonyms of Christ in the Modern Novel. Motifs and Methods. Pittsburgh 1962; M. Ogden: The Problems of Christ in the Work of Friedrich Hölderlin. London 1991; H. Scheuer: Zur Christus-Figur in der Literatur um 1900. In: R. Bauer (Hg.), Fin de siècle. Ffm 1977; H. Schirmbeck: Der moderne Jesus-Roman. In: H. Friedmann, O. Mann, Christliche Dichter der Gegenwart. Heidelberg 1955; K. Wilke: Christi Himmelfahrt. Ihre Darstellung in der europäischen Literatur von der Spätantike bis zum ausgehenden Mittelalter. Heidelberg 1991; T. Ziolkowski: Fictional Transfigurations of Jesus. Princeton, NJ 1972.

Siehe auch: Abraham, Apokalypse, Figurenkonzeption, Licht, Satan

Circe *(Kirke)*

1. Die Tochter des Sonnengottes Äolus lebte auf Aiaia, der Insel der Morgenröte. In der *Odyssee* trägt sie nicht nur die Züge der furchterregenden Zauberin, die Menschen in Tiere verwandelt, sondern auch die der Verführerin und Geliebten, die Odysseus berät. Ursprünglich geht die Figur wahrscheinlich auf mythische Verknüpfungen von Bildern der Fruchtbarkeit (Lichtbringer) und Unfruchtbarkeit (Ausfall der Ernte, Sterben) zurück.

2. Das Abenteuer des Odysseus regte Nacherzählungen und Neubearbeitungen an (Ovid, *Metamorphoses*; Benoît de Sainte-Maure, *Roman de Troie,* um 1160; Guido della Colonne, *Historia destructionis Troiae,* 1287;

Leomarto. Sumas de historia troyana, 1512; Félix Lope de Vega, *La Circe,* 1624; Pedro Calderón de la Barca, *El mayor encanto amor,* 1635). Seit dem Ende des 17. Jh. verschmilzt die Figur mit der Vorstellung der Verführungskunst des Weiblichen. Ihre Anziehungskraft löst die erwartete Reaktion aus und motiviert die Verirrung und den Selbstverlust des Abenteurers.

Lit.: K. Kerényi: Töchter der Sonne. Zürich 1944; P. Paetz: Kirke u. Odysseus. Berlin 1970.

Siehe auch: Figurenkonzeption, Odysseus

Clown *(Hanswurst, Harlekin)*

1. Der Clown übernimmt traditionell vier Hauptfunktionen: er vergegenwärtigt die menschliche Begrenztheit und reizt durch sinnwidriges Handeln zum Lachen; hinter seiner Maske verbirgt er tiefe Menschenkenntnis; er äußert Gefühle und spricht Gedanken aus, die im konventionellen Umgang unterdrückt oder verschwiegen werden; sein Handeln enthüllt den alltäglichen Widerspruch zwischen Zielsetzung und Fehlschlag, hochfliegenden Plänen und unerwarteten Niederlagen. Der Clown vermittelt aus seiner Perspektive immer eine gegensätzliche Einsicht in das Handlungsgeschehen. Die Figur ist daher nicht auf Situationskomik oder die Vorstellung des Komischen begrenzt, denn ihr Auftreten stellt die Unsicherheit der Pläne der Mithandelnden zur Schau.

2. Die Gegenüberstellung von Tor und Held oder Hofnarr und König beleuchtet die innere Zugehörigkeit dieser Personen. Das Lachen des Narren bietet dem Zuschauer die Möglichkeit, im Mitlachen die Spannung unerbittlicher Konflikte abzuleiten. Der Zustand der Befreiung ist jedoch nur vorübergehend, da die tragische Konstellation weiterhin den Verlauf der Ereignisse bestimmt. Dennoch bahnt sich in der Erfahrung der gegensätzlichen Wirkungselemente ein Erkenntnisvorgang an, der eine differenzierte Betrachtung der Antinomien des Daseins ermöglicht. Aus der Perspektive des Narren, der im Widerspruch leben kann, erscheint die konfliktgeladene Auseinandersetzung des einzelnen mit der Umwelt in einem neuen Licht. Die Existenzform des Clowns beweist, daß der Mensch unerwartete Demütigungen, Fehlschläge und Betrübnisse ertragen kann. Der Clown beharrt, wo Vernunft versagt, überlebt Mißerfolge und lacht im Leid. Daher kann er in der Anlage eines Textes durchaus von der Peripherie ins Zentrum verlegt werden, wenn die thematische Konzeption die zähe Ausdauer, die Chance des Durchhaltens und die Anpassungskraft hervorhebt.

3. Nicht zu übersehen ist der Umstand, daß der Clown ursprünglich in Rede und Gestik eine derbe Diesseitsfreude ausdrückt. In der urwüchsigen Lust am Dasein, der betonten Erotik der Späße und der Freude an der Verkleidung bestehen Übereinstimmungen mit Satyrn und ähnlichen Bocksgestalten. Die Rolle, die sich im griechischen Satyrspiel, in der römischen Komödie, den Possen und Fastnachtsspielen des Mittelalters, der Commedia dell'arte und den Bühnenstücken im elisabethanischen Zeitalter verfolgen läßt, schreibt dem Clown vor, die Stimme der ungekünstelten Lebensbejahung zu erheben. Das Sexuelle klingt immer mit. Es ist deutlich in den altitalienischen Hochzeitsliedern (Fescenninen), in Shakespeares *Romeo and Juliet* (ca. 1593) und in Neckereien des Bräutigams, der in Possen den Clown spielen muß. Sicherlich ist die Funktion des Clowns im Ablauf einer Handlung direkt mit seiner Wesensbestimmung verbunden. Er verkörpert eine elementare Form der Entschlossenheit zum Leben und macht deutlich, daß das Lächerliche wesentlich zum Dasein gehört. Die Figur eignet sich gleichermaßen zu witzigen Wortgefechten, zum unverhohlenen Bekenntnis zur Kontinuität der Fehlschläge und zu tiefsinnigen, in der Maske der Narrheit vorgetragenen Betrachtungen.

4. In der gezielten Verwendung des Narren in der humanistischen Lehrdichtung, den Satiren der Reformationszeit, und in der Narrenliteratur dieser Zeit (z.B. Sebastian Brant, *Das Narrenschiff,* 1492; Erasmus, *Lob der Torheit,* 1511; Thomas Murner, *Narrenbeschwörung,* 1512; *Von dem großen lutherischen Narren,* 1522) verliert die Figur den ausgesprochen positiven Zug, da das Lächerliche grundsätzlich angeprangert wird. Auch in den volkstümlichen Eulenspiegel-Erzählungen (*Tyl Ulenspiegel,* 1515) steht die Bloßstellung menschlicher Torheit gleichberechtigt neben der Kritik an der ständischen Ordnung. Daß Eulenspiegel das Versagen der Gesellschaft aufzeigt, selbst aber keine neue Sinnstiftung vermittelt, wird besonders deutlich in Gerhart Hauptmanns *Till Eulenspiegel* (1928) und Christa und Gerhard Wolfs Filmerzählung *Till Eulenspiegel* (1972). Hauptmanns Landfahrer erlebt eine fragmentarische Weltgeschichte der wiederkehrenden Zerstörung. Vor Wolfs Till breitet sich ein umfassendes Panorama der Periode vor den Bauernkriegen aus. Er sieht die alte Ordnung wanken, kann aber das Neue nicht erkennen. Daß jedoch nicht nur die scharfe, allegorische Begrenzung der Vorstellungsinhalte, sondern auch die symbolische Erweiterung die Seinsart des Alltäglichen verändert, zeigen die Clowns der modernen Literatur. Schon im 19. Jh. wirkt der Clown durch sein weiß geschminktes Gesicht häufig wie ein direkter Nachfolger des melancholischen Pierrot. Im Anschluß an die Pantomime erscheint er als symbolisches Sorgenkind des Lebens. Er legt Leiden und Enttäuschungen bloß (Victor Hugo, *Le Roi s'amuse,*1827; *Marion Delorme,* 1829; Charles Baudelaire, „A une jeune saltimbanque", 1845; Henri Rivière, *Pierrot-Caîn,* 1860; Erzählungen und Gedichte von Théophile Gautier, Théodore de Banville, Paul Margueritte, Christian Morgenstern; Guillaume Apollinaire, „Un Fantôme de nuées", 1905; Rainer Maria Rilke, „Saltimbanques", 1907) oder enthüllt die menschliche Vereinsamung. Diese Sinndeutung ist offenkundig im tief-ernsten Rollentausch, in dem der vom Thron verjagte König als Hofnarr des Usurpators endet (Frank Wedekind, *Karl Hetman, der Zwerg-Riese,* 1911; *König Nicolo,* 1911) und in Vergleichen des Clowns mit dem Künstler (Charles Baudelaire, „Le Vieux Saltimbanque"; Stéphane Mallarmé, „Le Pitre châtié"; Wallace Stevens, „The Comedian as the Letter C"; Henri Michaux, „Clown"). Sicherlich bewahrt der Clown auch noch im 20. Jh. seinen ursprünglichen Charakter der unreflektierten Lebensbejahung (Alan Sillitoe, *The General,* 1960). Der Konzeption entsprechen auch die komisch-ernsten Figuren der Chaplin-Filme und literarische Texte wie etwa Heinrich Bölls *Ansichten eines Clowns* (1963), Gerald Vizenors *Griever: An American Monkey King in China* (1986) und Maxine Hong Kingstons *Tripmaster Monkey. His Fake Book* (1989), die mit ihrem Scheitern auf die Mechanik der gesellschaftlichen Prozesse verweisen.

Lit.: H.G. Asper: Hanswurst. Studien zum Lustigmacher auf der Berufsschauspielerbühne in Deutschland im 17. u. 18. Jh. Emsdetten 1980; A. Bermel: Farce: A History from Aristophanes to Woody Allen. New York 1982; F. Haskell: The Sad Clown. In: U. Finke (Hg.), French 19th-C. Painting and Literature. Manchester 1972; L.E. Jones: Sad Clowns and Pale Pierrots. Lexington, KY 1984; N. Jørgensen: Bauer, Narr u. Pfaffe. Prototypische Figuren u. ihre Funktion in der Reformationsliteratur. Leiden 1988; J. Lefèbvre: Les Fols et la folie. Paris 1968; R. Meyer: Hanswurst u. Harlekin oder: Der Narr als Gattungsschöpfer. In: R. Krebs, J.-M. Valentin (Hg.), Théâtre, nation et société en Allemagne au XVIIIe siècle. Paris 1990; F. Usinger: Die geistige Figur des Clowns in unserer Zeit. Wiesbaden 1964; E. Welsford: The Fool. His Social and Literary History. London 1935; W. Willeford: The Fool and His Scepter. Evanston, IL 1969; H. Zaubitzer: Clownmetaphern bei Baudelaire, Mallarmé u. Michaux. In: NS 15 (1966); W.M. Zucker: The Image of the Clown. In: Journal of Aesthetics and Art Criticism 12 (1953/54).

Siehe auch: Karneval

Dämmerung

Literaturwissenschaftliche Erklärungen des Phänomens belegen, daß die Dämmerung weitgehend der bildhaften Darstellung unterschiedlicher Eindrücke und Gefühle dient. Sie kann jedoch einem Motiv angeschlossen werden und veranlaßt im Zusammenhang mit →Traum oder →Tod eine dunkle Ahnung zukünftiger Ereignisse. Die Dämmerung beeinflußt den Orientierungssinn des Subjekts (Erzähler, Beobachter). Konkrete Flächenmerkmale verlieren ihre Konturen, und der Abstand zum Entfernten nimmt ab. Daher kann das Fernliegende, sei es Alter oder Tod, zur unmittelbaren Erfahrung werden.

Quellen: Pierre Ronsard, „A sa maîtresse" in: *Les Amours de Cassandre* (1553); John Keats, *The Eve of Saint Agnes* (1819); Alphonse de Lamartine, „L'Immortalité" in: *Méditations* (1820); Charles Baudelaire, „Le Coucher du soleil romantique" (1862); Carl Sandburg, „Dreams in the Dusk" (1926).

Siehe auch: Licht, Nacht, Tagesanbruch, Tod, Traum

Dandy

1. Der Dandy verkörpert realisierbare Erwartungen und übertriebene Wunschvorstellungen der zu Reichtum gelangten Bürgerklasse im 19. Jh. Die Voraussetzung für das Dandytum, welches zuerst in England und Frankreich auftritt, ist die finanzielle Unabhängigkeit. Außerdem steht der Dandy den ökonomischen, sozialen und politischen Ereignissen seiner Zeit gleichgültig gegenüber. Der Dandy kultiviert den Ästhetizismus und beurteilt die Welt aus der Perspektive einer überzüchteten Lebenshaltung. Er entwickelt eine Existenzform nach dem Motto „Schein ist Sein". Das Übergewicht des Dekorativen über die Wirklichkeit tritt deutlich in der blendenden Hülle und den verfeinerten Umgangsformen hervor. Vor allem will der Dandy elegant wirken. Er ist ebenso gelangweilt vom Alltäglichen wie irritiert vom Wirklichkeitsanspruch des Häßlichen. Er flirtet mit geschmackvoll gekleideten Frauen, entzieht sich aber jeder festen Bindung. Menschen und Dinge sollen einen schönen Eindruck machen. Dieses Leben des Dandys, in dem jede Einzelheit zu einer gleichsam künstlerischen Produktion geworden ist, reizte von Anfang an zu ironischen Anspielungen und Karikaturen.

2. Obwohl die Gruppe der Dandys zeitweilig in dem immer nach der neuesten Mode gekleideten Alkibiades ihren Ahnherrn sehen wollte, wurde das Leben des Engländers George Brummell zum Ausgangspunkt der literarischen Typenbildung. Von 1805 bis 1816 stand Brummell im Mittelpunkt des Londoner gesellschaftlichen Lebens. Er bot der eleganten Welt ständig neue Anregungen. Eine ganze Generation junger Menschen imitierte seinen Lebensstil, seine Kleidung und seine Sprachgewohnheiten. Der Dandy war leicht gelangweilt, schnell übersättigt von den Modeerscheinungen und suchte deshalb auf Reisen ständig neue Eindrücke. Man fuhr ins Bad, besuchte den Kontinent, war ausgeprägter Dandy, aber keine starke Persönlichkeit. George Gordon Byron hält diese Eigenart in *Beppo* (1818) fest: „I am but a nameless sort of person, / A broken Dandy lately on my travels". In der Unterhaltungsliteratur der Zeit wird die Figur sofort humoristisch beleuchtet (Thomas Moore, *The Fudge Family in Paris,* 1818), ironisiert und verspottet (*Petits Livres à la mode*, 1829).

3. Vorbildlich wirkt die Figur in literarischen Darstellungen eigentlich nie. Die vom Typ ausgehende Faszination macht jedoch ein Grundproblem in der literarischen Themengestaltung sichtbar. Der Dandy wurde von der Wirklichkeit hervorgebracht und war als gesellschaftliches Phänomen deutbar. Fragt man nach den gesellschaftlichen Vorgängen, die sich in seinem Erleben widerspiegeln, so stößt man auf ein merkliches Unbehagen gegenüber der Forderung, aktiv an der Gestaltung der Zeit teilzunehmen. Im Dandy stehen sich Individuelles und Gesellschaftliches nie krass gegenüber. Er ist jedoch von den Umwälzungen der Zeit im eigentlichen Sinne nicht betroffen. Der Dandy verschließt sich dem Appell an sein soziales Gewissen. Er will Individuum bleiben, obgleich seine ganze Lebensform die Anpassung an eine begrenzte, gesellschaftliche Vorstellung bekundet. Seine Interesselosigkeit reflektiert Ermüdungserscheinungen, die ihren Ursprung im betonten Wirklichkeitsanspruch des Zeitalters haben. Es darf daher kaum überraschen, daß der Dandy in einigen Texten den nüchternen Alltag scharf kritisiert, daß er in anderen Texten dagegen zur repräsentativen Figur der Dekadenzerscheinung einer Epoche wird. Während der soziale Reformeifer in Europa um sich greift, entstehen literarische Porträts des schöngeistigen Dandys. Dem Lebensstil, dem verfeinerten Geschmack und der Gefühlszartheit Feldons (Theodore Hook, *Merton*, 1824) entsprechen Vorstellungen, die auch in anderen Werken wiederkehren (Robert Ward, *Tremaine,* 1824; Edward Bulwer-Lytton, *Pelham*, 1830). Der *petit cénacle* von 1832, dem unter anderem Gérard de Nerval,

Philothée O'Neddy und Pétrus Borel angehörten, stilisierte den Dandy zum Vorbild rauschhafter Kunsterfahrungen („Dandyisme" in Théophile Dondey, *Feu et flamme*, 1833). Auch Théophile Gautier entwarf ein Bild des Dandys, in dem künstlerische Eigenschaften überwiegen (*Mademoiselle de Maupin,* 1835; *Fortunio,* 1837). Jules Barbey d'Aurevilly charakterisierte den Dandy in *Du dandyisme et de George Brummell* (1844) als vorbildlichen, feinen Herren, dessen Selbstbeherrschung, Witz, kühle Distanz und Lebensart in erfreulichem Widerspruch zum Zeitgeist standen. Charles Baudelaire sah im Dandy ein Symptom des Jahrhunderts. Sein Erscheinen fällt zeitlich mit dem Anbruch der →Dekadenz zusammen. Der Dandy ist der Virtuose, der seine Sensibilität und Geschmacksverfeinerung im höchsten Kunstgenuß ins Überpersönliche steigert (*Le Peintre de la vie moderne,* 1860). Auch Joris-Karl Huysmans, *A rebours* (1884), Gabriele D'Annunzio, *Il Piacere* (1889), Oscar Wilde, *The Picture of Dorian Gray* (1891), und Ramón Valle-Inclán, *Sonatas* (1902–05), schilderten den Dandy als Verehrer des Schönen, dessen auserlesener Geschmack zur Entfremdung vom alltäglichen Dasein führte. Die Vorstellung klingt noch im 20. Jh. in den Überlegungen Swanns und seiner zeitweiligen Einstellung zur Umwelt nach (Marcel Proust, *A la recherche du temps perdu,* 1913–27).

4. In der durchaus anders gearteten, negativkritischen Konzeption der Figur erscheint ihr Raffinement als Zeichen der inneren Verarmung. Der Dandy wirkt egoistisch, hat jedoch seine Individualität verloren. Er fristet ein seltsam unwirkliches Dasein, weil er von den wesentlichen Ereignissen der Zeit nicht berührt wird. Alfred de Mussets Mardoche (*Revue fantastique,* 1831) wirkt in seiner dummen Anmaßung lächerlich und hat alle Züge des Dandys in dem beliebten Vaudevilestück *Le Dandy* (1832). Eine Reihe bedeutender Autoren, unter anderem Honoré de Balzac, Stendhal, Charles Dickens, George Eliot, William Thackeray, Alexander Puschkin und Serge Diaghilev, mißt der Figur eine Schlüsselstellung im Verständnis gesellschaftlicher Verfallserscheinungen zu. Ihre Dandy-Figuren (Maxime de Trailles und Henry de Marsay erscheinen in 21 von 27 Romanen der *La Comédie humaine*, 1829–48) machen auf Gebrechen im gesellschaftlichen Leben aufmerksam. Der Dandy entwickelt eine Lebensform, die bereits in ihrem Entstehen völlig überholt ist. Seine Einstellung banalisiert das Bildungsgut. Er treibt einen Gefühlskult mit Empfindungen, die unecht wirken, weil sie nicht ursprünglichen Lebenserfahrungen entspringen. Er genießt eine falsche Überlegenheit des Geistes, weil er die Welt verkennt. Aber im Gegensatz zu den anderen Sonderlingen des 19. Jh., die sich aus innerem Vorbehalt gegen die materialistischen Tendenzen ihrer Zeit von der Gesellschaft absondern, scheint sich der Dandy im Spielen einer Rolle zu erschöpfen. Durch die übertriebenen Eigenschaften war die Figur auf literarische Kontrastwirkung zugeschnitten. Die Stilisierung, im positiven wie im negativen, belegt jedoch außerdem die feste Zugehörigkeit des Dandys zu einer historischen Entwicklung im 19. Jh.

Quellen: Henry Lister, *Granby* (1826), Stendhal, *Le Rouge et le noir* (1831); *La Chartreuse de Parme* (1839); Théophile Gautier, *Albertus* (1832); William Thackeray, *Vanity Fair* (1847); Charles Dickens, *Little Dorrit* (1855–57); George Eliot, *The Mill on the Floss* (1860); Alfred Tennyson, *Maud* (1860).

Lit.: R. Gavagna: Immagini del dare et della guerra. In: Paragone 32 (1981); S. Godfrey: The Dandy as Ironic Figure. In: Sub-stance 36 (1982); H. Gnüg: Dandy u. Don Juan-Typ. In: Arcadia 22 (1987); dies.: Kult der Kälte. Der klassische Dandy im Spiegel der Weltliteratur. Stuttgart 1988; M. Green: Children of the Sun. A Narrative of Decadence in England after 1918. New York 1976; H. Hinterhäuser: Der Dandy in der europäischen Literatur des 19. Jh. In: ders., Weltliteratur u. Volksliteratur. Probleme u. Gestalten. München 1972; W. Ihrig: Literarische Avantgarde u. Dandysmus. Ffm 1988; M. Lemaire: Le Dandysme en France (1817–39) Genève 1957; O. Mann: Der Dandy. Ein Kulturproblem der Moderne. Heidelberg 1962; D. Stanton: The Aristocrat as Art. A Study of the honnête homme and the Dandy in 17th- and 19th-C. French Literature. New York 1980; P.V. Zima: Vom Dandy zum Künstler – oder Narcissus bifrons. In: Rom. Zs. f. Litgesch. 7 (1983).

Siehe auch: Dekadenz, Ennui, Künstler

David

Bereits die Zeitgenossen feierten die Heldentaten des Knaben, berichteten von dem konfliktreichen Leben des Königs und rankten phantasievoll ausgestaltete Erzählungen innerer Konflikte und Leidenschaften, der Freundschaft und Feindschaft um seine Person. Die Überlieferung des großen Staatsmannes und Dichters, des frommen Menschen und Zweiflers, des Denkers und Verführers versetzte Autoren in die Lage, die Figur den unterschiedlichsten Themen anzupassen. In biblischen Dramen und der geistlichen Literatur übernimmt David die Rolle des königlichen Propheten und Psalmendichters. Derselbe David steht im Mittelpunkt großangelegter Staatsaktionen und spannungsgeladener Auseinandersetzungen mit der Umwelt (Louis des Masures, *David, combattant, triomphant, fugitif,* 1566; Thomas Fuller, „David's Heinous Sin", Hearty Repentance, „Heavy Punishment", 17. Jh.). John Drydens *Absalom and Achitophel* (1681) belegt, daß die politischen Machtkämpfe Davids durchaus einer zeitgenössischen, politischen Satire den Rahmen geben konnten. Eine Reihe anderer Werke legt Zeugnis ab vom zeitlosen Interesse an dem elementaren Konflikt zwischen persönlicher Leidenschaft und moralischer Verpflichtung für Familie und Staat. Die Texte konzentrieren sich auf Davids unbezähmbare Leidenschaft und sein sittliches Ringen mit Fragen der inneren Reinheit (Hans Sachs, *Der David mit Baseba im Ehbruch,* 1556; Antoine de Montchrétien, *David, ou l'adultère,* 1595; George Peele, *The Love of King David and Fair Bethsabe,* 1599; David Pinsky, *King David and His Wives,* 1926). Viele Werke erfassen im biographischen Ablauf von Davids Leben den typischen Werdegang eines Helden. Seine Lebensfahrt wird zur fortgesetzten Bewährungsprobe, die er jeweils durch Einsatz seiner ganzen Persönlichkeit besteht. Er überwindet Goliath, gründet eine Familie, bewährt sich in der Freundestreue, erlangt die königliche Würde und vereint die Völker unter seinem Zepter (Abraham Cowley, *Davideis,* 1556; Michael Drayton, *David and Goliath,* 1630; Georg Neumark, *Sieghafter David,* 1653; Gladys Schmitt, *David, the King,* 1946).

In einem ganz anderen Licht erscheint die Figur in Werken, die im Konflikt zwischen Saul und David eine große Auseinandersetzung entgegengesetzter Weltanschauungen gestalten. Saul, mit allen Fasern seines Seins der Zeit verhaftet, wird zum Vertreter einer Phase der Menschheitsentwicklung, die ihrem Ende zugeht. David träumt von einem neuen, gereinigten und vergeistigten Menschenbild der Zukunft (André Gide, *Saul,* 1903; D.H. Lawrence, *David,* 1926; Hans Henny Jahnn, *Spur des dunklen Engels,* 1952). Die Parallelen zwischen Sutpen und David wie auch die vielen Anspielungen auf Davids Leben in William Faulkners *Absalom, Absalom!* (1936) können als weiteres Beispiel dafür dienen, daß die Figur auf jeder Stufe der inneren und äußeren Entwicklung mit einem angemessenen Thema verbunden werden konnte. Der Betonung entsprechend reicht daher die Spannweite der unterschiedlichen Figurenkonzeptionen von der Selbstbehauptung eines skrupellosen Herrschers (Stefan Heym, *Der König David Bericht,* 1972) bis zur gläubigen Hinwendung zu Gott, vom Ehebruch bis zur sittlichen Reflexion.

Lit.: R.T. Frontain, T. Wojcik: The David Myth in Western Literature. West Lafayette, IN 1980.

Siehe auch: Figurenkonzeption

Dekadenz

1. Die Dekadenzströmung kennzeichnet im 19. Jh., besonders um die Jahrhundertwende, einen grundlegenden Wandel in der Haltung zur Zivilisation, der in vielen Werken zu spüren ist. Die Dekadenz wird zu einem Leitbild von höchster, wenn auch nicht klar begrenzter Ausstrahlungskraft und steht im Gegensatz zum Realismus und Sozialidealismus der Zeit. Literarische Gestaltungen der Dekadenz sind eng verknüpft mit einer Reihe von Themen und Motiven: dem Verfall der Zivilisation, dem Illusionscharakter der Wirklichkeit, mit Ästhetizismus, Erotik, Exotik, Ennui und dem Motiv des verwilderten Gartens.

2. Bereits Hesiod (*Werke und Tage*) und nachhesiodische Erzählungen entwickeln im Rahmen des Weltaltermythos die Antithese von paradiesischem Einst und entartetem Jetzt (→Paradies). Frühe christliche Schriftsteller sahen in den Dekadenzerscheinungen des Römischen Reiches deutliche Zeichen des bevorstehenden Weltendes (→Apokalypse). Die Gegenüberstellung einer makellosen Vergangenheit und einer sittenlosen Gegenwart wird zum Strukturprinzip in Renaissancegedichten von Lazzaro Bonamici, Baldassare Castiglione und Petrarca. Joachim Du Bellay verwendet dieses Prinzip im Aufbau des Sonett-Zyklus *Les Antiquitez de Rome* (1558). Die Dekadenzvorstellung hat in den Gedichten zwei festumrissene Funktionen. Sie ermöglicht in der antithetischen Anlage ständige Vergleiche zwischen der stolzen Vergangenheit und den Auflösungserscheinungen eines späteren Zeitalters. Die Parallelen kommen in der Gegenüberstellung von festem Bauwerk und →Ruine künstlerisch wirkungsvoll zum Ausdruck. Das Schema begünstigt außerdem die kritische Sichtung der Gründe für den Niedergang gesellschaftlicher und politischer Ordnungen. An Du Bellays Zyklus wird deutlich, daß die Autoren nicht notwendigerweise eine historische Epochenlehre entwickeln, sondern Degenerationserscheinungen ihrer eigenen Zeit durch Skizzen und Bilder aus der Vergangenheit deuten.

Die Anordnung von Aufstieg-Verfall und von Größe-Dekadenz wird von Charles-Louis de Montesquieu (*Considérations sur les causes de la grandeur des Romains et de leur décadence*, 1734) und Edward Gibbon (*History of the Decline and Fall of the Roman Empire,* 1776–88) in ein geschichtsphilosophisches System zur Periodisierung von Epochen einbezogen. Dagegen begreift Jean-Jacques Rousseau die Dekadenz ganz als Ausdruck des gegenwärtigen Kulturverfalls. Er verlegt den existentiellen Höchststand der Menschen in die vorzivilisatorische Vergangenheit. Die Urzeit entspricht dem verlorenen →Paradies. Dieses Wunschdenken ist maßgebend für Rousseaus Bewertung der Störungen im gesellschaftlichen Leben (*Discours sur la question, si le rétablissement des sciences et des arts a contribué à épurer les mœurs,* 1750; →Edler Wilder). Es ist deutlich, daß selbst völlig andersartige geschichtsphilosophische Überlegungen wie etwa Johann Gottfried Herders *Auch eine Philosophie der Geschichte zur Bildung der Menschheit* (1774) und Friedrich Schillers *Briefe über die ästhetische Erziehung des Menschen* (1795), die nachhaltig auf die Literatur wirkten, die Dekadenzerscheinung mit einer polaren Vorstellung menschlicher und gesellschaftlicher Vollkommenheit verbinden. Zum Verständnis der Schriften ist es unerläßlich, zwischen Rousseaus rückwärtsgewandter Betrachtung und Schillers progressivem Evolutionismus zu unterscheiden. Die besondere Zuordnung der Vollkommenheit (Wunschvorstellung) zur Dekadenz (gegenwärtige Erfahrung) ist jedoch in allen diesen Schriften nachweisbar. So können ganz ähnlich wie in den durch die Polarstruktur →Begrenzung-Freiheit erfaßten Bedeutungsinhalten im Laufe der Zeit grundsätzliche Neuwertungen eintreten.

Um die Jahrhundertwende kommt es zu einer völligen Neudeutung des Begriffs. Die Dekadenz gilt nicht mehr als Symptom des Verfalls. Ganz im Gegenteil bekunden einzelne in der Bejahung der Dekadenz den Widerstand gegen die materialistischen Tendenzen ihrer Zeit. Daher zeichnen sich im Schaffen von Gautier, Baudelaire, Huysmans, Barrès und Jean Tardieu Bemühungen ab, die Dekadenz als Ausdruck der Sensibilität für Krisenerscheinungen der Gesellschaft zu bewerten. Dekadent sein heißt, dem Fortschrittsoptimismus der Zeit entgegenzutreten. In der Bejahung der Dekadenz äußert sich die Kritik der zunehmenden Verdinglichung der Welt. Der Künstler kultiviert die Dekadenz aus Widerspruchsgeist, denn in ihr sublimiert sich die nervöse Seinsverfassung, die selbst wiederum Ausdruck eines unaufhaltsamen Niedergangs der Zivilisation ist. Friedrich Nietzsches Beobachtungen, insbesondere seine Auseinandersetzungen mit Richard Wagner („Richard Wagner in Bayreuth", 1876; „Der Fall Wagner", 1888; „Nietzsche Contra Wagner", 1888), wirkten, obwohl sie seit den achtziger Jahren unter negativen Vorzeichen standen, nachhaltig auf die Themengestaltung in der deutschen Literatur (z.B. bei Hofmannsthal, Rilke, George, Thomas Mann,

Beer-Hofmann und Eduard von Keyserling). Nietzsches ursprünglich positives Urteil über Wagner und seine spätere radikale Ablehnung von dessen Kompositionen beleuchten die widersprüchlichen Ansatzpunkte in literarischen Darstellungen. Nietzsche lobt zuerst Wagners Ideal einer neuen Welt, in der wieder echte Empfindungen möglich werden, in der der einzelne durch die aufopferungsvolle Liebe verwandelt wird und die Menschheit ihrem „bevorstehenden Untergang mit einer tragischen Gesinnung" entgegengeht. Demgegenüber steht die vorbehaltlose Abrechnung mit den „Idealisten aus der Nähe des *Sumpfes*", mit den dekadenten, verzärtelten Künstlern, die den „Ehrgeiz haben, künstlich zu sein". Nietzsche kennzeichnet den Typ: „ein typischer *décadent,* der sich notwendig in seinem verderbten Geschmack fühlt, der mit ihm einen höheren Geschmack in Anspruch nimmt, der seine Verderbnis als Gesetz, als Fortschritt, als Erfüllung in Geltung zu bringen weiß".

3. Der von Nietzsche mehrfach betonte Wille zur Form, die das Chaos des Verfalls bändigen soll, die Vorliebe für ungewöhnliche Bildfügungen und Schilderungen erlesener Schönheit werden zu einem Merkmal der späteren thematischen Gestaltung. Die Verbindung von Dekadenz und Schönheit schließt vieles ein. Sie reicht von Gesängen des Bösen bis zum Erscheinen schwarzer Engel der Schönheit, von der müden Geste angesichts der sterbenden Kultur bis zum freudigen Aufruf, die Zivilisation zu beseitigen, von der hochgezüchteten Sinnlichkeit bis zum Nimbus der letzten geistigen Verklärung untergehender Geschlechter, den Thomas Mann in „Tristan" (1903) parodiert. Es ist deutlich, die Dekadenz ist ultraliterarisch. Sie will den Menschen aus den Fesseln der festgefahrenen Moral befreien, will den Zweifel durch die Gewißheit der Form ersetzen und will selbst noch den Glauben wecken, daß der ästhetische Ausdruck des Verfalls den Wunsch nach Neugestaltung enthalte. Die in allen Schattierungen auftretenden Dekadenzmerkmale garantieren jedoch keineswegs, daß die Dekadenz auch das Grundthema in einem Werk ist. Wie kompliziert das Problem ist, zeigen die Überschneidungen in Romanen, welche Familienschicksale über Generationen hinweg in absteigender Linie schildern. Diese Generationsromane erwecken häufig den Eindruck eines langsamen, aber unaufhaltsamen Niedergangs. Die letzten eines Geschlechts finden sich nicht mehr in der Welt zurecht. Feinfühlig und zart gehen sie wie Jettchen in Georg Hermanns *Jettchen Geberts Geschichte* (1906–09) an ihrer Liebe zugrunde oder vergeistigen wie Hanno in Thomas Manns *Buddenbrooks* (1901) die ehemals lebensvollen Kräfte der Familie. Trotzdem erfaßt die weitausgedehnte, gesellschaftliche Perspektive dieser Werke auch durchaus gegensätzliche Tendenzen der Zeit. Dagegen bestimmt das Thema entscheidend das Geschehen in Ricarda Huchs *Erinnerungen von Ludolf Ursleu dem Jüngeren* (1893), Rudolf Huchs *Familie Hellmann* (1908) und Adolf Wilbrandts *Meister Amor* (1880). Zur Charakterisierung der seelischen Verfassung der Figuren dienen häufig Vergleiche mit einer schwermütigen Schönheit, die bereits Merkmale der tödlichen Verfallenheit zeigt (Mann, „Der Tod in Venedig", 1913) oder in ihrer erotischen Bezogenheit störend ins Leben eingreift (Eduard von Keyserling, *Beate und Mareile,* 1903; *Dumala,* 1907). Die Parallelisierung von Schönheit und Dekadenz ist jedoch keineswegs auf das Handlungsgeschehen begrenzt. Sie greift auf die Formgebung (Paul Verlaine, „La Langueur") über, äußert sich im Bestreben, die zeitlos bewahrende Macht des Schönen dem allgemeinen Verfall der Welt entgegenzuhalten (John Keats, „Ode on a Grecian Urn", 1820; Eduard Mörike, „Auf eine Lampe", 1846; Charles Baudelaire, „L'Ennui", „Hymne à la beauté", 1857), und in dem ganz allgemeinen Verlangen, in der Kunsterfahrung dem Anspruch der Wirklichkeit zu entfliehen (Théophile Gautier, Vorwort zu *Mademoiselle de Maupin,* 1836; Joris-Karl Huysmans, *A rebours,* 1884; Walter Pater, *Marius the Epicurean,* 1885; Oscar Wilde, *The Picture of Dorian Gray,* 1891).

4. In engem Zusammenhang mit dem Thema steht die Darstellung erotischer Erlebnisse, die die Labilität der Menschen und die innere Brüchigkeit der Gesellschaft beleuchten. Das Erotische nimmt durchaus unterschiedliche

Formen an und reicht von geistigen Affinitäten bis zu körperlicher Brutalität. Arthur Schnitzler erfaßt feine Nuancen des seelischen Empfindens (*Anatol,* 1893), Gautier den Verlust der →androgynen Einheit (*Mademoiselle de Maupin*). Frank Wedekind gestaltet die Auflösungstendenzen in Männerfiguren, die der triebhaften Frau zum Opfer fallen (*Erdgeist,* 1895). Verführerinnen ziehen die Männer in ihren Bann, werden aber häufig selbst Opfer des Verfalls (→Femme Fatale; Becky in William Thackeray, *Vanity Fair,* 1847–48; Elizabeth Barrett Browning, *Aurora Leigh*, 1857; Robert Browning, *The Ring and the Book,* 1868–69; Emile Zola, *Nana,* 1880; Thomas Hardy, *Tess of the d'Urbervilles,* 1891); und Nymphomaninnen stürzen sich und die ihnen verfallenen Männer ins Unglück (Huysmans, *Là-bas,* 1891; Marguerite Rachilde, *L'Heure sexuelle,* 1898). In den Werken überschneiden sich gegensätzliche Vorstellungen. Sexuelle Hörigkeit und rauschhafte Gefühle kommen neben Absagen an das Leben und der Verherrlichung des Todes vor. Diese Tendenzen sind deutlich ausgeprägt in den Prosaschriften und Dramen von Stanislaw Przbyszewski (*Totenmesse,* 1893; *Satans Kinder,* 1897; *Totentanz der Liebe.* 4 Dramen, 1902; *Androgyne,* 1906). Auch im Rückgriff auf historische Stoffe bestimmt die Themenverknüpfung die Anlage des Geschehens. Wilhelm Weigand fängt das Epigonenhafte und die geistige Verfassung einer dekadenten Welt in seinen Dramen *Die Renaissance. Ein Dramencyclus* (1899) ein. Heinrich Mann schildert am Beispiel Violantes, einer Frau, die erst vorbildliche Herrscherin ist, dann ihr ganzes Leben der Kunst widmet und schließlich als rein sinnliches Wesen wilde Liebesabenteuer sucht, die Auflösung ehemals fester Leitbilder des Daseins (*Die Göttinnen oder Die drei Romane der Herzogin von Assy,* 1903). Typische Themenstränge wie wilde Brutalität (Hanns Heinz Ewers, *Der Zauberlehrling oder Die Teufelsjäger,* 1909), das langsame Dahinwelken abseits der Welt (Friedrich Huch, *Geschwister,* 1903; *Wandlungen,* 1905; *Mao,* 1907), Erotik und Schönheit (Gustave Flaubert, *Salammbô,* 1862) fügen sich nahtlos zusammen in den vielen Salomé-Darstellungen der Zeit. Mit ihrem Leitspruch „In Schönheit leben, lieben und töten" stehen andere Figuren wie Maldoror und Algabal (Stefan George, *Algabal,* 1892) der wild-erotischen Salomé ebenbürtig zur Seite.

Quellen: Edgar Allan Poe, „The Fall of the House of Usher" (1836); Charles Baudelaire, *Les Fleurs du mal* (1857); George Eliot, *Adam Bede* (1859); Gustave Flaubert, „Hérodias" (1877); Stéphane Mallarmé, „Le Cantique de Saint-Jean" (1875); Oscar Wilde, *Salome* (1893); Hugo von Hofmannsthal, *Der Tor und der Tod* (1893); Paul Verlaine, „La Langueur" in: *Album de vers et de prose* (1897); Kurt Martens, *Roman aus der Décadence* (1898); Emile Tardieu, *L'Ennui* (1903); Ricarda Huch, *Eine Krise* (1904); Friedrich Huch, *Enzio* (1910); Arthur Schnitzler, *Der Sohn* (1892); *Sterben* (1895); *Der Schleier der Pierrette* (1910); *Komödie der Verführung* (1924); Hermann Hesse, *Der Steppenwolf* (1927); satirische Behandlung: Otto Julius Bierbaum, *Prinz Kuckuck* (1907); Saul Bellow, *Henderson the Rain King* (1959).

Lit.: Aspects de décadantisme européen. In: RSH NF 153 (1974); L'Esprit de décadence. Colloque de Nantes. Paris 1984; R. Bauer (Hg.): Fin de siècle: Zur Literatur u. Kunst der Jahrhundertwende. Ffm 1977; ders.: Altes u. Neues über die Décadence. In: Litwiss. Jb. 32 (1991); J. Birkett: The Sins of Fathers. Decadence in France, 1870–1914. London 1986; A.E. Carter: The Idea of Decadence in French Literature 1830–1900. Toronto 1958; C. de Deugd: Towards a Comparatist's Definition of ‚Decadence'. In: D.W. Fokkema, E. Kunne-Ibsch, A.J.A. Van Zoest (Hg.), Comparative Politics. Amsterdam 1976; W. Drost (Hg.): Fortschrittsglaube u. Dekadenzbewußtsein im Europa des 19. Jh. Literatur-Kunst-Kulturgeschichte. Heidelberg 1986; W. Eickhorst: Decadence in German Fiction. Denver, CO 1953; L'Esprit de décadence. Colloque de Nantes. Paris 1984; A.J. Farmer: Le Mouvement esthétique et ‚décadent' en Angleterre (1873–1900). Paris 1931; R. Gilman: Decadence: The Strange Life of an Epithet. New York 1979; ders.: Reflections on Decadence. In: Partisan Review 46 (1979): M. Green: Children of the Sun: A Narrative of ‚Decadence' in England after 1918. London 1977; P. Guiral: Les Écrivains français et la notion de décadence de 1870 à 1914. In: Romantique 42 (1983); D. Kafitz (Hg.): Dekadenz in Deutschland. Beiträge zur Erforschung der Romanliteratur um die Jahrhundertwende. Ffm 1987; A.R. Kaminsky: The Literary Concept of Decadence. In: NCFS 4 (1975–76); J. Lethève: Le Thème de la décadence dans les lettres françaises à la fin du XIXe siècle. In: RHL 63 (1963); G. Petronio: Il ‚Decadentismo'. La parola e la cosa. In: Philologica Pragensia 26 (1983); M. Pfister, B. Schulte-Middelich (Hg.): Die ‚Nineties'. München 1983; R. Poggioli: L'automne des idées. In: Diogène 38 (1962); W. Rasch: Die literarische Décadence um 1900. München 1986; R. Secundus: Stoffgeschichte der Salomé-Dichtungen. Leipzig 1913; E. Tardieu: L'Ennui. Paris 1903; H.G. Zagona: The Legend of Salomé and the Principle of Art for Art's Sake. Geneva 1960.

Siehe auch: Apokalypse, Dandy, Femme Fatale, Künstler

Dialog-Schweigen

1. Die Bestimmung der Motivreihe wird durch den Umstand erschwert, daß den Einzelelementen aus kommunikations- und informationstheoretischer Sicht wesentliche Eigenbedeutung zukommt. Der Dialog gehört zur Sphäre des „Reden-Könnens" und ist das äußere Zeichen der Kommunikation. Der Dialog ist ein Grundbaustein literarischer Texte. Seine Verwendung und historische Entwicklung setzt voraus, daß sein Wesen syntaktisch und semantisch erkannt wurde. Es ist deutlich, daß Autoren durch die Anordnung des Sprechens und Verstehens oder des Sprechens und Schweigens sowohl wichtige Textrelationen herstellen als auch dem Leser oder Zuschauer wesentliche Informationen vermitteln. Die Motivreihe wirkt daher nicht nur im Sinne der Motivbestimmung, sondern ganz allgemein ausdrücklich polyfunktional. Die Zeichenfunktion in der Textstruktur hat verschiedene Bezugsfelder. Der Dialog setzt das Sprechen-Wollen voraus. Das Sprechen kann jedoch einerseits die Grundlage eines förderlichen Gesprächs sein, andererseits durchaus aggressiven Charakter annehmen und die Existenz anderer bedrohen. Das Schweigen kann vieles ausdrücken: Zustimmung, Verzweiflung, Vereinsamung, die Erkenntnis, daß sich reine Gefühle nicht in konventionelle Worte fassen lassen, das völlige Versagen der Sprache angesichts unbegreiflicher Vorgänge und die Erfahrung der tödlichen Leere eines absurden Daseins. Die Untersuchung der Motivreihe wird zusätzlich durch die Tatsache erschwert, daß der Dialog im Drama und in Bühnenstücken neben dem Monolog ein konstitutives Element ist. Er dient der Einleitung und Entwicklung von Handlungen, der näheren Charakterisierung von Personen und der Vergegenwärtigung von Gefühlen. In der erzählenden Literatur übernimmt der Dialog außerdem die Funktion der Entwicklung gegensätzlicher Ansichten, der Belehrung und der ironischen Brechung.

Obwohl Autoren durchaus die Bedeutung des Schweigens erkannten, räumten sie bis zur Mitte des 20. Jh. dem Dialog weit mehr Raum ein. Trotzdem war schon immer das Schweigen, das bejahende, begründete, beredte, der ebenbürtige Partner des Sprechens. Es hatte seinen festen Platz in der Rhetorik des Altertums und erfüllte, wie noch Morvan de Bellegarde in seiner Abhandlung *Conduite pour se taire et pour parler* (1696) hervorhob, eine wesentliche Aufgabe in der Gestaltung eines Gesprächs. Jede Komposition verlangt eine ihrer Eigenart angemessene Reaktion des Schweigens (Eugen Gomringer, „schweigen", 1977). Die unterschiedlichen Formen des Schweigens (aufmerksam, zustimmend, zweifelnd, geringschätzig, verspottend, verächtlich, undurchschaubar) können im Text wirkungsvollere Zeugnisse einer Situation oder der Einstellung einer Figur sein als die Gegenrede. Miguel Cervantes (*Don Quixote,* 1605) erschließt die vielseitigen Möglichkeiten in der Zuordnung des Schweigens zum Sprechen im Figurenaufbau von Sancho Panza und Don Quixote. Aber bereits in der französischen und deutschen Klassik und später in den Werken von James, Hofmannsthal und Faulkner äußert sich im Schweigen die Sorge, daß das ausgesprochene Wort zutiefst fragwürdig ist und zu Mißdeutungen führen kann. Diesem problematischen Schweigen steht im 19. Jh. die von Theodor Fontane und Anton Tschechow gezielt verwendete Technik des Aneinandervorbeiredens, des entleerten Dialogs, gleichberechtigt zur Seite. Die Menschen sprechen, ohne einander zuzuhören; ihre Gedanken berühren sich nicht mehr; der Dialog versagt. Diese Technik wird im →absurden Theater, unter Rückgriffen auf das Schweigen, zum Dialog des Terrors erweitert. Terror und Schweigen werden zum Prinzip des Figurenaufbaus und der Handlungsführung. Schließlich wird in einigen Texten die Sprache entleert und im Schreien oder Lallen zum Ausdruck der menschlichen Verarmung.

2. Die Grundform des Denkens, die im förderlichen Gespräch den angemessenen Ausdruck findet, ist seit Platons Schriften ein fester Bestandteil der abendländischen Tradition. Der Dialog wird im philosophischen Gespräch, im belehrenden Dialogroman und im Streitgespräch zum Hauptmerkmal literarischer Kunstformen. Durch Gegenüberstellung unterschiedlicher Auffassungen in Frage und Antwort, kluger Gegenrede und Widerlegung führt der Dialog zur Erkenntnis. Die Voraussetzung für das förderliche Gespräch ist das rationale Denken. Die Gesprächspartner müssen zumindest andeutungsweise entweder das Interesse an Belehrung haben oder entwicklungsfähig erscheinen. Das förderliche Gespräch bietet ein solides Gerüst für festgefügte, längere Entwicklungen. Es kann mehrere Personen einbeziehen und einen festen Rahmen für einzelne Erzählungen schaffen. Autoren verwendeten das Stilprinzip, um ihre eigenen Ansichten über Leben und Tod darzulegen (François de la Motte-Fénelon, *Dialogues des morts*, 1690 ff.), die Eigenart des Wahrnehmungsvorganges zu beleuchten (Denis Diderot, *Entretiens d'un père avec ses enfants; Entretiens entre d'Alembert et Diderot,* 1769) und um Fragen des Zusammenhanges von Gesellschaft, Kunst und Literatur zu klären (Goethe, *Unterhaltungen deutscher Ausgewanderten,* 1795; Ludwig Tieck, *Phantasus,* 1812–16; E.T.A. Hoffmann, *Die Serapions-Brüder,* 1814–16). Es überrascht kaum, daß der symmetrische Aufbau der Gespräche, in denen Rede und Antwort alternierend Gewicht und Gegengewicht herstellen, nicht nur zu Erörterungen formaler Kunstfragen anregte, sondern auch zu Betrachtungen über das Wesen des Dialogs selbst reizte (Goethe, „Der Sammler und die Seinigen", 1774; „Über Wahrheit und Wahrscheinlichkeit der Kunstwerke", 1797; E.T.A. Hoffmann, „Der Dichter und der Komponist", 1813; „Des Vetters Eckfenster",1822; Hugo von Hofmannsthal, „Das Gespräch über Gedichte", 1903). Daß die Gespräche in Rahmenerzählungen von Chaucer über Boccaccio, Marguerite de Navarre und Goethe bis zu den Novellensammlungen im 19. Jh. deutlich erkennbare, spezifische Funktionen im Wechselverhältnis von Rahmen- und Binnenerzählung übernehmen, ändert nichts am formalen Prinzip des Dialogs.

3. Das Motiv des förderlichen Gesprächs veranschaulicht die Geisteshaltung einzelner Personen. Es begründet den Wissensdrang oder die Bereitschaft, den eigenen begrenzten Erfahrungshorizont zu erweitern, und charakterisiert die Figur als entwicklungsfähig (Friedrich Schiller, „An den Dichter", 1797; Emily Dickinson, „A Word", vor 1886). Durch die geistige Auseinandersetzung stellt das Motiv grundsätzlich eine enge Beziehung zwischen Individuum und Gesellschaft her. In der französischen und deutschen Klassik wird es ein wesentliches Glied im Aufbau zentrifugaler Bewegungskurven, die den Eindruck vermitteln, daß sich der einzelne aus seiner Ich-Bindung löst und eine höhere Stufe der Welterkenntnis erreicht. Der Dialog dient der Anreicherung von Ereignissen, die durchaus gesellschaftlichen Charakter haben. Die im Dialog zum Ausdruck kommende Haltung beleuchtet das wechselnde Verhältnis des Menschen zur Gesellschaft. Das Motiv ist eine wichtige Gelenkstelle in der Handlung, da es immer in Zeitspannen des menschlichen Reifens auftritt. Ganz allgemein spielten die Kunst des schönen Sprechens, die gewählte Rede und die genau durchdachte Anordnung eines Gesprächs eine bedeutende Rolle im französischen Geistesleben des 17. Jh. Die wechselseitigen Beziehungen von philosophischem Diskurs und Literatur sind nicht zu unterschätzen. Richtlinien für und Einführungen in die Gesprächskunst gehören zum geistigen Profil der Zeit und geben Auskunft über stilistische Eigenheiten, die auch in der Literatur auftreten: Charles Sorel, *De la manière de bien parler et de bien écrire* (1672); Madeleine de Scudéry, *Conversations sur diverses sujets* (1680); *Conversations nouvelles* (1684); Pierre Ortigue de Vaumorière, *L'Art de plaire dans la conversation* (1688); François de Callières, *Des bons mots et des bons contes* (1692). Außerdem zeichnet sich in der Romankunst der Zeit unverkennbar die Tendenz ab, dem eleganten Gespräch größere Bedeutung beizumessen als dem Handlungsgeschehen (Jean-Louis Guez de Balzac, *Aristippe,* 1658; Madeleine de Scudéry, *Artamène ou Le Grand Cyrus,* 1650–

53; *Clélie,* 1656; Honoré d'Urfé, *L'Astrée,* 1612–28). In Molières Werken werden die technischen Möglichkeiten der Motivverarbeitung besonders deutlich. Er verwendet die Gesprächskunst als ernstes und als komisches Moment. Die elegante Rede, die ihren Ursprung im förderlichen Gespräch nicht verleugnet, führt Geliebte zusammen. Sie überzeugt, weil Form und Gefühl im Einklang stehen. Die Chancen des Mißlingens von Gesprächen wachsen jedoch mit der Entfernung von ihrer ursprünglichen Zielsetzung. Das Gespräch beginnt auszuufern, wird zur reinen Konvention und artet in Phrasendreschen aus. Die elegante Rede ohne Gehalt unterdrückt nicht nur den natürlichen Ausdruck der Empfindungen, sondern ist auch bereits öffentliches Merkmal des Gefühlsverlusts (*Le Misanthrope,* 1666; *Le Malade imaginaire,* 1673).

Die Bestimmung des Gesprächs als formales Gebilde, dessen kunstvolle Anordnung einerseits Aufschluß über die seelische Verfassung eines Sprechers gibt, andererseits aber auch die wahre Motivation verhüllen kann, begünstigte die weitere Entfaltung des Motivs. Das komische Mißlingen des Dialogs charakterisiert Personen, verursacht Verwirrungen und führt zu Handlungsverwicklungen in Komödien von Marivaux und Beaumarchais, Kleist und Hofmannsthal. Der Einklang von innerem Gefühl und Zielsetzung wird zum Sinnbild der vorbildlichen Gesellschaft der Hounyhmhms in Jonathan Swifts *Gulliver's Travels* (1726) und beleuchtet Iphigenies Versuch, die Umwelt durch die Wahrheit zu überzeugen und zu einer neuen Einstellung zum Mitmenschen zu bewegen (Goethe, *Iphigenie,* 1787). In Goethes *Torquato Tasso* (1790) übernimmt das Motiv dramatische Handlungsfunktion. Die unterschiedlichen Auslegungen und Mißdeutungen der Gespräche legen tiefgreifende Konflikte bloß und enthüllen die Problematik einer Sprachgebung, in der gesellschaftliche Konvention und innerer Wahrheitsanspruch nicht eindeutig abgestimmt sind. Dagegen wirkt das Versagen des Dialogs in den *Wahlverwandtschaften* (1809) fast schon wie ein entleerter Dialog. Die kunstvollen Gespräche in diesem Roman bieten Einblicke in eine Lebensgemeinschaft, in der die Form nicht mehr der Gefühlswelt entspricht (→Herz).

Die wachsende Beliebtheit der Dialoge im Zeitalter der Aufklärung entspricht einerseits der starken wirkungsästhetischen Orientierung der Autoren und kommt andererseits den Interessen des anwachsenden bürgerlichen Lesepublikums entgegen. Da die Dialogform zum übergreifenden Strukturprinzip wird, zu Diskussion in den Poetiken der Zeit anregt, den Gesichtskreis der Moralischen Wochenschriften beherrscht und im Gesprächsroman bewußt Gattungsanspruch erhebt, ist es außerordentlich schwierig, das Motiv abzugrenzen. Eine Untersuchung des Motivs in der erzählenden Literatur der Epoche belegt, daß dessen Sinngehalt dem Lebensgefühl der Zeit, der Wohnkultur und der Einstellung der bürgerlichen Leser zur Wissenserweiterung angemessen ist. Das förderliche Gespräch setzt grundsätzlich die geistige Ebenbürtigkeit der Redepartner, gegenseitige Toleranz und den Willen zum gemeinsamen Denken voraus. Es gibt dem Autor die Möglichkeit, die Personen zwanglos als gesellige Wesen darzustellen. Das Motiv begründet die geistige Entwicklung und beleuchtet innere Wandlungen. Diese Funktion ist nachweisbar in Schriften von Crébillon-fils und Diderot, bei Christoph Martin Wieland, *Don Silvio von Rosalva* (1764), Friedrich Traugott Hase, *Gustav Aldermann* (1779), und Elizabeth Inchbald, *A Simple Story* (1791). Viel weniger eindeutig sind die Überschneidungen des Motivs mit der Verwendung der Dialoge in Romanen, Fabeln und lehrhaften Schriften, in denen der Dialog Personen und Gedanken veranschaulicht, der größeren Lebendigkeit und Dramatisierung des Geschehens dient, prägnante Bilder einer Situation gibt und ganz allgemein den Leser in das gesellige Geschehen einbezieht (Johann Jakob Bodmer, Johann Jakob Breitinger, Johann Jakob Engel, Theodor Gottlieb von Hippel, Friedrich Nicolai). Die häufig in Dialogform oder im Gesprächston abgefaßten Beiträge in Wochenschriften, Monatsschriften und Journalen zur Unterhaltung und Bildung (*Spectator, The Tatler, Discourse der Mahlern , Die vernünftigen Tadlerinnen, Göttinger Gelehrten Anzeigen*) vermitteln der Kunstform weitere

Impulse. Im Anschluß an Anthony Shaftesburys Stil und Gedanken (*A Letter Concerning Enthusiasm*, 1709; *Soliloquy, or Advice to an Author*, 1710) setzt sich die Überzeugung durch, daß philosophische Gedanken und moralische Wahrheiten im Prozeß ihre Entwicklung am besten durch Dialoge veranschaulicht werden können. Damit verbindet sich der Gedanke, den Leser ins Gespräch zu ziehen und ihn selbst zum Nachdenken aufzurufen.

Diese Motivfunktion läßt sich besonders deutlich in Darstellungen der menschlichen Entwicklung nachweisen. In Verbindung mit dem Thema des →Reifens (Wilhelm in Goethe, *Wilhelm Meister*, 1795–1821; Esther in Charles Dickens, *Bleak House*, 1853–54; Hans Castorp in Thomas Mann, *Der Zauberberg*, 1924; Joseph in Mann, *Joseph und seine Brüder*, 1933–43) gewährleistet der Dialog die direkte Beteiligung der Leser durch einen ständigen Prozeß der Seinserhellung. Der Vorgang entsteht im direkten Anschluß an die Bildungserlebnisse der Figuren, die in Gesprächen von allen Seiten beleuchtet werden. Im Gespräch findet die wesentliche Auseinandersetzung mit dem Gedankengut der Vergangenheit, den Ideen der Gegenwart und utopischen Vorstellungen der Zukunft statt. Im Dialog stellen sich direkte Beziehungen zum Mitmenschen, zur geliebten Person oder zum geistigen Widersacher ein. Im fortwährenden Gespräch mit der Welt erkennen die Figuren ihre Bestimmung und erreichen eine Stufe der Selbsterkenntnis, die vorbildlich wirkt. Daß die Wahrheitssuche sich nicht notwendigerweise an der Welt orientieren muß, belegen die Romane *The Wings of the Dove* (1902) und *The Golden Bowl* (1905) von Henry James. In diesen Werken wird die Sprache der Dialoge mit verschlüsselten Bedeutungsgehalten angereichert. Der Dialog verhüllt innere Gefühle und Vorstellungen, die erst im Verlauf wiederkehrender Gespräche erkennbar werden. Trotzdem steht das Motiv auch in dieser Verwendung noch in engem Zusammenhang mit der Entwicklungsfähigkeit der Person.

4. Die künstlerische Ausgestaltung der im Dialog zum Ausdruck kommenden Sprachhaltung oder Sprachbefähigung kann dem Motiv als wirkungsvolles Sekundärelement angeschlossen werden. Wortwahl und Satzgliederung kennzeichnen nicht nur den Stand, sondern auch innere Hemmungen oder verborgene Pläne einer Person. Außerdem kann der Dialog so geführt werden, daß er Konflikte auslöst (das geschieht, nachdem Philinte die Sprache ihrer Zofe verbessert hat: Molière, *Les Femmes savantes*, 1672, und in den Gesprächen zwischen Blanche und Stanley: Tennessee Williams, *A Streetcar Named Desire*, 1947) oder das ganze weitere Geschehen grundlegend beeinflußt (Schmuckes „elsässischer" Dialekt in Balzac, *Le Cousin Pons*, 1847, und die Erziehung Lisas in George Bernard Shaw, *Pygmalion*, 1912). Shaws Stück ist für die Untersuchung des Motivs besonders gut geeignet, da die unterschiedlichen Funktionen des förderlichen Gesprächs, der Belehrung, der offenen und geheimen Sinndeutung, der Sprachgebung und des gesellschaftlichen Bezugs deutlich hervortreten.

5. In der Literatur des 20. Jh., in amerikanischen Bühnenwerken und im Theater des Absurden zeichnen sich Tendenzen ab, das Gespräch zu aggressiven Dialogen weiterzuentwickeln. Der aggressive Dialog ist nie Monolog, da der andere zuhören muß und mit jedem Wort tiefer in die Abhängigkeit von der brutalen Rede gerät. Der Dialog wird zur furchtbaren Waffe, die das Opfer unaufhaltsam zerstört. Die von Jean de La Bruyère in *Les Caractères* (1688) und Chevalier de Méré in *Conversations avec le Maréchal Clérembaut* (1669) entwickelten Gedankengänge, daß sich der Mensch durch Meisterschaft auf dem Gebiete des Wortes wie Alexander über andere erheben kann, aber, wenn er seine menschliche Berufung verkennt, tödlich auf die Gesellschaft zurückwirkt, umreißen die Situationsbedingungen und Wirkungen des aggressiven Dialogs. Von William Faulkners Jason Compson (*The Sound and the Fury*, 1929), Flem Snopes (*The Hamlet*, 1940; *The Town*, 1957; *The Mansion*, 1959), Thomas Sutpen (*Absalom, Absalom!*, 1936) und Joseph Hellers Bob Slocum (*Something Happened*, 1974) bis zu den Figuren in John Barths Romanen schmieden die modernen Eroberergestalten den Dialog zur furchtbaren Waffe. Arthur Miller (*A View from the*

Bridge, 1955), Tennessee Williams (*A Streetcar Named Desire,* 1947; *The Glass Menagerie,* 1948; *The Rose Tattoo,* 1950; *Cat on a Hot Tin Roof,* 1955), Edward Albee (*The Zoo Story; The Death of Bessie Smith,* 1959; *Who's Afraid of Virginia Woolf?,* 1962) und Samuel Beckett (*Fin de partie,* 1957) verwenden das Motiv nicht nur zur Charakterisierung der Figuren, sondern verlagern es auch in den Mittelpunkt des dramatischen Geschehens. Der aggressive Dialog löst das Geschehen aus, stützt die Handlung, beleuchtet das Wesen des Aggressors und motiviert das Ende der Opfer, die entweder Selbstmord begehen oder getötet werden.

6. Dialoge, in denen keine echte Verständigung stattfindet, gehören seit den Anfängen der Komödie zum Theaterrepertoire. In der erzählenden Literatur verwendeten Autoren den Leerlauf von Gesprächen und die Tendenz, in Klischees oder hohlen Phrasen zu reden, um Schwächen eines Individuums, überholte Konventionen oder Klassendünkel bloßzustellen (J.M.R. Lenz, *Der Waldbruder,* 1797; auch in fast allen seinen Bühnenstücken; Friedrich Maximilian Klinger, *Der Weltmann und der Dichter,* 1798). Zum Motiv wird der entleerte Dialog jedoch erst, wenn der Dialog zum konventionellen Zeichen wird, welches jede echte Verständigung unterbindet. Die Entwicklung setzt mit dem Schaffen Goethes (erste Anklänge in *Die Leiden des jungen Werthers,* 1774; *Tasso; Die Wahlverwandtschaften*) und Schillers (*Wallenstein,* 1800; *Die Braut von Messina,* 1803) ein und führt über Nikolai Gogol („Der Mantel", 1834; *Die Toten Seelen,* 1842), Anton Tschechow (*Der Mann im Futteral,* 1898; *Der Kirschgarten,* 1904), Theodor Fontane (*Irrungen, Wirrungen,* 1888; *Stine,* 1890), August Strindberg und Henrik Ibsen bis zum modernen Theater, dem *nouveau roman* und dem deutschen Drama der siebziger Jahre. Im Gegensatz zu der vorausgehenden Literatur, in der das Motiv noch einzelne, erkennbare gesellschaftliche Störungen beleuchtete, verweist es seit den fünfziger Jahren sowohl auf allgemeine zwischenmenschliche Krisen (Thomas Bernhard, Botho Strauß, Gabriele Wohmann) als auch auf eine undeutbare Weltverfassung. Die Sprache mündet nun endgültig ins Leere. Triviale Beobachtungen, Klischees, undeutbare Bemerkungen und das uferlose oder einfache Vor-sich-Hinreden unterliegen dem Wiederholungszwang und verstärken den Eindruck der Einkreisung der Figuren. Eine echte Mitteilung findet nicht mehr statt. Es scheint fast so, als beherrsche der Wunsch nach absolutem Alleinsein auch die Sprache (Peter Weiss, *Der Schatten des Körpers des Kutschers,* 1960; Eugène Ionesco, *La Cantatrice chauve,* 1950; Samuel Beckett, *En attendant Godot,* 1952; Alain Robbe-Grillet, *Pour un Nouveau Roman,* 1963; Robert Anderson, *Solitaire,* 1970; Gabriele Wohmann, *Die Gäste,* 1971; *Der Nachtigall fällt auch nichts Neues ein,* 1978; Botho Strauß, *Die Hypochonder,* 1972; Thomas Bernhard, *Die Macht der Gewohnheit,* 1974; *Vor dem Ruhestand,* 1979; Gedichte von Günter Kunert in *Mondlichtlandschaft,* 1991).

7. Im gestalteten Schweigen zieht ein Autor die letzte Folgerung aus dem Pathos aufgebrochener Gefühle oder dem entsetzensvollen Schauder einer Situation. Das Schweigen ist gewiß nicht unnatürlich, wirkt aber auf den ersten Blick eigentümlich unliterarisch, weil sich die meisten Leser an Tassos beredte Klage erinnern: „Und wenn der Mensch in seiner Qual verstummt, / Gab mir ein Gott, zu sagen, wie ich leide". Dessenungeachtet entwickelt sich das Motiv des Schweigens aus einer langen, bis in die Antike zurückverfolgbaren Tradition. Chevalier de Jaucourt legte in seinem Aufsatz für die *Encyclopédie* vier Gründe für die Verwendung des Schweigens dar. Das Schweigen kann im Zuschauer oder Leser Furcht und Schrecken hervorrufen und dadurch die gefühlsmäßige Identifikation mit dem Kunstwerk beschleunigen. Das Schweigen kann außerdem dem Zuschauer eine Erfahrung des Erhabenen vermitteln. Es vergegenwärtigt sowohl vorbildliche als auch negative Charaktereigenschaften. Schließlich kann das Schweigen einem moralischen Grundsatz entspringen. Diese Überzeugung dient als Richtlinie des Handelns im begrenzten Redeverbot des Benediktinerordens. Im Schweigen öffnet sich die Seele dem Göttlichen, und der Mensch erliegt nicht den Versuchungen der irreführenden Rede. Das Schweigen ist jedoch, durchaus auf Figuren bezogen, bereits im Märchen belegt. Das Schweigegebot gehört zu den schwierigsten Bewährungsproben, die Märchenfiguren auferlegt werden. Es ist kein Verbot wie unzählige andere (Thompson, *Motif-Index* HO-H, 1598.1), die übertreten werden können, wenn sich die Märchenfigur in einer neuen Prüfung bewährt. Wer das Schweigen bricht, schaut dem eigenen Untergang ins Auge („Die zwölf Brüder", „Die drei Raben", Hans Christian Andersen, „Die sechs Schwäne"). Andererseits war das Schweigen keineswegs immer ein Zeichen der Selbstbeherrschung und inneren Gewißheit (Diderot, *Eloge de Richardson,* 1761; Rousseau, *La Nouvelle Héloïse,* 1761), sondern konnte zu schwerwiegender Verirrung führen (Chrestien de Troyes, *Eric et Enide,* 1160?; *Perceval,* ca. 1180; Wolfram von Eschenbach, *Parzival,* ca. 1205–10).

Seitdem Homer in der *Ilias* das Schweigen von Ajax zur Charakterisierung der Gefühle, der emotionalen Reaktion anderer und zur Vorausdeutung künftiger Verwicklungen gebrauchte, gehört das Verfahren zum festen Bestand literarischer Darstellungsmittel. Die Möglichkeiten sind nahezu unbegrenzt; die Voraussetzung ist nur die Intensität der Gefühle. Die Charakterisierungen reichen von tiefem Leid (Dido in Vergil, *Aeneis*), rückhaltloser Liebe (Cordelia in Shakespeare, *King Lear,* 1605?), dem Eingeständnis der Schuld (*Macbeth,* 1606) und der natürlichen Trauer (Des Grieux nach dem Tod Manons in Abbé Prévost, *Manon Lescault,* 1734) bis hin zum Schweigen unterdrückter Frauen (Zora Neale Hurston, *Their Eyes Were Watching God,* 1937; Werke von Maxine Hong Kingston, Alice Walker, Maya Angelou und Toni Morrison) und zur Absage ans Leben (Wilhelm Raabe, *Wunnigel,* 1870). An jedem dieser Beispiele läßt sich belegen, was auch in der Darstellung schweigender Naturerfahrung durch Bernardin de Saint-Pierre, *Paul et Virginie* (1787), und Vivant Denon, „Point de lendemain" (1772), zum Ausdruck kommt: Das Schweigen kann im sprachlichen Kunstwerk nur durch Beobachtungen anderer, Reflexionen des Erzählers oder vergegenwärtigte Handlung wirkungsvoll gestaltet werden. Auch die Möglichkeiten auf der Bühne bleiben begrenzt (→Alkestis), da in stummen Szenen die Gestik (Pierre Carlet de Marivaux, *La Vie de Marianne,* 1731; *Le Paysan parvenu,* 1735–36) oder in der Pantomime die Gebärde und der Tanz das Schweigen vermitteln müssen.

Das Schweigen übernimmt wesentliche Motivfunktion in Werken des 20. Jh., die nicht nur durch das Aneinandervorbeireden, sondern besonders durch das Versagen des Dialogs die völlige Vereinsamung der Menschen darstellen wollen. Jean-Paul Sartre, *Qu'est-ce que la littérature?* (1948), befürwortet das Schweigen, da es besser als das sinnlose Gespräch den Zusammenbruch menschlicher Beziehungen ausdrücke. Im Schweigen äußern sich die bedrohlichsten gesellschaftlichen Krisenerscheinungen. Die Sprache versagt, da sie das absolute Alleinsein nur durch blasse Annäherungen vermitteln kann. Sie ist kaum fähig, das Bekenntnis zum absurden Weltbild oder zum Nichts einzufangen, da der semantische Gehalt des Wortes immer Gegenvorstellungen hervorruft. Die neue Wirklichkeitserfahrung kann daher nur im Schweigen verdeutlicht werden: Samuel Beckett, *En attendant Godot* (1952); *L'Innommable* (1953); *Fin de partie* (1957); *Oh les beaux jours* (1962); Harold Pinter, *The Room* (1960); „The Examination" (1963); *Silence* (1969); André Gorz, *The Traitor* (1966). Die Konzeption schlägt sich außerdem in der szenischen Gestaltung von Situationen nieder, in denen der einzelne nichts hört, selbst wenn andere sprechen (Beckett, *Comédie,* 1966; Pinter, *Landscape,* 1968). In Stücken, in denen das Schweigen die Weltverfassung motiviert, wird die Meinungsäußerung daher auch konsequent monologisiert. Die Personen reden vor sich hin, können keinen Kontakt zueinander aufnehmen oder verweigern das Gespräch. Die ihnen zugeordneten Figuren hören nichts, sprechen zusammenhanglos oder schweigen. Die Situation wirkt hoffnungslos und bestimmt den Gesichtskreis des Daseins.

8. Das Schweigen im Sinne des Ausschweigens oder Verschweigens kann in Texten eine intentionale Leerstelle darstellen, die der Leser im Wahrnehmungsvorgang mit Bedeutung ausfüllt. Die Deutung des Zeichens entspringt jeweils der Differenz zwischen dem im Werk Gegebenen und der Anlage des Textes, die konkrete Erwartungen hervorruft. Die Funktion des Zeichens besteht darin, etwas sichtbar zu machen, was vorher nicht sichtbar gewesen ist. Im Text ist das Zeichen daher auch von bedeutungsvollen Ankündigungen und Beobachtungen eingerahmt, die dem Schweigen besondere Bedeutung verleihen. Es erscheint an besonders wichtigen, strategischen Punkten der Erzählung wie beispielsweise nach Julies Heirat in Rousseaus *La Nouvelle Héloïse,* zwischen den beiden Teilen von Rousseaus *Confessions* (1765–70), in Augenblicken der Besinnung im fiktiven Briefwechsel (Choderlos de Laclos, *Les Liaisons dangereuses,* 1782), an spannungsgeladenen Höhepunkten des Geschehens (E.T.A. Hoffmann, *Lebens-Ansichten des Katers Murr,* 1820–22) oder am Ende eines Werkes wie etwa in Diderots *Entretiens d'un père avec ses enfants* (1773). Aus der Funktion des Verschweigens in diesen Beispielen, die sich beliebig vermehren lassen, ergibt sich eine Folgerung, die für die Motivfunktion des Schweigens ganz allgemein von Bedeutung ist. Im literarischen Werk wird die Sprache grundsätzlich in das Geschehen eingebracht. Dialog und Schweigen sind daher nicht zu trennende Korrelatbegriffe. Ein Prozeß der Gegenüberstellung findet immer statt. Das Schweigen bleibt in der Sinndeutung bestehen, wird aber in der Darstellung überwunden, solange es sich in der Form realisieren läßt.

Lit.: W. Bahner: Sprache u. Gesellschaft. Einige Aspekte ihres wechselseitigen Verhältnisses. In: Beiträge zur Romanischen Philologie 8 (1969); S. Besslich: Schweigen-Verschweigen-Übergehen. Die Darstellung des Unausgesprochenen in der Odyssee. Heidelberg 1966; K.H. Bohrer: Der romantische Brief. Die Entstehung ästhetischer Subjektivität. Ffm 1989; D. Cherubrin (Hg.): Gespräche zwischen Alltag u. Literatur. Tübingen 1988; R. Cohn: Dialogue in American Drama. Bloomington, IN 1971; J.-P. Dens: L'Art de la conversation au XVIIe siècle. In: Les Lettres Romanes 27 (1973); H.S. u. I.G. Daemmrich: Spirals and Circles. A Key to Thematic Patterns in Classicism and Realism. 2 Bde. New York 1994; R.L. Frautschi: Some 18th-C. French Stances of Silence. In: Studies on Voltaire and the 18th C. 79 (1971); H.-G. Gadamer: Wahrheit u. Methode. Tübingen 1973; C.I. Glicksberg: The Literature of Silence. In: Centennial Review 14 (1970); W. Habicht: Der Dialog u. das Schweigen im Theater des Absurden. In: NS 16 (1967); I. Hassan: The Literature of Silence. Henry Miller and Samuel Beckett. New York 1967; C.L. Hart-Nibbrig: Rhetorik des Schweigens. Ffm 1981; M. Kommerell: Die Sprache u. das Unaussprechliche. In: ders., Geist u. Buchstabe der Dichtung. Goethe-Kleist-Hölderlin. Ffm 1940; O. Lorenz: Schweigen in der Dichtung: Hölderlin-Rilke-Celan. Studien zur Poetik deiktisch-elliptischer Schreibweisen. Göttingen 1989; H. Mayer: Das Geschehen u. das Schweigen. Aspekte der Literatur. Ffm 1969; N. Mecklenburg: Figurensprache u. Bewußtseinskritik in Fontanes Romanen. DVjs 65 (1991); R. Mortier: Pour une poétique du dialogue. In: J.P. Strelka (Hg.), Literary Theory and Criticism. FS Wellek. Ffm 1984; B. Müller: Der Verlust der Sprache. Zur linguistischen Krise in der Literatur. In: GRM 47 (1966); J. Peterkiewicz: The Other Side of Silence. London 1970; H. Politzer: Das Schweigen der Sirenen. Studien zur deutschen u. österreichischen Literatur. Stuttgart 1968; R. Reisinger: Die Rolle des Schweigens in der Dichtungstheorie von Rimbaud bis Valéry. Salzburg 1983; V. Roloff: Reden u. Schweigen. Zur Tradition u. Gestaltung eines mittelalterlichen Themas in der französischen Literatur. München 1973; U. Ruberg: Beredtes Schweigen in der deutschen Literatur des Mittelalters. München 1977; H. Söhnlein: Gesellschaftliche u. private Interaktionen. Dialoganalysen zu Hofmannsthals Der Schwierige u. Schnitzlers Das weite Land. Tübingen 1986; G. Steiner: Language and Silence. New York 1967; K. Stierle, R. Warning (Hg.): Das Gespräch. München 1984; C. Strosetzki: Konversation. Ein Kapitel gesellschaftlicher u. literarischer Pragmatik im Frankreich des 17. Jh. Ffm 1978; A. Thaler: Shakespeare's Silences. Cambridge, MA 1929; E. Weigand, F. Hundsnurscher (Hg.): Dialoganalyse. 2 Bde. Tübingen 1989; J. Wertheimer: Der Güter Gefährlichstes, die Sprache. Zur Krise des Dialogs zwischen Aufklärung u. Romantik. München 1990; H.G. Winter: Dialog u. Dialogroman in der Aufklärung. Darmstadt 1974; R.B. Yeazell: Talking in James. In: PMLA 91 (1976).

Don Juan

1. Die Figur wurde von Tirso de Molina in die Weltliteratur eingeführt. Don Juan, lebenshungrig und willensbetont, steht im Mittelpunkt eines konfliktgeladenen Geschehens, das in rascher Szenenfolge abläuft. Don Juans Züge sind stark ausgeprägt: er wird vom hemmungslosen Trieb beherrscht, Frauen zu verführen, ist instinktiv bereit, zu töten und fordert das Schicksal heraus, indem er die Ruhe der Toten stört. Seine Zielsetzung erscheint weniger eindeutig, läßt jedoch den

Schluß zu, daß er sich über alle Ansprüche der Gesellschaft und jede absolute Norm hinwegsetzen will. Die zum Verständnis der besonderen Figurenkonzeption und der späteren thematischen Entwicklung wichtigen Ereignisse des Schauspiels sind folgende: Don Juan täuscht und verführt zuerst Doña Isabella, dann Doña Ana, die Tochter Don Gonzalos. Er tötet Don Gonzalo, buhlt mit dem Fischermädchen Tisbea und verführt eine Braut auf ihrer Hochzeit. Als er eine Kirche betritt, sieht er sich plötzlich der drohenden Statue von Gonzalo gegenüber. Er geht jedoch unerschrocken zum Grabmal, kneift den steinernen Bart der Statue und lädt den Toten zum Abendmahl ein. Die steinerne Figur erscheint, besteht aber auf einen Gegenbesuch. Don Juan nimmt die Herausforderung an. Als er jedoch am nächsten Tag die Kirche betritt, hält ihn der Geist des Toten eisern fest. Don Juan fleht vergebens um Beistand eines Priesters und stirbt. Die Statue verkündet: „Das ist die göttliche Gerechtigkeit". Darauf versinkt sie mit Don Juan und dem Sarkophag in der Erde.

Die Handlung enthält eine Reihe von Elementen, die zu immer neuer Gestaltung anregten. Obwohl Don Juan in der literarischen Tradition weitgehend zum Urbild des Verführers wurde, sind einige andere Eigenheiten der Figurenkonzeption von großer Bedeutung. Don Juan besitzt die wichtigste Eigenschaft des Helden und der Märchenfigur. Er ist furchtlos und fürchtet selbst den Tod nicht. Er übertritt uralte Tabus und Verbote und verletzt die Gebote der christlichen Lehre. Die Bedeutungen der Anspielungen sind teilweise völlig verhüllt (Totenruhe stören: mit Toten essen – Kannibalismus), teilweise offenkundig (am Bart zupfen: im Mittelalter eine tödliche Herausforderung; Fischermädchen – christliche Tradition?; Hochzeit – Ehebruch). Aber die Rollenorientierung der Heldenfigur erscheint in der Form einer völligen Inversion. Don Juan prüft sich nie selbst, wird weder durch Schmerz noch durch Leiden geläutert, lernt keine Hilfsbereitschaft, verachtet die Gesellschaft und stirbt jämmerlich. Sein ganzes Handeln widerspricht der christlichen Tugendlehre und der mittelalterlichen Lebensauffassung. Er ist ein leichtsinniger Erotiker, genießt das Leben und lächelt über die Jenseitsvorstellungen seiner Zeit, bis es zu spät ist. Er ist besessen davon, eine Frau zu verführen, aber wendet sich sofort der nächsten zu. Dieses deutet nicht nur eine mögliche innere →androgyne Neigung an, sondern bezeugt, daß er unfähig ist, feste menschliche Beziehungen einzugehen. Dramatisch wirksam ist der anmaßende Stolz, der zu Fall kommt, und das Schema Verbrechen – gerechte Strafe, das die Rechte der Gesellschaft wahrt. Literarhistorisch ist die Figur eine der großen Renaissancekonzeptionen, welche die Befreiung der Persönlichkeit von der Bindung an das mittelalterliche Wertsystem feiert. Thematisch gehört Don Juan zu den Figurenkonzeptionen, die je nach dem Ansatz der Darstellung unterschiedliche thematische Verknüpfungen erlauben. Er erscheint daher als repräsentative Figur für die Themen der Aggression, der machtvollen Selbstbehauptung und der Verführung. In diesen Konzeptionen bleibt Don Juan der Handlungsträger, der nach außen wirkt. Das trifft selbst auf Darstellungen zu, die psychologische Deutungen seiner Verfassung geben. Don Juan erscheint aber außerdem als ein Mensch, dessen innere Verfassung, undurchschaubare Anlagen und Leidenschaften das Geschehen auslösen. Im Rahmen dieser Deutungen erhielt Don Juan die Züge des Frauenhassers, des Bejahers einer absurden Existenz, des nachdenklichen Lebensgenießers und selbst des alternden Schlemmers.

Die Frauen stehen in allen Darstellungen ausnahmslos in engem Zusammenhang mit Don Juan. In der sprachlichen Fassung und im Ausdruck ihrer Affekte bestehen erstaunliche Ähnlichkeiten über lange Perioden hinweg. Die Frauen drücken Schrecken aus, geraten außer sich und sind leidenschaftlich erregt. Trotzdem greifen sie fast nie aktiv in das Handlungsgeschehen ein, auch dann nicht, wenn eine von ihnen als Verführerin geschildert wird. Sie sind die Opfer einer Situation, die sich ihrer Kontrolle entzieht. Ihr Leiden soll Mitleid und Rührung erregen.

2. Der literarische Prozeß der Aneignung und Umgestaltung, der hier in wenigen Zügen angedeutet wird, läßt in der Schilderung der Sittenbilder häufig zeitorientierte Anliegen er-

kennen, weist aber im Figurenaufbau nicht die erwartete Korrelation zu den wechselnden historischen Standorten der Autoren auf. Was in der Entwicklung der Figur vom willensstarken Renaissance-Typ zum Rebellen und modernen, in seiner Identität verunsicherten Menschen hervortritt, ist die Tendenz Don Juans, sich selbst zu analysieren und seine Motive zu kommentieren. In der Commedia dell'arte spielt Don Juan die Rolle des stereotypen Verführers, der hohnlachend die Frauen verläßt. Seine Übertretungen der moralischen Ordnung rufen jedoch immer das Schicksal auf den Plan, das ihn seiner gerechten Strafe zuführt. Molières Dom Juan, ein Courschneider, Libertin und Atheist, kommentiert bereits zynisch sein Verhalten. Die Gestaltung von Da Ponte-Mozart übernimmt Struktureigenheiten der Nemesis-Tragödie und bezieht die Strafe eindeutig auf eine Folge von Verbrechen, durch die Don Juan die sittliche Ordnung verletzt hat. Hoffmanns Erzählung zeigt eine Figur, die sich in unendlicher Sehnsucht nach dem Ideal des Weiblichen verzehrt. Da das Vollkommene nie ins Leben tritt, regt jede Begegnung nur zu neuer Suche an. Dagegen geht Byrons Gedicht von der Überlegung aus, daß sich Don Juan erst zum Meister der Verführungskunst entwickelte, nachdem er selbst verführt wurde. In Grabbes Werk wird Don Juan zum leidenschaftlichen, kühnen Außenseiter, der prometheisch den Anspruch auf Individualität erhebt. In seinem wütenden Aufbegehren gegen die konventionelle Moral werden aggressive Tendenzen besonders deutlich. Die Aggressionsthematik ist im Mysterienspiel von Zorrilla noch stärker ausgeprägt. Er geht jedoch im Aufbau der Handlung neue Wege. Das Spiel entwickelt einen Spannungsbogen zwischen dem tiefsten Fall des Menschen und seiner möglichen Erhöhung und endet mit der Erlösung Don Juans durch die heilige Liebe des Ewig-Weiblichen. Deshalb betont die Handlung eine Folge von Verfehlungen, die sich von Frevel zu Frevel steigern. Don Juan verlacht jede Vernunft, jede Tugend, jedes Recht. Er verlockt alle Frauen von der Prinzessin bis zur armen Fischerin und krönt seine Taten mit der Wette, die Braut eines Freundes am Hochzeitstag zu entjungfern. Als er das Mädchen, Ines, sieht, wird er von einer wahnsinnigen Raserei befallen. Seine Gier ist grenzenlos. Er tötet ihren Vater und seinen Freund, wird aber im Tod mit ihr verklärt. Die Seelen der beiden verwandeln sich in Flammen, die in den Äther fliegen.

Im Blick auf die Darstellungen, die die Figur psychologisch sondieren, verdient ein Aspekt besondere Aufmerksamkeit. Die Autoren versuchen, ein tieferes Verständnis der Probleme zu vermitteln, mit denen Don Juan ringt. Er wird zum großen Empörer (Shaw), zur seelisch verkümmerten Marionette (Rostand), hat homoerotische Neigungen (Lenormand) und wird zum nachdenklichen Beobachter des Daseins, dem seine Eroberungen keine Freude mehr machen (Montherlant, Frisch). Aber die Betonung des Individuellen macht seine Existenz zunehmend zum interessanten Einzelschicksal. Die Mißachtung der Frau und das gestörte Verhältnis zur Gesellschaft sind scharf profiliert. Dagegen tritt der Verlust der Entwicklungsfähigkeit zurück. Trotzdem behauptet auch in diesen Gestaltungen die Grundkonstellation der absoluten Grenzübertretung ihre Eigenart.

3. Verschiedene Werke, die das Leben, die Bekehrung und Erlösung von Miguel Mañara schildern (Prosper Mérimée, *Les Ames du purgatoire,* 1834; Alexandre Dumas-père, *Don Juan de Mañara*, 1836; Edmond Haraucourt, *Don Juan de Mañara,* 1898), spielen entweder auf Don Juan an oder identifizieren die beiden Figuren. Diese Werke lösen die Dialektik von Individuellem und Gesellschaftlichem, indem sie die Figur in Reue, Sühne und neuer Orientierung dem bestehenden Ordnungssystem der Welt wieder eingliedern.

Quellen: Tirso de Molina, *El Burlador de Sevilla y convidado de piedra* (1616?, 1630); Claude Deschamps Villiers, *Le Festin de Pierre, ou le fils criminel* (1660); Molière, *Dom Juan, ou le Festin de Pierre* (1665); Thomas Shadwell, *The Libertine* (1676); Thomas Corneille, *Le Festin de Pierre* (1677); Christoph Willibald Gluck, *Don Juan* (1758); Pierre Choderlos de Laclos, *Les Liaisons dangereuses* (1782); Wolfgang Amadeus Mozart, Lorenzo Da Ponte, *Don Giovanni* (1787); E.T.A. Hoffmann, „Don Juan“ (1813); George Gordon Byron, *Don Juan* (1819–23); Christian Dietrich Grabbe, *Don Juan und Faust* (1829); Alfred de

Musset, *Namouna* (1834); Théophile Gautier, *La Comédie de la mort* (1844); Nikolaus Lenau, *Don Juan* (1844); José Zorrila, *Don Juan Tenorio* (1853); Julius Bierbaum, *Don Juan Tenorio* (1898); Julius Hart, *Don Juan Tenorio* (1881); Carl Sternheim, *Don Juan* (1909); George Bernard Shaw, *Man and Superman* (1912); Henry Bataille, *L'Homme à la rose* (1920); Edmond Rostand, *La Dernière nuit de Don Juan* (1921); Henri-René Lenormand, *L'Homme et ses fantômes* (1924); Ödön von Horváth, *Don Juan kommt aus dem Krieg* (1935); Max Frisch, *Don Juan oder Die Liebe zur Geometrie* (1953; Neuf. 1962); Ronald F.H. Duncan, *Don Juan* (1953); Jean Anouilh, *Orniffe, ou la courant d'air* (1955); Henry Montherlant, *Don Juan* (1956); Erich Wolfgang Skawara, *Pest in Siena* (1976).

Lit.: C.-C. Adam: Lectures de Dom Juan de Molière. Paris 1981; E. Balmas: Il mito di Don Giovanni nel seicento francese. Mailand 1983; M. Berveiller: L'Eternel Don Juan. Paris 1961; E. Blackall: Don Juan and Faust. In: Seminar 15 (1978); G.G. de Bévotte: La Légende de Don Juan. Genève 1970; F. Dieckmann: Die Geschichte Don Giovannis. Werdegang eines erotischen Anarchisten. Ffm 1991; H. Gnüg: Don Juans theatrische Existenz. Typ u. Gattung. München 1974; dies.: Don Juan. München 1989; dies.: Dandy u. Don Juan-Typ. In: Arcadia 22 (1987); H.H. Jacobs: Don Juan – heute. Die Don Juan-Figur im Drama des 20. Jh. Rheinbach-Merzbach 1989; H. Joseph: Don Juan in the Enlightenment: The Twilight of the Exotic as Myth. In: Degré 6 (1982); S. Kierkegaard: Tagebuch eines Verführers (1843); S.A. Lindner: Der Don Juan-Stoff in Literatur, Musik u. bildender Kunst. Diss. Bochum 1980; S. De Madariaga: Don Juan as a European Figure. Nottingham 1946; O. Mandel: The Theater of Don Juan. Lincoln, NE 1963; G. Marañón: Don Juan. Madrid 1954; C. Minguet: Don Juan. Paris 1977; W. Mönch: Don Juan. Ein Drama der europäischen Bühne. In: RLC 35 (1961); B. Müller-Kampel: Verführer u. Rebell. In: GRM 37 (1987); F. Rauhut: 1003 Variationen des Don-Juan-Stoffes von 1630 bis 1934. Konstanz 1990; J. Rousset: Le Mythe de Don Juan. Paris 1978; A.E. Singer: The Don Juan Theme. Versions and Criticism. A Bibliography. Morgantown, PA 1965; dazu „First", „Second" u. „Third" Supplement. In: West Virginia U. Philol. Papers 15 (1966), 17 (1970), 20 (1973); M.Y. Sicard (Saint-Paulien): Don Juan, mythe et réalité. Paris 1967; H.G. Tau: La Matière de Don Juan et les genres littéraires. La Haye 1976; L. Weinstein: The Metamorphoses of Don Juan. Stanford, CA 1959; N.B. Wittmann (Hg.): Don Juan. Darstellung u. Deutung. Darmstadt 1976; L. Weinstein: The Metamorphoses of Don Juan. Stanford, CA 1959.

Siehe auch: Aggression

Don Quijote *(Quixote)*

1. Miguel de Cervantes Saavedras zweiteiliger Roman *El ingenioso hildago Don Quixote de la Mancha* (1605/15) gab Anlaß zu zahlreichen Neugestaltungen und einem untrennbar mit der Figur verbundenen Themenkomplex. Thematisiert werden: (1) der komisch-tragische, weltfremd-wahnsinnige/idealistische Sonderling, der die Welt nicht nur aus dem Geist der Phantasie erfährt, sondern sie auch umgestalten will; (2) die Dialektisierung von Lesen und Schreiben, Entstehung und Fortsetzung, Rezeption und Ablehnung literarischer Texte; und (3) die Verwechslung von Illusion und Fiktion. Die Themen sind so eng verknüpft, daß die Grenzen häufig verschwimmen.

2. Die Thematisierung des närrischen Exzentrikers, der gegen die Regeln der Gesellschaft verstößt, weil er sein phantastisches Glücksstreben in die Tat umsetzt, ist dehnbar und kann mit gewissen Abwandlungen leicht auf andere Epochen übertragen werden. Bearbeitungen, Nachahmungen und Neugestaltungen reichen daher vom direkten Bezug auf Cervantes bis zu Fassungen, in denen das Thema, nicht die Figur Quijotes erkennbar ist. Die ersten Bearbeitungen des Romans thematisierten Don Quijote in Farcen als lächerliche, selbst grobe Gestalt. Er sollte zum Lachen reizen. Seine Ansichten und Abenteuer provozierten Karikaturen und Satiren. Der Spott richtet sich gleichermaßen gegen Geistesschwache, Schwärmer und Phantasten (Avellaneda, *Don Quijote,* 2. Teil, 1614; Gilbert Saulnier Du Verdier, *Le Chevalier hypocondriaque,* 1632; Louis Moreau Du Bail, *Le Gascon extravagant, Histoire comique,* 1637; Pierre Carlet de Chamblain de Marivaux, *Pharsamon, ou Les Folies romanesques / Le Don Quichotte moderne,* 1713/37; Henry Fielding, *Don Quixote in England,* 1734; Wilhelm Ehrenfried Neugebauer, *Der teutsche Don Quichotte,* 1753). Der stark entwickelte Traditionsstrang der Satiren wurzelt im Wirklichkeitsbewußtsein der Zeit. Die Satiren stellen jedoch nicht nur die Weltfremdheit der Schwärmer bloß. Sie rufen auch auf zur Korrektur der bestehenden Verhältnisse (Richard Steele, *The Tender Hus-*

band, 1705; Charlotte Lennox, *The Female Quixote,* 1752; Tobias Smollett, *The Adventures of Sir Launcelot Greaves,* 1760; Christoph Martin Wieland, *Die Abenteuer des Don Sylvio von Rosalva,* 1764; Johann Gottwerth Müller, *Siegfried von Lindenberg,* 1779/81–82; Goethe, *Der Triumph der Empfindsamkeit,* 1787; Tabitha Tenny, *Female Quixotism,* 1801; Jean Paul, *Der Komet,* 1820–22; Karl Immermann, *Münchhausen,* 1838–39; Gustave Flaubert, *Bouvard et Pécuchet,* 1881; Graham Greene, *Monsignor Quixote,* 1982). Das exzentrische, irrationale Benehmen der Figuren versinnbildlicht die Beschränktheit der rationalen bürgerlichen Welt, die außer der Phantasie auch Nächstenliebe, Hilfsbereitschaft und Großzügigkeit ausschließt. Don Quijotes Vorhaben, in die Welt zu reiten, seine Geliebte zu ehren, armen Witwen zu helfen und Gott und Mitmenschen zu dienen, inspirierte Autoren dazu, die Figur als tragischen Schwärmer zu konzipieren, der sein Leben dem Kampf gegen die Mißstände der Zeit opfert (Johann Karl Wezel, *Lebensgeschichte Tobias Knauts,* 1798; Ludwig Tieck, *Geschichte des Herrn William Lovell,* 1795–96; *Franz Sternbalds Wanderungen,* 1798; Gustave Flaubert, *Madame Bovary,* 1857; Iwan Aleksandrowitsch Gontscharow, *Oblomow,* 1858; Miguel de Unamuno, *El sencillo don Rafael, cazador y tresillista,* 1901). Deutsche Romantiker, besonders August Wilhelm und Friedrich Schlegel, sahen in Don Quijotes Phantastik die Heiterkeit des Unverbindlichen und idealisierten seine Narrheit als Ausdruck der echten Universalpoesie (A.W. Schlegel, „Cervantes", 1800; F. Schlegel, „Gespräch über die Poesie" *Athenäum* 3, 1800; Anklänge in E.T.A. Hoffmann, *Der goldne Topf,* 1814; „Rat Krespel", 1819; Joseph von Eichendorff, *Ahnung und Gegenwart,* 1815; Heinrich Heine, *Reisebilder,* 1826–31). Die weitgespannten Interpretationen Don Quijotes als Vorkämpfer einer gesellschaftlichen Erneuerung beeinflußten Werke mit oft widersprüchlichen Zügen im 19. und 20. Jh. (George Gordon Byron, *Don Juan,* 1819; Fjodor Dostojewski, *Der Idiot,* 1868; E.G. Morrison, *Alonzo Quixano, Otherwise Don Quixote,* 1895; Thomas Mann, „Meerfahrt mit Don Quijote", 1935; Dale Wasserman, *Man of La Mancha,* 1964). Die Deutung der Figur als Repräsentant der leidenden Menschheit ersetzt die ursprüngliche Komik in der Figurendarstellung durch ein ernstes, zuweilen revolutionäres Wunschbild.

3. Der Schluß des Romans – „Für mich allein wurde Don Quijote geboren, und ich für ihn. Er wußte zu handeln und ich wußte zu schreiben. Wir beide sind allein eins ..." – beleuchtet die Identifikation der Handlung und der Figur Don Quijotes mit der Darstellung des Schreiben-Lesen-Komplexes. Don Quijotes Einstellung, seine Kapriolen und seine psychologische Entwicklung sind untrennbar von seiner Lektüre und der tollen Nachahmung der Ritterromane. Hinzu kommen die beständigen Auseinandersetzungen zwischen den verschiedenen Erzählern und Figuren, deren Lektüre jeweils ihre Haltung und ihr Handeln bestimmt. Vier Erzähler streiten sich über die „wahre" Darstellung der Abenteuer des *hildagos.* Im ersten Teil rechnet sich Don Quijote zu den Erzählern. Seine Versuche, die Abenteuer und Ansichten der fiktiven Ritterfiguren nachzumachen, werden sowohl von ihm als auch von den verschiedenen Chronisten wiederholt geschildert. Im zweiten Teil stützen sich die Handlungen anderer (des Fürsten und der Fürstin oder des Friseurs) auf die Lektüre des ersten Teils. Außerdem veröffentlichte Alonso Fernández de Avellaneda bereits 1614 eine Fortsetzung des Romans. Text und Konkurrenz-Text liegen somit zeitlich eng zusammen. Wilhelm Neugebauers *Der teutsche Don Quichotte* (1753) ist beispielhaft für die Übernahme des Spiels zwischen dem Handlungsträger und einer Reihe von Erzählern, die Cervantes' Roman auszeichnete. Don Quijotes Versuche, in seiner Umgebung und Zeit das Weltbild der von ihm gelesenen Ritterromane durchzusetzen, beeinflußte zahlreiche Nachahmungen, Bearbeitungen, Fortsetzungen und Parodien, die das Thema der ins Leben getretenen Literatur entwickeln. Die ironisierte, aber vom Handlungsträger gelesene und imitierte Literatur ist in diesen Texten nicht dieselbe. In Charles Sorels *Le Berger extravagant* (1627) sind es die Schäferromane; in Perdou de Sublignys *La Fausse Clélie* (1670) glaubt die Handlungsträgerin, sie sei die fiktive Clélie von Scudérys *Clélie* (1654–1660); in Samuel Butlers *Hudibras* (1663/64/78), sind es die Schriften der Puritaner; in Marivaux' *La Vie de Marianne* (1731–42), Charlotte Lennox' *The Female Quixote* (1752) und Tabitha Tennys *Female Quixotism* (1801) sind es sentimentale Romane; in Jean Pauls *Der Komet* ist es der Bildungsroman. Henry Fieldings *The History of the Adventures of Joseph Andrews* (1742) und Johann Karl August Musäus' *Grandison der Zweite* (1760–62) verdoppeln die Dialektik, indem ihre Parodien gleichermaßen Cervantes' Roman und Samuel Richardsons *Pamela* (1740) treffen. Jorge Luis Borges' „Pierre Menard, autor del Quijote“ (1944) parodiert sowohl Cervantes' Roman als auch die Kompositionstechnik des modernen Dichters. Kathy Acker (*Don Quixote, Which Was a Dream,* 1986) verbindet die Verspottung surrealistischer Traumvisionen mit einer Parodie der feministischen *écriture.* Das Nacheifern des Gelesenen kann auch ironisch-tragisch enden, wie etwa in Nikolai Gogols *Die toten Seelen* (1842), Gustave Flauberts *Madame Bovary* (1857) und Benito Pérez Galdós' *Tristiana* (1892).

4. Die falsche Deutung der Wirklichkeit, die von Don Quijote zuweilen auf Sancho Panza, den Friseur Caruso, die Schauspielertruppe, den Fürst, die Fürstin und den Gastwirt übergreift, gewinnt in der literarischen Tradition außerdem Symbolcharakter für die sich ständig dialektisch verwandelnde Wechselbeziehung von Phantasie und Realität, Schein und Sein. Der Erzählhaltung entsprechend, findet die Problematik sowohl versöhnliche Lösungen als auch harte Auslegungen der Unvereinbarkeit von Phantasie und Wirklichkeit. Der Wunsch, das eigene Reich der Phantasie in der feindseligen oder gleichgültigen Welt zu bewahren, wird häufig humoristisch behandelt (Henry Fielding, *Joseph Andrews*, 1742; Lawrence Sterne, *Tristram Shandy*, 1760–67, Oliver Goldsmith, *The Vicar of Wakefield*, 1766; Wilhelm Raabe, *Wunnigel,* 1879). Wieland schildert in *Don Sylvio,* Raabe in *Prinzessin Fisch* (1883), Ilse Aichinger in *Die größere Hoffnung* (1948), daß jugendliche Träume und Idealbilder dem Leben Sinn verleihen. In anderen Werken erfährt die Dialektik zweideutige Auslegungen, die besonders hervortreten, wenn sich der Erzähler bewußt von den Figuren distanziert (Charles Dickens, *The Pickwick Papers,* 1836; Herman Melville, *Moby-Dick,* 1851; Benito Pérez Galdós, *Doña Perfecta,* 1876; Mark Twain, *A Connecticut Yankee in King Arthur's Court,* 1889; Raabe, *Die Akten des Vogelsangs,* 1896; Alexander Lernet-Holenia, *Der Graf von Saint-Germain,* 1948). In vielen Erzählungen der europäischen Romantik, besonders in Kunstmärchen, verschwimmen die Grenzen zwischen Wirklichkeit und Phantasie. Die Realität wird durchlässig für das Bizarre und Unheimliche. Die Phantasie geht über in das Phantastische. Die Verwechslung der Sphären und die ständigen Übergänge spiegeln schließlich die Ironie des Lebens und die Undeutbarkeit des Seins. Diese Themenvariante reicht von den Werken Ludwig Tiecks, E.T.A. Hoffmanns, William Blakes, Charles Nodiers, Alfred de Mussets, Oscar Wildes und Bréton de los Herreros' bis ins 20. Jh. (Franz Kafka, *Die Wahrheit über Sancho Panza,* verf. 1917; Jean-Paul Sartre, *La Nausée,* 1939; W.H. Auden, „Two Don Quixote Lyrics“, 1964; Christoph Meckel, *Bockshorn,* 1973; Carlos Fuentes, *Gringo viejo,* 1985; Kathy Acker, *Don Quixote, Which Was a Dream,* 1986; Victor-Lévy Beauhien, *Don Quichotte de la dimanche* 1988; Jochen Beyse, *Ultraviolett,* 1990).

Lit.: J.J. Allen: Don Quixote and the Origins of the Novel. In: M.D. McGaha (Hg.), Cervantes and the Renaissance. Easton, PA 1980; M. Bardon: Don Quichotte en France au XVIIe et au XVIIIe siècle, 1605–1815. Paris 1915; J. Bickermann: Don Quijote u. Faust. Die Helden u. die Werke. Berlin 1929; W. Brüggemann: Cervantes u. die Figur des Don Quijotes in Kunstanschauung u. Dichtung der deutschen Romantik. Münster 1958; M. Church: Structure and Theme: Don Quixote to James Joyce. Columbus, OH 1983; A. Close: The Romantic Approach to Don Quixote. Cambridge 1978; D.B. Drake, D.L. Finello: An Analytical and Bibliographical Guide to Criticism on Don Quijote (1790–1893). Newark, DE 1987; A. Flores, M.J. Benardete (Hg.): Cervantes Across the Centuries. New York 1969; M.A. Gervin: Don Quixote as an Existential Hero. In: College Language Association Journal 31 (1987); J.D. Hainsworth: Don Quixote, Hamlet, and Negative Capability: Aspects of Goncharov's Oblomov. In: AUMLA 53 (1980); P. Hazard: Don Quichotte de Cervantes. Paris 1931;

C. Johnston: Madness and Lust: A Psychoanalytical Approach to Don Quixote. Berkeley, CA 1983; ders.: Don Quixote: The Quest for Modern Fiction. Boston, MA 1990; H. Levin: The Quixotic Principle. Cervantes and Other Novelists. In: M.W. Bloomfield (Hg.), The Interpretation of Narration. Cambridge, MA 1970; A.G. Lo Ré: Essays on the Periphery of the Quixote. Newark, DE 1991; H. Meier: Zur Entwicklung der europäischen Quijote-Deutung. In: Romanische Forschungen 54 (1940); V. Nabakov: Don Quixote. Real Life and Fiction. In: Partisan Review 50 (1983); J.A. Parr (Hg.): On Cervantes. Essays for L.A. Murillo. Newark, DE 1991; R. Robertson: Kafka u. Don Quixote. In: Neophil. 69 (1985); R. Roose: Don Quichotte dans la littérature néerlandaise au XVIIe et XVIIIe siècles. In: Les Langues et Lettres Romanes 2 (1948); A. Steiner: Zum Thema des Don Quijotes in Deutschland. In: Euph. 29 (1929); T. Wolpers (Hg.): Gelebte Literatur in der Literatur. Studien zu Erscheinungsformen u. Geschichte eines literarischen Motivs. Göttingen 1986.

Doppelgänger *(Ich-Spaltungen)*

1. In der Behandlung von Doppelgängerfiguren lassen sich zwei unterschiedliche Traditionen nachweisen. Die Figur dient einerseits im Aufbau von Handlungen dazu, wirkungsvolle Situationen auszuarbeiten, in denen verblüffend ähnliche Personen die Rolle anderer übernehmen (Motivation der Handlung). Andererseits werden Doppelgänger ins Geschehen eingeführt, um sowohl innere Zustände als auch individuelle Vorstellungen von Personen zu beleuchten (Motivation von subjektbezogenen Reaktionen).

2. Die Technik des Verdoppelns durch das Unterschieben eines Verwandten, eines Zwillings oder Halbbruders und durch den launigen Rollentausch versetzt Autoren in die Lage, eine Szenenfolge humoristischer Verwicklungen aufzubauen. Die Täuschung kann sowohl die Hauptfigur direkt treffen als auch im bewußten Rollentausch andere irreführen (Plautus, *Die Zwillinge;* Shakespeare, *The Comedy of Errors,* ca. 1591; *Twelfth Night,* 1600?; Félix Lope de Vega, *El Palacio confuso,* 1606?; Achim von Arnim, „Fürst Ganzgott und Sänger Halbgott", 1818; Erich Kästner, *Das doppelte Lottchen,* 1949). Die Verwirrungen und Konflikte, die sich aus der Verwechslung von Personen oder der Vorspiegelung einer falschen Identität ergeben, sind ausgesprochen bühnenwirksam. Durch die im Bereich des Heiteren angesiedelte Entlarvung überspielt die Komödie weitgehend ernste Folgen der Täuschung. In einigen →Amphitryon-Darstellungen, aber auch in Shakespeares *All's Well That Ends Well* (ca. 1602) und *Measure for Measure* (ca. 1604) regt der auf der sinnlichen Wahrnehmung beruhende Irrtum bereits zu ernsten Überlegungen an. Sobald auch nur eine der Figuren eine Andeutung macht oder der Zuschauer darüber nachdenkt, daß die Wahrheit nie in der Person, sondern nur in dem Urteil der Umwelt über dieselbe aufzufinden ist, lassen sich aus der Verdoppelung schwerwiegende Folgerungen für das Wesen der gesellschaftlichen Verfassung ableiten. Unter dieser Voraussetzung kann jeder Rollentausch, kann jede Verdoppelung zu tragischen Konsequenzen führen und tiefgreifende Probleme behandeln. Zu den bevorzugten Fragenkreisen gehören: Recht und Gerechtigkeit, Tyrannei und menschenwürdige Verfassung (Juan Grajales, *El rey por semejanza,* ca. 1615; Gabriel Tirso de Molina, *La ventura con el nombre,* ca. 1630; Félix Lope de Vega, *El palacio confuso;* Gabriel Bocángel y Unzueta, *El emperador fingido,* ca. 1650), Freundesbeweis und absolute Täuschung der Frau (*Nibelungenlied,* ca. 1200), Freundesbeweis und treue Liebe (Edmond Rostand, *Cyrano de Bergerac,* 1897), Betrug und Verrat (Friedrich Schiller, *Demetrius,* 1805) sowie heuchlerische Verbrechen (Heinrich von Kleist, „Der Findling", 1811).

3. Von wesentlich anderer Bedeutung sind Doppelgängerfiguren, die entweder im Text den Vorstellungswert einer „realen" Person haben, aber nur aus den Bewußtseinsinhalten der durch sie direkt angesprochenen Figur zu deuten sind, oder in ihrer Substanz als Spiegelungen des Unbewußten einer Figur erkennbar werden. Die Doppelgänger ermöglichen Darstellungen von Eigenschaften, die eine Person in ihrer besonderen psychologischen Verfassung ausweisen. Sie erhellen, in der Anlehnung an den Rollentausch, wie sich zwei Personen (Leibgeber und Siebenkäs in Jean Paul, *Siebenkäs;* Leibgeber und Schoppe in *Titan*) oder auch Kulturen (Dichter-Sänger in Goethe, *West-östlicher Divan,* 1814–19; der Orientalist Alev, der seinem Doppelgänger in der Türkei begegnet in Alev Tekinay, *Der weinende Granatapfel,* 1990) ergänzen. Sie sind Spiegelungen von Ahnungen, Befürchtungen, Wünschen und Halluzinationen. Sie artikulieren Gefühle, die die Person nicht ausdrücken kann, weil sie unterdrückt sind und in einer Sphäre wurzeln, die sich dem Aussprechen entzieht. Die Doppelgänger vergegenwärtigen innerseelische Vorgänge. Sie motivieren Ich-Spaltungen und selbstzerstörerische Tendenzen.

In der Wiedergabe der psychologischen Innenschicht übernahm die Literatur einerseits volkstümliche Vorstellungen von Ankündigungen des bevorstehenden Todes durch ein Doppel-Ich, andererseits verarbeitete sie Gedanken von Luigi Galvani, Franz Anton Mesmer und Gotthilf Heinrich Schubert. Das Interesse an Magnetismus, Hypnose und Telepathie kam besonders der romantischen Traumdichtung entgegen. In der Region des Traums äußerte sich das Unbewußte. Es konnte im Blütenzauber und der →blauen Blume harmonische Gestalt annehmen, konnte jedoch auch durchaus dämonisch in das Leben treten. Beide Tendenzen zeigen sich deutlich im Schaffen E.T.A. Hoffmanns. In *Prinzessin Brambilla* (1821) erkennen die Figuren, daß die Annahme einer Aufspaltung der Welt in unvereinbare Gegensätze zu einer tragischen Einstellung zum Dasein führt. Erst die Fähigkeit, die in Peregrinus Tyß und Georg Pepusch verkörperten, gegensätzlichen Anlagen anzuerkennen und im Widerspruch leben zu können, gewährt eine Haltung zum Dasein, in der die Polarität der widerstrebenden Kräfte zu einer lebensvollen Bejahung des Daseins führt. Sobald dieses häufig humoristisch oder ironisch gefärbte Bekenntnis zu den Widersprüchen des Daseins fehlt, veranschaulichen die Doppelgängerfiguren in Hoffmanns Schriften schreckenerregende Triebe und aggressive Tendenzen, die sich gegen das Ich und die Welt richten. Sie führen zu Kreislers wildem Aufbegehren gegen die Sphäre des Triebhaften und gipfeln im rasenden Verlangen des Medardus, seinen Doppelgänger zu überwinden, um in der rauschhaften Erfahrung des Tötens und des „Bluttrinkens" die verzehrenden Ich-Spaltungen zu überwinden.

In der literarischen Tradition treten nach E.T.A. Hoffmann die unheimlichen Züge in Darstellungen der Doppelgängerfiguren immer stärker hervor. Sie erscheinen als Boten, die Zukünftiges voraussagen, werden zu Widersachern, die beseitigt werden müssen, um das eigene Ich zu retten, und äußern kollektive Angstvorstellungen, die in der Vergangenheit wurzeln. Gustav Meyrink verknüpft beispielsweise individuell und gesellschaftlich bedingte Leiden in der Schilderung der Auflösung der Identität Athanasius Pernaths (*Der Golem,* 1915). Pernaths Visionen, in denen der Golem seine Züge annimmt, bereiten ihn auf den Tod vor. Die Doppelgänger können, wie bei Meyrink und Stevenson, eindeutig abgegrenzt sein oder wie in Hugo von Hofmannsthals „Reitergeschichte" (1899) die Form unterschiedlicher Ich-Projektionen annehmen, die die Triebsphäre einer Figur sichtbar machen und schließlich in eine Todesvision einmünden. Mehrfache oder wiederholte Doppelungen veranschaulichen jedoch nicht nur individuelle Identitätskrisen, sondern auch den Zusammenstoß von persönlichen Wünschen und Ansprüchen der Gemeinschaft und besonders im expressionistischen Stationsdrama die gesellschaftlichen Ursachen menschlicher Konflikte. Die Auseinandersetzung mit dem anderen Ich kann Reflexionen auslösen, die zur Selbsterkenntnis führen (Joseph Conrad, *The Secret Sharer,* 1890; Kapitän Vere in Herman Melville, *Billy Budd,* 1891; Reinhard Koester, *Peregrinus,* 1919), Versöhnung und Sühne anbahnen (Walter Hasenclever, *Die Menschen,* 1918; Toni Morrison, *Beloved,* 1988), zum diabolischen Kampf reizen (Franz Werfel, *Der Spiegelmensch,* 1920) und in Selbstzerstörung enden (John Claggart in Melville, *Billy Budd*; Franz Theodor Csokor, *Die rote Straße,* 1918). Das Motiv bildet die Grundlage der menschlichen Maskierung in Eugene O'Neills *The Great God Brown* (1926), der zeitlosen Auseinandersetzung zwischen Gut und Böse in Frido Grelles *Ahasver, der ewige Kampf* (1918) und der Einsicht in ein verfehltes Dasein in Osbert Sitwells *The Man Who Lost Himself* (1927). Es ist häufig mit den Themen der →Aggression und der →Todesbezogenheit verknüpft. Es bringt sowohl die im Unterbewußten schlummernden Instinkte als auch uneingestandene Vorstellungen ans Licht. Im Textaufbau übernimmt es eindeutige Verweisfunktionen und verstärkt die unheimliche Atmosphäre einer bevorstehenden Katastrophe.

Quellen: Jean Paul, *Blumen-, Frucht- und Dornenstücke . . . Siebenkäs* (1796–97); *Hesperus* (1795); *Titan* (1800–03); *Der Komet oder Nikolaus Marggraf* (1820–22); Ludwig Tieck, *William Lovell* (1795–96); Heinrich von Kleist, „Der Findling" (1811); E.T.A. Hoffmann, *Die Elixiere des Teufels* (1815–16); *Lebens-Ansichten des Katers Murr* (1820–22); *Prinzessin Brambilla* (1821); „Die Doppeltgänger" (1822); Heinrich Heine, *William Ratcliff* (1823); Edgar Allan Poe, *William Wilson* (1839); Franz Grillparzer, *Der Traum ein Leben* (1840); Alfred de Musset, *Les Nuits* (1840); Fjodor Dostojewski, *Der Doppelgänger* (1846); Théophile Gautier, „Le Chevalier double"; *Avatar* (1857); Charles Dickens, *A Tale of Two Cities* (1859); Josephin Péladan, *Le Vice suprême* (1884); Robert Louis Stevenson, *The Strange Case of Dr. Jekyll and Mr. Hyde* (1886); Theodor Storm, „Ein Doppelgänger" (1886); Francis Poictevin, *Double* (1889); Rudyard Kipling, „At the End of the Passage" (1889); Edouard Schuré, *Le Double* (1889); *L'Ange et la sphinge* (1921); Marcel Proust, *Les Plaisirs et les jours* (1896); August Strindberg, *Nach Damaskus* (1898–1901); Claude Farrère, *Les Deux ames de Rudolf Hafner* (1904); Ernst Toller, *Die Wandlung* (1919); Julius Maria Becker, *Das letzte Gericht: Eine Passion in vierzehn Aufzügen* (1919); André Gide, *Les Faux-Monnayeurs* (1926); Georg Kaiser, *Zweimal Oliver* (1926); Jan Potocki, *Le Manuscrit trouvé à Saragosse* (1958); Friedrich Dürrenmatt, *Der Doppelgänger* (1960); Brian Friel, *Philadelphia, Here I Come!* (1964); Ronald B. Ribman, *Journey of the Fifth Horse* (1966); Orhan Pamuk, *Die weiße Festung* (1990).

Lit.: P. Coates: The Double and the Other. New York 1988; E. Crook (Hg.): Fearful Symmetry: Doubles and Doubling in Literature and Film. Tallahassee, FL 1982; H.S. Daemmrich: The Shattered Self. Detroit, MI 1973; M. Dessoir: Das Doppel-Ich. Leipzig 1980; P. Dettmering: Psychoanalyse als Instrument der Literaturwissenschaft. Ffm 1981; Le Double. Einf. B. Cazelles. In: Stanford French Review 8 (1984); A. Forrer: Spaltung u. Doppelung. Zürich 1977; E. Greber: Öst-westliche Spiegelungen. Der Doppelgänger als kulturkritische Metapher. In: DVjs 66 (1992); J. Herdman (Hg.): The Double in 19th-C. Fiction. Basingstoke 1990; A. Hildenbrock: Das andere Ich. Künstlicher Mensch u. Doppelgängermotiv in der deutsch- u. englischsprachigen Literatur. Tübingen 1986; A. Käuser: Die Verdoppelung des Ich. In: Jb. Jean Paul Ges. 26/27 (1991/92); C. F. Koppler: The Literature of the Second Self. Tucson, AZ 1972; W. Krauss: Das Doppelgängermotiv in der Romantik. Berlin 1930, 1967; C. La Cassagnère (Hg.): Le Double dans le romantisme anglo-américain. Clermont-Ferrand 1984; A. Preaux: Das Doppelgängermotiv in Jean Pauls großen Romanen. In: Jb. Jean Paul Ges. 21 (1986); O. Rank: Der Doppelgänger. Wien 1925; C. Rosenfeld: The Shadow Within. In: Daedalus 92 (1963); R. Rogers: A Psychoanalytic Study of the Double in Literature. Detroit, MI 1970; B. Selinger: The Nature and the Function of the Double. In: Sphinx 2 (1977); J. Smith: The ‚homo duplex . . .'. In: R.T. Cargo (Hg.), Studies in Honor of Alfred J. Engstrom. Chapel Hill, NC 1972; R. Tymms: Doubles in Literary Psychology. Cambridge 1949; M. Wain: The Double in Romantic Narrative. In: GR 36 (1961).

Siehe auch: Amphitryon, Verkleidung

Drache

Siehe Ungeheuer

Duell

Siehe Rache

Eber

Siehe Tierreich

Edler Wilder

1. Die mit dem Edlen Wilden verknüpften Assoziationen wurden in zahlreichen Werken thematisch zu einer Grundkonzeption zusammengefaßt. Außerdem kann der idealisierte Edle Wilde Motivfunktion übernehmen: Schilderungen sind so angelegt, daß sie die enge Naturverbundenheit und die Entfaltung ursprünglicher, unverdorbener Anlagen hervorheben, die in scharfem Gegensatz zum Wesen des an negativen Auswirkungen der Zivilisation erkrankten Europäers stehen. Als Haupt-, Kontrast- oder Nebenfigur verkörpert der Naturmensch alle Wunschvorstellungen einer individuellen Entwicklung im Rahmen einer erstrebenswerten Lebensgemeinschaft. Das vorbildliche Wesen des Naturmenschen beleuchtet den beklagten Niedergang der Zivilisation und begründet die Sehnsucht nach der Wiederherstellung der verlorenen Unschuld. Das Oxymoron Edler Wilder verschmilzt zwei Traditionsstränge, die sich bis zu den Schriftstellern der Antike zurückverfolgen lassen. Historische Berichte vergleichen häufig die barbarische Lebensart mit dem zivilisierten Lebensstand der Griechen oder Römer. Andererseits preisen Autoren solche Charaktereigenschaften der Wilden wie Treue, Zuverlässigkeit und Altruismus, die sich günstig vom Wesen der zivilisierten Menschen abheben.

Darstellungen Edler Wilder und sinnverwandte Anspielungen auf einen Naturzustand stehen im Kontrast zur Dekadenz der Gegenwart. Die Figur wird in aller Eindeutigkeit mit einer außerhalb der Zivilisation liegenden, „wilden" Sphäre verbunden. Diese Beziehung besteht auch dann, wenn der Wilde im Erzählverlauf in den Aktionsraum der Zivilisation eintritt. Da der Edle Wilde zu allen Zeiten die Wunschvorstellung einer unverdorbenen Menschheit verkörperte, konnte er sowohl in der mythologischen Vergangenheit als auch in der Gegenwart angesiedelt werden. Auch bei karibischen, afrikanischen und afroamerikanischen Autoren finden sich bis in die jüngste Zeit Schilderungen des Edlen Wilden, in denen dieser deutlich erkennbar eine vorbildliche Lebensweise repräsentiert.

2. In der Literatur und Geschichtsschreibung der Antike dienen Schilderungen einzelner Fremdlinge oder fremder Völkerschaften, selbst wenn sie sich auf genaue Beobachtungen der Sitten und Gebräuche stützen, der Bewertung einer geschichtlichen Situation. Man vergleicht die Sitten anderer mit den Errungenschaften der eigenen Zivilisation und findet, daß die Fremden eine primitivere Lebensform haben. Andererseits kann die Kritik an den negativen Erscheinungen der eigenen Gesellschaft gerade in der Beschreibung der Charaktereigenschaften der Barbaren einen festen Anhaltspunkt finden. Der barbarische Skythe, der wilde Taurier und der heroische Germane erhalten Züge, die vorbildlich wirken. Der Typus ist gastfreundlich, offen, opferbereit, mutig, treu und lebt im Einklang mit der Natur (Vergil, Horaz, Tacitus, Justinus, Trogus). Die Kritik nimmt unterschiedliche Formen bei Antiphanes, Aischylos, Sophokles und Vergil an. Ihre Zielsetzung läßt sich deutlich bei Euripides (*Iphigenia in Tauris*) an einer Frage von König Thoas ablesen. In seinem erstaunten Ausruf: „Welcher Barbar konnte das tun, was die Griechen tun?" verbirgt sich eine warnende Stimme, die die Griechen an ihre eigenen Verfehlungen erinnert. Das Wesen der Kritik an der eigenen Zivilisation wird noch augenfälliger, wenn später der überlistete Thoas in unbekümmerter Naivität seine Begleiter auffordert, endlich „Barbaren zu sein und barbarisch zu handeln". Der einzelne Wilde hat natürliche Anlagen, die von der zivilisierten Welt erstickt, und vorbildliche Eigenschaften, die von der gesellschaftlichen Konvention abgelehnt werden. Trotz aller Schwächen der gegenwärtigen Verfassung messen die Autoren dem geschichtlichen Ablauf die Bedeutung bei, daß er die Menschheit zu einer höheren Stufe der kulturellen Entwicklung geführt hat. Auf dieser Stufe ist die Erkenntnisfähigkeit des einzelnen höher entwickelt als im primitiven Naturzustand. Es ist seine Pflicht, sich weiter zu bilden und nicht zu verwildern. Diese Mahnung ist unmißverständlich, wenn Clearchus Solensis, Tertullian oder Claudianus in ihren Beschreibungen barbarischer Sitten Schreckensbilder einer längst überkommenen Vergangenheit entwerfen.

Im Gegensatz zu diesen zumindest teilweise historisch begründeten Warnungen entwickeln Dichter der Renaissance eine außerhistorische Konzeption des Edlen Wilden. Er ist hier der freie Mensch, der nicht an die Konvention gebunden ist. Sein einfaches Leben hebt sich nicht nur vorteilhaft vom Luxus der Zeit ab, sondern entspricht auch häufig den Wunschvorstellungen vieler Autoren von einem Goldenen Zeitalter. In der Schäferdichtung und besonders in Panegyriken auf das natürliche, genügsame Leben erhält der Edle Wilde Züge des arkadischen Schäfers. Der Gesamteindruck ist dennoch ambivalent. In den Darstellungen lassen sich sowohl positive als auch negative Merkmale nachweisen. Der Edle Wilde wirkt sanftmütig und hilfsbereit (Edmund Spenser, *The Faerie Queene,* 1590–96, VI, 4) und kann durch seine Besonnenheit vorbildlich wirken (Shakespeare, *Cymbeline,* 1610?). Er spielt jedoch auch wie Caliban in Shakespeares *The Tempest* (1611?) die Rolle des von dunklen Trieben beherrschten Barbaren, der möglicherweise erst durch Ariel erlöst werden kann. Außerdem finden sich in der Literatur der Zeit, teilweise wie etwa in *Cymbeline* im selben Kontext, Äußerungen und Darstellungen, die den Naturzustand keineswegs als wünschenswert erscheinen lassen. So entsteht der Eindruck, daß dem zivilisierten Menschen der Weg zurück abgeschnitten ist (Shakespeare, *Timon of Athens,* ca. 1608), und daß sich die Eingeborenen in ihrer Unwissenheit kaum von wilden Tieren unterscheiden (François Rabelais, *Pantagruel,* 1532, Buch V; *Cymbeline,* III, 3. 35 ff).

Weder der Ausbau der großen portugiesischen und spanischen Kolonialreiche in Afrika, Indien und Südamerika noch die Kolonisation des wirtschaftlich unerschlossenen nordamerikanischen Kontinents regten zunächst zu der kritischen Selbstbesinnung an, die die Literatur späterer Jahrhunderte auszeichnet. Gewiß äußern einzelne Missionare, Staatsmänner und Denker Bedenken. Sie werden deutlich in der Darstellung des Bischofs Bartolomé Las Casas, *Historia de las Indias* (1552), die das beklagenswerte Schicksal der Indianer festhält. Viele Europäer schildern die Eroberungen jedoch aus einer Sicht, in der wirtschaftliche Machtansprüche unter dem Vorzeichen der Bekehrung der Heiden zum Christentum stehen: Die Eingeborenen entwickeln sich erst durch den Umgang mit Europäern zu vorbildlichen Menschen. So entsteht in der spanischen und französischen Literatur ein Traditionsstrang, der über den sentimentalen Roman bis zur Kolonialliteratur des frühen 20. Jh. reicht. Ganz im Sinne des Zeitgeistes steht *Oroonoko, or The Negro Prince* (1688) von Aphra Behn. Das Werk schildert die Entwicklung eines Wilden, dessen natürliche Anlagen erst durch die Erziehung in Europa voll entwickelt werden. Auf der Kulturstufe des Europäers angelangt, kehrt er nach Afrika zurück, führt durchgreifende Reformen ein und entwickelt ein vorbildliches, aufgeklärtes Regierungssystem im kleinen Stil. In sentimentalen Romanen des 18. Jh., wie beispielsweise Joseph La Vallées *Le Nègre comme il y a peu de blancs* (1789), dem anonym erschienenen *Aza ou le nègre* (1792) und J.B. Piquenards *Adonis ou le bon nègre* (1798), ist der Wilde bereits von hoher Abstammung. Die mitleiderregende Wendung seines Schicksals, in die Sklaverei verkauft zu werden, erweist sich im Erzählverlauf als Glücksfall. Die Berührung mit der europäischen Kultur versetzt ihn in die Lage, seine natürlichen Anlagen vollkommen zu entwickeln. Die Vorstellung der Steigerung und Veredelung angeborener Fähigkeiten durch den Kontakt mit der Zivilisation erstreckt sich über ein Jahrhundert und reicht von Darstellungen des Edlen Wilden bei Bernardin de Saint-Pierre, *Paul et Virginie* (1787), bis zu Pierre Loti, *Le Roman d'un Spahi* (1881). Die von Loti geschilderten Begegnungen der Eingeborenen mit den europäischen Kolonisten, die schließlich in der gemeinsamen Rodung der Wildnis und der Anlage europäisch anmutender Wohnorte gipfeln, kennzeichnen eine Geisteshaltung, die auch im deutschen Kolonialschrifttum vor und nach dem 1. Weltkrieg zum Ausdruck kommt. Die Unabhängigkeitserklärungen der ehemaligen Kolonien und das erwachte Nationalbewußtsein eingeborener Schriftsteller setzten diesen Darstellungen ein Ende.

Die Phase der fruchtbaren Entwicklung des primären Traditionsstrangs beginnt eindeutig mit Michel de Montaignes Aufsatz „Des cannibales" (*Essais* I, 13, 1580). Montaigne beleuchtet die negativen Auswirkungen der Zivilisation auf den Menschen, indem er die seelische Erkrankung des Europäers mit der vorbildlichen Existenz des Edlen Wilden vergleicht. Friedliebend, gut und zartbesaitet, lebt der Edle Wilde in größter Freiheit und völligem Einklang mit der Natur. Er kennt weder die einschränkende Wirkung moderner Staaten noch den moralischen Verfall einer Zeit, in der jeder nach Reichtum und Macht strebt. Der Naturzustand ist der abendländischen Kultur überlegen, weil er nicht ständig unerfüllbare Hoffnungen weckt.

Die literarischen Realisierungsmöglichkeiten polemischer Kontraste der unvereinbaren Existenzformen sind offenkundig. Vom gesellschaftskritischen Standpunkt aus kann der Edle Wilde zu jeder Zeit den Kulturverfall der eigenen Periode akzentuieren und dem Freiheitsverlangen Ausdruck verleihen. Aus ästhetisch-philosophischer Sicht entspricht sein Dasein der Wunschvorstellung des glücklichen Naturzustandes der Menschheit. Der Verzicht auf ambivalente Charaktermerkmale begünstigte die Entwicklung des Kontrastpaares vorbildlicher Held und Bösewicht. Die Ansätze dazu sind bereits in John Drydens *The Indian Queen* (1664, mit Robert Howard) und *The Indian Emperour* (1665) deutlich zu erkennen. Der Seelenadel, die Tapferkeit und die Leiden der Indianer stehen in eindeutigem Gegensatz zur Grausamkeit der Spanier. Gezielt erfaßt Christian Wernickes Epigramm „Auf die Eroberung von Mexiko" (1697) die Konquistadoren als lebensfeindliche Eroberer. Ihre Ausbeute war das sich schnell verflüchtigende Gold und eine um so dauerhaftere Syphilis. In der Erzählung „Inkle and Yarico", die Richard Steele am 13. März 1711 im *Spectator* veröffentlichte, findet der Kontrast eine inhaltliche Ausprägung, die zu weiteren literarischen Darstellungen anregte. Die Erzählung stützt sich auf einen Bericht von Richard Ligon, *True and Exact History of the Island of Barbadoes* (1657). Sie schildert, wie ein britischer Händler seine indianische Frau in die Sklaverei verkauft. Der Brite ist ein typischer Vertreter der schlimmsten Auswüchse des Merkantilismus. Deshalb kann er in der Farce von George Colman the Younger, *Inkle and Yarico* (1787), ungerührt feststellen: „Wir Christen . . . jagen Geld, etwas, was ihr nicht kennt." Die Geschichte, die durch Christian Fürchtegott Gellerts Erzählung (*Fabeln und Erzählungen,* 1746) und Salomon Gessners *Inkel und Yariko. Zweyter Teil* (1756) in Deutschland bekannt wurde und nach der Veröffentlichung der *La Jeune Indienne* (1767) von Sébastien Roch Chamfort in Frankreich großes Aufsehen erregte, trug zu der großen Beliebtheit des Themas im 18. Jh. bei. In den programmatischen Schriften gegen die Unterdrückung der Indianer und Neger werden charakteristische Eigenheiten des Kontrastpaars ohne Bedenken bis in das 19. Jh. übernommen. Der Gedanke einer möglichen Eingliederung des Wilden in die Gesellschaft schränkt die ursprüngliche Konzeption ein („seht, wir Wilden sind doch bessere Menschen, und er schlug sich seitwärts in die Büsche", Johann Gottfried Seume, „Der Wilde", 1801). Die begriffliche Einhelligkeit geht verloren, da die Texte grundsätzlich die inhumane Behandlung einer Minorität anprangern und Reformen anstreben, die auf Gleichberechtigung abzielen.

Zur Erläuterung der mit dem Edlen Wilden verbundenen Wunschvorstellung eines erstrebenswerten Urzustandes hat die Themenforschung Zeugnisse angeführt, die sowohl Thema als auch Motiv allgemeinen retrospektiven Wunschbildern angleichen. Ein Verfahren, welches den Edlen Wilden einem abstrakten Ideal gleichstellt und gleichermaßen Anhaltspunkte in den nackten Menschen in Sebastian Brants *Narrenschiff* (1494) oder Karl Mays *Winnetou, der rote Gentleman* (1892–93) findet, verneint die erheblichen Unterschiede, die den geistigen Anlagen der Figur zugeschrieben werden. Entscheidender jedoch ist die mit der Konzeption verbundene Blickrichtung. Der Edle Wilde ist Zeuge für die konventionellen Erstarrungsformen der Zivilisation. Figuren, die diese Funktion verlieren, sind nur noch indirekt mit der Konzeption verbunden. Texte des 18. und 19. Jh., die das Motiv aufnehmen, bringen es durchweg mit dem Niedergang der Zivilisation in Verbindung. Der Edle Wilde ist unberührt vom Verfall moralischer Werte, von der „despotischen Meinung" der Gesellschaft und der Willkür materialistischer Befriedigung. Selbstgenügsam und stolz lebt der Naturmensch noch im glücklichen Einklang mit der Natur und bekundet eine Harmonie seines Wesens, die der Mensch im Zustande der Zivilisation verloren hat, weil er nur noch ein kleines Rad im großen Uhrwerk der Kultur ist. Er ist glücklicher als der Europäer, weil in ihm Geist und Gefühl, Vernunft und Sitte im ursprünglichen Einklang stehen. Zur Versinnbildlichung dieser Situation erscheint der Edle Wilde in unterschiedlichen Werken: John Dennis, *Liberty Asserted* (1704); Albrecht von Haller, *Die Falschheit menschlicher Tugenden* (1730); *Versuch schweizerischer Gedichten* (1732, 1777); Alexander Pope, *Essay on Man* (I, 3. 1733–34); *The Enthusiast, or The Lover of Nature* (1744); Joseph Wharton, „The Revenge of America", „The Dying American" (1785?); Friedrich Schiller, *Über die ästhetische Erziehung des Menschen* (1794–95), der Naturzustand ist jedoch nicht wiederherstellbar, sondern liegt endgültig hinter dem Menschen; François-René de Chateaubriand, *René* (1802), und *Les Natchez* (1826).

Die für die Beurteilung des Edlen Wilden in der zweiten Hälfte des 18. Jh. maßgebende Schrift ist Jean-Jacques Rousseaus *Discours sur l'inégalité parmi les hommes* (1754). Die von Rousseau mit der Existenzform des Edlen Wilden verbundenen Eigenschaften werden in der Romantik zum Inbegriff des natürlichen Lebens. Für die Wirkungsgeschichte des Motivs wird wichtig, daß Chamisso, Wordsworth, Coleridge, Byron, Southey und Walter Scott die Eigenschaften des Edlen Wilden auf Schotten, Albaner, Indianer und Polynesier übertrugen. Bei dem Beziehungsreichtum dieser Vorstellung überrascht es kaum, daß das Motiv im 19. Jh. auch die Eigenart jener Menschen begründet, die außerhalb der schädlichen Einflüsse der Zivilisation aufwachsen (William Wordsworth, „Three Years She Grew", 1800; Robert Southey, *A Tale of Paraguay*, 1825; Rudyard Kipling, *The Jungle Book*, 1894–95; Emile Zola, *La Faute de l'Abbé Mouret*, 1875).

Die weit verbreiteten Schilderungen des glücklichen Daseins im Urzustand riefen häufig ironischen Widerspruch hervor. Der Edle Wilde eignete sich vorzüglich zur satirischen Pointe gegen den Kulturprimitivismus. Dieser Zug tritt deutlich in Voltaires *L'Ingénu* (1767) und Prosper Mérimées *Tamango* (1829) zutage. Voltaire schildert, wie die natürlichen Anlagen eines Huronenhäuptlings keineswegs den Erfahrungshorizont des gebildeten Europäers aufwiegen. Mérimée beschreibt, wie der ehemalige afrikanische Stammesfürst an den beständigen Anforderungen der zivilisierten Gesellschaft scheitert. Die Zivilisation schreitet unaufhaltsam fort. Was in der Literatur auf geographischen Randgebieten der Erde oder in der fiktiven Urzeit angesiedelt wurde, erscheint daher auch zunehmend als Wunschbild, das im Zukunftsroman auf außerweltliche Bezirke übertragen wird.

Quellen: Homer, *Ilias*; Horace, *Oden* III, 24; Vergil, *Georgica* III; Tacitus, *Germania*; Seneca, *De providentia*; Johann Gottfried Herder, *Briefe zu Beförderung der Humanität*, Nr. 114–17 (1793–97); Chateaubriand, *Atala* (1801); Wordsworth, „The Complaint of a Forsaken Indian Woman" (1789); George Gordon Byron, *Child Harold's Pilgrimage* (1812); Joseph von Eichendorff, *Ahnung und Gegenwart* (1815); Adelbert von Chamisso, „Rede des alten Kriegers Bunte Schlange im Rate der Creek-Indianer" (1829); Heinrich Zschokke, „Indianerzug"; „Die drei Indianer"; Ferdinand Freiligrath, „Audubon"; Hans Grimm, *Südafrikanische Novellen* (1913); Paul Lettow-Vorbeck, *Heia Safari* (1919); Jean-Paul Sartre, „Orphée noir" in: Léopold Senghor, *Anthologie de la nouvelle poésie nègre et malgache* (1948).

Lit.: M. Aguilera: América en los clasicos españoles. Bogotá 1952; E. Balmas: La scoperta dell' America e le lettere francesi del Cinquecento. Milan 1971; ders.: Motivazioni e significato del mito. In: Studi di Letteratura Francese 7 (1981); G.H. Blanke: Amerika im englischen Schrifttum des 16. u. 17. Jh. Bochum-Langendreer 1962; J. Boas: Essays on Primitivism and Related Ideas in the Middle Ages. Baltimore, MD 1948; G. Chinard: L'Exotisme américain dans la littérature française au XVIe siècle. Paris 1911; ders: L'Amérique et le rêve exotique dans la littérature française au XVIIe et au XVIIIe siècle. Paris 1913; S. Cro: The Noble Savage: Allegory of Freedom. Waterloo 1990; H. Elovson: Amerika i Svensk Litteratur 1750–1820. En Studie i Komparativ Litteraturhistoria. Lund 1930; J. Fabre: ‚Le Nouveau Monde' des poètes d'André Chénier à Mickiewicz. In: CL 2 (1958); H.N. Fairchild: The Noble Savage: A Study in Romantic Naturalism. New York 1928; M. Fitzgerald: First Follow Nature: Primitivism in English Poetry 1725–1750. New York 1947; L. Franoudh-Siefer: Le Mythe du nègre et de l'Afrique noire dans la littérature française (de 1800 à la deuxième Guerre Mondiale). Paris 1968; G. Guglielmi: L'Africa nella letteratura italiana. Rome 1951; K.S. Guthke: Edle Wilde mit Zahnausfall. Albrecht von Hallers Indianerbild. In: S. Bauschinger, H. Denkler, W. Malsch (Hg.), Amerika in der deutschen Literatur. Stuttgart 1975; T.P. Harrison, Jr.: Aspects of Primitivism in Shakespeare and Spenser. U. of Texas Studies in English. 1940; H. Hofer: Befreien. In: T. Koebner, G. Pickerodt (Hg.), Die andere Welt. Ffm 1987; H. Jantz: Amerika im deutschen Dichten u. Denken. In: W. Stammler (Hg.), Deutsche Philologie im Aufriß. 2. Aufl. Bd. 3. Berlin 1962; K.H. Kohl: Entzauberter Blick. Das Bild vom guten Wilden u. die Erfahrung der Zivilisation. Berlin 1981; A.O. Lovejoy, G. Boas: The Noble Savage in Antiquity. In: Primitivism and Related Ideas in Antiquity. Baltimore, MD 1935; A.R. Schmitt: Herder u. Amerika. The Hague 1967; L. Sebbar-Pignon: Le Mythe du bon nègre ou l'idéologie coloniale dans la production romanesque du XVIIIe siècle. In: Le Temps

Moderne 29 (1974); W. Speyer, I. Opelt: Barbar. In: Jb. f. Antike u. Christentum 10 (1967) – mit genauen Angaben z. Bedeutungsgesch. in der Antike, im christl. MA u. in der frühen Neuzeit; G. Stein (Hg.): Ethnoliterarische Lesebücher (Bd. 1. Die edlen Wilden). Ffm 1984; P.C. Weber: America in Imaginative German Literature in the First Half of the 19th C. New York 1926; S. Zavala: América en el espíritu francés del siglo XVIII. Mexico 1949.

Siehe auch: Andere, Paradies

Ehebruch

1. Das Thema konnte fester Bestand der abendländischen Tradition werden, weil es nicht nur immer aktuell blieb, sondern auch das freie Spiel mit gegensätzlichen Ideen menschlicher Erfüllung ermöglichte. Sein Reiz liegt im Ineinanderklingen persönlicher Wünsche und gesellschaftlicher Anforderungen, im Verletzen eines Gebotes, dessen Übertretung ehemals mit der Todesstrafe geahndet wurde (5 Mose, 22), im Abenteuerlichen und in der Freude an der Unvernunft. Außerdem eignet es sich vorzüglich zur Schilderung der Diskrepanz von maßgebender gesellschaftlicher Norm und individuellem Verlangen. Das Thema bestimmt die Figurenkonzeption, bedingt die Anlage spannungsreicher Szenen und setzt eine Grundkonstellation voraus, in der das Verlangen des einzelnen nach freier Selbstbestimmung in Konflikt gerät mit den Ansprüchen der Gesellschaft. Da der Ehebruch die Grundlage der Familie erschüttert, beleuchtet das Thema häufig sowohl das Versagen einzelner als auch die allgemeine Verunsicherung der gesellschaftlichen Ordnung. Zu den wiederkehrenden Lösungen des Konflikts gehören innere Vereinsamung und tödlicher Ausgang. Im Sinne der →Grenzübertretung entwickelt das Thema eine überpersönliche erzählerische Grundform. Zum Aufbau des Spannungsfeldes dienen Vorausdeutungen, die gleichzeitig die Zukunftsungewißheit und die Gewißheit der Entdeckung einfangen. Die Entwicklung verlangt ferner die Vorbereitung, den Plan und die Erfüllung des Liebesabenteuers, das kunstvoll angelegte Spiel mit dem menschlichen Verlangen, das Geheimnis zu bewahren, und dem stark ausgeprägten Wunsch, es bekanntzugeben. Von wesentlicher Bedeutung für die Ausarbeitung des Themas sind außerdem die strategischen Züge des betroffenen Partners. Die thematischen Darstellungen stützen sich häufig auf Metaphern und Motive des Betrugs, der →Täuschung, der leidenschaftlichen Verwirrung und der Kontrastierung von →Herz und →Hand. Das Thema eignet sich gleichermaßen für das Possenspiel und für tiefernste Betrachtungen über menschliche Verfehlungen. Obwohl Autoren zur Begründung des Ehebruchs in der Regel leidenschaftliche Gefühle anführen, ist dessen Beziehungsreichtum damit nicht erfaßt. Texte haben Assoziationen hergestellt zu individuellen Notlagen, Haßgefühlen, gesellschaftlichen Auflösungstendenzen und dem Versuch, der Langeweile (→Ennui) zu entkommen. Die Variationsmöglichkeiten der thematischen Darstellung sind beträchtlich. Akzentverschiebungen ermöglichen unterschiedliche Gestaltungen des Themas, das daher im Verlauf der Jahrhunderte sowohl in der Farce, der Komödie und in humoristischen Geschichten als auch in der Tragödie und ernsten Erzählungen im Mittelpunkt des Geschehens stand.

2. In →Abenteuergeschichten und großangelegten Erzählungen des menschlichen →Reifens übernimmt der Ehebruch Motivfunktion. Das Motiv beleuchtet die Bewährung oder das Versagen des Handlungsträgers auf einer Stufe seiner menschlichen Entwicklung. Es steht daher in engem Zusammenhang mit der weiteren Zielsetzung der Lebensfahrt. Die jeweiligen Figurenkonzeptionen bedingen deutliche Unterschiede in der Einstellung zum möglichen Ehebruch. In der Anordnung der Situation bestehen jedoch charakteristische Ähnlichkeiten: Der verheiratete Abenteurer begegnet einer Verführerin, die ihn an sich bindet und seine weiteren Pläne gefährdet (Odysseus von →Circe und Calypso verführt, Homer, *Odyssee*); der ledige Handlungsträger wird durch eine verheiratete Frau in schwerste Bedrängnis gebracht (Joseph und Mut-em-enet, Potiphars Frau, in: I Mose, 39; Koran Sure 12 und Thomas Mann, *Joseph in Ägypten,* 1934); der junge Mensch verführt eine bereits verlobte oder verheiratete Frau (Lancelot in Chrestien de

Troyes, *Lancelot ou le chevalier de la charette,* ca. 1170; James Harthouse in Charles Dickens, *Hard Times,* 1854). Nachdem die Figur die Prüfung bestanden hat, führt sie der Erzählverlauf einer neuen Bewährungsprobe entgegen.

3. In der Verwendung als Hauptthema bewirkt der Ehebruch eine übersichtliche Gliederung der Erzählfolge. Das Thema ordnet die Handlung, bestimmt Vorausdeutungen und bedingt die Auflösung der Verwicklung. Außerdem beeinflußt es die Charakterisierung anderer Figuren, die auf das Geschehen reagieren und Zustimmung, Mißbilligung, scharfe Ablehnung oder Vergeltungswünsche äußern. Die Rückwirkung auf den Aufbau des Textes wird in den unterschiedlichen Gestaltungen der Begegnung zwischen Tristan und Isolde deutlich. In allen Werken sind die Abenteuer der beiden dem fortgesetzten Ehebruch zugeordnet. Mit ihm stehen alle Reaktionen der anderen Figuren in direktem Zusammenhang. Ein Blick auf die bekanntesten Werke der Literatur, in denen das Thema die Figurenkonzeption und den Aufbau der Handlung bestimmt, zeigt, daß in ihnen der Ehebruch zugleich dazu dient, das Gesellschaftliche im Individuellen zu spiegeln: Goethe, *Die Wahlverwandtschaften* (1809); Gustave Flaubert, *Madame Bovary* (1857); Leo Tolstoi, *Anna Karenina* (1878); Theodor Fontane, *Effi Briest* (1895); Anton Tschechow, „Die Dame mit dem Hündchen" (1899).

4. Der von einem unerforschlichen Schicksal heraufbeschworene Ehebruch wurde sowohl mit göttlichen als auch satanischen Mächten in direkte Verbindung gebracht. Wenn Jupiter (→Amphitryon) oder →Satan ins Leben treten, geht die menschliche Entscheidungsfreiheit verloren. In diesen Fällen führt der Ehebruch zur völligen Verunsicherung des Lebens, zu grundsätzlichen Zweifeln am Ordnungsgefüge der Welt und zur Auflösung tiefverwurzelter, persönlicher Beziehungen. Die Situation findet ihre genaue Entsprechung in Possen und Erzählungen, in denen Priester Frauen verführen oder Personen im Teufelsgewand ihre Ansprüche geltend machen. Der grundsätzliche Unterschied zu tragischen Konstellationen besteht darin, daß die Menschen im Inneren nicht am Sinn der Welt verzweifeln (Giovanni Boccaccio, *Decamerone,* 1350–55; Hans Sachs, „Der Teuffel mit dem alten Weib", 1504?; „Der fahrendt Schüler mit dem Teuffelbannen", 1551; „Hans Wurst als Teuffelsbanner", 1565?). Wie andere Motive und Themen wurde der Ehebruch zu unterschiedlichen Zeiten symbolisch erweitert und diente zur Reflexion über den allgemeinen Sittenverfall einer Zeit oder die tierische Natur des Menschen (Apuleius, *Metamorphosen oder Der goldene Esel;* Petronius Arbiter, *Satyricon*; Nathaniel Hawthorne, *The Scarlet Letter,* 1850; Graham Greene, *The Power and the Glory,* 1940; Marcus van Heller, „Roman Orgy", 1965).

5. Die hohen Auflagenzahlen erotischer Texte, in denen das Thema schematische, wiederkehrende Situationen prägt, und die große Beliebtheit der Tristan-und-Isolde-Darstellungen legen die Vermutung nahe, daß sowohl der Gehalt des Themas als auch die tradierte Motivik die Leser ansprechen. An sich ist die Darstellung bereits stark gegenstandsgebunden. Diese Orientierung wird noch verstärkt, wenn sich Texte auf die wiederholte Überwindung von Hindernissen konzentrieren. Das Spiel mit Hindernissen, Intrigen, dem Betrug des Ehepartners und der Überlistung ermöglicht den Aufbau spannungsvoller Momente und verstrickt zugleich die Leser in das Geschehen. Eine starke Betonung dieser Konzeption läßt die im Thema latent gegenwärtigen moralischen Fragen von Schuld und Verantwortung zurücktreten. Das wiederkehrende Wechselverhältnis von Situation und Situationsüberwindung wirkt jedoch außerdem auf das Thema zurück, indem es die wachsende Leidenschaft motiviert. Jedes Hemmnis, jede Durchkreuzung eines Vorhabens ruft neue, scharfsinnige Pläne hervor. Erfundene Geschichten, Heimlichkeiten, Ränke, die Notwendigkeit, eine Person zu verstecken, die Überlistung trotz der Entdeckung und die Flucht gehören zu den beliebten Spannungselementen (Boccaccio, *Decamerone*; Geoffrey Chaucer, „The Merchant's Tale", 1387–1400; *Les Quinze Joies du mariage,* 1464; Niccolò Machiavelli, *La Mandragola,* 1518; Hans Sachs, „Die listig Buhlerin“, 1536; „Das Weib im Brunnen“, 1553; Petro Calderón de la Barca, *La Cueva de Salamanca,* 1615; Eugène Labiche und Marc Michel, *Un Chapeau de paille d'Italie,* 1851; Carl Zuckmayer, *Der Schelm von Bergen,* 1934; Marcel Pagnol, *La Femme du boulanger,* 1938; William Faulkner, *The Town,* 1957). Die Darstellungen betonen die Erfindungsgabe der Liebhaber. Diese konzentriert sich jedoch auf eine durchaus greifbare Realsphäre, eine Situation, die durch die wiederkehrende Metaphorik des Handelns und der Hand deutlich unterstrichen wird.

Aus dem Widerspruch zwischen dem im Liebesanspruch anklingenden Freiheitsbestreben und der Abhängigkeit vom sinnlichen Trieb, zwischen ständigem Planen und unerwarteten Zufällen entsteht häufig ein Zug zum Komischen. Dieser wird noch verstärkt, wenn der betrogene Ehegatte sich in seine eigenen Gegenpläne verwickelt oder unvorsichtig in die Falle geht, die er den anderen gestellt hat. Die stark entwickelte Spannung zwischen Verhüllung und Entdeckung, zwischen listigen Zügen und Gegenzügen, zwischen bewußter Irreführung und schlauem Betrug, zwischen gewaltsamem Gewahrsam, geschicktem Entkommen und gerade noch möglicher Heimkehr führt zu dramatisch zugespitzten Handlungen. Fragen der inneren Verantwortung, der Schuld oder Sühne werden konsequent aus der Erzählung ausgeschieden, wenn diese eine explosive humoristische Lösung anstrebt. Die Situationskomik tritt deutlich hervor, wenn sich der Ehemann als Priester verkleidet, um seiner ehebrecherischen Frau die Beichte abzunehmen (*Cent Nouvelles Nouvelles,* 1462; Jean La Fontaine, „Le Mari confesseur“), oder wenn er sich hinter dem Altar versteckt, während seine Frau Gott anfleht, ihn erblinden zu lassen, damit er ihr treuloses Benehmen nicht sehe (Hans Sachs, „Der plint Messner mit dem Pfarrer und seinem Weib“, 1554).

Im Gegensatz zu humoristischen Bearbeitungen führen Veränderungen in der Erzählperspektive und der Charakterzeichnung des betrogenen Ehepartners in Verbindung mit →Aggressions- und →Rachemotiven zu einer tragischen Lösung. Erzählungen, in denen der Ehemann seiner Frau das Herz ihres Geliebten zum Essen vorsetzt (Jakemes, *Le Roman du chastelain de Couci,* 13. Jh.; Konrad von Würzburg, *Herzmaere,* 1255–60) stehen in einer langen Tradition ausgeklügelter, erschütternder Rachepläne, die durch textinterne Vorausdeutungen die Dynamik der Werke erhöhen (Antonio Hurtado de Mendoza, *No hay amor donde hay agravio,* 1640?; Pedro Calderón de la Barca, *El pinter de su deshonra; A secreto agravio, secreta venganza,* 1603?; Franz Grillparzer, *Die Ahnfrau,* 1817; George Gordon Byron, „Mazeppa“, 1819). Durch die veränderten gesellschaftlichen Bedingungen des 19. Jh. verlieren die betont grausamen Vergeltungsmaßnahmen ihre psychologische Überzeugungskraft. Das Ersinnen von entsetzlichen Strafen ist noch möglich. Ihre Ausführung wird dagegen zunehmend auf die Konvention einer Klasse oder eines Standes begrenzt, die jede Vergebung unmöglich macht (Giovanni Verga, *Cavalleria rusticana,* 1884). Außerdem erwecken leidenschaftliche Rachegefühle den Eindruck primitiver Rückfälle in eine chaotische Triebwelt (Sigrid Undset, *Olaf Andunsson,* 1925–27; William Somerset Maugham, *The Painted Veil,* 1925) oder wirken letztlich ebenso verwerflich wie der Ehebruch selbst (Hawthorne, *The Scarlet Letter;* Tolstoi, *Anna Karenina*).

Zu den bevorzugten Gestaltungen leidenschaftlicher Konflikte gehören Vergeltungswünsche, die dem Gefühl verletzter →Ehre entspringen, und Ausbrüche grundloser Eifersucht, welche die Ehepartner entzweien und zu tiefem Leid oder dem Tod führen. Das blinde Mißtrauen beleuchtet die Daseinsverfehlung von Menschen, die das offene Wesen und die Arglosigkeit anderer nicht erkennen (der Konflikt zwischen Herodes und Mariamne bei Flavius Josephus und Hebbel) oder die Stimme der Wahrheit nicht hören, weil sie auf falsche Einflüsterungen gefährlicher Gegenspieler hören (Shakespeare, *Othello,* 1604; *Cymbeline,* 1610?; *A Winter's Tale,* 1610?; Leo Tolstoi, *Die Kreutzersonate,* 1890). In Fontanes *Effi Briest* beschwört der ständische Ehrenkodex nicht nur ein tödliches Duell herauf, sondern verhindert auch jegliche Versöhnung. Andere Verwicklungen wie beispielsweise die Rache des abgelehnten

Liebhabers, der aus rasendem Haß einen Ehebruch vorspiegelt (Bonaventura, *Nachtwachen*, 1804), oder der Ehebruch des Mannes, der in der vermuteten Verfehlung der Frau wurzelt (Cleveland in Antoine-François Prévost, *Le Philosophe anglais, ou Histoire de Monsieur Cleveland,* 1731–39), vertiefen die Darstellung gesellschaftlicher Verfallserscheinungen. Ein versöhnlicher Ausklang des Konflikts wirkt eigentlich nur dann überzeugend, wenn beide Ehepartner als entwicklungsfähige Menschen geschildert werden wie etwa bei Eduard Mörike, *Maler Nolten* (1832); Gabriele D'Annunzio, *La Gioconda* (1899); Henry James, *The Golden Bowl* (1904); Michel Butor, *La Modification* (1957).

6. In der Deutung der inneren Motivation für den Ehebruch verweist eine Reihe bedeutender Werke auf einen tief verwurzelten Haß auf den Ehepartner. Der Abscheu wird zur eigentlichen Seinsverfassung der Figur. Er kann, wie im Handeln Klytämnestras (→Elektra), öffentlich hervortreten oder hinter Schein und Verstellung gären (Shakespeare, *Hamlet,* ca. 1602; Marie de La Fayette, *La Princesse de Clèves,* 1678). Dagegen enthält die Erkenntnis der eigenen Schuld bereits eine Vorausdeutung auf den Tod, denn der Ehebruch erscheint als ursprüngliche Seinsverfehlung, in der die auf Wahrheit gegründete Zusammengehörigkeit der Verstellung geopfert wurde. In dieser Sicht kommt dem Tod der Ehebrecherin außer der Sühne auch die Bedeutung zu, die Frage nach dem existentiellen Sinn des Mitlebens zu stellen (Thomas Haywood, *A Woman Kilde with Kindness,* 1603; Friedrich Maximilian Klinger, *Das leidende Weib,* 1775; Adalbert Stifter, „Die Narrenburg", 1843).

Im 19. Jh. nehmen Darstellungen von Ehebrüchen zu, die sich darauf konzentrieren, im Geschehen die innere Kontaktlosigkeit der Menschen zu verdeutlichen. Schilderungen der Familienverhältnisse und der gesellschaftlichen Bindungen vergegenwärtigen gewöhnlich einen qualvollen Zustand der Abhängigkeit von Umständen, die den Personen eine befriedigende Selbstverwirklichung verweigern. Die Figuren, eingezwängt in ein mechanisches Dasein, empfinden Langeweile und wollen aus dem Zustand der Erstarrung ausbrechen. Daß der Identitätsverlust weitgehend in gesellschaftlichen Entfremdungsprozessen wurzelt, wird deutlich, wenn die Personen selbst im Ehebruch keine wesentlichen Berührungspunkte mit anderen herstellen können: Flaubert, *Madame Bovary*; William Thackeray, *Vanity Fair* (1847–48); Fontane, *L'Adultera* (1882); *Graf Petöfy* (1884); *Cécile* (1887); *Unwiederbringlich* (1891); Henrik Ibsen, *Rosmersholm* (1886); Benito Pérez Galdós, *Fortunata y Jacinta* (1891); Thomas Hardy, *Jude the Obscure* (1896); John Updike, *Rabbit, Run* (1960). Tatsächlich zeichnet sich in der Gestaltung dieser Ehebrüche zusehends die innere menschliche Verarmung ab. Der Ehebruch spiegelt den Verlust der Fähigkeit, einen Menschen wirklich zu lieben. So überrascht es kaum, daß der Ehebruch aus →Ennui wieder in die tödliche Langeweile des ursprünglichen Zustandes mündet: Henry Becque, *La Parisienne* (1885); D.H. Lawrence, *Lady Chatterley's Lover* (1928); Simone de Beauvoir, *L'Invitée* (1943); Graham Greene, *The Heart of the Matter* (1948); John Updike, *Couples* (1968); Harold Pinter, *Betrayal* (1978) und Peter Nichol, *Passion Play* (1981).

7. Außer den bereits erwähnten Bezügen zur Rache, zur verletzten Ehre und zum Persönlichkeitsverlust steht der Ehebruch häufig in Verbindung mit der Wassermetaphorik. Von Homers *Ilias* und *Odyssee* bis zu Theodore Dreisers *An American Tragedy* (1925) charakterisieren die Schiffahrt, das Rudern und das Dahingleiten im Boot das Schwankende und Bodenlose der leidenschaftlichen Bindung. Die Seefahrt ist immer gefährlich, besonders wenn man mit dem →Schiff den sicheren Hafen verläßt, ins Ungewisse steuert oder das Ruder verliert (Jean-Jacques Rousseau, *La Nouvelle Héloïse,* 1761; Goethe, *Die Wahlverwandtschaften*; der Beginn bei Flaubert, *L'Education sentimentale,* 1862; Metaphern in Henry James, *The Ambassadors,* 1903; *The Golden Bowl*, 1904). Auf dem Wasser löst sich die Leidenschaft aus den Fesseln der sittlichen Begrenzung (Dreiser). Dagegen desillusioniert die Raumerfahrung der verdunkelten Kutsche (Flaubert) diese Vorstellung der Freiheit. Diese Polarität beleuchtet die strenge Gesetzlichkeit des Themas, wenn es der Sinndeutung des Daseins dient.

Quellen: Flavius Josephus, *Herodes und Mariamne* (um 70 v. Chr.); Thomas à Bretagne, *Tristan et Iseult* (1160–65); Eilbert von Oberge, *Tristan* (ca. 1180); Gottfried von Straßburg, *Tristan und Isolde* (ca. 1210); die Francesca-und-Paoli Erz. in Dante, *La Divina Commedia* (1308–21); *Gesta Romanorum* (ca. 1330); Thiebold Gart, *Joseph* (1540); Hans Sachs, „Tragedi Andreas" (1561); Cyril Tourneur, *The Atheist's Tragedy* (1611); John Marston, *The Insatiate Countesse* (1613); Phillip Massinger, Nathan Fields, *The Fatal Dowry* (1619); Molière, *La Jalousie du Barbaouillé* (ca. 1650); *George Dandin, ou le mari confondu* (1668); Stendhal, *Le Rouge et le noir* (1831); *La Chartreuse de Parme* (1839); Alfred de Musset, *Andrea del Sarto* (1833); Honoré de Balzac, *La Duchesse de Langeais* (1934); *La Muse du département* (1843); Adalbert Stifter, *Das alte Siegel* (1847); Friedrich Hebbel, *Herodes und Mariamne* (1848); Henrik Ibsen, *Hedda Gabler* (1890); Marie Ebner-Eschenbach, *Unsühnbar* (1890); Gerhart Hauptmann, *Einsame Menschen* (1891); Henry James, *The Sacred Fount* (1901); Carl Hauptmann, *Mathilde* (1902); Heinrich Mann, *Professor Unrat* (1905); *Eugénie, oder Die Bürgerzeit* (1928); Willa Cather, *A Lost Lady* (1923); Noël Coward; *Private Lives* (1930); Günter de Bruyn, *Buridans Esel* (1968); Gisela Elsner, *Gefahrensphären* (1988).

Lit.: J. Armstrong: The Novel of Adultery. New York 1976; W. Berger: Das Ehebruchsmotiv im älteren deutschen Drama. Heppenheim 1912; J. Bumke: Liebe u. Ehebruch in der höfischen Gesellschaft. In: R. Krohn (Hg.), Liebe als Literatur. München 1983; A. Dubus: Adultery and Other Choices. Boston, MA 1977; EM 3: 1042–55; X.V. Ertzdorff, M. Wynn (Hg.): Liebe-Ehe-Ehebruch in der Literatur des Mittelalters. Gießen 1984; Frenzel: Motive. Gattenehre, Hahnrei, Mann zwischen zwei Frauen; D. Grainer: Adultery in the American Novel. Columbia, SC 1985; M. Hermann: Le Mari trompé chez Molière. Dijon 1971; R. Krohn: Die Entdeckung der Moral oder: Ehebruch und Weisheit. In: Jb. Oswald von Wolkenstein Ges. 4 (1986/87); J. Ryan: Kunst u. Ehebruch. Zum Nachleben von Goethes Wahlverwandtschaften. In: Goethe Jb. 3 (1986); J. Schleieter: Adultery is Next to Godlessness: Dramatic Juxtaposition in Peter Nichol's Passion Play. In: Modern Drama 24 (1981); T. Tanner: Adultery in the Novel: Contract and Transgression. Baltimore, MD 1979; I. Tomkowiak: Hat er sie geschändet, so soll er sie auch behalten. In: Fabula 32 (1991); J.D. Yohannan: Joseph and Potiphar's Wife in World Literature. New York 1968.

Siehe auch: Amphitryon, Begrenzung-Freiheit, Ehre, Elektra, Eros, Liebe, Rache

Ehre

1. Ehre, bereits von Aristoteles zu den höchsten Werten gerechnet, hat eine individuelle und eine gesellschaftliche Dimension. Einzelne Angehörige einer Gemeinschaft (Gruppe, Klasse, Stand), die deren Wertsystem übernehmen, haben Teil an der kollektiven Ehre. Der einzelne kann Ehre bei der Geburt erwerben, da sie am Stand haftet, oder er kann sie später im Leben durch Herrscher und Vertreter der Staatsmacht verliehen bekommen. Personen können Ehre erringen, indem sie religiösen Pflichten vorbildlich nachkommen, in der Gesellschaft geschätzte Tugenden besitzen oder moralisch handeln. Schließlich kann der einzelne zu Ehre gelangen, indem er entweder in eine höher stehende soziale Klasse aufsteigt oder einen in hohem Ansehen stehenden Kodex zur Lebensregel macht. Im Schrifttum wird die Ehre am häufigsten durch Lichtmetaphern (Sonne, Sterne, leuchtend, strahlend, glänzend) umschrieben. Der Grundsatz, es sei besser zu sterben, als unehrlich zu leben, taucht in der Literatur in den unterschiedlichsten Schattierungen auf.

2. Von der Antike bis zum Mittelalter erschließen literarische Darstellungen die Ehre als eine mächtige Triebfeder im Handeln des Helden, Kriegers oder Ritters. Das im Chanson de geste, dem *Chanson de Roland* (ca. 1098?) und in der Artusdichtung veranschaulichte ritterliche Verlangen, in der Welt Ruhm und Ehre zu erringen, bietet zugleich die Voraussetzung für den Widerspruch zwischen weltlicher Ehre und ethischer Selbstverantwortung. Der bereits in den Taten des Löwenritters und der Prüfung Heinrichs deutliche Konflikt kennzeichnet die zweifache Optik des Motivs, die gleichermaßen verbindlich ist für spätmittelalterliche Prosaerzählungen und den im christlichen Weltbild begründeten Gegensatz von diesseitigem Ruhm und selbstlosem Bemühen um das Seelenheil. Das bekannte Gedicht „Vanitas! Vanitatum Vanitas!" (1657) von Andreas Gryphius erfaßt deutlich die im christlichen Denken des Barocks ausgeprägte Vorrangstellung der sittlichen Vollkommenheit. Gott gebührt höchste Ehre. Die weltliche Ehre dagegen ist vergänglich. Seit der Renaissance zeichnet sich ein

Prozeß der Motivkonzentration ab. Beleidigungen und Handlungen, die das Ansehen einer Person beeinträchtigen, lösen vorausdeutbare Konfliktsituationen aus. Das Motiv bedingt in Texten eine klar umrissene Folge von Erzählelementen: (1) Eine geachtete Person (gesichertes Dasein) verliert die Ehre durch das Handeln anderer. Der Ehrverlust wurzelt in wirklichen oder angenommenen Beleidigungen, im tödlichen Angriff oder in Beschuldigungen. Zu den bevorzugten Anschuldigungen gehören Feigheit, Verrat, Verlust der Keuschheit, Untreue des Ehepartners, Lüge und Treulosigkeit; (2) die beleidigte Person erfährt durch die plötzliche Veränderung eine tiefe Verunsicherung ihrer Existenz; (3) die Person versucht, die Ehre wieder zu erlangen. Das Geschehen verläuft entweder zwischen den Orientierungspunkten der verlorenen und wiederhergestellten Ehre oder rollt in einer Folge zunehmend spannungsgeladener Szenen ab, die mit dem Ehrverlust einsetzen und in der Zerstörung des Handlungsträgers gipfeln, wenn dieser alle rechtlichen und moralischen Grenzen übertritt, um seine Ehre wiederherzustellen. Die Technik ermöglicht wirkungsvolle Schilderungen lebenszerstörerischer Konflikte zwischen Ehre und individuellen Neigungen, Ehre und Liebe oder Freundschaft sowie von Gruppenkonflikten, die in Ehrvorstellungen wurzeln.

3. Eine Untersuchung der Entwicklung des Motivs sollte der Literatursoziologie wesentliche Rückschlüsse auf die Gesellschaftsstruktur ermöglichen, da es die im historischen Ablauf veränderten Auffassungen der Ehre in unterschiedlichen Klassen widerspiegelt. In der germanischen Tradition wurzelte Ehre ursprünglich sowohl in Abkunft und Führerstellung im Stamm als auch in persönlicher Tapferkeit und dem Bestehen von Mutproben (Tacitus, *Germania,* 98). Vasallen gewannen Ansehen durch ihre Treue zu mächtigen Stammesfürsten, Königen oder Lehnsherren. Die Niederlage im Kampf war schmachvoll. Ein Krieger konnte jedoch die Herausforderung zum Zweikampf ablehnen, wenn der Feind nicht ebenbürtig war. Empfindungen der Scham und Schande waren grundsätzlich mit dem Ehrverlust verbunden. Die christliche Vorstellung, daß ein Mensch durch gottgefälligen Lebenswandel große Ehre erwerben konnte, überlagerte später das heroische Denken, löste es jedoch nie völlig ab. Beide Auffassungen bestehen neben eigentümlichen Überschneidungen bis ins 19. Jh. fort. In literarischen Darstellungen stehen besonders Vertreter der Aristokratie und des Offizierskorps im Bann eines Ehrbegriffs, der eindeutig mit dem Stand verknüpft ist. Die Aufforderung zum Duell setzte voraus, daß der Duellant satisfaktionsfähig war (Stendhal, *Le Rouge et le noir,* 1831; Theodor Fontane, *Effi Briest,* 1895); ein Heiratsversprechen mußte eingehalten werden (Fontane, *Schach von Wuthenow,* 1883); →Spielschulden mußten bezahlt werden; man „heiratete Geld", um diese zu begleichen, oder wurde zum gescheiterten Außenseiter; eine ehrenwörtliche Verpflichtung konnte nicht gebrochen werden. Einigen Tätigkeiten, wie beispielsweise denen der Totengräber, Kesselflicker, Henker und Prostituierten, haftete der Ruf des Unehrlichen an. Andere Berufsgruppen, die Zünfte der Handwerker, die verschiedenen Erwerbszweige der Bürger, Bauern und Arbeiter entwickelten ihre eigenen, im jeweiligen Stand verwurzelten Ehrbegriffe. Die in der aufsteigenden Mittelklasse mit dem bürgerlichen Ansehen verknüpften Vorstellungen des Erwerbs materieller Güter, der Fachkenntnis, des ehrlichen Geschäftsgebarens, der „würdigen" Bescheidenheit, der persönlichen Integrität, der pflichtbewußten Ausführung jeder Arbeit und der Mildtätigkeit gegenüber den Armen fanden Niederschlag in Lehrdichtungen, Fabeln, Sprichwörtern, Aphorismen und im Dialogroman (vgl. die Anklänge in Goethe, *Hermann und Dorothea,* 1797; Friedrich Schiller, „Das Lied von der Glocke", 1800). Seit dem 19. Jh. spielen sowohl verliehene Titel und Rechte als auch persönlicher Besitz und beruflicher Erfolg eine zunehmende Rolle in der Einschätzung des ehrenvollen Ansehens einer Person. Unsaubere Arbeit, das Herstellen von Trödelware, mißlungene Spekulationen und Bankrott zogen den Ruf der Unehre nach sich. Diese Ausdehnung des Ehrbegriffs führte der Literatur neue Gestaltungsmöglichkeiten zu. Zahlreiche Werke aktualisieren daher Konflikte, die nicht nur wie bei Lessing und

Schnitzler der Diskrepanz von sozialem Anspruch und sozialer Wirklichkeit entspringen, sondern auch wie bei Nestroy und Sudermann in dem materiellen Besitz und dem sozialen Klassenbegriff unterschiedlicher Schichten des Bürgertums begründet sind. In Streitigkeiten zwischen Geldaristokraten und Neureichen oder dem Vorder- und Hinterhaus entscheidet schließlich nur das gesellschaftliche Risiko darüber, ob der Kaufwert der Ehre steigt oder sinkt. Trasts Beobachtung in Hermann Sudermanns *Die Ehre* (1889) charakterisiert nicht nur die Familien Mühlingk und Heinecke, sondern auch diese Situation: Ehre ist „nichts weiter als der Schatten, den wir werfen, wenn die Sonne der öffentlichen Achtung uns bescheint".

4. Das Motiv wurde fester Bestand einiger wiederkehrender Grundkonstellationen. (1) Die mißverstandene Ehre verursacht einen unlösbaren Konflikt zwischen Selbstanmaßung und ehtischer Selbstverwirklichung. (2) Die Ehre der Frau beruht auf ihrer Keuschheit; jede wirkliche oder auch nur angenommene Verletzung des Anstands löst tiefe Konflikte aus. (3) Ein Mann rächt die wirkliche oder angenommene Untreue seiner Frau. (4) Ein Mädchen bewahrt ihre Keuschheit unter den schwierigsten Bedingungen und zieht den Tod der Unehre vor. (5) Eine Person sagt sich von der Familie, den Freunden und dem Vaterland los, greift zu Gewalt und bricht mit dem Gesetz, um ihre Ehre zu retten. Seit dem höfischen Roman entsteht durch das Motiv ein Anknüpfungspunkt, um den Konflikt zwischen weltlicher Ehre und zeitlosen Werten darzustellen.

Quellen: Hartmann von Aue, *Der arme Heinrich* (ca. 1190–1200); *Iwein* (ca. 1200–05); Giovanni Boccaccio, *Decamerone* (1350–55); William Painter, *Palace of Pleasure* (1567); Robert Ashley, *Of Honour* (1596); Shakespeare, *Othello* (1604); John Marston, *The Malcontent* (1604); George Chapmann, *Bussy d'Ambois* (1607); Gabriel Tirso de Molina, *El honroso atrevimiento* (1621); Jean de Rotrou, *Crisante* (1635); Pierre Corneille, *Le Cid* (1636); Bartolomé Torres Naharro, *Comedia a Himenea* (ca. 1660); Pedro Calderón de la Barca, *A secreto agravio, secreta venganza* (17. Jh.); Gotthold Ephraim Lessing, *Minna von Barnhelm* (1767); *Emilia Galotti* (1772); Pierre Caron de Beaumarchais, *Les deux Amis, ou Le Négociant de Lyon* (1770); J.M.R. Lenz, *Der Hofmeister* (1774); Friedrich Schiller, *Kabale und Liebe* (1784); „Der Verbrecher aus verlorener Ehre" (1786); Heinrich von Kleist, *Michael Kohlhaas* (1810); Clemens Brentano, *Die Geschichte vom braven Kasperl und dem schönen Annerl* (1817); Alfred de Musset, *Lorenzaccio* (1834); Johann Nepomuk Nestroy, *Zu ebener Erde und erster Stock oder Die Launen des Glücks* (1838); *Die verhängnisvolle Faschingsnacht* (1839); *Der alte Mann und die junge Frau* (1849); Friedrich Hebbel, *Maria Magdalene* (1844); *Agnes Bernauer* (1855); Victorien Sardou, *Les Pattes de mouche* (1865); Theodor Fontane, *L'Adultera* (1880); August Strindberg, *Fröken Julie* (1888); Arthur Schnitzler, *Leutnant Gustl* (1901); *Fink und Fliederbusch* (1917); Julius Otto Bierbaum, *Prinz Kuckuck* (1907–08).

Lit.: R. Böschenstein: Die Ehre als Instrument des Masochismus in der deutschen Literatur des 18. u. 19. Jh. In: Freiburger literaturpsych. Gespräche 7 (1988); A. Castro: De la edad conflictiva. El drama de la honra en España y en su literatura. Madrid 1961; W. Danckert: Unehrliche Leute. Bern 1963; G. Eifler (Hg.): Ritterliches Tugendsystem. Darmstadt 1970; W. Frühwald: Die Ehre der Geringen. Ein Versuch zur Sozialgeschichte literarischer Texte im 19. Jh. In: Geschichte u. Gesellschaft 9 (1983); G.F. Jones: Honor in German Literature. Chapel Hill, NC 1959; H.L. Kretzenbacher: Das Kulturthema Ehre. In: Jb. Deutsch als Fremdsprache 16 (1990); B. LeRoux: Les Tribulations de l'honneur. Paris 1979; F. Maurer: Tugend u. Ehre. In: Wirk Wort 2 (1951/52); M. McKendrick: Honour/Vengeance in the Spanish Comedia: A Case of Mimetic Transference? In: MLR 79 (1984); M.B. McNamee: Honor and the Epic Hero. New York 1961; A. Obermayer (Hg.): Die Ehre als literarisches Motiv. Dunedin 1986; H. Pongs: Ehre u. Liebe in der Novelle. In: Euphorion 43 (1943); H.G. Pott (Hg.): Die Ehre als literarisches Motiv. Paderborn 1988; H. Reiner: Die Ehre. Kritische Sichtung einer abendländischen Lebens- u. Sittlichkeitsform. Dortmund 1956; L.L. Schucking: Heldenstolz u. Würde im Angelsächsischen. Leipzig 1933; C.B. Watson: Shakespeare and the Renaissance Concept of Honor. Princeton, NJ 1960; H. Weinrich: Mythologie der Ehre. In: M. Fuhrmann (Hg.), Terror u. Spiel. München 1971.

Siehe auch: Don Quijote, Ehebruch, Rache

Einkreisung

Siehe Begrenzung

Einsamkeit *(Isolation, solitude)*

1. Literarische Bearbeitungen belegen eine ungewöhnliche Erweiterungsfähigkeit des

Themas. Es begünstigt die Verknüpfung mit unterschiedlichen Themen, Motiven und Figuren (→Berg, →Dialog-Schweigen, →Einsiedler, →Schelm, →Stadt). Im Anwendungsbereich erscheint die Einsamkeit ausnahmslos in einem polaren Verhältnis zur Geselligkeit. Die Polarstruktur begünstigt die Ausarbeitung negativer oder positiver Sinnstiftungen. Einzelne oder ein Kreis gleichgesinnter Menschen können sich zurückziehen und eine vorbildliche Gesellschaftsordnung planen oder verwirklichen. Andererseits beleuchtet die Absonderung von der Welt die völlige Entfremdung des Menschen von der Gesellschaft. Auch in Schilderungen positiver Erfahrungen der Einsamkeit klingt oft die Vorstellung gesellschaftlicher Vereinzelung an. In der Darstellung menschlicher Selbstverwirklichung zeichnet sich jedoch das Streben nach Balance ab. Die freiwillige Absonderung von der Welt erweckt die Vorstellung, daß einzelne in ruhigem, prüfendem Nachdenken den Sinn des Daseins entschlüsseln können. Der bewußte Verzicht auf die Gemeinschaft wirkt ausgesprochen gesellschaftskritisch in Texten, in denen die Einsamkeit zum Ausgangspunkt echter Reformbestrebungen wird. Schilderungen der unfreiwilligen Isolation des Menschen akzentuieren gemeinhin die nachteiligen Auswirkungen der Sozialstruktur. Die unterschiedlichen geschichtsphilosophischen Konzeptionen der Autoren bedingen spezifische Handlungsabläufe. Seit dem 19. Jh. bilden sich jedoch zwei gegensätzliche Tendenzen heraus. In der einen literarischen Strömung erscheint die Isolation als Ausdruck eines Entfremdungsprozesses, der in historischen Entwicklungen wurzelt, die sich dem Zugriff des einzelnen entziehen. Die Einsamkeit wird daher zwar eindringlich vor Augen geführt, aber entweder psychologisch oder durch Hinweise auf zeitbedingte Erscheinungen wie die unpersönliche Lebensführung oder Vermassung des Menschen begründet. Schauspiele des →absurden Theaters deuten die Einsamkeit häufig als unaufhebbaren Zustand der menschlichen Existenz. Dagegen entsteht besonders in der Literatur sozialistischer Länder ein Traditionsstrang, in dem die Auffassung überwiegt, daß die Ursachen der menschlichen Entfremdung erkennbar sind und die Einsamkeit daher vermeidbar ist. Die Texte schildern zwar eindringlich die Leiden der Menschen im Zustand der Isolation, knüpfen daran aber Betrachtungen, die die Isolation als zeitbedingtes Phänomen der antagonistischen Gesellschaft erklären. Aus dem Bemühen, eine dem Thema angemessene Form zu finden, entstehen Übereinstimmungen in der Wahl der Gattung. Der Brief- und Dialogroman, die Idylle, Satire und Utopie kommen den Schilderungen der selbstgewählten Einsamkeit entgegen. Das Drama und der Gesellschaftsroman entsprechen eher dem Wesen der unfreiwilligen Isolation.

2. Im klassischen Altertum schildern Theokrit, Vergil, Horaz und Seneca (*De tranquillitate animi*) die Vorzüge der Einsamkeit. Die Einsamkeit hat alle Merkmale der Selbstbesinnung. Der Mensch befindet sich in einer Ideallandschaft, im bukolischen Heim oder Lustort, in direkter Berührung mit der Natur. Bäume, Wiesen, Flüsse und Quellen sind von göttlichen Kräften erfüllt. Sie bezeugen die Einfühlung, die einzelne suchen, und öffnen den Zugang zur Welterkenntnis, der im Getriebe des gesellschaftlichen Lebens versperrt ist. Das Schrifttum des Mittelalters lobt die Weltabgeschlossenheit der Einsiedler. In der Einsamkeit kann der Mensch die Verlockungen des Lebens kritisch sichten und seine wahre Bestimmung als Geschöpf Gottes erkennen (Wolfram von Eschenbach, *Parzival,* ca. 1200; die heilige Theresa de Avila). Die mittelalterliche Dichtung war jedoch gesellschaftlich zu gebunden, um die im Thema anklingenden vielseitigen geistigen Beziehungen voll entwickeln zu können. Dies gelingt erst in der Renaissance durch Petrarcas *De Vita solitaria* (1346) und Michel de Montaignes „De la solitude“ (1580). Beide Werke entwickeln den Gedankengang, daß die Einsamkeit die wichtigste Stufe auf dem Weg zur menschlichen Selbsterkenntnis ist. Sie schildern in direkter Anlehnung an antike Ideallandschaften, wie der Mensch, der sich aus den Wirrnissen der Welt zurückzieht, den höchstmöglichen Grad der Besonnenheit erreicht. Die Selbsterkenntnis erwächst aus dem ruhigen Gespräch mit dem eigenen Ich, der nahen Natur und der fern liegenden Gesellschaft. In den Dialogromanen von Guez de Balzac und Marie de Sévigné, aber auch in den einflußreichen Essays von François de la Mothe Le Vayer („De la solitude", „De l'action et du repos", 17. Jh.) und George MacKenzie (*Moral Essay Preferring Solitude to Publick Employment,* 1665) mischen sich scharfe, kritische Vorbehalte gegenüber der eigenen Zeit in das Lob der Einsamkeit. Die Kontrastpaare Hain/Stadt und Hütte/Palast beleuchten den Konflikt zwischen einsamer, aber freier Entfaltung der menschlichen Anlagen und dem Versagen im Leben, welches sich an den ständig wechselnden Forderungen der Gesellschaft orientiert. Ähnliche Gedanken liegen den lyrischen Huldigungen der Einsamkeit von Charles Cotton, Edward Benlowes und Henry Vaughan zugrunde. Cotton, der mit Montaigne gut vertraut war und dessen *Essais* (1685) ins Englische übersetzte, geißelte die Gefahren der Gesellschaft wahrscheinlich am schärfsten in „The World" (posthum 1689).

Andere Dichter des 17. Jh. (Honorat de Bueil Racan, François Maynard, Théophile de Viau, Arnauld d'Andilly) priesen das abgeschiedene Landleben, da der Mensch nur in der geographischen Entfernung von den „Wirrnissen des Zeitgeschehens" zu sich finden könne. Erst in der Einsamkeit entstehe die Stimmung, die eine ruhige Naturbetrachtung ermögliche. Nur in ihr und fern dem Luxus der Welt könne der Mensch zu Gott finden. In einer Reihe sentimentaler Romane (z.B. Nicolas de Montreux, *Les Chastes et Delectables Jardins d'amour*, 1599; Jean-Pierre Camus, *La Pieuse Julie,* 1625; Marie de La Fayette, *La Princesse de Clèves,* 1678; Catherine Bernard, *Le Comte d'Amboise,* 1689) bildet die mit der Absage an die Welt verbundene bewußte Bejahung der Einsamkeit den Wendepunkt im Leben der Figuren und zugleich die Lösung des Handlungsgeschehens. Die Neuorientierung der Handlungsträger kündigt in den Romanen außerdem ihren Entschluß an, die Verwirrungen erotischer Beziehungen hinter sich zu lassen und dem Leben einen tieferen Sinn in einer ethisch fundierten Liebesbereitschaft zu geben.

Aber nicht nur Überwindung der Leidenschaft, Einkehr und Reue, sondern auch der Blick ins Innere und die plötzliche Erkenntnis verheimlichter Gefühle setzen mit der selbstgewählten Abgeschiedenheit des Menschen ein. Portugiesische und spanische Dichter wie beispielsweise Francisco Sâ de Miranda, Juan Boscán, der anonyme Dichter der „Epistola moral a Fabio" und Fernando Herrera schildern die Vorzüge der Einsamkeit, die es dem Menschen ermöglicht, seinen innersten Neigungen nachzugeben. Die spanische Hirtendichtung belegt, daß die von der Einsamkeit angeregten Überlegungen durchaus konventionell sein können. Andererseits rechtfertigt gerade die Eigentümlichkeit der Einsamkeit existentielle Reflexionen, die Liebe und Leid, Leben und Tod einschließen (Alonso Nuñez de Reinoso, *Historia de los amores de Clareo y Florisia,* 1553; Jerónimo de Contreras, *Selva de aventuras,* vor 1565). Im Zuge zunehmender Verinnerlichung löst Luis Góngoro das Gefühl in *Solidades* (1617) aus dem äußeren Raumbezug. Das einflußreiche Werk schildert die Einsamkeit als Empfindung eines immer gegenwärtigen Zustandes, der daher auch im gesellschaftlichen Kreis auftritt. Die zeitgenössische Literatur drückt natürlich nicht nur die positiven Einschätzungen der Einsamkeit aus. Sie beleuchtet ironisch den Kult der Einsamkeit und kritisiert die Absonderungstendenzen (Félix Lope de Vega, *Petrus nolascus,* 1609; Gabriel Tirso de Molina, *La Fingida arcadia,* 1622). Die Verbindung von Einsamkeit, Selbstgefühl und Selbsterkenntnis, die sich im 17. Jh. weitgehend durchgesetzt hat, bedingt die weit verbreitete Verknüpfung der Einsamkeit mit der menschlichen Bemühung um Vollkommenheit. Diese Sicht kommt sowohl den literarischen Bestrebungen zur Zeit der Gegenreformation als auch der im 18. Jh. um sich greifenden Erscheinung der Empfindsamkeit (*sensibilité*) entgegen. In den Wochenschriften *Der Einsiedler, Der Eremit* und *Der Einsame* erscheinen Betrachtungen über den Zusammenhang von Einsamkeit und Schwärmerei. Johann Georg Zimmermann, *Betrachtung über die Einsamkeit* (1756), geht auf die psychologische Haltung und „Ideenlage" ein, die durch die Einsamkeit gefördert wird. Auch er sieht deutliche Zusammenhänge zwi-

schen der Einsamkeit und der Möglichkeit menschlicher Vervollkommnung.
Seit der europäischen Vorromantik lösen sich einzelne Elemente aus dem umfassenden Themenkomplex heraus und gewinnen ein Eigenleben. Die Einsamkeit dient der atmosphärischen Ausgestaltung der besonderen Situation, in der ein → Wanderer, ganz auf sich gestellt, über sein Verhältnis zur Natur und zu Gott nachdenkt (Jean-Jacques Rousseau, *Rêveries d'un promeneur solitaire,* 1776–78; Ludwig Tieck, „Waldeinsamkeit", 1796; William Wordsworth, „The Solitary", 1814; Alphonse de Lamartine, „L'Isolement", 1820). Neben diesen positiven Begründungen der Einsamkeit finden sich Deutungen, in denen die Isolation entweder zu Todesbetrachtungen oder zu Überlegungen über die sinnentleerte Welt anregt (Tieck, *Geschichte des Herrn William Lovell,* 1795–96; Jean Paul, „Rede des toten Christus vom Weltgebäude herab, daß kein Gott sei", 1796; Alfred de Musset, *La Confession d'un enfant du siècle,* 1836). In Verbindung mit Künstlerfiguren klingt häufig die Vorstellung an, daß die Einsamkeit im Wesen des Künstlertums selbst begründet ist. Sie garantiert im Schaffensprozeß die Distanz zu den „banalen", warmen, menschlichen Gefühlen (Maurice Barrès, *Un Homme libre,* 1889; Joris-Karl Huysmans, *A rebours,* 1884). Die Einsamkeit charakterisiert jedoch auch die Bewußtseinslage des modernen Künstlers, der in einem seltsam fernen und kühlen Verhältnis zu seiner Umwelt steht. Thomas Mann spricht von einer Lebensform der Künstler, die in einem „künstlichen und eisigen Abseits und Außerhalb" leben und einen „kalten Hauch unbesiegbarer" Entfremdung verbreiten (Mann, „Tonio Kröger", 1903; „Der Tod in Venedig", 1913; *Doktor Faustus,* 1947). Zugleich führt diese Haltung zu einem Konflikt zwischen der künstlerischen Veranlagung, die die Figuren zwingt, alles einer kalten analytischen Prüfung zu unterziehen, und ihrem menschlichen Verlangen, sich unkomplizierten Gefühlen hingeben zu können.
Abseits von diesem großen Traditionszusammenhang stehen Schilderungen der menschlichen Selbstbefreiung in der Auseinandersetzung mit der von der Zivilisation unberührten Wildnis. Sie sind eigentümlich irreführend, da eine genaue Untersuchung belegt, daß diese Form der Einsamkeit ein durchaus geselliges Moment enthält. Die Darstellungen rufen dazu auf, die Zivilisation und das sorgenvolle Dasein hinter sich zu lassen (George Chapman, Ben Jonson und John Marston, *Eastward Hoe,* 1605); sie schildern den völligen Einklang des Menschen mit der Natur (James Fenimore Cooper, *The Deerslayer,* 1841) und vergegenwärtigen die innere Ruhe und Kraft der Pioniere (Willa Cather, *My Antonia,* 1918). Da die Personen jedoch immer durch ihr Verhalten eine echte Verbindung zur Natur herstellen, wirkt das Verhältnis eher gesellig als einsam.
Dagegen orientiert sich das Verlangen nach Einsamkeit in einer ganzen Reihe westeuropäischer Werke an einer bewußten Abwehrstellung gegen die Welt. Dadurch entstehen in den Figurenkonzeptionen Ähnlichkeiten mit Charakterdarstellungen von Personen, die durch gesellschaftliche Prozesse in die Isolation gestoßen werden. Der Unterschied der Konzeptionen wird jedoch deutlich, wenn man die Voraussetzung für die Erfahrung der Einsamkeit betrachtet. Die Figuren in Arthur Schnitzlers *Der Weg ins Freie* (1908), Rainer Maria Rilkes *Die Aufzeichnungen des Malte Laurids Brigge* (1910) und Jean-Paul Sartres *La Nausée* (1938) suchen die Einsamkeit. Sie sondern sich ab, weil sie sich nur im Abschluß von der Welt selbst erkennen können. Die einsamen Figuren in André Malraux *La Condition humaine* (1933) und Françoise in Simone de Beauvoirs *L'Invitée* (1943) vermitteln Einblicke in die Gefahren dieser absoluten Ich-Bezogenheit. Die Welt wirkt leer und spiegelt innere Bewußtseinsvorgänge. Gefühle und fragmentarische Einblicke machen sich selbständig und entziehen sich der bewußten Erfahrung. Die eigenartige Situation Meursaults in *L'Etranger* (1942) von Albert Camus ist ein gutes Beispiel für die seelische Verfassung von Figuren, die jede innere Erweiterung der Wahrnehmungsfähigkeit mit äußerem Kontaktverlust bezahlen. Die Sehnsucht nach Einsamkeit kann, wie die Schriften von Alain Robbe-Grillet, Claude Mauriac und John Barth belegen, durchaus subjektiven Neigungen entspringen, die keinen klar

ersichtlichen Zusammenhang mit den gesellschaftlichen Bedingungen einer geschichtlichen Epoche haben. Andererseits verdeutlichen im 19. Jh. die Werke von Charles Dickens, Anthony Trollope und Wilhelm Raabe und im 20. Jh. die Darstellungen von Anna Seghers, Uwe Johnson, Wolfgang Koeppen, Heinrich Böll, Siegfried Lenz, Ernst Wiechert und Peter Weiss, daß der Protest gegen die sozialen, ökonomischen und politischen Bedingungen einer Gesellschaftsverfassung zum Ausgangspunkt einer inneren Selbstvergewisserung werden kann, die zugleich wegweisend für andere ist. Die Einsamkeit erscheint dann nicht als das Ende eines unaufhaltsamen Prozesses, sondern als Anfang einer möglichen Entwicklung.

3. Die unfreiwillige Isolation übernimmt seit der Antike durch eingeflochtene Vorausdeutungen auf den Ausgang eines Konflikts Motivfunktion im Erzählverlauf. Das Gemeinsame in den verschiedenen Handlungen liegt darin, daß das Leben der Figuren von fremden, nicht verständlichen oder unerkennbaren Mächten gelenkt wird. Die Isolation erscheint aus der Sicht von Ödipus, Antigone, Orest oder Phaedra als dunkles, verhängnisvolles Schicksal. Die Einsamkeit der Handlungsträger in Shakespeares Königsdramen wirkt gleichermaßen erzwungen und bleibt den Figuren unverständlich. Die Figuren werden entweder durch die eigene Verfehlung oder den Anstoß äußerer Ereignisse, die nicht mit ihren inneren Überzeugungen in Einklang zu bringen sind, in die Einsamkeit gedrängt. Diese Wendung nach innen, die zusätzlich im Versagen des →Dialogs besonders augenfällig wird, ist symptomatisch für Darstellungen erzwungener Einsamkeit (Shakespeare, *King Lear,* 1605?; Marie-Madeleine La Fayette, *La Princesse de Clèves,* 1678; Samuel Richardson, *Clarissa,* 1748; Nathaniel Hawthorne, *The Scarlet Letter,* 1850).

Seit dem 19. Jh. vollzieht sich in thematischen Darstellungen eine merkliche Betonungsverlagerung. Die Vereinsamung einzelner scheint weit weniger in individuellem Versagen als in der Gesellschaftsstruktur zu wurzeln. Die kritische Sichtung des Themas wird durch den Umstand erschwert, daß das Gesellschaftliche in zahlreichen Werken nicht mehr deutlich faßbar ist. Die Einsamkeit erscheint zuweilen als zwangsläufiges Naturereignis. Sie beleuchtet die Unmöglichkeit zwischenmenschlicher Beziehungen in einer Gesellschaft, deren wesentliches Merkmal die Kontaktlosigkeit ist. Jeder soll lernen, „that many people must live and die alone" (Sherwood Anderson, *Winesburg, Ohio,* 1919), oder sich fragen „Which of us has not remained forever prison-bent? Which of us is not forever a stranger and alone?" (Thomas Wolfe, *Look Homeward, Angel,* 1929). Den Werken ist eine kritische Einstellung nicht abzusprechen. Sie machen das Unzulängliche der Lebensführung sichtbar (z.B. Wunnigel, Friedrich und Velten in Wilhelm Raabe, *Wunnigel,* 1878; *Alte Nester,* 1879; *Die Akten des Vogelsangs,* 1896). Trotzdem entsteht der Eindruck, daß sich die Situation einer grundlegenden Reform entzieht. Diese Tendenz läßt sich sowohl in westeuropäischen Nationalliteraturen als auch im amerikanischen Schrifttum nachweisen.

Die amerikanische Literatur erhielt wesentliche Impulse sowohl von den Erfahrungen der Siedler, die, ganz auf sich gestellt, die Wildnis urbar machten, als auch von der unnachgiebigen Konvention der Puritaner und anderer Gruppen, die jeden Nonkonformismus ächteten. Hawthornes Erzählungen „Roger Malvin's Burial" (1831), „Wakefield" (1835), „The Ambitious Guest" (1835), „The White Old Maid" (1835), „Young Goodman Brown" (1835), „The Maypole of Merry Mount" (1836) und *The Scarlet Letter* legen die Einsamkeit der Personen bloß, die in einer Gesellschaft leben und sterben, in der das Zusammensein zur Lebenslüge geworden ist. Es überrascht daher kaum, daß sich die Figuren häufig in geradezu luftverdünnten Räumen finden. Sie erscheinen in unzugänglichen Wäldern, auf der weiten Prärie, auf einsamen Wegen und verlassenen Straßen. Im 20. Jh. setzt sich das ursprünglich auf Amerika begrenzte Gefühl der Öde allgemein in der europäischen Literatur durch. Die Figuren sind sich auf dem Land selbst überlassen (Wolfe, *Look Homeward, Angel*; Franz Xaver Kroetz, *Der Mondscheinknecht,* 1981–83), wandern allein in der Stadt herum (Claude in Heinrich Mann, *Die Jagd nach Liebe,* 1904;

Jerome David Salinger, *The Catcher in the Rye,* 1951), ziehen die Landstraße des Lebens entlang (William Faulkner, *Light in August,* 1932; Sauly und Mick in Christoph Meckel, *Bockshorn,* 1973) und sitzen einsam im Zimmer (Henry James, *The Portrait of a Lady,* 1881). Die schleichenden Auswirkungen des Zustandes auf die Personen sind erschreckend. Eine sinnvolle Entwicklung menschlicher Anlagen ist abgeschnitten. Offen bleibt nur die illusionslose Anerkennung einer unveränderlichen Struktur des Daseins oder der Weg in den Tod (Carson McCullers, *The Heart is a Lonely Hunter,* 1940; Saul Bellow, *Dangling Man,* 1944; William Styron, *Lie Down in Darkness,* 1951; Ralph Ellison, *Invisible Man,* 1952; John Updike, *Rabbit, Run,* 1960; James Baldwin, *Another Country,* 1962; Wolfgang Hildesheimer, *Nachtstück,* 1963; *Monolog,* 1964; Martin Walser, *Das Schwanenhaus,* 1980; *Ohne einander,* 1993; Max von der Grün, *Springflut,* 1990; Robert Schneider, *Schlafes Bruder,* 1992).

Im europäischen Realismus und in der Literatur der Moderne zeichnen sich drei Hauptbereiche der thematischen Ausarbeitung ab: (1) Das Thema beleuchtet kritisch die gesellschaftlichen Bedingungen, die zur Isolation der Menschen beitragen; (2) die Vereinsamung dient der Charakterisierung der individuellen Lebensverfehlung; (3) die Isolation kennzeichnet die Entfremdung von Ich und Realität und präzisiert den Rückzug des Ichs auf sich selbst, weil die Welt keine Sinnstiftung ermöglicht. Die dargestellten Leiden der Figuren sind vergleichbar. Die durch die gedanklichen Zusammenhänge angeschnittenen Lösungen weichen jedoch in der Deutung der Ursache für die Vereinsamung stark voneinander ab. Von Balzac über Hauptmann bis zu Borchert und Hildesheimer verläuft eine Entwicklung, die durch das Bemühen gekennzeichnet ist, die Isolation als historisch begreifbares Phänomen eines gesellschaftlichen Prozesses zu verstehen. Von Strindberg über Camus bis zu Beckett verläuft ein anderer Traditionsstrang, in dem Autoren die Einsamkeit des Menschen als unveränderliches Existenzgesetz deuten. Balzac (*La Maison du chat-qui-pelote,* 1829; *Eugénie Grandet,* 1833; *Le Père Goriot,* 1834; *Le Cousin Pons,* 1847), Raabe (*Zum wilden Mann,* 1885; *Im alten Eisen,* 1887), Hauptmann (*Einsame Menschen,* 1891) und Stephen Crane (*Maggie, A Girl of the Street,* 1893) erfassen eine erkennbare Stufe in der Entwicklung der Kapitalwirtschaft und der Produktionsmittel. Auf dieser Stufe setzt mit der Überbetonung der Güterverwertung eine gleichzeitige Entwertung des persönlichen Zusammenlebens in der menschlichen Gemeinschaft ein. Die Personen geraten unter die Herrschaft der Kapitalanreicherung der Dinge und der Objekte. Je stärker sie sich an die verdinglichte Gesellschaft klammern, um so fremder stehen sie dem Mitmenschen gegenüber. Sie scheitern entweder im Versuch, sich der Welt anzupassen, oder werden zu Außenseitern der Gesellschaft gestempelt. Der Prozeß des Fremdwerdens dringt in die persönlichsten Verhältnisse ein, begünstigt die Auflösungserscheinungen innerhalb der Familie und drängt den einzelnen in die Einsamkeit unerfüllbarer Hoffnungen (Emile Augier, *Le Gendre de Monsieur Poirier,* 1854; *Un Beau Mariage,* 1859; Gustave Flaubert, *Madame Bovary,* 1857; *L'Education sentimentale,* 1869; Alexandre Dumas-fils, *La Femme de Claude,* 1873; Fontane, *Effi Briest,* 1895; George Bernard Shaw, *Heartbreak House,* 1920; Federico García Lorca, *Bodas de sangre,* 1933; *Doña Rosita la soltera,* 1935; *Así que pasen cinco años,* 1935; Max Frisch, *Stiller,* 1954; Hildesheimer, *Vergebliche Aufzeichnungen,* 1963; Hubert Fichte, *Die Palette,* 1968; Günter Steffens, *Die Annäherung an das Glück,* 1976). Die Verschmelzung der Einsamkeit mit der Entfremdung begünstigt eine Figurenkonzeption, die Georg von Ompteda in *Eysen* (1899) ausarbeitet: die Menschen haben jede Bindung verloren und können sich weder an Klasse, Arbeit noch verpflichtenden Ideen orientieren. Da diese Darstellungen die Einsamkeit im Schnittpunkt persönlicher Erfahrung und gesellschaftlicher Entwicklung ansetzen, besteht eine, wenn auch manchmal nur zaghafte Hoffnung, daß die Situation überwunden werden kann.

Dagegen erscheint die Einsamkeit als konstitutives Element der menschlichen Existenz, wenn eine Figur nicht nur dem Mitmenschen und der Umwelt entfremdet ist, sondern auch ihrem eigenen Wesen fremd gegenübersteht. Albert Camus schildert diese seelische Verfassung in *Le Mythe de Sisyphe* (1942). Sie ist jedoch schon vorgebildet in den Familienauseinandersetzungen und dem Kampf der Geschlechter in August Strindbergs Dramen und Erzählungen (*Der Vater,* 1887; *Kameraden,* 1888; *Gustav Vasa,* 1899). Die Dramen von Strindberg, Henrik Ibsen und Tennessee Williams vergegenwärtigen, daß jede Kontaktaufnahme versagen muß, weil bereits der Anspruch der Existenzberechtigung anderer Menschen als bedrohlich empfunden wird. Daher kann der einzelne schließlich auch sein eigenes Wesen nicht mehr begreifen (Camus, *Noces,* 1939; Samuel Beckett, *Fin de partie,* 1957; *Comédie,* 1966; Tankred Dorst, *Die Kurve,* 1960; Peter Handke, *Kaspar,* 1967; Heinrich Henkel, *Olaf und Albert,* 1973; Herbert Achternbusch, *Ella,* 1978). Es verflüchtigt sich in der tödlichen Vereinsamung, und jeder Versuch, aus dem Gefängnis der Umwelt auszubrechen, endet im Tod.

Quellen: Marc Antoine de Saint Amant, „La Solitude“ (Verf. 1617); Honorat de Bueil Racan, „Stances sur la retraite“ (verf. 1618); Théophile de Viau, „La Solitude“ (1621–24); François Maynard, „Ode à Alicippe“ (1646); Jean-Louis Guez de Balzac, *Lettres* (1665); Marie de Sévigné, *Correspondance* (1671–96); Charles Cotton, „Retirement“ (1676); Henry Vaughan, „Retirement“ (1678); Andrew Marvell, „The Garden“ (1716); Alexander Pope, „Ode on Solitude“ (1736); Alfred de Vigny, „Moïse“ (1824); Stendhal, *Le Rouge et le noir* (1831); *La Chartreuse de Parme* (1839); Henry Thoreau, *Walden* (1854); Wilhelm Raabe, *Die Chronik der Sperlingsgasse* (1857); *Die Akten des Vogelsangs* (1896); Hugo von Hofmannsthal, *Der Tor und der Tod* (1893); Heinrich Mann, *Professor Unrat* (1905); Albert Camus, *L'Envers et l'endroit* (1937); Wolfgang Borchert, *Draußen vor der Tür* (1947); Octavio Paz, *El laberinto de la soledad* (1950); Max Frisch, *Die chinesische Mauer* (1955); Wolfgang Hildesheimer, *Tynset* (1965); *Masante* (1973); Wolfgang Bauer, *Magic Afternoon* (1968); Peter Härtling, *Das Familienfest oder Das Ende der Geschichte* (1969); *Die dreifache Maria* (1982); Günter Steffens, *Die Annäherung an das Glück* (1976); Adolf Muschg, *Noch ein Wunsch* (1979); Martin Walser, *Dorle und Wolf* (1987).

Lit.: E. Bowden: The Dungeon of the Heart: Human Isolation and the American Novel. New York 1961; H. Bungert: Formen der Einsamkeit im zeitgenössischen amerikanischen Roman. Freiburg/Br. 1970; W.B. Carnochan: Confinement and Flight. An Essay on English Literature of the 18th C. Berkeley, CA 1977; W.O. Clough: The Necessary Earth. Nature and Solitude in American Literature. Austin, TX 1964; P.E. Crump: The Theme of Solitude: An Aspect of the Sentiment de la Nature in the 17th C. In: French Quarterly 7 (1925); G. Dietrich: Der einsame Mensch in der Dichtung. Regensburg 1989; M. Egerding: Einsamkeit in der deutschen Mystik. In: H. Colberg, D. Petersen (Hg.), Spuren. FS T. Schumacher. Stuttgart 1986; E.N. Elstun: Einsamkeit u. Isolation in den Werken Arthur Schnitzlers u. Richard Beer-Hofmanns. In: MAL 19 (1986); B.T. Fitch: Le Sentiment d'étrangeté chez Malraux, Sartre, Camus et S. de Beauvoir. Paris 1964; A. v. Gronicka: Das Motiv der Einsamkeit im modernen deutschen Drama. In: GQ 27 (1954); H. Gsell: Einsamkeit, Idyll u. Utopie. Studien zum Problem von Einsamkeit u. Bindung in Gottfried Kellers Romanen u. Novellen. Bern 1976; G. Koller: Studien zu den Perspektiven der Einsamkeit im zeitgenössischen französischen Roman. Wien 1988; E. Heilborn: Das Motiv der Vereinsamung in neuesten Romanen. In: Literatur 27 (1926); W. Kallmeyer: Die Einsamkeit im dramatischen Werk Federico García Lorcas. Bensberg 1971; E. Lämmert: Nietzsches Apotheose der Einsamkeit. In: Nietzsche Studien 16 (1987); J. Macpherson: The Spirit of Solitude. New Haven, CT 1982; R. Möhrmann: Der vereinsamte Mensch. Studien zum Wandel des Einsamkeitsmotivs im Roman von Raabe bis Musil. Bonn 1974; W. Rehm: Der Dichter u. die neue Einsamkeit. In: Zs. f. Deutschkunde 45 (1931); J. Sassus: The Motif of Renunciation of Love in the 17th-C. French Novel. Washington, DC 1963; H.J. Schultz (Hg.): Einsamkeit. Stuttgart 1980; U. Stadler: Der einsame Ort: Studien zur Weltabkehr im heroischen Roman. Bern 1971; M. Vigouroux: Le thème de la retraite et de la solitude chez quelques épistoliers du XVIIe siècle. Paris 1972; K. Vossler: Poesie der Einsamkeit in Spanien. München 1935–38; A.W. Wonderley: The Concept of Seclusion in German Literature. In: JEGP 47 (1948); H.G. Wright: The Theme of Solitude in 17th-C. Literature. In: Études Anglaises 7 (1954).

Siehe auch: Begrenzung-Freiheit, Berg, Dialog-Schweigen, Einsiedler

Einsiedler

Der freie Entschluß, der Welt zu entsagen und ein abgeschlossenes Dasein zu führen, kennzeichnet prinzipiell alle literarischen Darstellungen von Einsiedlern. Ein Mensch, der seine Gedanken auf das Jenseits richtete und Gott dienen wollte, zog sich in abgelegene Wälder oder Berge zurück. Dort baute er seine bescheidene Unterkunft (*eremus, heremus, heremita*). Der Anachoret mußte gewöhnlich eine Probezeit des Fastens und Betens absolvieren, ehe er in seine Zelle zog. Klausner und Waldbrüder wechselten zwar ihre Klausen, bewahrten aber eine größere Unabhängigkeit im Verkehr mit der Welt. Die Figur blieb lange, nachdem der Lebensstil der Einsiedler von der Zeit überholt war, in der literarischen Tradition wirksam.

Die Topik des Ortes ist konstant, obwohl die Schilderungen des Raums jeweils den besonderen Ansprüchen eines Textes angepaßt werden. In der Beschreibung des Wesens des Einsiedlers und seiner Weltanschauung sind Autoren dagegen durchaus unterschiedliche Wege gegangen. Er wurde idealisiert (einfaches Dasein in der Hütte, Entsagung, Welterkenntnis), satirisch beleuchtet (falscher Prophet, Täuschung) und als tief problematisch gezeichnet (Ringen mit Versuchung, Streben nach Selbsterkenntnis). Zahlreiche Werke verklären den positiven Einfluß der Zurückgezogenheit und stellen den gläubigen, demütigen und bescheidenen Lebenswandel in den Vordergrund der Betrachtung (z.B. mittelalterliche Schauspiele mit moralisierenden Tendenzen; Hrotsvitha von Gandersheim, *Pufnatius;* Hans Jacob Christoffel von Grimmelshausen, *Der abentheuerliche Simplicissimus Teutsch,* 1668–71; Thomas Parnell, „The Hermit", 1722; Ernst Wiechert, *Das einfache Leben,* 1939; Reinhold Schneider, *Der große Verzicht,* 1950). Humoristische Darstellungen erzielten ihre Wirkungen einerseits durch die stereotype Wiederholung moralischer Leitsätze, andererseits durch die Inversion positiver Charaktereigenschaften. Die einfache Umstellung läßt den Klausner als ungläubig, unbescheiden, unzuverlässig und anspruchsvoll erscheinen. Die Gegenüberstellung von vorgespiegelter und wirklicher Lebenshaltung, von Schein und Sein ermöglichte außerdem nicht nur die satirische Beleuchtung menschlicher Selbsttäuschung, sondern auch die gezielte Kritik an idealisierten Vorstellungen und übertriebenen Zeiterscheinungen (Hans Sachs, *Der Waldbruder,* 1531; Gotthold Ephraim Lessing, *Der Eremit,* 1749; Goethe, *Satyros,* 1773; Friedrich Maximilian Klinger, *Satirische Biographie der Altväter und Apostel,* 1790; Christoph Martin Wieland, *Die Wasserkufe,* 1795; Maxim Gorki, „Der Eremit", 1925). Wilhelm Wackenroders „Ein wunderbares morgenländisches Märchen von einem nackten Heiligen" (1799) vergegenwärtigt im Leben und Tod des Eremiten die außerordentliche Spannung zwischen dem Wirklichkeitsanspruch der Welt und dem menschlichen Verlangen nach der Transzendenz des Willens. Gustave Flaubert (*La Tentation de Saint-Antoine,* 1874) verwendet die Figur zur Erhellung der unterschiedlichen Stufen im Prozeß der menschlichen Entwicklung. Friedrich Hölderlin erweitert in seiner großangelegten Darstellung *Hyperion* (1797–99) den Fragenkreis unter anderem zur Prüfung des Zusammenhanges zwischen der Subjektivität des Gefühls, das eine eigene Welt aus sich hervorgehen läßt, und der Objektivität der Erkenntnis, die in der freien Spontaneität des Geistes begründet ist. Ähnliche Fragen, besonders die Erkenntnisgrundlage historischer Prozesse und das Wesen ordnungsstiftender Formen, klingen im 20. Jh. wieder in Hermann Hesses *Das Glasperlenspiel* (1943) an.

Als Nebenfigur übernimmt der Einsiedler eine genau umrissene Motivfunktion. Die Begegnung mit ihm spornt die Handlungsträger zum Nachdenken über ihr Lebensziel an. Seine Haltung stellt die Daseinsbewältigung in ein besonderes Licht. Seine Existenz wird zum Maßstab der Wahrheit, kann der Lebensfahrt neue Richtung geben oder die eigene Überzeugung bekräftigen.

Lit.: P. Doyère: Ermites. In: Dict. de Droit Canonique 5 (1951); G.L. Fink: L'Ermite dans la littérature allemande. In: EG 18 (1963); J. Fitzell: The Hermit in German Literature (From Lessing to Eichendorff). Chapel Hill, NC 1961; L. Gourgaud: Essai de bibliographie érémitique (1928–1933). In: Revue Bénédictine 45 (1933); H. Grundmann: Deutsche Eremiten, Einsiedler u. Klausner. In: Archiv f. Kulturgesch. 45 (1963); E. Mille: Die Geschichte der Einsiedlergestalt vom mittelalterlichen Epos über Barock u. Empfindsamkeit bis zum Roman der Romantik. Wien 1968; P. Weaver: The Hermit in English Literature from the Beginnings to 1660. Nashville, TN 1924.

Siehe auch Einsamkeit

Elektra

1. Die Figur ist fest verknüpft mit der Motivik des Geschlechterfluchs und der Rache. Das mit ihr verbundene Geschehen bietet die Voraussetzung für Thematisierungen der Identitätskrise und der Suche nach dem Selbst. Die extrem polarisierte psychologische Verhaltensweise Elektras zu Mutter und Vater wurde für die Psychologie und Literatur gleichermaßen bedeutsam. Bei der Betrachtung sind verschiedene Aspekte zu berücksichtigen. Psychologische Untersuchungen deuten den Elektra-Komplex als Symptom einer verdrängten erotischen Neigung zum Vater, die eine eifersüchtige Rivalität mit der Mutter heraufbeschwört und zu schweren seelischen Störungen führen kann. Literarische Darstellungen akzentuieren nicht nur die Gefühlssphäre, sondern knüpfen an erregende Handlungsmomente der Agamemnon-Überlieferung an. Nachdem Klytämnestra mit der Hilfe von Ägisthos ihren heimgekehrten Gatten ermordet hat, verbleibt Elektra am Hof. Sie sieht den Thronräuber in königlicher Herrlichkeit prangen und schwört blutige Rache. Ihre Wünsche werden erfüllt, nachdem Orest heimkehrt und mit ihrer Hilfe sowohl die Mutter als auch Ägisthos tötet. Die Figur Elektras erscheint in der Tradition in direktem Zusammenhang mit ihren Leiden im Stammhaus, ihrem eigenwilligen Auftreten gegenüber der Mutter, den Rachegefühlen, der Rückkehr Orests, dem gegenseitigen Erkennen und der Ausführung der Tat. Eine Reihe von Kristallisationselementen verleiht dem Ablauf des Geschehens dramatische Intensität. Der Verweis auf die Vergangenheit erläutert Elektras Situation. Der stark ausgeprägte Kontrast zwischen inszenierter Täuschung und innerer Wahrheit beleuchtet das menschliche Verfehlen. Träume, Spuren auf dem Grab Agamemnons und Blutmetaphern künden das unausweichliche Ende des Konflikts an.

2. Die Zielsetzung gibt Elektra die wesentlichen Charaktereigenschaften einer dramatischen Figur. Ihr Wille zur Tat wird mehrfach geprüft. Die Vorbereitung auf den Mord steigert die Spannung, da Elektra Hilfe von außen erwartet. Die Wartezeit wird zu einer wiederkehrenden Bewährungsprobe und ermöglicht die Darstellung widerspruchsvoller Gefühle. Die besondere Persönlichkeitsstruktur Elektras, in der Haß und Liebe, Rache und eigener Herrschaftsanspruch in einem dynamischen Wechselverhältnis stehen, versetzte Autoren in die Lage, einzelne Eigenschaften hervorzuheben und durchaus unterschiedliche Figurenkonzeptionen zu entwickeln. So entsteht die eigenartige Situation, daß die mit Elektra verbundenen Assoziationen in allen literarischen Darstellungen anklingen, aber unterschiedlichen Themen zugeordnet werden. Hinweise auf Elektra finden sich in Homers *Odyssee* (I, 35–43, 298–99; III, 193–200; 301–12) und in dem Gesang der *Orestia* von Stesichorus. Elektra wurde jedoch erst durch die dramatischen Gestaltungen von Aischylos (*Oresteia; Choephores*), Sophokles (*Elektra*) und Euripides (*Elektra; Orestes*) zu einer Figur der Weltliteratur. In den *Choephoren* steht Elektras Leiden im Vordergrund. Sie trauert, ruft sich ständig die Vergangenheit in Erinnerung und wartet auf Orest, der die Vergeltung übernimmt. Sophokles zeichnet sie als eine aktiv in das Geschehen eingreifende Rächerin: Sie rettet Orest und hilft ihm nach seiner Rückkehr, die Mutter und Ägisthos zu beseitigen. Euripides betont den ständig wachsenden Rachedurst Elektras. Sie lebt in einer armseligen Hütte und entwirft den Plan, das Königspaar in die Falle zu locken. Sie ist viel bewußter als ihr Bruder, spornt Orest zur Tat an und übertrifft ihn bei dem Gemetzel an Grausamkeit.

Im Gegensatz zur Antike zeichnen sich seit dem 18. Jh. in der europäischen Literatur Tendenzen ab, die Figur in zusätzliche Seelenkonflikte zu verwickeln. Elektra verliebt sich in den Sohn von Ägisthos oder in eine andere Person. Ihre Neigung löst einen Widerstreit der Gefühle aus. Sie will der Stimme ihres Herzens folgen und ringt verzweifelt mit Rachegedanken. Im Zuge dieser Verinnerlichung tritt der Mordplan in den Hintergrund. Daher behalten zwar Voltaire, Alfieri und Suarès die Bluttat zur Lösung des Konflikts bei; sie ist jedoch nicht lange vorausgeplant, sondern kommt überraschend und hat fast den Anschein des Zufälligen. Auch Orest wird zusehends problematischer. Er zögert und kann sich nicht zu dem grausamen Entschluß durchringen, seine Mutter zu töten (Sartre, Varoujean, Gyurkó). Durch die unterschiedlichen Akzentuierungen entstehen außerdem stark voneinander abweichende Elektrafiguren. Neben dem haßerfüllten, rasenden Weib stehen durch ihre Reinheit bestechende Mädchen und Frauen, die selbstquälerisch ihr Inneres bloßlegen. In Werken des 20. Jh. wirkt die Figur nicht nur außerordentlich differenziert, sondern auch symbolisch bedeutsam, da sie häufig im Mittelpunkt eines gesellschaftlichen Spannungsfeldes erscheint. So entwickelt Galdós das Geschehen aus Elektras ambivalentem, erotisch gefärbtem Verhältnis zum Bruder; Hofmannsthal und Suarès heben die persönlichen Leidenschaften stark hervor, beziehen die Handlung jedoch auf den Umsturz eines entarteten Staatswesens. Die revolutionäre Erneuerung der Gesellschaft wird zum zentralen Anliegen in den Darstellungen von Giraudoux und Gyurkó. Die Vorstellung, daß die Reform der menschlichen Beziehungen beim einzelnen ansetzen muß, nimmt in den Werken von Varoujean, Yourcenar und Sartre einen zentralen Platz ein. Auch die Spannungen zwischen Lavinia und ihrer Familie, die O'Neill herausarbeitet, machen nicht nur die schweren Zerwürfnisse eines auf Täuschung beruhenden Familienlebens sichtbar, sondern zeigen auch die gesellschaftliche Grundlage, auf der sie entstehen. In allen Gestaltungen Elektras kommt eine wesentliche Problemstellung zum Ausdruck: Die Vergeltung des begangenen Unrechts verstrickt Elektra in neue Schuld, solange ihre Tat persönlichen Motiven entspringt. Erst der freie Entschluß, die Welt im Interesse der Gesellschaft von der Blutschuld zu reinigen, ermöglicht den Ausblick auf eine veränderte Lebensgrundlage.

Quellen: Aischylos, *Oresteia*; *Choephores*; Sophokles, *Elektra*; Euripides, *Elektra; Orestes*; Prosper Jolyot de Crébillon, *Electre* (1708); Voltaire, *Oreste* (1750); Vittorio Alfieri, *Oreste* (1783); Benito Pérez Galdós, *Electra* (1901); Hugo von Hofmannsthal, *Elektra* (1903); André Suarès, *La Tragédie d'Electre et d'Oreste* (1905); Eugene O'Neill, *Mourning Becomes Electra* (1929–31); T.S. Eliot, *Family Reunion* (1935); Jean Giraudoux, *Electre* (1937); Jean-Paul Sartre, *Les Mouches* (1943); Marguerite Yourcenar, *Electre, ou la chute des masques* (1943); Gerhart Hauptmann, *Elektra* (1948); Jean-Paul Giraudoux-Montaigne, *Electre* (1965); Jean-Jacques Varoujean, *La Ville en haut de la colline* (1969); László Gyurkó, *Szerelmem, Elektra* (1970).

Lit.: P. Brunel: Le Mythe d'Electre. Paris 1971; S.H. Cohen: The Electra Figures in 20th-C. American and European Drama. Diss. Indiana U. 1968; R.W. Corrigan: The Electra Theme in the History of Drama. Diss. Minnesota U. 1955; E. Heyfelder: Elektra in klassischer u. moderner Dramatik. In: Deutsche Literaturzeitung 30 (1908); N. Soule-Susbielles: Le développement du thème d'Électre dans le drame depuis Eshyle jusqu'à O'Neill. Diss. Paris 1958.

Siehe auch: Familie, Inzest, Rache

Emblem

1. Die im Altertum verwendeten Metallverzierungen sinnbildlicher Art bieten den Ansatzpunkt für literarische Embleme. Sie leben in der Literatur der Renaissance auf und erreichen eine hohe Blüte im 16. und 17. Jh. Ein Emblem besteht gewöhnlich aus einem Leitspruch, dem Bild und einem Zusatz, der in der Form eines Verses oder einer Erklärung die Zeichnung deutet. Das Emblem verbindet somit die bildliche Vergegenwärtigung mit einer kritischen Erläuterung. Einige der zahlreich verwendeten Sinnbilder standen in direktem Bezug zu eindeutigen Begriffsinhalten und boten daher größere Freiheit in der künstlerischen Ausarbeitung einzelner Details: Olivenzweig – Frieden; Palme – Beständigkeit; Frauenfiguren mit verbundenen Augen und der Waage in der Hand – Gerechtigkeit.
2. Der *Emblematum liber* (1531) des Italieners Andrea Alciati (Andreas Alciatus) wirkte wegweisend für die zahlreichen Bücher der Sinnbildkunst seiner Zeit und des folgenden Jahrhunderts. Die Emblemkünstler übernahmen Gedanken und ihnen angemessene Bilder aus den unterschiedlichsten Quellen. Das Spektrum der Kunst umfaßt historische, politische, religiöse und künstlerisch dekorative Anliegen (zahlreiche Bücher von Alciati; Barptolomaeus Anulus, *Picta Poesis*, 1552; Mathius Holtzwart, *Emblematum Tyrocinia*, 1581; Joachim Camerarius, *Symbola et emblemata*, 1590–1604; P.C. Hooft, *Emblema-*

ta Amatoria. Afbeeldingen van Minne. Emblèmes d'amour, 1611).
Da im Verlauf der Emblematikrezeption literarische Themen und Motive übernommen wurden, besteht durchaus die Möglichkeit, daß Embleme zur Motivüberlieferung beitrugen. Von ausgesprochen literarischer Bedeutung sind Amor, Baum (Paradies), Bruderkonflikt (Eteokles und Polyneikes), Einsamkeit, Femme fatale (Sirenen, Harpyien), Feuer, Flamme, Fortuna, Hermaphroditos und die Nymphe Salmakis, Herz, Jagd, Liebe (Liebende unter einem Baum), Rache, Stundenglas, der einer Person folgende Schatten, Schlange, Teppich des Lebens, Tod, Totentanz, Ulmenbaum und Rebe sowie Bilder des harmonischen Zusammenlebens.

Lit.: Neudrucke erscheinen in der von W. Harms u. M. Schilling edierten Reihe Emblematisches Cabinet. Hildesheim 1981 ff.; P.M. Daly (Hg.): The European Emblem. Waterloo 1980; L'emblème à la Renaissance. Paris 1982; U. Gaier: Emblematisches Erzählen bei Grimmelshausen. In: Simpliciana 12 (1990); H. Green: Shakespeare and the Emblem Writers. London 1870; A. Henkel, A. Schöne: Emblemata: Handbuch zur Sinnbildkunst des XVI. u. XVII. Jh. Stuttgart 1976; I. Höpel: Emblem u. Sinnbild. Vom Kunstbuch zum Erbauungsbuch. Ffm 1987; Index Emblematicus. 2 Bde. Toronto 1985; F. Ohly: Schriften zur mittelalterlichen Bedeutungsforschung. Darmstadt 1977; S. Penkert (Hg.): Emblem u. Emblematikrezeption: Vergleichende Studien zur Wirkungsgeschichte vom 16. bis 20. Jh. Darmstadt 1978; M. Praz: Studies in 17th-C. Imagery. London 1939; A. Saunders: The 16th-C. French Emblem. Genève 1987; B.F. Scholz: Das Emblem als Textsorte. In: C. Wagenknecht (Hg.), Zur Terminologie der Literaturwissenschaft. Stuttgart 1989; ders. (Hg.): The European Emblem. Leiden 1990; H. Stegemeier: Problems in Emblem Literature. In: JEGP 45 (1946); D. Sulzer: Traktate zur Emblematik. Stuttgart 1992; E.N.S. Thompson: Literary Bypaths of the Renaissance. New Haven, CT 1924.

Ennui *(Langeweile, Boredom)*

1. Kuhn charakterisiert die Langeweile als eine der wesentlichen Kategorien des Verstehens, die sich in der abendländischen Geistesgeschichte herausgebildet haben. Der Begriff bezeichnet eine geistige Auffassung, ihre allgemeine Singgebung und ihre Gestaltung. Schriftsteller des Altertums wie Horaz, Plutarch, Seneca und Lukrez erwähnen zwar melancholische Empfindungen und die aus tiefem Leid geborene Absage an die Welt, nicht aber die Langeweile. Das Gefühl regte jedoch die christliche Moralphilosophie zu besorgten Überlegungen an, da es in direktem Zusammenhang mit dem Verlust einer aktiven Lebensführung und der uneingestandenen Verneinung der Heilsvorsehung zu stehen schien. Die Kirchenväter warnten vor dem Glaubensverlust (*siccitas*), dem grundlosen Trauern (*tristitia*), der Faulheit (*pigritia*) und der allgemeinen Interesselosigkeit (*acedia*). Sie betrachteten besonders die Teilnahmslosigkeit und die Begleiterscheinungen der Langeweile, das melancholische Leiden und die ins Ungewisse verlaufende psychologische Zeiterfahrung als eine Hauptsünde. Sie warnten Einsiedler vor den Gefahren des Klausnertums und ermahnten jeden, der sich in die Einsamkeit zurückziehen wollte, den Entschluß genau zu überprüfen. Das aktive Dasein, sei es im Leben oder in der Klostergemeinschaft, enthielt weniger Gefahren für die Seele als die Weltentsagung. Im 17. Jh. legten Bossuet und Pascal die Langeweile als eine Empfindung aus, die nur entstehen konnte, nachdem Menschen ihre religiöse Gewißheit verloren hatten und keinen Zugang zu Gott finden konnten. Bossuet und Pascal unterscheiden deutlich zwischen der Verunsicherung des Menschen, die der Gottessuche entspringt, und dem Ennui, der in der geistigen Trägheit wurzelt. Das Problem stellt sich ähnlich für John Locke. Er führt in *An Essay Concerning Human Understanding* (1690) das tiefe Unbehagen (uneasiness) am Dasein auf den Verlust der Orientierung im christlichen Lebensgefühl zurück. Zugleich deutet sich in der Auffassung dieser freudlosen Langeweile bereits eine existentielle Krise an. Die an den Weltschmerz anschließende Bewußtseinslage der Ermüdung, das unbehagliche Gefühl des Fremdseins in der Welt und die der Ziellosigkeit entspringende müde Resignation kommen jedoch erst in der Literatur der zweiten Hälfte des 19. Jh. voll zur Geltung. Die Stimmung, in der sich die Furcht vor der Fülle des Daseins, leise Traurigkeit und Lebensennui mischen, klingt an in Gedichten und Erzählungen von Rainer Maria Rilke, Hugo von Hofmannsthal, Arthur

Schnitzler, Richard Beer-Hofmann und Peter Altenberg. Sie ist sowohl das Symptom einer Krise als auch der Reflex auf die Fortschrittsethik der Zeit und wird in den Darstellungen der Kritik zugänglich gemacht. Die Geisteshaltung kennzeichnet die Einstellung zum Leben einiger →Dandys und bietet in den →Ehebruchromanen von Gustave Flaubert und Theodor Fontane die Voraussetzung für den Wunsch, dem ermüdenden Gleichmaß der Ehe zu entkommen. Marcel Proust, Georges Bernanos, André Gide, Martin Heidegger und Jean-Paul Sartre sehen in der Langeweile geradezu die Geißel des Jahrhunderts.

2. Literarische Darstellungen der Langeweile reichen in thematischen Bezügen vom Verlust der geistigen Orientierung und der existentiellen Angst bis zum namenlosen, kaum greifbaren Leid. Zu den vorherrschenden Symptomen der Langeweile zählen die psychologisch empfundene Ausdehnung der Zeiterfahrung, die Verzweiflung, eine nicht zu stillende, innere Unruhe, die jedes Handeln paralysierende Willensschwäche, eine Verbindung des geistigen Leidens mit dem physischen Unwohlsein (der Lebensekel bei Sartre), der Verlust der Orientierung, die Erfahrung der völligen Leere und die Angst vor dem Nichts. Andeutungen dieser Gefühle tauchen im Mittelalter bei Charles d'Orléans, Alain Chartier und Jean de Garencières im Zusammenhang mit Darstellungen der Einsamkeit und der unerfüllbaren Sehnsucht nach Lebenserfüllung auf. Der Gemütszustand ist bemerkbar in der Klage in Gérard de Nervals „El Desdichado"; er erscheint als eine Bedrohung der menschlichen Selbstvergewisserung, wenn die Betrachtung der Vergangenheit zur Erkenntnis der Nichtigkeit aller Hoffnungen und Bestrebungen überleitet (Joachim Du Bellay, *Les Antiquitez de Rome,* 1558). Ennui ist ein wesentliches Element in der melancholischen Stimmung der „elisabethanischen Krankheit" und dem englischen Spleen. Ennui wirkt schon nahezu modern in einigen Briefwechseln des 18. Jh., beispielsweise in Madame du Defauds Briefen an Horace Walpole, und hinterläßt deutliche Spuren in Werken von Sébastien Mercier, Baculard d'Arnoult, Loaisel de Tréogate, Alfred de Musset und Stendhal. Goethe erfaßt in *Die Leiden des jungen Werthers* (1774) die selbstzerstörerischen Tendenzen des Orientierungsverlustes und des Lebensüberdrusses. In den *Wahlverwandtschaften* (1809) bestimmt die Langeweile nicht nur den Erfahrungshorizont der Hauptpersonen, sondern auch einer Gesellschaftsform, in der sich der Wunsch nach Tätigkeit in der Naturverschönerung, dem Planen kunstvoller Gartenanlagen erschöpft. Spuren der Langeweile finden sich zuweilen in den Schriften der Romantiker (Brentano, Chateaubriand, Constant, Senancour, Rabbe). Zur vollen thematischen Gestaltung gelangt die Langeweile erst um die Jahrhundertwende. Das Thema tritt unverhüllt hervor in Schilderungen der geistigen Leere, der Unfähigkeit, gesellschaftliche Prozesse zu verstehen, im Erkenntnisekel und im Verlust des historischen Bewußtseins. Drei Werke, Joris-Karl Huysmans, *A rebours* (1884), Arthur Schnitzler, *Anatol* (1893) und Hugo von Hofmannsthal, „Ein Brief" (1901), beleuchten den Spielraum des Themas: Fluchttendenzen, die Jagd nach Abwechslung in der ständigen Wiederkehr desselben, tatenlose innere Unruhe und müde Resignation. Diese Vorstellungen werden richtungweisend für das Thema im 20. Jh.

Quellen: Lucretius, *De Rerum Natura*, Lib. III; Horaz, *Epistolae* I; Maurice Scève, *Délie* (1544); Robert Burton, *Anatomy of Melancholy* (1621); Christian Weise, *Die unvergnügte Seele* (1688); Theodor Johann Quistorp, *Der Hypochondrist* (1745); Samuel Johnson, *History of Rasselas* (1759); Friedrich Maximilian Klinger, *Der Derwisch* (1780); François-René de Chateaubriand, *René* (1802); Etienne de Senancour, *Oberman* (1804); Honoré de Balzac, *Le Lys dans la vallée* (1835); Georg Büchner, *Leonce und Lena* (1836); Charles-Augustin Sainte-Beuve, *Histoire de Port Royal* (1840–59); Gustave Flaubert, *Voyage aux Pyrénées et en Corse* (1840); *Madame Bovary* (1857); *L'Education sentimentale* (1869); Alphonse de Lamartine, *Raphaël* (1849); Hugo von Hofmannsthal, „Das Märchen der 672. Nacht" (1895); Charles Baudelaire, *Les Fleurs du mal* (1857); André Gide, *Les Nourritures terrestres* (1897); *Isabelle* (1911); Georges Bernanos, *Sous le soleil de Satan* (1926); Albert Camus, *L'Etranger* (1942); Simone de Beauvoir, *Pyrrhus et Cinéas* (1944); Jean-Paul Sartre, *L'Etre et le néant* (1953); Wolfgang Hildesheimer, *Tynset* (1965); Samuel Beckett, *Le Dépeupleur* (1970); Gabriele Wohmann, *Ernste Absicht* (1970); *Der Nachtigall fällt auch nichts Neues ein* (1978); Botho Strauß, *Trilo-*

gie des Wiedersehens (1976); *Die Widmung* (1977); *Kalldewey, Farce* (1981).

Lit.: M. Bloomfield: The Seven Deadly Sins. Lansing, MI 1952; M. Bouchdy: L'Ennui de Sénèque à Moravia. Paris 1973; H.O. Burger: Die Geschichte der unvergnügten Seele. Ein Entwurf. Erlangen 1961; W.M. Fues: Die Entdeckung der Langeweile. Georg Büchners Komödie Leonce und Lena. In: DVjs 66 (1992); P. Hazard: La Crise de la conscience européenne (1680–1715). Paris 1935; L. Heidbrink: Melancholie u. Moderne. München 1993; U. Hofstaetter: Langeweile bei Heinrich Heine. Heidelberg 1991; R. Kuhn: Ennui in der französischen Literatur. In: NS 16 (1967); ders.: The Demon of Noontide. Ennui in Western Literature. Princeton 1976; R. Lambrecht: Der Geist der Melancholie. München 1994; W. Lepenies: Melancholie u. Gesellschaft. Ffm 1969; Melancholie in Literatur u. Kunst. Ges. Beiträge des Heidelberger Arbeitskreises Psychiatrie, Kunst u. Literatur. Hürtgenwald 1990; L. Pikulik: Langeweile, oder die Krankheit zum Kriege. In: ZDP 105 (1986); L. Völker: Langeweile. Untersuchungen zur Vorgeschichte eines literarischen Motivs. München 1975.

Siehe auch: Ehebruch

Entfremdung

1. Der Mensch im 20. Jh. ist einem Prozeß fortschreitender Entfremdung ausgesetzt. Dieser Satz kann als Motto über eine ständig wachsende Reihe soziologischer, philosophischer, gesellschafts- und literaturwissenschaftlicher Untersuchungen gestellt werden. Obwohl die Arbeiten zu unterschiedlichen Ergebnissen gelangen, stimmen sie weitgehend mit der Untersuchung des Phänomens durch Karl Marx überein. Die Entfremdung wurzelt in den sozialen Erschütterungen des 19. und 20. Jh. Die zunehmende Technokratisierung der Industriegesellschaft brachte einen grundlegenden Wandel in zwischenmenschlichen Beziehungen und im Verhältnis der Menschen zur Gesellschaft mit sich. Der Begriff wurde verwendet, um die Erfahrung des Menschen zu beschreiben, der den von der Gesellschaft geschaffenen Normen, dem politischen System, den Mitmenschen und selbst seiner eigenen Arbeit fremd gegenübersteht. Außerdem charakterisiert der Begriff sowohl das Gefühl der Hilflosigkeit einzelner angesichts bürokratischer Staatsapparate, die sich dem Zugriff entziehen, als auch die Empfindung der ständigen Labilität, in der Menschen leben, wenn sie keinen Halt in verbindlichen Gedankensystemen finden. Sicherlich ist die Entfremdung ein Begleitzustand einer Geschichtsauffassung, die jede objektive Erkenntnis historischer Prozesse verneint.

Ein Hauptmerkmal literarischer Darstellungen des Themas ist die Tendenz, die Erfahrung der Entfremdung mit dem individuellen Freiheitsverlust und der wachsenden Lebensangst in Verbindung zu bringen. Das Thema kann durchaus dem kritischen Reformanliegen eines Autors dienen. Andererseits kann der Zustand völlig zeitlos und unabänderlich erscheinen, wenn die Äußerungen im Text ein regressives Geschichtsbewußtsein bekunden. Die Feststellung des kanadischen Schriftstellers Réjean Ducharme in *L'Avalée des avalés* (1966): „Jetzt weiß ich, daß der Kosmos das Haus eines anderen ist" erfaßt die Situation des unbehausten Menschen. Die Erfahrung des modernen Menschen geht tiefer als die Mephistos in der klassischen Geisterwelt, in der er sich plötzlich „ganz und gar entfremdet" findet (Goethe, *Faust II*, Z. 7081, 1832). Mephisto kann, indem er sich Phorkyas angleicht, noch immer seine innere Substanz, „des Chaos viel geliebter Sohn", wahren und äußere Form geben. Der entfremdete Mensch in den Stücken Samuel Becketts, Thomas Bernhards und Wolfgang Hildesheimers erfährt nur noch die innere und äußere Leere. Der Dialog versagt. Die Öde nimmt zu. Die Figuren bewegen sich entweder im Kreis oder sind in Räumen gebannt, aus denen nur der Tod führt. Die Entfremdung zwischen Ich und Welt ist so weit fortgeschritten, daß jede Realität fragwürdig und irrational wirkt. Das Gefühl der Entfremdung schleicht sich in viele Texte der Moderne ein. Es ist eine Grunderfahrung des Daseins in Werken, die die Auseinandersetzung des Menschen mit einem absurden Weltbild vergegenwärtigen.

2. Ansätze zu der Begriffsbestimmung wurden zurückgeführt auf Friedrich Schillers *Über die ästhetische Erziehung des Menschen* (1795), eine Reihe von Briefen, in denen Schiller die menschliche Situation unter dem Aspekt der Entzweiung im gesellschaftlichen

Dasein behandelt. Wenn Schiller die wahre, optimale menschliche Bestimmung der Entäußerung von Wesenskräften in der mechanischen, sinnentleerten Geschäftigkeit entgegenstellt, dann charakterisiert er die Beschränkung der subjektiven Freiheit, die zum innersten Wesen der Erfahrung der Entfremdung gehört. Gleichermaßen bedeutsam ist Jean-Jacques Rousseaus Gegenüberstellung von Naturstaat und dessen historischer Fehlentwicklung zum politischen Notstaat. Theologische Erörterungen sehen in der Entfremdung ein Symptom der Einbuße des unbedingten Vertrauens auf Gott. Dagegen betrachtet die von Marx, Engels und Lenin ausgehende Praxisphilosophie die Entfremdung als eine historisch bedingte Deformierungserscheinung der kapitalistischen Gesellschaft. Sie ist historisch deutbar und kann in einer nicht-antagonistischen Gesellschaft überwunden werden.

3. Im Nachweis der Themenkonzeption sind der Literaturwissenschaft deutlich Grenzen gesetzt. Man kann Entfremdungserscheinungen bis ins 19. Jh. zurückverfolgen. Es ist jedoch zweifelhaft, ob das von Wordsworth und Keats eingefangene Gefühl der Isolation des einzelnen von der Gesellschaft der Fremdbestimmung des menschlichen Handelns entspricht. Überzeugender wirken Hinweise auf Charles Dickens, Emile Zola und Wilhelm Raabe, obwohl gerade Raabe in einigen Romanen wiederum einen Ausweg durch die mögliche Selbstverwirklichung in einem Kreis hilfsbereiter Menschen anbietet (→Reform). Dickens verwendet die mit der Entfremdung verknüpfte Kontaktlosigkeit zur Charakterisierung der Figuren in *Oliver Twist* (1837–39). Bumble schließt sich von der Gesellschaft ab, weil sie seine objektiven Erwartungen zurückweist, und Fagin wird in eine Situation gedrängt, in der er die Erfahrung der Entfremdung macht. Die bei Elizabeth Gaskell, Gustave Flaubert, Theodor Fontane, Minna Kautsky und Emile Zola nachweisbaren Verdinglichungserscheinungen der Welt lassen die Erfahrung der Entfremdung erkennen. Eine positive, optimistische Einstellung zur →Arbeit schließt die Entfremdung entweder aus oder verdrängt sie (Gustav Freytag, *Soll und Haben,* 1855; Otto Ludwig, *Zwischen Himmel und Erde,* 1856; Helene Böhlau, *Der Rangierbahnhof,* 1895; Wilhelm von Polenz, *Der Büttnerbauer,* 1895). Dagegen setzt mit Henrik Ibsens *Ein Puppenheim* (1879, späterer Titel *Nora*) und Alfred Jarrys *Ubu Roi* (1896) eine Entwicklung ein, in der die Entfremdung zur Existenzbedingung der Figuren wird. Der Zerfall der Familie, die Lebenslüge und die Kontaktlosigkeit, Gleichgültigkeit und Kälte im Umgang mit anderen bedrohen die Figuren, die sich schließlich hermetisch gegen die Außenwelt abschließen. Der durch die Erfahrung des Fremdseins gekennzeichnete Bruch zwischen dem im Wunsch nach persönlicher Selbstentfaltung zum Ausdruck kommenden Freiheitsanspruch und den einengenden Tendenzen gesellschaftlicher Entwicklungen bietet die Voraussetzung zu thematischen Darstellungen. Eine wesentliche Bedingung der Entfremdung ist, daß sich einzelne einer verdinglichten Welt gegenübersehen und sich ständig unterordnen müssen, da sie weder die historische Entwicklung begreifen noch die Produktionsmittel beherrschen. Alles Persönliche ist versachlicht. Aus dieser Erfahrung entstehen unterschiedliche Reaktionen, die thematisch in den Vordergrund treten. Die Entfremdung beherrscht die geistige Verfassung der Personen. Ihr Handeln spiegelt jedoch die Erschütterungen ihrer Gefühle und unterschiedliche Formen des Widerstandes. Diese reichen von Ausbrüchen der →Aggression bis zur lähmenden →Angst, vom beständigen Kreislauf unverständlicher Situationen (→Absurd, →Kreis) bis zur →Todesbezogenheit.

4. Auch das Fremdwerden der eigenen Kultur, der individuell bedingte Abstand zum Zeitgeschehen und der Widerstand gegen den Machtanspruch der zeitgenössischen Realpolitik hinterlassen in der besonderen Formgebung der Entfremdung Spuren im Schaffen von Albert Camus, Jean-Paul Sartre, Simone de Beauvoir, Max Frisch, Günter Grass, Rolf Hochhuth, Peter Rühmkorf, Peter Weiss, Salinger und Norman Mailer. Bisher weniger erforscht, aber stark ausgeprägt ist der Zug der Entfremdung von der abendländischen Tradition, wenn diese aus der Perspektive nationalpolitischer Entwicklungen gesehen wird. Bei Schriftstellern, die sich zu einer Minderheit rechnen oder sich als Vertreter einer neuen eigenständigen Literatur verstehen, färbt dieses Fremdsein fast immer die Abrechnung mit der Zivilisation, aus der man sich lösen will. Diese Situation ist besonders deutlich in den Schriften einiger Autoren des französischen Sprachraums: Driss Chraïbi in Marokko, Mouloud Mammeri und Djanila Debèche in Algerien, Albert Memmi in Tunesien, Claude Jasim, Félix Leclerc, Ducharme und Gaston Miron im französischen Kanada, Léopold Senghor in Afrika und Aimé Césaire in Martinique.

5. Bertolt Brechts technisches Verfahren der Verfremdung, welches zu einem Grundpfeiler des epischen Theaters wurde, hat die wirkungsästhetische Funktion, den Zuschauer zu distanzieren und zum Nachdenken anzuregen. Es steht mit der Entfremdung in keinem direkten Zusammenhang. Ein Bezug ergibt sich nur aus der geschichtsphilosophischen Orientierung Brechts. Brecht betrachtet die Entfremdung als zeitgebundenes, überwindbares Symptom der spätkapitalistischen Industriegesellschaft und versucht daher in seinem Schaffen, die ökonomischen Bedingungen der Fremdbestimmung der Arbeitsmittel bloßzulegen.

Quellen: William Wordsworth, „The Solitary" in: *The Excursion*, Buch II (1814); John Keats, „When I Have Fears" (1818/48); Henry Thoreau, *Walden* (1854); Arthur Schnitzler, *Fräulein Else* (1925); Thornton Wilder, *The Long Christmas Dinner* (1931); Ödön von Horváth, *Ein Kind unserer Zeit* (1938); Jean-Paul Sartre, *Huis-Clos* (1944); *Morts sans sépulture* (1946); Arthur Miller, *Death of a Salesman* (1947); Tennessee Williams, *A Streetcar Named Desire* (1947); *Camino Real* (1953); Arthur Adamov, *L'Invasion* (1950); Jerome David Salinger, *Catcher in the Rye* (1951); Eugène Ionesco, *Le Salon de l'automobile* (1951); *Rhinocéros* (1957); Wolfgang Koeppen, *Das Treibhaus* (1953); Albert Memmi, *La Statue de sel* (1953); Simone de Beauvoir, *Les Mandarins* (1954); Albert Camus, *La Chute* (1956); „L'Hôte" in: *L'Exil et le royaume* (1957); Fernando Arrabal, *Le Cimetière des voitures* (1958); Samuel Beckett, *Krapp's Last Tape* (1959); William S. Burroughs, *Naked Lunch* (1959); Boris Vian, *Les Bâtisseurs d'empire, ou le Schmürz* (1959); Joseph Heller, *Catch-22* (1961); *Something Happened* (1974); Wolfgang Hildesheimer, *Vergebliche Aufzeichnungen* (1963); *Monolog* (1964); Thomas Bernhard, *Frost* (1963); *Das Kalkwerk* (1970); *Der Theatermacher* (1984); R. Ducharme, *L'Avalée des avalés* (1966); Gaston Miron, „Monologues de l'aliénation délirante" in: *L'Homme repaillé* (1970); Peter Rosei, *Landstriche* (1972); *Entwurf für eine Welt ohne Menschen* (1975); *Wer war Edgar Allan?* (1977); *Das schnelle Glück* (1980); Gernot Wolfgruber, *Reise über das Eis* (1979); Helmut Eisendle, *Der Narr auf dem Hügel* (1981); Botho Strauß, *Groß und klein* (1981).

Lit.: A. Baudin: De l'autre à l'un: Aliénation et révolte dans les littératures d'expression française. In: Études Françaises 7 (1971); S. Craven: Wolfgang Koeppen. A Study in Modernist Alienation. Stuttgart 1982; B. Ekmann, H. Hauser, W. Wucherpfennig (Hg.): Fremdheit – Entfremdung – Verfremdung. Bern 1992; R. Grimm: Verfremdung: Beiträge zu Wesen u. Ursprung eines Begriffs. In: RLC 35 (1961); C. de Groot: Schein, Wirklichkeit, Entfremdung. Ein Thema der österreichischen Literatur des 20. Jh. In: Neoph. 72 (1988); E. Harth: The Creative Alienation of the Writer: Sartre, Camus, and Simone de Beauvoir. In: Mosaic 8 (1975); E. Heller: The Disinherited Mind. Cambridge 1952; Literature and Alienation. In: Mosaic 2 (1968); U. Jahnke: Die Erfahrung von Entfremdung. Sozialgeschichtliche Studien zum Werk Franz Kafkas. Stuttgart 1988; R. Schacht: Alienation. New York 1970; I. Yetiv: Le Thème de l'aliénation dans le roman maghrébin d'expression française 1952–1956. Sherbrooke, Québec 1972.

Siehe auch: Absurd, Dandy, Dialog-Schweigen, Einsamkeit

Entsagung

1. Die Fähigkeit, aus freier Entscheidung dem eigenen Anspruch auf Macht, Stellung oder einem erstrebenswerten Ziel zu entsagen, dient der Motivation in der Charakterentwicklung literarischer Figuren. Die Entsagung hat bereits voll entwickelte Motivfunktion in der französischen Literatur des 17. Jh. und im empfindsamen Roman des 18. Jh. (z.B. Nicolas de Montreux, *Les Chastes et Delectables Jardins d'amour,* 1599; Suzanne de Nervèze, *Floriane ... la victoire de l'amour,* ca. 1603; *Dom Sebastain. Roy de Portugal,* 1680; Christian Fürchtegott Gellert, *Das Leben der schwedischen Gräfin von G**** (1746–48); Johann Heinrich Steffens, *Clarissa,* 1765; Johann Gottfried Nonne, *Don Pedro und Anton,* 1770). Das Motiv begründet die grundlegende Veränderung in der Einstellung eines Menschen zur Umwelt. Personen entsagen der Leidenschaft oder selbst

der eigenen Liebe, um sich Gott oder einem überpersönlichen Ideal zu widmen. Der das weitere Handeln bestimmende Entschluß ordnet die Anlage der folgenden Erzählphasen (Entscheidung – aufbauende Vorausdeutung – Reaktionen der betroffenen Personen – Kontrastfiguren). In den meisten Fällen entspringt die Entsagung jedoch einem vorausgegangenen Ereignis (Ehebruch), einer ausgeprägten Kritik fordernden Eigenschaft oder dem Eingriff einer schicksalhaften Macht. Die Darstellung der Entscheidung versetzt Autoren außerdem in die Lage, die persönlichen Überlegungen eingehend zu schildern. Die Entsagung erscheint daher häufig im Zusammenhang mit philosophischen Exkursen und Erörterungen menschlicher Empfindung. Diese Tendenz kann dazu führen, daß nicht der Entschluß, sondern weitgespannte Ausführungen über das Wesen der Entsagung in den Vordergrund treten und thematisch wirksam werden. Ansätze dazu sind im europäischen Dialog- und Briefroman des 17. und 18. Jh. nachweisbar.

2. In Werken, in denen die Entwicklungsthematik im Mittelpunkt des Geschehens steht, kennzeichnet der Wille zur Entsagung eine Stufe der abgeklärten Weltsicht in der Entfaltung der Persönlichkeit. In der französischen und deutschen Klassik und im englischen Neoklassizismus erweitert die Auseinandersetzung mit der Möglichkeit der Entsagung nicht nur die Erkenntnisfähigkeit einzelner Figuren, sondern leitet auch im Rückwirken auf die Gesellschaft einen Prozeß der zunehmenden Welterkenntnis ein. Manchmal werden diese Fragen nur ganz behutsam angedeutet (Goethe, *Unterhaltungen deutscher Ausgewanderten,* 1795; *Die natürliche Tochter,* 1804). In anderen Werken begründet die Entsagung eindeutige Entscheidungen und dadurch das Handlungsgeschehen oder die Lösung eines Konflikts (Pierre Corneille, *Cinna,* 1640; *Polyeucte,* 1643; John Dryden, *The Indian Queen,* 1664; *The Indian Emperour,* 1665; Jean Racine, *Bérénice,* 1670; Joseph Addison, *Cato,* 1713; Friedrich Heinrich Jacobi, *Eduard Allwills Papiere,* 1776; *Woldemar,* 1779; Christoph Martin Wieland, *Oberon,* 1780; Goethe, *Die Wahlverwandtschaften,* 1809; *Wilhelm Meisters Wanderjahre,* 1821–29; Heinrich von Kleist, *Das Käthchen von Heilbronn,* 1810). In diesen Texten erscheint das Thema der Entsagung häufig im Zusammenhang mit Fragen der Liebesfähigkeit, der gesellschaftlichen Orientierung, dem Verantwortungsbewußtsein und anderen Anliegen der menschlichen Selbstverwirklichung. Im 19. Jh. wurde die Entsagung in zahlreichen Werken an die Resignation angeglichen. So entsteht ein eigentümlich ambivalentes Gefühl, welches teilweise im freien Wunsch zur Entsagung gründet, teilweise aber Ausdruck des Verzichtes angesichts einer Situation ist, die der menschlichen Entfaltung deutliche Grenzen setzt (Charles Dickens, *The Old Curiosity Shop,* 1841; Adalbert Stifter, *Der Hochwald,* 1844; *Der Nachsommer,* 1857; George Eliot, *The Mill on the Floss,* 1860; Elizabeth Gaskell, *Sylvia's Lovers,* 1863; Louise von François, *Die letzte Reckenburgerin,* 1871; Wilhelm Raabe, *Zum wilden Mann,* 1875; Gottfried Keller, *Der Landvogt von Greifensee,* 1878; Theodor Fontane, *Unwiederbringlich,* 1892; George Gissing, *The Old Woman,* 1893; Thomas Hardy, *Jude the Obscure,* 1896; Henry James, *The Wings of the Dove,* 1902).

Lit.: H.S. u. I.G. Daemmrich: Spirals and Circles. A Key to Thematic Patterns in Classicism and Realism. 2. Bde. New York 1994; H. Macher: Goethes Entsagungsidee. In: H. Brandt (Hg.), Friedrich Schiller. Angebot u. Diskurs. Berlin 1987; K. Richter: Resignation. Eine Studie zum Werk Theodor Fontanes. Stuttgart 1966; J. Sassus: The Motif of Renunciation of Love in the l7th-C. French Novel. Washington, DC 1963; G. Sauder: Empfindsamkeit. Stuttgart 1974.

Siehe auch: Einsiedler, Reifen, Selbstverwirklichung

Entwicklungsthematik

Siehe Selbstverwirklichung

Eremit

Siehe Einsiedler

Eros

1. In der abendländischen Tradition bezeichnet Eros die sinnliche Liebe, Philia die Freundschaft und Agape (1 Korinther 13,14) die selbstlose Liebe zu Mitmenschen. Literarische Darstellungen des Erotischen wirken im allgemeinen in der Antike unbefangener als in der Literatur Europas und Amerikas, die sich an christlichen Lebensidealen orientierte. Trotzdem übertrifft die unmißverständliche Eindeutigkeit der sexuellen Bildgebung in der jüngsten Literatur die erotischen Schilderungen der Griechen und Römer. Thematische Untersuchungen des Geschlechtlichen belegen, daß es in vielen anderen Themen anklingt und leicht assimiliert wird. Eine genaue Bestimmung wird außerdem erschwert durch grundlegende Unterschiede in literarischen Epochen, die entweder das Erotische zu Wort kommen lassen oder es völlig verhüllen. Die Grenzen zum Obszönen sind fließend. Was eine Epoche ablehnt, findet zu anderen Zeiten Zustimmung. Außerdem können erotische Züge im Aufbau eines Textes reine Kontrastwirkung übernehmen, die konfliktvolle Entwicklung einer Person beleuchten oder zur Deutung umfassender Lebensfragen beitragen.

2. Da das Erotische nicht nur das Empfinden, sondern auch sittliche Vorstellungen anspricht, eignet es sich zu scharfen Angriffen gegen den Sittenverfall einer Zeit und zu Darlegungen widersprüchlicher Wertkategorien, aber auch zu verhüllten Anspielungen auf eine unbekümmerte Lebensbejahung. Es diente der Schilderung der Gegensätze des Heiligen und Profanen, der Keuschheit (Artemis) und des geschlechtlichen Triebes (Aphrodite), der Zurückhaltung und der Lust (Euripides, *Hippolytus*, Jean Racine, *Phèdre,* 1677). Es erfaßte wesentliche Aspekte sowohl in dem Verlangen nach umfassender Welterfahrung (Christoph Martin Wieland, *Musarion,* 1768; Thomas Mann, *Der Zauberberg,* 1924) als auch in dem Konflikt zwischen Gut und Böse (Shakespeare, John Milton, Nicholas Rowe, Richard Lovelace, Jean-Jacques Rousseau). Das Erotische kann durch enge Verbindung mit dem Handlungsgeschehen verborgene Gefühle bloßlegen (August Strindberg, *Der Vater,* 1887; *Fräulein Julie,* 1888; Henrik Ibsen, *Hedda Gabler,* 1890; Robert Musil, *Die Verwirrungen des Zöglings Törless,* 1906; Tennessee Williams, *Cat on a Hot Tin Roof,* 1955), aber auch in verhüllten Andeutungen allgemeine Wunschvorstellungen einfangen (Troubadour-Dichtung, Minnesang). Curtius wies nach, daß in einer Periode in der Mitte des 12. Jh., in den Gedichten von Bernhard Silvestris, Bernhard von Morlas, Bernhard von Clairvaux und im sogenannten „Liebeskonzil von Remiremont", deutlich vier verschiedene Haltungen zum Eros auftreten. Das Erotische wird einbezogen und ausgemerzt, wird in der Satire auf die Sittenlosigkeit reduziert und aus asketischer Sicht verdammt. Die Mystik vergeistigt das Erotische, die Gnosis weiht es. Diese Vielfältigkeit der Verwendung charakterisiert das Erotische über Jahrhunderte hinweg.

3. Das Erotische wurde fester Bestandteil wiederkehrender Situationen, Motive und schematisch konzipierter Figuren: der impotente Reiche, der gehörnte Ehemann, das „komische Gespann" des ungleichen Ehepaares, der schlaue Jüngling und die naive Schöne vom Lande, die Kupplerin, Schäfer und Schäferin, Täuschung, schlaue Überlistung und Bewährungsproben der Keuschheit.

4. Die Werke von Dichtern, Schriftstellern und Satirikern, unter denen sich bekannte Namen wie Aristophanes, Catull, Martial, Apuleius, Petronius, Ovid, Anakreon, Lukian, Boccaccio, François Rabelais, Kaspar Stieler, Shakespeare, Jean de Meun, Rémy de Gourmont, Giovan Battista Marini, Goethe, Wilhelm Heinse, Willart de Grécourt, D.H. Lawrence, Henry Miller und weniger verbreitete Autoren wie Pierre Louis Louÿs, Georges Bataille, Ralph Günther Mohnau und Karl Krolow befinden, sind so zahlreich, daß eine Auswahl der Quellen nicht sinnvoll ist. Für die Deutung der Entwicklung erotischer Darstellungen sind nicht nur geistesgeschichtliche Untersuchungen, sondern auch sozialgeschichtliche Studien wichtig. Die Forschungsergebnisse des letzten Jahrzehnts belegen, daß Autoren sowohl erotische Märchenmotive als auch Vogel- und Tiermetaphern verarbeiten, mundartliche und vulgäre Redensarten in Vierzeilern und im Bänkelsang übernehmen (Georg Queri; Wolf Biermann, *Der Dra-Dra. Die große Drachentöterschau,* 1970; *Klartext im Getümmel,* 1990) und auf historisch bezeugte Ereignisse und traditionelle Situationen zurückgreifen. Außerdem häufen sich seit dem Ende des 18. Jh. Schilderungen, in denen die Figuren durch ästhetische Erfahrungen (Lesen, Musik, Oper) zu erotischen Phantasien oder Handlungen angeregt werden. Von großer Bedeutung ist die seit dem 19. Jh. zunehmende Verbindung von Eros und Aggression. In der eigentümlichen Vermischung von aggressiver Sprache oder handgreiflicher Brutalität und trunkenem Taumel oder ungezügelter Begierde, die den Kampf der Geschlechter charakterisiert, zeichnet sich deutlich die Entwertung des Menschen ab. Die kritischen Darstellungen der willkürlichen Begrenzung individueller Anlagen und des Versagens sittlicher Lebenskräfte reichen von der Jahrhundertwende bis in die Gegenwart (Frank Wedekind, *Die Liebestrank,* 1900; *Der Marquis von Keith,* 1901; *Lulu,* 1903; *Die Büchse der Pandora,* 1904; Heimito von Doderer, *Die Merowinger oder Die totale Familie,* 1962; Peter Weiss, *Die Nacht mit Gästen,* 1963; Jochen Ziern, *Die Einladung,* 1967; Peter Greiner, *Kiez,* 1977). Zusätzlich bahnt sich in der Gegenwartsliteratur eine neue Sicht des Erotischen in Darstellungen der weiblichen Identitätssuche an.

Lit.: J. Atkins: Sex in Literature. 2 Bde. London 1970–73; R.R. Bougard: Érotisme et amour physique dans la littérature française du XVIIe siècle. Paris 1986; K. Chase: Eros and Psyche. New York 1984; Curtius; E. Durbach: Form and Vision in Erotic Tragedy. In: Mosaic 1 (1967/68); P. Englisch: Geschichte der erotischen Literatur. Stuttgart 1927; K. Forberg: Manual of Classical Erotology. New York 1966; J. Hagstrum: Sex and Sensibility. Ideal and Erotic Love from Milton to Mozart. Chicago, IL 1980; G. Härle (Hg.): Erkenntniswunsch u. Diskretion. Erotik in biographischer u. autobiographischer Literatur. 3. Siegener Kolloquium. Berlin 1992; H. Hayn, A. Gotendorf: Bibliotheca Germanorum Erotica et Curiosa. 8 Bde. München 1912–14; F. Hoffmann: Analytical Survey of Anglo-American Traditional Erotica. Bowling Green, KY 1973; J. Janning, L. Gobyn (Hg.): Liebe u. Eros im Märchen. Kassel 1988; O. Kiefer: Sexual Life in Ancient Rome. London 1934; F. Krauss: Anthropophyteia. 10 Bde. Leipzig 1904–13;R. Krohn (Hg.): Liebe als Literatur. Aufsätze zur erotischen Dichtung in Deutschland. München 1983; J. Lemaire: Eros dans la littérature française du Moyen Age. Bruxelles 1985; C.S. Lewis: The Allegory of Love. Oxford 1959; H. Licht: Sexual Life in Ancient Greece. London 1932; D. Loth: The Erotic Literature. London 1962; E. Mertner, H. Mainusch: Pornotopia. Das Obszöne u. die Pornographie in der literarischen Landschaft. Ffm 1970; A. Mordell: The Erotic Motive in Literature. New York 1919; A. Nygren: Agape and Eros. Philadelphia, PA 1953; H. Petriconi: Die verführte Unschuld. Hamburg 1953; H. Schlaffer: Musa iocosa. Gattungspoetik u. Gattungsgeschichte der erotischen Dichtung in Deutschland. Stuttgart 1971; T. Schneider (Hg.): Das Erotische in der Literatur. Ffm 1993; A. Schumann: Geschichte der erotischen Literatur der Deutschen. Leipzig 1904; I. Singer: Nature of Love: Plato to Luther. New York 1966; L. Stone: The Family, Sex and Marriage in England, 1500–1800. New York 1977; H. Winthrop: Sexuality in Literature. In: Colorado Quarterly 21 (1973); S. Wolfram: Die tödliche Wunde. Ffm 1986; M. Wünsch: Regeln erotischer Beziehungen in Erzähltexten der frühen Moderne u. ihr theoretischer Status. In: Spiel 9 (1990); W. Young: Eros Denied. New York 1964.

Siehe auch: Aggression, Frau, Liebe

Essen *(Kannibalismus)*

1. Sowohl Beschreibungen des Essens als auch Sprichwörter und Fabeln, in denen die Großen und Starken die Kleinen und Schwachen fressen, lassen sich bis in die Antike zurückverfolgen. Was in literarischen Texten auf den ersten Blick als alltägliche, jeweils ergänzende oder ausschmückende Einzelheit erscheint, erweist sich bei genauerem Hinsehen als mehrschichtiges Motiv. Die Funktions- und Bedeutungsgehalte erstrecken sich auf belehrende Hinweise, die Charakterisierung einzelner Figuren oder einer Klasse und gesellschaftskritische Beobachtungen. Sprichwörter wie „Die großen Fische fressen die kleinen" und Fabeln warnen vor dem Mißbrauch der politischen oder ökonomischen Macht. Der Bedeutungsgehalt bleibt von Hesiod und Lessing bis in die Moderne konstant (Bertolt Brecht, *Wenn die Haifische Menschen wären,* 1930; Volker von Törne, „Lied der dicken Bosse", 1963; Helmut Preißler, „Die großen Fische", 1973; Günter Eich, *Unter Wasser,* 1959). Vergleiche frugaler Nahrung, besonders von Bucheckernkost,

Eicheln und Milchspeisen, mit opulenten Mahlzeiten akzentuieren den Kontrast von einfachem, natürlichem Leben und dem übersättigten, naturwidrigen Lebenswandel der Spätzeit (Ovid, *Metamorphoses*; Giovanni Boccaccio, *L'Ameto*, 1341; Torquato Tasso, *Aminta*, 1573; Miguel de Cervantes Saavedra, *El ingenioso hildago Don Quixote de la Mancha*, 1605; Nicolas Boileau, *Satire* VIII, 1668; Jonathan Swift, *Gulliver's Travels*, 1726; Alexander Pope, „The Second Satire to the Second Book of Horace", 1738). Beschreibungen des Essens in Tischgesprächen und Dialog- und Reiseromanen vermitteln dem anwachsenden bürgerlichen Lesepublikum anschauliche Hinweise auf gesittete Umgangsformen. Durchaus gesellschaftskritisch sind die Darstellungen der Vorbereitungen zu festlichen Empfängen, der Mahlzeiten und der Gespräche, wenn diese die zeitbedingten Konventionen, die Verkümmerung menschlicher Gefühle und aggressive Tendenzen der Gesellschaft bloßlegen. Tobias Smollett (*The Expedition of Humphrey Clinker*, 1771) und Goethe (*Die Wahlverwandtschaften*, 1809) verwenden die Motivik, um klassenbedingte Fehlurteile hervorzuheben. In Conrad Ferdinand Meyers *Die Versuchung des Pescara* (1887) vertiefen die Beschreibungen des Essens – Mailänder Hof, Palais des Papstes, Pescara und seine Frau – die für den Ablauf der Handlung und die Entscheidung Pescaras maßgebende Deutung der historischen Situation Italiens. In zahlreichen Romanen Theodor Fontanes (*L'Adultera*, 1882; *Cécile*, 1887; *Irrungen, Wirrungen*, 1888; *Stine*, 1890; *Frau Jenny Treibel*, 1892; *Effi Briest*, 1895) konkretisiert das Motiv die Ermüdungserscheinungen der Adelsklasse und die Prätention der Bourgeoisie. Die Vorbereitungen für das Mahl beleuchten die Gründe für Einladungen und die beim Essen geplanten Strategien; die Gespräche bei Tisch enthüllen den Leerlauf der Gesellschaft; das Ritual des Essens nuanciert die einzelnen Figuren. Die Technik besteht bis heute fort und gibt wesentliche Aufschlüsse über Deformierungserscheinungen in der modernen Gesellschaft (Nathalie Sarraute, *Le Planétarium*, 1959; *L'Usage de la parole*, 1980; Laura Esquivel, *Como agua para chocolate*, 1989).

In der Ausarbeitung von Eß-Szenen und Anspielungen auf Charaktereigenschaften hebt das Motiv einerseits betont positive individuelle Merkmale hervor, andererseits dient es besonders im 20. Jh. dazu, entweder die Selbsteinschätzung einer Figur zu desillusionieren oder das Individuum abzuwerten. Figuren wie Tom (Henry Fielding, *Tom Jones*, 1749) und Heinrich Schaumann (Wilhelm Raabe, *Stopfkuchen*, 1891) tragen in ihrer Freude am Essen die Lebensbejahung und Macht über die Umwelt zur Schau. Dabei ist Schaumanns gewaltige Körperfülle nicht nur Ausdruck seiner physischen Kraft, sondern auch seiner geistigen Überlegenheit. Dagegen verinnerlicht Babbitt (Sinclair Lewis, *Babbitt*, 1922) die Erwartungen seiner Umwelt bis zum Identitätsverlust und leidet Höllenqualen, während er das Essen verschlingt. Die wiederholten Beschreibungen von Babbitts Eßgier heben deutlich hervor, daß die kreatürliche Befriedigung jede ideelle Sinnstiftung im Leben ersetzt. Die Verweisfunktion des Motivs auf die geistige Sinnentleerung setzt sich im 20. Jh. von Thomas Mann (*Der Zauberberg*, 1924) bis Günter Grass (*Die bösen Köche*, 1970) durch.

Die Reduktion des Essens auf das rein Biologische des Fressens, Würgens, Schmatzens, Grunzens und Abgangs von Blähungen erscheint häufig im Zusammenhang mit Darstellungen kreatürlicher Selbstbehauptung in einer sinnentleerten Welt. Die Gefräßigkeit und die Geräusche kennzeichnen Triebmenschen wie etwa Amandus in Max Halbes *Jugend* (1893), Oskar und Alfred in Ödön von Horváths *Geschichten aus dem Wiener Wald* (1931) und Personen, die im Bann der Stereotypie des ständigen Kreislaufs des Daseins stehen (Marieluise Fleißer, *Eine Zierde für den Verein*, 1975; Franz Xaver Kroetz, *Oberösterreich*, 1974). In zahlreichen dieser Darstellungen klingt das Kannibalische bereits an.

2. Pindar weist die Idee von sich: „Die glückseligen Götter wissen nichts von kannibalischen Taten." Die Vorstellung wurzelt jedoch im mythischen Denken und erscheint im Zusammenhang mit dem uranfänglichen Trieb, den Sohn nicht an die Macht kommen zu lassen. Der Vorgang hat Teil an dem Vorstellungsgehalt der maßlosen Überhebung des Menschen (Tantalus) und dem wahnsinnigen, unstillbaren Rachegefühl (Atreus). In literarischen Ausarbeitungen des Konflikts zwischen Atreus und Thyestes vergegenwärtigt das Töten und Essen der unschuldigen Kinder das sinnlose Rasen des Täters und das unvorstellbare Leid des Vaters, der die Speise ahnungslos zu sich nimmt. Außerdem hat die Tat eindeutige Motivfunktion, denn sie begründet die Vergeltung und weist auf das kommende Geschehen hin (Seneca, Monléon, John Crowne, Prosper Jolyot Crébillon-fils, Ludwig Trönle). Kannibalismus charakterisiert sowohl grauenerregende Ungeheuer wie den Riesen Grendel in *Beowulf* (6. Jh.) als auch Märchenfiguren wie den Konditor in E.T.A. Hoffmanns *Nußknacker und Mausekönig* (1816), der die kleine Zauberwelt in Schrecken versetzt.

Der Kannibalismus erscheint als Nebenmotiv in Satiren auf die Mißstände der Zeit (Jonathan Swift, *A Modest Proposal,* 1729; John Hersey, *The Child Buyer,* 1960), hinterläßt Spuren im Saufen und Fressen der Narrenliteratur (Sebastian Brant, *Das Narrenschiff,* 1494), identifiziert den völligen Sittenverfall und den Verlust der Menschenwürde (Gustave Flaubert, *Salammbô,* 1862; Norman Mailer, *Barbary Shore,* 1968) und dient häufig in der metaphorischen Übertragung der Charakterisierung einer unbezähmbaren Liebesleidenschaft (Fielding, *Tom Jones*; Heinrich von Kleist, *Penthesilea,* 1808; Ted Hughes, „A Modest Proposal", „The Hog", *The Hawk in the Rain,* 1957; Sylvia Plath, „Lady Lazarus", „Daddy", in: *Ariel,* 1965; Monique Wittig, *Le Corps lesbien,* 1973). Mailer umschreibt mit dem kannibalischen Instinkt die Triebkräfte des modernen kapitalistischen Systems (*Cannibals and Christians,* 1966). Jean Genet verknüpft das Motiv in *Pompes funèbres* (1947) mit der absoluten, zerstörerischen Willensanmaßung des Menschen und schließt damit an die von Donatien Alphonse de Sade in *Les Crimes de l'amour* (1800) entworfenen Bildfügungen an. Das Motiv unterstreicht grundsätzlich Aggressionsthemen und deutet nicht nur atavistische Tendenzen in der modernen Gesellschaft an (das Zerreißen und Fressen der Kinder im Kapitel „Schnee", Mann, *Der Zauberberg*; Menschenopfer in Gerhart Hauptmann, *Die Atriden-Tetralogie,* 1949; James Dickey, *The Eye-Beaters, Blood, Victory, Madness, Buckhead and Mercy,* 1970), sondern veranschaulicht auch den Bewußtseinszustand der absoluten Gefühllosigkeit von Figuren, die sich selbst und die Mitmenschen nur noch bruchstückhaft wahrnehmen, andere zerstückeln und verzehren (Dickey, *Deliverance,* 1970; Botho Strauß, *Kalldewey, Farce,* 1981; Elfriede Jelinek, *Krankheit oder moderne Frauen,* 1987; Werner Schwab, *Fäkaliendramen,* 1991).

Lit.: D. Bevan (Hg): Literary Gastronomy. Amsterdam 1988; I. Bitsch, R. Schulz (Hg.): Essen u. Trinken im Mittelalter. Sigmaringen 1987; J. Bossinade: Eros Thanatos in Horváths Volksstück. In: Sprachkunst 19 (1988/89); F. Hackert: Geschichten vom Gefressenwerden. Zur Ästhetik des Entsetzens bei Ödön von Horváth. In: Zur Ästhetik der Moderne. FS R. Brinkmann. Tübingen 1992; S. Hardt: Tod u. Eros beim Essen. Ffm 1987; H. Klitz: Das erotische Mahl. Szenen aus dem „chambre séparée" des 19. Jh. Ffm 1983; W. Mieder: Die großen Fische fressen die kleinen. In: Muttersprache 98 (1988); C.J. Rawson: Cannibalism and Fiction. In: Genre 10 (1977).

Fabrikant

Siehe Geschäftsmann

Fahrt *(Reise, Lebensfahrt)*

1. Die Fahrt in andere Länder und die sich aus ihr ergebende Bewährung im Unbekannten, teilweise um der Reise und ihrer erzieherischen Wirkung willen, teilweise um handelnd sich selbst in der Auseinandersetzung mit dem Fremden kennenzulernen, ist ein wesentliches thematisches Gestaltungsprinzip in Odysseen, abenteuerlichen Fahrten der Helden im Altertum und Mittelalter, Reisebeschreibungen, Satiren auf die Reiselust und fiktiven Traumfahrten. Die Situationsmotive der mit der Ausfahrt verknüpften Zielsetzung sind ursprünglich fest umrissen. Ein Zeichen Gottes, der Aufbruch zum Krieg, die Vatersuche, die Brautwerbung und der Wunsch, Ruhm und Ehre zu erringen, geben der Fahrt

Richtung. In der Verwendung der Motive setzt sich in der frühen Neuzeit das Motiv der Verpflichtung zu einer großen Tat durch. Darüber hinaus wird das Motiv wahrscheinlich in Anschluß an Petrarcas Tugendlehre umgedeutet. Figuren wie Faust und Fortunatus streben auf ihren Fahrten nach Selbst-, Gottes- und Welterkenntnis.

In zahlreichen Schilderungen der Fahrt durchdringen sich das real Erfahrbare und das Fiktive. Reisedarstellungen stützten sich häufig auf Erinnerungen Reisender; andererseits färbte die literarische Tradition auch Reiseberichte, die den Anspruch auf sachliche Informationsvermittlung erhoben. Gute Beispiele für die wechselseitige Beziehung von Tatsachenbericht und literarischer Bearbeitung sind François-René de Chateaubriands *Voyage en Amérique* (1793) und der *Itinéraire de Paris à Jérusalem* (1811). Beide Texte sind literarisch anspruchsvoll. Der amerikanische Reisebericht verarbeitet außer eigenen Beobachtungen zahlreiche andere Quellen. Der *Itinéraire* stützt sich auf eigene Anschauungen und konzentriert sich auf persönliche Eindrücke des Beobachters, der sich an der Welt erkennt. Diese besondere Formgebung beeinflußt in Frankreich einen Traditionsstrang (Lamartine, Nerval, Stendhal), der gleichberechtigt neben den empfindsamen Reisen (Sterne, Hermes) und den Reisebildern von Johann Gottfried Seume, Johann Georg Jacobi, Moritz August von Thümmel und Heinrich Heine steht.

2. Die für die thematische Ausarbeitung typische Erzählperspektive erschließt sich gleichermaßen deutlich in Chateaubriands *Itinéraire* und Goethes *Italienischer Reise* (1816–17). Jedes Anschauen geht über in ein Betrachten. Der Erzähler stellt Assoziationen her zwischen dem Ort, der Bevölkerung, Bauten, Kunstwerken und geschichtlichen Ereignissen. Er entwickelt ein Gespräch mit den Dingen, verknüpft Vielfältiges, sinnt über Zusammenhänge nach, beginnt zu verstehen. Er betrachtet die Umwelt daraufhin mit anderen Augen und gewinnt eine neue Erkenntnisgrundlage. Dieses Wechselverhältnis zwischen Beobachtung und gesteigerter Erkenntnisfähigkeit gewann eine Schlüsselstellung in der literarischen Tradition. Die stark motivierte Frage nach dem Verhältnis zwischen Beobachter und Welt klingt selbst dann an, wenn die Lebensfahrt weniger profiliert hervortritt und anderen Anliegen untergeordnet ist. In der Ausarbeitung des Themas ist dieser Zug nachweisbar in belehrenden Werken (z.B. Friedrich Nicolai, *Beschreibung einer Reise durch Deutschland und die Schweiz 1781,* 1783–96; Reiseberichte von Ferdinand Albrecht, Luise von Mecklenburg-Strelitz, Karl Philipp Moritz, Georg Forster, Carl von Voß, Waldemar Bonsels und Bernhard Kellermann), in kritischen Vergleichen der eigenen mit der fremden Welt (Laurence Sterne, *A Sentimental Journey,* 1768; Stendhal, *Promenades dans Rome*, 1829; Washington Irving, *A Tour of the Prairies,* 1836; Theodor Fontane, *Wanderungen durch die Mark Brandenburg*, 1862–82; Ernst Jünger, *Ein Inselfrühling,* 1948; *San Pietro,* 1957; Wolfgang Koeppen, *Nach Rußland und anderswohin,* 1958; *Amerikafahrt,* 1959; *Reisen nach Frankreich,* 1961), in Satiren (Jonathan Swift, *Gulliver's Travels,* 1726; Voltaire, *Candide,* 1759; Alexander Puschkin, *Reise nach Erzurum,* 1836) und besonders in Texten, die den Leser dazu aufrufen, die verschlüsselten Anspielungen zu entdecken und zu erforschen (James Joyce, *Finnegans Wake,* 1939). In der Figurenkonzeption der Reisenden oder Personen auf großer Lebensfahrt zeigt die Tradition vielfältige Variationsmöglichkeiten. Glücksritter und Abenteurer stehen gleichberechtigt neben Pilgern und Künstlern. Sie verspüren jedoch fast ausnahmslos wie Hans Castorp (Thomas Mann, *Der Zauberberg,* 1924) oder Henderson (Saul Bellow, *Henderson the Rain King,* 1959) den Drang, den Geheimnissen der Welt nachspüren zu müssen.

3. Die Bildungsreise gehört zum ältesten Themenbereich. Das Thema gibt der Erzählung den Rahmen, fördert ihre Geschlossenheit und ermöglicht die Verknüpfung des linearen Erzählverlaufs mit Betrachtungen, die weitgespannte Bezüge herstellen. Die Bereicherung der Erfahrung überträgt sich vom Erzähler auf den Leser. Reisen, in denen eine konkrete Zielsetzung zum Ausgangspunkt der Fahrt wird, ordnen die Welterfahrung den besonderen Reisestationen zu, die in der

Form von Bewährungsproben echte Entwicklungsstufen der Personen darstellen (die Heimkehr des Odysseus; Jasons Suche nach dem goldenen Vlies; die Abenteuer des vorbildlichen Führers im Alexanderroman; Erkundungen: John Mandeville, *The buke of John Maundeuvill,* ca. 1356; Pilgerfahrt: Geoffrey Chaucer, *The Canterbury Tales,* 1386). Im engen Anschluß an das Thema entsteht die polare Schematisierung von bekannter-unbekannter und zivilisierter-unzivilisierter Welt (*Odyssee; Argonautica;* Félix Lope de Vega, *El Nuevo Mundo descobierto par Christóbal Colón,* 1598–1603; Mark Twain, *Roughing It,* 1872). Die Erzählungen *Abu Telfan* (1868) und *Stopfkuchen* (1891) von Wilhelm Raabe und *The American* (1877) und *The Ambassadors* (1903) von Henry James zeigen, daß die Umstellung der Kontraste ihre Funktion nicht beeinträchtigt. Sie verwenden einen Heimkehrer, der aus der Fremde kommt, die ehemals vertraute Welt nachdenklich wertend betrachtet und so dem Leser die neugewonnenen, kritischen Eindrücke vermittelt.

Eine wichtige Funktion kommt dem Wechselspiel zwischen fester Erwartung und dem Unvorhergesehenen, der bestimmten Vorausdeutung und dem Zufall zu. Der Reisende erwartet das Unbekannte. Er ist dennoch erstaunt über das Panorama, das vor ihm abrollt, und überrascht von den Ereignissen, die seine Erwartungen übertreffen. Phantastische Reisen steigern die Spannung durch wiederkehrende Elemente der Überraschung im Aufbau der Erzählung (*Navigatio sancti Brendani Abbati,* 1121; *Herzog Ernst,* ca. 1180; Luis de Camões, *Os Lusiadas,* 1572; Swift, *Gulliver's Travels*; Laurence Sterne, *Tristram Shandy,* 1759–67; Edgar Allan Poe, *The Narrative of Arthur Gordon Pym,* 1838; Mark Twain, *Huckleberry Finn,* 1885; Peter Hacks, *Eröffnung des indischen Zeitalters,* 1955).

Vom 16. bis zum 18. Jh. führen die Entdeckungs- und Forschungsreisen dem Thema ständig neues Material zu. Eine bedeutende Zahl der Reiseerzählungen ist wirkungsästhetisch auf die Belehrung des Lesers ausgerichtet. Obwohl die Reise den äußeren Verlauf des Geschehens bestimmt, verschwimmt das Thema gerade im Zeitalter der Entdeckungen. Das allgemeine Interesse an Nachrichten über ferne Länder fördert die immer stärker werdende Tendenz, die Texte mit beschreibenden Einzelheiten zu versehen. Die Welterkenntnis nimmt daher die Form der reinen Informationsvermittlung an. Zeitschriften wie beispielsweise die von den Jesuiten herausgegebenen *Lettres édifiantes et curieuses* (1701f.) kamen der Wißbegier der Leser entgegen und veröffentlichten Merkwürdigkeiten exotischer Länder. Autoren griffen auf griechische Reisebeschreibungen, Nachrichten aus Arabien und die Spielmannsdichtung zurück, um ihre Erzählungen mit „Neuigkeiten“ anzureichern. Obwohl Forscher wiederholt Einwände erhoben, erregten Nachrichten von den „Riesen von Patagonien“ die Gemüter; sensationell übertriebene Geschichten aus China, Indien und Afrika (→Abenteuer) enthielten oft nur ein Mindestmaß an zuverlässiger Information; darüber hinaus gingen selbst Theorien über bisher unentdeckte Länder oder Kontinente in die Grundkonstellation des Reisens ein. Charles de Brosses beschreibt beispielsweise in seiner *Histoire des navigations aux terres australes* (1756) den australischen Kontinent, obwohl dieser erst zwölf Jahre später von Kapitän Cook entdeckt wurde. Zu den phantasievoll ausgestatteten Regionen gehören Afrika (Donatien Alphonse F. de Sade, *Aline et Valcour,* 1791), der Weltraum (Savarin Cyrano de Bergerac, *Les Estats et empires de la lune,* 1657; Henry Fielding, *Journey from This World to the Next,* 1743; Louise-Félicité Robert, *Voyages de Milord Céton dans les sept planétes,* 1765) und Bereiche unter der Erde (Charles de Mouhy, *Lamakis ou les voyages extraordinaires d'un Egyptien dans la terre intérieure . . .* 1735–38; Jules Verne, *Voyage au centre de la terre,* 1864).

Von diesen Schilderungen heben sich die Darstellungen von Bildungsreisen Jugendlicher in der Begleitung eines Erziehers deutlich ab. In dieser Form der thematischen Darstellung sind die Bildungserlebnisse scharf gegliedert. Sie vermitteln dem jungen Menschen, in dessen Sicht zuerst das Erregende des Fremden überwiegt, das Wissen, das seine geistige Aufnahmefähigkeit erweitert (François de la

Mothe Fénelon, *Télémaque,* 1699; Jean-Jacques Rousseau, *Emile,* 1762; Germaine Necker de Staël, *Corinne,* 1807). In großangelegten Lebensfahrten übernehmen repräsentative Figuren, wohlgesinnte Freunde und auch bedeutende Vertreter anderer geistiger Richtungen oder Widersacher die Funktion, neue Eindrücke kritisch zu beleuchten (Goethe, *Wilhelm Meister,* 1795–1821; Novalis, *Heinrich von Ofterdingen,* 1802; George Sand, *Consuelo,* 1843; *Laura,* 1865; Victor Hugo, *L'Homme qui rit,* 1869; Mann, *Der Zauberberg*).

4. Für die Beliebtheit und weite Verbreitung des Themas spricht eine besondere Form seiner Anwendung. Sie bietet den Rahmen für pädagogisch profilierte, naturwissenschaftliche, religiöse und staatsphilosophische Überlegungen (z.B. Cáudido María Trigueros, *El viaje al cielo del poeta filósofo,* 1774; *Viaje de un filósofo a Selenópolis,* 1804; Jacques Pelletier du Mans, *L'Amour des amours,* 1555; Joseph du Chesne, *La Morocosmie,* 1583). Im Gegensatz zu diesen Werken, in denen die Betonung auf der Herausarbeitung überzeugender Gedankensysteme liegt, nimmt die Reise in gesellschaftskritischen Texten den Charakter des Aufdeckens verborgener Schwächen an. Die Autoren gehen in der konkreten Art der Gestaltung durchaus eigene Wege. Trotzdem ergeben sich aus der Themenkonzeption in den häufig satirisch gefärbten Texten Übereinstimmungen in der Anordnung der Figuren. Der Beobachter kann als Fremder die dem Leser vertrauten Institutionen durch naiv-unschuldige Fragen kritisch beleuchten und dadurch die Schwächen eines Systems bloßlegen (Charles-Louis de Montesquieu, *Lettres persanes,* 1721; Diego de Torres Villarroel, *Viaje fantástico del Gran Piscador de Salamanco,* 1725; Voltaire, *Micromégas,* 1752; *Candide,* 1759; Alexander Radishchev, *Eine Reise von Petersburg nach Moskau,* 1790; Nikolai Gogol, *Die Toten Seelen,* 1842; Anton Tschechow, *Die Insel Sakhalin,* 1893). Andererseits kann der Reisende durch die Erfahrung der Sitten und Gebräuche anderer Länder oder phantastischer Bereiche die Unzulänglichkeit seiner eigenen Zivilisation erkennen (Swift, *Gulliver's Travels;* Voltaire, *Zadig,* 1747; Karl Philipp Moritz, *Reisen eines Deutschen in England im Jahre 1782,* 1783; Denis Diderot, *Supplément au voyage de Bougaineville,* 1796).

5. Seine größte Ausdehnung erfuhr das Thema in Schilderungen, in denen die Reiseerlebnisse nicht nur zur Erweiterung des begrenzten Erfahrungshorizonts, sondern auch zur Selbst- oder Welterkenntnis führen. In diesen Darstellungen entspricht die Bewegungskurve vom Vertrauten zum Fremden einem Spannungsbogen, der das Ich in einer Folge von Reflexionen zu einer Stufe der besonnenen Weltsicht leitet. Die Figuren befinden sich auf der Lebensfahrt, entwickeln eine vorbildliche Haltung zum Mitmenschen, erkennen historische Entwicklungen, gewinnen Einblick in das Weltgeschehen und erkennen ihr Verhältnis zum Göttlichen (Dante, *La Divina Commedia,* 1308–21; John Bunyan, *The Pilgrim's Progress,* 1684; Samuel Taylor Coleridge, *Rime of the Ancient Mariner,* 1796). Dieselbe Sinndeutung kennzeichnet allegorische Reisen (Christine de Pisan, *Le Livre du chemin de long estude,* 1403; *Mutacion de Fortuna,* 1404). Daß ein Autor seine eigenen Erfahrungen zur Grundlage einer sinnbildlichen Gestaltung der menschlichen Entwicklungsfähigkeit machen kann, belegen Michel de Montaignes *Voyage en Italie* (1580), Charles Mercier Dupatys *Lettres sur l'Italie* (1746–88) und Goethes *Italienische Reise.*

In der europäischen Romantik erhält das Thema seine besondere Prägung in der Wanderung. Zahlreiche Autoren, unter anderem Wilhelm Wackenroder, Ludwig Tieck, Clemens Brentano, Joseph von Eichendorff, William Wordsworth, Novalis, Heinrich Heine, Coleridge, Chateaubriand, Lamartine, Victor Hugo, Nerval, Théophile Gautier und Stendhal, übernehmen die Sinndeutung der Reise aus der Perspektive der Lebensfahrt, füllen sie jedoch mit einem neuen, eigenen Gehalt. Das Wandern ermöglicht dem →Wanderer die Begegnung mit Ausschnitten einer Welt, die Einblicke in die formgebenden Kräfte der Daseinsgestaltung vermitteln. Die Wanderung ist angefüllt mit Eindrücken, die das eigene Land in seiner besonderen Schönheit hervortreten lassen. Begegnungen mit der Umwelt, der Natur und der Vergangenheit leiten zu Reflexionen über, die häufig das Weltbild der Romantiker näher bestimmen. Der Wanderer sieht in mittelalterlichen Bauten das Stilideal der Synthese heterogener Anliegen verwirklicht. Der ritterliche Geist und die Tradition der Kirche, die Überlieferung Roms und das christliche Mittelalter stehen plötzlich lebhaft vor Augen. Die →Ruine regt zu Gedanken über das Wesen des Malerischen an; die von der Zivilisation unberührte Natur wird zur Märchenwelt; der romantische Garten nimmt die Welt des Exotischen auf. Außerdem dient die Wanderung nun auch symbolischen Darstellungen der Erkundung des Unbewußten. Die Lebensfahrt in die geheimnisvolle Bergwelt oder die Schächte der Bergwerke (Tieck, E.T.A. Hoffmann) enthüllt die Gebrechlichkeit der menschlichen Existenz.

Lebensfahrten wie die des Mönchs Medardus (E.T.A. Hoffmann, *Die Elixiere des Teufels,* 1815–16), die dem Leser noch Anhaltspunkte in der Wirklichkeitserfahrung geben, aber im wesentlichen die widerstrebenden Tendenzen im Inneren des Menschen schildern, knüpfen in der Herausarbeitung der subjektiven Reaktion an die phantasievollen Reisen vorausgegangener Epochen an. In der Beschreibung einer empfindsamen Seelenlage hatte Sternes *A Sentimental Journey* (1768) richtungweisend gewirkt. Der lockere Aufbau, die Unterbrechungen, Reflexionen und die leicht ironisch gefärbten Darstellungen der Aufnahmebereitschaft des Beobachters wurden zum festen Bestand der sentimentalen Reisen (Diderot, *Jacques le fataliste et son maître,* 1773; Thümmel, *Reise in die mittäglichen Provinzen von Frankreich im Jahr 1785 bis 1786,* 1791–1805). Nicht zu übersehen ist, daß die Modeerscheinung der empfindsamen Reisen zur Verflachung des Themas führt, die Goethe in seiner scharfen Kritik der „kindischen Nachahmungssucht" in Johann Gottlieb Schummels *Empfindsame Reisen durch Deutschland* (1771–72) angeprangert.

6. Zur Chiffre der geistigen Erfahrung des Menschen wird die Lebensfahrt in Werken, in denen der Mensch die starke Spannung zwischen Fremdsein in der Welt und Glauben, zwischen Zweifel und Zuversicht auf eine sinnvolle Ordnung erfährt. In den Darstellungen zeichnen sich drei maßgebende Konzeptionen ab: (1) Die Lebensfahrt steht unter dem Zeichen der Vorsehung. Der Mensch weiß zwar nicht, wo er hinkommt, verliert aber auch nicht das bereits in dem Brief an die Hebräer (11, 8 ff.) ausgesprochene Vertrauen, daß Gottes Ratschluß seinen Weg begleitet. Die Schilderungen der Lebensfahrten ganzer Familien (Oliver Goldsmith, *The Vicar of Wakefield,* 1766; Tobias Smollett, *The Expedition of Humphrey Clinker,* 1771) oder einzelner (Joseph von Eichendorff, *Aus dem Leben eines Taugenichts,* 1826) erfassen daher trotz aller Spannungen die freudige Bejahung des Lebens. (2) Der Vorgang des Schreibens und das Entstehen des sprachlichen Kunstwerks werden zu Spiegelbildern der Entdeckungsfahrt des Künstlers. Diese Fahrten können die Freude am künstlerischen Spiel ausdrücken (Xavier de Maistre, *Voyage autour de ma chambre,* 1794), zur kritischen Bestandaufnahme der Vergangenheit oder Gegenwart überleiten (Puschkin, *Die Reise Onegins,* verf. 1827–38; Heinrich Heine, *Deutschland. Ein Wintermärchen,* 1844; Kurt Tucholsky, *Rheinsberg,* 1919; *Mit 5PS,* 1928; *Gripsholm,* 1931; Günter Eich, *Das Jahr Lazertis,* 1958) oder in das Labyrinth unerforschlicher Zusammenhänge von Dichtung und Leben münden (Jorge Luis Borges, „Pierre Menard, Autor des Quixote"; „Averroes auf der Suche", 1956). (3) Die Lebensfahrt steht unter dem Vorzeichen einer fremdgewordenen Welt, in der der Mensch seine eigene Existenzgrundlage erst schaffen muß. In dieser Auslegung des Themas kommt der Erkenntnisfähigkeit der Figuren besondere Bedeutung zu. Ihre Entwicklung verläuft allgemein in Phasen des Verstehens, in denen neue Erkenntnisse die schon gewonnenen Erfahrungen vertiefen und objektivieren. In der Anlage der Werke erscheint die Lebensfahrt als Bildungsweg, auch wenn sie in der Darstellung des Geschehens in einer historisch begrenzten Periode verwurzelt ist (Henry Fielding, *Tom Jones,* 1749) oder in die abenteuerliche Fahrt in das Unbekannte mündet (Poe, *Arthur Gordon Pym;* Eich, *Sabeth,* 1953).

Seit dem Ende des 19. Jh. erweitern Autoren den Einzugsbereich der vermittelten Erfahrungen mit einem vielseitig verzweigten Muster philosophischer, psychologischer, mythologischer und wissenschaftlicher Einzelheiten (André Gide, *Le Voyage d'Urien*, 1893; *L'Immoraliste,* 1905; *Le Retour de l'enfant prodigue,* 1907; Thomas Mann, *Joseph und seine Brüder,* 1933–43). Durch dieses Verfahren erhält das Thema seine größte Auffächerung seit Goethes *Wilhelm Meisters Wanderjahre* (1821–29). Das Thema, gehüllt in die kompositorische Form von Dialogen, Gesprächen, Reflexionen und Überlegungen des Autors, bedingt die innere Dialektik der Romane. Figurenaufbau, Handlung und Motive beziehen sich eindeutig auf die Erweiterung der Erkenntnisfähigkeit. Das zentrale Anliegen, das sich in dem Thema äußert, entspringt dem dichterischen Bemühen um die Darstellung des Vorgangs menschlichen Bewußtwerdens. In der Fahrt tritt immer wieder die Aufgabe an den Menschen heran, das eigentliche Sein im tatkräftigen Zugriff zu erfahren. Das wird nur möglich, wenn der einzelne die Bereitschaft zum Mitleben auf der Reise entwickelt. Die mit dem Thema verknüpften Lebenskurven, auch wenn sie den Tod einbeziehen, gipfeln in der Bereitschaft, das begrenzte Ich auf der Reise zu überwinden, und der Entschlossenheit, sich der Welt zuzuwenden.

Quellen: Wace, *Roman de Brut* (12. Jh.); *Libro de Alexandre* (ca. 1240); *Eckenlied* (13 Jh.); *Gran Conquista de Ultramar* (13.–14. Jh.); *Fortunatus* (1509); Jean Parmentier, *Traicté en forme d'exhortation, contenant les merveilles de Dieu ...* (1529); Hans Staden, *Warhaftige historia und beschreibung eyner landtschafft ... in der newen welt America gelegen* (1557); Jean de Lévy, *Histoire d'un voyage fait en la terre du Bresil* (1578); Bernardino Baldi, *La Nautica* (1590); Antoine-François Prévost, *Cleveland* (um 1731); Novalis, *Die Lehrlinge zu Sais* (1798); *Heinrich von Ofterdingen* (1802); Washington Irving, *A Tour on the Prairies* (1835); Alphonse de Lamartine, *Souvenirs, impressions ... pendant voyage en Orient, ou Notes d'un voyageur* (1835); Victor Hugo, *Le Rhin* (1842); Herman Melville, *Typee* (1846); *Omoo* (1847); Gérard de Nerval, *Voyage en Orient* (1851); Heinrich Heine, *Die Harzreise* (1853); Pierre Loti, *Le Mariage de Loti* (1882); Theodor Fontane, *Wanderungen durch die Mark Brandenburg* (1862–82); Wilhelm Raabe, *Das Odfeld* (1888); *Hastenbeck* (1899); Heinrich Böll, *Irisches Tagebuch* (1957); Alfred Andersch, *Wanderungen im Norden* (1962); *Hohe Breitengrade* (1965); Michel Butor, *6 810 000 Litres d'eau par seconde* (1965).

Lit.: P. Adams: Travel Literature of the 17th and 18th C. A Review of Recent Approaches. In: Texas Studies in Literature and Language 20 (1978); F.C. Amelinck, J.N. Megat (Hg.): Travel, Quest, and Pilgrimage as a Literary Theme. Studies in Honor of R. Virtanen. Ann Arbor, MI 1978; P. Assion: Altdeutsche Fachliteratur. Berlin 1973; W. Barner: Altertum, Überlieferung, Natur. In: Goethe Jb. 105 (1988); F. Bassan: Chateaubriand et la terre sainte. Paris 1959; B. Beugnot (Hg.): Voyages, récits et imaginaire. Actes de Montréal. In: Papers on French 17th-C. Literature 16 (1984); M. Bilen: Le Mythe de l'homme de génie et l'itinéraire initiatique. In: E. Kuschner, B. Köpeczi (Hg.), Evolution of the Novel. Innsbruck 1982; P.J. Brenner (Hg.): Der Reisebericht. Die Entwicklung einer Gattung in der deutschen Literatur. Ffm 1989; ders.: Der Reisebericht in der deutschen Literatur. Ein Forschungsüberblick als Vorstudie zu einer Gattungsgeschichte. Tübingen 1990; ders.: Reisen in die Neue Welt. Tübingen 1991; F.B. Brévart: Des Helden Ausfahrt im Eckenlied. In: Archiv 220 (1983); A. Bürgi: Weltvermesser. Die Wandlung des Reiseberichts in der Spätaufklärung. Bonn 1989; M. Butor: Le Voyage et l'écriture: In: Romantisme 4 (1972), C. Cherpack: Logos in Mythos. Lexington, KY 1983; J. Chupeau: La Fontaine et le refus de voyage. In: Information Littéraire 20 (1968); U. Döring: Reisen ans Ende der Welten. Ffm 1987; F.C. Gardiner: The Pilgrimage of Desire. A Study of Theme and Genre in Medieval Literature. Leiden 1971; P.B. Gove: The Imaginary Voyage in Prose Fiction (mit Bibliographie). New York 1941; W. Griep, S. Luber: Reiseliteratur u. Geographica in der Eutiner Landesbibliothek. 2 Bde. Heide 1990; M.Z. Hafter: Toward a History of Spanish Imaginary Voyages. In: 18th-C. Studies 8 (1975); U. Hentschel: Die Reiseliteratur am Ausgang des 18. Jh. IN: IASDL 16 (1991); T. Heydenreich: Tadel u. Lob der Seefahrt. Das Nachleben eines antiken Themas in den romanischen Literaturen. Heidelberg 1970; T. Höhle: Reiseliteratur im Umfeld der Französischen Revolution. Halle 1987; G. Hoffmeister (Hg.): Goethe in Italy. Amsterdam 1988; J.B. Holloway: The Pilgrim and the Book. New York 1987; D. Huschenbett, J. Margetts (Hg.): Reisen u. Welterfahrung in der deutschen Literatur des Mittelalters. Würzburg 1991; H. Kästner: Fortunatus-Peregrinator mundi. Freiburg 1990; W. Kaiser: Palästina-Erez Israel. Hildesheim 1992; H.K. Krausse: Das Motiv der Reise im politischen Roman. In: Daphnis 14 (1985); D. Magill: Literarische Reisen in die exotische Fremde. Ffm 1989; A. Maler (Hg.): Exotische Welt in populären Lektüren. Tübingen 1990; W. Michel: Modelle der Fremdwahrnehmung u. Projektion im literarischen Reisebericht u. im Roman der Gegenwart. In: D. Kruschke, A. Wierlacher (Hg.), Hermeneutik der

Fremde. München 1990; R. Mortier: Les Voyageurs français en Italie et le débat sur les institutions au XVIIIe siècle. In: Actes du Colloque Internationale des Lumières. T.1 (1977); R. Paulson: Life as Journey and as Theatre: Two 18th-C. Narrative Structures. In: New Literary History 8 (1976); R. Pomeau: Voyages et lumières dans la littérature française du XVIIIe siècle. In: Studies on Voltaire and the18th-C. 57 (1967); B.S. Ridgely: The Cosmic Voyage in French 16th-C. Learned Poetry. In: Studies in the Renaissance 10 (1963); S. Schmitz: Reisende Helden. In: T. Cramer (Hg.), Wege in die Neuzeit. München 1988; G. Schulz: Erfahrene Welt. In: W. Veit (Hg.), Antipodische Aufklärungen. Antipodean Enlightenment. FS Leslie Bodi. Ffm 1987; W.C. Spengemann: The Adventuresome Muse. The Poetics of American Fiction 1789–1900. New Haven, CT 1977; J. Stagl, K. Orda, C. Kämpfer: Apodemiken. Eine räsonnierte Bibliographie der reisetheoretischen Literatur des 16., 17. u. 18. Jh. Paderborn 1983; R. Switzer: Chateaubriand's Sources in the Voyage en Amerique. In: RLC 42 (1968); A. Todorow: Publizistische Reiseprosa als Kunstform. In: DVjs 60 (1986); S. Vierne: Le Voyage initiatique. In: Romantisme 4 (1972); Voyage, quête et pèlerinage dans la littérature et la civilisation médiévales. Aix-en-Provence 1976; C. Wiedemann (Hg.): Rom, Paris, London. Stuttgart 1988; R.K. Wilson: The Literary Travelogue. A Comparative Study with Special Relevance to Russian Literature from Fonvizin to Pushkin. The Hague 1973; F. Wolfzettel: Le désir de vagabondage cosmopolite. Tübingen 1986; C.K. Zacher: Curiosity and Pilgrimage: The Literature of Discovery in 14th-C. England. Baltimore, MD 1976.

Siehe auch: Abenteuer, Odysseus, Wanderer

Familie

1. Unter den Vorzeichen des Kampfes gegen ein unerforschlich wirkendes Schicksal, auswegloser Schuld und der Auflehnung gegen die Autorität der Götter oder der patriarchalischen Ordnung, aber auch des Segens sind thematisierte Familienkonflikte seit der attischen Tragödie (Aischylos, Sophokles, Euripides) und dem Alten Testament überliefert. Die tiefste Disharmonie des Seins im Leben der Atriden regte bis ins 20. Jh. zu neuen Deutungen an (Eugene O'Neill, *Mourning Becomes Electra,* 1931; Jean Giraudoux, *Electre,* 1937; Jean Anouilh, *Antigone,* 1944; Gerhart Hauptmann, *Die Atriden-Tetralogie,* 1948). Gleichermaßen geben biblische Figuren (→Abraham, →Christus), Ereignisse (→Bruderkonflikt), Fluch und Verheißung immer erneut Anlaß zu literarischen Gestaltungen. Thematisierte Familienverhältnisse im Spiegel des Aufstiegs, der Blüte und der Endzeit einer sozialen Klasse tendieren zur Mythologisierung historischer Erscheinungen (Adalbert Stifter, *Witiko,* 1865–67) oder der Gemeinschaftsbindung (Gustav Freytag, *Die Ahnen,* 1873–81). Dagegen kann das weitgespannte Panorama der Lebensläufe einzelner Familienmitglieder den Anstoß zur Erkundung historischer Erfahrungen geben. Die Familiengeschichte erscheint als zeittypische Alltagsgeschichte (Walter Kempowski, *Tadellöser & Wolff,* 1971; *Uns geht's ja noch gold,* 1972; *Ein Kapitel für sich,* 1975; *Aus großer Zeit,* 1978; *Das Echolot,* 1992). Andererseits überschneiden sich Familienchroniken und besonders Konflikte häufig mit anderen prominenten Themen. Die wechselseitige Durchdringung ist besonders ersichtlich im Zusammenspiel von Familie und Entwicklungs- oder Erkenntnisthematik, Anpassung oder Entsagung und Spannungen zwischen Geschlechtern oder Generationen (Emile Zola, *Les Rougon-Macquart,* 1871–76; Thomas Mann, *Buddenbrooks,* 1901; Roger Martin du Gard, *Les Thibault,* 1922–40; John Galsworthy, *The Forsyte Saga,* 1922; *A Modern Comedy,* 1929; William Faulkners Schilderung der Snopes Familie: *The Hamlet,* 1940, *The Town,* 1957, *The Mansion,* 1959; Anklänge noch in Siegfried Lenz, *Deutschstunde,* 1968, und in den Romanen Arthur C. Clarkes und Kurt Vonneguts).

2. Schilderungen des Familienlebens, in dem gemeinsame Interessen, offene Gespräche (→Dialog) und Wahrheitsliebe (→Herz) das Zusammensein fördern, bilden die Grundlage von Reformvorschlägen (→Reform) in Texten, in denen die sittliche Ordnung der kleinen Gemeinschaft in scharfem Gegensatz zu gestörten gesellschaftlichen Verhältnissen der Umwelt steht.

Die Familie als Sinnbild einer gesicherten Lebensgemeinschaft gehört zum festen Repertoire des Theaters im 18. und 19 Jh. Familiengemälde liebevoller Menschen, aufrechter Hausväter und tugendhafter Töchter, zärtlicher Mütter und strebsamer Söhne vermittelten den Zuschauern den Eindruck, ihre eigene festgefügte bürgerliche Welt auf der Bühne zu sehen. Risse in dem Idyll entstehen bereits im Sturm und Drang und in Schillers Dramen. Die friedlichen Familienbeziehungen werden in den Stücken Ibsens und Strindbergs als Lebenslüge entlarvt. Seit dem Naturalismus spiegeln die Familienverhältnisse in der überwiegenden Mehrheit gesellschaftskritischer Werke allgemeine Krisenerscheinungen. Sie werden sichtbar in gestörten zwischenmenschlichen Beziehungen, in der Verdinglichung des Lebens, in der Erniedrigung des Mitmenschen zum Objekt, in Generationskonflikten und in Auseinandersetzungen zwischen Eltern und Kindern (Vater/Sohn-Tochter; Mutter/Sohn-Tochter). In der Darstellung von Familienzerwürfnissen treten individuelle Eigenschaften einzelner deutlich in den Vordergrund. Trotzdem ergeben sich Berührungspunkte im Figurenaufbau und Handlungsablauf. In der Verbindung mit der Aggressionsthematik überlagern die Gemeinsamkeiten einzelne Charakterzüge. Die Aggression bestimmt die Anlage und Lösung der Konflikte.

Siehe auch: Aggression

Farben

1. Farben treten als beschreibende Einzelheiten auf, bilden die Grundlage von Bildfügungen, vertiefen Symbole und sind fest verknüpft mit den Motiven der →Blauen Blume, des →Abgrunds, des →Feuers, des →Nebels, des →Lichts und der Motivreihe Fruchtbarkeit-Unfruchtbarkeit. Die Bedeutung der Farben und Farbenkontraste war in einzelnen Epochen fest umrissen, schwankte jedoch zu anderen Zeiten erheblich. Selbst wenn sich literarische Konventionen herausbilden, besteht die Möglichkeit der Neubewertung, der Inversion und der besonderen Abwandlung im Schaffen einzelner Autoren. Die weitverbreitete Assoziation von weiß/schwarz und Tag/Nacht mit Leben/Tod wird von einzelnen Autoren im Mittelalter umgestaltet. Weiß kann daher sowohl die Schönheit als auch den Schrecken und den Tod kennzeichnen. Schwarz charakterisiert nicht nur das böse Herz, sondern vergegenwärtigt auch das Schöne und wünschenswerte Exotische. Rot erscheint im Zusammenhang mit der Liebeserfahrung, symbolisiert aber auch Leidenschaft und Aggression. Blau hebt die Treue hervor, versinnbildlicht das Streben nach dem Unendlichen, charakterisiert die dichterische Inspiration (Novalis, E.T.A. Hoffmann, Conrad Ferdinand Meyer, Marcel Proust, Stéphane Mallarmé, Gottfried Benn) und symbolisiert die Symbiose von Denken, Sehen und Fühlen (Arthur Rimbaud, Stefan George, Else Lasker-Schüler). Blau ist aber auch ein Zeichen der kühlen Distanz und ein Merkmal der Knechtschaft. Grün drückt nicht nur den Jubel des Eingehens in die beseelte Natur aus, sondern erscheint auch als Farbe des Neides.

2. Farbbeifügungen wurden in der Antike nur sparsam verwendet. Selbst in Schilderungen der Ideallandschaft erfaßt häufig das Hauptwort (Wiese, Wasser, Quell, Pappel, Hyazinthe, Safran) das Wesen der Farbe. Erst bei Ovid und Horaz sind Tagesstunden, Waffen, schattige Bäume, grünende Auen und heitere Fluren häufiger durch Farbeigenheiten gekennzeichnet. Die Kelten und Sänger der nordischen Sagas haben einen stark entwickelten Sinn für Farbgebungen, die die Gefühle der Figuren hervorheben. Unter den wenigen Farbwörtern der altsächsischen Dichtung steht Grün an erster Stelle. Dagegen dienen im *Beowulf* (6. Jh.) zahlreiche beschreibende Einzelheiten dem Aufbau eines Kontrastes zwischen Licht und Dunkelheit (weißes Pferd, brillantes Licht, schwarzer Rabe, Nebel, Wasserdampf). Dazu tritt in den Hinweisen auf das Graue, Bereifte und Neblige eine auch in der nordischen Literatur deutliche Vorliebe für Lichterscheinungen des Halbdunkels und der Dämmerung. In der frühen germanischen und altfranzösischen Literatur spielen Farben eine untergeordnete Rolle. Sie verstärken Kontraste von hell und dunkel und beleuchten die menschliche Begierde, die sich besonders in dem Wunsch, rotes Gold, den roten Speer oder den goldenen Schmuck zu besitzen, äußert. Farbbezeichnungen nehmen in der höfischen Literatur zu. Sie finden, nach Ansätzen bei Hartmann von Aue, Heinrich Wittenwiler, Chaucer und

Spencer und der hochentwickelten Farbmetaphorik bei Shakespeare, Eingang in die spanische Literatur des goldenen Zeitalters und die deutsche Barockdichtung. Seit dieser Zeit dienen Farben der Schilderung persönlicher Eigenschaften und Gefühle. Seitdem werden sie auch fest mit Motiven verknüpft. Zu bestimmten Perioden und begrenzbaren literarischen Strömungen bilden sich deutlich erkennbare Gemeinsamkeiten in der Farbmetaphorik heraus. So dürfte es kaum zufällig sein, daß die Farben Gelb und Orange besonders häufig in den Werken von Joris-Karl Huysmans, Paul Verlaine, Maurice Maeterlinck, Richard Dehmel und Gabriele D'Annunzio auftreten und →Dekadenzerscheinungen beleuchten. Trotzdem lassen sich die Sinngehalte nur aufgrund eingehender Untersuchungen der Schriften einzelner Autoren erfassen, da gerade in der Farbgebung stark ausgeprägte persönliche Neigungen zum Ausdruck kommen (vgl. die Verbindung von Blau und Grün bei Alexandre Dumas-fils und Gustave Flaubert, Gelb und Rot bei Thomas und Heinrich Mann).

Der verbreiteten Annahme, daß der mit dem Ausklingen der Aufklärung einsetzende Hang zu Naturschilderungen auch eine Steigerung in der Verwendung von Farbattributen auslöste, liegt möglicherweise ein Mißverständnis zugrunde. Farbgebungen nehmen nicht zu. Was deutlich zunimmt, ist die eigenwillige, oft kühne Metaphorik in der Charakterisierung von Figuren (z.B. Joseph von Eichendorff, *Aus dem Leben eines Taugenichts*, 1826), im Ausmalen feiner Nuancen der Stimmung und des Verhältnisses des Menschen zur Natur. Sicherlich kommen in der Dichtung von Clemens Brentano, George Gordon Byron, Adelbert von Chamisso, Samuel Taylor Coleridge, Eichendorff, Goethe, John Keats, Novalis und William Wordsworth goldene Augen, goldene Töne, mondbeglänzte Zaubernacht, grüner Wald, Blütendampf, Nebeltal, trübe Funken, glänzende Strahlen, betrübte Brunnen und dämmernde Lauben neben der Identifizierung von Blumen, Pflanzen und Vögeln häufiger vor als beschreibende Farbeinzelheiten. Die größte Präzision in der Farbmetaphorik erzielten in Frankreich die Symbolisten und in Deutschland Lyriker wie George, Else Lasker-Schüler, Oskar Loerke, Wilhelm Lehmann, Paul Celan, Peter Huchel und Karl Krolow. Die wechselseitige Durchdringung von Themenkonzeption und Farben (E.T.A. Hoffmann, Charles Baudelaire) ist bisher nicht geklärt.

Lit.: J. André: Étude sur les termes de couleur dans la langue latine. Paris 1949; A.M. Haas: Vision in Blau. In: dies., B. Heinser (Hg.), Verlust u. Ursprung. Zürich 1989; W.E. Mead: Color in Old English Poetry. In: PMLA 14 (1899); C. Meier, R. Suntrup: Zum Lexikon der Farbenbedeutungen im Mittelalter. Einführung zu Gegenstand u. Methoden sowie Probeartikel aus dem Farbenbereich ‚Rot'. In: Frühmittelalterliche Studien 22 (1987); A. Overath: Das andere Blau. Zur Poetik einer Farbe im modernen Gedicht. Stuttgart 1987; dies., A. Lochmann (Hg.): Das blaue Buch. Nördlingen 1988; A.F. Pratt: The Use of Color in the Verses of English Romantic Poets. New York 1966; S. Skard: The Use of Color in Literature. In: Proceedings of the Am. Phil. Soc. 90 (1946); J. Steiner: Die Farben in der Lyrik von George bis Trakl. In: ders., Rilke. Ffm 1986; W. Wackernagel: Die Farben- u. Blumensprache des Mittelalters. In: Abhandlungen zur deutschen Alterthumskunde u. Kunstgeschichte. Leipzig 1872; Die wiederentdeckte Natur. Über das Grün in der Literatur. Tagung der Evang. Akademie. Iserlohn 1988.

Faustus

1. Die Ausdehnung und Mannigfaltigkeit der Fausttradition bestätigt, daß eine Figur mit den unterschiedlichsten Themen und Motiven verknüpft werden kann. Faust erscheint in direktem Zusammenhang mit Alchimie, Versuchung, Verjüngung, Entgrenzung, Liebe, Gewalt, Schuld, Leid, Fahrt, Licht-Finsternis, Herz-Hand, Hochmut, Wanderer und Weltschmerz. Er ist das Vorbild des immer strebenden entwicklungsfähigen Menschen; er ist auch der Repräsentant einer Fehlentwicklung des abendländischen Geistes. Literaturwissenschaftler und Philosophen bezeichneten die Substanz der Faust-Dichtungen als Sage, Mythos, Thema und Stoff. Seit der ersten überlieferten literarischen Formgebung, dem 1587 bei Spies in Frankfurt veröffentlichten Volksbuch, gehören zur Welt Fausts Ausschnitte aus allem, was die abendländische Tradition an Ideen, Glaubenssätzen

und Denksystemen hervorgebracht hat. Faust ist undenkbar ohne Pakt oder Wette mit Mephisto, den Konflikt zwischen ordnungsstiftenden Mächten und Erscheinungen des Verfalls, den unstillbaren Durst nach Lebensgenuß und Wissen, die Auseinandersetzung zwischen christlichen Tugenden und einem vor- oder nachchristlichen Lebensgefühl, die Erfahrung der Liebe und der Schuld und die Übertretung aller von der Gesellschaft gezogenen Grenzen. Die grundsätzlich beibehaltene Verbindung von Faust mit Mephisto ermöglicht die gleichzeitige Vergegenwärtigung der gegensätzlichen Welten des Dämonischen und Aufgeklärten, der Wahrheit und des Scheins, des Lichtes und der Dunkelheit, der Ordnung und des Chaotischen.
Die Figurenkonzeption nahm Elemente aus Mythen, Sagen und anderen literarischen Figuren auf. Faust hat Eigenarten der historisch belegten Person des spätmittelalterlichen Forschers, Lehrers und Astrologen, aber auch der bedeutenden Renaissancepersönlichkeiten. Er trägt Züge des großen Zauberers Simon Magus, der viele Wunder vollbrachte, in Samarien angebetet wurde, Helena von Troja als Konkubine besaß, den Apostel Peter herausforderte, aber von ihm besiegt wurde (Apostelgeschichte 8, 9–24), und von dem berichtet wurde, daß er schließlich bei seinem Versuch, vor Kaiser Nero in die Luft zu fliegen, abstürzte und starb. Wie →Prometheus lehnt sich Faust gegen Gott auf und versucht, ein neues Menschenbild zu schaffen. Er hat →Don Juans hemmunglosen Trieb, die Norm der Gesellschaft zu übertreten, und teilt Don Quixotes atemberaubende Gedankenflüge. Im Versuch, alles Erfahrbare und auch das nur Denkbare zu verwirklichen, und im ausgetragenen Konflikt zwischen Erdverbundenheit und himmelstürmendem Gedankenflug, zwischen irdischer Begrenzung und Wunsch nach Entgrenzung, zwischen Eros und geistiger Welterkenntnis wird Faust zum Archetyp der menschlichen Entwicklungsfähigkeit. Die verschiedenen Stränge der mit der Suche nach Selbstverwirklichung und Selbsterkenntnis verbundenen Themen und Symbole vereinen sich in Fausts dynamischer Ich-Erweiterung, die ihn jenseits von Gut und Böse führt und in dem Spannungsbogen seiner Erfahrung Person, Situation und Handlung integriert.
2. Das mit der Figur verknüpfte Grundthema ist ein ins Unendliche verlaufender Prozeß des Werdens. Der Einzugsbereich des Themas ist nahezu unbegrenzt und begünstigte literarische Gestaltungen unterschiedlichster ethischer Fragen und gesellschaftlicher Probleme. In den Darstellungen kommen daher auch durchaus gegensätzliche Einstellungen zur menschlichen Erkenntnisfähigkeit und Wissensbereicherung zum Ausdruck. Marlowe arbeitete die im Volksbuch ungelösten Spannungen zwischen christlichem Lebensgefühl und Autonomieanspruch des Menschen scharf heraus. Sein Faust steht bereits im Brennpunkt unversöhnlicher Lebensauffassungen. Goethe machte die Figur geradezu zum Vertreter des abendländischen Geistes. Sein Werk belebt nicht nur alte Mythen und die Vergangenheit, es versucht, das Wesen des mythischen Denkens überhaupt zu erfassen, und weist in der Auseinandersetzung mit dem naturwissenschaftlichen Denken und Schaffen (Homunculus) weit in die Zukunft. Es bezieht nicht nur die Geschichte, sondern auch die Frage nach der Erkenntnisgrundlage historischer Prozesse und den Auswirkungen des rein Zufälligen ein. Die Handlung erfaßt Faust auf den Stufen absoluter Willensbehauptung, der existentiellen Verzweiflung, der Sorge und der Hinwendung zum Mitmenschen. Dem Thema entsprechend verläuft der Abschluß der Handlung in den meisten Werken in einer Bewegungskurve, deren Ziel selbst in antifeudalen Angriffen (Klinger) oder der Schilderung einer erstarkenden sozialistischen Gesellschaft (Braun) nicht näher bestimmt ist. In Manns Werk liegen Gut und Böse so nahe beisammen, daß Leverkühns Kompositionen sowohl den absoluten Formwillen als auch die Unmenschlichkeit und das Chaos der Welt widerspiegeln. Diese letzten Fragen nach den ordnungsstiftenden Kräften des Daseins und dem Sinn des Lebens, aber auch die tiefe Sorge vor den Auswirkungen eines ungezähmten Wissensdranges brechen sich in dem Thema immer wieder Bahn.

Quellen: Die wichtigsten Werke wurden von Geißler neu veröffentlicht und sind erfaßt von H. Henning u. K. Theens; *Historia von D. Johann*

Fausten ... (1587); *A Ballad on the Life and Death of Dr. Faustus* (1588); Christopher Marlowe, *The Tragical History of Doctor Faustus* (1604); Pedro Calderón de la Barca, *Mágico prodigioso* (1637); William Mountfort, *Life and Death of Doctor Faustus* (1684); J.M.R. Lenz, *Die Höllenrichter* (1777); Friedrich Müller, *Fausts Leben dramatisiert* (1778); William Beckford, *Vathek* (1787); Friedrich Maximilian Klinger, *Fausts Leben, Taten und Höllenfahrt* (1791); Matthew Gregory Lewis, *Ambrosia, or The Monk* (1796); Goethe, *Faust* (1800, 1808, 1832); Adelbert von Chamisso, *Faust, Eine Tragödie in einem Akt* (1804); Ernst August Klingemann, *Faust* (1815); George Gordon Byron, *Manfred* (1817); Christian Dietrich Grabbe, *Don Juan und Faust* (1829); Julius Voss, *Faust* (1833); Nikolaus Lenau, *Faust* (1836); Imre Madách, *Az ember tragédiája* (1861); W. Somerset Maugham, *The Magician* (1908); Michel de Ghelderode, *La Mort du Docteur Faust* (1926); Gerhart Hauptmann, *Till Eulenspiegel* (1928); Paul Valéry, *Mon Faust* (1946); Thomas Mann, *Doktor Faustus* (1947); Jean-Paul Sartre, *Le Diable et le bon dieu* (1951); George Axelrod, *Will Success Spoil Rock Hunter?* (1956); Antony Borrow, *John Faust* (1958); Volker Braun, *Hans Faust* (1968, neubearb. Hinze u. Kunze, 1973); Hans Wollschläger, *Herzgewächse, oder Der Fall Adams* (1982).

Lit.: F. Baron: Faustus. Geschichte, Sage, Dichtung. München 1982; G. Bianquis: Faust à travers quatre siècles. Paris 1935; P. Boerner, S. Johnson (Hg.): Faust through Four Centuries. Retrospect and Analysis. Tübingen 1989; J.K. Brown: Goethe's Faust. The German Tragedy. Ithaca, NY 1986; P. Brunel (Hg.): Dictionnaire des mythes littéraires. Paris 1988; E.M. Butler: The Myth of the Magus. Cambridge, MA 1951; A. Dabezies: Visages de Faust au XXe siècle. Littérature, idéologie et mythe. Paris 1967; ders.: Le Mythe de Faust. Paris 1972; C. Dédéyan: Le Thème de Faust dans la littérature européenne. 6 Bde. Paris 1954–67; R. Dorner: Doktor Faust: Zur Sozialgeschichte des deutschen Intellektuellen zwischen frühbürgerlicher Revolution u. Reichsgründung (1525–1871). Kronberg 1976; EM 4: 405–26; Faust im 20. Jh. FS Karl Theens. Knittlingen 1964; H.W. Geißler (Hg.): Gestaltungen des Faust. Die bedeutendsten Werke der Faustdichtung seit 1587. 3 Bde. München 1927; R. Grimm, J. Hermand (Hg.): Our Faust? Roots and Ramifications of a Modern German Myth. Madison, WI 1987; H. Henning: Faust in fünf Jahrhunderten. Halle 1963; ders.: Faust Bibliographie. 5 Bde. Berlin 1966–76; A. Hoelzel: The Paradoxical Quest. New York 1988; E. Kahler: Doktor Faustus from Adam to Sartre. In: Comparative Drama 1 (1967); H. Kreuzer: Zur Geschichte der literarischen Faust-Figur. In: LiLi 17 (1987); A. Meier: Faustlibretti. Geschichte des Fauststoffs auf der europäischen Musikbühne. Ffm 1990; H. Meyer: Doktor Faustus u. Don Juan. Ffm 1979; K. Radwan: Der Fauststoff seit Goethe. Hamburg 1983; G. Richter: Faust. Ein christliches Mysterium. Ffm 1987; J.W. Smeed: Faust in Literature. New York 1975; K. Theens: Doktor Johann Faust: Geschichte der Faust-Gestalt vom 16. Jh. bis zur Gegenwart. Meisenheim 1948; G. Thinès: Le Mythe de Faust et la dialectique du temps. Lausanne 1989.

Siehe auch: Figurenkonzeption, Licht, Satan, Sorge

Fehde

Siehe Rache

Femme Fatale *(Verführerin)*

1. Die Begegnung mit einer verlockenden und zugleich bedrohlichen Verführerin stellt im ältesten Erzählgut den Helden vor eine schwierige, oft kaum lösbare Bewährungsprobe. Die durch das Treffen ausgelösten Ereignisse stellen einen zentralen Punkt im Erzählvorgang dar. Sie prüfen die Standhaftigkeit des Handlungsträgers, beleuchten seine seelische Verfassung und versetzen ihn in Freude und Schrecken. Die Verführerin hat häufig Merkmale der Schlange und lebt auf geheimnisumwitterten Inseln, an Quellen, in der unzugänglichen Bergwelt oder in prachtvollen, schloßähnlichen Gefilden unter der Erde. Die von der Frau ausgehende Bezauberung veranlaßt ihre Opfer, Heim, Familie und Bestimmung im Leben aufzugeben oder tiefes Leid auf sich zu nehmen, um mit ihr ungeahnte Freuden zu genießen. Das Bedrohlich-Verlockende der Figur und die bis zur Verblendung gehende Selbstaufgabe des von ihr berührten Mannes erfahren in einigen späteren philosophischen und symbolischen Umdeutungen eine Wendung ins Überpersönliche. Die Figur wird zum Sinnbild für die Lebenssubstanz, für die Einbildungskraft und die Dichtung, die den Begnadeten aus seiner begrenzten Lebenssphäre hebt. Die mit der Motivreihe Aggressor-Opfer (→Aggression) verbundene *Femme fatale* erscheint häufig als Aggressor (Vampir, Hexe, Engel der Hölle). Die Verführerin wurde jedoch außerdem als innerlich zwiespältiges Wesen gezeichnet, die von der Liebeserfahrung heimgesucht wird und darunter leidet, daß sie anderen Schmerzen zufügt (Medusa, *la belle dame sans merci,* Undine, Melusine).

2. Zahlreiche Mythen, Sagen und in der Volkstradition überlieferte Erzählungen berichten von geheimnisvollen Frauengestalten, die Sterbliche in Regionen locken, die den Menschen verschlossen sind. Die Figuren verkörpern häufig Wunschvorstellungen, Traumbilder und Angstgefühle. Sie können wie Lilith, Circe, Venus, Undine oder die Feen Morgain und Melusine berückend schön sein oder, wie die Harpyien, Sirenen und Gorgonen, bereits in ihrem Wesen das Verderbliche ankünden. Die Literatur entwickelte aus dieser Tradition nicht nur neue Figuren von Verführerinnen, sondern stattete auch historisch belegte Personen wie Semiramis, Kleopatra, Herodias und Maria Stuart mit den Zügen der *Femme fatale* aus. Unter dem Einfluß des Christentums wandelten sich ursprüngliche Auffassungen heidnischer Göttinnen, die nun auch weitgehend umgedeutet und selbst mit teuflischen Zügen ausgeschmückt wurden. Venus wird zwar weiterhin in der bildenden Kunst als Göttin der Liebe dargestellt; sie übernimmt aber in der Tannhäuser-Sage und der Barockliteratur die Rolle der Verführerin, die christliche Seelen ins Verderben stürzt. Auch in die Schilderungen von Feen, Erdgeistern und Nixen mischen sich zunehmend bedrohliche Züge. Sie ziehen Männer an sich, verleiten sie zur Heirat und damit zum Übertreten der kirchlichen Gebote. Selbst wenn das Handeln der Frauen von Liebe oder Leidenschaft bestimmt ist, haftet ihren Gefühlen etwas Zwiespältiges an, denn sie suchen nicht nur menschliche Gesellschaft, sondern sehnen sich danach, in den Besitz einer menschlichen Seele zu gelangen (Melusine, Undine, einige der *belle dame sans merci*-Erzählungen). Inwieweit die antike Tradition und Elemente aus regionalen Sagen auf die Darstellungen der „Frau Welt“ und die literarischen Schöpfungen von Verführerinnen rückwirkten, ist schwer zu klären. Sicherlich bestehen Ähnlichkeiten in einzelnen, charakteristischen Merkmalen bei den großen Verführerinnen der Renaissance, die den Ritter von seinem Ziel ablenken (Alcina in Ludovico Ariosto, *Orlando furioso,* 1515; Armida in Torquato Tasso, *Gerusalemme liberata,* 1581; Acrasia in Edmund Spencer, *The Faerie Queene,* 1590–96).

Deutliche Übereinstimmungen in der Zusammenschau des Verlockenden und des Bedrohlichen treten in der europäischen Romantik zutage. Bereits bekannte Figuren werden neubelebt, verwandelt und individualpsychologisch gedeutet. Das Interesse an der Figur erreichte seinen Höhepunkt um die Jahrhundertwende. Die Eigenschaften und einzelne äußere Kennzeichen der Verführerin lassen sich jedoch auch in Frauengestalten der Literatur des 20. Jh. nachweisen (vgl. Gerda Rinnlingens Augen und Zunge in Thomas Mann, „Der kleine Herr Friedemann“, 1897; Frau Chauchat im *Zauberberg,* 1924; Maggie in Tennessee Williams, *Cat on a Hot Tin Roof,* 1954; die Unbekannte in Dieter Wellershoff, *Die Sirene,* 1980; die Frauen in John Updike, *The Witches of Eastwick,* 1984).

3. Die *Femme fatale* übernimmt Motivfunktion, wenn sie in der Rolle der Gegenspielerin die Reaktion der Hauptperson begründet und die widersprechenden Gefühle des Freiheitsverlangens und den Wunsch nach Hingabe an die gefährliche Frau beleuchtet. Sie kann als Figur im Zentrum der Handlung stehen, Leid tragen und hervorrufen, dem Mann verfallen, ihn ins Unglück stürzen und auch mit ihm zugrunde gehen. Schließlich kann in ihr der Zeitgeist Gestalt annehmen, sei es in Form der Dekadenz, der Brutalität oder der Jagd nach sexueller Befriedigung. Die Funktion und die unterschiedlichen Möglichkeiten der Themenverknüpfung werden in den Darstellungen der Feen, Wasserjungfrauen, der Herodias und der Lulu deutlich. Melusine in den französischen Erzählungen des Mittelalters, Undine in Friedrich de La Motte Fouqués *Undine* (1811) und die Nixe in Hans Christian Andersens „Die kleine Seejungfer“ (1837) entbrennen in Leidenschaft. Obwohl aber zuerst ihre Liebe erwidert wird, können sie nicht in der menschlichen Welt bestehen und werden von ihren Gatten verlassen, die sich menschlichen Gefährtinnen zuwenden. Die Leiden der Phantasiefiguren spiegeln die Verhärtung der menschlichen Seele und die Abneigung der Gesellschaft gegen alles wider, was die Konvention in Frage stellt. Der Haß der Gesellschaft ist besonders offenkundig in der *Ondine* (1939) von Jean Giraudoux, einem Stück, in dem Ondine von der verständnislosen Gesellschaft zum Tode verurteilt wird. John Keats („Lamia", 1820) schließt an die Märchentradition an, in der die Enthüllung der wahren Natur eines Wesens aus dem Geisterreich dieses auf immer aus der Welt verbannt. Zur beiderseitigen Seelenqual führt die Liebe in den Darstellungen Medusas von Percy Bysshe Shelley, „On the Medusa of Leonardo da Vinci in the Florentine Gallery" (1819), und William Morris, „The Doom of King Acrisius" (1870). Lulu in Frank Wedekinds *Erdgeist* (1895) ist eine todbringende Vernichterin aller Männer, mit denen sie in Berührung kommt. In ihrer Triebhaftigkeit und der inneren Haltlosigkeit der Männer kommen Dekadenzerscheinungen der Zeit zum Ausdruck, die in der *Büchse der Pandora* (1904) noch krasser hervortreten. Lulu sinkt zur Straßendirne herab und wird schließlich von Jack the Ripper ermordet. Der Gefühlserfahrung der Freude und des Leids entspricht im Leben der Verführerinnen ein stufenweiser Auf- und Abstieg. Die magischen Erscheinungen erlangen kurzfristig Gleichberechtigung mit den Menschen und werden dann aus der Gesellschaft verbannt. Die Frauen aus dem Bereich der Welt erreichen eine Vorzugsposition und werden dann häufig zu Außenseiterinnen.

Die den Tod verbreitende *Femme fatale* bricht mit elementarer Gewalt in das Leben des Mannes ein. Ihrer sinnlichen Schönheit haftet entweder etwas Berückend-Gefährliches an oder sie wirkt krankhaft und kennzeichnet die Frau als Botin des Verderbens. Die Verführerin klammert sich an das Opfer und entfremdet es dem herkömmlichen Leben (Alain Chartier, *La Belle Dame sans merci,* 1424; Keats, „La Belle Dame sans merci", 1819; Goethe, „Die Braut von Korinth", 1797; Gabriele D'Annunzio, *Pamphilia,* 1893; *Fedra,* 1909). Sie beobachtet zuweilen kalt, zuweilen geradezu gierig, wie ihre Opfer sterben (Donatien Alphonse de Sade, *Justine,* 1791; *Juliette,* 1798; Théophile Gautier, „Le Roi Candaule"; „Une Nuit de Cléopâtre", 1845; Algernon Charles Swinburne, Dolores in *Our Lady of Sensual Pains,* 1863; *Atalantaî,* 1865; *Mary Stuart,* 1881), oder sie saugt ihrer Beute wie ein Vampir alle Lebenskräfte aus (E.T.A. Hoffmann, „Vampirismus", 1821; Prosper Mérimée, „La Guzla", „Vénus d'Ille", 1837; Charles Baudelaire, „Le Vampire"; „Les Métamorphoses", 1857; Iwan S. Turgenjew, *Gespenster,* 1864; Swinburne, „Satia te sanguine", 1866; Josephin Péladan, *Le Vice suprême,* 1884; D'Annunzio, *La Gloria,* 1899; *La Nave,* 1907; *Forse che si, forse che no,* 1910; Lawrence Durrell, *Balthazar,* 1958). Der Mann, dessen dunkle Ahnung plötzlich in der Form der Frauengestalt sichtbar ins Leben tritt, erfährt die tiefe Entfremdung vom Dasein und findet nicht wieder in die Welt zurück (Tannhäuser im →Berg; Ludwig Tieck, „Der Runenberg", 1804; E.T.A. Hoffmann, „Die Bergwerke zu Falun", 1814; Hugo von Hofmannsthal, „Das Bergwerk zu Falun", 1906). Die erotischen Züge der Verführerin reichen von den feinfühlig gezeichneten eifersüchtigen Figuren der Orsini (Gotthold Ephraim Lessing, *Emilia Galotti,* 1772), der Prinzessin Eboli (Friedrich Schiller, *Don Carlos,* 1787), des Mädchens Becky (William Thackeray, *Vanity Fair,* 1847) bis zu Gestalten, die in ihrem Wesen einen atavistischen und animalischen Teil des Menschen verkörpern. Die mit diesen Frauen assoziierten Vorstellungen legen nicht nur verdrängte individuelle, sondern möglicherweise auch kollektive Denkbilder bloß. In ihnen spiegeln sich Traumwelten der ungezügelten sexuellen Befriedigung und ungestalte Fratzen unheimlicher Triebe oder Psychosen (Gautier, „Cléopâtre"; „Le Roi Candaule"; Gustave Flaubert, *Salammbô,* 1862; „Hérodias", 1877; Théodore de Banville, *Les Exilés,* 1866; *Les Princesses,* 1874; D'Annunzio, *Il Trionfo della Morte,* 1894; Durrell, *Balthazar*).

4. Die vielseitigen Verbindungen der *Femme fatale* zur Machtgier (Adelheid in Goethe, *Götz von Berlichingen,* 1773), zum Dämonischen (Mathilde in Matthew Gregory Lewis, *Ambrosio, or the Monk,* 1796), zum anlockend-abstoßend Hexenhaften (Velléda in François-René de Chateaubriand, *Les Martyrs,* 1809), zum Satanischen (Biondetta in Jacques Cazotte, *Le Diable amoureux,* 1772) und Sexuellen (Una in Henry Miller, *Plexus*, 1949) brachten eine Reihe besonderer Kennzeichen hervor, die zum festen Bestand der Figurenkonzeption werden oder im Handlungsschema Zeichenfunktion übernehmen. Sie umfassen: (1) Assoziationen mit der Schlange durch eindeutige Hinweise oder Darstellungen des hypnotischen Blicks und der züngelnden Zunge. Die Identifizierung ist offenkundig in der Beschreibung von Medusas Haar, der Verwandlung Melusinas in eine Schlange, in der Anspielung auf Kleopatra (Shakespeare, *Anthony and Cleopatra*, 1607?), in der Verwandlung Lamias von einer Schlange in ein Weib (Keats), in Salammbôs Spiel mit Schlangen in Flauberts Darstellung und in der Metaphorik in Swinburnes „Laus Veneris", (1866), die Venus mit der Schlange verknüpft; (2) Wassermetaphorik; in ihr überschneiden sich Vorstellungen der Lebenskräfte des →Brunnens und der Angst vor Seeungeheuern. Besonders beliebt sind Anspielungen auf Sirenen und Darstellungen von Wasserjungfrauen, die den Jüngling betören (Undine bei Fouqué, Andersen und Giraudoux; Goethe, „Der Fischer", 1778; Clemens Brentano, „Lore-Lay", 1808; Heinrich Heine, „Lore-Ley", 1820; vgl. die Gefühlswelt in Matthew Arnolds „The Forsaken Merman", 1849); (3) die Bergwelt der rasenden Mänaden, thessalischen Weiber und Hexen; (4) die Einöde oder unzugängliche Wälder; (5) das im Wald verborgene, prachtvolle Lustschloß. Die dem Lustort immer anhaftende Vorstellung des Schlaraffenlandes nimmt im 19. Jh. zusätzlich die besondere Eigenart einer luxuriösen, üppigen und entkräftenden Atmosphäre in sich auf (Thomas L. Peacock, „Rhododaphne", 1818; Gautier, „Cléopâtre"; Gérard de Nerval, „Harald Harfagar"; William Butler Yeats, *The Wanderings of Oisin*, 1889).

Das in der Figur ursprünglich gegebene Element des Außermenschlichen wird in einigen Werken zum Sinnbild der Erstarrungserscheinungen der Gesellschaft (die Verdinglichung im Bild oder in der Statue bei Shelley; Eichendorff, „Das Marmorbild", 1826; Mérimée und Péladan) oder für die Deformierung des Menschen. Der Verlust menschlicher Eigenschaften zeigt sich deutlich in den Vergleichen einer goldenen Fliege mit Nana (Emile Zola, *Nana*, 1880), in der katzenhaften Natur der Frau in Oscar Wildes „The Sphinx" (1894) und in der großen Fliege, die über den Haarkamm Vuics in Hugo von Hofmannsthals „Reitergeschichte" (1899) läuft. Was alles sich an Verdrängungserscheinungen, sexueller Phantasie, Machtgier, Unterdrückungswillen und Brutalität in der Figur spiegelt, läßt sich nicht eindeutig abgrenzen. Die Verführerin stillt den Durst nach Sensation und verspricht Erlösung von Leiden. Sie ruft zu neuem Leben auf (Hugo Sallus, „Dornröschen",1899; Hermann Hesse, *Der Steppenwolf*, 1927) und bringt den Tod. Ihr phantastisches So-Sein reizt den Künstler, ihr zu folgen und seiner Berufung zu entsagen (Paquita in Honoré de Balzac, *La Fille aux yeux d'or*, 1835); sie wird als nacktes Mädchen im Schrank zum Sinnbild der Phantasie (Thomas Mann, „Der Kleiderschrank", 1899). Die Formgebungen der Figur schließen die Themen Eros und Tod, Verführung und Verrat, Aggression und Selbstverlust ein. Bei aller Vielfalt wirkt die Figur eigenartig ambivalent und häufig negativ. Ingeborg Bachmanns Umdeutung von Undine („Undine geht", 1961) läßt erkennen, daß die *Femme fatale* die Funktion eines Kristallisationsmotivs hat. Undine klagt ihr Leid, widerruft jede Bindung an die vormals verehrten Männer und kehrt in die reine Natur zurück. Wie die häufig verschlüsselten Anspielungen in anderen Texten der Gegenwart belegen, entspricht ihre Trauer der seelischen Not der →Frau. Die Motivfügung verdeutlicht somit eine zweifache Optik. Im Wesen der *Femme fatale* äußert sich in der Liebesbereitschaft ein Verlangen nach Erfüllung, dem der Mann nicht gewachsen ist. Ihre Liebe wird mit dem Selbstverlust, mit der Zerstörung des eigenen Persönlichkeitszentrums bezahlt. Zugleich gewährt die Figur Einsicht in zeitbedingte Verhaltensnormen der Männer und gibt zu gesellschaftskritischen Erwägungen Anlaß.

Quellen: Marie de France, *Lai de Lanval* (vor 1167); *Huon d'Auvergne* (ca. 1341); Jean d'Arras, *Histoire de Lusignan* (1387–94); Pedro Calderón de la Barca, *La Hija del aire* (1664); Théophile Gautier, *Une Nuit de Cléopâtre* (1845); Algernon Swinburne, *Lesbia Brandon* (1864); *Chastelard*

(1865); William Morris, *The Earthly Paradise* (1868–70); Jules Barbey d'Aurevilly, *Les Diaboliques* (1874); Oscar Wilde, *Sphinx* (1894); *Salomé* (1896); Gabriele D'Annunzio, *Intermezzo* (1894); Octave Mirbeau, *Le Jardin des supplices* (1898); Hugo von Hofmannsthal, *Der Kaiser und die Hexe* (1900); Hermann Kasack, *Das schöne Fräulein* (1918); Ingeborg Bachmann, *Das dreißigste Jahr* (1961); Peter Huchel, „Persephone", „Eine Herbstnacht" (1963); Irmtraud Morgner, *Amanda. Ein Hexenroman* (1983); Tankred Dorst, *Fernando Krapp hat mir diesen Brief geschrieben* (mit U. Ehler, 1991); Sarah Kirsch, *Erlkönigs Tochter*, 1992.

Lit.: N. Auerbach: Woman and the Demon: The Life of a Victorian Myth. Cambridge, MA 1982; B. Becker-Cantarino: Frau Welt u. Femme fatale. In: J.F. Poag (Hg.), Die Geburt des Frauenbildes aus dem Geiste des Mittelalters. Königstein/Ts. 1983; C. Bork: Femme fatale u. Don Juan. Hamburg 1993; E.R. Clapp: La Belle Dame as Vampire. In: Philological Quarterly 27 (1948); B. Fass: La Belle Dame sans Merci and the Aesthetics of Romanticism. Detroit, MI 1974; G. Finney: Women in Modern Drama. Ithaca, NY 1989; U. Friess: Buhlerin u. Zauberin in der deutschen Literatur des 18. Jh. München 1970; K.S. Guthke: Die Herkunft des weltliterarischen Typus der Femme fatale aus der deutschen Volkssage. In: GRM NF 6 (1956); C. Hilmes: Die Femme fatale. Ein Weiblichkeitstypus in der nachromantischen Literatur. Stuttgart 1990; J.G. McGann: The Beauty of Medusa: A Study in Romantic Literary Iconology. In: SIR 11 (1972); M. Moog-Grünewald: Die Frau als Bild des Schicksals. Zur Ikonologie der Femme fatale. In: Arcadia 18 (1983); R. Mühlher: Der Venusring. In: Aurora 17 (1957); G. Nigler: Das Motiv der Femme fatale. Innsbruck 1985; D. Poirion: Lectures de La Belle Dame sans merci. In: Mélanges de langue et littérature médiévales offerts à Pierre Le Gentil. Paris 1973; M. Praz: The Romantic Agony. 2. Aufl. London 1951; A.M. Stuby: Liebe, Tod und Wasserfrau. Opladen 1992; M. Vogel: Melusine ... Studien zur Gestalt der Wasserfrau. Bern 1989.

Siehe auch: Aggression, Berg, Eros, Frau, Satan

Fenster

1. Die Vorstellung, daß Fenster den Zugang des göttlichen Lichtes ermöglichen, spielt in ihrer besonderen Anordnung und Ausführung in der christlichen Baukunst neben architektonischen Überlegungen eine wesentliche Rolle. Dieselbe Überlegung liegt der Bedeutungsübertragung der Pforte auf das menschliche Auge zugrunde. Sie veranschaulicht die Bereitschaft der Seele, sich dem Göttlichen zu öffnen. Das Licht der Gnade findet durch das Auge Zugang zum Herzen. Seit dem Mittelalter tritt das Fenster häufig im Zusammenhang mit Schilderungen von Liebespaaren auf. Es wirkt zuweilen ornamental, da es den Rahmen für die im Fenster stehende Frau abgibt. Es übernimmt jedoch bereits die Aufgabe, die Handlung auszulösen, auf kommende Ereignisse hinzudeuten und im entweder offenen oder geschlossenen Fenster ein festes Verhältnis zwischen den Liebenden anzudeuten. Sowohl Beschreibungen einer Person im Fenster als auch eines Beobachters, der von außen in eine Wohnung sieht, übernehmen deutliche Motivfunktion, wenn das Verhältnis zwischen innen und außen zu Vergleichen über gegensätzliche Welten anregt und dadurch Bewußtseinsinhalte näher bestimmt (Bonaventura, *Nachtwachen*, 1804; Honoré de Balzac, *La Maison du Chat-qui-pelote*, 1829; Nathaniel Hawthorne, *The Blithedale Romance*, 1852; Emile Zola, *La Confession de Claude*, 1865; Marcel Proust, *Du côté de chez Swann*, 1913).

2. Dem Raummotiv des Fensters kommt besonders große Bedeutung zu. Das Fenster stellt eine Koordinatenachse her. Es identifiziert die Figur entweder mit der vertikalen, zum Licht oder zu Gott führenden Dimension oder mit der horizontalen, nach außen verlaufenden Linie. Es vergegenwärtigt außerdem das Wechselverhältnis zwischen offenem Raum und umschlossener Behausung und zwischen innen (Ich) und außen (Welt). Das Fenster ruft jedoch nicht nur die mit der Raumerfahrung verknüpften Vorstellungen hervor. Es kann die besondere geistige Verfassung einer Figur charakterisieren. Im Fenster kommt der Wunsch nach Kontakt mit anderen zum Ausdruck (Joseph von Eichendorff, „Sehnsucht", 1834; Victor Hugo, „A la fenêtre, pendant la nuit", 1846; die verschiedenen Figuren in Franz Kafkas Erzählungen und Paul Eluards und Boris Pasternaks Gedichten, die aus dem Fenster sehen und entweder Kontakt suchen oder auf eine Botschaft warten). Es veranschaulicht die Bereitschaft, am Geschehen der Welt aktiv teilzunehmen (Rainer Maria Rilke, *Les Fenêtres*, 1927; Karl Krolow, „Der Augenblick des

Fensters“, 1955). Es kann im Blick auf die Welt die Haltung eines Künstlers zum Kunstschaffen beleuchten (E.T.A. Hoffmann, „Des Vetters Eckfenster“, 1822). Es kann in einer Sterbeszene den letzten Wunsch nach Vereinigung mit dem göttlichen Licht andeuten (Stéphane Mallarmé, „Les Fenêtres“, 1866), aber auch den ungelösten Konflikt zwischen Freiheit und Begrenzung scharf hervortreten lassen (Gustave Flaubert, *Madame Bovary,* 1857; Thomas Hardy, *Jude the Obscure,* 1896; Franz Kafka, *Die Verwandlung,* 1916). Außerdem kann das offene Fenster die erschreckende existentielle Verlassenheit des Menschen besonders eindringlich vergegenwärtigen (Kafka, „Das Gassenfenster“, „Die kaiserliche Botschaft“, posthum 1931). Das geschlossene Fenster errichtet eine Schranke zwischen der Welt und dem Innenraum. In der Textgestaltung kann die Veränderung vom offenen zum geschlossenen Fenster die Wandlung in der Lebensauffassung einer Person andeuten, dem Zimmer einen Anschein des Gefängnisses geben und den Menschen als Außenseiter kennzeichnen. So spiegelt beispielsweise das geschlossene Fenster Wallensteins tragische Vereinsamung vor seinem Tod (Friedrich Schiller, *Wallensteins Tod,* 1800), die Absonderung Werthers von der Natur (Goethe, *Die Leiden des jungen Werthers,* 1774), Mindernickels Entfremdung vom Leben (Thomas Mann, „Tobias Mindernickel“, 1897), die Trennung von einer geliebten Person (Emile Zola, *Nana,* 1880; Marcel Proust, *A la recherche du temps perdu,* 1913–27) und die absolute Isolation in einer feindlichen Welt (James Baldwin, *Giovanni's Room,* 1956; *Another Country,* 1960; Jean-Paul Sartre, *La Nausée,* 1938; Alain Robbe-Grillet, *Dans le labyrinthe,* 1959). Im Aufbau eines Textes übernimmt das Motiv einerseits die Funktion der äußeren Markierung der Gefühlswelt einer Figur, andererseits arbeitet der Wechsel von offenem zu geschlossenem oder geschlossenem zu offenem Fenster wichtige Parallelen oder Gegensätze heraus, durch die die innere Einstellung einer Figur zum Leben direkt erfaßt wird.

Lit.: H. Brüggemann: Das andere Fenster. Ffm 1989; G. Frühsorge: Fenster. Augenblicke der Aufklärung über Leben u. Arbeit. In: Euph. 77 (1983); A. Langen: Anschauungsformen in der deutschen Dichtung des 18. Jh. Jena 1934; J.C. Lapp: The Jealous Window-Watcher in Zola and Proust. In: French Studies 29 (1975); G. Neuhardt: Das Fenster als Symbol. In: Symbolon 4 (1978); J. Rousset: Les Fenêtres et la vue plongeante. In: Forme et signification: Essais sur les structures littéraires de Corneille à Claudel. Paris 1962; F.C. Saint Aubyn: Madame Bovary Outside the Window. In: NCFS 1 (1973); A. Zholkovsky: Window in the Poetic World of Boris Pasternak. In: ders., Themes and Texts. Toward a Poetics of Expressiveness. Ithaca, NY 1984.

Feuer *(Flamme)*

Da das Feuer sowohl angenehme Empfindungen als auch Schrecken hervorruft, kann das Textelement durchaus unterschiedlichen Stellenwert haben. Es ist ein typischer, klassifizierbarer Bestandteil der Lagerfeuererzählungen von James Fenimore Cooper bis Bret Harte. Das Feuer strahlt Wärme aus, zieht die Menschen an, motiviert das gesellige Zusammensein und bietet Anlaß zu Erzählungen innerhalb des Erzählwerkes (William Wordsworth, „The Borderers“, verf. 1795–96; *The Excursion,* 1814; Henri Bosco, *Malecroix,* 1946). Das Feuer zieht jedoch nicht nur den Wanderer an, weil es Schutz verspricht, es regt auch zu Überlegungen über die Ideale eines Jahrhunderts an, das sich in einer falschen Sicherheit wiegt (Goethe, „Wandrers Sturmlied“, 1772). In der übertragenden Bedeutung erscheint die Flamme als ein Zeichen der Gegenwart Gottes (Paul Claudel, *L'Annonce faite à Marie,* 1912; Bosco, *Hyacinthe,* 1940), einer kosmischen Erleuchtung (Honoré de Balzac, *Séraphîta,* 1833; *La Recherche de l'Absolu,* 1834; *Melmoth réconcilié,* 1835), der schöpferischen Kraft des Universums (Erscheinen des Erdgeistes in Goethes *Faust I,* 1808; Gabriele D'Annunzio, *Il fuoco,* 1900) und der Inspiration (Robert Desnos, „Les Ténèbres“, 1927; Benjamin Péret, „Le Grand Jeu“, 1928; André Breton, *L'Union libre,* 1931).

Von ungleich größerer Bedeutung ist die Verwendung des Motivs in Vergleichen der Elementarkraft des Feuers mit der menschlichen Leidenschaft. Feuermetaphern weisen im Textzusammenhang auf explosive Konflikte voraus, verstärken in der Wiederholung den Eindruck des Bedrohlichen und erfassen die dramatische Situation, in der die Leidenschaft wie eine verzehrende Flamme um sich greift und eine Figur zerstört. Ausgesprochen strukturbildend wirkt das Motiv, wenn es den Ablauf einzelner Phasen der Handlung in übersichtliche Beziehung stellt und außerdem das Besondere des Geschehens ins Allgemeine erhöht. Diese Technik kennzeichnet Jean Racines kompositorisches Verfahren in *Andromaque* (1667), *Mithridate* (1673) und *Phèdre* (1677). Sie bestimmt nicht nur die Gruppierung der Figuren, sondern auch den tragischen Ausgang des Konflikts in Friedrich Schillers *Die Braut von Messina* (1803). In Goethes „Novelle" (1826) bilden Gespräche über die Bedrohung der Gemeinschaft durch das Feuer und verhüllte Anspielungen auf die im einzelnen schlummernden Leidenschaften die Grundlage für eine Bestimmung der menschlichen Existenz im Spannungsfeld von Selbstbefriedigung und Entsagung, von subjektiven Bestrebungen und Ansprüchen der Gesellschaft. Die Bezähmung ungezügelter Leidenschaft wird ein allgemeines zivilisatorisches Bemühen. Dagegen überwältigt das „feurige Herz" Prophyro in John Keats' *Eve of St. Agnes* (1820), während die flammende Leidenschaft in Balzacs *La Fille aux yeux d'or* (1834–35), Gustave Flauberts *Salammbô* (1862) und Claudels *L'Annonce faite à Marie* die Figuren innerlich und auch äußerlich verzehrt. Der Aktionsradius des Motivs erstreckt sich von wiederholten, in den Text eingearbeiteten Anspielungen (Alfred Döblin, *Berge, Meere und Giganten,* 1924; Jean Giono, *Le Chant du monde,* 1934) bis zur symbolischen Ausdruckssteigerung (T.S. Eliot, *Four Quartets,* 1943; Flannery O'Connor, „A Circle in the Fire", 1955; „The Violent Bear It Away", 1959).

Es gehört zu den Eigenheiten des Motivs, das es aufgrund von Realbeobachtungen das Übergreifen der verzehrenden Flamme auf alle Lebensbereiche einfängt. Es kann daher sowohl wie in E.T.A. Hoffmanns *Die Elixiere des Teufels* (1815–16) zerstörerische Ich-Spaltungen beleuchten als auch wie in Balzacs *Gobseck* (1842–47) die „übernatürliche, teuflisch-feurige" Geldgier charakterisieren. Der inneren Verbrennung Onkel Macquarts in Emile Zolas *Le Docteur Pascal* (1893) entspricht der geheimnisvolle Tod in einer Feuersbrunst. Dem Weltenbrand am Ende der germanischen Götterwelt steht die Einäscherung der symbolischen Stadt in Claudels *La Ville* (1890) gleichberechtigt zur Seite. Eine eindringliche Erweiterung erfährt das Motiv in Verbindung mit der →Apokalypse durch die Sinndeutung der Reinigung im göttlichen Gericht, während es im →Holocaust das Entsetzen auf Erden unterstreicht.

Lit.: G. Bachelard: Psychoanalyse des Feuers. Ffm 1990; L. Frappier-Mazur: Balzac et les images reparaissantes: Lumière et flamme dans la comédie humaine. In: RSH 121 (1966); C. Girault: Le Thème du feu dans l'œuvre d'Henri Bosco. In: La Table Ronde 203 (1964); E. Pastor: Studien zum dichterischen Bild im frühen französischen Surrealismus. Untersuchungen zum Bildbereich des Feuers mit Hilfe einer systematischen Bildkonkordanz. Paris 1972; M. Pittaluga: Feu et flamme dans le théâtre de Racine. In: Letterature 5 (1982); W. Speyer: Frühes Christentum im antiken Strahlungsfeld. Tübingen 1989; A.-T. Tymieniecka: Poetics of the Elements in the Human Condition. Bd. 2: The Airy Elements in Poetic Imagination. Dordrecht 1988; M. Wood: A Study of Fire Imagery in Some Plays by Paul Claudel. In: French Studies 19 (1965).

Siehe auch: Alchimie, Apokalypse, Satan

Figurenkonzeption

1. Literarische Figuren erhalten charakteristische Züge durch beschreibende Einzelheiten, Aussagen anderer, Beobachtungen des Erzählers und die ihnen zugeordneten Verhaltensweisen. Unterschiedliche Erzählfäden und Handlungsstränge berühren sich in Hauptfiguren. Sobald Figuren mit bestimmten Themen oder Motiven verknüpft sind, steht ihr Handeln im Einklang mit diesen Strukturelementen. Das trifft besonders auf Werke zu, die durch die Gestaltung einer psychologischen Wahrscheinlichkeit des Handelns den Schein der Wirklichkeit hervorrufen wollen. Der Handlungsverlauf erweckt den Eindruck eines Schachspiels. Die primären Eigenschaften der Figuren bestimmen ihren Aktionsradius. Sie befinden sich in einer relativ offenen Sphäre des Handelns, können jedoch nicht ohne die Gefahr des Stilbruches gegen den Wirkungskreis der Themen- und Motivrelationen geführt werden. Für thematische Untersuchungen ist es deshalb wichtiger, das Verhältnis zwischen Figur, Thema und Motiv herauszuarbeiten, als Parallelen zwischen Figur und stofflicher Tradition zu beleuchten. Die wesentlichen Unterschiede in der →Iphigenie-Tradition gehen auf verschiedenartige thematische Zuordnungen zurück: Opfer der Umstände, Unterwerfung unter einen göttlichen Ratschluß, liebende Tochter, Vertreterin einer neuen Ordnung des menschlichen Lebens. Musschoot hat dieselbe Entwicklung für die Übereinstimmung und Divergenz der Judith-Tradition nachgewiesen. Alle literarischen Figuren, die gegen den kollektiven Willen kämpfen und die gesellschaftliche Begrenzung durchbrechen wollen, versuchen jedoch im Gegensatz zu Schachfiguren, beständig ihren Aktionsraum zu erweitern. Das entstehende Zusammenspiel von Figur, Situation, Thema, Motiv und Grenzübertritt (→Grenze) ist ein bedeutender Faktor in der Dynamik literarischer Texte.

Eine Situation kann einem Motiv fest angegliedert sein (der Teufelspakt, der betrogene Ehemann); sie kann thematisch abgegrenzt sein (→Ehebruch, →Täuschung) und kann die Grundkonstellation von Spieler und Gegenspieler näher bestimmen. Eine gedachte, textinterne Grenzlinie trennt die gegensätzlichen Interessengebiete der persönlichen Zielsetzung der Figur von dem kollektiven Anliegen der Gesellschaft. Im Wechselspiel von Handlung und Figurenaufbau haben sich vier dominante Figurenkonzeptionen durchgesetzt: die vorbildliche Persönlichkeit; die Person, die Kritik herausfordert; der scheinbar einfache Mensch, dessen Lebenserfahrungen beachtenswert sind; und die Figur, die eine Stufe der Entwicklung erreicht, auf der Selbsterkenntnis und Weltverständnis möglich werden. Durch die Verknüpfung mit einem Thema kann eine Figur mit dauerhaften Eigenschaften ausgestattet werden, die auch in Neugestaltungen unveränderlich fortbestehen (Jupiter: Macht – Donner; Christus: Erlösung). Die Identifikation einer Person mit einem Objekt (Pandora: Büchse; Pygmalion: Standbild) oder einer ausschlaggebenden Eigenschaft (Hiob: unerschütterliches Gottvertrauen; Einsiedler: Abkehr von der Welt; Promethus: titanisches Aufbegehren gegen die alte Ordnung; in der Romantik teilweise in Anlehnung an Helden- und Ritterfiguren: Befreier, z.B. Friedrich de la Motte Fouqué, *Sigurd, der Schlangentöter,* 1808; *Der Held des Nordens,* 1810; *Alboin, der Langobardenkönig,* 1813) kann eine unwandelbare Motivverknüpfung bewirken. Die Polarstruktur einzelner Motive und die Möglichkeit der Annäherung einer Figur an unterschiedliche Themen rief jedoch auch durchaus gegensätzliche Darstellungen hervor (→Napoleon: Macht – Halbgott/Tyrann; →Jude: Außenseiter – Böse/Gut, Materialist/Idealist; Nymphe, Melusine, Undine, Nixe: →Femme fatale, Grenzübertretung, Verführerin/unterdrückte Frau). Durch die Verbindung mit unterschiedlichen Themen entstehen in der literarischen Tradition mehrschichtig aufgefächerte Figuren. Der Wanderer beispielsweise hat den Zug des dynamischen Strebens in die Ferne. In der konkreten Textgestaltung erscheint er abwechselnd als Abenteurer, Glücksjäger, Eroberer, Pilger und als Suchende, der das erregend Neue erkundet, aber auch nach Wissen oder Weisheit strebt. →Odysseus erscheint in der Tradition als Lebenskünstler, Meister der Täuschung und als Person, die sich geschickt an jede Situation anpassen kann. Er ist in einigen Texten der Wanderer, dessen Fahrt nie endet, in anderen ein moderner Krieger, der das Schicksal des Heimkehrers erleidet. Sowohl sein Abenteuer mit Circe als auch seine Begegnung mit Nausikaa gaben zu literarischen Darstellungen Anlaß, in denen die Figur konkret auf diese Situationen bezogen ist. Die Anordnung von Figuren als Paare wie Philemon und Baucis, Judith und Holofernes, Don Quijote und Sancho Panza, Romeo und Juliet, Faust und Mephisto, die zum festen Bestand der abendländischen Tradition gehören, schuf die Grundlage für einen umfassenden Prozeß thematischer Spiegelungen und Entwicklungen. Andererseits kann die plötzlich erwachende Vorliebe für eine Figur (Salomé zwi-

schen 1870 und 1920) Aufschluß über die besonderen künstlerischen oder gesellschaftskritischen Anliegen einer Epoche geben.
Eine Figur wie beispielsweise der Großinquisitor kann eine durchaus untergeordnete Rolle angewiesen bekommen (Friedrich Schiller, *Don Carlos,* 1787) oder von so ausschlaggebender Bedeutung sein, daß sie Motivfunktion im Aufbau des Textes übernimmt (Fjodor Dostojewski, *Die Brüder Karamazow,* 1879–80; Samuel Butler, *Erewhon Revisited,* 1900–01). Figur und Motiv können untrennbar sein (Jona: Käfig; Held: Bewährungsprobe). Im Gegensatz dazu riefen besonders Figurenkonzeptionen, in denen ambivalente Züge oder widersprüchliche Zielsetzungen herausgearbeitet wurden, weitverzweigte thematische Orientierungen hervor. Das Leben außergewöhnlicher Personen, widerspruchsvoll und konfliktgeladen (→David), im Schnittpunkt zwischen Erfolg und Versagen (Alexander, Cäsar, Spartakus) oder zwischen Liebe und Rache zögernd (→Thomas à Becket), regte zu immer neuen Darstellungen an, in denen die Figuren aus wechselnder Perspektive geschildert wurden.
Das Leben Maria Stuarts, aus dem die spannungsgeladenen Ereignisse der Liebe, Kabale, des Mordes, der Verhaftung, Verschwörung und Hinrichtung herausragen, übte auf die Literatur eine starke Anziehungskraft aus. Es ist deutlich, daß das historische Geschehen die stoffliche Grundlage für den dramatischen Konflikt zwischen Maria und Elisabeth, für den Zusammenstoß unvereinbarer Machtansprüche und für Fragen des Rechtes und der Gerechtigkeit bot. Durchaus literarisch ist jedoch bereits die Anordnung von Spieler und Gegenspieler, die Gruppierung von Figuren, die Problemstellung von Sünde und Sühne und die Darstellung der widerstreitenden Empfindungen der Liebe für das Leben und der Entsagung menschlicher Hoffnungen. Maria steht im Zentrum von Märtyrerdramen, übernimmt die auslösende Funktion in Tragödien, die den Zusammenstoß von Macht und Staatsverfassung, von Recht und Gerechtigkeit vergegenwärtigen, und wird zur interessanten Frau, die zu psychologischen Deutungen ihrer Motivation anregt. Themen und Motivverknüpfungen weichen in den Darstellungen stark voneinander ab. Die weitgehende Übereinstimmung in der Kollision widerstrebender innerer und äußerer Kräfte wurzelt in einer typischen dramatischen Situation und der Konfliktanlage, in der Wille und Gegenwille aufeinanderstoßen (vgl. Cesare Ruggieri, *La reina di Scotia,* 1604; John Banks, *The Island Queens,* 1684; Friedrich Schiller, *Maria Stuart,* 1800; Björnstjerne Björnson, *Maria Stuart i Skotland,* 1863; Maxwell Anderson, *Elizabeth the Queen,* 1930; Wolfgang Hildesheimer, *Mary Stuart,* 1971). Daß sich Parallelen zur historischen Maria Stuart ziehen lassen, belegt nur die literarische Wirksamkeit ausgewählter Ereignisse.
Die ebenfalls historisch belegte Person Kaspar Hausers regte Schriftsteller zu über siebzig Bearbeitungen an. Hausers undurchsichtige Abkunft – er wurde für ein jüdisches Findelkind, den Sohn eines Geistlichen und den Erzherzog von Baden gehalten – sein Leben und seine Ermordung hinterlassen in den Darstellungen ihre Spuren. Die Vielfalt der epochenspezifischen Motiv- und Themenverknüpfungen in der Dichtung (Verlaine, Trakl, Mey, Anspielungen in der Gegenwartslyrik), im Roman (Jakob Wassermann, *Caspar Hauser oder die Trägheit des Herzens,* 1908) und im Bühnenstück (Peter Handke, *Kaspar,* 1967) ergibt kein einheitliches Bild. Sicherlich bietet eine von Geheimnissen umwitterte Figur alle Voraussetzungen für die unterschiedlichsten Motivangleichungen. In der Deutung der themengeschichtlichen Rezeption taucht jedoch gerade im Zusammenhang mit Hauser eine Frage auf, die von wesentlicher Bedeutung für die Eigenart von Figurenkonzeptionen ist. Welche Gründe lassen sich für die Kontinuität, das Abreißen und plötzliche Aufgreifen einer Figurentradition anführen? Hauser gehört zu den Figuren, deren Ich-Problematisierung in bestimmten Zeiten allgemeine soziale Wandlungen und Störungen widerspiegeln. Sie kristallisiert zeitkritische Probleme im individuellen und kollektiven Selbstverständnis, die häufig erst im Rückblick von der Sozialwissenschaft, Medizin oder Psychologie wissenschaftlich präzisiert werden. Die Figur Hausers läßt sich nicht einseitig auf eine primäre Eigenheit

(Außenseiter, Findling, Glücksritter) festlegen. Handkes Deutung erfaßt diese besondere Eigentümlichkeit der Figur am eindringlichsten. Kaspar ist auf der Suche nach dem Selbst. Er lernt Satzmodelle in einem Prozeß ständiger „Sprechfolterung" durch monotone Stimmen, die aus der Dunkelheit des Sozialbereichs kommen und ihm eine Möglichkeit des Seins anbieten. Die in die wiederholten Selbstdeutungen eingearbeiteten Rückgriffe auf 2. Mose, Wassermann, Brechts *Mann ist Mann* und Horváths *Glaube, Liebe, Hoffnung* veranschaulichen, daß sich Kaspar nur im Spiegel vorgeprägter Erfahrungen finden kann: „Ich werde sein, der ich sein werde ... Ich möchte ein solcher werden wie einmal ein andrer gewesen ist ... Ich werde gewesen sein, weil ich bin" (Szenen 8, 27). Als er sein Ich behauptet und dreimal „Ich bin, der ich bin" wiederholt, verdunkelt sich die Bühne. Kasper spaltet sich in fünf Kasparfiguren, die mit dem Original konfrontiert werden und an ihm herumfeilen. Die Figur wird zum Symbol des vermittelten Lebens. Sie bildet sich immer neu und wie alle Figuren immer einzigartig. Daß Handke das besondere Problem des Versagens des Dialogs in der modernen Gesellschaft scharf profiliert, ändert an dieser Tatsache nichts. Thematische Untersuchungen können sich daher nicht ausschließlich auf Übereinstimmungen von geschichtlich belegten Personen und der literarischen Charakterentwicklung stützen, da Autoren häufig historische Zeugnisse hintanstellen oder willkürlich verändern und außerdem Figurenkonzeptionen entwickeln, die oft eine eigene Konvention in der Themen- und Motivwahl begründen. Überzeugende Forschungsarbeiten untersuchen nicht nur Traditionsbezüge, sondern auch das Relationsfeld von Figur, Thema und Motiv.

2. Einige typische Figurenkonzeptionen sind zusammen mit den angeschlossenen Themen europäisches Erbe geworden. Die dem Themenkreis der →Selbstverwirklichung angegliederten Figuren spiegeln gewöhnlich in individuellem Bestreben den Wunsch nach gesellschaftlicher Reform. Sie müssen in irgendeiner Form das Leben bejahen, die Sorge überwinden und entwicklungsfähig sein. Sie erfahren die Lebensfahrt als eine ständige Prüfung. Ihr Versagen erweckt oft Mitleid (Goethe, *Egmont*, 1782; Theodor Storm, *Der Schimmelreiter*, 1888), ihre Ausdauer und ihre Erfolge rufen Bewunderung hervor (George Eliot, *Middlemarch*, 1874; André Gide, *Thésée*, 1944).

Der Typus der Figur, die ihren Willen rücksichtslos gegen die Umwelt durchsetzt, wurde traditionell mit dem Themenbereich der →Aggression, der Willkür absoluter Willensentfaltung und der Verneinung der Lebensansprüche anderer verbunden. Das Ineinanderwirken von Themen und Figurenführung zielt auf Ausnahmesituationen. Es ruft eine Prävalenz eindrucksvoller Konfliktmotive wie Aggressor/Opfer, →Bruderkonflikt, blutige →Hand/totes →Herz, Kannibalismus (→Essen) und →Jagd hervor. Der Charakter dieses Typus neigt zur Unruhe, zur Übersteigerung und zum Titanenhaften. Häufig wurzelt das Handeln, selbst wenn es von eisiger Vernunft diktiert erscheint, in einem entfesselten Unterbewußtsein. Daher erfaßt es, auch wenn es psychologisch wahrscheinlich wirkt, selten das Menschlich-Gültige. Der Aufstand einzelner gegen Mitmenschen, Natur, Gesellschaft, Vernunft, das Göttliche und die Substanz des eigenen Ichs verunsichert jede gedachte oder geschaffene Ordnung der Welt. Erst der Untergang des Willensmenschen stellt sie wieder her. Der Kampf eröffnet eine apokalyptische Sicht, die zuweilen durch Gegenkräfte kontrastierender Figuren oder die Erfahrung der Schuld gebändigt wird. Themen und Motive verleihen den Texten eine ausgeprägte Dynamik (Shakespeare, *Richard III*, 1593; *Macbeth*, 1606?; Schiller, *Die Braut von Messina*, 1803; E.T.A. Hoffmann, *Die Elixiere des Teufels*, 1815–16; Herman Melville, *Moby-Dick*, 1851; Conrad Ferdinand Meyer, *Jürg Jenatsch*, 1876; Alfred Jarry, *Ubu Roi*, 1896; William Faulkner, *Absalom, Absalom!*, 1936; Gruppendynamik in: Martin Sperr, *Jagdszenen aus Niederbayern*, 1966; Rainer Werner Fassbinder, *Katzelmacher*, 1969).

Figuren, die durch einen inneren Ruf des Gewissens bewegt werden, ihrem Willensanspruch im Interesse einer höheren Lebensgesetzlichkeit zu entsagen, oder die sich in der Stunde der Prüfung frei für eine ethische Ordnung entscheiden, erscheinen gewöhnlich im Zusammenhang mit Themen der →Entsagung, →Liebe, Freiheit (→Begrenzung-Freiheit) und der Transzendenz des Willens. Die thematische Darstellung verlangt in der Anlage des Konflikts mehr als die vielfach im Leben gegebene Möglichkeit der Verirrung und Schuld. Sie deutet die Willensbehauptung als trügerisch, da diese das ungesicherte Sein verleugnet und die Bereitschaft untergräbt, den Tod anzuerkennen. Darstellungen konzentrieren sich auf Situationen, die die Vorbereitung auf das Sterben einschließen oder den Tod mitdenken. Die in internen Spannungsmomenten aufgebaute Hoffnung auf Rettung, die zugleich eine Rückkehr zum uneigentlichen Sein wäre, wird zerstört. Die Handelnden erkennen, daß der Tod das Gesetz der Zeitlichkeit ausdrückt und dadurch am natürlichen Kreislauf allen Lebens teilhat. Diese Einsicht ermöglicht die Bereitschaft, dem individuellen Trieb zu entsagen, sich einzuordnen oder den Versuch zu wagen, sich ganz dem Mitmenschen zu widmen. Die Figuren wirken innerlich rein, denn sie sind aus Überzeugung bereit, dem Mitmenschen selbstlos zu dienen oder sich für ihn zu opfern (→Alkestis; James Thomson, *Edward and Eleonore,* 1739; Adalbert Stifter, *Die Mappe meines Urgroßvaters,* 1847). Die Figurenkonzeption schließt außerdem Erscheinungsformen ein, in denen einzelne Personen ihren persönlichsten Wünschen entsagen oder dem Ideal ihrer Lebenserfüllung, auch angesichts tödlicher Bedrohung durch die Gesellschaft, treu bleiben (Marie de La Fayette, *La Princesse de Clèves,* 1678; Gotthold Ephraim Lessing, *Emilia Galotti,* 1772; George Eliot, *The Mill on the Floss,* 1860). Die Konzeption bedingt besondere kompositorische Züge des Figurenaufbaus und der Handlungsführung. Die Gewißheit von Personen, die Liebe, Trauer oder Entsagung, aber nie grundlegende Zweifel erfahren, läßt sie im Verhalten zum Ideal der Lebenserfüllung als vorbildlich erscheinen. Die Figur erscheint jedoch weniger differenziert, denn sie durchläuft selten Stufen des Bewußtwerdens. Deshalb kommt der Charakterzeichnung anderer Figuren besondere Bedeutung zu. Deren Zögern, Ungewißheit oder Fehlentscheidungen verursachen komplizierte menschliche und gesellschaftliche Konfliktsituationen, die den Widerspruch zwischen ihrer Lebensverschuldung und der Sinnerfüllung in der ethischen Entscheidung der vorbildlichen Menschen verdeutlichen.

Thematische Darstellungen des Verlustes der Handlungsfreiheit des einzelnen und der gesellschaftlichen Autonomie konzentrieren sich im Figuren- und Handlungsaufbau auf Elemente, die die Isolation des Menschen veranschaulichen. Die Figuren verlieren die Möglichkeit sinnvoller Lebensgestaltung. Ihre Haltung zueinander und zur Gesellschaft veranschaulicht die zunehmende →Entfremdung in der modernen Gesellschaft. Der →Dialog bricht zusammen und wird durch das Sprechen in der Leere ersetzt. Die Motive des geschlossenen →Fensters, des →Labyrinths und der →Wege, die im →Kreis herumführen, unterstreichen die thematische Entwicklung. In den Darstellungen zeichnen sich drei bevorzugte Konzeptionen ab: (1) Der Außenraum steht im Blickfeld; gesellschaftliche Erscheinungen, die die Entfaltung des Individuums verhindern, werden aufgezeigt. (2) Die subjektive Erfahrung des Handelnden tritt hervor; die Grenze zwischen Wahrnehmung, Halluzination und Realität verschwimmt. (3) Der Mensch steht →absurden Vorgängen gegenüber; die Frage nach dem Sinn des Lebens verliert jede Bedeutung. Deshalb verblaßt jedes praktisch-verändernde Reformanliegen. Das Thema kann im Aufweisen der Verdinglichung des Daseins durchaus gesellschaftskritisch wirken. Andererseits kann der Freiheitsverlust angesichts undurchschaubarer historischer Prozesse und gesellschaftlicher Entwicklungen den Zustand ins Mythische steigern und den Eindruck einer unveränderlichen Lebensgesetzlichkeit erwecken. Die Figuren, auch wenn sie sich nicht passiv in das Geschehen finden, zeigen Symptome der Deformierung (Honoré de Balzac, *Le Colonel Chabert,* 1832; *Le Père Goriot,* 1834–35; Theodor Fontane, *Schach von Wuthenow,* 1883; Henry Becque, *La Parisienne,* 1885; Georg Kaiser, *Gas I, Gas II,* 1918–20; Franz Kafka, *Die Verwandlung,* 1916; Arthur Miller, *Death of a Salesman,* 1949; John Updike, *Rabbit, Run,* 1960;

Wolfgang Hildesheimer, *Nachtstück,* 1963; *Tynset,* 1965).
Eine ganz andere Konzeption äußert sich in der Gestaltung des entwicklungsfähigen Menschen, dessen Bewährung zugleich zur Prüfung der Möglichkeit gesellschaftlicher Veränderung wird. Der Figurenaufbau verlangt keineswegs vorbildliche Personen, sondern Menschen, deren Handeln oder Nachdenken den Eindruck vermittelt, daß das Schicksal nicht unbegreiflich, sondern Ausdruck erkennbarer Verhaltensweisen ist. Die Figuren ringen mit der Aufgabe, sich und andere aus der Befangenheit der Zeit zu lösen. Sie streben nach einer Erkenntnisstufe, von der aus Naturgesetze, historische Prozesse und gesellschaftliche Veränderungen in einer Entwicklungsepoche deutbar werden. Die Darstellungen verfolgen ein zivilisatorisches Anliegen, da die Figuren Ehrfurcht vor dem Menschlichen mit dem Bekenntnis zur Gemeinschaft vereinen. Sie können durch vorbildliches Handeln den Weg zur sittlichen Erneuerung der Gesellschaft weisen (Pierre Corneille, *Cinna,* 1640; Jean Racine, *Bérénice,* 1670; Goethe, *Iphigenie auf Tauris,* 1787; Schiller, *Wilhelm Tell,* 1804), im kleinen Kreis eine tragfähige Lebensbasis gründen (Wilhelm Raabe, *Im alten Eisen,* 1887; →Reform), eine revolutionäre Erneuerung anstreben (Friedrich Wolf, *Die Matrosen von Cattaro,* 1936; *Professor Mamlock,* 1938) oder auch Selbsterkenntnis und Überblick über das Leben erreichen (Goethe, *Wilhelm Meisters Wanderjahre,* 1821–29; Thomas Mann, *Joseph und seine Brüder,* 1933–43; →Suche). Die Voraussetzung für alle erfolgreichen Darstellungen des Themas ist das Vertrauen auf die Entwicklungsfähigkeit des Menschen.
Die Figur des Lebenskünstlers wurde in den meisten Fällen mit dem Thema der Situationsanpassung (→Anpassung) verknüpft. Diese Figuren richten sich im Leben ein, lassen sich vom Auf und Ab des wechselnden Panoramas nicht unterdrücken, betrachten zufällige Veränderungen nicht als bedrohlich, sondern als Möglichkeit, noch einmal anfangen zu können, und gewinnen dem Leben eine heitere oder erträgliche Seite ab. In der Themenführung verhüllt eine betont humoristische Erzählhaltung den Ernst der existentiellen Bindung des Menschen an die Umwelt. Das Thema bedingt eine aufgefächerte Anlage in der Beschreibung des gesellschaftlichen Lebens, da die Handlungsträger wechselnden Situationen ausgesetzt werden, in denen sie sich durch List und die geschickte Manipulation anderer Personen bewähren. Die Figuren behalten die Möglichkeit, lebensfähig zu bleiben, indem sie sich witzig-klug den Gegebenheiten der Welt und dem äußeren Schein der Gesellschaft fügen. Zu diesen Lebenskünstlern zählen nicht nur die urtümlichen Helden, die die Ansprüche des Lebens gelten lassen, aber einen beachtlichen Spielraum innerer Freiheit bewahren, sondern auch die →Schelme, die die Welt überlisten (→Odysseus; Henry Fielding, *The History of Tom Jones,* 1749; Wilhelm Raabe, *Stopfkuchen,* 1891; Saul Bellow, *The Adventures of Augie March,* 1953; Mann, *Bekenntnisse des Hochstaplers Felix Krull,* 1954). Das breite Spektrum des Themas, welches ironisch-gutmütige Beobachtungen mit einer ernsten Kritik gesellschaftlicher Verfallserscheinungen verbindet, beleuchtet ein wesentliches Merkmal der wechselseitigen Beziehung von Figur und Thema. Selbst dann, wenn eine thematische Entwicklung bestimmte Verhaltensweisen und Charaktereigenschaften im Figurenaufbau erfordert und einen deutlich verfolgbaren Traditionsstrang bildet, besteht die Möglichkeit ständiger Wandlung. Die Funktion der Elemente bleibt konstant. Individuelle Stileigenheiten und Sinndeutungen belegen dagegen eine ständige schöpferische Erneuerung der Tradition.

Lit.: C. Aziza, C. Oliviéri (Hg.): Dictionnaire des types et caractères littéraires. Paris 1978; A. Bisanz: The Grand Inquisitor Motif in Samuel Butler's Erewhon Revisited. In: RLC, 47 (1963); J. Calvet: Les Types universels dans la littérature française. 3 Bde. Paris 1932; J. Campbell: The Hero with a Thousand Faces. Princeton 1968; Daemmrich: WS; J. Ehrenpreis: The Types Approach to Literature. New York 1945; K. Hamburger: Von Sophokles zu Sartre. Griechische Dramenfiguren antik u. modern. Stuttgart 1962; W. Keller (Hg.): Beiträge zur Poetik des Dramas. Darmstadt 1976; R. Lewis: The American Adam. Chicago 1955; E. Marold: Wandel u. Konstanz in der Darstellung der Figur des Dietrich von Bern. In: H. Beck (Hg.), Heldendichtung im Germanischen. Berlin 1988; W. Mittenzwei: Gestaltung u. Gestalten im modernen Drama. Berlin 1965; A.M. Musschoot: Het Judith-Thema in de Nederlandse Letterkunde. Gent 1972; E. Neis: Interpretationen motivgleicher Werke der Weltliteratur. Hollfeld 1967; H. Pies: Kaspar Hauser. Ansbach 1973; A. u. W. van Rinsum: Lexikon literarischer Gestalten. Stuttgart 1988; U. Sampath: Kaspar Hauser. A Modern Metaphor. Columbia, SC 1991; U. Struve (Hg.): Der Findling. Kaspar Hauser in der Literatur. Stuttgart 1992; M. Vogel: Melusine...das läßt aber tief blicken. Studien zur Gestalt der Wasserfrau. Bern 1989; R. Voris: Peter Handke: Kaspar. Ffm 1984; W. Wunderlich (Hg.): Literarische Symbolfiguren. Von Prometheus bis Svejk. Bern 1989.

Finsternis

Siehe Nacht

Flamme

Siehe Feuer

Der fliegende Holländer

Die Erzählung berichtet von einem holländischen Kapitän, der in seinem Verlangen, das Kap der Guten Hoffnung bei widrigstem Wetter zu umsegeln, die Elemente herausforderte, sich gegen Gott empörte und deshalb dazu verdammt wurde, bis zum Jüngsten Gericht ruhelos auf dem Meer zu fahren. Die Erzählung vereint das Thema der aggressiven Willensbehauptung mit der absoluten →Grenzübertretung und den Motiven des →Wanderers, der Versuchung durch →Satan und des Gespensterschiffes. Die Erscheinung des Geisterschiffes kündet eine bevorstehende Katastrophe an. Die Erzählung wurde wirksam gestaltet von Samuel Taylor Coleridge, *The Rime of the Ancient Mariner* (1798), Frederick Marryat, *The Phantom Ship* (1839), und Julius Wolff, *Der fliegende Holländer* (1892). Hinweise auf das Gespensterschiff kommen im 19. Jh. häufig vor, und B. Traven, *Das Totenschiff* (1926), stützt sich auf das Schrifttum, vertieft die Tradition jedoch durch eine scharf profilierte gesellschaftskritische Darstellung. Richard Wagners Oper *Der fliegende Holländer* (1843) verstärkte die literarische Ausstrahlung der Figur.

Lit: R. Engert: Die Sage vom fliegenden Holländer. Berlin 1927; W. Golther: Zur deutschen Sage u. Dichtung. Berlin 1911.

Siehe auch: Wanderer

Fluß

Siehe Grenze

Fortuna *(Glücksfälle)*

1. Das Dasein wirkt in Darstellungen von Glücksfällen eigentümlich zwielichtig und unberechenbar. Die Göttin Fortuna ist wankelmütig, unbeständig und undurchschaubar. Sie erhöht einzelne ohne Rücksicht auf Tugenden oder Leistung. Sie überhäuft den einen mit Reichtum, Ehre und Ruhm. Sie übersieht den andern, der in unverdientem Unglück lebt. Ihre Attribute sind dem allgemeinen Anschauungsinhalt des Zufälligen unterstellt. Ihr Eingriff in die Welt widerspricht dem logischen Planen, der Zielsetzung und der Vorstellung, daß der Mensch seine Zukunft meistern kann. Die Figur führt den Zufall in den Text ein. Sie begründet den unerwarteten Glückswechsel und motiviert gegensätzliche, vom Widerstand bis zur Resignation reichende Einstellungen einzelner Personen zur Umwelt. Die besondere Eigenart der mit Fortuna verknüpften Metaphorik beruht somit darin, daß sie die Rolle des Zufälligen übernimmt, aber in der Darstellung von Ursache und Wirkung der planmäßigen Anordnung des Textes unterworfen ist.

2. Die Bildmerkmale Fortunas, die Flügel, die geschlossenen Augen, das Ruder, der Ball und das Rad (ewiger Kreislauf), unterstreichen ihre Bedeutsamkeit für das menschliche Geschehen. Sie erscheint als eine ursprüngliche Schicksalsmacht, die das Unerwartete, das Irrationale und die Verunsicherung im menschlichen Leben bezeichnet (Ovid, Plinius, Seneca). Aber bereits im Altertum stellen Schriftsteller dem Herrschaftsanspruch des blinden, verschwenderischen Glücks die völ-

lig anders geartete Forderung nach kluger, maßvoller und vorsichtiger Lebensführung entgegen (Juvenal, Seneca). Aus dem Vergleich entsteht eine starke Spannung zwischen der möglichen Resignation angesichts unerklärbarer Kräfte und dem Wunsch, das Dasein sinnvoll zu gestalten.

In den für das christliche Denken maßgebenden Überlegungen von Lucius Lactantius, Augustinus und Thomas von Aquino kommt das tiefe Unbehagen an einer Figur zum Ausdruck, deren Walten dem unter dem Zeichen der göttlichen Vorsehung stehenden, ordentlichen Geschichtsablauf widerspricht. Fortuna ließ sich jedoch auch nicht aus der christlichen Tradition verdrängen. Boethius (*De consolatio philosophiae*) weist Fortuna im göttlichen Plan die Aufgabe zu, den Menschen zum Nachdenken über die von ihm selbst geschaffene Unsicherheit des Lebens anzuregen. Andere Schriftsteller verwendeten die Figur als Sinnbild für alle Zufallserscheinungen, die dem Verlangen nach sinnvoller Ordnung widersprachen. In Dantes *Inferno* (1300–08) übernimmt die Göttin die Rolle eines göttlichen Engels, der auf geheimnisvolle und den Sterblichen unerkennbare Weise die historische Entwicklung fördert. Der Literatur des Mittelalters war die Figur nicht fremd. Aber auch in ihr streben polare Schilderungen von Ordnung und Zufall zu einem Ausgleich. Die Begegnung mit Fortuna regt zur Selbstbesinnung und zum Nachdenken über den göttlichen Plan an (Jean de Meung, *Le Roman de la rose,* 1280; Geoffrey Chaucer, *The Boke of the Duchesse,* 1369; *Troilus and Criseyde,* 1382; *Le Morte Arthur,* 14. Jh.).

Der Kontrastfunktion der Figur kommt eine weitaus größere Bedeutung im Schaffen von Autoren zu, die der individuellen Entscheidungsfreiheit und den Auswirkungen des menschlichen Handelns auf die Geschichte einen ausgedehnten Spielraum einräumen. So betont John Lydgate (*The Fall of Princes,* 1431–38) nach einer eingehenden Schilderung von Fortunas verfänglicher Herrschaft über Menschen und Länder ihre Machtlosigkeit angesichts der Naturgesetze, der göttlichen Gnade und des menschlichen Strebens nach Vergeistigung. Stephen Hawes vertritt in *The Passetyme of Pleasure* (1530) eindeutig die Auffassung, daß menschliche Entscheidungen das Schicksal bestimmen. Jeder, gut oder böse, trägt den Lohn mit seiner Tat davon. Niccolò Machiavelli erkennt den Zufall an, stellt ihm aber in *Il Principe* (1551) die menschliche Entscheidungsfreiheit gleichberechtigt zur Seite. Francis Bacons berühmter Aufsatz „About Fortuna" (1597) kann bereits als Versuch gelten, dem Zufall das Element des Zufälligen zu entziehen. Bacon führt Ereignisse, die den Anschein des Zufälligen erwecken, auf individuelles Handeln und historisch erklärbare Ursachen zurück. In Christopher Marlowes *Tamburlaine* (1588) stößt der Renaissancegeist des individuellen Willensanspruches hart auf Fortunas Geltungsbedürfnis. Während sich Fortunas Rad scheinbar willkürlich dreht, einzelne nach oben hebt und andere ins Verderben stürzt, Länder aufblühen und untergehen läßt, nimmt die menschliche Erkenntnisfähigkeit ständig zu. Der Ausblick ist unverkennbar: Die Menschen werden eines Tages den Zufall meistern. Dieser Deutung steht die kosmische Dimension in *Four Hymns* (1596) von Edmund Spenser ebenbürtig zur Seite. Glücksfälle sind unberechenbar und entziehen sich jedem Versuch einer rationalen Deutung. Literarische Darstellungen schwanken bis zur Moderne zwischen beiden Auffassungen. Zu dem einen Traditionsstrang gehören die Glücksritter, Schelme und Spieler, deren Dasein unter dem Zeichen Fortunas steht. In der anderen Entwicklungsphase erscheint der Mensch als vernunftbegabtes Wesen, das sich gegen den Einbruch des Zufälligen in das Dasein wehrt. Gottfried Keller hat in verschiedenen Erzählungen der *Leute von Seldwyla* (1856) die unterschiedlichen Sinndeutungen des Zufalls für die menschliche Seinsgestaltung angeschnitten (vgl. Wenzel in „Kleider machen Leute" und John Kabys in „Der Schmied seines Glückes") und eine humorvolle, wenn auch problematische Lösung angestrebt. Der einzelne behält, selbst wenn der Zufall bestimmend ins Dasein eingreift, einen Spielraum innerer Freiheit, wenn er das Zufällige geschickt zu seinem eigenen Vorteil wendet.

3. Einzelne Merkmale wurden im Prozeß der literarischen Aneignung von der Figur gelöst und übernahmen Motivfunktion für Deutungen des unberechenbaren Schicksals oder der Glücksfälle des Lebens. Sie schließen ein: (1) blindes Geschick, blinden Glücksfall oder den Zufall, der Menschen zur Macht bringt, die sie innerlich ablehnen (Jean de Meung, *Le Roman de la rose*; Giovanni Boccaccio, *Ameto,* 1379; Franz Boll, *Die Lebensalter,* 1913; Friedrich Dürrenmatt, *Romulus der Große,* 1949; *Abendstunde im Spätherbst,* 1961; *Die Frist,* 1977); (2) Flügel, die das überraschende Erscheinen und kurzfristige Verweilen des Glücks kennzeichnen (Embleme von Andrea Alciati und Soloizano; Federico Frezzi, *Quadriregio,* 14. Jh.; Giovanni Pontano, *De Stellis,* 1503; Jean Cousin, *Le Livre de Fortune,* 1568); (3) Metaphern des Spiels, besonders des Schachspiels, die die Menschen auf eine in der Handlungsfreiheit begrenzte Schachfigur reduzieren (Boethius, *De consolatio philosophiae*; Boccaccio, *De casibus,* ca. 1374; Chaucer, „The Monk's Tale", ca. 1385; „The Knight's Tale", ca. 1386; Ludovico Ariosto, *Orlando Furioso,* 1516; Shirley Jackson, „The Lottery", 1948); (4) das Glücksrad des aufsteigenden und fallenden Lebens (Lydgate, *Siege of Thebes,* nach 1412; *Troye-Book,* ca. 1420; Cousin, *Le Livre de Fortune;* John Milton, *Paradise Lost,* 1667; Ralph Ellison, „King of the Bingo Game", 1944). In Darstellungen der Reaktionen von Figuren auf plötzliche Glücksfälle sind Autoren unterschiedliche Wege gegangen. Sie reichen von der innersten Unberührtheit der Märchenfigur und der freudigen Anerkennung, die in den Märchen aus *Tausendundeine Nacht* anklingt, bis zu den Erfahrungen der Figuren Kellers und dem wiederkehrenden, wahnsinnigen Singsang „There must be more money" in: „The Rocking-Horse Winner" (1933) von D.H. Lawrence.

Lit.: V. Cioffari: Fortuna, Fate, and Chance. In: P.P. Wiener (Hg.), Dictionary of the History of Ideas. Bd. 2. New York 1973; V.Y. Haines: The Iconography of the Felix Culpa. In: Florilegium 1 (1979); K. Hammerle: Das Fortunamotiv von Chaucer bis Bacon. In: Anglia 65 (1941); G. Kirchner: Fortuna in Dichtung u. Emblematik des Barock. Stuttgart 1970; R. Nübel: Fortuna in moderner Literatur. In: H. Colberg, D. Petersen (Hg.), Spuren in Kunst u. Gesellschaft. FS T. Schumacher. Stuttgart 1986; H.R. Patch: The Goddess Fortuna in Medieval Literature. Cambridge, MA 1927; D. Voss: Glück u. Zeit. Annäherungen an ein ungreifbares Problem. In: Merkur 46 (1992).

Siehe auch: Zufall

Frau *(Mutter-Tochter, Vorbild-Verführerin)*

1. Die feministische Literaturkritik der letzten Jahre hat belegt, daß die herrschenden Tendenzen der patriarchalischen Gesellschaft im Handeln der Frauenfiguren, in ihren Konflikten und Identitätskrisen unmittelbarer zum Ausdruck kommen als in Entwürfen männlicher Akteure. Die vielseitigen, individuell nuancierten Darstellungen von Frauen geben sicherlich Auskunft über wechselnde historische, ökonomische und soziale Bedingungen. Themengeschichtlich kommt der Betrachtung von Frauenrollen und dem wechselseitigen Verhältnis von Figurenkonzeption und Motiv- und Themenstruktur besondere Bedeutung zu. Erzähltechnisch wichtig sind sowohl die Übertragungen von Wirklichkeit in Fiktionalität als auch die jeweils neuen Konkretisierungen von literarisch tradierten Figuren. Die Frau, sei sie Mutter oder Tochter, Engel oder Verführerin, Leidtragende oder Glückskind, kann, wie Peter Härtlings *Eine Frau* (1974) belegt, durchaus vorgegebene Gestalt sein. Aber Härtlings *Die dreifache Maria* (1982) zeigt in der Verwandlung der Figur auf der Bühne sowohl den Beziehungsreichtum als auch die schematisierenden Tendenzen einzelner Themen und Motive. Es ist deshalb ein dringliches Anliegen der Themenforschung, diese wechselseitige Durchdringung zu klären.
Unsere Forschung läßt andeutungsweise folgende Annahmen zu: Trotz sichtbarer Abstufungen in der Charakterisierung einzelner Figuren (→Antigone, Judith, →Medea) prägen bis zur Mitte des 20. Jh. Motive und Themen die einzelnen Figuren. In Generationskonflikten treten beispielsweise im Handlungsverlauf ungelöste Fragen der Stellung der Frau in Familie und Gesellschaft in den Vordergrund. Trotzdem bestehen in der Motivstruktur keine wesentlichen Unterschiede

zwischen Mutter-Tochter- oder Vater-Sohn-Konflikten. Bedeutende, vorbildliche wie auch Kritik fordernde Frauen erscheinen in Verbindung mit nahezu allen Themen. Sie sind jedoch primär mit den vier Themen des →Reifens, der →Selbstverwirklichung, der →Begrenzung-Freiheit und dem Milieudeterminismus verknüpft. Ab Mitte des 20. Jh. und seit der einflußreichen Studie Simone de Beauvoirs *Le Deuxième Sexe* (1949) setzt sich ein neues Thema durch und färbt alle anderen. Die Frau wird die Figur, die sich engagiert und distanziert sehen, fühlen und ausdrücken kann. Sie ist fähig, die von der literarischen Tradition vermittelten Bilder und die aus der Gegenwart entnommenen Vorstellungen mit ihren eigenen Anliegen zu vergleichen. Sie kann sich sowohl aus der dominierenden männlichen als auch aus der dominierten weiblichen Perspektive betrachten. Diese doppelte Optik wird zur Grundlage einer spezifisch weiblichen Dialektik, die sie nicht nur von männlichen Figuren absondert, sondern auch nur von einer weiblichen Stimme ausgesprochen werden kann.

2. Die traditionelle, nicht-feministische Literatur schildert die Frauenfigur häufig entweder als Objekt unterschiedlicher Gefühle (Liebe, Bewunderung, Andacht, seelisches oder sexuelles Verlangen, Ablehnung, Abscheu) oder als Handelnde, deren Auseinandersetzungen bestimmte gesellschaftliche und literarische Zwecke erfüllen (Engel oder Heilige; sich aufopfernde Heldin, Mutter, Geliebte; Arbeiterin oder hochgestellte, verehrte Hofdame; Gefallene, Verführerin, →Kurtisane oder Dirne). Die Schilderungen berühren alle Lebensbereiche. Oft integrieren Texte zwei gegensätzliche Rollen. Die Hofdame des Minnesangs war zugleich Objekt der Anbetung und tonangebende Vertreterin der streng geregelten Hofsitten. Die vorbildliche Frauenfigur (→Antigone, →Iphigenie, →Jeanne d'Arc) wird verehrt und ruft zur Nachahmung auf, weil sie sich im Interesse der Gemeinde, der Familie oder des Geliebten aufopfert. Als Objekt der Liebe löst sie kaum bezähmbare Leidenschaften aus. Sowohl die herrschsüchtigen, häufig brutalen und sinnlichen als auch die für soziale Rechte kämpfenden Frauenfiguren im Naturalismus veranschaulichen den Determinismus des Milieus, machen ihn aber auch der Kritik zugänglich. In Verbindungen der Frau mit den Themen des →Reifens und der →Selbstverwirklichung tritt ihre zweideutige gesellschaftliche Stellung klar hervor. Die Darstellung als selbstloser Engel, opferbereite Geliebte oder Mutter entspricht dem gesellschaftlichen Wunschbild des hochherzigen Frauenideals. Idealkonzeptionen schließen alles ein, was die Frau zum besseren erhöhten Ich und zugleich zur Anderen macht. Sie wird göttlich und in einigen Texten gleichermaßen Außenseiterin. Die Darstellungen erstrecken sich von der verehrten Frau in der Literatur des Mittelalters über edle Seelen des 18. Jh. bis zu Frauen, die sich im 20. Jh. behaupten und eine hohe Stufe der Selbsterkenntnis erreichen. (Beispiele für typische Verhaltensweisen: Minnesang; Rosemund in Philipp von Zesen, *Die Adriatische Rosemund,* 1645; die Prinzessin in Goethe, *Torquato Tasso* 1790; Makarie in *Wilhelm Meisters Wanderjahre,* 1821–29; Thekla in Friedrich Schiller, *Wallenstein,* 1799; Heinrich von Kleist, *Das Käthchen von Heilbronn, oder die Feuerprobe,* 1810; Francœurs Frau in Achim von Arnim, *Der tolle Invalide auf dem Fort Ratonneau,* 1818; die Schwestern in Adalbert Stifter, *Der Hochwald,* 1844; die Frau des sanftmütigen Obristen in *Die Mappe meines Urgroßvaters,* 1847; nahezu alle Frauenfiguren in Raabes und Spielhagens Romanen; Bertolt Brecht, *Die Mutter,* 1933; *Die Gewehre der Frau Carrar,* 1933; Ingeborg Bachmann, *Malina,* 1971; Franz Xaver Kroetz, Neubearbeitungen von Hebbels Stücken; Karin Struck, *Die Mutter,* 1975; Margot Schroeder, *Ich stehe meine Frau,* 1975; Christa Wolf, *Kindheitsmuster,* 1976). Frauen, die die von der Konvention gezogenen Grenzen überschreiten, werden als Sirene, Hexe oder Verführerin (→Circe, →Femme Fatale) dargestellt. Mädchen, die ihr Kind töten (→Kindermord), Ehebrecherinnen (→Ehebruch) und Außenseiter vergegenwärtigen die gestörten menschlichen Beziehungen in einer Gesellschaft, die die Existenz eines jeden beherrscht und alle verdrängt, die sich nicht anpassen können oder wollen. In zahlreichen Romanen und Dramen des 18., 19. und 20. Jh., die sich mit

dem Aufstieg, der Blüte und den Krisen des Kapitalismus auseinandersetzen, konkretisiert das Schicksal der Frauenfiguren einerseits die zwischenmenschlichen Störungen in der materialistischen Gesellschaft, andererseits den humanen Widerstand gegen die bestehende Ordnung. Frauenfiguren eignen sich besonders gut zur Darstellung des Freiheitsverlusts. Sie erscheinen sowohl als Opfer ihres Geschlechts als auch allgemeiner gesellschaftlicher Erscheinungen. Durch Kindheitserfahrungen zermürbt, durch aggressive Sprachrituale gedemütigt und durch sexuelle Wünsche zum Objekt erniedrigt, erfahren sie den existentiellen Verlust der Selbstbestimmung. Emma Bovarys Seufzer „Wäre ich nur ein Mann!“ (Gustave Flaubert, *Madame Bovary,* 1857) fängt die Stimme der unterdrückten Frauenfiguren in zahlreichen Texten des Realismus von Samuel Richardsons *Clarissa Harlowe* (1748) bis zu Theodor Fontanes *Effi Briest* (1895) ein. Die Tendenz, die Frau als Objekt des Verlangens zu betrachten, tritt besonders in realistischen Texten hervor, die eine Welt von Objekten heraufbeschwören. In Honoré de Balzacs *La Maison du Chat-qui-pelote* (1831) werden Augustine und die Duchesse bis zum Identitätsverfall ihrer Umgebung angeglichen. Im Extrem wird die Frauenfigur zum Automaten reduziert (E.T.A. Hoffmann, „Die Automate“, 1814; „Der Sandmann“, 1816; Auguste Villiers de l'Isle-Adam, *L'Eve future*, 1886).

3. Mutter-Tochter- und Mutter-Sohn-Konflikte beleuchten wie Entzweiung von Vater und Sohn (→Vater-Sohn) die Auseinandersetzung zwischen alter und neuer Ordnung. Das Motiv bezieht nicht nur die reale und geistige Einkerkerung der Frau, sondern auch Abrechnungen mit der Generation der Eltern ein. Weil die Frau thematisch oft mit Familie und Haushalt verbunden ist, legen die Konflikte zwischen Mutter und Tochter, Sohn und Ehemann besonders die Stör- und Verfallserscheinungen innerhalb der Familie bloß. Die vielseitigen Schilderungen und zur Begründung angeführten Erklärungen reichen von Familienfluch (→Antigone, →Elektra), Inzest oder inzestuösen Neigungen und dem Ringen um Vormacht (Molière, *Les Femmes savantes,* 1672; →Hand) bis zu Abrechnungen mit der Vergangenheit der Eltern (Ilse Aichinger, *Die größere Hoffnung,* 1948; Ingeborg Bachmann, *Das dreißigste Jahr,* 1961; *Malina,* 1971; der Sensationsreporter als geistiger Vertreter der alten Welt in Heinrich Böll, *Die verlorene Ehre der Katharina Blum,* 1974; Gabriele Wohmann, *Abschied für länger,* 1965; Botho Strauß, *Groß und Klein,* 1978; sowie die in der deutschen Literatur der 70er und 80er Jahre scharf profilierten Versuche der Kinder, die Vergangenheit der Eltern zu bewältigen).

4. Aus der Sicht des neuen Selbstbewußtseins der Frau wirken die Forderungen in der Emanzipationsliteratur wie erreichbare Kurzziele. Beispiele für den Anspruch der Gleichberechtigung sind seit dem Mittelalter nachweisbar. Héloise (→Abelard und Héloise) hat ihre eigene Stimme. In den Rahmengesprächen von Marguerite de Navarres *Heptaméron* (1558) kommen männliche und weibliche Ansichten zu Wort. Die kühl distanzierte Stimme der Erzählerin in Marie de La Fayettes *La Princesse de Clèves* (1678) analysiert die zeitgenössische höfische Gesellschaft aus der Sicht einer Frau. Sie kommt zu der Überzeugung, daß es vernünftiger ist, sich aus dieser Gesellschaft zurückzuziehen, als sich von ihr zerstören zu lassen. Charlotte Brontë gestaltet in *Villette* (1853) die Identitätssuche und das langsam wachsende Selbstbewußtsein einer Frau und ihre erfolgreiche Selbstbehauptung in einer von Männern dominierten Umgebung. Der Roman schildert nicht nur den quälenden Prozeß, in dem sich Lucy Snowe aus der patriarchalischen Ordnung löst und ihr eigenes Leben unabhängig von dem Willen und den Wünschen anderer bestimmt, sondern stellt auch gleichsam ein neues Verhältnis zu der Lesergemeinschaft der Frauen her. Diese werden angespornt, die begonnene Emanzipation zu vollenden. Die besondere Dialektik der Frauenemanzipation beruht auf der Betonung der spezifisch weiblichen Identität und dem Ringen mit den Widerständen der Umwelt und dem eigenen Zweifel (Verena Stefan, *Häutungen,* 1975). Darüber hinaus rufen alle Werke der Frauenliteratur heute die Leser dazu auf, die bisher unvollendete Gleichberechtigung in die Tat umzusetzen.

Der Wunsch verleiht den Werken ihre ausgeprägte Appellstruktur.

Angeregt durch die Schriften von Hélène Cixous, Luce Irigary, Julia Kristeva und Monique Wittig in Frankreich und zahlreicher Feministen in Deutschland, England und den Vereinigten Staaten entstand ein zunehmendes Interesse an der thematisierten Frauenproblematik. Die außerordentlich vielseitigen literarischen Experimente und Forschungsvorhaben erstrecken sich auf den weiblichen Körper, ästhetisch und geschlechtlich gedeutet, Studien der weiblichen Psychologie, unter anderem der von Sigmund Freud beobachteten Hysterie (Cixous, *Le Portrait de Dora,* 1976), die Umwälzung der akzeptierten Konventionen der Frauenrolle in Ehe und Familie, Ansprüche auf Gleichberechtigung und Rechtsschutz für berufstätige Frauen, die Diskussion, ob Frauen ihre eigene Gesellschaft oder persönliches Bündnis ohne männliche Mitwirkung gründen sollen, und die Untersuchung der spezifisch feministischen Schrift (*écriture féminine*). Nach 1980 und besonders in den 90er Jahren entstand durch Klassen-, Rassen- und ethnische Differenzierungen eine zusätzliche Auffächerung des Themas. Die Diskussion ist nicht abgeschlossen. Sie belegt vorerst nur, daß die Figur zwar thematisiert, aber nicht auf ein einheitliches Thema festgelegt werden kann.

Quellen: *Mai und Beaflor* (13. Jh.); Thomas Dekker, *The Witch of Edmonton* (1623); Daniel Defoe, *Moll Flanders* (1722); Pierre Carlet de Marivaux, *La Vie de Marianne* (1731–41); Denis Diderot, *La Religieuse* (1760; Druck 1796); Restif de la Bretonne, *La Paysane pervertie* (1784); Marie Sophie La Roche, *Geschichte des Fräuleins von Sternheim* (1771); Dorothea Veit, *Florentin* (1801); Goethe, *Stella* (1776); *Iphigenie auf Tauris* (1787); Mary Wollstonecraft, *The Vindication of the Rights of Women* (1794); Friedrich Schiller, *Die Jungfrau von Orleans* (1802); *Maria Stuart* (1802); Jane Austen, *Emma* (1816); Ludwig Tieck, *Leben und Tod der heiligen Genoveva* (1820); Franz Grillparzer, *Melusina* (1833); Elizabeth Gaskell, *Mary Barton* (1848); *North and South* (1855); Antonio Garcia Gutiérrez, *Magdalena* (1837); *Las bodas de Doña Sancha* (1843); *La mujer Valerosa* (1845); *La Baltasara* (1852); *Una criolla* (1877); Camilla Collet, *Amtmandens Dttre* (1854–55); Henry James, *The Portrait of a Lady* (1881); *The Bostonians* (1855); Guy de Maupassant, *Une Vie* (1883); Charlotte Perkins Gilman, „The Yellow Wallpaper" (1892); Arthur Schnitzler, *Der Sohn* (1892); *Fräulein Else* (1924); *Therese. Chronik eines Frauenlebens* (1928); Paul Heyse, *Der Roman der Stiftsdame* (1887); *Melusine und andere Novellen* (1895); Kate Chopin, *The Awakening* (1899); Hugo von Hofmannsthal, *Der Kaiser und die Hexe* (1900); Lou Andreas-Salomé, *Im Zwischenland* (1902); Robert Musil, *Drei Frauen* (1924); Ina Seidel, *Das Wunschkind* (1930); Jean Rhys, *After Leaving Mr. Mackenzie* (1931); *Voyage in the Dark* (1934); *Good Morning, Midnight* (1939); *The Wide Sargasso Sea* (1966); Irmgard Keun, *Gilgi, eine von uns* (1931); *Das kunstseidene Mädchen* (1932); Arthur Miller, *The Crucible* (1953); Ingeborg Drewitz, *Der Anstoß* (1958); *Das Karussell* (1962); Peter Weiss, *Abschied von den Eltern* (1961); Ingeborg Bachmann, *Das dreißigste Jahr* (1961); *Malina* (1971); Sylvia Plath, *The Bell Jar* (1964); Monique Wittig, *L'Opoponax* (1964); *Les Guérillières* (1971); Christa Wolf, *Nachdenken über Christa T.* (1968); *Kindheitsmuster* (1976); Maya Angelou, *I Know Why the Caged Bird Sings* (1969); Karin Struck, *Klassenliebe* (1973); *Lieben* (1977); Eberhard Panitz, *Die unheilige Sophia* (1974); Elfriede Jelinek, *Die Liebhaberinnen* (1975); *Die Klavierspielerin* (1986); Maxine Hong Kingston, *The Woman Warrior: Memoirs of a Girlhood among Ghosts* (1975); Heiner Müller, *Die Umsiedlerin oder Das Leben auf dem Lande* (1975); *Zement* (1975); *Quartett* (1982); *Medea* (1982); Hélène Cixous, *Angst* (1977); *Ananké* (1979); *Illa* (1980); *Le Livre de Prométhéa* (1983); Ernst Jandl, *Aus der Fremde* (1979); Alice Walker, *The Color Purple* (1982); Toni Morrison, *Beloved* (1988); Botho Strauß, *Die Fremdenführerin* (1988); Gert Hofmann, *Die kleine Stechardin* (1994).

Lit.: G. Althoff: Weiblichkeit als Kunst. Die Geschichte eines kulturellen Deutungsmusters. Stuttgart 1991; R. Baader: Die Frau im Ancien Régime. Forschungsbericht u. Sammelrezension von 14 Neuerscheinungen. In: Romanistische Zs. für Literaturgeschichte 2 (1978); H. Beckmann: Die Frau in der modernen Literatur. In: Zeitwende 42 (1971); R. Berger, I. Stephan: Weiblichkeit u. Tod in der Literatur. Köln 1987; J. Bossinade: Das Beispiel Antigone. Textsemiotische Untersuchungen zur Präsentation der Frauenfigur. Von Sophokles bis Ingeborg Backmann. Köln 1990; K. Bruns: Das moderne Kriegsweib. Mythos u. nationales Stereotyp herrschender Weiblichkeit. In: A. Pelz u.a. (Hg.), FS Sabine Brock. Hamburg 1988; M. Burkhard (Hg.): Gestaltet u. Gestaltend. Frauen in der deutschen Literatur. Amsterdam 1980; H. Cixous: Le Rire de la Méduse. In: L'Arc 61 (1975); dies.: La Venue à l'écriture. Paris 1977; H.J. Dingeldein: Hexe u. Märchen. Überlegungen zum Hexenbild in den Kinder- u. Hausmärchen der Brüder Grimm. In: Die Frau im Märchen. Kassel 1985; M.-H. Faillie: La Femme et le code civil dans la Comédie humaine de Balzac. Paris 1968; La Femme et la littérature. In: L'Europe Sonderauflage 427–28 (1964); J.M. Ferrante: Woman as Image in Medieval Literature. New York 1976; S. Früh, R. Wehse: Die Frau im Märchen. Kassel 1985; L.S. Fuderer: The Female Bildungsroman in English. An Annotated Bibliography. New York 1990; S.M. Gilbert, S. Gubar: The Madwoman in the Attic: The Woman Writer and the Nineteenth-Century Literary Imagination. New Haven, CT 1979; J. Glasgow, A. Ingram (Hg.): Courage and Tools. New York 1990; B. Gobrecht: Empfängnis, Schwangerschaft, Geburt u. Stillzeit im europäischen Zaubermärchen. Zeiten der Bedrohung für die Heldin u. ihre Kinder. In: Fabula 33 (1992); M.L. Guardiola Tey: La Temática de Garcia Gutiérrez. Barcelona 1993; L. Guillerm-Curutchet u.a. (Hg.): La Femme dans la littérature française du XVIe siècle. Lille 1971; B. Hufeisen (Hg.): Das Weib soll schweigen. Ffm 1993; L. Irigary: Ce Sexe qui n'en est pas un. Paris 1977; C. Kaplan: Like a Housemaid's Fancies: The Representation of Working-Class Women in Nineteenth-Century Writing. In: S. Sheridan (Hg.): Grafts: Feminist Cultural Criticism. London 1988; H. Klapdor: Überlegungen zu den Frauengestalten deutscher Exildramatik. In: I. von der Lühe: Entwürfe zu Frauen in der Literatur des 20. Jh. Berlin 1982; J. Kristeva: Polylogue. Paris 1977; C. Lehmann: Das Modell Clarissa. Liebe, Verführung, Sexualität u. Tod der Romanheldinnen des 18. u. 19. Jh. Stuttgart 1991; W. Leiner: Onze Etudes sur l'image de la femme dans la littérature française du XVIIe siècle. Paris 1978; C. Lipp: Die Frau in der Karikatur u. im Witz der 48er Revolution. In: Fabula 32 (1991); T. Lundell: Fairy Tale Mothers. New York 1990; I. MacLean: Woman Triumphant. Feminism in French Literature 1610–1652. London 1977; N. Miller: The Poetics of Gender. New York 1986; K. Millett: Sexual Politics. New York 1969; H.M. Müller: Töchter u. Mütter in deutschsprachiger Erzählprosa von 1885 bis 1935. München 1991; H. Nahas: La Femme dans la littérature existentielle. Paris 1957; J. Newton, D. Rosenfelt: Feminist Criticism and Social Change. New York 1985; S. Paradis: Le Personnage féminin dans le roman canadien-français 1884–1966. Québec 1966; A. Pelz (Hg.): Frauen – Literatur – Politik. Berlin 1988; dies.: Reisen durch die eigene Fremde. Reiseliteratur von Frauen als autogeographische Schriften. Köln 1993; U. Peters: Religiöse Erfahrungen als literarisches Faktum. Zur Vorgeschichte u. Genese frauenmystischer Teste des 13. u. 14. Jh. Tübingen 1988; A. Purdy (Hg.): Literature and the Body. Amsterdam 1992; G.F. Ritchie: Der Dichter u. die Frau. Literarische Frauengestalten durch die Jh. Bonn 1989; I. Roebling (Hg.): Lulu, Lilith, Mona Lisa . . . Frauenbilder der Jahrhundertwende. Pfaffenweiler 1989; M. Scheuermann: Her Bread to Earn. Woman, Money and Society from Defoe to Austen. Lexington, KY 1993; P.M. Spacks: The Female Imagination. New York 1975; I. Stephan, S. Weigel (Hg.): Feministische Literaturwissenschaft. Berlin 1984; A.M. Stuby: Liebe, Tod u. Wasserfrau. Mythen des Weiblichen in der Literatur. Opladen 1992; S. Suleimann: (Re)Writing the Body. In: Poetics Today 6 (1985); I. Tomkowiak: Hat er sie geschändet, so soll er sie auch behalten! Stationen einer Fallgeschichte. In: Fabula 32 (1991); G. Völger, K. von Welck: Die Braut. Geliebt, verkauft, getauscht, geraubt. 2 Bde. Köln 1985; S. Wallinger u. M. Jonas: Der Widerspenstigen Zähmung. Studien zur bezwungenen Weiblichkeit in der Literatur vom Mittelalter bis zur Gegenwart. Innsbruck 1986; I. Walse-Engel: Fathers and Daughters. Patterns of Seduction in Tragedies by Gryphius, Lessing, Hebbel, and Kroetz. Columbia, SC 1993; M. Wittig: Le Corps lesbien. Paris 1973.

Siehe auch: Familie, Iphigenie, Reform

Freiheit

Siehe Begrenzung-Freiheit, Wanderer

Freundschaft

1. Schriftsteller der Antike priesen die Freundschaft. In ihr kam die hohe Verehrung für einen anderen zum Ausdruck. Sie war selbstlos; sie bekundete die Bereitschaft, sich dem Mitmenschen liebend zu nähern, für ihn einzutreten und für ihn Opfer auf sich zu nehmen. Philosophische Überlegungen betonten grundsätzlich den ethischen Gehalt der Freundschaft und sahen in der Neigung eine Erscheinungsform des Strebens nach dem Guten. Das Gefühl der Freundschaft erweitert den sittlichen Erfahrungshorizont und fördert dadurch die eigene Vervollkommnung (Platon, *Lysis*; Aristoteles, *Nikomachische Ethik*; Cicero, *Laelius de amicitia*; die Schule des Pythagoras; Abu Hayyān al-Tawhidi; Thomas von Aquino).

2. Frühe literarische Schilderungen der Freundschaft priesen vorbildliches Benehmen und die Bereitschaft, Glück und Unglück mit einem Freund zu teilen. Sie schlossen außerdem dem Thema Motive des Freundesbeweises an, der das hohe Ethos der Empfindung einer schwierigen Bewährungsprobe aussetzte (Theseus und Herakles, Theseus und Perithous, Achilles und Patroklos, Orest und Pylades, Amis und Amiles, Damon und Pythias, David und Jonathan im Alten Testament). In der christlichen Glaubenslehre bildet die Liebe zum Mitmenschen (1. Korinther 13) die Voraussetzung für ein mustergültiges

Leben. Diese Liebe schloß die Freundschaft nicht aus, sondern ein. In der Renaissance und besonders in den heroisch-galanten Barockromanen finden sich neben direkten Rückgriffen auf Plutarch und Cicero eingehende Schilderungen der ritterlichen Tugend und Freundschaft. In diesen Werken sind bereits Ansätze zu einer Entwicklung zu finden, die sich im frühen 18. Jh. durchsetzt. Die Freundschaft ist ein wünschenswerter Zug des gesellschaftlichen Lebens. Menschen bewiesen im Verhältnis zu anderen nicht nur ihre Umgangsformen, sondern offenbarten auch die Fähigkeit, selbstlos handeln zu können. Man teilte die Interessen anderer, warb um Freundschaft und gewährte Freunden großmütig Herz und Hand. Die Freundschaft erhöhte einzelne in den Augen der Mitbürger und verlieh ihnen Ehre (Petrarca, Pierre Ronsard, Wickram, Paul Fleming, Spenser).

3. Seit Shakespeares Zeit verwenden Autoren die Figur des intimen Freundes, um die Pläne und Gefühle zentraler Figuren aufzuzeigen. Darüber hinaus dienen vertrauliche oder geheime Gespräche mit dem vertrauten Freund dazu, die innere Motivation zu beleuchten, die Situation durch Rückblicke zu klären und auf das kommende Geschehen vorauszudeuten. Der Vertraute kann ein treuer Freund sein, aus einer anderen Klasse stammen (Sklave, alter Diener, Zofe oder Hofdame), sich aber auch als heimlicher Todfeind entpuppen. Daher kann der Rat eines Vertrauten dem Handlungsträger helfen oder, wie etwa in Shakespeares *Othello* (ca. 1604), Jean Racines *Phèdre* (1677) und Friedrich Schillers *Wallenstein* (1800), seinen Untergang beschleunigen. In Texten, in denen der treue Begleiter in Wirklichkeit ein unversöhnlicher Gegner ist, beeinflußt die Konstellation den Aufbau und Ablauf der Handlung.

4. Im 17. Jh. wird die Freundschaft weitgehend als bewundernswerte Tugend gewürdigt. Charles de Saint-Evremond, *Maximes* (1647), und François La Rochefoucauld, *Maximes* (1665), geben zu bedenken, daß die Empfindung keineswegs rein selbstlos ist, da sie immer das eigene Ich bereichert. Jean de La Bruyère, *Les Caractères* (1687), weist darauf hin, daß die in der Freundschaft zum Ausdruck kommenden Gefühle zwar einer echten Liebesbereitschaft entspringen, aber in einem Prozeß geistiger Klärung von betont subjektiven Wunschvorstellungen gereinigt werden. Diese und ähnliche Gedankengänge wurden für Darstellungen der Freundschaft im 18. Jh. wichtig. Das Thema nimmt einen beachtlichen Raum in dem Schrifttum ein, das sich an den bürgerlichen Leserkreis wandte. Literarische Zeitschriften, besonders die moralischen Wochenschriften wie der *Spectator, Tatler, Der Patriot, Der Gesellige* und Veröffentlichungen wie *Der Menschenfreund* oder *Die Freunde,* die bereits im Titel die Freundschaft herausstellten, enthielten zahlreiche Aufsätze, welche die Freundschaft als edelsten Charakterzug des Menschen rühmten. Das Wunschbild der Freundschaft kommt dem wachsenden bürgerlichen Selbstbewußtsein entgegen. Die Freundschaft bildet einen wichtigen Bestandteil der vernünftigen und tugendhaften Lebensführung. Sie stützt die Regeln des Anstands und der gegenseitigen Rücksichtnahme. Die Freundschaft wurde zu einem Ideal des wachsenden bürgerlichen Selbstbewußtseins. Im Lob der Freundschaft äußert sich die Wertschätzung der natürlichen menschlichen Veranlagung und zugleich die Kritik der gekünstelten Hofetikette. Im Appell an die Freundschaft klingt der Wunsch an, Klassenunterschiede aufzuheben und die Frau als ebenbürtige Partnerin in geistige Gespräche einzubeziehen (Friedrich Heinrich Jacobi; Wieland; →Reform). Auf einen einheitlichen Gesichtspunkt lassen sich jedoch weder die Aufsätze noch die Schilderungen des Themas festlegen. Sicherlich klingt in ihnen der Wunsch nach Gleichberechtigung an. In dem Thema äußert sich aber auch, besonders im Zusammenhang mit dem veränderten →Ehrbegriff, eine durchaus bürgerlich standesgebundene Wertschätzung. Thematische Darstellungen kommen dem Wunsch nach geselligem Zusammensein (→Dialog-Schweigen) und Gedankenaustausch entgegen. Die Freundschaft hatte erzieherische Funktion. Das Thema spielte daher auch eine wesentliche Rolle in Briefromanen, die die Erziehung des Menschen darstellten und dabei die möglichst vollkommene Ausbildung seiner Anlagen anstrebten (Johann Martin Miller, Karl Philipp Moritz). Gespräche über das Wesen der Freundschaft und daran anknüpfende Schilderungen übereinstimmender Gemüter betonten die Vorteile gemeinsamer Bemühungen. Man erörterte philosophische, literarische und theologische Fragen, sann über die Haltung des Menschen zur Natur nach und setzte sich mit gesellschaftlichen Problemen auseinander. Das Interesse an dem Thema ging so weit, daß es schließlich bühnentechnisch zum Aufbau einiger Stücke verwendet wurde (Johann Elias Schlegel, *Orest und Pylades,* 1737; Christoph Friedrich von Derschau, *Pylades und Orest,* 1747).

Nach der Mitte des 18. Jh. setzte sich die Vorstellung durch, daß die Freundschaft ein wesentliches Element jeder harmonischen Ehe sei. Männer und Frauen übernahmen die Rolle des intimen, zuverlässigen Freundes. Nachdem Freundschaft eine Modeerscheinung wurde und der Freundschaftskult in Kreisen empfindsamer Seelen um sich griff, begünstigte das Thema schematische Situationen und stereotype Sprachformen. Diese Entwicklung spiegelt sich besonders deutlich in Lustspielen und Parodien empfindsamer Seelen (Gotthold Ephraim Lessing, *Damon oder die wahre Freundschaft,* 1747). Goethe („Der Sammler und die Seinigen", 1799; *Wilhelm Meisters Lehrjahre,* 1795–96; *Wilhelm Meisters Wanderjahre,* 1821–1829) und Schiller („An Laura", 1782; „An die Freude", 1786) weisen der Freundschaft die hohe Aufgabe zu, die Menschen zu versöhnen; denn nur in der Freundschaft und der Kunsterfahrung ist das Gemüt weder physisch noch moralisch einseitig beeinflußt. Diese Gedanken verschmelzen in der Romantik mit Wunschvorstellungen einer ästhetisch-ethischen Utopie der völligen Harmonie der Seelen (Samuel Taylor Coleridge, William Wordsworth, Charles Lamb, John Keats, Friedrich Schlegel, Friedrich Schleiermacher).

Im 19. Jh. nimmt das Thema ein ausgesprochen gesellschaftskritisches Moment in sich auf. Das gilt zunächst für Darstellungen, in denen die Freundschaft in Enklaven getrieben wird, in denen sich einzelne Schutzsuchende zusammenfinden (Adalbert Stifter, Wilhelm Raabe). Echte Freundschaft ist nur noch innerhalb eines kleinen Kreises von Menschen möglich, die das Wertsystem ihrer Gesellschaft ablehnen. In anderen Werken erschließt sich die Kritik aus dem Versagen der Freundschaft (Honoré de Balzac, William Thackeray). In den Begegnungen, die keinen Eindruck hinterlassen, und den oberflächlichen, falschen Freundschaften äußert sich nun der Protest gegen die Verdinglichung der Welt und die Jagd nach materiellen Gütern.

5. Ein durchaus eigenständiges Motiv ist die Bewährungsprobe der Freundschaft. In der Rangordnung gehört der Freundesbeweis zu den schwierigsten Bewährungsproben, da er häufig den Verzicht auf den eigenen Besitz oder die Selbstaufopferung fordert. Das Motiv bestimmt die Figurenzeichnung, die Anlage der Handlung und den Aufbau eines Spannungsbogens, der von Vorausdeutung über erschreckende Möglichkeiten des Versagens bis zur kritischen Lösung verläuft. Die Bereitschaft, für einen Freund einzutreten und gegebenenfalls für ihn zu sterben (*Gesta Romanorum,* ca. 1473; Konrad von Würzburg; Du Bellay; Sidney), setzt einen Grenzfall äußerster menschlicher Bedrängnis voraus. Daher erscheint der Freundesbeweis meistens im Zusammenhang mit dem Wunsch, eine willkürliche Staatsmacht zu beseitigen. Ein Mensch wird während des versuchten Tyrannenmordes ergriffen oder beschuldigt, den Herrscher stürzen zu wollen. Er wird zum Tode verurteilt und bittet um Aufschub des Urteils, um einer Verpflichtung nachzukommen, die nur von ihm selbst erfüllt werden kann. Die Verpflichtung muß den äußersten Schwierigkeitsgrad mit einer edlen Motivation verbinden. Ein Freund bürgt mit seinem Leben für den Verurteilten. Nachdem dieser alle Hindernisse, die sich seiner Rückkehr in den Weg stellen, überwindet und wider Erwarten zaghafter Seelen zurückkehrt, ist der Tyrann so gerührt, daß er darum bittet, in den Freundeskreis aufgenommen zu werden (Schiller, „Die Bürgschaft", 1798). Neben dem Freundesbeweis dient die unerschütterliche Treue in literarischen Werken häufig dazu, die Gefühlswelt und das Handeln einzelner Figuren psychologisch zu motivieren.

Quellen: *Amis et Amiles* (Chanson de geste, um 1200); Konrad von Würzburg, *Engelhard und Engeltrud* (1270?); Juan Boscán (Lyrik frühes 16. Jh.); Garcilarco de la Vega, *Eclogues* (1525?); Jörg Wickram, *Gabbriotto und Reinhard* (1551); Richard Edwards, *Damon and Pithias* (1571); Michel de Montaigne, „De l'amitié" in: *Essais* (1580); John Lyly, *Euphues and His England* (1580); Edmund Spenser, *The Faerie Queene* (1590–96); Philip Massinger, *The Bashful Lover* (1636); Jeremy Taylor, *The Measures of Friendship* (1678); Joseph Anton Stranitzky, *Der Tempel Dianae, oder Der Spiegel wahrer und treuer Freundschaft* (ca. 1724); Philip Sidney, *Arcadia* (1725); Pierre Carlet de Marivaux, *La Vie de Marianne* (1731–41); Henry Fielding, *The Adventures of Joseph Andrews and of His Friend Abraham Adams* (1742); Christian Fürchtegott Gellert, *Leben der schwedischen Gräfin von G**** (1746–48); Friedrich Klopstock, „Auf meine Freunde" (1747); Jean-Jacques Rousseau, *L'Emile* (1762); Oliver Goldsmith, *The Vicar of Wakefield* (1766); Christoph Martin Wieland, *Geschichte des Agathon* (1766–67); *Musarion* (1768); Laurence Sterne, *A Sentimental Journey Through France and Italy* (1768); Denis Diderot, *Les Deux Amis de Bourbonne* (1770); Albrecht von Haller, *Usong* (1771); Goethe, *Stella* (1790); „Freundliches Begegnen" (1808); Johann Martin Miller, *Geschichte Karls von Burgheim und Emiliens von Rosenau* (1778); Friedrich Heinrich Jacobi, *Woldemar* (1779, 1794); Johann Heinrich Pestalozzi, *Lienhard und Gertrud* (1783–87); Friedrich Schiller, *Philosophische Briefe* (1786); *Don Carlos* (1787); „Die Bürgschaft"; „Das Glück" (1798); Wilhelm Heinse, *Ardinghello und die glückseligen Inseln* (1787); Friedrich Hölderlin, *Hyperion, oder Der Eremit in Griechenland* (1797–99); Emile Chartier (Alain); *Le Jardin de l'amitié* (1945); Simone de Beauvoir, *Le Deuxième Sexe* (1949).

Lit.: R.C. Bald (Hg.): Literary Friendships in the Age of Wordsworth. Cambridge 1932; L. Dugas: L'Amitié antique. Paris 1914; J. Fentener van Vlissingen: Een psychologische Theorie van de Vriendshap. Arnhem 1966; F. Gerson: L'Amitié au XVIIIe siècle. Paris 1974; G. Jäger: Freundschaft, Liebe u. Literatur von der Empfindsamkeit bis zur Romantik. In: Spiel 9 (1990); S. Kracauer: Über die Freundschaft. Ffm 1971; M. Langbroek: Liebe u. Freundschaft bei Klopstock u. im niederländischen empfindsamen Roman. Purmerend 1933; F. del Mar: La amistad en la literatura española. Madrid 1944; Z. Maurina: Verfremdung u. Freundschaft. Menningen 1966; W. Mauser, B. Becker-Cantarino (Hg.): Frauenfreundschaft-Männerfreundschaft. Tübingen 1991; L. Mittner: Freundschaft u. Liebe in der deutschen Literatur des 18. Jh. In: A. Fuchs, H. Motekat (Hg.), Stoffe, Formen, Strukturen. FS H.H. Borcherdt. München 1962; E. Peter: Freundschaft, Geselligkeit, Fest. In: Runa 7/8 (1987); W. Rasch: Freundschaftskult u. Freundschaftsdichtung im deutschen Schrifttum des 18. Jh. Halle 1936; J.F.L. Raschen: Earlier and Later Versions of the Friendship-Theme. In: Modern Philology 17 (1919–20); J. Todd: Women's Friendship in Literature. New York 1980.

Siehe auch: Liebe, Reform

Fruchtbarkeit-Unfruchtbarkeit

Die Motivreihe Fruchtbarkeit-Unfruchtbarkeit verleiht Texten durch die Korrelation gegensätzlicher Begriffe eine starke Dynamik und trägt zu deren sphärischer Geschlossenheit bei. Die Motivreihe ist weder zeit- noch gattungsspezifisch. Sie erfüllt zwar fest umrissene, aber unterschiedliche Funktionen.

(1) Sie erzeugt scharfe Kontraste in Raumgestaltungen, in denen eine produktive, fruchtbare Agrarlandschaft als Folie für eine sterile Stadtwelt dient (Charles Dickens, *Bleak House,* 1853; Emile Zola, *Fécondité*, 1899; George Bernard Shaw, *Major Barbara*,1905).

(2) Das metaphorische Spannungsfeld stützt und vertieft die Ausarbeitung der wechselseitigen Beziehung von →Begrenzung-Freiheit durch die Verbindung von Unfruchtbarkeit mit Begrenzung und Fruchtbarkeit mit Freiheit. Begrenzte Räume und bedrückende Umweltbedingungen (Straßen, Bergwerke, Zimmer und Hochhäuser, die das Licht ausschließen, soziale Zustände, gestörte zwischenmenschliche Beziehungen, Verlust der Beziehung zur Natur, Arbeitslosigkeit, Elend) stehen in direkter Beziehung zur Unfruchtbarkeit (Dickens, *Hard Times,* 1854; Zola, *Nana,* 1880; *Germinal,* 1885; Charlotte Perkins Gilman, *The Yellow Wallpaper,* 1892; James Baldwin, *Giovanni's Room,* 1956). Darstellungen offener Räume und Ausblicke auf Land, Felder und Wiesen (Jean de la Fontaine, *Les Amours de Psyché et Cupidon,* 1669; Alexander Pope, *Windsor Forest,* 1715; die „Pädagogische Provinz" in Goethe, *Wilhelm Meisters Wanderjahre,* 1821–19; Joseph von Eichendorff, *Aus dem Leben eines Taugenichts,* 1826) erwecken den Eindruck einer fruchtbaren Lebensgemeinschaft von Mensch und Natur.

(3) In Verbindung mit der thematisierten →Selbstverwirklichung unterstreicht die

Motivreihe einerseits die positiv bewertete Entfaltung aller menschlichen Anlagen (Zola, *Paris*, 1898; Thomas Mann, *Joseph und seine Brüder*, 1933–43; Hermann Hesse, *Das Glasperlenspiel*, 1943) und profiliert andererseits den Verlust der Handlungsfreiheit und das Verkümmern der Lebensfähigkeit (Zola, *La Faute de l'Abbé Mouret*, 1875; Mann, *Doktor Faustus*, 1947; Samuel Beckett, *En attendant Godot*, 1952; Baldwin, *Giovanni's Room*; Edward Albee, *The American Dream*, 1960).
(4) Die Motivreihe fördert die Formgebung gegensätzlicher Spiraltendenzen (→Spirale). Die klassische zentrifugale Spirale, die mit der positiven Entscheidung des einzelnen beginnt und sich vorwärts in die Zukunft, nach außen zur Gemeinde und nach oben zu den Göttern bewegt, ist mit Fruchtbarkeit verknüpft (Jean Racine, *Iphigénie*, 1689; *Esther*, 1689; Goethe, *Iphigenie auf Tauris*, 1787; *Wilhelm Meisters Lehrjahre*, 1795–96; Friedrich Schiller, *Wilhelm Tell*, 1804). Die realistische zentripetale Spirale, die vom Milieu nach innen zum einzelnen und rückwärts zur Vergangenheit verläuft, erscheint im Zusammenhang mit Unfruchtbarkeit, Isolation, Entfremdung und Desintegration (→Kreis).
(5) Die assoziative Metaphorik charakterisiert sowohl den Fortschritt und Verfall als auch den Hoch- und Tiefstand historischer Epochen.
(6) Fruchtbarkeit-Unfruchtbarkeit verschärft die Formung anderer Motivreihen; das gilt vor allem für →Dialog-Schweigen, →Herz-Hand und →Nebel-Licht. Aus dem Zusammenwirken dieser Motivreihen entsteht ein Netz von Beziehungen, die den Texten eine starke Dynamik verleihen (Schiller, *Wilhelm Tell;* Dickens, *Bleak House;* Zola, *Paris*).
(7) Ironische und betont kritische Inversionen der Motive (Fruchtbarkeit assoziiert mit dem Tierischen: Zola, *Germinal;* die Figur Désirée in Zola, *La Faute de l'Abbé Mouret*; Stephen Crane, *Maggie: A Girl of the Streets*, 1893; Tennessee Williams, *Cat on a Hot Tin Roof*, 1955; Abwertung der Fruchtbarkeit – Blumen, Früchte, Ernte – zum Dekorativen, der Blumenteppich in Dickens, *Hard Times*) heben soziale Reformanliegen hervor.

Lit.: H. S. Daemmrich: Fertility-Sterility: A Sequence of Motifs in Thomas Mann's Joseph Novels. In: MLQ 31 (1970); H.S. and I.G. Daemmrich: Spirals and Circles: A Key to Thematic Patterns in Classicism and Realism. New York 1994; I.G. Daemmrich: Parallelism in Motifs and Theme: A Comparison of Schillers Wilhelm Tell and Zola's Paris. In: Neoph 82 (1981).

Fuchs

Siehe Tierreich

Furcht

Siehe Angst

Galoppierendes Pferd

Siehe Tierreich

Garten

1. Das Gartenmotiv stellt eine hochentwickelte Form der in Naturschilderungen verwendeten Sprachfiguren und Bildfügungen dar. Es berührt sich daher in einigen formalen Zügen mit der literarischen →Landschaft und übernimmt ähnliche Funktionen in Texten. Das Motiv verbindet den Raum mit der Handlung. Es beleuchtet die Raumerfahrung einzelner Figuren, unterstreicht Kontraste, erweitert, verengt oder verkleinert Flächen. Im Gegensatz zur Erfahrung der unberührten Natur identifiziert es immer eine Sphäre menschlicher Tätigkeit. Der Garten ist kultiviert, umhegt und beschützt. Das Motiv übernimmt Bildelemente aus der Gartenkunst und gibt der Anlage offener Räume und der Anordnung geometrischer Muster besondere Sinngehalte.
2. Biblische Geschichten und Hinweise auf den Garten Eden (I. Mose 2, 15, 3, 22, 13, 10; Hesekiel 28, 13, 31, 9) regten Beschreibungen an, in denen die Wunschvorstellung eines harmonischen, glückseligen Zustandes der Menschheit dem historischen Niedergang und der Disharmonie der gegenwärtigen Weltverfassung entgegengesetzt wurde. Vergleiche der Geliebten mit einem umhegten

Garten (Hohelied Salomos 4, 12, 16; 6, 2 – „Meine Schwester, liebe Braut, du bist ein verschlossener Garten, eine verschlossene Quelle, ein versiegelter Born") gehören zum festen Bestand der Liebeslyrik. Die Zuordnung der Jungfrau Maria zum Garten setzt sich in der Malerei, in Allegorien, Predigten und im religiösen Schrifttum durch. Dichter des Mittelalters verglichen die Seele mit einem geistigen Garten, der für Christus bestellt wurde. Sie entwarfen Bilder Marias mit einer Rose oder einem Rosenstock und umgaben den Baum des Lebens mit blühenden Blumen (*hortus conclusus, arboretum, herbarium*). In all diesen Schilderungen ist der Garten eine Beziehungsebene, auf der physische und psychische Eigenschaften aufeinander übertragen werden.

3. Das Motiv ist besonders geeignet, wechselseitige Beziehungen herzustellen, durch die sinnverwandte und qualitative Ähnlichkeiten übertragen werden (Garten: Herz, heiliger Hain, Tempel, Blume, Schloß, Stadt, Haus, Fenster). Diese Verbindungen beleuchten Gefühle und ganz besonders das Verhältnis des einzelnen zur Umwelt. In der historischen Entwicklung spiegelt das Motiv Veränderungen in Gartenanlagen, Neuerungen, die häufig ihren Ausgang von der Gartentheorie (von Marcus Terentius Varro bis Paul Schultze-Naumburg), der Landschaftsmalerei (Claude Lorrain, Nicolas Poussin) und der Dichtung (John Milton, *Paradise Lost,* 1667; Friedrich Gottlieb Klopstock, *Der Messias,* 1749–80) nahmen. Während der italienische Garten bereits früh Ansätze zu einer formalen Anordnung zeigte, in der Wohnbereich und Gartenbezirk aufeinander abgestimmt waren, wurden die Gärten im Rest Europas vom Schloß oder Lusthaus abgetrennt. Sie bildeten in sich abgeschlossene Einheiten. Um die Mitte des 17. Jh. setzte sich die französische Gartenanlage durch. Der französische Gartenplan ging von der Überlegung aus, daß die kunstvolle Anlage geometrischer Figuren und eine Anordnung, die Pfade, Bäche, Brunnen und Standbilder einbezog, die Schloßstruktur ergänzen sollten. Bald erfaßten die Pläne auch Terrassen, breite Treppenaufgänge und weit ausladende Balustraden (Hermann Pückler-Muskau, *Andeutungen über Landschaftsgärtnerei,* 1834).

Einflußreiche Neuerungen im Entwurf von Gartenanlagen setzten sich im 18. Jh. in England durch. Die Engländer lehnten den strengen Formalismus der französischen Anordnungen ab, der den Geist des Absolutismus auszustrahlen schien; überdies fanden sie wenig Gefallen an dem holländischen Garten, der zwar natürlich wirken sollte, aber in der Häufung der Flora auf engem Raum das Künstliche voll zur Geltung brachte. Englische Landschaftsarchitekten, Philosophen und Dichter vertraten die Ansicht, daß der Garten die Gemeinschaft des Menschen mit der Natur zum Ausdruck bringen sollte. Entwürfe der Gartenanlagen verbanden das Nützliche mit dem Erfreulichen. Die Raumperspektive, die Größenverhältnisse, die Gruppierung, Distanz und Nähe, das Offene und Geballte waren aufeinander abgestimmt. Die Gärten erweckten den Eindruck der freien Landschaft und der großen Tiefe durch die unregelmäßige Einteilung, die zwischen Rasen und Bäumen, Blumenbeeten und Büschen, Teichen und Steinformationen abwechselte. Die typisch englische Parklandschaft schloß Wohnungen ein, die geschickt als Fischerhütten oder Gartenhäuschen getarnt waren. Sie umrahmte Rasenanlagen, Pflanzungen, Lustwälder, Reben, Gemüsegärten, Stachel- und Johannisbeerbüsche, Obstbäume und Gewürzpflanzen. Die bekannten Gartenarchitekten, besonders William Kent und Capability Brown, waren überzeugt, daß ihre Landschaftspläne die in der Natur schlummernden Möglichkeiten erst voll zur Geltung bringen würden. Anthony Shaftesbury lobte im *Moralist* (1709) die „natürliche Wildnis", die es dem Menschen erlaube, ruhig über das Dasein nachzudenken. Alexander Pope setzte sich in einem Aufsatz im *Guardian* (1713) für den natürlichen Garten ein; Daniel Defoe pries in seiner *Tour Through Great Britain* (1724–26) die belebende Kraft, die von den Landgütern und ihrer Umgebung ausging; und Humphrey Repton stellte 1793 fest: „Die natürliche Schlichtheit und Eleganz der englischen Gärten haben die Anerkennung unseres Jahrhunderts gefunden, weil sie auf glücklichste Art und Weise die ungezügelte Natur mit der formalen Regelhaftigkeit der Kunst vereinen." Abhandlungen über die Gartenkunst (George Mason, *An Essay on Design in Gardening,* 1768; Jean-Marie Morel, *Théorie des jardins,* 1776; Jacques Delille, *Les Jardins, ou l'art d'embellir les paysages,* 1782) und William Masons stark bildlich-panoramische Dichtung *The English Garden* (1779) trugen zur weiteren Verbreitung dieser Gedankengänge bei. Bis zum 19. Jh. hatte sich in Europa fast ausnahmslos die Überzeugung durchgesetzt, daß der Garten eine natürliche Erweiterung des menschlichen Wohnraumes sei. In den Gartenanlagen setzten sich jedoch in den Flächeneinteilungen deutliche Unterschiede durch. Nachdem die Gartenkunst auf dem Kontinent erneute Impulse aus Italien, dem Orient und China erhalten hatte, machte sich die Tendenz zu einer stärkeren formalen Ausgestaltung wieder geltend. Auch die reiche Bürgerklasse versuchte, einen Abglanz der Schloßgärten in ihren Villengrundstücken einzufangen. Bald hatte jede Villa breite Glastüren und Terrassen, die sich zum Garten hin öffneten, in dem mit Kieselsteinen bestreute Wege zum Brunnen, zum Pavillon und zum Wasserfall führten. Dem Gartenbild entsprach die Ausgestaltung der Wohnräume, in denen sich Tapeten mit Gartenszenen, bukolischen Motiven, Ruinenlandschaften und Bildern der Jahreszeiten wachsender Beliebtheit erfreuten.

Die Literatur spiegelt diese Entwicklungen und Tendenzen. In der Lyrik hatte der Garten bereits im 18. Jh. einen festen Platz. Besonders auffallend ist jedoch die Tatsache, daß literarische Landschaftsschilderungen fast ausnahmslos durch Wahrnehmungen gefärbt wurden, die ihren Ausgangspunkt im Garten hatten. Teilweise unreflektiert, teilweise bewußt durch Textsignale angedeutet, beleuchten Gedichte von Anne Finch «Lady Anne Winchilsea», Isaac Watts, Lord George Lyttelton, Mark Akenside, James Thomson, John Dyer, Thomas Gray, Salomon Gessner, Albrecht von Haller, Barthold Heinrich Brockes, Matthias Claudius, Ludwig Hölty und Johann Heinrich Voß ein für die Literatur zentrales Problem. Die Gesellschaft hat die Natur verwandelt; um ihr inneres Wesen zu verstehen, muß der Mensch erst die ausschmückende Umhüllung durchdringen. Der Dichter kann im Garten noch die Schönheit preisen (Delille, *Les Jardins*) oder den Einklang mit der Natur empfinden (Percy Shelley, „Alastor", 1815). Er kann im Garten die Metamorphosen des Lebens erkennen (Adalbert Stifter, „Der beschriebene Tännling", 1850; Ralph Waldo Emerson, „Brahma", 1857) oder das Wirken einer amoralischen Macht sehen (Alfred Tennyson, „The Promise of May", 1882). Er kann ihn zur Ideallandschaft umgestalten (Gessner, *Daphnis,* 1754; Christoph Martin Wieland, *Musarion,* 1768), ihn kritisch durchleuchten (Goethe, „Lilis Park", 1775), ihn durch die dichterische Einbildungskraft völlig verwandeln (Brentano, Eichendorff) oder selbst alte Mythen in Bildern des Hains und des Gartens erneuern (Schiller, Hölderlin, George). In jeder Formgebung beleuchten die Sprachfiguren und das Gartenmotiv eindeutig nicht nur die völlige Durchdringung des Gartens mit dem menschlichen Geist, sondern auch eine stark ausgeprägte literarische Tradition.

4. In der Tradition haben sich folgende, deutlich erkennbaren Motivfunktionen herausgebildet:

(1) Das Motiv fördert die Illusion des ausgedehnten Raumes (John Keats, „Ode to a Nightingale", 1819; Shelley, „To a Skylark", 1820: „What objects are the fountains / Of thy happy strain? / What fields, or waves, or mountains?"; Joseph von Eichendorff, *Aus dem Leben eines Taugenichts,* 1826). Diese Verwendung beeinträchtigt andere durch das Motiv ausgelöste Vorstellungen nicht, wenn die Belichtung der Nähe, der kleinen Kiesel, der detaillierten Pflanzen, der Weide, des Geißblattes, des Hagedorns und des Rotdorns dazu dient, einen deutlichen Kontrast zu den fernen Feldern und dem offenen Himmel herauszuarbeiten (Dante Gabriel Rossetti, „The Honeysuckle", 1853; „The Woodspurge", 1856; William Ernest Henley, „The Ways of the Green", 1878; Wilhelm Lehmann, „Abschied", 1935; „Weinstock in der Veranda", 1942).

(2) Der umschlossene Garten oder Hain bietet Schutz vor der feindlichen Welt; der Garten erscheint als Erweiterung des behüteten Wohnraums (Beatrice im Hain, später in der

feindlichen Welt in Friedrich Schiller, *Die Braut von Messina,* 1803; Ludwig Tieck, *Phantasus,* 1812–16; die Gespräche im *Phantasus* heben hervor, daß sich der romantische Geist in einem Garten zu Hause fühlt, der nicht wild, sondern kultiviert und intim ist).

(3) Der Garten bietet Zugang zur geheimnisvollen Märchenwelt und spiegelt Wünsche und Ahnungen der Handlungsträger (Novalis, *Heinrich von Ofterdingen,* 1802; E.T.A. Hoffmann, „Der goldne Topf", 1814; der theatralische Anstrich des Gartens vergegenwärtigt, wie stark die Natur von der Zivilisation durchsetzt ist; Eichendorff, „Das Marmorbild", 1826).

(4) In Darstellungen des unheimlichen Gartens dient das Motiv dazu, die Furcht der Figuren zu begründen und die Spannung auf den Fortgang der Erzählung zu erhöhen (Schloßgärten in der englischen „Gothic Novel"; →Angst; E.T.A. Hoffmann, *Die Elixiere des Teufels,* 1815–16; Henry James, *The Turn of the Screw,* 1898; Octave Mirbeau, *Le Jardin des supplices,* 1899).

(5) Das Motiv unterstreicht Vorstellungen des Verfalls und der Vergänglichkeit des Lebens durch Darstellungen des malerischen, aber verfallenen, überwucherten Gartens, in dem zuweilen gestürzte Säulen herumliegen. Die Säulen, Reste alter Bauten, manchmal ein von Reben umrankter Tempel, erinnern an römische Rundtempel und auch an den Tempel der Sibylle zu Tivoli (Tibur), der wahrscheinlich im 1. Jh. erbaut wurde (→Ruine, Algernon Swinburne, „A Forsaken Garden", 1878; Stefan George, „Mein garten bedarf nicht luft", 1892; „Komm in den totgesagten park und schau", 1897; „Der verwunschene Garten", 1900; Wilhelm Weigand, *Der verschlossene Garten,* 1901; Hermann Hesse, *Iris,* 1917; Amy Lowell, „Patterns", 1919; Max Halbe, *Der Frühlingsgarten,* 1922; Lehmann, „Abgebrochenes Haus mit verwildertem Garten", 1942; Elisabeth Langgässer, *Das unauslöschliche Siegel,* 1946).

(6) Das Motiv dient der Kontrastwirkung. So bildet der Garten durch die Atmosphäre des Behütetseins einen deutlichen Gegensatz zur lärmenden, bedrohlichen Welt. Der Garten bietet Zuflucht (Adalbert Stifter, *Der Nachsommer,* 1857; Wilhelm Raabe, *Meister Autor,* 1874; in Raabes *Prinzessin Fisch,* 1883, ist der Kontrast zwischen Rodburgs Traumgarten und der neuangelegten Eisenbahn, die in die Landschaft einbricht, besonders augenfällig; Wilhelm Weigand, „Im alten Pavillon", 1893; Willa Cather, *The Song of the Lark,* 1915; My Ántonia, 1918; John Steinbeck, *East of Eden,* 1952).

(7) Das Motiv hat Spiegelfunktion und kann in humoristischer oder ironischer Anwendung die Hoffnungen und falschen Ansprüche des Adels oder des Bürgertums bloßstellen (E.T.A. Hoffmann, *Lebens-Ansichten des Katers Murr,* 1820–22; *Nußknacker und Mausekönig,* 1816; Gustave Flaubert, *Bouvard et Pécuchet,* 1881; Theodor Fontane, *Frau Jenny Treibel,* 1892; Thomas Mann, „Tristan", 1902; „Tonio Kröger", 1903).

Wirkungsgeschichtlich gehört das Motiv zu den Stilmerkmalen der Romantik. Es kommt besonders häufig in Erinnerungen der behüteten Kindheit und in Darstellungen des abgelegenen Zufluchtsortes, des geheimnisvollen Raumes und des düsteren Gartens vor. Es verdeutlicht die Seelenlage der Figuren. Besondere Bedeutung kommt dem Motiv in der englischen „Victorian poetry" und der Literatur der Jahrhundertwende zu. In Gedichten von Stefan George, Hermann Hesse, Hugo von Hofmannsthal, Detlev von Liliencron, Rainer Maria Rilke, Richard von Schaukal, Ernst Stadler und Georg Trakl fängt die Bildgebung des schönen, graziösen, köstlichkunstvollen, leicht dekadenten Gartens eine Stimmung der stillstehenden Zeit ein. Sie beschwört zugleich im Kontrast zwischen Rose und Maschine die schwermütige Resignation angesichts der unaufhaltsamen Mechanisierung des Lebens.

Lit.: B. Blume: Kreatur u. Element. In: DVjs 28 (1954); E. Börsch-Supan: Das Motiv des Gartenraums in Dichtungen des 19. u. frühen 20. Jh. In: DVjs 39 (1965); J. Conron (Hg.): The American Landscape: A Critical Anthology of Prose and Poetry. New York 1973; H. Demaray: ‚Disorderly Order' in the Garden Literature of Browne, Marvell, and Milton. Diss. Southern California U. 1968; ders. (Hg.): Gardens and Culture. Beirut 1969; G. Finney: The Counterfeit Idyll. Tübingen 1984; dies.: Garden Paradigms in 19th-C. Fiction. In: CL 36 (1984); W. Hartkopf: Literarische Gärten. In: G. Cepl-Kaufmann (Hg.), Stets wird die Wahrheit hadern mit dem Schönen. FS Manfried Windfuhr.

Köln 1990; W.J. Hipple: The Beautiful, the Sublime, and the Picturesque in 18th-C. English Aesthetic Theory. Carbondale, IL 1957; C. Hussey: The Picturesque: Studies in a Point of View. 2. Aufl. Hamden, CT 1967; Les Jardins et la littérature française jusqu'à la Révolution. In: CAIEF 34 (1982); T. Koebner: Der Garten als literarisches Motiv: Ausblick auf die Jahrhundertwende. In: Park u. Garten im 18. Jh. Heidelberg 1978; W. Krogmann: Motivübertragung u. ihre Bedeutung für die literarhistorische Forschung. In: Neoph. 17 (1932); B.F. Lefcowitz: The Inviolate Groves. In: Literature and Psychology 17 (1967); M. Maher: Das Motiv der orientalischen Landschaft in der deutschen Dichtung von Klopstocks Messias bis zu Goethes Divan. Stuttgart 1979; E. Marsch: Der Garten als literarische Topographie. In: ders., G. Pozzi (Hg.), Thematologie des Kleinen. Fribourg 1986; W. Raible: Literatur u. Natur: Beobachtungen zur literarischen Landschaft. In: Poetica 11 (1979); H. Reinitzer: Der verschlossene Garten. Der Garten Marias im Mittelalter. Wolfenbüttel 1982; A. Ritter (Hg.): Landschaft u. Raum in der Erzählkunst. Darmstadt 1975; W. Stammler: Der allegorische Garten. In: G. Hoffmann, G. Jurgensen (Hg.), Hart warr nich Möod. FS Christian Boeck. Hamburg 1960; D. Tandecki: Der Garten als Symbol u. Refugium göttlicher u. menschlicher Liebe. In: Arcadia 22 (1987); M. Thalmann: Der romantische Garten. In: JEGP 48 (1949); dies.: Romantik in kritischer Perspektive. Heidelberg 1976; T. Unger: Romantisierte Welt als ästhetische Überwindung des Gartens. In: JEGP 90 (1991); C.A. Wimmer: Geschichte der Gartentheorie. Darmstadt 1989; L.P. Zamora: A Garden Inclosed: Fuentes' Aura, Hawthorne's and Paz's Rappaccini's Daughter, and Uyeda's Ugetsu Monogatari. In: Revista Canadiense de Estudios Hispánicos 8 (1984).

Siehe auch: Landschaft, Ruine

Gattenehre, verletzte

Siehe Ehebruch, Ehre

Gefängnis

Siehe Begrenzung-Freiheit

Gegner

Siehe Figurenkonzeption

Geld *(Gold)*

Die Geldsucht ist ein konstantes Kristallisationsmotiv. Es vergegenwärtigt die einseitige, in materialistischen und kapitalistischen Tendenzen der Gesellschaft wurzelnde Begrenzung menschlicher Anlagen. Seit der Antike setzen Autoren den Wunsch, Gold zu finden oder Schätze zu heben, in Beziehung zum kulturellen Niedergang (Hesiod: das eiserne Zeitalter; Ovid: die Bronzezeit; Altes und Neues Testament; Schätze im Inneren der Berge). Die Jagd nach Reichtum, die Absicht, eine reiche Partie zu machen, und das Verlangen, durch materiellen Besitz in der gesellschaftlichen Hierarchie aufzusteigen, spielen eine bedeutende Rolle in zahlreichen gesellschaftskritischen Werken des 19. und 20. Jh. Die Darstellungen reichen von humoristischen Schilderungen einzelner, die „eine Million heiraten wollen", bis zur Anprangerung sozialer Mißstände. Im 19. Jh. bezieht das Streben nach Besitz repräsentative Figuren aus allen Schichten der Bevölkerung vom Hausierer bis zum Fabrikanten ein. Sowohl Land- und Börsenspekulationen als auch rücksichtsloser Kapitalerwerb motivieren Konfliktsituationen. In der europäischen wie amerikanischen Literatur nehmen Schilderungen zu, in denen der Gelderwerb alle zwischenmenschlichen Beziehungen bestimmt. Besitz verleiht Ansehen und Macht. Zugleich dehumanisiert die Geldsucht das Verhalten der Menschen. Das Motiv erscheint besonders häufig in Verbindung mit der →Anpassung an die bestehenden Zustände, dem Freiheitsverlust (→Begrenzung), der Manipulation anderer (→Hand) und der Einkreisung (→Kreis).

Quellen: „Cave of Mammon" in: Edmund Spenser, *The Faerie Queene* (1590–96); William Shakespeare, *The Merchant of Venice* (ca. 1595); Marie de La Fayette, *La Princesse de Clèves* (1678); Samuel Richardson, *Clarissa Harlowe* (1748); Adelbert von Chamisso, *Peter Schlemihl's wundersame Reise,* 1814; Honoré de Balzac, *Eugénie Grandet* (1833); *La Fille aux yeux d'or* (1834); *Le Père Goriot* (1835); *Les Illusions perdues* (1837–39); Johann Nepomuk Nestroy, *Tritschtratsch* (1833); *Das Mädel aus der Vorstadt* (1845); *Kampe oder: Das Mädchen mit den Millionen und die Näherin* (1852); Elizabeth Gaskell, *Mary Barton* (1848);

Charles Kingsley, *Alton Locke* (1850); Berthold Auerbach, *Die Geschichte des Diethelm von Buchenberg* (1853); Charles Dickens, *Bleak House* (1852–53); *Hard Times* (1854); Emile Augier, *Les Effrontés* (1861); Anthony Trollope, *The Way We Live Now* (1875); Emile Zola, *Nana* (1880); *Germinal* (1885); Theodor Fontane, *Frau Jenny Treibel* (1892); Stephen Crane, *Maggie: A Girl of the Streets* (1893); Frank Norris, *McTeague* (1899); Upton Sinclair, *The Jungle* (1906); Georg Kaiser, *Gas I* (1918); *Gas II* (1920); Sinclair Lewis, *Babbitt* (1922); Heinrich Mann, *Das Kaiserreich* (1931); Heinrich Böll, *Ansichten eines Clowns* (1963).

Lit.: L'Argent et société. In: Romantisme 40 (1983); H.M. Daleski: Dickens and the Art of Analogy. New York 1970; G. Gerhardi: Geld u. Gesellschaft im Theater des Ancien Régime. Heidelberg 1983; J. Van Cleve: The Problem of Wealth in the Literature of Luther's Germany. Columbia, SC 1991; J.E. Vernon: Money and Fiction. Literary Realism in the 19th and Early 20th C. Ithaca, NY 1984; A Wurmser: La Comédie inhumaine. Paris 1970.

Siehe auch: Geschäftsmann, Reform

Generationskonflikt

Der Begriff setzt sich im Verlauf der kritischen Sichtung literarischer Konfliktsituationen durch und bezieht sich auf Auseinandersetzungen zwischen einer jüngeren und älteren Generation. Generationskonflikte bilden den Rahmen für Affekthandlungen, tiefgreifende Differenzen in der Weltanschauung und Versuche der geistigen Bewältigung der Vergangenheit. In der Begründung der jeweiligen Situation und ihrer Abhängigkeit von dem Geschehen vor der eigentlichen Handlung können Autoren mit dem generellen Verständnis des Leser- und Zuschauerpublikums rechnen. Deshalb tendieren viele Darstellungen dazu, Rückwendungen schematisch auf einen konkreten, augenblicklichen Konflikt auszurichten. Gegenwärtige Zerwürfnisse werden in der Angleichung an traditionelle Konfliktmotive motiviert: →Aggression, →Ehre, →Inzest, →Vater-Sohn/Tochter, →Mutter-Tochter/Sohn. In der Ausweitung von Familienkonflikten zur Lebenschronik verschiedener Generationen kommt der Vergangenheitshandlung weit größere Bedeutung zu, da diese nicht nur den Blick für Probleme der Gegenwart schärft, sondern auch im Versuch der Deutung einer Epoche oder eines Zeitalters die Funktion hat, historisch und gesellschaftlich ausschlaggebende Ereignisse zu begründen. In dieser besonderen Form der Gestaltung der wechselseitigen Verknüpfungen individueller und zeitkritischer Tendenzen treten allgemeine Erfahrungen von Generationen stärker in den Vordergrund (→Familie; zahlreiche Dramen Shakespeares; Otto Ludwig, *Zwischen Himmel und Erde,* 1856; Emile Zola, *Les Rougon-Macquart,* 1871–76; *La Terre,* 1887; Marie Luise von François, *Frau Erdmuthens Zwillingssöhne,* 1873; Anthony Trollope, *The Duke's Children,* 1880; John Galsworthy, *The Country House,* 1907; Franz Nabl, *Ödhof,* 1911; Heinrich Böll, *Billard um halbzehn,* 1959; Johannes Bobrowski, *Levins Mühle,* 1964; Christa Wolf, *Kindheitsmuster,* 1976; Christoph Meckel, *Suchbild,* 1980).

Geschäftsmann

Arbeitsame Zunftgenossen, fleißige Handwerker und tüchtige Geschäftsleute existieren in der Literatur seit dem späten Mittelalter. In der Unterhaltungsliteratur des 19. Jh. erscheinen Geschäftsleute häufig als vorbildliche, nachahmenswerte Vertreter bürgerlicher Tugenden. Es ist jedoch deutlich, daß selbst die Erzählungen, die das Arbeitsethos bewußt herausstellen (Gustav Freytag, *Soll und Haben,* 1854), in der Figurenkonzeption die Vorstellung des ehrlichen Leistungsethikers vergegenwärtigen (E. Schmidt in Friedrich Spielhagen, *Sturmflut,* 1876) oder sich im Handlungsverlauf auf das Motiv des erfolgreichen, armen Jungen stützen (der Waisenknabe; die Horatio-Alger-Reihen von *Ragged Dick, Luck and Pluck* und *Tattered Tom*), zur Kontrastwirkung häufig korrupte Geschäftsleute darstellen, die Geld veruntreuen, an der Börse spekulieren und die Arbeiter betrügen. In sozialkritischen Werken ist der Geschäftsmann gewöhnlich eine Figur, die Kritik herausfordert. Er verkörpert negative Tendenzen des kapitalistischen Wirtschaftssystems und im überbetonten Gewinnstreben die Enthumanisierung zwischenmenschlicher Beziehungen. Die monomane Arbeitswut, die

Raffgier („Abzocker") und der Geiz dienen als Kristallisationsmotive menschlicher Verrohung. In direktem Verhältnis zur erfolgreichen Vermehrung des Kapitals stehen nicht nur ökonomische Bedingungen, die andere vom Geschäftsmann abhängig machen, sondern auch dessen ausgeprägter Machtanspruch, der ihn dazu verleitet, die Mitmenschen zu unterdrücken (→Aggression, →Hand). Die Darstellungen weisen häufig kritisch darauf hin, daß dem Geschäftsmann selbst die ökonomischen Prozesse unklar sind. Die ausgesprochen kritische Haltung literarischer Werke gegen das vom Geschäftsmann verkörperte Wertsystem schlägt sich in scharfen Satiren und bitteren Anklagen gegen den Kapitalismus nieder. Werke, welche die Erscheinung nicht auf die individuelle Anlage einer Person zurückführen, sondern ihre Wurzel in der historischen Entwicklung des Wirtschaftslebens suchen, verwenden in Darstellungen häufig den Kunstgriff, einen Geschäftsmann einzuführen, dem die Interessen der Mitmenschen am Herzen liegen. Die überpersönlichen Tendenzen werden deutlich, indem diese Figuren versagen oder selbst Opfer des Systems werden (Honoré de Balzac, *Histoire de la grandeur et de la décadence de César Birotteau,* 1837; Carson in Elizabeth Gaskell, *Mary Barton,* 1848).

Aus der Gesamtanlage der Eigenschaften wurde von vielen Autoren die Besitzgier herausgelöst und zur Motivation von Handlungen verwendet. Gemeinsam ist den Darstellungen in diesem Traditionsstrang die Beschränkung auf ein Laster: Spieltrieb, Raffgier oder gewissenloses Spekulieren. Die Figuren werden gewöhnlich durch Metaphern der Hände gekennzeichnet. Sie setzen ihren Willen erbarmungslos durch und unterdrücken herzlos jeden, selbst nahe Familienmitglieder und Menschen, die sie zu lieben vorgeben. Ihre Charakterzüge sind überspitzt in satirischen und humoristischen Darstellungen, in denen die Umwelt siegreich aus der Bedrohung hervorgeht. Die Handlung stützt sich auf eine Folge von Plänen und klugen Gegenzügen, die den erbarmungslosen Geschäftsmann, den geizigen oder den verliebten Reichen schließlich schachmatt setzen (Shakespeare, *The Merchant of Venice,* ca. 1595; Francisco de Rojas Zorilla, *Entre bobos anda el juego o Don Lucas del Cigarral,* 1638; Molière, *L'Avare,* 1668). Ganz anders ist die Situation im Roman des 19. Jh. Die Figuren können verzerrt dargestellt sein oder sich wie Scrooge und Fagin (Dickens) plötzlich Gewissensbisse machen und dadurch in ihrer Persönlichkeitsstruktur fundamental verändert werden. In ihrer individuellen Daseinsverfehlung wird jedoch immer die jeden einzelnen betreffende, überpersönliche gesellschaftliche Fehlentwicklung deutlich greifbar. Figuren wie Balzacs Gobseck und Grandet oder die Personen in Octave Mirbeaus *Les Affaires sont les affaires* (1903) und Max von der Grüns *Flächenbrand* (1979) oder *Die Lawine* (1986) spiegeln den Mechanismus einer Welt, die ihr Wertsystem aus dem Güterbesitz ableitet. Diese Wendung ins Überpersönliche ist symptomatisch für die Entwicklung der Figur im 20. Jh. Der stark schematische Zug in der Figurenkonzeption beruht letztlich darauf, daß sie im Laufe der Entwicklung zum Auffangbecken aller negativen Merkmale der Gesellschaft wird.

Quellen: Adam le Bossu, *Jeu de la Feuillée* (1276/77); *Roman de Renart* (14. Jh.); Jacques Grévin, *La Trésorière* (1558); Ben Jonson, *Volpone, or The Fox* (1605); Samuel Chappuzeau, *Le Riche mécontent, ou le noble imaginaire* (1661); Jean de la Forge, *La Joueuse dupée, ou l'intrigue des académies* (1663); Molière, *George Dandin* (1668); *Le Bourgeois Gentilhomme* (1670); Jean de La Fontaine, „Le Savetier et le financier" (1678–79); Jean de La Bruyère, „Les Biens de fortune" (1668); Florent Carton Dancourt, *Les Enfants de Paris* (1669); *Les Agioteurs* (1719); William Congreve, *The Way of the World* (1770); Charles Dufresny, *La Joueuse* (1709); Alain-René Lesage, *Turcaret* (1709); Pierre Carlet de Marivaux, *Le Paysan parvenu* (1735–36); Goethe, *Wilhelm Meisters Lehrjahre* (1795–96); Honoré de Balzac, *Gobseck* (1830); *Eugénie Grandet* (1833); *Le Père Goriot* (1835); *Histoire de la grandeur et de la décadence de César Birotteau* (1837); Charles Dickens, *Oliver Twist* (1837–38); *The Life and Adventures of Nicolas Nickleby* (1838–39); *A Christmas Carol* (1843); *Hard Times* (1854); Jeremias Gotthelf, *Uli der Pächter* (1849); Ernest Feydeau, *Un Coup de bourse* (1861); Wilhelm Raabe, *Der Hungerpastor* (1863); Henry Becque, *Les Corbeaux* (1882); Leo Tolstoi, *Die Macht der Finsternis* (1886); Emile Zola, *L'Argent* (1891); Thomas Mann, *Buddenbrooks* (1901); Upton Sinclair, *A Captain of Industry* (1906); *The Moneychangers* (1908); Theodore Dreiser, *The Financier* (1912);

The Titan (1914); Sherwood Anderson, *Winesburg Ohio* (1919); Sinclair Lewis, *Babbit* (1922); John Dos Passos, *The Big Money* (1936); Arthur Miller, *Death of a Salesman* (1949); Friedrich Dürrenmatt, *Der Besuch der alten Dame* (1956); Max Frisch, *Biedermann und die Brandstifter* (1958).

Lit.: S. Fasquelle: L'Homme d'affaires dans le roman. In: Revue Générale Belge 99 (1963); Frenzel: Motive; R.B. Heilman: Dramas of Money. In: Shenandoah 21 (1970); F.A. Schmitt: Beruf u. Arbeit in deutscher Erzählung. Ein literarisches Lexikon. Stuttgart 1952; S. Tzonev: Le Financier dans la comédie française sous l'ancien régime. Paris 1977; A. Wurmser: La Comédie inhumaine. Paris 1964; J.A. Yunck: Medieval French Money Satire. In: MLQ 21 (1960).

Siehe auch: Aggression, Arbeit, Geld, Hand, Spiel

Gewalt

Siehe Aggression, Hand

Glocke

Die Glocke hat Signalfunktion. Das Läuten kündet ein bedeutendes Ereignis in der Gemeinschaft oder im Leben eines einzelnen an und verweist auf zukünftige Geschehnisse. Der Klang kann der Beschreibung dienen, einen festen Anhaltspunkt in einem Bericht geben, Geburt, Hochzeit und Tod begleiten oder, in sinnbildlicher Verwendung, die Entwicklung einer Gesellschaft beleuchten (Friedrich Schiller, „Das Lied von der Glocke", 1797). Der Glockenschlag eignet sich zur atmosphärischen Ausgestaltung. Er hat Katastrophen angekündigt und das Erscheinen von Figuren aus der Geisterwelt angezeigt (Shakespeare, *Hamlet,* ca. 1602; Charles Nodier, „Une Heure ou la vision", 1832; Victor Hugo, *Le Rhin,* 1842). In zahlreichen Dramen Shakespeares künden die Glocken Zeiten tiefer Schwermut und Trauer an (*Romeo and Juliet,* ca. 1593; *Timon of Athens,* ca. 1608; *Coriolanus,* ca. 1608). Das Läuten der Glocke ruft zur Tat auf, wenn beispielsweise Lady Macbeth dadurch ihrem Mann den Wink gibt, Duncan zu ermorden; es warnt und mahnt die Menschen, wie beispielsweise das ungezogene Kind in Goethes „Die wandelnde Glocke" (1813), ihre Pflicht zu erfüllen.

Aus diesen Signalen kristallisiert sich ein Motiv heraus, das Ahnungen, Befürchtungen und die innere Einstellung des Menschen zur Gesellschaft begründet. Die Glocken erinnern den einsamen Menschen an die Gesellschaft, von der er getrennt ist (Alphonse de Lamartine, „L'Isolement", 1820; Goethe, *Faust,* 1832; Friedrich Güll, „Abendglöcklein", 1840; Alfred Tennyson, „In Memoriam", CVI, 1850; Charles Baudelaire, „La Cloche fêlée", 1857). Die Glocken rufen eine unstillbare Sehnsucht hervor, werden zu Phantasiegebilden, erzeugen unbezähmbare Angst und haben am Terror teil, der die Menschen zerstört (Hugo, *Notre-Dame de Paris,* 1831; Charles Dickens, „The Chimes", 1844; Edgar Allan Poe, „Bells", 1849; Gerhart Hauptmann, *Die versunkene Glocke,* 1897; Octave Mirbeau, *Le Jardin des supplices,* 1899; Börries von Münchhausen, „Die Glokken von Hadamar", 1901). In ihrer Funktion, Auskunft über die Erfahrungen der Figuren zu geben, kann die Glocke Hoffnung erwecken, Entsetzen vergegenwärtigen oder im sinnlosen Läuten (Eugène Ionesco, *La Cantatrice chauve,* 1950) den völligen Verlust des Glaubens an eine sinnvolle Weltverfassung ausdrücken.

Lit.: E. Koppen: Unheimliche Glocken: Variationen eines Motivs in der europäischen Literatur. In: Archiv 207 (1971); C. Spurgeon: „Bellringing". In: Shakespeare's Imagery and What It Tells Us. Cambridge 1935.

Das goldene Vlies

Der geflügelte Widder Chrysomallus, ursprünglich ein Geschenk des Gottes Hermes an Nephele, rettete Prinz Phrixos vor tödlichen Nachstellungen und brachte ihn sicher nach Kolchis. Phrixos opferte den Widder aus Dankbarkeit für die Errettung und machte das Vlies König Aietes zum Geschenk. Dieser bewahrte das Vlies in einem heiligen Hain auf und ließ es von einem ungeheuren Drachen bewachen. Jason überwand mit Hilfe Medeas den Drachen und bemächtigte sich des Vlieses (→Argonauten). Der Symbolgehalt des Vlieses wurde in unterschiedlicher Weise in Beziehung gesetzt zur Unfähigkeit der Menschen, die Gaben der Götter zu verstehen, zu Fruchtbarkeitsmythen und zu aggressiven Tendenzen. Aus der Sicht der Themenforschung gehört das Vlies zu der Klasse von Besitztümern (Objekte, Personen, Tiere, Vögel, Pflanzen), die den auserwählten Eigentümer erhöhen, bereichern und ihm Glück versprechen, den falschen Besitzer jedoch ins Unglück stürzen. Diese Objekte haben im Text auslösende und verweisende Signalfunktion. Im Gegensatz zu Erzählungen, in denen Erwerb, Besitz und Verlust des Objektes den Anlaß zu Schilderungen wiederkehrender Bewährungsproben und Verwicklungen bieten, begründet das Vlies die Ausfahrt, Zielsetzung und Suche. Es beleuchtet auch die Erkenntnisfähigkeit der Personen auf der Fahrt, tritt aber im Verlauf der Handlung völlig in den Hintergrund. Die Abenteuer der Fahrt und außergewöhnliche, persönliche Konfliktsituationen bestimmen die weitere Entwicklung der Erzählung. Der Stellenwert ist somit jeweils aus dem Kontext der Erzählung zu erschließen.

Goldenes Zeitalter

Siehe Paradies

Gott auf Erden

Siehe Amphitryon, Metamorphose

Gral

1. Nach der mittelalterlichen Überlieferung ist der Heilige Gral entweder die Schale, aus der Christus beim letzten Abendmahl mit seinen Jüngern aß, oder der Kelch, mit dem er das Sakrament spendete und in dem Joseph von Arimathaia das Blut des Gekreuzigten sammelte. Joseph brachte das wundertätige Gefäß zusammen mit der Lanze, die Jesus bei der Kreuzigung verletzte, nach Europa (Britannien). Seine Nachfahren, die absolute Reinheit in Gedanken, Wort und Tat wahrten, bewachten die heilige Reliquie, die von Pilgern verehrt wurde. Als sich einer der Hüter in ein junges Mädchen verliebte und sie voller Verlangen ansah, fiel die Lanze auf ihn und fügte ihm eine tiefe Wunde zu. Daraufhin entschwand der Hof des königlichen Sünders (Pécheur) samt Gral und Lanze den Blicken der Menschen. Der Gral ist nur den Auserwählten sichtbar. →Merlin rief die Artusritter Galahad, Gawain und Perceval zur Gralsuche auf, durch die diese hofften, Gottes Gnade zu erwerben.

2. Das Motiv begründet die Fahrt und gibt der Suche eine feste Orientierung in der Heilserfahrung, aber auch eine Richtung ins Ungewisse, da die Ortsbestimmung unbekannt ist. Wiederkehrende Hinweise im Verlauf der Abenteuer geben der Erzählung ein festes Gerüst und motivieren den Neuansatz der Fahrt nach Verirrungen im Leben. Der Gral versetzt den Erzähler in die Lage, widersprüchliche Seinserfahrungen zu beleuchten und den Gegensatz zwischen dem Verlangen nach weltlicher Ehre und dem Gebot christlicher Tugenden herauszustellen. Die Verzögerung des Augenblickes der Erfüllung ermöglicht die Gestaltung einer Folge von Erlebnissen, die das menschliche →Reifen des Handlungsträgers erhellen. In dem ursprünglichen, auf der mißverstandenen Konvention beruhenden Zögern des Suchers, die Frage nach dem Sinn der geheimnisvollen Ereignisse am Gralshof zu stellen, verweist das Motiv auf einen ungelösten Widerspruch zwischen dem Denken der Gesellschaft und dem kühnen Versuch eines einzelnen, das innerste Wesen des Überirdischen zu ergründen. Damit fängt das Motiv den Widerspruch zwischen Sein und Schein ein und vertieft rückblickend die entscheidenden Begebenheiten der Erzählung.

Quellen: Robert de Boron, *Estoire del Graal* (1170–80); Chrestien de Troyes, *Li Contes del Graal* (ca. 1190); Wolfram von Eschenbach, *Parzival* (ca. 1205–10); Heinrich von dem Türlein, *Diu crône* (um 1230); *Estoire del Saint Graal* (ca. 1260); Albrecht von Scharfenberg, *Jüngerer Titurel* (um 1270); *Sir Perceval* (14. Jh.); Thomas B. Costain, *The Silver Chalice* (1952); Florence Delay, *Joseph d'Arimathie; et Merlin l'enchanteur* (1981); vgl. die unter →Artus aufgeführten Quellen.

Lit.: H. Adolf: Visio Pacis. Holy City and Grail. University Park, PA 1960; A. Barthélémy: Le Gral au XIIe siècle. Ferrières 1987; G. Borne: Der Gral in Europa. Ffm 1987; K. Burdach: Der Gral. Stuttgart 1938; W. Grainer: Grals-Geheimnisse. Dornach 1983; K. Grubmüller: Arthus- u. Gralromane. In: H.A. Glaser (Hg.), Deutsche Literatur. Eine Sozialgeschichte. Bd. 1. Reinbek 1988; E. Köhler: Dichter u. Gral. In: Sinn u. Form 35 (1983); B. Lampe: Gralsuche u. Schicksalserkenntnis. Dörnau 1986–87; C.S. Littleton, L.A. Malcor: From Scythia to Camelot. A Radical Reassessment of the Legends of King Arthur, the Knights of the Round Table, and the Holy Grail. New York 1994; R. Meyer: Zum Raum wird hier die Zeit. Die Gralsgeschichte. Ffm 1983; W.J. Stein: The 9th C. and the Holy Grail. London 1988; E. Studer: Von mancherlei Schwierigkeiten, den Gral zu finden. Freiburg 1989; M. Szkilnik: L'Archipel du Graal: étude de l'Estoire del Saint Graal. Genève 1991; D. Welz: Gedanken zur Genese des Gralromans. In: Acta Germanica 15 (1982); ders.: Gralsromane. In: V. Mertens, U. Müller (Hg.), Epische Stoffe des Mittelalters. Stuttgart 1984; K. Zatloukal: Salvaterre: Studien zu Sinn u. Funktion des Gralsbereiches im Jüngeren Titurel. Wien 1978.

Siehe auch: Artus, Aventiure, Fahrt

Grenze

1. Die Bereitschaft oder der Versuch, reale oder gedachte Schranken zu übertreten, bildet die Grundlage eines wichtigen Motivs. Es verdeutlicht das Vorhaben und die Charaktereigenschaften einzelner Figuren. Es organisiert Textphasen durch wiederkehrende Hinweise in ausschlaggebenden Augenblicken und Vorausdeutungen, welche die Möglichkeit zukünftiger Grenzübertritte hervorheben. Außerdem kristallisiert es zentrale Konflikte, in denen die Ziele des Handlungsträgers mit den Vorstellungen der Gesellschaft zusammenstoßen. Die Voraussetzungen zu einer greifbar vergegenwärtigten Grenzübertretung sind der Aufbruch zur Fahrt, das Verlassen der Heimat und die Begegnung mit dem unbekannten, gefährlichen Territorium, dessen Zugang wie im Falle des Totenreiches verboten sein kann, und eine Grenze, sei es Fluß, Meer, unheimlicher Wald oder das Niemandsland. Die unterstellte Grenzübertretung verlangt die Darstellung eines Willensanspruchs, der in der Verfolgung des Ziels keine Einschränkungen anerkennt, die bestehende Ordnung der Gesellschaft und eine Grenze, die sowohl die Weltordnung der Gegenspieler als auch das kollektive Denken, die Tradition und die bestehenden Sitten umschließt.

2. Die Grenze und der Zugang zum fremden Land spielen eine bedeutende Rolle im Erzählgut des Volkes, in Märchen und in Sagen, in denen der Held seine Ausdauer, sein Geschick und seinen Scharfsinn in der Fremde beweisen muß. Die Bedeutung, die der Gemarkung im Leben der Volksgemeinschaften beigemessen wurde, zeigt sich in Bräuchen und Zeremonien, die sich in Europa bis ins 19. Jh. erhielten. Bräute wurden auf der Mitte von Brücken übergeben und Verträge an Flußübergängen oder auf Booten unterzeichnet. Übertretung der Grenze und daran anknüpfende Bewährungsproben des einzelnen sowie Kämpfe gehören zum festen Bestand des historischen Romans.

3. ***Wald.*** Im Wald der Märchensagen, höfischen Epen und Artusromane stehen die Figuren einer Welt gegenüber, in der die bereits erworbenen Kenntnisse wenig helfen oder hinfällig werden. Ausschlaggebend für den Erfolg ist das gute Herz, die innere Reinheit und die Furchtlosigkeit. Um das Ziel zu erreichen, muß der Abenteurer ein Niemandsland durchqueren, das von bösartigen Hexen, Zauberern, →Ungeheuern, Riesen und Zwergen, aber auch von hilfreichen Feen, Tieren und Wichtelmännlein bevölkert ist. Abenteuer und Begegnungen mit Elementargeistern oder Figuren, die Ahnungen und Wunschbilder verkörpern, gehören zum festen Bestand der Literatur. Sie verdichten die furchterregende Atmosphäre und kennzeichnen wie in Ludwig Tiecks *Der blonde Eckbert* (1796) und *Der Runenberg* (1802) und in Friedrich de la Motte Fouqués *Undine* (1811) den Übergang der Wirklichkeit in die Märchenwelt. J.R.R. Tolkien verarbeitet diese ganze Überlieferung in seinen abenteuerlichen Erzählungen *The Hobbit* (1937) und *The Fellowship of the Ring* (1954–55). Das Niemandsland ist die Grenze zwischen Midgard und Utgart, die selbst Thor nur mit Hilfe des Riesen Skrymuir überqueren konnte (*Jüngere Edda*). Tief verborgen im Forst steht der mächtige Baum der Welt, dessen Wurzeln bis in die Unterwelt reichen. Er erneuert das

Leben und verleiht dem, der bis zu ihm vordringt, sagenhafte Kräfte. Die Lebensbaummetaphorik erhält sich in den unterschiedlichsten Bildfügungen bis in die Science-fiction des 20. Jh.

4. ***Fluß.*** Der Fluß war ein geweihtes Gebiet. Seine Überquerung verletzte das Reich der Wassergottheiten, die deshalb durch Opfer versöhnt werden mußten. Achilles ehrte den Flußgott Scamandros; Xerxes opferte weiße Pferde; Krösus verursachte den Untergang seines Reiches, als er den Halys überquerte; Cäsar traf eine unwiderrufliche Entscheidung, als er den Rubikon überquerte; Drusus zögerte und hielt schließlich an der Elbe an; die Flußüberquerung ist im *Nibelungenlied* (ca. 1200) das Zeichen einer Fahrt ohne Wiederkehr; jeder, der sich Bifroest näherte, wußte, daß er an der Gemarkung zwischen Menschen und Göttern stand; und die Kühnsten, die bis zum Styx vordrangen, wußten, daß sie am Totenreich angekommen waren. Der Fährmann Charon erhielt sein Wegegeld. Das Ritual der Tributzahlung bleibt in der Literatur fest mit den Figuren der Fährleute verknüpft. Ihr Fluch ist ebenso gefürchtet wie der heilige Eid, den die Götter beim Fluß Styx schworen. Durchaus andere Bedeutung in der Raumgestaltung haben Schilderungen von Strömen und Flußlandschaften, die mit der Entwicklungsthematik verknüpft sind. Sie geben Aufschluß über die Erkenntnisstufe des →Wanderers und über durchaus unterschiedliche Einstellungen zur Natur und Zivilisation (Mark Twain, *The Adventures of Tom Sawyer,* 1874; *Life on the Mississippi,* 1883; *The Adventures of Huckleberry Finn,* 1884; Joseph Conrad, *The Heart of Darkness,* 1902). Die Bildfügungen unterstreichen Gegensätze von Mensch und Natur (Friedrich Hölderlin, „Der Rhein“, nach 1800; „Stefan George, "Der strom geht hoch", 1913) und deuten die Sehnsucht an, ein neues Verhältnis zur Natur herzustellen (Friedrich Schiller, „Der Spaziergang“, 1795; Hölderlin, „Der Main“, 1798; „Der Wanderer“, nach 1800). Sie betonen jedoch auch die belebende Wirkung des Stromes (Goethe, „Mahomets Gesang“, 1773) und in Bildern des Handels und Verkehrs das Zusammenwirken von Natur und Menschenkraft (Goethe, „Sankt Rochus-Fest zu Bingen“, 1814; „Novelle“, 1828).

5. ***Brücke.*** Die Brücke verbindet das vertraute Gebiet mit dem noch unerschlossenen und daher oft gefährlichen Land hinter dem Strom. Die Brücke verkörpert eine fortbestehende Störung der geweihten Wasserregionen. Der Brückenbau verlangte daher Kulthandlungen der Weihen und rituellen Opfer. Der Brauch, etwas Lebendiges, sei es Mensch oder Tier, in die Brücke einzumauern, ist nicht nur ein wichtiges literarisches Motiv, er besteht trotz strenger gesetzlicher Ächtung in vielen Ländern bis ins 20. Jh. fort. Nachdem die Brücke gebaut war, konnten die Menschen ohne Hindernisse die Sphäre der Gottheiten überqueren. Da man ihnen auf diese Art gewissermaßen den Wegtribut vorenthielt, entstanden Rituale der jährlichen Beschwichtigung (vgl. das römische Fest der Brückenweihung, dessen Höhepunkt darin besteht, Puppen ins Wasser zu werfen). Seit den Anfängen der abendländischen Literatur stehen Brücke und Fluß im Mittelpunkt äußerster Bewährungsproben und der Begegnung mit dem Übernatürlichen oder Außergewöhnlichen. Sie haben teil an Mythen, gehören zu den Erzählungen, die sich um Walhalla spinnen, und tauchen in Sagen auf, die berichten, daß nur die edlen Kämpfer unangefochten auf der Brücke ins Jenseits gelangen, während die Schwachen ins Nichts stürzen. Die von Brücke und Fluß ausgehende Faszination läßt sich selbst in dem politischen Zeremoniell des Brücken- oder Floßbaus zum alleinigen Zweck eines Vertragsabschlusses nachweisen (Vitellius schloß im Jahre 36 mit König Artabanos III. einen Vertrag auf einer Brücke, die nur zu diesem Zweck über den Euphrates gebaut wurde; Napoleon traf sich 1807 mit Alexander auf einem Floß auf der Memel). Psychologen sehen in der Brücke nicht nur ein Symbol für die Verbindung zwischen dem Unbewußten und dem Bewußten (Jung, Beit), sondern weisen auch auf ihre Bedeutung für die Sexualsphäre hin (Friedman). Literarische Darstellungen reichen von Goethes Gestaltgebung der Brücke im „Märchen“ als Ausdruck der Bereitschaft, anderen zu dienen oder sich für sie zu opfern, bis zum Sichtbarwerden düsterer Ahnungen des To-

des und des Selbstmordes (Franz Kafka, „Die Brücke“; Hart Crane, „The Bridge“; Henry Millers Vision der Brooklyn Bridge).

6. ***Landesgrenze.*** Reichsgrenzen verleihen dem Aufbruch und der Heimkehr, der Sehnsucht, das Land zu verlassen, und der verhinderten Auswanderung besonderen Nachdruck. Kämpfe an einer Grenze und Fronten eines Kampfgebiets können wie in der Kriegsliteratur zuweilen im Mittelpunkt der Handlung stehen. Weitaus häufiger und besonders in der Nachkriegsliteratur erscheint die Grenze als schicksalhafte Linie zwischen Himmel und Erde, Rettung und Untergang (Ilse Aichinger, *Die größere Hoffnung,* 1948; Hilde Domin, „Herbstzeitlosen“, 1957). Das Motiv des Grenzübertritts kann wie in Heinrich Heines *Deutschland. Ein Wintermärchen* (1844) oder Uwe Johnsons *Das dritte Buch über Achim* (1961) sozialkritische Betrachtungen einleiten. Es kann im Versuch des Grenzübertritts die gemischten Gefühle der Heimatlosen hervorheben, die zwischen Hoffnung auf Erlösung und dem Entsetzen der Vertreibung schwanken (Alfred Döblin, *November 1918,* 1949; Nelly Sachs, *Und niemand weiß weiter,* 1957; Ingeborg Bachmann, „Böhmen liegt am Meer“, 1966; Jurek Becker, *Schlaflose Tage,* 1978; Max Brod, *Streitbares Leben. 1884–1968,* 1978).

7. ***Die Grenze als Schnittpunkt des Konflikts.*** Die Strukturanalyse von Themen belegt, daß sich Handlungsträger in dem Aktionsraum der ihnen zugeordneten Themen bewegen. In Tragödien oder dramatisierten Erzählungen, die entweder einen außerordentlichen Willensanspruch des einzelnen oder den Konflikt zwischen einer ungewöhnlichen, revolutionären Sicht der Seinsbewältigung und der konventionellen Ordnung veranschaulichen, stoßen zentrale Figuren auf eine Grenze, an der sich die gegensätzlichen Weltanschauungen unversöhnlich gegenüberstehen. Sie müssen sich bewähren, um bestehen zu können, oder gehen unter. In Darstellungen, in denen die Gesellschaft das neue Weltbild des Handlungsträgers anerkennt oder sich zu ihm bekennt, wird die Grenze aufgehoben oder in die Zukunft verlagert (Pierre Corneille, *Cinna,* 1643; Jean Racine, *Bérénice,* 1670; Goethe, *Iphigenie auf Tauris,* 1786; Charles Dickens, *Bleak House,* 1852–53). Texte, in denen die Grenze nach spannungsgeladener Auseinandersetzung wiederhergestellt wird, entwickeln im allgemeinen zwei charakteristische Konstellationen: (1) Die positive Zielsetzung übertrifft die menschlichen Schwächen der Handlungsträger. Ihr Versagen wirkt tragisch (Theodor Storm, *Der Schimmelreiter,* 1888). (2) Die Willensanmaßung der Figuren bedroht die menschliche Gesellschaft. Ihr Untergang wirkt befreiend, da er die Ansprüche der Gesellschaft rechtfertigt. Das Thema der willkürlichen Willensanmaßung, häufig durch eindrucksvolle →Aggressionsmotive unterstützt, erscheint daher oft in direktem Zusammenhang mit Ausblicken auf eine wünschenswerte gesellschaftliche Ordnung.

Quellen zu 7: Shakespeare, *Richard III* (1593?); *Macbeth* (1606?); Friedrich Schiller, *Die Braut von Messina* (1803); Heinrich Kleist, *Die Familie Schroffenstein* (1803); E.T.A. Hoffmann, *Die Elixiere des Teufels* (1815–16); Friedrich Hebbel, *Judith* (1841); Herman Melville, *Moby-Dick* (1851); Lautréamont (Isidore Ducasse); *Les Chants de Maldoror* (1869); Alfred Jarry, *Ubu Roi* (1896); Jack London, *The Sea Wolf* (1904); André Gide, *Les Caves du Vatican* (1914); Michel de Ghelderode, *Fastes d'enfer* (1929); William Faulkner, *The Sound and the Fury* (1929); *Absalom, Absalom!* (1936); Albert Camus, *Caligula* (1945); Gerhart Hauptmann, *Die Atriden-Tetralogie* (1949).

Lit.: Daemmrich, WS; P. Friedman: The Bridge: A Study in Symbolism. In: Psychoanalytic Quarterly 21 (1952); HdA 8: 1088; Ranke: Enzyklopädie 2, 823–35; F.T. Reimbold: Die Brücke als Symbol. In: Symbolon NF 1 (1972); C. Schmid-Cadalbert: Der wilde Wald. In: R. Schnell (Hg.), Gotes und der werlde hulde. FS Heinz Rupp. Bern 1989; L. Schmidt: Niemandsland. In: Antaios 8 (1966); K. v. Spiess: Der Baum als Tor zum Jenseits. In: Die Hohe Straße. Jb. f. dt. Art u. Kunst 1 (1938); M.J. Swisher: The Forest in Old High German Literature. In: Amsterdamer Beiträge 27 (1988); T. Wolpers: Flüsse u. Flußlandschaften in der englischen Dichtung. In: ders. (Hg.), Motive u. Themen romantischer Naturdichtung. Göttingen 1984.

Halbdunkel

Siehe Dämmerung

Halluzination

Durch Drogen hervorgerufene Halluzinationen unterscheiden sich grundsätzlich von religiösen Offenbarungen oder Visionen gläubiger Dichter, die die Geschichtsentwicklung im Lichte der Vorsehung sehen (Bibel, Schriften Heiliger, →Apokalypse). Das Motiv stellt ein Relationsfeld zwischen dem Handelnden, der Droge und dem ausgelösten Zustand her. Es begründet nicht nur die geistige Verfassung, sondern auch die Wunschvorstellungen von Personen, die in Träumen des künstlichen →Paradieses einen Ausweg aus der entgötterten Welt suchen. Eingehende Schilderungen oder Analysen von Rauschgiften und ihrer Wirkung können das Motiv thematisch auffächern. Ähnliches geschieht, wenn der Rausch zur primär dargestellten Seinserfahrung wird. Die von Hoffmann, Baudelaire, Green und Burroughs gestalteten Visionen fangen in ihrer Intensität ein leidenschaftlich aufbrausendes Verlangen nach Gefühlserweiterung ein, welches alle normalen Vorstellungen übersteigt. In den Visionen spiegeln sich subjektive Wunschvorstellungen und Denkbilder der Zeit: die Sehnsucht nach völliger Einheit mit der Natur, das Verlangen, eine allumfassende, geradezu kosmische Bewußtseinslage zu erfahren, Wonnegefühle, intensive Farben- und Schallwahrnehmungen, Erscheinungen naiv-kindlicher, unberührter Lebensformen, Träume der Macht und der sexuellen Befriedigung, Blicke in das Überreale, Zwangsvorstellungen des völligen menschlichen Verfalls und die entsetzliche Ahnung des Sturzes zurück in die Wirklichkeit.

Das Motiv gibt außerdem Autoren die Möglichkeit, den Durchbruch aus einer begrenzten Welt in das atemberaubende Reich des Abenteuers zu gestalten (Charles Baudelaire, „Le Spleen de Paris", 1857; Gottfried Benn, „Kokain"; „O Nacht", 1916). Die Halluzination bereitet den Weg für Erfahrungen der Schönheit (Samuel Taylor Coleridge, *Kubla Khan,* 1798) und versetzt Figuren in den traumhaften Zustand, in dem sie sich intuitiv der Erkenntnis des →Todes nähern (Green). E.T.A. Hoffmann verwendet die Technik wiederholter Variationen des Motivs, um Ich-Spaltungen und den gewaltsamen Konflikt widerstrebender Empfindungen in einer Figur zu beleuchten. Die Gefühle gipfeln in unvereinbaren Visionen des Willens zur Macht und des Wunsches nach Selbstauflösung. Im Gegensatz dazu versetzt der Genuß des Rauschgifts Haller (Hermann Hesse, *Der Steppenwolf,* 1927) in die Lage, die inneren Widersprüche des Lebens zu verstehen. In den Reflexionen des „Spiegelsaales" wird die Halluzination zu einem Bildungserlebnis, das den geistigen Erfahrungen der Zeit ebenbürtig zur Seite steht. Huxley vertrat zeitweilig die Auffassung, daß natürliche Drogen das Wahrnehmungsvermögen und die geistige Auffassungskraft erhöhen könnten (*The Doors of Perception,* 1954). Andererseits warnte er jedoch wiederholt vor den Gefahren des Rauschgiftes und verwendete das Motiv, um Leser in Furcht und Schrecken zu versetzen. Burroughs beschrieb 14 Drogen eingehend in *Naked Lunch* (1959) und vertrat wiederholt die Ansicht, daß der Mensch im 20. Jh. nur im Zustand der Halluzination das tiefe Leid, die allgemeine Interesselosigkeit und die tiefe Lethargie der Zeit ertragen könne. Ein Vergleich der trübsinnigen Atmosphäre der Teilnahmslosigkeit in seinen Erzählungen mit Charles Baudelaires *Les Paradis artificiels* (1860; enthält Teilübersetzung von De Quincey) ermöglicht Rückschlüsse auf die Funktionsverengung des Motivs. Die vormals in leuchtenden Farben geschilderten, glänzenden Hoffnungen, das Unendliche, das Unerfahrbare erfahren zu können, sind völlig verblaßt. Die allzu reale Furcht vor dem →Wahnsinn und der Weltvernichtung hat die ehemals surrealen Visionen verdrängt.

Quellen: E.T.A. Hoffmann, *Die Elixiere des Teufels* (1815–16); Thomas De Quincey, *Confessions of an English Opium Eater* (1822); Gottfried Benn, „Betäubung" (1925); „Provoziertes Leben" (1943); Julien Green, *Mont-Cinère* (1926); *Le Voyageur sur la terre* (1927); *Adrienne Mesurat* (1927); *Léviathan* (1934); *Le Visionnaire* (1934); Aldous Huxley, *Brave New World* (1932); *Ends and Means* (1938); *Heaven and Hell* (1956); William Burroughs, *Junkie* (1953); *The Yage Letters* (1963); Hubert Fichte, *Die Palette* (1968); *Detlevs Imitationen „Grünspan"* (1971); Ernst Jünger, *Annäherungen: Drogen und Rausch* (1970); Hunter Thompson, *Fear and Loathing in Las Vegas*

(1971); T. Coraghessan Boyle, *Budding Prospects: A Pastoral* (1984).

Lit.: K. Bendix: Rauschformen u. Formenrausch. Untersuchungen über den Einfluß von Drogen auf das Werk Gottfried Benns. Ffm 1988; R.A. Durr: Poetic Vision and the Psychedelic Experience. Syracuse, NY 1976; T. F. Leary: High Priest. New York 1968; R.K. Siegel: Intoxication. Life in Pursuit of Artificial Paradise. New York 1989; A. W. Watts: The Joyous Cosmology. New York 1962; G. Witschel: Rausch u. Rauschgift bei Baudelaire, Huxley, Benn, Burroughs. Bonn 1968.

Siehe auch: Paradies, Wahnsinn

Hand

1. Bildende Künste und Literatur übernehmen aus der Religion Gesten der Anrufung von Göttern, des Opfers, Segens und auch der Verfluchung. Die Hand hat besondere Bedeutung bei sakralen Handlungen und in der Justiz. Die Gestik der Heiligen und die Hände der Heroen prägen in Legenden und Mythen die Haltung der Figuren zur Welt. Die Verwendung in der Literatur reicht von beschreibenden Einzelheiten bis zur Symbolgebung. Die Hand charakterisiert persönliche Eigenschaften, bringt durch Verdorrung und Verletzung den Meineid an den Tag (Heinrich von Kleist, „Der Zweikampf", 1811), veranschaulicht die weibliche Grazie in der Liebeslyrik und kennzeichnet in metaphorischer Auswertung sowohl die Bitte als auch Vergeben, aber auch Energie, Macht, Spieltrieb und künstlerische Schaffenskraft (Das Hohelied Salomos 2, 6, 5, 4, 14; das Spiel der Hände in der Troubadour-Dichtung und im Minnesang; Charles Chappuy, *Blacous anatomiques,* 16. Jh.; Friedrich Schlegel, *Lucinde,* 1799; Honoré de Balzac, *La Physiologie du mariage,* 1829; Arthur Rimbaud, „Les Mains de Jeanne-Marie", 1871; Gabrielle Colette, *La Vagabonde,* 1910; Paul Eluard, *L'Amour la Poésie,* 1929; Pierre Reverdy, *En vrac,* 1956; Louis Aragon, „Le Fou d'Elsa", 1963). Aus der weiten Skala unterschiedlicher Entwürfe bildet sich in der Tradition ein Motiv. Es behält in den meisten Fällen eine Bildkomponente in beschreibenden Einzelheiten, in Gesten der Freundschaft, der erhobenen Faust, der gezückten Waffe und der raffenden Hand. Obwohl die Darstellungen unwillkürlicher Handbewegungen auf unbewußte oder unklare Gefühle hinweisen, kommt in den Motivfügungen häufig die Überzeugung zum Ausdruck, daß Hand und Geist zusammenwirken. Die Hand vergegenwärtigt eine starke Wirklichkeitsorientierung des menschlichen Willens. Das Motiv steht damit in scharfem Gegensatz zu der Einheit von Herz und Geist, die die sittlichen und geistigen Anliegen des Menschen beleuchtet.

2. Die *hilfsbereite Hand* identifiziert den →Helden und charakterisiert vorbildliche Figuren, die die Welt von Ungeheuern säubern und die Menschen aus lebensgefährlicher Bedrohung oder tyrannischer Versklavung retten. Autoren verfügen über das Motiv, um den weisen Herrscher, den hilfsbereiten Lehnsmann oder Diener und treuen Freund zu charakterisieren (Theseus, Theodorich, Artus; *Chanson de Roland,* ca. 1100; *Cantar de mio Cid,* ca. 1140; *Amis et Amiles,* ca. 1200; Shakespeare, *The Merchant of Venice,* 1595; *Julius Caesar,* 1599; Félix Lope de Vega, *Las Almenas de Toro,* ca. 1620; Pierre Corneille, *Le Cid,* 1636; *Cinna,* 1640; Molière, *Le Malade imaginaire,* 1673; Gotthold Ephraim Lessing, *Nathan der Weise,* 1779; Friedrich Schiller, „Die Bürgschaft", 1798; *Maria Stuart* , 1801; Wilhelm Raabe, *Im alten Eisen,* 1887; Thomas Mann, *Joseph und seine Brüder,* 1933–43; Saul Bellow, *The Adventures of Augie March,* 1953). In Schillers *Wilhelm Tell* (1804) und Emile Zolas *Paris* (1898) begründet das Motiv nicht nur die Eigenschaften der Figuren und einzelne Aspekte des Geschehens, sondern erzeugt auch deutlich verfolgbare Spannungsbögen im Aufbau der Werke. Die durchentwickelte Motivik des Gegensatzes zwischen der helfenden Hand und den Händen der Unterdrückung in beiden Texten gipfelt im *Tell* in der Beseitigung der Landvögte und in Tells zum Himmel ausgestreckter, reiner Hand, in *Paris* in der Verwandlung Guillaumes vom rasenden Anarchisten zum Maschinenkonstrukteur, der seine Arbeit in den Dienst der Allgemeinheit stellt.

3. Die *raffende Hand* charakterisiert Figuren, die nach Reichtum streben und die Mitmenschen ausbeuten und mißbrauchen. Sie werden in der Literatur häufig als Meister der Manipulation geschildert; sie sind selbstsüchtig, verneinen die Ansprüche anderer und betrachten die Mitmenschen als austauschbare Objekte, die nach Belieben dirigiert werden können. Die Charakterzüge dieser Figuren wirken weniger bedrohlich in humoristischen Beschreibungen und Werken, in denen ihre Pläne vereitelt werden. Einige Autoren, beispielsweise Molière, verwenden im Aufbau der Konfliktsituation das Kontrastpaar Hand/Herz. Die Gegenüberstellung vertieft einerseits den Eindruck, daß die Hände einer seelenlosen Maschine angehören, andererseits bietet sie eine befriedigende Lösung der Auseinandersetzung, da die Personen, die auf die Stimme ihres Herzens hören, am Ende triumphieren (Molière, *L'Ecole des maris,* 1661; *L'Ecole des femmes*, 1662; *Le Misanthrope,* 1666; *L'Avare,* 1666; *Les Femmes savantes,* 1672). In anderen Werken übernehmen die durch die raffende Hand gekennzeichneten Figuren eine ausgeprägte Kontrastfunktion zu den vorbildlichen Handlungsträgern. Ihre Manipulationen werden am Zufall zunichte, scheitern aber auch an Umständen oder Prozessen, die sich ihrer Macht entziehen (Duc de Nemours in Marie de La Fayette, *La Princesse de Clèves,* 1678; Blifil in Henry Fielding, *Tom Jones,* 1749; Moses Freudenstein in Wilhelm Raabe, *Der Hungerpastor,* 1864; Zola, *Nana,* 1880; auf andere Figuren übergreifend in: F. Scott Fitzgerald, *The Great Gatsby,* 1925; John Updike, *Rabbit, Run,* 1960).

4. Die *zerstörende Hand* ist gewöhnlich eng verknüpft mit einem ausgedehnten metaphorischen Feld der Vernichtung. Dieses umfaßt der jeweiligen Darstellung angemessene Szenen des Untergangs hilfloser Menschen und der Verheerung des Landes, die Motivkonstante Aggressor/Opfer und Bilder brutaler Gewalt in Schilderungen des Folterns, Mordens oder der Vergewaltigung (→Essen). Das Motiv unterstützt das Thema der →Aggression und erscheint häufig im Zusammenhang mit Darstellungen der Willensanmaßung (→Don Juan), des →Bruderkonflikts und der →Rache (Shakespeare, *Richard III,* 1593; Wolf Larsen in Jack London, *The Sea-Wolf,* 1904; Flem Snopes in den Romanen Faulkners). Die zerstörende Hand wird zum Ausdruck des Machtrausches (Shakespeare, *Macbeth,* 1606; Medardus in E.T.A Hoffmann, *Die Elixiere des Teufels,* 1815–16; Père Ubu in Alfred Jarry, *Ubu Roi,* 1896), der Auflehnung gegen die Natur (Ahab in Herman Melville, *Moby-Dick,* 1851), der unbezähmbaren Leidenschaft (Don Cesar in Schiller, *Die Braut von Messina,* 1803) und des Tobens gegen undurchschaubare historische oder gesellschaftliche Prozesse (Kleist, Michel de Ghelderode, Kroetz, Ellert). In der Angliederung an atavistische Ausbrüche und rituelle Morde (Prosper Mérimée, „Lokis", 1869; Lautréamont, *Les Chants de Maldoror,* 1869) steht das Motiv im Mittelpunkt von Tableaus der gesellschaftlichen Auflösung und Lebensverunsicherung, die jeder Vorstellung der menschlichen Entwicklungsfähigkeit, des geschichtlichen Fortschrittes und der Zivilisation widersprechen. Das Motiv fängt die barbarische Festlegung an das rein Physische ein und ruft daher immer gegensätzliche Vorstellungen einer überpersönlichen, humanen und rechtlichen Verfassung der Gesellschaft hervor. Die zerstörende Hand ermöglicht eine scharfe Profilierung der Figuren, hemmt oder verhindert jedoch jede Mehrdeutigkeit und Ambivalenz in der Charakterdarstellung. Das Motiv stellt eine klar umrissene Grenze zwischen Aggressor und Opfer her, begründet den kollektiven Widerstand und unterstreicht explosive Lösungen.

Quellen: Shakespeare, *Othello* (ca. 1604); *King Lear* (1605); *Macbeth* (1606); *Cymbeline* (1610?); Pierre Corneille, *Polyeucte* (1634); François-René de Chateaubriand, *Atala* (1801); *René* (1802); Heinrich von Kleist, *Die Familie Schroffenstein* (1803); „Das Erdbeben von Chili" (1810); Victor Hugo, *Marion Delorme* (1829); *Ruy Blas* (1838); Alfred de Vigny, *Chatterton* (1835); Charlotte Brontë, *Jane Eyre* (1847); Charles Dickens, *Bleak House* (1852–53); Gérard de Nerval, *La Main enchantée* (1855); George Eliot, *Middlemarch* (1874); Herman Melville, *Billy Budd* (1891); Maurice Barrès, *Greco, ou le secret de Tolède* (1911); André Gide, *La Symphonie pastorale* (1920); Alfred Döblin, *Blaubart und Miss Ilsebill* (1923); *Berlin Alexanderplatz* (1929); Ernest Hemingway, *In Our Time* (1925); *Winner Take Nothing* (1933); Marieluise Fleißer, *Pioniere in Ingolstadt* (1928); Michel de Ghelderode, *Fastes d'enfer* (1929); William Faulkner, *The Hamlet* (1940); „Wash" (1942);

The Town (1957); Albert Camus, *Caligula* (1945); Louis Aragon, *Les Yeux d'Elsa* (1942); Tennessee Williams, *A Streetcar Named Desire* (1947); *Cat on a Hot Tin Roof* (1954); Alexander Lernet-Holenia, *Der Graf von Saint-Germaine* (1948); Jean Genet, *Haute Surveillance* (1949); Arthur Miller, *Death of a Salesman* (1949); *The Crucible* (1953); Fernando Arrabal, *Les Deux Bourreaux* (1956); *Oraison* (1957); *La Bicyclette du condamné* (1959); *Deux Opéras paniques: Ars Amandi* (1967–68), *Dieu tenté par les mathématiques* (1957); *Théâtre de guérilla* (1968); Jorge Borges, *Historia universal de la infamia* (1957); Edward Albee, *Zoo Story* (1958); *Who's Afraid of Virginia Woolf?* (1961); Wolfgang Hildesheimer, *Das Opfer Helena* (1960); Gaëton Picon, *Les Ligues de la main* (1969); Rolf Hochhuth, *Guerillas* (1970); Christoph Meckel, *Bockshorn* (1973); Adolf Muschg, *Albissers Grund* (1974); Franz Xaver Kroetz, *Der Mondscheinknecht* (1981–83); Gundi Ellert, *Jagdzeit* (1994).

Lit.: C. Bronne: Variations pour les mains. In: Bull. de l'Académie Royale de Langue et de Littérature Françaises 248 (1970); J. Brun: La Main. Paris 1968; W.O. Goode: Hand, Heart, and Mind: The Complexity of the Heroic Quest in Le Cid. In: PMLA 91 (1976); K. Groß: Menschenhand u. Gotteshand in Antike u. Christentum. Aus dem Nachlaß hg. v. W. Speyer. Stuttgart 1985; A. Junker: Das Thema der Hand in der modernen französischen Literatur. In: NS 16 (1967); H. u. I. Jursch: Hände als Symbol u. Gestalt. Stuttgart 1957; M. Tatar: Wie süß ist es, sich zu opfern. In: DVjs 66 (1992); C. Winn: Le symbolisme des mains dans la poésie de Éluard. In: Rom. Forsch. 45 (1983).

Siehe auch: Aggression, Herz, Macht

Harlekin

Siehe Clown, Karneval

Harmagedon

Siehe Apokalypse

Haus

Schilderungen von Wohnräumen lassen sich seit der Antike in der gesamten abendländischen Literatur nachweisen. Beschreibungen eines Hauses dienen häufig der atmosphärischen Ausgestaltung und heben die Lebenshaltung und Interessen der Bewohner hervor. Die Schärfe der Bildfügung trägt entscheidend zu klaren Konturen der Charakterisierung einzelner oder einer Familie bei. In der Funktion des Raummotivs sind besonders Lokalisierung, Kontrastierung und mentale Bezugspunkte zu berücksichtigen. Darüber hinaus färbt das Hausmotiv sukzessive Phasen der Erzählung und verbindet dadurch den Gesamtvorgang (Wolfgang Georg Fischer, *Wohnungen*, 1969).

Zu der Ortsverknüpfung zählen fiktive Kausalzusammenhänge im Generationsfluch, der Geschlechter bindet, das Haus des Schreckens, der Gewalttat und des Verfalls (Schauerroman, *Gothic Novel*; Honoré de Balzac, „La Grande Bretèche", 1832; zahlreiche Erzählungen Edgar Allan Poes, besonders *The Fall of the House of Usher*, 1840; E.T.A. Hoffmann, „Das Majorat"; „Das öde Haus", 1817; Annette von Droste-Hülshoff, „Das öde Hause", 1844) sowie die Stätte der Behausung, Besinnung oder Zuflucht (der heilige Hain; das Rosenhaus in Adalbert Stifter, *Der Nachsommer*, 1857; Theodor Fontane, *Ellernklipp*, 1881; *Effi Briest*, 1895; Wilhelm Raabe, *Stopfkuchen*, 1892).

Die scharfen Kontraste in Gegenüberstellungen von Hütte und Palast, Hinter- und Vorderhaus, Elendsquartier und Luxuswohnung veranschaulichen sozialkritische Reformanliegen. Das Motiv ist seit dem 18. Jh. weit verbreitet. Es unterstreicht das Lob des einfachen Landlebens, hebt Verfallserscheinungen der Gesellschaft hervor und verleiht in naturalistischen Milieustudien den Angriffen auf unmenschliche Arbeits- und Wohnzustände besonderen Nachdruck (→Reform; Sophie von La Roche, *Geschichte des Fräulein von Sternheim,* 1771; Charles Dickens, *Little Dorrit,* 1856–57; Wilhelm Raabe, *Der Hungerpastor,* 1864; Emile Zola, *Le Ventre de Paris,* 1875; Hermann Sudermann, *Die Ehre,* 1890; Heinrich Mann, *Im Schlaraffenland,* 1900; Bertolt Brecht, *Dreigroschenroman,* 1934; Jurek Becker, *Irreführung der Behörden,* 1973). Dagegen steht das Motiv →Wanderer/Hütte in direktem Zusammenhang mit der Suche nach einem festen Orientierungspunkt auf der Lebensfahrt. In Schilderungen der geistigen Verfassung einzelner Figuren

kann das Haus Wünsche aufzeigen (E.T.A. Hoffmann, „Rat Krespel“, 1816), im Mittelpunkt einer schicksalhaften Familienchronik stehen (Nathaniel Hawthorne, *The House of Seven Gables,* 1851), den Kampf um Gerechtigkeit beleuchten (Dickens, *Bleak House,* 1853; Franz Kafka, *Der Prozeß,* 1925) und zum Kerker werden (Kafka, *Die Verwandlung,* 1916; →Absurd).
Im Aufbau der Handlung vertiefen Ausfahrt und Heimkehr zum Haus grundsätzliche Veränderungen im Leben der Figuren (Adalbert Stifter, „Bergkristall“, 1853; Eugene O'Neill, *Mourning Becomes Electra,* 1931); und sofern das Haus im Mittelpunkt des Geschehens steht, kann es sogar zum Gegenspieler des Handlungsträgers werden (William Faulkner, *The Mansion,* 1959). Der Aktionsradius des Motivs reicht somit von der Begründung der Lebensfreude (Gottfried Keller, *Das Sinngedicht,* 1882) bis zur Verdinglichung des Daseins in der allgemeinen Geselligkeit (Theodor Fontane, *Frau Jenny Treibel,* 1892). Das Haus ist Ausgangspunkt revolutionärer Erneuerung (Emile Zola, *Paris*, 1898), erscheint aber auch als Metapher der politischen Unterdrückung in Federico García Lorcas *La casa de Bernarda Alba* (1936) und Isabel Allendes *La casa de los espíritus* (1982). Von größter Bedeutung ist die Erkenntnisfunktion des Motivs. Im Betrachten eines Hauses kann sich eine Person mit der Vergangenheit auseinandersetzen, die gegenwärtigen Bemühungen der Menschen kritisch betrachten und das zukünftige Leben bedenken (Hermann Hesse, *Das Glasperlenspiel,* 1943; Heinrich Böll, *Haus ohne Hüter,* 1954). Wenn diese Überlegungen unterschiedliche Möglichkeiten der Sinndeutung des Daseins einschließen, kann das Haus symbolisch erweitert werden und im Kontrast Haus des Lebens/Haus des Todes (Schule/Kloster, das alte und neue Haus Designoris, chinesischer Pavillon, das chinesische Hausspiel in Hermann Hesses Roman; das Haus des Großvaters, das Sanatorium in Thomas Manns *Der Zauberberg,* 1924) die Anlage eines Werkes bestimmen.

Lit.: M. Andermatt: Haus u. Zimmer im Roman. Ffm 1987; H. Bänzinger: Schloß, Haus, Bau. Bern 1983; M.-F. Berthu-Courtivron: Espace, demeure, écriture: la maison natale dans l'œuvre de Colette. Paris 1992; M.R. Chandler: Dwelling in the Text: Houses in American Fiction. Berkeley, CA 1991; R.H. Friedrich: Rigorous Infinities: Houses in fin-de-siècle Art and Literature. In: Mosaic 16 (1983); S. Nash: Home and its Dislocations in 19th-C. France. Albany, NY 1993; O. Rauchbauer: Ancestral Voices: The Big House in Anglo-Irish Literature. Hildesheim 1992; N. Ritter: House and Individual. The House Motif in German Literature of the 19th C. Stuttgart 1977; H. Seliger (Hg.): Der Begriff Heimat in der deutschen Gegenwartsliteratur. München 1987; B. Stuhlmacher: Berliner Häuser in modernen Dramen. In: P. Wruck (Hg.), Literarisches Leben in Berlin 1871–1933. Berlin 1987.

Siehe auch: Frau

Heimkehr

1. Das Motiv hat eine zweifache, jeweils klar umrissene, aber gegensätzliche Bedeutung und Funktion. (1) Im wechselseitigen Verhältnis mit der →Fahrt und dem →Wanderer gibt die Vorstellung der möglichen Heimkehr in die Heimat einen festen Orientierungspunkt, der zur Selbstbesinnung anregt (Homer, *Odyssee*; Laurence Sterne, *Tristram Shandy*, 1760–67; Christoph Martin Wieland, *Der neue Amadis*, 1771; Goethe, *Wilhelm Meisters Wanderjahre,* 1821–29; Joseph von Eichendorff, *Dichter und ihre Gesellen,* 1834; Wilhelm Raabe, *Prinzessin Fisch*, 1883; →Wanderer). Das Denkbild sichert die Identität der Wanderer und verleiht Zuversicht. Außerdem verheißt die Heimkehr Ruhe und Zuflucht vor der bedrohlichen Welt (Novalis, *Heinrich von Ofterdingen,* 1802; Fritz Lienhard, *Heinrich von Ofterdingen*, 1903). Schließlich verschmelzen Ausfahrt und Heimkehr in Darstellungen, in denen die Rückkehr die Erlösung im Tod verspricht (Wilhelm Müller, „Der Lindenbaum“, 1824; Wilhelm Raabe, *Die Akten des Vogelsangs,* 1896; Else Lasker-Schüler, *Ichundich*, posthum 1970; Hermann Broch, *Der Tod des Vergil,* 1945).
2. Die Heimkehr aus der Fremde (Studium, Verbannung, Emigration) und aus dem Krieg ist grundsätzlich der Anlaß, die Umwelt und die Gesellschaft kritisch zu bewerten. Das Motiv ermöglicht die Raffung der zurücklie-

genden Zeitspanne, kennzeichnet die Situation und bestimmt den Ausgangspunkt der kritischen Bestandsaufnahme der gesellschaftlichen Entwicklung oder der Abrechnung mit den in der Heimat verbliebenen Angehörigen, Freunden und Feinden. Das Motiv ist fester Bestandteil in Bühnenstücken, in denen die Heimkehr tiefe Zerwürfnisse in Familien bloßlegt (→Elektra; Gerhart Hauptmann, *Das Friedensfest,* 1890; Albert Camus, *Le Malentendu,* 1945; Harold Pinter, *Homecoming,* 1965), und in den Nachkriegsliteraturen nach dem 1. und 2. Weltkrieg. In der Literatur nach dem 1. Weltkrieg ist die Figur des Heimkehrers relativ häufig mit evolutionärem Sendungsbewußtsein verknüpft (Lion Feuchtwanger, *Thomas Wendt,* 1920; Kurt Pinthus [Hg.], *Menschheitsdämmerung,* 1922; Bertolt Brecht, *Trommeln in der Nacht,* 1923; Ernst Toller, *Masse Mensch,* 1921; *Der deutsche Hinkemann,* 1921/22; Gerhart Hauptmann, *Till Eulenspiegel,* 1928; Ludwig Benn, *Nachkrieg,* 1930; Joseph Roth, *Die Flucht ohne Ende,* 1927; *Tarabas, ein Gast auf dieser Erde,* 1934). In der Literatur nach 1945 wird die kritische Sichtung der gesellschaftlichen Fehlentwicklung häufig zur Selbstprüfung (Wolfgang Borchert, *Draußen vor der Tür,* 1947; Leonhard Frank, *Die Jünger Jesu,* 1949; Heinrich Böll, *Die schwarzen Schafe,* 1949; *Wanderer, kommst du nach Spa,* 1950; *Wo warst du, Adam?,* 1951; *Und sagte kein einziges Wort,* 1953; Siegfried Lenz, *Duell mit dem Schatten,* 1953; Peter Handke, *Langsame Heimkehr,* 1979; J. Strelka [Hg.], *Flucht und Exil. Geschichten und Berichte aus zwei Jahrhunderten*, 1988).

Lit.: W. Frühwald: Der Heimkehrer auf der Bühne. In: IASL 8 (1983); L.F. Helbig: Das Flucht- u. Vertreibungsgeschehen in Belletristik u. Literaturforschung 1945–85. In: Jb. Schlesische Friedrich-Wilhelms-Univ. Breslau 27 (1986); ders.: Der ungeheuere Verlust. Wiesbaden 1988; L. Olschner: Verhinderte Heimkehr. in: ZDP 108 (1989); K.K. Polheim (Hg.): Wesen u. Wandel der Heimatliteratur. Bern 1989; G. Roussel (Hg.): L'Impossible Retour. La Figure du Heimkehrer dans les lettres et les arts allemands et scandinaves du XXe siècle. Lille 1987.

Siehe auch: Fahrt, Familie

Held

1. Der Held hat stark ausgeprägte typische Züge, ein fest umrissenes Ethos und ein deutlich erkennbares Verhältnis zur Gesellschaft. Der Begriff hat wertende Bedeutung und kann deshalb nicht die Vielfalt und Eigenart literarischer Personengestaltungen erfassen. Archetypische Wesensmerkmale des Heros und charakteristische Eigenschaften nationaler Helden haben jedoch nicht nur andere Figurenkonzeptionen, sondern auch thematische Darstellungen beeinflußt. Helden können Denkformen der Sippe (Siegfried), einer Klasse (Karl Mays „Helden des Westens"), nationale Wunschvorstellungen (Aeneas, Jeanne d'Arc, Napoleon), aber auch übernationale Hoffnungen oder eine sittliche Gesinnung verkörpern, die die Gesellschaft bewundert, ohne danach zu leben (Christus). Das Leben des Helden folgt einem Erzählmuster deutlich abgegrenzter Stationen der Entfaltung: ungewöhnliche Geburt (göttliche oder halbgöttliche Abstammung, Sproß inzestuöser Liebe, Einwirkung eines Zaubers); das Kind wird ausgesetzt und den Elementen anvertraut, aber gerettet und von freundlichen Wesen, Tieren, Feen oder Menschen aufgezogen, die ein enges Verhältnis zur Natur haben (Wiege der Naturkräfte); Augenblick des Erkennens, erste Äußerung zukünftiger Größe (Vorausdeutung: Zeichen des Himmels, Omen späterer Taten, Mut, Klugheit, List); außergewöhnliche Unternehmen im Leben (Befreiung eines Landes, Gründung eines Staates, Rettung der Unterdrückten); denkwürdiger Tod. Der Verstorbene wird im Totenreich erhöht und im Gesang verklärt.
Das mythische Grundschema wurde im Epos und in späteren literarischen Werken aufgefächert. Die Abenteuer heben die außergewöhnliche Berufung des Helden hervor; sie erweitern jedoch die Lebensgeschichte durch Erzählphasen, in denen er vorübergehend vom Weg abirrt oder der Versuchung erliegt. Außerdem tritt zu der eigenen Bestimmung des Handelns der Wesenszug der Hybris, der Überhebung, des Stolzes, eine von außen herangetragene Beschränkung der Selbstkontrolle (Schicksalsmacht), die in der tragischen Konstellation seinen Sturz motiviert. Die Le-

bensfahrt des Helden folgt der auf- und untergehenden Sonne nach Westen. Er säubert die Welt von →Ungeheuern, wird aufgerufen, sich im Dickicht der Welt zu bewähren, muß in furchterregende Länder, Zauberreiche, den Hades oder die Hölle vordringen, kehrt ruhmbekränzt nach Hause und erringt sein Reich. Die Darstellungen des abschließenden Ausklangs der Fahrt fallen in einzelnen Texten durchaus unterschiedlich aus. Der Held wird tödlich verletzt (Beowulf), offenbart seine Hybris, gerät durch ein ihm undurchschaubares Schicksal in Not, erliegt der Versuchung oder vergißt seine Aufgabe. Erneut aufgerufen, reißt er sich los und erfüllt seine Bestimmung. Er nimmt sein Schicksal auf sich, opfert sich für die Gemeinschaft und stirbt. In Lösungen, die den tödlichen Ausgang vermeiden (Parzival-Variante) wird der Held bereits im Leben erhöht und von der Gesellschaft abgesondert.
Die physischen Merkmale und psychologischen Eigenschaften des Helden stehen in schärfstem Kontrast zu denen seiner Gegenspieler. Er steht im Zeichen der Sonne und wird durch die →Lichtmetaphorik blonder Haare, leuchtender Augen, des glänzenden Gesichts und blitzenden Schwertes beschrieben. Er ist offen und treu und wird häufig von einem zuverlässigen Weggefährten, sei es Löwe oder Adler (Phönix), begleitet. Die fahlen, finsteren und bösartigen Gegenspieler haben Merkmale, die sie mit dem Reich niederer Dämonen (Grendel und seine Mutter) oder der Unterwelt in Verbindung bringen (Morholt). Der Archetyp des bösen Antagonisten, äußerlich entweder ins Gigantische (Goliath) oder Zwergenhafte (Alberich) verzerrt, verkörpert die brutale Gewalt. Er haust in einem Wildlager, in Höhlen oder im Sumpf und pflegt freundschaftliche Beziehungen zu Drachen, Wölfen oder Ungeheuern, die in schwarzen Gewässern leben. Der Lichtbringer erfüllt seine Bestimmung, indem er die Figuren aus dem Reich der Dunkelheit überwindet. Sein Sieg entspricht dem Verlangen der Gesellschaft nach einer gesicherten Existenzgrundlage.

2. Die Grundkonstellation beeinflußt die Figurenkonzeption vorbildlicher Personen, die sich unter den ungünstigsten Bedingungen bewähren. Sie hinterläßt außerdem deutliche Spuren in Schilderungen ritterlicher Heldentaten (→Artus), in Märchen, in Darstellungen der Suche nach dem →Vater, in der Abenteuerliteratur und in den modernen Phantasiegeschichten, in denen die Kämpfe mit bösen Mächten in außerweltlichen Regionen stattfinden. Die heroische Einbildungskraft verzichtet weitgehend auf die Ansprüche einer psychologisch wahrscheinlichen Motivation und setzt sich über Naturgesetze hinweg. Daß der Held einen Felsen mit dem Schwert spaltet, ist ein Zeichen seiner Berufung oder seiner Kraft. Daß er auf selbstverfertigten Flügeln der Gefangenschaft entflieht, hebt ihn über andere Sterbliche hinaus. Außerordentliche Ereignisse dieser Art, die immer wieder mit den Erzählungen verknüpft werden, bestimmen die Eigenart des Helden. Diese Züge verblassen in literarischen Werken, die durch Naturtreue, psychologische Wahrscheinlichkeit des Handelns und historische Einzelheiten den Schein der Wirklichkeit erwecken wollen. Rückgriffe auf die literarische Tradition sind bis in die Gegenwart nachweisbar. Der Held und sein Aktionsrahmen ändern sich grundlegend in allen Werken, die nicht nur individuelle, sondern auch sozialspezifische Eigenschaften berücksichtigen.

3. Helden und Heroinnen wie Alexander, Achilles, Aeneas, Artus, →David, →Herakles, Huon de Bordeaux, →Jeanne d'Arc, →Napoleon, Roland, Siegfried und Dietrich von Bern regten Autoren zu immer neuen literarischen Bearbeitungen an. Unterschiedliche Blickrichtungen und Bedeutungsverlagerungen verleihen den verschiedenen Werken ein durchaus eigenes Gepräge. Beispielsweise macht Alexandre Hardy im *Mort d'Alexandre* (1621) Alexanders letzte Lebensjahre zum Mittelpunkt von Intrige und Verrat; dagegen fängt Puget de la Serre, *Parallèles et élogues historiques d'Alexandre le Grand et Monseigneur le Prince Duc d'Enghren* (1647), das Bild des jungen Eroberers ein, und Jean Racine, *Alexandre le Grand* (1665), entwickelt eine umfassende Parallele zwischen Alexander und Louis XIV. Das *Chanson de Roland* (ca. 1100) schildert Roland als treuen Lehnsmann, Freund und Patrioten;

Pfaffe Konrad, *Rolandslied* (1170), verleiht Roland die Eigenschaften eines Ritters der Kreuzzüge, der für den wahren Glauben kämpft; Ludovico Ariosto, *Orlando furioso* (1516), gestaltet eine Figur, die mit den widerstrebenden Empfindungen der Zuneigung und des Neides ringt. Trotz dieser Unterschiede, die besonders in Darstellungen von Jeanne d'Arc und Siegfried noch deutlicher hervortreten, bleibt die Typik in der Figurenkonzeption erhalten. Stationen der Lebensfahrt und Variationen der mit ihr verknüpften Motive finden weite Verwendung in heroischen Romanen und Schauspielen des 17. Jh. (Théophile de Viau, *Pyrame et Thisbé,* ca. 1620; Johann Sebastian Wieland, *Der Held von Mitternacht,* 1633; Jean Mairet, *Sophonisbe,* 1654; Jean de Rotrou, *Crisante,* 1635; Pierre Corneille, *Le Cid,* 1636; Madeleine de Scudéry, *Le Grand Cyrus,* 1649–53; Georges de Scudéry, *Alaric,* 1654; Robert Howard, John Dryden, *The Indian Queen,* 1664; Dryden, *The Indian Emperour,* 1665; *The Conquest of Granada, or Almanzor and Almahide,* 1668–70; *Aureng-Zebe,* 1676; Daniel Casper Lohenstein, *Großmütiger Feldherr Arminius,* 1689–90: Roger Boyle, *The Tragedy of Mustapha. The Black Prince and Tryphon,* 1694).

Die Kontinuität der Grundfigur in der abendländischen Tradition beruht einerseits auf der Typik in der Weltfahrt (→Fahrt) des Helden und andererseits auf der Wirkungsintention, die der Identifikation mit unwandelbaren, ewig menschlichen Wunschbildern und Konflikten entgegenkommt. Ähnlichkeiten zwischen der heroischen Konzeption und den Sucher- oder Wandererfiguren lassen sich in der europäischen Romantik nachweisen. Die romantischen „Helden" und Rebellen sind jedoch ausgesprochen empfindsam, selbstbewußt und sensibel. Ihre Sensibilität und ihre Neigung, über den Zusammenhang der Dinge nachzudenken (René in François-René de Chateaubriands *René,* 1802; Oberman in Etienne Senancours *Oberman,* 1804; Kreisler in E.T.A. Hoffmanns *Lebens-Ansichten des Katers Murr,* 1820–22; Don Juan in George Gordon Byrons *Don Juan,* 1819–24), aber besonders ihr innerer Zwiespalt verleihen den Figuren einen Zug psychologischer Feinfühligkeit, der der heroischen Tradition fremd ist. Die genannten Werke deuten bereits eine Entwicklung an, die ihren Höhepunkt schließlich im modernen intellektuellen Roman findet.

Zur vollen Entfaltung kam die heroische Konzeption noch einmal in der amerikanischen Erzähltradition. Personen wie Paul Bunyan, David Crockett, Johnny Appleseed, Buffalo Bill, die Helden der Revolution und der Typ des rauhen, schlichten, freundlichen und ehrlichen Staatsmannes wurden unter jedem Verzicht auf subtile Charakterzeichnung zu Helden stilisiert. Was zählte, war nicht die kühle aristokratische Haltung eines Lee oder der Scharfblick von Franklin, Jefferson und Adams, sondern die große außerordentliche Tat. Der Held der Grenzgefechte, der Indianerkämpfe, der Befreiungskriege und der Auseinandersetzungen mit Banditen spielte die vertraute Rolle des Drachentöters. Die heroischen Tugenden des Selbstvertrauens, der Treue, der Freundschaft und der Standhaftigkeit angesichts überwältigender Gegenkräfte lebten wieder auf und bestimmten nicht nur populäre Erzählungen, sondern beeinflußten auch das historische Schrifttum (Cotton Mather, *Magnalia Christi Americana . . .,* 1702; Benjamin Franklin, *Poor Richard's Almanack,* 1732; Charles Henry Wharton, *A Poetical Epistle to George Washington,* 1780; Noah Webster, *The Little Reader's Assistant,* 1791; William Gilmore Simms, *The Partisan,* 1835; Joseph Glover Baldwin, *The Flush Times of Alabama and Mississippi,* 1853; Henry Wadsworth Longfellow, *Tales of a Wayside Inn,* 1863; William Makepeace Thayer, *The Pioneer Boy and How He Became President,* 1863; Edward S. Ellis, *From Ranch to White House,* 1906; Sinclair Lewis, *The Man Who Knew Coolidge,* 1928; die Liberty-Boy-Reihen von H. Moore und die Buffalo-Bill-Geschichten von Prentiss Ingraham). Parallelen zu dieser Konzeption finden sich im 20. Jh. in den Gestaltungen vorbildlicher Vertreter des Revolutionsdenkens in der russischen Literatur (vgl. die Werke von Ilia Selvinsky, Nikolai Slavin, Nikolai E. Virta; Anatoly Glebow, *Inga,* 1934; *Galstuk,* 1936; *Sleva,* 1940) und besonders in den schablonenhaften Heldenfiguren nationalsozialistisch beeinflußter Schriftsteller (Werner Beumelburg, Hans Friedrich Blunck, Walter Flex, Hans Grimm, Hans Heyck, Felix Lützkendorf, Eckart Naso, Hans Rehberg). Die modernen Helden verheißen die Wiederkehr der heroischen Zeit; ganz ähnlich wie die Heroen aktualisieren sie die Wunschvorstellungen einer Gemeinschaft. Sie versprechen einfache Lösungen äußerst komplizierter Probleme. Da die Figuren jedoch Hoffnungen und Handeln auf einfache Grundsituationen reduzieren, bleiben gesellschaftliche Widersprüche unberücksichtigt, und die dialektische Personengestaltung geht verloren.

Lit.: C. Bergel: Wer oder was ist ein Held? In: NDL 31 (1983); J. Campbell: Der Heros in tausend Gestalten. Ffm 1978; A. Chanda: The Young Man from the Provinces. In: CL 33 (1981); F.K. Dawson: The Ideal Hero. A 17th-C. Choice. In: Nottingham French Studies 4 (1965); H. Esselborn-Krumbiegel: Der Held im Roman. Formen des deutschen Entwicklungsromans im frühen 20. Jh. Darmstadt 1983; N. Hepp, G. Livet (Hg.): Héroïsme et création littéraire sous les règnes d'Henri IV et Louis XIII. Paris 1974; K. Horn: Der aktive u. der passive Märchenheld. Basel 1983; W.T. Jackson: The Hero and the King. New York 1982; Le Mythe du héros. Aix-en-Provence 1982; D. Kartschoke: Der epische Held auf dem Weg zu seinem Gewissen. In: T. Cramer (Hg.), Wege in die Neuzeit. München 1988; C. Raglan: The Hero. A Study in Tradition, Myth, and Drama. London 1936; O. Rank: Der Mythus von der Geburt des Helden. Leipzig 1909; H. Reichert, G. Zimmermann (Hg.): Helden u. Heldensage. FS Otto Gschwantler. Wien 1990; G.R. Ridge: The Hero in French Romantic Literature. Athens, GA 1959; K. v. See (Hg.): Europäische Heldendichtung. Darmstadt 1978; P. Sellier: Le Mythe du héros ou le désir d'être dieu. Paris 1970; I. Telberg: Heroes and Villains of Soviet Drama. In: Am Soc. Review 9 (1944); D. Wecter: The Hero in America. A Chronicle of Hero-Worship. New York 1941.

Héloise

Siehe Abelard und Héloise

Herakles *(Herkules)*

1. Herakles, der Sohn des Zeus und der Alkmene, ist der berühmteste Held der griechischen Sage. Er stellt das Ideal unübertroffener Manneskraft dar. Er erdrosselt bereits in der Wiege die von Hera gesandten Schlangen, tötet den im Kithäron hausenden Löwen und führt die ihm von König Eurystheus auferlegten zwölf Arbeiten aus, die seinen unsterblichen Ruhm begründeten. Nach seinem Entschluß am Scheidewege, ein mühseliges, aber ruhmreiches Leben zu wählen, befreit er die Welt von Ungeheuern – dem nemeischen Löwen, der lernäischen Hydra und den Stymphaliden –, beseitigt den Unrat durch die Reinigung des Stalles des Augias und erobert das Unerreichbare, die goldenen Äpfel der Hesperiden. Herakles ist im Grunde gutmütig, zuverlässig und treu, hat aber einen deutlich ausgeprägten Zug zum Dionysischen und fällt mehrmals in sinnlose Raserei, in der er Freund, Frau und Kinder erschlägt. Der ihm von Hera auferlegte Fluch des Wahnsinns gehört ebenso zur Figur wie Demut und Sühnebereitschaft. Herakles betritt furchtlos das Reich der Toten und führt Alkestis ins Leben zurück; er hilft den Göttern bei der Überwindung der Giganten und erleidet vor seinem Ende unsägliche Schmerzen, nachdem er das mit dem giftigen Blut des Kentauren Nessus gefärbte Gewand anzieht. Er läßt auf dem Gipfel des Berges Öta einen Scheiterhaufen errichten und besteigt ihn, noch immer lebend und leidend. Während die Flammen zum Himmel schießen, senkt sich eine göttliche Wolke herab und entrückt ihn in den Olymp.

2. Herakles wurde in Schauspielen und Erzählungen häufig als Kontrast- oder Nebenfigur verwendet. Seine Anwesenheit unterstreicht dramatische Situationen und kann die Lösung eines Konfliktes begründen. Seine Wesensbestimmung veranschaulicht eine Form des Handelns, die das Geschehen in ein anderes Licht rückt. Er ist der kühne, tatkräftige Held, der ohne lange Besinnung eingreift, wenn die Handlungsträger nachdenklich zögern. In Werken, in denen er im Mittelpunkt des Geschehens steht, erscheint Herakles im Zusammenhang mit den Themen der Selbstverwirklichung, der Selbstüberwindung, dem Verlangen nach Größe und der dem Handeln entspringenden Schuld. Sophokles gestaltet in seinem wegweisenden Schauspiel *Die Trachinierinnen* die Verstrickung von leidenschaftlichem Begehren und Schuld, von naiver Lebensfreude und der quälenden Erfahrung der Sterblichkeit. Nach der Schlacht mit König Eurystheus kehrt Herakles siegreich heim. Er befindet sich auf dem Höhepunkt seines Erfolges. Er schickt die Königstochter Iola zusammen mit anderen gefangenen Jungfrauen seinem Zug voraus. Seine Gattin Deaneira vermutet in Iola eine Nebenbuhlerin und versucht, ihn für immer zu binden, indem sie ihm ein mit dem Blute des Nessus gefärbtes Gewand zum festlichen Einzug entgegensendet. Sie vertraut fest auf die Wunderkraft des Zaubers, welcher sich indessen in den Körper von Herakles frißt und ihn zu einem entsetzlichen qualvollen Tod verdammt. Deaneira gibt sich selbst den Tod; Herakles überwindet sich, verzeiht ihr, verlobt seinen Sohn mit Iola und besteigt den Scheiterhaufen, auf dem er verbrennt. Sowohl der systematisch entwickelte Parallelismus von sinnlicher Leidenschaft und Blut (Nessus begehrte Deaneira) als auch die Verknüpfung von Blut-Dunkelheit-Zerstörung (das Blut behält seine Kraft in der verschlossenen Schatulle) mit dem strahlenden Licht-Feuer beleuchten den ungelösten Zwiespalt im Innern des Herakles. Der Überwinder von Antäus ist selbst zutiefst erdverbunden. Er befreit die Welt von Ungeheuern (die spätere Dimension des Retters), muß sich aber erst selbst reinigen und überwinden, ehe er unsterblich wird.

Euripides stellt im *Herakles* zwei kontrastierende Tableaus vor den Zuschauer. Herakles hat seine zwölf Arbeiten ausgeführt und krönt sein Werk durch die Befreiung von Theben. In diesem Augenblick verfällt er dem von Hera gesandten Wahnsinn. Herakles tötet seine Frau Megara und seine Kinder. Als er in der blutbespritzten Halle erwacht, klärt ihn sein Vater Amphitryon über den Vorfall auf. Sein Freund Theseus rettet ihn aus dem erneut einsetzenden selbstzerstörerischen Rasen. Euripides verlegt die zwölf Großtaten vor den Beginn des Handlungsgeschehens und verzichtet damit auf die Erklärung, daß sie der Sühne für das ungewollte Verbrechen dienten. Durch diesen Kunstgriff wird Herakles zum Spiegel menschlicher Leiden. Er sieht auch in Amphitryon seinen wahren Vater, wird durch die Hilfe eines Freundes vor dem Untergang bewahrt und muß fortan im völligen Bewußtsein seiner Begrenzung leben. Im Gegensatz zu dieser Deutung vergegenwärtigt Seneca im *Hercules Œtaeus* einen Helden, der alle Leidenschaft, jede Verlockung des Lebens und das tiefste Leiden überwindet. Da das Ziel seiner Lebensfahrt die Transzendenz der menschlichen Begrenztheit darstellt, verflüchtigt sich das tragische Moment im erhabenen Geschehen eines prädestinierten Schicksals.

Christliche Schriftsteller des Mittelalters verwandelten die Figur in einen Helfer, Beschützer und Befreier der Menschen. Allegorische Darstellungen, in denen Herakles die Züge von →David, Samson und →Christus erhielt, beeinflußten die literarische Tradition bis ins 16. Jh. Im Zuge der Aneignung entsteht ein neues Heraklesbild. Das maßlose Selbstbewußtsein erscheint im Gewand der Tugend, und Ausbrüche des Zornes werden gemildert. Sowohl Natale Conti, *Mythologiae* (1551), als auch Vincenzo Carthari, *Imagini de i Dei degli Antichi* (1556), deuten Herakles aus der Sicht des maßvollen Helden, der gegen die Tyrannei kämpft. Der Sieg über die Ungeheuer ist sinnbildlich für die Überwindung der eigenen Leidenschaft. Dieser neuerworbene Glanz blieb der Figur auch verhaftet, nachdem die Renaissance Herakles wieder mit Keule und Löwenfell ausstattete. Daraus ergeben sich durchaus unterschiedliche Figurenkonzeptionen bis ins späte 17. Jh. Herakles erscheint als der kühne Eroberer, die Verkörperung aller heroischen Eigenschaften und als eine Ankündigung oder ein Vorläufer der Christusfigur. Anspielungen (Marlowe), direkte Vergleiche (Chapman) und umschreibende Hinweise in der Charakterzeichnung (Shakespeare) trugen zur Entwicklung des „heraklischen Helden" bei, der in Drydens Stücken im Mittelpunkt des Geschehens steht.

Die Anpassungsfähigkeit der Figur führt zu der eigenartigen Situation, daß Herakles immer die Eigenschaften zugeschrieben werden, die den zeitgenössischen Vorstellungen des Heldischen entsprechen. Dadurch entstehen Angleichungen an andere Personen, die teilweise nachempfunden sind, teilweise nur

noch entfernte Ähnlichkeiten mit Herakles aufweisen. In den folgenden Jahrhunderten erhielt Herkules die Züge des Genius (Wieland), des revolutionären Weltenstürmers (Klinger), des zweifelnden Menschen (Wedekind), des klugen Geschäftsmannes (Dürrenmatt) und des Menschen, der bei der Hilfeleistung zum Mörder wird (Lange).
Diese vielfältigen, in keiner direkten Linie liegenden Zuordnungen von Wesensmerkmalen sind für die Themenforschung besonders aufschlußreich. Jede Darstellung konzentriert sich auf den handelnden Herakles und motiviert sein Tun aus der Sicht der Ereignisse, die im Brennpunkt des Geschehens stehen. Herakles ist mitunter der Mensch, dessen Unterlassung zur Schuld führt und dessen Zögern Konflikte auslöst. Er ist vorwiegend Heros, weil er kämpft, und bedeutender Dulder, weil er spontan gehandelt hat. In Liebesromanen tritt er als der große Liebhaber und Verführer auf. Im Abenteuerroman erscheint er als furchtloser Abenteurer, der kühn ins Unbekannte vordringt. Gemeinsam ist diesen Darstellungen die Konzentration auf einige stark ausgeprägte Charaktereigenschaften. Sein Handeln vergegenwärtigt die oft in wenigen Zügen herausgearbeiteten Anlagen. Stets tätig, immer leidenschaftlich aufbrausend, veranschaulicht Herakles den Figurentyp, der aufgrund der Selbständigkeit seines Charakters das gesamte Geschehen einer Handlung bindet und eine unmittelbare Einheit von Individualität und Allgemeinheit verkörpert. Herakles eignet sich deshalb nicht zur Gestaltung eines inneren Zwiespaltes zur Selbstreflexion über Schuld und Sühne. Die Frage, ob jedes Handeln zur Schuld führt, kann nur von außen an ihn herangetragen werden. Diese Fragestellung beeinflußt weitgehend auch den Figurenaufbau von Personen, die im Aktionsradius von Herakles auftreten.

Quellen: Pierre de Ronsard, „Hercule Chrétien" (1555); Jean de la Taille, *Saül le furieux* (1562); Christopher Marlowe, *Tamburlaine* (1587); George Chapman, *Bussy d'Ambois* (1604); Shakespeare, *Antony and Cleopatra* (1607); *Coriolanus* (1608); Antoine-François Prévost, *Hercule* (1613); Pierre Mainfray, *Tragédie des forces incomparables et amours du Grand Hercules* (1616); Jean de Rotrou, *Hercule mourant* (1634); Nicholas L'Héritier de Nouvelon, *Hercule furieux* (1639); John Dryden, *The Conquest of Granada* (1670); Christoph Martin Wieland, *Die Wahl des Herkules* (1773); Friedrich Maximilian Klinger, *Der verbannte Göttersohn* (1777); Friedrich Schiller, „Das Ideal und das Leben" (1795); Friedrich Hölderlin, „Der Genius der Kühnheit", „Das Schicksal", „An Herkules", „Der Rhein" (vor 1801); Frank Wedekind, *Herakles* (1917); André Dubois La Chartre, *Journal intime de Hercule* (1957); Ezra Pound, *Women of Trachis* (1956); Friedrich Dürrenmatt, *Herkules und der Stall des Augias* (1963); Archibald Macleish, *Herakles* (1967); Hartmut Lange, *Herakles* (1967); Peter Hacks, *Omphale* (1970).

Lit.: G.K. Galinsky: The Herakles Theme: The Adaptation of the Hero in Literature from Homer to the 20th C. Ottawa 1972; U. Hötzer: Die Gestalt des Herakles in Hölderlins Dichtung. Stuttgart 1956; M.-R. Jung: Hercule dans la littérature française du XVIe siècle. Genève 1966; J. Schondorff (Hg.): Herakles. München 1964; M. Simon: Hercule et le christianisme. Paris 1955; R.W. Tobin: A Hero in All Seasons. In: Comparative Drama 1 (1967); E.M. Waith: The Herculean Hero in Marlowe, Chapman, Shakespeare, and Dryden. New York 1962; U. Wilamowitz-Moellendorff: Euripides, Herakles. 2 Bde. Berlin 1889.

Herakles am Scheideweg

Siehe Weg

Hercules in bivio

Siehe Weg

Hermaphroditos

Siehe Androgynie

Herz

1. Metaphern des Herzens als Gottes Wohnsitz, als Quelle zarter Empfindungen und Wurzel tapferer Motivation sind sprichwörtlich geworden. Das Herz bot außerdem die Voraussetzung für die Entwicklung von zwei Motiven und einer Motivreihe: das fühlende, wahrheitsverheißende Herz, das steinerne Herz und Hand-Herz.
2. In der Antike betrachtete man das Herz als das wichtigste Element des Lebens im allge-

meinen und des menschlichen Bestrebens im besonderen. Das physische Organ hielt den Körper am Leben; das Zentrum der Gefühle oder der Seele setzte den ethischen Willen frei. Textzeichen der Wärme charakterisierten die Liebesbereitschaft des Menschen, die der Kälte kennzeichneten die Unfähigkeit, sich dem Mitmenschen zu öffnen. Das klare Auge, welches das Wunder der Schöpfung betrachtete und mit Wohlgefallen auf dem anderen ruhte, erschien als die Pforte zum fühlenden Herzen (Platon, *Phaidros*; Kallimachos; Appolonius; Meleager). Die Verbindung des klaren Auges mit dem zuverlässigen Herzen wurde zur literarischen Konstante, die über die Literatur des Mittelalters bis in die europäische Klassik reicht.

3. In den biblischen Schriften, dem Neuen Testament und besonders den Briefen des Apostels Paulus finden sich Hinweise, die das Herz als das Heim Gottes im gläubigen Menschen bezeichnen. Daneben stehen die bereits in den Sprüchen Salomos verkündeten Warnungen vor dem lustvollen, verführerischen Auge (dem gebrochenen Blick), welches das Herz vom geraden Wege abführt (2. Petrus 2,14; I. Johannes 2,16; Hiob 11,20). Die Metapher des göttlichen Wohnortes ist weit verbreitet und steht gleichberechtigt neben den Begegnungen des Menschen mit dem Göttlichen in der Natur, an der Quelle und auf dem →Berg. Das Herz wird häufig in religiösen Schriften, Kirchenliedern, Hymnen, Gebeten und der Liturgie angeführt. Das metaphorische Feld von Anspielungen und Vergleichen schließt im Laufe der Zeit theologische Argumente (Gregor I.), wechselnde philosophische Ansichten und bildliche Einzelheiten aus der Architektur der Kathedralen und Klöster ein. Trotz der Auffächerung blieb ein assoziatives Merkmal unverändert: Das Herz des gläubigen Menschen mußte rein und offen (→Spiegel) sein, um Gott oder Christus empfangen zu können (Lieder von Friedrich von Hausen, um 1170; Hartmann von Aue, *Gregorius,* um 1190–97; Hugo von St. Laurentius «Fouillo», *De claustro animae,* 12. Jh.; *Seelenkloster,* 14. Jh.; Angelus Silesius, *Helleleuchtender Herzensspiegel,* 17. Jh.; Friedrich Schiller, „Die Worte des Glaubens", 1798; Gotthilf Heinrich Schubert, *Die Geschichte der Seele,* 1830; Annette von Droste-Hülshoff, *Das geistliche Jahr,* 1851).

4. Das Motiv des fühlenden Herzens, dem zur Kontrastierung häufig das Motiv der raffenden →Hand gegenübergestellt wird, ist ein charakteristischer Zug in Werken, die die Möglichkeit der freien Selbstbestimmung andeuten und eine dem Leben würdige Haltung gegenseitiger Achtung zur Grundlage der menschlichen Entwicklung machen. Das Motiv erscheint hauptsächlich in direkter Verbindung mit vorbildlichen Figuren und dient der Themenentwicklung der Selbstverwirklichung und des menschlichen Reifens. Es kommt in der französischen und deutschen Klassik so häufig vor, daß es den Stilzug dieser Epochen mitbestimmt. Die hohe Frequenz und die besondere Stellung des Motivs im Aufbau einzelner Texte lassen deutliche Rückschlüsse auf die Primärbedeutung und die assoziativ anklingenden Vorstellungen zu. Personen, die auf die Stimme des Herzens hören, vernehmen im Ruf des Gewissens zeitlose Wahrheiten. Sie werden aufgefordert, subjektiven Wünschen zu entsagen, dürfen nicht konventionellen Leitbildern folgen und müssen eine echte Begegnung mit den Mitmenschen suchen. An sie ergeht der Ruf, die volle Verantwortung für ihr Handeln zu übernehmen. Wer auf die Stimme des Herzens hört, kann nicht das Schicksal, den Zufall oder undurchschaubare Mächte für die Verfehlungen im Leben haftbar machen. Die Voraussetzung für den Figurenaufbau dieser Personen ist die Annahme, daß der Mensch entwicklungsfähig ist. Die Figuren erscheinen im Prozeß einer Entwicklung, die zur möglichst vollkommenen Entfaltung aller menschlichen Anlagen führt. Sie eignen sich eine Haltung gegenüber der Umwelt an, die sie befähigt, die Gesetzlichkeit der Naturkräfte und das Wesen historischer Prozesse zu verstehen. Ihnen zur Seite stehen Figuren, die intuitiv richtig handeln, weil sie auf die Stimme des Herzens hören. Gemeinsam ist ihnen, daß sie unter den schwierigsten Umständen die Wahrheit sprechen. Ihr Handeln wird daher häufig zum Sinnbild für eine Gesellschaftsreform (→Reform), die vom einzelnen ausgeht.

Das Motiv erzeugt im Text durch die Kontrastierung mit anderen Motivationen einen

Spannungsbogen. Vorausgriffe auf die Möglichkeit des Scheiterns einer durch das Motiv charakterisierten Figur stellen die Tragfähigkeit der ganzen Gedankenkonzeption in Frage (Ingeborg Bachmann, „Fall ab Herz“, 1956). Das Motiv verweist außerdem durch Wiederholung und Neubestimmung an Gelenkstellen des Textes auf den Sinngehalt des Geschehens. Es charakterisiert nicht nur Figuren und beleuchtet ihre Vorstellung einer höheren Wirklichkeit, sondern hebt auch das Problem zwischenmenschlicher Beziehungen deutlich hervor. Im Handlungsverlauf bedingt das Motiv eine besondere Eigenart der Figurenführung. Die Personen bekennen sich zu einer Haltung, die unerschütterliches Vertrauen auf ihre innere Überzeugung verlangt. Sie müssen im Konflikt mit traditionellen, konventionellen Denkformen und in der Auseinandersetzung mit den zu Kompromissen neigenden Gegenspielern unnachgiebig für die Richtigkeit ihrer Anschauungen eintreten. Das dem fühlenden Herzen entspringende Handeln ist daher zukunftsbezogen. Es bekundet die Wunschvorstellung einer Welt, in der der Autonomieanspruch des einzelnen und die Ansprüche der Gesellschaft ausbalanciert sind. Die utopische Gesellschaftsordnung nimmt das sittliche Handeln des Individuums auf. Es entsteht ein Gleichgewicht der Kräfte, in dem die Spannung zwischen Gesellschaftlichem und Individuellem gelöst ist.

5. Durch den umfassenden Schaltvorgang stellt das Motiv in vielen Werken eine Folge von Kontrasten her, die die besonderen Eigenschaften menschlicher Reaktionen verdeutlichen. Zu den verbreitetsten Polarstrukturen gehören:

(1) Gegensatz, Spannung oder Antagonismus zwischen Herz und Hand (Giovanni Boccaccio, *Decamerone,* 1354, 4. Tag, Erz. 1, 9; Pierre Corneille, *Polyeucte,* 1643; Molière, *L'Ecole des femmes,* 1662; *L'Avare,* 1668; *Les Femmes savantes,* 1672; Schiller, *Wilhelm Tell,* 1804; George Eliot, *Middlemarch,* 1874; Henry James, *The Wings of the Dove,* 1902); die Entwicklung des Motivs in Schillers *Wilhelm Tell* und Goethes *Wilhelm Meisters Wanderjahre* (1821–29) belegt, daß diese Spannung durchaus behoben werden kann, daß Herz und Hand in der sittlichen Tat zu einer Einheit zusammenwachsen können;

(2) die Gegenüberstellung des „heilig-glühenden Herzens“, das zur Quelle schwärmerischer Verzückung wird, mit der kalten Vernunft oder dem rationalen Planen. In diesem Zusammenhang beleuchtet das Motiv tiefe Spannungen zwischen dem einzelnen und der Gesellschaft, die sich aus der subjektiven Ich-Bezogenheit eines Menschen ergeben. Eine Person kann wie Werther überwältigende Gefühle empfinden, ihr Herz wie ein „krankes Kind“ wiegen und in subjektiver Selbstbetrachtung versinken. Das Wort „Herz“ erscheint an 103 Stellen in Goethes *Die Leiden des jungen Werthers* (1774) und veranschaulicht, wie die Empfindung zu einem unlösbaren Konflikt mit der Welt führt (vgl. Schiller, *Don Carlos,* 1787; Goethe, *Torquato Tasso,* 1790; *Die Wahlverwandtschaften,* 1809);

(3) die Darstellung des großen Abstandes zwischen wahrem Gefühl und konventioneller Rede, der besonders deutlich wird, wenn sich Personen der im 18. Jh. gängigen Redewendungen „mein liebes Herz, meine süße Seele“ bedienen (Goethe, *Tasso;* Wilhelm Raabe, *Christoph Pechlin,* 1873; Theodor Fontane, *Frau Jenny Treibel,* 1892);

(4) die Gegenüberstellung unterschiedlicher Sinndeutungen des Daseins: Anpassung an überlieferte Vorstellungen und fester Glaube an eine neue Ordnung. Der Ausgang wirkt versöhnend, wenn sich die Gesellschaft zu dem neuen Weltbild bekennt (Corneille, *Cinna,* 1640; Jean Racine, *Bérénice,* 1670; Goethe, „Seefahrt“, 1776; *Iphigenie auf Tauris,* 1786; Jane Austen, *Emma,* 1816).

Die literarische Entwicklung vom Bild des Herzens als Gottes Wohnsitz zu dem Herzen als Born der festen, inneren Überzeugung belegt eine zunehmende Betonungsverlagerung auf die persönliche Verantwortlichkeit. Das Motiv gliedert Werke durch Polarität und Steigerung; es vergegenwärtigt durch erkennbare Strukturbezüge die Wunschvorstellung und Zuversicht der Personen, die ihrem Herzen vertrauen.

6. Verschiedene Umstände trugen dazu bei, daß sich gegen Ende des 18. Jh. Metaphern der Gefühllosigkeit im Motiv des steinernen Herzens kristallisierten. Einerseits setzte sich

abermals die allgemeine Tendenz durch, Polarstrukturen in Motivformationen zu bilden. Andererseits waren die Romantiker besonders traditionsbewußt und kannten die Vorrangstellung, die dem fühlenden Herzen in der Vergangenheit eingeräumt worden war. Beunruhigt von den wachsenden Zeichen zunehmender unpersönlicher Lebensbedingungen und fasziniert von den im Unterbewußtsein schlummernden Instinkten, verarbeiteten sie das Motiv des steinernen Herzens, um das existentielle Versagen zu deuten. Das Motiv erscheint häufig im Zusammenhang mit den Motiven des →Doppelgängers, des verlorenen oder verkauften →Schattens und des zerbrochenen →Spiegels. Es stützt die Handlung, vertieft Konflikte und beleuchtet die Verleugnung oder Zerstörung menschlicher Wesenskräfte. Das Herz versteinert, wenn weltliches Verlangen nach Vergeltung, Besitzsucht und Geldgier alle anderen Gefühle verdrängen. Die mit der raffenden →Hand verknüpfte Metaphorik des Kaufens, Verkaufens und der Ausbeutung anderer tritt auch deutlich im Zusammenhang mit dem steinernen Herzen auf. Vom Reichtum (Minerale, Edelsteine, Gold, Aktien, Häuser) verblendete Personen, in denen dieser Trieb zur daseinsbestimmenden Leidenschaft wird, verlieren oder verkaufen ihr lebendiges Herz. Der Fluch der eingetauschten Schätze offenbart sich in der Versteinerung, die die Figuren häufig in den Wahnsinn treibt. Das Motiv steht in folgenden Werken im Mittelpunkt des Geschehens: Ludwig Tieck, „Der Runenberg" (1802); E.T.A. Hoffmann, „Die Bergwerke zu Falun" (1819); Wilhelm Hauff, „Das kalte Herz" (1828); Honoré de Balzac, *Eugénie Grandet* (1833); Karl Haffner, *Das Marmorherz* (1841); *Der Mann ohne Herz* (1872); Hans Christian Andersen, *Snedronnigen* (1845); Nathaniel Hawthorne, *The Unpardonable Sin* (1850); Charles Dickens, *Bleak House* (1852–53); Arno Schmidt, *Das steinerne Herz* (1956). Schilderungen des Prozesses der Versteinerung konzentrieren sich häufig auf Wanderungen, die zu Höhlen, Bergwerken oder ins Innere der Erde führen, wo die Figuren eigentümlich leuchtende Steine oder geheimnisvolle, höllische Feuer entdecken. Das Herz und der abgründige Schacht ziehen einander an, bis sie sich schließlich vereinen und den Menschen auf immer dem Sonnenlicht entfremden. Anspielungen auf das Motiv, besonders in Gestaltungen von Künstlerfiguren, die ihr Herz der Kunst opfern, bestehen bis ins 20. Jh. fort (Gedichte von Charles Baudelaire, Rainer Maria Rilke, Gottfried Benn, Hans Egon Holthusen; vgl. auch Thomas Manns „Tonio Kröger", 1903, einer Novelle, in der die Motivfolge „das Herz lebte, war tot, lebte" das Geschehen bestimmt).

Lit.: G. Bauer: Claustrum animae: Untersuchungen zur Geschichte der Metapher vom Herzen als Kloster. München 1973; H.S. Daemmrich: The Sentient Heart: Motif Analysis of Goethe's Tasso, III, ii. In: J. McCarthy, A. Kipa (Hg.), Aufnahme-Weitergabe: Literarische Impulse um Lessing u. Goethe. Hamburg 1982; M. Frank: Steinherz u. Goldseele. In: Das Kalte Herz u. andere Texte der Romantik. Ffm 1978; N. Hampson: A Cultural History of the Enlightenment. New York 1968; A. Hermann: Das steinharte Herz. In: Jb. f. Antike u. Christentum 4 (1961); H. Kolb: Der Begriff der Minne u. das Entstehen der höfischen Lyrik. Tübingen 1958; H. Rüdiger: Die Metapher vom Herzen in der Literatur. In: ders., Goethe u. Europa. Berlin 1990.

Siehe auch: Hand, Spirale

Hiob

Die Figurenkonzeption zeigt eine konsequente Verengung auf eine hervorstechende Eigenschaft. Hiob ergibt sich demütig in sein Schicksal, leidet im festen Vertrauen auf eine göttliche Ordnung und findet daher Gnade vor Gottes Augen. Die Themenverknüpfung wirkt undramatisch und kann daher nur durch die gedachte Möglichkeit einer entgegengesetzten Existenzform spannend gestaltet werden. Das Buch Hiob verwendet bereits diesen Kunstgriff, indem es Beobachtungen von Bildad, Eliphas, Zophar, Elihu und Gott in Dialogform in das Geschehen einflicht. Durch diese Äußerungen entsteht eine Dialektik zwischen unterschiedlichen Einstellungen zum Leiden und außerdem die Andeutung eines denkbaren Aufstandes gegen Gott. Da sich Hiob in der Prüfung bewährt, vermittelt die Handlung den Eindruck einer wachsenden Bestärkung innerer Zuversicht. Hartmann von Aue verwendet die Figurenkonzeption im *Armen Heinrich* (ca. 1195–1200) und erweitert das Geschehen zu einem Konflikt zwischen der verfehlten Sinnorientierung im weltlichen Leben und der wahren menschlichen Bestimmung, ein gottgefälliges Dasein zu führen. Heinrich vergißt Gott im glücklichen Ritterdasein, gelangt aber durch die Strafe des Aussatzes und die Erfahrung der opferbereiten Liebe eines Mädchens zur Erkenntnis seiner Aufgabe im Leben. Genesend darf er an der Seite seiner liebenden Frau sowohl Gott als auch der Welt dienen. Autoren, welche die Figur direkt aus der Tradition übernahmen, lockerten das Geschehen unterschiedlich auf. Jakob Rueff, *Die Beschreybung Jobs* (1535), Hans Sachs, *Comedi Der Hiob* (1547), Felipe Godinez, *Los Trabajos de Job* (1652), und Pierre-Henri Leroux, *Job* (1866), reicherten die Grundsituation mit Kontrastfiguren an. Oskar Kokoschka, *Hiob* (1917), und Paul Claudel, *Le Livre de Job* (1947), konzentrierten sich auf die Darstellung der Leiden. Joseph Roth, *Hiob. Roman eines einfachen Mannes* (1930), erfaßt im Leben Mendel Singers, in seiner Entwicklung, Auswanderung und Eingliederung, nicht nur das jüdische Schicksal, sondern ein zeitloses menschliches Geschehen. Isaac de Benserade, *Paraphrases sur les IX leçons de Job* (1638), und Johann Wilhelm Müller, *Hiob* (1850), säkularisierten die Figur, während Karl Wolfskehl, *Hiob oder Die vier Spiegel* (nachgelassene Gedichte, 1950), Hans Ehrenberg, *Hiob, der Existentialist* (1952), Archibald MacLeish, *J.B.* (1958), und Robert Heinlein, *Job. A Comedy of Justice* (1984), in der Erzählung ein zeitloses existentielles Dilemma beleuchteten.

Lit.: A Hausen: Hiob in der französischen Literatur. Bern 1972; H. Maclean: The Job Drama in Modern Germany. In: AUMLA 2 (1954); U. Schrader: Die Gestalt Hiobs in der deutschen Literatur seit der frühen Aufklärung. Ffm 1992; B. Steinwendtner: Hiobs Klage heute. Die biblische Gestalt in der Literatur des 20. Jh. Innsbruck 1990.

Siehe auch: Figurenkonzeption

Hochstapler

Siehe Täuschung

Holocaust

1. Das Thema beruht auf dem historisch belegten Ereignis der Vernichtung von sechs Millionen Juden nebst unzähligen anderen „Feinden des Reiches“ in den Jahren der faschistischen Diktatur in Deutschland. Thematische Darstellungen stützen sich häufig auf Verbindungen von traditionellen Motiven (*memento mori,* Staub, Asche, Hölle, Feuer, Grablegung, entgötterte und absurde Welt, Inversionen und Verwandlung des Lebens in den Tod, des Seins in das Nicht-Sein und des Menschen in das Untier) mit Motiven, die den grausigen Erlebnissen begangener Greueltaten während der Judenverfolgung entspringen (das Pochen an die Tür, Viehwagentransport, Schornsteine, Öfen, Gaskammern, im Staub liegende Kinderschuhe und die im Wind verhallenden Stimmen der Opfer). Die Ungeheuerlichkeit der Ereignisse löste widersprüchliche Reaktionen bei Autoren aus. Die Skala reicht von dem Wunsch zu schweigen bis zu dem Verlangen, die Opfer zu verherrlichen. Die Darstellungen verwenden häufig nicht nur das Prinzip der Negation vertrauter Bilder, Motive und Wunschvorstellungen (Licht, Sonne, Tränen, Hoffnung, Glauben), sondern auch die Technik der Inversion des Lichts in die Dunkelheit und des Weißen ins Schwarze. Ein ebenfalls bevorzugtes Prinzip ist die Umkehrung der Formkonstante des Entwicklungsromans. Obwohl die meisten Autoren das Thema direkt mit dem historischen Geschehen verbinden, verwenden einige den Holocaust als Textelement zur Gestaltung der Vernichtung einzelner Menschen, deren Leid in keinem Zusammenhang mit der geschichtlichen Erfahrung steht. Das Verfahren wurde von einigen Kritikern (Langer, Murdoch) beanstandet, da es das reale Entsetzen verfremde. Die Trennung des Themas von der Geschichte spiegelt jedoch einen wiederkehrenden, typischen Prozeß in der Entwicklung literarischer Themen.

2. Die besonderen Kennzeichen des Themas sind Konzentrationspunkte der Todesfahrt, die das Geschehen vergegenwärtigen und zeitlich raffen:
(1) der Aufruf durch das plötzliche Pochen an die Tür (Theodor Kramer, „Wer läutet draußen an der Tür?", 1946; Franz Csokor, „Verhaftung bei Nacht", 1952; Ladislav Fuks, *Pan Theodor Mundstock,* 1968);
(2) die Fahrt im Zug oder Viehwagen in das Konzentrationslager (Ludwig Kusche, „Menschen in Güterwagen", 1941/43?; Samuel Adler, „Rhythmus des Todes im Reich der Verbannung", 1945; Richard Feder, *Katset un geto-lider,* 1946; Wolfgang Borchert, „Eisenbahnen, nachmittags und nachts", 1947; David Shimoni, *Shirim,* 1949; Günter Eich, *Träume,* 1953; Rudolf Glazer, „Karon Hamanet", 1955; Alfred Kittner, „Unterwegs", 1956; Jakov Lind, „Reise durch die Nacht", 1962; Jorge Semprún, *Le Grand Voyage,* 1963; Halper Leivick, „Mu' amad L'treblinki", 1963);
(3) das fast in allen Texten wiederkehrende Schaufeln von Gruben und Gräbern im Lager (Günther Anders, „Die Stunde des Schaufelns", verf. 1945; Paul Celan, „Todesfuge", 1952; Pierre Gascar, *Les Bêtes,* 1955; Anthony Hecht, „More Light! More Light!", 1967);
(4) rauchende Schornsteine (Nelly Sachs, „O die Schornsteine", 1947; Abe Lipshitz, „At the Last", 1977); fehlender Rauch (Günter Grass, „Adebar", 1961);
(5) Gaskammern und Krematorien (Kramer, „Der Ofen von Lublin", 1946; Tadeusz Borowski, „Prosze panstwa do gazu", 1948; Horst Krüger, „Der Kamin", 1948; Uwe Berger, „Auschwitz", 1958; Eli Wiesel, *La Nuit,* 1960; Lind, „Eine Seele aus Holz", 1962; Peter Weiss, *Die Ermittlung,* 1965; Alfred Andersch, „Artikel 3 (3)", 1976; Andreas Reimann, „Elegie in Buchenwald", 1977);
(6) Bildfügungen hinterlassener Spielsachen, Kleidungsstücke und besonders der Schuhe der ermordeten Kinder (Abraham Sutzkever, „A vogn shikh", 1943; Johannes R. Becher, „Kinderschuhe aus Lublin", verf. 1944; Ilse Aichinger, *Die größere Hoffnung,* 1948; Menahem Z. Volfovsky, „Yeladim Ivrim Beghetto", 1955; Y. Yevtushenko, „Babi Yar", 1962; Cynthia Ozick, *The Shawl,* 1983; D. M. Thomas, *Pictures at an Exhibition,* 1993);
(7) das Mädchen Anne Frank (Yevtushenko, „Babi Yar"; Sylvia Plath, *Ariel,* 1965; Philip Roth, *The Ghostwriter,* 1979);
(8) die Stimmen der Verstorbenen, die vom Wind davongetragen werden (Stephan Hermlin, „Die Asche von Birkenau", verf. 1949; Wolfgang Weyrauch, „Der Wind geht ums Haus", 1956; Rose Ausländer, „Und manchmal der Wind", 1965).

3. Häufig werden den Bildfügungen des Holocausts traditionelle Motive zugeordnet, die sich aus der *memento-mori*-Dichtung entwickelten. Die Verbindung des Altvertrauten mit der modernen Ortsbestimmung stellt bewußt oder unbewußt eine direkte Beziehung zu einer langen literarischen Tradition her, die in der Antike mit Horaz einsetzt, in der Renaissance (Petrarca, Joachim Du Bellay) und der Barockdichtung (Gryphius, Agrippa d'Aubigné) aufblüht, aber auch im 19. Jh. (Percy Bysshe Shelley, George Gordon Byron) zur Geltung kommt. Die literarisch wirksamsten Motive schließen ein:
(1) die Verwandlung des menschlichen Lebens, aller Leistungen und Hoffnungen in Staub, Asche und Rauch (Anders, „Die Stunde des Schaufelns", „Und was hättest du getan?"; Georg Kaiser, „Oradour"; Hugo Huppert, „Totenklage", verf. 1945; Hermlin, „Die Asche von Birkenau", 1947; Sachs, *In den Wohnungen des Todes,* 1947; Celan, „Todesfuge"; Immanuel Weißglas, „Ascheberge"; Lifshitz, „At the Last");
(2) die Motivik der Hölle, des Feuers und des Blutes (Ernst Wiechert, *Der Totenwald,* 1946; David Shimoni, „Hagidu B'Gat", 1949; Yaakov Cahan, „Shrim", 1950; Akiva Egozi, „Ad Matai?",1952; Wiesel, *La Nuit* ; Weyrauch, „Lidice und Oradour", 1956; Zalman Shneur, „Y'mey Habeynaim Mitkarvim", 1960);
(3) die Vertierung des Menschen, die Metamorphose ins Bestialische (Avigdor Hameiri, „B'Maarbolet", 1944; Jozsef Patai, „Eichah Shafalta Adam", 1945; Yitshak Rimon, „Belev Hayamin", 1946);
(4) die Kontrastpaare oben-unten, lichte Höhe-dunkles Grab (Anders, „Die Stunde des

Schaufelns“; Aichinger, *Die größere Hoffnung*; Celan, „Todesfuge“; „Es war Erde in ihnen“; Gascar, *Les Bêtes*; Wiesel, *La Nuit*; Hecht, „More Light! More Light!“);
(5) den Totentanz (Celan, „Todesfuge“; Romain Gary, *La Danse de Gengis Cohn,* 1968);
(6) Verhüllung und Neuansatz im grünenden Gras auf den Gräbern;
(7) das absolute Schweigen Gottes, der Erde, der Natur, der Überlebenden und der Toten (Borchert, „Billbrook“, 1947; Sachs, *In den Wohnungen des Todes*; Egozi, „Ad Matai?“, 1952; Ysaak Sela, „Reb Levi Yitzchak“; Vokfovsky, „Ghetto 5703“, 1955; Moshe S. Ben-Meir, „Yaaleh“, 1958; Ysaak Katzenelson, „Hashir al Ha'am Hayedhudi Sheneherag“, 1960).

4. Sowohl die Anspielungen auf Metaphern, Motive und Symbole, die zum Kulturgut der abendländischen Tradition gehören und teilweise sprichwörtlich geworden waren, als auch die Inversionen verleihen dem Thema Schockwirkung. In einigen Darstellungen stirbt das Licht, in anderen wird es durch Finsternis ersetzt oder bewußt ausgeklammert (M. Kalíko, „Kaddisch“, 1945; Wiechert, *Der Totenwald*; Yitshak Rimon, „Ani Boche Al Churban Haolam“; Wiesel, *La Nuit*; Hecht, „More Light! More Light!“). Die Flamme verlischt (Wiesel, *La Nuit*); das Licht geht über in purpurfarbenen Rauch (Huppert, „Totenklage“), und das goldene Sonnenlicht wird von dem nach oben steigenden Verwesungsdunst verschleiert (J. Luria, „Even M'kir Tizak“, 1945). Außerdem verwandeln Autoren die mit der Farbe Weiß verbundenen Vorstellungen der Sterne (Sachs, *Sternverdunklungen,* 1949), der Milch (Celan, „Todesfuge“) und des Mondes (Sachs, *Fahrt ins Staublose,* 1961) ins Schwarze. Solche Umformungen ermöglichen die Angleichung der Auswirkungen eines prähumanen Denkens (Rauch der Gaskammer) an die Vergänglichkeitsmetaphorik der Vergangenheit. Dadurch entsteht eine außerordentliche Spannung, da die ursprüngliche Deutung der menschlichen Nichtigkeit weitgehend einem christlichen Leitbild verpflichtet war. Der Verlust des Lichtes im Holocaust spiegelt den jeder natürlichen Erfahrung widersprechenden katastrophalen Umsturz aller Werte. Er zerstört jede Hoffnung auf Erlösung und erweckt den Eindruck einer absolut willkürlichen Verdammung und eines sinnlosen Leidens (Primo Levi, *Il sistema periodica,* 1975). Die Umgestaltungen können den Eindruck einer fatalistischen oder →absurden Schicksalsauffassung vermitteln. Sie entsprechen jedoch in den meisten Fällen keiner Abwertung der abendländischen Tradition. Sie rufen vielmehr nicht nur zur Auseinandersetzung mit dem unerhörten Ereignis auf, sondern auch zur Verantwortung vor der Vergangenheit (Aichinger, *Die größere Hoffnung*; Lind, „Eine Seele aus Holz“; Bruno Apitz, *Nackt unter Wölfen*, 1958). Die Sinndeutung des Entwicklungsromans wird durch die Todesfahrt nicht entwertet, sondern kommt erneut zur Geltung und ruft zur Verantwortung vor der Vergangenheit auf (Wiesel, *La Nuit*; Jerzy Kosinski, *The Painted Bird,* 1965; Semprun, *Le Grand Voyage*; André Schwarz-Bart, *Le Dernier des Justes,* 1959). Besondere Bedeutung erhalten in diesem Zusammenhang die Hinweise auf Weimar, auf Goethes Schaffen, sein Interesse am „geliebten Buchenwald“, wo er gern spazierenging, und der ihm zugeschriebenen Bemerkung in seiner Todesstunde „mehr Licht“. Beobachtungen, daß Goethes „Enkel“ Ungeheuer sind (Hameiri, „B'Maarbolet“) und daß aus dem „Schrein von Weimar kein Licht schien“ (Hecht, „More Light! More Light!“), verlangen von jedem Leser eine Neuorientierung, die nur auf der Grundlage einer bewußten Auseinandersetzung mit dem geistigen Erbe stattfinden kann.

5. Handlung und Bildfügungen vergegenwärtigen die im Kern des Themas begründete moralische Schuld. Die Rückwendung zur Vergangenheit beleuchtet das Versagen der Enkel, die den Sinn des Daseins verfehlten. Es gehört jedoch zu der besonderen Eigenheit des Themas, daß es in vielseitigen Anspielungen als Warnung für zukünftige Generationen dienen soll. Eine wirklich verbindliche Idee der Mahnung erhält ihren Sinn erst, wenn sie auf die eigene moralische Existenz des Lesers bezogen ist. Der Ruf an das Gewissen nimmt in den thematischen Darstellungen unterschiedlichste Formen an. Durch

zwei Verfahren erhält der Holocaust eine besondere Ausweitung ins allgemein Menschliche und Gesellschaftliche:
(1) Die Grenzsituation des unerhört Bösen wird banalisiert und erscheint als alltägliches Geschehen (Günter Grass, *Die Blechtrommel,* 1959; Plath, „Daddy"; Stanley Moss, „A Valentine Day Sketch of Negro Slaves, Jews in Concentration Camps and Unhappy Lovers", 1969; Hubert Fichte, *Detlevs Imitationen „Grünspan"*, 1971).
(2) Die Darstellungen deuten die Möglichkeit an, daß der Holocaust nicht abgeschlossen ist, nicht hinter uns liegt, sondern zu jeder Zeit an jedem Ort wieder aufflackern kann (Rolf Hochhuth, *Der Stellvertreter,* 1963; Weiss, *Die Ermittlung*; Andersch, „Artikel 3 (3)"). Wiesel gestaltet diese Gefahr besonders eindringlich in seinen Romanen *L'Aube* (1960), *Le Mendiant de Jérusalem* (1968) und *Le Serment de Kolvillag* (1973), indem er das jüdische Volk in die Gefährdung einbezieht. Wie das Thema zeigt, war der Holocaust nicht nur verhängnisvoll und tragisch für alle; er läßt sich auch nicht historisch ablegen, er ist immer erschreckend gegenwärtig.
6. Wirkungsgeschichtlich zeichnet sich in der deutschen Nachkriegsliteratur die Entwicklung ab, den Holocaust in Schilderungen des jüdischen Schicksals und Abrechnungen mit der faschistischen Vergangenheit einzubeziehen. Die Auseinandersetzung mit der Judenverfolgung in der Literatur, auf der Bühne und im Fernsehen erstreckt sich auf den Widerstand, auf Lagerberichte, auf die Auswirkung auf Jugendliche und auf Ermittlungen der Schuld (Max Zweig, *Ghetto Warschau,* 1947; Hermlin, „Die Zeit der Gemeinsamkeit", vor 1950; Wolfgang Koeppen, *Der Tod in Rom,* 1954; Heinrich Böll, *Billard um halbzehn,* 1959; Rolf Hochhuth, *Der Stellvertreter,* 1963; Weiss, *Die Ermittlung;* Jurek Becker, *Jakob der Lügner,* 1969; *Bronsteins Kinder,* 1986; Christoph Hein, *Drachenblut,* 1982). Auch außerhalb Deutschlands entstehen Texte, in denen differenzierte Deutungen der allgemeinen menschlichen Verstrickung die eindeutige Gegenüberstellung von Gewalt und Leiden ablösen (Jakob Herzig, *Roots and Wings*, 1982; Thomas Keneally, *Schindler's List*, 1982; Oscar Pinkus, *The Son of Zelman*, 1982; Lynne Alexander, *Safe Houses*, 1985; Chaim Gibori, *Virituti militari*, 1992). Darüber hinaus läßt sich seit den sechziger Jahren die Tendenz erkennen, die umfassende Problemstellung des Holocausts aus der historischen Situation herauszulösen. Arthur Miller, *After the Fall* (1964), Gwendolyn Brooks, *In the Mecca* (1968), William Styron, *Sophie's Choice* (1976), und Roth, *The Ghostwriter,* ziehen die weitverzweigten Motivbezüge und das unerhörte Geschehen zu einem Bedeutungsträger zusammen. So entsteht ein Schlüsselmotiv: der Holocaust. Im Zuge dieser Entwicklung kann der Holocaust die spezifisch literarische Funktion der Negation menschlicher Entfaltungsmöglichkeiten übernehmen und anderen Themen angegliedert werden, die in keinem direkten Zusammenhang mit dem historischen Ereignis stehen.

Lit.: A. Alvarez: The Literature of the Holocaust. In: Beyond All This Fiddle. London 1968; O. Beisbart, M. Krejci: Nazismus u. Holocaust in der deutschsprachigen Kinder- u. Jugendliteratur. In: O. Beisbart (Hg.), Einige werden bleiben. Bamberg 1992; J.-P. Bier: Auschwitz et les nouvelles littératures allemandes. Bruxelles 1979; S. Cernyak-Spatz: German Holocaust Literature. Bern 1989; A.A. Cohen: The American Imagination after the War: Notes on the Novel, Jews, and Hope. Syracuse, NY 1981; A.D. Colin (Hg.): Argumentum e silentio. International Paul Celan Symposium. Berlin 1987; S. D. Ezrahi: By Words Alone. Chicago, IL 1980; J. Glatstein, I. Knox, S. Margoshes (Hg.): Anthology of Holocaust Literature. Philadelphia, PA 1969; C. Haft: The Theme of Nazi Concentration Camps in French Literature. The Hague 1973; B. Jentzsch (Hg.): Der Tod ist ein Meister aus Deutschland. München 1979; A. Huyssen: The Politics of Identification. Holocaust and West German Drama. In: ders., After the Great Divide. Bloomington, IN 1987; M.J. Kohn: The Voice of My Blood Cries Out. The Holocaust as Reflected in Hebrew Poetry. New York 1979; B. Kröhle: Geschichte u. Geschichten. Die literarische Verarbeitung von Auschwitz-Erlebnissen. Bad Honneg 1989; L.L. Langer: The Holocaust and the Literary Imagination. New Haven, CT 1975; ders.: Visions of Survival: The Holocaust and the Human Spirit. Albany, NY 1982; D. Lorenz: Verfolgung bis zum Massenmord. New York, Bern 1992; O. Lorenz: Gedichte nach Auschwitz, oder Perspektive der Opfer. In: H.L. Arnold (Hg.), Bestandsaufnahme Gegenwartsliteratur. München 1988; B. Murdoch: Transformation. New Haven, CT 1975; ders.: Visions of Survival: The Holocaust and the Human Spirit. Albany, NY 1982; ders.: Transformation of the Holocaust: Auschwitz in Modern Lyrik Poetry. In: CLS 11 (1974); J.C. Pressac: Les Crématoires d'Auschwitz. La Machinerie du meurtre de masse. Paris 1993; A. Reiter: Literature and Survival. In: Journal of European Studies 21 (1991); H. Seydel (Hg.): Die Judenverfolgung des Dritten Reiches im deutschen Gedicht. Berlin 1968; W. Sofsky: Die Ordnung des Terrors. Das Konzentrationslager. Ffm 1993; A.J. Yuter: The Holocaust in Hebrew Literature from Genocide to Rebirth. Port Washington, NY 1983.

Hund

Siehe Tierreich

Ich-Spaltung

Siehe Doppelgänger

Insel

1. Flächenbestimmungen und Schilderungen einer von Wasser umgebenen, schwer zugänglichen Insel bieten den Rahmen für →Robinsonaden und zahlreiche →Utopien. Die Insel kann das Geschehen begrenzen, zum Ausgangspunkt von Bewährungsproben werden und die Entwicklung einer Gemeinschaft motivieren. Die Insel bietet Zuflucht, ermöglicht die Verwirklichung einer vorbildlichen Gesellschaftsordnung, stellt die höchsten Anforderungen an den einzelnen (→Schiff-Schiffbruch/Hafen) und zwingt den von der Welt Abgeschlossenen, über sich und sein Verhältnis zum Dasein nachzudenken. Die geographische Ortsbestimmung bietet außerdem die Voraussetzung für Darstellungen gefahrvoller Kämpfe, des einsamen Todes und der Hoffnungslosigkeit.

2. Das Motiv übernimmt die Aufgabe, die räumliche Entfernung von der Zivilisation zu begründen. Es verstärkt die Illusion der psychologischen Wahrscheinlichkeit, daß der abgeschiedene Platz von den Auswirkungen historischer Prozesse unberührt geblieben ist. Das Motiv löst Reaktionen in den Figuren aus und ermöglicht Vorausdeutungen auf kommende Ereignisse. Die Raumbegrenzung erlaubt die Gestaltung individueller Reaktionen auf die Isolation; sie läßt die Frage der zukünftigen Lebensgestaltung ganz natürlich erscheinen und ermöglicht in Fällen der Gründung oder Begegnung mit einer utopischen Gemeinschaft die Erörterung der Ziele einer vorbildlichen Gesellschaft. Die charakteristischen Formen des Inseldaseins umfassen den Zustand des wunschlosen Glücks (die Erzählungen und Legenden von der Fahrt des heiligen Brendanus, nach dem 6. Jh., *Vita Brendani*; *Navigatio Brendani*; *Brandanlegende*), das Dasein des Büßers (Hartmann von Aue, *Gregorius,* nach 1190; Thomas Mann, *Der Erwählte,* 1951), die tatkräftige Bejahung des Augenblicks und den Aufbau einer vorbildlichen Gesellschaft (Thomas More, Daniel Defoe, Johann Gottfried Schnabel), die Besinnung auf den Sinn des Lebens (Leopold Stolberg, *Die Insel,* 1788; Wilhelm Heinse, *Ardinghello,* 1787; Conrad Ferdinand Meyer, *Huttens letzte Tage,* 1871) und das ins Zeitlose verlaufende Befinden der Selbstanalyse (Adelbert von Chamisso, „Salas y Gomez", 1829; Alfred Tennyson, *Enoch Arden,* 1864; Stefan George, „Der Herr der Insel", 1895; Gottfried Benn, „Gefilde der Unseligen", 1910; Gerhart Hauptmann, *Die Insel der großen Mutter*, 1925; Karl Krolow, „Die Inseln", 1957). Shakespeares *The Tempest* (1611?) beleuchtet in Freude und Verzweiflung die unterschiedlichsten Reaktionen auf das erzwungene Inseldasein. Die von den fernen Inseln ausgehende Verlockung, die in der Kalypso-Episode der *Odyssee* anklingt und die Seefahrer in Joseph von Eichendorffs „Eine Meerfahrt" (posthum 1866) anzieht, spielt eine wesentliche Rolle in der Motivik des ortsbezogenen Wunschdenkens der Abenteuerliteratur.

Quelle: *Das Buch der Inseln.* Anthologie. Ffm 1990.

Lit.: B. Blume: Die Insel als Symbol in der deutschen Literatur. In: MDU 41 (1949); K.H. Bohrer: Inselphantasien. In: Merkur 35 (1981); H. Brunner: Die poetische Insel. Stuttgart 1967; vgl. die Lit. zu Robinson.

Siehe auch: Robinson, Schiff-Schiffbruch/Hafen, Utopie

Inzest

1. Das Motiv ist strukturbildend. Es kann in eingeschobenem dramatischem Bericht oder erzählendem Rückgriff die Konflikte der Handlungsgegenwart erläutern. Es begründet den Ausbruch elementarer Leidenschaften, enthüllt die Verblendung oder innere Blindheit einer Figur und beleuchtet unterschiedliche Schicksalskonzeptionen. Schilderungen des Inzests und inzestuöser Neigungen bedingen im Figurenaufbau eine leidenschaftliche Anziehung der Geschlechter im begrenzten Lebensraum der Familie (Mutter-Sohn, Vater-Tochter, Bruder-Schwester) und eine kontrapunktische Handlungsführung, die das gesellschaftliche Tabu mitdenkt. In Darstellungen der Gefühle stehen Deutungen unbewußter Neigungen neben Schilderungen des bewußten Verlangens, das Tabu zu übertreten. Die Motivführung stützt sich auf ungewisse Ankündigungen, Vorausdeutungen und erklärende Rückwendungen; sie zielt jedoch grundsätzlich auf einen Schwerpunkt höchster Konzentration im Augenblick des Erkennens. Die Grenzübertretung wird für die Handlungsträger augenfällig und zwingt sie zu Entscheidungen. Die Kollision mit dem ethischen Denken, der gesellschaftlichen Norm und dem Schicksal bestimmt das weitere Geschehen. Das Motiv steht grundsätzlich in direktem Zusammenhang mit Fragen der Seinsorientierung, der determinierten Existenz, der freien Selbstbestimmung, der Schuld und der Entsagung. Es bildet die Grundlage für die Gestaltung menschlicher Isolation und unterstreicht Ausbruchsversuche aus einem bedrückenden Milieu. Die Konstellation der frühen Trennung der Figuren begünstigt einerseits die Verschleierung der Blutsverwandtschaft; andererseits ermöglicht sie durch den Einbau von Prophezeiungen und Träumen die Entwicklung eines scheinbar unabwendbaren, schicksalhaften Ablaufs des Geschehens. Die weitaus größte Zahl der Figuren wirkt isoliert. Sie heben sich jedoch durch Abkunft, außerordentliche Taten und leidenschaftliche Gefühle von der Umgebung ab. In Fällen der bewußten Inzestneigung kommt unter den individualpsychologischen Faktoren die persönliche Auflehnung gegen gesellschaftliche Vorstellungen stark zur Geltung.

Die eigentümliche Verbindung des Inzests mit dem Machtanspruch, die bereits in der Mythologie anklingt (Isis-Osiris; Kronos-Zeus-Hera), regte sozialpsychologische Erklärungen des Phänomens an, die in der Inzestneigung eine Manifestation des Willens zur Macht innerhalb der Sippe sehen. Um überleben zu können, sind Mitglieder des Clans gezwungen, die Familienbindung höher zu bewerten als die Verpflichtung gegenüber dem Stamm. Aber der Inzest bindet nicht nur die Familie, er ermöglicht auch den sozialen Aufstieg. Der junge Mann versucht durch den Besitz der Mutter zur Macht zu kommen. Die Tochter gewinnt Ansehen, indem sie die Mutter ersetzt. Literarisch bedeutsam wurde sowohl das Liebeswerben der Tochter um den Vater (Elektrakomplex) als auch das Begehren des Sohnes, sich der Mutter zu bemächtigen (Ödipuskomplex).

2. Die klassische Inzesterzählung der Taten des Ödipus enthält eine Reihe von Elementen, die sich in literarischen Darstellungen der Blutschande durchsetzen: (1) Trennung: Ödipus ist seit der Kindheit von seinen Eltern geschieden; (2) Erhöhung: er ist königlicher Herkunft und hat einen ausgeprägten Willen zur Macht; (3) Blindheit: er tötet im Zorn unwissentlich seinen Vater und heiratet seine Mutter; (4) Fatum: er zeigt in seinem Handeln die Spuren göttlicher Vorrechte, mißversteht den Mythos, verletzt das gesellschaftliche Tabu und wird bestraft; (5) Zerstörung menschlicher Hoffnungen und Pläne: das Motiv verknüpft eheliche Liebe und Lust, Segen und Fluch, irrationale Eingebungen und lobenswerte Absichten, klare Entwürfe und unerklärliche Zufälle. Durch die Wechselwirkung dieser Bezüge entsteht ein ambivalentes, widerspruchsvolles Bild der menschlichen Bestimmung des Daseins.

3. Die Attribute der Herkunft, außergewöhnlicher Charaktereigenschaften und unbeherrschter Leidenschaft kennzeichnen zahllose Figuren. Sie kommen deutlich zur Geltung in den mittelalterlichen Darstellungen und späteren Versionen der Liebe Tristans zu Isolde; sie verleihen dem „blutschänderischen, ehebrecherischen Biest“ Claudius in

Shakespeares *Hamlet* (ca. 1602) besondere Wirklichkeitsnähe; sie bestimmen Figurenzeichnung und Geschehen in Schilderungen der Liebe des Don Carlos zu seiner Stiefmutter (Thomas Otway, *Don Carlos,* 1676; Vittorio Alfieri, *Filippo,* 1783; Friedrich Schiller, *Don Carlos,* 1787). In diesen Darstellungen erscheint das Motiv in deutlichem Zusammenhang mit Herrschaftsansprüchen und dem Aufstand gegen die Autorität der von der Vaterfigur verkörperten Staatsverfassung. Das Motiv steht immer im Mittelpunkt der Konflikte, kann jedoch, der Anlage der Texte entsprechend, primäre Funktion übernehmen oder die Spannung der politischen Auseinandersetzung erhöhen.

4. Der aufgrund räumlicher und zeitlicher Trennung unwissentlich begangene Inzest bildet die Grundlage eines weiteren, verbreiteten Motivstranges. Im Aufbau der Konflikte und Lösungen bietet die Unkenntnis die Voraussetzung zur möglichen Sühne und Vergebung (Gregorius), zum wilden Aufbegehren, das im Mord endet (Schiller), zum Einbezug irrationaler Mächte und zur Darstellung der Verfluchung eines Geschlechtes. Beispiele: „La Vie du pape Grégoire"; Hartmann von Aue, *Gregorius* (nach 1190); Giovanni Battista Giraldi, *Orbecche* (1543); Daniel Casper Lohenstein, *Agrippina* (1665); Pedro Calderón de la Barca, *La devoción a la cruz* (17. Jh).; Voltaire, *Mahomet* (1742); Denis Diderot, *Le Fils naturel* (1757); Horace Walpole, *The Mysterious Mother* (1768); Ludwig Tieck, *Der blonde Eckbert* (1796); Matthew Gregory Lewis, *The Monk* (1796); Schiller, *Die Braut von Messina* (1802); Achim von Arnim, „Herrmann und seine Kinder" in: *Ariels Offenbarung* (1804); Franz Grillparzer, *Die Ahnfrau* (1817); Marie Luise von François, *Der Katzenjunker* (1879); Fritz von Unruh, *Ein Geschlecht* (1918–20); Thomas Mann, *Der Erwählte* (1951). In der Kompositionstechnik der Werke zeichnen sich wiederkehrende Strukturmerkmale ab. Träume oder Flüche übernehmen die Funktion der Vorausdeutung. Der durch die Enthüllung eintretende Umschlag des Glücks überrascht den Handlungsträger, während der Zuschauer oder Leser bereits vorbereitet ist.

5. Das Motiv ist ausgesprochen bühnenwirksam und wird im Zeitalter Shakespeares und im englischen Restaurationsdrama nahezu zur Modeerscheinung. Es ist direkt auf handelnde Figuren und ihre Reaktionen bezogen, führt starke Konflikte herbei, erhöht die Spannung und ermöglicht die Verbindung mehrerer typischer Bühnensituationen. Der Aktionsradius des Motivs umfaßt schweres Unheil, unbewußtes Vergehen, Aufstand, Ehebruch, Rache des Schicksals und Strafe. Außerdem fängt das Motiv im allgemeinen eine Dialektik von Individuellem und Gesellschaftlichem ein. Beispiele: Miguel de Cervantes, *La entretenida* (nach 1580); Félix Lope de Vega, *La fianza satisfecha; El vaquero da Moraña; Las almenas de Toro* (vor 1635); Calderón, *Los cabellos de Absalon* (vor 1651); Francis Beaumont, John Fletcher, *A King and No King* (1619); John Ford, *'Tis a Pity She's a Whore* (1631); John Dryden, *Don Sebastian* (1691); *Love Triumphant* (1694).

6. Überblickt man die literarischen Verarbeitungen des Motivs, so wird deutlich, daß der Inzest zu verschiedenen Zeiten gleitende Übergänge zur aktuellen Gegenwartskritik schafft. Häufig entstehen Assoziationen zwischen dem Inzest und der tiefempfundenen Enge des Daseins, der Bedrückung, der Entfremdung und einem allgemeinen Unbehagen an gesellschaftlichen Verfallserscheinungen. Die Bewertung der vielfältigen Zeugnisse wird durch den Umstand erschwert, daß die subjektiven Reaktionen der Figuren im Widerstand gegen die Umwelt zugleich ein Aufbegehren gegen undurchschaubare Schicksalsmächte bekunden. Außerdem entstehen durch die jeweilige Betonungsverlagerung in den hergestellten Assoziationen unterschiedliche Blickrichtungen in dem Reformanliegen. Die Erneuerung der Lebensgrundlage kann direkt auf das Individuum bezogen sein, wenn die Wechselbeziehung zwischen erzwungener und gewollter Verschuldung einen Ausblick auf die Entwicklungsfähigkeit des Menschen bietet. Diese Konstellation kennzeichnet Jean Racines Schauspiele *La Thébaïde* (1664), *Bajazet* (1672), *Mithridate* (1673) und besonders *Phèdre* (1677). Die schicksalhaft-dämonischen Aspekte der Erfahrungen der Personen in Claude-Prosper Crébillon-fils *Idoménée* (1705) und *Sémiramis* (1717) wie auch François-René de Chateaubriands *René* (1802) vermitteln dem Zuschauer die Einsicht, daß die Abhängigkeit des Menschen von seinen Trieben überwindbar ist. Was in diesen Darstellungen nur anklingt, tritt in anderen Werken noch offener zutage. Die Motivführung bringt die innere Leere des Lebens zum Ausdruck und macht sichtbar, daß man so nicht weiterleben kann. Die Gesellschaft ist veränderungsbedürftig, da sich der einzelne in seiner Entfremdung nun direkt an Blutsverwandte klammert. Der mögliche Weg zu einer neuen Gesellschaftsordnung bleibt jedoch häufig verhüllt (vgl. George Gordon Byron, *Manfred*, 1817; Honoré de Balzac, *La Fille aux yeux d'or*, 1834–35; Elémir Bourges, *Les Oiseaux*, 1893; *Le Crépuscule des dieux*, 1884; Hugo von Hofmannsthal, *Ödipus und die Sphinx*, 1906; Unruh, *Ein Geschlecht*; Mann, *Wälsungenblut*, 1921; Eugene O'Neill, *Desire under the Elms*, 1925; William Faulkner, *The Sound and the Fury*, 1929; *Absalom, Absalom!*, 1936; Robert Musil, *Der Mann ohne Eigenschaften*, 1930–43; Jean-Paul Sartre, *Les Séquestrés d'Altona*, 1959; Françoise Sagan, *Le Château en Suède*, 1960; Yves Berger, *Le Sud*, 1962).

7. Der Motivaspekt der starken Ich-Bezogenheit beleuchtet besonders häufig im Geschwisterinzest die Unfähigkeit, Kontakt zu anderen aufzunehmen. Die unlösbare Verklammerung mit dem am nächsten stehenden Menschen weist auf die Entfremdung von der Gesellschaft hin. Die Figuren suchen manchmal nahezu verzweifelt nach Liebe, finden jedoch keine Erfüllung in der Welt. Warum? Die Welt befindet sich in einem Prozeß des Verfalls aller gültigen zwischenmenschlichen Beziehungen. Die Personen verstehen sich nicht mehr, sind unbeteiligt und gefühlsarm. Aus dieser Erkenntnis entspringt das leidenschaftliche Begehren, die Liebeserfüllung im Doppel-Ich oder in der →Androgynie zu erfahren (vgl. die Gefühlswelt des alten Harfenspielers in Goethes *Wilhelm Meisters Lehrjahre*, 1795–96). Die Sehnsucht, in der Geliebten die Schwester zu finden und in ihr dem Spiegelbild der eigenen Seele zu begegnen (Goethe, „Warum gabst du uns die tiefen Blicke", 1776; Percy Bysshe Shelley, „Essay on Love"), beherrscht die Vorstellungswelt der Personen in Shelleys *Laon and Cythna* (1817) und *Rosalind and Helen* (1819). In Byrons *Manfred* findet der Handlungsträger in Astarte sein zweites Ich. Bruder und Schwester sind sich ähnlich und teilen Empfindungen und Gedanken. Auch in Musils *Mann ohne Eigenschaften* entdecken Agathe und Ulrich, daß die Reinheit der Geschwisterliebe das Gefühl des Fremdseins in der Welt aufhebt.

Verhüllte Anspielungen auf inzestuöse Neigungen haben durchaus ähnliche Schlüsselfunktion. Sie veranschaulichen eine Situation, in der die als bedrückend empfundene Entfernung von einer reinen Gefühlswelt in das Anlehnungsbedürfnis an Blutsverwandte umschlägt. Restif de la Bretonne vermittelt in „Monsieur Nicholas" (verf. 1784–85) einen Einblick in die Gedanken eines Mannes, der sich seinen Geliebten nur hingeben kann, wenn er sie sich als seine Töchter vorstellt. Balzacs Père Goriot (*Le Père Goriot*, 1835) ahmt das Verhältnis seiner Bekannten zu ihren Mätressen nach, indem er seinen Reichtum an seine Töchter verschwendet; Bruder und Schwester können sich in Dickens' *Hard Times* und George Eliots *The Mill on the Floss* (1860) nicht voneinander lösen, weil ihnen die Welt so bedrohlich erscheint; eine ähnliche Beziehung charakterisiert das Verhältnis von Vetter und Kusine in Henry James' *Portrait of a Lady* (1881). Offene und verschlüsselte Anspielungen auf Inzestneigungen erscheinen in der Literatur der Jahrhundertwende häufig in Verbindung mit der →Dekadenzthematik.

8. Das Motiv verändert sich prinzipiell in Werken, in denen die Liebe Blutsverwandter in konsequenter Engführung in einer Erkennungsszene gipfelt, in der die Personen ihren sinnlichen Neigungen entsagen. Die leidenschaftliche Liebe stellt in einer Reihe bekannter Texte – Robert Greene,*Pandosto* (1588); Daniel Defoe, *The Fortunes and Misfortunes of Moll Flanders* (1688); Diderot, *Le Fils naturel*; Gotthold Ephraim Lessing, *Nathan der Weise* (1779); Schiller, *Don Carlos* – nur die Voraussetzung für den Entschluß her, dem

rein persönlichen Verlangen im Interesse der Gesellschaft oder der Menschheit zu entsagen. Die rückwendende Lösung der möglichen Verirrung negiert in diesen Werken die psychologische Wahrscheinlichkeit einer leidenschaftlichen Verstrickung. Die Zielsetzung ist jedoch deutlich: Eine Person erreicht die Stufe wahrer Menschlichkeit erst nach der Überwindung des Irrationalen und Triebhaften.

Lit.: R. Böschenstein: Fessel und Flügel. Zur Darstellung eines Typus von erotischen Vater-Tochter-Beziehungen vor und nach Freud. In: B. Götz, W. Mauser (Hg.), Literarische Entwürfe weiblicher Sexualität. Würzburg 1993; H.S. Daemmrich: The Incest Motif in Lessing's Nathan der Weise and Schiller's Braut von Messina. In: GR 42 (1967); E. Hesse-Fink: Études sur le thème de l'inceste dans la littérature française. Bern 1971; S. Nolting-Hauff: Zur Psychoanalyse der Heldendichtung. Das Rolandslied u. die einfache Form Sage. In: Poetica 10 (1972); O. Rank: Das Inzest-Motiv in Dichtung u. Sage. Leipzig 1926 (Nachdr. Darmstadt 1974); J. Strutz, E. Kiss (Hg.): Genauigkeit u. Seele. Zur österreichischen Literatur seit dem Fin de siècle. München 1990; P.L. Thorslev, Jr.: Incest as Romantic Symbol. In: CLS 2 (1965); M. Titzmann: Literarische Strukturen u. kulturelles Wissen. Das Beispiel inzestuöser Situationen in der Erzählliteratur der Goethezeit u. ihrer Funktionen im Denksystem der Epoche. In: J. Schönert (Hg.), Erzählte Kriminalität. Tübingen 1991; I. Vielhauer: Bruder u. Schwester. Bonn 1979.

Siehe auch: Androgynie, Bruderkonflikt, Elektra, Narzißmus

Iphigenie

Die Figur ist für die Themenforschung von besonderem Interesse, denn sie bestätigt die Wechselwirkung von Motiv (Aggressor/Opfer, Hand/Herz), Thema (Begrenzung/Freiheit) und Charaktereigenschaften. Neben Bearbeitungen der antiken Vorlage, Anpassungen an die Formgesetze der Oper und Werke, in denen heroische Eigenschaften oder theatralische Situationen der Liebe und Intrige das Geschehen beherrschen (Joseph La Grange-Chancel, *Oreste et Pylade, ou Iphigénie en Tauride,* 1697; John Dennis, *Iphigenia,* 1700; Richard Garnett, *Iphigenia in Delphi,* 1890), entsteht eine Tradition eindrucksvoller Einzeldeutungen des Schicksals der Iphigenie. Die Figur vergegenwärtigt ausnahmslos die Dynamik der Seinsorientierung. Sie steht im Spannungsfeld zwischen menschlichen Wünschen und göttlicher Weisung, zeitgebundenen gesellschaftlichen Ansprüchen und überzeitlicher Zielsetzung, atavistischer Verrohung und humaner Lebensgestaltung, Leben und Tod. Ihre Entscheidung identifiziert sie in jedem Werk mit einer deutlich erkennbaren Sicht der →Selbstverwirklichung, des gnadenlosen Untergangs oder des menschlichen →Reifens. Die Ortsbestimmung ermöglicht es, gegensätzliche Konstellationen herauszuarbeiten, in denen einzelne Aspekte der menschlichen Entwicklung eindringlich zur Geltung kommen. Aulis ist der Schauplatz, auf dem persönliche Wünsche und gesellschaftliche Forderungen hart aufeinanderstoßen. In Aulis bricht sich am Gebot des Opfers die Frage nach dem Wesen des Göttlichen. Auf Tauris muß sich Iphigenie bewähren, muß sich zu ihrer Sippe und Nation bekennen oder übernational, human denken und einen Weg finden, der sie in die Lage versetzt, ihr Schicksal frei zu bestimmen.

Die Aulis-Konstellation, von Euripides in *Iphigenia in Aulis* entworfen und von Jean de Rotrou, *Iphigénie en Aulide* (1640), Jean Racine, *Iphigénie* (1674), und Christoph Willibald Gluck, *Iphigenie in Aulis* (1775), beibehalten, bietet die Voraussetzung für einen unlösbaren Konflikt zwischen dem politisch motivierten Anspruch der Gesellschaft und dem subjektiven Wunsch nach eigener Erfüllung. Euripides hebt den Antagonismus widerstrebender Kräfte auf, indem er eine Figur entwirft, die sich dem Willen ihres Vaters beugt. Trotz der starken Versuchung, auf eine Rettung durch Achill zu hoffen, ringt sich Iphigenie zu der Entscheidung durch, ihr Leben für die Griechen zu opfern. Racine verschärft die Notlage der Personen durch die innere Widersprüchlichkeit Agamemnons, die Liebe des Mädchens zu Achilles, die politischen Machenschaften der Heerführer und die Anpassungskunst des Priesters. Die von ihm angestrebte Lösung wird jedoch nur durch den Kunstgriff möglich, Iphigenie in Eriphile eine Doppelgängerin zur Seite zu stellen. Iphigenie ist keineswegs die „typische

Heldin der französischen Klassik". Sie ist vorbildlich im Sinne einer echten Entwicklungsfähigkeit. Sie liebt den Vater und Achilles, gewinnt Einblick in das Spiel widerstrebender Kräfte, ringt sich aber zu der Überzeugung durch, daß sie durch ihren Tod die Gesellschaft vor der völligen Zerstörung retten kann. Eriphile, in stürmischer Liebe zu Achilles entbrannt, ist bereit, die zur Rettung der Königstochter geplante Flucht zu verraten; sie opfert sich jedoch schließlich als die „wahre" Iphigenie und bleibt in ihrem Tod der gnadenlosen Welt eines unerforschlichen Schicksals verbunden. Die Vertreter der Gesellschaft – Agamemnon, der zwischen der Liebe zu seiner Tochter und dem Wunsch, seine Macht zu behalten, schwankt, Achilles, der leidenschaftlich liebt und zugleich an seine Zukunft denkt, Ulysses, der auf dem Opfer besteht, und Calchas, der das Orakel neu deutet, nachdem die politische Situation diesen Schritt verlangt – bleiben dem Weltbild ihrer Zeit verhaftet. Eine neue Ordnung der Welt deutet sich nur in Iphigenies Ringen an.
Die zweite, von Euripides in *Iphigenia in Tauris* ausgearbeitete, von Gluck in *Iphigenie in Tauris* (1781) übernommene und von Goethe in *Iphigenie auf Tauris* (1785) neu durchgeformte Grundkonstellation erfaßt zwei im abendländischen Denken maßgebende Auffassungen der menschlichen Selbstbestimmung. Der Denkart, daß der Mensch von Mächten (Göttern, Schicksal, Bräuchen) geleitet wird, die sich seiner Kontrolle entziehen, steht die Überzeugung entgegen, daß er sein Dasein frei gestalten kann. Euripides schildert Iphigenie als eine Priesterin, die ohne zu zögern den Willen der Gottheit ausführt. Sie fügt sich der Überlieferung und stellt den Kult des Menschenopfers nie ernstlich in Frage. Nach der Ankunft Orests willigt sie sofort in die von ihm vorgeschlagene Flucht ein. Sie beteiligt sich aktiv an dem Plan, die Statue der Artemis nach Griechenland zurückzubringen. Sie denkt griechisch, ist klug und voller List, denn sie vertritt den Anspruch der Zivilisation gegen den der Barbaren. Nachdem ihr Verrat entdeckt wird, greift die Göttin Athene ein und sichert den Griechen eine glückliche Fahrt nach Hause. Goethe dagegen entwickelt eine Figur, die sich aus ursprünglicher Unterwerfung unter den Willen Dianas zur freien Entscheidung durchringt. Rückweisende Beobachtungen in dem Schauspiel deuten an, daß Iphigenie an der Tragfähigkeit des kultischen Weltbildes zweifelt. Die Handlung macht deutlich, daß die Menschen, die sich dem ehernen, brutalen Gesetz allmächtiger Götter unterwerfen, den Gottheiten eigentlich nur ihre eigenen Leidenschaften zuschreiben. Die Götter werden zu Chiffren für menschliche Unterlassungen und Sünden. Sie dienen als Ausrede für das eigene Versagen. Iphigenie bewährt sich in der Notlage, hört auf die innere Stimme des →Herzens, widersteht der Versuchung, König Thoas zu betrügen, und bricht mit der Tradition. Sie vertritt eine neue Auffassung der menschlichen Entwicklungsmöglichkeit und auf ihr beruhend eine neue Sicht des Göttlichen. Die Götter spiegeln das wachsende Bewußtwerden der menschlichen Gesellschaft, das sich am vorbildlichen Handeln des einzelnen orientiert. Goethe stellt in Iphigenies Tat der neuen Ordnung Racines eine wahre Ordnung menschlicher Humanität zur Seite. Iphigenies Handeln stellt die Grundlage für ein sittliches Zusammenleben her. Sie wirkt nach außen gesellschaftserneuernd. Auch Thoas befreit sich aus seiner individuellen Begrenzung und ist bereit, ihrem Vorbild zu folgen. In der Lösung deutet Goethe ein universelles Formgesetz optimaler menschlicher Entwicklungsmöglichkeit an. Iphigenie strebt nicht der alten Heimat, sondern einer neuen Lebensform zu. Sie hat eine Stufe des Werdens erreicht, die im Individuellen eine Form der Seinsmöglichkeit einschließt, von der aus ein freies Sich-Fügen in die Sittlichkeit möglich wird.
Durch die systematische Motivverlagerung von Aggressor-Opfer, Hand-Messer-Vernichtung auf die Motivik des Herzens, der Liebe, der Wahrheit und der Entsagung entsteht eine Tradition, in der sich die Tragödie menschlicher Schwäche und Verirrung in der humanen Vorstellung menschlicher Entwicklungsfähigkeit klärt.
Gerhart Hauptmann bricht mit dieser Tradition in seiner *Atriden-Tetralogie* (*Iphigenie in Delphi, Agamemnons Tod, Elektra, Iphigenie in Aulis,* 1941–48). Hauptmann gestaltet eine Welt des Infernos, der rasenden Leiden-

schaft und der blinden Unterwerfung unter undurchschaubare Schicksalsmächte. Die Sängerin Peitho, deren Dasein einem furchtgeschüttelten Schwebezustand angesichts des ständig erwarteten Todes gleichkommt, faßt die allgemeine Situation, vor der alle stehen, in die Worte: „Du hast die Wahl, / Das Schlächtermesser gnadenlos zu führen / Oder an seinem Stoße zu verbluten". Selbst der Opfertod Iphigenies kann die unerbittlich ablaufenden Ereignisse nicht beeinflussen. Sie liegt auf dem blutigen Schlachtfeld einer gesellschaftlichen Selbstzerfleischung, in der die Lebensberechtigung aller Beteiligten erbarmungslos unterdrückt wird. Am Ende des Geschehens klingt düster die fatalistische Unterwerfung der Menschen unter den unausweichlichen Tod mit. Das Leben der einzelnen spielt sich zwischen Aufbegehren und Nachgeben ab. Starre politische Strukturen erscheinen wieder auf der Bühne und verdrängen die von Goethe angestrebten Erneuerungen der Welt. Die nach 1945 entstandenen Iphigenie-Dramen von Günter Rutenborn, Egon Vietta, Ilse Langner und die neueren Bühnenbearbeitungen ringen mit der ungelösten Frage der gesellschaftlichen Erneuerung. Sie nehmen grundsätzlich Stellung zur Tradition, entwickeln Gegenkonzeptionen, fordern den revolutionären Umsturz der bestehenden Verhältnisse und arbeiten an einer sinnvollen Vorstellung der menschlichen Existenz. Die Akzentverschiebungen lassen Iphigenie im wechselnden Licht der Gegenwartserfahrung erscheinen. Die traditionellen Motivfügungen bleiben jedoch der Figur zugeordnet.

Lit.: L. Blumenthal: Iphigenie von der Antike bis zur Moderne. In: H. Holtzhauer (Hg.), Natur u. Idee. Weimar 1966; A. Daniel: Iphigenie. Die Politik der Humanität. Gladenbach 1964; H.A. Glaser: Antike u. moderne Iphigenien. In: E. Iwasaka (Hg.), Begegnung mit dem Fremden. München 1991; R Heitner: The Iphigenia in Tauris Theme in Drama of the 18th C. In: CL 16 (1964); H. Jansen: Die Sage von der Iphigenie in Delphi in der deutschen Dichtung. Münster 1911; J. Schondorff (Hg.): Iphigenie. München 1966.

Siehe auch: Figurenkonzeption

Irrgarten

Siehe Labyrinth

Isolation, Isolierung

Siehe Begrenzung-Freiheit, Einsamkeit

Jagd *(Jagen)*

1. Metaphern der Jagd und Anspielungen auf das Erspähen und Erlegen der Beute sind fester Bestand der abendländischen Tradition. Die Metaphorik bezieht vielfältige Assoziationen ein: Triumph des einzelnen, Herrschaft über andere, Besitzergreifen eines Landesgebietes, Krieg und Seeräuberei. Bild, Metapher und Sinndeutung sind gewöhnlich in Relationsketten geordnet (Jäger-Beute, Verfolgung-Eroberung), die dem Motiv die Grundlage, die Aktionsspanne und den Bedeutungshorizont geben. Das Motiv wurde traditionell dazu verwendet, die Kenntnis und Pflege der höfischen Sitte zu unterstreichen und in Schilderungen der Jagd und des Ausweichens das Ideal des vollkommenen Ritters hervorzuheben (Gottfried von Straßburg, *Tristan und Isolde,* um 1200; Friedrich II. von Hohenstaufen, *De arte venandi cum avibus,* um 1245). Außerdem wurde es benutzt, um die erfolgreiche Befreiung einer Jungfrau zu schildern (Jagd auf Drachen), das Wesen der Liebesjagd zu charakterisieren, die Züge der Menschenjagd herauszuarbeiten und die Verwandlung des Jägers in die Beute zu vergegenwärtigen.

2. Andeutungen zu einer Motivbildung lassen sich in griechischen Mythen erkennen, die von Auseinandersetzungen mit Ungeheuern berichten (Herakles, Theseus), die die leidenschaftliche Verfolgung des geliebten Jünglings oder Mädchens schildern und die Jagdzüge von Artemis (Diana) wiedergeben. Die Erzählungen enthalten bereits Berichte von Verwandlungen des Jägers in die Beute und von Metamorphosen, durch die sich das Opfer den Nachstellungen entzieht. Die junge Jägerin Daphnis entkam Apollo nur durch die Verwandlung in einen Lorbeerbaum. Picus widersetzte sich dem Liebesverlangen der Circe und wurde in einen Vogel verzaubert. Adonis, gleichermaßen von Aphrodite und Persephone geliebt, lebte als blutrote Anemone wieder auf, nachdem ihn ein wilder

Eber durchbohrt hatte. Artemis verwandelte sich in eine Hindin, als sie von Otus und Ephialtes verfolgt wurde. Sie übernahm die Jagd, führte die Brüder in die Irre, bis sie sich gegenüberstanden und im Glauben, die Göttin zu treffen, sich mit ihren Wurfspießen gegenseitig töteten. Diese Erzählungen bilden die Grundlage wiederholter literarischer Erneuerung und Ausschmückung. Außerdem erweiterten Autoren die Bildkomponente des Motivs durch Einzelheiten aus dem Jagdzeremoniell, das sich im Laufe der Zeit in einzelnen Nationen und Ständen herausbildete (Gottfried von Straßburg, Hadamer von Laber, Gustave Flaubert, Hermann Löns, Ernest Hemingway), und spielten im Handlungsaufbau durchaus bewußt auf die mögliche Sexualdeutung der Bilder an (der Jäger mit dem erhobenen Speer; die Beute, die davon träumt, den Wurfspieß fest mit der Hand zu empfangen).

3. Die bereits in der Begegnung zwischen Achilles und Hektor vorgebildete Menschenjagd ist ein Motiv im *Beowulf* (ca. 650–750) und in der Darstellung von Siegfrieds Tod im *Nibelungenlied* (ca. 1200). Die Beschreibung Siegfrieds zu Beginn der Jagd (Haltung, Position des Kopfes, Körperhaltung und Bewegung) entspricht in nahezu symmetrischer Zuordnung den Darstellungen prachtvoller Hirsche in der Literatur der Zeit. Seine Ermordung durch Hagen – er und sein Mitwisser Gunther sind die Wildschweine in Kriemhilds Traum (v. 921 ff.) – erfolgt nach Siegfrieds Sieg über den Bären. Im weiteren Verlauf der Erzählung wird der Rollenwechsel auf Hagen und Gunther ausgedehnt, die wie verzweifelte Wildschweine um ihr Leben kämpfen und abgestochen werden.

Die althergebrachte Überlieferung, daß die Jagd der Götter den Sterblichen ins Unheil stürzt, erhält für Thésée neue Bedeutung, während er in tragischer Einsamkeit sein entleertes Haus betrachtet (Jean Racine, *Phèdre*, 1677). Sein unwiderruflicher Fehler besteht darin, den Zeugnissen eines angeblichen Verrats seines Sohnes blind zu vertrauen und nicht an die Unschuld seiner Frau zu glauben. Seine Blindheit wird durch den Appell an Neptun unterstrichen. Der Gott erhört ihn und veranstaltet seine eigene Jagd. Hippolyte, mehrfach als strahlender Jäger geschildert, der die Welt von Ungeheuern säubern soll, wird statt dessen von den aus dem Meer hervorbrechenden Seedämonen Neptuns vernichtet. Obwohl die Jagdmetaphorik zu den eindrucksvollsten Elementen des Schauspiels gehört, zieht das Motiv seine Kraft aus Racines Anspielungen auf die Tradition. Durchaus strukturbildend ist das Motiv dagegen in Herman Melvilles *Moby-Dick* (1851). Es verknüpft die Ausfahrt, das Ritual der Harpunenweihe und Ahabs künstliches Bein mit der Jagd auf den Wal, die im Rollentausch und der Vernichtung des Jägers endet. Die Gesänge in Lautréamonts *Les Chants de Maldoror* (1869) beleuchten die instinktive Aggression eines Jägers, der alle ethischen und gesellschaftlichen Schranken durchbricht und sich der rauschhaften Erfahrung seines Willenanspruchs hingibt. Maldoror geht auf Menschenjagd, vernichtet Schiffbrüchige, die hilflos im Meer schwimmen, und vergeht sich an einem kleinen Mädchen, das er wie eine erlegte Hirschkuh aufbricht. Maldoror verletzt im Taumel der Jagdlust jede dem Menschen gesetzte Grenze, ohne auch nur den Anflug eines Schuldgefühls zu verspüren. Die völlige Abwesenheit einer ethischen Verantwortung der Gesellschaft gegenüber kennzeichnet auch die Charakterzeichnung des Jägers Zaroffs in der Erzählung „The Most Dangerous Game" (1924) von Richard Connell. Die Erzählung erzielt ihre besondere Wirkung jedoch durch den traditionell mit dem Motiv verknüpften Rollentausch und die durch ihn bewirkte Vergeltung. Das Opfer überlistet den Jäger und tötet ihn. Das Motiv verstärkt häufig die Spannung in Familienkonflikten sowie in Auseinandersetzungen zwischen Ehepaaren und Kämpfen zwischen Vätern und Söhnen (→Aggression; Martin Walser, *Die Zimmerschlacht,* 1967; *Jagd,* 1988; Gundi Ellert, *Jagdzeit,* 1994); es dient auch der Kritik gesellschaftlicher Mißstände (Ödön von Horváth, *Mord in der Mohrengasse,* 1923; Friedrich Dürrenmatt, *Der Besuch der alten Dame,* 1956; Martin Sperr, *Jagdszenen aus Niederbayern,* 1966). Die Unterhaltungsliteratur reduziert das Motiv auf eine technische Formel von nachhaltiger Wirkung. Der Jäger, ein Geheimagent, Detektiv oder Kommissar, verfolgt seine Beute und überwindet sie nach mehrfachem Rollenwechsel zwischen Jäger und Gejagtem. Diese Anordnung entspricht dem Grundschema in den beliebten James-Bond-Erzählungen und in Filmen, in denen die Jagd im Auto oder Flugzeug den Höhepunkt bildet.

Ohne jede Beschönigung sind gewöhnlich Geschichten von Jägern, deren Jagdlust zu einer unbezähmbaren Leidenschaft wird, die sie dazu verführt, gegen die Satzungen der Kirche zu verstoßen (Jagd am Sonntag während und zum Zeitpunkt von Kirchenfesten), oder sie dazu verleitet, in einem Anfall völliger Verblendung in friedlich weidende Viehherden einzufallen. Die Erzählungen münden in Gedanken der ethischen Integrität des Lebens ein. Der Frevel wird von Gott geahndet. In der Auffassung der Verurteilung vermischen sich Elemente aus der Überlieferung der göttlichen Jagd, kirchliche Gebote, Rechtsverordnungen und Überlieferungen aus dem Volksglauben (die wilde Jagd, *the wild hunt, chasse fantastique*). Gottfried August Bürger verarbeitet die verschiedenen Traditionsfäden in seinem Gedicht „Der wilde Jäger" (1786), und Gustave Flaubert entwickelt aus ihrer symmetrischen Anordnung seine Meisternovelle „La Légende de Saint-Julien l'Hospitalier" (1877). Flauberts Erzählung gestaltet die Entwicklung Juliens, die von der jugendlich-triebhaften Neigung zum Jagen bis zur gespenstischen Besessenheit, die schließlich in der Ermordung seiner Eltern gipfelt. In der ausklingenden Sühne Juliens und seiner Verklärung zum Heiligen integriert die Erzählung das traditionelle Aszendenzmotiv der Legende.

4. Die in das Motiv eingegangenen Figuren- und Bildassoziationen der Venus, des Adonis, des Cupido und der Hindin förderten die Entwicklung wiederkehrender Kontrastpaare: Liebhaber-Geliebte, Herz-Hirsch, Speer-Wunde, Verfolgung-Verbot und Jagd-Keuschheit. Diese Polarstruktur ist von ausschlaggebender Bedeutung in der Charakterisierung von Verhaltensweisen und im Aufbau von Relationsfeldern im Text. Beispiele: Liebeslyrik von Ovid und Sappho; Gottfried, *Tristan und Isolde*; *Aucassin et Nicolette* (ca. 1220); Hadamar von Laber, *Die Jagd* (ca. 1335); häufige Anspielungen auf die wilde Jagd in mittelalterlichen Schilderungen der Frauenjagd; *Das Eckenlied* (13.Jh.); das allegorische Gedicht *Jagd der Minne* (14. Jh.); Giovanni Boccaccio, *Decamerone* (1354: 2. Tag, Erz. 10; 3.Tag, Erz. 6); Petrarca, *Le rime* (1490); *Der Wunderer* (15. Jh.); Pierre de Ronsard, „La Chasse" (1578); Shakespeare, „Venus and Adonis" (1592); Andrew Marvell, „The Nymph Complaining for the Death of Her Faun" (1681); Heinrich von Kleist, *Penthesilea* (1808). Das Motiv dient, zuweilen mit leichten Abwandlungen, in zahlreichen dichterischen Werken der Konkretisierung einzelner Aspekte der Handlung. Die Übereinstimmung in der Motivfunktion kann aus den einzelnen Textstellen erschlossen werden. Ein einheitlicher Traditionsstrang in der Themenentwicklung läßt sich jedoch nicht nachweisen. Die Gemeinsamkeit besteht in der Liebesverstrickung, für die sich das Motiv besonders gut eignet. Es erscheint daher auch häufig in der mittelalterlichen Liebeslyrik, in der →Artusliteratur, bei John Lyly, *Gallathea* (1588); Edmund Spenser, *The Faerie Queene* (1590); Shakespeare, *As You Like It* (1600); Molière, *Dom Juan, ou le Festin de Pierre* (1665); Alfred Tennyson, *Idylls of the King* (1871); Ernst Hardt, *Tantris der Narr* (1907), und Thomas Hardy, *The Famous Tragedy of the Queen of Cornwall* (1923). Der Erzähler von *Sir Gawayne and the Grene Knyght* (ca. 1360–70) entwickelt aus der Jagd ein Prinzip mehrfacher Spiegelungen und erschließt dadurch die mit dem Motiv verknüpften unterschiedlichen Sinndeutungen. Die möglicherweise erfolgreiche Liebesjagd Lady Bercilaks auf Gawain ist von tödlichen Gefahren umwittert. Ihr Mann reitet immer auf die Jagd, während Gawain zu Hause im Bett liegend die Gefahr des Liebesabenteuers überdenkt. Er beherrscht sich schließlich, entsagt und gewinnt aus dem Vergleich der Jagdbilder eine neue Auffassung der ritterlichen Fahrt ins Ungewisse des Abenteuers. Die Jagd wird zum Sinnbild der Bewegung, aber erst die richtige Zielsetzung verleiht ihr eine überpersönliche Bedeutung.

Lit.: M.J. Allen: The Chase: The Development of a Renaissance Theme. In: CL 20 (1968); EM 7: 394–411; E. Jasenas: Le Thème de la chasse au monstre dans la ‚Phèdre' de Racine. In: Symposium 21 (1967); J. Ortega y Gasset, Meditationen über die Jagd. Stuttgart 1953; A. Savoret: Mythes, contes et légendes. Paris 1951; H.-W. Schäfer: Das Motiv der Jagd im Werk Hauptmanns. In: H. Ruppu, H.-G. Roloff (Hg.), Akten d. 6. Int. Germanistenkongr. Bern 1980; S. Schwenk, G. Tilander, C.A. Willemsen (Hg.): Et multum et multa: Beiträge zur Literatur, Geschichte u. Kultur der Jagd. Berlin 1971; L. Spitzer: Linguistics and Literary History. Princeton, NJ 1948; M. Thiébaux: The Stag of Love: The Chase in Medieval Literature. Ithaca, NY 1974.

Siehe auch: Aggression, Ungeheuer

Jeanne d'Arc

1. Die politischen Konflikte der Zeit, das Leben der Jeanne d'Arc und ihr Feuertod auf dem Marktplatz zu Rouen gaben Anlaß zu über 2000 literarischen Darstellungen. Die Ereignisse boten alle Voraussetzungen für die unterschiedlichsten Figurenkonzeptionen, den Aufbau konfliktgeladener Handlungen und die Grundlegung einer Legende. Unlösbare Fragen, die eine historische Bewertung erschwerten, bildeten die Grundlage durchaus eigenwilliger dichterischer Gestaltungen. Die Persönlichkeit Jeannes trug bereits Züge, die im literarischen Figurenaufbau bevorzugt verwendet werden. Sie war ein einfaches Bauernmädchen, hörte die Stimme Gottes, hatte Visionen, in denen Heilige zu ihr sprachen, überzeugte Karl VII. von ihrem Sendungsbewußtsein, überwand den Widerstand des Hofes und neidischer Heerführer, befreite Frankreich von den Engländern und Burgunden, erlag der Intrige, zweifelte zumindest kurzfristig an ihrer Berufung, ging aber aufrecht in den Tod. Aus unterschiedlicher literarischer Blickrichtung konnte der außerordentliche Anspruch eines solchen Lebens das Gegensätzlichste einfangen: Heilige und Hexe, Jungfrau und hysterisches Mädchen, Verkörperung kollektiver Wunschvorstellungen und Willensanspruch einer erhabenen Person. Zu diesen Überlegungen traten Fragen der Willensfreiheit, des Sendungsbewußtseins, der möglichen geschlechtlichen Verirrung und der revolutionären Erneuerung der Gesellschaft. In den unterschiedlichsten Themenverknüpfungen der literarischen Formgebung bleibt eine konstante Frage fest mit der Figur Jeannes verbunden: Kann der von einem Menschen vernommene Ruf des Gewissens das historische Geschehen entscheidend bestimmen?

2. Literarische Bearbeitungen verfügen frei über die historischen Belege. Außerdem entstehen aus der Figurenkonzeption durchaus eigene literarische Konventionen. Bereits die frühesten französischen Darstellungen (Christine de Pisan, Martin Le Franc, Chastellain) verliehen Jeanne sowohl Züge der klassischen Heroine als auch der mittelalterlichen Heiligenfigur. Sie ist vom Glorienschein der göttlichen Auserwählung umgeben, befreit das Land und ist vorbildliche Nationalheldin. Shakespeare kam dem englischen Nationalbewußtsein entgegen. Seine Jeanne zieht ihre Kraft aus dem Urgrund des menschlichen Aberglaubens. Sie bezaubert ihr Volk, fällt jedoch am Ende denselben undurchschaubaren Mächten zum Opfer, die zuerst ihren Aufstieg förderten. Der Sieg der Franzosen wirkt beinahe als gerechte Strafe für die britische Einmischung in die Politik auf dem Kontinent. Das szenisch aufgefächerte Epos von Jean Chapelain übernimmt unübersehbar die literarische Tradition der Lebensfahrt des →Helden. Jeanne ist von den Göttern auserwählt, die Welt von den Bösen zu reinigen. Sie ist keusch, patriotisch, vorbildlich und wird am Ende ihres Lebens erhöht. Chapelains Darstellung wurde zum Ausgangspunkt der populären, eine kritische Debatte auslösenden Parodie Voltaires. Voltaire macht sich nicht nur über die Vorstellung lustig, daß Gott im Interesse der Franzosen ins Weltgeschehen eingriff, sondern bezweifelt auch die Idee einer göttlichen Vorsehung. Jeanne steht im Mittelpunkt politischer Machenschaften und beteiligt sich selbst politisch-klug an den Hofintrigen. Obwohl Voltaires episches Gedicht der Zensur unterlag und erst später veröffentlicht werden konnte, rief seine geistreiche Beschreibung sofort scharfen Widerspruch hervor. Bernhold entwarf das Bild eines starken Mädchens, das sich aus freier Entscheidung für das Land opfert. Jeanne wirkt zwar mädchenhaft in ihrer Liebe zu

Dunois, ist jedoch im Grunde eine heroische Figur, die ihre persönlichen Gefühle dem Sendungsbewußtsein unterordnet. Das literarische Motiv der Liebesverstrickung, das in diesen Darstellungen eine untergeordnete Rolle spielt, tritt seit dem 18. Jh. immer stärker in den Vordergrund. Die Keuschheit begründet den Mut des Mädchens, der der jungfräulichen Bindung an ein überpersönliches Ethos entspringt; Jeannes erwachende Liebe zu einem Mann motiviert den Verlust ihrer übermenschlichen Stärke. Sobald sie sich verliebt oder, in der bevorzugten Darstellungsform, einem Engländer zuneigt, entstehen Zweifel an ihrer Berufung. Sie verfällt der Welt.

Während in Frankreich im Zeitalter Napoleons Jeanne abermals dem nationalen Bestreben angeglichen wurde, entwarf Schiller eine Figurenkonzeption, die die weitere literarische Entwicklung entscheidend beeinflußte. Schiller beleuchtet psychologisch feinfühlig den inneren Konflikt Johannas zwischen Pflicht und Neigung, zwischen Sendungsbewußtsein und Verlangen nach persönlicher Erfüllung. Außerdem entwickelt er aus dem äußeren Konflikt und inneren Zwiespalt einen Parabeltyp der Handlungsführung. Im systematischen Aufbau des Geschehens erscheint Johanna als Verkörperung der Frau. Sie ist irdisch, erliegt der Versuchung, entsagt und ringt, immer von neuem ansetzend, mit der Frage der Seinsorientierung. Sie wird aber darüber hinaus eine symbolische Figur für die Entwicklung der menschlichen Gesellschaft, die aus einer primitiven Vorstellungswelt (Johanna: Gottes Engel/Teufel, Höllenkraft) über die tief empfundene Gottesferne (IV, es donnert im Himmel; das Zeichen bleibt unverständlich) zur Einordnung in die Freiheit der Gesetze (V, 9) führt. In der Einordnung transzendiert der einzelne seinen Willen und fügt sich aus freier Entscheidung dem Ethos der Gerechtigkeit. Die Darstellungen im 19. Jh. bezeugen die grundsätzlichen Zweifel an dieser idealistischen Konzeption. Das einfache Mädchen vom Land verliert die Orientierung, nicht weil es eine im Gefühl befangene Frau ist, sondern weil alle Menschen in die politischen Wirren einer Zeit hineingezogen werden. So entstehen neben spannungsgeladenen, auf das Abenteuer bezogenen Werken (Dumas-père, Southey, Mark Twain) Darstellungen Jeannes, in denen sie mit Mächten ringt, die sich ihrem Zugriff entziehen (Barbier, France, Delteil).

Im 20. Jh. setzt sich das Verfahren weiter durch, die Figur in den Brennpunkt zeitgenössischer, sozialer und politischer Auseinandersetzungen zu stellen. Péguy macht beispielsweise Jeanne zuerst zum Sprachrohr sozialistischer Reformwünsche, entwirft aber bereits einige Jahre später das Bild einer Jungfrau, die im festen katholischen Glauben ihr Heil sucht. Auch in den Darstellungen von Shaw, Anderson und Anouilh ist Jeanne durchaus vom Geist des 20. Jh. geprägt. Sie ist intellektuell, politisch aufgeklärt und vertritt Reformanliegen der Gegenwart. Brecht ersetzt in seiner Darstellung die ursprünglich mit der Figur verbundene Schicksalskonzeption durch ein erwachendes historisches Bewußtsein. Johanna betritt die Bühne zu einem Zeitpunkt, der die bevorstehende gesellschaftliche Revolution bereits ahnen läßt. Ihr Leben veranschaulicht, daß der Appell der Heilsarmee an das menschliche Gefühl des Mitleids das System letztlich stützt. Eine grundlegende Veränderung der gegenwärtigen Zustände kann nur durch die Beseitigung der bestehenden Klassengesellschaft erreicht werden. Der Blick auf die übergreifenden Tendenzen der vielseitigen Darstellungen bestätigt eine wiederkehrende Erscheinung im Figurenaufbau historischer Personen. Die Figuren werden aus dem historischen Zusammenhang herausgelöst und erhalten die ihnen gemäße Seinswirklichkeit durch die thematische Entwicklung. Die geschichtlichen Ereignisse werden dem zeitgenössischen Anliegen angeglichen. Selbst ein mit der geschichtlichen Person untrennbar verknüpftes Geschehen wie der Tod auf dem Scheiterhaufen kann aus kompositorischer Rücksicht verfremdet oder völlig verändert werden.

Quellen: Christine de Pisan, *Ditié* (1429); Martin Le Franc, *Champion des Dames* (1440); Georges Chastellain, *Récollection des merveilles advenues de nostre temps* (ca. 1450); Dominico Robertis, *Historia de la Ponzella Dorleans* (1512); Shakespeare, *Henry VI, Part One* (1592); Félix Lope de Vega, *La Poncella da Francia* (ca. 1600); Jean Chapelain, *La Pucelle, ou la France délivrée* (1656); Johann-Gottfried Bernhold, *La Pucelle d'Orleans* (verf. 1762); Sébastien Mercier, *Jeanne d'Arc, Tragédie* (1775); Robert Southey, *Joan of Arc* (1793); John Burk, *Joan d'Arc* (1798); Friedrich Schiller, *Die Jungfrau von Orleans* (1802); Friedrich Schlegel (Hg.), *Geschichte der Jungfrau von Orleans. Aus altfranzösischen Quellen* (1802); René Périn, *La Maison de Jeanne d'Arc, comédie* (1818); Friedrich Hebbel, *Geschichte der Jungfrau von Orleans* (1840); Alexandre Dumas-père, *Jeanne d'Arc au bûcher* (1846); Alexandre Dumas-fils, *Tristan le Roux* (1850); Eugène Sue, *Jeanne d'Arc, la Pucelle d'Orleans* (1865); George Henry Calvert, *The Maid of Orleans: A Historical Tragedy* (1873); Mark Twain, *Recollections of Joan of Arc* (1895); Anatole France, *La Vie de Jeanne d'Arc* (1908); Charles Péguy, *Jeanne d'Arc* (verf. 1897); *Jeanne et Hauviette* (verf.1904); *Le Mystère de la Charité de Jeanne d'Arc* (1910); George Bernard Shaw, *Saint Joan* (1923); Georg Kaiser, *Gilles und Jeanne* (1923); Joseph Delteil, *Jeanne d'Arc* (1925); Bertolt Brecht, *Die Heilige Johanna der Schlachthöfe* (1929–30); *Die Gesichte der Simone Machard* (1943); *Der Prozeß der Jeanne d'Arc zu Rouen 1431* (Seghers Bearb. 1952); Paul Claudel, *Jeanne d'Arc au bûcher* (1937); Lion Feuchtwanger, *Simone* (1944); Maxwell Anderson, *Joan of Lorraine* (1946); Pär Lagerkvist, *Låt Menneskan leva* (1949); Jacques Audiberti, *Pucelle* (1950); Anna Seghers, *Der Prozeß der Jeanne d'Arc zu Rouen im Jahre 1431* (Hörspiel 1952); Jean Anouilh, *L'Alouette* (1953).

Lit.: H. Blaze de Bury: Jeanne d'Arc dans la littérature. In: Revue des Deux Mondes, 3e série 69 (1885); J.K. Bostock: The Maid of Orleans in German Literature. In: MLR 22 (1927); W. Brettschneider: Die Jungfrau von Orleans im Wandel der Literatur. Hollfeld 1970; M. Desfourneaux: Jeanne D'Arc en Espagne. In: Hispania 26 (1943); W. Grenzmann: Die Jungfrau von Orleans in der Dichtung. Berlin 1934; E. v. Jan: Das literarische Bild der Jeanne d'Arc. 1429–1926. Halle 1928; V. Klemperer: Jeanne d'Arc als dichterische Gestalt. In: F. Strich (Hg.), Die Ernte. Halle 1926; P. Lanéry d'Arc: Bibliographie raisonnée et analytique des ouvrages relatifs à Jeanne d'Arc. Paris 1894; A.B. Powers: Three Images of Jeanne d'Arc in 17th-C. French Literature. Columbia, SC 1981; I. Raknem: Joan of Arc in History, Legend, and Literature. Oslo 1971; J. Vercruysse: Jeanne d'Arc au siècle des Luminères. In: Studies on Voltaire and the 18th C. 90 (1972).

Siehe auch: Figurenkonzeption, Macht

Jona

Die biblische Erzählung des Propheten Jona enthält in äußerst konzentrierter Form die thematische Konstellation →Begrenzung-Freiheit, den Mythos der Fahrt in die Unterwelt mit darauffolgender Wiedergeburt (Jona wird ins Meer geworfen, bleibt drei Tage im Bauch des Wals und wird dann an Land gespien) und die literarische Konstante der menschlichen Entwicklung zu einer höheren Stufe der Welterkenntnis. Jona versucht, sich dem Befehl Gottes zu entziehen, und flieht aufs Meer. Er bekennt sich jedoch auf dem Schiff zur Gehorsamsverweigerung, das heißt, er vernimmt in diesem Augenblick deutlich den Ruf des Gewissens. Er läßt sich opfern, erfährt die Notlage der absoluten Vereinsamung und ruft Gott um Beistand an. Der Gemeinschaft zurückgegeben, wandelt er nach Ninive, verkündet dort die göttliche Botschaft, lehnt sich jedoch wieder gegen Gott auf, weil dieser die Reue der Stadt annimmt und das vorhergesagte Strafgericht unterläßt. Jona wird durch eine abermalige Belehrung von seiner Selbstsucht geheilt. Die Geschichte enthält auf begrenztem Raum die wesentlichen Elemente der Lebensfahrt: Prüfung, Wegscheide, Versagen, Bewährungsprobe, erneutes Versagen und Läuterung. Außerdem zeigt die Charakterentwicklung das →Reifen eines Menschen, der sich aus der subjektiven Gebundenheit des Willens befreit und zur Anerkennung einer natürlichen Ordnung findet. Die literarischen Gestaltungen bewahren diese Eigenheiten trotz außergewöhnlich großer Unterschiede in der individuellen Figurenkonzeption.

Quellen: *De Jonas et de la balaine* (14. Jh.); *Patience* (14. Jh.); Francisco Gomez de Quevedo, *A la ballena y a Jonas* (1620); John Thomas Beer, *The Prophet of Nineveh* (1877); Iwan Gilkin, *Jonas* (1900); Isaac Lichtenstein, *Jona Ben Amiti* (1929); James Bridie, *Jonah and the Whale* (1932); *The Sign of the Prophet Jonah* (1942); *Jonah 3* (1942); Günter Rutenborn, *Das Zeichen des Jona* (1946); Albert Camus, *Jonas, ou l'artiste au travail* (1957); Stefan Andres, *Der Mann im Fisch* (1963); Paul Goodman, *Jonah* (1965); Jacobus Overduin, *Adventures of a Deserter* (1965); Marin Sorescu, *Iona* (1967); Gertrud Leutenegger, *Ninive* (1977).

Lit.: A. Fáj: A Jónás téma a világirodaloban. Rome 1977; The Jonah Theme in World Literature. In: Ural-Altäische Jahrbücher 50 (1978).

Jude

1. Eine sachliche Beurteilung der Figur wird erschwert durch die offenen und versteckten Werturteile, die in den literarischen Darstellungen anklingen. Schließt man Schilderungen aus, die den Menschen in seinem eigenen Kulturraum vorstellen oder ein Bild des sendungsbewußten Repräsentanten der Staatsidee Israels entwerfen, so erscheint der Jude in der abendländischen Tradition weitgehend als Außenseiter. Die Figur hat außerdem eindeutige Kontrastfunktion im Vorbildlichen wie im eindeutig Negativen. Die Figurenkonzeptionen sind nicht nur von den religiösen Auffassungen der Autoren und ihrer christlichen oder jüdischen Identitätskrise gefärbt, sondern spiegeln auch die wechselnden theologischen, ökonomischen und gesellschaftlichen Ansichten einer Zeit. Dazu tritt die Tendenz, die sich in Verbindung mit anderen Figuren (→Cäsar, →Jeanne d'Arc, →Napoleon) abzeichnet: Die Gestalt wird ideologisch aufgeladen, um das Lesepublikum zu beeinflussen oder ihm entgegenzukommen.

2. Im christlichen Schrifttum des Mittelalters verkörpern jüdische Personen unvereinbare Gegensätze. Alttestamentarische Figuren sind gläubige, vorbildliche Vertreter einer erstrebenswerten Haltung zu Gott. Dagegen weist der Typ Jude die Merkmale der zeitgenössischen Vorurteile auf und ist verantwortlich für die Leiden Christi. In Evangelienharmonien (*Heliand,* um 822–40), Heiligenlegenden, Seelengärtlein und der christlichen Erbauungsliteratur (Johann Arndt, *Vier Bücher vom wahren Christentum,* 1605; *Paradiesgärtlein aller christlicher Tugenden,* 1612; typisch im Gesang der alten Bäuerin in Clemens Brentanos *Geschichte vom braven Kasperl und dem schönen Annerl,* 1817: „Da kamen die falschen Juden gegangen, / Die führten einst unsern Herrn Christum gefangen"; *Die Harfe Gottes*) trägt das jüdische Volk die Verantwortung für Christi Kreuzigung. In Fastnachts-, Mysterien- und Passionsspielen (Arnoul Gréban, *Mystère de la Passion,* 14. Jh.; Jean Michel, *Mystère de la Passion et Résurrection,* 14. Jh.) identifizieren rote Perücken und schwarze Kaftane die bösartigen Feinde des christlichen Glaubens. Die Charakterzeichnung der Personen orientiert sich häufig an dem käuflichen Verräter Judas. Geldgierig, arglistig, tückisch und durchtrieben, dienen Judas und sein Volk den bösen Mächten, die Jesus und seinen Anhängern nachstellen (York Mystery Plays; Geoffrey Chaucer, *Prioress's Tale,* ca. 1386; Stücke von Jakob Ayrer, Heinrich Bebel, Hans Folz und Pamphilus Gengenbach). Allgemein verbreitete Gerüchte von sakralen Kindermorden und Brunnenvergiftungen durch Juden beeinflußten nicht nur Hetzschriften, sondern auch andere Darstellungen („The Jew's Daughter", 14. Jh.; *The Croyton Play of the Sacrament,* 14. Jh.). Wie weit verbreitet diese Vorstellungen waren, belegt die englische Literatur der Zeit, die das Stereotyp übernahm, obwohl zwischen 1290 und 1556 keine Juden in England lebten. Demgegenüber lassen sich jedoch im Schrifttum des 15. und 16. Jh. durchaus positive Schilderungen gläubiger, gebildeter, intelligenter Juden nachweisen (Stücke von Ayrer; Hans Rosenplüt, *Ein disputatz . . . mit einem Juden,* nach 1445; Hans Sachs, *Der Jued mit den dreyen ringen,* 1545, direkter Vorläufer von Lessings *Nathan der Weise*). Das Gesamtbild ist daher eigentümlich ambivalent.

Im Gegensatz zur negativen Typenbildung setzt sich in der Literatur, die Stoffe aus dem Alten Testament verarbeitete, eine durchaus positive Darstellung der israelitischen „Altväter" durch. Die Bühnenanweisungen zu *Ordo de Ysaac et Rebecca* und *Interlude of Jacob and Esau* geben an, daß die Personen im „hebräischen Gewand" auftreten müssen. Diese geduldig leidenden und auf die Erlösung wartenden Juden werden zum Vorbild für die christliche Gemeinschaft. Die Idealisierung der Figuren tritt besonders markant in französischen Renaissancedramen hervor (z.B. Jean de la Taille, *Saül furieux,* 1572; Robert Garnier, *Sédécie ou les Juives,* 1580). Die Charaktereigenschaften der Personen werden im Laufe der Zeit durch Züge des Heroischen erweitert. In dieser Entwicklung, die von John Miltons *Samson Agonistes* (1671), Jean Racines *Esther* (1689), *Atalie* (1691) über Friedrich Hebbels *Judith* (1841), *Herodes und Mariamne* (1850) und Franz Grillparzers *Esther* (1877) bis zu Ernst Barlachs *Die Sündflut* (1924) führt, werden die Figuren nicht mehr so stark mit dem jüdischen Volk identifiziert. Obwohl sie sich noch immer in ihrem Glauben bewähren müssen, überlagern individuell ausgearbeitete Konflikte und unterschiedliche Themen den Handlungsverlauf. Die Figuren veranschaulichen allgemein menschliche Probleme und werden vom Zuschauer selten als Vertreter der jüdischen Geistesart empfunden.

3. Negative Schilderungen des Juden verschärfen sich im Zuge der Säkularisierung der Literatur und der bewußten Orientierung am Zeitgeschehen. Die Darstellungen der schamlosen Ausbeuter, betrügerischen Wucherer und gehässigen Außenseiter stießen unter einigen aufgeklärten Schriftstellern auf scharfen Widerspruch. So entsteht die eigenartige Situation, daß neben verzerrten Bildern bösartiger Außenseiter Schilderungen unterdrückter, leidender und schließlich vorbildlicher Juden das Publikum zur Selbstbesinnung aufrufen.

Die besondere Rechtslage der Juden, Edikte, Berufszwang und religiös geprägte Vorstellungen der Zinserhebung blieben in literarischen Gestaltungen des habgierigen Ausbeuters zuerst völlig im Hintergrund. Gautier de Coincys weitverbreitete *Les Miracles de la Sainte Vierge* (13. Jh.) prangern den jüdischen Wucherer an, der die christlichen Bürger ins Elend stürzt. Durch Christopher Marlowe, *The Jew of Malta* (1588), und Shakespeare, *The Merchant of Venice* (1595), wurde dieser Typ zur Figur der Weltliteratur. Sowohl Marlowe als auch Shakespeare setzen völlig neue Akzente. Barabbas und Shylock sind weder komische noch bösartige Stereotypen. In ihren Eigenschaften geradezu urphänomenal, beleuchten diese Figuren charakteristische menschliche Triebe und Eigenschaften, die Spannungen der Gesellschaft und das Verlangen des Menschen nach Anerkennung. Shylock steht vor der äußersten Entscheidung über sein Schicksal. Er liebt seine Tochter, haßt die Umwelt, die ihn zum Außenseiter degradiert, zögert, begehrt auf und verspürt in seiner Identitätskrise eine nahezu modern anmutende Lebensangst. Er strahlt eine Seinswirklichkeit aus, die in ihrer Formgebung einmalig ist. Trotzdem strebt die Figur zu einer Typik problematischer Züge, welche die literarische Tradition bis ins 19. Jh. beeinflußt (vgl. Alfred de Musset und Emile Augier, *L'Habit vert*, 1849; Lion Feuchtwanger).

Einseitige, auf wenige Züge reduzierte Beschreibungen von Juden kommen besonders häufig in der Literatur des 19. Jh. vor. Vormals Vertreter des merkantilistischen Handels, fungieren die Figuren nun als Repräsentanten des kapitalistischen Geistes. Sie sind selbstsüchtig, hartherzig und passen sich schlau jeder Situation an. Sie haben nur ihren eigenen Vorteil im Auge, nutzen die Mitmenschen aus und verfolgen konsequent das Ziel, in der Gesellschaft emporzukommen. Die Figuren verkörpern häufig negative Begleiterscheinungen der zeitgenössischen Kapitalbildung. Sie dienen in vielen Werken der Kontrastwirkung und beleuchten die positive Zielsetzung anderer, denen eine menschenwürdige Daseinsgestaltung vorschwebt. Man kann die Typenbildung daher nicht vorbehaltlos antisemitischen Tendenzen der Autoren zuschreiben. Zeitgenössische Rezensionen belegen jedoch, daß das Publikum selbst in wohlmeinenden Schilderungen das Kritisch-Abwertende besonders beachtete. Zu den umstrittenen Figuren gehören: Nathan in Achim von Arnim, *Halle und Jerusalem* (verf. 1810); Isaac in Walter Scott, *Ivanhoe* (1819); Rabbi Manesse ben Israël in Victor Hugo, *Cromwell* (1827); der Handlungsträger in Wilhelm Hauff, „Jud Süß" (1828); Gobseck, Baron Nucingen und Fraisier in Honoré de Balzac, *La Comédie humaine* (1829–47); Fagin in Dickens, *Oliver Twist* (1837); Samuel Bourset in Gorge Sand, *Les Mississippiens* (1841); Benjamin in Friedrich Hebbel, *Der Diamant* (1847); Veitel Itzig in Gustav Freytag, *Soll und Haben* (1855); Moses Freudenstein in Wilhelm Raabe, *Der Hungerpastor* (1864); Platow in Theodore Dreiser, *The Titan* (1914); Meyer Wolfsheim in F. Scott Fitzgerald, *The Great Gatsby* (1925). Rein antisemitisch dagegen sind die Erbauungsbücher Sebastian Brunners und besonders seine Angriffe auf jüdische Schriftsteller in *Die jüdischen Federhelden* (1848), *Don Quixote und Sancho Pansa* (1886) und *Zwei Buschmänner (Börne und Heine). Actenmäßig geschildert* (1891). Obwohl die Figuren besonders im Realismus durch detaillierte Beschreibungen bestimmt sind, bestehen auffällige Übereinstimmungen in ihrer Denkform und ihren Eigenschaften (vgl. Emile Zola, *Vérité,* 1902; Anatole France, *L'Ile des pingouins,* 1906).

Die literarische Gegenkonzeption zu der kritikauslösenden Figur ist der vorbildliche Jude. Die Figur wirkt wie ein positives Spiegelbild des negativen Typs und erhält in der literarischen Entwicklung alle erstrebenswerten menschlichen Eigenschaften. Der erhabene Jude ist voller Teilnahme am Mißgeschick anderer, weichherzig, hilfsbereit und freigebig; er denkt edel, ist weise, tolerant, kann über die Vorurteile der Welt lächeln und der Gesellschaft vergeben. Obwohl Robert Greene (*Greenes Mourning Garment,* 1592?) die Weisheit des Rabbiners Bilessi pries und sowohl George Herbert als auch Henry Vaughan in ihren Gedichten „The Jews" (17. Jh.) das von Gott auserwählte Volk verherrlichten, entstehen überzeugende Darstellungen von nachhaltigem Eindruck erst im Zeitalter der Aufklärung. Die Figuren in Christian Fürchtegott Gellerts *Leben der schwedischen Gräfin von G**** (1746–48), Gotthold Ephraim Lessings *Nathan der Weise* (1779) und Richard Cumberlands *The Jew* (1794) veranschaulichen das Toleranzdenken der Periode. Lessing hatte bereits in seinem kurzen Lustspiel *Die Juden* (1749) in der Person des Reisenden einen hochherzig denkenden Juden auf die Bühne gestellt. Das Stück zählt in gedrängter Folge alle in der Gesellschaft wuchernden Vorurteile auf und widerlegt sie dann durch das Handeln des Reisenden. Es weist in der Lösung (Freundschaft zwischen dem belehrten Baron und dem toleranten Juden) auf das abschließende Tableau im *Nathan* hin. Der aus tiefem persönlichem Leid zu hoher Sittlichkeit gereifte Nathan überzeugt die Umwelt von der echten Menschlichkeit, die bei allen Völkern beheimatet ist. Das in Lessings dramatischem Gedicht ausgesprochene Vertrauen auf die Entwicklungsfähigkeit des Menschen und die Toleranz kennzeichnet im allgemeinen die Darstellungen vorbildlicher Juden seit dieser Zeit. Sidonia in Benjamin Disraelis *Coningsby* (1844) wird zum Sinnbild des menschlichen Strebens nach Weisheit. Daniel Morton in der Novelle „Gloria" (1877) von Benito Pérez Galdós stellt sein Leben in den Dienst der Idee des Weltfriedens. Die Professoren Max Gottlieb (Sinclair Lewis, *Arrowsmith,* 1925) und Bernhardi (Arthur Schnitzler, *Professor Bernhardi,* 1912) sind Ärzte, die die Leiden der Mitmenschen lindern. Daniel (George Eliot, *Daniel Deronda,* 1876) und Max (Richard Wright, *Native Son,* 1940) übernehmen die Rolle geistiger Erzieher, die anderen helfen, das Dasein zu meistern. In Frankreich löste der Prozeß gegen Dreyfus nach 1894 zuerst betont antisemitische Kundgebungen aus. Der scharfe Angriff Emile Zolas gegen das Militärgericht in seinem Artikel „J'accuse" (1898) und seine wiederholten Appelle an die Vernunft (Gesammelte Aufsätze: *La Vérité en marche,* 1899) regten indessen weitere, eindrucksvolle Darstellungen des zu Unrecht angeklagten Juden an, der zum Opfer der Vorurteile seiner Zeit wird (France, *L'Anneau d'améthyste,* 1899; Roger Martin du Gard, *Jean Barois,* 1913).

4. Jede literarisch verarbeitete Kritik antisemitischer Tendenzen mußte notwendigerweise entweder in die Figurenkonzeption ein deutlich erkennbares Element des Jüdischen aufnehmen oder die Person als Juden bezeichnen. In den auf der Linie der vorbildlichen Figur liegenden Schilderungen verdrängen jedoch die erstrebenswerten Eigenschaften langsam, aber systematisch alle anderen Aspekte. Das Resultat war, daß die Figur abermals aus dem gesellschaftlichen Raum herausragte und die Rolle des Außenseiters übernahm. An sich steht jede Person, die der Gesellschaft einen Weg zu einer neuen Verfassung weisen soll, in einem distanzierten Verhältnis zur Umwelt. Andererseits läßt sich seit der Jahrhundertwende in einer Reihe von Werken ein anderes Phänomen nachweisen. Personen jüdischer Herkunft, die in der Gesellschaft assimiliert sind, können zwar durch ihr Handeln individuelle und gesellschaftliche Fragestellungen beleuchten; sie eignen sich jedoch nicht zur Gestaltung von Konflikten zwischen Juden und Nicht-Juden (vgl. Pash in Eliot, *Daniel Deronda;* Worms-Clavelin in France, *L'Orme du mail,* 1896; Elzéar Bayonne in Eugène Melchoir de Vogüé, *Les*

Morts qui parlent, 1899; Swann in Marcel Proust, *A la recherche du temps perdu,* 1913–27). Viel differenzierter sind die Schilderungen von Identitätskrisen, die der gescheiterten Assimilation, der Ablehnung des Judentums und der Rückkehr zur jüdischen Tradition entspringen. Überdies werfen diese Darstellungen nicht nur Fragen der geistigen Bewältigung der Vergangenheit, sondern auch der Gegenwart auf (Karl Emil Franzos, *Die Juden von Barnow,* 1877; *Der Pojaz,* 1905; Ludwig Jacobowski, *Werther der Jude,* 1892; Robert Jaffe, *Ahasver,* 1905; Ernst Sommer, *Gideons Auszug,* 1912; Sammy Gronemann, *Tohuwabohu,* 1920; Arnold Zweig, *Die Umkehr der Abtrünnigen,* 1925; *De Vriendt kehrt heim,* 1932; Lion Feuchtwanger, *Jefta und seine Tochter,* 1957). Einige amerikanische Schriftsteller sehen in der Assimilation eine Gefahr für die Bewahrung der jüdischen Tradition (Anzia Yezierska, „Dreams and Dollars", 1923; Paul Goodman, „The Break-up of Our Camp", 1949); andere wie Philip Roth, *The Ghost Writer* (1979), *Zuckerman Unbound* (1981), *The Anatomy Lesson* (1983), betrachten die Entwicklung als ein Phänomen, das sich in jeder Generation wiederholt.

5. Die weitaus wichtigste Funktion der Figur beruht auf der Zuordnung zur Thematik sozialer Reform. Historische Prozesse haben den Juden die Verhaltensweise des Außenseiters aufgezwungen. Sie stehen daher in einem kritischen, distanzierten Verhältnis zu der Gesellschaft, in der sie leben. Sie erfahren deren Unstimmigkeiten besonders eindringlich. Aufschlußreich in der literarischen Figurenkonzeption jüdischer Außenseiter ist die Tatsache, daß die Erfahrung des Fremdseins selten eine →Entfremdung vom Dasein ist, die der Vorstellung einer →absurden Weltverfassung entspringt. Die Personen bekunden ein festes Vertrauen auf die Möglichkeit grundlegender Wandlungen. In der weitaus größten Zahl der Texte betrachten die Figuren den gesellschaftlichen Notstand als eine überwindbare Phase der historischen Entwicklung. Dadurch unterscheidet sich der Typ des Juden von den anderen Außenseitern in der Literatur des 20. Jh., die in der Entfremdung eine unveränderliche Existenzbedingung sehen. Der Jude kann die verlorene Heimat besingen, sein Leid klagen, die Umwelt rügen oder von seinem Leben in der neuen Heimat berichten (Süßkind, der Jude von Trimberg; Heinrich Heine, „An Edom"; Stefan Zweig, „Das singende Blut", „Wir Wandern"; Franz Werfel, „Hohe Gemeinheit"; Theodor Herzl, *Das neue Ghetto,* 1897; Nathaniel Gillman, *Circumstantial Affection: A Realistic Romance of the New York Ghetto,* 1900; Abraham Cahan, *Yekl: A Tale of the New York Ghetto,* 1917; Isaac Bashevis Singer, *The Family Moskat,* 1950; *Yentl,* 1975; *Lost in America,* 1981; André Schwarz-Bart, *Le Dernier des Justes,* 1959). Er will jedoch die Welt verändern, sei es durch den Aufruf an den einzelnen (Friedrich Wolf, *Professor Mamlock,* 1933), durch die Stärkung des jüdischen Selbstbewußtseins (Jaffe, *Ahasver*) oder durch die revolutionäre Umgestaltung der Gesellschaft (Herzl, *Altneuland,* 1902; Lion Feuchtwanger, *Die Geschwister Oppermann,* 1933; Sidney Meller, *Roots in the Sky,* 1938). Diese Eigenart liegt auch weiterhin der Charakterzeichnung jüdischer Figuren in der zeitgenössischen amerikanischen Literatur zugrunde. Obwohl Schriftsteller wie Wouk, Bellow, Malamud und Roth Figuren bevorzugen, die typisch amerikanisch wirken, behalten diese waschechten Yankees einen Zug urwüchsiger Lebenskraft, der in der jüdischen Überlebenskunst wurzelt. Noch deutlicher ist diese Tendenz in Werken, die, im bewußten Rückgriff auf die jüdische Tradition, der Gegenwart das Ideal des entwicklungsfähigen Menschen entgegenstellen, der in der persönlichen Pflichterfüllung im Alltag sein Leben meistert (Aben Kandel, *Rabbi Burns,* 1931; Levinsky in Cahan, *The Rise of David Levinsky,* 1917; Adam in Myron Kaufmann, *Remember Me to God,* 1957; Herman Wouk, *Marjorie Morgenstar,* 1955; Frank in Bernard Malamud, *A New Life,* 1961; Libby Herz in Philip Roth, *Letting Go,* 1962).

In der europäischen Literatur läßt sich aus dem Reformanliegen kein eindeutiger Traditionsstrang ableiten. Die Entwicklung wird besonders in Deutschland mehrfach unterbrochen. Zuerst standen die von der zionistischen Bewegung ausgearbeiteten, konkreten Reformvorschläge in scharfem Gegensatz zu den Bemühungen einzelner Autoren wie etwa

Jacobowski, *Werther der Jude*, und Joseph Roth, *Hiob. Roman eines einfachen Mannes* (1930), die in der Eingliederung des Juden in die nichtjüdische Gesellschaft eine erstrebenswerte Erscheinung sahen. Daneben entstehen Werke wie Jakob Wassermanns *Die Juden von Zirndorf* (1897) und *Die Juden von Barnow* (1877) von Karl Emil Franzos, in denen der Charakter der Figuren vom jüdischen Schicksal geprägt ist. Die Figuren verkörpern wie Joseph Süß in Feuchtwangers *Jud Süß* (1925) die Problematik der Anpassung an die herrschende Klasse, die mit dem Verlust der menschlichen Werte bezahlt wird, oder werden wie Leopold Bloom im *Ulysses* (1922) von James Joyce zum Symbol der Geschichte ihres Volkes. Später verdrängen die von der rassistischen Ideologie durchdrungenen Zerrbilder die Figur des vorbildlichen Juden. In Werken der deutschen Nachkriegsliteratur, in denen im Zuge der Bewältigung der Vergangenheit das Dritte Reich den Bezugsrahmen liefert, zwingen einzelne, oft behutsam entworfene Bilder jüdischer Menschen zur Reflexion über das jüdische Schicksal. Wie nie zuvor sind jüdische und deutsche Lebenswege verstrickt. Die Rekonstruktionen der Vergangenheit lassen entweder indirekt die Judenverfolgung anklingen oder schildern tiefgreifende menschliche Konflikte unter den Bedingungen der faschistischen Herrschaft (z.B. Bruno Apitz, *Nackt unter Wölfen,* 1958; Mosheh Ben-Gavriêl, *Das Haus in der Karpfengasse,* 1958; Johannes Bobrowski, *Levins Mühle,* 1964; Jurek Becker, *Jakob der Lügner,* 1969; Peter Abraham, *Die Schüsse der Arche Noah,* 1970). Gemeinsam ist allen Werken, daß die Abrechnung mit der Vergangenheit zur Auseinandersetzung mit der Gegenwart führt. Das Deutungsmuster bewirkt somit nicht nur eine kritische Stellungnahme zur politischen Geschichte, sondern auch zur eigenen Einstellung zum Zeitgeschehen.

6. Sieht man von der jüdischen Frauenliteratur und den eindrucksvollen Lebensschilderungen jüdischer Frauen wie beispielsweise der *Glückel von Hameln* (verf. 1719) und den Aufzeichnungen Rachel Levin Varnhagens (posthum 1833) ab, dann kristallisiert sich in Darstellungen der Jüdin ein Grundzug heraus. Die jüdische Frau stürzt sich in das Abenteuer der Assimilation. Ihre Haltung erregt Bewunderung; ihr Schicksal erweckt Mitleid; sie verzaubert die Leser. Die Figur ist ein Mittel der Einfühlungstechnik. Sie übernimmt als Kontrastfigur oder Handlungsträgerin (Wilhelm Raabe, „Holunderblüte", 1863; Franz Grillparzer, *Die Jüdin von Toledo,* 1873; Feuchtwanger, *Die Jüdin von Toledo,* 1955; Wouk, *Marjorie Morningstar*) die Aufgabe, den Lesern Einblicke in das Schicksal und die Gefühle jüdischer Frauen zu vermitteln. Die Frauen sind von exotischer Schönheit, liebevoll und opfern sich für andere (Rebecca in Walter Scott, *Ivanhoe,* 1820; Rebecca in Alexandre Dumas-fils, *La Femme de Claude,* 1873; die Frau in Emile Erckmann-Alexandre Chatrian, *Le Blocus de Phalsburg,* 1857; die Königin in Maria Janitschek, „Königin Judith", 1887). Sie verlieben sich, folgen der Stimme ihres Herzens, geben den alten Glauben auf und verlassen ihr Volk (Félix Lope de Vega, *Las paces de los reyes y la Judía de Toledo,* um 1629; Juan Bautista Diamante, *La Judía de Toledo,* 1667; Vincente Antonio García de la Huerta, *Raquel,* 1778; Esther in Honoré de Balzac, *Splendeurs et misères des courtisanes,* 1843; Eve Duvillard in Zola, *Paris,* 1898). Schließlich verkörpern sie den Menschen, der tatkräftig seine Zukunft bestimmt (Raabe, *Frau Salomé,* 1909; Sarah in Jean-Paul Sartre, *La Mort dans l'âme,* 1949). Die Frauengestalten fördern die Anschauungsillusion, erfassen jedoch in den angeführten Beispielen trotzdem die gesellschaftskritischen Aspekte, die untrennbar mit der Figur des Juden verknüpft sind.

Quellen: Süßkind der Jude von Trimberg, „Zurück zu jüdischer Art" (13. Jh.); Gautier de Coincy, *Le Dit du vrai aniel* (13. Jh.); „The Jew's Daughter" in: *Percy's Ballads* (14. Jh.); Robert Wilson, *The Three Ladies of London* (1584); Thomas Nashe, *The Unfortunate Traveller* (1594); John Milton, *Samson Agonistes* (1671); Daniel Defoe, *Roxana* (1724); Tobias Smollett, *Roderick Random* (1748); *The Adventures of Count Fathom* (1753); Gotthold Ephraim Lessing, *Die Juden* (1749); Richard Brinsley Sheridan, *The Duenna* (1775); Karl Sessa, *Unser Verkehr* (verf. 1812); William Wordsworth, „A Jewish Family" (1828); Annette von Droste-Hülshoff, „Die Judenbuche" (1842); Nikolaus Lenau, „Der arme Jude" (1844); Karl Gutzkow, *Uriel Acosta* (1864); Emile Erckmann-Alexandre Chatrian, „L'Ami Fritz" (1864); Emile Zola, *Nana* (1880); *L'Argent* (1891); *Vérité* (1902); Guy de Maupassant, *Mademoiselle Fifi* (1882); Israel Zangwill, *Children of the Ghetto* (1892); Abraham Cahan, *Yekl: A Tale of the New York Ghetto* (1896); *The Rise of David Levinsky* (1917); Montague Glass, Charles Klein, *Potash and Perlmutter* (1914); Paul Claudel, *Le Pain dur* (1915); Karl Emil Franzos, *Der Hiob von Unterach* (1913); Gustav Meyrink, *Der Golem* (1915); Arnold Zweig, *Das ost-jüdische Antlitz* (1920); *Das neue Kanaan* (1925); Armand Lunel, *Esther à Carpentras* (1926); Joseph Roth, *Tarabas* (1934); Georges Duhamel, *Le Désert de Bièvres* (1936); Saul Bellow, *Dangling Man* (1944); *The Victim* (1947); *The Adventures of Augie March* (1953); *Herzog* (1964); Arthur Miller, *Focus* (1945); Norman Mailer, *The Naked and the Dead* (1948); Nelly Sachs, *Eli . Ein Mysterienspiel vom Leiden Israels* (1951); Alfred Andersch, *Sansibar oder der letzte Grund* (1957); Bernard Malamud, *The Assistant* (1957); *The Magic Barrel* (1958); *A New Life* (1961); *The Fixer* (1966); Max Frisch, *Andorra* (1961); Isaac Bashevis Singer, *Gimpel the Fool and Other Stories* (1957); *The Spinoza of Market Street and Other Stories* (1961); *Shosha* (1978); *Old Love* (1979); Guy des Cars, *Le Château de la Juive* (1958); Philip Roth, *Goodbye Columbus* (1959); Edward L. Wallant, *The Pawnbroker* (1961); Peter Weiss, *Die Ermittlung* (1965).

Lit.: Das jüdische Erzählgut ist sorgfältig erfaßt und eingehend besprochen in: EM 7: 688–743; P. Angel: Le Personnage juif dans le roman allemand (1855–1915). Paris 1973; H. Arendt: Antisemitism. San Diego, CA 1985; R.C. Assens: Los Judíos en la literatura española. Buenos Aires 1937; D. Bering: Der Name als Stigma. Antisemitismus im deutschen Alltag 1812–1933. Stuttgart 1987; M. Blackman: A Guide to Jewish Themes in American Fiction 1940–1980. Metuchen, NJ 1981; A. v. Borries (Hg.): Selbstzeugnisse des deutschen Judentums 1861–1945. Ffm 1988; D. Bronson (Hg.): Jews and Germans from 1860–1933. Heidelberg 1979; G. Caro: Sozial- u. Wirtschaftsgeschichte der Juden im Mittelalter u. in der Neuzeit. 2 Bde. Hildesheim 1964; P. Catrice: L'Antisémitisme social français au miroir de la littérature des XIXe et XXe siècles. In: Revue de Psychologie des Peuples 22 (1967); G.R. Clay: The Jewish Hero in American Fiction. In: The Reporter 17 (1957); M. Debré: The Image of the Jew in French Literature from 1800 to 1908. New York 1971; H. Dinse: Die Entwicklung des jiddischen Schrifttums im deutschen Sprachgebiet. Stuttgart 1974; K. Dittmar: Assimilation and Dissimilation: Erscheinungsformen der Marginalitätsthematik bei jüdisch-amerikanischen Erzählern (1900–1970). Ffm 1978; A. Feinberg: Wiedergutmachung im Programm. Jüdisches Schicksal im deutschen Nachkriegsdrama. Köln 1988; H. Fisch: The Dual Image: The Figure of the Jew in English and American Literature. New York 1970; M. Frank: Das Bild des Juden in der deutschen Literatur im Wandel der Zeitgeschichte. Freiburg 1987; L. Geiger: Die deutsche Literatur u. die Juden. Berlin 1910; M. Gelber: Wandlungen im Bild des „gebilten Juden" in der deutschen Literatur. In: Jb. f. dt. Geschichte 13 (1984); S. Gilman: Jüdische Literaten u. deutsche Literatur. In: ZDP 107 (1988); G.E. Grimm, H.-P. Bayerdörfer (Hg.): Im Zeichen Hiobs. Jüdische Schriftsteller u. deutsche Literatur im 20. Jh. Königstein/Ts. 1985; Institut f. deutsche Geschichte. Univ. Tel Aviv (Hg.): Sozialgeschichte der Juden in Deutschland. Gerlingen 1991; L. Harays: The Image of the Jew in American Literature from the Early Republic to Mass Immigration. Philadelphia, PA 1974; H.-O. Horch, H. Denkler (Hg.): Conditio Judaica. Judentum, Antisemitismus u. deutschsprachige Literatur vom 18. Jh. bis zum 1. Weltkrieg. Tübingen 1988; B. Jünger: Die Darstellung der Juden im Werk von Hans Sachs. In: Mitteilungen d. Vereins f. Geschichte d. Stadt Nürnberg 77 (1990); J. Jurt: Der Mythos des Juden in der französischen Literatur u. Publizistik des 19. Jh. In: S. Lauer (Hg.), Kritik u. Gegenkritik in Christentum u. Judentum. Bonn 1981; S. Kaznelson: Jüdisches Schicksal in deutschen Gedichten. Berlin 1980; H.-M. Kirn: Das Bild vom Juden im Deutschland des frühen 16. Jh. dargestellt an den Schriften Johannes Pfefferkorns. Tübingen 1989; L.A. Klein: Portrait de la juive dans la littérature française. Paris 1970; F. Krobb: Die schöne Jüdin. Jüdische Frauengestalten in der deutschsprachigen Erzählliteratur vom 17. Jh. bis zum 1. Weltkrieg. Tübingen 1993; A. Lagny: Personnages juifs dans le Zeitroman de la République de Weimar. In: Germanica 9 (1991); J. Landa: The Jew in Drama. Port Washington, NY. 1968; C.A. Lea: Emancipation, Assimilation, and Stereotype: The Image of the Jew in German and Austrian Drama (1800–1850). Bonn 1978; C. Lehrmann: L'Elément juif dans la littérature française. Paris 1960; A.D. Low: Jews in the Eyes of the Germans. From Enlightenment to Imperial Germany. Philadelphia, PA 1979; I. Malin, I. Stark (Hg.): Breakthrough: A Treasury of Contemporary American-Jewish Literature. Philadelphia, PA 1963; W. Maurer: Kirche u. Synagoge. Stuttgart 1953; M.F. Moddler: The Jew in the Literature of England to the End of the 19th C. New York 1960; S. Moses, A. Schöne (Hg.): Juden in der deutschen Literatur. Ffm 1986; S.S. Prawer: Heine's Jewish Comedy. Oxford 1983; S. Moses, A. Schöne (Hg.): Juden in der deutschen Literatur. Ffm 1986; H.M. Müller: Die Judendarstellung in der deutschsprachigen Erzählprosa 1945–1981. Königstein/Ts. 1986; E.S. Randall: The Jewish Character in the French Novel 1870–1914. Menasha, WI 1941; E. Rosenberg: The Jew in Western Drama. In: Bull. of the New York Public Library 72 (1968); D. de Ruyter-Toguotti (Hg.): L'Etranger dans la littérature française. Groningue 1989; E. Schiff: From Stereotype to Metaphor. The Jew in Contemporary Drama. Albany, NY 1982; M. Schmidt: Urväter-Hausrat. Das Bild des jüdischen

Trödlers in Publizistik u. Literatur des 19. Jh. In: Sozialwiss. Informationen 18 (1989); I. Shedletzky, H.O. Horch (Hg.): Deutsch-jüdische Exil- u. Emigrationsliteratur im 20. Jh. Tübingen 1993; R. Singermann: The Jews in Spain and Portugal. New York 1975; H. Sinsheimer: Shylock: The History of a Character. New York 1963; H. Strauss(Hg.): Bibliographie zum Antisemitismus. Bern 1993; H. Strauss, C. Hoffmann (Hg.): Juden u. Judentum in der Literatur. München 1985; W. v. Wurzbach: Die Jüdin von Toledo in Geschichte u. Dichtung. In: Jb. d. Grillparzer-Gesellschaft 9 (1899).

Siehe auch: Holocaust

Jungfrau von Orléans

Siehe Jeanne d'Arc

Kain und Abel

Siehe Bruderkonflikt

Kannibalismus

Siehe Essen

Karfunkel

1. Im Altertum glasierten Alchimisten den dunkelroten Karfunkel (Granat, lapis granatus) mit einer Substanz, die sie aus der Flora und Fauna des Meeres herstellten. Nach der Behandlung strahlte der Karfunkel Licht in der Dunkelheit aus. Der Edelstein, der nicht nur im Sonnenlicht funkelte, sondern auch nachts leuchtete, war besonders hoch geschätzt, da er das Urphänomen der Lebenskraft zu enthalten schien. Das mystische Denken bewahrt die Vorstellung, daß der Besitz des Karfunkels den Zugang zu einer höheren Bewußtseinsstufe ermöglicht. Im Volksglauben und in der Welt der Sagen vermischen sich diese Vorstellungen mit Eigenschaften, die dem Stein der Weisen zugeschrieben wurden. Dem Glücklichen, der den Karfunkel betrachtet, erschließt sich ein verborgenes Reich ungeahnter Schätze. Er findet Zugang zu Bergwerken, Höhlen und entdeckt das schlagende Herz der Welt.

2. Die Literatur übernimmt diese Bedeutungsgehalte und stellt Beziehungen her zum Pulsschlag des Lebens (Menschenherz und Karfunkel in der Erzählung der Kaufleute in Novalis, *Heinrich von Ofterdingen,* 1802) oder zum Entstehungsakt der vom Menschen hervorgebrachten lebendigen Form (Phiole, Kohle und Karfunkel im Laboratorium, als Homunculus entsteht; Goethe, *Faust II,* 1832). Die zahlreichen Hinweise in der Romantik und in der Literatur der Jahrhundertwende lassen die Deutung zu, daß der Karfunkel zu den Motiven gehört, die eine Suche auslösen, begründen und in ihrer Bedeutung bewerten.

Karneval

Der Karneval kennzeichnet sowohl das Geschehen, in dem Kunst und Volksfest verschmelzen, als auch die Sphäre, in der sich gesellschaftliche Grenzen im Rollentausch und Maskenspiel verwischen. Szenisch verarbeitet, bildet der Karneval den Hintergrund für zufällige Begegnungen, Liebesgeschichten und Abenteuer. In der Funktion als Raummotiv bezieht der Karneval nicht nur Figuren aus der Commedia dell'arte, sondern auch aus der Zirkuswelt ein. Die Sphäre umfaßt Clown, Narr, Pierrot, Akrobat, Trapezkünstler, Seilkünstler und Tänzer. In der Literatur werden die unterschiedlichen Bedeutungsgehalte des festlichen Ereignisses, der Teilnehmer und Artisten zu dem Vorstellungsbereich der Selbstreflexion der Kunst vereint. Aus der Reflexion ergeben sich die unterschiedlichen Motiv- und Symbolbezüge. Die Assoziationen sind widersprüchlich und verweisen auf: (1) das Verhältnis der Künste zum Publikum; die Gemeinschaft spielt mit und stellt sich selbst dar (Goethe, „Das römische Karneval", 1789; Alexandre Dumas, *Le Comte de Monte-Cristo,* 1845–46); die Zuschauer identifizieren sich mit der Aufführung, aber lehnen sie zu anderen Zeiten ab (Victor Hugo, *Le Roi s'amuse,* 1832; Charles Baudelaire, „Le Vieux Saltimbanque", 1861; Franz Kafka, „Josefine, die Sängerin", 1924; „Ein Hungerkünstler", 1924); (2) das Selbstverständnis des Künstlers als Spieler-Gaukler und tragisch leidender Seher (Charles Baudelaire, „A une jeune saltimbanque“, 1845; Frank Wedekind, *König Nicolo,* 1902; Rainer Maria Rilke, „Die Gruppe“, 1908; Kafka, „Ein Bericht für eine Akademie“, 1917; Guillaume Apollinaire, „Saltimbanque“, 1914; *Calligrammes,* 1918; Heinrich Böll, *Ansichten eines Clowns,* 1963); (3) die Flugsehnsucht, die Überwindung der Schwerkraft, den Tanz und ein mögliches dynamisches Gleichgewicht menschlicher Anlagen im Spiel (E.T.A. Hoffmann, *Prinzessin Brambilla,* 1821; Goethe, Maskenaufzüge in *Faust II,* 1832; Frank Wedekind, *Karl Hetmann, der Zwergriese,* 1903; Robert Walser, „Der Tänzer“, 1917); und (4) die Anziehungskraft des unbürgerlichen Milieus (Goethe, *Wilhelm Meisters Lehrjahre,* 1795–96; Emile Zola, *Nana,* 1880; Arthur Schnitzler, *Zum großen Wurstel,* 1905; *Der Schleier der Pierrette,* 1910). Anspielungen auf die Welt der Artisten nehmen im 20. Jh. zu. Sie stehen in direktem Zusammenhang mit der thematisierten Künstlerproblematik, der Neubelebung des Bänkelsangs durch Bertolt Brecht und Wolf Biermann und dem Sinnbild des Clowns.

Lit.: M. Bakhtin: Literatur u. Karneval. Ffm 1985; C. Diethe: The Dance Theme in German Modernism. In: GLL 44 (1990/91); D. Essig (Hg.): Commedia dell'arte. Eine Bildergeschichte der Kunst des Spektakels. Nördlingen 1985; D.-R. Moser: Fastnacht-Fasching-Karneval. Das Fest der verkehrten Welt. Graz 1986; K. Riha: Karneval u. Maske. Siegen 1992; N. Ritter: Art as Spectacle. Images of the Entertainer since Romanticism. Columbia, SC 1989; W. Röcke: Das verkehrte Fest. Soziale Normen u. Karneval in der Literatur des Spätmittelalters. In: Neohelican 17 (1990).

Siehe auch: Clown, Künstler

Katze

Siehe Tierreich

Kind *(plötzliche Erkrankung oder Tod)*

Die Ausarbeitung einer unerwarteten Krankheit oder des Todes eines Kindes bietet Gelegenheit, die Schuldgefühle der betroffenen Personen zu entwickeln. Goethe (*Die Wahlverwandtschaften,* 1809), Gustave Flaubert (*L'Education sentimentale,* 1869) und Theodor Storm (*Aquis submersus,* 1876) verwenden den Kunstgriff, um die tiefe Beklemmung und die seelischen Konflikte von Menschen zu beleuchten, deren Liebesneigung einen Ehebruch heraufbeschwört. Das Motiv ist weit verbreitet in der Unterhaltungsliteratur des 19. Jh. Es eignet sich zur szenischen Ausgestaltung und zur Schilderung widersprüchlicher Empfindungen in den Personen, die sich entweder aus den Fesseln der Ehe befreien wollen oder in heißer Liebe zu bereits verheirateten Menschen entbrannt sind. Das Motiv verstärkt jedoch nicht nur die Anschauungsillusion bei den Lesern, sondern entwickelt außerdem eine wesentliche Signalfunktion. Die Figuren deuten die Krankheit als eine Warnung des Schicksals, als ein Omen bevorstehenden Unglücks. Sie erfahren Angst und Scham, denken an die Sünde, bereuen das Vorhaben und werden durch die Erfahrung zur sittlichen Lebenshaltung bekehrt. Die unmißverständliche pädagogische Absicht verdrängt dann die Konkretisierung tragischer Verwicklungen. Die Motiventwicklung erfordert noch eine eingehende Untersuchung.

Lit.: A. Adler: Möblierte Erziehung. Studien zur pädagogischen Trivialliteratur des 19. Jh. München 1970.

Siehe auch: Ehebruch

Kindermord

1. Die Mythenforschung bewertet die Hinweise auf das Töten von Jünglingen, Jungfrauen und Kindern im Altertum als geschichtliche Spuren weit zurückliegender Kulthandlungen. Der Sinn der Riten entzog sich wahrscheinlich bereits den Autoren, die vom Opfer junger Menschen berichteten. Das würde die immer wieder auftretende Tendenz erklären, für die Forderung des Opfers (1. Mose 22; →Iphigenie) oder den Kindermord (→Medea; Atreus und Thyestes; 2. Mose 11,5; 12,12; Herodes im Ev. Matthäus

2,16) eine psychologisch glaubhafte Begründung anzuführen. Die Kommentare umfassen die Prüfung des menschlichen Vertrauens auf Gott (→Abraham), die Übertretung göttlicher Gebote, Furcht vor Verlust der eigenen Macht und →Rache. Die Literatur übernahm unter diesen Aspekten den Kindermord, fügte einzelne Elemente des Grauens hinzu und schloß ihn fest an Atreus, Medea und Herodes an. In diesem Traditionsstrang, besonders in den mittelalterlichen Weihnachts- und Mysterienspielen, vergegenwärtigt der Mord die absolute Übertretung der ethischen Verpflichtung des Menschen. Im Renaissancedrama und auf der elisabethanischen Bühne gehört der Mord von Kindern oder Jugendlichen zum festen Bestandteil der Aufführungen. Die Ausbrüche der barbarischen Grausamkeit unterstreichen den maßlosen Willen zur Macht, die Freude an der Vergeltung und die Unmenschlichkeit der Figuren (Robert Garnier, *Les Juives,* 1583; John Marston, *Antonio's Revenge*, 1602; Shakespeare, *Macbeth,* 1606?).

2. Das Töten unehelich geborener Kinder steht in direktem Zusammenhang mit dem Wertsystem einer Gesellschaft, den Rechtsverordnungen und den im historischen Ablauf wechselnden Einstellungen zu Konkubinen und deren Kindern. Das christliche Gebot der Monogamie, die häufig geradezu schrille Verurteilung vorehelicher Geschlechtsbeziehungen, die gesellschaftliche Ächtung und Strafandrohungen (1. Korinther 7; der Rechtskodex Carolina, 1531; nach 1556 Rechtserlasse in Frankreich, Österreich, Preußen und Bayern, die verfügten, daß unverheiratete Mädchen ihre Schwangerschaft bei der Behörde melden mußten) trugen sicherlich zu den verzweifelten Versuchen junger Mädchen bei, ihre unehelich geborenen Kinder zu verstecken, auszusetzen oder zu töten. Die Strafen für den Kindermord (Ertränken, Pfählen, lebendig Begraben) sollten abschreckend wirken.

3. Der Strafvollzug, die Reformvorschläge aus dem Zeitalter der Aufklärung, die Kritik an der Konvention und der Naturkult gegen Ende des 18. Jh. beeinflußten die Bildkomponente, den Bedeutungsgehalt und die Funktion des Motivs. Die weite Verbreitung des Motivs in der Sturm-und-Drang-Literatur spricht dafür, daß es einen ausgezeichneten Anknüpfungspunkt für konkrete Reformvorschläge bot. Das Motiv hat eindeutigen Verweischarakter. Der Kindermord erscheint an Schlüsselstellen des Textes, ermöglicht im Rückblick eine neue Bewertung der Vorgänge, die zu der Tat führten, löst Schuldgefühle aus und verlangt vom Publikum eine Neubewertung seiner Anschauungen. In der Handlungsführung erscheint die Tat als das Ergebnis einer Reihe unerbittlich ablaufender Ereignisse: Der Verführer, gewöhnlich aus einer höher stehenden sozialen Klasse als das Mädchen (bedrückende Konventionsbindung/unschuldige Natur), verläßt die Geliebte; ihre Familie sagt sich von ihr los; ihre Freunde verschmähen sie; sie erfährt die schreckliche Einsamkeit des Außenseiters, setzt sich erfolglos zur Wehr, verzweifelt, leidet und entwickelt Wahnvorstellungen oder versinkt zeitweise in den Wahnsinn (Aggression – Unterdrückung – blinde Reaktion).

Der Kindermord bildet den erschreckenden Höhepunkt der qualvollen Notlage verlassener Mädchen in Gedichten, besonders Balladen (Friedrich Müller, „Das Nußkernen", 1776; Gotthold Friedrich Stäudlin, „Seltha, die Kindesmörderin", 1776; Anton Matthias Sprickmann, „Ida", 1777; August Gottlieb Meißner, „Die Mörderin", 1779; Bertolt Brecht, „Von der Kindesmörderin Marie Farrar", 1927). Er steigert das tragische Geschehen zum äußersten (→Faustus-Tradition; Goethe, *Urfaust*, 1775–76; Heinrich Leopold Wagner, *Die Kindermörderin,* 1776) und verleiht Erzählungen ausgesprochen dramatische Effekte (J.M.R. Lenz, „Zerbin", 1776; Clemens Brentano, „Die Geschichte vom braven Kasperl und dem schönen Annerl", 1817; Emile Zola, *L'Assommoir,* 1877; John Updike, *Rabbit, Run,* 1960; Updike dehnt die Situation auf die verlassene Frau aus; Franz Xaver Kroetz, *Stallerhof. Geisterbahn,* 1972, verwendet das Motiv, um die hilflose Verzweiflung Beppis gegenüber den Eltern und dem Jugendamt zu unterstreichen; der Mord veranschaulicht sowohl den Bankrott der Sozialfürsorge als auch die Entmündigung der Bürger). Die durch das Motiv herbeigeführte zugespitzte Situation drängt nach einer angemessenen Lösung, die kompositorisch keinen Bruch verursacht und gedanklich die Bedeutung vertieft. Autoren lassen die Tat häufig im Tod des Mädchens ausklingen, der zugleich Sühne und mögliche Vergebung (Goethe) dem Wertsystem einer Epoche zur Seite stellt. Der Abtransport, das Warten auf den Tod und das Töten von Kindern in Verbindung mit dem →Holocaust kristallisieren einerseits das absolut Menschenfeindliche des Geschehens. Andererseits kann in diesen Darstellungen, wie beispielsweise in Gedichten von Nelly Sachs („Und niemand weiß weiter“, 1957; *Fahrt ins Staublose*, 1961), durch die Symbolik der Auferstehung, Transzendenz und Erneuerung die Hoffnung auf eine zukünftige, bessere Welt anklingen.

Lit.: Frenzel: Stoffe; G. Goetzinger: Männerphantasie u. Frauenwirklichkeit. Kindermörderinnen in der Literatur des Sturm u. Drang. In: A. Pelz (Hg.), Frauen, Literatur, Politik. Hamburg 1988; W. Hartmann: Das Motiv des Kindertodes in der neueren deutschen Erzählkunst. Diss. Erlangen 1953; B. Mabee: Die Kindesmörderin in den Fesseln der bürgerlichen Moral. In: Women in German Yearbook 3 (1986); J.M. Rameckers: Der Kindesmord in der Literatur der Sturm- u. Drangperiode. Rotterdam 1927.

Siehe auch: Rache

Kindesopfer

Siehe Abraham, Iphigenie

Kirke

Siehe Circe

Krankheit

Autoren haben von Krankheiten die verschiedensten Anregungen aufgenommen. Eine begrenzte Zahl wird jedoch bevorzugt verwendet: Aussatz, Pest, Tuberkulose, Krebs, Syphilis und Geistesstörungen (→Wahnsinn) und in der jüngsten Literatur Magersucht, Aids und Alterserscheinungen. Mit Ausnahme der literarischen Tradition der poetischen Liebeskrankheit werden Krankheiten literarisch bedeutsam, wenn sie zur Zeit der kompositorischen Verarbeitung entweder, wie der Sonderfall der göttlichen Hilfe hervorhebt, entsetzlich und unheilbar sind oder sich zur Deutung eines allgemeinen menschlichen und sozialen Symptoms eignen. Die Metaphorik des Krankseins stellt gedankliche Zusammenhänge her mit der Unbeständigkeit des Glücks, der unerklärbaren Heimsuchung und dem unerbittlichen Geschehen. In der Motivverwertung oder der vereinzelten thematischen Ausarbeitung haben die Krankheiten klar umrissene Funktionen im Text.

(1) Die Heimsuchung ist ein Zeichen der göttlichen Macht. Der Leidende ist von Gott ausgewählt und wird erhoben. Seine Krankheit dient der Belehrung anderer oder führt zu einem grundlegenden Wandel in seinem Leben und Tod (der arme Lazarus, dem die Hunde seine Schwären lecken, sitzt nach seinem Tode im Schoße Abrahams, Ev. Lukas 16,20–25; Lazarus wird zum Schutzherrn der Aussätzigen im Mittelalter; Heinrich wird von Gott bestraft, durch die opferbereite Liebe eines Mädchens geheilt und lebt hinfort gottgefällig auf Erden: Hartmann von Aue, *Der arme Heinrich*, ca. 1195–1200). Die Krankheit ist ein Strafgericht für die Sünden eines einzelnen oder die Laster der Gesellschaft (2. Mose, die zehn biblischen Plagen; Berichte von Heimsuchungen und Krankheiten in 2. Könige, 1. Chronik, Apostelgeschichte; die von Apollo zur Strafe gesandte Pest, als Agamemnon die Tochter des Apollopriesters Chryses entführte; Homer, *Ilias*; die Bestrafung der Thebaner in Sophokles, *Oedipus Tyrannos*; die Pockenerkrankung der Frau Merteuil in Pierre Choderlos de Laclos, *Les Liaisons dangereuses*, 1782; und der Aussatz Cresseids in Robert Henryson, *The Testament of Cresseid*, 1532).

(2) Die Krankheit wird zur Bewährungsprobe für das Individuum oder die Gesellschaft. Sie bringt die bis zum Ausbruch der Heimsuchung verborgenen Gründe des Handelns zutage und beleuchtet in der Reaktion die innere Haltung der Menschen (Giovanni Boccaccio, *Decamerone*, 1353; Girolamo Fracastoro, „De la sifilide o morbo gallico“,1530; Georges de Scudéry, *Alric, ou Rome vaincuë*,

1654; Daniel Defoe, *A Journal of the Plague Year,* 1722; Alessandro Manzoni, *I promessi sposi,* 1827; Leo Tolstoi, *Der Tod des Iwan Ilych,* 1886; Bertolt Brecht, *Leben des Galilei,* 1943; Albert Camus, *La Peste,* 1947).

(3) Die Erkrankung erfaßt in den individuellen Verhaltensweisen allgemeine gesellschaftliche Verfallserscheinungen (Jeremias Gotthelf, *Die schwarze Spinne,* 1842; Raskolnikows Traum in Fjodor Dostojewski, *Verbrechen und Strafe «Raskolnikow»,* 1866; Osvald in Henrik Ibsen, *Gespenster,* 1881; Gabriele D'Annunzio, *Il piacere,* 1889; *Il fuoco,* 1900; *Il notturna,* 1921; Franz Kafka, „Ein Landarzt", 1919).

(4) Die Krankheit ist von der Gesellschaft bedingt. Darstellungen beziehen schwere Identitätskrisen, Magersucht, Verletzte, die im Krankenhaus auf Hilfe warten, bevorstehende Operationen, das Harren unheilbar Erkrankter und alter Menschen auf den Tod und Hinweise auf den →Wahnsinn als Alternative zur Anpassung an die Gesellschaft ein. Der Zustand löst Reflexionen über das vorausgegangene Leben, das verfehlte Dasein und die Frage der menschlichen Verantwortung aus. Die Krise bewirkt eine kritische Stellungnahme zu verdrängten individuellen und kollektiven Störungen. Die Deutung der Krankheit als Auflehnung gegen die Autorität der Familie und der Gesellschaft durch den Psychiater Heinrich Hoffmann (*Der Struwelpeter,* 1847: Magersucht; und *Bastian, der Faulpelz,* 1854) hat erzieherische Ziele, berührt aber das zentrale Problem der Wechselbeziehung von individuellen und gesellschaftlichen Faktoren (Wilhelm Raabe, *Die Akten des Vogelsangs,* 1896; Max Frisch, *Homo faber,* 1957; Gabriele Wohmann, *Ernste Absicht,* 1970; Adolf Muschg, *Albissers Grund,* 1974; Nicolas Born, *Die erdabgewandte Seite der Geschichte,* 1976; Fritz Zorn, *Mars,* 1977; Botho Strauß, *Die Widmung,* 1977; Elfriede Jelinek, *Krankheit oder Moderne Frauen,* 1987).

(5) Schilderungen einer Seuche begründen die Notwendigkeit tiefgreifender Reformen (Thomas Dekker, *The Wonderfull Years,* 1603; René-Charles Pixérécourt, *La Peste de Marseille,* 1828; Jens Peter Jacobsen, *Die Pest in Bergamo,* 1880).

(6) Das Motiv kann eine Schicksalskonzeption stützen, die den Eindruck erweckt, daß der Mensch unkontrollierbaren Mächten hilflos ausgeliefert ist (Edgar Allan Poe, „The Masque of the Red Death", 1840; Adalbert Stifter, „Granit", 1853).

(7) Die Krankheit wird zum Sinnbild der Todesbezogenheit des Menschen und deutet die unterschiedlichen Verhaltensweisen gegenüber dem Sterben (Thomas Mann, *Der Zauberberg,* 1924; Camus, *La Peste*).

(8) Die Krankheit ist die Quelle künstlerischer Inspiration. Sie kennzeichnet das Wesen des genialen Menschen, löst die schöpferische Einbildungskraft aus, eröffnet dem Auserwählten begnadete Visionen, bedingt aber auch ein kritisch-distanziertes Verhältnis zur gesunden Umwelt (Dickens, *Dombey and Son,* 1846–47; die kleine Eva in Harriet Beecher Stowe, *Uncle Tom's Cabin,* 1852; Louisa May Alcott, *Little Women,* 1858; Milly Theale in Henry James, *The Wings of the Dove,* 1902; die Heldin in Selma Lagerlöfs *Körkerlen,* 1912; Thomas Mann, *Der Zauberberg*; *Doktor Faustus,* 1947; Eugene O'Neill, *A Long Day's Journey into Night,* 1956).

(9) Die Krankheit erlöst die von der Gesellschaft ausgestoßenen Menschen (Marguerite in Alexandre Dumas-fils, *La Dame aux camélias,* 1848; Fantine in Victor Hugo, *Les Misérables,* 1862).

(10) Die Krankheit bestärkt im Menschen den Willen zur Bejahung des Daseins. Sie begründet den Wunsch, die Existenz sinnvoll zu gestalten (Tolstoi, *Der Tod des Iwan Ilych*; Henry James, *The Portrait of a Lady,* 1881; *The Wings of the Dove*; Marcel Proust, *A la recherche du temps perdu,* 1913–27; James Joyce, „The Dead", 1914; Camus, *La Peste*).

(11) Das Motiv löst die Auseinandersetzung mit einer Macht aus, die die höchsten Anforderungen an die persönliche und kollektive Verantwortung stellt. Die alles zersetzende Krebskrankheit wird zum Ruf des Gewissens für alle (Alexander Solschenizyn, *Krebsstation,* 1968).

(12) Die Krankheit übernimmt die Funktion eines Rätsels, weist auf die zukünftige Lösung voraus und steigert die Spannung. Das Motiv wirkt handlungstechnisch besonders dyna-

misch, wenn die abschließende Aussage fehlt und die Vorausdeutung beglaubigt. Das offene Geheimnis erhält außerordentliche Bedeutung und regt zu den unterschiedlichsten Deutungen an (Goethes und Hugo von Hofmannsthals Erzählungen „Das Erlebnis des Marschalls von Bassompierre" aus den Jahren 1795 und 1900; Antonin Artaud, *Le Théâtre et la peste,* 1934; Dino Buzzati, *Un Caso clinico*, 1953).
Überblickt man die unterschiedlichen Funktionen des Motivs, so fällt der positive Bezugspunkt auf. Die Krankheit greift ins Dasein ein, aber die Auflösung des Physischen ruft zu Selbstbesinnung, gesellschaftlicher Verantwortung und sozialer Reform auf.

Lit.: T. Anz: Gesund oder krank? Medizin, Moral u. Ästhetik in der deutschen Gegenwartsliteratur. Stuttgart 1989; D. Bevan (Hg.): Literature and Sickness. Amsterdam 1993; G.P. Biasin: Literary Diseases: Theme and Metaphor in the Italian Novel. Austin, TX 1975; J. Biraben: Les Hommes et la peste. La Haye 1975; B. Blanck: Magersucht in der Literatur. Zur Problematik weiblicher Identitätsfindung. Ffm 1988; C. Boldt: Die ihren Mörder kennen. Zur deutschsprachigen literarischen Krebsdarstellung der Gegenwart. Diss. Freiburg 1989; S.N. Brody: The Disease of the Soul. Leprosy in Medieval Literature. Ithaca, NY 1974; J. Bryan (Hg.): Love is Ageless. Stories about Alzheimer's Disease. Oakland, CA 1987; R. Crawford: Plague and Pestilence in Literature and Art. Oxford 1914; L.R. Furst, P.W. Graham (Hg.): Disorderly Eaters. University Park, PA 1992; R. Girard: The Plague in Literature and Myth. In: Texas Studies in Literature and Language 15 (1974); J. Grimm: Die literarische Darstellung der Pest in der Antike u. in der Romania. München 1975; T. Haferlach: Die Darstellung von Verletzungen u. Krankheiten u. ihre Therapie in mittelalterlicher deutscher Literatur unter gattungsspezifischen Aspekten. Heidelberg 1991; H. Heckmann: Literatur u. Krankheit. Fernwald 1987; K.G. Just: Krankheit u. Gesundheit als literarische Phänomene. In: Zeitalter des Fragments. Herrenalb 1964; Les Maladies mortelles de la littérature. In: Magazine Littéraire 186 (1982); B. Kerekordes: Arzt, Medizin u. Krankheit in Epigrammen des 16. u. 17. Jh. Bonn 1987; W. Milch: Zum Problem der Krankheit in der Dichtung der deutschen Romantik. In: Archiv f. Gesch. d. Medizin 23 (1930); P. Noll: Diktate über Sterben u. Tod. Zürich 1984; C. Pietzcker: Ich kommandiere mein Herz. Würzburg 1988; B. Schader: Schwindsucht: Zur Darstellung einer tödlichen Krankheit in der deutschen Literatur vom poetischen Realismus bis zur Moderne. Ffm 1987; S. Sontag: Krankheit als Metapher. Ffm 1978; D. Steel: Plague Writing. From Boccaccio to Camus. In: Journal of European Studies 11 (1981); D. Willman (Hg.): The Black Death. Binghamton, NY 1982; P. Wunderli (Hg.): Der kranke Mensch. Mittelalter u. Renaissance. Düsseldorf 1986.

Siehe auch: Tod, Wahnsinn

Kreis, Kreisbewegung

1. Der geschlossene Kreis ist ein unter den Kulturen der Erde weit verbreitetes Sinnbild. Gleichermaßen bedeutsam in Deutungen universaler Zusammenhänge (das babylonische Weltbild der Sphären, der Makrokosmos, ein Zeichen der Pansophie; Johannes Kepler, *Harmonicus mundi,* 1619), in der Religion (Christusmonogramm, Kreis der Rosenkreuzer als Kaisermacht) und in der Astrologie und Alchimie, verweist der Kreis einerseits auf eine Energiequelle, andererseits auf eine alles umfassende Einheit, wie sie besonders deutlich im Symbol *Ouroboros,* der Drachen-Schlange, die sich in den Schwanz beißt (*Codex Marcianus*, 2. Jh.), und im Mandalazeichen der Hindus zum Ausdruck kommt. C.G. Jungs Deutung menschlicher Ganzheitserfahrung im Prozeß der Verselbstung in der Welt schließt an die Mandalasymbolik an. Oft bezeichnet der Kreis eine religiös, metaphysisch oder psychologisch empfundene Ordnung, die dem Chaos des Werdens entspringt und das Sein zu einer festen Grundform gliedert. Die Kreisfläche besteht aus der geschlossenen Kurve und dem Zentrum, das häufig mit dem Selbst identisch ist. Der Außenkreis wirkt zugleich beengend und beschützend. In manchen Auslegungen umgeben innere Kreise das Selbst und deuten vielseitige Wechselbeziehungen an. Der Innenkreis kann sich in konzentrische Kreise auffächern, wie etwa die Kreise, die sich nach ptolemäischem System in Dantes *Paradiso* (1318) um das Emporium fügen. In zahlreichen Werken entwickelt sich die →Spirale aus dem Zentrum des Kreises; in anderen dagegen mündet die Kreisstruktur in das ausweglose →Labyrinth.
2. Metaphern, Bilder und thematisierte Kreisfiguren lassen sich in der Literatur aller Epochen nachweisen. Sie verdeutlichen die

gegensätzlichen mit dem Kreis verbundenen Grundvorstellungen der Begrenzung und Ganzheit. Sie erstrecken sich vom „sausenden" Umschwung des Rades der Zeit, an das der Sterbliche gekettet ist (Wilhelm Wackenroder, „Ein wunderbares Märchen von einem nackten Heiligen" in: *Phantasien über die Kunst,* 1799) und dem „flammenden, sausenden Feuerkreis", in dem Nathanael versinkt (E.T.A. Hoffmann, „Der Sandmann", 1816), über die völlige Einkreisung einzelner, die wie Albisser „fremdgesteuert" leben (Adolf Muschg, *Albissers Grund,* 1974) oder wie Sauly vergeblich ihren Schutzengel suchen (Christoph Meckel, *Bockshorn,* 1973), bis zu der tödlichen Einschnürung der Kinder in Ilse Aichingers *Die größere Hoffnung* (1948). Andererseits gewährt der die Kindheit, Heimat und Urmutter einbeziehende Kreis dem einzelnen Orientierung und Schutz auf der Lebensfahrt (Novalis, *Die Lehrlinge zu Sais,* 1798; Anne Brontë, *Agnes Grey,* 1842; Kathleen Norris, *The Mother,* 1911; Phaon Diodata in Gerhart Hauptmann, *Die Insel der großen Mutter,* 1924; Toni Cade Bambara, *The Salt Eaters,* 1980; Ntozake Shange, *Sassafras, Cypress and Indigo*, 1982).

3. In der Klassik und im Realismus entstehen aus Reformentwürfen und aus der Einsicht in die gesellschaftliche Begrenzung zwei thematisierte, gegensätzliche Kreiskonzeptionen: einerseits konstruktive Kreise, die sich nach außen erweitern und denen Spiraltendenzen entspringen, andererseits destruktive Kreise, die sich nach innen verengen und den einzelnen einklammern. Im klassischen Reformkreis stehen vorbildliche, entwicklungsfähige Figuren im Mittelpunkt. Ihre Neuorientierung ruft zur Selbstbesinnung auf, beeinflußt einen kleinen Kreis empfänglicher Menschen und dehnt sich auf den Außenkreis der gesamten Gesellschaft aus (Pierre Corneille, *Cinna,* 1640; *Polyeucte,* 1643; Jean Racine, *Bérénice,* 1670; *Esther,* 1689; Joseph Addison, *Cato: A Tragedy,* 1713; Goethe, *Iphigenie auf Tauris,* 1787; *Novelle,* 1828; Friedrich Schiller, *Wilhelm Tell,* 1804). Die Kreiserweiterung reicht in einzelnen Werken bis zur utopischen Gesamtplanung der Gesellschaft. Eine bedeutende Variante des Entwurfs ist die Teilrealisierung der Reform im kleinen Kreis hilfsbereiter Personen (Molière, *Le Tartuffe,* 1664; *L'Avare,* 1668; *Le Malade imaginaire,* 1673; John Dryden, *The Indian Queen,* 1664; *The Indian Emperour,* 1665). Beide Kreise haben die Strukturfunktion, die Entscheidung einzelner mit einer entwicklungsfähigen Gemeinde zu verbinden und dadurch den Ausgangspunkt der zentrifugalen →Spirale zu bestimmen. In Goethes Romanen *Wilhelm Meisters Lehrjahre* (1795–96) und *Wilhelm Meisters Wanderjahre* (1821–29) kommt der Handlungsträger mit verschiedenen sozialen Klassen in Berührung, die gemeinsame Ziele verfolgen: Schauspielkunst, Bodennutzung, Verwaltung der Güter, Erziehung, Staatsplanung, Auswanderung, Turmgesellschaft und Pädagogische Provinz. Wilhelms Erfahrungen in den sowohl konzentrisch als auch zentrifugal gestaffelten Kreisen geben seiner eigenen Entwicklung die expansive Erweiterung ins Überindividuelle. Im Gegensatz zu den Spiraltendenzen der Steigerung menschlicher Anlagen und der damit verbundenen Kreiserweiterung lassen sich bereits in der europäischen Klassik einengende Kreisformationen nachweisen. Der Aktionsradius der Figuren ist begrenzt durch subjektive Verhaltensweisen (Willensanmaßung, Glückstreben, Reformwünsche), die auf Ablehnung oder Unverständnis stoßen, oder durch den sozialen Rang, der in Konflikt mit der bestehenden Konvention und der privilegierten Stellung anderer gerät. Die höfische Etikette unterbindet echte Gefühle (Marie de Lafayette, *La Princesse de Clèves*, 1678; Goethe *Torquato Tasso*, 1790); die Planung der im Kreis verlaufenden Wege spiegelt die innere Befangenheit der Figuren (Goethe, *Die Wahlverwandtschaften,* 1809); die Verstrickung in Leidenschaft und Unwahrheit verhindert die menschliche Vereinigung (Schiller, *Die Braut von Messina*, 1803); die alte Ordnung (Kaiser, Octavio), das politische Spiel (Wallenstein) und die entfesselte Dämonie des Krieges zerstören das Wunschbild (Max und Thekla) einer neuen Ordnung des Daseins (Schiller, *Wallenstein,* 1800).

4. Im Realismus, Naturalismus und in sozialkritischen Werken des 20. Jh. kommen Raumstrukturen zur Geltung, in denen ein politisch, ökonomisch und sozial bedingter

Bannkreis die thematisierte Einkreisung einzelner festlegt. Alle gegenläufigen Ereignisse werden im Handlungsverlauf entkräftet. Vergleiche der Werke ergeben sowohl eine feste Wechselwirkung zwischen Thema und Kreisstruktur als auch gemeinsame Tendenzen. Erzählungen und Bühnenstücke verdeutlichen die tiefgreifende Einschmelzung einzelner Nonkonformisten und kleiner Reformgruppen in die moderne, zuerst industrielle, später funktionelle Großgemeinschaft. Sie ist ferngesteuert und erweckt den Eindruck, daß sich gesellschaftliche Strukturen und ökonomische Prozesse dem Zugriff einzelner entziehen. Die Bewußtseinslage der Figuren entspricht einer gemeinsamen Erfahrung: materieller Besitz ersetzt Persönlichkeitswerte. Der Dialog verkümmert. Er wird entweder aggressiv oder kreist um die latente Lebensangst. Menschliche Beziehungen werden unverbindlich. Der Zug zur Verdichtung im Machtzentrum erfaßt nicht nur die bewußt oder unbewußt Mitspielenden, sondern auch die nach alternativen Werten strebenden Figuren. Der Handlungsverlauf veranschaulicht, daß Figuren in der Nähe des Zentrums dem jeweils herrschenden Dämon verfallen. Figuren, die utopische oder soziale Reformanliegen verfolgen, werden ausgespielt, entmachtet und an den Rand des Kreises gedrängt. Ihre Leiden rufen zur Selbstbesinnung auf, ändern jedoch nichts an der Tatsache, daß im Rahmen der Handlung alternative Neubildungen nicht mehr möglich sind.

Die allgemeine Einkreisung wird in vielen realistischen Texten durch wiederkehrende Kreisbilder unterstützt; zum Beispiel: der schweifende Blick Rastignacs in Honoré de Balzacs *Le Père Goriot* (1835), als er Paris von der Höhe des Friedhofs Père Lachaise überblickt; die kreisförmige Handlung in Charles Dickens' *Our Mutual Friend* (1864–66), Gustave Flauberts *Bouvard et Pécuchet* (1881) und Arthur Schnitzlers *Reigen* (1903); der im Kreis laufende Dialog in Henry Becques *La Parisienne* (1885); die Vervielfältigung der Kreisbilder in Flauberts *Madame Bovary* (1857) und *Salammbô* (1862). Die in Kreisen verlaufenden Reisen der Handlungsträger in Gottfried Kellers *Züricher Novellen* (1878) oder in Wilhelm Raabes *Wunnigel* (1879) und *Akten des Vogelsangs* (1896) versinnbildlichen, wie Figuren, die dem Sog des Zentrums zu entkommen suchen, sich letztlich doch dem Umkreis anpassen müssen.

Kreis und Zentrum verschmelzen in Texten, die weitgespannte politische, wirtschaftliche und soziale Bedingungen durch ein Netz von Bewußtseinslagen oder eine nicht deutbare, desintegrierende Welt ersetzen. Die Willensunfreiheit in der Zwangslage ruft Angstpsychosen hervor. Der Bannkreis nimmt die Figuren auf. Sie erfüllen Funktionen in einer durch Funktionen gekennzeichneten Welt oder werden aufgerieben und zerstört. Wenn sich im Absurden Theater oder im Neuen Roman Figuren, Handlungen und Szenen undifferenziert wiederholen, dann ist die Welt seinsmäßig durch die Kreisbewegung bestimmt, die um die Statik der augenblicklichen Verfassung kreist.

Quellen: Goethe, *Die Leiden des jungen Werthers* (1774); Jean-Jacques Rousseau, *Les Rêveries d'un promeneur solitaire* (1776–78); François-René de Chateaubriand, *René* (1802); Germaine Necker de Staël, *Corinne ou l'Italie* (1807); Benjamin Constant, *Adolphe* (1816); Alphonse de Lamartine, *Méditations* (1820); Honoré de Balzac, *La Maison du chat-qui-pelote* (1831); *Eugénie Grandet* (1833); *Les Illusions perdues* (1837–39); Charles Nodier, *La Fée aux miettes* (1832); Alfred de Musset, *La Confession d'un enfant du siècle* (1836); Charles Dickens, *Bleak House* (1853); *Hard Times* (1854); Walt Whitman, *Leaves of Grass* (1860–71); Gustave Flaubert, *L'Education sentimentale* (1869); Emily Dickinson, *Poems* (1890–1936); Theodor Fontane, *Der Stechlin* (1899); Franz Kafka, *Der Prozeß* (1925); Louis-Ferdinand Céline, *Mort à crédit* (1936); *Entretiens avec le Professeur Y* (1954); Jean-Paul Sartre, *La Nausée* (1938); *Huis-Clos* (1944); Samuel Beckett, *En attendant Godot* (1952); *Krapp's Last Tape* (1955); Alain Robbe-Grillet, *La Jalousie* (1957); *Dans le labyrinthe* (1959); John Barth, *Lost in the Funhouse* (1968).

Lit.: B. Christian: Conjuring: Black Women, Fiction, and Literary Tradition. Bloomington, IN, 1985; J.-E. Cirlot: Diccionario de símbolos. 5. Aufl. Barcelona 1982; G. Crichfield: Full Circle(s) in Nodier's La Fée aux miettes. In: French Forum 9 (1984); H.S. u. I.G. Daemmrich: Spirals and Circles: A Key to Thematic Patterns in Classicism and Realism. 2 Bde. New York 1994; A. Koschorke: Kreisbewegung u. semantische Ziele bei Wilhelm Raabe. In: Jb. der Raabe-Ges. 1990; H. Marhold: Motiv u. Struktur des Kreises (zu Eichendorff). In: Aurora 47 (1987): A.J. Nigro: The Diagonal Line. Separation and Reparation in American Literature. Selingsgrove, PA 1984; G. Poulet: Metamorphosen des Kreises in der Dichtung. P. und B. Grotzer (Übers.). Ffm 1988; R. Schoolcraft III: Honi soit qui mal y danse. Circulation and Transport in Céline's Early Novels. In: MLN 105 (1990); J. Strandness. Reclaiming Women's Language, Imagery and Experience: Ntozake Shange's Sassafras, Cypress and Indigo. In: Journal of American Culture 10 (1987).

Siehe auch: Labyrinth, Weg

Krieg

1. Der Krieg ist eine Stoffquelle objektiv gegebener und subjektiv wahrgenommener Ereignisse, die künstlerisch in unterschiedlicher Form und Sinndeutung gestaltet werden. Obwohl einzelne lyrische Formen, beispielsweise Kampfgesänge und Landsknechts-, Klage- oder Trostlieder, direkt mit dem Kriegsgeschehen verknüpft sind, ist der Krieg nicht gattungsspezifisch. Dagegen lassen sich in allen Nationalliteraturen Reaktionen auf historisch belegte Auseinandersetzungen nachweisen. Der Krieg gab Anlaß zu Meisterwerken der Weltliteratur (Grimmelshausen, Tolstoi, Hemingway), zu in nahezu alle Sprachen übersetzte und verfilmte Darstellungen (Remarque; Margaret Mitchell, *Gone With the Wind*, 1936), zu Gestaltungen, in denen andere Primärthemen den Krieg aufnehmen (Wilhelm Raabe, *Das Odfeld,* 1888; *Hastenbeck,* 1899), und einer ideologisch gefärbten Kriegsdichtung. Die patriotisch orientierte Kriegsdichtung, in der der Krieg unter dem Vorzeichen der nationalen Erneuerung und Verteidigung steht, läßt vergleichbare Figurenkonzeptionen (heldenhafte Eigenschaften), Handlungsführungen (beschwört Krise herauf und führt zu plötzlichen Lösungen von Konflikten), Themenkonstellationen (Bewährung, nationale Erhebung, Opfer für das Vaterland) und narrative Strategien (Anspruch auf Authentizität, Appell an die Volksgruppe) erkennen. Einige Autoren, wie etwa Keith Douglas, Edwin Erich Dwinger, Gustav Falke, Walter Flex, Helmut Jaeckel, Sidney Keyes, Alun Lewis, Erich Limpach, Wilfred Owen, Isaac Rosenberg, Gerhard Schaumann, Edward Thomas, profilierten sich als Kriegsdichter. Andere Autoren wurden durch einzelne zeittypische Schriften bekannt (Ernst Moritz Arndt, Theodor Körner, Ludwig Uhland, Emanuel Geibel, Ferdinand Freiligrath, August Stramm).

2. In der Thematisierung des Krieges zeichnen sich drei markante Deutungsmuster ab. (1) Texte rufen zur nationalen Erhebung auf, verherrlichen den Krieg und appellieren an die Vaterlandstreue und Opferbereitschaft. (2) Texte klagen die Dehumanisierung im Gefolge des Krieges an; sie wenden sich an das menschliche Gewissen und die Vernunft mit der Forderung, daß die Kriegsfurie nie wieder entfesselt werden darf. (3) Im Gegensatz zu diesen stark ideologisch ausgerichteten Tendenzen stehen Versuche, die häufig unvereinbaren Erscheinungsformen eines Krieges objektiv zu erfassen. Diese Texte wollen dazu beitragen, die im Krieg zum Ausdruck kommende Krise der Menschheit geistig zu bewältigen.

Quellen: Begrenzte Auswahl von Werken, die besondere thematische Perspektiven entwickeln und nicht unter →Aggression oder → Reform aufgeführt sind: Homer, *Ilias*; Friedrich Schiller, *Wallenstein* (1800); Heinrich von Kleist, *Die Hermannsschlacht* (1808); Honoré de Balzac, *Les Chouans* (1829); Alfred de Vigny, *Servitude et grandeur militaires* (1835); Stendhal, *La Chartreuse de Parme* (1839); Victor Hugo, *Quatre-vingt-treize* (1874); Theodor Fontane, *Vor dem Sturm* (1878); Anatole France, *Les Opinions de Monsieur Jérôme Coignard* (1893); D.H. Lawrence, *The Rainbow* (1915); Franz Theodor Csokor, *Der große Kampf* (1915); Karl Kraus, *Die letzten Tage der Menschheit* (1918/19); Ernst Toller, *Die Wandlung* (1918); Reinhard Goering, *Scapa Flow* (1919); Ernst Jünger, *In Stahlgewittern* (1920); Arnolt Bronnen, *Katalaunische Schlacht* (1924); Heinrich Mann, *Der Kopf* (1925); Ernest Hemingway, *The Sun Also Rises* (1926); Ramón del Valle-Inclán, *La hija del capitán* (1927); Arnold Zweig, *Der Streit um den Sergeanten Grisha* (1927); André Malraux, *La Condition humaine* (1933); Louis Aragon, *Les Cloches de Bâle* (1934); Arnold Zweig, *Erziehung vor Verdun* (1935); Roger Martin du Gard, *L'Eté 14* in: *Les Thibault* (1936); Sidney Keyes, *The Cruel Solstice* (1943); Jules Romains, *Les Hommes de bonne volonté* (1946); Marie Luise Kaschnitz, „Hiroshima" (1947); Norman Mailer, *The Naked and the Dead* (1948); Ezra Pound, *The Pisan Cantos* (1948); Franz Fühmann, *Kameraden* (1955); *Vor Feuerschlünden,* auch als *Der Sturz des Engels* (1982); Heiner Müller, *Germania Tod in Berlin* (1978); *Wolokolamsker Chaussee* (1988).

Lit.: Zs: Krieg u. Literatur. War and Literature. Int. Beiträge z. Erforschung der Kriegs- u. Antikriegsliteratur. 1989ff; J.W. Baird: To Die for Germany. Bloomington, IN 1940; D. Bevan (Hg.): Literature and War. Amsterdam 1990; M. Bouty: Dictionnaire des œuvres et des thèmes dans la littérature française. Paris 1985; S.D. Denham: Visions of War. Ideologies and Images of War in German Literature before and after the Great War. Bern 1992; R. Düsterberg: Probleme der Kriegsliteraturforschung. In: ZFG 2 (1992); Ecrivains dans la guerre. In: RSH 75 (1986); U. Goebel, O. Nelson: War and Peace. Perspectives in the Nuclear Age. Lubbock, TX 1988; R. Hargreaves: Images of War in German Poetry 1937–1941. In: Journal of Europ. Studies 16 (1986); I. Higgins (Hg.): The Second World War in Literature. Edinburgh 1986; W. Holbling: Fiktionen vom Krieg im neuen amerikanischen Roman. Tübingen 1987; E. Jöst: Im Donner des Todes. In: DU 40 (1988); H. Klein, J. Flower, E. Homberger: The Second World War in Fiction. New York 1984; E.J. Larkin: War in Goethe's Writings. Lewiston, NJ 1992; H-H. Müller: Der Krieg u. die Schriftsteller. Stuttgart 1986; P Soulez (Hg.): Les Philosophes et la guerre de 14. Saint-Denis 1988.

Siehe auch: Aggression

Kriminalität, erzählte

1. Literarhistorische Arbeiten konzentrierten sich bis Mitte der siebziger Jahre vorwiegend auf Gattungsfragen und die geschichtliche Entwicklung von Kriminalerzählungen. Einen völlig neuen Ansatz zur Erschließung der erzählten Kriminalität machten sozialgeschichtliche Untersuchungen, besonders die von Schönert organisierten Diskussionen, und die bisher vereinzelte Motivstudie von Lewis. Die sozialgeschichtlichen Modelle geben wichtige Auskünfte über literarische Reflexe auf Kriminalität und ermöglichen eine Annäherung an komplexe strukturelle und funktionale Themen- und Motivbezüge. Selbst der Versuch, einen vorläufigen Entwurf für Themenstudien zu entwickeln, erweist sich als außerordentlich schwierig. Die Sammlungen von Kriminalgeschichten verzeichnen eine nahezu unübersehbare Zahl von Darstellungen. Dazu kommen nicht nur Fragen gesellschaftlicher und historischer Bedingungen, sondern auch Fragen der Vergleichbarkeit einzelner Autoren und Werke.

2. Im Kontext der Themengeschichte nimmt die erzählte Kriminalität Konstanten auf, die für die Formierung anderer Themen zentral sind. Die Publikumserwartung führte wie im vergleichbaren Phänomen des thematisierten Abenteuers zu einer verselbständigten Form der Erzählung. Sicherlich hat die kommunikative Funktion im gesellschaftlichen Rahmen andere Zielgruppen in Groschenheften oder Fortsetzungsromanen, in denen dieselbe Figur im Mittelpunkt steht, und in Werken, die nicht nur durch eine unverwechselbare Signatur des Schreibens bestechen, sondern auch die Erkenntnisfähigkeit der Leser erweitern. Trotzdem sind Vergleiche sowohl des „whodunit"-Schemas als auch des Musters Tat – Verwicklung – Ermittlung – Bestrafung mit der thematisierten Kriminalität in Erzählungen von Balzac, Sue, Fontane, Gide, Borges, Fleißer, Dürrenmatt, Ernst Jünger und Muschg aufschlußreich, weil dadurch wesentliche Fragen in den Vordergrund treten. Werden zentrale soziale und gesellschaftliche Probleme angesprochen oder ausgeklammert? Ist die Verknüpfung von Sexualneurosen und Brutalität historisch bedingt? Die Brandstiftung zum Zwecke der persönlichen Bereicherung wird literarisch erst interessant, nachdem es im 19. Jh. eine allgemeine Feuerversicherung gab. Gibt die Figur Lulus (→Femme Fatale) in Wedekinds Dramen Auskunft über vergleichbare Veränderungen in der Sozialstruktur?

Eindeutige Motiv- und Themenbezüge bestehen zu (1) kontrastierenden Figurenkonzeptionen (Täter/Verfolger; Detektive oder Beamte einerseits als kluge Ermittler, andererseits als Figuren, die das Recht verletzen, um Täter zu überführen), (2) Situationselementen des Tatorts (→Familie, Gesellschaft, Milieu von Außenseitern), (3) schematisierten Handlungsmustern (Rätsel-Aufklärung, Schuld-Sühne), (4) Spurensuche (die Handlung ermöglicht einen kaleidoskopischen Blick auf die Gesellschaft, da jeder verdächtig ist), (6) Sozialreform im Aufzeigen sozialer Störungen (Verdinglichung des Lebens, Erniedrigung der Mitmenschen, Wirtschaftskriminalität), (7) Habgier (persönliche Bereicherung in jeder Form) mit der verknüpften auslösenden Motivik des Betrugs, der Geldgier, des Falschspiels, der Brandstiftung und des Forstfrevels, (8) Affekthandlungen (→Bruderkonflikt, →Ehebruch, →Ehre, →Generationskonflikt, leidenschaftliche Liebe, →Vater-Sohn-Konflikt), (9) absolute Willensanmaßung aufgrund der Verachtung gesellschaftlicher Normen und Lust an der Gewalt, (10) selbstzerstörerischen Tendenzen.

Die Untersuchungen anderer Themen belegen, daß die erzählte Kriminalität im Zuge der Themenangleichung von anderen primären Themen oder Motiven aufgenommen wird. Von besonderer Bedeutung sind die Erzählungen, in denen eine geschichtliche Periode Revue passiert (Joseph Roth, *Das Spinnennetz,* 1923; Heimito von Doderer, *Ein Mord, den jeder begeht,* 1938; Alice Walker, *The Color Purple,* 1982), und Darstellungen, die im Gegesatz zu der überdeterminierten Struktur der traditionellen Kriminalgeschichte das rein Zufällige und Undurchschaubare des Lebens hervorheben (→Absurd; André Gide, *Les Caves du Vatican,* 1914; Antonin Artaud, *L'Ombilie des limbes,* 1925; Friedrich Dürrenmatt, *Das Versprechen,* 1958; Peter Handke, *Der Hausierer,* 1967; Adolf Muschg, *Baiyun oder die Freundschaftsgesellschaft,* 1980; Ernst Jünger, *Eine gefährliche Begegnung,* 1985; Ulrich Knellwolf, *Tod in Gils Maria. 13 üble Geschichten,* 1994). Die Formgesetze und das Ordnungsgefüge der Kriminalgeschichte erweisen sich in diesen Gestaltungen als trügerisch.

Lit.: I. Bayer: Juristen u. Kriminalbeamte als Autoren des neuen deutschen Kriminalromans: Berufserfahrung ohne Folgen? Ffm 1989; A. Borowitz: Innocence and Arsenic: Studies in Crime and Literature. New York 1977; I. Classen: Darstellung von Kriminalität in der deutschen Literatur, Presse u. Wissenschaft 1990–1930. Ffm 1988; D. Daube: Die Geburt der Detektivgeschichte aus dem Geiste der Rhetorik. Konstanz 1983; B. Docherty: American Crime Fiction: Studies in the Genre. New York 1988; P.E. Dow: Criminology in Literature. New York 1980; P. Drexler: Literatur, Recht, Kriminalität. Ffm 1991; G. Ebert: Männer, die im Keller husten. Ansichten zur Kriminalliteratur. Berlin 1987; K. Emert, W. Gast (Hg.): Der neue deutsche Kriminalroman. Rehburg-Loccum 1985; W. Freund: Die deutsche Kriminalnovelle von Schiller bis Hauptmann. Paderborn 1975; L.Y. Gossett: Violence in Recent Southern Fiction. Durham, NC 1965; J. Grimm: Unterhaltung zwischen Utopie u. Alltag. Ffm 1986; R. Hillich (Hg.): Tatbestand. Ansichten zur Kriminalliteratur der DDR 1947–1986. Berlin 1989; A.J. Hubin: Crime Fiction, 1749–1980: A Comprehensive Bibliography. New York 1984; H-O. Hügel: Untersuchungsrichter, Diebsfänger, Detektive. Theorie u. Geschichte der deutschen Detektiverzählung im 19. Jh. Stuttgart 1978; H.R.F. Keating (Hg.): Whodunit? A Guide to Crime, Suspense, and Spy Fiction. New York 1982; S. Kracauer: Der Detektiv-Roman. Ein philosophischer Traktat. Ffm 1979; B. Kreutzahler: Das Bild des Verbrechers in Romanen der Weimarer Republik. Ffm 1987; H. Kurella: Naturgeschichte des Verbrechers. Stuttgart 1983; U. Leonhardt: Mord ist ihr Beruf: eine Geschichte des Kriminalromans. München 1990; M.-C. Leps: Apprehending the Criminal: The Production of Deviance in Nineteenth-C. Discourse. Durham, NC 1992; H. Müller-Dietz: Grenzüberschreitungen. Baden-Baden 1990; V. Lewis: Flames of Passion. Flames of Greed. Acts of Arson in German Prose Fiction, 1850–1900. New York 1991; H.-J. Lüsebrink: Kriminalität u. Literatur im Frankreich des 18. Jh. München 1983; E. Mandel: Ein schöner Mord. Sozialgeschichte des Kriminalromans. Ffm 1988; E. Marsch: Die Kriminalerzählung. Theorie-Geschichte-Analyse. München 1972; M. Meister: Der Fall Moosbrugger. Der Fall Franza. In: J. Strutz (Hg.): Kunst, Wissenschaft u. Politik von Robert Musil bis Ingeborg Bachmann. München 1986; F. Meyer: Zur Relation juristischer u. moralischer Deutungsmuster von Kriminalität in den Kriminalgeschichten der Gartenlaube, 1855 bis 1870. In: IASL 12 (1987); P. Morris-Keitel: Die Verbrechensthematik im modernen Roman. Ffm 1989; H. Müller-Dietz: Grenzüberschreitungen. Baden-Baden 1990; H. Pfeiffer: Phantasiemorde. Ein Streifzug durch den DDR-Kriminalroman. Berlin 1985; J. Rattner: Literaturpsychologie. Berlin 1988; M.T. Reddy: Sisters in Crime: Feminism and the Crime Novel. New York 1988; P. Schneider: ein einzig Volk von Brüdern. Recht u. Staat in der Literatur. Ffm 1987; J. Schönert (Hg.): Literatur u. Kriminalität. Tübingen 1983, S. 96–125; ders.: Erzählte Kriminalität. Tübingen 1991; ders.: Kriminalgeschichten (1815–1830), im Spektrum von der „aktenmässigen Darstellung" bis zur „historisch-romantischen Manier". In: R. Schöwerling, H. Steinecke (Hg.), Die fürstliche Bibliothek Corvey. München 1991; E. Schulze-Witzenrath: Die Geschichten des Detektivromans. In: Poetica 12 (1979); U. Suerbaum: Schwierige Ermittlung. Die Suche nach gattungsgerechten Programmen zur Untersuchung von Kriminalität. In: D. Petzold, E. Späth (Hg.), Unterhaltungsliteratur. Erlangen 1990; K.-D. Walkhoff-Jordan: Bibliographie der Kriminalliteratur 1945–1984 im deutschen Sprachraum. Ffm 1985; A.A. Wallas: Gewalt u. Zerstörung. In: ZDP 108 (1989); J. Wertheimer (Hg.): Ästhetik u. Gewalt. Ffm 1986; W. Woeller: Illustrierte Geschichte der Kriminalliteratur. Ffm 1985.

Siehe auch: Apokalypse

Krokodil

Siehe Tierreich

Künstler

1. Seitdem Goethe den Künstlerfiguren eine bedeutende Stellung in seinen Werken einräumte, hat das Thema wiederholt literarische Beachtung gefunden. Es umfaßt einen weiten Bereich ambivalenter Bedeutungsgehalte: individualpsychologische Aspekte der künstlerischen Persönlichkeit, Faktoren, die deren Entwicklung maßgebend bestimmen, das Talent (Berufung, Inspiration, Fluch, Wahnsinn), die besondere Form des Selbstverständnisses und das Verhältnis des Künstlers zur Gesellschaft, zum Schaffensvorgang und zum eigenen Werk. Besonders häufig verarbeitete Problemstellungen erfassen die gesellschaftliche Verantwortung und die Isolation von aktuellen Tagesfragen, die zwiespältige Rolle des Künstler als Beobachter von Ereignissen, an denen er direkt beteiligt ist, und das Geheimnis der Veranlagung. Der Vielfalt der Fragestellung entspricht ein Reichtum unterschiedlicher Lösungen.

2. Goethe schneidet das Thema in *Werther* (1774), *Tasso* (1790) und *Wilhelm Meisters Lehrjahre* (1795–96) an. Werther trägt Züge des künstlerisch begabten Menschen und sehnt sich danach, Dichter zu werden. Obwohl alles in seinem Wesen nach Ausdruck drängt, scheitert er, weil er das überströmende Gefühl seiner Erfahrung nie in eine feste Form bringen kann. Seine Lebenskrise spiegelt einerseits die Gefahren der subjektiven Lebensschau, andererseits die Ratlosigkeit, die entsteht, wenn der Künstler das „echte, warme Gefühl" in einer Form verwirklichen muß, deren Technik immer etwas Kaltes, Gemachtes an sich hat. Für Tasso ist es nicht der Schaffensprozeß, der zur Lebenskrise führt, sondern sein leidenschaftliches Verlangen, in der Gesellschaft Gleichberechtigung, Liebe und Glückseligkeit zu finden. Die Spannung zwischen Künstler und Gesellschaft wirkt tief tragisch, da die Kluft zwischen ihnen unüberbrückbar erscheint. Tasso, zu stark in seinen eigenen Vorstellungen befangen, mißversteht die Umwelt. Die Gesellschaft verkennt die Gefahr, in der Tasso schwebt, sieht nicht, daß sich Gnade und Dämonie in der schöpferischen Berufung durchdringen. So wird die Prüfung Tassos zur Bewährungsprobe der Gesellschaft, in der alle versagen, obwohl sie einen Ausgleich anstreben. Der Künstler ist zu subjektiv, die Gesellschaft zu stark dem konventionellen Denken verhaftet. In *Wilhelm Meister* ist das Thema einer der vielen Fäden, die das Geschehen durchziehen. An den unterschiedlichen Künstlerfiguren im Roman erschließt sich wahrscheinlich besser als in anderen Werken Goethes die Unmöglichkeit, den Künstler auf eine Grundhaltung festlegen zu wollen. Die vielfältigen Verzahnungen zwischen dem Verhalten anderer Figuren und der Entwicklung Wilhelms deuten immer ein tiefgreifendes Spannungsverhältnis zwischen Künstler und Gesellschaft an. Die Bedeutung der Figurenkonzeption Wilhelms liegt in seiner grundlegenden Wandlung gegenüber der Umwelt. Er erreicht auf seiner Lebensfahrt eine Stufe der Erkenntnis, die es ihm ermöglicht, dem Fernweh und der gefühlsmäßigen Haltung des Wanderns zu entsagen. Er erkennt seine Begrenzung, bescheidet sich und wendet sich aktiv dem Leben zu. Seine Hoffnung, als Künstler zum Seelenarzt der Gesellschaft zu werden, tritt zurück. Das feste Vertrauen, als Wundarzt dem Mitmenschen helfen zu können, bestimmt seine neu gewonnene Haltung zur Gesellschaft. Der thematische Beziehungsreichtum in Goethes Werken, der Sendungsbewußtsein und Verzweiflung, Versagen und Erfolg, unlösbare Konflikte und Entsagung, Selbstmord und Annäherung an die Gesellschaft mitdenkt, führte zu einer Art Kanonisierung des Themas. Andere Autoren übernahmen von Goethe die verschiedensten Anregungen und führten der Tradition neue Impulse zu, die bis ins 20. Jh. wirksam blieben.

3. Von großer Bedeutung sind Darstellungen von Künstlerfiguren, die ihre Auffassung des Lebens nicht in Einklang mit den Vorstellungen der Gesellschaft bringen können. Sie stoßen durch ihre hochgespannten Forderungen auf den Widerstand der Umwelt, leiden und verzweifeln (Karl Philipp Moritz, *Anton*

Reiser, 1785–94; Wilhelm Wackenroder, „Leben des Tonkünstlers Joseph Berglinger", in: *Phantasien über die Kunst,* 1790; Clemens Brentano, *Godwi,* 1801–02; Kreisler in E.T.A. Hoffmann, *Lebens-Ansichten des Katers Murr,* 1820–22; Alfred de Vigny, *Chatterton,* 1835; Hans Christian Andersen, *Improvisatoren,* 1837; die Künstlerfiguren in Arthur Schnitzler, *Das Märchen,* 1894; *Der Schleier der Beatrice,* 1901; *Zwischenspiel,* 1904; Gerhart Hauptmann, *Michael Kramer,* 1900; Peter Handke, *Der kurze Brief zum langen Abschied,* 1972; Robert Schneider, *Schlafes Bruder,* 1992). Die Vielfalt der Darstellungen seit der Romantik läßt ein Mosaik unterschiedlicher Auffassungen sichtbar werden. Begleiterscheinungen der Forderung nach der progressiven Poetisierung der Welt, des Verlangens nach einer Einheit von Literatur und Leben und der Sehnsucht, das Unendliche im Werk zu gestalten, sind jedoch Identitätskrisen, der Hang zur Schwermut und eine elitäre, kritische Haltung zur bürgerlichen Welt. Die Künstlerfiguren wirken gefährdet, fliehen ins Reich der Träume oder in utopische Gefilde und tendieren zum →Wahnsinn oder →Selbstmord. Schilderungen der Fluchttendenzen des Künstlers heben diese Problematik hervor.

Künstlerfiguren ziehen sich von der Welt zurück, leben im Reich der Träume, in dem sie den völligen Einklang von Mensch, Natur und Kunst erfahren (Anselmus in Atlantis, E.T.A. Hoffmann, „Der goldne Topf", 1814), oder stellen ihr ganzes Dasein unter das Leitbild rein ästhetischer Forderungen. Platens Beobachtung, „Wer die Schönheit angeschaut mit Augen / Ist schon dem Tod anheim gegeben", kennzeichnet die tiefe Problematik dieser Weltsicht, die immer eine Absage an das Leben einschließt (z.B. Balthazar Claës in Honoré de Balzac, *Le Chef d'œuvre inconnu,* 1831; Consuelo in George Sand, *Consuelo,* 1842; Claude Lantier in Emile Zola, *L'Œuvre,* 1886; die im Mittelpunkt der Handlung stehenden Künstlerfiguren in Benjamin Disraeli, *Contarini Fleming,* 1832; Joris-Karl Huysmans, *A rebours,* 1884; Walter Pater, *Marius the Epicurean,* 1885; Henry James, *The Tragic Muse,* 1890; Thomas Mann, *Der Tod in Venedig,* 1913).

4. Künstler, die die eigentümliche Empfindung innerer Scham gegenüber den tätigen Bürgern verspüren, die wie der Chronist in Brentanos „Geschichte vom braven Kasperl und dem schönen Annerl" (1817) fühlen, daß „einer, der von der Poesie lebt, das Gleichgewicht verloren" habe und einen verdächtigen Beruf ausübe, können natürlich auch der Versuchung nachgeben, sich der Welt anzupassen. In Darstellungen der Anpassungsthematik verzichten Autoren weitgehend auf die ideelle Konzeption, die die Entscheidung Wilhelm Meisters motivierte. In Alfred de Mussets „Titien" (1840) und Alphonse de Lamartines *Raphaël* (1849) entsagen die Figuren dem Kunstschaffen, nachdem sie die Gunst ihrer Geliebten erringen. Frédéric Moreau in der *Education sentimentale* (1869) von Gustave Flaubert stellt fest, daß er weder die Willenskraft noch die schöpferische Begabung hat, sein Leben der Kunst zu widmen. Théophile de Sommervieux und Lucien de Rubempré in Balzacs *La Maison du chat-qui-pelote* (1830) und *Les Illusions perdues* (1837–43) tauschen die Armut ihres künstlerischen Freundeskreises für ein gewinnversprechendes Leben in der Gesellschaft ein. Der eine folgt dem Lebensstil seiner reichen Familie, der andere wird erfolgreicher Journalist.

5. Die Konzeptionen von Künstlerfiguren reichen vom göttlich inspirierten Sänger bis zum Techniker, der mit mathematischer Präzision seine Werke ausarbeitet, vom vorbildlichen Menschen, der der Gesellschaft einen Weg in die bessere Zukunft weist, bis zum hochstaplerischen Betrüger, der die Welt zum besten hält, und kriminellen Außenseiter (Hoffmann, „Das Fräulein von Scuderi", 1820; Patrick Süskind, *Das Parfüm,* 1985). Die Figuren spiegeln häufig das eigene Selbstverständnis der Künstler und das in einer bestimmten Periode entworfene Ideal der Kunst. Daraus ergeben sich Annäherungen und Gemeinsamkeiten während einzelner Epochen. Trotzdem bestehen immer starke individuelle Unterschiede im Ansatzpunkt der Fragestellung und ihrer Lösung. In der Romantik ist der Glaube an die prometheische Mission des Künstlers stark ausgeprägt. Er hat visionäre Gaben und verkündet das neue Lebensideal (John Keats, „The Poet";

Kreisler in Hoffmann, „Kreisleriana"; Victor Hugo, „Les Derniers Bards", „Le Poëte dans les révolutions" in: *Odes et poésies diverses,* 1822; Vigny, *Stello,* 1832). Herman Melvilles *Pierre* (1852), Reinhard Johannes Sorges *Der Bettler* (1912) und Jakob Wassermanns *Das Gänsemännchen* (1915) belegen, daß diese Auffassung der künstlerischen Berufung auch zu anderen Zeiten aufleben kann. In der Romantik entstehen jedoch außerdem nicht nur Figuren, die die ästhetische Lebensform bejahen (Denis Diderot, *Le Neveu de Rameau,* 1762; Vigny, *Chatterton*; Michael Lermontow, „Der Prophet", 1841), sondern auch Darstellungen von inspirierten Persönlichkeiten, die das ganze Leben poetisieren (Novalis, *Heinrich von Ofterdingen,* 1802) oder die Gesellschaft belehren (Joseph von Eichendorff, *Ahnung und Gegenwart,* 1815). Im Gegensatz zu diesen Deutungen nehmen im 19. Jh. Darstellungen zu, die den Künstler als Meister der technischen Formkunst schildern und seine scharfe Beobachtungsgabe hervorheben (Charles Dickens, *David Copperfield,* 1849–50; William Thackeray, *The Newcomes,* 1853–55). Daß dieses besondere Verhältnis zum eigenen Schaffen bereits eine kühle, distanzierte Haltung zu den eigenen Erlebnissen, der Tradition und der Gesellschaft voraussetzt, veranschaulichen Werke wie D. H. Lawrence, *Sons and Lovers* (1913), Marcel Proust, *A la recherche du temps perdu* (1913–27), Willa Cather, *The Song of the Lark* (1915), und James Joyce, *Portrait of the Artist as a Young Man* (1916). Von diesen Auslegungen führt eine direkte Linie zu den Überlegungen Tonio Krögers (Thomas Mann, „Tonio Kröger", 1903), daß der Künstler seine Gefühle „auf Eis legen müsse", um das Leben wirksam gestalten zu können.

6. Die unterschiedlichen Aspekte des gespannten Verhältnisses zur Welt, des sendungsbewußten Aufrufs an die Gesellschaft, der Philisterkritik und der selbstgewollten oder erzwungenen Isolation kreuzen sich in einer besonderen Ausarbeitung des Themas, dem Gruppenbild der Künstler im Kreise gleichgesinnter Menschen. Die Gruppe nimmt das Ideal auf, wird zum Katalysator weiterer Entwicklung, fördert das Kunstdenken, hat teil am Kampf gegen die unverständige Umwelt und gibt dem Künstler die Möglichkeit der Daseinsbejahung im kleinen Kreis (Friedrich Schlegel, *Lucinde,* 1799; Balzac, *Les Illusions perdues*). Das ungebundene, unbürgerliche Dasein hat ganz bewußt einen Anstrich des Zigeunerhaften. Man bekennt sich zu diesem Leben („Lob der Zigeuner" in *Wilhelm Meisters Lehrjahre*; Hugo, *Notre-Dame de Paris,* 1831). Balzac bezeichnet Lucien und Coralie (*Les Illusions perdues*) als unglaubliche, verbummelte Bohemiens, ein Begriff, der sich nach Henry Murgers Schilderung des Boheme-Lebens in *Scènes de la vie de Bohème* (1851) fest einbürgert. Das Wort wird zum Sammelbegriff für das Selbstverständnis, den Geist und die Lebenshaltung einer Gruppe, die außer durchaus ernst zu nehmenden Künstlern viele Anhanger einschließt, die sich zuerst im Pariser Stadtviertel Bohème zusammenfinden. Später entstehen diese Künstlerviertel in nahezu allen Großstädten Europas. Der Bohemien ist bewußt antibürgerlich in seiner Auffassung der Liebe, leicht verlottert, stolz auf seine Armut und heißt jede neue Idee willkommen, solange sie die bürgerliche Welt schockiert. Die Bürger reagierten wie etwa die Münchner mit einer eigenen Namengebung: der Bohemien ist ein Schlawiner. Die Gruppe im Pariser Viertel steht im Mittelpunkt einer Reihe bedeutender Darstellungen: Murger, *La Vie de Bohème* (1849); Balzac, *Un Prince de la Bohème* (1853); Gérard de Nerval, *Petits Châteaux de Bohème* (1853); *La Bohème galante* (1856); Jules Vallés, *Les Réfactaires* (1866); *Jacques Vingtras* (1878); Léon Bloy, *Le Désespéré* (1886).

Andere Werke verlagern das Geschehen auf Städte, in denen Künstlerviertel entstanden. Sie übernehmen jedoch weitgehend die Typik der Figuren. Deshalb erscheint der Bohemien einerseits als der verarmte, seinen Idealen nachträumende Außenseiter (August Strindberg, *Röda rummet,* 1879), andererseits als Abenteurer und Aufschneider (George du Maurier, *Trilby,* 1894; Max Halbe, *Die Heimatlosen,* 1899; Frank Wedekind, *Marquis von Keith,* 1901; Carl Sternheim, *Bürger Schippel,* 1914; Hanns Johst, *Der Einsame,* 1917; Bertolt Brecht, *Baal,* 1918). Die Figuren geben der bunt zusammengewürfelten

Subkultur Wiens (Franz Werfel, *Barbara oder Die Frömmigkeit,* 1927), des Greenwich Village und San Franciscos (John C. Holmes, *Go,* 1952; Jack Kerouac, *On the Road,* 1957) ihr charakteristisches Gepräge. Sie können selbst im militanten Protest gegen den Asphaltdschungel in Holland ihre Herkunft nicht verleugnen (Roel van Duyn, *Provokation No. 8,* 1965). Die Sehnsucht nach dem alten Pariser Künstlertum und dem Lebensstil der Kaffeehäuser hinterläßt deutliche Spuren im Denken der amerikanischen „lost generation" der zwanziger Jahre (vgl. Gertrude Stein, *The Autobiography of Alice B. Toklas,* 1933; *Everybody's Autobiography,* 1938) und auf vielfältig gebrochene Weise im hektischen Verlangen nach Lebensgenuß derjenigen Personen, die innerhalb der Subkultur ihren eigenen kleinen Kreis gründen (Henry Miller, *Tropic of Cancer,* 1934; *Tropic of Capricorn,* 1937; *Plexus,* 1952).

7. Im 20. Jh. spielen Darstellungen von Künstlern und Figuren, die assoziativ mit der Kunst verknüpft sind, eine maßgebende Rolle in den Werken von Joyce, Paul Valéry, André Gide, Hermann Hesse und Thomas Mann. Die Neubewertung der Kultur durch die schöpferische Persönlichkeit, die Auseinandersetzung der Künstler mit einem Stoff, der sich immer wieder der Formgebung zu entziehen scheint, ihr Wille zur Wahrheitsfindung und ihre Protesthaltung gegenüber einer verständnislosen Gesellschaft spiegeln die geistige Krisensituation der Zeit. Darüber hinaus äußert sich in den Figurenkonzeptionen ein deutlicher Anspruch, der in denkwürdiger Übereinstimmung mit der Tradition steht: Die Gesellschaft braucht Menschen, die die Chiffre des Seins lesen und deuten wollen. Der Künstler kann fehlgehen und in seinem Untergang der Gesellschaft die er verkörpert vorausgehen, (Mann, *Doktor Faustus,* 1947). Aber selbst wenn die Figur in zutiefst fragwürdiger Gestalt vor den Leser tritt, erschließt das Thema die Wahrheitsfindung und wirkt dadurch seinserhellend.

Lit.: M. Beebe: Ivory Towers and Sacred Founts: The Artist as Hero in Fiction from Goethe to Joyce. New York 1964; H.R. Garvin (Hg.): Makers of the 20th-C. Novel. Lewisburg, PA 1977; H. Granzow: Künstler u. Gesellschaft im Roman der Goethezeit. Diss. Bonn 1960; S. Hausdörfer: Rebellion im Kunstschein. Die Funktion des fiktiven Künstlers in Roman u. Kunsttheorie der deutschen Romantik. Heidelberg 1987; B. Haustedt: Die Kunst der Verführung bei Jean Paul, E.T.A. Hoffmann, Kierkegaard und Brentano. Stuttgart 1992; B. Heizmann: Der Traum vom Künstler. Stuttgart 1988; W. Hofmann: Der Künstler als Kunstwerk. In: Jb. d. Deutschen Akademie f. Sprache u. Dichtung 1982; H. Kreuzer: Die Boheme. Beiträge zu ihrer Beschreibung. Stuttgart 1968; E. Lämmert: Die Entfesselung des Prometheus. Selbstbehauptung u. Kritik der Künstlerautonomie von Goethe bis Gide. Paderborn 1985; G. v. der Lippe: La vie de l'artiste fantastique: The Metamorphosis of the Hoffmann-Poe Figure in France. In: Canadian Review of Comparative Literature 6 (1979); F. Loquai: Künstler u. Melancholie in der Romantik. Ffm 1984; R. Majut: Der Künstlerroman. In: Deutsche Philologie im Aufriß. 2. Aufl. Berlin 1960; H. Marcuse: Der deutsche Künstlerroman. Ffm 1978; W.Z. Shroder: Icarus: The Image of the Artist in French Romanticism. London 1961; F. de Vaux de Foletier: Les Bohémiens en France au XIXe siècle. Paris 1981.

Kurtisane

1. Anlaß zu der Figurenkonzeption gab das Gesellschaftsleben griechischer Städte, besonders Athens und Korinths, und die Literatur des Orients (*TausendundeineNacht*). Die griechische Literatur der Antike bezieht die Figur auf zwei Sonderklassen von Frauen, die aus Rechtsgründen nicht heiraten konnten: die *Hetairi* oder *Pseudohetairi,* die unabhängig lebten, und die *Pallakei,* die sich einem Mann anschlossen. In Griechenland gewannen einige Kurtisanen wie beispielsweise Aspasia, die mit Perikles zusammenlebte und die Staatspolitik Athens beeinflußte, hohes Ansehen, weil sie durch ihre Beziehungen zu wichtigen Staatsmännern großen Einfluß auf die Politik ausübten. Andere geschichtlichen Zeitpunkte, zu denen Kurtisanen große politische oder gesellschaftliche Geltung erlangten, sind unter anderen der päpstliche Hof im 10. Jh., die Höfe von Venedig und Florenz während der Hochrenaissance und die vornehme Welt von Paris im 19. Jh.

2. Der älteste Hinweis auf die Kurtisane in der abendländischen Literatur findet sich bei Herodotus (ca. 484 v. Chr.), der die Hetaire Rhodopis/Doricha nennt, ihren Reichtum

preist und die um sie entstandenen Legenden kurz erwähnt. Die attische Komödie entwickelte die Zweideutigkeit der Figur. Die Kurtisane wird als lustig, unterhaltend, anziehend und sogar klug, aber auch als soziale Außenseiterin, als nicht vertrauenswürdig und listig beschrieben. Sie ist unabhängig in ihrer Rolle, sorgt für ihre Finanzen, überwacht Angestellte und beeinflußt politische Entscheidungen (Aristophanes, *Acharnier,* 425 v. Chr.; *Ritter,* 424 v. Chr.). Ihre Sonderstellung bedingt jedoch, daß sie von Männern abhängig und dadurch unfrei wird. Die neuen attischen Komödien erweitern die Figurenkonzeption. Die Verstrickung im Leben erscheint als Frauenschicksal. Die Kurtisane erhält ihre eigene Stimme. Sie beklagt wie Habrotonon in Menanders *Epitrepontes* (ca. 300 v. Chr.) nicht nur den Verlust ihrer Unschuld, sondern ihr Los: Aufrichtig, sensitiv und ehrlich kann sie sich dennoch nicht frei entfalten.

3. In der italienischen Renaissance übernimmt die *cortigiana* größere Rollen in Bühnenstücken. Außerdem konnte sie ihre eigenen Texte veröffentlichen. Als bewunderte und anerkannte Mitspielerinnen des eleganten Kulturlebens am Hof (*cortigiana*, f. zu *cortigiano,* Hofrat) nahmen hochkultivierte Kurtisanen aktiv an der Dichtung und am Austausch philosophischer Ideen teil. Sie wurden oft hoch geehrt. In zahlreichen Werken der Renaissance werden Kurtisanen wie die „göttliche" Imperia (Biagio Pallai, *Pecchiai,* nach 1500) mit Venus verglichen. Trotzdem blieb ihre Stellung zweideutig, denn sie waren von der Gunst ihrer Verehrer abhängig. So erschienen Franceschina Baffos *Sonette* nur als Anhang an Guiseppe Betussis *Dialogo amoroso* (1543). Tullia d'Aragona veröffentlichte ihre *Rime* (1547), um sich als *honesta cortigiana* zu etablieren und dem berüchtigten „gelben Schleier" der gewöhnlichen Prostituierten Venedigs zu entkommen. Wie die *Terze Rime* von Veronica Franco (1575) zeigen, ist die Stimme der dichtenden Kurtisane, wie auch anderer Hofdichter, die der Nachahmung und des Lobes: sie preist die Hofmänner, deren Gunst ihre Existenz versichert, und imitiert im Einklang mit der vorherrschenden Konvention Petrarca.

4. In Texten, in denen das bürgerliche Stadtleben in den Vordergrund tritt, verblassen die Unterschiede zwischen der höfischen Kurtisane und der gewerbsmäßigen Prostituierten. Trotzdem steht die Kurtisane höher. Ihre Geschäftstüchtigkeit verhilft ihr zu Erfolg, Geld und Gut. Trotzdem erlangt sie kein gesellschaftliches Ansehen. Diese zweideutige Stellung erklärt die sozialkritische Funktion der Figur, die der individuellen, ethischen Einstellung der Autoren entsprechend entweder ironisch oder pathetisch dargestellt wird. Die aus den *Goldenen Legenden* und den Büchern Hrosvita von Gandersheim bekannte Geschichte der reuigen Kurtisane Thais (um 962), die von einem alten Einsiedler bekehrt wurde und ihr Leben büßend beendet, wurde von Robert Greene (*Conuersion of an English Courtezan,* 1591–92) zu einem ironischen Angriff gegen die Heuchelei der Puritaner während der Beichte umgearbeitet. Englische Bühnenstücke des 16. und 17. Jh. verwenden die Figur als Sinnbild für die Korruption aller menschlichen Werte durch das Handelswesen des Merkantilismus (Thomas Dekker, *The Honest Whore,* 1. Teil mit Thomas Middleton, 1604; 2. Teil, 1630; John Marston, *The Dutch Courtezan,* 1605).

In Werken des 18. Jh. tritt der historische und sozialgeschichtliche Kontext zurück. Hinweise auf nachweisbare Lokalisierung und Personen entfallen. Die Figur ist fiktiv. Sie übernimmt die Funktion der Verführerin (Danae in Christoph Martin Wieland, *Geschichte des Agathon,* 1766–67 und Salaband in *Die Abderiten,* 1774) oder einer Kontrastfigur, Gegenspielerin und verführten Frau, deren Leidenschaft (Rache, Eifersucht) die Handlung motiviert und Katastrophen auslöst. Selbst in differenzierten Rollen dient die gesellschaftliche oder finanzielle Bedingtheit der Figur der Kritik an der Korruption und Dekadenz des Hof- und Stadtlebens (Alain René Lesage, *Gil Blas,* 1715–35; George Lillo, *The London Merchant, or The History of George Barnwell,* 1731; Henry Fielding, *The Life of Jonathan Wild the Great,* 1743; *The History of Tom Jones, A Foundling,* 1749). Die Auffächerung der Figur bedingt, daß sich auch die Bezugspunkte zur Kurtisane im engeren Sinne verringern. Was bleibt, sind einerseits allgemeine Vorstellungen einer finanziell oder sexuell abhängigen Frau; andererseits entsteht die literarische Konstellation der Gegenüberstellung von hilflosen, liebevollen, unschuldigen (Sara, Leonore) und herrischen, leidenschaftlichen, rachesüchtigen (Marwood, Julia) Frauen. Die Konstellation von Ausbeutung und Aggression ist deutlich ausgeprägt in einigen Dramen von Johann Elias Schlegel, Friedrich Cronegk und August Kotzebue und in Romanen von August Julius Lafontaine und August Gottlieb Meißner. Weitere Beispiele: Gotthold Ephraim Lessing, *Miß Sara Sampson* (1755): Sara/Marwood; *Emilia Galotti* (1772): Emilia/Orsina; Friedrich Schiller, *Die Verschwörung des Fiesco zu Genua* (1783): Leonore/Gräfinwitwe Julia; *Don Carlos* (1787): nuanziert Elisabeth/Eboli. Weitaus ambivalenter ist die Konzeption der Kritik fordernden Figur, die wie Manon (Antoine-François Prévost, *Manon Lescaut,* 1731) die Handlung trägt. Die sozialkritische Komponente verschmilzt mit der persönlichen Physiognomie der Frau. Trotz aller Versuche ihres Liebhabers, sie zu ändern, bleibt Manon der Rolle der Kurtisane verhaftet. Sie ist zu echter Liebe fähig und wird geliebt. Sie zieht jedoch den Luxus der Liebe vor. Manons Schwanken zwischen dem Bejahen ihres Lebens und der Reue, zwischen Liebe und Verlangen nach Luxus gliedert die Handlung des Romans und erfaßt im Individuellen die gesellschaftliche Problematik.

Im 19. Jh. setzen sich zwei dominante Formen im Figurenaufbau durch. Einerseits charakterisieren Erzählungen und Bühnenstücke die Kurtisane als eine entwicklungsfähige Person mit vorbildlichen menschlichen Eigenschaften: treu, großzügig und bereit, zu entsagen (Victor Hugo, *Marion Delorme,* 1829; Alexander Dumas-fils, *La Dame aux camélias,* Roman, 1848; Bühnenstück, 1852; Henry Murger, *Scènes de la vie de bohème,* 1848). Andererseits verkörpert sie die negativen Tendenzen der kapitalistischen Gesellschaft: Machthunger, Geldgier, Ausnutzen menschlicher Beziehungen (Emile Augier, *L'Aventurière,* 1848; *Le Mariage d'Olympe,* 1855; Ernest Labiche u. Delacour, *L'Ennemie,* 1871; Emile Zola, *Nana,* 1880). Darüber hinaus wird die von der Kurtisane zur Lebenskunst entwickelte Manipulation anderer zum Leitbild für Frauenfiguren, die vor nichts zurückschrecken, um sich und ihren Ehemännern den Aufstieg in der Gesellschaft zu ermöglichen (Augier u. E. Foussier, *Les Lionnes pauvres,* 1858; Henry Becque, *La Parisienne,* 1885).

5. Einige literarisch geprägte fiktive Kurtisanen (Manon Lescaut, Marguerite Gautier, Mimi) gaben als Stoffquelle Anlaß zu Fortsetzungen, Parodien oder selbst Umgestaltungen in Opern (Giuseppi Verdi, Piave, *La Traviata,* 1853; Alfred-Charlemagne Delacour, Lambert Thiboust, *Diane de Lys et de camélias,* 1853; Thiboust, *Madelon Lescaut,* 1856; Hector Crémieux, Jaime-fils, *La Bonne aux camélias,* 1867; Giacomo Puccini, *La Bohème,* 1896).

Quellen: Plautus, *Bacchides; Miles Gloriosus* (ca. 200 v. Chr.); Terenz, *Heautontimorume* (um 172 v. Chr.); Lukian, *Gespräche zwischen Kurtisanen* (ca. 100 v. Chr.); Giovanni Boccaccio, *Decamerone* (1360); William Shakespeare, *Comedy of Errors* (1592?); *Henry IV, Part 2* (1597–98); Pierre de Bourdeilles, Seigneur de Brantôme, *Les Dames galantes* (1665–66); Aphra Behn, *The Rover, or The Banish'd Cavalier* (1677–81); *The Feigned Courtizans* (1678); Daniel Defoe, *Moll Flanders* (1722); John Gay, *The Beggar's Opera* (1728); Alfred de Musset, *Le Coupe et les lèvres* (1831); Victor Hugo, *Lucrèce Borgia* (1833); Alexandre Dumas-fils, *Le Demi-Monde* (1855); Gustave Flaubert, *L'Education sentimentale* (1869); Algernon Charles Swinburne, *Dolores* (1866); Honoré de Balzac, *Splendeurs et misères des courtesanes* (posthum 1869–76).

Lit.: F.A. Bassanese: Private Lives and Public Lies: Texts by Courtesans of the Italian Renaissance. In: TSLL 30 (1988); dies.: Mythological Representations of the Renaissance Cortegiana. In: Romance Languages Annual (1989); J.L. Beizer: Uncovering Nana: The Courtesan's New Clothes. In: L'Esprit Créateur 25 (1985); S. Braun: The Courtesane in the French Theatre from Hugo to Becque (1831–1885). Baltimore, MD 1947; R.A. Champagne: My Cup Runneth Over: The Semiotic Stakes of the Courtesan Myth in the Metamorphoses of Marguerite Gautier. In: American Journal of Semiotics 8 (1991); C. Hayward: The Courtesan. The Part She Has Played in Classic and Modern Literature and Life. London 1926; M.M. Henry: Menander's Courtesans and the Greek Comic Tradition. Ffm 1985; R. Horwich: Wives, Courtesans, and the Economics of Love in Jacobean City Comedy. In: C. Davidson (Hg), Drama in the Renaissance. New York 1986; M.F. Rosenthal: The Honest Courtesan. Veronica Franco, Citizen and Writer in 16th-C. Venice. Chicago, IL 1992; A. de Ternant: The Courtesan on the French Stage. In: Westminster Review (1900); G. Wickert: Late 18th-C. Women's Liberation: Aristocratic Courtesan versus Bourgeois Innocent in German Melodrama. In: MDU 76 (1984).

Siehe auch: Femme Fatale, Frau

Labyrinth

1. Das Labyrinth ist eine sorgfältig geplante komplexe Struktur, die durch ihre Anlage den Eindruck völliger Unüberschaubarkeit macht. Das Labyrinth verwirrt den Betrachter und führt zum Verlust des Orientierungssinns, sofern Menschen den Ausgang nicht finden. Irrgärten, Labyrinthe und kunstvoll verstrickte Spiralformen wurden auf Zugängen zu sakralen Stätten und Gräbern entdeckt. Sie dienten der Abwehr. Außerdem boten Labyrinthe vermutlich einen geheimen Zugang zu geweihten Plätzen. Hier trafen sich die Eingeweihten und nahmen an einem Ritus geistiger Illumination teil. Die arabesken Linien des labyrinthischen Weihetanzes deuten ein Labyrinth durch die Bewegung der Tänzer an, die auf das magische Zentrum zueilen, während ihm andere entfliehen.

2. Der griechische Mythos verbindet mit dem Labyrinth Vorstellungen der Initiation, des Freiheitsverlusts, des Opfers und der heroischen Tat. Die Überlieferung berichtet, daß Dädalus das Labyrinth im Auftrag von König Minos anlegte. Es war der Aufenthaltsort des Minotaurus, der von Theseus bezwungen wurde. Zwei Berichte beleuchten die absolute Sinnesverwirrung, die jeden erfaßte, der in das Labyrinth eindrang. Theseus konnte nur mit Ariadnes Hilfe wieder ans Tageslicht finden, und als Dädalus mit seinem Sohn Ikarus im Labyrinth gefangengesetzt wurde, mußte er durch die Luft entfliehen. Nach der Überlieferung soll Dädalus später ein Relief des Labyrinths angefertigt haben, das Aeneas tief versunken betrachtete, ehe er in die Unterwelt stieg. Seine Kenntnis versetzte ihn in die Lage, sein Ziel zu erreichen und sicher zur Erdoberfläche zurückzukehren (Ovid, *Apollodorus*; Plutarch). Darüber hinaus hat das Labyrinth nicht nur die doppelte symbolische Bedeutung der Schöpfung und möglichen Zerstörung, sondern stellt auch Bezüge zu erotischen Riten her.

3. Erste Ansätze zu einer Motiventwicklung zeichnen sich in Vergils *Aeneis* ab. Das Labyrinth steht in direktem Zusammenhang mit Aeneas und gibt Aufschluß über die besonderen Gefahren einer Fahrt in die Unterwelt. In der esoterischen Kombinationskunst des europäischen Manierismus ist die Motivfunktion voll entwickelt. Gleichzeitig wird das Labyrinth zum Zeichen der Ordnung, die aller manieristischen Verrätselung zugrunde liegt, und enthält im Vorgang des Herausfindens eine deutende Erklärung. Initiation und Rückkehr, Selbstfinden und mögliche Welterkenntnis schließen somit an den Weg ins Labyrinth an. Das Motiv stellt verborgene Beziehungen in Bildern und Begriffen her. Es bildet die Grundlage für komplizierte Akrosticha und Anagramme, stützt den Aufbau in der Bilderlyrik und Konzetti-Dichtung und gibt Hinweise zur Lösung poetischer Rätsel. Die völlige Durchdringung von Kalkül und Mysterium kam dem Stilideal des Manierismus entgegen. Spuren des Motivs bleiben bis ins 19. Jh. in Verbindung mit thematisierten Lebensfahrten erhalten.

Seit dem 19. Jh. entwickelt sich das Labyrinth zu einem zentralen Raummotiv. Es vergegenwärtigt die Einkreisung von Figuren in scheinbar undeutbaren gesellschaftlichen Mechanismen, hebt im Weg nach außen das →Reifen zur Welterkenntnis hervor und wirkt strukturbildend im narrativen Diskurs. Schmeling hat in seiner wegweisenden Untersuchung überzeugend nachgewiesen, daß sich Raummotivik und labyrinthischer Diskurs wechselseitig bedingen. Diese Zusammenhänge sind für die Themenforschung von ausschlaggebender Bedeutung. Das Motiv veranschaulicht: (1) den Orientierungsverlust des Menschen im Dschungel der Städte (Stephen Crane, *Maggie. A Girl of the Streets,* 1892; Alain Robbe-Grillet, *Dans le labyrinthe,* 1959) und das Unvermögen, zum sinngebenden Zentrum der gesellschaftlichen Struktur vorzudringen (Emile Zola, *Germinal,* 1885; Frank Kafka, *Der Bau,* 1923; Elisabeth Langgässer, *Das Labyrinth,* 1949; Ingeborg Drewitz, *Das Labyrinth,* 1963; Thomas Bernhard, *Das Kalkwerk,* 1976); (2) die Wegsuche, Einweihung, erotische Erfahrung und Stufen der geistigen Entwicklung (James Joyce, *Ulysses,* 1922; Thomas Mann, *Der Zauberberg,* 1924; Hermann Hesse, *Der Steppenwolf,* 1927; Hella Haasse, *De Ingewijden,* 1952; Umberto Eco, *Il nome della rosa,* 1980; Jochen Beyse, *Larries Welt,* 1992); (3) die Irrfahrten in Versuchen einzelner, ihr Dasein frei zu bestimmen (Charles Dickens, *Bleak House,* 1852–53; Franz Kafka, *Der Prozeß,* 1925; *Das Schloß,* 1926); (4) Auflösung und Neukonstitution der Persönlichkeit durch den labyrinthischen Diskurs (Peter Handke, *Kaspar,* 1967). Das Motiv wirkt strukturbildend. Es bedingt die Anlage der Auseinandersetzung zwischen guten und bösen Mächten (Ursula K. LeGuin, *The Tombs of Atuan,* 1972) und begründet das Entsetzen der Personen, die keinen Ausweg aus einer Welt finden, die von völlig undurchschaubaren Mächten beherrscht wird (Jorge L. Borges, *Ficciones,* 1945; *Labyrinths,* 1962; Fernando Arrabal, *Le Labyrinthe,* 1956).

Lit.: M. Bahlke: Labyrinthe in niederländischer Erzählliteratur. Ffm 1993; R.W. Cruttwell: Virgil's Mind at Work. Oxford 1947; J.P. Bayard: Le Symbolique du monde souterrain. Paris 1973; S.G. Donald: Of Mazes, Men, and Minotaurs. In: New Ger. Stud. 14 (1986–87); P. R. Doob: The Idea of the Labyrinth from Classical Antiquity through the Middle Ages. Ithaca, NY 1990; M. Eliade: Initiation, rites, sociétés sécrètes. Paris 1976; Le Mythe de l'éternel retour. Paris 1979; D.G. Frazer: The Dying God. London 1911; G. Gillespie: Garden and Labyrinth of Time. New York 1988; G. Graf: Das Labyrinth als Zeichen – Das Zeichen als Labyrinth. In: A. Burkhardt, E. Rose (Hg.), Umberto Eco. Zwischen Literatur u. Semiotik. Braunschweig 1991; G.R. Hocke: Die Welt als Labyrinth. Manier und Manie in der europäischen Kunst. Hamburg 1973; ; S.H. Hocke (Hg.): Further Studies in the Relation between Myth and Ritual in the Ancient World. London 1935; D. Kenosian: Puzzles of the Body. The Labyrinth in Kafka's *Prozeß,* Hesse's *Steppenwolf,* and Mann's *Zauberberg.* New York 1995; M. Kirchmann: Mannerism and Imagination. Salzburg 1979; W.F.J. Knight: Vergil: Epic and Anthropology. New York 1967; J. Pieper: Das Labyrinthische. Über die Idee des Verborgenen, Rätselhaften, Schwierigen in der Geschichte der Architektur. Braunschweig 1987; M. Schmeling: Der labyrinthische Diskurs. Vom Mythos zum Erzählmodell. Ffm 1987; ders.: Labyrinth-Künste. In: M. Moog-Grünewald, C. Rodiek (Hg.), Dialog der Künste. FS Erwin Koppen. Ffm 1989; B. Stoltzfus: Robbe-Grillet's Labyrinths. In: Contemporary Literature 22 (1981); B. S. Watson: Les Figures du labyrinthe dans *A la recherche du temps perdu.* New York 1992.

Siehe auch: Begrenzung-Freiheit, Kreis, Stadt

Landschaft

1. Seit der Antike kennzeichnen charakteristische Einzelheiten bestimmte Orte des Geschehens: Liebesbegegnung (locus amoenus), Abenteuer, Kampfplatz, Bereich des Palastes, Hain und Tempel. Die Tradition des bukolischen Ortes wurde über Jahrhunderte in Schäfergedichten und Idyllen gepflegt. Sie wird auch nicht von den mittelalterlichen allegorischen Naturbeschreibungen verdrängt, sondern steht gleichberechtigt neben ihnen. Gegen Ende des 15. Jh. bezeichneten die Begriffe *lantschaft* und *paysage* den Ausschnitt eines Naturraums, der im Beobachter angenehme Empfindungen hervorrief. Nachdem die niederländischen „landschap-Gemälde" im 16. Jh. die Aufmerksamkeit des Publikums und der Kunstkritiker auf sich zogen, übernahmen Maler in England die Bezeichnung *landscape* (*landscip*). Der Begriff verbreitete sich im folgenden Jahrhundert durch ganz Europa und diente auch der näheren Bestimmung poetischer Naturschilderungen. Das Interesse an Landschaftsgemälden und dichterischen Beschreibungen der Jahreszeiten, der Wiesen und Wälder fiel zeitlich mit der wachsenden Begeisterung für formale →Gartenanlagen zusammen, in denen die Anordnungen des Raumes ein Bild aufeinander abgestimmter Flächen- und Tiefenbeziehungen hervorrief.

2. Der Wandel in der Einstellung zur Natur, veränderte religiöse Ansichten, philosophische Ideen und naturwissenschaftliche Vorstellungen, aber auch botanische Erkenntnisse, Entdeckungen und Reiseberichte beeinflußten Landschaftsdarstellungen über die Jahrhunderte. Sie erhielten außerdem durch die literarische Tradition und zweckbestimmte dichterische Erwägungen ihr besonderes Gepräge. Infolgedessen lassen sich nicht nur die typischen Züge der homerischen, anakreontischen, ossianischen, pantheistischen, öden, klassischen oder romantischen Landschaft nachweisen, sondern auch die Übereinstimmungen in der besonderen Textfunktion. Die Landschaft kann (1) die Handlung einrahmen, (2) Ort und Handlung aufeinander abstimmen, (3) die Gefühle der Personen spiegeln, (4) Stimmungen hervorrufen, (5) der szenischen Ausgestaltung dienen, (6) wichtige Ereignisse unterstreichen, (7) als Raummotiv einen betonten Gegensatz zu anderen Texteinheiten herstellen und (8) das Verhalten einzelner Figuren motivieren.

Der Aufbau des Textes bestimmt die Funktion und entscheidet über die Auswahl der Einzelheiten. Bernardin de Saint-Pierre hält beispielsweise mit größter Genauigkeit seine Beobachtungen auf seiner Reise nach Réunion fest. Er verzeichnet lästige Insekten, üble Strecken des Landes und das Fehlen der Blumen (*Voyage à l'Ile-de-France,* 1773). In seiner Erzählung *Paul et Virginie* (1787) erscheint dieselbe Insel als ein berückend schönes, exotisches Land für Menschen, die der bedruckenden Zivilisation entfliehen wollen. Ganz ähnlich hält Goethe während seiner italienischen Reise die kleinsten Einzelheiten mit großer Präzision fest und verbucht mit wissenschaftlicher Genauigkeit botanische Einzelheiten und meteorologische Erscheinungen. In den *Römischen Elegien* (1788–90) spiegelt die Landschaft das Bewußtwerden des menschlichen Geistes und schließt Mythos, Geschichte, Kunst und Lebensbejahung ein. In der „Novelle" (1827) unterstreicht die Landschaftsschilderung dagegen den Kontrast zwischen ungebändigter Naturkraft und zivilisatorischer Begrenzung, zwischen menschlicher Leidenschaft und Entsagung. Die Schriften beider Autoren bezeugen einen qualitativen Wechsel im Sprachgebrauch, der den Aufbau literarischer Landschaften im allgemeinen kennzeichnet. Die Spracheinheiten dienen selten der beschreibenden Informationsvermittlung; sie sind so gefügt, daß ein sinnbildliches oder gefühlsbetontes Tableau entsteht. Landschaftsdarstellungen bilden die Grundlage für Polarstrukturen in den Motivreihen bebautes Land – Wildnis (Zivilisation – Urzustand des Menschen), offene Landschaft – beengende Stadt (Wunschvorstellung – bedrückende Wirklichkeit) und Landschaft – offenes/geschlossenes Fenster (Lebensbejahung – Absonderung von der Welt). Die Landschaft ist außerdem ein konstitutives Element der Motive des →Gartens, der →Ruine und der öden Welt (→Stadt). Außerdem haben Landschaften mehrfach die Funktion übernommen, Visionen einer möglichen Seinsart einzufangen oder als personifizierte Gegner der Handlungsträger den Ablauf der Ereignisse zu begründen.

3. Durch die Verbindung verbaler Dynamik mit sorgfältig ausgewählten Metaphern und einer an Leitmotive erinnernden, ständigen Wiederholung einzelner Vorsilben erzielten Autoren außergewöhnliche Effekte. Die Landschaft ist belebt, hat Teil an der Handlung und vermittelt den Eindruck der Ausdehnung und der Verengung des Raums. Die Lobgesänge religiös orientierter Erzählungen und moralischer Abhandlungen der Pietisten im 17. und 18. Jh. verleihen den Landschaften eine vertikale Bewegungskurve nach oben, die den Raum der göttlichen Gegenwart öffnet. Ganz ähnlich steigern Thomas Wyatt, Henry Howard, Friedrich Klopstock und Goethe die vertikale Dynamik, indem sie die Raumperspektive nach oben öffnen. Der Mensch umfaßt die Natur, wird von ihr umfangen und emporgehoben; die Wolken fliegen vorbei, neigen sich und umfassen den Sänger; Blüten verschmelzen zum Blütendampf; der Nebel lichtet sich. Den lyrischen Leistungen stehen erzählende Beschreibungen von gleicher Überzeugungskraft zur Seite. Der Raum setzt sich in Bewegung, spiegelt und beeinflußt zugleich das Handeln der Figuren, beleuchtet ihre Empfindungen und unterstreicht ihre besondere Eigenart (Walter Scott, *Rockeby,* 1813; Nathaniel Hawthorne, „Young Goodman Brown", 1835; Edgar Allan Poe, „The Fall of the House of Usher", 1840; James Fenimore Cooper, *The Pathfinder,* 1840; Adalbert Stifter, *Der Nachsommer,* 1857; Theodor Fontane, *Frau Jenny Treibel,* 1892; Wilhelm Raabe, *Die Akten des Vogelsangs,* 1895; Albert Camus, *L'Etranger,* 1942; Alain Robbe-Grillet, *Dans le labyrinthe,* 1959). Die Landschaft kann eine dem Gartenmotiv vergleichbare Funktion übernehmen und menschliche Vorstellungen näher begründen. Sie kann den Glauben an die Alleinheit des Daseins einfangen (Ralph Waldo Emerson, „Brahma“, 1857) oder das Vertrauen auf die gesellschaftliche Entwicklung, den technologischen Fortschritt und den Aufstieg der Zivilisation ausdrücken (Edmund Spenser, *The Faerie Queene,* 1590–96; St. John de Crèvecœur, *Letters from an American Farmer,* 1782; Goethe, „Novelle“; Friedrich Spielhagen, *Hammer und Amboß,* 1868). Die Landschaft kann aber auch die Resignation (Oliver Goldsmith, „The Deserted Village“, 1770; Richard Price, *A Sermon on the Golden Age,* 1785) oder den scharfen Protest gegen die Verwandlung oder Zerstörung der Natur durch die Technik einfangen (Frank Norris, *The Octopus,* 1901; Robert Frost, „A Brook in the City“, 1921; William Stanley Merwin, „Burning Mountain“, 1960).

4. Im Gegensatz zu Landschaftsdarstellungen, deren räumliche Dimension ein direktes Verhältnis zu menschlichen Verhaltensweisen herstellt, versuchten einige Dichter, das innerste Wesen der Natur in Bildfügungen zu ergründen, die das Phänomen der Metamorphose, das Formgesetz der Pflanze oder Prinzipien des Wachstums herausstellten (Goethe, „Metamorphose der Pflanzen“; Percy Bysshe Shelley, „Alastor“; Wallace Stevens, „The Snow Man“; William Carlos Williams, „Flowers by the Sea“; Jack Kerouac, „Alone on a Mountain Top“). Dichter, die die kleinsten Einzelheiten der Natur mit einem Scharfblick betrachteten, der an Linné geschult schien, verengten die Landschaftsdarstellung. Die Natur sollte in ihrer besonderen Seinsform erfaßt werden, um die Menschen dazu anzuregen, über ihre optimale Entwicklungsmöglichkeit nachzudenken. Die höchste Präzision in der Schilderung äußerer Merkmale schien die Voraussetzung für die Gestaltung der inneren Struktur natürlicher Phänomene zu bieten. Die Landschaft sollte weder belehren noch Gefühle einfangen, sollte weder Motiv noch Symbol sein. Einige Dichter, die von dieser Vorstellung ausgingen, schufen sprachliche Miniaturbilder (William Walsh, John Gay, James Thomson, Albrecht von Haller, Ewald von Kleist, Matthias Claudius, Eduard Mörike, Alfred Tennyson). Andere erfaßten die besondere Eigenheit einzelner Pflanzen (Annette von Droste-Hülshoff, Walt Whitman, Oskar Loerke, Wilhelm Lehmann, Gertrud Kolmar, Karl Krolow). Die bisweilen ersichtliche Tendenz, die Orientierung in einem Dickicht üppig sprießender botanischer Details zu verlieren (Salomon Gessner, Elisabeth Langgässer, Georg Trakl), ist Ausdruck dafür, daß es letztlich kaum möglich ist, strukturelle Elementarteilchen der Natur in die Lyrik zu übernehmen. Deshalb schlagen zahlreiche Dichter Beziehungs-Brücken zwischen dem Landschaftlichen und dem Lyrischen, indem sie einerseits gleichsam destillierte Strukturen, eine Geometrie der Landschaft, andererseits symbolische Beziehungen von Natur- und Menschen-Entelechie entwerfen (Ingeborg Bachmann, Paul Celan, Hilde Domin, Eugen Gomringer, Peter Huchel, Marie Luise Kaschnitz; Günter Eich, „Die Häherfeder“; *Schritte zu Andreas,* 1935; Wilhelm Lehmann, „Oberon“).

5. *Traditionszusammenhänge und Tendenzen.* Landschaftsschilderungen konnten sich bis ins 17. Jh. auf eine feste literarische Konvention der Gott-Naturanrufung, der Ideallandschaft, der Göttin Natura, des Lustortes und der Exotik der abenteuerlichen Fahrt stützen. Berichte von Entdeckungsfahrten und Reisen in ferne Länder führten der Literatur eine Vielzahl neuer Einzelheiten zu. Die Landschaftsschilderungen stimmen anfänglich in einer Eigenart überein. Sie verknüpfen individuelle Beobachtungen mit reich verzierten Szenen aus Reiseberichten und vermitteln den Eindruck eines homogenen Raums, in dem die Einzelheiten aufeinander abgestimmt sind. Die Ausgestaltung des Raums kann angenehme Empfindungen hervorrufen, den Leser an das verlorene →Paradies erinnern, die Illusion des Überblicks über das Leben vermitteln (→Wanderer) oder den Kolonisationstrieb ansprechen. Vereinzelt verwenden Dichter im 16. Jh. Landschaftsdarstellungen zur Stimmungsmalerei und zur Spiegelung der inneren Gefühle der Handlungsträger. Das Verfahren greift unter dem Einfluß Shakespeares im 17. Jh. weiter um sich. Das lyrische Ich entfaltet jedoch nie die eigentümliche Mischung aus Natursehnsucht, Selbstbewußtheit, innerer Befangenheit und Erlebnistiefe, die sich gegen Ende des 18. Jh. in der Literatur durchsetzt.

Die ursprüngliche Einstellung der Siedler in Nordamerika wurde von drei Denkformen bestimmt, die sich in Predigten, Kirchenliedern und Kalendergeschichten seltsam mischten. Das christliche Denken schlägt sich in biblischen Metaphern nieder; das europäische Denken, das davon ausgeht, daß die Natur Zuflucht vor dem verderblichen Einfluß der Zivilisation bietet, findet Ausdruck in der Auffassung der Gemeinsamkeit des Menschen mit der Natur; die tägliche Erfahrung der Rodung der Wildnis kündigt sich in den expansiven Bildern der Landergreifung an. Es besteht kein Zweifel darüber, daß die Siedler in den Wäldern der neuen Welt die biblische Wildnis sahen. Es ist gleichermaßen deutlich, daß sie gezwungen waren, die Wälder zu roden und Siedlungen zum Schutz der Gemeinschaft anzulegen. Sie sahen über ihre Einpfählungen hinaus, erblickten „Gottes Land" und zugleich einen Raum, den sie bebauen wollten (Cotton Mather, *Magnalia Christi Americana,* 1702). Ihre Ansichten legten nicht nur die Grundlage für den amerikanischen Mythos von „Gottes eigenem Lande", sondern trugen auch zu einem stark entwickelten Spannungsverhältnis in amerikanischen Landschaftsdarstellungen bei. Der Gegensatz zwischen dem expansiven Trieb, die Grenze nach dem Westen zu erweitern, und dem Wunsch, in den Wäldern den Garten Eden zu finden, kennzeichnet diesen Traditionsstrang bis ins 20. Jh.

Landschaftsdarstellungen im 18. Jh. werden durch zwei bedeutende Metaphern bereichert, die in weitverzweigten Schichtungen und Bildfügungen unterschiedliche Motivfunktionen übernehmen: Heim-Hütte und fühlendes →Herz. Die Landschaft entspricht der Wunschvorstellung des Menschen, der sich nach Obdach, Ruhe, Frieden und einer harmonischen Seinsverwirklichung sehnt. Der freie Raum weicht dem Hain oder blumenbedeckten Wiesen, murmelnden Bächen und Parkanlagen, die von „fühlenden Herzen" entworfen sind. In der Landschaft klingt das Echo intensiver Gefühle wider; sie kommt der Sehnsucht der Handlungsträger entgegen (Marie Sophie von La Roche, *Geschichte des Fräuleins von Sternheim,* 1791; Christoph Martin Wieland, *Agathon,* 1773; Goethe, *Die Leiden des jungen Werthers,* 1774; *Faust I*, 1808; J.M.R. Lenz, *Der Waldbruder,* 1776; Friedrich Heinrich Jacobi, *Woldemar,* 1779; François-René de Chateaubriand, *Le Génie du christianisme,* 1800); sie ist der treue Freund, mit dem man die innigsten Gefühle teilt. Durchaus andere Funktion haben Landschaftsdarstellungen, in denen die Koordination des Raums (panoramisch-horizontal in Verbindung mit vertikaler Dimension und Spiraltendenzen oder Kreisbewegungen) konkrete Reformen der Landverwertung hervorhebt, die Naturverschönerung als gesellschaftliche Krisenerscheinung deutet und in Tableaus friedlich besiedelter Landstriche die Bejahung der Zivilisation sichtbar macht. Diese Motivik ist besonders ausgeprägt in der französischen Klassik, in Werken von Alexander Pope, Matthew Prior, John Gay und im Schaffen Goethes und Schillers.

Die Romantiker erweiterten die Korrelation von Figur und Raum. Obwohl sie besonders häufig für die Gefühlsanreicherung der Landschaftsschilderung zitiert werden, führen sie der Tradition durch die Schilderung der von Kunst und Zivilisation durchsetzten Naturkulisse und die Gestaltung der Phantasielandschaft völlig neue Impulse zu. Die Landschaftsdarstellungen versinnbildlichen Fahrten in die Tiefenschichten der menschlichen Erfahrung. Den unterschiedlichen Anlagen der Texte entsprechend, spiegeln sie Harmonievorstellungen, Träume der allumfassenden Liebe und erotische Wünsche (Clemens Brentano, Adelbert von Chamisso, Luise Hensel, Ludwig Uhland). Sie enthüllen aber auch in der dämonischen Entstellung der Landschaft die →Angst vor dem Dasein, den Terror und im →Gartenmotiv den unaufhaltsamen Einbruch der Zivilisation in die Natur (Ludwig Tieck, Novalis, E.T.A. Hoffmann, Joseph von Eichendorff).

Die schmerzliche Erfahrung des unvereinbaren Widerspruchs zwischen Natur und Zivilisation, Garten und Maschine charakterisiert viele Landschaftsdarstellungen des 19. Jh. In der Verwendung zeichnet sich eine deutliche Entwicklung zum Kontrastmotiv ab. Die Werke von Cooper, Hawthorne, Thoreau, Spielhagen, Raabe und Fontane vergegenwärtigen, wie das Motiv aus Bildfügungen und Sinneinheiten ein Netz von Beziehungen herstellt, die ein wesentliches Anliegen des Jahrhunderts erschließen. In Coopers „Lederstrumpfgeschichten" ist das Motiv mit jeder wesentlichen Entwicklungsstufe im Leben Bumppos verknüpft. Es erschließt die Ambivalenz des amerikanischen Geistes, der die ständig um sich greifende Besiedlung bejaht, aber dennoch den Untergang der einst unberührten Wälder bedauert. Die völlige Identifikation Bumppos mit der Wildnis erscheint in den Werken als Quelle menschlicher Vollkommenheit. Dem Raubbau der Wälder entspricht die Bedrohung des Menschen durch die Landspekulation, den Materialismus und den Freiheitsverlust in den Siedlungen (*The Pioneers,* 1823; *The Prairie,* 1827). Der Gegensatz zwischen unberührtem Land und Ansiedlung fängt ungelöste Spannungen in den Verhaltensweisen der Ausbeutung des Landes einerseits und der frommen Ehrfurcht vor dem Leben andererseits ein. Die in den Erzählungen angedeutete Lösung stützt sich auf klassisches Denken. Ein neues Eden kann nur gedeihen, wenn die Siedler, die die Natur überwinden, auch gelernt haben, sich selbst zu beherrschen. Hawthorne, der wie Cooper zeitlich zurückgreift, um das Denken der Menschen im Grenzland („frontier spirit") zu schildern, verwendet das Motiv in zahlreichen Erzählungen, um die Deformation menschlicher Wesenskräfte in einem gesellschaftlichen Milieu zu zeigen, in dem der Wille zur Eroberung der Natur alle anderen Regungen unterdrückt („Roger Malvin's Burial"; „Old News"; „Sketches from Memory"; „Young Goodman Brown", *Mosses from an Old Manse,* 1846). Die Landschaft vergegenwärtigt ganz deutlich die Verluste im menschlichen Bereich, wenn die übriggebliebenen Bäume als „Unkraut im Garten" betrachtet werden („Main Street") oder wenn der Marktplatz die Natur verdrängt, ein Marktplatz, auf dem die Klatschsüchtigen auf das Gefängnistor schauen und gleichzeitig über Frieden und Pranger reden (*The Scarlet Letter,* 1850).

Dagegen fangen die Landschaften Henry David Thoreaus (*Cape Cod,* 1840–41; „Walking"; *Walden,* 1854) Wunschvorstellungen menschlicher Vollkommenheit ein. Sie verheißen die Verjüngung des Geistes und die Befreiung von der gesellschaftlichen Konvention. Diese Züge, die in Walt Whitmans „Song of Myself" und „When Lilacs Last in the Dooryard Bloom'd", aber auch in John Steinbecks *The Grapes of Wrath* (1939) fortbestehen, übten einen nachhaltigen Einfluß auf die Motivik der Landschaftsdarstellungen in der Weltliteratur aus. Nicht zu übersehen ist, daß auch gut gelungene Reportagen (Horatio A. Parsons, *The Book of Niagara Falls,* 1826) auf die Literatur zurückwirkten.

Europäische Schriftsteller, die sich der Modeerscheinung von Südsee- oder Amerikaschilderungen (→Abenteuer, →Edler Wilder) nicht anschlossen, verzichten gewöhnlich auch auf die Grenze als Gelenkstelle, die die Schaltfunktion hat, den Konflikt zwischen Natur und Zivilisation zu beleuchten. In ihrer besonderen Ausarbeitung der Landschaftsmotive lassen sich drei Grundmerkmale nachweisen. Die mit dem Motiv des Edlen Wilden und der Abenteuerliteratur verknüpften utopischen Vorstellungen haben sich verflüchtigt. Die enthumanisierte →Stadt bedroht die Enklaven des geistigen Widerstandes. Die Zivilisation hat die Landschaft bereits völlig durchdrungen. Die Dichter entwickeln daher Kontraste aus der Gegenüberstellung der bereits kultivierten Natur, der Parklandschaft und des organisch wirkenden, ländlichen Daseins mit der vordringenden Eisenbahn, dem Bau großer Straßen und der Anlage von Fabriken. Die Natur ist nicht nur von Menschenhand verwandelt, der Mensch begegnet sich selbst, wenn jedes „Grün der Wiesen", jeder „verschlungene Moospfad und Weißdorn", wenn der Rosengarten und selbst der holperige Bergweg menschliche Aktivität durchscheinen läßt. Der in einigen Romanen des 19. Jh. anklingende Ton der Entsagung (Raabe) und Ironie (Trollope, Fontane) wird von den beißenden Metaphern der Naturalisten und der Autoren des 20. Jh. abgelöst. Die Schneeflocke sinkt nicht mehr sanft zur Erde, sondern trifft den Menschen als Kugel (Crane); das Rauschen des Flusses prägt sich dem Beobachter als Dröhnen der U-Bahn ein (Faulkner). Die Landschaft ist von Müll übersät und von verfallenen Häusern bedeckt (Dickens, *Hard Times*; Robert Frost, „A Brook in the City"; William Faulkner, „Pennsylvania Station"; E.B. White, „Walden"; Aldo Leopold, *A Sand Country Almanac,* 1949; R. Brautigan, „The Cleveland Wrecking Yard"). Eschatologische Visionen der menschlichen Verrohung und einer von der Technik oder vom Krieg zerstörten Welt zersetzen die vormals heile Natur (Charles Baudelaire, Arthur Rimbaud, Emile Verhaeren; Günter Grass, *Glasdreieck,* 1960; *Ausgefragt,* 1967; *Die Rättin,* 1986; Ernst Jandl, „markierung einer wende", 1966; *der künstliche baum,* 1970; Hans Magnus Enzensberger, *Mausoleum,* 1975; Günter Kunert, *Die Schreie der Fledermäuse,* 1978; Martin Walser, *Jagd*, 1988).

Quellen: Jean de La Fontaine, *Le Songe de Vaux,* 1659–1729; *Les Amours de Psyché et de Cupidon, 1669; Matthew Prior, Poems on Several Occasions* (1709); John Gay, *Rural Sport* (1713); Alexander Pope, *Windsor Forest* (1715); *An Essay on Man* (1733–34); Albrecht von Haller, *Die Alpen* (1729); James Thomson, *Seasons* (1744); Ewald von Kleist, „Der Frühling" (1749); Salomon Gessner, *Idyllen* (1756); Goethe, „Willkommen und Abschied" (1771); „Wandrers Sturmlied" (1772); *Wilhelm Meisters Lehrjahre; Wanderjahre* (1795–1829); *Die Wahlverwandtschaften* (1809); „Sankt Rochus-Fest zu Bingen" (1814); *Italienische Reise* (1816–17); William Cowper, „Task" (1785); Friedrich Schiller, „Die Künstler", 1789; „Der Spaziergang" (1795); „Das Lied von der Glocke" (1800); William Wordsworth, „Tintern Abbey" (1798); James Fenimore Cooper, *The Last of the Mohicans* (1826); Edgar Allan Poe, *The Journal of Julius Rodman* (1840); Walt Whitman, *The Half-Breed* (1845); Adalbert Stifter, *Bunte Steine* (1853); Gustave Flaubert, *Madame Bovary* (1857); *Salammbô* (1862); *L'Education sentimentale* (1869); *La Tentation de Saint-Antoine* (1874); Mark Twain, *The Adventures of Tom Sawyer* (1876); William Raabe, *Alte Nester* (1880); *Im alten Eisen* (1887); Alfred Tennyson, „The Promise of May" (1882); Theodor Fontane, *Irrungen, Wirrungen* (1888); F. Scott Fitzgerald, *The Great Gatsby* (1925); Elisabeth Langgässer, *Der Laubmann und die Rose* (1947); Thomas Bernhard, *die rosen der einöde* (1959); Karl Mickel, *Vita nova mea* (1967); Michael S. Harper, „Dead Oaks" (1972); Christoph Meckel, *Wen es angeht* (1974); Walter Helmut Fritz, *Schwierige Überfahrt* (1976); Sarah Kirsch, *Drachensteigen* (1979).

Lit.: E.A. Albrecht: Primitivism and Related Ideas in 18th-C. German Lyric Poetry. Baltimore, MD 1950; E.O. Aldridge: The State of Nature. An Undiscovered Country in the History of Ideas. In: Studies on Voltaire and the 18th C. (1972); W.M. Bauer: Weltwahrnehmung u. Textstruktur. Jahreszeit, Landschaft u. Mensch in der neulateinischen Dichtung des Humanismus. In: Goethe-Jb. Wien 93/94 (1988–89); J.W. Beach: The Concept of Nature in 19th-C. English Poetry. New York 1936; M. Beller: Das ungeheuerste Natur- u. Kunstwerk. In: M. Moog-Grünewald, C. Rodiek (Hg.), Dialog der Künste. FS Erwin Koppen. Ffm 1989; S.M. Benn: Pre-Romantic Attitudes to Landscape in the Writings of Friedrich Schiller. Berlin 1991; S. Bercovitch: The Puritan Origins of the American Self. New Haven, CT 1975; A. Biese: Das Naturgefühl im Wandel der Zeiten. Leipzig 1926; P.N. Carroll: Puritanism and the Wilderness. New York 1969; G. Charlier: Le Sentiment de la nature chez les romantiques français. Bruxelles 1912; R. Chase: The American Novel and Its Tradition. Garden City, NY 1957; Curtius; H.S. Daemmrich: Messer u. Himmelsleiter. Heidelberg 1980; ders.: Landschaftsdarstellungen im Werk Goethes. In: DVjs 67 (1993); I.G. Daemmrich: Motiv Inversion as Homage: Landscape and Wanderer-Shelter in the Works of Goethe and Flaubert. In: NCFS 18 (1990); A.A. Ekirch: Man and Nature in America. New York 1963; L.A. Fiedler: The Return of the Vanishing American. New York 1968; W. Flemming: Der Wandel des deutschen Naturgefühls vom 15. zum 18. Jh. Halle 1931; J. Frank: Spatial Form in Modern Literature. In: Sewanee Review 53 (1945); E. Fussel: Frontier. American Literature and the American West. Princeton, NJ 1965; J. Geraud (Hg.): Le Paysage à la Renaissance. Fribourg 1988; H.A. Glaser (Hg.): Goethe u. die Natur. Ffm 1988; E.U. Grosse: Sympathie der Natur. München 1968; R. Gruenter: Landschaft. In: GRM 34 (1953); G. Hard: Die ‚Landschaft' der Sprache u. die ‚Landschaft' der Geographen. Bonn 1970; H.B. Henderson: Versions of the Past. The Historical Imagination in American Fiction. New York 1974; U. Heukenkamp: Die Sprache der schönen Natur. Berlin 1982; M. Hielscher: Natur u. Freiheit in Goethes Die Wahlverwandtschaften. Ffm 1985; J. Hösle: Anthropomorphe Landschaften in Literatur u. bildender Kunst. In: Literatur u. die anderen Künste. Bayreuth 1982; H. Huscher: Die englische Naturdichtung im Lichte der vergleichenden Literaturbetrachtung u. der jüngsten Kritik. In: Anglia 62 (1938); H. Huth: Nature and the American. Three Centuries of Changing Attitudes. Berkeley, CA 1957; A. Koschorke: Die Geschichte des Horizonts. Grenze u. Grenzüberschreitung in literarischen Landschaftsbildern. Ffm 1990; K. Krolow: Lyrik u. Landschaft. In: Jahresring (1962–63): D. Kuhn: Versuch über Modelle der Natur in der Goethezeit. In: dies., Typus u. Metamorphose. Goethe-Studien. Marbach 1988; A. Kuzniar: The Vanishing Canvas. In: Germ. Stud. Rev. 11 (1988); A. Langen: Verbale Dynamik in der literarischen Landschaftsschilderung des 18. Jh. In: ZfdPh 70 (1947–49); R.W. Lewis: The American Adam. Chicago, IL 1955; F.C. Maatje: Versuch einer Poetik des Raumes. In: A. Ritter (Hg.), Landschaft; E. Marsch: Der Garten als literarische Topographie. Bausteine zu einer Poetologie dargestellter Landschaft. In: ders., G. Pozzi, Thematologie des Kleinen. Fribourg 1986; L. Marx: The Machine in the Garden. Technology and the Pastoral Ideal in America. New York 1964; R. Nash: Wilderness and the American Mind. New Haven, CT 1973; M. Niedermeier: Das Ende der Idylle. Ffm 1992; F.T. Palgrave: Landscape in Poetry from Homer to Tennyson. London 1897; P. Piehler: The Visionary Landscape. A Study in Medieval Allegory. Montreal 1971; W. Raible: Literatur u. Natur. In: Poetica 11 (1979); H. Rehder: Die Philosophie der unendlichen Landschaft. Halle 1932; W. Riedel: Der Spaziergang. Ästhetik der Landschaft u. Geschichtsphilosophie der Natur bei Schiller. Würzburg 1989; A. Ritter (Hg.): Landschaft u. Raum in der Erzählkunst. Darmstadt 1975; E.A. Runge: Primitivism and Related Ideas in Sturm u. Drang Literature. Baltimore, MD 1946; H.J. Schneider: Utopie u. Landschaft. In: W. Voßkamp (Hg.), Utopieforschung. Bd. 3. Stuttgart 1982; B.M. Stafford: Toward Romantic Landscape Perception. Illustrated Travels and the Rise of Singularity as an Aesthetic Category. In: Studies in 18th-C. Culture 10 (1981); H. Steinkamp: Die Gedichte Georg Trakls. Ffm 1988; M. Thalmann: Die horizontale u. die vertikale Landschaft. In: NDH 20 (1973); J.C. Thöming: Ästhetische Vermittlung von Glücksvorstellungen durch literarische Landschaften. In: LiLi 13 (1983); M. Tison-Braun: Poétique du paysage. Essai sur le genre descriptif. Paris 1980; P. Van Tieghem: Le Sentiment de la nature dans le préromantisme européen. Paris 1960; J. Voigt: Das Naturgefühl in der Literatur der französischen Renaissance. Berlin 1898; B. Wagner: Gärten u. Utopien. Natur u. Glücksvorstellungen in der französischen Spätaufklärung. Wien 1985.

Siehe auch: Edler Wilder, Einsamkeit, Fahrt, Garten, Paradies, Stadt

Langeweile

Siehe Ennui

Lebensfahrt

Siehe Fahrt, Reifen

Licht

1. Das Motiv ist in den verschiedenen Nationalliteraturen weit verbreitet. Es wirkt strukturbildend und stellt durch das Analogieprinzip direkte Beziehungen zur menschlichen Erkenntnisfähigkeit, zur Wahrheitsfindung und zu überzeitlichen Werten her. Es übernimmt außerdem durch eine Signalfolge von Kontrasten die Schaltfunktion, die gegensätzlichen Vorstellungsgehalte der Unklarheit (→Nebel) und des Erkenntnisverlustes näher zu bestimmen. In der allgemeinen Funktion der Aufnahme, Verarbeitung und Umwandlung von Information wurde das Licht zur Denkfigur eines Zeitalters (*siècle des Lumières, Enlightenment,* Aufklärung) und zu einer Grundfigur im Schaffen einzelner Autoren, die, wie beispielsweise Goethe und Valéry, sowohl zeitlich weit auseinanderliegen als auch in den Kompositionsprinzipien stark voneinander abweichen. Die besondere Eigenart der Lichtmotivik besteht darin, daß die Gegenwart des Lichts in der →Nacht (→Mond, →Sterne) Hoffnung und Vertrauen auf ein festes Ordnungssystem bekundet, während das blendende Sonnenlicht unterschiedliche Reizzustände begründet, die zum Zerstörerischen und zum Tod tendieren. Das Verlöschen des Lichts und der verdunkelte Himmel sind Zeichen der Götterferne, der menschlichen Entfremdung und des Versagens der menschlichen Erkenntnisfähigkeit.

2. Vom Mittelalter bis zum Barock ist das Licht ein charakteristisches Wesensmerkmal der Figur →Christi. In Ezzos Heilsgeschichte *Cantilena de miraculis Christi* (ca. 1060) und in den Gedichten der Mystiker erscheint Christus als „das Licht der Welt" und die „andere Sonne". Sein Schein der Verklärung, seine seelische und geistige Ausstrahlung hat grundsätzlich größere Leuchtkraft als das Sonnenlicht (Dante, *La Divina Commedia,* 1300–18; Théodore Agrippa d'Aubigné, „Prière du matin"; John Milton, „On the Morning of Christ's Nativity", 1629). Die Gegenwart des Göttlichen wird häufig durch eine Lichtquelle angekündigt, die ihre Strahlen unabhängig von der Sonne verbreitet (→Gral; das geheimnisvolle Licht in Guillaume de Lorris, *Le Roman de la rose,* ca.

1230). Leuchtende Waffen und glänzende Juwelen in der Rüstung kennzeichnen Heldenfiguren (→Artus; *Chanson de Roland,* 12. Jh.; →Held). Vom Mittelalter über Andreas Gryphius („Über die Geburt Jesu"; „An die Sternen", 1652), Friedrich Gottlieb Klopstock („Die Frühlingsfeier", 1759) und Friedrich Schiller („An die Freude", 1785; „Der Spaziergang", 1795) bis zu Paul Claudel (*Cinq Grandes Odes,* 1910; *L'Annonce faite à Marie,* 1912) und Gedichten von Ina Seidel erscheint das Licht im Zusammenhang mit Anrufungen des Göttlichen oder der beseelten Natur.

3. Im Anschluß an die Identifizierung des Lichts mit der beseelten Welt entstehen Übertragungen der Leuchtkraft auf die weibliche Schönheit (Chrestien de Troyes, *Cligès,* ca. 1164; *Le Roman de la rose*). In der Renaissancedichtung, für die Maurice Scèves *Délie* (1544) ein gutes Beispiel bietet, erinnert das von der Geliebten ausgehende Licht zuweilen an den Heiligenschein der Madonnenbilder. Scève schildert die leuchtenden Augen der Geliebten, die das „innere Licht" ausstrahlen. Die Seele wird zur Lichtquelle, verklärt die Frau und rückt dem Betrachter näher, der nun in den Spiegelungen des reinen Herzens die kosmische Ordnung wahrnimmt. Die Lichtmetaphorik bleibt auch in späteren Jahrhunderten ein fester Bestandteil der „schönen Seelen" und besteht selbst in Darstellungen von Frauenfiguren fort, in denen sich die sinnliche Liebe verklärt (die „schöne Seele" in Goethe, *Wilhelm Meisters Lehrjahre,* 1795–96; Eugénie in *Die natürliche Tochter,* 1804; Ottilie in *Die Wahlverwandtschaften,* 1809; Honoré de Balzac, *Séraphîta,* 1835; Sissy in Charles Dickens, *Hard Times,* 1854; Albine in Emile Zola, *La Faute de l'abbé Mouret,* 1875; Shen Te in Bertolt Brecht, *Der gute Mensch von Sezuan,* 1938–40; Nancy in William Faulkner, *Requiem for a Nun,* 1951).

4. In diesen Schilderungen der Frauenfiguren zeichnet sich bereits die Tendenz ab, das Licht zur Kontrastierung mit der unbeseelten Welt zu verwenden. Dieses Verfahren bietet die Möglichkeit, das Textelement zu einem Kernmotiv auszuarbeiten. Es kann im Aufbau der Handlung das Ringen mit Mächten der Finsternis und das Streben nach Reinheit motivieren, Ereignisse vorwegnehmen und der Lösung eines dramatischen Handlungsverlaufs dienen. So reinigt beispielsweise der Tod Phèdres in Jean Racines *Phèdre* (1677) die Welt von der Bedrohung durch dunkle Triebe und stellt das Licht wieder her. Schiller verwendet systematisch das Kontrastpaar Licht/Nacht im dramatischen Aufbau der Auseinandersetzung zwischen feindlichen Brüdern (*Die Räuber,* 1781) und zur Entwicklung gegensätzlicher Vorstellungen der menschlichen und gesellschaftlichen Ordnung (Wallenstein und Max im *Wallenstein,* 1800). Balzac kennzeichnet den Verlust der Unschuld und die menschliche Verirrung des Mädchens Ursule (*Ursule Mirouët,* 1841) und der Eugénie (*Eugénie Grandet,* 1833) durch das allmähliche Verlöschen des Lichts und die einsetzende Dunkelheit. Henry James erfaßt die gegensätzlichen Entwicklungen im Leben Milly Theales (*The Wings of the Dove,* 1902) durch die Steigerung von Lichtmetaphern, die das innere Wachstum Millys begleiten. In Brechts *Leben des Galilei* (1938/55) spielt das Licht eine zentrale Rolle. Es charakterisiert die aufgeklärte Weltsicht während die Nacht das rückständige Denken symbolisiert.

5. Da das Licht den Gedanken der Klärung bereits latent enthält, kann es kaum überraschen, daß es in der Aufklärung zum Sinnträger des menschlichen Bemühens um eine vernünftige Weltordnung wird (Bernard de Fontenelle, *Discours sur la nature de l'églogue,* 1688; Denis Diderot, *Pensées philosophiques,* 1746; überzeugend nachgewiesen in Hippolyte Taine, *Origines de la France contemporaine,* 1876). In Wanderer-Gedichten und vielen Erzählungen der Epoche steht das Licht in direkter Beziehung zu den markanten Ereignissen auf der Lebensfahrt einzelner. Es begleitet den Lebensweg und gibt dem Wunschdenken feste Richtung auf die erstrebenswerte Welterkenntnis. Goethe entwickelt aus dem Kontrastpaar →Nebel/Licht eine Motivreihe, die das Ringen um menschliche Selbstbestimmung erfaßt. Er verwendet die Polarstruktur sowohl in einzelnen Gedichten als auch im Textaufbau von Erzählungen und Schauspielen. Sie beleuchtet die besondere Entwicklung einzelner Figuren wie Werther,

Faust, Orest, Wilhelm Meister und der Ehepaare in den *Wahlverwandtschaften.* Außerdem versinnbildlicht sie die ungeheure Spannung zwischen Blindheit und Erkenntnis, menschlichem Versagen und der Fähigkeit, das Schicksal zu meistern, tödlicher Bedrohung und freudiger Wiedergeburt. Zugleich mildert Goethe das starke Spannungselement der Motivreihe durch Bilder der farbigen Blütenwelt und des Regenbogens ab und verlagert dadurch den Orientierungspunkt der Wahrheitssuche vom Kern des fernen, reinsten Lichts in das lebendige Dasein der Welt. Faust wendet sich vom Feuermeer der aufgehenden Sonne ab, neigt sich dem am Wasserfall entspringenden Regenbogen zu und erkennt im Bild der „Wechseldauer" des farbigen Bogens das Schicksal menschlichen Bestrebens.

Dieser ewige Rhythmus von Erdgebundenheit und ideeller Vision, Vergänglichkeit und Bestand ist auch im 19. Jh. fester Bestandteil des Motivs. Die Kontraste werden jedoch zusehends schärfer. In Verbindung mit dem geschlossenen →Fenster und der öden →Stadtlandschaft, besonders den Straßenschluchten, in die kaum noch Licht einfällt, begründet das Motiv sehnsüchtige Vorstellungen, die im Leben kaum noch erfüllt werden. Das Übergewicht an finsteren, engen Straßen, Korridoren, Treppenaufgängen und Räumen, in denen die Vorhänge zugezogen sind, veranschaulicht diese Situation beispielhaft in Balzacs *La Comédie humaine* (1829–48). Emma in Gustave Flauberts *Madame Bovary* (1857) steht am Anfang der Erzählung am Fenster und schaut in den lichten Tag. Sie wird jedoch in eine Situation versetzt, in der sie den Sinn des Daseins verfehlt, sich abschließt (verdunkelte Kutsche, verdunkeltes Zimmer) und versagt. Im Zuge dieser Entwicklung wird das Licht schließlich zum charakteristischen Element der Inseln in der Großstadt und der Enklaven auf dem Land, in die sich Menschen vor dem Ansturm der Technik zurückziehen. Die Enklavenbildung ist unübersehbar in den Werken Elizabeth Gaskells und Wilhelm Raabes; sie charakterisiert die Stadtflucht in *Bleak House* (1852–53) von Dickens und die Neuorientierung des Lebens in Zolas *Paris* (1898). In Franz Kafkas *Der Prozeß* (1925) erfüllt das Motiv seine ursprüngliche Bestimmung und wird in der Ausarbeitung der extremsten Kontraste zugleich so gesteigert, daß eine weitere Entwicklung kaum denkbar ist. Das Licht ruft zur Wahrheitssuche auf („Vor dem Gesetz") und verneint jede Möglichkeit der Erkenntnis. Der Mensch, der aus dem Labyrinth der Gänge endlich nach oben kommt, findet kein Licht. Ihm stürzt der schwarze Ruß entgegen.

6. Die auch an anderen Motiven nachweisbaren kompositorischen Verfahren der Verengung, Auffächerung und Inversion lassen sich auch in der Verwendung des Lichts nachweisen. Es erscheint als Energiequelle im Zusammenhang mit der Entwicklung einer fortschrittlich denkenden Gesellschaft (Zola, *Les Trois Villes,* 1894–98). Es leuchtet dem Dichter voran, der im Schaffensvorgang nach absoluter Klarheit strebt (Paul Valéry, *Charmes,* 1922), und ermöglicht in einem Augenblick höchster Konzentration die Bewußtseinserweiterung, die den Dichter befähigt, den Sinn des Daseins zu erfassen (Claudel, *Partage de Midi,* 1906; Valéry, „Le Cimetière marin", 1922). Andererseits kann das Licht seine belebende Kraft verlieren, den Beobachter mit eisigen Strahlen bannen (Charles Baudelaire, „De profundis clamavi", „Chants d'automne", 1857) oder mit glühendem Hauch tödlich ins Leben eingreifen (Baudelaire, „Le Tir et le cimetière"; „La Belle Dorothée"; Albert Camus, *L'Etranger,* 1942). Auch unter Berücksichtigung dieser Inversionen ist das Lichtmotiv in seinem Bedeutungsgehalt weitgehend positiv. Es bietet einen festen Orientierungspunkt auf der Suche nach ordnungsstiftenden Prinzipien im Kosmos und kann aufgrund seiner Beschaffenheit mit konkreten Vorstellungen verknüpft werden.

Lit.: M. Eigeldinger: La Symbolique solaire dans la poésie de Baudelaire. In: RHL 67 (1967); J.-L. Faivre: Valéry et le thème de la lumière. In: Lettres Romanes 20 (1966); J. Frappier: Le Thème de la lumière de la Chanson de Roland au Roman de la Rose. In: CAIEF 20 (1968); L. Frappier-Mazur: Balzac et les images reparaissantes. Lumière et flamme dans La Comédie humaine. In: RSH 121 (1966); W. Gebhard (Hg.): Licht. Religiöse u. literarische Gebrauchsformen. Ffm 1990; J. Levaillant: Paul Valéry et la lumière. In: CAIEF 20 (1968); H. Pongs: Die Lichtsymbolik in der Dichtung seit der Renaissance. In: Studium Generale 13 (1960); J. Roger: La Lumière et les lumières. In: CAIEF 20 (1968); H. Sedlmayr: Der Tod des Lichts. Salzburg 1964; E. Staiger: Goethe u. das Licht. München 1982; H. Staub: Le Thème de la lumière chez Maurice Scève. In: CAIEF 20 (1968); L. Truffant: La Thématique du soleil chez Valéry, Claudel et Camus. In: NS 18 (1969).

Siehe auch: Nacht, Nebel, Sonne, Sterne, Tagesanbruch

Liebe

1. Meister Eckhart sah in der Liebeserfahrung die einzig wahre Möglichkeit der Transzendenz der menschlichen Ich-Bezogenheit, und Pascal bezeichnete die Liebe als die schöpferische Kraft des Universums. Das Textelement (Motiv, Thema, Konfliktträger) erlaubt nahezu unbegrenzte Assoziations- und Kontrastbildungen. Die Skala reicht von erotischen Abenteuern bis zum Entwurf eines Ideals, das die Liebesbereitschaft zur Grundlage jeder sinnvollen Selbstverwirklichung macht. Die Liebe setzt grundsätzlich jede Figur in Bewegung. Sie löst Personen aus ihrer Selbstbezogenheit, vermittelt die Erfahrung der Gefühlserweiterung und leitet Auseinandersetzungen mit der Umwelt ein. Die Liebe kann einerseits in der Bestimmung als Nächstenliebe ein christliches Gebot erfüllen, andererseits in der Verhaftung im Sinnlichen die volle Entfaltung menschlicher Anlagen beeinträchtigen (→Eros). Zahlreiche Texte entwickeln durch die Gegenüberstellung von leidenschaftlicher Liebe und idealer Liebesempfindung starke Spannungen im Handlungsgeschehen. In Darstellungen des menschlichen →Reifens und der →Selbstverwirklichung bildet die Liebeserfahrung ein wesentliches Element im Prozeß der Persönlichkeitsentfaltung. Die Liebe kann außerdem zum zentralen Anliegen eines Textes werden und, wie beispielsweise im Liebesgruß und den Liebesbriefen der Dialogromane, die Organisation der Werke maßgebend beeinflussen.

2. Die philosophische Grundlegung der idealen Liebe erfolgte durch Platon. Die Literatur übernahm aus seiner Bestimmung zwei Aspekte. Die geistige Liebe ist einerseits eine in concreto durch die Idee bestimmbare Verhaltensweise. Die Idee an sich, eine zum Unbedingten erweiterte Kategorie, wirkt auf die sittliche Lebensführung zurück. Andererseits ist die Liebe in der empirischen Erfahrung gegeben. Das regulative Prinzip oder die Richtschnur der idealen Liebe findet im Dasein eine Entsprechung oder zumindest Angleichung durch die Verhaltensweise der Annäherung gleichgesinnter Menschen (→Freundschaft). Die besondere Eigenart der Bestimmung einer vorbildlichen Liebe besteht somit darin, daß sie zur Richtschnur des Verhaltens wird und sich zugleich im Handeln einzelner Menschen spiegelt. Die ideale Liebe schließt den Wunsch nach sinnlicher Befriedigung aus. Autoren, die diese Vorstellung in der Textgestaltung mit dem menschlichen Streben nach Vollkommenheit verknüpfen, übernehmen häufig Bildfügungen und Vergleiche aus religiösen oder philosophischen Schriften. Die geliebte Person wirkt vergeistigt, rein und veredelt. Sie erhält das Attribut der göttlichen Erleuchtung und erscheint zuweilen als allegorisches Bild der Liebe Gottes (Guillaume de Lorris, *Le Roman de la rose,* um 1230; Jean de Meung, *Le Roman de la rose,* ca. 1275–80; Dantes Darstellung von Beatrice) und der dichterischen Inspiration (Petrarcas Sonette an Laura). Die Verherrlichung der Jungfrau Maria in geistlichen Liedern und Hymnen hinterläßt deutliche Spuren in der Liebeslyrik des Mittelalters und klingt zuweilen noch in der Dichtung der Troubadours und Minnesänger an. Die höfische Dichtung entwickelt in Darstellungen der Liebe zu der edlen Herrin feste Konventionen des treuen Liebesdienstes, der Bewährung, der Begegnung und des Abschiednehmens, der Gesten und der Blicke. Das Lob der keuschen Liebesverehrung stieß jedoch bald auf den Widerspruch von Dichtern, die in ihren Gedichten einen stärkeren Bezug zur sinnlichen Erfüllung der Liebe herstellten (vgl. Walther von der Vogelweide, „Unter der Linden", ca. 1200). Die spähöfische Dichtung stellte schließlich die sinnliche Erfahrung in den Mittelpunkt der Betrachtung (Heinrich Wittenwiler, *Der Ring,* ca. 1400).

In der Dichtung der Renaissance treten einerseits unter Rückbezug auf die Antike stark erotisch gefärbte Schilderungen hervor, andererseits behauptet der Traditionsstrang der idealisierten Liebe, besonders in den Dichtungen neoplatonischer Autoren (Maurice Scève, Louise Labé), sein Recht. In Schäferdichtungen und den sehr ausführlichen Schäferromanen (z.B. Honoré d'Urfé, *L'Astrée*, 1607–27; Martin Opitz, *Schäfferey von der Nimfen Hercinie*, 1630; Philipp von Zesen, *Afrikanische Liebesgeschichte von Kleomedes und Sofonisbe*, 1646–47) vermischen sich die unterschiedlichen Auffassungen. In den Werken triumphiert die Liebe häufig über zeitbedingte Vorstellungen der Ehe oder Klasse (Christian Hoffmann von Hoffmannswaldau, *Helden-Briefe*, 1680) und motiviert die wechselnden Intrigen, Machtansprüche und Auseinandersetzungen. In den belehrenden Erzählungen und Dialogromanen des 17. und 18. Jh. erscheinen Liebeserfahrungen nicht nur im Zusammenhang mit der Entwicklung der Persönlichkeit, sondern auch als ein Thema, über das man sich in den Gesprächen unterhält (→Dialog-Schweigen). Die Liebe wird schließlich zu einem Muster menschlicher Verhaltensweisen, welches den Figuren die Möglichkeit bietet, sich zu behaupten und die Standesgrenzen zu überbrücken. Von den eingeschobenen Unterhaltungen, die um Liebe und →Freundschaft kreisen, führt eine direkte Linie zu der idealisierten Liebesauffassung in der Epoche der Empfindsamkeit und vereinzelten ländlichen Gedichten wie etwa Friedrich Rückerts *Amaryllis* (1825) im 19. Jh. Anklänge der Verknüpfung von Liebe und Freundschaft bestehen fort in Goethes „Bekenntnissen einer schönen Seele" (*Wilhelm Meisters Lehrjahre*, 1795–96) und Schillers Darstellung des Verhältnisses zwischen Max und Thekla (*Wallenstein*, 1800).

3. Handlungstechnisch bereitet die Darstellung sinnlicher Leidenschaft weniger Probleme als die Schilderung des Ideals, das immer zum Harmonischen tendiert. Das sinnliche Begehren beschwört Konflikte herauf, die psychologisch wahrscheinlich wirken und dem Geschehen verschiedene Spannungsmomente zuführen. Jede Andeutung, Darstellung oder eine in ein paralleles Handlungsgeschehen verflochtene, sinnliche Neigung versetzt Autoren daher in die Lage, die Idealkonzeption zu beleuchten (→Abelard; die Francesca-Episode in Dantes *La Divina Commedia*, 1307–18; Ronsard; Shakespeare). Die in der abendländischen Tradition bevorzugte Darstellungsform konzentriert sich auf die Entwicklung der leidenschaftlichen Liebe, die in ihrer Verwirrung oder Erfüllung einen Blick auf ein manchmal recht schwankendes Ideal ermöglicht. Die Vorrangstellung beruht auf individualpsychologischen und formalen Bedingungen. Die sinnliche Liebe ist ein dem Publikum vertrautes Urphänomen. Das Thema eignet sich besonders gut zum Aufbau von Konfliktsituationen, die zu schematischen Konstanten der literarischen Tradition werden (Mann zwischen zwei Frauen; Frau zwischen zwei Männern, usw.). Die Spieler wechseln zwar in ihren individuellen Zügen; die Situation bleibt jedoch konstant und die Lösung voraussagbar. Sieht man von der einfachen, schematischen Darstellung ab, so tritt ein wesentliches individualpsychologisches Phänomen in den Vordergrund. Die Liebeserfahrung bietet einen Schlüssel für die Charakterentwicklung einzelner Figuren. Sie beleuchtet die besondere Verfassung einer Person, den Wandel in der Einstellung zu anderen und die Art des Selbstverständnisses. Stationen der Leidenschaft, des Jubels oder der Enttäuschung kennzeichnen das Wachstum einzelner und bestimmen ihre Haltung zum Dasein. Die Liebeserfahrung bietet einerseits die Möglichkeit, sich zu öffnen und den geliebten Menschen durch die eigene Einstellung zu bereichern; andererseits kann der sinnliche Trieb zur Erhärtung subjektiver Ansprüche führen und im Wunsch des Besitzenwollens gipfeln. In der literarischen Entwicklung bildet sich das Verfahren heraus, die gegensätzlichen Verhaltensweisen durch die Motive des →Herzens und der →Hand zu charakterisieren. Die wechselseitige Zuordnung der Motive und die textinternen Umwandlungen veranschaulichen daher oft, wie sich Figuren aus leidenschaftlicher Verstrickung zu einer lebenswürdigen Haltung durchringen (Titus und Bérénice in Jean Racine, *Bérénice*, 1670; Sara in Gotthold Ephraim Lessing, *Miß Sara Sampson*, 1775; Käthchen in Heinrich von Kleist, *Das Käthchen von Heilbronn, oder Die Feuerprobe*,

1810; Cyrano in Edmond Rostand, *Cyrano de Bergerac,* 1897; Milly Theale in Henry James, *The Wings of the Dove,* 1902; vgl. dagegen die Personen, die sich nicht aus ihrer Ich-Bezogenheit lösen können: Alceste in Molière, *Le Misanthrope,* 1666; Phèdre in Racine, *Phèdre,* 1677; der Duc de Nemours in Marie de La Fayette, *La Princesse de Clèves,* 1678; Lovelace in Samuel Richardson, *Clarissa,* 1747–48; der Pfarrer in André Gide, *La Symphonie pastorale,* 1920).

Das Ringen um die Dominanz der widersprüchlichen Empfindungen eignet sich gleichermaßen zur Gestaltung zwischenmenschlicher Beziehungen in der Familie und der besonderen gesellschaftlichen Orientierung einer Person. Die Extreme der Verhaltensweisen werden ersichtlich, wenn man Werke einander gegenüberstellt, die sonst keine Anhaltspunkte zu Vergleichen bieten. Auf der einen Seite stehen Personen, deren Liebe zu Eltern, zur Familie, zur Frau, zum Mann oder dem Mitmenschen so weit geht, daß sie sich völlig selbstlos für die Geliebten aufopfern (Iphigénie und Bérénice in Racine, *Iphigénie,* 1670; *Bérénice*; Rosalie in Achim von Arnim, „Der tolle Invalide auf dem Fort Ratonneau“, 1818; Jeremias Gotthelf, „Elsie, die seltsame Magd“, 1843; Félicité in Gustave Flaubert, *Un Cœur simple,* 1877; Marie von Ebner-Eschenbach, „Lotti, die Uhrmacherin“, 1881). Um den entgegengesetzten Pol gruppieren sich Personen, die selbstsüchtig nur an ihre eigene Erfüllung denken, auf der Liebe bestehen und sie schließlich zum Herrschaftsanspruch über andere mißbrauchen (Pyrrhus, Néron und Phèdre in Racine, *Andromaque,* 1667; *Britannicus,* 1669; *Phèdre,* 1677; Harpagon in Molière, *L'Avare,* 1668; Grandet in Balzac, *Eugénie Grandet,* 1833; Silas Marner in George Eliot, *Silas Marner,* 1861; vgl. den stark ausgearbeiteten Kontrast zwischen Sissy und Mr. Gradgrind in Charles Dickens, *Hard Times,* 1854).

Außer diesen vorwiegend eindeutigen Aktualisierungen der Liebe verknüpft eine beträchtliche Zahl von Werken das Thema mit Figuren, die schwanken, zögern, sich in der Liebe verirren, keine eindeutige Entscheidung treffen oder in Konflikt mit der Gesellschaft geraten. Die Spannungen mit der Gesellschaft treten besonders hervor, wenn die Liebe auf den Widerstand der Umwelt stößt. Sowohl die verbotene Liebe (→Ehebruch) als auch die Überzeugung, daß sich die reinsten Empfindungen nur in der vollkommenen Freiheit von sozialen Einschränkungen entwickeln können, bieten den Ausgangspunkt konfliktgeladener Darstellungen. Der bereits im 18. Jh. deutlich hervortretende Freiheitsanspruch des einzelnen (Antoine-François Prévost, *Manon Lescault,* 1734; Jean-Jacques Rousseau, *La Nouvelle Héloïse,* 1761; Goethe, *Die Leiden des jungen Werthers,* 1774; Pierre Choderlos de Laclos, *Les Liaisons dangereuses,* 1782) bestimmt die Themenführung in zahlreichen Werken der Romantik (Wilhelm Heinse, *Ardinghello,* 1787; Friedrich Schlegel, *Lucinde,* 1799; Victor Hugo, *Marion Delorme,* 1829; *Ruy Blas,* 1838; Alfred de Musset, *La Confession d'un enfant du siècle,* 1836) und kennzeichnet den Kampf der Geschlechter um die Jahrhundertwende (Frank Wedekind, Henrik Ibsen, August Strindberg, Gerhart Hauptmann, Max Dreyer). Im 20. Jh. zeichnen sich differenzierende und voneinander abweichende Bearbeitungen des Themas ab. Die in vergangenen Jahrhunderten anklingende Auffassung, daß die Ehe die echten Empfindungen beeinträchtigt, wird von schwerwiegenden Vorbehalten gegen die unverbindliche, freie Liebeserfüllung abgelöst. Die Sensibilität zahlreicher Autoren für existentielle Krisen führt dazu, daß das Thema besonders häufig im Zusammenhang mit der →Entfremdung der Menschen von der Gesellschaft und ihrer Isolation auftritt. Die Liebe versagt, weil die Figuren in ihrer Selbstbezogenheit verharren und einfach nebeneinander herleben. Die Enttäuschung setzt ein, die Figuren sind wieder auf sich zurückgeworfen und können keine feste existentielle Bindung finden (Rilke, Thomas Mann, Proust, Gide, Saul Bellow, Philip Roth, Doris Lessing, John Cheever, John Updike; Peter Handke, *Die Stunde der wahren Empfindung,* 1975; Gabriele Wohmann, *Die Gäste,* 1971; *Paarlauf,* 1979; Brigitte Schwaiger, *Wie kommt das Salz ins Meer,* 1977; Ludwig Fels, *Ein Unding der Liebe,* 1981). Andere Autoren beschwören Bilder vorbildlicher Liebesbereitschaft

(Schriften von Luise Rinser; Ingeborg Bachmann, „Lied von einer Insel“, 1956; Sarah Kirsch, *Landwege,* 1985; Peter Härtling, *Die Mörsinger Pappel,* 1987) oder stellen das Recht der →Frau in der Gesellschaft in den Mittelpunkt der Betrachtung.

4. Seine größte Anpassung an die Entwicklungsthematik hat das Thema in Werken gefunden, die die wichtigste Lebensphase einer Person aus der Sicht der Liebesbegegnung deuten. Schilderungen vom ersten Erwachen der Liebe bis zu ihrer Erfüllung dienten dazu, unterschiedliche Abschnitte im Leben einer Figur zu beleuchten (Stendhal, *De l'amour,* 1822; *Le Rouge et le noir,* 1831; *La Chartreuse de Parme,* 1839). Dramatisch zugespitzt kann die Liebeserfahrung zur äußersten Bewährungsprobe des einzelnen werden (Shakespeare, *Romeo and Juliet,* ca. 1593; Goethe, *Torquato Tasso,* 1790; Hugo, *Hernani,* 1830; Rostand, *Cyrano de Bergerac*) oder aus vielfältiger Verwicklung eine befriedigende Lösung in Komödien bilden (Molière, Marivaux, Marmontel; Pierre Caron de Beaumarchais, *Le Barbier de Séville,* 1775; George Bernard Shaw, *You Can Never Tell,* 1898). Darüber hinaus bestehen von jeher entscheidende Motivverbindungen mit der Prüfung und Bewährung der Liebe einer Frau, deren Reinheit durch die Feuerprobe oder ein Gottesurteil im tödlichen Zweikampf öffentlich zutage tritt (Märchenkonstellation im Gebot des Schweigens der Angeklagten; Gottfried von Straßburg, Scott, Kleist, Hebbel). Sowohl die mit dem Thema verknüpften Wunschvorstellungen als auch sein starker Realitätsgehalt erlaubten Darstellungen in nahezu allen literarischen Gattungen und individuell konzipierten Konstellationen, die vom Intimsten bis zu überpersönlichen Visionen einer humanen Lebensführung reichen.

Lit.: Aimer en France. Actes du Colloque. Clermont-Ferrand 1980; S. Asche: Die Liebe, der Tod u. das Ich im Spiegel der Kunst. Königstein/Ts. 1985; J. Ashcroft (Hg.): Liebe in der deutschen Literatur des Mittelalters. Tübingen 1989; L.L. Brodwin: Elizabethan Love Tragedy, 1587–1625. New York 1971; E. Buonaiuti: Amore et morte nei tragici greci. Firenze 1944; D. Buschinger, A. Crépin (Hg.): Amour, marriage et transgressions au Moyen Âge. Göppingen 1984; J. Charue: Le Thème de l'amour dans la poésie baroque allemande. In: Le Texte et l'idée 2 (1987); A.O.J. Cockshut: Man and Woman: A Study of Love and the Novel 1740–1940. London 1977; F. Diaz-Plaja (Hg.): El amor en las letras españolas; antología 1140–1940. Madrid 1963; P. Dingelbacher: Pour une histoire de l'amour au Moyen Age. In: Le Moyen Age 93 (1987); F.T. Donaldson: The Myth of Courtly Love. In: Ventures 5 (1965); X. v. Ertzdorff, M. Wynn (Hg.): Liebe, Ehe, Ehebruch in der Literatur des Mittelalters. Gießen 1984; L. Fiedler: Love and Death in the American Novel. New York 1960; M. Fougères: La Liebestod dans le roman français. Sherbrooke 1974; W. Fowlie: Love in Literature. Studies in Symbolic Expression. Bloomington, IN 1965; M. Françon: Un Motif de la poésie amoureuse au XVIe siècle. In: PMLA 56 (1940); J. Frappier: Sur un procès fait à l'amour courtois. In: Romania 93 (1972); W. Freese: Mystischer Moment u. reflektierte Dauer. Zur epischen Funktion der Liebe im modernen deutschen Roman. Göppingen 1969; O.H. Green: Courtly Love in Spanish Canciones. In: PMLA 64 (1949); J. Greis: Drama Liebe. Zur Entwicklungsgeschichte der modernen Liebe im Drama des 18. Jh. Stuttgart 1991; A. v. Grohman: Das Problem der Liebe in der Dichtung der Gegenwart. In: Zs. f. Deutschkunde 45 (1931); J.H. Hagstrum: Sex and Sensibility. Ideal and Erotic Love from Milton to Mozart. Chicago, IL 1980; L. Jäger (Hg.): Zur historischen Semantik des deutschen Gefühlswortschatzes. Aachen 1988; J. Janning, L. Gobyn (Hg.): Liebe u. Eros im Märchen. Kassel 1988; L.C. Jennings: L'Amour-passion de Tristan à l'œuvre proustienne. Vicissitudes d'un mythe. In: Symposium 25 (1971); R. Jones: The Theme of Love in the Romans d'Antiquité. New York 1972; P. Kluckhohn: Die Auffassung der Liebe in der Literatur des 18. Jh. u. in der deutschen Romantik. Halle 1922; C.S. Lewis: The Allegory of Love: A Study in Medieval Tradition. London 1938; N. Luhmann: Liebe als Passion. Zur Codierung von Intimität. Ffm 1982; A. Mann: The Love Theme in French Drama. In: FR 9 (1935); P. v. Matt: Liebesverrat. Die Treulosen in der Literatur. München 1989; ders.: Liebesverrat. München 1989; J. Martellière: L'Amour chez les classiques et les romantiques. Paris 1911; G. Metzger: Liebe als Rollen-Spiel. Eine Motivuntersuchung. Ffm 1990; J.C. Moore: ‚Courtly Love'. A Problem of Terminology. In: Journal of the History of Ideas 40 (1949); F.X. Newman (Hg.): The Meaning of Courtly Love. Albany, NY 1968; J. Nicholls: Variations on the Motif of the One-Eyed Lover from Marmontel to Hatzenbusch. In: RLC 43 (1969); M. Oberle: Liebe als Sprache und Sprache als Liebe. Ffm 1990; M. Olsen: Les Transformations du triangle érotique. Kobenhavn 1976; D. de Rougemont: L'Amour et l'occident. Paris 1939; J. Sassus: The Motif of Renunciation of Love. Washington, DC 1963; M. Schneider: Liebe u. Betrug. Die Sprachen des Verlangens. München 1992; R. Schnell: Causa Amoris. Bern 1984; H.K. Spinner, F.-R.

Hausmann (Hg.): Eros, Liebe, Leidenschaft. Bonn 1988; T. Stemmler (Hg.): Liebe als Krankheit. Tübingen 1990; G.W. Stern: Die Liebe im deutschen Roman des 17. Jh. Berlin 1932; H. Wagener: Love. From Petrarchism to Eroticism. In: G. Hoffmeister (Hg.), German Baroque Literature. New York 1983; O. Weinreich: Der griechische Liebesroman. Zürich 1962; L. Wolff: Die mythologischen Motive in der Liebesdarstellung des höfischen Romans. In: ZfdA 84 (1952–53); F.L. Utley: Must We Abandon the Concept of Courtly Love? In: Medievalia et Humanistica NS 3 (1972); M. Zeller (Hg.): Aufbrüche, Abschiede: Studien zur deutschen Literatur seit 1968. Stuttgart 1979.

Siehe auch: Abelard und Héloise, Eros, Hand, Herz

Luzifer

Siehe Satan

Macht

1. Textsignale der Macht umfassen Metaphern des Lichts und der brutalen Aggression. Personen von hohem Ansehen, die ihre Macht nicht mißbrauchen, werden im Anschluß an die antike Rhetorik der Prunkrede durch Eigenschaften gekennzeichnet, die feste Merkmale der Göttergestalten Zeus, Jupiter, Jahwe und Thor übernehmen. Der Herrscher des Himmels wurde gewöhnlich als eine leuchtende Figur geschildert. Er sammelte die Wolken um sich und hielt ein Zepter oder einen Donnerkeil in der ausgestreckten rechten Hand. Die hohe Stirn, die schreckenerregende Ägis mit dem Gorgonenhaupt in der Mitte, der majestätische Adler auf dem Arm, die donnernde Stimme und der Donnerkeil in der Hand, der jeden an den Untergang der Giganten erinnerte und alle Gedanken des Widerstandes im Keim erstickte, veranschaulichten die absolute Macht (Aischylos, *Der gefesselte Prometheus; Agamemnon;* 2. Mose 9,23; Psalter 67,18; Kirchenlieder und Hymnen wie beispielsweise Julia Ward Howe, „Battle Hymn of the Republic").

2. Hesiod führte die Abstammung der Herrscher auf Zeus zurück; Kleitarchos verlieh Alexander dem Großen die Merkmale göttlicher Macht; Vergil schilderte Aeneas als göttlichen Helden; zur Regierungszeit Oktavians beschrieben römische Schriftsteller den Herrscher als Jupiter oder verwendeten die besonderen Kennzeichen des leuchtenden Auges, des ausgestreckten Arms und des Donnerkeils (verzierter Stab, Zepter), um die absolute Macht zu versinnbildlichen. Die Übereinstimmungen in Darstellungen göttlicher und weltlicher Macht schlagen feste Wurzeln in der literarischen Tradition. Sie bestehen fort in Martials Lob des Domitian, in der Verherrlichung der Taten Alexanders durch Quintus Curtius (Rufus), im Panegyrikus auf Trajan von Plinius dem Jüngeren, in den Schriften von Gajius Suetonius und in mittelalterlichen Darstellungen von Cäsaren oder germanischen Herrscherfiguren, die in ihren Eigenschaften deutlich in der Nachfolge der Imperatoren stehen. Die individuellen Herrscherfiguren wechselten mit den Jahrhunderten. Die charakteristischen Attribute der achtunggebietenden Haltung, des durchdringenden Blickes, der donnernden Stimme und des ausgestreckten Armes blieben jedoch ein fester Bestandteil der Figuren. Die Parallelen erstrecken sich auf deutsche Kaiser, auf Päpste, spanische Herrscher, englische Könige und französische Monarchen. Die charakteristischen Einzelheiten verschmolzen schließlich zu einer umfassenden, formelhaften Metapher. Sie findet Verwendung im Loblied (Pierre de Ronsard, „Au roy", 1550; „Hymne de Henry Deuxiesme", 1555; François de Malherbe, „Ode pour le roy", 1628), in der freudigen Zustimmung zum Thronwechsel, besonders der Machtübernahme nach einer Fehde (Andrew Marvell, „An Horatian Ode upon Cromwell's Return from Ireland", 1650), in der scharfen Kritik gegen die Herrschaftsanmaßung (John Knox, *The First Blast of the Trumpet Against the Monstrous Regiment of Women,* 1558; Andreas Gryphius, *Ermordete Majestät oder Carolus Stuardus,* 1649) und in Huldigungen der Freiheit (James Thomson, „Liberty", 1735; Friedrich Stolberg, „Freiheitsgesang", 1775; Percy Bysshe Shelley, „Ode to Liberty", 1820). Die Metapher übernimmt Motivfunktion in Aktions-Reaktions-Folgen der Textanlage und begründet individuelle Verhaltensweisen an-

gesichts eines überwältigenden Machtanspruchs (Andreas Gryphius, *Catharina von Georgien,* 1649–50; *Leo Armenius,* 1652; *Ermordete Majestät. Oder Carolus Stuardus,* 1657; Matthew Priors Parodie von Boileaus Lobgesang auf Louis XIV in „An English Ballad on the Taking of Namour by the King of Great Britain", 1695; Szenen am Hof, Kaiser und Gegenkaiser-Handlung in Goethes *Faust II,* 1832; Shelley, *The Cenci,* 1819; die Auseinandersetzung zwischen Gandalf und Sauron in J.R.R. Tolkiens *The Lord of the Rings,* 1965, die alle Figuren der Erzählung zur Stellungnahme zwingt). Im 20. Jh. übernahmen Autoren das Motiv zur Charakterisierung der menschlichen Schwäche gegenüber der Macht und werteten es auch in Satiren auf die Autorität aus (Heinrich Mann, *Drei Akte: Der Tyrann – Die Unschuldige – Varieté,* 1918; *Der Untertan,* 1918; *Der Weg zur Macht,* 1919; Michel de Ghelderode, *Fastes d'enfer,* 1929; Klaus Mann, *Mephisto,* 1936).

Lit.: M. Beller: Jupiter Tonans. Studien zur Darstellung der Macht in der Poesie. Heidelberg 1979; D. Borchmeyer: Macht u. Melancholie. Schillers Wallenstein. Ffm 1988; A.B. Cook: Zeus. A Study in Ancient Religion. Cambridge 1924–40; H. Hartmann: Das Verhältnis von Macht u. Geist im Selbstverständnis der Dichter der Epochenwende um 1800. Potsdam 1984; E. Krippendorff: Politische Interpretationen. Ffm 1990; N. Leser (Hg.): Macht u. Gewalt in der Politik u. Literatur des 20. Jh. Wien 1985.

Siehe auch: Aggression, Hand

Maria (Mary) Stuart

Siehe Figurenkonzeption

Marionette

Siehe Automat

Maske

Siehe Verkleidung

Medea

1. Die besonderen Eigenschaften und übermenschlichen Kräfte der Medea wirken bereits in der ältesten überlieferten literarischen Darstellung rätselhaft und undeutbar. In der Medea von Euripides stellt der Chor wiederholt Bezüge zum menschlichen Handeln und zur göttlichen Vorsehung her, steht aber letztlich dem Geschehen ratlos gegenüber. Medea hat die Gabe der Weissagung und kann zaubern. Trotzdem verliert sie sich völlig an Jason, zerreißt alle Familienbande und schreckt nicht vor der Vernichtung ihrer eigenen Sippe zurück. Sie rächt den Tod von Jasons Vater und beschwört das entsetzliche Ende des Pelias herauf. Sie folgt Jason in die Fremde, ins Exil nach Korinth und wird Mutter zweier hoffnungsvoller Söhne. Die Kinder wachsen heran; Jason kündigt an, daß er Kreons Tochter heiraten werde, um den Herrschaftsanspruch seines Hauses zu sichern. In diesem Augenblick vernichtet Medea die Braut, tötet ihre beiden Söhne, schaut mitleidlos auf Jason und entschwebt in einem von Drachen gezogenen Gefährt.

2. Das mit Medea verknüpfte Geschehen läßt einen dunklen Schicksalsfatalismus erkennen. Die Handlung ist unübertroffen in der Härte, mit der sie eine Kette schicksalhafter und grauenvoller Taten herausstellt, die jede Hoffnung auf Willensfreiheit und freie Selbstbestimmung des Daseins zerstören. Medea gibt Jason sinnbildlich das Leben zurück, indem sie ihm zuerst hilft, das →goldene Vlies zu erbeuten, und dann seine Flucht aus Kolchis ermöglicht. Sie bringt in seinen Söhnen neues Leben zur Welt und erweckt die schöne Hoffnung einer aufblühenden Familie. Sie nimmt jedoch alles zurück, was sie gegeben hat; sie zeugt Leben und opfert es. Literarische Gestaltungen haben über die Jahrhunderte Medeas Charakter psychologisch vertieft, Einzelheiten hinzugefügt und ihre Verhaltensweise feinfühlig begründet. Die unterschiedlichen Bearbeitungen beleuchten indessen eine besondere Eigenart des wechselseitigen Verhältnisses von Figurenkonzeption und Handlungsmoment, das eine unveräußerliche Charakteristik der Figur darstellt. Die ganze Handlung kulminiert im Opfer der Kinder. Das Geschehen drängt darauf hin und verlangt nach einer Deutung, die Mecheas Handeln erklärt. Die Szene in Senecas Schauspiel, in der Medea am Altar der Todesgöttin Hekate betet, erfaßt wahrscheinlich die besondere Problematik der Figurengestaltung am besten. Den Gefühlen der zivilisierten Menschen fremd gegenüberstehend, unwandelbar und einsam, erscheint Medea als Verkörperung einer Denkform, die bereits den Griechen nicht mehr verständlich war. Sie vertritt ein fatalistisches Denken, das weder von Schuld noch von Unschuld weiß.

Quellen: Euripides, *Medea*; Seneca, *Medea* ; Jean de Bartier de La Peruse, *La Médée* (1554); Pierre Corneille, *Médée* (1635); Richard Glover, *Medea* (1761); Friedrich Klinger, *Medea in Korinth* (1786); *Medea auf dem Kaukasus* (1791); Luigi Cherubini, *Medée* (1797); Franz Grillparzer, *Das goldene Vließ* (1822); Charles Kingsley, *The Heroes* (1856); William Morris, *Life and Death of Jason* (1867); Hans Henny Jahnn, *Medea* (1920); Maxwell Anderson, *The Wingless Victory* (1936); Robinson Jeffers, *Medea* (1946); Jean Anouilh, *Médée* (1948); Mattias Braun, *Medea* (1959); Marcel Dubé, *Médee* (1973); John C. Gardner, *Jason and Medea* (1973); Heiner Müller, *Verkommenes Ufer Medeamaterial Landschaft mit Argonauten* (1982).

Lit.: J.-L. Bandet: Corneille-Grillparzer-Anouilh. Zur Behandlung des Medea-Stoffes. In: R. Pichl (Hg.), Grillparzer u. die europäische Tradition. Wien 1987; J. Birringer: Medea. Landscapes Beyond History. In: New Ger. Critique 50 (1990); K. Kenkel: Medea-Dramen. Bonn 1979; L. Mallinger: Médée. Genève 1971; G. Schulz: Medea. Zu einem Motiv im Werk Heiner Müllers. In: Renate Berger (Hg.), Weiblichkeit u. Tod in der Literatur. Köln 1987.

Siehe auch: Argonauten

Meer

Siehe See

Melancholie

Siehe Ennui

Mensch, der künstliche

Siehe Automat

Mephistopheles

Siehe Satan

Merlin

1. Die Figur des Zauberers und Propheten Merlin wurde von Geoffrey of Monmouth in die Literatur eingeführt. Merlin taucht im Zusammenhang mit der Geschichte Britanniens auf und gehört zum Erzählkreis der →Artusliteratur. In Merlins Gestalt wird der Wunsch nach Einheit mit der beseelten Natur lebendig. Er lebt in geheimnisvollen, tiefen Wäldern; er kennt Pflanzen und Tiere; er weiß um die Geheimnisse einer Welt, die längst im Verschwinden begriffen ist. Die Figur übernimmt in zahlreichen Texten deutlich begrenzbare Motivfunktion: (1) Merlin ist Informationsträger, der die Wunschvorstellungen von einem möglichen Einklang des Menschen mit der Natur hervorruft; (2) er fördert das Handlungsgeschehen durch Bericht oder Weissagung und gibt der Handlung durch sein Auftreten eine zielgerichtete Entwicklung; (3) er wird in Texte eingeführt, um didaktische Absichten zu unterstützen und polemische Auffassungen auszudrücken.

2. In Geoffreys of Monmouth Chronik *Prophetia Merlini* (1134) wird Merlin von König Aurelius zu Hilfe gerufen, um das Wesen jener Macht zu ergründen, die den Bau des Schloßturms verhinderte und in der Nacht alle am Tag geleistete Arbeit zerstörte. Merlins Enthüllung, daß zwei Drachen unter dem Turm lebten, und die daran anknüpfende Weissagung für die Zukunft Britanniens befestigten seine Rolle in späteren Werken. In seiner *Historia regum Britanniae* (1135) führt Geoffrey die Figur als Ratgeber großen Stils ein. Merlin arbeitet strategische Pläne für Kämpfe aus, erscheint immer, wenn die Briten ihn benötigen, und verschwindet ebenso schnell wieder in die Wälder. Die *Vita Merlini*

(12. Jh.) schildert ihn als einflußreichen Seher, der dem König treu zur Seite steht. Die Schrift vermittelt den Eindruck einer ständisch aufgebauten Hofhaltung. Merlin ist von Schreibern umgeben, die seine Deutungen der Zukunft aufzeichnen und die, an den Klerus erinnernd, dem königlichen Hof angeschlossen sind. Ganz deutlich erfüllt Merlin die Aufgabe, den Briten in ihrem Kampf mit den Nachbarstämmen zu helfen und ihren Herrschaftsanspruch zu befestigen. Er behält diese Rolle in Chroniken und Geschichtsbüchern bis ins 17. Jh. bei und wird in den historisch eingefärbten Sagen und Sammlungen von Weissagungen (Rymer) zum Fürsprecher des nationalen Denkens. Er gibt dem Sendungsbewußtsein Form und feste Richtung. Die nationale Orientierung verhinderte jedoch keineswegs, daß die Figur auch in anderen europäischen Literaturen auftauchte. Merlin übernahm die Funktion des Ratgebers und Wahrsagers, der das Ende des Krieges verkündet (die französische Ballade „De la prophecie Merlin sur la destruction de l'Angleterre qui doit brief advenir", 15. Jh.), die Thronfolge von Alfonso X. beglaubigt (*Profecia de Merlin,* 13. Jh.) und schließlich sogar die Bauern während der Französischen Revolution vor Ausschreitungen warnt. Das Konzil von Trient setzte alle Merlin zugeschriebenen Weissagungen auf den Index.

3. Ein wesentlich stärker zum Dämonischen tendierendes Bild entsteht in der Artusliteratur. Robert de Boron schildert in seinem *Roman de l'Estoire dou Graal* (frühes 13. Jh.) den mächtigen Zauberer, der nach Belieben seine Gestalt wechseln kann. Er ist teuflischer Abstammung, wird aber durch das feste Gottesvertrauen seiner Mutter bekehrt und stellt seine Kräfte in den Dienst des Guten. Er hilft Artus und ruft die Ritter der Tafelrunde zur Suche nach dem Gral auf (*L'Estoire del Saint Graal,* 13. Jh.). Obwohl er nie im Mittelpunkt des Geschehens steht, ist die Handlung ohne ihn undenkbar. Er kommt aus der Wunderwelt, tritt im richtigen Augenblick in Erscheinung und beglaubigt durch seine Verheißungen die künftigen Ereignisse (Prosafassung *Livre d'Arthur,* 13. Jh.; die mittelalterliche *fabliau* „Merlin-Melot", Ende 13. Jh.; Ludovico Ariosto, *Orlando furioso,*1516; *Love's Martyr* von Chester, 1601; Miguel de Cervantes, *Don Quixote,* 1605–15). Sein Auftreten hat unfehlbare Bedeutung für die künftigen Ereignisse. Sobald die Vorausdeutung das Ziel bestimmt, kann Merlin wieder in den Hintergrund treten und in seinen Wälder untertauchen. Diese besondere Funktion der Figur besteht in der Literatur bis ins 19. Jh. fort (Bibliothèque des romans; Tressan; Wieland; Schlegel; von der Hagen). Dagegen ist Merlin von ausschlaggebender Bedeutung für die Handlung in Tankred Dorsts *Merlin oder Das wüste Land* (1981). Er berät Artus, ruft die Tafelrunde ins Leben, fördert die Suche nach dem Gral, kann aber den Untergang der ritterlichen Welt nicht aufhalten. Mit Mordred, dem unehelichen Sohn des Königs, kommt das absolut →Böse zu Wort und verdrängt schließlich die christliche Heilsgewißheit des Propheten. Die Handlung vergegenwärtigt somit das Scheitern der Utopie im historischen Geschehen.

4. Die räumliche Zuordnung der Figur kam der Natursehnsucht der Romantiker entgegen. Seit dem Anfang des 19. Jh. verschmelzen Naturmagie und Wunderwelt in zahlreichen Darstellungen. Merlin lebt in Gefilden, in denen sich der Zauber der beseelten Natur erhalten hat. Er bewahrt die Kenntnis der Naturkräfte, die im Ablauf der historischen Entwicklung verlorenging (Walter Scott, *The Ministrelsy of the Scottish Border,* 1802; Nikolaus Lenau, „Waldlied", 1840). Er weissagt, mahnt, ruft die Dichter zur Selbstbesinnung auf und verkörpert schließlich die poetische Inspiration, die ihre Kräfte aus der Naturverbundenheit zieht (Ludwig Uhland; Immermann; Tennyson; Apollinaire; Aragon; Wilhelm Lehmann). Die Funktion der Figur ist weitgehend zielsetzend. Merlin erscheint, deutet die Zukunft und tritt in den Hintergrund, sicher, daß seine Verheißung eintreffen wird. Das jeweils Zukünftige kann somit durch andere Handlungselemente erfaßt werden. Merlin beseitigt die Ungewißheit und erweckt dadurch eine frohe Hoffnung, die sich gleichermaßen für nationale, gesellschaftliche oder dichterische Wunschvorstellungen eignet.

Quellen: Robert de Boron, *Huth-Merlin* (1230–50); Albrecht von Scharfenberg, *Merlin* (um 1270);

Tristan en Prose (13. Jh.); *Tavola Ritonda* (13. Jh.); „Merlin-Merlot" (Ende 13. Jh.); Ulrich Füetrer, *Mörlin* (um 1475); Thomas Rymer, *The whole prophecies of Scotland, England, Ireland* ... (Dr. 1718); Bibliothèque des romans, *Merlin* (1775); *Arthur de Bretagne* (1776); Christoph Martin Wieland, *Merlin der Zauberer* (1777); Louis E. de Tressan, *Arthur: Tristan de Lèonis* (1778–91); Friedrich Schlegel, *Geschichte des Zauberers Merlin* (1804); Karl Leberecht Immermann, „Merlins Grab" (1818); *Merlin, eine Mythe* (1832); Friedrich Heinrich von der Hagen, „Merlin der Zauberer" in: *Heldenbilder aus den Sagenkreisen Karls des Großen* (1821); Alfred Tennyson, *Vivien* (1859); *Merlin and the Gleam* (1889); Edgar Quinet, *Merlin l'enchanteur* (1860); Paul Heyse, *Merlin* (1892); Guillaume Apollinaire, *L'Enchanteur pourrissant* (1909); Wilhelm Lehmann, „Merlin" (1942); Louis Aragon, *Brocéliande* (1942).

Lit.: S. Brugger-Hackett: Merlin in der europäischen Literatur des Mittelalters. Stuttgart 1991; W. Kuckartz: Merlin. Mythos u. Gegenwart. Essen 1988; B. Lundt: Melusine u. Merlin im Mittelalter. München 1991; A. Seemann: Merlin. Prophet u. Zauberer? Ffm 1987; C. Spivak: Merlin Redvivus. The Celtic Wizard in Modern Literature. In: Centennial Review 22 (1978); Y. Vadé: Merlin dans la littérature moderne. In: Lecteurs et lectures. Nantes 1981; P. Zumthor: Merlin le prophète: Un Thème de la littérature polémique de l'historiographie et des romans. Lausanne 1943.

Siehe auch: Artus, Figurenkonzeption

Metamorphose

1. Mythen, Märchen, Sagen und mündlich überliefertes Erzählgut führen Beispiele für willentliche und ungewollte Verwandlungen an. Zauberer, Hexen und Feen können Menschen in Tiere, Pflanzen, Steine oder Objekte verwandeln. Aber auch einzelne Menschen verfügen über Zaubersprüche, kennen geheimnisvolle Pflanzen oder können Zaubertränke herstellen, die sie befähigen, ihre Gestalt zu wechseln. Die in der griechischen Literatur erwähnten Metamorphosen fangen durchaus unterschiedliche Sinndeutungen des Geschehens ein. Die Metamorphose dient der Rettung aus höchster Gefahr (Daphne); sie ist ein Zeichen der Strafe (Niobe, Hippomenes, Atalanta) und der Belohnung (Philemon und Baucis); sie erfaßt im Bild die Vorstellung der Wiederauferstehung (Adonis, →Narzissus, Hyacinth, Procne und Philomela, Pyramus und Thisbe) und die Verklärung zum Göttlichen (→Herakles, Polyneikes und Eteokles, Endymion). Die Mythenforschung geht davon aus, daß Erzählungen von Metamorphosen auf mythische Vorstellungen der Einheit aller Naturerscheinungen und des Lebens nach dem Tode zurückgehen. Sie entspringen einer Form des Weltverständnisses, welches Beziehungen nach dem Prinzip der qualitativen Ähnlichkeit herstellt. Die Identität des Seins mit sich selbst wird über die Verwandlung hinweg gewahrt, wenn die rote Blume das Herz der Person widerspiegelt oder wenn das Sternbild am Himmel dem leuchtenden Leben auf Erden entspricht. Darüber hinaus beleuchten diese Erzählungen eine ganz besondere Haltung des Menschen zur Natur, zur Gesellschaft und zum Göttlichen. In der literarischen Bildgebung erfassen sie einen Vorgang der wachsenden Erkenntnisfähigkeit des Menschen.

2. Gestaltwandel und Erhöhung einzelner Figuren (Daphne, Adonis, Narzissus, Endymion) führten zu vielseitigen literarischen Ausgestaltungen. Die besondere thematische Anlage eines Textes kann jedoch entweder auf die Metamorphose hin ausgerichtet sein und zu ihrer Deutung werden oder diese in den Hintergrund treten lassen. Die Geschichte von Philemon und Baucis (Ovid, *Metamorphoses*) stellte beispielsweise die Gastfreundschaft des Ehepaars in den Vordergrund. Die beiden wirken vorbildlich in ihrer freudigen Bereitschaft, ihr bescheidenes Mahl mit Jupiter und Merkur zu teilen. Ihre Haltung und ihre Armut stehen in schärfstem Gegensatz zur Selbstsucht der reichen Landbesitzer, an deren Türen die Götter vergebens pochen. Zur Belohnung verwandeln die Götter die Hütte des Ehepaars in einen Tempel und Philomen und Baucis nach ihrem Tod in eine Eiche und eine Linde. Das ungastliche Land wird von einer Flut vernichtet. Die Metamorphose verknüpft eine charakteristische Lebensform mit einem ihr würdigen Tode und der anschließenden Auferstehung. Das Bild der Verwandlung umschreibt die erstrebenswerte Existenzform im Leben und im Tode. Der Philemon-Baucis-Traditionsstrang weist Eigenheiten auf, die auch in der Aneignung anderer Metamorphosen hervortreten. Autoren stellen durchaus unterschiedliche Wesensmerkmale des Ehepaars in den Vordergrund und entwickeln aus ihnen das Geschehen: Liebe, Zuneigung, Aufopferung, das einfache Leben, Unschuld und völlige Reinheit des Herzens. Alle Darstellungen behalten jedoch den besonderen Stellenwert der Metamorphose und ihre Deutung der Wunscherfüllung bei, die sowohl mit der reinen Liebe als auch dem vorbildlichen Denken vereinbar ist. Das ganze Geschehen wird dadurch zur aufbauenden Vorausdeutung auf das Ende (*Ovide moralisé,* 14. Jh.; Jean de La Fontaine, „Philémon et Baucis", 1685; Matthew Prior, „The Ladle", 1704; Jonathan Swift, „Baucis and Philemon", 1708; Friedrich Hagedorn, „Philemon und Baucis", 1738; Ludwig Christoph Hölty, „Töffel und Käthe", 1772; Johann Heinrich Voß, *Philemon und Baucis,* 1795, 1802; Leopold Ahlsen, *Philemon und Baukis,* 1956). Goethe stützt sich auf diese Tradition, um in ihrer Zerstörung den absoluten Machtanspruch des faustischen Denkens zu unterstreichen (*Faust II,* 1832). Die Metamorphose umschreibt somit nicht nur allgemeine Denkbilder. Sie erfaßt im Bild die persönliche Sehnsucht oder individuelle Bestrebung (Faust; Pygmalion), das innerste Wesen einer Person (Narzissus) oder die Einstellung zur Welt (Philemon und Baucis).

3. Da Metamorphosen immer eine bedeutungsvolle Situation umfassen, eignen sie sich zu Motivfügungen. Jede Metamorphose kann den Ausgangspunkt für Betrachtungen über den Sinn des Geschehens bilden. Sie bietet die Möglichkeit zur Darstellung der inneren Reflexion des Verwandelten und zu Schilderungen unterschiedlichster Reaktionen anderer auf das Ereignis. Die Verwandlung kann im Mittelpunkt einer Handlung stehen und alle Erzählfäden verbinden. Lucius in den *Metamorphosen, oder Der goldene Esel* (ca.169–77) von Apuleius erlebt nach seiner Metamorphose eine Reihe von Abenteuern, die zu echten Lernerfahrungen werden, seine Bildung fördern und ihn schließlich in die Lage versetzen, seine vielseitigen Wünsche und seine Begrenzung zu verstehen. Er erhält seine menschliche Gestalt zurück, nachdem er diese Stufe der Selbsterkenntnis erreicht hat. Gregor in Franz Kafkas Erzählung *Die Verwandlung* (1916) findet sich mit seiner Vertierung ab. Der Sinn seiner Verwandlung vom Ernährer der Familie zur widerwillig geduldeten Belastung bleibt ihm ein Rätsel. Die Bedeutung erschließt sich auch nicht aus seinen dunklen Ahnungen, sondern aus der Verhaltensweise der Umwelt, die, wie er selbst in seinem vor der Verwandlung liegenden Leben, im Streben nach materiellen Gütern keine Zeit zur echten Begegnung mit Menschen findet. Die Bezüge zur Verdinglichung des Daseins und den sozial-politischen Problemen der Gegenwart kommen noch deutlicher in der Gruppenmetamorphose der Nashörner zum Ausdruck (Eugène Ionesco, *Rhinocéros,* 1959). Die ungelösten Widersprüche der Gesellschaft verschmelzen zu der ihnen angemessenen Form in dem Augenblick, in dem Alice und Jean Gestalt und Eigenarten der Nashörner übernehmen. Die dichterische Ausgestaltung der Reaktionen auf Metamorphosen umfaßt außerdem die Liebessehnsucht und die Macht der Liebe (Giovan Battista Marini, *Adone,* 1623; Daniel Casper von Lohenstein, *Venus,* 1695), die Bereitschaft, subjektiven Wünschen zu entsagen und sich dem anderen zuzuwenden oder für des Gemeinwohl zu opfern (Goethe, „Das Märchen", 1795; Hugo von Hofmannsthal, *Die Frau ohne Schatten*, 1919), traumhafte Metamorphosen seelischer und geistiger Erneuerung (→Reifen; Fjodor Dostojewski, *Die Brüder Karamasow,* 1850; Hermann Hesse, *Der Steppenwolf,* 1927; *Das Glasperlenspiel,* 1943) und den Aufruf an den Leser, seine Begrenzung zu überwinden und sich in fortgesetzter Metamorphose geistig zu erweitern (Goethe, „Metamorphose der Tiere", 1806; „Eins und alles", 1821). Metamorphosen können in Verbindung mit der →Täuschung humoristisch wirken (John Corey, *Metamorphosis or the Old Lover Out Whitted*, 1704; → Amphitryon). Viel häufiger dienen sie der satirischen Entlarvung des Zeitgeschehens (Nikolai Gogol, „Die Nase", 1836). Insbesondere geißeln sie die Entwertung menschlicher Ideale, indem sie bestimmte Motive (Ratten, Haie, →Automaten, Zwergwuchs) verwenden und assoziativ verknüpfen. (Günter Grass, *Die Blechtrommel,* 1959; „Racine läßt sein Wappen ändern", 1960; *Hundejahre*, 1963; *Die Rättin*, 1986; Boris Vian, *Les Bâtisseurs d'empire ou le Schmurz*, 1959; Jochen Beyse, *Die Tiere*, 1988; *Der Ozeanriese*, 1988; *Ultraviolett*, 1990). Der Einzugsbereich des Motivs reicht somit von der spezifisch individuellen Erfahrung bis zur politisch-historischen Sinngebung.

Lit.: M. Beller: Philemon u. Baucis in der europäischen Literatur. Heidelberg 1967; P. Brunel: Le Mythe de la métamorphose. Paris 1974; C. Heselhaus: Metamorphose-Dichtung u. Metamorphose-Anschauung. In: Euph. 47 (1953); E. Jünger: Philemon u. Baucis: Der Tod in der mythischen u. in der technischen Welt. In: Scheidewege 3 (1973); C. Lichtenstein: Metamorphose in der Kunst des 19. u. 20. Jh. 2 Bde. Weinheim 1990–92; L. Malten: Philemon u. Baucis. In: Hermes 74 (1939); G. Mathieu-Castellani (Hg.): La Métamorphose dans la poésie baroque, française et anglaise: variations et résurgences. Tübingen 1980; H. Schulsky: Metamorphosis: The Mind in Exile. Cambridge, MA 1981; T. Todorov: Introduction à la littérature fantastique. Paris 1970.

Mimikry

Siehe Verkleidung

Mittag

Die Überlieferung des Altertums berichtet, daß zur Mittagsstunde die Natur ihren Atem anhält. Die Sonne steht am höchsten Punkt des Firmaments, und Gott Pan schläft. Die Welt steht im Zeichen eines allumfassenden Ordnungsgebildes einen Augenblick still. In der Darstellung der mittäglichen Atmosphäre greifen Autoren häufig auf diese Vorstellung zurück. Die Ruhe der Natur bietet zu Betrachtungen über den Sinn des Daseins Anlaß, gewährt den begnadeten Augenblick höchster, geistiger Klarheit und dient als Wendepunkt im Handlungsverlauf. Das Motiv begründet nicht nur den Reizzustand in den Figuren, sondern stellt durch das Assoziationsprinzip (→Feuer, →Licht, →Nacht) eine Folge von Signalen her, die auf künftige Ereignisse vorausdeuten und die Handlung unterstreichen.

Quellen: William Wordsworth, *An Evening Walk; Descriptive Sketches* (1793); Goethe, „Novelle" (1828); Friedrich Nietzsche, *Also sprach Zarathustra* (1883–85); Paul Claudel, *Partage du midi* (1906); Paul Valéry, „Le Cimetière marin" (1922); Wilhelm Lehmann, „Rosen im Mittagsbrande" (1935); „Hier" (1955–57); Albert Camus, *Noces* (1938); *L'Etranger* (1942).

Mond

1. Das Motiv hat einen besonders ausgedehnten Horizont intentionaler Sinnbezüge und Funktionen. Der Erdsatellit ist ein Sinnbild des Göttlichen und daraus abgeleitet eine Quelle der Gnade oder Inspiration. Der Mond war das Ziel abenteuerlicher Raumfahrten. Er löste die Handlung aus, gab dem Unternehmen die Richtung und konnte mit den unterschiedlichsten Phantasieerscheinungen verknüpft werden. Die Lichtquelle diente der Motivation unterschiedlicher Empfindungen, die von melancholischen und sentimentalen bis zu bangen Ahnungen und zum Entsetzen reichten. Besonders zu berücksichtigen ist, daß das Motiv literarische Konstanten ins Leben ruft, die immer wieder aufgegriffen und variiert werden.

2. Die Mondgottheit war wahrscheinlich androgyn. Platon identifiziert den Mann mit der Sonne, die Frau mit der fruchtbaren Erde und androgyne Wesen mit dem Mond. Auch Hermaphroditos wird in der Tradition häufig mit dem Mond in Verbindung gebracht (→Androgynie). Aus der weiblich gedachten Mondgottheit (Artemis, Diana) ergeben sich, nicht von der Motivik, sondern von der wechselnden Identifizierung her gesehen, unterschiedliche Bilder und Symbole. Die Frauenfigur auf der zunehmenden Sichel, figürlich zur Schale oder zum Schiff ausgearbeitet, regiert über das Element des Wassers. Sie beherrscht Ebbe und Flut; sie ist die Quelle des Lebens. Ganz rein und keusch ist die von mildem Mondlicht verklärte Jungfrau Maria. Sie ist Heilsbringerin, vermittelt zwischen Menschen und Gott und steht dem Menschlichen näher als die unfaßbare Gottheit. Die gedanklichen Zusammenhänge bleiben jedoch dieselben. Sie finden ihren Orientierungspunkt in einer göttlichen Lichtquelle, die in ihrem Wesen mild ist und daher auch zu Betrachtungen des Göttlichen anregt (Barthold Heinrich Brockes, *Irdisches Vergnügen in Gott,* 1721–48; Matthias Claudius, „Abendlied“, 1778; Edward Young, *Night Thoughts,* 1742–45; Victor Hugo, „Relligio“ in: *Les Contemplations* VI, 20, 1856). In der erweiterten Bedeutung kann das milde Licht des Mondes zur Selbstbesinnung überleiten (Goethe, „An den Mond“, 1786; Annette von Droste-Hülshoff, „Mondesaufgang“, 1844; Oskar Loerke, „Mondwolken“, 1916; Georg Trakl, „Abendland“, 1913; Adolf von Hatzfeld, „Mondaufgang“, 1923), die Sehnsucht nach Heimkehr wecken (Joseph von Eichendorff, „Mondnacht“, 1837), Gefühle der Liebe entzünden (Goethe, „Vollmondnacht“, 1815; Gustave Flaubert, *Salammbô,* 1862), die kritische Neubewertung der Tradition veranlassen (Rudolf Alexander Schröder, „September-Ode“, 1951; Peter Rühmkorf, „Variation auf ‚Abendlied‘ von Matthias Claudius“, 1962; Dieter Höss, „Lied des Astronauten“, 1967; Karlhans Frank, „Abendlied“, 1973; Aletta Eßer, „Abendlied eines Lehrlings“, 1974) und zum Ausgangspunkt einer mythisch-heiligen Erneuerung der Lebenskräfte der Menschen werden (Ludwig Tieck, *Franz Sternbalds Wanderungen,* 1797–98; Goethe, *Faust II,* 1832).

3. Aus der Vorstellungswelt, daß Sonne und Mond zweiseitig entfaltete Manifestationen des Göttlichen sind (Zeus, unterschiedliche Mondgöttinnen), und aus der Zuordnung des Weiblichen zum Mond entstehen im Laufe der Zeit vielfältige Assoziationen mit dem Mütterlichen. Die gute Mondesmutter behütet die Menschen, wiegt sie in den Schlaf (Matthias Claudius, „Wiegenlied bei Mondschein zu singen“, 1770), behütet sie und gibt ihnen Hoffnung. Das Licht gibt beispielsweise in William Wordsworth, „The Idiot Boy“ (1798) der verzweifelten Mutter immer neue Zuversicht auf ihrer Suche nach dem verlorenen Sohn. In Augenblicken der Not und menschlichen Vereinsamung erweckt der Mond neues Vertrauen. Er ist nicht nur der Freund einsamer Seeleute (Wordsworth, „To the Moon“), sondern Beistand, Tröster und Spiegel der Seele des Menschen auf der Lebensfahrt (Friedrich Gottlieb Klopstock, „Die Sommernacht“, 1771; John Keats, *Endymion,* 1818; Droste-Hülshoff, „Mondesaufgang“). Die Märchendichtung belebt den Mond und bringt ihn den Figuren ganz nahe. Er ist der Freund, der die Wanderer begleitet, auf ihrer Suche unterstützt und sogar in das Geschehen eingreift (Novalis, *Heinrich von Ofterdingen,* 1802; Clemens Brentano, „Das Märchen vom Hause Starenberg“, posthum 1846).

4. Die Motiventwicklung wurde maßgebend bestimmt durch die Einbeziehung des Mondes in nächtliche Landschaftsschilderungen. Der Mond fungiert als Stilmittel im äußeren Aufbau vieler Gedichte. Er ist außerdem Sinnträger und zugleich auslösendes Moment für durchaus individuell gestaltete Verhaltensweisen (Salomon Gessner, „Die Nacht“, 1753; *Idyllen,* 1756–72; Goethe, „Vollmondnacht“; „Um Mitternacht“; Alphonse de Lamartine, „Le Soir“, 1820; Wordsworth, „To the Moon“, 1837). Die festen Konturen der Natur verschwimmen in der Atmosphäre einer Landschaft, die den Menschen ins Reich der Träume entführt. Die Sehnsucht nach Geborgenheit bricht sich Bahn; das milde Licht ruft den Betrachter (lyrisches Ich, Figur) auf, sich seinen ahnungsvollen Gefühlen hinzugeben (Shakespeare, *A Midsummer Night's Dream,* ca. 1594; Klopstock, „Die frühen Gräber“, „Die Sommernacht“; Christoph Martin Wieland, *Aspasie oder Die platonische Liebe,* 1802). Der vom Mondlicht ausgelöste Erregungszustand füllt das Bewußtsein völlig aus und gewährt daher die größte Unmittelbarkeit der Erfahrung. Da das Sehen vom Subjekt ausgeht, ist es keineswegs auf die im Halbdunkel flimmernde Welt erfreulicher Erscheinungen begrenzt. Neben Eindrücken des Friedens und der Ruhe (Goethe, „An den Mond“; Wordsworth, „A Night-Piece“) entstehen Formgebungen, die das innere Chaos (Goethe, *Die Leiden des jungen Werthers,* 1774; E.T.A. Hoffmann, *Lebens-Ansichten des Katers Murr,* 1820–22) und die Todesangst (Wordsworth, „Strange fits of passion have I known“; Karl Krolow, „Terzinen drei Uhr nachts“, 1947; „Ballade“, 1948) der Figuren beleuchten oder auch die völlige Entfremdung des Menschen von der Gesellschaft einfangen (Bonaventura, *Nachtwachen,* 1804).

Die Identität von „Mondwelt" und subjektiver Einbildungskraft ermöglicht ein derart weitgespanntes Spiel mit dem Motiv, daß sich keine einheitliche Linie in der Sinndeutung herausbilden kann. Der Mond führt Liebende zusammen (Keats, *The Eve of St. Agnes,* 1820; Eugene O'Neill, *A Moon for the Misbegotten,* 1947). Er weckt Hoffnung und Todesahnungen (Ludwig Hölty, „Die Mainacht"; Goethe, „Der Totentanz"; Friedrich Schiller, „Leichenphantasie"). Er verzaubert die Welt (Jean Paul, *Hesperus,* 1795; Brentano, *Godwi,* 1801–02; Tieck, *Kaiser Oktavianus,* 1804; Thornton Wilder, *Our Town,* 1938; Cesare Pavese, *La luna e i falò,* 1950) und setzt die am Tage schlummernden Dämonen des Schreckens frei (Gottfried August Bürger, „Lenore", 1773; Joseph von Eichendorff, „Das Marmorbild", 1826; John Steinbeck, *The Moon is Down,* 1942). Im Rahmen dieser Motivik entstehen durchaus gegensätzliche Bildgebungen des Mondes und der Landschaft. Er ist der „liebe Mond", der „stille am Himmelzelt" dahinzieht ist, aber auch verwittert, verschrumpft (Steinbeck), eine trübe Laterne (Bertolt Brecht, *Trommeln in der Nacht,* 1919), ein kalter Klumpen, der nichts verkündet (Erroll John, *Moon on a Rainbow Shawl,* 1957), eine lebensbedrohende Macht (Krolow, „Der Nächtliche", 1944; „Die Kammer", 1944; „Die Inseln", 1957) und ein vorübergehender Lichtstrahl auf der gefrorenen Pfütze, der zur Besinnung auf alte Mythen aufruft (Wilhelm Lehmann, „Mond im Januar", 1934).

Die mit der Empfindsamkeit einsetzende und seit der Romantik um sich greifende Vorliebe für die „Mondbeglänzte Zaubernacht / Die den Sinn gefangen hält" (Tieck; vgl. Tieck, *Oktavianus,* 1804; *Der Mondsüchtige,* 1831; Eichendorff, „Mondnacht") führte zum inflationären Gebrauch des Motivs, der eine Reihe ironisch-distanzierter Darstellungen hervorrief. Diese kennzeichnen die vom Mondlicht beleuchtete Landschaft als das, was sie in der Vorstellung vieler Leser geworden war: ein stilisiertes, mit Gefühlen angereichertes Kunstelement. So parodiert Bürgers Gedicht „Auch ein Lied an den lieben Mond" den Gefühlsaufwand, Goethes *Triumph der Empfindsamkeit* (1777) das Schablonenhafte der literarischen Konvention. Goethe erinnert den Zuschauer daran, daß im Leben die Mücken „in den schönsten, wärmsten Mondnächten am unerträglichsten" sind, und daß der in den Kasten eingepackte Mondschein ein Kunstgriff ist, den Poeten nach Belieben anwenden. Jean Pauls satirisches Gespräch mit dem Mann im Mond („Landschaftsverwandlungen mit dem Mann im Monde, samt den vier Präliminarkonferenzen") stellt schließlich die Tradition der Vergöttlichung des Mondes in Frage.

5. Neben Bedeutungsübertragungen der unendlichen Sehnsucht auf den Mond (W. Somerset Maugham, *The Moon and Sixpence,* 1919) erscheinen Hinweise auf Zeitbestimmungen durch das Gestirn und allgemeine atmospharische Anspielungen in allen Literaturen. Sie dienen häufig der Beschreibung, können aber auch wie in Shakespeares *Midsummer Night's Dream* zur Grundlage einer Motivreihung werden. In diesem Schauspiel wird der Mond zum Mithandelnden. Er läßt die Leidenschaft der Figuren wie Flut und Ebbe ansteigen und abklingen. Das Gebiet ist wenig erforscht, und Beispiele lassen sich beliebig vermehren. Leichter zu erkennen ist die Funktion des Mondes in Darstellungen, in denen er zum Ziel traumhafter Reisen oder zum Schauplatz phantastischer Abenteuer wird. Der Mond übernimmt in diesem Fall die typische Ortseigenschaft und Schaltfunktion erstrebenswerter Plätze oder Objekte (→Gral, →Insel, →Utopie) und beleuchtet rückwirkend die Unzulänglichkeit der historisch entwickelten Gesellschaftsformen (Cyrano de Bergerac, *Les Etats et empires de la lune,* 1648; Aphra Behn, *The Emperor of the Moon: A Farce,* 1687; Elkanah Settle, *The World in the Moon, an Opera,* 2. Aufl., 1697; Daniel Defoe, *Consolidator,* 1705; Lewis Carroll, *Alice in Wonderland,* 1865). In der Science-fiction und der Lyrik der Gegenwart ist die Gesellschaftskritik noch stärker betont und auch auf die besonderen Anliegen der gegenwärtigen Vorbehalte gegenüber der technischen Fortschrittsideologie zugeschnitten (Robert Heinlein, *The Moon Is a Harsh Mistress,* 1966; Paul Wiens, „Der volkseigene Mond", 1959; Jean Boretto, „Mondgespräch", 1969). Diese Entwicklung führte zu

der eigenartigen Situation, daß der Mond auch heute noch den Liebenden leuchtet, während ihn die Illusionslosigkeit bereits zum Trabanten einer ausgebrannten Erde gemacht hat.

Lit.: HdA 6: 477–537; R. Halty Ferguson: Laforgue y Lugones: dos poetas de la lune. London 1981; E.W. Lanius: Cyrano de Bergerac and the Universe of the Imagination. Genève 1967; G.H. Lemke: Sonne, Mond u. Sterne in der deutschen Literatur seit dem Mittelalter. Bern 1981; E. Neis: Der Mond in der deutschen Lyrik. Hollfeld 1970; M.H. Nicholson: Voyages to the Moon. New York 1948; Le Soleil, le lune et les étoiles au Moyen Age. In: Sénéfiance 13 (1983); K.H. Spinner: Der Mond in der deutschen Dichtung von der Aufklärung bis zur Spätromantik. Bonn 1969; C. Spurgeon: Shakespeare's Imagery and What It Tells Us. Cambridge 1935 (Nachdr. 1961).

Siehe auch: Licht, Nacht, Sonne, Sterne

Mord des unerkannten Blutsverwandten

Siehe Täuschung

Morgen

Siehe Tagesanbruch

Mutter

Siehe Familie, Frau

Nacht *(Finsternis)*

1. Schilderungen der Nacht bilden oft nur den Rahmen und den Hintergrund einzelner Szenen oder dienen der Stimmungsmalerei. Die Nacht, die Finsternis und das Schwinden des Lichts werden jedoch in zahlreichen Werken zu Motiven ausgearbeitet, welche die Eigenschaften einzelner Figuren, die Handlungsentwicklung und die Themenführung eines Werkes näher bestimmen. Die Verknüpfung mit Themen führt zu einer wechselseitigen Beeinflussung und gibt daher dem Nächtlichen veränderliche Sinndeutungen. Die Nacht steht in manchen Werken in absolutem Gegensatz zum →Licht, wird jedoch in anderen durch die Lichtquellen der Sterne oder des Mondes einem Erfahrungsbereich angeschlossen, in dem Gegensätze zum Ausgleich tendieren. Das Motiv entwickelt eine stark betonte Polarstruktur und schließt in der unterschiedlichen Sinndeutung völlig gegensätzliche Vorstellungen ein: atmende Erde und Grab, Fruchtbarkeit und Tod, Freude und Melancholie, Reinheit und Verfall, Freiheit und Freiheitsverlust. In der Zeitmetaphorik kennzeichnet die Finsternis gewöhnlich Perioden historischen Verfalls. In der direkten Verbindung erscheint die Nacht sowohl im Zusammenhang mit himmlischen als auch dämonischen Mächten, der rauschhaften Erfahrung des Schönen, aber auch der unbezähmbaren →Angst.

2. Im mythologischen Denken war die Nacht das Chaos, die Urmutter, aus der das Leben hervorsproß. Sie war fruchtbar, geheimnisvoll und unerforschlich, aber auch amoralisch, unberechenbar und im Sinne des Urgrundes auch die Quelle des Bösen. In der griechischen Literatur erscheint die Nacht in Verbindung mit Fahrten in die Unterwelt, mit dem →Labyrinth und gefährlichen Bewährungsproben.

Im Rahmen der stark ausgeprägten Lichtsymbolik der christlichen Tradition übernahm die Nacht die Rolle der feindlichen Macht. Die Finsternis, bereits im Mittelalter mit der menschlichen Verfehlung und der teuflischen Versuchung verknüpft, erscheint in den Schriften der Mystiker und Pietisten als das Prinzip des Bösen schlechthin. Die sittliche Entwicklung des Menschen beruht auf dem erfolgreichen Kampf mit den Mächten der Finsternis und der Suche nach göttlicher Erleuchtung. In der doppelten Dunkelheit des historischen Niedergangs und der seelischen Verdüsterung kann nur →Christus, „die andere Sonne", dem Leben die Richtung weisen (Paul Gerhardt, „Nun ruhen alle Wälder", 1667). Das Licht in der Nacht, sei es Mond oder Sterne (Matthias Claudius, „Abendlied", 1782), beseitigt die negativen Vorstellungen und erweckt eine andächtige Haltung. Was in einigen Gedichten an den →Mond nachklingt, ist die Ahnung der menschlichen Vergänglichkeit. In der christlichen Literatur durchdringt daher auch die Gegenwart des Göttlichen die Sphäre des Nächtlichen. Das ist besonders augenfällig in lyrischen Bildfügungen, in denen die Seele zu Gott strebt (Paul Claudel, *Cinq Grandes Odes,* 1910), und in Werken, die die religiöse Erleuchtung des Menschen gestalten (Emile Zola, *Lourdes,* 1894).

Verlagerungen in der Verwendung des Motivs verlaufen weitgehend parallel zu der Funktionserweiterung des Lichtmotivs. In der Literatur der Aufklärung und der Klassik bezeichnen Umschreibungen der Finsternis daher auch das Rückständige, das dunkle Mittelalter, den Aberglauben und ganz allgemein alles Denken, welches dem aufgeklärten Zeitgeist widerstrebt. In einzelnen Texten wie etwa Jean Racines *Phèdre* (1676) und Goethes *Faust* (1808–32) beleuchtet die Polarisierung von Finsternis und Licht das menschliche Ringen mit Grundfragen der Seinsorientierung. Phèdres Lebenskurve beginnt in der Finsternis, durchläuft die Stationen der Leidenschaft und mündet wieder in die Nacht ein. Die Tochter des Minos vermeidet die Lichtwelt, verschließt sich bewußt jeder Klärung ihrer dunklen Neigungen und kehrt im Freitod in die Finsternis zurück, aus der sie sich nicht lösen konnte. Faust dagegen, der am Anfang seiner Wahrheitssuche zwischen den Polen der Dunkelheit und des Lichtes steht (dunkles Mauerloch, Mond verbirgt sein Licht / Christ ist erstanden), setzt sich bewußt den widerstrebenden Mächten aus. Er dringt mehrmals in die Nachtwelt vor, wagt sich in den uranfänglichen Bereich der Mütter, kommt vom Weg ab und wird von der Sorge gemahnt, daß „bei vollkommnen äußern Sinnen / Finsternisse drinnen" im Menschen wohnen. Er besteht aber selbst im Augenblick seiner Erblindung darauf, daß in seinem Innern „helles Licht" leuchtet. Die Nacht-Licht-Kontraste versinnbildlichen die ungeheuren Spannungen zwischen Blindheit und Erkenntnis, menschlichem Versagen und der Fähigkeit, das Schicksal zu meistern, tödlicher Bedrohung und freudiger Wiedergeburt. Sie bestimmen weitgehend den Aufbau des Geschehens und wirken in den *Wahlverwandtschaften* (1809) strukturbildend.

Die bereits in Goethes Gesamtwerk deutlich ersichtliche Tendenz, die Finsternis mit dem →Nebelmotiv zu verknüpfen, wird in vielen sozialkritischen Werken des 19. und 20. Jh. zu einer Formkonstante. Eingenebelte Städte, dunkle Straßenzüge, lichtlose Arbeitsplätze und Wohnräume veranschaulichen sowohl den Verfall wertsetzender Leitbilder als auch den Verlust des Vertrauens auf die eigene Fähigkeit, das Dasein sinnvoll gestalten zu können. In den Romanen von Honoré de Balzac, Charles Dickens, Elizabeth Gaskell, Gustave Flaubert, Emile Zola, Wilhelm Raabe, Franz Kafka und Louis-Ferdinand Destouches (Céline) unterstreicht das Motiv den gesellschaftlichen Verfall und begründet das verzweifelte Bestreben der Handlungsträger, einen gangbaren Weg aus dem Chaos der allgemeinen Verdunkelung zu finden.

3. Eine weitgehend positive Bedeutung hat die Nacht dagegen in der Literatur der europäischen Vorromantik und Romantik. Die Nacht ist poetisch, mildert die scharfen Umrisse und ermöglicht assoziative Verknüpfungen vielfältiger Erscheinungen. Die nächtliche Landschaft erweitert sich ins Unendliche. Ihre Ruhe begünstigt den Übergang vom bewußten Denken zu Traumvorstellungen. Die Nacht regt die Phantasie an und führt zur Gefühlserweiterung. Die dichterischen Visionen sind weitgespannt. Sie reichen von beglückenden Erfahrungen und Betrachtungen der Vergänglichkeit des Daseins (Thomas Parnell, *A Night Piece on Death,* 1722; Robert Blair, *The Grave,* 1743; Thomas Gray, „Elegy Written in a Country Church-Yard", 1751; James Hervey, *Meditations among the Tombs,* 1757; Goethe, „Die Nacht", 1768; Joseph von Eichendorff, „Die Nachtblume", ca. 1830) bis zu Überlegungen, die die menschliche Sehnsucht nach völliger Einheit mit der Natur zum Ausdruck bringen (Edward Young, *Night Thoughts,* 1742–45; James Macpherson, *Ossian*, 1765; Alphonse de Lamartine, *Méditations,* 1820). Die literarisch bedeutsamste Ausarbeitung und Umformung des Motivs zu dieser Zeit stammt von Novalis (*Hymnen an die Nacht,* 1800). Er verwendet alle erdenklichen Assoziationen, die in der Polarstruktur des Motivs anklingen, setzt sie in Gegensatz zum Licht und

verschmilzt dann systematisch beide Bereiche, bis Nacht (Tod) und Licht (Christus) zu einem neuen leuchtenden Gestirn der Seinsorientierung werden. In Gedichten von William Wordsworth, Heinrich Heine, Alfred de Musset, Victor Hugo und Giacomo Leopardi bilden nächtliche Wanderungen den Rahmen zu allgemein menschlichen Betrachtungen.
Der Ausgangspunkt für die Reflexionen ist grundsätzlich das Gegenüber von Individuum und All. Der ganz allgemeine Stimmungsgehalt der Nacht ist noch viel stärker ausgeprägt in den phantastischen Erzählungen von Hugo (*Voyages au Rhin,* 1840), Charles Nodier („Inez de las Sierras", 1837) und Gérard de Nerval (*Aurélie,* 1853), in denen die Nacht zu den vielfältigsten Gedankenverbindungen anregt. Die weite Auffächerung des Motivs zeigt sich besonders deutlich in Gedichten von Charles Baudelaire, Stéphane Mallarmé und Guillaume Apollinaire. Die Nacht erscheint in ihrem eigensten Wesen als Verkörperung sowohl des Satanischen als auch der himmlischen Verheißung (Baudelaire, „L'Irréparable", 1857; „Le Crépuscule du soir", 1857). Sie vermittelt dem Menschen Gefühle ahnungsvoller Erwartung (Stefan George, „Nachthymne", 1899; „Nächtlich am tor", 1928) und absoluter Freude (Apollinaire, *Alcools,* 1913). Die Nacht motiviert sowohl prüfendes, vergleichendes Nachdenken über Liebe, Opfer und Tod als auch die mögliche Selbstverwirklichung und Lebensverfehlung (George, „Nachtwachen I–V", 1897; „Mächtiger traum", 1899; „Traumdunkel", 1914; Rainer Maria Rilke, *Das Stunden-Buch,* 1899–1903; Georg Heym, „Der Gott der Stadt", 1910; Louis-Ferdinand Destouches «Céline», *Voyage au bout de la nuit,* 1932; Siegbert Stegmann, „Nächtliche Erde", 1951). Sie verwischt alle Formen, läßt die Hoffnung auf Reinheit verschwinden und verunsichert jede Möglichkeit der Wahrheitsfindung (Mallarmé, „Le Tombeau de Charles Baudelaire"; „Le Tombeau d'Edgar Poe"; „Tombeau", 1895–97). Diese Gegensätze kennzeichnen die wirkungsgeschichtliche Linie des Motivs, die von den Symbolisten über T.S. Eliot und Gottfried Benn zu Friedrich Georg Jünger, Günter Eich und Jules Supervielle führt.

Lit.: G. Antoine: La Nuit chez Baudelaire. In: RHL 67 (1967); W. Fowlie: The Theme of Night in Four Sonnets of Mallarmé. In: Modern Philology 44 (1947); A. Garvin: Darkness and Light. Lectures on Baudelaire, Nerval Huysmans, Racine, and Time and Its Images in Literature. University, MS 1975; G. Genette: Le Jour, la nuit. In: CAIEF 20 (1968); HdA VI: 768–93; La Nuit. Sonderheft Corps Ecrits 14 (1985); C. Ramenoux: Histoire d'un symbole. Histoire antique de ‚la Nuit'. In: Cahiers Internationaux de Symbolisme 13 (1967); P. Van Tieghem: La Poésie de la nuit et des tombeaux en Europe au XVIIIe siècle. Paris 1921.

Siehe auch: Licht, Mond

Nachtigall

Siehe Tierreich

Napoleon

Die Figur verkörpert in literarischen Gestaltungen den Willen zur →Macht. Napoleons Leben, sein kometenhafter Aufstieg, sein Erfolg und seine Verbannung, seine hochfliegenden Pläne und die verheerenden Auswirkungen seiner Eroberungen riefen sofort literarische Deutungen auf den Plan. Für die Untersuchung von Figurenkonzeptionen ist die Tatsache aufschlußreich, daß die Darstellungen Napoleons vom Dämon bis zum Halbgott reichen. Mit der Ausnahme von Christian Dietrich Grabbes Drama, *Napoleon oder Die hundert Tage* (1831), das Napoleon aus den historischen Bedingungen seiner Zeit deutet, und George Bernard Shaws Bild eines Mannes, der einer Frau hörig ist und letztlich ihre Ziele verfolgt (*The Man of Destiny,* 1898), konzentrieren sich die Darstellungen auf den grenzenlosen Willensanspruch der Figur. Die Metaphorik der Macht (Stirn, Augen, ausgestreckte Hand) ist Napoleon im Guten wie im Bösen zugeordnet. Sein Wille, der maßgebend die geschichtlichen Ereignisse prägt, ruft Bewunderung hervor und verleiht ihm die Aura des Helden (Stendhal, *Vie de Napoléon,* 1818; Victor Hugo, „Ode à la colonne", 1827; Heinrich Heine, *Das Buch Le Grand,* 1827), des Volksvaters (Honoré de Balzac, *Les Mémoires de Samson,* 1830), des

Prometheus (Franz Grillparzer, „Napoleon", 1821) und des Halbgottes (Hugo, „Bonaparte", 1822; Giovanni Pascoli, „Napoleone", 1913). Daneben wird der Wille zur Macht in anderen Darstellungen zum Ausgangspunkt eindeutig kritischer Charakterzeichnungen. Er ist Thronräuber, Moloch und verhängnisvoller Fremdling (François-René de Chateaubriand, *Bonaparte démasqué*, 1814; Benjamin Constant, *De l'esprit de conquête et d'usurpation,* 1814; Friedrich Rückert, *Napoleon. Eine politische Komödie in drei Stücken*, 1815; Leo Tolstoi, *Krieg und Frieden,* 1869). Napoleon ist Attila (Alphonse de Lamartine, „Ode aux Français", verf. 1870), ein bösartiger, unmoralischer Glücksritter (Alfred de Vigny, „La Vie et la mort du Capitaine Renaud", 1835), von tödlichem Stolz beherrscht (Franz Grillparzer, *König Ottokars Glück und Ende,* 1825; Robert William Buchanan, *The Drama of Kings,* 1871) und gewöhnlicher Condottiere (Emile Erckmann, Alexandre Chatrian, „Le Conscrit de 1813"; „Waterloo"; „Madame Thérèse", 1864). George Gordon Byron „Ode to Napoleon Bonaparte" (1814), Alessandro Manzoni, *Il cinque Maggio* (1830), Joseph Roth, *Die hundert Tage* (1936), und Annemarie Selinko, *Désirée* (1951), entwarfen ambivalente Darstellungen eines Herrschers, in dem Sendungsbewußtsein und menschliches Verlangen miteinander ringen. Die Übersteigerung in der Bewunderung und der Kritik (*Homme du nouveau siècle;* Karl Bleibtreu, *Der Übermensch,* 1896; Attila) und die eindeutige Festlegung auf den Machtanspruch begünstigten die starke Schematisierung in der Figurenkonzeption.

Lit.: P. Barbéris: Napoléon: Structures et signification d'un mythe littéraire. In: RHL 70 (1970); M. Descotes: La Légende de Napoléon et les écrivains français du XIXe siècle. Paris 1967; F.G. Healey: The Literary Culture of Napoleon. Genève 1959; M. Schömann: Napoleon in der deutschen Literatur. Berlin 1930; J. Hermand: Napoleon im Biedermeier. In: ders., Von Mainz nach Weimar. Stuttgart 1969; J. Tulard: Le Mythe de Napoléon. Paris 1971; W. Wülfung: Zum Napoleon-Mythos in der deutschen Literatur des 19. Jh. In: H. Koopmann (Hg.), Mythos u. Mythologie in der Literatur des 19. Jh. Ffm 1979.

Siehe auch: Figurenkonzeption, Macht

Narzißmus

1. Das Thema ist nach der mythologischen Figur des Narcissus benannt. Der berückend schöne Jüngling wies alle Mädchen ab und verliebte sich in sein eigenes Spiegelbild, als er sich über eine Quelle beugte. Er verzehrte sich in unstillbarer Sehnsucht nach seinem eigenen Ich und wurde im Tode in die nach ihm benannte Blume verwandelt. Das Thema beleuchtet die Gefahr des Selbstverlustes des Menschen, der sich nicht aus seiner Ich-Bezogenheit lösen kann. Die Selbstliebe und die ihr in erweiterter Bedeutung angeschlossene Selbstbespiegelung erscheinen in vielen literarischen Gestaltungen als Irrgang auf dem Wege der Selbstverwirklichung. Die Personen entfremden sich von der Welt, führen ein Scheindasein, schließen sich von anderen ab und finden einen frühen Tod. Die im Zusammenhang mit der →Androgynie vorkommenden Vergleiche beleuchten das Streben nach Vervollkommnung und innerer Harmonie. Weniger eindeutig sind die Anspielungen auf narzißtische Tendenzen bei Künstlerfiguren, da sie einerseits die Entfremdung von der Umwelt hervorheben, andererseits die außerordentliche Konzentration im Schaffensprozeß metaphorisch umschreiben.

2. Ovid berichtet in seinen *Metamorphoses* die Geschichte des Jünglings Narcissus. Die Erzählung enthält bereits wesentliche Elemente, die in der literarischen Themenentwicklung wirksam wurden: Selbstliebe, Ichsucht, Stolz, Schein und Sein in der Begegnung mit Echo und dem Betrachten des eigenen Spiegelbildes, unerfüllbare Sehnsucht, tiefe Enttäuschung und Weltflucht in der verheißungsvollen Verwandlung. Zahlreiche Darstellungen des Mittelalters deuten die stolze Ablehnung des sehnsüchtigen Liebeswerbens der Mädchen als menschliche Hybris (*Le Roman d'Alexandre,* 1180; Guillaume de Lorris, *Le Roman de la rose,* um 1230; Robert de Blois, *Floris et Liriope,* um 1250). Obwohl diese Bewertung des Narzißmus als Abfall von der menschlichen Bestimmung auch weiterhin in einigen Werken anklingt (z.B. Richard Brathwait, „Narcissus Change", 1611), setzten in der Renaissance-Dichtung durchaus andere Aktualisierungen des Mythos ein. Narcissus ist der schöne Jüngling, der dem Wesen der Schönheit zum Opfer fällt und von seinem eigenen Auge verführt wird (Louise Labé, *Debat de folie et d'amour,* 1555; Edmund Spenser, „My hungry eyes through greedy covetize", 1579). Thomas Edwards läßt in *Cephalus and Procris. Narcissus* (1595) die Vorstellung einfließen, daß der Handelnde nicht nur das Wesen des Schönen an sich darstelle, sondern auch der Dichter sei, der sich im Handlungsverlauf in seine Dichtung verwandelt.

Die sprichwörtlich gewordene Schönheit des Narcissus bildet im 17. Jh. den Ausgangspunkt zahlreicher Darstellungen, die die unerfüllbare Liebe Echos in das Geschehen einarbeiten (Juan Bermúdez y Alfaro, *El Narciso,* 1618; Manuel Faría y Sousa, *Eco y Narciso*, 1620; Juan Tamayo de Salazar, *Fabulo de Eco*, 1631). Außerdem erfährt das Thema eine tiefenpsychologische Erweiterung durch die Berücksichtigung einer unheilvollen Mutterfixierung (Pédro Calderón de la Barca, *Narcissus,* 1661; Isaac de Benserade, *Métamorphoses d'Ovide en rondeaux,* 1676) und der Todesbezogenheit jeder Selbstliebe (Paul Fleming, „An Anna, die Spröde", 1639; Calderón, *Eco y Narciso,* 1661; Miguel de Barrio, *A Narciso y Eco,* 1665). Die tiefe Problematik der Selbstbespiegelung und der illusorischen Daseinsgestaltung, die sich am äußeren Schein orientiert, steht im Mittelpunkt der Darstellungen von Giovan Battista Marini (*L'Adone,* 1623), Georges de Scudéry (*Cabinet,* 1646) und Tristan l'Hermite („Voyage fabuleux, fait à Fontainebleau", 1638). Jean-Jacques Rousseau wandelt in *Narcisse ou l'amant de lui-même* (1753) die Problemstellung ins Heitere ab, während Jean de La Fontaine im „L'Homme et son image" (1668) in den Spiegelungen das wahre Wesen des Menschen hervortreten läßt. Narcissus muß fliehen, um die Illusion seines Selbstbildnisses zu bewahren.

3. Aus der Goethezeit führen zwei parallele Themenstränge in die Gegenwart. Einerseits erhält der Narzißmus ausgesprochen positive Züge (August Wilhelm Schlegel, „Narcissus", 1811). Die Selbstliebe spiegelt die Reinheit eines unendlichen Verlangens, welches nicht im Geschlechtlichen begrenzt ist. Sie erweitert das Selbstbewußtsein und führt unter Ausschluß der Umwelt auf direktem Weg zur Selbsterkenntnis. Die problematische Seite dieser subjektiven Ich-Bespiegelung kommt deutlich zum Ausdruck in Nikolai Gogols *Das Bildnis* (1842), Joris-Karl Huysmans' *A rebours* (1884) und Oscar Wildes *The Picture of Dorian Gray* (1891). Die Deutung, daß die völlige Vereinigung mit dem Spiegelbild zu einer unerhörten Ausweitung des Ich-Bewußtseins und schließlich zu einem Augenblick kosmischer All-Einheit führt, klingt auch in der Literatur des 20. Jh. wiederholt an (André Gide, *Le Traité du Narcisse,* 1891; Paul Valéry, *Cantate de Narcisse,* 1938; Mathilde Pomès, „Altitude", 1938; Nicole Houssa, „Azurs éparpillés"; „Douce d'amour"; „Narcisse crépuscule"; „Narcisse, astre languide", 1960; Javier Tomeo, *El castillo de la carta cifrada,* 1970). Andererseits unterstreichen Anspielungen auf den Narzißmus in Verbindung mit inzestuösen Neigungen und der thematisierten Identitätssuche die Unfähigkeit einzelner, sinnvolle zwischenmenschliche Beziehungen herzustellen. Die Figuren beziehen alle Ereignisse auf sich, suchen in der Liebe ein Objekt der Selbstbespiegelung, sprechen in Monologen und verbergen ihr innerstes Wesen vor anderen. Sie suchen wie Eduard in Ottilie (Goethe, *Die Wahlverwandtschaften,* 1809) oder wie Ulrich in Agathe (Robert Musil, *Der Mann ohne Eigenschaften,* 1930–43) in der Geliebten Zwillingsgestalten. Sie erkunden und verhüllen zugleich ihr Selbst. Die Prüfung der Identität scheitert, sobald der Handlungsverlauf sie zwingt, die Frage nach dem Sinn der Existenz zu stellen (Ludwig Tieck, *Der blonde Eckbert,* 1796; Musil, *Die Verwirrungen des Zöglings Törless,* 1906; Robert Walser, *Jakob von Gunten,* 1909; Thomas Mann, *Wälsungenblut,* 1921; *Der Erwählte,* 1951; Alexander Lernet Holenia, *Der Graf von Saint-Germain,* 1948). Über die verschiedenen Ausformungen des Themas seit der Romantik geben die im Literaturverzeichnis angeführten Arbeiten Auskunft. Die eigentümlichen Angleichungen an Inzest und →Entfremdung und das besonders interessante Wechselverhältnis zwischen Narzißmus und Androgynie bedürfen noch der Klärung.

Lit.: P. Barucco: Les Miroirs brisés. Paradoxes sur le mythe de Narcisse. In: Annales de la Faculté des Lettres et Sciences Humaines de Nice 23 (1975); H. Esselborn-Krumbiegel: Das Narziß-Thema in der symbolistischen Lyrik. In: Arcadia 15 (1980); J. Eymard: Ophélia ou le narcissisme au féminin. Paris 1977; G. Finney: Self-Reflexive Siblings. Incest as Narcissism in Tieck, Wagner, and Thomas Mann. In: GQ 58 (1983); H.-G. Fuchs: Entfremdung u. Narzißmus. Stuttgart 1977; R. Mühlher: Narziß u. der phantastische Realismus. In: ders., Dichtung der Krise. Wien 1951; W. Siegmund: Verliebt in ein Bildnis. In: J. Janning, L. Gobyn (Hg.), Liebe u. Eros im Märchen. Kassel 1988; L. Vinge: The Narcissus Theme in Western European Literature up to the Early 19th C. Lund 1967; P.V. Zima: Vom Dandy zum Künstler. In: Romanistische Zs. f. Litgesch. 7 (1983).

Siehe auch: Androgynie, Doppelgänger

Natur

Siehe Landschaft

Naturmensch

Siehe Edler Wilder

Nebel

1. Die jedem Beobachter vertraute atmosphärische Erscheinung bildet die Grundlage zahlreicher Metaphern und eines besonders veränderungsfähigen Motivs. Die vielfältigen Nebelformationen – über Seen, Mooren, nach einem Gewitter, Bodennebel, Gebirgsnebel, Frostrauch, steigende und fallende Nebel, durch Rauch erzeugte Stadtnebel – sind durch unterschiedliche Stufen der Trübung gekennzeichnet und können zusammen mit Übergangsstadien, in denen entweder das Licht verdrängt wird oder plötzlich hindurchbricht, in übertragener Bedeutung zu Sinnträgern in Texten werden. Der die Sonne verdüsternde Dampf ist ein bedrohliches Omen. Er erinnert an das Formlose, das Ungemessene und das blinde Suchen nach dem rechten Weg. Der alles verhüllende bleiche Nebel weist auf menschliches Versagen und auf die Unfähigkeit hin, das Schicksal zu meistern. Er erscheint häufig im Zusammenhang mit Todesvorstellungen einzelner oder Schilderungen des gesellschaftlichen Verfalls. Metaphern des Nebels kennzeichnen außerdem eingetrübte zwischenmenschliche Beziehungen. Die Verfinsterung in →Stadtlandschaften der Literatur des 19. und 20. Jh. steht in direktem Zusammenhang mit Entfremdungserscheinungen und der Hoffnungslosigkeit der Menschen, die den Überblick über historische Prozesse verloren haben. Andererseits verspricht das Vordringen in Nebelwelten abenteuerliche und furchterregende Erfahrungen. Dagegen stellt der Nebel, der sich als Hauch, Dampf oder Duft vor der leuchtenden Sonne verflüchtigt, eine letzte Stufe auf dem Weg zur Klärung dar. Hinter dem zerreißenden Nebel liegt die Verheißung der Freude und der Welterkenntnis. In der systematischen Verwendung begründet das Motiv wechselnde Einstellungen der Figuren zum Leben und zu den Stufen ihrer persönlichen Entwicklung.

2. Die älteste und am weitesten verbreitete Verwendung des Motivs dient Kennzeichnungen der Trübung des Daseins. Das Motiv begründet den Verlust innerer Sicherheit, das Erlahmen der Tatkraft, Niedergeschlagenheit und Trübsinn. Es verweist auf eine freudlose Zukunft (Shakespeare, *Romeo and Juliet*, ca. 1593; *Macbeth*, 1606?; *Cymbeline*, 1610?; Goethe, *Die Leiden des jungen Werthers*, 1774; *Torquato Tasso*, 1795; „Meeresstille", 1795; Victor Hugo, *Marion Delorme*, 1829; Gustave Flaubert, *Madame Bovary*, 1857; Paul Valéry, *Monsieur Teste*, 1896). Im *Tasso* vergegenwärtigt die Beobachtung der Prinzessin, die „glanzreiche Gegenwart ist öd' und tief / Im Nebel eingehüllt, der mich umgibt", eine ausweglose Situation; in George Eliots *Middlemarch* (1871–72) charakterisiert der „kalte Nebel" die zunehmende Erstarrung der Beziehungen zwischen Dorothea und Casaubon; am Ende der *Wings of the Dove* (1902) von Henry James verläuft die Verdüsterung der Atmosphäre durch den Nebel parallel zum Versagen der Liebe im Leben von Densher und Kate; und in Alfred de Vignys *Chatterton* (1835) verbinden Nebelbilder den Tod von Vater und Sohn. In zahlreichen anderen Werken veranschaulicht der

Nebel die Verunsicherung von Figuren, die den Überblick über das Leben verloren haben und die Zukunft nicht mehr deuten können (François-René de Chateaubriand, *René,* 1802; James, *The Wings of the Dove* ; André Gide, *La Symphonie pastorale,* 1919; Jean-Paul Sartre, *La Nausée,* 1938; Albert Camus, *La Chute,* 1956).

3. In der konkreten Formgebung des düsteren, verschmutzten Stadtnebels beleuchtet das Motiv allgemeine Verfallserscheinungen der Zivilisation (Goethe, „Drei Oden an meinen Freund Behrisch“, 1767) und besonders die tödlichen Auswirkungen der industriellen Gesellschaft. Außerdem ist das Motiv stark handlungsbezogen. Es deutet auf unheilvolle Entwicklungen voraus; es begleitet in Bildfügungen zunehmender Einnebelung die Unterdrückung und den Freiheitsverlust einzelner Figuren oder Gruppen; es veranschaulicht aber auch im steigenden Nebel und im Durchbruch des Lichts die Entschlossenheit der Menschen, sich zu wehren und unheilvolle Entwicklungen zu überwinden (Charles Dickens, *Bleak House,* 1852–53; *Hard Times,* 1854; Victor Hugo, „A Villequier“, 1856; Wilhelm Raabe, *Die Leute aus dem Walde,* 1862; André Gide, *Le Voyage d'Urien,* 1893; Emile Zola, *Les Trois Villes,* 1894–98; Andrei Bely, *Petersburg,* 1910–11, dt. 1918; Gedichte von Charles Baudelaire, Arthur Rimbaud und Emile Verhaeren).

Der Nebel hat Schlüsselfunktion für die Vorausdeutung unheilbringender Ereignisse. Trotz zahlloser Abstufungen erwecken diese durch Wiederholung nachdrücklich befestigter Vorausdeutungen den Eindruck, daß das Geschehen unaufhaltsam auf das gewünschte Ende zustrebt. Sie verweisen auf den Untergang und den Tod einzelner Personen (Lears wiederholte Verfluchung in Shakespeare, *King Lear,* I, 4; II, 4, 1605?; Jacques-Henri Bernardin de Saint-Pierre, *Paul et Virginie,* 1787) oder der Gesellschaft (Charles Baudelaire, „Brumes et pluies“, 1857; Guillaume Apollinaire, „La Chanson du Mal-aimé“, 1903; T.S. Eliot, *The Waste Land,* 1920). Der Nebel entwickelt sich parallel zur Pest in Michel de Ghelderodes *Fastes d'enfer* (1949) und in dem *L'Etat de siège* (1948) von Camus. Die unheimlichen, schwebenden Nebelformationen, aus denen der Tod hervorbricht, können, wie Goethes „Erlkönig“ (1782) belegt, die gesamte Anlage eines Textes bestimmen.

Gleichermaßen wirkungsvoll ist das künstlerische Verfahren, durch das Motiv die Ungewißheit des Zukünftigen einzufangen. Die Schilderungen zielen auf etwas ab, was weder im Text eine erklärende Lösung findet noch notwendigerweise im Bereich realer Erfahrungen liegt. In den Vordergrund der Detailbeschreibung tritt die verhüllende Eigenart des Nebels, die jedoch Raum läßt für geheimnisvolle, erschreckende oder verlockende Visionen, die sich im Dunst bilden. Diese Schilderungen verstärken im allgemeinen den Eindruck der Ungewißheit. Das Moment der Verunsicherung kann durch den Handlungsausgang rückwirkend eine Deutung erhalten (Haukes Reaktion auf Nebelfiguren in Theodor Storm, *Der Schimmelreiter,* 1888), aber auch eindeutige Signalfunktion der Warnung haben (die Bettlerfigur im Nebel in Gustave Flaubert, „La Légende de Saint-Julien l'Hospitalier“, 1877). Aus dem Nebel aufsteigende Visionen können in ihren Konturen dem suchenden Blick Geschehnisse erschließen, die im reinen Bereich des Möglichen liegen. Ein einsamer Wanderer sieht neue Städte aus dem Nebel steigen (William Wordsworth, „The Solitary“ in: *The Excursion,* 1814). Der Erzähler sieht plötzlich die exotische orientalische Welt, während Paris im Nebel verschwindet (Hugo, *Les Orientales,* 1829). Dagegen hat das Motiv eindeutig verschlüsselnden Charakter, wenn die Textstellen das Ungewisse und Abenteuerliche eines Unterfangens herausarbeiten oder das völlig Undeutbare der Zukunft ankünden. Der → Fliegende Holländer kommt aus dem Nebel und verschwindet in ihm; Peer Gynt sucht phantastische Abenteuer im Frostnebel der Berge (Henrik Ibsen, *Peer Gynt,* 1867); Pym (Edgar Allan Poe, *The Narrative of Arthur Gordon Pym,* 1838) verschwindet am Ende der Erzählung mit seinem Boot im undurchsichtigen weißen Wasserdampf. Die Verrätselung durch systematisch in den Text eingearbeitete Nebelbilder trägt zur starken Ambivalenz der Texte bei. Außerdem hebt die Vernebelung der Außenwelt das subjektive, innerliche Erleben der Figuren hervor und aktualisiert die

Problematik der Wahrheitsfindung angesichts einer unbestimmbaren Seinsverfassung der Wirklichkeit (Anklänge in Belys *Petersburg*; Nikolai Gogol, „Die Nase", 1836; Flaubert, *L'Education sentimentale*, 1869; Alain Robbe-Grillet, *Dans le labyrinthe*, 1959). Die Fragestellung überträgt sich notwendigerweise auf die Leser und trägt zu einer starken Spannung im Lesevorgang bei.

4. Jede in einem Text systematisch ausgearbeitete Motivreihung von Nebel und Licht beleuchtet in Bild und Gegenbild die Auseinandersetzung mit Fragen der Seinsorientierung. Die jeweilige Wechselwirkung erfaßt Möglichkeiten des existentiellen Versagens, der tätigen Bewährung und der Erkenntnisfähigkeit. Die wechselseitige Zuordnung integriert die Erzählfolge, präzisiert die Empfindungen, die Eigenschaften und die wechselnde Einstellung der Handlungsträger zur Umwelt und nimmt Ereignisse gedanklich vorweg. Sie aktualisiert Lebenskurven, die einerseits wie die Werthers von der homerischen Lichtwelt zu den Nebelbildern Ossians führen und seinen Untergang begleiten, die andererseits wie die Wilhelm Meisters und der Figuren in *Bleak House* und Zolas *Paris* den Weg aus dem Nebel in das glanzvoll-goldene Sonnenlicht finden. Die Zuordnung kann außerdem durch ständige Variation veränderliche Textgrößen herstellen und neue Zeichenfunktion übernehmen. Goethe verwendet das Prinzip in der Lyrik von „Willkommen und Abschied" (1771) bis zu den Gedichten im *West-östlichen Divan* (1819). Aus Bildfügungen des Blütendampfes, des Duftes und farbiger Regenbogen entstehen verheißungsvolle Ausblicke auf eine Vereinigung des Lichts mit den Wassertröpfchen, die der menschlichen Suche nach Seinsorientierung eine neue Richtung weisen. Nebel und Licht sind natürliche Phänomene. Sie werden zu Ausnahmeerscheinungen in der einseitigen Lebensgestaltung und sind nicht echte Leitbilder. Erst ein Leben der ständigen Verwandlung bietet die Grundlage für ein erfülltes Dasein.

Lit.: E. Blühm: Nebel als Erscheinung u. Symbol in deutschen Gedichten vom 18. bis zum 20. Jh. In: H.W. Seiffert (Hg.), Beiträge zur deutschen u. nordischen Literatur. Berlin 1958; H.S. Daemmrich: Die Motivreihe Nebel-Licht im Werk Goethes. In: Publ. English Goethe Soc. 42 (1972); I.G. Daemmrich: Parallelism in Motifs and Theme: A Comparison of Schiller's *Wilhelm Tell* and Zola's *Paris*. In: Neuphil Mitt 82 (1981); V. Klotz: Die erzählte Stadt. Ein Sujet als Herausforderung des Romans von Lesage bis Döblin. München 1969.

Siehe auch: Licht, Stadt

Das Nichts

1. Im Gegensatz zu anderen Themen, die im Erzählvorgang durch Figurenaufbau, Handlung, Motive und Bildfügungen scharf umrissen werden, sind thematische Darstellungen des Nichts weitgehend verhüllt. Die Assoziationen stimmen darin überein, daß das Nichts im Zeichen der Deszendenz erscheint. Motive der →Apokalypse, der Degeneration, der sinnlosen →Aggression, der Erstarrung und Symptome der Auflösung jeder familiären und gesellschaftlichen Ordnung erschließen häufig erst im Rückblick die konsequente Negation einer sinnvollen Deutung des Weltgeschehens. Eine zusätzliche Schwierigkeit im Erfassen des Themas entsteht dadurch, daß die Figuren im Handlungsgeschehen zuweilen nach einer Deutung des Daseins zu suchen scheinen. Ihre illusorische Bemühung verführt den Leser dazu, bedeutungslose Reaktionen oder ein konsequent gestaltetes, sinnloses Unterfangen mit Bedeutung anzureichern. So entsteht die eigentümliche Situation, daß sowohl die Figuren als auch der Leser danach streben, das Nichts in seiner Substanz zu verwandeln. Mit einigen Ausnahmen des freien Bekenntnisses zum Nichts (Friedrich Nietzsche, Charles Baudelaire) erwecken die Darstellungen den Eindruck der Hoffnungslosigkeit.

2. Direkte literarische Anspielungen auf philosophische Begriffsbestimmungen dienen häufig entweder der Abstützung einzelner, von den Personen entwickelter Gedankengänge oder der entschiedenen Selbstrechtfertigung der Figuren. Belegbar sind einzelne Hinweise auf Pascal, Kant, Schopenhauer und Sartre. Pascal (*Pensées*, 1670) definierte das Nichts als Substanzlosigkeit, die nur als Phänomen der Elimination von Zeit und

Raum denkbar ist. Kant (*Kritik der reinen Vernunft,* 1781) erwägt die Möglichkeit des Nichtseins als eine Anschauung ohne Substanz wie etwa der „reine Raum", die „reine Zeit". Er kennzeichnet außerdem das Nichts verschiedentlich als „leeren Begriff, ohne Gegenstand", dem „keine anzugebende Anschauung korrespondiert". Schopenhauer (*Die Welt als Wille und Vorstellung,* 1819, erg. 1844) bezieht das Nichts konsequent auf die Möglichkeit der freien Verneinung des Willens. Sie würde jene Erscheinungen aufheben, in denen die Welt besteht, und damit „Zeit und Raum, und auch die letzte Grundform derselben, Subjekt und Objekt. Kein Wille: keine Vorstellung, keine Welt". Der Mensch, der sich zu dieser Erkenntnis durchringt, würde die höchste Heiterkeit und die tiefe Ruhe der reinen existentiellen Freiheit erfahren. Die Parallelen zwischen Schopenhauer und Jean-Paul Sartre (*L'Etre et le néant,* 1943) in der Zuordnung des Nichts zur Seinsverfassung des Menschen sind verblüffend. Sartre will das eigentliche Sein aus dem kollektiv verbindlichen Vorverständnis aller wertgebenden Begriffe herauslösen, da nur das freie Bekenntnis zum Mit-Sein die Möglichkeit der existentiellen Bewährung gibt. Das Nichts erscheint daher, mehrfach umschrieben, als uneigentliches Sein, das Werten verhaftet ist, die den Menschen nicht mündig werden lassen. Sartre ebnet die Grenzen zwischen objektiver Gegebenheit und Selbstbewußtsein ein und legt dadurch philosophisch fest, was letztlich eine Denkform der literarischen Darstellungen ist.

Ein Blick auf drei zeitlich nahe beieinander liegende Werke verdeutlicht diese Situation. Novalis vergegenwärtigt in der vierten Hymne seiner *Hymnen an die Nacht* (1800) das völlige Eingehen des Menschen in den zeitlosen Zustand, in dem „der Schlummer ewig und nur ein unerschöpflicher Traum sein wird". Diese Vereinigung, an der unendliche Liebessehnsucht, der Rausch („des Mandelbaums Wunderöl" und der „braune Saft des Mohns") und der Flug in den unendlichen Raum teilhaben, ist jedoch immer konsequent auf das Ende der letzten Hymne bezogen. Das Weltall hat ein Zentrum: „Und unser aller Sonne / Ist Gottes Angesicht". In Bonaventuras *Nachtwachen* (1804) dagegen entwirft der Erzähler ein Bild des Daseins, das den Menschen als hilflose Marionette im Spiel unbekannter Mächte zeigt. Die kreisförmige Linienführung von der Geburt zum absoluten Nichts am Ende des Lebens entspricht der angestrebten Gestaltung. Bilder und Motive (Marionette, Brüder ohne Herzen, Kain, Ödipus, das Leben als Tollhaus, die Welt als Käfig, philosophisches Nichts) deuten auf menschliche Disharmonie und Verfall. Der konkrete Sachverhalt der menschlichen Schwäche, der Verzweiflung und Furcht vor dem Nichts ist deutlich in der Figur des Nachtwächters und seiner Irrfahrt im Leben herausgearbeitet. Das Dasein erscheint in der Gestaltgebung eines Masken- und Totentanzes, in dem der Mensch sein Selbst nicht erkennen kann. Aktualisiert wird in der Erzählung jedoch nicht notwendigerweise der Widerhall des abschließenden Ausrufs des Textes *„Nichts!"*, sondern das uneigentliche Sein des Menschen.

Die Gestaltungsmittel sind ähnlich im *Oberman* (1804) von Etienne de Senancour. Dem einzelnen fehlt die Bereitschaft, das Wagnis der Begegnung mit dem Mitmenschen einzugehen. Der Mensch steht vor dem Nichts, weil alle verbindlichen Werte ihren Sinn verloren haben. Diese elementare Tatsache führt zur Krise in der dargestellten Wirklichkeitserfahrung der Figuren, bedingt die Klage, die verzweifelten Ausbruchsversuche (→Halluzination; Thomas de Quincey, *Confessions of an English Opium-Eater,* 1822), das manchmal geradezu hektische Verlangen, das innere Bewußtsein der Leere durch irgendeine Aktivität zu ersetzen (Barbey d'Aurevilly, „Le Bonheur dans le crime", 1874; Auguste Villiers de l'Isle-Adam, „Le Désir d'être un homme", 1883; Botho Strauß, *Bekannte Gesichter, gemischte Gefühle,* 1974; *Groß und klein,* 1978). Auf einer Linie mit diesen Schilderungen liegen Deutungen der Sinnentleerung des Daseins, die in kühler, distanzierter Feststellung die Situation konkret erfassen (Gottfried Benn, „Verlorenes Ich", nach 1937; Wolfgang Hildesheimer, *Vergebliche Aufzeichnungen,* 1963), die in bewußter Rückwendung zur Tradition die innere Sorge überspielen wollen (Hans Egon Holthusen,

„Tabula rasa"; „Ballade nach Shakespeare", 1957) und die durch Schilderungen übertriebener physischer oder geistiger Aktivität (Ernest Hemingways Erzählungen; Thomas Bernhard, *Minetti,* 1976; *Immanuel Kant,* 1978) die Erfahrung beleuchten.

3. Im 19. Jh. setzt sich im Schaffen einiger Autoren (z.B. Poe, Gogol, Baudelaire, Flaubert, Mallarmé) ein mehrschichtiger Vorgang durch, in dem Metamorphosen der materiellen Substanz die Erfahrung des Nichts vergegenwärtigen. Abermals entzieht sich das Nichts einer direkten Formgebung; es kann direkt aus- oder angesprochen werden; es kann aber auch, und dafür sind die Werke dieser Autoren vorbildlich, an Gelenkstellen des Textes eingebaut werden, in denen die Welt gewissermaßen durchlässig wird für das Nichts. Diese Stellen kennzeichnen nicht mehr die Verneinung der Ordnung oder die Suche nach neuen Leitbildern, sondern den Sturz in den entleerten Raum. Außerdem nehmen Darstellungen der zunehmenden Kontaktlosigkeit der Menschen eine eigentümliche Form an. Die Figuren, für die das Wissen um das Nichts zur bestimmenden Lebenserfahrung wird, stehen nun selbst den Spiegelungen ihres Ichs fremd gegenüber. Das Individuum ist völlig herausgelöst aus den Bindungen an die Umwelt; das Leitbild eines sinnlosen Mechanismus beherrscht das Dasein; und selbst das existentielle Bekenntnis zum Mitmenschen wird von fatalistischen Anschauungen verdrängt. Zu den Erscheinungsformen gehört fernerhin eine deutliche Zunahme sinnloser Aggression. In Edgar Allan Poes Erzählungen (besonders „The Fall of the House of Usher", 1839; „The Pit and the Pendulum", 1842; „The Black Cat", 1843; „Premature Burial", 1844; „The Cask of Amontillado", 1846) steht die Erfahrung des Nichts in direkter Beziehung zu Gruben, nassen Verliesen (→Abgrund), zusammenbrechenden Gebäuden und dem hoffnungslosen Tod. In Nikolai Gogols *Die toten Seelen* (1842) vergegenwärtigen die zum materiellen Gewinn verwendeten, verstorbenen Leibeigenen die allgemeine Situation.

Gustave Flaubert gebraucht die Technik der Desillusionierung aller menschlichen Aktivität und Zielsetzung, um die Sinnentleerung zu erfassen. Hinter den Vorgängen, die das Leben von Frédéric, Bouvard und Pécuchet (*L'Education sentimentale,* 1869; *Bouvard et Pécuchet,* 1881) bestimmen, lauert das Nichts. Die Figuren suchen menschliche Kontakte, haben Hoffnungen, setzen sich Ziele, müssen aber immer wieder feststellen, daß sie weder die für sie zum Lebensgesetz gewordene Kontaktlosigkeit überwinden noch einen entschlüsselbaren Sinn im Dasein finden können. Baudelaire deutet mehrmals an, daß erst ein bewußtes Bekenntnis zum Nichts den Menschen aus seiner unmündigen Bindung an die falschen Götzen der Überlieferung erlösen kann. Das Betrachten des reinen Nichts wirkt befreiend und steigert das menschliche Vorstellungsvermögen bis zum Äußersten („Le Goût du Néant"). Stéphane Mallarmé dagegen sah ursprünglich im Nichts eine bedrohliche Macht, deren Kenntnisnahme bereits die schöpferische Einbildungskraft negativ beeinflußt („Angoisse"; „Tristesse d'été"; „L'Azur"; „Les Fenêtres", 1866). In *Hérodiade* (1871) nimmt die Bedrohung des Daseins durch das Nichts geradezu persönliche Bedeutung für den Dichter an. In späteren Gedichten („Salut"; „Rien"; „A la nue accablante") kommt eine zunehmende Resignation zum Ausdruck. Das Nichts erscheint als eine unabänderliche Tatsache jeder Seinsbestimmung.

In Maurice Maeterlincks *Les Aveugles* (1891) wird eine Tendenz ersichtlich, die sich später im →absurden Theater weitgehend durchsetzt: das Nichts und die mit den Darstellungen einer absurden Welt verknüpften Texteinheiten gehen eine Symbiose ein. Die im absurden Theater augenfälligen Hinweise sowohl auf die Unfähigkeit der Figuren, aus dem Gefängnis ihrer Gedanken ausbrechen zu können, als auch auf die Verdinglichung des Lebens im betont Körperlichen, in der sexuellen Befriedigung, dem wilden →Essen und Trinken, finden häufig Entsprechungen in Werken des 20. Jh., die in keiner direkten Beziehung zum absurden Theater stehen. Diese eigentümlichen Bezüge sind unübersehbar in Thomas Manns *Der Zauberberg* (1924) und tauchen außerdem in den Werken von Caldwell, Hemingway, Miller, Updike, Welty, Bernhard, Dorst, Hildesheimer und

Strauß auf. Sie vermitteln Einblicke in die geistige Verfassung des 20. Jh., in der jede Frage nach dem Sinn des Daseins zu Identitätskrisen führt.

Quellen: Edgar Allan Poe, *Tales of the Grotesque and the Arabesque* (1840); Charles Baudelaire, *Les Fleurs du mal* (1857); Ernest Hemingway, *The Sun Also Rises* (1926); *A Farewell to Arms* (1929); „A Clean Well-Lighted Place" (1933); Erskine Caldwell, *Tobacco Road* (1932); Henry Miller, *Tropic of Cancer* (1934); *Tropic of Capricorn* (1939); Samuel Beckett, *En attendant Godot* (1952); *Fin de partie* (1957); Eugène Ionesco, *Les Chaises* (1952); Wolfgang Hildesheimer, *Die Verspätung* (1961); John Updike, *Pigeon Feathers and Other Stories* (1962); Max Frisch, *Biografie: Ein Spiel* (1967); Martin Walser, *Die Zimmerschlacht* (1967); *Seelenarbeit* (1979); Peter Handke, *Kaspar* (1968); *Das Mündel will Vormund sein* (1969); Eudora Welty, *Collected Stories* (1980); Thomas Bernhard, *Der Schein trügt* (1983).

Lit.: R.M. Adams: Nil. Episodes in the Literary Conquest of Void During the 19th C. New York 1966; K.S. Guthke: Die Mythologie der entgötterten Welt. Göttingen 1971; H.L. Scheel: Die romanischen Entsprechungen von ‚nihilism' (das Nichts). In: S. Heinz, U. Wandruszka (Hg.), Fakten u. Theorien. Tübingen 1982; Le Vide. Expérience spirituelle en Occident et en Orient. Paris 1969.

Siehe auch: Abgrund, Absurd

Odysseus *(Ulixes, Ulysses)*

1. Die ursprüngliche Figurenkonzeption des Odysseus, seine Grundsituation und die Stationen seiner Wanderung regten zu vielfältigen Interpretationen und schöpferischen Neubelebungen an. Die Figur ist thematisch außerordentlich anpassungsfähig. Die *Odyssee* gestaltet die →Fahrt eines Menschen, der sich im unsicheren Dasein behauptet. Weder in der Erscheinung noch im Benehmen ist Odysseus ein typischer Held. Odysseus verkörpert in sich widersprüchliche Eigenschaften, die auf seiner Wanderung hervortreten. Er verführt und wird verführt, duldet und kennt Augenblicke der Überheblichkeit, ist diplomatisch klug, listig, aber auch ehrlich, ausdauernd und aufrecht. Er ist anmaßend und freundlich, aber vor allem ein Meister in der Kunst des Überlebens. Heroisch-unheroisch, gewinnt und verliert er Reichtum, ist kluger Ratgeber, weil er das politische Kräftespiel seiner Zeit durchschaut, spielt die Rolle des Fürsten wie die des Bettlers, bewegt sich ohne Schwierigkeiten unter den Höchsten wie den Niedrigsten und besitzt Züge der „Niemand-Jedermann-Person", die die künstlerische Einbildungskraft späterer Zeiten belebte. Die unterschiedlichen Charaktereigenschaften der mehrschichtigen Figur tragen den Keim zu differenzierten Spiegelungen in sich. Daher erscheint Odysseus in der literarischen Tradition in Verbindung mit den unterschiedlichsten Themen. Er ist Haupt- und Nebenfigur, Vorbild und Objekt der Kritik.

2. Gemeinsam ist den Darstellungen der Odysseus-Figur die Konstante der Wegsuche auf der Lebensfahrt. Der zu Auseinandersetzungen auffordernde offene Raum der Welt birgt Richtung, Wegscheide und äußere Grenze der Wanderung. Die Heimkehr beschließt die Erzählung mit einem symbolisch verkürzten Rückblick auf die ereignisreiche Fahrt. Innerhalb dieses umfassenden Bogens tritt Odysseus als ein von Wissensdurst beflügelter Sucher auf (Dante, Kazantzakis) und spielt die Rolle des unruhig Heimatlosen (Schnabel) wie des Verführers (Stahl). Er ist der göttliche Dulder (Hauptmann) und der Heimkehrer aus dem Krieg (Feuchtwanger, Nossack). In seiner Funktion als Kontrastfigur erscheint Odysseus als kluger Ratgeber, aber auch als unglaublicher Egoist. Er stellt seine List in den Dienst der Revolution, handelt jedoch unmenschlich (Müller) und ist sowohl zuverlässiger Politiker als auch Betrüger (Sophokles, Euripides, Pindar, Xenophanes, Georgias, Vergil, *Roman de Troye,* Gower, Racine). Trotz dieser großen Auffächerung der Figur zeichnet sich in den unterschiedlichen Themensträngen eine eindeutige Begrenzung auf betont handlungsorientierte, charakteristische Eigenschaften ab. Die der *Odyssee* zugrundeliegende Frage nach der Möglichkeit des Bewußtwerdens des menschlichen Geistes wird jedoch im 20. Jh. von Joyce, Schnabel und Kazantzakis neu aufgenommen. Diese Darstellungen fangen in der großangelegten Suche nach Selbsterkenntnis und Weltverständnis die ursprüngliche Vielschichtigkeit der Figur wieder ein.

Quellen: Homer, *Ilias*; *Odyssee*; Euripides, *Troades*; *Hecuba*; Georgias, *Pro palamede apologia pragmenta*; Statius, *Achilleis* (ca. 90–96); Flavius Philostratus, *Heroicus*; Robert Garnier, *La Troade* (1579); Shakespeare, *Troilus and Cressida* (ca. 1602); Joost van der Vondel, *Palamedes, oder die ermordete Unschuld* (1625); Pedro Calderón de la Barca, *El mayor encanto amor* (1635); Ludvig Hoberg, *Ulysses von Ithaica* (1723); Charles Lamb, *The Adventures of Ulysses* (1808); Alfred Tennyson, *Ulysses* (1833); Robert Bridges, *The Return of Ulysses* (1890); Arturo Graf, *L'Ultimo viaggio di Ulisse* (1905); Friedrich Lienhard, *Odysseus* (1911); Gerhard Hauptmann, *Der Bogen des Odysseus* (1914); Jean Giraudoux, *Elpénor* (1919); *La Guerre de Troie n'aura pas lieu* (1935); Albrecht Schaeffer, *Der göttliche Dulder* (1920); James Joyce, *Ulysses* (1922); Ezra Pound, „Canto I" (1925); Friedrich Lorenz, *Ulysses und Penelope* (1936); Nikos Kazantzakis, *Odysseia* (1938); Hermann Stahl, *Die Heimkehr des Odysseus* (1940); Lion Feuchtwanger, *Odysseus und die Schweine, oder das Unbehagen an der Kultur* (1946); Hermann Kasack, *Die Stadt hinter dem Strom* (1947); Hans Erich Nossack, *Nekyia. Bericht eines Überlebenden* (1947); Horst Wolfram Geißler, *Odysseus und die Frauen* (1948); Ernst Schnabel, *Der sechste Gesang* (1956); Walter Jens, *Das Testament des Odysseus* (1957); Heiner Müller, *Philoktet* (1968).

Lit.: P. Cesareo: L'evoluzione storica del carattere d'Ulisse. Messina 1899; R.B. Matzig: Odysseus. Studie zu antiken Stoffen in der modernen Literatur, besonders im Drama. St. Gallen 1949; M. Karnick: Formen der Fremdheit u. Wandlungen der Odysseus-Rezeption in der frühen deutschen Nachkriegsliteratur. In: E. Iwasaki (Hg.), Begegnungen mit dem Fremden. 8. Int. Germanisten-Kongreß. München 1991; J. Racine: Remarques sur l'Odyssée d'Homère (1867); L.-P. Santiago: The Ulysses Complex. In: American Imago 28 (1971); W.B. Stanford: The Ulysses Theme. A Study in the Adaptability of a Traditional Hero. Oxford 1963; T. Ziolkowski: The Odysseus Theme in Recent German Fiction. In: CL 14 (1962).

Siehe auch: Abenteuer, Figurenkonzeption, Heimkehr, Wanderer

Ödipus *(Oedipus)*

1. Die Figur wurde für die Individualpsychologie als exemplarischer Fall für den Mutterinzest bedeutsam. Ödipus erscheint in der Literatur in primärer Themenverbindung mit →Inzest, →Selbstverwirklichung und →Todeskonzeptionen. Von zentraler Bedeutung für die literarische Gestaltgebung sind Fragen, die jede Bearbeitung anschneidet. Das delphische Orakel deutet Ödipus die Zukunft und prophezeit, er werde seinen Vater töten und seine Mutter heiraten. Die Voraussage erfüllt sich trotz kluger Vorsorge und unterbindet jede freie Selbstbestimmung. Die Zielsetzung im Leben steht damit unter dem Zeichen einer deterministischen Schicksalskonzeption. Daran ändern auch Auslegungen nichts, die im Handeln von Ödipus ein Beispiel für die menschliche Blindheit sehen oder seine hochfliegenden Pläne als Hybris deuten. Die unerbittliche Schicksalskonzeption ruft in den meisten Darstellungen das Wunschbild einer freien Selbstbestimmung hervor. Deshalb entsteht eine besonders starke Spannung zwischen der vorausweisenden Zukunftsversicherung, die das künftige Geschick ordnet, und der absoluten Verunsicherung, weil Ödipus diese Zukunft nicht als Sinndeutung des Lebens anerkennen kann. Undeutbares, ehernes Gesetz und freie Willensentfaltung stoßen hart aufeinander. Ödipus steht im Schnittpunkt einer vertikalen Achse, die das Verhältnis des Menschen zu ordnungsstiftenden Leitbildern beleuchtet, und einer horizontalen Achse, die seine Beziehungen zu gesellschaftlichen Strukturen akzentuiert. Mythologische Auslegungen weisen einerseits auf Parallen zwischen Ödipus und Gottheiten hin, die den Zyklus der Jahreszeiten beherrschen, andererseits heben sie wie Lévi-Strauss die besonderen antäischen Merkmale des Ödipus hervor. Seine Verwundung am Fuß reiht ihn ein in die Klasse außergewöhnlicher Figuren, die sich nie wirklich aus ihrer Erdverbundenheit lösen können. Aus thematischer Sicht ist bedeutsam, daß sich Ödipus zu seinem Schicksal bekennt, seine Leiden auf sich nimmt, im Widerspruch weiterlebt und als Blinder einen Weg findet, der nicht verkündet war. Diese Entwicklung bewahrt die grundsätzliche Fragestellung.

2. Sophokles führt die Problemstellung in die literarische Tradition ein. *Oedipus Rex* stellt die Reaktion des Königs auf die in Erfüllung gegangenen Weissagungen, das Töten des unerkannt gebliebenen Vaters und das unbewußt begangene Liebesverbrechen in den Vordergrund. Er weiß, und die Betrachtungen des Chors unterstreichen mehrmals diese

Ansicht, daß ein Leben nur sinnvoll ist, wenn der Mensch seine Anlagen voll entwickeln kann. Ödipus steht indessen vor der Tatsache, daß er gegen das kollektiv vorgeformte Lebensgesetz verstoßen hat. Er kann sich entweder gegen das Schicksal auflehnen oder muß verzweifeln. Sophokles umgeht jedoch die eindeutige Entscheidung und behält die Spannung bis zum Ende der Tragödie bei. Der Chor vertritt die Auffassung, daß die Sterblichen vor einem rätselhaften Dasein stehen und den Ratspruch der Götter nicht deuten können. Ödipus nimmt sein Schicksal auf sich, bekundet tiefe menschliche Sorge für seine Kinder und bekennt sich bewußt zu den Widersprüchen des Lebens. *Ödipus auf Kolonos* beleuchtet die innere Wandlung des Königs, der als Blinder in die Verbannung geht, innerlich reift, erkennt, daß er gut und böse ist und daß die göttlichen Zeichen nicht trügen, da jedes menschliche Handeln die Möglichkeit des Schuldigwerdens einschließt. Diese Haltung ermöglicht die Aussöhnung mit dem Schicksal. Das Leben des Königs erscheint nun im Licht einer wiederholten Bewährungsprobe.

Mit Seneca setzt eine Reihe dramatischer Gestaltungen ein (Corneille, Voltaire, Dryden und Lee), die in dem Geschehen den Kampf mit einem blinden Schicksal herausstellen. In der Deutung des Schicksals verschiebt sich dadurch einerseits die Betonung in Richtung auf das Zufällige; andererseits zeichnen sich deutliche Bestrebungen ab, das Geschehen sowohl psychologisch zu motivieren als auch Nebenhandlungen aufzuwerten. Spätere Darstellungen steigern zuweilen individuelle Eigenarten der Figur ins Extreme, um die Fragestellung zu beleuchten (Croiset). Sie erfassen in der Figur die Entfremdung des Menschen von den Ordnungsstrukturen der Welt (Gide, Cocteau), deuten das Geschehen im Sinne einer christlichen Heilserfahrung (Ghéon, Eliot), rufen zur revolutionären Neugestaltung des Daseins auf (Chénier) und erfassen auch in der Fragestellung die Dialektik von individuellem Handeln und gesellschaftlichem Anliegen (Niccolini, Cocteau, Robbe-Grillet). Die übergreifende Fragestellung bleibt jedoch in allen Werken erhalten.

Quellen: Sophokles, *König Oedipus*; *Oedipus auf Kolonos*; Seneca, *Oedipus Rex*; Pierre Corneille, *Œdipe* (1659); John Dryden, Nathaniel Lee, *Oedipus* (1678); Voltaire, *Œdipe* (1719); Marie-Joseph de Chénier, *Œdipe* (1816); Giovan Battista Niccolini, *Edipo* (1823); August von Platen, *Der romantische Ödipus* (1828); Hugo von Hofmannsthal, *Ödipus und die Sphinx* (1905); André Gidé, *Œdipe* (1930); D.H. Lawrence, *Sons and Lovers* (1913); Jean Cocteau, *Œdipe roi* (1928); *La Machine infernale* (1934); Eugene O'Neill, *Mourning Becomes Electra* (1931); Henri Ghéon, *Œdipe, ou le crépuscule des dieux* (1938); Max Croiset, *Oidipoes en zijn moeder* (1950); Alain Robbe-Grillet, *Les Gommes* (1953); T.S. Eliot, *The Elder Statesman* (1959).

Lit.: C. Astier: Le Mythe d'Œdipe. Paris 1974; C. Belliard: Œdipe et la belle dame. In: ders., Essai d'une philosophie symbolique. Bd. 3. Paris 1985; P. Brunel (Hg.): Dictionnaire des mythes littéraires. Paris 1988; M. Delcourt: Œdipe ou la légende du conquérant. Liège 1944; H.-G. Francq: Les Malheurs d'Œdipe. In: Revue de l'Univ. Laval 20 (1965–66); K. Hamburger: Von Sophocles zu Sartre. Stuttgart 1962; A.S. Horton: The Oedipus Tyrannus Theme in Western Literature. Diss. Illinois U. 1974; B.M.P. Leefmans: Modern Tragedy: Five Adaptations of Oresteia and Oedipus the King. Diss. Columbia 1954; M. Odagiri: Les Tragédies d'Œdipe classiques en France ou la tragédie raisonnante et le tragique raisonné. In: Études de Langue et Littérature Françaises 44 (1984); W. Pötscher: Die Oedipus-Gestalt. In: Eranos 71 (1973); J. Scherer: Dramaturgies d'Œdipe. Paris 1987; W. Theile: Stoffgeschichte u. Poetik. Literarischer Vergleich von Oedipus-Dramen. In: Arcadia 10 (1975); K. Töchterle: Literarische Gestaltungen des Mythos von König Oedipus. In: W. Krömer (Hg.), Geisteswissenschaften stellen sich vor. Innsbruck 1983; I. Velikovsky: Oedipus and Akhnaton. Myths and History. New York 1960.

Siehe auch: Figurenkonzeption

Offenbarung

Siehe Apokalypse

Opfer

Siehe Abraham, Iphigenie

Orest

Siehe Elektra

Orpheus

1. Der Sohn der Muse Kalliope wurde weder von Göttern noch von Sterblichen in der Kunst des Lyraspieles und des Gesangs übertroffen. Seine Melodien fanden Widerhall in der ganzen Natur. Sie rührten Menschen und Götter, zähmten wilde Tiere und bewegten selbst Pflanzen. Orpheus warb um Eurydike und wurde von ihr erhört. Sie starb jedoch am Hochzeitstag auf der Flucht vor den Nachstellungen des Gottes Aristeus an einem Schlangenbiß. Von äußerstem Schmerz übermannt, stieg Orpheus ins Totenreich, um seine Geliebte zurückzuholen. Sein Gesang verwandelte zum ersten und einzigen Male den Hades. Cerberus wachte nicht; Sisyphus ruhte aus; das rollende, feurige Rad, an das Ixion gebunden war, stand still; Tantalus verspürte keinen Durst; die Furien weinten; Hades und Persephone wurden so milde gestimmt, daß sie Orpheus gestatteten, seine Gattin in die Oberwelt zurückzuführen. Sie stellten nur eine Bedingung: Orpheus dürfe sich nicht nach ihr umsehen, bis sie das Totenreich verlassen haben würden. Als der Sänger in das Licht des Tages trat, drehte er sich zu früh um, und Eurydike verschwand auf immer in die Unterwelt. Orpheus wanderte durch Thrakien, klagte der Natur sein Leid und wurde von rasenden Mänaden zerrissen. Orpheus gilt als der Schutzheilige der orphischen Mysterien und Geheimlehren. Er wird in den bildenden Künsten als guter Hirte zum Christussymbol; in der Literatur und Musik ist Orpheus das Sinnbild des begnadeten Sängers und Dichters.

2. Die Erzählung folgt den Stationen der Lebensfahrt des →Helden. Orpheus beglückt die Welt, besteht die höchste Bewährungsprobe des Besuchs der Unterwelt, wird geopfert und ins Zeitlose erhöht. In der literarischen Tradition werden vier Aspekte der Erzählung wirksam: (1) die Macht des Sängers, die Menschen und Götter bezwingt; (2) die rührende Liebeserzählung; (3) die Herausforderung des Todes, der zunächst nachgibt, aber letztlich seinen Herrschaftsanspruch unerbittlich wahrt; (4) der Tod des Orpheus. Die Grundkonstellation wurde in allen Bearbeitungen bewahrt. Die Mehrschichtigkeit der einzelnen Ereignisse und die Möglichkeit vielfältiger Aktualisierungen versetzten Dichter jedoch in die Lage, die Figur mit unterschiedlichen Themenkreisen und Fragestellungen zu verknüpfen. Orpheus erscheint in direktem Zusammenhang mit Gestaltungen der →Künstlerthematik, der unabänderlichen Todesbezogenheit des Menschen und einer möglichen Wiedergeburt, aber auch des letzten Triumphes des Gesangs über den →Tod. Friedrich Schillers Gedicht „Nänie“ (1800), das mit der Klage einsetzt „Auch das Schöne muß sterben!“, fängt diese aus der letzten Hoffnungslosigkeit des Vergehens der irdischen Existenz wie ein Wunder hervorgehende und über allen Glauben triumphierende Hoffnung in den letzten Zeilen ein: „Auch ein Klaglied zu sein im Mund der Geliebten, ist herrlich, / Denn das Gemeine geht klanglos zum Orkus hinab“. Schiller, Novalis, Hölderlin, Rilke, Gérard de Nerval und Stéphane Mallarmé machten die Figur zum Sinnträger der Macht des Gesangs, der zwischen Leben und Geist vermittelt und Leben und Tod versöhnt.

3. Der Traditionsstrang, der Verbindungen zwischen Orpheus und der Kunst herstellt, verläuft von der Antike bis in die Moderne. Daneben entsteht seit dem 6. Jh. durch die Auslegung von Boethius eine besondere Richtung in der Deutung der Figur. Boethius sieht in der Erzählung einen daseinsbestimmenden Konflikt zwischen Licht (Suche nach geistiger Erleuchtung) und Dunkelheit (Triebleben, die tellurische Sphäre). Orpheus ist das Sinnbild der Seele, die zu Gott strebt, sich aber nicht von der berückenden Erscheinung der sinnlichen Welt (Eurydike) lösen kann. Diese dualistische Sicht bot den Ausgangspunkt für zahlreiche Erzählungen des Mittelalters und führen außerdem zu einer völligen Umstellung der Figuren in Bildfügungen, in denen Orpheus als der Körper und Eurydike als die Seele erscheint. Kerényi interpretiert die Erzählung als eine Todesmythe, in der das Leben in der Gestalt des Orpheus der Göttin der Nacht gegenübertritt. Anspielungen und direkte Bezüge auf →David und →Christus kommen in Hirtengedichten vor. Gleichzeitig entstehen einerseits Dichtungen, in denen das Liebesgeschehen in den Vordergrund tritt

(Gautier d'Arras; Godfrey von Reims), andererseits mit Märchenelementen angereicherte Heldenlieder, in denen beispielsweise der unbekannte Autor von *Sir Orfeo* die Figur in einen sagenhaften, guten britischen König verwandelt. Mythologische und christliche Elemente verschmelzen mit der Darstellung eines Feenreiches, in das König Orfeo zieht, um seine Geliebte Heurodis zu befreien. Henryson entwickelt aus der Fahrt in die Unterwelt eine christliche Parabel. Orpheus kehrt von seiner Höllenfahrt zurück, erkennt die Gefährdung durch die sinnliche Welt und wendet sich Gott zu. Die Opern von Jacopo Peri, *Euridici* (1600), und Christoph Willibald Gluck, *Orfeo ed Euridici* (1762), führten der literarischen Konzeption des begnadeten Sängers abermals starke Impulse zu. So bildet sich schließlich der Archetyp des Sängers-Dichters-Sehers heraus, der um den Tod weiß, aber das Leben bejaht und die Menschen an einen möglichen Einklang aller Wesen in der Natur erinnert.

Quellen: Vergil, *Georgica*; Ovid, *Metamorphoses*; Boethius, *De Consolatione philosophiae; Sir Orfeo* (ca. 1325); Robert Henryson, *Orpheus and Eurydice* (15. Jh.); Ambrogini Poliziano, *La favola d'Orfeo* (1771); Félix Lope de Vega, *El marido mas firme* (1630); Pedro Calderón de la Barca, *El divino Orfeo* (ca. 1663); Jacques Offenbach, *Orfé aux enfers* (1858); Dino Campana, *Canti orfici* (1914); Yvan Goll, *Der neue Orpheus* (1918); Laurence Housman, *The Death of Orpheus* (1921); Rainer Maria Rilke, *Sonette an Orpheus* (1923); Oskar Kokoschka, *Orpheus und Eurydike* (1926); Jean Cocteau, *Orphée* (1927); Pierre Emmanuel, *Tombeau d'Orphée* (1941); Jean Anouilh, *Eurydice* (1943).

Lit.: C.M. Bowra: Orpheus and Eurydice. In: Classical Quarterly 46 (1952); G. Bräkling-Gersuny: Orpheus, der Logos-Träger. Eine Untersuchung zum Nachleben des antiken Mythos in der französischen Literatur des 16. Jh. München 1975; A. Buck: Der Orpheus-Mythos in der italienischen Renaissance. Krefeld 1961; P. Cabañas: El Mito de Orfeo en la literatura española. Madrid 1948; G. Cattaui: Orphisme et prophétie chez les poètes français 1850–1950. Paris 1965; G. Fredén: Orpheus and the Goddess of Nature. Göteborg 1958; J.B. Friedman: Orpheus in the Middle Ages. Cambridge, MA 1970; K. Heitmann: Orpheus im Mittelalter. In: Archiv f. Kulturgeschichte 45 (1963); ders.: Typen der Deformierung antiker Mythen im Mittelalter. In: Romanistisches Jb. 14 (1963); E. Kushner: Le Mythe d'Orphée dans la littérature française contemporaine. Paris 1961; dies.: Le Mythe d'Orphée au XIXe et au XXe siècle. In: CAIEF 22 (1970); W. Rehm: Orpheus. Der Dichter u. die Toten. Düsseldorf 1950; J. Schondorff (Hg.): Orpheus u. Eurydice. München 1963; E. Sewell: The Orphic Voice. New Haven, CT 1960; W.A. Strauss: Descent and Return. The Orphic Theme in Modern Literature. Cambridge, MA 1971; K. Ziegler: Orpheus in Renaissance u. Neuzeit. In: Form u. Inhalt. FS O. Schmitt. Stuttgart 1951.

Siehe auch: Figurenkonzeption, Licht, Nacht, Tod

Ozean

Siehe See

Pandora

Siehe Prometheus

Paradies

1. Wunschvorstellungen von Zeiten, zu denen Menschen in einem erstrebenswerten Zustand vollkommener Harmonie lebten oder wieder leben werden, haben primär Motivfunktion, können aber auch thematisiert werden. Orts- und Zeitbestimmungen beziehen sich auf den Garten Eden, die Inseln der Seligen, das himmlische Paradies, das Goldene Zeitalter, Arkadien, Elysium und die Zeit der Heroen (1. Mose 2–3; die babylonische Erzählung „Adapa und die Nahrung des Lebens"; *Gilgamesh*; Homer; Hesiod; Ovid). Gemeinsam sind diesen sprichwörtlich gewordenen Vorstellungen jedoch ganz bestimmte Eigenheiten. Die Menschen sind physisch und sittlich vollkommen; sie leben in völliger Harmonie; jede individuelle Eigenart erscheint bereits als Abfall vom Ideal (→Androgynie). Die Götter verkehren mit den Menschen. Jahwe hat ein persönliches Verhältnis zu Adam und Eva. Tierwelt und Menschen leben friedlich miteinander. Die Menschen sind Vegetarier und bringen den Göttern keine Tieropfer. Sie sind sorglos und arbeiten nicht, da ihnen entweder die Natur alles schenkt oder →Automaten ihnen notwendige Erledigungen abnehmen. In der Motivgestaltung lassen sich drei übergreifende Tendenzen nachweisen: (1) Der Idealzustand wird durch den Kontrast des weit in der Vergangenheit liegenden Abfalls des Menschen von seiner Bestimmung geschildert; der Raub des Feuers durch Prometheus und sein Schlachten des Stiers, die Hybris und der Autonomieanspruch des Individuums, Verfallserscheinungen und Erstarrungsmotive kennzeichnen die gegenwärtige Verfassung der Welt; (2) die mythische Welt wird zum Ausgangspunkt der kritischen Bewertung historischer Abläufe oder gegenwärtiger Korruption; die menschliche Entartung tritt in den Vordergrund; (3) die höchste Vollkommenheit wird in die Zukunft verlegt und wird erst nach dem Tode in Elysion, im Paradies (Lukas 23,43; 2. Korinther 12,4; Offenbarung 2,7) oder in den Gefilden der Seligen erfahrbar. Für die Entwicklung der Vorstellung vom Goldenen Zeitalter wird der Umstand wichtig, daß Vergil in der vierten Ekloge dessen Wiederkehr verkundet. Nach der literarischen Verbreitung in der Antike, die in einer aus genauester Kenntnis der Quellen geschriebenen, motivgeschichtlichen Untersuchung von Gatz belegt ist, nehmen die Wunschbilder häufig Elemente aus den unterschiedlichsten Traditionssträngen auf. Goldenes Zeitalter, Arkadien, Elysium und Himmelreich haben Teil am Paradies und erscheinen in Texten nebeneinander. Außerdem bilden sich unterschiedliche Vorstellungen künstlicher Paradiese heraus. Sie reichen vom Atlantis der Künstler und dem durch die Baukunst gestalteten, überdachten oder unterirdischen paradiesischen Raum bis zur Sprengung der Raum- und Zeiterfahrung im Rausch der Drogen (→Halluzination). Alle Paradiesvorstellungen stimmen darin überein, daß sie den Menschen die Erlösung aus den bedrückenden gegenwärtigen Zuständen verheißen.

2. Darstellungen, die sich an der christlichen Bibelauslegung orientieren, verknüpfen mit Eden die Erfahrung der ursprünglichen Unschuld des Menschen, mit dem Paradies dagegen die Verheißung des ewigen Lebens, das den Gläubigen zuteil wird. Beide Orte sind gekennzeichnet durch die friedliche Atmosphäre und die Gegenwart Gottes. In Eden erscheinen zuweilen Engel, im Paradies bevölkern sie die Gefilde. Hier lebt der Mensch im ewigen Licht, kennt keine Sorgen, keine Mühsal und keine Konflikte (*Heliand; Muspilli;* Otfried von Weißenburg, *Evangelienbuch,* 9. Jh; Dante, *Paradiso,* 1318; John Milton, *Paradise Lost,* 1667). Andere Autoren übernehmen Elemente aus Idyllen und Schäferdichtungen (Theokrit, Vergil, Horaz, Ovid) zur Schilderung einer blumenübersäten Landschaft, in der die Menschen in völliger Harmonie mit der Natur leben. Dem stärkeren Wirklichkeitsgehalt der Naturschilderung entspricht die sinnliche Erfahrung der Liebe und Freude, die den Glücklichen zuteil wird (Homer, Guillaume de Lorris, Boccaccio, Tasso, Pierre de Ronsard, Bernard de Fontenelle, Hölderlin, Novalis, John Keats, Alfred Tennyson). Die für Motive charakteristische Tendenz der Parallelbildung führt dazu, daß paradiesische Vorstellungen in Darstellungen idealisierter Landschaften übernommen werden. Der Überfluß, die Schönheit und die sanfte Ruhe der verklärten Natur rufen im lyrischen Ich Gefühle hervor, die in der augenblicklichen Erfahrung eine Ahnung des paradiesischen Zustandes anklingen lassen (Goethe, „Maifest", 1771; Eduard Mörike, „Im Frühling", 1828). Die idealisierte Stätte wurde schließlich zum Brennpunkt des Glücksstrebens. Hier fanden sich Liebende in höchster Seligkeit zusammen (das Hohelied Salomos; Petrarca, *Il Canzoniere,* 1478; John Donne, *The Firste Anniversarie,* 1621; Emile Zola, *Les Quatres Evangiles,* 1899–1902); hier entstand eine völlig harmonische Gesellschaft (die Houyhnhnms in Jonathan Swift, *Gulliver's Travels,* 1726); hier, in der Südsee, war das Paradies auf Erden (Pierre Loti, *Le Mariage de Loti,* 1880; Robert Louis Stevenson, *In the South Sea,* 1896; Jean Giraudoux, *Suzanne et le Pacifique,* 1921; W. Somerset Maugham, *The Trembling of a Leaf,* 1921). Die starke Kontrastfunktion zu den Verfallserscheinungen der Zivilisation – den materialistischen Tendenzen den gestörten zwischenmenschlichen Beziehungen und der Entfremdung im unpersönlichen Stadtleben – verknüpft diese

Diesseits-Jenseits-Wunschbilder mit dem ursprünglichen Motiv.
3. Der Autonomieanspruch des Individuums wirkt im Zusammenhang mit dem verlorenen Paradies zutiefst fragwürdig und problematisch. Im Paradies sind einzelne völlig eingebettet in die große Gemeinschaft. Sie wollen nicht durch außerordentliche Taten hervortreten, haben keinen unbezähmbaren Wissensdurst und streben nicht nach Selbsterkenntnis. Der Mensch, der plötzlich aus dem Paradies vertrieben wurde oder im Laufe der weit zurückliegenden Urgeschichte eine Lebensform entwickelte, die zum Abfall vom Ideal führte, ist daher letztlich dazu verdammt, sich immer gegen andere behaupten zu müssen. Die menschliche Gemeinschaft steht unter dem Vorzeichen fortgesetzter Spannungen und Auseinandersetzungen. Der Mensch befindet sich im Notstand, der sich ständig verschlechtert. Er erfährt nur Beschränkungen seines individuellen Freiheitsstrebens, kennt nur Sünde, Schmerz, Krankheit und Tod. Infolgedessen betont die Wunschvorstellung nicht Entsagung, sondern Erfüllung, Unschuld, Harmonie und ewige Jugend. In der Entwicklung des Motivs verblaßt jedoch die ursprüngliche Andeutung des allumfassenden Kollektivs. Sie bleibt im Bild der Engel erhalten, wird jedoch in anderen Darstellungen durch Schilderungen ersetzt, die dem einzelnen auch im harmonischen Dasein deutliche individuelle Züge verleihen.

In der Bewertung historischer Entwicklungen stellt das Paradies einen eindeutigen Kontrast zur gegenwärtigen Verfassung her. Die Auswahl der Verfallserscheinungen erfolgt im Hinblick auf die Idee menschlicher und gesellschaftlicher Vollkommenheit. In einigen Darstellungen stehen den Wunschvorstellungen ganz deutlich Schreckbilder der Not, des Krieges, der Knechtschaft und des Despotismus gegenüber. Wunschbilder des Paradieses sind so weit verbreitet, daß der Abfall vom Ideal gedanklich grundsätzlich gegeben ist. Deshalb entfallen häufig detaillierte Schilderungen des historisch Bestehenden. Topoi wie „ein Land, darin Milch und Honig fließt" (2. Mose 3,8; 13,5; Josua 5,6; Jeremia 11,5; Theokrit, *Idyllen* 5: 124–27; Vergil, *Ekloge* 3; Ovid, *Metamorphosen* 1: 112–14), Bäume wie die Eiche oder Kastanie und charakteristische Farben (grün, blau, gold) konkretisieren die Assoziation des Paradiestraumes. Zu registrieren ist fernerhin, daß das Wunschbild in zahlreichen Texten mit der arkadischen Landschaft verwächst. Besonders in der pastoralen Dichtung erinnert der schöne, beschattete Naturausschnitt (locus amoenus; → Landschaft) an das Paradies. Daher ist das Naturgefühl auch weniger wichtig als die geistige Landschaft, eine Eigenheit, die sich von Theokrit, Horaz, Vergil, Longus, Tasso, Guarini, Sannazaro, Cervantes, Góngora, Chaucer, Sidney, Spenser, Shakespeare, Pope, Gessner und den Romantikern bis in die Moderne zu Giraudoux, Mitchell und dem „Woodstock-Lied" (1969) mit seinem Refrain „Wir sind golden / Und wir müssen wieder / Zurück in den Garten" verfolgen läßt. Andererseits sind die Eigenschaften der arkadischen Welt, besonders das einfache Leben, Musik und Liebesspiel so ausgeprägt, daß der für das Motiv charakteristische Zug des „Jenseits-Denkens" in den Hintergrund tritt. Durch die konsequent durchgeführte Verengung entsteht eine kleine paradiesische Welt, die im betont Spielerischen ihre kunstvolle und künstliche Beschaffenheit zur Schau trägt.

In Nachwirkungen der Vorstellungen des verlorenen Paradieses und des Goldenen Zeitalters entstehen noch größere Verallgemeinerungen und Angleichungen in Dichtungen, die das Glücksstreben mit Darstellungen des harmonischen Lebens in der Natur verknüpfen. Die Forschung muß deshalb die in der Raumgestaltung nachweisbare Überlagerung des Natürlichen durch die Kultursphäre berücksichtigen (→ Garten). Das Postulat des unschuldigen Lebens in der reinen Natur hat in einzelnen Texten durchaus unterschiedliche Funktion. Es vermittelt beispielsweise die Forderung, daß der Mensch seinen Blick auf die Zukunft richten muß, da die goldenen Zeiten auf immer verloren sind (Milton, *Paradise Lost*; Jacques-Henri Bernardin de Saint-Pierre, *Paul et Virginie,* 1787; Goethe, *Torquato Tasso,* 1789; Wilhelm Raabe, *Meister Autor,* 1874; Emile Zola, *La Faute de l'Abbé Mouret,* 1875; Giraudoux, *Juliette au pays des hommes*, 1924; *Combat avec l'ange*, 1934). Es ruft aber auch in Schilderungen des Eindringens der Zivilisation in die Natur zur Reform auf und weckt das Verlangen, die ideale Zeit in der Gegenwart aufleben zu lassen (James Thomson, *The Seasons*, 1730; Thomas Warton, *Pleasures of Melancholy*, 1747). Analog zur Lebenskurve des Menschen erscheint der paradiesische Zustand als die Zeit der Kindheit. Dem Leben vor der bewußten Auseinandersetzung mit der Welt haftet der Schein des Goldenen Zeitalters an (Friedrich Schiller, „Resignation", 1786; William Blake, „Songs of Innocence", 1789; Raabe, *Prinzessin Fisch*, 1883; *Die Akten des Vogelsangs*, 1896; Selma Lagerlöf, *Wunderbare Reise des kleinen Nils Holgerson mit den Wildgänsen*, 1906–07; Alain-Fournier, *Le Grand Meaulnes*, 1913; die Beispiele lassen sich beliebig vermehren). Stark ausgeprägt sind Anklänge des verlorenen Paradieses in nostalgischen Erinnerungen, die weitgehend unreflektiert auf vergangene historische Zeiten zurückgreifen. Das Paradies liegt zurück, aber keineswegs in der Urzeit, sondern in der jüngsten Vergangenheit. Die Vorstellung tritt in jedem Jahrhundert und in jeder literarischen Epoche auf (Joseph Hall, „The Olden Days", 1650?; Christoph Martin Wieland, *Der goldene Spiegel*, 1772; Otto Ludwig, *Die Heiterethei und ihr Widerspiel*, 1857; Arthur Miller, *Death of a Salesman*, 1949). In der sehnsüchtigen Erinnerung wird schließlich das Goldene Zeitalter zum Klischee der guten alten Zeit. Alles, was zurückliegt, ist paradiesisch, sofern es als das Bessere gilt. Es ist erstrebenswert und wirkt vorbildlich, weil es eine höhere Stufe sozialer Vollkommenheit als die Gegenwart aufweist. Die Identifikation des Paradieses mit vergangenen Zeiten steht in vielen Werken in direktem Zusammenhang mit dem Wunsch nach Wiederkehr der vollkommenen Existenzform. Jede Angleichung setzt voraus, daß Veränderungen der gegenwärtigen Verhältnisse möglich sind. Die Erneuerungsvorstellungen umfassen konkrete gesellschaftliche Reformvorschläge, die das wünschenswerte Ideal zeitlich naherücken (→Utopie), eine durchgreifende Neugestaltung des menschlichen Lebens (Milton, *Paradise Regained*, 1671), die vollkommene Entfaltung einzelner menschlicher Eigenschaften, die zum Sinnbild für die menschliche Entwicklung werden (→Reform; François Hemsterhuis, *Alexis ou de l'âge d'or*, 1787; Friedrich Hölderlin, „Lied von der Liebe", 1790; „Hymne an die Göttin der Harmonie", 1791; Friedrich Schiller, „Hymne an die Freiheit", 1792), und die durchaus ungewisse Hoffnung auf eine harmonische Gesellschaftsverfassung (Bernado Balbuena, *El siglo de oro en las selvas de Erífile*, 1608; Shakespeare, *The Tempest*, ca.1611; Louis de Góngora, *Solidades*, 1617; Salomon Gessner, *Idyllen*, 1756; Hölderlin, *Hyperion*, 1797–99; mit deutlich didaktischem Einschlag Edmund Spenser, *Shepheardes Calendar*, 1579; Martin Opitz, *Schäfferey von der Nimpfen Hercinie*, 1630). Der Widerspruch gegen die dem Paradiesgedanken zugrundeliegende Geschichtsauffassung blieb nicht aus. Sowohl Johann Gottfried Herder (*Bückeburger Geschichtsphilosophie*, 1774) als auch Friedrich Heinrich Jacobi („Idealismus und Realismus", 1787) und Goethe („Goldenes Zeitalter", 1796) äußerten starke Vorbehalte. Die programmatischen Darstellungen der Wiederkehr des Paradieses weisen in den Erzählungen vom Schlaraffenland (*The Land of Cockaygne*, 14. Jh.) bereits stark ironische Züge auf und wurden in Satiren mehrfach ad absurdum geführt (Walter Raleigh, „The Nymph's Reply to the Shepherd", 1600; Catherine A. Lewis, „Song", 1935). Im 19. und 20. Jh. häufen sich ironische Deutungen und Inversionen der traditionellen Auslegung des Motivs. Wunschtraum, *locus amoenus* und Goldene Zeit geben Anlaß zum Spiel. Diese Einstellung kennzeichnet insbesondere Texte weiblicher Autoren (Emily Dickinson, *Gedichte*; Dr. 1955; Elena Castedo, *Paradise*, 1990) und der Science-fiction (Stanislaw Lem, *Eden*, 1968; Joanna Russ, *Picnic on Paradise*, 1976; Arthur C. Clarke, *The Fountains of Paradise*, 1978; John Cheever, *Oh, What a Paradise It Seems*, 1982).

4. Die Motivik der künstlichen Paradiese unterscheidet sich nicht nur in der Ortsbeschreibung, sondern auch in der Zeiterfahrung vom traditionellen Paradiesdenken. Das künstliche Paradies verheißt die sofortige, wenn auch nur momentane Entrückung in einen kultischen Raum. Der Eingeweihte kann durch die Aktualisierung ästhetischer Formen, durch das Leben in technologisch gestalteten Wunderbauten oder auf dem Wege künstlich hervorgerufener Reizzustände direkten Zugang zu den Visionen finden. Die Erfahrung trägt gewöhnlich Züge einer Bewußtseinserweiterung, in der Denken und Fühlen völlig verschmelzen. Farben, Töne, Worte, das Sinnliche und das Übersinnliche verbinden sich zu einer „Symphonie" der Reize (E.T.A. Hoffmann, *Der goldne Topf,* 1814); der Duft eines Parfüms findet Widerhall im Gesang der Matrosen und entführt den Zuhörer (Charles Baudelaire, „Parfum exotique", 1857); Haus und Garten werden bewußt zum Paradies ausgestaltet, damit der Bewohner ins Reich der Träume entfliehen kann (die von Des Esseintes geschaffene Welt in Joris-Karl Huysmans, *A rebours,* 1884); das innerste Wesen der Kunst überträgt sich völlig auf den Eingeweihten und verklärt ihn (der Alt-Musikmeister in Hermann Hesse, *Das Glasperlenspiel,* 1943). Die Motivik des künstlichen Paradieses versetzt das Zukünftige in die Gegenwart und verkürzt dadurch den Zugang zur beglückenden Erfüllung. Da die Vorstellung vom künstlichen Paradies jedoch vom Wunschdenken geprägt ist und im gedachten oder geschilderten Sturz zurück in die Zeitlichkeit die Gegenwart mitdenkt, ist eine Realisierung keineswegs sicher. Infolgedessen übernimmt das künstliche Paradies weitgehend auch die Motivfunktion einer kritischen Bewertung der eigenen Zeit. Das Glücksstreben steht in schärfstem Kontrast zur häßlichen Gegenwart. Diese Situation wird besonders deutlich, wenn das Wunschbild des künstlichen Paradieses in zeitutopische Vorstellungen eingeht. Sobald im Gegensatz zu Phantasiebereichen Inseln, Landstriche (Giraudoux, *Choix des élus,* 1939; John Steinbeck, *East of Eden,* 1952; Vladimir Nabokov, *Lolita,* 1957) oder Städte (vorzugsweise das schöne Venedig) durch konkrete Einzelheiten näher geschildert werden, setzt die Enttäuschung ein. Der Ort läßt sich nicht von der historischen Entwicklung isolieren. Der Verfall der Gegenwart greift auf die Vergangenheit über und zersetzt langsam, aber systematisch jede Vision der einstigen Vollkommenheit (George Gordon Byron, *Marino Faliero, Doge of Venice,* 1821; *The Two Foscari,* 1821; Thomas Mann, *Der Tod in Venedig,* 1913). Diese Texte, in denen das milde Klima und die herrliche Stadt die Wunschvorstellungen wecken, zeigen in der Motivverwendung eine besondere Eigenart, die vor allem im Zusammenhang mit künstlichen Paradiesen nachweisbar ist. Das künstliche Paradies beleuchtet in der Ernüchterung und den darauf einsetzenden Reflexionen oder Entscheidungen der Handlungsträger allgemeine Fluchttendenzen.

Das Motiv der technisch erschaffenen künstlichen Paradiese läßt vielfach eine widerspruchsvolle Einstellung zur Rolle der Technik in der menschlichen Entwicklung und Gesellschaft erkennen. Einerseits belegt bereits die persische Etymologie des Wortes Paradies (<persisch *pairi,* „herum" und *diz,* „machen oder gestalten") ein enges Verhältnis zu Produktionsverfahren, das in zahlreichen Schilderungen von Parkanlagen, Kloster- und Schloßgärten, Horten der Liebe oder umschlossenen, überdachten, geheizten Räumen anklingt (John de Mandeville, *Booke of Travels,* 14. Jh.; Goethe, *Die Wahlverwandtschaften,*1809; Hoffmann, *Der goldne Topf*; Huysmans, *A rebours*; Auguste Villiers de l'Isle-Adam, *L'Eve future,* 1886; Octave Mirbeau, *Le Jardin des supplices,* 1899; Arthur C. Clarke und Genry Lee, *The Garden of Rama,* 1991). Andererseits vergegenwärtigt das Motiv die Zerstörung des natürlichen Paradieses durch die Technik. Durch Fortschritte in der Schiffahrtskunde, Metallurgie und Kriegstechnik sowie durch den Bau von Fabriken, Straßen und Eisenbahnen bricht die Zivilisation in die unberührte Paradieslandschaft ein und beginnt die Natur nachhaltig zu verändern (Blake, *Songs of Innocence and Experience; Jerusalem,* 1804–20; Herman Melville, *Typee,* 1846; Raabe, *Die Akten des Vogelsangs;* Cheever, *Oh What a Paradise It Seems*).

Das durch Drogen erzeugte künstliche Paradies vermittelt kritische Einblicke in die Gefährdung der Menschen, die sich den Anforderungen ihrer Zeit entziehen. Die von Rauschgiften ausgelösten Visionen der Erfüllung erweisen sich im Handlungsverlauf weitgehend als trügerisch. Ausgesprochen positive Darstellungen von Rauschzuständen, die an das Paradies erinnern, sind relativ selten (Samuel Taylor Coleridge, *Kubla Khan,* 1798; Eugène Sue, *Atar Gull,* 1831; Théophile Gautier, „La Pipe d'opium“, 1838; „Le Hachich“, 1843; „Le Club des hachichins“, 1846). Eine weitaus größere Zahl von Darstellungen stellt der ekstatischen Entzückung ein Bild der Ernüchterung und Zerstörung der paradiesischen Vision entgegen (Thomas De Quincey, *Confessions of an English Opium-Eater,* 1822; Edouard Puycoussin, „La Nuit du 31 décembre“, 1831; Gérard de Nerval, „Histoire du calife Hakem“, 1847; Baudelaire, *Les Paradis artificiels,* 1860; James Baldwin, „Sonny's Blues“, 1957; *Another Country,* 1960; Jack Gelber, *The Connection,* 1959; Martin Walser, *Die Gallistl'sche Krankheit,* 1972; Hubert Fichte, *Die Palette,* 1968; *Xango,* 1976; T. Coraghessan Boyle, *Budding Prospects: A Pastoral,* 1984). Da der Dämmerzustand vor dem Erwachen und die darauffolgenden entsetzlichen Leiden in der Erzählung von Baldwin und in William S. Burroughs' *The Ticket That Exploded* (1962) zugleich die Apokalypse und Hölle vorwegnehmen, schließt das Motiv wahrscheinlich in völlig unbeabsichtigter Rückkopplung wieder an die ursprüngliche Konstellation an. Auf das Goldene Zeitalter folgt der allgemeine Verfall, der das bevorstehende Ende der Welt ankündigt. Im künstlichen Paradies ist diese Vorstellung am deutlichsten ausgeprägt.

5. Die Untersuchung der vielfältigen, auch widersprüchlichen Funktionen des Paradiesmotivs zeigt ein Netz von Wechselbeziehungen einzelner Züge, Elemente und Deutungen. Das metaphorische Motivfeld ist konstruktiv, aber auch dekonstruktiv in der neuartigen Gestaltung und Auslegung. Das Motiv vermittelt zwischen anderen Textelementen. (1) Es verleiht Naturelementen (Baum, Wasser, schöne Landschaft) abstrakte Bedeutungsgehalte (Baum der Erkenntnis des Guten und Bösen; Baum des ewigen Lebens; Brunnen der Liebe; Arkadien); (2) es verbindet ähnliche oder entgegengesetzte Bereiche (Gold kann zugleich Reinheit und Erhabenheit des geistigen Paradieses, aber auch Materialgut, Macht und Gier bezeichnen); (3) es beleuchtet komplizierte zwischenmenschliche Beziehungen; (4) es löst starke Spannungen aus, z.B. den dramatischen Umschwung von himmlischer Wonne zu höllischem Terror im künstlichen Paradies der Drogen; (5) es kristallisiert Gefühle wie beispielsweise die Sehnsucht nach dem Schönen, der Vollkommenheit und Seligkeit; und (6) es konkretisiert diese Gefühle in fest umrissenen Figurenkonzeptionen (der Suchende, der Liebende, der Böse, der das Paradies zerstören will). Aufgrund seiner Mehrschichtigkeit und seiner Tendenz, Teilaspekte zu verselbständigen, bildet das Motiv dialektisch bedingte Kontrastpaare. Im heilsgeschichtlichen, mythologischen oder natürlichen Paradies versprechen Bäume, einzelne Blätter und Früchte den Zugang zum Göttlichen und eine behütete glückliche Existenz. Das Motiv des künstlichen Paradieses löst gegensätzliche Deutungen aus: Trennung vom Göttlichen, Verlust der gesicherten Existenz und Versinken im Chaos des Rausches. Die Aneignung des Wissens durch die verbotene Frucht des Baumes zeitigt die Erkenntnis von Gut und Böse, mündet in die Geschichte und ruft Kritik hervor, fördert aber auch die Technik, die es ermöglicht, das überirdische Paradies durch ein sofort erreichbares zu ersetzen. In der Schäferdichtung unterstreicht das Paradiesmotiv nicht nur die makellose Liebe, sondern auch Mißverständnis, Streit, Schmerz und Tod. Seine Lage auf einem entlegenen Berg und eine feste Ringmauer sollen das Paradies vor Einbruch und Zerstörung schützen; sie verlangen aber vom suchenden Pilger eine unsichere, qualvolle und gefährliche Wanderung. Außerdem schützen Ferne und Mauer nicht unbedingt vor dem Bösen, das, wie Satan in Miltons *Paradise Lost* oder der Wolf in Spensers *The Faerie Queene* (1590–96), Berge überfliegen oder Mauern überspringen kann. Die Ansiedlung außerhalb der Zivilisation bedingt zugleich die Beschränkung des paradiesischen Raumes. Je künstlicher das dargestellte Paradies und je mehr es auf die Technik angewiesen ist, desto kürzer und hinfälliger wird seine Dauer. Besonders zweideutig ist die im Motiv bisweilen anklingende

Selbstreflexion. Das Motiv ist eingebettet in den Vorgang des Schreibens-Reflektierens-Lesens. Es erscheint jedoch zuerst als Gegenbild des Lesens und Schreibens. Literarische Interessen werden als Erscheinung der Zivilisation bewertet und in Darstellungen der reinen, heiligen, mythologischen oder natürlichen Paradieslandschaften verbannt. Daß die Bewohner der Paradiese weder lesen noch schreiben, ist ein Zeichen ihrer Glückseligkeit. Dagegen rücken in den Paradieslandschaften der Schäferdichtung Lesen und Schreiben in den Vordergrund. Sie bieten die Voraussetzung für die Erschaffung des künstlichen Paradieses. Darüber hinaus bewahren und pflegen die dichtenden Schäfer ihr Paradies. Der Motivstrang ist von zentraler Bedeutung in Werken wie Samuel Coleridges *Kubla Khan* (1797–98) oder Philippe Sollers' zweibändigem *Paradis* (1981/86), die die Leser in die literarische Reflexion einbeziehen und von ihnen erwarten, die Paradiesvorstellung denkend zu vollenden.

Quellen: Hesiod, *Werke und Tage*; Theokrit, *Idyllen*; Vergil, *Bucolica; Eklogen*; Horaz, *Carmen saeculare*; Longos, *Daphnis und Cloe*, (3. Jh.); Boethius, *De consolatione philosophiae* (6. Jh.); Giovanni Boccaccio, *Decameron* (ca. 1348); Geoffrey Chaucer, „The Former Age" (1380/1400); Jacopo Sannazaro, *Arcadia* (1483); Jorge de Montemayor, *Diana* (1558); Torquato Tasso, *Aminta* (1573); Philip Sidney, *Arcadia* (1580); Giambattista Guarino, *Il pastor fido* (1590); Shakespeare, *As You Like It* (ca. 1599); Alexandre Hardy, *Alphée* (1606); *Corinne, ou le silence* (1614); *L'Amour victorieux et vengé* (1618); *Alicie, ou l'infidélité* (1619); *Le Triomphe de l'amour* (1623); Honoré d'Urfé, *L'Astrée* (1607–27); Thomas Heywood, *The Golden and Silver Ages* (1611); Honorat de Bueil Racan, *Arthénice* (1619); Philipp Zesen, *Die adriatische Rosemund* (1645); Friedrich Spee, *Trutz Nachtigall* (1649); François de la Mothe Fénelon, *Les Aventures de Télémaque* (1695?); Alexander Pope, *Windsor Forest* (1713); William Wordsworth, „The Pet-Lamb" (1800); „Intimations of Immortality" (1807); Joseph von Eichendorff, *Aus dem Leben eines Taugenichts* (1826); Honoré de Balzac, „L'Opium" („De la caricature", 1830); Alexandre Dumas-père, *Le Comte de Monte-Cristo* (1844–45); Charles Van Lerberghe, *La Chanson d'Eve* (1904); Charles Péguy, *Eve* (1913); Jean Giraudoux, *Simon le pathétique* (1918); W.H. Auden, „Vespers" (1955); Vladimír Parál, *Katapul* (1967); Kurt Vonnegut, *Slapstick, or Lonesome No More* (1976); Athol Fugard, *„Master Harold" . . . and the Boys* (1983).

Lit.: H.C. Baldry: Who Invented the Golden Age? In: Classical Quarterly 2 (1952); J. Blanchard: La Pastoral en France. Genève 1983; K.H. Börner: Auf der Suche nach dem irdischen Paradies. Zur Ikonographie der geographischen Utopie. Ffm 1984; C.S. Brosman: The Pastoral in Modern France. In: French Forum 9 (1984); H. Burd: Golden Age in 18th-C. Poetry. In: Sewanee Review 23 (1915); B. Burk: Elemente idyllischen Lebens. Ffm 1981; R. Cody: The Landscape of the Mind. Pastoralism and Platonic Theory in Tasso's Aminto and Shakespeare's Early Comedies. Oxford 1969; R. Comoth: Un Thème littéraire: les Paradis polynésiens. In: Marche Romane 27 (1977); R. Couffignal: Le Drame de l'Eden. Toulouse 1980; ders.: Comment parler du mythe de l'Eden? In: J.-M. Grassin (Hg.), Mythes, images, représentations. Paris 1981; ders.: Eden. In: P. Brunel (Hg.), Dictionnaire des mythes littéraires. Paris 1988; I.G. Daemmrich: In Search of Bliss: The Nature and Function of the Paradise Motif in Western Literature. In: ICLA '91 Tokyo Proceedings. Bd. I. Tokyo 1994; V.D. Dalla: Il miti dell'età dell'oro e la concezione dell'amore dell' ‚Aminta' alla pastorale barocca francese. In: ders., La frattura. Studi sul barocca literaria francese. Ravenna 1970; J. Dauphine: Du paradis terrestre. In: Vergers et jardins dans l'univers médiéval. Aix-en-Provence 1990; J. Delumeau: Une Histoire du paradis. Paris 1992; M. Eliade: Mythes, rêves, mystères. Paris 1957; W. Empson: Some Versions of the Pastoral. Study of the Pastoral Form in Literature. Harmondsworth 1966; W. Engler: Das verlorene Paradies bei Jean Giraudoux. In: NS 12 (1963); N. Frye: The Return of Eden. Toronto 1965; K. Garber (Hg.): Europäische Bukolik u. Georgik. Darmstadt 1976; B. Gatz: Weltalter, goldene Zeit u. sinnverwandte Vorstellungen. Hildesheim 1967; A.B. Giamatti: The Earthly Paradise and the Renaissance Epic. Princeton, NJ 1966; J. Gillet: Le Paradis perdu dans la littérature française de Voltaire à Chateaubriand. Paris 1975; H. Glaser: Der verrückte Garten. Idylle u. künstliches Paradies im 19. Jh. In: NRs 94 (1983); E.B. Greenwood: Poetry and Paradise. A Study in Thematics. In: Essays in Criticism 17 (1967); W.W. Greg: Pastoral Poetry and Pastoral Drama. New York 1959; K. Grimm: Paradisus coelestis-paradisus terrestris. Zur Auslegungsgeschichte des Paradieses im Abendland. München 1977; D. Haack: Der kurze Traum vom Paradies. Südseebilder in der amerikanischen Literatur des 19. Jh. In: D. Meindl (Hg.), Mythos u. Aufklärung in der amerikanischen Literatur. Erlangen 1985; J. Hösle: Die europäische Hirtendichtung. In: A. Buck (Hg.), Renaissance u. Barock. Ffm 1972; L. Hulley: Eden. A Paradise of Love. DeLand, FL 1925; C. Krauß: . . . und ohnehin die schönen Blumen. Tübingen 1994; W. Krauss: Die Kritik des siglo de oro am Ritter- und Schäfferroman. In: ders., Gesammelte Aufsätze zur Literatur- u. Sprachwissenschaft. Ffm 1949; M. Le Bris: Le Paradis perdu. Paris 1981; H. Levin: The Myth of the Golden Age in the Renaissance. Bloomington,

IN 1969; H.J. Mähl: Die Idee des Goldenen Zeitalters im Werk des Novalis. Heidelberg 1965; A. Martin: The Genesis of Ignorance; Nescience and Omniscience in the Garden of Eden. In: Philosophy and Literature 5 (1981); L. Marx: The Machine in the Garden. Technology and the Pastoral Ideal in America. New York 1964; H. Mayer: Die Literatur der künstlichen Paradiese. In: Merkur 24 (1970); P. Meissner: Das goldene Zeitalter in der englischen Renaissance. In: Anglia 54 (1935); E.J. Mickel: The Artificial Paradises in French Literature. Chapel Hill, NC 1969; L. Okken: Das goldene Haus und die goldene Laube. Wie die Poesie ihren Herren das Paradies einrichtete. Amsterdam 1987; H.R. Patch: The Other World. Cambridge 1950; E. Peters: Quellen u. Charakter der Paradiesvorstellungen in der deutschen Dichtung vom 9. bis 12. Jh. Breslau 1915; J. Petersen: Das goldene Zeitalter bei den deutschen Romantikern. FS F. Muncker. Halle 1929; H. Petriconi: Über die Idee des goldenen Zeitalters als Ursprung der Schäferdichtungen Sannazarios u. Tassos. In: NS 38 (1930); ders.: Die verlorenen Paradiese. In: Romanistisches Jb. 10 (1959); M. Pfister: Alternative Welten. München 1982; R. Poggioli: The Oaten Flute: Essays on Pastoral Poetry and the Pastoral Ideal. Cambridge, MA 1975; U. Renner: Pavillons, Glashäuser und Seitenwege – Topos und Vision des Paradiesgartens bei Saar, Hofmannsthal u. Heinrich Mann. In: Recherches Germaniques 20 (1990); M. Rössner: Auf der Suche nach dem verlorenen Paradies. Zum mythischen Bewußtsein in der Literatur des 20. Jh. Ffm 1988; H.B. Schlumm: Blauer Tagtraum – Goldenes Zeitalter. Ffm 1981; B. Snell: Arkadien: die Entdeckung einer geistigen Landschaft. In: Antike und Abendland 1 (1945); ders.: Die Entdeckung des Geistes. Studien des europäischen Denkens bei den Griechen. 3. Aufl. Hamburg 1955; A. Solé-Leris: The Spanish Pastoral Novel. Boston, MA 1980; J.P. Strelka: Da strahlt der Mythos von Alltäglichkeit ... Zur Entwicklung Arkadiens als geistige Landschaft bei Theokrit, Vergil, Goethe u. Gottfried Keller. In: A. Maas, B. Heinser (Hg.), Verlust u. Ursprung. FS Werner Weber. Mit Beiträgen zum Thema „Et in Arcadia ego“. Zürich 1989; P. Svendson: Gullalderdrøm og utviklingstro. Oslo 1940; W. Veit: Studien zur Geschichte des Topos der Goldenen Zeit von der Antike bis zum 18. Jh. Diss. Köln 1961; H. Wende: Arkadien im Umkreis bukolischer Dichtung in der Antike u. in der französischen Literatur des 17. u. 18. Jh. München 1972; L. Zusne: A Cartography of Uncharted Lands of the Mind. In: Essays in Arts and Sciences 10 (1981).

Siehe auch: Edler Wilder, Garten, Halluzination, Utopie

Pferd

Siehe Tierreich

Philemon und Baucis

Siehe Metamorphose

Picaro

Siehe Schelm

Pilger

Siehe Wanderer

Prometheus

1. Die Überlieferung berichtet, daß Prometheus mit den Göttern gegen die Titanen kämpfte und maßgebend am Sturz der alten Ordnung beteiligt war. Er formte Menschen nach seinem Ebenbild, hauchte ihnen den Lebensatem ein und raubte Göttern das Feuer, das er den Menschen brachte. Er wurde zur Strafe im Kaukasus an einen Felsen geschmiedet und später von →Herakles befreit. Figurenkonzeptionen, die entweder direkte Bezüge zu Prometheus herstellen oder durch Vergleiche auf ihn anspielen, erscheinen im Zusammenhang mit der Motivik des Aufstandes gegen jeden als bedrückend empfundenen Autoritätsanspruch, sei es die Tyrannei einzelner oder der Zwang kollektiver Normen und Gesellschaftsverfassungen. Die Figur verkörpert den emporstrebenden Menschengeist und erweckt Vertrauen auf die Möglichkeit individueller Selbstverwirklichung. Außerdem übernimmt die literarische Tradition die mit Prometheus verknüpfte Vorstellung seines Leidens.

Die Überlieferung schließt an Hesiod (*Theogonie; Werke und Tage*) und Aischylos an. Vorgebildet in Hesiods Bericht sind bereits die Vorstellungen des Aufstandes, der besonderen Neigung des Titanen zu den Menschen, der göttlichen Schaffenskraft, der Leiden und des göttlichen Strafgerichts, das in der Gestalt Pandoras die Menschen heimsuchte. Die Schilderung umfaßt außerdem in Umrissen ein für die spätere literarische Tradition wesentliches Anliegen. Prometheus ist der Meister der Elemente und Schöpfer der lebendigen Form. In seiner Leidenszeit im Kaukasus, in der täglich der von Zeus gesandte Adler seine Leber frißt, die ihm in der folgenden Nacht nachwächst, teilt er sinnbildlich das Schicksal seiner Geschöpfe, die im Kreislauf von Geburt und Tod gefangen sind. Außerdem beleuchtet das Verhalten der Menschen, nachdem er sie vor Pandora warnt, daß in ihnen sein eigenes Unabhängigkeitsbestreben weiterlebt. Mit Prometheus setzt somit der Prozeß der Aussonderung des einzelnen aus dem Allgemeinen ein. Die Entwicklung zur subjektiven Individualität hat begonnen. Menschen werden rastlos, streben ins Unendliche, sind aber erdgebunden und müssen mit allen Übeln ringen, die der Büchse Pandoras entflohen sind. Da es Herakles gelingt, Prometheus zu erlösen und mit den Göttern zu versöhnen, besteht die Hoffnung, daß auch die Menschen ihr Schicksal eines Tages meistern werden.

In der Begründung der Auflehnung gegen die Götter zeichnen sich unterschiedliche Auffassungen ab, die Aufbau und Lösung einzelner Handlungen beeinflussen. Aischylos gestaltet einen Prometheus, der ausschließlich im Interesse der Menschen handelt. Wieland sieht die Figur bereits sinnbildlich als Vertreter des menschlichen Autonomieanspruchs. Goethe und Shelley erfassen in den individuellen Zügen der Figur das allgemein gesellschaftliche Anliegen der Suche nach einer neuen Seinsverfassung. Selbst im scheinbar betont individuellen Aufstand gegen die Tyrannei Jupiters ist die Ausweitung ins Gesellschaftliche nicht zu übersehen (Péladan, Bourges, Kazantzakis, Dumas). Letztlich bereitet Prometheus den Weg für die menschliche Entwicklung, indem er die Götter entmachtet. Da der Kampf der Figur eine generell erweiterungsfähige Modellsituation bietet, sind zeitgeschichtliche Anliegen aus Prometheus-Darstellungen ablesbar. Prometheus tritt für Gedankenfreiheit ein (Spitteler), kämpft gegen nivellierende historische Prozesse (Gide) und wird zum Vorkämpfer der Befreiung des unterdrückten Proletariats (Neruda, Aragon).

2. Die prometheische Gabe des Feuers regte zu unterschiedlichen Auslegungen an, die ursprünglich in der positiven Bewertung der Herrschaft über die Elementarkraft übereinstimmen. Wissenschaft, Technik, Industrie und Künste stehen unter den Vorzeichen des gesellschaftlichen Fortschritts. Das Feuer ermöglicht die großartige Entfaltung des menschlichen Geistes (Péladan), spornt das wissenschaftliche Denken an (Dumas) und symbolisiert die künstlerische Einbildungskraft, die sich in der ständigen Auseinandersetzung mit der Umwelt bewähren muß (Goethe, Shelley, Byron, Gide). Aus der Perspektive fortschrittlicher Positionen wirken auch die Leiden des Prometheus sinnvoll, da sie dem Aufstieg der Menschheit dienen. Prometheus ist der Freund und Helfer der Menschheit (Aischylos); er ist das Vorbild für menschliche Bemühungen und nicht das Sinnbild für die durch den Autonomieanspruch einsetzende Vereinzelung (Péladan); er verkörpert den Renaissancegeist der aufblühenden Weltaufgeschlossenheit (Calderón) und wird Mensch, damit die Menschheit am göttlichen Funken teilhat (Bourges). In einigen Darstellungen unterstreichen Anspielungen auf die Christus-Figur die Auffassung, daß Prometheus die Menschen bereichert, für sie leidet und sie durch seine Gabe aus der Knechtschaft einer primitiven Lebensform erlöst (Shelley, Quinet). Andererseits bekunden die Konzeptionen von Kafka und Gide tiefe Zweifel am menschlichen Erkenntnisvermögen. Prometheus leidet und opfert sich immer aufs neue, während die Menschheit den Sinn des Lichts verfehlt und keinen Weg zur geistigen Klärung findet. Die Figurenkonzeption bewahrt in jeder Bearbeitung einen ausgesprochen dynamischen Zug. Mit dem Erscheinen des Prometheus löst sich die Menschheit aus dem ursprünglichen, harmonischen, →paradiesischen Zustand; sie muß leiden, sich bewähren und vorwärtsstreben; sie muß sich mit dem Autonomieverlangen des einzelnen und den widerstrebenden Ansprüchen der Gesellschaft auseinandersetzen.

Quellen: Aischylos, *Der gefesselte Prometheus*; Lucianus, *Prometheus*; *Prometheus im Kaukasus*, P.T. Weiss, *Pandora...* (1627); Pedro Calderón de la Barca, *La estatua de Prometeo* (1679); Alain René Lesage, *La Böete de Pandore* (1721); Voltaire, *Pandore* (1740); Germain François Poullain de Sainte-Foix, *Les Hommes* (1753); Christoph Martin Wieland, „Traumgespräch mit Prometheus" in: *Über die von Jean-Jacques Rousseau vorgeschlagenen Versuche, den wahren Stand der Natur des Menschen zu entdecken* (1770); „Pandora" (1779); Goethe, „Prometheus. Fragment" (1773); „Prometheus" (1776); *Pandora* (1809); August Wilhelm Schlegel, „Prometheus" (1797); George Gordon Byron, „Prometheus" (1816); Percy Bysshe Shelley, *Prometheus Unbound* (1820); Edgar Quinet, *Prométheé* (1838); Carl Spitteler, *Prometheus und Epimetheus* (1881); *Prometheus der Dulder* (1924); Frank Wedekind, *Die Büchse der Pandora* (1904); Josephin Péladan, *Prométhéiade* (1895); Roger Dumas, „Prométheé" (1897); André Gide, *Le Prométheé mal enchaîné* (1899); Elémir Bourges, *La Nef* (1922); Pablo Neruda, *Tentative del hombre infinito* (1925); *Canto general* (1950); Franz Kafka, „Prometheus" in: *Die Chinesische Mauer und andere Geschichten* (1933); Nikos Kazantzakis, *Prometheus* (1945); Albert Camus, „Prométheé aux enfers" (1946); Louis Aragon, *Deux Poètes* (1947); Erich Brock, *Götter und Titanen. Zwei Dramen aus griechischen Bereichen* (1954).

Lit.: A. Awad: The Theme of Prometheus in English and French Literature. Diss. Princeton U. 1954; M. Beller: The Fire of Prometheus and the Theme of Progress in Goethe, Nietzsche, Kafka, and Canetti. In: Coll Germ 17 (1984); J. Duchemin: Prométhée: Histoire du mythe, de ses origines orientales à ses incarnations modernes. Paris 1974; H.-G. Gadamer: Prometheus u. die Tragödie der Kultur. In: Kleine Schriften II. Tübingen 1967; J.-J. Goblot: Le Mythe de Prométhée dans la littérature et la pensée moderne. In: La Pensée 132 (1967); K. Kerényi: Prometheus u. Niobe: Über Bild, Gestalt u. Archetypus. In: Merkur 5 (1951); J. Kott: The Vertical Axis: The Ambiguities of Prometheus. In: Mosaic 3 (1970); D. u. E. Panofsky: Pandora's Box: The Changing Aspect of a Mythical Symbol. New York 1956; C. Pietzker: Psychoanalytische Studien zu Goethe. Würzburg 1985; L. Prémont: Le Mythe de Prométhée dans la littérature française contemporaine (1900–1961). Diss. Laval U. 1964; H. Reinhardt: Prometheus u. die Folgen. In: Goethe-Jb. 108 (1992); C. Träger: Prometheus in Frankreich u. Deutschland: Unmittelbare u. mittelbare Erzeugung des Fortschritts. In: Studien zur Literaturtheorie u. vergleichenden Literaturgeschichte. Leipzig 1970; R. Trousson: Le Thème de Prométhée dans la littérature européenne. Genève 1964, 1976; G. Vogel: Der Mythos von Pandora: Die Rezeption eines griechischen Sinnbildes in der deutschen Literatur. Hamburg 1972; O. Walzel: Das Prometheussymbol von Shaftesbury zu Goethe. München 1932.

Siehe auch: Figurenkonzeption

Pygmalion

Die Figur regte Autoren zu Schilderungen der Künstlerthematik, der Liebeserfahrung und der grundlegenden Wandlung in der Einstellung einer Person zum Mitmenschen an. Die Darstellungen schneiden ausnahmslos Fragen der Beseelung und Vervollkommnung des Menschen an. Die literarische Tradition geht auf das zehnte Buch von Ovids *Metamorphoses* zurück. Der Bildhauer Pygmalion verliebt sich in die von ihm geschaffene Statue eines entzückenden Mädchens. Venus erhört sein Flehen und haucht der Figur Leben ein. Daß die vom Künstler geschaffene Form in ihrer Anmut das Leben übertrifft, gab Anlaß zu den Nachdichtungen von Jean de Meung, *Le Roman de la rose* (ca. 1275–80), *Ovide moralisé* (um 1300), und Christine de Pisan, *Les Cent Hystoires de Troye* (1380). Marston, Cordonnier und Rousseau stellten in dem Geschehen die Gabe des Künstlers in den Vordergrund, die Materie zu beleben. Bodmer und Schlegel entwickeln die Handlung aus der Perspektive des Mädchens, das zum Leben erwacht und auf die vielfältigen Eindrücke der Umwelt reagiert. Obwohl die Verliebtheit Pygmalions in seine Schöpfung, sei es Venus (*Regensburger Kaiserchronik,* 13. Jh.), Magdalene (Jacobi) oder seine Freundin (Herklots), ein wesentlicher Grundzug jeder Darstellung ist, übernimmt die Mädchenfigur eine gleichberechtigte oder sogar führende Rolle in humoristisch gefärbten Schilderungen ihrer Erziehung zum gesellschaftsfähigen Menschen (Fontenelle, Gleim, Smollett, Immermann, Shaw). In Goethes spielerischem Gedicht (in *Das Buch Annette,* 1767) und Shaws Komödie setzt mit dem Erwachen des Mädchens auch die Bildung des Mannes ein. Mit Ausnahme von Kaisers Werk weisen alle Gestaltungen der Künstler- und Erziehungsthematik einen leicht ironisch oder humoristisch gefärbten Zug auf. Das Wechselspiel zwischen Figuren (Pygmalion und Mädchen) und Gesellschaft spiegelt die starke Gebundenheit an das gesellschaftliche Leben und setzt zugleich die individuelle Begrenzung der Erzieher der Kritik aus. Das besondere, mit den Figuren verknüpfte Geschehen eignet sich daher auch gut für zeitkritische Kommentare.

Quellen: John Gower, *Confessio Amantis* (ca. 1386); John Marston, *The Metamorphosis of Pygmalion's Image* (1598); André-François Boureau-Deslandes, *Pygmalion, ou la statue animée* (1742); Hyacinthe Cordonnier, *Pygmalion* (1746); Johann Jakob Bodmer, „Pygmalion und Elise" (1747); Tobias Smollett, *Peregrine Pickle* (1751); Johann Wilhelm Gleim, „Pygmalion" (1756); Jean-Jacques Rousseau, „Pygmalion, scène lyrique" (verf. 1762); Johann Georg Jacobi, „Der neue Pygmalion" (1764); Karl Alexander Herklots, *Pygmalion oder die Reformation der Liebe* (1794); August Wilhelm Schlegel, „Pygmalion" (1797); Johann Gottfried Herder, „Pygmalion" (1801); Bernard de Fontenelle, *Pygmalion, Prince de Tyr* (posthum 1818); William Hazlitt, *Liber amoris: or The New Pygmalion* (1823); Karl Immermann, „Der neue Pygmalion" (1825); William Schwenk Gilbert, *Pygmalion and Galatea, a Romance* (1871); Eric George Mackay, *Pygmalion in Cyprus* (1880); George Bernard Shaw, *Pygmalion* (1912); Georg Kaiser, *Pygmalion* (1948).

Lit.: S.H. Butler: The Pygmalion Motif and the Crisis of the Creative Process in Modern Fiction. Diss. Brandeis U. 1984; W. Buske: Pygmaliondichtungen des 18. Jh. In: GRM 7 (1915); A. Dinter: Der Pygmalion-Stoff in der europäischen Literatur. Rezeptionsgeschichte einer Ovid-Fabel. Heidelberg 1979; H. Dörrie: Pygmalion. Wiesbaden 1974; G.-L. Fink: Pygmalion u. das belebte Marmorbild. In: Aurora 43 (1983); J.H. Miller: Versions of Pygmalion. Cambridge, MA 1990; H. Schlüter: Das Pygmalion-Symbol bei Rousseau, Hamann, Schiller. Zürich 1968; H. Sckommodau: Pygmalion bei Franzosen u. Deutschen im 18. Jh. Wiesbaden 1970.

Siehe auch: Figurenkonzeption, Künstler, Liebe, Metamorphose

Quelle

Siehe Brunnen

Rache

1. Das Motiv ist bereits in frühen Werken verschiedener Nationalliteraturen von ausschlaggebender Bedeutung (Aischylos, *Oresteia*; *Chanson de Roland*, ca. 1100; *Nibelungenlied*, ca. 1200; Snorri Sturluson, *Edda*, ca. 1222–30). Es grenzt die Ereignisse ab, die die Vergeltung hervorrufen, stellt kausale Beziehungen her und ordnet den Aufbau der Handlung. Das Motiv verleiht Texten eine Atmosphäre des Geheimnisvollen und erzeugt durch den Entwurf und die Ausführung der Rachepläne stark entwickelte Spannungsbögen. In der Begründung der Vergeltung spielen sowohl individualpsychologische Faktoren als auch gesellschaftliche Bedingungen eine Rolle. Die Rache kann im Ehrgefühl (→Ehre) einer Zeit wurzeln, der Verpflichtung gegenüber einem Verwandten oder Lehnsmann entspringen und auf einer tief empfundenen, persönlichen Verletzung beruhen. Die Rache erscheint in direktem Zusammenhang mit tyrannischen Taten, Verrat, persönlichen Beleidigungen, Rechtsbrüchen und Übertretungen der sittlichen Ordnung. Der Rächer versucht die Ungerechtigkeit der Welt auszugleichen, nachdem er physischen Schaden, finanzielle Einbuße und seelisches oder geistiges Unheil erlitten hat. Jeder auch nur angenommene Ehrverlust kann zum Ausgangspunkt einer Vergeltungstat werden. Weitgehende Übereinstimmung in der Motivation besteht in der Rechtfertigung, die Handlung diene dazu, ein Unrecht zu beseitigen und dadurch eine ursprüngliche, gerechte Gesellschaftsordnung wiederherzustellen. Die hochfliegenden Pläne werden jedoch im Verlauf des Geschehens häufig kompromittiert. Zu den bevorzugten technischen Mitteln der Motivgestaltung gehört eine Figur, die den Rächer zur Tat aufruft. Sie verwandelt das Opfer oder den auch zuweilen ahnungslos Leidenden in den echten Handlungsträger. Orakel und Geister haben eindeutig die Funktion, die Handlung in Bewegung zu setzen. Familienmitglieder, Diener, vertraute Helfer oder Kameraden, aber auch falsche Freunde können dagegen direkt in den weiteren Verlauf des Geschehens verwickelt werden und erhöhen die Spannung durch Intrige und Aufdeckung, durch Züge und Gegenzüge.

2. Das Motiv begünstigt die Illusion des Wirklichkeitsgehalts und dadurch der psychologischen Wahrscheinlichkeit der Texte. Wechselnde gesellschaftliche Vorstellungen und veränderte Ehrbegriffe beeinflussen individuelle Bearbeitungen. Trotz dieser zeitbedingten Unterschiede spricht das Motiv Gefühle an, die über lange Perioden relativ konstant bleiben, und bewirkt außerdem eine strukturell schematische Handlungsfolge: tief empfundene, persönliche Beleidigung – Tatsachenermittlung – Ausarbeitung des Racheplans – Ausführung – sinnentleerter Triumph. Das Schema ist besonders offenkundig in der Blütezeit der Rachetragödien während der Renaissance und in Texten, in denen das Motiv mit dem →Ehebruch verknüpft ist. Das Motiv erscheint häufig im Zusammenhang mit detaillierten Schilderungen von Gewalttaten und den Motivreihen Herz-Hand oder Aggressor-Opfer. Zahlreiche Texte erwecken Zweifel an der sittlichen Rechtfertigung der Rache. Die Vorbehalte kommen zu Wort in eingeschobenen Erzählerreflexionen, der kritischen Beschreibung einer maßlosen Vergeltung oder in der Enthüllung, daß die Rachehandlung einem Mißverständnis entsprang. Horatios Beobachtung in Shakespeares *Hamlet* (ca. 1602), wie „Diese Dinge zustande kamen . . . / Von ausschweifenden, blutigen, unnatürlichen Taten, / Von zufälligen Urteilen, beiläufigen Schlächtereien, / Von Tod durch List und unnachgiebigem Anstoß", vermittelt Einblicke in Ursache und Folge der Rache. Figuren können durch die Rachehandlung ihre gekränkten Gefühle befriedigen; sie können unnachsichtig ihr Ziel verfolgen, um die verletzte Ehre wiederherzustellen; sie können in ihrem Handeln zum typischen Repräsentanten einer gesellschaftlichen Konvention werden. Sie sind jedoch immer in eine unerbittliche, unwiderrufliche Kette von Ereignissen verwickelt. Darüber hinaus gipfelt die Vergeltung häufig in Ausnahmesituationen der sittlichen Übertretung oder des Rechtsbruchs. Die literarische Tradition verzeichnet den entsetzlichen Mord an unschuldigen Kindern (Atreus, Titus), die Zubereitung des Herzens eines Ehebrechers (*Herzmaere*), die erfindungsreichsten Methoden des Tötens einer Ehegattin und ihres Geliebten (eine Konvention in der spanischen Literatur des 16. und 17. Jh.; viele Werke, die von Matteo Bandellos Niccolò d'Este-Erzählung in *Novella,* 1550 angeregt wurden) und das besonders beliebte Duell mit tödlichem Ausgang (z.B. Theodor Fontane, *Cécile,* 1886; *Effi Briest,* 1895). Der Determinismus im Ablauf der Ereignisse und die Einstellung der Figuren zum Mitmenschen erwecken den Eindruck einer vorherbestimmten Lebensform. Dieser Fatalismus steht in der weitaus größten Zahl der Texte in einem eigentümlichen Widerspruch zu den kritischen Vorbehalten, die gewöhnlich eine nicht direkt betroffene Person äußert, zu den in das Geschehen eingeflochtenen Anspielungen auf Furien, die den Rächer verfolgen, und zu den Auflösungen der Handlungen, in denen die Rachgier zur geistigen Zerrüttung führt.

Der Widerspruch beruht auf der zweifachen Verweisfunktion des Motivs. Das Rachemotiv beleuchtet die Seinsverfassung eines Menschen, der sich trotz größter Willensanmaßung einem undurchschaubaren Schicksal blind unterwirft. Es verdeutlicht das Unselbständige im Handeln der Figuren, die sich der gesellschaftlichen Konvention der Ehrbegriffe ausliefern, sich primitiven Instinkten hingeben oder atavistischen Tendenzen erliegen. Diese deutlich erkennbare Hörigkeit ruft jedoch ausnahmslos die Vorstellung einer völlig andersgearteten Möglichkeit der freien, menschlichen Selbstbestimmung hervor. Die Untersuchung der wechselseitigen Beziehung zwischen Motivfunktion und Figurenkonzeption belegt diese doppelte Optik. Besonders markante individuelle Eigenschaften der Hybris, der Arroganz, des Hasses, des Mißtrauens, der hemmungslosen Ausbrüche und der ingeniösen Brutalität im Ausdenken und Planen der Vergeltung (getötete Kinder zur Speise vorlegen, eine Frau an den toten Liebhaber fesseln) dienen keineswegs dazu, Charakter- oder Willensstärke zu vergegenwärtigen. Sie verdeutlichen statt dessen den Verlust der individuellen Entscheidungsfreiheit. Die im historischen Ablauf des Motivs deutlich ersichtliche, zunehmende Barbarei der Rächer spiegelt daher nicht notwendigerweise die wachsende Verrohung der Gesellschaft, sondern eher die Haltlosigkeit der Figuren in einem immer kleiner werdenden Bereich, in dem eine freie Selbstverwirklichung denkbar ist.

3. Die schematische Eigenheit des Motivs begünstigte symmetrische Anordnungen von Figuren, in denen hilfsbereite Brüder, treue Freunde und selbstlose Lehnsmänner oder Genossen einer Gemeinschaft ähnlich gegliederten Gruppen von bösartigen Gegenspielern gegenübergestellt wurden. Das Prinzip ist besonders deutlich in Schilderungen von Vendetten und Bühnendarstellungen im 16. und l7. Jh. Das Aufblühen der Rachetragödien in Spanien und England zwischen 1590 und 1630 sowie die große Beliebtheit von literarischen Werken nach 1630 in Frankreich, die blutige Duelle schilderten, bedingte eine themengeschichtlich einzigartige Situation. Das Motiv erlangte eine literarische Vorrangstellung und verdrängte vorübergehend alle anderen thematischen Anliegen. Das Motiv wurde zum Gerüst des Textes. Es motivierte das Geschehen, bestimmte die Anordnung der Figuren, diente der Handlungsführung (Rache, darauf folgende Vergeltung durch die ursprünglichen Aggressoren, erneute Rache) und lieferte außerdem die Umstände, die nur ein Mindestmaß von Charakterentwicklung verlangten. Die Tragödien wurden in kurzer Zeit immer blutrünstiger. Dramatiker steigerten die Spannung und das Entsetzen durch irrtümlich begangene Vergiftungen, mehrfache Morde, grausige Erfindungen in der Beseitigung der Toten und hochgepeitschte Auftritte Wahnsinniger. Die Begrenztheit dieser Schauspiele, die T.S. Eliot dazu bewegte, Shakespeares *Titus Andronicus* (1594) „eines der dümmsten und gedankenärmsten Stücke der Literatur" zu nennen, veranlaßte die Autoren schließlich dazu, das Motiv zunehmend vorsichtiger zu verwenden.

Schilderungen von Gegensätzen, die in einem Duell ausgetragen werden, verschmelzen die Motivation für die Rache weitgehend mit einer Ehrvorstellung, die im Zweikampf die einzig annehmbare Möglichkeit der Genugtuung sieht. Die sozialen Zustände lieferten der Literatur ständig neue Anregungen. Obwohl die meisten europäischen Länder bereits gegen Ende des 16. Jh. Gesetzesvorlagen eingebracht hatten, die das Duellieren verboten, wurden Duelle zwischen Adligen, Offizieren und auch den Angehörigen der oberen Klassen bis ins 20. Jh. ausgetragen. Die Duellanten betrachteten die Gesetzesübertretungen als eine Notwendigkeit, und die Gerichte behandelten den Rechtsbruch grundsätzlich als Ehrensache. Die Voraussetzung für die literarische Verwertung war jedoch die Tatsache, daß jedes Verbot der Duelle neue literarische Möglichkeiten eröffnete. Es versetzte Autoren in die Lage, das Schema der Rachehandlung weiter aufzufächern. Das Geschehen wurde angereichert durch Darstellungen des inneren Zwiespalts und Zweifels, der Versuche von Freunden, das Duell zu verhindern, das Eingreifen eines Fürsten, Landesflucht und heimliche Rückkehr. Außerdem ermöglichten die Satisfaktionsfähigkeit einer Person, die besonderen Vergehen, die ein Duell nach sich zogen, und die Richtlinien, nach denen der Zweikampf ausgetragen wurde, zahlreiche Variationen in der literarischen Gestaltung: ein Jüngling muß mit seinem besten Freund kämpfen, um die Ehre seines Vaters wiederherzustellen; der Vater muß die Ehre seines Sohnes verteidigen, obwohl er dessen Handeln mißbilligt; eine Figur muß zuerst im Duell die Ehre wiedergewinnen, ehe sie eine neue Herausforderung annehmen kann; der Gegner ist ein enger Familienfreund; der Duellant ist ein verkleidetes Mädchen, dessen durch die Verletzung bedingte Enthüllung zu Liebesverwicklungen führt. Trotz der Fülle der Einzelheiten, die besonders im 19. Jh. die Duellhandlungen bereichern, bewahrt auch dieser Motivstrang seine strukturbildende Charakteristik.

Quellen: vgl. die in und nach den Artikeln Don Juan, Elektra u. Medea aufgeführten Werke; *Njalssaga* (ca. 1300); Giovanni Rucellai, *Rosmunda* (1515); Giovanni Battista Giraldi, *Orbecche* (1543); *Il moro di Venezia* (1565); Lodovico Dolce, *La Marianna* (1560); William Painter, *Palace of Pleasure* (1568); Thomas Kyd, *The Spanish Tragedie* (ca. 1589); Shakespeare, *The Merchant of Venice* (ca. 1595); *Hamlet* (ca. 1602); *Macbeth* (1606?); *Othello* (ca. 1604); John Marston, *Antonio and Mellida* (1602); *Antonio's Revenge* (1602); Henry Chettle, *Tragedy of Hoffmann* (1602); Thomas Heywood, *A Woman Killed with Kindness* (1603); Cyril Tourneur, *The Atheist's Tragedy* (1611); John Fletcher, *Valentinian* (1614); George Chapman, *The Revenge of Bussy d'Ambois* (1614); John Webster, *The White Devil* (1611); *The Duchess of Malfi* (1614); Félix Lope de Vega, *El acevo de Madrid* (Dr. 1618); Philip Massinger, *The Fatal Dowry* (1619); *The Roman Actor* (1626); James Shirley, *The Maides Revenge* (1626); *The Cardinal* (1641); Jean-Pierre Camus, *Les Evénements singuliers* (1628); Pedro Calderón de la Barca, *La dama duende* (um 1630); *La devoción de la cruz* (1634); *A secreto agravio secreta venganza* (163?); Pierre Corneille, *Le Cid* (1636); Jean de Rotrou, *Les Deux Pucelles* (1636); zahlreiche spanische Schauspiele im 17. Jh. von Gasparde Aquilar, Antonio Mira de Amescua, Anton Hurtado de Mentoza, Antonio Enríquez Gómez, Francisco Rojas de Zorrilla u. Lope de Vega, in denen Ehebrecher auf unterschiedliche Art u. Weise ihr Ende finden; Paul Scarron, *L'Ecolier de Salamanque* (1654); Prosper Jolyot de Crébillon, *Atrée et Thyeste* (1707); Voltaire, *Oreste* (1750); Friedrich Schiller, *Don Carlos* (1787); Ludwig Tieck, *Geschichte des Herrn William Lovell* (1795–96); Heinrich von Kleist, *Michael Kohlhaas* (1810); „Der Findling" (1810); Franz Grillparzer, *Die Ahnfrau* (1817); Alexandre Soumet, *Clytemnestre* (1822); Eugène Sue, *Atar-Gull* (1831); Alfred de Musset, *André del Sarto* (1833); Prosper Mérimée, *Colomba* (1840); Alexandre Dumas, *Le Comte de Monte-Cristo* (1844–45); Honoré de Balzac, *Le Cousin Pons* (1847); Nathaniel Hawthorne, *The Scarlet Letter* (1850); Otto Ludwig, *Der Erbförster* (1850); Theodor Fontane, *Cécile* (1886); *Effi Briest* (1895); Arthur Schnitzler, *Der Sekundant* (1900); *Casanovas Heimfahrt* (1918); *Spiel im Morgengrauen* (1926); Ernst Krenek, *Leben des Orest* (1930); Eugene O'Neill, *Mourning Becomes Electra* (1931); William Faulkner, *Absalom, Absalom!* (1936); Jean Genet, *Les Noirs* (1957); Hans Lebert, *Die Wolfshaut* (1960); Alfred Andersch, *Winterspelt* (1974).

Lit.: L. Anderson: A Kind of Wild Justice. Newark, DE 1987; T.E. Bourke: Jenes uns tyrannisierende Gesellschafts-Etwas. In: E. Sagarra (Hg.), Deutsche Literatur in sozialgeschichtlicher Perspektive. Dublin 1989; F.T. Bowers: Elizabethan Revenge Tragedy 1587–1642. Princeton, NJ 1940; L.B. Campbell: Theories of Revenge in Renaissance England. In: Modern Philology 28 (1931); J. Chakrevorty: The Idea of Revenge in Shakespeare. Calcutta 1969; C. Cherpack: The Call of Blood in French Classical Tragedy. Baltimore, MD 1958; E. Forsyth: La Tragédie française de Jodelle à Corneille. Paris 1962; A.S. Gérard: The Loving Killers. In: CLS 2 (1965); C. u. E. Hallett: The Revenger's Madness. A Study of Revenge Tragedy Motifs. Lincoln, NE 1980; W. Harms: Der Kampf mit dem Freund oder Verwandten in der deutschen Literatur bis um 1300. München 1963; B. Keiser: Deadly Dishonor: The Duel and the Honor Code in the Works of Arthur Schnitzler. Bern 1990; M. Mroz: Divine Vengeance. Washington, DC 1941; E. Prosser: Hamlet and Revenge. Stanford, CA 1967; H.-W. Schwarze: Justice, Law, and Revenge. Bonn 1971; P. Simpson: The Theme of Revenge in Elizabethan Tragedy. In: Proceedings of the British Academy 21 (1935).

Siehe auch: Aggression, Ehebruch, Ehre

Raum

1. Die literarische Tradition belegt, daß Darstellungen von Räumen und den ihnen zugeordneten Zeiterfahrungen den Eindruck einer sphärischen Geschlossenheit der Texte hervorrufen. Figuren bewegen sich im Raum. Die formale Beschaffenheit des Raums (Schilderungen der Natur, des Lebens, der Gegenstände) bietet die Voraussetzung für jede Wahrnehmung und Reaktion; sie bestimmt dadurch das Handeln der Figuren. Zahlreiche Werke der Weltliteratur thematisieren Raum- und Zeiterfahrungen und stellen sie in den Mittelpunkt des Geschehens. Die Funktion von Raummotiven ist von zentraler Bedeutung für den Figurenaufbau und die Entwicklung von Themen. Die Motive reichen von geometrischen Figuren bis zur Topographie einzelner Orte.

2. Raummotive präzisieren den Schauplatz der Handlung, charakterisieren die Seinsverfassung oder Erkenntnisfähigkeit der Figuren und geben Auskunft über die dem jeweiligen Text zugrundeliegende Erzählhaltung. Sie haben sowohl auslösende als auch deutende Funktion und bilden ausgeprägte Kontraste. Einzelne Motive wie Höhlen oder überdachte Passagen wirken auf den ersten Blick zeitgebunden. Sie schließen jedoch weitgehend an tradierte Schilderungen und Koordinationen an. In der Tradition zeichnen sich sieben Deutungsmuster ab:

(1) Darstellungen der Ausdehnung kennzeichnen die menschliche Entwicklungsfähigkeit; Bildfügungen der Begrenzung unterstreichen den Freiheitsverlust: → Spirale, → Kreis, → Landschaft, offene/geschlossene → Fenster, → Haus.

(2) Schilderungen von Ideallandschaften sind verknüpft mit der Grunderfahrung des menschlichen Glücksstrebens: Göttin Natur, → Paradies, → Utopie, der Lustort, der Baum, Wiese, Quelle oder Bach und der → Brunnen als Ort der Liebesbegegnung.

(3) Oben und unten, Himmel und Hölle, Licht und Finsternis und Metaphern des leeren Himmels bilden den kosmischen Rahmen für die Begegnung mit Gott, die Versuchung, den Sturz ins Nichts und die Frage nach dem Sinn des Daseins: → Abend, → Abgrund, → Berg, → Licht, → Nichts, → Sonne, vertikale Dimensionen der → Spirale.

(4) Horizontale Landschaften öffnen den Blick in die Ferne, leiten aber auch über in

unklare, diffuse Bereiche: →Dämmerung, →Landschaft.
(5) Der Raum verlockt zur Fahrt in die Welt. Die Figuren werden geprüft und müssen sich bewähren. Sie folgen entweder dem Lauf der Flüsse, durchqueren den gefährlichen Wald, überqueren Ozeane und bestehen Abenteuer oder verlieren den Weg im Labyrinth der Welt. Der lineare Verlauf der Fahrt bietet sowohl die Möglichkeit der Steigerung als auch der Einkreisung und des Verfalls: →Abenteuer, →Grenze, →Labyrinth, →Schiff-Schiffbruch/Hafen.
(6) Beschreibungen utopischer Orte und kontrastierende Gegenüberstellungen von Land und Stadt, Hütte und Palast, fruchtbarer Agrarwirtschaft und bedrückender Industriebezirke sowie beseelter Natur und Landschaftskulissen unterstreichen gesellschaftskritische Reformvorschläge: →Reform, →Robinson, →Stadt.
(7) Beschreibungen einzelner Regionen oder Orte (Topographie einer kleinen Welt, die die Probleme des Großraums widerspiegelt) und der Heimat haben unterschiedliche Funktion. Die Heimat ist fester Bezugspunkt für die Orientierung in der Fremde (→Heimkehr); sie prägt Figuren und wird gewissermaßen zum Mitspieler in Werken, die Aufstieg und Verfall einer Familie nachzeichnen; sie dient als Folie für eine kritische Sichtung von Zeittendenzen.

Lit.: G. Bachelard: Poetik des Raumes. 2. Aufl. Ffm 1992; Beiträge von Herrmann, Klein, Lang, Stutterheim u. Wunderlich. In: LiLi 20 (1990); S. Berg: Schlimme Zeiten, böse Räume. Zeit- u. Raumstruktur in der phantastischen Literatur des 20. Jh. Stuttgart 1991; I. Cella: Schöne Kulisse, falsche Besetzung. Einige Gedanken zum Thema Ökologie u. Literatur. In: I. Sooman (Hg.), Vänbok. FS O. Gschwantler. Wien 1990; E. Czaplejewicz, M. Melanowicz (Hg.): Categories of Time and Space in Eastern and Western Poetics. Warszawa 1992; R. Görner (Hg.): Heimat im Wort. München 1992; S. Gradmann: Topographie/Text. Zur Funktion räumlicher Modellbildung in den Werken von Adalbert Stifter u. Franz Kafka. Ffm 1990; C. Habel (Hg.): Raumkonzepte in Verstehensprozessen. Tübingen 1989; H. Heitkamp: Poesie der Depression. Ffm 1989; A. Koschorke: Die Geschichte des Horizonts. Grenze u. Grenzüberschreitung in literarischen Landschaftsbildern. Ffm 1990; B. Küter: Mehr Raum als sonst. Zum gelebten Raum im Werk Franz Kafkas. Ffm 1989; N. Mecklenburg: Erzählte Provinz. Regionalismus u. Moderne im Roman. Königstein 1982; N. Reichel: Der erzählte Raum. Darmstadt 1987; R.M. Schaper: Der gläserne Himmel. Die Passagen des 19. Jh. als Sujet der Literatur. Ffm 1988; H. Schweizer (Hg.): Psychologische u. linguistische Aspekte der Aneignung u. Verarbeitung von Räumlichkeit. Stuttgart 1985; P. Thompson: Le Paysage comme fiction. In: RSH 80 (1988); T. Wolpers (Hg.): Motive u. Themen romantischer Naturdichtung. Göttingen 1984.

Rausch

Siehe Halluzination

Rebell

Siehe Figurenkonzeption

Reform *(Individuum und Gesellschaft)*

1. Das Thema, eine literarische Primärkonstellation, ist stark aufgefächert und vielseitig verflochten mit individuell charakterisierten Figuren und anderen Themen. Da allgemeine Reformbestrebungen selbst literarische Perioden (Aufklärung, Sturm und Drang, Junges Deutschland, Nachkriegsliteraturen) kennzeichnen, ist die einschlägige Literatur kaum zu überblicken. In der thematischen Gestaltung lassen sich zwei scharf profilierte Traditionsstränge nachweisen. Sie ergeben sich aus dem Ansatzpunkt der Reform. Zahlreiche Autoren gehen davon aus, daß die Reform sozialer Bedingungen die Voraussetzung für jede gesellschaftliche Erneuerung ist. Andere Autoren sind überzeugt, daß jede Reform von Bestand beim einzelnen ansetzen muß. Das Thema (1) erscheint als direkte Ausprägung konkreter Vorstellungen der Sozialreform, (2) ist eng verknüpft mit der →Erkenntnisthematik, (3) bezieht utopische Sinnstiftungen ein und (4) klingt in Reiseschilderungen (→Fahrt) und →Abenteuerromanen an. Die Grenzen sind insbesondere fließend in Romanen des 18. Jahrhunderts, die die Umwelt („Wirklichkeit“) unbekümmert um Formanliegen erfassen. Die Popularität der Romane im ausgehenden 18. Jh. läßt darauf schließen, daß das bürgerliche Publikum in ihnen eine befriedigende Deutung der im Denken der Aufklärung vermittelten Reformanliegen fand. Die rationale Reform von Staat und Gesellschaft, praktische Hinweise auf geselliges Leben oder den Umgang mit Menschen, aber auch konkrete Entwürfe umsichtiger Nutzflächenplanung, verbesserter Güterverwaltung und sinnvoller Erziehung bilden die Grundlage umfassender Reformen, die vom einzelnen bis zum Menschengeschlecht reichen. So wird das Thema zum Vermittler zwischen der beabsichtigten Veränderung des Sozialwesens und der bestehenden gesellschaftlichen Bindung des einzelnen, zwischen überzeitlicher Idealbildung und zeitnahen historischen Ereignissen.

Die Reform erwägt graduelle, nicht revolutionäre Veränderungen. Reformvorschläge zielen nicht auf den Umsturz der bestehenden politischen, sozialen, oder wirtschaftlichen Ordnung. Sie wenden sich an die Vernunft und gehen von der Voraussetzung aus, daß der Staat und alle zwischenmenschlichen Beziehungen erneuerungsfähig sind. Die Parallelen zwischen der Französischen Revolution und den deutschen Reformbewegungen am Ende des 18. Jahrhunderts belegen, daß die Revolution einerseits zu Reformen anregt, andererseits grundsätzliche Veränderungen in der politischen und gesellschaftlichen Ordnung verhindern kann. In der Sinnstiftung neuer Erfahrungshorizonte ist das Thema utopisch. Es erfaßt Veränderungen im Verhalten einzelner oder kleiner Gruppen gleichgesinnter Personen, erweckt aber auch Zweifel, ob die angestrebte Reform selbst im Rahmen der fiktiven Wirklichkeit tragbar ist. Die utopischen Tendenzen geben Anlaß zum Spiel (Dada) und zur Satire. Die gesellschaftskritische Komponente bedingt häufig scharfe Angriffe gegen die Scheinmoral der Zeit, Abrechnungen mit tonangebenden Kreisen und Aufwertungen einzelner Schichten der Gesellschaft. Als Charaktereigenschaft kann der Impuls zur Reform mit konkreten sozialen oder politischen Zielen der →Selbstverwirklichung, aber gleichermaßen mit →Aggression und dem Willen zur Macht verbunden werden (Nathaniel Hawthorne, *The Blithedale Romance,* 1852; Henry James, *The Bostonians,* 1885).

2. Der Traditionsstrang, in dem die Reform beim Individuum ansetzt, behält bis in die Gegenwart aufklärerische Tendenzen. Die Themenführung entspringt den Impulsen einer historisch bedingten gesellschaftlichen Konfliktsituation. Sie entwickelt jedoch die Vorstellung, daß die vernünftige individuelle Entwicklung die Voraussetzung für soziales Gleichgewicht bietet. Einzelne, grundsätzlich als entwicklungsfähig geschildert, beeinflussen andere. Aus dem Zusammenwirken entsteht eine handlungsfähige Gesellschaft, die sowohl die Rechte einzelner als auch die Ansprüche des Sozialwesens wahrt. Je nach Erzählhaltung treten einzelne Themen- und Motivketten, beispielsweise förderliches Gespräch (→Dialog), Erkenntnis historischer Entwicklungen, Entsagung, Wahrheitssuche, Bejahung des Daseins und →Utopie, markant hervor. Vorstellungen der angestrebten Erneuerung bedingen Abstufungen des Themas. Erfahrungen zwischenmenschlicher Beziehungen in der Familie, der Liebe und Freundschaft fordern Entscheidungen über das Zusammenleben in der Gesellschaft. In der Literatur der französischen und deutschen Klassik und im englischen Neoklassizismus stützt sich die Reform auf das Entscheidungsvermögen und die Entwicklungsfähigkeit einzelner und ihrer Haltung zu anderen. Der Entschluß einer vorbildlichen Figur, sich von bestehenden Denkbildern (Machthunger, Geldgier, Aggression) zu befreien, regt zuerst Nahestehende an, dem Vorbild zu folgen. In Dramen, die den Herrscher als vorbildlich darstellen (Pierre Corneille, *Cinna,* 1640; Jean Racine, *Bérénice,* 1670), verspricht die Stellung des Herrschers eine weitreichende Anerkennung des neuen Denkens und Handelns. In Dramen, in denen die vorbildliche Figur keine politische Macht besitzt, sind Reformvorstellungen auf ihre eigene Überzeugungskraft angewiesen (Corneille, *Polyeucte,* 1643; Racine, *Iphigénie,* 1674; *Esther,* 1689; Goethe, *Iphigenie auf Tauris,* 1787). Die Darstellungen tendieren dazu, die Verwirklichung der Reform in die Zukunft zu verlegen. Das für das Thema charakteristische Zusammenwirken von horizontaler Erweiterung (einzelne, Gemeinschaft, Staat) und vertikaler Orientierung

(Himmel, Sonne, Sterne, Gott) verdeutlicht, daß selbst Werke, in denen die unmittelbare Aktion Mißstände behebt (Friedrich Schiller, *Wilhelm Tell,* 1804), das ideale, zukunftsorientierte Wunschbild beibehalten.

In Texten, in denen sich die Regierenden der Reform widersetzen (John Dryden, *Aureng-Zebe,* 1676; Joseph Addison, *Cato. A Tragedy,* 1713) oder bereits aufgeklärt handeln (der Prinz in Molières *Tartuffe,* 1664), beschränkt sich die Reform meistens auf einen kleinen Kreis gleichgesinnter Figuren. Diese durch Verwandtschaft, Freundschaft oder gleiche Zielsetzung verbundenen Personen bilden eine Enklave, die abseits der materialistisch orientierten Welt eine sinnvolle Ordnung des Zusammenlebens anstrebt. Die Tendenz, Reformanliegen im Handeln und in Gesprächen kleiner Kreise gleichgesinnter Personen zu Wort kommen zu lassen, ist bereits im 18. Jahrhundert ersichtlich. Sie setzt sich jedoch erst im 19. Jahrhundert durch. Die Schilderung vorbildlich handelnder, sozial und gemeinschaftlich denkender Figuren (Idealisten, Exzentriker und fürsorgliche Menschen, die Außenseitern oder Halb- und Vollwaisen helfen) hält der bestehenden Ordnung einen Spiegel vor. Zugleich verdeutlicht die Enklavenbildung die resignierende Absage an durchgreifende Gesellschaftsreformen.

Die wiederkehrenden Kontraste zwischen entwicklungsfähigen und uneinsichtigen Menschen, Hütte/Palast, dürftiger und anspruchsvoller Wohnung, Herz/Hand und Liebe/Liebesverlust kennzeichnen die Enklave als Quelle der Reform, lassen aber auch den großen Umkreis der Gesellschaft unverändert bestehen (J.M.R. Lenz, *Der Landprediger,* 1777; *Der Waldbruder,* 1797; Johann Karl Wezel, *Herrmann und Ulrike,* 1790; Adolph von Knigge, *Die Geschichte des Amtsraths Gutmann,* 1794; Elizabeth Gaskell, *Mary Barton,* 1848; *Ruth,* 1853; Charles Dickens, *Little Dorrit,* 1857; Adalbert Stifter, *Der Nachsommer,* 1857; zahlreiche Erzählungen von Berthold Auerbach, Marie von Ebner-Eschenbach und Marie Luise von François; Wilhelm Raabe, *Die Leute aus dem Walde,* 1863; *Der Hungerpastor,* 1864; *Im alten Eisen,* 1887; Emile Zola, *Paris,* 1898). Werke, in denen Reform, Entwicklungsthematik und menschliches Reifen verschmelzen, erwecken im Gegensatz zu dem in der Enklavenbildung anklingenden Verzicht auf eine Gesamtreform den Eindruck, daß die Idealkonzeption bahnbrechend auf die Gesellschaft wirken wird. Einzelne Werke schließen den aktuellen oder historischen Zeitbezug und die Wirkung auf die Gesellschaft ein (Goethe, *Wilhelm Meisters Lehrjahre,* 1795–96; *Wilhelm Meisters Wanderjahre oder Die Entsagenden,* 1821–29; Anthony Trollope, *Doctor Thorne,* 1859; Romain Rolland, *Jean-Christophe,* 1904–12; André Maurois, *Dialogue sur le Commandement,* 1924; Thomas Mann, *Der Zauberberg,* 1924; *Joseph und seine Brüder,* 1933–43). Andere überspringen den schwierigen Prozeß der allgemeinen sozialen Erneuerung und fixieren das Wunschbild im Zukünftigen (Johannes Schlaf, *Das dritte Reich,* 1900; Hermann Hesse, *Das Glasperlenspiel,* 1943). Der Figurenaufbau betont die Entwicklungsfähigkeit des einzelnen, die Möglichkeit des Erkennens historischer Prozesse und freies, selbständiges Handeln. Die Verhaltensweisen sind von der Vorstellung geprägt, daß die gegenwärtigen Zustände veränderbar sind.

3. Die Verbindung von Reform und Reisen (→ Fahrt) vermittelt den Reisenden durch Begegnungen mit Figuren aus verschiedenen sozialen Schichten sowohl einen umfassenden Blick auf die Gesellschaft als auch Einblicke in unterschiedliche Reformansätze. Die Reise verläuft horizontal durch das Panorama der Landschaften und Länder (Land- und Stadtleben, fremde Welt, andere Sitten), aber auch vertikal durch Bekanntschaften mit Personen aus anderen Klassen (ständisch oder ökonomisch gegliederte Gesellschaft, Bürger, Arbeiter, Künstler, Außenseiter, Kriminelle). In vielen Romanen vom 18. bis zum 20. Jahrhundert hebt sich die Erkenntnisfähigkeit der Handlungsträger deutlich ab von den kritisch gesichteten, negativen Verhaltensmustern anderer, die sich anpassen und innerhalb der bestehenden Ordnung um Erfolg ringen. Die Reisenden dagegen zweifeln an den herrschenden Verhältnissen, reiben sich auf der Suche nach dem Sinn des Daseins an der Wirklichkeit, stoßen auf ihrer Irrfahrt durch die Welt auf blutige Schlachtfelder und bejahen schließlich die Reformpläne. Trotzdem zeichnet sich in der wiederholt anklingenden Motivik der Ausfahrt-Heimkehr und Auswanderung-Rückkehr die Begrenzung der Reformanliegen ab. Die Handlung führt die Figuren auf den Weg der sozialen Verantwortlichkeit. Sie wirken durch ihre Haltung und Tätigkeit auf andere und weisen in die Richtung allgemeiner Verbesserungen. Sie bewahren jedoch nur einen begrenzten Spielraum für Erneuerungen. Wie Harriet Beecher Stowes *Uncle Tom's Cabin* (1852) beispielhaft darlegt, kann die Reise zum Guten und Bösen, zu unvollständiger Reform und zu Unterdrückung und Tod führen. Toms Verkauf und Verschleppung auf Simon Legrees Plantage führt zu seinem Märtyrertod. Georges und Elizas erfolgreiche Flucht nach Kanada bringt ihnen Freiheit und Unabhängigkeit, isoliert sie aber von der großen Welt (Henry Fielding, *Joseph Andrews,* 1742; *Tom Jones,* 1749; Tobias Smollett, *The Adventures of Peregrine Pickle,* 1751; *The Expedition of Humphry Clinker,* 1771; Laurence Sterne, *A Sentimental Journey,* 1768; Johann Timotheus Hermes, *Sophiens Reise von Memel nach Sachsen,* 1770–72; Maria Sophie La Roche, *Geschichte des Fräuleins von Sternheim,* 1771; Friedrich Nicolai, *Das Leben und die Meinungen des Herrn Magister Sebaldus Nothanker*, 1773–76; Friedrich Heinrich Jacobi, *Woldemar,* 1779; Wezel, *Belphegor,* 1776; *Herrmann und Ulrike*; Knigge, *Die Reise nach Braunschweig,* 1792; *Geschichte des Amtsraths Gutmann*; Goethe, *Wilhelm Meister;* Theodor Gottlieb Hippel, *Kreuz- und Querzüge des Ritters A bis Z,* 1793–94; Friedrich Maximilian Klinger, *Geschichte eines Teutschen der neuesten Zeit,* 1798; Ludwig Tieck, *Franz Sternbalds Wanderungen,* 1798; Clemens Brentano, *Godwi,* 1801–02; Wilhelm Raabe, *Abu Telfan,* 1868; Otto Julius Bierbaum, *Stilpe,* 1897; Hermann Kasack, *Die Stadt hinter dem Strom,* 1947; Arnolt Bronnen, *Aisopos,* 1956).

4. Die gesellschaftsorientierte Reform konzentriert sich einerseits auf konkrete Verbesserungen im Rahmen der bestehenden Ordnung, die die Menschen befähigen, sich zu sozial denkenden, verantwortlichen Staatsbürgern zu entwickeln, und andererseits auf umgreifende Veränderungen der herrschenden Verhältnisse, die eine umwälzende Erneuerung der politischen, wirtschaftlichen oder gesellschaftlichen Zustände bedingen. Zur erstgenannten Tendenz zählen zahlreiche Romane und Dramen, die zur Beseitigung konkreter Mißstände und der von der Gesellschaft genährten unsozialen Gesinnungen aufrufen. Besondere Reformanliegen und Programme schließen ein: (1) die Beseitigung der Versklavung und ökonomischen Ausbeutung (Bartolomé Las Casas, *Memorial de remedios para las Indias,* 1516; Eugène Sue, *Atar-Gull,* 1831; Stowe, *Uncle Tom's Cabin*; Friedrich Hackländer, *Europäisches Sklavenleben,* 1854; Frederick Douglass, „The Heroic Slave", 1853; Herman Melville, „Benito Cereno", 1855; Harriet A. Jacobs, *Incidents in the Life of a Slave Girl*, 1861); (2) eine allgemeine Rechtsreform und die Kritik der ständischen Gesellschaft, der Aristokratie, des Bürgertums, der kapitalistischen Ordnung und der Rechtslage in der Familie (Joanot Martorell und Martí Joan de Galba, *Tirant lo Blanch,* 1490; Fielding, *Joseph Andrews*; *Amelia,* 1751; Henry Brooke, *The Fool of Quality,* 1770; J.M.R. Lenz, *Der Hofmeister,* 1774; *Die Soldaten,* 1776; Friedrich Schiller, *Kabale und Liebe,* 1784; Victor Hugo, *Le Dernier Jour d'un condamné,* 1829; Friedrich Hebbel, *Maria Magdalene,* 1844; Willibald Alexis, *Ruhe ist die erste Bürgerpflicht,* 1852; Emile Augier, *Le Mariage d'Olympe,* 1855; Alexandre Dumas-fils, *Le Fils naturel,* 1858; John Ruskin, *Unto This Last,* 1862; *Munera Pulveris,* 1872; Theodor Fontane, *Schach von Wuthenow,* 1883; *Stine,* 1890; Hermann Sudermann, *Sodoms Ende,* 1890; Wilhelm Polenz, *Der Büttnerbauer,* 1895; Charlotte Perkins Gilman, „The Yellow Wallpaper", 1899; Jakob Julius David, *Der Übergang,* 1903; Heinrich Mann, *Die Jagd nach Liebe,* 1904; *Der Untertan,* 1918; Ernst Rosmer, *Maria Arndt,* 1908; Günter Grass, *Der Butt,* 1977); (3) das Arbeiterrecht (Rebecca Harding Davis, *Life in the Iron Mills,* 1861; Elizabeth Stuart Phelps, *The Silent Partner,* 1871; Emile Zola, *Germinal,* 1885; Max Kretzer, *Meister Timpe,* 1888; Gerhart Hauptmann, *Die Weber,* 1892; Minna Kautsky, *Helene,* 1894; Octave

Mirbeau, *Les Mauvais Bergers,* 1897; Upton Sinclair, *The Jungle,* 1906; Willi Bredel, *Maschinenfabrik N & K,* 1931; Max von der Grün, *Irrlicht und Feuer,* 1963; Günter Wallraff, *Wir brauchen dich,* 1966; *13 unerwünschte Reportagen,* 1972); (4) Agrarreformen und Tendenzen der Rückkehr zum Land (stark ausgeprägt im 18. Jh.; Elizabeth Inchbald, *Nature and Art,* 1794; John Henry Newman, *Loss and Gain,* 1848; Jeremias Gotthelf, *Erzählungen und Bilder aus dem Volksleben der Schweiz,* 1850–55; Charlotte Younge, *The Daisy Chain,* 1856; Joseph Henry Shorthouse, *John Inglesant,* 1880; Ernst Wiechert, *Das einfache Leben,* 1939; Erwin Strittmatter, *Ole Bienkopp,* 1963); (5) das Frauenrecht und die Kritik der Massenproduktion und unsozialer Ideologien (Mary Wollstonecraft, *A Vindication of the Rights of Woman,* 1792; Helene Böhlau, *Der Rangierbahnhof,* 1895; Kate Chopin, *The Awakening,* 1899; Virginia Woolf, *A Room of One's Own,* 1929; Richard Wright, *Native Son,* 1940; Simone de Beauvoir, *Le Deuxième Sexe,* 1949; Marianne Bruns, *Uns hebt die Flut,* 1952; Karin Struck, *Klassenliebe,* 1973; *Die Mutter,* 1975; Tillie Olsen, *Yonnondio,* 1974; Verena Stefan, *Häutungen,* 1975; Margot Schroeder, *Ich stehe meine Frau,* 1975; Hélène Cixous, *Portrait de Dora,* 1976); (6) Angriffe gegen die Trunksucht (Mary Fox, *The Ruined Deacon,* 1834; George B. Cheever, *Deacon Giles' Distillery,* 1835; Gotthelf, *Wie fünf Mädchen im Branntwein jämmerlich umkommen,* 1838; Melville, „The Paradise of Bachelors and the Tartarus of Maids", 1855; Emile Zola, *L'Assommoir,* 1877); (7) Abrechnungen mit der Geisteshaltung der Vergangenheit und in der deutschen Literatur besonders mit dem Faschismus (Theodor Plievier, *Des Kaisers Kulis,* 1929; Hans Fallada, *Bauern, Bonzen, Bomben,* 1931; Bredel, *Die Prüfung, 1934;* Grass, *Die Blechtrommel,* 1959; Heinrich Böll, *Billard um halbzehn,* 1959; Günter de Bruyn, *Der Hohlweg,* 1963; Strittmatter, *Ole Bienkopp*; Johannes Bobrowski, *Levins Mühle,* 1964; Siegfried Lenz, *Deutschstunde,* 1968).

Texte, die Vorstellungen einer allgemeinen Neuordnung der Gesellschaft entwerfen, sei es genossenschaftlich organisierte Gütererzeugung oder die Aufhebung der Klassenunterschiede, zielen einerseits auf unmittelbaren Wandel, andererseits auf zukünftige Aktion. Auch sie tragen manchmal utopische Züge (Marie Charles Fourier, *Le Nouveau Monde industriel,* 1829; Gotthelf, *Wie Uli der Knecht glücklich wird,* 1841; *Uli der Pächter,* 1849; Elizabeth Gaskell, *North and South,* 1855; Zola, *Les Quatre Evangiles,* 1899–1903; George Bernard Shaw, *Major Barbara,* 1905; Clara Viebig, *Eine handvoll Erde,* 1915; Georg Kaiser, *Gas I,* 1918; Bertolt Brecht, *Die Gewehre der Frau Carrar,* 1937). Durchgreifende Veränderungen der Sozialstruktur und besonders der Besitzverhältnisse setzen entweder veränderungsfähige, sozial denkende Personen voraus (Friedrich Spielhagen, *Hammer und Amboß,* 1860; *In Reih und Glied,* 1867; *Sturmflut,* 1877; *Ein neuer Pharao,* 1889; *Frei Geboren,* 1900) oder wenden sich im Sinne öffentlicher Meinungsbildung an die Leser bzw. Zuschauer (Frank Norris, *The Octopus,* 1901; Sinclair, *The Jungle*; zahlreiche Stücke Brechts; Max Frisch, *Andorra,* 1961; Rolf Hochhuth, *Der Stellvertreter,* 1963; Heinar Kipphardt, *In der Sache J. Robert Oppenheimer,* 1964; Peter Weiss, *Die Ermittlung,* 1965).

5. Die Verbindung von Reform und gesellschaftlich-politischer Satire beansprucht soziale Relevanz und Freude am Spiel. Sie kombiniert aggressive Anklagen mit humoristischer Verspottung. Die besondere Form des Themas richtet sich an eine intelligente Zielgruppe und verlangt im Lachen zugleich eine mitdenkende, kritische Haltung. Zuschauer und Leser sind den menschlichen Schwächen, der Arroganz, Gier und Überheblichkeit der dargestellten Figuren überlegen. Sie sind fähig, ihr Handeln zu reflektieren und können erstrebenswerte Eigenschaften ausbilden. Die angeprangerten Mißstände umfassen eine Vielfalt menschlicher Erfahrungen: Kriege (Aristophanes, *Lysistrata,* ca. 411 v. Chr.; Hans Jakob Christoffel Grimmelshausen, *Der abenteuerliche Simplicissmus,* 1668/1669); Korruption und Gier der Kirche (die *Renard*-Geschichten seit dem 9. Jh.; François Rabelais, *Gargantua,* 1532 und *Pantagruel,* 1534); das Lesen heroischer Ritteromane (Miguel Cervantes, *Don Quixote,*

1605/1615); die popularisierte Philosophie von Leibniz (Voltaire, *Candide,* 1759); das Wettrennen der wachsenden bürgerlichen Klasse um Geld und Gut (Juvenal, *Satiren,* 100 n. Chr.; Nicolas Boileau, *Satires,* 1668; Jonathan Swift, *Gulliver's Travels,* 1726; John Gay, *The Beggar's Opera,* 1728; Alexander Pope, „To Lord Bolingbroke," 1738; Anthony Trollope, *The Way We Live Now,* 1875; Fontane, *Frau Jenny Treibel,* 1892; Friedrich Dürrenmatt, *Der Besuch der alten Dame,* 1956); Kapitalismus (Anatole France, *L'Ile des Pingouins,* 1908; Brecht, *Die Dreigroschenoper,* 1928); Verflachung des Bildungsguts und Wissens (E.T.A. Hoffmann, *Lebens-Ansichten des Katers Murr,* 1820–22; Heinrich Heine, *Deutschland. Ein Wintermärchen,* 1844; Gustave Flaubert, *Bouvard et Pécuchet,* 1881; Flaubert, *Dictionnaire des idées reçues,* veröffentlicht 1911); Gefahren des Mißbrauchs naturwissenschaftlicher Fortschritte (Carl Sternheim, *Die Hose,* 1911; *Der entfesselte Zeitgenosse,* 1920; Thomas Pynchon, *The Crying of Lot 49,* 1946; Dürrenmatt, *Die Physiker,* 1962; Kurt Vonnegut, *Slapstick; or, Lonesome No More,* 1976). Darüber hinaus schließen unterschiedliche Spielarten der satirischen Reformbemühungen nahezu alle Aspekte zwischenmenschlicher Beziehungen ein.

Lit.: W. Albrecht: Reform, Revolution oder ‚Bewirkt Aufklärung Revolutionen?' Über ein Zentralproblem der Aufklärungsdebatte in Deutschland. In: Lessing Jb. 22 (1990); E.T. Alyward: Martorell's *Tirant lo Blanch:* A Program for Military and Social Reform in Fifteenth-Century Christendom. Chapel Hill, NC 1985; R.J. Beckley: Brecht's Epic Theater of Social Reform: The Claims of Society and the Rights of the Individual. In: Gestus 1 (1985); D. Bevan (Hg.): Literature and Revolution. Amsterdam 1989; P. Boase: The Rhetorik of Protest and Reform 1878–1898. Athens, OH 1980; R. Boudon, F. Bourricaud: Soziologische Stichworte. Ein Handbuch. Opladen 1992; H.S. und I.G. Daemmrich: Spirals and Circles: A Key to Thematic Patterns in Classicism and Realism. New York 1994; I.G. Daemmrich: The Cyclical Seasons of Humor in Literature. In: HUMOR 3–4 (1990); C. Gallagher: The Industrial Revolution of English Fiction. Social Discourse and Narrative Form 1832–1867. Chicago, IL 1985; H.A. Glaser (Hg.): Deutsche Literatur. Eine Sozialgeschichte. Reinbeck 1980 ff.; K. Halttunen: Gothic Imagination and Social Reform: The Haunted Houses of Lyman Beecher, Henry Ward Beecher, and Harriet Beecher Stowe. In: E.J. Sundquist (Hg.): New Essays on *Uncle Tom's Cabin.* Cambridge 1986; P.B. Harper: Fiction and Reform II. In: *The Columbia History of the American Novel.* New York 1991; M. Hodgart: Satire. New York 1969; R.S. Levine: Fiction and Reform I. In: *The Columbia History of the American Novel.* New York 1991; L. MacFarlane: „If Ever I Get to Where I Can": The Competing Rhetorics of Social Reform in *Uncle Tom's Cabin.* In: American Transcendental Quarterly 4.2 (1990): J. Newton, D. Rosenfelt (Hg.): Feminist Criticism and Social Change. New York and London 1985; J. Ortega: Las Casas, reformador social y precursor de la „theología de la liberación." In: Cuadernos Hispanoamericanos 466 (1989); W.B. Rideout: The Radical Novel in the United States 1900–1954. Some Interrelations of Literature and Society. New York 1992; M. Scheuermann: Social Protest in the Eighteenth-Century English Novel. Columbus, OH 1985; C. Shumaker: Realism, Reform, and the Audience. In: Arizona Quarterly 47 (1991).

Siehe auch: Kreis, Reifen, Selbstverwirklichung, Spirale

Reifen *(Reifung)*

1. Das Thema stellt eine bedeutende Ausprägung der →Selbstverwirklichung dar und bestimmt in Schilderungen der vollkommenen Entwicklung menschlicher Anlagen weitgehend den Aufbau der Erzählstruktur. Die Vorstellung des Reifens gründet in einer Auffassung der individuellen Entwicklung, die davon ausgeht, daß einzelne die in ihnen ruhenden Anlagen nur in der ständigen Auseinandersetzung mit allen Erscheinungen des Lebens voll entfalten können. Die Polarität von physischen Impulsen und geistigen Bestrebungen fördert den Prozeß zunehmender Entwicklung, der im Wechsel von Selbstbehauptung und Entsagung über Stufen der Läuterung zur möglichen Selbst- und Welterkenntnis führt. Durch diese Sicht der menschlichen Individuation und der auf ihr beruhenden Darstellung der wiederholten Bewährung einzelner auf ihrer Lebensfahrt entstehen charakteristische Handlungs- und Strukturentsprechungen. Alle Bildungserlebnisse erscheinen an Gelenkstellen der Erzählung und sind als Stationen des Werdens gekennzeichnet.

Die Handlungsträger werden im Erzählverlauf einer Reihe von Erfahrungen ausgesetzt, die bei aller charakteristischen Eigenart maßgebende Konstanten des Individuationsprozesses einfangen. In der Kindheit und frühen Jugend reagieren die Figuren teilweise unbewußt und unkritisch, teilweise bereits aufmerksam und bewertend auf die Eindrücke in Elternhaus, Schule, Freundeskreis und sozialem Lebensumfeld (Urerlebnisse, kleiner Kreis). Eltern, Freunde und hilfsbereite Erzieher vermitteln Richtlinien in den Kindheits- und Jugendjahren (wiederkehrende, charakteristische Familien- und Schulszenen, Naturerlebnisse, erste Auseinandersetzungen mit der Gesellschaft, Freunde und Ratgeber). Zahlreiche Werke stellen diesen Begegnungen eine Reihe von Urerlebnissen zur Seite, die um Geburt und Tod, Liebe und Freundschaft, individuelle Willensbehauptung und Ansprüche der Gesellschaft kreisen. Diese frühen Stationen der Bewährung können chronologisch geordnet sein oder durch Rückblende später im Text beleuchtet werden. Bewußte Bildungserlebnisse in den Jahren der Persönlichkeitsentfaltung umspannen gegensätzliche und häufig widersprüchliche Empfindungen, Wertkategorien und Leitbilder. Der junge Mensch verläßt die Heimat und zieht in die Stadt, die zu jeder literaturhistorischen Periode als Großstadt gedacht ist, selbst wenn sie auf den modernen Leser den Eindruck einer ruhigen Provinzstadt macht; er reist in fremde Länder, erfährt Liebe und Verzweiflung, setzt sich mit Grundformen des Denkens auseinander, stößt auf ausgesprochen materialistische Tendenzen, muß sich mit hochfliegenden, idealistischen Plänen auseinandersetzen, eignet sich historische und naturwissenschaftliche Kenntnisse an und findet Zugang zu den Künsten. Während der Wanderjahre, die, wie Hans Castorps Reise in Thomas Manns *Der Zauberberg* (1924) belegt, räumlich durchaus begrenzt sein können, leiten Begegnungen mit repräsentativen Figuren und Gruppen einen Prozeß zunehmender geistiger Steigerung ein, der zu einer Stufe der menschlichen Reife führt, die den „Bildungsreisenden" befähigt, sich selbst zu erkennen und die Welt zu beurteilen. Das organische Wachstum wird jedoch zeitweilig unterbrochen und scheint abzureißen; es ist gefährdet durch unberechenbare, zufällige Ereignisse, das Versagen im Erkennen historischer Entwicklungen und durch den Wunsch, den Verlockungen der Welt nachzugeben. Erst die bewußte Bejahung der Widersprüche des Lebens setzt der Entwicklung eine zeitliche Grenze.

Diese Eigenart des Themas stellt besondere kompositorische Anforderungen an die Organisation der Vorausgriffe auf den Ausgang der Erzählung. Die Schlüsse entsprechen der jeweiligen Figurenkonzeption des Handlungsträgers und reichen von dem Entschluß, zu heiraten oder in die Heimat zurückzukehren, bis zu der Entscheidung, das Leben in den Dienst der Menschheit zu stellen. Sie zeigen außerdem die deutliche Tendenz der Erweiterung ins Allgemeine. Abgesehen von einigen Ausnahmen erwecken sie den Eindruck, daß der Mensch seine Zukunft meistern kann.

2. Die Texte entwickeln in der Ausformung der individuellen Charakterentwicklung gewöhnlich drei übersehbare Staffelungen. Die anfängliche Einstellung zur Welt wird von Erlebnissen bestimmt, mit denen sich der Handlungsträger zuerst nicht geistig-kritisch auseinandersetzt. Die Erlebnisse können in szenischer Folge am Anfang des Textes eingeführt oder später durch Rückblende eingeschoben werden, um kritische Entwicklungsphasen der Person im Spiegel des Vergangenen, aber nachhaltig Wirkenden näher zu beleuchten. Rückblenden in Form von Träumen oder Gedankenketten bilden außerdem eine starke Kontrastwirkung zu der jeweils gegenwärtigen Situation. Während der Persönlichkeitsentwicklung werden die frühen Erlebnisse zurückgerufen, erweitert, gesteigert und durch neue Erfahrungen ersetzt. Die abschließende Phase der Entfaltung ist gekennzeichnet durch einen Prozeß der Bewußtseinserweiterung, in dem jedes Anschauen in ein bewußtes Nachdenken und Vergleichen übergeht. Die Handlungsträger befragen ihr Verhältnis zur Natur, zum Mitmenschen und zur Gesellschaft. Sie setzten sich mit der Vergangenheit und den geistigen Strömungen der Gegenwart auseinander. In einem ständigen Vorgang der Objektivierung vertiefen neue

Erkenntnisse die bereits gewonnenen Erfahrungen. Die zunehmende Erkenntnisfähigkeit der Figuren bezieht qualitative Veränderungen ein, behält im Kern aber ein grundsätzliches Gefühl der Verantwortlichkeit vor einem aufgeklärten Menschenbild bei. Die starke Verbundenheit zu den thematischen Darstellungen erweist sich daher besonders deutlich in der wiederkehrenden Bemühung um ein menschenwürdiges Dasein (Jean-Jacques Rousseau, *L'Emile,* 1762; Christoph Martin Wieland, *Geschichte des Agathon,* 1766–67; Goethe, *Wilhelm Meisters Lehrjahre,* 1795–96; *Wanderjahre,* 1821–29; Adalbert Stifter, *Der Nachsommer,* 1857; Romain Rolland, *Jean Christophe,* 1904–12; Mann, *Der Zauberberg*).

Den meisten thematischen Darstellungen liegt eine Denkweise zugrunde, in der sich naturwissenschaftlich-beobachtende, ideell-deutende und dynamisch-verbindende Betrachtungen ergänzen. Das Reifen entspricht einer optimalen menschlichen Gestaltgebung. Daß sich der Mensch auf der Lebensfahrt verliert oder sich nicht sofort bewährt, wird grundsätzlich zum Ausgangspunkt erneuter Anstrengungen um die Erweiterung der Erkenntnisfähigkeit. In einer Reihe repräsentativer Werke zeichnet sich jedoch in der Themenführung eine Denkweise ab, die die Persönlichkeitsentfaltung auf ein dynamisches Wechselverhältnis zwischen der Bewußtseinserweiterung und einem in allen Formwandlungen unversehrt bleibenden Kern persönlicher Anlagen zurückführt. Die sich immer wieder erneuernde Spannung zwischen der Welt und dem Ich (Wille, Einbildungskraft, Dämon) löst die schöpferische Energie aus, die die Selbstverwirklichung ermöglicht (Goethe, *Wilhelm Meister*; Charles Dickens, *David Copperfield,* 1849–50; Marcel Proust, *A la recherche du temps perdu,* 1913–27; Mann, *Joseph und seine Brüder,* 1933–43; Hermann Hesse, *Das Glasperlenspiel,* 1943). Die freie Entfaltung aller Anlagen wird jedoch unterbunden, wenn sich eine Person wie Monsieur Teste (Paul Valéry, *Monsieur Teste,* 1896) ganz seinem Dämon hingibt oder ihn wie Tegularius (Hesse, *Glasperlenspiel*) verneint. Die Gefährdung der optimalen Entwicklung geht somit nicht nur von der Begrenzung auf die innere Gefühlswelt aus, sondern gleichermaßen von der ausschließlichen Konzentration auf das objektive Erkenntnisvermögen.

In Erzählungen, die entstanden, nachdem die Auswirkungen der Industriellen Revolution auf die Gesellschaftsstruktur bereits erkennbar waren, erscheint das Thema häufig in direktem Zusammenhang mit Konflikten, in denen das materialistische Denken mit ideellen Zukunftskonzeptionen ringt (die Entwicklung von Rubempré und Rastignac in Honoré de Balzac, *La Comédie humaine,* 1829–48; Elizabeth Gaskell, *Mary Barton,* 1848; Charles Kingsley, *Alton Locke,* 1850; Dickens, *Hard Times,* 1854; Wilhelm Raabe, *Prinzessin Fisch,* 1863; *Im alten Eisen,* 1887; Friedrich Spielhagen, *Hammer und Amboß,* 1869; *Frei Geboren,* 1900; Gottfried Keller, *Der grüne Heinrich,* 1879–80). Die Werke behalten die thematische Grundkonzeption bei. Die ökonomisch-sozialen und politischen Grundlagen des Lebens treten jedoch in szenischen Darstellungen, Konfliktsituationen und Milieuschilderungen viel stärker in den Vordergrund. Obwohl sich die Werke in den realistischen Stiltendenzen und der zeitkritischen Orientierung den gesellschaftskritischen Romanen der Zeit nähern, heben sie sich von diesen durch die thematisch bedingte Grundstruktur und die Figurenkonzeption ab. Die Figuren erfahren soziale Konflikte und historisch entstandene Veränderungen. Sie setzen sich mit dem Widerspruch zwischen individuellem Freiheitsverlangen und dem durch historische und gesellschaftliche Prozesse entstandenen Freiheitsverlust auseinander. Sie stehen dem Zeitgeschehen kritisch, aber nicht verständnislos gegenüber und sehen in den ökonomischen Veränderungen keine widernatürliche Entwicklung, die aus innerer Notwendigkeit zur Entfremdung des Menschen führt. Sie bemühen sich um eine Neuordnung der Gesellschaft und reifen durch die bewußte Auseinandersetzung mit den Widersprüchen ihrer Zeit. Ihr Wachstum wirkt nicht mehr rein organisch, da es viel stärkeren gesellschaftlichen Konflikten ausgesetzt ist. Ihr Sehen geht aber noch immer in ein kritisches Verstehen über. Der ständige Wechsel in der Erzählperspektive zwischen

Individuum und Gesellschaft (z.B. Gustave Flaubert, *L'Education sentimentale,* 1869), die ausgeprägte Tendenz zu philosophischen Überlegungen (Raabe, Mann) und die Erzähltechnik der mehrfach gebrochenen Optik unterstreichen die enge Verbindung von individueller Entwicklung und gesellschaftlicher Reform. Die Werke beleuchten die großen Geistesströmungen der westlichen Welt. Sie öffnen sich mittels der individuellen Wahrnehmung eines Handlungsträgers nach außen, um dann zu seinem inneren Ringen und seiner Bewußtwerdung zurückzukehren. Die fortschreitende Bewegung auf die zunehmende Erkenntnisfähigkeit hin bezieht qualitative Veränderungen ein, bewahrt aber das mit dem Thema verknüpfte Vertrauen auf die Entwicklungsfähigkeit des Menschen.

3. Die wiederkehrende Betonung einer positiven Lösung der Suche nach Orientierung auf der Lebensfahrt wird besonders augenfällig in den dem Thema angeschlossenen Motiven des →Wanderers, des Steuermanns (→Schiff-Schiffbruch/Hafen), des →Nebels und des →Lichts. Diese Motivik ermöglicht eine konzentrierte Gestaltung des Themas in der Lyrik und in der Novelle. Sie erlaubt auch deutliche Rückschlüsse auf die jeweilige Themenführung. Goethe beispielsweise erfaßt den allgemeinen Vorgang der Persönlichkeitsentfaltung in Bildfügungen, die unterschiedliche Lebensalter, das Vertrauen auf Leitbilder des Daseins, die Liebe, die innere Reife der Entsagung und selbst das Anerkennen des Todes einfangen. Während in dem Gedicht „Der Wandrer" (1772) das Thema des Reifens zur Selbst- und Welterkenntnis deutlich zum Ausdruck kommt, verdrängt die freudige Bejahung des Augenblicks in „Willkommen und Abschied" (1771) die kritische Bewertung der Lebensfahrt. „An Schwager Kronos" (1774) erfaßt im Bild der Fahrt den Aufstieg zum Zenit des Lebens, das Bekenntnis zum Dasein und das Anerkennen der natürlichen Gegebenheit des Todes. Das Gedicht verweist im eilenden Traben der Pferde, ganz ähnlich wie das galoppierende Pferd im *Egmont* (1787), auf eine Haltung zum Dasein, die sich deutlich von dem angestrebten Bewußtsein im Vorgang des Reifens abhebt. Das galoppierende Pferd hat in Theodor Storms *Der Schimmelreiter* (1888) und Alain-Fourniers *Le Grand Meaulnes* (1913) durchaus vergleichbare Funktion. In Storms Novelle unterstreicht das Motiv die starke Willensbehauptung Haukes, der sich gegen die Gesellschaft durchsetzen muß; in Alain-Fourniers Roman beleuchtet es das Abenteuerliche der Lebensfahrt. Die Beispiele bestätigen jedoch die nachhaltige Verweisfunktion einzelner Motive, die eine dem Thema angemessene umfassende Ausarbeitung verhindern kann. Es darf daher kaum überraschen, daß die großangelegten Erzählungen, in denen das Thema des Reifens den Erzählvorgang maßgebend bestimmt, durchaus verschiedene Motive in die deutlich erkennbaren Phasen der Persönlichkeitsentfaltung einarbeiten.

In Texten, die das Reifen einzelner thematisieren, ringen die Hauptfiguren häufig darum, historische Prozesse zu verstehen. Die dadurch aufgeworfenen Probleme klingen mitunter im historischen Roman in der Darstellung vergangener Jahrhunderte an und kommen häufig in Zeitromanen zu Wort. Einzelne Autoren warnen vor der sinnlosen Wiederkehr von Katastrophen; andere versuchen, den Ablauf der Geschichte aufzuzeigen, und entwerfen entweder wie Gustav Freytag und Felix Dahn nationale Mythen oder stellen wie Walter Scott und Conrad Ferdinand Meyer einzelne bedeutende Schicksale in den Mittelpunkt des Geschehens. Zahlreiche Werke im 19. und 20. Jh. schildern die Rolle des Menschen in der Geschichte. In Gestaltungen des Reifens liefert jedoch die Erzähltechnik den Schlüssel zur Deutung der Auseinandersetzung mit der Geschichte. Die Texte gestalten die Dialektik von Individuellem und Historischem, indem sie jedes Urteil über die Geschichte in Frage stellen. Damit wird der Prozeß der Wahrnehmung, Deutung und möglichen Erkenntnis zur Grundlage der Entfaltung einzelner. Die Verfahren in der Darstellung sind unterschiedlich. Raabe (*Das Odfeld,* 1888) erfaßt den Vorgang in der Konfrontation mit überlieferten Vorstellungen, Friedrich Schiller (*Die Jungfrau von Orleans,* 1802) im Gewirr vielfältiger Auffassungen, Friedrich Dürrenmatt (*Romulus der Große,* 1949) in der Verwandlung zielvollen

Planens in das Gegenteil, und Bertolt Brecht (*Mutter Courage und ihre Kinder,* 1941; *Leben des Galilei,* 1943) in der Anpassung an die Machtverhältnisse einer Zeit. Gemeinsam ist allen Gestaltungen, daß die Ortung des Zeitgeschehens wie bei Michel Leiris, *L'Age d'homme* (1939), Hermann Broch, *Der Tod des Vergil* (1945), Saul Bellow, *Henderson the Rain King* (1959), Peter Härtling, *Eine Frau* (1974), Peter Weiss, *Die Ästhetik des Widerstands* (1975–81), Robert Pinget, *L'Ennemi* (1987), oder Peter Handke, *Versuch über den geglückten Tag* (1991), zur echten Befragung der Geschichte wird. Erst die gestaffelte Anordnung, die vom →Wandern über den Ruf des Gewissens und den →Dialog mit der Vergangenheit zur Bereitschaft zum Mitleben führt, gibt dem Thema des Reifens seine besondere Ausprägung.

Lit.: M. Beddow: The Fiction of Humanity: Studies in the Bildungsroman from Wieland to Thomas Mann. Cambridge, MA 1982; W.H. Bruford: The German Tradition of Self-Cultivation. New York 1975; J.H. Buckley: Season of Youth. Cambridge, MA 1974; H.S. Daemmrich: Thomas Mann's Perception of Self Insight. In: PLL 13 (1977); F. Garber: The Autonomy of the Self from Richardson to Huysmans. Princeton, NJ 1982; C. Glicksberg: The Self in Modern Literature. University Park, PA 1963; J. Hardin (Hg.): Reflection and Action. Essays on the Bildungsroman. Columbia, SC 1992; M. Hirsch: The Novel of Formation as Genre. In: Genre 12 (1979); T. Kontje: The German Bildungsroman. History of a National Genre. Columbia, SC 1993;W. Marotzki: Der Bildungsprozeß des Menschen in Hegels Phänomenologie des Geistes u. Goethes Faust. In: Goethe Jb. 104 (1987); G. Mayer: Der deutsche Bildungsroman: Von der Aufklärung bis zur Gegenwart. Stuttgart 1992; J.A. Perkins: The Concept of the Self in the French Enlightenment. Geneva 1969; J. Scharfschwerdt: Thomas Mann u. der deutsche Bildungsroman. Stuttgart 1967; R. Selbmann (Hg.): Zur Geschichte des deutschen Bildungsromans. Darmstadt 1988; M. Swales: The German Bildungsroman from Wieland to Hesse. Princeton, NJ 1978; L.A. Willoughby: The Image of the Horse and the Charioteer in Goethe's Poetry. In: Publ. English Goethe Soc. 15 (1946).

Siehe auch: Selbstverwirklichung

Reise

Siehe Fahrt

Robinson *(Inseldasein)*

Das Inseldasein der Robinsonaden bildet keine charakteristische thematische Eigenart und verweist selbst in seiner Bestimmung als Raummotiv weitgehend auf andere Themen und Motive. Schilderungen der Existenzbewältigung Schiffbrüchiger auf einsamen →Inseln kreisen um abenteuerliche Erfahrungen (→Abenteuer) des Schiffbruchs, der Überlebenskunst, des selbstgenügsamen Daseins, der Gründung einer naturnahen, vorbildlichen Gesellschaft und der Rettung. Die literarische Tradition wurde maßgebend beeinflußt von Daniel Defoes *The Life and Strange Surprising Adventures of Robinson Crusoe of York, Mariner* (1719). Defoe kannte wahrscheinlich sowohl den Bericht des schottischen Seemannes Alexander Selkirk, der 54 Monate auf der Insel Juan Fernandez sein Dasein gefristet hatte, als auch die aufsehenerregende Beschreibung seiner Gefangenschaft auf Ceylon von Robert Knox (1681). Sicherlich hatte Defoe Zugang zu William Dampiers Logbuch und bereits veröffentlichten französischen (Denis Vairasse d'Allais, *Histoire des Sevarambes,* 1677) und holländischen (Enrikk Smeeks, *Beschrijvinge van het magtig Koningrijk Krinke Kesmes, zijnde een, en veele kleinere Eilanden daar aan horende . . .,* 1708) Abenteuergeschichten, die sofort nach dem außerordentlichen Erfolg von Defoes *Robinson* nachgedruckt wurden. Von den vielen Robinsonaden, die in nahezu allen Sprachen veröffentlicht wurden, erzielten nur die sogenannte „Schweizer Familie Robinson" (Johann Wyss, *Der schweizerische Robinson,* 1812–13) und der Sigismund Rüstig (Frederick Marryat, *Masterman Ready,* 1842) eine dem *Robinson* vergleichbare, bleibende Wirkung.

Defoe erweckt die Illusion eines Tatsachenberichts durch die Ich-Erzählform und die Fiktion authentischer Detailbeobachtung. Die auf Robinsons Erforschung der Insel übertragene Abenteuerthematik trägt wesentlich zur Spannung der Erzählung bei. Sie beschreibt die Entdeckungszüge, die erfolgreiche Anpassung an das Land, die Befreiung und Erziehung Freitags und die erregende Rettung, die erst möglich wird, nachdem Robinson einem ausgesetzten Kapitän hilft, dessen meuternde Mannschaft zu überwinden. Obwohl die Erzählung außerordentlich handlungsbetont ist und eingehende Beschreibungen aufregender Kämpfe, furchterregender Stürme, des Schiffbruchs und des Schreckens der Sklaverei gibt, steht Robinsons Fähigkeit, sein Schicksal zu meistern, grundsätzlich im Mittelpunkt des Interesses. In der ausgesprochen didaktischen Anlage hebt sich die Erzählung von der zeitgenössischen Abenteuerliteratur ab. Robinson besteht jede Bewährungsprobe (→Held), behauptet sich in einer scheinbar hoffnungslosen Situation, entwickelt sich vom unbesonnenen Abenteurer zum bedächtig planenden Siedler und ändert seine Haltung zur Welt. Robinson, der ursprünglich in jugendlichem Übermut keinem Rat zugänglich ist und sich nicht für ethische Fragen interessiert, reift innerlich auf der Insel, beobachtet die Natur und liest die Bibel. Indem Defoe das abenteuerliche Geschehen an ein durchaus vereinfachtes Schema der Entwicklungsthematik angliederte und die intellektuelle Reflexion durch ein leicht verständliches erzieherisches Anliegen ersetzte, entstand eine Konzeption, die sich in der Jugendliteratur bis in die Gegenwart erhielt. Im 18. Jh. kam die Erzählung sowohl dem erwachenden bürgerlichen Selbstbewußtsein als auch der weitverbreiteten Vorstellung entgegen, daß der Mensch seine in ihm schlummernden Eigenschaften eigentlich nur im Naturzustand, abseits von den schädlichen Einflüssen der Zivilisation, voll entwickeln könne (→Edler Wilder). Crusoes Lebensführung auf seiner Insel erschien daher als geradezu vorbildlich für die Rückkehr des Menschen zum Naturzustand (Joachim Heinrich Campe, *Robinson der Jüngere,* 1779–80).

Das Ende der Erzählung schließt wieder an die traditionellen Ausgänge der Abenteuerliteratur an. Robinson kehrt nach 35 Jahren in seine Heimat England zurück. Er heiratet, hat drei Kinder, begibt sich aber, nachdem seine Frau stirbt auf eine neue Seereise. Der offene Schluß versetzte Defoe in die Lage, zwei Fortsetzungen zu schreiben: *The Farther Adventures of . . .* (1719), *The Serious Reflections of . . .* (1720). In der Themenentwicklung verweisen diese Fortsetzungen bereits auf Johann Gottfried Schnabels *Die Insel Felsenburg* (1731–43). Auch dort tritt das abenteuerliche Element zurück, und die praktische Erziehung eines Menschen zum Bürger einer vorbildlichen Gemeinschaft rückt in den Vordergrund. Diese zwei Gesichtspunkte sind von ausschlaggebender Bedeutung für die weitere Entwicklung der Robinsonaden und prägen die Handlung selbst im dramatisch zugespitzten Abgesang auf den modernen Staat (Julio Cortázar, *Adíos Robinson,* 1984).

Lit.: J. Fohrmann: Abenteuer u. Bürgertum. Zur Geschichte der deutschen Robinsonaden im 18. Jh. Stuttgart 1981; M. Green: The Robinson Crusoe Story. University Park, PA 1990; A. Haslinger: Österreichische Robinsonaden um 1800. In: H. Zeman (Hg.), Die österreichische Literatur. Graz 1979; E. Reckwitz: Die Robinsonade. Themen u. Formen einer literarischen Gattung. Amsterdam 1976; J.H. Scholte: Robinsonades. In: Neoph. 35 (1951); R. Stach: Robinson u. Robinsonaden in der deutschsprachigen Literatur. Eine Bibliographie. Würzburg 1991; H. Ullrich: Robinson u. Robinsonaden. Bibliographie, Geschichte, Kritik. Nendeln 1977.

Siehe auch: Insel, Raum, Schiff-Schiffbruch/Hafen, Utopie

Ruine

1. Verfallene Bauwerke, die entweder durch Wind und Regen langsam verwitterten oder durch menschlichen Eingriff plötzlich zerstört wurden, dienen seit dem Altertum der atmosphärischen Ausgestaltung von Texten. Sie bilden die Grundlage für Metaphern, werden zu Motiven entwickelt und haben symbolische Bedeutung. Die anhaltende Anziehungskraft beruht wahrscheinlich sowohl auf der Tatsache, daß neue Ruinen zu allen Zeiten entstehen, als auch auf der starken Gefühlsreaktion der Betrachter auf den Verfall der von Menschenhand mit dem Anspruch auf Beständigkeit geschaffenen Struktur. In der abendländischen Literatur lassen sich drei übergreifende Tendenzen in der Motivverwertung nachweisen: (1) Ruinen fungieren als Sinnbild für das menschliche Dasein, die Hoffnungen und das Bestreben des einzelnen oder der Menschheit im allgemeinen; (2)

in Verbindung mit der besonders im 18. Jh. stark entwickelten ästhetischen Vorstellung des Malerischen werden Schilderungen von Ruinen systematisch in Texte eingearbeitet, um angenehme Gefühle zu erwecken; (3) Ruinen haben in zahlreichen Werken zentrale Motivfunktion und bestimmen dementsprechend die Anlage der Texte.

2. Die zeitlich älteste und nachhaltigste Wirkung der Metapher kennzeichnet die Vergänglichkeit der menschlichen Existenz. Der Brief von Servius Suplicius an Cicero (*Epistolae ad familiares,* IV, v) dürfte charakteristisch für das Verfahren sein, das sich in der Literatur durchsetzt. Servius tröstet den Senator über den Tod seiner Tochter, indem er ihr Ableben mit dem Verfall der griechischen Bauwerke vergleicht und ihre Vergänglichkeit in direkte Beziehung zur Hinfälligkeit hochfliegender kultureller Pläne setzt. Ähnlich in Gehalt und Sageweise sind die Vergleiche in den aus einem anderen Kulturraum stammenden westsächsischen Gedichten *The Ruin* und *The Wanderer* (beide vermutlich 7. Jh.). Die Gedichte verknüpfen melancholische Betrachtungen uber dıe Fluchtıgkeit der menschlichen Existenz mit Schilderungen der Ruinen von Bath. Neben diesen eindeutigen Auslegungen entstehen jedoch bereits früh und besonders in der Betrachtung der Ruinen Roms durchaus differenzierte Beschreibungen. Der Vergleich von Roms einstiger Größe und Pracht mit den Ruinen der Gegenwart wurde zum Ausgangspunkt allgemeiner Gedanken über Bestand und Unbeständigkeit menschlicher Bestrebungen. Mit Hildebert de Lavardins Elegie *De Roma* (nach 1123) setzen dichterische Bemühungen ein, die Ruinen Roms nicht nur als Zeichen der Vergänglichkeit der größten Leistungen einer Gesellschaft zu deuten, sondern in ihnen auch die Zeugen für die Unvergänglichkeit der menschlichen Schaffenskraft zu sehen. Der menschliche Geist überlebt die Verwüstung der Zeit, die schöpferische Einbildungskraft erblüht neu auf den Trümmern der Vergangenheit. Der historische Niedergang ist ein episodisch bleibender Rückschlag in der allgemeinen Menschheitsentwicklung zu einer höheren Stufe der Vervollkommnung. Die doppelte Optik von Aufstieg und Verfall in der Sinndeutung der Ruinen kommt besonders in der Dichtung der Renaissance zum Ausdruck. Die Autoren, die in ihrer eigenen Zeit die Zerstörung von Kirchen, Schlössern und Städten erlebten, fanden im Bezug auf die Ruinen Roms häufig die nötige Distanz zur Deutung des gegenwärtigen Geschehens. Auch das strukturbildende Motiv entsteht während der Renaissance aus den vielfältigen Adaptionen der Vergleiche. Joachim Du Bellay übernimmt in seinen *Antiquitez de Rome* (1558) – dem ersten Sonettzyklus in französischer Sprache, in dem das Motiv eindeutig den Aufbau des Werkes bestimmt – formale Eigenheiten und Denkbilder sowohl klassischer Werke wie etwa der *Elegien* von Properz als auch der italienischen Renaissancedichtungen „De Roma" von Janis Vitalis und „Superbi colli" von Baldassare Castiglione. Überzeugt davon, daß die menschliche Schaffenskraft unsterblich sei, stellte sich Du Bellay die Aufgabe, in seiner Dichtung ein Denkmal von längerem Bestand als die römische Architektur zu schaffen. Sein Wunsch ging im Hinblick auf den Sonettzyklus, sicherlich im Zusammenhang der Entwicklung des Ruinenmotivs zeitweilig in Erfüllung. Die Sonette wurden von den Zeitgenossen mit Begeisterung aufgenommen. Edmund Spenser übersetzte sie (*The Ruins of Rome,* 1591) und wurde durch die Arbeit dazu angeregt, seine eigene Ruinendichtung, *The Ruines of Time* (ca. 1590), zu schreiben. Um die Wende zum 17. Jh. läßt sich das Motiv nicht nur in Frankreich, England und Italien, sondern auch in Spanien und in der neulateinischen Literatur Polens belegen. Mit der Ausbreitung setzten sich einige fest mit dem Motiv verbundene Sprachgebungen durch. Negationen, Vergleiche mit dem Grab oder der Gruft, die Bezeichnungen „staubig", „aschig" oder „aschfarben" und die Kopplung des Verbs „sehen" mit dem Ort des Verfalls ersetzen häufig die detaillierte Beschreibung der Ruine. Als Sinnträger des Wechsels menschlicher Bemühungen verkündet das Motiv in der Peripetie der Handlung häufig den bevorstehenden Umschwung des Geschehens. Renaissance- und Barockdichter stellten oft Vergleiche an zwischen menschlichen Plänen und der Anlage und Zerstörung prachtvoller Bauten. Das Schema der Sprachfiguren ist in der Lyrik und im Drama der Zeit weit verbreitet: je stolzer die Hoffnung, desto tiefer der Sturz; je herrlicher das Bauwerk, desto grauenerregender seine Trümmer. Außerdem griffen eine Reihe von Dichtern wie etwa Pierre Le Moyne, Laurent Drelincourt und Tristan l'Hermite die Vergleiche auf, um in ihren betont antithetisch ausgearbeiteten Gedichten die unaufhaltsame Zersetzung des Körpers der unzerstörbaren menschlichen Seele gegenüberzustellen.

Die sinnfällige Kontrastwirkung versetzte Autoren in die Lage, das Motiv zur gezielten Zeitkritik zu verwenden. Théodore Agrippa D'Aubigné, *Les Tragiques* (1616), und Oliver Goldsmith, *The Deserted Village* (1770), beklagen die Verheerungen durch Kriegseinflüsse; James Fennimore Cooper identifiziert in seinen „Lederstrumpfgeschichten" ganz ähnlich wie der Dichter William Cullen Bryant die vereinzelten, in der gerodeten Landschaft stehenden Baumriesen mit Ruinen; in Goethes Gedicht „Der Wandrer" (1772) und Friedrich Hölderlins *Hyperion oder der Eremit in Griechenland* (1797–99) leiten Betrachtungen eines verfallenen Tempels zur Erkenntnis über, daß jedes Jahrhundert einen Neuansatz in der Bewältigung des Daseins finden muß, wohingegen in Alfred de Vignys „L'Alméh" (1831) die massiven Ruinen der Vergangenheit den Zeitgeist erdrücken.

3. Die traditionellen Deutungen und die Formelhaftigkeit des Motivs erwiesen sich als unzulänglich für persönliche Erlebnisschilderungen in der aufblühenden Reiseliteratur. Literarische Darstellungen übernahmen offensichtlich einzelne Züge und Details aus der Malerei. Zeitgenössische Berichte belegen das große Interesse an Landschaftsgemälden von Nicholas Poussin (1594–1665) und Claude Lorrain (1600–82) und den weitverbreiteten Kupferstichen römischer Ruinen von Giovanni Battista Piranesi (1720–78). Man entdeckte in der Malerei die unregelmäßige Form anmutiger Anordnungen, die durch die Verbindung von Ruinen mit Pflanzen und Bäumen hervorgerufenen Lichteffekte und die hervorstehenden Einzelheiten der Blüten und Vogelnester. Im Zuge der in den →Landschaftsdarstellungen nachweisbaren Bemühungen, im Betrachter angenehme Empfindungen zu wecken, setzt sich auch in Beschreibungen von Ruinen diese Tendenz durch. Eingebettet in die Landschaft, soll die Ruine organisch wirken, das Auge erfreuen und angenehme, wenn auch mit einem leisen Schauer gemischte Gefühle hervorrufen. Ruinen wurden ein wesentliches, geradezu unentbehrliches Element der Ästhetik des Malerischen, die sich im 18. Jh. über ganz Europa ausbreitete. Ruinen und Ruinenmotive wurden in den englischen Garten eingeplant; sie erschienen auf Wandbehängen, in Bildern und in malerischen literarischen Szenen. Das Ornamentale verdrängte zusehends die mit dem Motiv verbundene Bedeutung des Verfalls. Hubert Roberts Gemälde der „lustigen Ruinen" gegen Ende des 18. Jh. stellen in der Verwendung des Motivs kein vereinzeltes Phänomen dar. Ruinen sind anmutig, ornamental, spielerisch und bizarr. Sie haben teil an einer neuen Vorstellung des Schönen.

In der aufblühenden Reiseliteratur machten Schriftsteller wie Charles de Brosses (*Lettres familières écrites d'Italie en 1739 et 1740,* 1799), Robert Wood und James Dawkin (*Ruins of Baalbek,* 1750) genaue Angaben zur geographischen Lage, den Maßen, dem Baumaterial, zum Tierleben und zu einzelnen Pflanzen in der Umgebung von Ruinen. Manche Berichte erwecken den Eindruck einer wissenschaftlichen Darstellung; andere, wie beispielsweise die Schilderungen von William Gilpin (*Observations on the River Wye,* 1782) und Constantin Volney (*Voyage en Syrie et en Egypte pendant les années 1783, 1784 et 1785,* 1786), verbanden literarische Stilmittel mit der Sprache der Kunstkritik, um den malerischen Eindruck der Ruinen zu veranschaulichen.

Die Konzentration auf das Malerische war jedoch eine vorübergehende Erscheinung. Volney geht bereits in seinen *Les Ruines ou Méditations sur la révolution des empires* (1791) von der mit vielen Einzelheiten angereicherten Beschreibung zur Ausarbeitung vielfältiger Motivbezüge über. Das Motiv stellt nicht nur den formalen und ideellen Zusammenhang im Werk her, sondern regt auch zu unterschiedlichen Auslegungen an. Denis Diderot kritisiert in seinem *Salon de 1767*

Hubert Robert für seine betont malerische Darstellungskunst. Er vermißt in Roberts Gemälden die atmosphärische Ausgestaltung, die zu ruhigen Betrachtungen über den positiven Einfluß der Einsamkeit anregen würde. John Dyer hatte jedoch bereits den Stimmungsgehalt der Ruinen in seinen *Ruins of Rome* (1740) ausgearbeitet und einen aktuellen Motivstrang in Bahnen gelenkt, die nach dem Erscheinen von Thomas Wartons *Pleasures of Melancholy* (1745) fest umrissen waren. Die Leser und die textinternen Betrachter der Ruine werden identifiziert. Sie bewundern die im Zauber des Mondlichts ruhenden Ruinen auf nächtlichen Spaziergängen und empfinden den Reiz melancholischer Stimmungen. Die Verbindung von nächtlicher Wanderung, Mondlicht und angenehmer Schwermut ist ein charakteristisches Merkmal des Motivs in der europäischen Romantik. Sie ist deutlich ausgeprägt in François-René de Chateaubriands zweifacher Schilderung seiner „Promenades dans Rome au clair de lune" (in: *Voyage en Italie,* 1827 und *Mémoires d'outre-tombe,* 1848–50), in Corinnes Spaziergang in Rom, der den Höhepunkt des Romans *Corinne ou l'Italie* (1807) von Germaine Necker de Staël darstellt, im Anschauen des im Mondlicht liegenden Kolosseums, welches Alphonse de Lamartine zur Betrachtung der römischen Vergangenheit anregt („La Liberté ou une nuit à Rome", 1822), in der durchaus vergleichbaren Darstellung der Atmosphäre im *Childe Harold* (4: 127–44, 1812) von George Gordon Byron, in Victor Hugos Schilderung seines nächtlichen Spaziergangs im Heidelberger Schloß (*Le Rhin,* 1842) und in dem Sonett „Composed Among the Ruins of a Castle in North Wales" (1824) von William Wordsworth. In der Schauerliteratur der Zeit wird das Motiv zur Schablone, die Szenen des Grauens einrahmt.

4. In Darstellungen von Ausflügen zu verfallenen Schlössern oder Klöstern und Wanderungen, in denen die Figuren auf die Überreste alter Tempel oder vormaliger Ansiedlungen stoßen, übernimmt das Motiv häufig die Aufgabe, eine Erzählung auszulösen und den Erzählvorgang durch feste Hinweise zu steuern. Die Ruine, ihre besondere Eigenart und die mit ihr assoziierten Stimmungselemente werden zum Ausgangspunkt der Erzählung und bestimmen das Geschehen, das in den unterschiedlichen Ausarbeitungen zu traurigen oder furchterregenden Auflösungen führt. Diese Funktion des Motivs wirkt so nachhaltig auf die literarische Tradition zurück, daß Überreste alter Häuser oder Hütten dieselbe Struktureinheit haben (vgl. die Hütten auf der Insel Réunion in Jacques-Henri Bernardin de Saint-Pierre, *Paul et Virginie,* 1787; Margarets Hütte in Wordsworth, *The Excursion,* 1814; die Villa in Honoré de Balzac, „La Grande Bretèche", 1832). In zahlreichen Erzählungen von Gérard de Nerval löst die wiederkehrende Betrachtung von Ruinen in den Handlungsträgern eine Folge von Reflexionen aus, die Bewußtseinsinhalte beleuchten. Jede Ruine wird zum Ausgangspunkt einer Erinnerung, die, ins volle Bewußtsein gerufen, zu neuen Überlegungen anregt. Die Technik in Chateaubriands *René* (1802) und Madame de Staëls Roman *Corinne ou l'Italie* beweist, daß sich Ruinen vortrefflich dazu eignen, Stimmungen, Charaktereigenschaften und Schicksale einzelner Figuren zu vergegenwärtigen.

Das Motiv löst daher nicht nur die Handlung aus und leitet zu Betrachtungen über, sondern hat auch aufschlüsselnde Funktion und deutet die Zukunft voraus. In formal-technischer Angleichung an die Ruine entwickelten Samuel Taylor Coleridge („Melancholy, a Fragment", 1797) und Percy Bysshe Shelley („Rome", 1819) literarische Fragmente, die den unabgeschlossenen Prozeß des Verfalls einfangen. Danièle Sallenave (*Paysage de ruines avec personnages,* 1975) löst die Landschaft in Bruchstücke auf, die vom Leser erst zur Einheit geformt werden müssen. In Shelleys *Revolt of Islam* (1817) und Fernando Arrabals *Guernica* (1959) tritt der historische Vorgang ständig neuer Motivstiftung in den Vordergrund der Betrachtung. In beiden Werken wird offensichtlich, daß die fortgesetzte Zerstörung menschlicher Bauten dem Motiv immer neue bildliche Einzelheiten zuführt, ohne dadurch seine Funktion im wesentlichen zu verändern.

Lit.: C. Cherpack: Volney's Les Ruines and the Age of Rhetoric. In: North Carolina U. Studies in Philology 54 (1957); A. Cioranescu: Ces Ruines, cadavre exquis. In: Diogenes 103 (1978); I.G. Daemmrich: The Ruins Motif as Artistic Device in French Literature. In: Journal of Aesthetics and Art Criticism 30 (1972), 31 (1972); R. Gleckner: Byron and the Ruins of Paradise. Baltimore, MD 1967; L. Goldstein: Ruins and Empire: The Evolution of Theme in Augustan and Romantic Literature. Pittsburgh, PA 1977; F. Green: Minuit: A Critical Survey of French and English Literary Ideas in the 18th C. New York 1935; J. Guillerme: La Ruine factice comme cas de traitement poétique du temps. In: Recherches poétiques 2 (1976); J. Hagstrum: The Sister Arts: The Tradition of Literary Pictorialism in English Poetry from Dryden to Gray. Chicago, IL 1958; H. Hinterhäuser: Tote Städte in der Literatur des Fin de siècle. In: Archiv 206 (1969–70); W. Hipple: The Beautiful, the Sublime, and the Picturesque in 18th-C. British Aesthetic Theory. Carbondale, IL 1957; C. Hussey: The Picturesque. Studies in a Point of View. 2. Aufl. Hamden 1967; H. Levin: The Broken Column. A Study in Romantic Hellenism. Cambridge, MA 1931; R. Macauley: Pleasure of Ruins. New York 1953 (Neudr. 1966); R. Michéa: La Poésie des ruines au XVIIIe siècle et la contribution de l'Italie à la sensibilité préromantique. In: Études Italiennes, NSV 5 (1935); R. Mortier: La Poétique des ruines en France. Genève 1974; W. Rehm: Der Untergang Roms im abendländischen Denken. Leipzig 1930; ders: Europäische Romdichtung. München 1960; D. Ringe: The Pictorial Mode: Space and Time in the Art of Bryant, Irving, and Cooper. Lexington, KY 1971; E. de Saint-Denis: Des Vers latins de Hildebert aux ‚Antiquitez' de J. de Bellay. In: Etudes Classiques 8 (1939); V. Saulnier: Les „Antiquitez de Rome" de Joachim du Bellay. Paris 1961; E. Schmidt: Die Ruine als dichterisches Motiv. In: Deutsche Literaturzeitung 33 (1912); C. Springer: The Marble Wilderness. Cambridge 1987; W. Waetzoldt: Das klassische Land. Wandlung der Italiensehnsucht. Leipzig 1927.

Siehe auch: Fahrt, Garten, Landschaft

Satan *(Luzifer, Mephistopheles)*

Die Figur erscheint so häufig in der Literatur, daß im Rahmen eines Handbuchs nur Hinweise auf die wesentlichsten Aspekte der Themen- und Motivbeziehungen möglich sind. Satan ist Handlungsträger und Gegenspieler, der dramatische Konflikte auslöst; er hat eine zentrale Funktion im Aufbau einer Folge von Ereignissen, in denen seine Eigenschaften Zug und Gegenzug bestimmen, und dient der Kopplung mit anderen Textelementen. Durch die Figur entstehen sowohl Bezüge zu der Versuchung durch das →Böse als auch zu dem Persönlichkeitsverlust im Prozeß der →Selbstverwirklichung.

1. Im Verlauf der literarischen Entwicklung wurde Satan mit dem Glanz der Herrscherwürde, einem Machtbereich, Gefolge und Ritual umgeben. Seine Attribute sind Gegenbilder zur göttlichen Vorrangstellung und zu den heiligen Sakramenten. Der Pakt mit dem Teufel muß durch Blut beglaubigt werden. Satan führt das Hochamt in schwarzen Messen und am Hexensabbat. Er steht einem Reich vor, das er ständig zu erweitern sucht, und ist von einem Gefolge von Teufeln und Hexen umgeben. Die Volksüberlieferung berichtet, daß er eine Kapelle, eine Mutter, die regierende Göttin der Nacht, und eine Großmutter habe. Seine Bedeutung übertrifft die jeder berühmten Persönlichkeit und rechtfertigt den literarischen Anspruch auf einen autobiographischen Schlüssel zum Verständnis seiner Existenz (Jean Paul, *Auswahl aus des Teufels Papieren,* 1789; Wilhelm Hauff, *Mittheilungen aus den Memoiren des Satans,* 1826–27; Frédéric Soulié, *Les Mémoires du diable,* 1838; John R. Beard, *Autobiography of Satan,* 1872). Die scharfe Verurteilung und Verfolgung von satanischen Kulthandlungen und Bräuchen (Innozenz VIII., *Summis desiderantes,* 1484; die Inquisition; Martin Luther; Rechtserlasse in allen europäischen Ländern; die Hexenprozesse in Salem, Nordamerika) führten dem Motiv des Liebesverkehrs mit dem Teufel neue Impulse zu und gaben zu literarischen Darstellungen der Hexenjagd Anlaß.

2. Ganz ähnlich wie die Konstellationen von Ahriman (Licht) – Ormuzd (Finsternis), Osiris (Fruchtbarkeit) – Seth (Zerstörung) und Apollo (Klarheit) – Dionysos (Rausch) ruft die Polarität von Gott und Satan gegensätzliche Vorstellungen hervor. Licht, Ordnung, Gnade, Heilsgeschichte und Erlösung stehen dem Chaos, der Finsternis, der Verirrung und der Verdammnis gegenüber. Das Bündnis von Satan mit Menschen, besonders mit →Faustus und an Faust erinnernde Figuren, löst gewaltsame Konflikte zwischen dämonischen Kräften und den nach Läuterung, Aufklärung und Erlösung strebenden Neigungen aus. Es versetzt den Menschen in den Mittelpunkt eines Spannungsfeldes zwischen Gut und Böse, Himmel und Hölle. Versuchung, Wette oder Teufelspakt veranlassen Figuren zur philosophischen und theologischen Auseinandersetzung mit Fragen der Freiheit, der Schicksalsgebundenheit, der Autonomie des menschlichen Willens und der Planung gesellschaftlicher Entwicklungen.

Das Motiv des Teufelspakts überträgt auf Texte die Prinzipien eines Wettspiels. Der Pakt, bereits in Enoch, im Talmud und den Schriften der Kabbala erwähnt, ist ein verbindlicher Vertrag mit dem Bösen und dem Tod. Satan hält in ausnahmslos allen Schilderungen seine Verpflichtung ein. Die Menschen dagegen versuchen grundsätzlich, den Vertrag zu brechen. Sie trachten danach, Satan zu überlisten, oder erwägen Möglichkeiten, sich der endgültigen Konsequenz zu entziehen. Sie hoffen auf den Eingriff der göttlichen Gnade, reflektieren über Schuld und Unschuld und spekulieren auf die Aussicht, daß ihr unerhörtes Vergehen letztlich doch die göttliche Macht auf den Plan ruft. Ihre Reflexionen bleiben unberührt von der stereotyp wiederkehrenden Beobachtung Satans, daß die Hölle von Figuren bevölkert sei, die die göttliche Barmherzigkeit durch ihre unerhörten Übertretungen herausfordern wollten. Die Legenden von Theophilus und Robert dem Teufel (Gautier de Coincy, *Le Miracle de Théophile,* ca. 1200; *Robert le Diable,* 13. Jh., Volksbuch, 1496) verheißen jedoch die Erlösung des Sünders nach aufrichtiger Sühne und völliger innerer Wandlung. Auch Goethes Faust erfährt die Gnade der Errettung, obwohl er bis zum letzten Atemzug in den Widersprüchen des Daseins verfangen bleibt. Er mußte jedoch gerettet werden, da ihn seine besondere Persönlichkeitsentfaltung auf der Lebensfahrt zum Repräsentanten des abendländischen Denkens stempelte. Die Wette in Goethes *Faust* behält in ihrer Anlage übrigens die Eigenart des Pakts bei. Das Motiv erzeugt in Texten starke Spannung und steigert durch mehrfache Wiederholung die Erwartung der Leser und Zuschauer. Eine Variante des Motivs kommt in humoristischen Volkserzählungen und germanischen Sagen vor. Die Erzählungen entwerfen ein Bild des dummen Teufels, der wie ein Kobold oder Zwerg angestellt, überlistet und entlassen werden kann. Die Grundkonzeption, die auch in den Teufelsgeschichten der Fastnachtsspiele des 16. Jh. auftaucht, ist einfach. Der Pakt wird durch Betrug erfüllt, und der schlaue Bauer oder kluge Kaufmann übervorteilt den Teufel. Das allgemeine Schema liegt der folgenden Geschichte zugrunde: Der Bauer überlistet den Teufel, indem er das anpflanzt, was ihm die Ernte garantiert: Getreide, wenn der Vertrag dem Teufel alle Frucht unter der Erde einräumt, Kartoffeln oder Rüben, wenn der Teufel die Ernte über der Erde erhält. Einige literarische Werke, die Satan als einen Gegner schildern, der durch Gefangennahme schachmatt gesetzt werden kann, greifen das orientalische Motiv des gefangenen Geistes auf (Louis Velez de Guevara, *El diablo cojuelo,* 1641; Friedrich Gottlieb Klopstock, „Wintermärchen", 1778; Friedrich de la Motte Fouqué, *Das Galgenmännlein,* 1810; Robert Louis Stevenson, „The Bottle Imp", 1891).

3. Obwohl sich die individuellen Züge Satans über die Jahrhunderte veränderten und von Autor zu Autor unterschiedlich gestaltet wurden, zeigt die Figurenkonzeption eine Reihe übergreifender Eigenschaften. Als der strahlende Engel Luzifer, der sich in seiner Anmaßung Gott gleichstellte, aber von ihm aus dem Himmel gestürzt wurde, behält die Figur den Schein berückender Schönheit, den Stolz und den Hochmut. Als Herrscher der Unterwelt zeigt Satan Anklänge an Pluto und Hephästus. Sein Bestreben, die Welt zu beherrschen, kennt keine Grenzen. Sein Machtanspruch kann nur von Gott gezügelt werden. Im Gegensatz zu Luzifer, der oft tragisch wirkt und sowohl Mitleid erweckt als auch Bewunderung hervorruft, steht der Herrscher des Reiches der Verdammten allen Gefühlen unbeteiligt gegenüber. Als Teufel ist die Figur tief in der christlichen Morallehre verwurzelt. Der Teufel gehört zur Weltordnung, weil er das Gute durch sein böses Bestreben näher bestimmt. Er bewirkt das Gute, weil er an das Gewissen des einzelnen appeliert und die Menschen zur Selbstbesinnung zwingt. Sein Wesen entlarvt den Schein der Welt, offenbart die Eitelkeit und vergegenwärtigt die Sinnlosigkeit rein weltlicher Hoffnungen.

Außerdem dienen die höllischen Scharen und die ewige Verdamnis der lehrhaften Abschreckung. Der Teufel steht jenseits der Erlösung und versucht unentwegt, seine Herrschaft auszubreiten, indem er die Menschen zum Abfall von Gott verführt. Sein Wesen verkörpert alle von der christlichen Ethik verurteilten persönlichen Charaktereigenschaften und kollektiven Überlieferungen. Seine Gestalt vereinigt Züge mythischer Figuren und heidnischer Götzen (Klumpfuß, Hörner, Huf, Schwanz). Seine geistige Verfassung ist die des Verführers. In religiösen Dramen des Mittelalters und Stücken des Jesuitentheaters spielt der Teufel eine fest umrissene Rolle. Er dient der Heilsgeschichte der Welt und läßt die Herrlichkeit Gottes im reinsten Licht erstrahlen. Die Sünder, die seiner Verführung erliegen, werden von jubelnden Teufeln in die Hölle gerissen; die Menschen, die seiner Versuchung widerstehen, werden von jauchzenden Engeln in den Himmel entführt.

In der literarisch eindrucksvollsten Formgebung des Mephisto erscheint Satan als der größte Illusionist und Meister der Anpassungskunst. Er wechselt Aussehen und Charakter, tarnt und assimiliert sich, ist der Mann für jede Situation. Die Literatur verlieh ihm jedes zeit- und unzeitgemäße Aussehen. Er tritt in die Handlung ein als Wissenschaftler, Theologe, hilfsbereiter Diener, Höfling, Liebhaber, Kuppler, gebildeter und sprachgewandter Herr der großen Welt, Künstler, Philosoph und Intellektueller der Moderne. Er erscheint als Doppelgänger und spiegelt verdrängte Wünsche und Triebe der Figuren, die ihm erliegen. Er tritt aber auch als Todfeind auf, der zum Kampf auffordert. Er versucht die Ahnungslosen, verführt diejenigen, die an ihn glauben; er ist bösartig und täuscht seine Opfer. Mephistopheles ist jedoch außerdem der kluge Philosoph, der die Wahrheit spricht, die Menschen warnt und sogar tief moralische Einsichten äußert. Vor allem erweckt Mephisto den Eindruck, daß er ausgesprochen menschlich denkt und handelt. Am Anfang der Fausttradition verspricht Mephisto die Befriedigung extravaganter Wünsche; am Ende des 18. Jh. verheißt er die Erkenntnis des Wesens der Schöpfung und damit der Kräfte, die die historische Entwicklung befördern. Im 20. Jh. befreit er Faust von dem unerträglichen Erkenntnisekel und gewährt ihm einen Durchbruch zur ursprünglichen Naivität, die einen Schaffensrausch auslöst, der alle überlieferten Werte umwertet und der Welt das absolut Neue schenkt. Da Mephisto bei der Schöpfung Pate steht, ist das Neue in seiner eigensten Substanz auch in der Moderne eindeutig gekennzeichnet.

Trotz der vielfältigen Metamorphosen Satans, die von der allegorischen Figur bis zu wirklichkeitsnahen, lebensvollen Personen reichen, bekundet seine Gegenwart im Text die im Menschen bis zum äußersten gespannte Sehnsucht, der Begrenzung der Welt im weitesten Sinne zu entfliehen. Er versinnbildlicht den revolutionären Geist, die Unruhe, den Wissensdrang und den Aufstand gegen die Sicherheit des kollektiven Denkens. Er ist das Zeichen der allgemeinen Verunsicherung der Existenz. Er verkörpert bei aller negativen Formgebung den Ruf des Gewissens. Seine Anwesenheit verleiht dem Text eine kosmische Dimension, erhöht die in Versuchung geführte Person, ermöglicht die unerbittliche Gegenüberstellung von Gut und Böse und erweitert dadurch letztlich den Spielraum der menschlichen Autonomie und Verantwortlichkeit.

Quellen: Raoul de Houdan, *Le Songe d'enfer* (13. Jh.); Gautier de Coincy, *Le Miracle de Théophile* (13. Jh.); Stricker, „Der Richter und der Teufel" (ca. 1230); Dante Alighieri, *La Divina Commedia* (1300–18); Geoffrey Chaucer, „The Devil and the Judge" in: *Canterbury Tales* (1386–1400); Ludovico Ariosto, „Il negromante" (1518); Shakespeare, *Richard III* (1592); Stücke des 16. Jh. von Hans Sachs, Schmidt, Musculus, Glaser; Hugo Grotius, *Sacra in quibus Adamus* (1601); Ben Jonson, „The Alchemist" (1610); *The Devil is an Ass* (1616); Joost van der Vondel, *Lucifer* (1654); John Milton, *Paradise Lost* (1667); Charles Coffey, *The Devil to Pay, or The Wives Metamorphosed* (1745); Friedrich Gottlieb Klopstock, *Der Messias* (1749); Jacques Cazotte, *Le Diable amoureux* (1772); William Beckford, *Vathek* (1787); William Blake, „The Divine Image" (1789); „The Ghost of Abel" (1822); *The Marriage of Heaven and Hell* (1790); Matthew Gregory Lewis, *Ambrosio, or the Monk* (1795); Ludwig Tieck, *Der Abschied* (1798); *Prince Zerbino* (1799–1800); Percy Bysshe Shelley, „The Devil's Walk" (1812); George Gordon Byron, „The Devil's Drive" (1814); E.T.A. Hoffmann, *Die*

Elixiere des Teufels (1815–16); Charles Robert Maturin, *Melmouth the Wanderer* (1820); Goethe, *Faust* (1808–32); Honoré de Balzac, *Le Centenaire, ou les deux Behringheld* (1822); *Contes drôlatiques* (1832); Washington Irving, „The Devil and Tom Walker" (1824); Étienne-Léon Lamothe-Langon, *Le Diable* (1832); Prosper Mérimée, *Les Ames du purgatoire* (1834); William Thackeray, *The Painter's Bargain* (1834); Alphonse de Lamartine, *La Chute d'un ange* (1838); Nathaniel Hawthorne, „Young Goodman Brown" (1846); Emily Brontë, *Wuthering Heights* (1847); Charles Baudelaire, *Les Fleurs du Mal* (1857); Gustave Flaubert, *La Tentation de Saint-Antoine* (1874); Leo Tolstoi, „Die Nacht der Finsternis" (1885); „Der Teufel" (1889); Joris-Karl Huysmans, *Là-bas* (1891); Stanislaus Przybyszewski, *Satans Kinder* (1897); *Die Synagoge des Satan* (1897); George Bernard Shaw, *The Devil's Disciple* (1901); John Masefield, „The Devil and the Old Man" (1905); Max Beerbohm, „Enoch Soames" (1916); Mark Twain, *The Mysterious Stranger* (1916); Maxim Gorki, „Der Eremit" (1923); Ernst Barlach, *Der blaue Boll* (1926); Georges Bernanos, *Sous le soleil de Satan* (1926); Stephen Benét, „The Devil and Daniel Webster" (1927); Katherine Anne Porter, *The Virgin and the Clerk* (1929); Elisabeth Langgässer, *Tryptichon des Teufels* (1932); *Das unauslösliche Siegel* (1946); Klaus Mann, *Mephisto* (1936); Arthur Miller, *The Crucible* (1953); Franz Johannes Weinrich, *Das Welttheater Luzifers* (1956).

Lit.: Le Diable au Moyen Age. Paris 1979; W. Dilthey: Satan in der christlichen Poesie. In: Die großen Phantasiedichtungen u. andere Studien zur vergleichenden Literaturgeschichte. Göttingen 1954; W. Einsiedel: Der Böse u. das Böse. In: Merkur 5 (1951); A. Graf: Naturgeschichte des Teufels. Jena 1893; C. Grillet: Le Diable dans la littérature au XIXe siècle. Paris 1935; W. Haug: Der Teufel u. das Böse im mittelalterlichen Roman. In: ders., Strukturen als Schlüssel zur Welt. Tübingen 1989; J. Holz: Im Halbschatten Mephistos. Literarische Teufelsgestalten von 1750 bis 1850. Ffm 1989; D. Kafitz (Hg.): Dekadenz in Deutschland. Ffm 1987; E. Langton: Satan. A Portrait. London 1948; ders.: Essentials of Demonology. London 1949; C.E. Magny: La Part du diable dans la littérature contemporaine. In: Littérature et critique. Paris 1971; G. Mahal: Mephistos Metamorphosen. Göppingen 1972; M. Milner: Le Diable dans la littérature française de Cazotte à Baudelaire, 1772–1861. Paris 1960; ders. (Hg.): Entretiens sur l'homme et le diable. La Haye 1965; O.H. Moore: The Infernal Council. In: Modern Philology 16 (1918–19), 19 (1921–22); U. Müller: Die Gestalt Luzifers in der Dichtung vom Barock bis zur Romantik. Nendeln 1969; M. Osborn: Die Teufelliteratur des 16. Jh. Berlin 1893; E. Osterkamp: Lucifer: Stationen eines Motivs. Berlin 1979; W. Pabst: Satan u. die alten Götter in Venedig. In: Euph. 49 (1955); G. Papini: Der Teufel. Stuttgart 1955; C. Reichler: La Diaboli. Paris 1979; M.J. Rudwin: Der Teufel in den deutschen geistlichen Spielen. Göttingen 1915; ders.: Les Écrivains diaboliques de France. Paris 1937; H. Vorgrimler: Geschichte der Hölle. München 1994; A. Winklhofer: Traktat über den Teufel. Ffm 1961.

Siehe auch: das Böse, Faustus

Schatten

1. Die unveräußerliche Charakteristik aller dem Licht ausgesetzten Objekte und damit des menschlichen Körpers diente, ganz ähnlich wie der →Doppelgänger, der literarischen Darstellung des Unbewußten. Carl Gustav Jung deutet Gestaltungen des Schattens als Verkörperungen einer dämonischen Macht, die uranfänglich dem Licht entgegensteht. Die Literatur verknüpft mit Schatten unterschiedliche Vorstellungen der Persönlichkeitsstörung, des Ausbrechens verdrängter Triebe oder Wünsche und menschlicher Verkrüppelung. Figürliche Schatten nehmen häufig die Form des bösen Bruders oder Satans an. Die weiteste Verbreitung fand das Motiv des verlorenen oder verkauften Schattens und seine Variation des verlorenen Spiegelbildes. Handlungstechnisch ermöglicht das Motiv den Aufbau einer Erzählfolge der fortgesetzten Bemühung des Handlungsträgers, seinen verlorenen Schatten wieder zu erlangen. Es motiviert die Reaktion anderer Personen auf den Verlust und versetzt den Erzähler in die Lage, die Handlung durch Schilderungen sowohl ernster als auch humoristischer Situationen anzureichern. Das Motiv stellt eine Signalfolge wiederkehrender Kontraste her, die die Persönlichkeitsstruktur des Handlungsträgers beleuchten und in der bevorzugten Sinndeutung die Auseinandersetzung mit der Versuchung durch das Böse hervorheben. Wie Adelbert von Chamissos Erzählung *Peter Schlemihls wundersame Geschichte* (1814) und E.T.A. Hoffmanns „Die Geschichte vom verlornen Spiegelbilde" (1815) belegen, kann das Motiv die Grundkonzeption und den gesamten Aufbau eines Textes tragen. In der Motivgestaltung zeichnet sich eine starke Dynamik in den wiederkehrenden

Spannungsmomenten und der häufig zur Jagd werdenden Suche nach dem verlorenen Schatten ab. Diese Tendenz ist noch stärker ausgeprägt in Erzählungen, in denen das Spiegelbild zu eigenem Leben erwacht. Das Abbild wird zum Doppelgänger, der mit dem Handlungsträger um dessen unsterbliche Seele ringt: Karl Wilhelm Contessa, „Das Schwert und die Schlangen" (1816); Sebastian Willibald Schießler, *Der Mann ohne Schatten* (1827); Hans Christian Andersen, *Skyggen* (1847); Oscar Wilde, „The Fisherman and His Soul", 1892; Hanns Heinz Ewers, *Der Student von Prag* (1900). In Hugo von Hofmannsthals, *Die Frau ohne Schatten* (1919) erwirbt die Kaiserin den menschlichen Schatten durch ihre reine Liebe und die Fähigkeit, entsagen zu können. Théophile Gautier schildert im „Onuphrius" (1833) den Untergang eines jungen Menschen, der sowohl Schatten als auch Spiegelbild verloren hat. Gautier arbeitet in größter Konzentration des Geschehens die im Motiv vorgebildete Lösung konsequent aus. Die Verlustbilder offenbaren Zerstörungserscheinungen, die zum Tödlichen tendieren.

2. Das Motiv des verkauften Schattens hat Parallelen in Erzählungen, in denen die Hauptfigur eine lebensnotwendige Beschaffenheit ihrer Person (Schlaf, Gedächtnis, Begabung, Kunstfertigkeit, Namen) veräußert, um Reichtum, Liebe oder Glück zu gewinnen. Von besonderer Bedeutung ist die Motiventfaltung des steinernen Herzens und der verkauften Seele. Sie legt menschliche Defizite bloß, die in einer Gesellschaft auftreten, in der der Wunsch nach materieller Bereicherung die Liebesfähigkeit der Menschen verkümmern läßt.

Lit.: M.L. Franz: Shadow and Evil in Fairy Tales. Zürich 1974; E. Loeb: Symbol u. Wirklichkeit des Schattens in Chamissos Peter Schlemihl. In: GRM 15 (1965); H.P. Müssle: Chamissos Peter Schlemihl oder die Weltordnung des Teufels. Nagoya 1961; B. v. Wiese: Die deutsche Novelle von Goethe bis Kafka. Düsseldorf 1957; G. v. Wilpert: Der verlorene Schatten. Varianten eines literarischen Motivs. Stuttgart 1978.

Siehe auch: Herz

Scheideweg

Siehe Weg

Schelm

1. Über die Figur im besonderen und die Schelmenromane im allgemeinen liegen eingehende Untersuchungen vor. Die Entwicklung der Erzählform von *Lazarillo de Tormes* bis *Trobadora Beatriz* zeigt außer der betont historischen und sozialkritischen Perspektive (ursprünglich die politische Situation und das Geistesleben während der Herrschaft Philipps II., Probleme des Stadtlebens im 16. Jh., soziale Veränderungen und Klassenunterschiede in den folgenden Jahrhunderten) eine wiederkehrende thematische Grundkonzeption, der eine klar umrissene Wechselwirkung von Figur und Thema zugrunde liegt. Der Picaro erscheint im Prozeß des Werdens. Er befindet sich auf der Lebensfahrt (→Fahrt) und wächst zum Lebenskünstler heran. Er reift (→Reifen), aber seine besondere Haltung zur Umwelt entspricht einer durchaus eigengesetzlichen Themenführung. Die beiden thematischen Grundkonstellationen lassen deutliche Überschneidungen und Gegensätze erkennen. (1) In der thematischen Gestaltung des Reifens wird der Handlungsträger einer Folge von Erfahrungen ausgesetzt, die, individualpsychologisch gesehen, Bewährungsproben darstellen und sein Wissen bereichern. Jede Stufe bildet die Anlagen der Person weiter aus, erweitert die Erkenntnisfähigkeit und vermittelt Eindrücke, die in ihrer Gesamtheit eine bewußte Welterkenntnis gestatten. Im Vorgang der fortgesetzten Horizonterweiterung gewinnt die Figur einen umfassenden Überblick über das Leben (Natur, das Göttliche, Geschichte, Gesellschaft, zwischenmenschliche Beziehungen). Die Entwicklung schärft das kritische Denkvermögen, und die Figur bewältigt das Dasein in einem fortgesetzten Prozeß der kritisch-bewußten Auseinandersetzung. Diese Konstellation liegt einer bedeutenden Zahl von Bildungs- und Entwicklungsromanen zugrunde. (2) Eine Person erlebt eine Reihe von Abenteuern, die sicherlich echte Bewährungsproben sind, die aber nicht den Eindruck kausaler Zusammenhänge erwecken, sondern die Zufälligkeit in menschlichen Begegnungen und Trennungen hervorheben. Jede Station der Lebensfahrt vergegenwärtigt wachsende und abnehmende Interessen, Lebenserfahrung und Unverstand, Erfolg und Mißerfolg. Die Person verstrickt sich wissentlich und unwissentlich in vielfältige Situationen, entwickelt zuweilen die Fähigkeit, kritisch über das Leben nachzudenken, verneint oder überwindet moralische Bedenken und behauptet sich im Dasein durch geschickte Kompromisse, gegebenenfalls durch Täuschung oder Betrug, aber immer durch die kluge →Anpassung an die Gesellschaft. Diese Konstellation bestimmt die Lebensfahrt des Schelmen, dessen Abenteuer letztlich die Unbeugsamkeit des menschlichen Lebenswillens veranschaulichen. Der Schelm überwindet alle Hindernisse, indem er die Mächte besiegt, die seinen Untergang heraufbeschwören könnten. Obwohl deutlich gezeichnet von den Spuren des Existenzkampfes, überlebt er am Ende.

2. Im Gegensatz zu den besonderen Geburtsmerkmalen des Helden ist die Herkunft des Schelmen ungewiß. Der Entwurf ist möglicherweise eine bewußte literarische Inversion. Der Schelm ist verwaist, unehelich geboren oder kommt aus beschränkten, manchmal auch zweifelhaften Verhältnissen. In seiner Kindheit bereitet ihn nichts auf die Abenteuer des Lebens vor. Er wächst auf, macht die Bekanntschaft gesellschaftlicher Außenseiter, erfährt, daß man sich über Ehrbegriffe hinwegsetzen kann, und gerät in Situationen, aus denen ihn nur erfinderische Manipulationen befreien. Jede Begegnung auf seiner Lebensfahrt öffnet ihm jedoch die Augen für die Tatsache, daß sich alle Ereignisse zu seinem eigenen Nutzen wenden lassen. Er begreift, daß Schein und materieller Erfolg im Leben eine weitaus größere Rolle spielen als Sein und geistige Bemühungen. Er paßt sich den Wechselfällen des Lebens an, bleibt naiv, gutmütig und hilfsbereit, handelt jedoch skrupellos. Er orientiert sein Dasein am Glücksrad des Lebens (→Fortuna) und hat Erfolg, weil die scheinbar gesicherte Ordnung der Gesellschaft innerlich brüchig ist und die Menschen letztlich betrogen werden wollen. Der Picaro hat Eigenschaften des Gauners, Possenreißers, Vagabunden, Lügners und Außenseiters. Alle Merkmale sind jedoch in der besonderen Figurenkonzeption des Schelmen zu einer Einheit verschmolzen. Die Häufung von Eigenheiten, die zur Kritik anregen, darf jedoch nicht darüber hinwegtäuschen, daß der Schelm in vielen Erzählungen durchaus ernsthafte Überlegungen über gesellschaftliche Bedingungen und den Sinn des Daseins anstellt. Die fingiert autobiographisch berichteten, zwanglosen Episoden enthüllen die innere Beziehungslosigkeit der Menschen in der scheinbar gesicherten Ordnung der Gesellschaft. Der Picaro erkennt, daß die Scheinallianzen der Umwelt seine Hochstapelei begünstigen. Er durchschaut menschliche Schwächen, kritisiert soziale Fehlentwicklungen und setzt sich häufig kritisch mit religiösen und philosophischen Ideen seiner Zeit auseinander. Sein erworbenes Wissen und Selbstbewußtsein befähigen ihn, die Widersprüche des Lebens zu meistern. Der Schelm ist jedoch nie eine wirklich entwicklungsfähige Figur, die aus der gewonnenen Selbst- und Welterkenntnis die Vorstellung einer verantwortlichen Lebensbestimmung entwickelt. Das Handeln des Schelmen bleibt immer zweideutig. Seine Ansichten spiegeln die Zweifel eines Menschen, der in eine Welt versetzt ist, in der sich feste Leitbilder der Deutung entziehen und in der Fortuna, Zufall und Schein den Gesichtskreis beherrschen.

3. Die Figur ist unlösbar sowohl mit der lockeren, ständig wechselnden Szenenfolge verschiedenster Abenteuer als auch mit einer Erzählperspektive verbunden, die es dem Erzähler gestattet, die Abenteuer des Schelmen kritisch zu beleuchten. Der Wahrheitsanspruch der fingierten autobiographischen Erzählform steht in einem streng eingehaltenen, wenn auch verschleierten Spannungsverhältnis zu der Person des Erzählers. Dieser, ein Schelm, ein Meister der Anpassungskunst, besichtigt die von ihm gespielten Rollen. Ein Lügner erzählt eine Geschichte. Seine Beobachtungen und Folgerungen können glaubwürdig, voreingenommen oder erfunden sein. Selbst das Verfahren, einen gewandelten, innerlich geläuterten Schelmen als Autobiographen einzuführen, bleibt ein Spiel. Jede Wandlung wirkt zweifelhaft im Lichte der wiederkehrenden Bemerkung, daß ein zukünftiges Abenteuer den Schelmen wieder in die Welt zurücklocken könnte. Das Auf und Ab der Ereignisse im Rahmen einer wiederholten Kreisbewegung (materieller Erfolg, Eros, Täuschung oder Betrug, Aufstieg, Abstieg, Anpassung, Neubeginn und Wiederholung) und die Übereinstimmung der Episoden, selbst wenn sich Milieu- und Ortsdarstellungen ändern, zeigen, daß die autobiographische Erzählhaltung dem Schein der Welt einen Schein der Erkenntnis zuordnet. Sie gehört zu der Konstellation, welche die Verwirrung, das Zufällige, die Glücks- und Unglücksfälle des Lebens einfängt und in der Moderne bewußt mit der Tradition des Bildungsromans spielt. Die dargestellte Ambiguität des Handelns überträgt sich auf die Deutung der Ereignisse. Der Text wird ebenso mehrdeutig wie die unterschiedlichen Erklärungen der Situationsanpassung, die der charakteristische Baustein der Erzählform sind.

Quellen: *La vida de Lazarillo de Tormes* (1554); Mateo Alemán, *Primera parte de Guzman de Alfarache* (1599); *Justina* (1605); Miguel de Cervantes, „Coloquio de los perros" (1613); Francisco Gómez de Quevedo y Villegas, *Historia de la vida del Buscón Don Pablos* (1626); *La vida y hechos de Estebanillo González* (1646); Hans Jacob Christoffel von Grimmelshausen, *Der abentheuerliche Simplicissimus Teutsch* (1669); Alain-René Lesage, *Histoire de Gil Blas de Santillane* (1715); Daniel Defoe, *The Fortunes and Misfortunes of Moll Flanders* (1722); Tobias Smollett, *The Adventures of Roderick Random* (1748); Henry Fielding, *The History of Tom Jones* (1749); Heinrich Heine, *Memoiren des Herrn von Schnabelewopski* (1831); Herman Melville, *The Confidence Man* (1857); Mark Twain, *The Adventures of Huckleberry Finn* (1884); Gerhart Hauptmann, *Der Biberpelz* (1893); André Gide, *Les Caves du Vatican* (1914); Thomas Mann, *Bekenntnisse des Hochstaplers Felix Krull* (1922, 1937, 1954); Carl Zuckmayer, *Der Hauptmann von Köpenick* (1930); John Steinbeck, *Tortilla Flat* (1935); Joyce Cary, *The Horse's Mouth* (1944); Saul Bellow, *The Adventures of Augie March* (1953); Kingsley Amis, *Lucky Jim* (1954); Iris Murdoch, *Under the Net* (1954); Alfred Kern, *Le Clown* (1957); Alan Sillitoe, *Saturday Night and Sunday Morning* (1958); Günter Grass, *Die Blechtrommel* (1959); Keith Waterhouse, *Billy Liar* (1959); Fritz Rudolf Fries, *Der Weg nach Obliadooh* (1966); *Das Luft-Schiff* (1974); Erica Jong, *Fear of Flying* (1973); Irmtraud Morgner, *Leben und Abenteuer der Trobadora Beatriz nach Zeugnissen ihrer Spielfrau Laura* (1974).

Lit.: R.B. Alter: Rogue's Process. Cambridge, MA 1964; M. Bataillon: Le Roman picaresque. Paris 1931; W. Beck: Die Anfänge des deutschen Schelmenromans. Zürich 1957; A. Blackburn: The Myth of the Picaro. Chapel Hill, NC 1957; J.G. Blair: The Confidence Man in Modern Fiction: A Rogue's Gallery with Six Portraits. New York 1979; R. Bjornson: The Picaresque Hero in European Fiction. Madison, WI 1976; F.W. Chancery: Romances of Roguery. New York 1899; R. Diederichs: Strukturen des Schelmischen im modernen Roman. Düsseldorf 1971; R. Escarpit: Le Roman picaresque. In: Bull. Centre d'Études et Discussions de Littérature Générale 1 (1951–52); G. Guillén: Towards a Definition of the Picaresque. In: Literature as System. Princeton, NJ 1971; H. Heidenreich (Hg.): Pikarische Welt. Schriften zum europäischen Schelmenroman. Darmstadt 1969; G. Hoffmeister: Der deutsche Schelmenroman im europäischen Kontext. Amsterdam 1987; (ders. Hg.): Der moderne deutsche Schelmenroman. Amsterdam 1986; J. Jacobs: Der deutsche Schelmenroman. München 1983; E. Jenisch: Vom Abenteuer- zum Bildungsroman. In: GRM 14 (1926); H. Mancing: The Picaresque Novel. A Protean Form. In: College Literature 6 (1979); S. Miller: The Picaresque Novel. Cleveland, OH 1967; A.A. Parker: Literature and the Delinquent. The Picaresque Novel in Spain and Europe 1599–1753. Edinburgh 1967; H. Petriconi: Zur Chronologie u. Verbreitung des spanischen Schelmenromans. In: Volksthum u. Kultur der Romanen 1 (1928); H.G. Rötzer: Der Schelmenroman u. seine Nachfolge. In: H. Koopmann (Hg.), Handbuch des deutschen Romans. Düsseldorf 1983; P. Salinas: Ensayos de literatura hispánica. Madrid 1958; ders.: Picaro u. Eremit. In: R. Schönhaar (Hg.), Dialog. Literatur u. Literaturwissenschaft im Zeichen deutsch-französischer Begegnung. FS Josef Kunz. Berlin 1973; A. Valbuena (Hg.): La novela picaresca española. Madrid 1946; C.J. Whitbourn (Hg.): Knaves and Swindlers. Essays on the Picaresque Novel in Europe. London 1974; U. Wicks: A Picaresque Bibliography. In: Genre 5 (1972).

Siehe auch: Anpassung, Don Quijote, Figurenkonzeption, Zufall

Schiff-Schiffbruch/Hafen

1. Die Überquerung des Meeres rief seit alters her gemischte Gefühle hervor, in denen sich häufig Hoffnung auf Erfolg und Furcht

vor den Elementen die Waage hielten. Die Seefahrt verlangte Mut, Zuversicht und Vertrauen auf die Götter, die das Abenteuer segnen oder durch unberechenbare Stürme vereiteln konnten (1. Timotheus 1,19; Alfred Tennyson, „Crossing the Bar", 1889). Die Seefahrt gab zu zahlreichen Metaphern und Redewendungen Anlaß, welche die Gefahr, die Gefangenschaft (Galeerensklave) und schwierige Aufgaben bezeichneten. Römische Dichter (Ovid, Horaz, Vergil, Properz) verglichen den literarischen Schaffensprozeß mit der Fahrt über das Meer. Der Dichter setzt zu Beginn der Reise die Segel, rafft sie und bringt das Boot sicher in den Hafen, wenn die Komposition zur Zufriedenheit ausgefallen ist. Der Vergleich wurde ein ebenso fester Bestandteil der literarischen Tradition wie Metaphern des Staatsschiffs, des Schiffs der Kirche und der Union. Die Vergleiche erfassen außerdem Spannungen und mögliche Konflikte zwischen Steuermann und Mannschaft, Herrscher und Volk, Dichter und Text, Autor und Kritiker (Apostelgeschichte 27, 28; Dante, *Paradiso*, 1318; Edmund Spenser, *The Faerie Queene*, 1590–96; Jonathan Swift, „The Unhappy Ship", 1784; Friedrich Gottlieb Klopstock, „Die Welten", „Der Eislauf", 1764, „An Freund und Feind", 1781; Friedrich Schiller, „Der Spaziergang", 1795; *Wallenstein* (1800); Victor Hugo, „A M. de Chateaubriand", 1822; „A M. de Lamartine", 1831; Ferdinand Freiligrath, „Vor der Fahrt", 1846; Joseph von Eichendorff, „Schiff der Kirche", 1848; Henry Wadsworth Longfellow, „The Building of the Ship", 1849; Charles Baudelaire, „Voyage à Cythère", 1857, „L'Invitation au voyage", 1857; Stéphane Mallarmé, „Brise marine", 1893; Bertolt Brecht, „Das Schiff", 1919).

2. Die Assoziation von Schiff und hoffnungsvoller Ausfahrt, sicherer Heimkehr oder Schiffbruch begünstigte ausgedehnte Vergleiche mit der unsicheren existentiellen Situation des Menschen angesichts der Zukunft. Das Bevorstehende liegt im ungewissen. Einzelne können das Schicksal meistern oder versagen. Die Motivreihe Schiff-Schiffbruch/Hafen kennzeichnet keine antithetischen, einander ausschließenden Verhaltensweisen, wie einige Forscher annehmen, sondern umreißt eine Sphäre des möglichen Handelns. Sie verbindet polare Dimensionen des Daseins und erzeugt ein dynamisches Gleichgewicht der Kräfte in einem Augenblick bewußten Erkennens. Infolgedessen ist die Motivreihe häufig ein Grundelement in thematischen Gestaltungen der Persönlichkeitsentwicklung, der Willensentfaltung, der →Selbstverwirklichung und des →Reifens. Sie führt in die Erzählung einen deutlich ersichtlichen Anlaß zur Entscheidung ein. Die jeweilige Beurteilung und die darauf aufbauenden Entschlüsse beeinflussen die Handlungsfolge und vergegenwärtigen die besondere Eigenart der individuellen Orientierung oder Entwicklung einer Figur. Die Verfahren der Darstellung erstrecken sich von der fiktiven Identifikation des Erzählers mit dem Geschehen in der Ich-Form bis zur mehrfach gebrochenen Erzählperspektive, die nicht nur die Gefühle der Seefahrer, sondern auch die Beobachtungen der Zuschauer beleuchtet, die den Kampf mit den Elementen vom sicheren Ufer aus betrachten (Gerard Manley Hopkins, „The Loss of the Eurydice", posthum 1931). In der Aktualisierung des Textes überträgt sich die mehrfache Optik auf die Leser. Sie erfahren sowohl die erregenden Ereignisse, die Verzweiflung und die heroischen Handlungen einzelner auf dem Schiff als auch die kritischen Beobachtungen und die aus Mitleid und selbstzufriedenem Abstand gemischten Empfindungen der Zuschauer (Johann Joachim Ewald, „Der Sturm", 1755; Hans Magnus Enzensberger, *Der Untergang der Titanic. Eine Komödie*, 1978).

3. Die Motivreihe vergegenwärtigt drohende politische Gefahren und die Unsicherheit des Lebens. Sie erfaßt menschliche Krisensituation, nimmt Ereignisse gedanklich vorweg, begründet das Handeln einzelner und symbolisiert durch die Lösung (Schiffbruch oder Hafen) entweder die Existenzverfehlung oder das individuelle Selbstvertrauen. Die Motivreihe stützt das Erzählgerüst und vermittelt im Verlauf der literarischen Entwicklung eine Reihe primärer Sinndeutungen. Sie beziehen ein:

(1) den Glauben an die göttliche Ordnung; ferner die Kraft, persönlichen Wünschen zu entsagen und das eigene Leben im Interesse

des ethisch als richtig befundenen Kurses zu opfern (Hugo, „A *** Trappiste“, 1831; Schiller, *Wilhelm Tell,* 1804; Paul Claudel, *Le Soulier de satin,* 1929);
(2) das Vertrauen, daß der einzelne sein Schicksal meistern kann und durch sein Handeln zum Vorbild für andere wird. Der Steuermann widersteht dem Aufruhr der Elemente, vertraut auf Gott oder das innere Ordnungsgefüge der Natur und baut auf seine Fähigkeit, den richtigen Kurs zu finden. Er erfüllt seine Pflicht und blickt, „sicher landend oder scheiternd“, ruhig in die Zukunft (Goethe, „Seefahrt“, 1776; Joseph Conrad, „Youth“, 1898; „Typhoon“, 1902);
(3) die kühne Selbstsicherheit des Menschen, der die Elemente herausfordert und die Götter verlacht (Samuel Taylor Coleridge, *The Rime of the Ancient Mariner,* 1798; Longfellow, „The Wreck of the Hesperus“, 1839; Herman Melville, *Moby-Dick,* 1851; Tennyson, „The Voyage“, 1864);
(4) den Opfertod, die Selbstüberwindung des einzelnen und das Vermögen, durch vorbildliches Handeln den Mitmenschen zu dienen (Jacques-Henri Bernardin de Saint-Pierre, *Paul et Virginie,* 1787; Alfred de Vigny, „La Bouteille à la mer“, 1854; Hopkins, „The Wreck of the Deutschland“, 1875; Stephen Crane, „The Open Boat“, 1898);
(5) die bedingungslose Lebensbejahung angesichts von Untergang oder Tod. Einzelne Figuren widersetzen sich scheinbar völlig aussichtslosen Situationen. Ihr unbeugsamer Wille legt ein Zeugnis ab für die Widerstandsfähigkeit des menschlichen Geistes (Ernest Hemingway, *The Old Man and the Sea,* 1952); ihre Erfahrung führt zur Erkenntnis, daß der Tod zum Leben gehört, und bedingt eine lebenswürdige Haltung zur Welt, die dem Tod letztlich keine Macht über die Daseinsgestaltung einräumt (Goethe, „Meeres Stille“, „Glückliche Fahrt“, 1795; Arthur Rimbaud, „Le Bâteau ivre“, 1871; Hugo von Hofmannsthal, „Erlebnis“, 1892);
(6) die Unentschlossenheit und das Versagen im Augenblick der Entscheidung. Darstellungen des Zögerns und der Schuld, die durch das Unterlassen einer verantwortlichen Entscheidung entsteht, veranschaulichen die trügerische Sicherheit der Abenteurer (Petrarca, *Libro de Apolonio,* 1335–40; Richard Hughes, *In Hazard,* 1938), den lähmenden Schrecken und die Unwilligkeit, sich selbst die Wahrheit einzugestehen (Conrad, *Lord Jim,* 1906), die Hoffnungslosigkeit (Tennyson, „The Wreck“, „Despair“, 1885) sowie den langsamen, aber unerbittlichen Verfall des Menschen, dessen Leben ein beständiges Vorausdenken auf den Tod ist (B. Traven, *Das Totenschiff,* 1926; Karl Krolow, „Die Schiffe“, 1946, „Verlassene Küste“, 1948, „Robinson III“, 1958; Jen Rehn, *Nichts in Sicht,* 1954; William Golding, *Pincher Martin,* 1956).

4. Die Motivreihe kann außerdem im Aufbau der Handlung die Funktion eines Wendepunkts übernehmen und zur Neuorientierung im Leben einer Gruppe führen (Gabriel García Márquez, „Relato de un naufrago“, 1955) oder eine Reihe neuer Abenteuer einleiten. In Schilderungen, in denen der Erzähler im Rückblick den Schiffbruch im Zusammenhang mit seinem Leben betrachtet, fördert das Ereignis die Erkenntnisfähigkeit. In →Robinsonaden wird der Schiffbruch zum erregenden Ausgangspunkt einer Reihe von Bewährungsproben, in denen einzelne oder kleine Gruppen selbständig handeln müssen, um ihre Zukunft sinnvoll gestalten zu können (Petronius Arbiter, *Satiricon*; Shakespeare, *The Tempest,* 1611?; Daniel Defoe, *Robinson Crusoe,* 1719; Voltaire, *Candide,* 1759; Frederick Marryat, *Masterman Ready,* 1841; Gerhart Hauptmann, *Die Insel der großen Mutter,* 1924). Im Gegensatz zu dem Signal des Neubeginns kann eine Vision des auf immer am Horizont verschwindenden Schiffs die Ergebnislosigkeit jeder menschlichen Bemühung einfangen (Edgar Allan Poe, „MS. Found in a Bottle“, 1833; Matthew Arnold, „A Summer Night“). Diese Möglichkeiten der Lebensbejahung und Verneinung umfassen den Aktionsradius der Motivreihe.

Lit.: M. Beller: Staatsschiff u. Schiff des Lebens als Gleichnisse der barocken Geschichtsdichtung. In: Arcadia 15 (1980); ders.: Über den Gebrauch der Schiffsgleichnisse im politischen Traktat u. Drama des Barock. In: Klassische Modelle in der Literatur. Innsbruck 1981; B. Blume: Die Kahnfahrt: Ein Beitrag zur Motivgeschichte des 18. Jh. In: Euph. 51 (1957); ders.: Das Bild des Schiffbruchs in der Romantik. In: JDSG 2 (1958); ders: Sein u. Scheitern. In: GRM NF 9 (1959); ders.: Lebendiger Quell u. Flut des Todes. In: Arcadia 1 (1966); ders.: The Metamorphosis of Captivity. In: GQ 43 (1970); H. Blumenberg: Schiffbruch mit Zuschauer. Ffm 1979; Curtius; H.S. Daemmrich: Steuermann-Schiffbruch-Hafen. In: A.J. Bisanz, R. Trousson (Hg.), Elemente der Literatur. Stuttgart 1980; T. Heydenreich: Tadel u. Lob der Seefahrt. Heidelberg 1970; K. Huntress (Hg.): Narratives of Shipwreck and Disasters 1586–1860. Ames, IO 1974; G.P. Landow: Shipwrecked and Castaway on the Journey of Life. In: RLC 46 (1972); M. Lee: The Imperiled Poet: Images of Shipwreck and Drowning in Three Klopstock Odes. In: Lessing Yearbook 12 (1980): J.P. Rüesch: Ophelia: Zum Wandel des Lyrischen im Motiv der ‚navigatio vitae' bei Arthur Rimbaud u. im deutschen Expressionismus. Zürich 1964; E. Schäfer: Das Staatsschiff. In: P. Jehn (Hg.), Toposforschung. Ffm 1972; K. Wais: Die Errettung aus dem Schiffbruch. In: DVjs 34 (1960); Nachdr. In: ders., Europäische Literatur im Vergleich. Tübingen 1983.

Siehe auch: Fahrt, See, Selbstverwirklichung

Schloß

Schilderungen von Burgen, Schlössern, einzelnen Schloßzimmern oder Verliesen werden vorwiegend in drei Formen als Motive wirksam:

(1) Sie charakterisieren den Aktionsraum, dessen Luxus zu Verschwendung, Vergnügen und Sinnenfreude anregt. Das Luxusleben ruft gewöhnlich Kontrastvorstellungen des einfachen Lebens hervor (Hütte/Palast; Robert Grosseteste, *Le Chasteau d'amour,* 13. Jh.; *The Castle of Perseverance,* verf. 1400–25; James Thomson, *The Castle of Indolence,* 1748; Samuel Taylor Coleridge, *Kubla Khan,* 1798; Joseph von Eichendorff, *Aus dem Leben eines Taugenichts,* 1826; Gérard de Nerval, *Sylvie,* 1853; Alain-Fournier, *Le Grand Meaulnes,* 1913).

(2) Sie schaffen eine Atmosphäre des Schreckens. Der Ort, durch Requisiten des Entsetzens wie Geister, knarrende Dielen, schauriges Heulen und ähnliches ausgemalt, wird von unheimlichen Personen bewohnt und beherbergt Aggressoren (→Aggression; →Angst; Shakespeare, *Hamlet,* 1602; *Macbeth,* 1606?; Horace Walpole, *The Castle of Otranto,* 1764; Ann Radcliffe, *The Castles of Athlin and Dunbayne,* 1789; Jane Austen, *Northanger Abbey,* 1817; Walter Scott, *Castle Dangerous,* 1831; Julien Gracq, *Au château d'Argol,* 1938).

(3) Das Schloß ist das Zentrum des Abenteuers, der Macht, der Handlung, der Verschwörung oder des Widerstandes. Es verstrickt alle Figuren, zieht sie an oder stößt sie ab (höfische Romane; Shakespeare, *Richard II,* ca. 1594; *Hamlet*; Alessandro Manzoni, *I Promessi sposi,* 1827; Honoré de Balzac, *Les Chouans,* 1829; Franz Kafka, *Das Schloß,* 1926). Autoren des 19. und 20. Jh. dehnten die Schilderungen auf Lustorte aller Art aus (Stendhal, *Le Rouge et le noir,* 1831; *La Chartreuse de Parme,* 1839; William Thackeray, *Vanity Fair,* 1847–48; Gustave Flaubert, *L'Education sentimentale,* 1869; Marcel Proust, *A la recherche du temps perdu,* 1913–27).

Lit.: H.S. u. I. G. Daemmrich: Abenteuer als Daseinsgestaltungen. Zur Wechselbeziehung von Figurenkonzeption u. Themenführung bei Eichendorff u. Alain-Fournier. In: Aurora 40 (1980); S. Jeune: Le Thème du ‚château' dans le roman historique. In: Littérature générale et littérature comparée. Paris 1968; Y. Stalloni: Le Château. In: L'Ecole des Lettres 76, 3 (1984); R. West: The Court and the Castle. Some Treatments of a Recurrent Theme. New Haven, CT 1957.

Siehe auch: Angst

Schwan

Siehe Tierreich

Schweigen

Siehe Dialog-Schweigen

See *(Meer)*

1. Die lebenserhaltende Kraft der Binnengewässer hinterließ Spuren in Mythen und Erzählungen von Meeresgottheiten, die wie Poseidon, Nereus und die Neriden wahrscheinlich ursprünglich in Quellen und Seen lebten. Die abendländische Literatur verknüpft mit

Flüssen und Seen hauptsächlich den Zauber wechselnder Jahreszeiten und friedlicher Wälder, der Reise und der Ortsschilderung sowohl stolzer Burgen als auch mächtiger Handelsstädte. Weniger ausgeprägt sind die bedrohlichen Aspekte des Wassers, die vorwiegend im Zusammenhang mit dem Selbstverlust am Beispiel von Wassernixen und Beschreibungen gefährlicher Überquerungen (→Grenze) geschildert werden. Die See dagegen gab zu Berichten waghalsiger Abenteuer, der gefahrvollen Seereise und verderbenbringender Konflikte Anlaß. Sie bildet den Schauplatz, Rahmen oder Hintergrund (Topos, Raummotiv) in Erzählungen; sie ist im Drama der nicht dargestellte, aber gleichsam hinter den Kulissen liegende Ort der freien Bewegung, die entweder ins Licht oder zum Tod führt; das Meer ist der personifizierte, elementare Gegenspieler; es ist Motiv und Sinnträger widersprüchlicher Empfindungen, wie der Sehnsucht und Ablehnung, der Liebe und des Hasses, die in so unterschiedlichen Werken wie der *Odyssee* und dem angelsächsischen Gedicht *The Seafarer* (10. Jh.) offenbar werden.

Die See spielt eine ausschlaggebende Rolle in Balladen, Liedern, Gedichten, Tatsachenberichten, Romanen, in der →Abenteuerliteratur und in Erzählungen der Errettung aus dem Schiffbruch. Einige Tatsachenberichte wie etwa Richard Henry Danas *Two Years before the Mast* (1840) und Thor Heyerdahls *Kon-Tiki* (1947) wurden ebenso populär wie Alfred Thayer Mahans Biographie *The Life of Nelson* (1895) und Peter Benchleys Sensationsroman *The Deep* (1976). Weltberühmte Erzählungen von bleibender Anziehungskraft sind zu allen Zeiten geschrieben worden. Sie reichen von *Sindbads Reisen* (frühes 10. Jh.) und Samuel Taylor Coleridges *The Rime of the Ancient Mariner* (1798) bis zu Herman Melvilles *Moby-Dick* (1851) und Jack Londons *The Sea-Wolf* (1904). C.L. Lewis, *Books of the Sea* (Annapolis, MD 1943), erfaßt in seiner Auswahlbibliographie über 1000 wichtige Titel.

2. Wissenschaftliche Untersuchungen beurteilen gewöhnlich die See entweder als literarischen Stoff oder als Kolorit, das der atmosphärischen Schilderung dient. Die unterschiedliche Funktion in einzelnen Texten, die Symbolik (Bereich des Göttlichen, Urzustand der unberührten Natur), die gegensätzliche Themenfügung (→Abenteuer; Kampf mit einer Elementarmacht; Lebensbejahung; Selbstzerstörung) und besonders die Verwendung zur Motivation gegensätzlicher Empfindungen bedürfen noch der eingehenden Darstellung. Unsere Analyse ausgewählter Texte läßt folgende Rückschlüsse zu: Die See ist der Raum, in dem der einzelne allen Bildungseinflüssen ausgesetzt wird, die ihm einen umfassenden Überblick über das Leben ermöglichen (Tobias Smollett, *The Adventures of Roderick Random,* 1748); sie ist die Elementarkraft, die sich dem autonomen Willensanspruch des einzelnen entgegenstellt (→Aggression; *Moby-Dick*); sie ist die strömende oder strudelnde blaue Welle, die ein ozeanisches Gefühl auslöst, in dem sich Ekstase und Reflexion verbinden (Novalis, *Heinrich von Ofterdingen,* 1802; Theodor Storm, „Meeresstrand", 1865; Friedrich Nietzsche, „Venedig", nach 1882; Rainer Maria Rilke, „Spätherbst in Venedig", 1908); sie dient in unterschiedlichen Bildfügungen dazu, die Auseinandersetzung zwischen einer humanen und einer amoralischen Daseinsorientierung (*The Sea-Wolf*) zu motivieren, und ermöglicht die scharfe Kontrastierung einer rationalen Weltauffassung mit undurchschaubaren, zufälligen Ereignissen (Joseph Conrad; Gabriel García Márquez, „El ahoqado más hermoso del mundo", 1972). Am weitesten verbreitet ist das Motiv der See zur Darstellung markanter Eigenschaften, der physischen Ausdauer und moralischen Beständigkeit, der inneren Gewißheit und des völligen Versagens (Robert Louis Stevenson, Jacques-Henri Bernardin de Saint-Pierre, Frederick Marryat, Wilhelm Heinse, James Fenimore Cooper, Jules Verne, William Clark Russell, Rudyard Kipling, Cecil Scott Forester, Ernest Hemingway).

3. Das Raummotiv bildet ein System veränderlicher Textgrößen. Die Signale sind vertraut, aber auffällig gestaltet; sie werden von der mit der Blickrichtung des Beobachters verknüpften Sinnstiftung beeinflußt. Das Motiv stellt Beziehungen her zwischen der wechselnden Perspektive des Erzählers und der unterschiedlichen Blickrichtung des Handelnden auf dem Schiff, die oben und unten, Ausweitung und Begrenzung einschließt. Die den Elementen ausgesetzte Person steht im Mittelpunkt einer horizontalen Ausweitung ins Offene und Unbegrenzte der Meeresfläche. Sie befindet sich außerdem im Schnittpunkt einer vertikalen Achse, die im Blick nach unten entweder die geheimnisvolle Tiefe oder den entsetzlichen Abgrund einbezieht und im Blick nach oben den Eindruck einer festen Ordnung vermittelt, die sich in Bildern des aufkommenden frischen Windes, der leuchtenden Sterne und der wärmenden Sonne andeutet. Das Bezugssystem bleibt in der beliebten Variation des aufziehenden Sturmes unverändert, da das Unwetter letztlich nur eine vorübergehende Zusammenballung aller Gefährdungen des Menschen darstellt. Die Blickrichtung spiegelt häufig die Hoffnungen und Befürchtungen des einzelnen. Goethes Vergleich der menschlichen Seele mit dem steigenden und fallenden Wasser („Gesang der Geister über den Wassern", 1779) und des menschlichen Daseins mit der emporquellenden und verschlingenden Welle („Grenzen der Menschheit", 1778) erfaßt auch den Standort des Menschen auf der Wasserfläche, wo sich Wasser und Luft berühren. Der Meeresboden birgt Erfahrungen von Leben und Tod, die dem Menschen gefährlich werden. Die Meerjungfrauen, die sehnsüchtig aus dem Wasser zu den Menschen emporsteigen, verlieren ihre Unschuld und tauschen mit der menschlichen Seele auch Qualen und die Erfahrung menschlicher Schwäche, der Täuschung und des Betrugs ein. Die Figuren, die sich in die Nixen verlieben, müssen die Erkenntnis ihrer eigenen Begrenzung mit dem Tod bezahlen (Friedrich de la Motte-Fouqué, „Undine", 1811; Hans Christian Andersen, „Die kleine Seejungfer", 1837; → Femme Fatale).

Daß der Mensch, der sich in der Naturbetrachtung nicht aus seinen subjektiven Vorstellungen lösen kann, auch in der größten Tiefe des Meeres seinen Ich-Spiegelungen begegnet, wird in Adrian Leverkühns Komposition „Meeresleuchten" ersichtlich (Thomas Mann, *Doktor Faustus,* 1947). Leverkühn, die repräsentative Faustus-Figur des 20. Jh., entwirft in dem Stück das Bild eines Reiches jenseits von Gut und Böse, in dem sich die bizarren Geschöpfe selbst beleuchten. Sie heißen die Taucherglocke mit den zu ihnen vordringenden Erdbewohnern als Artgenossen willkommen. Diese typische Koordination von horizontalen und vertikalen Raumdimensionen bildet, unter Einbezug ausgedehnter Vergleiche, die Grundlage einer Motivkonstante, die in ihrer erweiterten Bedeutung den Höhenflug des menschlichen Geistes und den Sturz zurück in die Begrenzung einfängt (vgl. besonders John Donne, „The Storm", „The Calm"; Friedrich Stolberg, „Kain am Ufer des Meeres"; Heinrich Heine, *Die Nordsee,* 1825–26; Victor Hugo, „Une Nuit qu'on entendait la mer sans la voir"; Alfred Tennyson, „The Voyage", „Break, Break, Break"; Paul Verlaine, „Marine"; Charles Baudelaire, „L'Invitation au voyage", „L'Albatros"; Karl Krolow, „Matrosen-Ballade", „Seestück", „Die Inseln"; Wolf Biermann, „Und als wir ans Ufer kamen", 1978). Mit der Veröffentlichung der detaillierten Schilderungen in *The Seasons* (1726) von James Thomson setzt eine Entwicklung ein, die in vorsichtiger, jede Einzelheit berücksichtigender Kleinmalerei dem Meer unterschiedliche Stimmungsgehalte abgewinnt (Stolberg, „Hellebek, eine seeländische Gegend", „Die Meere"; zahlreiche Gedichte von Theodor Storm, Wilhelm Lehmann und Krolow). Die Motivfunktion bleibt unberührt von dieser in allen Nationalliteraturen nachweisbaren Vorliebe für das Meer als Stimmungsträger.

Lit.: A. Bornay Baccar: La Mer, source de création littéraire en France au XVIIe siècle (1640–1671). Paris 1991; G. Bachelard: Das Wasser und die Träume. Ffm 1994; M. Brosse: La Littérature de la mer en France, en Grande-Bretagne et aux États-Unis 1829–1870. Lille 1983; A. Carlsson: Der Meeresgrund in der neueren Dichtung. In: DVjs 28 (1954); A. Dupouy: La Poésie de la mer dans la littérature française. Paris 1948; M. Gerhardt: Old Men of the Sea. Amsterdam 1967 (über Proteus Neureus, u.a.); G. Hoppe: Das Meer in der deutschen Dichtung von Friedrich L. Graf zu Stolberg bis Heinrich Heine. Marburg 1929; F. Knight: The Sea Story. London 1958; I. Selega, M. Csikszentmihalyi (Hg.): Optimal Experience. Psychological Studies of Flow in Consciousness. Cambridge, MA 1992; A. Treneer: The Sea in English Literature from Beowulf to Donne. Liverpool 1926; P. Van

Tieghem: Les Débuts de la poésie de la mer au XVIIe siècle. In: Neoph. 23 (1938).

Siehe auch: Abenteuer, Femme Fatale, Raum, Schiff-Schiffbruch/Hafen

Selbstbehauptung

Siehe Aggression, Figurenkonzeption

Selbstliebe

Siehe Narzißmus

Selbstmord

1. Der Selbstmord wird in einigen Werken thematisch entwickelt, in anderen dagegen als Motiv verwendet, das entweder durch Kontrastwirkung abweichende Themen hervorhebt oder das Verhalten einzelner Figuren motiviert. Die Prävalenz des Themas oder Motivs im Gesamtwerk mancher Autoren, beispielsweise im Schaffen von Hemingway, Klaus Mann, Pavese und Plath, kann wichtige Einblicke in deren persönliche Einstellung zum Selbstmord vermitteln. In dramatisch gesteigerten Lösungen einer Handlung, besonders in Szenen der Sühne, ist der Selbstmord ein traditionelles Stilmittel.

2. Darstellungen, Erzählungen und Gedichte, in denen der Selbstmord im Mittelpunkt der Betrachtung steht (z.B. Germaine Necker de Staël, *Réflexions sur le suicide,* 1812; Etienne de Senancour, *Oberman,* 1804; Sylvia Plath, *The Bell Jar,* 1963; Jean Améry, *Hand an sich legen. Diskurs über den Freitod, 1976*) versuchen prinzipiell, die Tat zu begründen. Die Erklärungen deuten den Selbstmord häufig im Sinne einer freien Entscheidung, auch wenn er dem Zustand der Verzweiflung entspringt. Die Figur entflieht einer bedrückenden Situation und meistert ihr Schicksal im Augenblick der Selbstzerstörung (Virginia Woolf, *Mrs. Dalloway,* 1925; *To the Lighthouse,* 1927; *The Waves,* 1931). Sie kann sich ebenfalls von einer Welt befreien, deren Verfassung nicht den eigenen Idealen entspricht (Plath, *Ariel*, posthum 1966). Die Texte bereiten den Leser durch wiederholte Anspielungen, direkte Hinweise, Vorausdeutungen oder mißlungene Selbstmordversuche und auch eingeschobene Erzählerreflexionen auf das Ende vor.

3. Das Motiv erscheint im Zusammenhang mit Darstellungen des Freiheitsverlusts (→Begrenzung-Freiheit), der →Einsamkeit, der →absurden Weltverfassung, dem Glaubensverlust und dem Versagen der Gesellschaft (z.B. Goethe, *Die Leiden des jungen Werthers,* 1774; Gustave Flaubert, *Madame Bovary,* 1857; Oscar Wilde, *The Picture of Dorian Gray,* 1891; Gabriele D'Annunzio, *Il trionfo della morte,* 1893; Jean Cocteau, *Les Enfants terribles,* 1929; Robert Schneider, *Schlafes Bruder,* 1992). Im Motivgebrauch zeichnet sich sowohl eine hohe Frequenz der Wiederholung gleichlautender Formulierungen und assoziativer Bildfügungen als auch die Tendenz ab, in Gesprächen die ethischen Folgerungen aus unterschiedlicher Sicht zu prüfen. Äußerungen der Todessehnsucht begleiten Werthers Leben und gipfeln in seinem letzten Brief im dreifach wiederholten Wunsch zu sterben. Emma Bovary erwägt mehrmals die Möglichkeit des Selbstmordes, ehe sie sich vergiftet. Auch das Betrachten oder scheinbar spielerische Anfassen einer Waffe kann der Vorbereitung auf die Katastrophe dienen (z.B. Henrik Ibsen, *Hedda Gabler*, 1890), obwohl diese Handlungen oft erst im Rückblick ihre tiefere Bedeutung enthüllen. In manchen Texten wird die Entzifferung bewußt erschwert. Die verhüllten Anspielungen können dann nur wie etwa im Falle des Selbstmordes Naphtas in Thomas Manns *Der Zauberberg* (1924) nach dem Vorfall vom Leser ausgelegt werden.

Die Rückkopplung, die weitgehend der Funktion anderer Motive entspricht, erfüllt außerdem die Aufgabe, die Charakterzüge einer Figur in ein neues Licht zu stellen. Das bevorzugte Verfahren in der Gestaltung der individuellen Eigenschaften des Selbstmörders ist die Verbindung von beschreibenden Einzelheiten, Aussagen und Reflexionen der Figur mit der Beurteilung der Tat durch andere. Diese Technik begünstigt die Entwicklung widersprüchlicher Auffassungen, trägt zur Ambivalenz einzelner Texte bei und regt den

Leser oder Zuschauer zur kritischen Auseinandersetzung mit dem Geschehen an (vgl. die widersprüchliche Bewertung von Chattertons Trübsinn vor seinem Selbstmord durch Kitty Bell und ihren Vater in Alfred de Vigny, *Chatterton,* 1835, oder die unterschiedlichen Aussagen nach dem Tod des Liebespaares in Shakespeare, *Romeo and Juliet,* ca. 1593). Die unlösbaren Widersprüche werden besonders augenfällig in Darstellungen, in denen die Selbsteinschätzung der Figur in scharfem Kontrast zum Urteil der Umwelt steht (heroisch/Willensschwäche: Kirillov in Fjodor Dostojewski, *Die Dämonen,* 1871; Willy Loman in Arthur Miller, *Death of a Salesman,* 1949), in denen das Verhältnis von Ursache und Handeln gegensätzliche Deutungen erlaubt (innere Notwendigkeit/Weltflucht: Jokaste in Sophokles, *Oedipus Rex*; Ernest Hemingway, „Indian Camp", 1925, die Überlegungen und Gespräche, aber nicht die Tat in Hermann Hesse, *Der Steppenwolf,* 1927) oder in denen das gewaltsame Ende einer Person den Anschein des selbstgewollten Todes annimmt (passiver Selbstmord: → Antigone; Albine in Emile Zola, *La Faute de l'Abbé Mouret,* 1875; Becket in T.S. Eliot, *Murder in the Cathedral,* 1925).
Im Zusammenhang mit dem Thema des → Wahnsinns ruft der Selbstmord in den Überlebenden Mitleid und Schrecken hervor. Die zur Geistesstörung führenden Umstände und die Tat erwecken nicht nur den Eindruck der bis zum äußersten gesteigerten Leiden der Figur, sondern häufig auch den einer freudlosen Welt. In der Gestaltung der Bedingungen, die dazu führen, daß Figuren im Selbstmord die letzte Zuflucht aus einer ausweglosen Situation sehen, zeichnen sich zwei Tendenzen ab. Autoren versuchen einerseits, die Umstände individualpsychologisch zu deuten, und entwerfen, zuweilen unter Rückgriff auf das Schema der verlassenen Geliebten oder des vereinsamten Liebhabers, das Bild unentwirrbarer Prozesse (Ophelia in Shakespeare, *Hamlet,* ca. 1602; Lisette in Friedrich Schlegel, *Lucinde,* 1799; Thomas Hood, „The Bridge of Sighs", 1844; Hedwig in Ibsen, *Die Wildente,* 1884; Frank Wedekind, *Frühlings Erwachen,* 1891; Franz Kafka, „Das Urteil", 1916; William Styron, *Lie Down in Darkness,* 1951). Andererseits entstehen Schilderungen, welche die gesellschaftlichen Hintergründe der Situation herausarbeiten und zur bewußten Auseinandersetzung mit den überpersönlichen Gründen der Handlung anregen (August Strindberg, *Fräulein Julie,* 1888; Bertolt Brecht, „Vom ertrunkenen Mädchen", 1927). Die stark entwickelte Gefühlsintensität des Motivs beläßt jedoch auch den betont gesellschaftskritischen Anwendungen (z.B. Gottfried Keller, „Romeo und Julia auf dem Dorfe", 1856) die Möglichkeit zur Orientierung in der psychologischen Verfassung der Figuren.

Quellen: Shakespeare, *Julius Caesar* (1599); *Othello* (ca. 1604); John Donne, *Bianthanatos* (posthum 1644); Pierre Corneille, *Médée et Rodogune* (1644); Jean Racine, *La Thébaïde, ou les frères ennemis* (1664); Georg Büchner, *Lenz* (1836); Victor Hugo, *Ruy Blas* (1838); *Les Burgraves* (1843); George Eliot, *The Mill on the Floss* (1860); Kate Chopin, *The Awakening* (1899); Rainer Maria Rilke, „Das Lied des Selbstmörders" (1902); Ernest Hemingway, *In Our Time* (1925); *Winner Take Nothing* (1933); „Green Hills of Africa" (1935); Klaus Mann, *Symphonie pathétique. Ein Tschaikowsky-Roman* (1935); *Der Vulkan* (1939); *Der Wendepunkt: Ein Lebensbericht* (1952); Cesare Pavese, *Verrà la morte e avrà i tuoi occhi* (1951); *Il menstiere di vivere* (1952); Jerome David Salinger, „A Perfect Day for Bananafisch" (1953); Sylvia Plath, *The Bell Jar* (1963).

Lit.: A. Alvarez: The Savage God: A Study of Suicide. New York 1971; H.J. Baden: Literatur u. Selbstmord. Stuttgart 1965; G. Carr: The Golden Age or Nothingness. In: A. Phelan (Hg.), The Weimar Dilemma. Manchester 1985; B. Gates: Victorian Suicide. Mad Crimes and Sad Histories. Princeton, NJ 1988; C.I. Glicksberg: To Be or Not To Be: The Literature of Suicide. In: Queen's Quarterly 67 (1960–61); F. Jost: Littérature et suicide de Werther à Madame Bovary. In: RLC 42 (1968); ders.: Suicide. Elements of Literary Themes. In: Introduction to Comparative Literature. New York 1974; F.P. Knapp: Der Selbstmord in der abendländischen Epik des Hochmittelalters. Heidelberg 1979; H. Niermann: Untersuchungen zur Suizidthematik im französischen Roman zwischen 1925 u. 1945. Münster 1988; M. Rohrwasser: Das Selbstmordmotiv in der DDR Literatur. In: P.G. Klussmann (Hg.), Probleme deutscher Identität. Bonn 1983.

Siehe auch: Begrenzung, Einsamkeit, Tod, Wahnsinn

Selbstüberwindung, Selbstverneinung

Siehe Alkestis, Entsagung

Selbstverwirklichung

1. Die Begriffsbestimmung der Selbstverwirklichung setzt voraus, daß individuelle Verhaltensweisen nicht wahllos, sondern zweckbestimmt sind und in einer erkennbaren Persönlichkeitsstruktur wurzeln. Sozialpsychologen stimmen in der Annahme überein, daß das menschliche Verhalten organisiert ist. Die maßgebenden Untersuchungen heben jedoch unterschiedliche Gesichtspunkte, vor allem biologische, juristische, theologische, psychologische, soziologische und biosoziale, in der Beurteilung der Persönlichkeitsentfaltung und -orientierung hervor. Ganz ähnlich vergegenwärtigen literarische Figurenkonzeptionen entweder dominante Charakterzüge, die die Persönlichkeit prägen, oder betonen Verhaltensweisen, die ihren Ursprung in der gesellschaftlich determinierten Selbsteinschätzung und Anpassung an die Umwelt haben. Im weitesten Sinne schließt das Thema der Selbstverwirklichung alle Handlungsweisen ein, die die Integrität der Persönlichkeit in der ständigen Auseinandersetzung mit der Welt bewahren und infolgedessen die Organisation einzelner Themen wie etwa der →Aggression, der →Anpassung, der →Begrenzung-Freiheit, des →Reifens und der Suche nach gesellschaftlicher Vervollkommnung (→Reform, →Utopie) maßgebend bestimmen. Die Literatur brachte unvergeßliche, einzigartige Charakterportraits hervor, die durch ihre scheinbare Lebensnähe Generationen von Lesern dazu verführten, ihre Mitmenschen mit Figuren aus Romanen zu vergleichen. Die thematische Betrachtung der Literatur zeigt demgegenüber wiederkehrende Grundkonstellationen der Selbstverwirklichung, die sich durch ähnliche Figurenkonzeptionen und Motivzuordnungen auszeichnen.

2. Detailschilderungen einzelner Eigenarten und die Erzählperspektive weichen in den Texten oft stark voneinander ab. Trotzdem zeigen die der thematischen Anlage und Lösung entsprechenden Ausprägungen der Figurenkonzeption eine hohe Frequenz vergleichbarer Merkmale. Figuren können als entwicklungsfähig entworfen werden und eine hohe Stufe der Welterkenntnis erreichen. Sie können so gewählt sein, daß sie in einem dramatisch zugespitzten Augenblick der Enthüllung ihre Schuld, ihren Irrtum, die Gebrechlichkeit der gesellschaftlichen Verfassung oder das Netz der Umstände erkennen, das ihre freie Entwicklung verhinderte. Unter diesen besonderen Voraussetzungen vermittelt das Wechselverhältnis von Figurenaufbau und Handlung gewöhnlich einen Ausblick auf die abgeschnittenen, optimalen Entwicklungsmöglichkeiten und regt zur Auseinandersetzung mit der Frage der freien oder vorherbestimmten Daseinsgestaltung an (Sophokles, *Oepidus Rex*; Hartmann von Aue, *Gregorius,* nach 1190; *Vie du Pape Grégoire,* ca. 1190; Pedro Calderón de la Barca, *El mayor monstruo, los celos,* ca. 1635). Das Thema geht jedoch in andere thematische Konzeptionen über und klingt in ihnen nur noch entfernt nach, wenn die Figuren im Prozeß der Selbstverwirklichung auf Weltanschauungen und Wertsysteme stoßen, die ihrer Auffassung völlig widersprechen. Personen können ihr Dasein meistern, indem sie sich entweder den Umständen fügen (→Anpassung, →Begrenzung-Freiheit) oder die kollektiv vorgebildeten Anschauungen ablehnen, auf ihrer Gesinnung bestehen und ihren Willen gegen alle Widerstände (→Aggression) durchsetzen. Die Begriffsbestimmung der Selbstverwirklichung schließt alle thematischen Darstellungen aus, in denen das Schicksal unbeeinflußbar erscheint und in denen der Freiheitsverlust oder ein →absurdes Weltbild jede sinnvolle Entwicklung menschlicher Eigenschaften unterbindet.

3. Die thematische Grundkonstellation der Selbstverwirklichung umfaßt acht primäre Möglichkeiten der Gestaltung der wechselseitigen Beziehungen zwischen der Figur und der Gesellschaft, der Kultur und der Natur. Die Darstellungen bieten jeweils einzigartige, jedoch im Schema typische Lösungen des menschlichen Anspruchs auf Selbstverwirklichung.

(1) Die Darstellung konzentriert sich auf den geistig-seelischen Prozeß der Selbstfindung, der organisch verlaufen kann, aber häufig über eine Identitätskrise zu einer neuen Haltung zur Umwelt oder einer höheren Stufe der Erkenntnis führt. Die thematische Formung setzt sich besonders im 20. Jh. durch und versucht, die Unsicherheit und Unbestimmtheit der modernen Welterfahrung zu erfassen. Die Texte verfolgen Lebenswege, indem sie multiperspektivisch gebrochene Erinnerungsmuster entwerfen, von der Ortung der gegenwärtigen Situation zur Bewältigung der Vergangenheit übergehen oder durch Vergleiche zwischen Gegenwart und Vergangenheit die Situation der Hauptfigur objektivieren. Das Zusammenwirken von Individuellem und Gesellschaftlichem wird deutlich in der Konfrontation von typischen Situationen des aktuellen Geschehens mit Ausschnitten aus der Vergangenheit. Das Verfahren einer Bestandsaufnahme maßgebender Tendenzen der Zeit vertieft die historische Perspektive. Reflektiv-erinnernde Momente kennzeichnen die thematisierte Erfahrungssuche besonders in der Literatur der Moderne. Die Darstellungen beziehen sowohl Generationskonflikte als auch den Kampf mit gesellschaftlichen Bedingungen ein, die die Figuren auszugrenzen drohen. Beispiele: Saul Bellow, *Henderson the Rain King* (1959); Uwe Johnson, *Mutmaßungen über Jakob* (1959); *Das dritte Buch über Achim* (1961); Christa Wolf, *Moskauer Novelle* (1961); *Kindheitsmuster* (1976); Gabriel García Márquez, *Cien años de soledad* (1967); Siegfried Lenz, *Deutschstunde* (1968); Ingeborg Bachmann, *Malina* (1971); André Du Bouchet, *Qui n'est pas tourné vers nous* (1972); Doris Lessing, *The Summer before the Dark* (1973); Volker Braun, *Unvollendete Geschichte* (1977); Alfred Andersch, *Vater eines Mörders* (1980); Jochen Beyse, *Der Aufklärungsmacher* (1985); Toni Morrison, *Beloved* (1987); Peter Handke, *Noch einmal für Thukydides* (1990). Diese besondere Formung der Selbstverwirklichung hinterläßt Spuren in anderen Ausarbeitungen.

(2) Die Figur stößt auf eine Folge von Ereignissen, welche die physische Kraft, das Selbstvertrauen, die Geistesgegenwart und die Ausdauer in schwierigen Situationen prüfen. Die Erzählungen folgen einem Muster der Reihung der Geschehnisse und des sukzessiven Aufbaus der Handlung. Die Figuren bewähren sich und überwinden alle Hindernisse, indem sie, ohne darüber nachzudenken, Eigenschaften entwickeln, die in jeder Gesellschaft hochgeschätzt werden (Überlebenskunst). Das Muster entspricht der Lebensfahrt des Drachentöters (→Held) und charakterisiert die Anlage der →Abenteuerliteratur und der →Robinsonaden.

(3) Die Figur beteiligt sich an der Gründung einer erstrebenswerten Gesellschaftsordnung oder erhält von gut informierten Begleitern (Erzieherfiguren, wohlmeinenden Freunden) wesentliche Aufschlüsse über Einrichtungen, die alle im jeweiligen historischen Ausschnitt geschilderten gesellschaftlichen Formen übertreffen. Die Erzählungen, gewöhnlich utopisch in der Anlage, erfordern eine Person, die bereit ist zu lernen (Initiationsritus, Zögling, Bundesromankonstellation), aber auch intelligente Vergleiche anstellen kann. Die Erziehung der Figuren und des Lesers gipfelt in der Erkenntnis, daß Zusammenarbeit und soziale Integration sowohl das Individuum als auch die Gesellschaft fördern (Ludovico Angostini, *La republica imaginaria,* ca. 1583–90; Johann Gottfried Schnabel, *Die Insel Felsenburg,* 1731–43; David Lubin, *Let There Be Light,* 1900). Die thematische Lösung vermittelt den Eindruck einer organischen Ordnung, die das Zufällige der Erfahrung und die Widersprüche des Lebens verneint (→Utopie).

(4) Eine Figur kann einer Reihe von Ereignissen ausgesetzt werden, die sowohl scheinbar rein zufällige Begegnungen als auch archetypische Erlebnisse einschließen. Die daran anknüpfenden geistigen Auseinandersetzungen ermöglichen die kritische Betrachtung der im Text dargestellten gesellschaftlichen Struktur, der politischen Organisation und der geistigen Tradition. Figuren, die das Wertsystem der Gesellschaft bewußt annehmen und zu ihrem Vorteil manipulieren (→Schelm) oder zum Schein darauf eingehen, aber innerlich starke Vorbehalte entwickeln, bewahren eine relativ intakte Persönlichkeitsstruktur in der Lebensgestaltung der →Anpassung. Der

Handlungsaufbau zeigt Züge der Wiederholung und der deutlichen Gegenüberstellung von zeitlich ablaufenden Ereignissen und hierarchisch geordneten Sinneinheiten. Die Wiederholung versetzt den Erzähler in die Lage, ähnliche Ereignisse aus durchaus unterschiedlicher Sicht zu deuten, und ermöglicht außerdem die nachhaltige Spiegelung der Fähigkeit der Figuren, sich unterschiedlichsten Rollen anzupassen. Die Figur des Anpassungskünstlers bewegt sich auf einer horizontalen Linie durch die Zeit und auf einer vertikalen durch verschiedene Klassen der Gesellschaft, während sie sich zugleich in einem Kreislauf steigender und fallender Glücksfälle dreht.

(5) Die Transzendenz des Willens wird von der Sozialpsychologie gewöhnlich nicht zu den Formen der Selbstverwirklichung gerechnet. Das Thema wirkt jedoch strukturbildend in Legenden, Märtyrerdramen und Werken, in denen die Fäden der Entwicklungsthematik in einer Bewährungsprobe zusammenlaufen, in der sich der Mensch für seine innere Überzeugung opfern muß. Texte, die die Entwürfe der Bewahrung des Glaubens, der Verteidigung der Unschuld und der inneren Selbstgewißheit in den Mittelpunkt der Handlung stellen, verwenden häufig die Motivreihe Aggressor-Opfer und verarbeiten unversöhnliche Kontraste von Gut und Böse (Philip Massinger, *The Virgin Martyr,* 1622; Joost van der Vondel, *De maeghden,* 1639; Pierre Corneille, *Théodore,* 1645; Andreas Gryphius, *Catharina von Georgien,* 1659). Die besondere Eigenart der Figurenkonzeption eines Menschen, der in der Stunde der Prüfung dem Willensanspruch im Interesse einer höheren Lebensgesetzlichkeit entsagt, sich frei für eine innerlich gefühlte, ethische Ordnung entscheidet oder sich ganz den Mitmenschen widmet, bedingt jedoch häufig eine Verlagerung konfliktgeladener Auseinandersetzungen auf Gegenspieler und Nebenfiguren. Die innere Gewißheit eines Menschen, der Liebe, Trauer oder Entsagung, aber nie grundlegende Zweifel erfahren kann, läßt ihn im Verhalten in bezug auf das Ideal der Lebenserfüllung als vorbildlich erscheinen. Die Figur vergegenwärtigt die Freiheit der inneren Sicherheit, die sich häufig im vollkommenen Vertrauen auf eine ideale Gerechtigkeit und die gesellschaftliche Vollkommenheit oder in der hingebenden Liebe zum Mitmenschen äußert. Die Figuren erscheinen daher weniger differenziert, denn sie durchlaufen keine Stufen der Selbstverwirklichung, die über Irrtum, Zweifel und Schuld zur Selbsterkenntnis führen. Der Charakterzeichnung der Gegenspieler kommt daher besondere Bedeutung zu. Ihr Zögern, ihre Ungewißheit und ihre Fehlentscheidungen beleuchten den Widerspruch zwischen ihrer Lebensverschuldung und der Sinnerfüllung in der ethischen Entscheidung der Handlungsträger, die den Ruf des Gewissens vernommen haben (Euripides, *Alkestis*; Jean Racine, *Iphigénie,* 1674; Marie-Madeleine de La Fayette, *La Princesse de Clèves,* 1678; Heinrich von Kleist, *Das Käthchen von Heilbronn,* 1810; Jeremias Gotthelf, „Elsie, die seltsame Magd", 1843; Adalbert Stifter, *Die Mappe meines Urgroßvaters,* 1847; Herman Melville, *Billy Budd, Sailor,* 1891; Graham Greene, *The Power and the Glory,* 1940; Stefan Andres, *Wir sind Utopia,* 1940; Georges Bernanos, *Dialogues des Carmélites,* 1949).

(6) Die in der abendländischen Tradition am weitesten verbreitete Darstellungsform der Selbstverwirklichung erfaßt Konfliktsituationen, in denen der Wille des einzelnen, seine Selbsteinschätzung und Weltsicht mit den in Gegenspielern verkörperten, gesellschaftlichen Vorstellungen, dem kollektiven Wollen, zusammenstoßen. Der Konflikt kann stark handlungsbetont im Rahmen des Geschehens stattfinden, aber auch ins Innere verlagert und im Erzählverlauf durch Erinnerungen der Figur oder des Erzählers veranschaulicht werden. Um Auseinandersetzungen kreisende Reflexionen können außerdem das zukünftige Geschehen vorwegnehmen.

Dem Aufbau der Gegensätze liegt eine Einteilung zugrunde, die dem menschlichen Denkvorgang der Auflösung einer Aufgabe entspricht (Schema: Rätsel-Lösung). Beispiele: In Friedrich Schillers *Maria Stuart* (1801) sind die Anliegen der Gesellschaft auf verschiedene Figuren verteilt. Elisabeth vertritt außer ihren persönlichen Interessen die Staatsräson. Maria ist bereits zu Beginn der Tragödie inhaftiert und erwartet den Urteilsspruch. Das Todesurteil wird verkündet. Jeder darauf folgende Zug, sie zu befreien, wird mit einem Gegenzug beantwortet, der langsam, aber systematisch ihre Hoffnungen zerstört. Der Handlungsverlauf verdeutlicht, wie Elisabeth politisch erfolgreich aus dem Konflikt hervorgeht und wie Maria eine Lösung findet, die sie innerlich befreit und in die Lage versetzt, den Kern ihrer Persönlichkeit auch angesichts des Todes zu bewahren. Sie erkennt das ungerechte Urteil als gerechte Strafe für die Sünden der Vergangenheit an, wächst über ihre Leiden hinaus, entsagt der Welt und vergibt ihren Feinden. Die Tragödie weckt zuerst die Erwartungen der Handlungsträgerin, ihrer Freunde und der Zuschauer durch das Versprechen, eine Aufgabe zu lösen. Keiner der Beteiligten will die Vollstreckung des Todesurteils als Schlüssel zu der Lösung anerkennen. Der Handlungsverlauf beseitigt die Chancen auf Erfolg aller taktischen Operationen, die zur Rettung Marias unternommen werden, und steigert dadurch sowohl die Ungeduld als auch die Wißbegier der Zuschauer. Erst die letzten Szenen der Tragödie geben die gewünschte Auskunft. Das Rätsel war nicht im Todesurteil verschlüsselt, sondern in der Vorbereitung auf das Sterben. Der Ausgang der Handlung veranschaulicht eine völlig unerwartete Form der Selbstbehauptung angesichts unüberwindbarer Schwierigkeiten. Maria wird frei und stirbt.

Laurence Sterne stellt in *Tristram Shandy* (1760–67) zwei völlig unterschiedliche Ansatzpunkte in der Ermittlung und Entzifferung von Problemen einander gegenüber. Der Kontrast beleuchtet die Schwierigkeiten, die im Leben auftauchen, wenn der einzelne Wahrscheinlichkeitsberechnungen für die ihn persönlich berührenden, zukünftigen Ereignisse anstellen will. Toby Shandy denkt historisch, obwohl er sich völlig seinem Hobby des Modellbauens widmet. Er baut Gebäude, Schlösser und ganze Stadtanlagen auf, bricht sie wieder ab, informiert sich in seiner ausgedehnten Fachbibliothek über die Geschichte der Baukunst und entwirft immer neue Zusammenstellungen, die jedoch ausnahmslos vorhersagbare Muster wiedergeben. Tristram dagegen rutscht, ohne darüber nachzudenken, von einem Abenteuer ins andere und akzeptiert schließlich das völlig Unberechenbare der Zukunft. Beide lernen, entwickeln sich und verwerten die gewonnenen Erfahrungen in der Auseinandersetzung mit der Welt. Dem Leser bleibt die Aufgabe, die Zusammenhänge und Unterschiede zwischen der historischen Erkenntnis vorhersagbarer Entwicklungen und rein menschlicher Zielsetzungen zu deuten.

Noah, die Hauptfigur in Wilhelm Raabes *Das Odfeld* (1888), wird kurz nach Abschluß seiner Lehrtätigkeit in Kriegswirren versetzt, die seine Vorstellung der Weltordnung aufs schwerste prüfen. Er wird aus seinem Zimmer vertrieben, wandert über das Schlachtfeld, findet Zuflucht, wird wieder aufgestört und kehrt am Ende des Tages in seine Klause zurück. Er versucht, die ständig auf ihn eindringenden neuen Eindrücke zu verstehen, indem er sie aus der Sicht seiner ausgedehnten Kenntnisse der Mythen, Literatur, Philosophie und Geschichte beurteilt. Die ständige Gegenüberstellung von Beobachtungen unerwarteter, zeitnaher Ereignisse und einem Wissen, das sich auf die Erkenntnis der Vergangenheit stützt, enthüllt nicht nur die zunehmende Bewußtseinserweiterung der Figur, sondern beleuchtet auch einen Vorgang, in dem jedes Betrachten in ein Vergleichen und ein Verstehen übergeht. Die fortgesetzte Reflexion vermittelt den Eindruck eines dynamischen Prozesses, der unvereinbare Gegensätze einschließt und dadurch die Möglichkeit andeutet, daß einzelne selbst in den Widersprüchen des Lebens bestehen können. Die Darstellung verbindet detaillierte Beschreibungen des Geschehens mit der scheinbar unüberschaubaren Bewegung der Figuren auf dem Schlachtfeld, eingeschobene Überlegungen des Erzählers mit ständigen Reflexionen Noahs, stark realitätsbezogene Bildfügungen mit Träumen, Eindrücke einer erkennbaren Weltgeschichte mit sinnlosen Ereignissen. Die Parallelen umspannen ethische Imperative und amoralische Prozesse, sorgfältig ausgeführte Manöver und planlose Reaktionen, das Rationale und das Irrationale. Der dialektische Vorgang der ständigen Befragung der Ereignisse und der Neuformulierung der Fragen bezieht nicht nur die Figuren, sondern auch den Erzähler ein und vermittelt dem Leser durch den ununterbrochenen Vorgang der Problemstellung und der möglichen/unmöglichen Lösung eine unerwartete Erkenntnis. Die thematische Darstellung der Selbstverwirklichung ist im Roman unlösbar mit dem fortschreitenden Prozeß der geistigen Horizonterweiterung verknüpft. Noah muß daher selbst im Prozeß des Werdens erscheinen, kann auch nicht das Problem lösen, da jede Antwort zu einer neuen Frage führt. Ersichtlich wird nur, daß der Mensch die Gegenwart und Vergangenheit ständig vergleichen muß, um Anhaltspunkte für das zukünftige Geschehen zu finden.

Darstellungen der Konfliktsituationen entwickeln eine klar ersichtliche Grenze zwischen dem Willen des einzelnen und dem kollektiven Wollen, aber auch zwischen Handeln und Denken. In ihrem Aufbau zeichnet sich außerdem ein betonter Parallelismus zwischen expansiven und begrenzenden Momenten ab. Er wird an Gelenkstellen des Textes deutlich, in denen weitgespannte Pläne, die Neuorientierung auf der Lebensfahrt, die wechselnde Einstellung zur Gesellschaft, die Reue oder der Bruch mit der Vergangenheit im Mittelpunkt des Geschehens stehen. Infolgedessen entstehen sowohl Spannungsbögen als auch rhythmische, diastolische-systolische Bewegungskurven, die besonders stark in Texten zum Ausdruck kommen, in denen die Selbstverwirklichung unter dem Vorzeichen der wiederkehrenden Bewährung im Dasein steht (Christoph Martin Wieland, *Geschichte des Agathon,* 1766–67; Schiller, *Wilhelm Tell,* 1805; Charlotte Brontë, *Jane Eyre,* 1847; George Eliot, *Middlemarch,* 1874; Joseph Conrad, *Lord Jim,* 1906; Bertolt Brecht, *Die Mutter,* 1932; *Leben des Galilei,* 1938; André Gide, *Thésée,* 1944; Ernest Hemingway, *The Old Man and the Sea,* 1952; Alexander Solschenizyn, *Ein Tag im Leben des Iwan Denissowitsch,* 1963). Autoren verwenden unterschiedliche technische Mittel in Gestaltungen der Prüfung und Bewährung auf der Lebensfahrt. Die verschiedenen Formgebungen umfassen Erzählungen, in denen Beobachtungen auf der Reise die zunehmende Erkenntnisfähigkeit fördern (→Fahrt; Washington Irving, *Tales of a Traveller,* 1824; William Gilmore Simms, *The Partisan,* 1835), Werke, in denen der Briefwechsel das Thema filtert (Samuel Richardson, *Pamela,* 1740; *Clarissa,* 1747–48; Christian Fürchtegott Gellert, *Leben der schwedischen Gräfin von G****; 1746–48; Ricarda Huch, *Der letzte Sommer,* 1910; Gide, *Les Faux Monnayeurs,* 1925), und Texte, in denen sich die Auseinandersetzung in einem Augenblick höchster Spannung konzentriert (Hemingway, Solschenizyn). Zahlreiche Autoren gestalten diese besondere Form der Selbstverwirklichung aus der Sicht der Handlungsträger und erwecken dadurch die Illusion der Wirklichkeitsnähe. Die gleichermaßen bevorzugte Technik der mehrfach gebrochenen Erzählperspektive (→Dialoge, widersprüchliche Beobachtungen anderer Figuren, Überlegungen des Erzählers) wirkt distanzierend und überträgt durch kritische Vorbehalte den Prozeß des zunehmenden Bewußtwerdens unmittelbar auf den Leser.

(7) Die Spannung zwischen dem einzelnen und der Gesellschaft wird aufgehoben, wenn die Selbstverwirklichung in einer vorbildlichen Handlung gipfelt, welche die Aussicht auf eine Reform von Bestand öffnet. Die Konzeptionen und Ausführungen des Themas schlagen eine Brücke von der individuellen Selbstbewährung zur Welt des Sozialen. Im vorbildlichen Handeln deutet sich die klassische Lösung des Seins an, denn der Mensch erscheint als entwicklungsfähig, die Gesellschaft als verbesserungswürdig. Die unterschiedlichen Darstellungen vereinen die Ehrfurcht vor dem Menschlichen mit dem Bekenntnis zur Gemeinschaft und tragen das Merkmal eines zivilisatorischen Anliegens. Die Werke vermitteln im allgemeinen die Vorstellung, daß historische Entwicklungen erklärbar sind und deshalb von der Gesellschaft gesteuert werden können. Im Aufbau der Texte werden die Motive des förderlichen →Dialogs, des geraden →Weges und des →Herzens bevorzugt. Die Figurenkonzeptionen betonen die Veränderungsfähigkeit des Menschen. Die Auflösung der Handlung unterstreicht die Vorstellung, daß die Entwicklung auf die Gesellschaft übergreift. Die Figuren ringen mit der Aufgabe, sich aus der Befangenheit ihrer Zeit zu lösen, um durch eine

vorbildliche Tat der Gesellschaft den Weg zur sittlichen Erneuerung zu weisen. Der Figurenaufbau kontrastiert scharf mit Konzeptionen des absoluten Willensanspruchs, des Freiheitsverlusts und der inneren Gewißheit. Die unterschiedlichen Gestaltungen der vorbildlichen Selbstverwirklichung kreisen um die Suche nach einer verbindenden Mitte, von der aus ein gemeinschaftliches Zusammenleben möglich wird. Der Verlust der Beziehung des einzelnen zur Gesellschaft erscheint nie als unveränderliche Gegebenheit, sondern als ein menschlich, historisch oder gesellschaftlich bedingtes Phänomen. Die Themenführungen enthüllen zentrale Anliegen in der Humanisierung der Welt. Sie behandeln beispielsweise die Wandlung von egoistischen Wünschen zur Selbstlosigkeit (Joseph Addison, *Cato,* 1713), den Verzicht auf persönliche Wünsche im Interesse der Gemeinschaft (Jean Racine, *Bérénice,* 1670), die Bereitschaft, den Mitmenschen zu helfen (Henry James, *The Wings of the Dove,* 1902), die Erkenntnis, daß eine sittliche Handlung zum tragenden Pfeiler der Gesellschaft werden kann (Pierre Corneille, *Cinna ou la clémence d'Auguste,* 1643), und das auf die Gesellschaft zurückwirkende Bekenntnis zur absoluten Wahrheit, die zur Grundlage für ein sittliches Zusammenleben wird (Goethe, *Iphigenie auf Tauris,* 1786).

(8) Die Suche nach zunehmender Bewußtheit, nach Selbst- und Welterkenntnis äußert sich besonders deutlich im Thema des menschlichen →Reifens. Der Aufbau der Texte zielt gewöhnlich darauf ab, den Handlungsträger wesentlichen Bildungseinflüssen auf fünf Gebieten auszusetzen: zwischenmenschlichen Beziehungen, Sozialfragen, der Sphäre der Natur, der geistigen Tradition und dem wissenschaftlichen, philosophischen und politischen Denken. Die thematische Entwicklung vermittelt durch einen dialektischen Prozeß ständiger Befragung der bereits erworbenen Erkenntnisse den Eindruck einer allgemeinen Bewußtseinserweiterung. Es gehört zu der besonderen Eigenart des Themas, daß der Vorgang der fortgesetzten Horizonterweiterung nie wirklich abbricht. Er kann zu immer neuen Stufen der Erkenntnis führen und schließlich im Symbolgehalt das Wesen des menschlichen Denkens deuten (Goethe, *Faust,* 1808–32). Das Bewußtwerden einer Figur kann jedoch auch die Form des tätigen Handelns im Interesse der Gesellschaft annehmen und das Bekenntnis zur Menschenwürde mit der Achtung der notwendigen Ansprüche der Gesellschaft verbinden (Martin Andersen-Nexö, *Pelle Erobreren,* 1906–10; Thomas Mann, *Joseph und seine Brüder,* 1933–43). Die Konstellation kommt in Verbindung mit zahlreichen Themen vor. Im Mittelpunkt des Geschehens stehen Figuren aus unterschiedlichen Schichten der Gesellschaft (Künstler, Adlige, Bürger, Arbeiter), deren Lebensläufe letztlich in aufsteigender Linie verlaufen. Die Tradition erstreckt sich von Alexander Pope, *Essay on Man* (1733–34), und Goethe, *Wilhelm Meisters Lehrjahre, Wanderjahre* (1795–1829), über Wilhelm Raabe, *Der Hungerpastor* (1864), und Max Brod, *Tyche Brahes Weg zu Gott* (1916), bis zu Herbert Jobst, *Der Findling* (1957), *Der Zögling* (1959), *Der Vagabund* (1963), und Botho Strauß, *Der junge Mann* (1984). In Gestaltungen des Reifens erfährt die Grundkonzeption der Selbstverwirklichung ihre bedeutendste Erweiterung, da sich die Texte selten auf zeitbedingte Auffassungen festlegen. Das Thema bewahrt im Kern eine Vorstellung des menschlichen Bewußtwerdens, die in der Achtung für die lebenserneuernden Kräfte der Natur, für den Menschen und für ein Ordnungsprinzip der Gesellschaft gründet.

Lit.: G.W. Allport: Becoming. Basic Considerations for a Psychology of Personality. New Haven, CT 1955; H. Brandstätter: Sozialpsychologie. Stuttgart 1983; ders., H. Schuler, G. Stocker-Kreichgauer: Psychologie der Person. Stuttgart 1978; R. Cattell: Personality. New York 1950; E. Crisand; Psychologie der Persönlichkeit. München 1992; W. Fischel: Psychologie der Intelligenz u. des Denkens. Berlin 1970; P. Grotzer: Die zweite Geburt. Figuren des Jugendlichen in der Literatur des 20. Jh. 2 Bde. Zürich 1991; S. Grubitzsch, G. Rexilius (Hg.): Psychologische Grundbegriffe. Mensch u. Gesellschaft in der Psychologie. Reinbek 1987; K. Grubmüller (Hg.): Geistliche Denkformen in der Literatur des Mittelalters. München 1984; K.S. Guthke: Die Entdeckung des Ich. Tübingen 1993; A. v. Kaan, K. Healy: The Demon and the Dove. Personality Growth Through Literature. Washington, DC 1983; G. Kaiser, F.A. Kittler (Hg.): Dichtung als Sozialisationsspiel. Göttingen 1978; George A. Kelly: Die Psychologie der persönlichen Konstrukte. Paderborn 1986; P. Kutter (Hg.): Psychoanalytische Beiträge zu einer Objektbeziehungspsychologie. Darmstadt 1982; P. Lecky: Self Consistency. New York 1945; J. Piaget: Die Entwicklung des Erkennens. I–III. Stuttgart 1975; W. Piontkowski: Psychologie der Interaktion. Weinheim 1982; G. Scholz-Williams, L. Tatlock (Hg.): Literatur u. Kosmos. Amsterdam 1986; A. Thomas, S. Chess: Temperament and Development. New York 1977.

Siehe auch: Abenteuer, Aggression, Anpassung, Begrenzung-Freiheit, Reifen, Utopie

Situationsanpassung

Siehe Anpassung

Sohn *(der verlorene)*

Siehe Verlorener Sohn

Sonne

1. In der Motiventwicklung entstehen zwei Traditionsstränge. Die Sonne ist immer die Quelle intensiver Energie. Sie hat jedoch einerseits die Eigenschaften des wohltätigen, göttlichen →Lichts und regt die Menschen zur Bewunderung der Naturkräfte oder der Größe ihrer Kulturleistung (Städte- und Länderlob; Horaz, *Carmina*; Statius, *Silvae*; Goethe, *Römische Elegien,* 1888–90) an; andererseits ruft die zerstörerische Glut (→Feuer) Schrecken hervor und begründet aggressive Handlungen einzelner Figuren.

2. Die geographische Lage Europas begünstigte eine positive Deutung, die durch die christliche Identifikation der Sonne mit Gott und Christus, der zweiten Sonne, eine festumrissene Form annahm. Die Verfasser von Kirchenliedern und Dichtungen feierten Jesus als das Licht der Welt (Johannes 8, 12) und die strahlende, die menschliche Seele erleuchtende Sonne (Ezzo, *Cantilena de miraculis Christi,* ca. 1060; John Milton, „On the Morning of Christ's Nativity", 1629; Johannes Rist, „Werde licht"; Joachim Lange, „O Jesu, süßes Licht"; Benjamin Schmolck, „Licht vom Licht"; Laurentius Laurenti, „Warum willst du"; Georg Weissel, „Macht hoch die Tür"; Friedrich Rückert, „Dein König kommt"). Das vorbildliche Leben der Heiligen und der Jungfrau Maria rief mit leuchtender Sonnenkraft die Gläubigen zur sittlichen Lebensführung auf (*Annolied,* 1085). Päpste wurden in zahlreichen Panegyriken mit der Sonne identifiziert; auch Luther, der in katholischen Flugschriften zum Vertreter der Mächte der Finsternis gestempelt wurde, stand im Schrifttum der Reformation unter dem Vorzeichen der Gegenwart Gottes. Er ist die Sonne, die durch die „Wolken" des Aberglaubens und der Verblendung bricht (Hans Sachs, *Die Wittenbergisch Nachtigall,* 1523; Burkhard Waldis, *Parabel vom verlorenen Sohn,* 1527).

Die eindeutigen Motivfügungen der Sonne, die der Deutung der Anwesenheit des Göttlichen in der Welt dienen, sind besonders stark ausgeprägt in der christlichen Dichtung des Abendlandes von Pierre Corneille, Milton und Klopstock bis zu Charles Péguy, Paul Claudel, T.S. Eliot und Elisabeth Langgässer. Wie das Schaffen von Jean Racine verdeutlicht, kann die Verweisfunktion des Motivs so fest umrissen sein, daß Sonne und Gottheit synonym wirken. Von der *Iphigénie* (1674) bis zu den *Cantiques spirituels* (1694) kennzeichnen Bilder und Metaphern der Sonne den Einfluß Gottes auf das menschliche Geschehen, sei es im Sinne einer heilsgeschichtlichen Entwicklung der Menschheit oder im direkten Eingriff in das Handeln einzelner. Diese Bezüge bestehen in der Tradition fort, stoßen im Leser auf ein gleichbleibendes Echo und bedürfen infolgedessen keiner besonderen Entwicklung im Text (vgl. Paul Valéry, „Le Cimetière marin", 1922).

In direkter Angleichung an das Motiv entstehen in der Troubadourlyrik, bei den Minnesängern und in der Schäferdichtung wiederkehrende Vergleiche der Geliebten mit der Sonne. Die Frau, Schäferin, Hofdame (Philipp von Zesen, *Adriatische Rosemund,* 1645), bezaubernde Gefährtin (Christoph Martin Wieland, *Musarion,* 1768) und angebetete Freundin (Beatrice im Licht in Dante, *Paradiso,* 1318; Gedichte von Friedrich Hagedorn, Johann Wilhelm Gleim, Ludwig Hölty und später Charles Baudelaire, „La Belle Dorothée", 1857), verbreitet Licht, ruft den

Frühling auf den Plan und ist schlechthin göttlich. Die mit der Säkularisierung zunehmende Klischeebildung veranlaßte schließlich Heinrich Heine („Das Fräulein stand am Meere", 1844) zu der ironischen Feststellung, daß dem Sonnenaufgang und -untergang höchstens sentimentale, aber sicherlich keine metaphysische Bedeutung zukommt.
Parallel zu dem Frauenlob verläuft die zeitlich auf den Absolutismus begrenzte Huldigung der Monarchen. Der Herrscher (→Macht) steht „sonnengleich" im Mittelpunkt des Reiches, verbreitet das Licht seiner Gnade und gibt dem Untertan ein leuchtendes Zeichen vorbildlicher Lebensführung (Shakespeare, *Henry VI, Teil I,* ca. 1592; *Henry IV, Henry V, Henry VIII,* 1592–1611; *Richard II,* 1597). Die sinkende, untergehende Sonne beleuchtet den Verfall und Untergang der Monarchie oder des Staatswesens (François-René de Chateaubriand, *René,* 1802; Alphonse de Lamartine, „Le Crépuscule", 1820; Victor Hugo, „Soleils couchants", 1831; Emile Zola, *Paris,* 1898).
Die Typisierung erlaubte gleichermaßen stark schematische Vergleiche der Sonnenfinsternis, der entschwundenen Sonne, des entleerten Himmels oder selbst der Kälte des Winters mit der Gottesferne, der Vereinsamung des Menschen und dem öden Dasein (Friedrich Gottlieb Klopstock, *Messias,* 1749, 1755; Friedrich Hölderlin, „Menons Klage um Diotima"; Annette von Droste-Hülshoff, *Das geistliche Jahr,* 1851; Baudelaire, „De Profundis clamavi"). Der Sonnenuntergang, der Tod des Lichts und Entstellungen der Sonne in Bildfügungen verwelkter Sonnenblumen und gelber Kleckse (Georg Büchner, *Woyzeck,* Dr. 1850; wiederholt in der Lyrik der Gegenwart) vergegenwärtigen die Erfahrung der entgötterten Welt.
3. Durchaus eigenständig ist die Motivvariante des Anrufens der Sonne durch Verliebte. Sie flehen die Sonne an, ihren Lauf zu beflügeln, sich ins Meer zu stürzen oder die Sonnenpferde zur Ruhe zu bringen, damit sie im verschwiegenen Dunkel der Nacht zueinander finden können (die Erzählung von Pyramus und Thisbe; Ovid, *Metamorphoses*; *Ovide moralisé,* 12. Jh.; Shakespeare, *Romeo and Juliet,* ca. 1593; Goethe, *Römische Elegien,* XV). Der dem untergehenden Sonnenlicht zugeordnete Liebestod hinterläßt deutliche Spuren in Thomas Manns *Tod in Venedig* (1913).
4. In der Abenteuerliteratur, in der die tropische oder subtropische Landschaft das Geschehen einrahmt (→Abenteuer), erhält die Sonne weitgehend die Bedeutung des Feindseligen. Sie ist das feurige Gestirn, nicht der Ursprung göttlicher Gnade. Sie bedroht die Menschen in glühend-heißen Wüsten, sie ist der blutige Ball, der Kehlen und Körper der Schiffer versengt (Samuel Taylor Coleridge, *The Rime of the Ancient Mariner,* 1797), sie ist nicht nur eine amoralische Naturgegebenheit, die jeden in der Wüste Verlassenen tötet, sondern auch die dämonische Macht, die hinter dem Sonnengott Moloch und seinem Diener Mâtho lauert und Kinderopfer fordert (Gustave Flaubert, *Salammbô,* 1862). Nachdem die Dimension des Sonnenterrors in der literarischen Tradition befestigt war, setzt sich in Analogie zur auf- und untergehenden Sonne eine Polarstruktur des Motivs durch. Die Sonne erneuert (D.H. Lawrence, *The Woman Who Rode Away and Other Stories,* 1928) und vernichtet das Leben (Valéry, *Ebauche d'un serpent,* 1922); sie ruft freudige Bewunderung hervor und ruft zur Lebensbejahung auf (Albert Camus, *L'Envers et l'endroit,* 1937; *Noces,* 1939); ihre Glut beschleunigt aber auch die Ausbreitung der Pest und treibt Meursault zum Mord (Camus, *L'Etranger,* 1942). Zu der Aggression, die in Identifizierungen der Sonne mit der Viper (Aimé Césaire, „Soleil serpent") und einem in den Rücken gestoßenen Messer (Césaire, „Le Coup de couteau du soleil dans le dos des villes surprises" in: *Soleil cou coupé,* 1948) besonders erschreckend wirkt, treten im 20. Jh. Anspielungen auf die sinnentleerte Sonne (Ingeborg Bachmann, „Lieder auf der Flucht", 1953). Die Sonne beleuchtet ein absurdes Geschehen in der →absurden Welt (Camus, „Le Renégat", 1957); Michel in André Gides *L'Immoraliste* (1905) genießt die Freude am rein Physischen, während er nackt unter der tunesischen Sonne liegt; im Sonnenbad wird der einzelne endlich frei (Cyril Connolly, *The Rock Pool,* 1936); und in Doris Lessings „The Sun between Their Feet" (1954) büßt

der Skarabäus seine mythische Sonnenverwandtschaft ein. Er hält keine Sonne zwischen den Füßen; er ist einfach ein Mistkäfer, der in der tödlichen Einsamkeit der glühenden afrikanischen Landschaft seine Eier in Dungbälle rollt, um sie zu schützen. Die Metamorphose vom göttlichen Gestirn zum Mistkäfer entspricht in ihrer Intensität der Verwandlung der lebendigen, gottnahen Seele in das steinerne →Herz.

Lit.: M. Eigeldinger: La Symbolique solaire dans la poésie de Baudelaire. In: RHL 67 (1967); ders.: La Mythologie dans l'œuvre de Racine. Neuchâtel, Genève 1969; R. Glendinning: Pyramus and Thisbe in the Medieval Classroom. In: Speculum 61 (1986); G.H. Lemke: Sonne, Mond u. Sterne in der deutschen Literatur seit dem Mittelalter. Ein Bildkomplex im Spannungsfeld gesellschaftlichen Wandels. Bern 1981; Le Soleil, la lune et les étoiles au Moyen Age. Colloque du CUFRMA. Aix-en-Provence, Marseille 1983; C. Spurgeon: Shakespeare's Imagery and What It Tells Us. New York 1936; J. Telle: Sol u. Luna. Hürtgenwald 1980; L. Truffaut: La Thématique du soleil chez Valéry, Claudel et Camus. In: Die Neueren Spachen NS 18 (1969); J. Weightman: The Solar Revolution. Reflections on a Theme in French Literature. In: Encounter 35 (1970).

Siehe auch: Licht, Mond, Nacht

Sorge

1. Die Existenzialphilosophie, besonders Martin Heidegger in seiner Untersuchung *Sein und Zeit* (Halle 1927), hat sich mit den Erscheinungsformen der Sorge im menschlichen Dasein eingehend auseinandergesetzt. Umfassende thematische oder motivgeschichtliche Untersuchungen liegen bisher nicht vor. In den unterschiedlichen thematischen Gestaltungen der Lebensfahrt (→Fahrt) und der →Selbstverwirklichung finden sich jedoch wiederkehrende Anspielungen auf die Sorge und auch Auseinandersetzungen um ihren Einfluß auf die Lebensführung im Zusammenhang mit Fragen der sinnvollen Gestaltung der Zukunft. Die Ausarbeitung der Entwicklungsthematik in einem Prozeß des Werdens (→Reifen) bedingt, daß Handlungsträger das Zukünftige erwägen und eine Stufe der Erkenntnis erreichen, die es ihnen ermöglicht, die Gewißheit des Todes mitzudenken. Das Wissen um die Vergänglichkeit des Lebens löst in den Figuren Reaktionen aus, die sowohl der →Figurenkonzeption angemessen sind als auch der Themen- und Motivführung eines Textes entsprechen. Zu den wiederkehrenden Lösungen der existenzbedingten Sorge gehören das feste Bekenntnis zum Glauben (→Abraham, →Einsiedler), der Wunsch, ins →Paradies zurückzukehren, das Vertrauen auf ein Weltgericht (→Apokalypse), die Zuversicht, daß das individuelle Bestreben in der gesellschaftlichen Vervollkommnung weiterleben wird (→Utopie), und der feste Entschluß, das Leben zu bejahen, das →Herz dem Mitmenschen zu öffnen und in einem erfüllten →Dialog das Dasein menschenwürdig zu gestalten. Von möglicherweise größerer Bedeutung sind jedoch die in vielen Texten nachweisbaren Verdrängungserscheinungen der Sorge, die sich in einer eigentümlichen Unruhe, Erregung und Besorgnis der Figuren niederschlagen. Die teilweise nur in verhüllten Anspielungen anklingende Furcht vor dem Altern und dem Tode, die von undeutbaren gesellschaftlichen Prozessen ausgelöste Verstörung, die Lähmung angesichts einer →absurden Seinsverfassung und die ständige Panikbereitschaft einzelner Figuren (→Angst) übernehmen die Rolle moderner Chiffren für den Zustand der Sorge (Max Frisch, *Herr Biedermann und die Brandstifter,* 1953; 1958; *Der Mensch erscheint im Holozän,* 1979; Botho Strauß, *Bekannte Gesichter, gemischte Gefühle,* 1974; Günter Steffens, *Die Annäherung an das Glück,* 1976; Heinar Kipphardt, *März,* 1976; Thomas Bernhard, *Immanuel Kant,* 1978; Jochen Beyse, *Larries Welt,* 1992).

2. Die uneingestandene oder unterdrückte existentielle Sorge kann die Charakterdarstellung einzelner Figuren prägen (Brackenburg in Goethes *Egmont,* 1787; Bertha und Eckbert in Ludwig Tiecks *Der blonde Eckbert,* 1796; Albisser in Adolf Muschg, *Albissers Grund,* 1974) oder auch die Haltung einer Gruppe zum Dasein kennzeichnen (die „Horizontalen“ in Thomas Mann, *Der Zauberberg,* 1924; die Personen in Strauß, *Bekannte Gesichter, gemischte Gefühle*). Kurz vor dem Tod einer Person kann die Sorge zur bewußten Auseinandersetzung mit der zurückliegenden Zielsetzung des Daseins und dem geführten Leben anregen (Egmont in den Gefängnisszenen; die Figur der Sorge in Fausts Gemach vor seinem Ende, *Faust II*, 1832; das Kapitel „Schnee“ und seine Bedeutung für Hans Castorp in *Der Zauberberg*; Frisch, *Biografie*, 1976). Die Sorge kann jedoch außerdem lebenswichtige Entscheidungen einer Figur begründen, in direktem Zusammenhang mit dem menschlichen Reifen zur beständigen Neuorientierung anregen und die Entwicklung einer Figur beleuchten (Joseph, Potiphar und der Pharao in Thomas Mann, *Joseph und seine Brüder*, 1933–43; Hugo in Jean-Paul Sartre, *Les Mains sales*, 1948). Die in diesen Texten sorgfältig ausgearbeiteten Bezüge zwischen der Sorge und der persönlichen Entfaltung einzelner Figuren lassen eine deutliche Motivbildung erkennen, die mit großer Wahrscheinlichkeit auch in anderen Werken nachweisbar ist. Die Sorge hat eine für viele Motive typische Polarstruktur. Sie kann entweder die Form der Todesbezogenheit annehmen und die volle Entfaltung der menschlichen Eigenschaften vereiteln oder zur kritischen Beurteilung des Lebens aufrufen und zu einem positiven Faktor im Individuationsprozeß werden.

Lit.: K.S. Guthke: Die Entdeckung des Ich. Tübingen 1993; J. Louisgrand: L'Inquiétude chez quelques anciens et chez quelques modernes. In: De Lucrèce à Camus. Paris 1970; H. Moenkemeyer: Erscheinungsformen der Sorge bei Goethe. Gießen 1954; H. Peters: De onrust als functie in de roman. In: Streven 11 (1957–58).

Siehe auch: Angst, Tod

Spiegel

1. Das Motiv hat seine Funktion und seinen Sinngehalt über viele Jahrhunderte bewahrt. Der Spiegel ist der Schnittpunkt, in dem Wirklichkeitserfahrung und das Unbekannte zusammentreffen. In der philosophischen Auslegung als *speculum mundi, vitae, naturale* und *historiale* veranschaulicht der Spiegel die wechselseitigen Beziehungen zwischen der physischen Welt und der metaphysischen Region (Terenz, Plotinus, Vincent de Beauvais, Meister Eckhart, Jacob Böhme, Angelus Silesius). Der Ausgangspunkt dieser Deutungen ist die Ansicht, daß die Seele die Gegenwart Gottes spiegelt (→Fenster, →Herz). Die Spiegelung gibt Auskunft über die menschliche Verfassung, wird Anlaß zur Seinsorientierung und stellt eine feste, gedankliche Verknüpfung zwischen Mensch und Gott her. In der erweiterten Bedeutung konnte jede Spiegelung daher ein wesentliches Sein hinter der Erscheinung enthüllen.

Im Zuge der Säkularisierung und der Auflösung des festen christlichen Weltbildes entsteht eine schwerwiegende Bedeutungsverlagerung in der Verweisfunktion des Spiegels. Im Spiegel äußert sich nicht nur die An- oder Abwesenheit Gottes; er reflektiert die innere Problematik des Menschen, die Verunsicherung und die Furcht vor dem →Nichts. Entstellte Spiegelungen, gebrochene Spiegel und verlorene Spiegelbilder verdrängen die *unio mystica* der Mystiker. Die Furcht vor dem Zerbrechen des Spiegels, im Volksglauben ein Omen des sieben Jahre anhaltenden Unglücks, geht wahrscheinlich auf die literarische Vorstellung zurück, daß der getrübte oder gebrochene Spiegel einen Bruch im Verhältnis der Menschen zu den himmlischen Mächten anzeige. Die Verständigung bricht ab, wenn sich das Spiegelbild trübt. Gegen Ende des 18. Jh. nimmt die Verwendung des Spiegels zur Darstellung von Bewußtseinsinhalten und Ich-Projektionen einzelner Figuren zu. Obwohl das Motiv auch weiterhin der Knotenpunkt zwischen dem Bekannten und dem Unerforschten bleibt, weisen die Zeichen nun auf innere, im Dunkel verborgene Substanzschichten. Spiegelbilder vergegenwärtigen die zahlreichen im Menschen schlummernden Anlagen (Leibgeber sieht sich im Spiegel verdreifacht: Jean Paul, *Siebenkäs*, 1796). Sie kündigen Krisenerscheinungen an und beleuchten Störungen des Persönlichkeitszentrums. Der Spiegel verdeutlicht die Furcht vor dem Persönlichkeitsverlust (E.T.A. Hoffmann, „Die Geschichte vom verlornen Spiegelbilde“, 1815), das Entsetzen und den Abscheu eines Menschen, der sich seinen bösen Instinkten anstatt der erhofften

Vollkommenheit gegenübersieht (Friedrich Maximilian Klinger, *Die Zwillinge,* 1776; Charles Baudelaire, „L'Irrémédiable", 1857; Théophile Gautier, „Jettatura", 1866), und die Todesangst (Gautier, *Mademoiselle de Maupin,* 1836; *Igitur,* 1868–69; Hanns Heinz Ewers, *Der Student von Prag,* 1900). Spiegelbilder begründen in dem oft nahezu verzweifelten Ringen mit innerer Gewißheit und Selbsterkenntnis den Verlust der Orientierung (Franz Werfel, *Spiegelmensch,* 1920; Peter Gan, *Die Windrose,* 1935; Karl Krolow, „Selbstbildnis mit Rumflasche", 1947; „Im Rückspiegel", 1952; Michael Schneider, *Das Spiegelkabinett,* 1980), aber auch den Versuch, die Seele von allen Zerrbildern der Gegenwart zu reinigen, um ein ursprüngliches Verhältnis zu Gott wiederherzustellen (Paul Claudel, *L'Epée et le miroir,* 1939).

Das Motiv eignet sich dazu, aus dem Spiegel tretende →Doppelgängerfiguren in die Handlung einzuführen (Hoffmann, *Das öde Haus,* 1814; Gautier, *Avatar,* 1857). Es kann jedoch in besonders wirkungsvoller Wiederholung zur Grundlage wiederholter Spiegelungen werden, die die unterschiedlichen Wünsche und widersprüchlichen Zielsetzungen der Figuren den Lesern vor Augen führen. In Romain Rollands *Jean Christophe* (1903–12) und Roger Martin du Gards *Les Thibault* (1922–40) enthüllen beispielsweise wiederkehrende Selbstbetrachtungen im Spiegel den zögernd fortschreitenden Prozeß der Einsicht in die menschliche Motivation; in Hermann Hesses *Der Steppenwolf* (1927) und Jean Genets *Adam Miroir* (1947) beleuchten Spiegelsäle die gegenseitige Abhängigkeit und wechselseitige Beeinflussung der Wirklichkeit, der Spiegelungen und des Bewußtseins. Das Verfahren dieser Texte, ein Spiegelbild in erneuter Spiegelung aufblitzen zu lassen und das so gewonnene Bild abermals zu reflektieren, ruft den Eindruck einer facettierten Fläche hervor, auf der sich menschliche Wahrnehmungen und Bewußtseinsinhalte ständig brechen. Im wechselnden Spiel der Bilder vor den Augen Hallers und des Seemanns verschmelzen Figuren, verblassen und breiten sich aus. Auf diese Art entstehen durchaus unterschiedliche Formen der Selbstverwirklichung; sie locken die beiden an und stoßen sie ab. Zugleich rufen die Spiegelungen den Leser zur Auseinandersetzung mit der Frage nach dem Wahrscheinlichkeitsgehalt der Bilder auf.

2. Die dem Spiegel im Märchen, der okkulten Literatur und der mündlichen Erzähltradition zugeschriebenen magischen Kräfte sind vermutlich Ausschmückungen eines Bestandteils des Motivs. Seit der Narzissus-Erzählung kann jede Spiegelfläche, sei sie aus Wasser, Metall oder Glas, dem Betrachter Wunschbilder vorspiegeln. Der umfassenden Ausstattung der Zauberspiegel in der Volkstradition entspricht die bewußte Begrenzung des Motivs auf die eindeutige Verweisfunktion in der Literatur. Der magische Spiegel kristallisiert Wunschträume, Phantasien und Erscheinungen einer geliebten Person (Benoît de Sainte-Maure, *Roman de Troie,* um 1160; Guillaume de Lorris, *Le Roman de la rose,* um 1230; Ulrich von Zatzikhoven, *Lanzelet,* um 1195; Maurice Scève, *Délie,* 1544; ein hoch stilisiertes Element im Barock und der anakreontischen Dichtung; Ludwig Tieck, *Leben und Tod der Heiligen Genoveva,* 1799; Goethe, *Faust I,* 1808; E.T.A. Hoffmann, *Der goldne Topf,* 1814; Carl Hauptmann, *Die armseligen Besenbinder,* 1913). Aber selbst in der im Sinngehalt durchaus eindeutigen Verwertung des Zauberspiegels entstehen wiederholt Anklänge an die erweiterte Sinnstiftung des Motivs.

Lit.: J. Bolte: Der zerstückte Spiegel. In: Euph. 16 (1909); R. Coe: All Done With Mirrors or the Solitude of Jean Genet. In: Australian Journal of French Studies 3 (1966); H. Holzapfel: Subversion u. Differenz. Das Spiegelmotiv bei Freud, Thomas Mann, Rilke u. Jacques Lacan. Essen 1986; F. Koch: Goethe u. Plotin. Leipzig 1912; J. Krogoll: Der Spiegel in der neueren deutschen Literatur u. Poetik. In: M. Fülleborn, J. Krogoll (Hg.), Studien zur deutschen Literatur. Heidelberg 1979; A. Langen: Zur Geschichte des Spiegelsymbols in der deutschen Dichtung. In: GRM 28 (1940); Le Thème du miroir dans la littérature française. In: CAIEF 11 (1959); H. Mitlacher: Die Entwicklung des Narzißbegriffs. In: GRM 21 (1933); U. Schöning: Literatur als Spiegel. Zur Geschichte eines kunsttheoretischen Topos in Frankreich von 1800 bis 1860. Heidelberg 1984; J. Urbas: Reflet et révélation. In: Revue de L'Univ. d'Ottawa 43 (1973).

Siehe auch: Doppelgänger, Narzißmus

Spielen

Versuche, die Chancen im Leben zu verbessern oder den Zufall zu überlisten, und der Traum, im Glücksspiel das große Los zu ziehen, führten der Literatur vielfältige Anregungen zu. Im Glücksspiel wird der Spieler mit Wahrscheinlichkeitswerten konfrontiert, die sich weder durch Mut, Klugheit und Voraussicht noch durch Ausdauer meistern lassen. Das Spielen kommt als beschreibende Einzelheit und im Zusammenhang mit der Darstellung von Abenteurerfiguren wie auch dem Aufbau geheimnisumwitterter Handlungen vor. In der am weitesten verbreiteten Anwendung hat das Glücksspiel jedoch eine durchaus dämonische Dimension. Das Glücksspiel gehört zu der Kategorie der schwierigsten Bewährungsproben, unterscheidet sich jedoch von allen anderen dadurch, daß die Geschicklichkeit der Figur nicht ausschlaggebend ist, da Gewinn oder Verlust letztlich vom Zufall abhängen. Auch die früheste, im gesellschaftlichen Leben belegte Form dieser Art des Spielens setzt den einzelnen immer der Gefahr des Persönlichkeitsverlustes aus. Tacitus berichtet in seiner Beschreibung der germanischen Stämme (*Germania,* 98 v. Chr.), daß einzelne Germanen ihr Leben im Glücksspiel einsetzten und ihre Freiheit aufgaben, wenn sie im Spiel verloren.

Das Motiv greift zukünftigen Ereignissen voraus, löst im Zusammenhang mit einzelnen Figuren starke Persönlichkeitskonflikte aus, stützt die Handlung, unterstreicht einzelne Themen und hebt allgemeine Tendenzen eines Textes eindringlich hervor. Es hat drei klar umrissene Funktionen:

(1) Das Motiv wirkt gesellschaftskritisch. Das Glücksspiel wird scharf angeprangert. Es dient der Kritik am Kapitalismus (Mr. Trent in Charles Dickens, *The Old Curiosity Shop,* 1841; häufig als sekundäres Motiv in gesellschaftskritischen Werken des 19. Jh.); es kennzeichnet den verantwortungslosen, verbummelten Schlendrian der Studenten (Johannes Rasser, *Ein christlich Spiel von der Kinderzucht,* 1573; Albert Wichgref, *Cornelius relegatus,* 1600; Johann Georg Schoch, *Comedia vom Studentenleben,* 1657), gleichermaßen aber auch die Dekadenz der Aristokratie und den Sittenverfall im städtischen Leben (Mateo Alemán, *Vida del pícaro Guzmán de Alfareche,* 1599–1604; Ludwig Tieck, *Geschichte des Herrn William Lovell,* 1795–96; Honoré de Balzac, *La Peau de chagrin,* 1831; Nikolai Gogol, „Die Spieler", 1842; Gustav Freytag, *Graf Waldemar,* 1850). Die Kritik kann auf jede Klasse und jede historisch bedingte Zeiterscheinung erweitert werden (der „Wilde Westen" in Bret Harte, „A Passage in the Life of John Oakhurst", 1870; Deutschland nach dem Zweiten Weltkrieg in Heinrich Böll, *Und sagte kein einziges Wort,* 1953).

(2) Das Motiv charakterisiert unbeherrschtes Handeln. Es wird außerdem zum Schwerpunkt einer Figurenkonzeption, in der Elemente des Abenteurers, Aggressors, Spekulanten und Süchtigen zusammenkommen, um das Bild einer Person zu entwerfen, die um ihrer monomanen Leidenschaft willen bereit ist, alles zu opfern: Zeit, Energie, Besitz und schließlich den geliebten Menschen, die Frau oder das Kind (Vicente Espinel, *Vida del escudero Marcos de Obregón,* 1618; James Shirley, *The Gamester,* 1633; Jean de la Forge, *La Joueuse dupée,* 1663; Florent Carton Dancourt, *La Désolation des joueuses,* 1688; Charles Dufresny, *Le Chevalier joueur,* 1697; Luigi Riccoboni, *Le Joueur,* 1718; Aaron Hill, *The Fatal Extravagance,* 1720; Edward Moore, *The Gamester,* 1753; Friedrich Maximilian Klinger, *Die Falschspieler,* 1782; August Wilhelm Iffland, *Der Spieler,* 1798; August von Kotzebue, *Blinde Liebe,* 1806; E.T.A. Hoffmann, „Spielerglück", 1819; Alfred de Musset, *Rolla,* 1822; Dickens, *The Old Curiosity Shop*; William Thackeray, *The Luck of Barry Lyndon,* 1846). Die scharfe Kritik an der Spielleidenschaft, die immer zerstörerisch in das Leben der Personen eingreift und ihnen jede Handlungsfreiheit raubt, äußert sich außerdem in wiederkehrenden Anspielungen auf die Versuchung, dem Falschspiel zu erliegen, oder auf die ständige Gefährdung, asoziale Handlungen zu begehen (Francisco Quevedo y Villegas, *Historia de la vida del Buscón,* 1626; Shirley, *The Gamester*; Dancourt, *Le Désolation des joueuses*). Einige Erzählungen streben einen

versöhnlichen Ausgang an (z.B. Susanna Centlivre, *The Gamester,* 1705; Carlo Goldoni, *Il giocatore,* 1750; Johann Gottfried Dyck, *Das Spielerglück,* 1773) und eröffnen den Ausblick auf eine durch die Liebe oder Selbsteinsicht heraufbeschworene Neuorientierung, die das Leben des Spielers durchgreifend ändert. Die weitaus größte Zahl der Darstellungen schließt mit dramatisch zugespitzten Lösungen, die den inneren und äußeren Verfall des Spielers in ein grelles Licht stellen.

(3) Das Motiv wird zum Sinnträger unberechenbarer, dämonischer Mächte, deren Eingriff ins Dasein zur völligen Entwertung des menschlichen Lebens führt. Angesichts der rasenden Spielleidenschaft schwindet jede Hoffnung auf eine menschenwürdige Existenzgestaltung. Die Dämonie des unkontrollierbaren Verlangens erscheint in einigen Texten im Zusammenhang mit Versucherfiguren, die an Satan erinnern (stechende Augen, Beinbehinderung) und die Spieler immer tiefer ins Unglück reißen (Moore, *The Gamester*; Bernard-Joseph Saurin, *Béverlei,* 1768; Iffland, *Der Spieler*; Klinger, *Die Falschspieler*). Der Mißbrauch anderer Menschen, der Geldrausch, die besessene Habsucht und die zunehmende Verhärtung aller Gefühle beleuchten außerdem ein überpersönliches Symptom in der Erscheinung. Die Spieler treten im gesellschaftlichen Raum auf; sie werden von anderen verlockt, reduzieren Mitmenschen zu Objekten und stürzen sie ins Unglück. Das Wesen der Spieler verkörpert, wenn auch in bewußter Übersteigerung, negative Erscheinungen der Gesellschaft (Hill, *The Fatal Extravagance*; Hoffmann, „Spielerglück“; Musset, *Rolla*; Alexander Puschkin, *Pik Dame,* 1834; Fjodor Dostojewski, *Der Spieler*, 1866; D.H. Lawrence, „The Rocking-Horse Winner“, 1933; Ralph Ellison, „King of the Bingo Game“, 1944). Die innere Zerstörung, der Wahnsinn oder der Selbstmord dieser Figuren tragen stark individuelle Züge. Trotzdem läßt sich gerade im Hinweis auf die Auswirkung dämonischer Mächte ein wesentliches gesellschaftliches Anliegen erkennen. Der Spieldämon wirft die Frage auf, ob Menschen entwicklungsfähig sind oder ob sie unbeherrschbaren Trieben folgen. Die Erweiterung des Motivs überträgt diese Fragestellung auf die Gesellschaft.

Lit.: W.N. Brown: The Silent Wager Stories: Their Origin and Diffusion. In: American Journal of Philology 42 (1922); J. Dunkley: Gambling. A Social and Moral Problem in France 1685–1792. Oxford 1985; Ders.: Le Jeu au XVIIe siècle. Aix-en-Provence 1976; Frenzel: Motive; G. Fritz: Der Spieler im deutschen Drama des 18. Jh. Berlin 1896; A. Hübscher: Der Spieler in der Literatur. In: Literarisches Echo 25 (1922–23); E. Köhler: Le Hasard en littérature. Le Possible et la nécessité. Paris 1987.

Siehe auch: Aggression, Fortuna, Hand

Spirale

1. Die Begriffe zentrifugale und zentripetale Spirale fixieren dynamische Wechselbeziehungen zwischen verschiedenen Textelementen. Unterschiedlich differenziert, kennzeichnen sie Struktureigenheiten, bildlich vorstellbare Bewegungskurven, generative, auf sprachlichen Eigenschaften beruhende Prozesse und charakteristische Stilmerkmale literarischer Perioden. Bakhtin bezeichnet als zentripetal das zentralisierende Wirkungsvermögen der Sprache, die den Diskurs im Text einheitlich in seiner Gesamtheit bindet. Die zentripetale Kraft ist besonders wichtig für Bühnenstücke, deren Aufführung auf allgemeines Verständnis angewiesen ist. Andererseits unterstreicht Bakhtin die zentrifugale Tendenz zur „Heteroglossia“, zur Dezentralisierung der Sprache durch Einbezug sozial differenzierter Eigenheiten. Der Sachverhalt ist klar ersichtlich in der seit dem 19. Jh. hoch entwickelten Kompositionstechnik der Sprachpräzisierung (differenzierte Sondersprachen) in der Charakterisierung von Figuren. Poulet, Daleski und Garrett beziehen primäre Verhaltensweisen der Figuren auf gegensätzliche Spiralbewegungen, die auf die Raumstruktur der Texte zurückwirken. Poulet sieht den wiederkehrenden Konflikt einzelner mit der Umwelt in Honoré de Balzacs Romanen unter dem Vorzeichen entgegengesetzter Bestrebungen. Die zentrifugale Spirale verläuft parallel zu dem Bemühen aller, die nach außen streben und sich in die Gesellschaft einfügen wollen. Die sich nach innen verengende zentripetale Spirale führt jedoch den einzelnen zum

eigenen Ich zurück und hebt die individuelle Begrenzung hervor. Daleski unterscheidet in Charles Dickens' *Bleak House* (1853) zwischen Esthers und Jarndyces zentrifugaler Bewegung nach außen und Esthers und Lady Dedlocks zentripetaler Bewegung nach innen. Garrett charakterisiert als „dialogisch" die Organisation von George Eliots *Middlemarch* (1871–72), die einerseits eine zentripetale Konzentration auf Dorothea als Protagonistin und andererseits eine zentrifugale Entwicklung anderer Figuren einschließt.
Andere Kritiker betonen, daß sich in literarischen Werken sowohl Spiralen nach oben (kosmische Dimension) als auch nach unten (Hölle oder Abgrund) nachweisen lassen. Costanzo und O'Meara verfolgen in Werken der italienischen Barockzeit und in französischen Gedichten des 19. Jhs. die zentrifugale Spirale, die zum Himmel oder Kosmos führt. Mitchell und Villaneuva-Collado dokumentieren die in die Tiefe führende zentripetale Spirale in den Werken von Dante, William Butler Yeats, Gabriel García Márquez, William Blake und Percy Bysshe Shelley.

2. Bildlich faß- oder denkbare Beschreibungen der Spirale beginnen mit einer horizontal entworfenen Kreislinie. Die Spirale wächst entweder aus dem Kreis heraus in die Höhe oder verengt sich vom äußeren Kreis nach innen und wird schließlich vom Zentrum eingesogen. Als Bild erscheint die zentrifugale Spirale am eindrucksvollsten in Alexander Popes Vergleich der anschwellenden Kreise, die ein ins Wasser geworfener Stein hervorbringt, mit dem wachsenden Einfluß der Tugend eines einzelnen (*An Essay on Man*, 1733–34; IV: 364–72). Die zentripetale Spirale, die gleichzeitig nach innen und nach unten führt, wird häufig dargestellt in Bildern des Wirbels. Beispiele: Blake, *Milton* (1804–08; V.15, 21–35), Shelley, *Alastor* (1816), Edgar Allen Poe, „MS. Found in a Bottle" (1833) und „A Descent into the Maelström" (1841); die Zeilen von Ralph Günther Mohnaus Gedicht „Orge hat einen guten Tag" in: *Gammastrahlen* (1975) veranschaulichen die nach unten sinkende zentripetale Spirale. Visuelle Bilder erwecken die Vorstellung, daß die Spirale entweder zum höchsten Glück oder zu drohender Gefahr, zur Schöpfung oder Vernichtung führt.

3. Weiter verbreitet als bildliche Darstellungen ist die Verwendung der Spirale als Strukturelement in einzelnen Texten oder selbst Perioden. Sie integriert Figurenaufbau, Handlungen, Diskurs und Raumbeschreibung. Sie bewirkt eine dynamische Bewegung, die entweder zentrifugal empor, vorwärts und nach außen oder zentripetal rückwärts, nach innen und unten strebt. Als wiederkehrendes Textelement in den Werken eines Autors oder einer Epoche verleiht sie sonst durchaus unterschiedlichen Werken einen markanten Stilzug.

4. Eine entscheidende Bedeutungserweiterung in der Funktionssphäre der Spirale setzt mit der detaillierten, komparatistischen Untersuchung von Daemmrich und Daemmrich ein. Ausgehend von der Koexistenz von Spiralen und Kreisen erschließen sie folgende Zusammenhänge: Die zentrifugale Spirale vertieft →Figurenkonzeptionen, Handlungen und Raumgestaltungen in zahlreichen Dramen der französischen, englischen und deutschen Klassik. Sie integriert zentrale Themen (→Reifen, die freie und verantwortliche →Selbstverwirklichung, →Entsagung, vorbildliches Handeln, wachsender Reformkreis) und Motive (→Herz, förderliches Gespräch →Dialog-Schweigen, Fruchtbarkeit) der Klassik. Sie wird dadurch ein gestaltbildendes Element der Werke. Die dynamische Bewegung setzt mit der Entscheidung einzelner ein, mit tradierten Mißständen (Aggression, Machthunger, Geldgier, politische Intrige) zu brechen, um eine neue Grundlage zwischen menschlichen und gesellschaftlichen Beziehungen herzustellen. Vorausgesetzt werden die Entwicklungsfähigkeit der Figuren und die freie Selbstbestimmung des Daseins. Die Figuren stehen vor einer grundlegenden Entscheidung (oft dargestellt als Scheideweg; → Weg). Sie verwerfen die überlieferte Konvention und schlagen einen radikal neuen Weg ein. Die Spiralbahn führt aus dem gewohnten → Kreis nach außen, oben (Orientierung) und vorn (Zukunft, Sinnstiftung). Beispiele für die Figurenführung aus den Dramen der französischen Klassik: der Kaiser Augustus (Pierre Corneille, *Cinna, ou la clémence d'Auguste*, 1640), Polyeucte (Corneille, *Polyeucte,* 1643), Bérénice und

Titus (Jean Racine, *Bérénice,* 1670), das Paar Xipharès und Monime (Racine, *Mithridate,* 1673), Iphigénie (Racine, *Iphigénie,* 1674), Esther (Racine, *Esther,* 1689); aus dem englischen Neoklassizismus: Cato (Joseph Addison, *Cato,* 1713); aus der deutschen Klassik: Iphigenie (Goethe, *Iphigenie auf Tauris,* 1787), Maria Stuart und Tell (Friedrich Schiller, *Maria Stuart,* 1802; *Wilhelm Tell,* 1804). Die grundsätzliche Entscheidung der Figuren, auf Rache, Aggression, Intrige oder Macht (→Hand) zu verzichten, um statt dessen eine neue, auf Gemeinschaftsdenken (Hilfsbereitschaft, Großmut, Versöhnung, Entsagung) basierende Gesellschaftsordnung zu realisieren, wirkt beispielhaft auf die Umwelt. Andere Figuren verspüren wachsendes Ungenügen an den herrschenden Verhältnissen und schließen sich an. Die Spirale nimmt das revolutionäre Wunschbild auf (Agamemnon in Racines *Iphigénie* ruft seine Tochter auf, die Götter an Tugend und Selbstaufopferung für die Gemeinde zu übertreffen), greift um sich und bewegt sich von der aktuellen Zeit in die Zukunft.

Neben der umfassenden Spirale lassen sich auch kleinere, begrenzte Spiralen in klassischen Dramen nachweisen. Sie entspringen einem kleinen Kreis von Freunden, Familienmitgliedern oder Dienern, die aktiv das Glücksstreben (Liebeserfüllung) einzelner unterstützen. Die kleine Gemeinschaft bildet ihr eigenes Ordnungsgefüge, das sich klar abhebt von den geschilderten Zuständen in der Sozialsphäre des großen Kreises. Die kleine Spirale gründet wie die große auf der Entscheidung des einzelnen, das Herz sprechen zu lassen (Wahrheit), rein persönlichen Wünschen im Interesse anderer zu entsagen und möglicherweise in der vorbildlichen Ehe eine neue Basis für menschliche Beziehungen zu schaffen. Der Teilrealisierung der menschlich-sozialen Wunschvorstellung entspricht die Bewegungskurve der begrenzten Spirale. Sie ist die Alternative zur Statik des überlieferten Konformismus, kann jedoch den starren Kreis nicht in den Aufbruch einbeziehen. Beispiele: John Dryden, *The Indian Queen* (1664), *The Indian Emperour* (1665), *Aureng-Zebe* (1676) und eine Reihe von Molières wichtigsten Komödien, besonders *L'Ecole des maris* (1661), *L'Ecole des femmes* (1662), *Le Tartuffe* (1664), *Le Misanthrope* (1666), *L'Avare* (1668), *Le Malade imaginaire* (1673). In der klassischen Raumgestaltung integriert die Spirale die horizontale Fläche und die vertikale Ausdehnung. Der Horizont wird erweitert und öffnet sich. In *Windsor Forest* (1715) entwirft Pope eine komplexe Spirale, die das Auge des Lesers gleichzeitig nach außen über die sich ausdehnende Landschaft, nach oben durch Anspielungen auf Götter und an den Rand des Geschichtlichen („Pax Britannica") führt. Die Verknüpfung der Spiraltendenz mit dem Motiv des Wanderns vertieft Darstellungen des menschlichen Reifens und der wachsenden Erkenntnisfähigkeit der Wanderer. Das Zusammenspiel von Spiralbewegung, Landschaft, innerem Erlebnis, historischer Entwicklung und Selbsterkenntnis ist stark ausgeprägt in Christoph Martin Wielands *Geschichte des Agathon* (1766–67; überarb. 1773, 1794), Goethes Wanderergedichten, Goethes *Wilhelm Meisters Lehrjahre* (1795–96), *Wilhelm Meisters Wanderjahre oder Die Entsagenden* (1821–29), Schillers *Die Jungfrau von Orleans* (1802) und *Wilhelm Tell* (1804).

5. Die zentripetale Spirale ist eine Grundfigur in realistischen Texten. Sie integriert Raumgestaltung, Figurenkonzeption und Handlung. Sie koordiniert sowohl bevorzugte Themen des Realismus (Milieudeterminismus, Begrenzung des Individuums durch politische, gesellschaftliche und ökonomische Bedingungen, Anpassung, Automat, Einkreisung und Desintegration) als auch dominante Motive (→Aggression, →Hand, Schweigen oder Zerreden, →Kreis, →Nebel und Zelle). Sie setzt mit dem Umriß eines umfassenden, äußeren Kreises der Gesellschaftsstruktur ein, deren politische, wirtschaftliche und gesellschaftliche Bedingungen die Handlungssphäre aller Figuren und Handlungen bestimmen. Der Kreis kann wie etwa in Honoré de Balzacs *La Comédie humaine* (1829–48) und Emile Zolas *Les Rougon-Marquart* (1871–93) vielschichtig oder wie in Eliots *Middlemarch*, Gottfried Kellers *Die Leute von Seldwyla* (1878), Wilhelm Raabes *Stopfkuchen* (1891), Jean-Paul Sartres *La Nausée* (1938) und Albert Camus' *La Peste* (1947)

lokal und sozial begrenzt sein. Die Weite oder Enge, die Fülle oder Leere des Außenkreises bestimmen die Mehrschichtigkeit der Spirale. In Darstellungen differenzierter gesellschaftlicher, wirtschaftlicher und politischer Verhältnisse wie in William Makepeace Thackerays *Vanity Fair* (1848), Gustave Flauberts *L'Education sentimentale* (1869) oder Gabriele Wohmanns *Ernste Absicht* (1970) besteht die Spirale aus vielen Kreisen. Jeder Kreis umfaßt eine bestimmte gesellschaftliche, wirtschaftliche oder politische Gruppe. Die Eigenschaften einzelner innerhalb der Gruppe entsprechen dem kollektiven Profil. Handlungen sind einander angeglichen. Soziale Gegensätze verschwimmen. Statt dessen treten typische Störerscheinungen in menschlichen Beziehungen deutlich hervor. Wer sich nicht anpaßt und reibungslos in den Umlauf der Maschinenwelt einordnet, wird entweder ausgestoßen oder muß sich zurückziehen.

Vom Außenkreis strebt die Spirale zur Mitte, zum Abgrund und zur ungeschichtlich gedeuteten Vergangenheit. Der Sog zieht die Figuren ins Zentrum der gesellschaftlichen, politischen und wirtschaftlichen Macht, sei es der Hof und die Feudalordnung (Marie de La Fayette, *La Princesse de Clèves*, 1678), die vorherrschende Konvention der Willkür (Racine, *Phèdre*, 1677), der Rückfall in aggressive Leidenschaft (Schiller, *Die Braut von Messina*, 1803) und die erstarrte Sitte (Goethe, *Torquato Tasso*, 1790; *Die Wahlverwandtschaften*, 1809) oder die Finanzmacht und die anwachsende Vorherrschaft wirtschaftsbürokratischer Zentren (Dramen von Emile Augier und Friedrich Hebbel; Romane von Samuel Richardson, Balzac, Charles Dickens, Thackeray, Anthony Trollope, Theodor Fontane und Henry James). Der Erwerb des materiellen Besitzes wird zur Richtschnur für erfolgreiches Handeln. Die Suche nach gesellschaftlicher Sicherheit, nach Komfort, nach dem „guten Leben" (Theodor Fontane, *Frau Jenny Treibel*, 1892) bestimmt die Zielsetzung. Der Aktionsradius der Figuren ist zunehmend begrenzt. Die Romane von Balzac bis James belegen: Der Wohlstand wird mit dem Verlust der Selbständigkeit erkauft; menschliche Eigenschaften verkümmern; der Dialog wird fragmentarisch; schließlich kreisen Gespräche nur noch um den Tausch und die Ansammlung von Geld und Gut. Wie Lucien de Rubempré in Balzacs *Les Illusions perdues* (1837–39) erfährt, verlangt die Ankunft im Zentrum den Verkauf der Seele. Je beschränkter die Raumgestaltung im Text wird, desto kleiner und unbedeutender wirken die Figuren, ihre Handlungen und ihre Gespräche: Thackeray reduziert die Figuren in *Vanity Fair* zu Puppen, die der Erzähler am Ende in den Puppenkasten einpackt; George Eliot vergleicht den Raum von *Middlemarch* mit einem engen Gewebe; in einem Zimmer oder einer Zelle eingeschlossen, beschäftigen sich Figuren exklusiv mit sich und ihrer begrenzten Umgebung (Henry Becque, *La Parisienne*, 1885; Charlotte Perkins Gilman, „The Yellow Wallpaper," 1892; André Gide, *Paludes*, 1895; James, *In the Cage*, 1898; Franz Kafka, *Die Verwandlung*, 1916; Nathalie Sarraute, *Le Planétarium*, 1959).

Im Naturalismus, dem absurden Theater, dem Nouveau Roman und in sozialkritischen Werken amerikanischer Autoren des 20. Jhs. greift die Zentripetalbewegung auf allgemeine Reduktionsprozesse über, die den Menschen entweder zum Objekt erniedrigen oder in nichtmenschliche Bereiche (Automat, Tier- und Vogelmetaphorik) verdrängen (Zola, *Nana*, 1880; *Germinal*, 1885; Thomas Hardy, *Jude the Obscure*, 1896; James, *The Bostonians*, 1885; Tennessee Williams, *A Streetcar Named Desire*, 1947; *Cat on a Hot Tin Roof*, 1955). Die Figuren werden verstümmelt, scheinen nur noch aus einem Körperteil zu bestehen und lösen sich auf (Zola, *Nana*; Apollinaire, *Les Mamelles de Tirésias*, 1917; William Faulkner, *As I Lay Dying*, 1930; Edward Albee, *The American Dream*, 1960; Karl Krolow, *Bürgerliche Gedichte*, 1970; Philip Roth, *The Breast*, 1972). Gespräche sind fragmentarisch und kreisen um das sinnentleerte Dasein. Der Monolog, punktiert von aggressiven Ausbrüchen, bricht ab (Williams, *Cat on a Hot Tin Roof*; Samuel Beckett, *Krapp's Last Tape*, 1958; Ralph Günther Mohnau, *Gammastrahlen*, 1975; Kurt Vonnegut, *Slapstick, or: Lonesome No More*, 1976; Sarraute, *L'Usage de la parole*, 1980; Robert Coover, *A Night at the Movies, or You Must Remember This*, 1987).

Selbst in Werken, die die reale Situation nicht als unabänderlich, sondern durch Anlehnung an die Vergangenheit als überholbar deuten, unterstreicht die zentripetale Kraft das Versagen grundlegender Veränderungen. Das Hier geht in der nach rückwärts gerichteten Zeitbewegung nicht zugrunde. Es setzt sich verstärkt durch (Gottfried Keller, „Pankraz, der Schmoller", 1856; Wilhelm Raabe, *Die Akten des Vogelsangs,* 1878; Hardy, *Jude the Obscure*; William Faulkner, *Absalom, Absalom!*, 1936; Eugène Ionesco, *Rhinocéros,* 1959; Toni Cade Bambara, *The Salt Eaters,* 1980; Toni Morrison, *Beloved,* 1987).

6. Ein Vergleich der zentrifugalen und zentripetalen Spiralstrukturen läßt folgenden Schluß zu. Die Zentrifugalbewegung entspricht einer Vorstellung des Daseins unter dem Aspekt ständiger Verwandlung. Das Sein ist offen und unabgeschlossen. Das Optimum des Erreichbaren wird durch wiederholte vorausdeutende Sinnstiftung, die wie in Goethes *Faust* (1808–32) und Hermann Hesses *Glasperlenspiel* (1943) das Historische, selbst den Mythos einbezieht, letztlich ins Zukünftige verschoben. Die zentripetale Spirale macht die Zukunft zur Gegenwart. Sie verdeutlicht die Erstarrung negativer Gegenwartstendenzen und erfaßt den Verlust des historischen Bewußtseins, der Liebesbereitschaft und der Entwicklungsfähigkeit. Sie stößt vor zum Terror des Augenblicks. Das Sein ist ausweglos. Das Verlangen, das Bestehende zu ändern, es an einem Gegenbild zu messen, bietet jedoch die Voraussetzung für Konstellationen, die beide Spiraltendenzen vereinen (Richardson, *Pamela, or Virtue Rewarded,* 1740; Dickens, *Bleak House,* 1853; *Hard Times,* 1854; Zola, *Paris*, 1898; *Quatre Evangiles,* 1899–1903; George Bernard Shaw, *Major Barbara,* 1905; Thomas Mann, *Joseph und seine Brüder,* 1933–43). Die aus dem wechselseitigen Einfluß der polaren Strukturen entstehende Dialektik zeigt nicht nur Widersprüche auf, sondern schafft eine spiegelbildliche Ordnung im Text. Die Möglichkeit des Neuansatzes einer zentrifugalen Spiralbildung auf neuen Stufen ist immer gegeben. John Barths *Lost in the Funhouse* (1968) und Saul Bellows *Henderson the Rain King* (1959) belegen diesen Sachverhalt.

Lit.: M.M. Bakhtin: Die Ästhetik des Wortes. Übers. R. Grübel. Ffm 1979; J.-E. Cirlot: Diccionario de símbolos. 5. Aufl. Barcelona 1982; M. Costanzo: La spirale e l'infinito. In: Rassegna della Lettura Italiana 85 (1981); H.S. u. I.G. Daemmrich: Spirals and Circles. A Key to Thematic Patterns in Realism and Classicism. 2 Bde. New York 1994; H.M. Daleski: Dickens and the Art of Analogy. New York 1970; P.K. Garrett: The Victorian Multiplot Novel. New Haven, CT 1980; W.J.T. Mitchell. Metamorphoses of the Vortex: Hogarth, Turner, and Blake. In: R. Wendorf (Hg.): Articulate Images. The Sister Arts from Hogarth to Tennyson. Minneapolis, MN 1983; M. O'Meara. La Suggestivité des structures spirales dans cinq poèmes-clé de Baudelaire, Verlaine, Mallarmé et Apollinaire: Harmonie avec le mouvement cosmique. In: Language and Style 19 (1986); G. Poulet: Metamorphosen des Kreises in der Dichtung. Ffm 1988; A. Villaneuva-Collado: Dante Alighieri, W.B. Yeats y Gabriel García Márquez: El infierno como espiral en *Cien años de soledad.* In: Alba de América 8 (1990).

Siehe auch: Kreis

Stadt

1. Die Stadt ist ein komplexes stilprägendes Phänomen. Sie kann als thematisierte Gesamtformung wesentliche Anliegen eines Werkes ausdrücken. Sie wird als Symbolträger und →Raummotiv wirksam. Darüber hinaus können einzelne Ausschnitte wie Märkte, Vorder- und Hinterhäuser, Straßenschluchten (→Fenster) und Passagen aus dem Stadtbild herausgelöst werden und deutlich erkennbare Funktion als Motive übernehmen. Städte wie Berlin, Paris, London, New York und Venedig geben Werken nicht nur ein bestimmtes Kolorit, sondern fungieren gewissenmaßen auch als Mitspieler in der Handlung. In einigen Werken versinnbildlichen Städte den Fortschritt der Zivilisation, die kulturellen Errungenschaften, die Blüte der Baukunst und die Vorteile des friedlichen Zusammenlebens. Dagegen nehmen Städte in zahlreichen anderen Darstellungen die Beschaffenheit eines Organismus an, der ein eigenes Leben entwickelt, das sich dem Zugriff seiner Schöpfer entzieht. Seit der Industriellen Revolution setzen sich Ausgestaltungen durch, in denen die Stadt das Wesen eines bedrohlichen Ungeheuers annimmt. Sie ist der

Moloch, der seine Schöpfer verschlingt. Sie ist die Gesteinsmasse, die die Menschen erdrückt. Die Figuren suchen deshalb Zuflucht in Bibliotheken, Museen oder bescheidenen Wohnungen, in denen sich ein kleiner Kreis gleichgesinnter Personen gegen die Umwelt abschirmt. Insgesamt spiegeln literarische Stadtstrukturen die Ambivalenz der Menschen gegenüber den von ihnen selbst geschaffenen Institutionen.

2. Die ambivalente Haltung äußert sich bereits in der biblischen Gegenüberstellung der verruchten Stadt Babylon und dem glückverheißenden Jerusalem (Offenbarung Johannes 18, 21). Babylon hat bereits die Merkmale späterer Stadtungeheuer. Es ist verschmutzt, verseucht und ein Ort des Verbrechens und der Dekadenz, der einem infernalischen Untergang entgegensieht. Jerusalem ist die himmlische Königin der Städte. Ihre goldenen Straßen spiegeln das göttliche Licht, und ihre hohen, leuchtenden Stadtmauern verheißen dem müden Wanderer Einkehr und Schutz. Vergil rühmte die von Göttern bestimmte Begründung Roms in der *Aeneis*; er pries aber das friedliche Leben in der ländlichen Welt (→Landschaft) als erstrebenswerter und der menschlichen Entwicklung angemessener (*Georgica*). Horaz und Juvenal schilderten Rom in ihren Satiren als Brutstätte des moralischen Verfalls. Nicolas Boileau und Alexander Pope stützten sich auf die im Altertum entwickelten negativen Ortsmerkmale in ihren satirischen Bildern von Paris und London. Andere Autoren dagegen huldigten der Stadt besonders im Zusammenhang mit dem Spaziergang (→Fahrt), der dem →Wanderer neue Einblicke in die Welt vermittelte. Die Stadterfahrung, auch wenn die Eindrücke zur Kritik anregen, gehört immer zu den wichtigen Bildungserlebnissen in Texten, die die Entwicklungsthematik (→Reifen) gestalten. Die Idealstadt ist das Zentrum des Handels, des Wissens, der Künste und der menschlichen Geselligkeit (Sébastien Mercier, *Tableaux de Paris,* 1781–88; Vittorio Alfieri, „Parigi sbastigliato", 1789; Friedrich Schiller, „Der Spaziergang", 1795). In zahlreichen Werken werden Städte zum Ausgangspunkt der Identitätssuche. Sie regen zur Reflexion über das Zeitgeschehen an. Die perspektivisch wiedergegebene Stadtwirklichkeit entspricht der schillernden Identität der Figuren (James Joyce, *Ulysses,* 1922; Wolfgang Koeppen, *Das Treibhaus,* 1953; *Der Tod in Rom,* 1954; Uwe Johnson, *Jahrestage I–IV,* 1970–83; Jay McInerney, *Bright Lights, Big City,* 1984).

3. Die ausgedehnten Verwüstungen von Städten und Ortschaften im Zeitalter der Religionskriege hinterließen in der Literatur deutliche Spuren und wurden zur festen Konstante in Erzählungen, in denen der Dreißigjährige Krieg die Raumgestaltung bestimmt. Théodore Agrippa D'Aubigné, *Les Tragiques* (1616), und Andreas Gryphius, *Fewrige Freystadt* (1637), schilderten aus zeitnaher Perspektive Feuersbrunst und Zerstörung. In ihren Beschreibungen erscheint der Untergang der Stadt im Bild des Verlustes der Geliebten, die schutzlos dem Ansturm der Barbarei ausgesetzt ist. Die Stadt wird zur Ruine und regt zu Betrachtungen an, die in Verbindung mit dem →Ruinenmotiv in der literarischen Tradition bereits vorgebildet waren. Joachim Du Bellay hatte mit seinen *Les Antiquitez de Rome* (1558) maßgebende Akzente gesetzt. Die Stadt ist schutzlos den historisch bedingten Einwirkungen ausgeliefert. Das Schicksal Roms, der einst stolzen, unbezwinglichen „Hauptstadt der Welt", die in Asche und Staub fiel, droht auch der abendländischen Stadtkultur. Merciers populäre *Tableaux* sagten Paris, dem neuen Mittelpunkt der westlichen Zivilisation, dasselbe Los voraus; Richard Jeffries prophezeit einhundert Jahre später in *After London* (1885) den Untergang der Stadt und die Flucht aufs Land, Ereignisse, die dann nach 1945 in Tatsachenberichten und Erzählungen vom Untergang Stalingrads, Hiroshimas, Breslaus, Dresdens und Berlins im Mittelpunkt des Geschehens stehen.

4. Im Anschluß an die Ästhetik des Malerischen, die detaillierten Szenen in der Malerei und die Kleinkunst in Landschafts- und Ruinendarstellungen bilden sich seit dem 18. Jh. scharf umrissene Vignetten heraus, die den Zauber und die anheimelnde Atmosphäre der alten Städte einfangen. Die Stadt übernimmt in diesen Beschreibungen weitgehend die Funktion eines Raummotivs, das sich durch zwei Aspekte auszeichnet: (1) Es veranschaulicht im Blick auf einzelne Straßenzüge, stille Winkel und Denkmäler das Leben und die Geschichte der Einwohner (Mercier, *Tableaux*; Victor Hugo, *Les Orientales,* 1829; *Notre-Dame de Paris,* 1831; *Les Feuilles d'automne*, 1831; *Les Châtiments,* 1853; Charles Baudelaire, „Brumes et pluies", 1857; Wilhelm Raabe, *Wunnigel,* 1879; *Im alten Eisen,* 1887; Theodor Fontane, *Schach von Wuthenow,* 1883; *Die Poggenpuhls,* 1896; Rainer Maria Rilke, *Die Aufzeichnungen des Malte Laurids Brigge,* 1910; Guillaume Apollinaire, *Les Alcools,* 1913; Marcel Proust, *A la recherche du temps perdu,* 1913–27; Iris Murdoch, *Under the Net,* 1954). (2) Es dient der Stimmungsmalerei, löst nachdenkliche Überlegungen aus und stellt Kontraste zwischen der dargestellten Welt und der vorausgehenden Erfahrung des Betrachters her. Die Stadt erscheint häufig im Dämmerlicht aus der Perspektive der Entfernung, von einem Turm oder Hügel aus betrachtet (Alain-René Lesage, *Le Diable boiteux,* 1707; Germaine Necker de Staël, *Corinne ou l'Italie,* 1807; E.T.A. Hoffmann, „Des Vetters Eckfenster", 1822; Joseph von Eichendorff, *Aus dem Leben eines Taugenichts,* 1826; Hugo, *Notre-Dame*; Alfred de Vigny, *Paris,* 1831; Adalbert Stifter, *Wien und die Wiener,* 1844; Gustave Flaubert, *Madame Bovary,* 1857; *Salammbô,* 1862; Raabe, *Die Leute aus dem Walde,* 1863; Gottfried Keller, *Der grüne Heinrich,* 1879–80; Ernst Stadler, „Dämmerung in der Stadt", „Fahrt über die Kölner Rheinbrücke bei Nacht", 1914).

5. Panoramen, in denen Stadt und Land zusammengestellt wurden, übernahmen nach dem Analogieprinzip die „Höhepunkt-Verfall"-Vorstellung in der Schilderung organisch in die Landschaft eingebetteter Städte einerseits und naturentfremdeter Gebilde andererseits. In Schillers „Spaziergang" und Friedrich Hölderlins „Stuttgart" und „Heidelberg" sind die Ansiedlungen kühne Gebilde, in denen Naturkraft und menschlicher Geist zusammenfinden. In Gustave Flauberts *L'Education sentimentale* (1869) wirkt die im Sonnenlicht dahinfließende Seine als Teil der Stadt und der Natur. Im Gegensatz zu diesen Flußbildern, die auch in Hölderlins Rheingedichten das Panorama der Städte prägen, ist die Themse in den englischen sozialkritischen Romanen des 18. und 19. Jh. der dunkle Fluß der Abwässer. In Tobias Smolletts *The Expedition of Humphry Clinker* (1771), Elizabeth Gaskells *Mary Barton* (1848) und Charles Dickens' *Hard Times* (1854) greifen die Zersetzungserscheinungen der verschmutzten Stadt bereits auf die umgebende Landschaft über. Die Gegenüberstellung von Stadt und Natur besteht in einzelnen Werken bis zur heutigen Zeit fort. Trotzdem setzt sich bereits im 18. und 19. Jh. eine Entwicklung durch, die den scharfen Kontrasten die Wirkung entzieht. Die Zivilisation hat von der Landschaft Besitz ergriffen; sie ist vom Menschen geplant und in ihrer Substanz von seiner Gegenwart durchdrungen (→Landschaft). Das ehemals gepriesene, einfache Landleben spiegelt die Probleme der Stadt, und selbst der Ausflug ins Freie zerstört die Illusion der unberührten Natur (z.B. Theodor Fontane, *Irrungen, Wirrungen,* 1888; *Der Stechlin,* 1898; Heimito von Doderer, *Die Strudlhofstiege,* 1951; *Die Dämonen,* 1956).

6. Die vorwiegend negativen Schilderungen der Stadt bilden in der abendländischen Tradition den am deutlichsten ausgeprägten Traditionsstrang. Ansätze zur Abwertung des Stadtlebens bestehen bereits im Altertum. Die besondere Form der Ablehnung der Stadt als gemeinschaftsfeindliches Gebilde erhielt jedoch erst durch Jean-Jacques Rousseau starke Anregungen. Seine scharfe Kritik an den naturwidrigen Gesellschaftsformen der modernen Zivilisation, die die freie Entfaltung der natürlichen Anlagen der Menschen unterbinden (→Edler Wilder), enthält im Kern den in der Literatur immer wieder anklingenden Gegensatz zwischen Gemeinschaft und Gesellschaft.

Die Schilderungen stimmen in folgendem überein: Die moderne Gesellschaft der Großstädte und Industriesiedlungen verhindert die für die natürliche Gemeinschaft charakteristischen engen, persönlichen Beziehungen zum Mitmenschen. Zwischenmenschliche Beziehungen in der Stadt sind gekennzeichnet durch Kontaktlosigkeit, Teilnahmslosigkeit, Argwohn und Neid. Einzelne schließen sich ab oder werden in die Isolation getrieben

(→Begrenzung-Freiheit). Auch die Arbeit bereitet keine Freude, da der Arbeiter dem von ihm erzeugten Produkt fremd gegenübersteht (→Entfremdung). Mit Honoré de Balzacs weitgespannter Darstellung dieser Prozesse in der *Comédie humaine* (1829–48) setzt eine Entwicklung ein, die über Dickens, Gaskell, Flaubert, Raabe und Zola bis zu Louis Aragons *Le Paysan de Paris* (1926) und Alfred Döblins *Berlin Alexanderplatz* (1929) führt. Diese Romane schildern den Werdegang einzelner, vertrauensvoller und im Grunde anständiger Menschen, die in der Stadt ihr Glück suchen, aber von der Metropole entweder „zurechtgebogen" oder zermalmt werden. Der Schöpfer steht nicht nur der von ihm geschaffenen Stadt fremd gegenüber, sondern wird auch zum Spielball einer ihm unverständlichen Macht.

7. Thematische Entwicklungen der Stadtproblematik stützen sich auf Bildfügungen, Metaphern, Motive und Symbole, die das Wesen der Stadt näher bestimmen. Untrennbar mit dem Thema verbunden sind folgende Merkmale:

(1) Die Stadt oder einzelne Stadtteile entsprechen dem Anblick einer verlockenden Frau. Die Verführerin, zuweilen sinnbildlich die Hure von Babylon, nimmt riesige oder bedrohliche Ausmaße an (Du Bellay, *Antiquitez*; Mercier, *Tableaux*; Emile Zola, *Le Ventre de Paris,* 1874; *L'Assommoir,* 1877; Jakob Wassermann, *Alexander in Babylon,* 1904; Hugo von Hofmannsthal, *Der Abenteurer und die Sängerin,* 1909; Thomas Mann, *Der Tod in Venedig,* 1913; André Breton, *Nadja,* 1928).

(2) Die Stadt erscheint wie ein Dynamo, der unerschöpfliche Energie erzeugt. Sie zieht die Menschen in ihren Bann und verbraucht sie (Balzac, *La Fille aux yeux d'or,* 1834; Gabriele D'Annunzio, *Il piacere,* 1889; Upton Sinclair, *The Jungle,* 1906; *The Metropolis,* 1908; Jules Romains, *La Mort de quelqu'un,* 1911; Bernhard Kellermann, *Der Tunnel,* 1913; John Dos Passos, *Manhattan Transfer,* 1925; Franz Kafka, *Amerika,* 1927; Döblin, *Berlin Alexanderplatz*; Hans Erich Nossack, *Der Untergang,* 1948; William Faulkner, „Pennsylvania Station", 1950; James Baldwin, *Another Country,* 1962; Joyce Carol Oates, *Them,* 1970; Gedichte von Walt Whitman, William Carlos Williams, Hart Crane, Gottfried Benn, Georg Heym, Alfred Lichtenstein, Johannes R. Becher).

(3) In ständigen Vergleichen wird entweder ein Bild des strömenden, rauschenden Wassers oder des brausenden Ozeans entworfen (Mercier, *Tableaux*; Hugo, *Orientales,* 41; *Novembre,* 1828; *Les Feuilles d'automne,* 1831; *Les Soleils couchants,* 3, 1831; Balzac, *Le Père Goriot,* 1834; *Le Cousin Pons,* 1847; Franz Grillparzer, „Der arme Spielmann", 1847).

(4) →Nebel- und Rauchmotive unterstreichen den Verfall und die Korruption der städtischen Sozialstruktur (Rousseau, *Les Confessions,* 1765–70; Gedichte Hugos; Charles-Augustin Sainte-Beuve, *Les Consolations,* 1830; Baudelaire, „Le Balcon"; Dickens, *Bleak House,* 1852–53; Zola, *Les Trois Villes,* 1894–98; Andrei Bely, *Petersburg,* 1910–11).

(5) Ausführliche Detailbeschreibungen des Schmutzes, der Fäulnis und dumpfer Wohnungen beleuchten die individuelle Entartung und den allgemeinen Niedergang (Mercier, *Tableaux*; Wilhelm Raabe, *Der Schüdderump,* 1870; James Joyce, *Ulysses,* 1922; Aragon, *Paysan*; Dos Passos, *Manhattan Transfer*; Hermann Broch, *Der Tod des Vergil,* 1945; Gedichte von Charles Baudelaire, Arthur Rimbaud und Emile Verhaeren).

(6) Feuer, im Nebel rauchende Kamine und ständig von Himmel fallende Asche schildern die Hoffnungslosigkeit des Lebens (Du Bellay, *Antiquitez*; Vigny, *Paris*; Balzac, *Les Illusions perdues*; Auguste Barbier, *La Cuve,* 1831; Dickens, *Hard Times*; Zola, *Trois Villes*; Baldwin, *Another Country*).

(7) Metaphern der Hölle oder des Satanischen erwecken den Eindruck zeitloser Leiden der Verdammten (George Gordon Byron, *Don Juan,* 1819–24; Vigny, *Paris*; Barbier, *La Cuve*; James Thomson, *The City of Dreadful Night,* 1874; „Insomnia", 1882; Georg Heym, „Der Gott der Stadt", „Von toten Städten ist das Land bedeckt", „Die Dämonen der Städte", „Verwandlung des Bösen", vor 1912; Bertolt Brecht, *Mahagonny,* 1930; Louis-Ferdinand Céline, *Voyage au bout de la nuit,* 1932).

(8) Die Motive der Kreisbewegung (→Kreis) und des →Labyrinths vergegenwärtigen die

Ausweglosigkeit der Situation (Mercier, *Tableaux*; Balzac, *La Peau du chagrin,* 1831; *Le Père Goriot*; Hugo, *Notre-Dame*; *Les Misérables*; Stephen Crane, *Maggie, A Girl of the Streets,* 1893; Rainer Maria Rilke, *Die Aufzeichnungen des Malte Laurids Brigge,* 1910; Alain Robbe-Grillet, *Dans le labyrinthe,* 1959).

(9) Bilder und Motive der →Begrenzung, des Käfigs, der Zelle, des fensterlosen Zimmers machen den Freiheitsverlust der Menschen sichtbar (Mercier, *Tableaux*; Raabe, *Die Chronik der Sperlingsgasse,* 1857; Jean-Paul Sartre, *La Nausée,* 1938; Albert Camus, *L'Etranger,* 1942).

(10) Die Darstellung der Stadt als Bewahrerin der Tradition hebt zugleich die kulturfeindlichen Tendenzen des modernen Stadtlebens hervor (Hugo, „A l'Arc du triomphe"; *Notre-Dame de Paris*; Breton, *Nadja*; Lawrence Durrell, *The Alexandria Quartet,* 1957–60; Claude Mauriac, *La Marquise sortit à cinq heures,* 1961).

8. Autoren, die die Stadt zur Deutung historischer und ökonomischer Prozesse und der menschlichen Existenzbedingung heranzogen, mußten besondere kompositorische Aufgaben lösen. Sowohl die Ausdehnung des Stadtbildes und die vielseitigen Funktionen der Stadt als auch die von ihr ausgelösten widersprüchlichen Empfindungen verlangten äußerste Konzentration in der Gestaltung. Die unterschiedlichen Darstellungsweisen umfassen:

(1) Experimente der panoramischen Ausdehnung; die Texte schildern die Lebensläufe, Eindrücke und Auseinandersetzungen zahlreicher Figuren, die aus unterschiedlichen sozialen Klassen stammen (Balzac, *La Comédie humaine*; Dickens, *David Copperfield,* 1849–50; *Bleak House,* 1852–53; *A Tale of Two Cities,* 1859; Zola, *Les Rougon-Macquart,* 1871–93; die Romane Raabes und Fontanes);

(2) kurze, auch fragmentarische Belichtungen einzelner Ausschnitte, Szenen oder persönlicher Eindrücke (Hugo, *Les Feuilles d'automne*; Eugène Sue, *Les Mystères de Paris,* 1843; Henry Murger, *Scènes de la vie de Bohème,* 1851; Baudelaire, „Brumes et pluies"; Apollinaire, *Alcools* ; Aragon, *Le Paysan de Paris* ; Breton, *La Clé des champs,* 1953);

(3) Versuche, das Gefühl der simultanen Gegenwart aller Aspekte des Phänomens Stadt durch die Technik der Reihung, Überschneidung und Collage zu vermitteln (Karl Gutzkow, *Die Ritter vom Geiste,* 1850–51; Dos Passos, *Manhattan Transfer*; Durrell, *Alexandria Quartet*; Werke von Koeppen und Johnson; Bodo Morshäuser, *Die Berliner Simultation,* 1986);

(4) das Verfahren, das Erzählgerüst durch Leitmotive zu befestigen (Joyce, *Ulysses*; Michel Butor, *Passage de Milan,* 1954; Robbe-Grillet, *Dans le labyrinthe*).

Lit.: M.-C. Bancquart: La Ville. Histoires et mythes. Paris 1984; H. Brunna (Hg.): Literatur in der Stadt. Göppingen 1982; M. A. Caws (Hg.): City Images. Perspectives from Literature, Philosophy, and Film. New York 1991; P. Citron: La Poésie de Paris dans la littérature française de Rousseau à Baudelaire. Paris 1961; D. Festa-McCormick: The City as Catalyst: A Study of Ten Novels. Rutherford, NJ 1979; J. Fleckenstein, K. Stackmann (Hg.): Über Bürger, Stadt u. städtische Literatur im Spätmittelalter. Göttingen 1980; M.S. Fries: The Changing Consciousness of Reality. Bonn 1980; L. Gabellone: La Ville comme texte. In: Lingua e stile 11 (1976); W. Gotzmann: Literarische Erfahrung von Großstadt 1922–1988. Ffm 1990; W. Haubrichs (Hg.): Stadt u. Literatur. In: LiLi 12 (1982); S. Hauser: Der Blick auf die Stadt. Semiotische Untersuchungen zur literarischen Wahrnehmung bis 1910. Berlin 1990; G. Hermann: Der Großstadtroman. Stettin 1931; H. Hinterhäuser: Tote Städte in der Literatur des Fin de siècle. In: Archiv 206 (1969/70); M.C. Jayne, A.C. Watts (Hg.): Literature and the Urban Experience: Essays on the City and Literature. New Brunswick, NJ 1981; J.H. Johnston: The Poet and the City. Athens, GA 1984; F. Joxe: Ville et modernité dans les Fleurs du mal. In: Europe 456–57 (1967); E. Kleinschmidt: Die ungeliebte Stadt. In: LiLi 12 (1982); V. Klotz: Die erzählte Stadt. Ein Sujet als Herausforderung des Romans von Lesage bis Döblin. München 1969; F. Knilli, M. Nerlich, H. Maß (Hg.): Medium Metropole. Heidelberg 1986; W. Kohlschmidt: Aspekte des Stadtmotivs in der deutschen Dichtung. In: Un Dialogue des nations. München, Paris 1967; C. Lafarge: Paris and Myth. One Vision of Horror. In: Studies in 18th-C. Culture 5 (1976); J. Le Goff: Babylone ou Jérusalem. La Ville dans l'imagination collective au Moyen Âge. In: Critique 20 (1978); F. Maierhöfer: Die unbewältigte Stadt. Zum Problem Urbanisation in der Literatur. In: Stimmen der Zeit 187 (1971); E. Maschke: Städte u. Menschen. Wiesbaden 1980; C. Meckseper, E. Schraut (Hg.): Die Stadt in der Literatur. Göttingen 1983; R. Minder: Paris in der französischen Literatur (1760–1960). In ders., Dichter in der Gesellschaft. Wiesbaden 1966; P. A. Noss: The Cruel City. Le Thème de la ville cruelle chez le écrivains africains francophones et anglophones. In: RLC 48 (1974); J.-M. Pastré: La Ville. Du réel à l'imaginaire. Rouen 1991; U. Peters: Literatur u. Stadt. Konstanz 1983; B. Pike: The Image of the City in Modern Literature. Princeton, NJ 1981; ders.: The Myth of the City in the Novel. In: Z. Konstantinovic (Hg.), Evolution of the Novel. Innsbruck 1982; M. Pleister: Das Bild der Großstadt in den Dichtungen Robert Walsers, Rainer Maria Rilkes, Stefan Georges u. Hugo von Hofmannsthals. 2. Aufl. Hamburg 1990; W. Rehm: Europäische Romdichtung. 2. Aufl. München 1960; K. Riha: Die Beschreibung der großen Stadt. Bad Homburg 1970; H. Rölleke: Die Stadt bei Stadler, Heym u. Trakl. Berlin 1966; W. Rothe (Hg.): Deutsche Großstadtlyrik vom Naturalismus bis zur Gegenwart. Stuttgart 1973; C. Schenk: Venedig im Spiegel der Décadence-Literatur des Fin de siècle. Ffm 1987; K.R. Scherpe (Hg.): Die Unwirklichkeit der Städte. Reinbek 1988; ders.: Von der erzählten Stadt zur Stadterzählung. In: J. Fohrmann, H. Müller (Hg.), Diskurstheorien u. Literaturwissenschaft. Ffm 1988; F. Sengle: Wunschbild Land u. Schreckbild Stadt. In: Studium Generale 16 (1963); M. Smuda (Hg.): Die Großstadt als Text. München 1992; M. Spaziani: Roma nel romanzo francese contemporaneo. In: Studi Romani 10 (1962); H.-M. Speier: Poesie der Metropole. Die Berlin-Lyrik von der Gründerzeit bis zur Gegenwart im Spiegel ihrer Anthologien. Berlin 1990; H. Spiero: Vom Berliner Roman. Rückblicke u. Ausblicke. In: GRM 6 (1914); M. Thalmann: Romantiker entdecken die Stadt. München 1965; R. Theis: Zur Sprache der cité in der Dichtung. Ffm 1972; R.H. Thum: The City. Baudelaire, Rimbaud, Verhaeren. New York 1994; C. Wiedemann (Hg.): Rom, Paris, London. Stuttgart 1988.

Siehe auch: Apokalypse, Begrenzung-Freiheit, Dandy, Ruine

Sterilität

Siehe Fruchtbarkeit-Unfruchtbarkeit

Sterne

Das Motiv ist vom ptolemäischen über das kopernikanische bis zum beweglichen Weltbild der Science-fiction der Sinnträger einer festen Ordnung des Universums. Die Stellung der Sterne, ihr Licht, ihre gedachte Bewegung und Wiederkehr geben der menschlichen Orientierung im Dasein eine zuverlässige Grundlage (Dante, Milton, Flaubert). Das Motiv beleuchtet daher auch die Erwartung der Handlungsträger, ihr Schicksal meistern zu können. Das verblassende Licht und ein nächtlicher Himmel ohne Sterne verkünden bevorstehendes Unheil (z.B. Shakespeare, *Antony and Cleopatra,* 1607?; Friedrich Schiller, *Wallensteins Tod,* 1800). Die Gegenwart der Sterne ist besonders in Gedichten und poetischen Darstellungen nächtlicher Wanderungen unmißverständlich. Das Licht weckt Zuversicht und regt zu hoffnungsvollen Betrachtungen an (Wordsworth, Keats, Hugo). In der erweiterten Bedeutung erschließt das Licht der Sterne nicht nur die göttliche Lenkung des Daseins, sondern auch Hoffnung, Trost und Sicherheit (Andreas Gryphius, „An die Sternen"; Matthias Claudius, „Christiane"; Gottfried Keller, „Unter Sternen"; Rudolf Alexander Schröder, „In der Nacht gesungen"). Das klare Licht leitet die Schritte des wandernden Dichters aus der Verzweiflung des Fegefeuers zur Verheißung des Paradieses und zur Erfüllung aller Wünsche im „Sternenheim" (Dante). Das Sternenzelt besiegelt auch den Bund der Menschen mit Gott und ruft zur freudigen Anerkennung des Lebens auf (Schiller, „An die Freude"). Im Aufbau eines Textes kann eine wechselnde Konstellation der Sterne Einblicke in die inneren Gefühle, die Sorgen und Wunschträume der Figuren vermitteln (Helena und Bertram in Shakespeare, *All's Well That Ends Well,* 1602?). Große Ausdehnungen im Sinngehalt des Motivs sind selten. Schiller entwickelt beispielsweise im *Wallenstein* aus dem Motiv den Gegensatz zwischen einem zeitlosen, natürlichen Ordnungssystem und den zeitbedingten, veränderlichen Ordnungsbegriffen der Gesellschaft. Die Widersprüche sind deutlich herausgestellt in dem Kontrast zwischen dem blinden Vertrauen Wallensteins auf seinen glückverheißenden Stern und Theklas Glauben an eine Ordnung, die auch nach dem Untergang ihrer Hoffnungen weiter bestehen wird. In der bevorzugten und am weitesten verbreiteten Verwendung vermitteln die Sterne das Gefühl der Behausung. Diese Begrenzung führte zur Klischeebildung, die zu Satiren anregte (Laforge, „Complainte de cette bonne lune"; Clarke).

Quellen: Dante, *La Divina Commedia* (1300–18); John Milton, *Paradise Lost III* (1667); William Wordsworth, *Evening Walk; Descriptive Sketches* (1793); „If thou indeed derive thy light from Heaven"; John Keats, „Bright Star" (1838); Victor Hugo, „Magnitude Parvi", „A la fenêtre pendant la nuit", *Les Contemplations* (1856); Gustave Flaubert, *Salammbô* (1862); Jules Laforgue, *Les Complaintes* (1885); Guillaume Apollinaire, „La Chanson du Mal-Aimé", „Les Fiançailles" in: *Alcools* (1898–1913); „Tristesse d'une étoile", *Calligrammes* (1913–15); Arthur C. Clarke, „The Star" (1958).

Lit.: J.-P. Richard: Étoiles chez Apollinaire. In: De Ronsard à Breton. Paris 1967.

Siehe auch: Licht, Mond, Nacht

Straße des Lebens

Siehe Weg

Suche

1. Die Suche ist eine thematische Variante der →Fahrt. Die Konzeption wirkt sich maßgebend auf die Figurenkonzeption aus und bestimmt ein Grundschema im Aufbau der Handlung. Der Handlungsträger besitzt oder entwickelt auf der Fahrt außergewöhnliche Eigenschaften (→Held, reines →Herz, Zeichen der Erwählung); er erhält einen Auftrag oder wünscht, ein wertvolles Objekt oder eine auserwählte Person zu gewinnen; die Fahrt setzt den Sucher einer Reihe zunehmend schwieriger Bewährungsproben aus, die seine Vorzüge beweisen, aber auch jeden Unwürdigen entweder vom Weg ablenken oder ausmerzen (Stationen der Entwicklungsthematik); der Erwählte findet Unterstützung durch wohlwollende Helfer (belebtes Tierreich, Geister; Zeichen der Tragfähigkeit der Zusammenarbeit); er muß unter Einsatz des eigenen Lebens einen Behüter, Vormund oder furchterregenden Wächter überwinden; er besteht diese Bewährungsprobe und wird nach der erfolgreichen Lösung der Aufgabe erhöht (Heimkehr im Triumph, Entrückung, Verklärung). Die Konzeption bildet die Grundlage zahlreicher Märchen und Erzählungen, in denen ein Jüngling in die Welt zieht, um eine Prinzessin oder einen Schatz (Ring, Edelstein, Wasser des Lebens) zu gewinnen. Sie ist gleichermaßen nachweisbar in Schilderungen der Abenteuer junger Mädchen, die Vater oder Brüder suchen und diese befreien. In literarischen Werken weichen die konkret ausgearbeiteten Zielsetzungen und dementsprechend die von der Figur erlangte Stufe des Erkenntnisvermögens voneinander ab. Im *Perceval* (ca. 1180) von Chrestien de Troyes und Wolfram von Eschenbachs *Parzival* (ca. 1205–10) bewähren sich die Helden auf der Suche nach dem →Gral und finden ein vertieftes Verständnis in der Sinndeutung des Daseins. Kapitän Ahab (Herman Melville, *Moby-Dick,* 1851) verfehlt die Bedeutung der natürlichen Lebensgesetze, behauptet seinen Willen gegen alle Widerstände und geht unter. Der Märchenheld in J.R.R. Tolkiens *The Fellowship of the Ring* (1937–55) entwickelt sich in einer Reihe von Prüfungen zur vorbildlichen Figur, die dem persönlichen Machtanspruch entsagen kann und die Welt vor dem Untergang rettet. Alle Darstellungen verknüpfen jedoch die Suche mit wiederholten Bewährungsproben auf der Fahrt (→Weg).

2. Die Strukturmerkmale der Suche lassen sich außerdem in einigen Werken nachweisen, in denen die Lösung nicht vorherbestimmt ist und die Suche geheimnisvoll wirkt, da das Ziel nicht in einem Objekt- oder Personenmotiv gründet. Die Erweiterung des Schemas ermöglicht einerseits die Herausarbeitung des Rätsels der menschlichen Selbstverwirklichung, andererseits die Gestaltung ambivalenter Reaktionen der Sucher, die während der Bewährungsproben zögern, den Kurs wechseln wollen oder das Ziel aus dem Auge verlieren. Das Thema der Suche geht in diesen Darstellungen und besonders in modernen Identitätssuchen häufig weitgehend und bis zur Unkenntlichkeit in anderen Themen auf. Die →Faust-Figur behält beispielsweise einzelne Eigenschaften des Suchers bei. Die große Fahrt Fausts auf der Suche nach Welterkenntnis bedingt jedoch durch die hierarchische Staffelung der Bildungserlebnisse eine völlige Neuanlage der Abenteuer. In Edgar Allan Poes *The Narrative of Arthur Gordon Pym* (1838) weist das Erzählgerüst die Struktureigenheiten der Suche auf. Die abenteuerliche Fahrt Pyms verläuft jedoch ins Unerforschliche, in ein Nichts, das sich der Sinngebung entzieht. Alain-Fournier gleicht das Thema in *Le Grand Meaulnes* (1913) an die Konzeption des →Abenteuers an, bezieht aber deutlich die Stationen der Suche ein. Sowohl in Franz Kafkas *Der Prozeß* (1925) und *Das Schloß* (1926) als auch in Günter Eichs *Sabeth* (1953) dagegen stimmen Figurenkonzeption, Thema und Grundkonstellation überein. Das Ziel entzieht sich, und der Lebensprozeß schneidet die Suche gewaltsam ab. Der bis zum Ende durchgehaltene, ungebrochene Drang, das Rätsel des Daseins zu lösen, erhöht jedoch die Figuren wieder ganz im Sinne der ursprünglichen Konzeption oder führt sie wie in Eichs *Das Jahr Lazertis* (1958) ans Ziel.

Lit.: W.H. Auden: The Quest Hero. In: Texas Quarterly 4 (1961); W.C. Calin: The Epic Quest. Studies in Four Old French „Chansons de geste". London 1967; F. Simonis: Meditatio Mortis bei Philippe Jaccottet. Zur Motivik der Quête in der französischen Literatur der Gegenwart. In: Orbis Litterarum 41 (1986).

Siehe auch: Abenteuer, Artus, Fahrt, Goldenes Vlies, Gral, Held

Tagesanbruch

Der Übergang von der Nacht zum Tag bot zu zahlreichen Detailschilderungen und zur atmosphärischen Ausgestaltung einzelner Texte Anlaß. Das Motiv des Tagesanbruchs ist von ausschlaggebender Bedeutung im mittelalterlichen Tagelied (*alba*). Es bestimmt seine Struktureigenheiten von Dietmar von Eist, Walther von der Vogelweide und Wolfram von Eschenbach bis zu Oswald von Wolkenstein und begründet die Verwendung des Wächterrufs, der warnenden Vogelstimmen, des tönenden Horns, des Erwachens und Abschieds der Liebenden. Im Gegensatz zur →Dämmerung tritt beim Tagesanbruch die Umwelt deutlich hervor. Die Entfernung des Betrachters zu den Gegenständen verringert sich; der Anspruch der Wirklichkeit setzt sich durch. Er bedingt im Tagelied die Trennung, in anderen Gedichten das freudige Bekenntnis zur Welt. Aus dieser Assoziation entstehen Motivverweise auf das tatkräftige Ergreifen der Gegenwart, die hoffnungsvolle Erwartung der Zukunft und die grundsätzlich als jugendlich gedachte Bereitschaft einer Neuorientierung des Daseins. Der Anlage des Motivs in der Liebeslyrik entspricht eine parallele, allegorische Verwendung in der christlichen Dichtung. Der Tagesanbruch verkündet die Geburt Jesu, seine Verklärung und die Auferstehung aller am Jüngsten Tag. Die große Beliebtheit des Motivs regte im 17. und 18. Jh. einige gutgelungene Parodien an, die jedoch ohne erkennbare Auswirkung auf die bis ins 20. Jh. anhaltende Verwendung blieben.

Quellen: Altprovenzalische u. altfranzösische *albas* von Giraut de Bornelh, Bernard de Ventadorn, Cadene, Bertram d'Alamanon, Raimon de las Salas (12. u. 13. Jh.); Minnesänger; Gedichte Dietmars von Aist und Heinrichs von Morungen; Wolfram von Eschenbach, *Tagelieder* (ca. 1200); Petrarca, „Canzoniere" (1335); John Gower, *Confessio Amantis* (1390); Lorenzo de Medici, *Selve d'amore* II (1470); Luigi Groto, *La Hadriana* (1587); Shakespeare, *Venus and Adonis* (1593); *Romeo and Juliet* (1597); Christopher Marlowe, „Hero and Leander" (1598); Giovan Battista Marini, „Amori notturni" (1610); Thomas Carew, „A Pastorall Dialogue" (1644); Fulvio Testi, „All' Aurora" (1644); John Milton, „L'Allegro" (1645); Giuseppe Parini, „Alla rondinella" (1758); Goethe, „An Friederike Brion"; „Willkommen und Abschied" (1771); „Zueignung" (1789); Alfred Tennyson, „Tithonus" (1864); Robert Browning, „Parting at Morning" (1878); Ezra Pound, „Alba" (1928); W.H. Auden, „What's in Your Mind, My Dove, My Coney" (1930); William Butler Yeats, „Parting" (1933); John Crowe Ransom, „Parting at Dawn" (1947); George Barker, „Turn on your side and bear the day to me" (1950).

Lit.: Y. Bellinger: La Journée et ses moments dans la poésie française du XVIe siècle. Paris 1975; A.T. Hatto: Eos: An Inquiry into the Theme of Lovers' Meetings and Partings at Dawn in Poetry. The Hague 1965.

Siehe auch: Dämmerung, Licht, Sonne

Tanz

Siehe Karneval

Täuschung

1. Die christliche Tradition verurteilt das Verschweigen der Wahrheit und jede Form der Täuschung (Vorspiegelung falscher Tatsachen, Betrug, Irreführung, Verstellung, Treulosigkeit, Verrat), die dem eigenen Vorteil dient. Strategische Schachzüge und listige Handlungen waren jedoch dem Helden und Stammesgenossen nicht nur erlaubt, sondern wurden bewundert. Der Mut und die Klugheit, sapientia et fortitudo, die List und Anpassungsfähigkeit in der Figurenkonzeption außergewöhnlicher Herrscher, Krieger und Abenteurer spielen literarisch eine ebenso bedeutende Rolle wie die Wahrheitsliebe und Standhaftigkeit der Seher und tragischen Helden der griechischen Literatur oder die Selbstbeherrschung und Liebesbereitschaft der aufrechten Figuren im exemplum, dem Predigtmärlein und den Märtyrerspielen. Das Verzeichnis bei Thompson belegt die verbreitete Verwendung der Täuschung in Märchen, Sagen und Literatur. Die unterschiedlichen Schattierungen erfassen alles, was die Gesellschaft mit einem Tabu belegt. Die individuellen Variationsmöglichkeiten der betrügerischen Situationen reichen von sittlichen Verfehlungen bis zum erheiternden Rollentausch.

2. Jede Art der Täuschung wirkt dynamisch. Sie schafft Kontraste, bringt die Handlung voran, erzeugt Spannungsbögen, ermöglicht die Ausarbeitung von konfliktgeladenen Situationen, kann überraschend zutage treten und stützt den Figurenaufbau der Handlungsträger durch die Verwertung verschlagener Pläne der Gegenspieler. Wiederkehrende Strategien der Täuschung stehen häufig in direktem Zusammenhang mit Versuchen, Macht oder Reichtum zu erlangen, mit dem Wunsch, die positiv gezeichnete Hauptfigur zu beseitigen oder ihre Pläne zu durchkreuzen, und mit allen Vorhaben, jene Rivalen aus dem Wege zu schaffen, die den eigenen Liebesanspruch auf andere (Vater, Mutter, Geschwister, Geliebte) bedrohen. Die Charakterzeichnung der Betrüger betont negative Eigenschaften, die den Leser oder Zuschauer zu Kritik auffordern (Shakespeare, *Richard III*, ca. 1593; *Julius Caesar,* 1599; *Macbeth,* 1606?; Molière, *Tartuffe,* 1664; Samuel Richardson, *Clarissa,* 1747–48; Friedrich Schiller, *Die Räuber,* 1781; Honoré de Balzac, *La Maison du chat-qui-pelote,* 1830; *Les Illusions perdues,* 1837–43; *César Birotteau,* 1837; Stendhal, *Le Rouge et le noir,* 1831; *La Chartreuse de Parme,* 1839).

3. Zu den Täuschungsmanövern gehört das assoziierte Motiv des Mordes eines unerkannt gebliebenen Blutsverwandten. Dieses Motiv bildet in der besonderen Form der am eigenen Sohn begangenen Bluttat einen eigenen Traditionsstrang. Der Sohn kehrt nach langer Abwesenheit nach Hause und verheimlicht seine Abkunft, um die Eltern am nächsten Tag zu überraschen. Die gewöhnlich eingeflochtenen Anspielungen deuten seine Verhaltensweise als unbewußtes Verlangen, die Eltern zu prüfen und ihre inneren Gefühle zu erforschen. Obwohl das Verbrechen durch die Habgier der Eltern ausgelöst wird, bietet erst die Täuschung die Voraussetzung zur Tat. Das Motiv bestimmt die Entwicklung der Handlung in George Lillo, *The Fatal Curiosity* (1736), Karl Philipp Moritz, *Blunt oder der Gast* (1780), Zacharias Werner, *Der vierundzwanzigste Februar* (1810), und Albert Camus, *Le Malentendu* (1944). Eine vergleichbare Funktion übernimmt die Motivvariation der Ermordung der Eltern, die entweder von dem heimkehrenden Sohn getötet werden (→Elektra) oder ein schreckliches Ende finden, weil der Sohn der bedrückenden Atmosphäre des Hauses entfliehen will (Jean Anouilh, *Le Voyageur sans bagage,* 1937).

4. Die mit dem →Ehebruch verknüpfte Täuschung erlaubt es, ein spannendes Spiel mit der immer erwarteten Entdeckung zu treiben (→Tristan). Der Aufbau einer entsprechenden Szenenfolge hebt in Werken, die zu einer tragischen Lösung streben, die menschliche Verirrung auf dem Lebensweg, die Verschuldung und Charakterschwächen hervor. Andererseits wirkt das Spiel der Irreführung durchaus humoristisch sowohl im glücklich verlaufenden Rollentausch von Brüdern, Herrscher, Diener und König und Bettler (Plautus, *Menaechmi*; Shakespeare, *The Comedy of Errors,* ca. 1591; Achim von Arnim, „Fürst Ganzgott und Sänger Halbgott", 1818; Wilhelm Hauff, zahlreiche Erzählungen in den Märchenalmanachen von 1826, 1827 und 1828; Joseph von Eichendorff, *Aus dem Leben eines Taugenichts,* 1826) als auch in Satiren auf gesellschaftliche Mißstände (Gerhart Hauptmann, *Der Biberpelz,* 1893; Georg Kaiser, *Die jüdische Witwe,* 1911; *König Hahnrei,* 1913). Die Täuschung dient der Situationskomik in Erzählungen, Schwänken und Komödien, in denen der betrogene Ehepartner mit Eigenschaften ausgestattet ist, die ihn entweder in ein lächerliches Licht stellen oder Kritik herausfordern. Der Betrüger hat Züge des Possenreißers (Prosafassungen von *Markolf,* 1487; Volksbuch vom *Dyl Ulenspiegel,* 1515) und beweist seinen Scharfsinn in ständig neu erdachten Plänen der Überlistung. Diese Form der Irreführung, die ihr angeschlossene Handlungsführung und die mit ihr verknüpfte Situationskomik gehören zum Grundbestand der Commedia dell'arte; sie kennzeichnen eine Reihe humoristischer Fastnachtsspiele und zahlreiche erotische Erzählungen in der Tradition von Giovanni Boccaccio, Antonio Pucci und Francesco Sansovino; zudem beeinflussen sie sowohl die Figurenkonzeption als auch den Aufbau der Handlung in Komödien, in denen der reiche, alte Freier von einem jugendlichen Pärchen irregeführt wird (Molière, *L'Ecole des femmes,* 1662; *Le Malade imaginaire,* 1673; Pierre Caron de Beaumarchais, *Le Barbier de Séville,* 1775), und in Komödien, in denen der verschlagene Betrüger entlarvt wird (Heinrich von Kleist, *Der zerbrochene Krug,* 1806).

5. Durchtriebene Anschläge bilden ein Grundelement aller Betrugsdichtungen. Das Motiv ist in Volkserzählungen, Schwänken, Possen und erotischen Schelmengeschichten weit verbreitet. Der Figurenaufbau ist weitgehend stereotyp und neigt zu anspruchslosen Gegenüberstellungen wie etwa der des schlauen Bäuerleins und des dummen Teufels, des armen Schuldners und des reichen Landbesitzers, des gewitzten Gastes und des groben Gastwirts, des lustigen, lebenshungrigen Mädchens und des widerlichen, alten Mannes oder der zänkischen Ehefrau und dem sorglosen Ehemann. Die Geschichten stützen sich auf das Schema Täuschung-Erfolg: Die junge Schönheit vom Lande weist die Liebesanträge eines Jünglings ab, der sie jedoch mit der Erklärung überlistet, daß die innige Verbindung seiner Keuschheit mit der ihrigen die Reinheit des Mädchens verdoppeln werde. Die Täuschung hat in diesen Erzählungen grundsätzlich die Funktion eines Situationsmotivs.

Die Betrügereien der Hochstapler und →Schelme entsprechen weitgehend der thematischen Konzeption der →Anpassung und erscheinen daher als Strategien der Überlebenskunst. Der Schelm manipuliert die gesellschaftlichen Konventionen und die Einstellung der Mitmenschen zu seinem Vorteil und hat Erfolg, weil die Welt den Schein höher einschätzt als die Bescheidenheit ruhig wirkender Menschen. Der Betrüger bereut nichts und geht auch straflos aus, da die Erzählung der Welt einen Spiegel vorhält (Goethe, *Der Groß-Cophta,* 1791). In ihrer Funktion ähnelt diese Irreführung dem Bluffen beim Kartenspiel. Die Täuschung ruft einen Gegenzug hervor, der den Erfolg oder das Versagen des Plans provoziert. Die Züge und Gegenzüge steigern die Erwartung auf den Ausgang des Unternehmens und schaffen ständig neue Spannungsbögen. Die Verhaltensweise regt jedoch zur Kritik nach innen und außen an. Sie trifft den Schelm und die Gesellschaft. Das Gewebe der Lügen enthüllt den Egoismus, die Ungerechtigkeit und Korruption in einer Gesellschaft, die eine glänzende Fassade errichtet hat, um das innerste Wesen der gesellschaftlichen Verfassung zu verbergen.

Lit.: D.A. Beecher: Le Fourbe dans le théâtre de la Renaissance. In: RLC 61 (1987); O. Eberhardt: Verkleidung u. Verwechslung in der erzählenden Dichtung Eichendorffs. Heidelberg 1987; R.E. Schade: The King-for-a-Day Theme. In: Daphnis 17 (1988); S. Thompson: Motif-Index of Folk Literature. Copenhagen 1955–58. IV, 231–499 (KO-2388).

Siehe auch: Ehebruch, Verkleidung

Teppich

In der Beschreibung gewebter Stoffe, geflochtener oder gestrickter Bettdecken, Wandbehänge, Läufer und Teppiche sind Farben und

Muster von ausschlaggebender Bedeutung. Die Beschaffenheit bestimmt die Funktion des Stilelements, die von ornamentaler bis zu motivtechnischer Verwendung reicht. Das Motiv weist auf zukünftige Ereignisse hin. In der Reaktion einer Person auf das Muster treten Ahnungen und Befürchtungen zutage (Aischylos, *Agamemnon).* In der Auseinandersetzung zwischen Arachne und Athene dient das Motiv der Warnung der Sterblichen. Menschen sollen sich nicht mit den Göttern messen. Im Teppich ist das Rätsel des Lebens verborgen (Catull, *Peleus*). Das Gewebe des Teppichs kann in Urbildern („was immer ist") die Einheit von Mikro- und Makrokosmos vergegenwärtigen und zum Nachdenken über den Sinn des Lebens anregen (Hugo von Hofmannsthal, *Die Frau ohne Schatten*, 1919). Der Teppich spiegelt jedoch auch das Labyrinth menschlicher Verstrickung wider (Stefan George, „Der Teppich", in: *Der Teppich des Lebens und die Lieder von Traum und Tod,* 1900). Personen am Webstuhl entwerfen unbewußt-bewußt ein Muster der Zukunft; in poetischen Darstellungen des Webstuhls des Lebens tritt den Menschen das Geheimnis der Naturkräfte gegenüber (Goethe; Novalis; Stefan George; Henry James, „The Figure in the Carpet", 1883; W. Somerset Maugham, *Of Human Bondage,* 1915; Thornton Wilder, *The Eighth Day,* 1967). Das Motiv erscheint zuweilen in Darstellungen der → Selbstverwirklichung, der Suche nach Selbsterkenntnis und im göttlichen Plan des Weltgeschehens (→ Paradies). Außerdem verdeutlicht es durch die Darstellung der Reaktion einer Person auf das Muster (Euripides, *Ion*) deren Charaktereigenschaften und veranschaulicht plötzliche Entscheidungen.

Lit.: M. Albrecht: Der Teppich als literarisches Motiv. In: Deutsche Beiträge z. geistigen Überlieferung 7 (1972); H.-G. Schwarz: Orient-Okzident. Der orientalische Teppich in der westlichen Literatur. Ästhetik u. Kunst. München 1990.

Teufel

Siehe Satan

Thomas à Becket

Leben und Tod des Thomas à Becket (1118–70) erregten nicht nur unter den Zeitgenossen Aufsehen, sondern führten auch zu zahlreichen literarischen Gestaltungen. Die Charaktereigenschaften Beckets, sein maßloser Stolz und seine Opferbereitschaft, besonders aber sein undurchschaubares Verhältnis zu Henry II (Heinrich II.) und sein schwer deutbares Handeln als Staatsmann boten alle Voraussetzungen für unterschiedliche thematische Entwicklungen und Motivverknüpfungen. Becket war seit 1155 Kanzler und wurde von Henry im Jahre 1162 zum Erzbischof von Canterbury ernannt. Zur Bestürzung des Königs entwickelte sich sein engster Vertrauter und scheinbar bester Freund kurz nach seiner Berufung zum Fürsprecher der kirchlichen Vorrechte. Nach seiner Verbannung nach Frankreich, kehrte Becket zurück und wurde bei seiner Ankunft in der Kathedrale zu Canterbury ermordet. Er wurde bereits 1172 kanonisiert. Die Stimmung im Volk zwang Henry, am Grab des Heiligen Buße zu tun.

Die Figur wurde in Legenden und Lehrstücken mit einem Glorienschein umgeben, in einzelnen Werken für die stolze Willensanmaßung kritisiert (Ireland, Wightwick) und in anderen für die Standhaftigkeit und moralische Überzeugung gelobt (Helps). Die Figurenkonzeption beleuchtet die wechselseitige Beziehung zwischen Thema und dramatisch konzipiertem Handlungsträger. Beckets Auflehnung gegen Henry, ganz gleich, ob sie in der individuellen Darstellung als autonome Willensanmaßung oder Unterordnung unter ein höheres gesellschaftliches oder überhistorisches Anliegen erfaßt ist, bedingt eine Textanlage, in der eine unwandelbare Auffassung des persönlichen und historischen Augenblicks auf einen Widerstand stößt, der die gegensätzliche Weltanschauung verkörpert. Der durch die Haltung der dramatischen Figur ausgelöste Konflikt bietet in der Themenführung nur drei mögliche Lösungen: (1) Beckets Beurteilung der historischen Situation setzt sich durch; der Staat wird verändert; der tragische Schluß unterbleibt; (2) Becket paßt sich der Situation an und wird zum Lebenskünstler; die Figur ruft Kritik hervor;

(3) Becket besteht auf seiner Anschauung und wird vernichtet; sein Verhalten kann der jeweiligen Auflösung entsprechend entweder konservativ-bewahrend oder fortschrittlich erscheinen; der Tod erhöht die Figur. Jede Lösung setzt die extrem betonte Willensstärke der Figur voraus. Infolgedessen erscheint Becket in jeder Darstellung in direktem Zusammenhang mit der Selbstbehauptung des einzelnen (→Selbstverwirklichung).

Quellen: John Bancroft, *Henry the Second* (1693); William Henry Ireland, *Henry the Second* (1799); George Darley, *Thomas à Becket* (1840); Sir Arthur Helps, *King Henry the Second* (1843); George Wightwick, *Henry the Second* (1851); Conrad Ferdinand Meyer, *Der Heilige* (1880); Alfred Tennyson, *Becket* (1884); T.S. Eliot, *Murder in the Cathedral* (1935); Jean Anouilh, *Becket, ou l'honneur de Dieu* (1959); Christopher Fry, *Curtmantle* (1961).

Lit.: P.A. Brown: The Development of the Legend of Thomas Becket. Philadelphia, PA 1930; A. Hayter: Thomas à Becket and the Dramatists. In: Royal Soc. of Lit. Essays NS 34 (1966); F. Jost: Essais de littérature comparée. Fribourg 1968; L. Martz: The Saint as a Tragic Hero. In: C. Brooks (Hg.), Tragic Themes in Western Literature. New Haven, CT 1955; B. Püschel: Thomas à Becket in der Literatur. Bochum 1963; A.F. Sochatoff: Four Variations on the Becket Theme in Modern Drama. In: Modern Drama 12 (1969–70).

Siehe auch: Figurenkonzeption

Tierreich

Die Motivik der Tier- und Vogelwelt weist zahlreiche Überschneidungen und analoge Funktionen auf. Die gedrängten Hinweise in den Quellen und die ausführlichen Angaben im Literaturverzeichnis bieten einen Ansatzpunkt zum weiteren Studium.

1. Die in Mythen, Märchen und Erzählungen des Übernatürlichen geschilderten Verwandlungen von Göttern und Menschen in Tiere enthalten widersprüchliche Deutungen. Die zweckbezogenen Verwandlungen entsprechen nur selten dem tieferen Sinngehalt der →Metamorphosen, die entweder ein besonderes Verhältnis des Menschen zur Natur und zum Göttlichen offenbaren oder die Bewußtseinsinhalte der Verwandelten und ihre Erfahrungen beleuchten. In diesem Traditionsstrang, der von Apuleius, *Metamorphosen oder der goldene Esel*, bis zu Franz Kafka (*Die Verwandlung*, 1916) und Eugène Ionesco (*Rhinocéros*, 1959) reicht, sind Fragen der möglichen menschlichen Läuterung oder Vertierung von ausschlaggebender Bedeutung. Demgegenüber verzeichnet die literarische Tradition auch Metamorphosen, die sowohl eine im jeweiligen Text begrenzte Motivfunktion als auch eine unzweideutige Erklärung haben. Die Verwandlungen umfassen Wunscherfüllung, Belohnung, Rettung und Strafe. Die willentliche Verwandlung gewährt außerordentliche Vorteile. Dagegen leiden Menschen, die aus Neid und Rachgier oder zur Strafe in Tiere verwandelt werden, unter dem Zustand, da sie ihr menschliches Denkvermögen beibehalten. Jupiter beispielsweise verwandelt sich auf der Suche nach erotischen Abenteuern in einen Adler, Schwan oder Stier (Ovid, *Metamorphoses*). Die eifersüchtige Juno verwandelt Kallisto in eine Bärin, weil sie Jupiters Liebeswerben erhörte. Philomela tötet Itys und wird zur Strafe in eine Nachtigall verwandelt. Dagegen retten sich Frauen aus Bedrängnis und Gefangenschaft, indem sie sich in Vögel verwandeln (Marie de France, *Lai de Laüstic,* 12. Jh.). Literarisch besonders beliebt sind eingeflochtene Andeutungen der Verwandlung einzelner Menschen in Bären und Werwölfe. In Texten, in denen sie zum Kernmotiv werden (z.B. Prosper Mérimée, *Lokis,* 1869; Hermann Löns, *Der Wehrwolf,* 1910), vergegenwärtigen die Verwandlungen häufig aggressive Tendenzen und unterstreichen die Atmosphäre des Unheimlichen.

2. Anregungen zu sekundären Motivbildungen kamen von weitverbreiteten Metaphern, Gleichnissen und Allegorien, in denen Eigenschaften einzelner Tiere und ihre fiktive Rangordnung im Tierreich zur Charakterisierung menschlicher Verhältnisse herangezogen wurden. Das Spiel mit Tiergleichnissen setzt früh ein und ist bereits im Mittelalter fest verankert. Dieser Umstand erschwert die motivgeschichtliche Bewertung, da allegorische Bedeutungen in einzelnen Texten ihren Anspruch bewahren, auch wenn das Textelement Motivfunktion übernimmt. Die Tierwelt bestimmt den Aufbau einzelner Geschichten im Bestiarium und von Gleichnissen in den bereits im Mittelalter verbreiteten Tierfabeln. Die Vergleiche folgen festgesetzten Auslegungen. Der Löwe als „König der Tiere“ versinnbildlicht Stärke, Mut und Majestät, der Fuchs die Arglist, der Wolf die Gier und Dummheit, der Hahn die Eitelkeit, der Bär die Kraft und Energie, die Biene den Fleiß. Der Hirsch führt Menschen in die Welt der Geister oder das Totenreich. Die feststehenden Eigenschaften und Vergleiche erlaubten den Aufbau in sich geschlossener, kurzer Tiergeschichten und veranschaulichten den Lehrsatz der Fabeln. Die beliebten Erzählungen vom Meister Fuchs zeigen, daß die Vergleiche nicht nur wiederkehrende, typisch menschliche Charaktermerkmale einbezogen, sondern auch auf das gesamte gesellschaftliche und politische Leben ausgedehnt wurden.

Da Isegrim nie lernt, der Fuchs immer der verschlagene Ratgeber bleibt und die Biene beständig fleißig ist, konnten die Vergleiche bedenkenlos in anderen Gattungen verwendet werden. Dazu treten Metaphern aus dem Erfahrungsbereich menschlicher Aktivität. Shakespeare beispielsweise gebraucht wiederholt Metaphern des gefangenen Vogels oder des Vogels, der auf die Leimrute geht, um den menschlichen Freiheitsverlust zu umschreiben. Er verwendet auch Metaphern des knurrenden, zähnefletschenden Hundes für die Bösartigkeit einzelner Figuren (*Julius Caesar*, 1599; *Timon of Athens*, ca. 1608). Die Vergleiche wirken heute eindringlich und originell, waren aber zur Zeit Shakespeares ein fester Bestand der Dramenkunst. Cervantes stützt sich in der Rollenverteilung von Hund und Mensch auf eine Tradition, die auf Platon und den griechischen Satiriker Lucian (*De morte*) zurückgeht und den Hund als den lebensklugen Beobachter menschlicher Schwächen bewertet. Jonathan Swift vergleicht die Klugheit der Pferde mit der menschlichen Unwissenheit (*Gulliver's Travels*, 1726), und seit der Renaissance verbreitet sich der Vergleich der Krokodilstränen mit dem geheuchelten Mitleid in allen europäischen Nationalliteraturen (Krokodil).

Sprichwörtlich gewordene Metaphern können durch die Erweiterung eines Bezugspunktes auf veränderte gesellschaftliche Bedingungen ausgerichtet werden und eine Situation charakterisieren oder das Handeln einzelner Figuren begründen. Honoré de Balzac beispielsweise deutet in *Les Illusions perdues* (1837–43) den menschlichen Freiheitsverlust angesichts unüberschaubarer, ökonomischer Entwicklungen durch das Motiv des eingesperrten Bären, der am Gitter seines Käfigs hin und her irrt (der alte Drucker Séchard). Dagegen erscheint der Mensch, der seinem Ideal folgt und den Weg ins Freie findet, im Bild des Adlers (Lucien). Derartige Vergleiche sind besonders ausgeprägt in *Le Cousin Pons* (1847). Madame Cibot hat die Züge einer Tigerin; der Rechtsanwalt Fraisier umstrickt sein Opfer wie eine Schlange; und der naive Schmucke ist das gutmütige Lamm, das die zwei Bestien zum „Schlachtfest“ ausersehen haben. Die Beispiele lassen sich beliebig vermehren. Die Motivik der Vertierung erscheint seit dem 19. Jh. besonders häufig im Zusammenhang mit Darstellungen der menschlichen →Entfremdung. Nana in Emile Zolas gleichnamigen Roman (1880) entwickelt sich zu einer goldenen Fliege, die auf dem Abfall der Gesellschaft gedeiht; Isabel Archer ist ein im Käfig des Ehelebens eingesperrter Vogel (Henry James, *The Portrait of a Lady*, 1880); Hamm hängt mit hündischer Liebe an seinem ausgestopften Hund (Samuel Beckett, *Fin de partie*, 1957), weil er keinen Zugang zum Mitmenschen findet.

3. Die mit einzelnen Tieren verbundenen festen Vorstellungsgehalte erstrecken sich auf Situationsmotive, Themenverknüpfungen und symbolische Deutungen. Vergleiche mit Ebern kennzeichnen blutrünstige Tyrannen, die das Land verwüsten (→Aggression; Shakespeare), und heimtückische Feinde, die den Helden zu Fall bringen (→Jagd). Das Wildschein verkörpert darüber hinaus Satan, der erlegt werden muß, die heidnischen Völker, gegen die man in den Krieg zieht, und selbst die abstrakte Vorstellung der böswilligen Verleumdung (Peire Vidal, „La Chace aux mesdisans“). Es ist aber auch ein Bild der Fruchtbarkeit (Shakespeare, *Venus and Adonis*, 1592). Krähen und Raben übernehmen an Schnittpunkten einzelner Texte häufig die Funktion der Todesboten (Vogel). Ganz ins

Symbolische erweitert sind Fabelwesen wie die Sphinx und der Phönix (z.B. Shakespeare, *The Phoenix and the Turtle,* 1602; Paul Eluard, *Le Phénix,* 1952). Metaphern von gebildeten Affen, Affenmenschen, scharfsinnigen Flöhen und scheinbar naiven, aber begabten Katzen und Mäusen profilieren häufig kritische Darstellungen des gesellschaftlichen Verfalls (E.T.A. Hoffmann, Poe, Raabe, Kafka, Beyse). Sie dienen fernerhin der Kontrastierung von begnadetem Schaffen und poetischer Nachahmung, wahrer Empfindung und oberflächlichem Kunstgenuß. In den Vergleichen äußert sich das Unbehagen an der Zivilisation, das in den apokalyptischen Visionen der Ratten bei Günter Grass („Racine läßt sein Wappen ändern", 1960; *Hundejahre,* 1963; *Die Rättin,* 1986) Gestalt annimmt.

Die Vogelmetaphorik bot die Voraussetzung zur Motivation der menschlichen Flugsehnsucht, des Freiheitsverlangens, der Wanderlust (vgl. die zentrale Funktion der Vögel in Joseph von Eichendorff, *Aus dem Leben eines Taugenichts,* 1826), der künstlerischen Inspiration und des dichterischen Schaffensprozesses. Eine Sonderstellung nimmt die Nachtigall ein, die besonders in der Liebeslyrik und in Darstellungen des heimlichen Treffens Liebender die zweifache Funktion hat, mit ihrem Gesang das Liebesgeschehen zu begleiten und durch ihren Ruf die Liebenden aufzuschrecken und zu warnen. Gleichermaßen bedeutsam ist die von einigen Dichtern (z.B. Lydgate, Milton, Arnold) ausgearbeitete Kontrastwirkung zwischen dem süßen Gesang der Nachtigall und dem stark empfundenen, bitteren Schmerz der Personen, die dem Gesang des Vogels zuhören. In keinem nachweisbaren Traditionszusammenhang stehen die Symbolgehalte und Sinnverweise der Nachtigall in einigen Werken des 20. Jh. Der Vogel hat fernerhin die Funktion, wechselseitige Beziehungen herzustellen; er hat jedoch ausgesprochenen Überraschungswert, da die Bedeutung verändert ist. T.S. Eliot läßt aus dem Gesang das zeitlose Phänomen der Aggression aufsteigen, welches die Welt Agamemnons mit der modernen Gesellschaft verbindet („Sweeney among the Nightingales", 1920); William Butler Yeats beleuchtet durch die kunstvolle Mechanik eines auf einem goldenen Zweig sitzenden Vogels die schematischen Tendenzen der Traditionsbildung, aber auch das betont Künstliche im künstlerischen Schaffensvorgang („Sailing to Byzantium", 1928); und Yvan Goll entwirft die Vorstellung der Übertragung des unsterblichen Gesangs der Nachtigall auf den Dichter (*La Chanson de Jean sans terre,* 1936). Auch der Schwan ist Liebesvogel und Sinnbild der künstlerischen Berufung. Neben der besonders in den bildenden Künsten beliebten Formgebung des göttlichen Liebeswerbens und der sinnlichen Erfüllung (Leda mit dem Schwan) entstehen Bildfügungen einsamer Schwäne auf dem See und ihres letzten Höhenflugs, die das Schicksal der Dichter und ihrer Werke beleuchten.

4. Die Übertragung menschlicher Eigenschaften und Situationen auf Tiere gab außerdem Anlaß zu (1) relativ anspruchslosen Schilderungen menschlicher Beziehungen zu Tieren (z.B. Marie von Ebner-Eschenbach, *Krambambuli,* 1883; Mann, *Herr und Hund,* 1919), (2) satirischen Darstellungen gesellschaftlicher Mißstände (Hoffmann, *Berganza*; Kafka, „Der neue Advokat"; „Forschungen eines Hundes", 1923; Mikhail Bulgakov, *Das Herz eines Hundes,* 1925) und (3) Tierbüchern bzw. Jagdgeschichten, in denen Tiere menschlich denken und fühlen. Im Zusammenhang mit Darstellungen unterschiedlicher Formen der menschlichen →Selbstverwirklichung begründen Tiermotive häufig alternative Lösungen, die sowohl individuelle Verfehlungen als auch Charaktereigenschaften erfassen, die das Handeln einer Figur maßgebend beeinflussen. In Gestaltungen des Konflikts zwischen dem Autonomieanspruch des einzelnen und der inneren Ordnung der Naturkräfte erschließt die Motivik häufig eine Sphäre des Daseins, die sich den aggressiven Tendenzen der Menschen widersetzt. Einzelne Tiere wie beispielsweise der russische Bär, der Herrn C. überwindet (Heinrich von Kleist, *Über das Marionettentheater,* 1810), der riesige Wal, der Ahab in die Tiefe zieht (Herman Melville, *Moby-Dick,* 1851), der ausgestopfte Papagei, der das Dienstmädchen hypnotisch in seinen Bann zieht (Gustave Flaubert, „Un Cœur simple", 1877), und der Bär, der das Denken aller Figuren maßgebend bestimmt (William Faulkner, „The Bear“, 1942), nehmen die Ausmaße bedeutender Gegenspieler an. Sie geben über das organische Werden der Natur Auskunft, das sich der Erkenntnisfähigkeit der Figuren entzieht. Sie beleuchten in der jeweiligen Formgebung grundsätzliche Probleme in der menschlichen Selbstbeurteilung und der Haltung der Personen zur Umwelt.

Von ähnlicher Bedeutung, aber konkret auf die Lebensfahrt bezogen, ist die Motivreihe Reiter-Pferd. Die Formgebung der Motivreihe entspricht dem Aufbau und der Verweisfunktion der Motivreihe →Schiff-Schiffbruch/Hafen. Wie der Steuermann das Ruder, so hält der Reiter die Zügel in der Hand und muß sich auf dem galoppierenden Pferd bewähren. Er kann, ohne darüber nachzudenken, den Augenblick des Daseins bejahen und jede Angst vor der Zukunft von sich weisen (Goethe, *Egmont*). Er kann mit dem Pferd eins werden, auf seinem Rücken der Gesellschaft Widerstand leisten und mit ihm in den Tod gehen (Storm). Er kann aber auch sein Ziel verfehlen, im Leben scheitern und von den durchgehenden Pferden in den Untergang gerissen werden (Shakespeare; Racine; symbolisch in Algernon Charles Swinburne, „Evening on the Broads“, 1880; Kafka). Schiller erfaßt im „Reiterlied“ die unkritische Lebensbejahung und in der Todesszene von Max Piccolomini die Schuld der Gesellschaft, die das Wesen des von ihr entfesselten Krieges nicht erkennen will (*Wallenstein*); D.H. Lawrence beleuchtet durch die Dämonie des Schaukelpferdes die im menschlichen Unterbewußten schlummernden Triebe. In diesen Ausarbeitungen entschlüsselt die Tiermotivik nicht nur Eigenschaftskomplexe, sondern nimmt auch als Informationsträger wichtige Ereignisse gedanklich vorweg. Sie wirkt daher traditionsbildend und bewahrt ihre Anziehungskraft auch nachdem die Tierwelt selbst kaum noch zum ursprünglichen Erfahrungsbereich der Leser gehört.

Quellen: **Affe:** E.T.A. Hoffmann, „Nachricht von einem gebildeten jungen Mann“, 1815; Wilhelm Hauff, „Der Affe als Mensch“, 1830; Edgar Allan Poe, *The Murders in the Rue Morgue,* 1841; Wilhelm Raabe, *Die Akten des Vogelsangs,* 1896; Franz Kafka, „Ein Bericht für eine Akademie“, 1917; Jochen Beyse, *Das Affenhaus*, 1986; **Bär:** Apuleius, *Metamorphosen, oder der goldene Esel* (um 199–177); Pfaffe Konrad, *Das Rolandslied*, ca. 1165–70; Robert Southey, „The Three Bears“ (1837); Leo Tolstoi, *Kindergeschichten; Neue Fibel* (1869–72); **Fuchs** und **Wolf**: Sedulius Scottus, *Epitaphium Multonis* (9. Jh.); Magister Nivardus, *Ysengrimus* (1150); *Le Roman de Renart* (13. Jh.); „The Fox and the Wolf“ (13. Jh.); *Reinke de Vos* (1498); Goethe, *Reineke Fuchs* (1793); **Hirsch:** *Thidreksage*, um 1220; **Hund:** Miguel de Cervantes, „Coloquio de los perros“ in: *Rinconete y cortadillo* (1613); Francis Coventry: *History of Pompey the Little, or The Life and Adventure of a Lap-Dog* (1751); E.T.A. Hoffmann, *Nachrichten von den neuesten Schicksalen des Hundes Berganza* (1813); Jacinto Benavente y Martínez, *Nuevo coloquio de los perros* (1908); Hermann Löns, *Mümmelmann. Ein Tierbuch* (1909); Colette Audry, *Derrière la baignoire* (1962); **Katze:** E.T.A. Hoffmann, *Lebens-Ansichten des Katers Murr* (1820–22); Charles Baudelaire, „Les Chats“ (1857); Sarah Kirsch, *Katzenleben* (1984); **Krokodil:** Tierbücher des Mittelalters; Pierre de Ronsard, *Les Sonnets pour Hélène* (1578); Shakespeare, *Othello* (ca. 1604); Félix Lope de Vega, *El arenal de Sevilla* (1603?); *El valor de las mujeres* (17. Jh.); Manuel Mendes de Barbuda e Vasconcelos, *Virgendos ov vida da virgem Senhora Nossa* (1667); Fjodor Dostojewski, „Das Krokodil“ (1848); **Nachtigall:** Marie de France, *Lai de Laüstic* (12. Jh.); *The Owl and the Nightingale* (1225); *Tristram and Isolde* (Engl. 13. Jh.); provenzalische Gedichte von Vendadorn; Geoffrey Chaucer, *Troilus and Criseyde* (ca. 1380); Thomas Clanvowe, *The Cuckoo and the Nightingale* (ca. 1400); John Lydgate, *Two Nightingale Poems* (1446); Philip Sidney, „The Nightingale“ (Dr. 1595); John Milton, „Il Penseroso“, „The Nightingale“ (1645); John Keats, „Ode to a Nightingale“ (1819); Matthew Arnold, „Philomena“ (1853); **Pferd:** in der mittelalterlichen Literatur entspricht der Wert des Pferdes häufig dem sozialen Rang des Ritters; *Lanzelot* (Prosa-Lanzelot, um 1230); ironisiert in Miguel de Cervantes, *El ingenioso hildago Don Quixote de la Mancha* (1605/15; → Don Quijote); Shakespeare, *Macbeth* (1606?); Jean Racine, *Phèdre* (1677); Goethe, „An Schwager Kronos“ (1774); *Egmont* (1787); Friedrich Schiller, *Wallenstein* (1800); Charles Dickens, *Hard Times* (1854); Theodor Storm, *Der Schimmelreiter* (1888); Franz Kafka, „Ein Landarzt“ (1917); D.H. Lawrence, „The Rocking-Horse Winner“ (1933); **Schwan:** Horaz, *Oden II*, 20; Schwanrittersage (13. Jh.); Edmund Spenser, *The Ruines of Time* (1591); Friedrich Hölderlin, „Elegie“ (1799); „Die Hälfte des Lebens“ (1826); Joseph von Eichendorff, „Todeslust“ (1849); Charles Baudelaire, „Le Cygne“ (1857); Stéphane Mallarmé, „La vierge, le vivace et le bel aujourd'hui“ (1885–87); Rubén Darío, „En la muerte de Rafael Nuñez“ (1905); Frank Stewart Flint, „Under the Lily Shadow“ (1909); William Butler Yeats, „The Wild

Swans at Cool" (1917); **Vogel:** Aristophanes, *Die Vögel*; Ronsard, *A Cassandre* (1552); *A Marie* (1555); Samuel Taylor Coleridge, *The Rime of the Ancient Mariner* (1798); John Keats, „Ode to a Nightingale" (1819); Giacomo Leopardi, *Elogio degli Ucelli* (1824); Alfred de Musset, *La nuit de Mai* (1835); Edgar Allen Poe, „The Raven" (1845); Victor Hugo, *Les Contemplations II* (1856); Baudelaire, „L'Albatros" (1857); Gustave Flaubert, *Trois Contes* (1877); George Meredith, „The Lark Ascending" (1902); T.S. Eliot, *Murder in the Cathedral* (1935); **Wildschwein:** *Beowulf* (ca. 650–750); *Nibelungenlied* (ca. 1200); *Song of Roland* (engl. ca. 1200); *Culhwch and Olwen* (13. Jh.); *Sir Bevis of Hamtown* (14. Jh.).

Lit.: B. Ackermann-Arlt: Das Pferd u. seine epische Funktion im mittelhochdeutschen Prosa-Lancelot. Berlin 1990; M. Allen: Animals in American Literature. Urbana, IL 1983; B. Ashcom: The Cruell, Craftie Crocodile. In: A.D. Kosoff (Hg.), Homenaje a William Fichter. Madrid 1971; C.-M. Beardsley: E.T.A. Hoffmanns Tierfiguren im Kontext der Romantik. Bonn 1985; M. Bindscheder: Das Tier in der Literatur des Mittelalters als Mittel der Gesellschaftskritik. In: dies., Mittelalter u. Moderne. Bern 1985; S. Briosi, J. Lintvelt (Hg.): L'Homme et l'animal. Groningen 1988; A. Cohn: The Image of the Swan in French Literature. Diss. Stanford 1968; H.G. Edinger: Episodes in the History of the Literary Bear. In: Mosaic 4 (1970); P. Gallo: L'orso danzante. Fasano 1992; H.-H. Gerigk: Der Mensch als Affe in der deutschen, französischen, englischen u. amerikanischen Literatur des 19. u. 20. Jh. Hürtgenwald 1989; S.L. Gilman: The Uncontrollable Steed. In: Euph. 66 (1972); J.E. Harting: The Birds of Shakespeare. Chicago, IL 1965; H.R. Jauss: Untersuchungen zur mittelalterlichen Tierdichtung. Tübingen 1959; M. Junk: Le Monde animal et ses représentations au Moyen Age. Toulouse 1985; M. Kaiser: Der Wolf u. die sieben Geißlein. Tiere im Märchenbild. In: Librarium 32 (1989); S. Krüger: Die Figur der Ratte in literarischen Texten. Ffm 1989; M. Langford: Les Ménageries intimes. Le Témoinage de l'animal dans la poésie baroque. Paris 1983; B. Level: Le Poète et l'oiseau. Vers une ornithomythie poétique. Paris 1975; E. Lohner: Das Bild des Schwans in der neuren Lyrik. In: Aufsätze zur deutschen u. europäischen Literatur. FS B. Blume. Göttingen 1967; S. Mandel: The Nightingale and the Loom of Life. In: Mosaic 9 (1976); R. Morse: Unfit for Human Consumption. Shakespeare's Unnatural Food. In: Jb. d. dt. Shakespeareges. (1983); H. Naïs: Les Dénominations du chien dans la poésie française du XVIe siècle. In: G. Bernard (Hg.), Études du langue et de littérature françaises offertes à André Lanly. Nancy 1980; E. Phipson: The Animal-Lore in Shakespeare's Time. London 1883; P.A. Robin: Animal Lore in English Literature. London 1932; B. Ross: The Inheritance of Animal Symbols in Modern Literature and World Culture. New York 1988; U. Ruberg: Verwandtschaftsthematik in der Tierdichtung um Wolf u. Fuchs vom Mittelalter bis zur Aufklärung. In: Beiträge z. Gesch. d. dt. Sprache u. Lit. 110 (1988); T.A. Shippey: Listening to the Nightingale. In: CL 22 (1970); M. Thiébaux: The Mouth of the Boar as a Symbol in Medieval Literature. In: Romance Philology 32 (1969); R. Weick: Der Habicht in der deutschen Dichtung des 12. bis 16. Jh. Göppingen 1993; L.A. Willoughby: The Image of the Horse and Charioteer in Goethe's Poetry. In: Pub. of the English Goethe Soc. 15 (1946); T. Ziolkowski: Varieties of Literary Thematics. Princeton, NJ 1983.

Tod

1. Das Phänomen des Todes gab zu den unterschiedlichsten literarischen Deutungen Anlaß. Die Thematik schließt ein: das Sterben, die innere Gewißheit, aber auch Verneinung der existentiellen Grenzerfahrung, die Sehnsucht nach dem Tod, den Aufruf zur Neuorientierung im Dasein und die Bejahung des Lebens. Darstellungen des Todes folgen erkennbaren formgebenden Prinzipien. Zahlreiche Gestaltungen stellen in Vorbereitungen auf das Lebensende oder Schilderungen des Sterbens die subjektive Erfahrung in den Mittelpunkt; sie schließen daran allgemeine menschliche und gesellschaftliche Betrachtungen an. Andere Bearbeitungen entwerfen, ausgehend von der Faktizität des Todes, ein kritisches Bild der Gesellschaft, das die Leiden einzelner, zwischenmenschliche Beziehungen, Machtverhältnisse und soziale Bedingungen einbezieht. Alle Darstellungen können die Todeserfahrung sowohl durch Rückgriffe und Vorausdeutungen ansdehnen als auch symbolisch oder allegorisch verdichten. Allegorische Todesfiguren, Motive und der Theatertechnik entlehnte Kunstgriffe (der Schnitter, das Knochengerippe, das blendende Licht, die plötzliche Nacht, Visionen von Doppelgängern, der Totentanz und ein letzter Aufschrei) lassen sich in allen Künsten nachweisen. Sie entwickeln durch ihre fortgesetzte Verwendung eine konstante Zeichenfunktion, die komplizierte Eigenschaftskomplexe und kaum deutbare Empfindungen erfaßt. Sie verkörpern außerdem den Ruf des Gewissens, der die Überlebenden zur Selbstbesinnung auffordert.

Die Erfahrung des Todes, die zur Auseinandersetzung mit der Frage nach dem Sinn des Daseins anregt, wird in Texten als Thema und auch als Motiv wirksam. Sie ist eine literarische Grundfigur. Der Tod erscheint in vielen christlich orientierten Schriften als der tröstende Bote des zukünftigen Heils. Dagegen nimmt der Tod durchaus bedrohliche Formen in Darstellungen an, die den Sinn des Lebens fest im Diesseits verankern. Einzelne, deren Lebenskurve in einen Zustand mündet, in dem die völlige Verunsicherung des Daseins (→Angst, →Sorge) alle anderen Vorstellungen verdrängt, begrüßen den Tod als Erlöser. Das Wissen um das Sterben bedingt aber auch die Verdrängung und motiviert die hektische Lebensgier einzelner Figuren. Das Todesbewußtsein ist besonders stark ausgeprägt in Zeiten tiefgreifender historischer Umschichtungen wie beispielsweise in der Spätantike, im späten Mittelalter und im frühen 20. Jh. Vorausdeutende Signale des Todes erscheinen im Textfeld häufig im Zusammenhang mit gefühlsbetonten Reaktionen der direkt Betroffenen und der Beobachter, die weitere Überlegungen über den Tod anstellen. Der Anlage eines Textes entsprechend, können die Gefühle im Leser Furcht und Mitleid erwecken oder zur Reflexion anregen. Todesdarstellungen eignen sich sowohl zur Analyse der Seelenlage einer Person als auch zur Deutung kollektiver Einstellungen (Aussagen des Chors, repräsentativer Figuren einer Gruppe und der Familie). Zu den literarisch wirkungsvollsten Verfahren gehört der Aufbau eines Textes, der sich auf den Augenblick des Todes konzentriert. Der Übergang von Sein zu Nichtsein ermöglicht die Gestaltung intensiver Gefühle und dramatischer Lösungen. Der Augenblick vor dem Tode schneidet alles vorausgegangene Geschehen ab. Was bleibt, ist die absolute Sicherheit der gegenwärtigen Erfahrung. Die Gewißheit des Sterbens verleiht der Selbsteinschätzung eine erweiterte Perspektive, die das vergangene Leben in ein unerwartetes Licht stellt. Der Augenblick des Todes enthält immer ein ungelöstes Rätsel und hat dadurch die Funktion einer offenen Textstelle, da er sich sowohl dem persönlichen Erfahrungshorizont der Autoren als auch dem der Leser entzieht. Todesszenen können konsequente Lösungen vorausgegangener Ereignisse darstellen. Sie können Überraschungswert haben und das Geschehen retrospektiv deuten. Sie können in der Darstellung ungewöhnlich, selbst einzigartig sein. Andererseits stützen sich Autoren in ihren Darstellungen auf Stilzüge der bildenden Künste und eine lange Tradition einzelner Embleme, Bildfügungen und Motive (Schnitter, Schlaf, Nacht, Totentanz, Totenklage, eisiger Lufthauch, Gewölbe des Schweigens).

2. Das Weltbild unterschiedlicher Epochen hinterläßt in den literarischen Todesdarstellungen deutliche Spuren. Die Literatur des Mittelalters, der Reformationzeit, des Barocks und der Romantik bewertete den Tod weitgehend positiv. Im Tod läßt der Sterbliche den falschen Schein der Welt hinter sich, streift die Hülle der Verblendung ab und tritt in das Reich der Verklärung ein. Zwei Zeilen aus John Miltons *Paradise Lost* beschreiben eine Grundform des Denkens, die in unterschiedlichen Formgebungen zu Worte kommt: „Death's but a path that must be trod, / If man would ever pass to God“. Sie ist belegbar in der Literatur des *memento mori, contemptus mundi,* der *ars moriendi*, in den Jedermann-Schauspielen und Märtyrerdramen, im Jesuitentheater, in William Langlands *Piers Plowman* (1360–1400) und Johann von Tepls *Der Ackermann aus Böhmen* (ca. 1400), in der Dichtung von Johann Klaj, Georg Philipp Harsdörffer, Paul Gerhardt, Paul Fleming, Andreas Gryphius, Hoffmannswaldau, Novalis, Lamartine, Swinburne, Rilke und den *Night Thoughts* (1742–48) von Edward Young. Lehrstücke und Moralitäten entwarfen bis ins 16. Jh. drastische Todesszenen, um dem Zuschauer die wahre Bestimmung des Daseins vor Augen zu führen: das ewige Leben beginnt nach dem Tod. Auch wenn die Schuld der Personen bereits in der Handlung deutlich zum Ausdruck kommt, beleuchtet die Sterbeszene rückwirkend die Lebensverfehlung in ihrem ganzen Ausmaß. Die Figur des Todes, des Schnitters und Knochengerippes wird in einigen Texten zum handlungsbestimmenden Gegenspieler (z.B. François Villon, *Grand Testament,* 1461; Petrarca, *Trionfi,* posthum 1370). Seine Begleiter sind die anderen Plagen der Mensch-

heit, besonders das Gebrechen des Alters, die Krankheit und die Vereinsamung (Guillaume Crétin, *Invective contre la mort,* 1527?; Marguerite de Navarre, *Derniers poèmes,* nach 1550).
Die Vorstellung, daß der Tod zerstörerisch ins Leben eingreift und alle edlen Anlagen und Hoffnungen erbarmungslos abschneidet, bildet einen Grundzug der Tragödie in der Renaissance und in der französischen Klassik. Der Tod würgt ohne Ansehen des Standes, reißt die Unschuldigen ins frühe Grab, nimmt die Guten mit den Bösen dahin (z.B. Jean Racine, *Phèdre,* 1677) und vertieft dadurch die dramatische Lösung. Aus motivgeschichtlicher Sicht ist zu dem tödlichen Ausgang der Tragödie folgendes zu beachten: Die offenen oder verschlüsselten Deutungen des Geschehens reichen in den literarischen Werken vom Bekenntnis der inneren Gewißheit bis zur schwankenden Verunsicherung, von der Prädestination bis zum Zufall, von der Schuld bis zur Sühne und von der Absage ans Dasein bis zur Lebensbejahung im Augenblick des Todes. Die wechselnde Auslegung beeinflußt maßgebend die jeweilige Anlage der Handlung, die jedoch immer auf die tödliche Lösung zustrebt und daher auch in der Motivik das Ende andeutet. Das besondere Wechselverhältnis zwischen Vorausdeutung und Rückverweis bildet in der Tragödie auch dann eine Motivkonstante, wenn die thematische Organisation den Tod zu überspielen scheint.
3. In der Sageweise der Lyrik und der Begründung des Verhaltens einzelner Figuren in Erzählungen zeichnen sich seit der Romantik durchaus widersprüchliche Auffassungen ab. Die Erwartung und Gegenwart des Todes bedingt selbst in Texten von Autoren, die sich zeitlich nahe stehen (Novalis, Hugo, Nodier, Gautier, Nerval, Lenau, Poe), Reaktionen, die sich auf keine einheitliche literaturgeschichtliche Linie festlegen lassen. Nicht nur Entsetzen und Freude, auch unstillbare Trauer über den Verlust der Tochter (Victor Hugo, *Les Contemplations*, 1856) und das Verlangen, sich mit der verstorbenen Geliebten zu vereinigen (Novalis, *Hymnen an die Nacht,* 1800), stehen gleichberechtigt nebeneinander. Darüber hinaus entstehen ständige Betonungsverlagerungen in Beschreibungen der vom Tod anderer ausgelösten Empfindungen und in Schilderungen der Gedanken über den Zustand nach dem Ableben. Die Sphäre des Unbekannten erhält dadurch zusätzliche Bedeutung und wird aus der Sicht einzelner Figuren gedeutet. Die Region des Todes wirkt geheimnisvoll, wunderbar und schön (Guy de Maupassant; Alain-Fournier, *Le Grand Meaulnes,* 1913; Julien Gracq, *Un Beaux Ténébreux,* 1945; Katherine Mansfield, „On the Bay"; Henri Bosco, *L'Antiquaire,* 1954). Auch die Trauer löst Gefühle aus, die sich der genauen Präzisierung entziehen. Sie nehmen in der Darstellung die Eigenart des eigentümlich Unbestimmbaren an (Nikolaus Lenau, „Herbstlied"; Paul Verlaine, „Il pleure dans mon cœur"; Auguste Villiers de l'Isle-Adam, „Véra", 1883).
Im 20. Jh. erlangte die traditionelle Rolle des Todes als Erlösers neue Geltung. Aus dem ursprünglich religiösen Zusammenhang herausgelöst, erscheint der Tod als Befreier der Menschen, die keinen anderen Ausweg aus dem Dasein in einer inhumanen Gesellschaft sehen (Gerhart Hauptmann, *Hanneles Himmelfahrt,*1896; Julien Green, *Mont-Cinère,* 1926; *Léviathan,* 1929; *Le Visionnaire,* 1934; *Si j'étais vous,* 1947). Das Wissen um den Tod beeinflußt maßgebend unterschiedliche Konzeptionen der menschlichen Selbstverwirklichung. Jede auch noch so zaghafte Lebensbereitschaft erfordert entweder eine bewußte Auseinandersetzung mit der Frage der menschlichen Sterblichkeit oder die Anstrengungen, den Reiz der Todessehnsucht zu überwinden. Werke, die die Auseinandersetzung mit dem Todesproblem in den Mittelpunkt der Lebensfahrt einzelner Figuren stellen, beleuchten den Fragenkreis häufig aus der Sicht unterschiedlicher Figuren und der Selbstanalyse der Handlungsträger. Das Verfahren läßt widersprüchliche Auffassungen zu Wort kommen. Das Sterben wird zur Erfahrungssuche. Die Ankunft des Todes beleuchtet die Lebensverfehlung in der späten Erkenntnis der Möglichkeiten, die im Dasein gegeben waren (Hugo von Hofmannsthal, *Der Tor und der Tod,* 1893). Die Sterbenden bedrohen die Überlebenden; sie werden abgeschoben; ihr Ableben verhilft anderen, sich durchzusetzen. Einige sind den Umständen

wehrlos ausgesetzt; sowohl einzelne als auch Gruppen werden von Institutionen vernichtet (→Holocaust); der körperliche Verfallsprozeß stößt einerseits auf Ablehnung und regt andererseits zur Selbstbesinnung an (Virginia Woolf, *The Voyage Out*, 1915; *Night and Day*, 1919; *Mrs. Dalloway*, 1925; *To the Lighthouse*, 1927; *The Waves*, 1931; Thomas Mann, *Der Zauberberg*, 1924; Albert Camus, *L'Etranger*, 1942; *Caligula*, 1945; *La Peste*, 1947; Elke in Wolfgang Koeppen, *Das Treibhaus*, 1953; Gabriele Wohmann, *Ernste Absicht*, 1970; Franz Xaver Kroetz, *Der Mondscheinknecht*, 1981–83; Monika Maron, *Stille Zeile sechs*, 1991; Dieter Wellershoff, *Blick auf einen fernen Berg*, 1991). Infolgedessen bieten einzelne Werke nicht nur eine bewußte Entscheidung für das Leben, die zugleich eine Absage an den Tod darstellt (Mann), sondern auch völlig unvereinbare Deutungen des Todes als Befreier, als Symptom gesellschaftlicher Tendenzen (Koeppen, Kroetz, Maron), als Lebenserneuerer und als eine Macht, die die menschliche Selbsterkenntnis erst ermöglicht (Woolf) und der man sich nie beugen darf (Elias Canetti, *Die Befristeten*, 1952).

4. Der Augenblick des Todes, zeitlich konzentriert oder auf die gesamte Erzählzeit des Textes ausgedehnt, kann als Grundelement den Aufbau eines Textes maßgebend beeinflussen. Die Darstellungen des Augenblicks schließen ein: (1) die systematische Vorbereitung auf das Sterben in einer Folge von Anspielungen auf die Lösung; (2) die Entwicklung einer Lebenskurve, die erst aus dem Abschluß ihre volle Bedeutung erhält; (3) die Verschlüsselung des Geschehens, das erst in der explosiven Lösung erklärt wird. In dieser besonderen Ausformung kann die Handlungsfolge das Geschehen bewußt verschleiern. Der Leser erhält am Ende der Erzählung die Mitteilung, daß er die Wünsche und Hoffnungen eines Sterbenden belauscht hat. Zu den häufig verwendeten Bildfügungen des Sterbens gehören die atmosphärischen Übergangserscheinungen der Dämmerung und des Sonnenuntergangs, die Metaphorik des sanften Schlafes (Thanatos-Mythos; Joseph von Eichendorff, „Letzte Heimkehr"; Conrad Ferdinand Meyer, „Der Marmorknabe") und der Kontrast von Licht und Dunkelheit (Novalis, *Hymnen an die Nacht*; Gottfried Keller, „Abendlied"; Gedichte von Paul Valéry; Rainer Maria Rilke; Gottfried Benn; Georg Heym). Paul Celans „Todesfuge" (1952) ist ein gutes Beispiel dafür, daß diese Darstellungen ebenso eindringlich wirken wie die häufig lautstarken Sterbeszenen in Bühnenwerken.

In thematischen Entwicklungen der →Selbstverwirklichung, besonders der →Aggression und des →Reifens, übernimmt die Auseinandersetzung mit dem Todesproblem eine wesentliche Funktion im Prozeß der menschlichen Entwicklung. Außerdem kann der Augenblick des Sterbens so eng mit der Figurenkonzeption verknüpft sein, daß die besondere Haltung einer Figur in der Sterbeszene ihre ganze Seinsorientierung unmißverständlich prägt (vgl. die Sterbeszenen in Denis Diderot, *La Religieuse*, 1760). Im Realismus und Naturalismus häufen sich Schilderungen, in denen der Augenblick des Todes die gesellschaftskritische Anlage der Werke unterstreicht und zur Reform sozialer Mißstände aufruft (Balzac, Dickens, Thackeray, Fontane, Zola). Die Szenen haben Appellfunktion. Die atmosphärische Ausgestaltung hebt die Not und das Elend der Figuren hervor und konzentriert sich auf die entsetzlichen Lebensbedingungen. Die Sterbenden liegen einsam in dumpfen Gemächern und drehen sich schließlich einfach der Wand zu (Henry James, *The Wings of the Dove*, 1902).

Jede Ausarbeitung, in der ein Leben aus dem Rückblick der Sterbestunde abrollt, verlagert die Spannungsmomente auf die vorausgegangene Prüfung im Dasein. Obwohl dadurch durchaus unterschiedliche thematische Auffächerungen möglich werden, laufen die verschiedenen Spannungsbögen im Augenblick des Todes zusammen. Das Vor-dem-Tode-Stehen verbindet alle Elemente des Textes und bedingt die Auswahl der geschilderten Ereignisse, die durch die Todesnähe einen besonderen Wahrheitsgehalt beanspruchen. Die Gegenwärtigkeit des Todes bildet außerdem einen festen Rahmen, in dem Erinnerungen, Lebenserfahrungen, individuelle Neigungen und die unterschiedlichsten Empfindungen anderer Figuren zu Wort kommen (Guy de Maupassant, „La Reine Hortense", 1883;

Leo Tolstoy, *Der Tod des Iwan Ilytsch*, 1886; Arthur Schnitzler, *Fräulein Else*, 1924; Katherine Anne Porter, „The Jilting of Grandma Weatherall“, 1930; Gunter Preuss, „Die große Reise des alten Wieck“, 1973). Alle bevorzugten Stilmittel in den rückverweisenden Gestaltungen des Todes haben die Aufgabe, das von Momenten höchster geistiger Klarheit unterbrochene, langsame Verlöschen der Wahrnehmungsfähigkeit einzufangen. Einzelne Darstellungen verwenden die Technik des inneren Monologs oder das Verfahren des „stream-of-consciousness“; andere verwenden Collagen, wechselnde Perspektiven und aufgebrochene Gedankenfolgen. Der Sinngehalt wird in der Zeitfolge vor dem Ableben vermittelt und kann, unter Umständen kurz vor dem Ende, die Lösung der Erzählung darstellen. Der Sterbende erfährt im Zustand der Halluzination das höchste Glück (Green, *Varouna,* 1940); er erreicht eine hohe Stufe der Welterkenntnis (Iwans Vorstellung der menschlichen Versöhnung); der Sterbende kann in Gedanken und Tat das Vorbild menschlichen Handelns werden (der alte Wieck). Andererseits können die letzten Augenblicke ihre tiefere Bedeutung durch eine gezielte Kontrastierung mit der Umwelt erhalten. Vor dem Fenster der Sterbenden zieht ein Fronleichnamszug vorbei (Gustave Flaubert, „Un Cœur simple“, 1877); Soldaten marschieren singend in den Krieg (Emile Zola, *Nana,* 1880); eine Parade zieht vorüber (Thomas Hardy, *Jude the Obscure,* 1896). Das Eintreten des Todes wurde auf unterschiedliche Art geschildert: blendendes Licht schneidet das Bewußtsein ab (Ernest Hemingway, „The Snows of Kilimanjaro“, 1938); der plötzliche Sturz in die Tiefe beendet die Darstellung eines Wunschtraums, der die gesamte Erzählung ausfüllt (Ambrose Bierce, „An Occurrence at Owl Creek Bridge“, 1891); das Ende steigert die Gedanken aufs höchste (Hemingway, *For Whom the Bell Tolls,* 1940; Camus, *L'Etranger*) oder beschließt nach langer Vorbereitung das Geschehen (Rainer Maria Rilke, *Das Stundenbuch,* 1905; Arthur Koestler, *Darkness at Noon,* 1940; Sylvia Plath, *Ariel,* posthum 1965).

Quellen: Pfaffe Konrad, *Das Rolandslied* (ca. 1165–70); Jean LeFèvre, *Danse macabre* (1376); Georges Chastellain, *Le Miroir de mort* (um 1450); François Villon, *Ballades* (1461); Pierre Michaut, *Danse aux aveugles* (1485); Thomas Nashe, „A Litany in Time of Plague“ (1592); John Donne, „Death Be Not Proud“ (1633); Andreas Gryphius, „Vanitas! Vanitatum vanitatis!“ (1637); „Auf die Vergänglichkeit“ (1639); Christian Hoffmann von Hoffmannswaldau, „Die Welt“ (1673); Jean-Jacques Rousseau, *La Nouvelle Héloïse* (1761); Friedrich Klopstock, „Die Sommernacht“ (1771); Friedrich Schiller, „Nänie“ (1799); Honoré de Balzac, *Le Père Goriot* (1834); Antonio Garcia Gutiérez, *El bastardo* (1838); *De un apuro otro mayor* (1843); *Afectos de odio y amor* (1866); *La espada de Bernardo* (Dr. 1866); *El capitán negrero* (Dr. 1866); *El trovador* (1866); Nathaniel Hawthorne, „Roger Malvin's Burial“ (1846); Charles Baudelaire, „La Mort“ in: *Les Fleurs du mal* (1857); Edgar Allen Poe, „Father Plague“; „The Fall of the House of Usher“ (1840); Alfred Tennyson, *In Memoriam* (1850); Emily Dickinson, „Because I Could Not Stop for Death“ (ca. 1863); Algernon Charles Swinburne, *Songs before Sunrise* (1871); *The Garden of Proserpine* (1878); Paul Verlaine, *Romances sans paroles* (1874); Auguste Villiers de l'Isle-Adam, *Axel* (1890); Hugo von Hofmannsthal, *Der Tod des Tizian* (1892); Stanislaw Przybyszewski, *Totenmesse* (1893); *Totentanz der Liebe* (1903); Arthur Schnitzler, „Sterben“ (1895); Richard Beer-Hofmann, „Der Tod Georgs“ (1900); Rainer Maria Rilke, *Die Weise von Liebe und Tod des Cornets Christoph Rilke* (1906); Thomas Mann, *Der Tod in Venedig* (1913); Franz Kafka, *Die Verwandlung* (1915); *Der Prozeß* (1925); August Stramm, „Patrouille“ (1919); Julien Green, *Les Clefs de la mort* (1927); *Adrienne Mesurat* (1927); Alfred Döblin, *Berlin Alexanderplatz* (1929); Roger Martin du Gard, *Les Thibault. La Mort du père* (1929); T.S. Eliot, *Ash Wednesday* (1930); John Slauerhoff, *Saturnus Saturnus* (1930); *Een eerlijk zeemansgraf* (1937); Anna Seghers, *Die Gefährten* (1932); *Das siebte Kreuz* (1942); Eudora Welty, „Petrified Man“, „Death of a Travelling Salesman“, „A Worn Path“, *A Curtain of Green* (1941); Hermann Broch, *Der Tod des Vergil* (1945); Evelyn Waugh, *The Loved One. An Anglo-American Tragedy* (1948); Heinrich Böll, *Der Zug war pünktlich* (1949); *Und sagte kein einziges Wort* (1953); *Frauen vor Flußlandschaft* (1985); Julien Gracq, *Le Rivage des Syrtes* (1951); Marlen Haushofer, *Die Vergißmeinnichtquelle* (1956); Simone de Beauvoir, *Une Mort très douce* (1964); Chris Bezzel, „Straßen und häuser“ (1967); Carlos Fuentes, *La muerte de Artemio Cruz* (1962); Anthony Hecht, *The Hard Hours* (1966); Gabriel García Márquez, „El ahoqado más hermoso del mundo“ (1972); Heiner Müller, *Germania Tod in Berlin* (1977); Max Frisch, *Triptychon. Drei szenische Bilder* (1978); Robert *Schneider, Schlafes Bruder* (1992); Michael Stephens, *The Brooklyn Book of the Dead* (1994).

Lit.: T. Anz: Der schöne u. der häßliche Tod. In: K. Richter, J. Schönert (Hg.), Klassik u. Moderne. FS

Walter Müller-Seidel. Stuttgart 1983; P. Ariès: Geschichte des Todes. München 1982; S. Asche: Die Liebe, der Tod u. das Ich im Spiegel der Kunst. Königstein/Ts. 1985; R. Berger, I. Stephan (Hg.): Weiblichkeit u. Tod in der Literatur. Köln 1987; P.R. Blum (Hg.): Studien zur Thematik des Todes im 16. Jh. Wolfenbüttel 1983; P. Bornstein: Der Dichter des Todes in der modernen Literatur. Berlin 1899; ders.: Der Tod in der modernen Literatur u. andere Essays. Leipzig 1900; E. Breede: Studien zu den lateinischen u. deutschsprachlichen Totentanztexten des 13. bis 17. Jh. Halle 1931; G. Buchheit: Der Totentanz. Seine Entstehung u. Entwicklung. Leipzig 1927; G. Cooke: Hallucination and Death as Motifs of Escape in the Novels of Julien Green. Washington, DC 1960; R.G. Cowen: Der schöne Tod. Ein Jugendstilmotiv bei Hauptmann u. Hofmannsthal. In: JbIG 19 (1987); R.A Craddick: Symbolism of Death: Archetypal and Personal Symbols. In: International Journal of Symbology 3 (1972); R. Detweiler: The Moment of Death in Modern Fiction. In: Contemporary Literature 13 (1972); E. Dubruck: The Theme of Death in French Poetry of the Middle Ages and the Renaissance. The Hague 1964; M. Eigeldinger: Julien Green et la tentation l'irréel. Paris 1947; G. Ernot (Hg.): La mort dans le texte. Lyon 1988; R. Favre: La Mort dans la littérature et la pensée françaises au siècle des lumières. Lyon 1978; W. Fehse: Der Ursprung der Totentänze. Halle 1907; A.P. Garnier: Les Thèmes poétiques. La Mort dans la poésie. In: La Muse Française 10, XI (1926); M. Gatch: Death: Meaning and Mortality in Christian Thought and Contemporary Culture. New York 1969; G. Gaucher: Le Thème de la mort dans les romans de G. Bernanos. 2. Aufl. Paris 1967; P. Gendolla, C. Zelle (Hg.): Schönheit u. Schrecken. Entsetzen, Gewalt u. Tod in alten u. neuen Medien. Heidelberg 1990; M.L. Guardiola Tey: La Temática de Garcia Gutiérrez. Barcelona 1993; M. Guiomar: Principes d'une esthétique de la mort: les modes de présence, les présences immédiates, le seuil de l'Au-delà. Paris 1967; K.S. Guthke: Letzte Worte. München 1990; J.R. Guthrie: Consciousness and Death. A Comparative Thematic Analysis in the Works of A. Camus and H.E. Nossack. Chapel Hill, NC 1978; A.M. Haas: Todesbilder im Mittelalter. Darmstadt 1989; R. Hammerstein: Tanz u. Musik des Todes. Bern 1980; C.L. Hart Nibbig: Ästhetik der letzten Dinge. Ffm 1989; R. Hippe: Der Tod im deutschen Gedicht. Hollfeld 1971; Institut für Anglistik u. Amerikanistik (Hg.): Zeit, Tod u. Ewigkeit in der Renaissance-Literatur. Salzburg 1986; V. Jankelevitch: La Mort. Paris 1967; H.H. Jansen (Hg.): Der Tod in Dichtung, Philosophie u. Kunst. Darmstadt 1978; J. Kohnen: Sterbe- u. Grabpoesie im deutschen Roman. Bern 1989; E. Koller: Totentanz. Innsbruck 1980; M. Krüger: Gérard de Nerval. Darstellung u. Deutung des Todes. Stuttgart 1966; L.P. Kurtz: The Dance of Death and the Macabre Spirit in European Literature. Genève 1975; N. Lambrecht: Der Totentanz in der modernen Literatur. In: Literarische Worte 6 (1905); F. Link (Hg.): Tanz u. Tod in Kunst u. Literatur. Berlin 1993; T.H. Machos: Todesmetaphern. Ffm 1987; E.M. Manasse: The Dance Motiv of the Latin Dance of Death. In: Medievalia et Humanistica 4 (1946); R. Marx, G. Stebner (Hg.): Perspektiven des Todes. Heidelberg 1990; H.F. Massmann: Literatur der Totentänze. Hildesheim 1963; C. Martineau-Génieys: Le Thème de la mort dans la poésie française de 1450 à 1550. Paris 1978; A. Nassehi, G. Weber: Tod, Modernität u. Gesellschaft. Opladen 1989; S.B. Nuland: Reflections on Life's Final Chapter. New York 1994; M. Praz: La Carne, la morte et il diavolo nella letteratura romantica. Firenze 1948; W. Rehm: Der Todesgedanke in der deutschen Dichtung vom Mittelalter bis zur Romantik. Halle 1928; ders.: Orpheus. Der Dichter u. die Toten. 2. Aufl. Darmstadt 1972; H. Rosenfeld: Der mittelalterliche Totentanz. Köln 1974; ders.: Der mittelalterliche Totentanz u. seine Rezeption im 19. u. 20. Jh. In: J. Kühnel u.a. (Hg.), Mittelalter-Rezeption II. Göppingen 1982; W. Stammler: Die Totentänze des Mittelalters. München 1922; N.A. Scott (Hg.): The Modern Vision of Death. Richmond, VA 1967; W.M. Thompson: Der Tod in der englischen Lyrik des 17. Jh. Breslau 1935; L. Uhlig: Der Todesgenius in der deutschen Literatur von Winckelmann bis Thomas Mann. Tübingen 1975; R. Unger: Herder, Novalis u. Kleist. Studien über die Entwicklung des Todesproblems (Neudr. Darmstadt 1968); M. Vovelle: La Mort et l'Occident de 1300 à nos jours. Paris 1983; F.P. Weber: Aspects of Death and Correlated Aspects of Life in Art, Epigram, and Poetry. New York 1920; D. Wellershoff: Zukunft u. Tod. In: ders., Das Verschwinden im Bild. Köln 1980; F.-W. Wentzlaff-Eggebert: Das Problem des Todes in der Lyrik des 17. Jh. Leipzig 1931; H.-G. Winter: Vom gefürchteten u. erwünschten Tod u. von Freuden des Überlebens. In: W. Delabar, W. Jung, I. Pergande (Hg.), Neue Generation – Neues Erzählen. Opladen 1993; R. Zons: Der Tod des Menschen von Kleists Familie Schroffenstein zu Grabbes Gothland. In: D. Kopp, M. Vogt (Hg.), Grabbe u. die Dramatiker seiner Zeit. Tübingen 1990.

Siehe auch: Altern, Dämmerung, Doppelgänger

Traum

1. Träume, Berichte von Träumen und ihre Deutungen vergegenwärtigen verborgene Bewußtseinsinhalte, rufen eine starke Spannung im Handlungsverlauf hervor, weisen auf zukünftige Ereignisse hin und können den Eindruck eines unabänderlich abrollenden Geschehens erwecken. Das Verfahren ist nicht

nur ausgesprochen bühnenwirksam, sondern begünstigt auch die intensive Identifikation während des Lesens. Der Aufbau der Handlungsfolge von der Erzählung des Traums, der Frage nach seiner Bedeutung, den anschließenden, widersprüchlichen Deutungen durch Freunde, Priester oder Wahrsager bis zur Auflösung im Verlauf der Ereignisse beläßt die vom Traum betroffenen Figuren im ungewissen, während der Zuschauer oder Leser die richtige Auslegung gewöhnlich sofort erkennt. Leser und Zuschauer empfinden Mitleid mit den verblendeten Handlungsträgern. Sie fühlen sich überlegen und erwarten zugleich voller Spannung den Ausgang der Handlung, der ihre Auffassung bestätigt. Der zukunftsgewisse Traum kann daher in Bühnendarstellungen die Funktion des Orakels übernehmen und die bevorstehende Katastrophe ankündigen (Aischylos, Corneille, Schiller). Der Traum hat eindeutige Motivfunktion, da er nicht nur vorausdeutet, sondern auch die Eigenschaften der Figuren und ihre Verhaltensweisen verdeutlicht. In der Literatur lassen sich astrologische (Friedrich Schiller, *Wallenstein,* 1800), religiöse (Ilse Aichinger, *Die größere Hoffnung,* 1948), mythische (Wolfgang Hildesheimer, *Die Verspätung,* 1961) und individualpsychologische (Alexander Lernet-Holenia, *Der Graf von Saint-Germain,* 1948) Deutungsmuster unterscheiden. Die mittelalterlichen Traumbücher, die sich auf griechische und arabische Vorlagen in lateinischer Übersetzung stützen und konkrete Zukunftsprognosen stellen, wurden sicherlich von der Dichtung rezipiert. Sie sind jedoch keine nachweisbaren direkten Quellen.

2. Der Traum kann wie in der Bibel heilsgeschichtliche Bedeutung haben, aber auch wie etwa im Traum des Aeneas, in dem ihm Hektor den Untergang Trojas vorhersagt und ihn auffordert, eine neue Stadt zu gründen, die noch bevorstehende historische Entwicklung festlegen. Diese Ideen werden in der literarischen Tradition wiederholt geistig durchgespielt. Das Zeichen bleibt konstant und kann daher zu allen Zeiten in Texten verwendet werden. So schaut beispielsweise Gott mit Wohlgefallen auf Gottfried von Bouillon und deutet ihm die Zukunft (Torquato Tasso, *Gerusalemme liberata,* 1575). Joseph in Thomas Manns *Joseph und seine Brüder* (1933–43) versucht, den in seinen Träumen enthüllten göttlichen Plan durch sein Handeln zu verwirklichen.

Es besteht die Möglichkeit, daß ein Traum völlig mit einem anderen Motiv verschmilzt und dessen Informationsinhalt das weitere Handeln des Träumers entscheidend bestimmt. Am Beispiel einiger Träume läßt sich jedoch nachweisen, daß diese in ihrer Auswirkung auf die Textgliederung die Funktion beibehalten, die Zukunft vorherzusagen. Heinrichs Traum von der →blauen Blume (Novalis, *Heinrich von Ofterdingen,* 1802) steht als Leitbild über seiner Entwicklung, gibt seinem Denken Richtung und führt ihn an das Ziel seiner Wanderung. Veronikas Traum (E.T.A. Hoffmann, *Der goldne Topf,* 1814) spiegelt ihre materiellen Wünsche und geht in Erfüllung, als sie Hofrätin wird. Das Ringen des Medardus mit seinem →Doppelgänger (Hoffmann, *Die Elixiere des Teufels,* 1815–16) beleuchtet die triebhaften Neigungen des Mönchs, die bis zum Ende der Erzählung in einem ungelösten Spannungsverhältnis zu seinem Bestreben nach geistiger Klarheit fortbestehen.

3. Die Verwendung des Traummotivs versetzt Autoren in die Lage, das Unterbewußte und Verdrängte zu vergegenwärtigen. Die Träumer stellen in der Traumfolge gefühlsmäßige Assoziationen her und gewinnen intuitive Einblicke in Zusammenhänge, die dem nüchternen Verstand verschlossen bleiben (Denis Diderot, *Entretiens, Rêve, Suite de l'entretien,* 1769). Das vom Traum ausgelöste Vorgefühl macht das Unwahrscheinliche wahrscheinlich und das Undenkbare denkbar. Außerdem erlauben im Traum eingefangene, konkrete Bildfügungen die Formgebung abstrakter Vorstellungen. Vor allem begründet das Motiv jedoch das Handeln einzelner Figuren und bestimmt im weiteren Erzählverlauf ihre Reaktion auf Ereignisse, die im Verhältnis zu dem Traum stehen. Die Motivverwendung erstreckt sich von erotischen Visionen und Alpträumen (etwa im Schauerroman) bis zu Träumen, die den Aufbau eines Textes bestimmen (Honoré de Balzac, *Le Lys dans la vallée,* 1836).

Die Variationsmöglichkeiten des Motivs lassen konstante Funktionen erkennen. Der Traum warnt die Figuren, ruft Befürchtungen hervor und deutet Ereignisse voraus, die, auch wenn sie in unerwarteter Gestalt auftreten (z.B. Paulines Traum in Pierre Corneille, *Polyeucte,* 1643), die Funktion eines Omens haben (Jean Racine, *Athalie,* 1691; Gotthold Ephraim Lessing, *Emilia Galotti,* 1772). Unterschiedliche Deutungen eines Traums können den tragischen Ausgang eines Geschehens heraufbeschwören (Friedrich Schiller, *Die Braut von Messina,* 1803). Der Traum wird als Tableau aufgeführt und enthält eine Lehre für die Handelnden wie für die Zuschauer (Shakespeare, *A Midsummer Night's Dream,* ca. 1594). Der Traum unterstreicht den prinzipiellen Unterschied zwischen Wirklichkeit und Traumwelt, bewirkt jedoch trotzdem eine grundsätzliche Wandlung aller vom Traum betroffenen Personen in ihrer Einstellung zum Leben (Heinrich von Kleist, *Der Prinz von Homburg,* 1809–10). Der Traum befreit den Träumer von seiner Neigung, ins Reich der Phantasie zu entfliehen, und prägt nach dem Erwachen die Lebensorientierung der Person (Rustan in Voltaire, *Le Blanc et le noir,* 1764; Giafar in Friedrich Maximilian Klinger, *Geschichte Giafars des Barmeciden,* 1792–94). Der Traum macht die Vergänglichkeit menschlicher Bestrebungen deutlich und zeigt, daß weltlicher Erfolg und Ruhm bedeutungslos sind (Pedro Calderón de Barca, *La vida es sueño,* 1636). Die Gestaltung einer Traumfolge ermöglicht assoziative Verknüpfungen, die in jeder anderen Form nur durch eingehende Erläuterung begründbar wären (Jean de La Fontaine, „Le Songe de Vaux“, 1665). Der Traum gibt verdrängten Neigungen, uneingestandenen Gefühlen und Wünschen feste Form. Die Traumfolge bestimmt das weitere Geschehen (Kleist, *Das Käthchen von Heilbronn,* 1807–08; Aschenbachs Traum in Thomas Mann, *Der Tod in Venedig,* 1913; Castorps Traum in Mann, *Der Zauberberg,* 1924).

4. Das rege Interesse der Romantiker an der Erweiterung des Wahrnehmungsvermögens, das sich auf Traumdeutungen und psychologische Erörterungen des Übergangsstadiums zwischen Wachen und Schlaf erstreckte, begünstigte die Entwicklung von Darstellungen, in denen Tagträume und die momentane Entrücktheit während des Dahindämmerns, aber auch Visionen dem Traum angeglichen werden. Traumzustände boten ausgezeichnete Voraussetzungen zur Darstellung zerfließender Konturen. Genaue Schilderungen einzelner Szenen wechseln mit unklar erfaßten Ahnungen; außerdem sind Farben und Gefühle häufig assoziativ verbunden. Im Traumbild nehmen einzelne Charaktereigenschaften zuweilen archetypische Form an. Viele der Visionen stellen durch ihre Schlüsselfunktion und die Reaktion der Figuren durchaus übersehbare, strukturelle Relationen her, obwohl sie Wahrnehmungen und Vorstellungen beleuchten, die sich der direkten Beobachtung entziehen (Inspiration, erhöhte Schaffenskraft, intuitive Erkenntnis der Natur, kosmisches Bewußtwerden, Flug ins Reich der Kunst, Sturz in den Abgrund des seelischen Terrors). Trotzdem entstehen zahlreiche Traumvisionen, die in der primären Verweisfunktion nur Andeutungen auf einen möglichen, aber kaum realisierbaren Zustand machen. Sie kreisen um das, was Hoffmann das „Unaussprechliche, das Unbeschreibliche“ nannte: die Sphärenmusik einer harmonischen Naturerfahrung (Hoffmann, *Der goldne Topf*), Visionen der Hölle (→ Abgrund; Jean Paul, *Die Vernichtung,* 1801) und ein Universum, das von der Traumwelt getragen wird (William Blake, *Marriage between Heaven and Hell,* 1790; Edgar Allan Poe, *William Wilson,* 1839; Robert Louis Stevenson, *A Chapter on Dreams,* 1887). Obwohl sorgfältige Untersuchungen der Bedeutung des Traums im Schaffen einzelner Autoren vorliegen (z.B. Baudelaire, Bernanos, Dante, Thomas De Quincey, Gautier, Julien Green, Grillparzer, Hebbel, Homer), ist die Entwicklung des Motivs in der Moderne bisher nicht geklärt. In Parabeln, absurden Spielen und Schilderungen von Identitätskrisen setzt sich im 20. Jh. das Verfahren durch, Visionen und Träume einander anzugleichen. Die Erfahrung der existentiellen Ausgesetztheit löst traumhafte Visionen aus, die in der Unberechenbarkeit des Lebens und der Unabänderlichkeit der Verfassung zugleich Widerlegung und Bestätigung der Zukunftsprognose sind.

Lit.: A. Béguin: Le Rêve chez les romantiques allemands et dans la poésie française moderne. 2 Bde. Paris 1937; D.S. Blair: Camouflage et feinte. In: French Studies in Southern Africa 6 (1977); J. Bousquet: Les Thèmes de rêve dans la littérature romantique. Paris 1964; Dreaming and Daydreaming in 17th-C. French Literature. Einf. S.W. Tiefenbrun. In: Papers on 17th-C. French Literature 11, Sonderheft 20 (1984); M. Demaules: Forme et signification du rêve dans la littérature romanesque des XIIe et XVIIIe siècles. Paris 1985; S.R. Fischer: The Dream in the Middle High German Epic. Bern 1978; B. Frischmuth: Traum der Literatur. Literatur des Traums. Salzburg 1991; H. Hammerschmidt: Die Traumtheorien des 20. Jh. u. die Träume der Figuren Shakspeares. Heidelberg 1992; R. Immerwahr: Das Traum-Leben-Motiv bei Grillparzer u. seinen Vorläufern in Europa u. Asien. In: Arcadia 2 (1967); J. Jung (Hg.): Träume. Salzburg 1987; A. Kranefuss: Grenzüberschreitungen, Traum- u. Traumformen in der neueren Literatur der DDR. In: E. Valtink (Hg.), Kulturlandschaft DDR. Hofgeismar 1990; E. Lenk: Die unbewußte Gesellschaft. Über die mimetische Grundstruktur in der Literatur u. im Traum. München 1983; P. Lersch: Der Traum in der deutschen Romantik. München 1924; W. Mauser (Hg.): Geträumte Welten. München 1987; R. Morrissey: Vers un topos littéraire: la préhistoire de la rêverie. In: Modern Philology 77 (1979–80); W. Naumann: Traum u. Tradition in der deutschen Lyrik. Stuttgart 1966; W. Pabst: Funktionen des Traums in der französischen Literatur des 17. Jh. In: Zs. f. französische Sprache u. Literatur 66 (1956); N.F. Palmer, K. Speckenbach: Träume u. Kräuter. Köln 1990; P. Pelckmans: Le Rêve apprivoisé. Amsterdam 1986; A.J. Ratcliff: Traum u. Schicksal. Dresden 1925; M. Raymond: Entre le rêverie et le rêve éveillé. In: Romanticisme et rêverie. Paris 1978; P. Ritzler: Der Traum in der deutschen Romantik. Bern 1943; J. Rondaut: La Littérature et la rêve. In: SRLF 26 (1987); C. Schwinger: Wirklichkeit u. Traumstruktur. Würzburg 1988; A.Vartanian: Diderot and the Phenomenology of the Dream. In: Diderot Studies 8 (1966); T. Wagner-Simon, G. Benedetti (Hg.): Traum u. Träumen. Traumanalysen in Wissenschaft, Religion u. Kunst. Göttingen 1984; D. B. Wilson: The Romantic Dream. Wordsworth and the Poetics of the Unconscious. Lincoln, NE 1993.

Tristan und Isolde

Die Erzählung schildert die Jugend Tristans und seine Erziehung zum vorbildlichen Ritter, seine Fahrt als Brautwerber für seinen Onkel König Marke, das unbeabsichtigte Trinken eines Zaubertranks während der Heimreise, durch den Tristan und Isolde in unwiderstehlicher Liebe zueinander entbrennen, und die Folgen, die sowohl die Liebenden als auch Marke und den Hof in Mitleidenschaft ziehen. Die Geschichte gab zu durchaus unterschiedlichen Darstellungen Anlaß, in denen die Figuren mit Liebesrausch und Not, wiederholtem Ehebruch, der Täuschung anderer und Inzest verknüpft sind. Die Bearbeitungen betonen mitunter gesellschaftliche Aspekte der höfischen Welt und gleichen das Geschehen der Artusdichtung an (Thomas à Bretagne, um 1170; Eilhart von Oberg, *Tristrant*, um 1175; Béroul, um 1200); sie stellen zuweilen Tristans Entwicklung in den Mittelpunkt der Betrachtung (Gottfried von Straßburg, *Tristan und Isolde*, um 1210; Ulrichs von Türheim Fortsetzung Gottfrieds um 1240). Die deutschen, englischen und französischen Bearbeitungen aus dem 14. und 15. Jh. heben abenteuerliche Aspekte hervor, stellen aber auch christlich-moralische Überlegungen an (Heinrich von Freiberg, *Tristan und Isolde*, 1285–90).

Die stark differenzierten Bewertungen der elementaren Leidenschaft, die sich zu vorbildlicher Liebe entfalten kann (thematische Grundform), der Abenteuer, der Brautwerbung und Fahrt (Motivkreise), der Verletzung der Gefolgschaftstreue und wiederholten Täuschung Markes (höfische Welt; →Ehre), des Ehebruchs, inzestuöser Neigungen und eines möglichen Ödipuskomplexes führten dazu, daß die Figuren den jeweiligen Handlungen entsprechend charakterisiert sind. Die Grundform des Handlungsschemas prägt jedoch Tristan und Isolde und klingt selbst in der spätmittelalterlichen Schwankdichtung an. Direkte Bearbeitungen nehmen nach Richard Wagners Gestaltung in *Tristan und Isolde* (1859) ab und verlaufen, wie Ernst Hardts Drama *Tantris der Narr* (1907) belegt, ins Symbolisch-Ungewisse oder verbinden wie Thomas Manns *Wälsungenblut* (1921) den Inzest mit Dekadenzerscheinungen. Dagegen nehmen indirekte Hinweise und Anspielungen sowohl auf die Täuschung (Georg Kaiser, *König Hahnrei*, (1913) als auch auf die verzehrende Liebesleidenschaft zu. Darüber hinaus zeigen August von Platens

Tristan (1825) und Manns *Tristan* (1903), daß eine Figur, nämlich Tristan, aus der Konstellation herausgelöst werden kann, um die Künstlerproblematik zu veranschaulichen.

Lit.: D. Buschinger: La Légende de Tristan au Moyen Age. Göppingen 1982; dies. (Hg.): Tristan et Iseut. Mythe européen et mondial. Göppingen 1987; N. Henkel: Die Geschichte von Tristan u. Isolde im deutschen Mittelalter. In: H. Bungert (Hg.), Hauptwerke der Literatur. Regensburg 1990; M. Huby: L'adoption des romans courtois en Allemagne au XIIe et au XIIIe siècle. Paris 1968; B. Mergell: Tristan u. Isolde. Ursprung u. Entwicklung der Tristansage des Mittelalters. Mainz 1949; E. Poletti: Love, Honour, and Artifice. Attitudes to the Tristan Material in the Medieval Epic Poems and in Selected Plays from 1853–1919. Göppingen 1989; G. Schoepperle: Tristan u. Isolt. A Study of the Sources of the Romance. 2. Aufl. 2 Bde. New York 1960; R. Snell: Causa amoris. Liebeskonzeption u. Liebesdarstellung in der mittelalterlichen Literatur. Bern 1985; P. Wapnewski: Liebestod u. Götternot. Berlin 1988; H. Weber: Chrestien u. die Tristandichtung. Bern 1976.

Siehe auch: Artus, Ehebruch, Liebe, Inzest

Tyrann

Siehe Aggression, Cäsar, Macht

Ungeheuer

1. Literarische Bildfügungen dieser Gruppe von Fabelwesen gehen wahrscheinlich auf unterbewußte Angstvorstellungen zurück. Ungeheuer erscheinen häufig im Zusammenhang mit der Lebensfahrt des →Helden und thematischen Ausgestaltungen des →Abenteuers, des →Bösen und des →Todes. Sie bewachen den Zugang zum Totenreich, aber auch zum Ursprung des Lebens. Sie vermitteln eine Ahnung des Unerforschlichen und Chaotischen der Naturkräfte. Ihr Äußeres ist gewöhnlich durch zwei Merkmale bestimmt: (1) übertriebene Größe, entsetzenerregende Gestalt, wildes Auftreten und aufsehenerregende Eigenheiten (der Leviathan im Alten Testament; die Titanen und Riesen in griechischen Mythen; Zyklopen, Drachen und Figuren wie Goliath oder Quasimodo in Victor Hugos *Notre-Dame de Paris*,1831) und (2) hybride Formungen (z.B. der Greif, der den Körper eines Löwen, Füße, Flügel und Schnabel eines Adlers hat, zuweilen aber auch mit Löwentatzen oder Flügeln dargestellt wird; die Chimäre, die den Kopf eines Löwen mit dem Körper einer Ziege und dem Schwanz eines Drachens vereint; furchteinflößende Wesen, die wie die Sphinx halb Mensch und halb Tier sind). Aussehen und Eigenschaften der Ungeheuer widersprechen Naturgesetzen. Der Minotaurus, ein schneeweißer Stier, frißt Fleisch; die Stuten des Diomedes verschlingen Menschen; Drachen speien Flammen. Ihr Handeln entspricht jedoch ihrer Verfassung und wirkt daher psychologisch wahrscheinlich, besonders wenn, wie im Schauerroman, in den Erzählungen von Conan Doyle und den phantastischen Erzählungen der jüngsten Literatur, ihr Wesen parapsychologisch gedeutet wird. Ungeheuer sind menschenfeindlich, bedrohen den Wanderer oder einsamen Seefahrer, suchen ihre Opfer unter Kindern, Jünglingen und Jungfrauen, verheeren das Land und müssen häufig durch Tribut beschwichtigt werden (Harpyien, Minotaurus, Lamien, Sirenen, die Skylla, Cerberus, Sphinx, die lernäische Hydra, der nemäische Löwe, Drachen und entsetzliche Zwerge in Erzählungen des Mittelalters, alle kannibalischen Ungeheuer der Science-fiction).

Der Kampf mit dem Ungeheuer verlangt den Einsatz des eigenen Lebens. Er gehört daher zu den schwierigsten Bewährungsproben des Helden und jeder im Anschluß an die Heldenkonzeption entworfenen literarischen Figur. Die Auseinandersetzung erscheint in erweiterten Deutungen als eine besondere Form der Selbstvergewisserung. Der Held bewährt sich und erlangt eine neue Stufe der Selbsterkenntnis. Nachdem Perseus beispielsweise die Medusa erschlagen hat, kann er den Tempel Apollos betreten, über dessen Eingang das Motto „Erkenne dich selbst" steht. Theseus dringt in das →Labyrinth ein, tötet den Minotaurus und erlangt ein neues Verständnis seiner Berufung im Leben. →Herakles reinigt die Welt von zahlreichen Ungeheuern und wird am Ende seines Lebens erhöht. →Ödipus überwindet die Sphinx, indem er das von ihr gestellte Rätsel löst. Er entziffert jedoch das wahre Geheimnis der menschlichen Existenz und der fortgesetzten Prüfung im Dasein erst am Ende seines langen Leidensweges. Auch die Helden mittelalterlicher Epen und spätmittelalterlicher Prosaerzählungen wie Siegfried und Sankt Georg müssen mit Drachen und anderen Ungeheuern kämpfen, die nicht nur Schätze hüten, sondern auch den Schlüssel zum Geheimnis innerer Triebkräfte der Menschen bewahren. Die Anziehungskraft der Konzeption ist bis heute ungebrochen. Ursula LeGuin stellt diese beispielsweise in den Mittelpunkt ihrer Erzähltrilogie *The Earthsea Trilogy* (1979), die die Auseinandersetzung des Zauberers Ged mit den Verlockungen des Lebens, des Bösen, des Unterbewußten und des Todes in der wiederkehrenden Folge des Kampfes mit Ungeheuern schildert.

2. In Verbindung mit dem Bösen ist der Drache das bevorzugte Ungeheuer in der abendländischen Literatur. Die Gestalt des Lindwurms läßt Eigenheiten bösartiger Wassergeister, der Hydra und fliegender Ungeheuer erkennen. Er bewacht den Zugang zum Wasser des Lebens (→Brunnen), sitzt auf den unermeßlichen Schätzen des Erdinneren und beherrscht das Feuer. In chinesischen, babylonischen und griechischen Mythen erscheinen Drachen in wechselseitiger Beziehung mit dem Urchaos. Die Überwindung des Drachens schuf die Voraussetzung zur gesellschaftlichen Entwicklung und leitete die Blüte der Zivilisation ein. In der christlichen Literatur erhielt einerseits →Satan die Züge des Drachens, andererseits mischten sich in die Drachendarstellungen die Eigenschaften des Teuflischen. Einige Drachen haben außer dem gefährlichen Schwanz gespaltene Tatzen, rote Flügel und Hörner. Dementsprechend nimmt der Kampf mit dem Drachen die Form der wiederkehrenden Auseinandersetzung mit allen Erscheinungen des Bösen an. Auch wenn der Held wie in *Beowulf* (um 650–750) sein Leben im Gefecht verliert, erneuert seine Tat das Vertrauen auf den endgültigen Sieg des Guten. Dante wies den unterschiedlichen Ungeheuern ihre eigene Sphäre im *Inferno* (1308) zu; Prosafassungen mittelalterlicher Epen verbanden mit Drachen vorzugsweise die Vorstellung des Schatzhüters; im 19. Jh. wird er zum Symbol der kapitalistischen Fehlentwicklung; die Literatur des 20. Jh. schließlich löst ihn aus der Assoziation mit dem Bösen. So sind zum Beispiel in der Buchserie *The Dragonriders of Pern* (1968–78) von Anne McCaffrey die Drachen treue Gefährten der Menschen, die den Fortbestand der Menschheit in einem anderen Sonnensystem garantieren.

3. In der modernen Literatur beleuchtet das Motiv des Ungeheuers atavistische Tendenzen, Ichstörungen und bösartige, triebhafte Neigungen. Die Vergleiche können direkt ausgesprochen oder durch Bildassoziationen hergestellt werden. Phèdre in Jean Racines *Phèdre* (1677) vergleicht sich mit einem gefährlichen Ungeheuer, welches das zivilisierte Leben untergräbt. Ihr Selbstmord reinigt die Welt vom Chaos. Simon Agnel in Paul Claudels *Tête d'or* (1889) verwandelt sich in einer Traumvision in ein Ungeheuer, in dessen tierischer Gestalt der ungezügelte Machttrieb seine angemessene Form findet. Anspielungen auf Vampire (→Aggression, →Essen, →Femme Fatale) unterstreichen nicht nur gestörte zwischenmenschliche Beziehungen, sondern symbolisieren auch allgemeine zerstörerische Tendenzen der Gesellschaft (Sheridan Le Fanu, *Carmilia,* 1869; Botho Strauß, *Kalldewey, Farce,* 1981; Adolf Muschg, *Das Licht und der Schlüssel,* 1984). In zahlreichen Darstellungen der →Stadt verstärken Vergleiche mit dem Ungeheuer die bedrohliche Dimension eines kulturfeindlichen und lebenswidrigen Gebildes (→Stadt; Claudel, *La Ville,* 1890). Nicht nur die Stadt, auch die von Menschen geschaffenen Maschinen, beispielsweise die Traktoren in Marcel Aymés *Le Minotaure* (1967), nehmen die bedrohliche Form des Ungeheuers an. Charles Baudelaire bezeichnet die Langeweile als das bedrohlichste Ungeheuer im menschlichen Leben („Au lecteur" in *Les Fleurs du mal,* 1857). Der moderne Held, der die hohe Stufe der Erkenntnisfähigkeit erreicht, die ihn befähigt, das innerste Wesen des Ungeheuers zu begreifen, kann es vernichten (Eugène Fromentin, *Dominique,* 1862) oder seine Substanz verwandeln und das Chaos dem Ordnungswillen unterstellen (Nikos Kazantzakis, *Théseos,* 1953). Dagegen bleiben Figuren der Gegenwartsliteratur, die ihr Weltbild nicht verändern können, dem Schrecken des Ungeheuers ausgeliefert (John Gardner, *Grendel,* 1971; Mary Renault, *The King Must Die,* 1958; *The Bull from the Sea,* 1962). Die formlose Ungeheuerlichkeit der Erscheinung des Schmurz in Boris Vians *Les Bâtisseurs d'empire* (1959) verweist auf die primitiven Angstzustände der Figuren, die keinen Ausweg aus ihrer Situation finden. Das Schreckgespenst der ungeheuerlichen, biogenetisch rekonstruierten Dinosaurier in Michael Crichtons *Jurassic Park* (1990) veranschaulicht die in der Gegenwart zunehmende Furcht vor scheinbar unkontrollierbaren wissenschaftlichen Experimenten.

Lit.: J. Burgos (Hg.): Le Monstre: présence du monstre – mythe et réalité. Paris 1975; EM 3: 787–825; R. Fisher: Räuber, Riesen u. die Stimme der Vernunft in Hartmanns u. Chrétiens Erec. In: DVjs 60 (1986); HdA 2: 364–407, 7: 1114–95; U.T. Holmes: The Monster in Medieval Literature. In: R.T. Carto, E.J. Mickel, Jr. (Hg.), Studies in Honor of A.G. Engstrom. Chapel Hill, NC 1972; R. Marteau: Les Mues du serpent. In: Études Françaises 10 (1974); J.C. Mathieu: Les Monstres et la monstruosité dans l'œuvre de Claudel. In: Revue d'Histoire du Théâtre 20 (1968); G. Mergner, P. Gottwald (Hg.): Angstmachende Mutterbilder im Kinder- u. Jugendbuch. Oldenburg 1989; G.E. Smith: The Evolution of the Dragon. Manchester 1919.

Siehe auch: das Böse, Held, Stadt, Tod

Utopie

1. Die thematische Gestaltung der persönlichen und gesellschaftlichen Vervollkommnung im Rahmen einer vorbildlichen staatlichen Verfassung ist so fest mit der Vorstellungswelt der Utopien verbunden, daß Thema und Gattung in der literarischen Betrachtung eine Einheit darstellen. Darstellungen der vollkommenen Entfaltung menschlicher Anlagen in einer idealen Gesellschaft sind jedoch nicht auf eine Gattung begrenzt. Sie lassen sich unter anderem in einzelnen Robinsonaden, im Dialogroman, in Reiseschilderungen und im intellektuellen Entwicklungsroman nachweisen. Die ausführliche Bearbeitung des Themas erfordert jedoch einen Ausgleich zwischen persönlicher Erfüllung im Leben und gesellschaftlichem Anspruch. Sie bedingt daher eine wechselnde Erzählperspektive, die das Individuum, die Gesellschaft, den idealen Ort und das gedachte Bezugssystem der unzulänglichen Wirklichkeit der Leser einbezieht. Die Darstellungen erstrecken sich von philosophischen Abhandlungen und gesellschaftskritischen Schilderungen über Tugendlehren, in denen das Ideal vorausgesetzt ist, bis zu Erzählungen, die Spannung und Erwartung hervorrufen, da sich die Tragfähigkeit der utopischen Verfassung erst im Laufe der Handlung erweist. Thematische Darstellungen reduzieren komplizierte Sozialstrukturen und schwer faßbare historische Entwicklungen auf ein leicht überschaubares System. Infolgedessen treten ambivalente Anspielungen und mehrdeutige Vergleiche in den Hintergrund. Außerdem verhindert der kategorische Anspruch, daß die fiktive Welt vollkommen ist, jede ironische Brechung der Erzählung.

2. Das Thema ist außerordentlich strukturbildend. Es beeinflußt selbst in Traumvisionen die Figurenkonzeption, die Anordnung einzelner Figuren im Textfeld, die Raumgestaltung, die Handlungsfolge, die Beschreibung der idealen Verfassung, das bewußte Erkennen und die gedankliche Auseinandersetzung in der Rückerinnerung. Das Grundschema umfaßt einen im Mittelpunkt stehenden Menschen, einen Besucher oder mit der Gesellschaft nicht vertrauten Ankömmling, der in die ideale Gemeinschaft eingeführt wird, oder wie in der Gegenwartsliteratur eine Figur, die innere Vorbehalte überwindet und der Neuordnung zustimmt. Dieser Kunstgriff erlaubt die eingehende Schilderung der neuen Welt. Ein beständiger Vorgang der Beobachtung und geistigen Auseinandersetzung mit dem Neuen gipfelt in einem Augenblick der Erkenntnis, der die Wahrheit enthüllt. Die Beobachtungen ziehen die geographische Lage in Betracht (Absonderung von der Welt, Insel, verborgenes Tal, kaum zugängliches Land) und legen Rechenschaft ab über die Entwicklung der vorbildlichen Verfassung. Die belehrende Einführung erfordert die Zuordnung repräsentativer, erfahrener und wohlwollender Begleiter, die den Ursprung der utopischen Gesellschaft, ihre Vorzüge und Daseinsbefähigung erklären. Hinweise auf die zurückgebliebene, unvollkommene Welt rufen scharfe Kontraste hervor, die die Vorteile der utopischen Lebensform noch deutlicher hervorheben. Im handlungstechnischen Aufbau von Spannungsmomenten zeichnen sich drei bevorzugte Verfahren ab. Die Erzählung verzögert die Bekehrung des skeptischen Ankömmlings, der wiederholt schwerwiegende Vorbehalte äußert. In politischen und modernen sozialistischen Utopien schließen Rückblicke auf die Gründung der Gesellschaft häufig ernste Auseinandersetzungen ein, die möglicherweise wieder aufflackern können. Die Erzählung kann bestehende Meinungsverschiedenheiten schildern, die die Möglichkeit des inneren Zerfalls der Gesellschaft andeuten. Die Handlungen schildern einen Prozeß fortschreitender Erkenntnis, der zu der Einsicht führt, daß die gemeinsame, friedliche Zusammenarbeit aller Menschen auch dem einzelnen die größtmögliche Entfaltung seiner Anlagen gewährt. Nachdem der Ankömmling eingeweiht ist, kehrt er in die Welt zurück und hält seine Erfahrung in Form aufgezeichneter Erinnerungen, einer Autobiographie oder eines Berichtes an den Erzähler fest. Darüber hinaus kann der Erzähler selbst die Vorausdeutung auf die zukünftige oder in sozialrevolutionären Programmen nahe bevorstehende Realisierung der Utopie beglaubigen.

Das Thema begünstigte eine Reihe wiederkehrender Organisationsprinzipien. Texte sind symmetrisch angeordnet und stellen Kontrastpaare von Tugend/sittlichem Verfall, Ordnung/Unordnung und Vollkommenheit/Unvollkommenheit her. Die Hauptfigur soll nicht nur die Eigenschaften eines Beobachters haben, sondern muß auch die gesellschaftliche Neuordnung reflektierend bewerten. Unterhaltungen, Dialoge, in die Erzählung eingeschobene Berichte und Reflexionen stützen den Vorgang der geistigen Auseinandersetzung und beeinflussen gleichzeitig die Meinungsbildung der Leser, die in der utopischen Gesellschaft eine Alternative zu ihrer Daseinsform erkennen sollen. Trotz eindrucksvoller Charakterdarstellungen, die das Besondere im Wesen einer Figur erfassen, entstehen stilisierte Merkmale in Figurenzeichnungen, weil den Figuren die zentrale Idee erkennbar wird. Da das Thema außerdem eine unzweideutige Lösung der unbewältigten gesellschaftlichen Probleme bietet, entdecken Handlungsträger, Erzähler und Leser mit Freude, daß sich letztlich alle Schwierigkeiten beheben lassen. Die Verunsicherung des Lebens schwindet. Das Dasein hat wieder ein Ziel. Die Illusion hält zwar nicht an, da Leser im Blick auf die Welt sofort feststellen, daß sich die persönliche und gesellschaftliche Vollkommenheit auch weiterhin der Verwirklichung entzieht. Trotzdem ist die gesellschaftskritische Funktion des Themas nicht zu unterschätzen. Es beleuchtet im Bild der Vollkommenheit die Unzulänglichkeit historisch entstandener Verfassungen.

3. Die Themenfunktion verläuft über Jahrhunderte konstant. Dagegen verändert sich die Grundlage der idealen Gesellschaft und dementsprechend die Ausgestaltung des utopischen Raums. Was einzelne Autoren unter Glückseligkeit und idealem Staat im Anschluß an das Denken ihrer Zeit verstanden, ermöglicht sowohl Rückschlüsse auf das staatsphilosophische Denken einzelner Jahrhunderte als auch auf die besonderen Reformanliegen bestimmter Epochen. Vorstellungen des Gottesstaates auf Erden wurden von denen einer natürlichen Verfassung, liberale demokratische Anliegen von Träumen der sexuellen Emanzipation abgelöst. Einige Werke entwarfen Projekte, die sich auf harmonische Eheverhältnisse und fortschrittliche Landwirtschaftspläne (Johann Gottfried Schnabel, *Insel Felsenburg,* 1731–43) oder evolutionäre Prinzipien stützten, andere verlegten die Utopie weit in die Zukunft. Einzelne Erzählungen entwickelten die Vorstellung der Unsterblichkeit (May Sinclair, *Divine Fire,* 1904), des direkten Zugangs zu Gott (C.S. Lewis, *Out of the Silent Planet,* 1938), des entsetzlichen Mißbrauchs der Macht und des damit verbundenen Verfalls der vollkommenen Gesellschaft (George Griffith, *The Great Weather Syndicate,* 1906; William H. Hodgson, *The Night Land,* 1912; Lewis, *The Hideous Strength,* 1945) und des unaufhaltsamen Rückfalls in die Barbarei (Guy Thorne, *Made in His Image,* 1906; Anatole France, *L'Ile des pingouins,* 1908; Naomi Mitchison, „Cardiff A.D. 1935", 1929; John Collier,

Tom's A-Cold, 1933; Aldous Huxley, *Ape and Essence,* 1949). Zu den besonders im 19. Jh. bevorzugten sozialistischen Gemeinwesen treten um die Jahrhundertwende technokratische und unter dem Einfluß naturwissenschaftlicher Theorien entstandene Republiken (Max Haushofer, *Planetenfeuer,* 1899; Skelton Kuppard, *A Fortune from the Sky,* 1902; William Stanley, *The Case of the Fox,* 1903), die wiederum von Schilderungen phantastischer Welten verdrängt werden, in denen die erreichte Vollkommenheit bereits den Keim der Zerstörung in sich trägt. Die modernen Gegenkonzeptionen zur Utopie (Atopie, Dystopia) ersetzen einerseits das Thema der Vervollkommnung durch Darstellungen des Terrors (→Aggression); sie bewahren andererseits die Vorstellung der Vervollkommnung als einzige sinnvolle Alternative zur Tyrannei und rohen Gewalt, die in den neuen Idealstaaten ausbricht (Ignatius Donnelly, *Caesar's Column,* 1890; G.K. Chesterton, *The Napoleon of Notting Hill,* 1904; Huxley, *Brave New World,* 1932; Frederick L. Greene, *A Fragment of Glass,* 1947). Im Aufbau der Texte folgen die Atopien denselben Organisationsprinzipien wie die Utopien. Die Auswirkung des Themas auf die Struktur setzt sich somit auch in den Gegenkonzeptionen durch.

Quellen: Aristophanes, *Die Vögel*; Platon, *Der Staat*; Gioachino da Fiore, *Liber Figurarum* (ca. 1180); William Langland, *Piers the Plowman* (um 1362) Thomas More, *Utopia* (1516); Ludovico A(n)gostini, *La repubblica immaginaria* (ca.1583–90); Johann Valentin Andreä, *Rei publicae christianopolitanae descriptio* (1619); Tomasso Campanella, *La città de sole* (Titel auch *Civitas Solis,* 1633); Samuel Gott, *Novae solymae. Libri sex* (1648); Gerrard Winstanley, *Law of Freedom in a Platform* (1649); Savinien Cyrano de Bergerac, *Histoire comique Contenant le sestates et Empires de la lune* (1657–62); Henry Neville, *The Isle of Pines* (1668); Jonathan Swift, *Gulliver's Travels* (1726); Pierre Carlet de Marivaux, *L'Isle de la raison* (1727); Louis-Sebastien Mercier, *L'An deux-mille-quatre-cent-quarante* (1770); Morelly (wahrscheinlich von Diderot), *Code de la nature* (1755); Christoph Martin Wieland, *Der goldene Spiegel* (1772); Edward Bellamy, *Looking Backward 2000–1887* (1888); Samuel Butler, *Erewhon* (1872); Theodor Hertzka, *Freiland* (1890); William Morris, *News from Nowhere* (1890); William Dean Howells, *A Traveler from Altruria* (1894); Michael Conrad, *In purpurner Finsternis* (1895); Emile Zola, *Quatre Evangiles* (1899–1903); David Lubin, *Let There Be Light: The Story of a Working-Men's Club* (1900); Theodor Herzl, *Altneuland* (1902); H.G. Wells, *A Modern Utopia* (1905); Gerhart Hauptmann, *Die Insel der großen Mutter* (1925); Aldous Huxley, *Brave New World* (1932); Franz Werfel, *Stern der Ungeborenen* (1946); B.F. Skinner, *Walden Two* (1949); Ernst Jünger, *Heliopolis* (1949); *Gläserne Bienen* (1957); Stefan Heym, *Goldsboroug oder Die Liebe der Miss Kennedy* (1954); Joanna Russ, *The Female Man* (1977); Gerlind Reinshagen, *Das Frühlingsfest* (1980); *Rovinto oder die Seele des Geschäfts* (1981); Gabriele Eckart, *Frankreich heißt Jeanne* (1990); Helga Königsdorf, *Gleich Nach Afrika* (1992); Christoph Hein, *Napoleonspiel* (1993).

Lit.: G. Beauchamp: The Dream of Cockaigne. In: Centennial Review 6 (1981); K.L. Berghahn, R. Grimm (Hg.): Utopian Vision. Technological Innovation and Poetic Imagination. Heidelberg 1990; K.L. Berghahn, H.U. Seeber (Hg.): Literarische Utopien von Morus bis zur Gegenwart. Königstein/Ts. 1983; W. Biesterfeld: Die literarische Utopie. Stuttgart 1982; E. Bloch: Geist der Utopie. Berlin 1923; ders.: Freiheit u. Ordnung. New York 1946; ders.: Das Prinzip Hoffnung. 3 Bde. Berlin 1954–59; H. Blumenberg: Zum Erzählproblem des utopischen Romans im 18. Jh. In: H. Kreuzer (Hg.), Gestaltungsgeschichte u. Gesellschaftsgeschichte. Stuttgart 1969; K.H. Börner: Auf der Suche nach dem irdischen Paradies. Ffm 1984; F. Brüggermann: Utopie u. Robinsonade. Weimar 1914; B. Buhl: Bilder der Zukunft. Bielefeld 1988; La città ideali della letteratura. Sammlung in: Studi di letteratura francese 11 (1985); R. Dubos: The Dreams of Reason. Science and Utopias. New York 1961; V. Dupont: L'Utopie et le roman utopique dans la littérature anglaise. Paris 1941; R. Falke: Versuch einer Bibliographie der Utopien. In: Romanisches Jb. 6 (1953–54); H. Fuhrmann: Utopie u. Wirklichkeit im Drama der DDR. In: E. Valtink (Hg.), Kulturlandschaft DDR. Hofgeismar 1990; G. Gauthier: Villes imaginaires. Paris 1977; R. Gerber: Utopian Fantasy. London 1955; H. Gnüg (Hg.): Literarische Utopie-Entwürfe. Ffm 1982; dies.: Der utopische Roman. München 1983; L. Hadomi: Jüdische Identität u. der zionistische Utopieroman. In: Bulletin Leo Baeck Inst. 86 (1990); I. Hartig, A. Sobond: Pour une histoire de l'utopie en France au XVIIIe siècle. Paris 1977; J.H. Hexter: More's Utopia. The Biography of an Idea. New York 1965; M. Holquist: How to Play Utopia. In: Yale French Studies 41 (1968); H. Hudde: Die literarische Gattung Utopia. In: Romanische Zs. f. Litgesch. 1 (1977); C. Imbrosio (Hg.): Requiem pour l'utopie? Paris 1986; D. Kahler-Lugibühl: Poetik im Lichte der Utopie. Bern 1986; M. Klarer: Frau u. Utopie. Zur antiken Tradition moderner Frauenutopien. In: Arcadia 26 (1991); E. Kleinschmidt: Neuzeit u. Endzeit. In: T. Cramer (Hg.), Wege in die

Neuzeit. München 1988; G. Lehnert-Rodiek: Zeitreisen. Untersuchungen zu einem Motiv der erzählenden Literatur des 19. u. 20. Jh. Rheinbach-Merzbach 1987; R. Majut: Der utopische Roman. In: P. Merker, W. Stammler (Hg.), Deutsche Philologie im Aufriß. Berlin 1960; S. Mayer: Zwischen Utopie u. Apokalypse. In: G. Lebroisse, G. Knapp (Hg.), Literarische Tradition heute. Amsterdam 1988; P.-F. Moreau: Le Récit utopique. Paris 1982; G.S. Morson: The Boundaries of Genre. Austin, TX 1981; A.L. Morton: The English Utopia. London 1952; G. Müller: Gegenwelten. Die Utopie in der deutschen Literatur. Stuttgart 1989; W.D. Müller: Geschichte der Utopia-Romane der Weltliteratur. Bochum 1938; L. Mumford: The Story of Utopias. New York 1962; G. Negley, M. Patrick (Hg.): The Quest for Utopia. An Anthology of Imaginary Societies. New York 1962; R. Ruyer: L'Utopie et les utopies. Paris 1950; B. Schmidt: Utopie ist keine literarische Gattung. In: M. Schwonke (Hg.), Vom Staatsroman zur Science-Fiction. Stuttgart 1975; H. Schmiedt: Regression als Utopie. Psychoanalytische Untersuchungen zur Form des Dramas. Würzburg 1987; H.G. Soeffner: Der geplante Mythus. Untersuchungen zur Struktur u. Wirkungsbedingung der Utopie. Hamburg 1974; R. Trousson: Voyages aux pays de nulle part. Bruxelles 1975; L'Utopie. Sonderband der Revue des Sciences Humaines 155 (1974); Les Utopies à la Renaissance. Bruxelles 1963; P. Versins: Encyclopédie de l'utopie des voyages extraordinaires et de la Science Fiction. Lausanne 1972; M. Winter: Compendium utopiarum. Stuttgart 1978; W. Voßkamp: Utopieforschung. Interdisziplinäre Studien zur neuzeitlichen Utopie. 3 Bde. Ffm 1985; ders.: Utopie als Antwort auf Geschichte. Zur Typologie literarischer Utopien in der Neuzeit. In: H. Eggert (Hg.), Geschichte als Literatur. Stuttgart 1990; W. Wittkowski (Hg.): Verantwortung u. Utopie. Tübingen 1988.

Siehe auch: Insel, Paradies, Reform

Vater-Sohn

1. Literarische Darstellungen von Vätern und Söhnen reichen von feinfühligen Schilderungen freundschaftlicher Beziehungen bis zu Analysen furchterregender Auseinandersetzungen, von Beschreibungen sensibler Personen bis zu Bildern mordlustiger Figuren. Die Motive der Suche, des mit der Heimkehr verbundenen Kampfes und des Familienzwistes treten im Zusammenhang mit der Vater-Sohn-Konstellation am häufigsten auf.

2. ***Die Suche.*** Das Motiv gibt über die Zielsetzung des Handlungsträgers Auskunft, verleiht jedem Abenteuer auf der Fahrt die Dimension der Vorbereitung und gliedert den Aufbau der Texte, in denen die Suche tatsächlich die Handlung bestimmt. Das Motiv ermöglicht nicht nur Beschreibungen der wechselnden Hoffnungen des Suchers, sondern weckt im Leser auch Erwartungen auf die Begegnung von Vater und Sohn. Die Lösung ist dramatisch; sie gipfelt entweder in einer freudigen Szene der Vereinigung oder im tödlichen Zweikampf. Der Handlungsträger ist gewöhnlich der Sohn, der seine Abkunft entweder kennt oder auf der Suche erfährt. In der ursprünglichen Konstellation ist er göttlicher Herkunft, der Sohn eines berühmten Helden oder von hoher Abstammung. Der Jüngling kann jedoch auch durch ungewöhnliche Ereignisse, besonders die inzestuöse Liebe der Eltern, einen Ehebruch, der die Erbfolge sichern sollte, Orakelsprüche oder verwehrte Erbansprüche zu der Suche angeregt werden. Zu den wiederkehrenden Zeichen der Auserwählung gehören einige mit der →Heldenkonzeption verknüpfte Kindheitsereignisse: der Sohn wurde auf dem Meer oder im tiefen Wald ausgesetzt, auf wunderbare Weise gerettet und von wilden Tieren genährt oder von einfachen Menschen im Verborgenen aufgezogen. Die wichtigste, traditionsbildende Variation des Grundschemas bezieht einen Bericht über das Leben des Vaters in die Erzählung ein. Der Vater, ein Heros, Ritter, außerordentlicher Vasall oder Kreuzfahrer, verliebt sich in einem fremden Land. Der Sohn kommt zur Welt. Der Vater muß in die Heimat zurückkehren oder wird vertrieben, hinterläßt jedoch ein Zeichen für den Sohn. Der Sohn begibt sich auf die Suche, sobald er erwachsen ist.

Literaturgeschichtliche Bewertungen des Motivs sind oft irreführend, da sie es entweder als Sekundärerscheinung dem Zweikampf zuordnen oder in direkte Beziehung zu jedem Abenteuer der Fahrt stellen und es infolgedessen überschätzen. Es ist deutlich, daß das Motiv ein Informationsträger ist und die angeführten Funktionen im Aufbau eines Textes übernimmt. Ebenso klar ist, daß es wie andere Motive der Suche (z.B. das →goldene Vlies, →Gral) die Fahrt motiviert, aber nie alle Ereignisse der abenteuerlichen Handlung abstützt (Wirnt von Grafenberg, *Wigalois,* um 1210; *Eckenlied,* nach 1250; *Biterolf und Dietleib,* um 1254–68; *Wolfdietrich,* 13. Jh.). In Theseus-Dichtungen leitet die Vatersuche die darauffolgenden Abenteuer ein. Sie beglaubigt die Vorausdeutung kommender Taten und tritt in den Hintergrund (Apollodorus, Plutarch, Boccaccio, André Gide, *Thésée,* 1944; Nikos Kazantzakis, *Thésée,* 1953; Mary Renault, *The King Must Die,* 1958; *The Bull from the Sea,* 1962). In höfischen Romanen und besonders in spätmittelalterlichen Erzählungen bildet die Suche nach dem Vater die Voraussetzung für die Schilderung einer Folge abenteuerlicher Begegnungen, die den Handlungsträger nur indirekt berühren, da der Sucher nur ein Verwandter (Feirefiz, Wolfram von Eschenbach, *Parzival,* ca. 1205–10) oder eine Nebenfigur ist (*Galiens li restorés,* 13. Jh.; *Tristan de Nanteuil,* 14. Jh.). Einige Autoren nahmen scheinbar an, daß das Motiv ein wesentlicher Zug der →Fahrt und der →Suche sei und flochten es ohne erkennbare Notwendigkeit in Erzählungen ein.

Vereinzelt kommt das Motiv in direkter Verbindung mit der geistigen Entwicklung des Handlungsträgers vor. Es beleuchtet im Prozeß des inneren →Reifens die wachsende Erkenntnisfähigkeit der Figur. Homers *Odyssee* bot manche Gelegenheit, das Motiv der Suche erzählerisch umzusetzen, etwa wenn Telemachus' Suche nach seinem Vater Odysseus oder die Fahrt des Telegonos, des Sohnes der Circe und des Odysseus, geschildert wird. François de la Mothe Fénelon entwickelte eine großangelegte Abenteuererzählung aus der Heimkehr des Odysseus, dem Treffen von Vater und Sohn und ihrem gemeinsamen Kampf gegen die Freier. Das Werk, *Les Aventures de Télémaque* (1699), macht jedoch jedes Abenteuer der Vatersuche zu einer echten Bewährungsprobe, die den jungen Mann reifen läßt. Er erhält auf seiner Fahrt eine vorbildliche Erziehung und erreicht eine Stufe der Selbsterkenntnis, die ihn befähigt, den Sinn seiner Suche ins Universelle umzudeuten.

Der Zug ins Allgemeine und Archetypische kommt jedoch eigentlich erst im 20. Jh. zu voller Geltung. Barlach, Faulkner und Arrabal beispielsweise deuten die Suche nach dem Vater als daseinsbestimmende Zielsetzung. Der Handlungsträger vernimmt auf der Fahrt den Ruf des Gewissens. Er kann sich auf dem Weg ein festes Leitbild schaffen. Er kann aber auch den Sinn der Fahrt mißverstehen und im Dasein scheitern. Ernst Barlach, *Der tote Tag* (1912), legt die Suche als Aufforderung aus, das Triebhafte zu läutern, Sinnlichkeit und Geist zu vereinen und das Wagnis zum Mitleben einzugehen. Der Sohn, von der Mutter Erde erzogen, wird von dem Boten Kule aufgerufen, das Roß Herzhorn zu besteigen und ins Leben hinauszureiten. Er muß den schmalen Pfad finden, der ihn „zum göttlichen Funken in der Welt" leitet und dadurch seinem Vater nahebringt. Der Sohn fleht den fernen Vater an, ihm die Richtung zu weisen. Er sucht Hilfe, verfehlt den Sinn der Bewährungsprobe, die darin besteht, aus sich herauszugehen, und endet im ewigen Dunkel. Der Vater entzieht sich; das Licht verschwindet auf immer von der Erde. In William Faulkners *Absalom, Absalom!* (1936) beleuchten Suche, Begegnung und Verneinung des Sohnes das existentielle Versagen. Charles Bon findet seinen Vater und wartet auf ein „einziges Wort", ein einziges Zeichen des Erkennens. Charles ist bereit, auf alle Ansprüche zu verzichten, will gern aus dem Lebenskreis des Vaters treten und wartet nur auf einen Blick des Erkennens. Aber Sutpens eisige Ablehnung beschwört die völlige Zerstörung der Familie herauf. Die zentrale Bedeutung des Motivs wird durch die Tatsache unterstrichen, daß die verweigerten Worte „mein Sohn" das Denken der Familie bis zum Untergang beherrschen. Auch in Fernando Arrabals *Baal Babylone* (1959) spiegelt die Suche nach dem Vater das verzweifelte Ringen des Suchers mit der menschlichen Inhumanität. In den Erinnerungen des Knaben Fando leben immer wieder nachdrückliche Kindheitseindrücke seines Zusammenseins mit dem Vater auf, der von seiner Frau denunziert und an die Faschisten ausgeliefert wurde. Diese Erinnerungen werden für Fando zur beständigen Mahnung, dem Dasein in der Hinwendung zum Mitmenschen einen Sinn abzuringen, den sein Zeitalter verloren hat. Hinweise auf die Suche nach einer neuen Lebensgrundlage in der deutschen Nachkriegsliteratur (z.B.

Günter Kunert, *Im Namen der Hüte,* 1967; Günter Herburger, *Die Messe,* 1969; Bernward Vesper, *Die Reise*, 1977; Peter Härtling, Nachgetragene Liebe, 1980; Christoph Meckel, *Suchbild. Über meinen Vater,* 1980) geben den Nachforschungen nach dem Vater und den Erinnerungen an den verstorbenen Vater eine ähnliche Bedeutung.

3. ***Wiedervereinigung-Zweikampf.*** Die größte Zahl der Texte begründet die häufig tödliche Auseinandersetzung im Augenblick der Begegnung mit der Begierde des Sohnes, den berühmten Fremden herauszufordern, um durch den Kampf Ruhm zu gewinnen. Der Wettstreit erhält eine ausgesprochen tragische Dimension, wenn der Vater den Sohn erkennt, den Kampf vermeiden will, aber, nachdem seine → Ehre angezweifelt wird, die Herausforderung annimmt und seinen Sohn tötet (*Hildebrandslied,* ca. 800; das Ende ist nicht erhalten, kann aber aufgrund einer textinternen Anspielung und der Aussage Hildebrands im altnordischen *Hildebrandslied*, 12. Jh., angenommen werden). Im Gegensatz zu Hildebrand ist das Handeln Cuchulainns von dem Wunsch motiviert, sein Ansehen als unübertroffener Held unter allen Umständen zu wahren. Er ist unzugänglich und nie bereit, die Vorzüge anderer Krieger anzuerkennen. Er betrachtet daher jeden Wettkampf als eine persönliche Herausforderung, die Mut, Ehre und Rang in Frage stellt. Er tötet seinen Sohn Connla und verbleibt in der selbstgewählten Einsamkeit (*Aided Oenfir Aife*, 9. Jh.). Auch in der Begegnung zwischen Rustam und Suhrab tötet der Vater seinen Sohn (Hasan A. Firdusi, 935–1020, *Schahname*). Dagegen geht der Sohn in Benoît de Sainte-Maure *Roman de Troie* (um 1160) und in der *Kjalnesinga Saga* (14. Jh.) erfolgreich aus dem Zweikampf hervor und tötet seinen Vater.

Die christliche Literatur des Mittelalters bevorzugte einen versöhnlichen Ausgang des Treffens zwischen Vater und Sohn (*Ortnit*; um 1225; *Sir Triamour,* ca. 1400; das *Jüngere Hildebrandslied,* 13. Jh.). Die Vorstellung eines Kampfes zwischen Vater und Sohn widersprach dem christlichen Denken und wurde in der Literatur eigentlich nur geduldet, wenn der Vater ein Heide war. Der Sohn hat gewöhnlich die Eigenschaften eines vorbildlichen, christlichen Ritters und überwindet den Vater, ohne ihn ernstlich zu verletzen. Der Vater entflieht oder darf in seine Heimat zurückkehren (*Aliscanz,* ca. 1200; *Prise de Pampelune,* ca. 1325). Wie andere Motive der Vergangenheit lebt auch das Motiv des Zweikampfes zwischen Vater und Sohn in der Gegenwart wieder auf. Es bildet einen Grundbaustein in den im Anschluß an den Film *The Return of the Jedi* (1983) geschriebenen Erzählungen.

4. ***Vater-Sohn-Konflikt.*** Einige Psychologen und Kritiker der literaturpsychologischen Richtung deuten den Vater-Sohn-Konflikt als Ausdruck des unterdrückten Herrschaftsanspruchs des Sohnes und der damit verbundenen Furcht des Vaters, seine Vormachtstellung innerhalb der Familie zu verlieren. Literarische Werke motivieren den Konflikt mittels unversöhnlicher Gegensätze, die im persönlichen oder politischen Bereich bestehen. Das Motiv ist ein außerordentlich ausbaufähiges Stilmittel. Es motiviert Verhaltensmuster, erfordert aber keine ausgedehnte psychologische Begründung und verlangt nur ein Minimum an sorgfältiger Ausführung. Autoren können in jedem Leser oder Zuschauer die Kenntnis von Generationskonflikten voraussetzen. Das Motiv ist dramatisch, steigert die Spannung und ermöglicht einerseits die Gestaltung explosiver Lösungen und andererseits rührender Schlüsse, in denen sich Vater und Sohn versöhnen. Das Töten des Vaters oder des Sohnes ist ein ausgesprochen dramatisches Element. Martin Opitz empfahl im *Buch von der deutschen Poeterey* (1624) Morde an Kindern und Vätern als besonders wirksame „Themen“ für Dramatiker. Die Frage nach der Schuld im Generationskonflikt wird in verschiedenen literaturgeschichtlichen Epochen jeweils anders beantwortet: Im 16. Jh. beispielsweise legten die meisten Autoren besonderes Gewicht auf die Autorität des Vaters und wiesen dem Sohn die Rolle des respektlosen, arglistigen und bösartigen Gegenspielers zu. Im Sturm und Drang vertritt der Sohn den Geist der revolutionären Erneuerung; im Naturalismus werden Vererbung und Milieu zur Grundlage der Konfliktsituation; in der Gegenwartsliteratur führen gegensätzliche politische Anschauungen und

die Vergangenheit der Väter zu schwerwiegenden Auseinandersetzungen.
Trotz dieser Unterschiede brachte jedes Zeitalter eine für die Tradition wegweisende Figur hervor, sei es ein erschreckendes Ungeheuer oder eine psychologisch feinfühlig erfaßte Persönlichkeit. Das Spektrum der Konfliktsituationen ist relativ breit: (1) der Sohn erdrosselt den Vater (George Chapman, *Revenge for Honour,* 1609); (2) der Sohn begeht Blutschande, indem er mit der Mutter schläft, und ermordet den Vater, als das Verhältnis entdeckt wird (Arnolt Bronnen, *Vatermord,* 1920); (3) der unmenschliche Vater tötet seinen Sohn (Philip Massinger, *The Unnatural Combat,* 1621); (4) der grausame Sohn blendet den Vater, der jedoch sein Augenlicht durch Christi Erscheinen wiedergewinnt; der Sohn sühnt, indem er sich kreuzigen läßt (Félix Lope de Vega, *La fianza satisfecha,* vor 1630); (5) im Mittelpunkt des Geschehens steht ein unüberwindlicher Antagonismus zwischen alter Ordnung einer neuer Weltanschauung (Denis Diderot, *Le Père de famille,* 1758; Friedrich Schiller, *Don Carlos,* 1787; Friedrich Maximilian Klinger, *Damokles,* 1788; Gerhart Hauptmann, *Michael Kramer,* 1900; Hugh Walpole, *Fortitude,* 1913; *Jeremy and Hamlet,* 1919; Jakob Wassermann, *Christian Wahnschaffe,* 1919; Roger Martin du Gard, *La Mort du père,* 1929; Jochen Beyse, *Der Aufklärungsmacher,* 1988; Tankred Dorst, *Karlos,* mit U. Ehler, 1989); (6) die Generationskonflikte sind unüberbrückbar (Karl Immermann, *Kaiser Friedrich der Zweite,* 1828; Iwan Turgenjew, *Väter und Söhne,* 1862; Theodor Storm, „Carsten Curator", 1877; Samuel Butler, *The Way of All Flesh,* 1884; Louise Houghton, *The Younger Generation,* 1900; Paul Claudel, *L'Otage,* 1909; *Le Père humilié,* 1913; Githa Sowerby, *Rutherford and Son,* 1912; Walter Hasenclever, *Der Sohn,* 1914); (7) die Gegensätze entspringen dem Milieu oder gehen auf verhärtete Klassenbegriffe zurück (Ludwig Robert, *Die Macht der Verhältnisse,* 1819; Friedrich Hebbel, *Maria Magdalene,* 1844; John Galsworthy, *The Country House,* 1907; *The Eldest Son,* 1909; Ludwig Thoma, *Der Wittiber,* 1911); (8) die Auseinandersetzung zwischen Vater und Sohn wurzelt in tiefsitzenden, unterdrückten Befürchtungen, Trieben und Wahnvorstellungen (Gerhart Hauptmann, *Das Friedensfest,* 1890; Ambrose Bierce, „A Horseman in the Sky", 1893; Marie von Ebner-Eschenbach, „Der Vorzugsschüler", 1897; Frank Wedekind, *Frühlings Erwachen,* 1891; John M. Synge, *The Playboy of the Western World,* 1907; Franz Kafka, „Das Urteil"; *Die Verwandlung,* 1916); (9) aufbrausende Gegnerschaft und Versöhnung (Shakespeare, *The History of Henry IV,* ca. 1598); (10) unvereinbare Rechtsbegriffe und Gegensätze in Auffassungen einer humanen Gesellschaft (Jakob Wassermann, *Der Fall Maurizius,* 1928; Wolfgang Koeppen, *Der Tod in Rom,* 1954; Heiner Müller, *Der Vater,* 1958; Martin Walser, *Der schwarze Schwan,* 1964; Siegfried Lenz, *Deutschstunde,* 1968; Carlos Fuentes, *Gringo viejo,* 1985).
In keinem direkten Zusammenhang mit dem Motiv stehen Schilderungen des unbeabsichtigten Todes eines Sohnes oder des symbolisch als Sohn gedeuteten Mitmenschen, die die menschliche Unzulänglichkeit hervorheben (Theodor Storm, *Aquis submersus,* 1877; Herman Melville, *Billy Budd,* 1891; Joseph Heller, *Something Happened,* 1974), der aus Unkenntnis der Blutsverwandtschaft begangene Vatermord (George Lillo, *The Fatal Curiosity,* 1736) oder der Mord des unerkannt aus der Fremde heimkehrenden Sohnes, der von den Eltern aus Habgier getötet wird (→Täuschung; Zacharias Werner, *Der vierundzwanzigste Februar,* 1809). Die mit diesen Situationen verknüpften intensiven Gefühlsausbrüche des Entsetzens und der Reue kennzeichnen jedoch auch die Reaktionen der Überlebenden vieler Vater-Sohn-Konflikte.

Lit.: M. Frauenrath: Le Fils assassiné: l'influence d'un sujet donné sur la structure dramatique. München 1974; Frenzel: Motive; W. Gesemann: Isaakiaden: Vaculíks Axt in den Händen deutscher Väter. In: Die Welt der Slawen 28 (1983); U. Grandell: Mein Vater, mein Vater, warum hast du mich verlassen? Männergestalten in der deutschsprachigen Frauenliteratur 1973–1982. Stockholm 1987; P. Härtling (Hg.): Die Väter. Berichte u. Geschichten. Ffm 1989; M. Koska: Le Fils assassiné. Étude d'un thème légendaire. Helsinki 1966; A. van der Lee: Zum literarischen Motiv der Vatersuche. Amsterdam 1957; G. Patt: Der Kampf zwischen Vater u.

Sohn im englischen Roman des 20. Jh. Emsdetten 1938; O. Rank: Das Inzest-Motiv in Sage und Dichtung. Leipzig 1926; H. Rosenfeld: Das Hildebrandslied, die indogermanischen Vater-Sohn-Kampf-Dichtungen u. das Problem der Verwandtschaft. In: DVjs 26 (1952); M. Schneider: Väter u. Söhne, posthum. In: H.L. Arnold (Hg.), Bestandsaufnahme Gegenwartsliteratur. München 1988; S.Spiegel: The Last Trial. On the Legends and Lore of the Command to Abraham to Offer Isaac as a Sacrifice. New York 1979; H. Stuart: Cuchulainn and the „Vater-Sohn-Kampf" Motif. In: AUMLA 47 (1976–77); H. Tellenbach (Hg.): Das Vaterbild im Abendland. Stuttgart 1978; K.T. Wais: Das Vater-Sohn-Motiv in der Dichtung I: Bis 1880, II: 1880–1930. Berlin 1931.

Siehe auch: Familie

Vendetta

Siehe Blutrache

Verführerin

Siehe Femme Fatale

Vergeltung

Siehe Rache

Verkleidung

1. Die Vorspiegelung einer falschen Identität durch geschickte Verkleidung ist ein erprobtes Theatermittel und ein beliebtes Motiv. Es bedarf weder einer besonderen Ausarbeitung noch eines spezifischen metaphorischen Textfeldes; es kann im Zweck eindeutig festgelegt werden und begünstigt die Einführung überraschender Momente; es gestattet Situationskomik und erregt immer Interesse auf den Ausgang des Unternehmens. Das Motiv der Verkleidung dient verschiedenen Zwecken: dem Aufspüren von Geheimnissen, der geheimen Annäherung an die geliebte Person, der Täuschung der Umwelt bei der Brautwerbung (*König Rother,* 12 Jh.) und beim Ehebruch (→Tristan), der Wahrheitsfindung (wenn beispielsweise der Herrscher verkleidet durch die Straßen geht, um die Gesinnung der Bürger zu erfahren, oder eine Frau versucht, ihrem Liebhaber auf die Schliche zu kommen), aber auch der Motivation humorvoller Geschichten, in denen häufig eine täuschende Veränderung der Kleidung (die Konstellation der „Kleider machen Leute"-Erzählungen) zum Ausgangspunkt eines neuen Lebens wird.
Die Kostümierung charakterisiert den → Clown und erfaßt in den Figuren der Commedia dell'arte die typische Haltung zur Umwelt. Der →Schelm entwickelt die Fähigkeit, sich durch seine Verkleidung in ein günstiges Licht zu stellen, zur hohen Kunstform, die es ihm ermöglicht, die unterschiedlichsten Situationen im Leben zu meistern. Im Gegensatz zum Spiel des Schelms, der durch die Verkleidung die Wahrheit manipuliert, hat der Rollentausch meistens den Zweck, die Wahrheit zu ergründen. Der Rollentausch von Prinz und Hofnarr, Prinz und lustigem Künstler (Achim von Arnim, „Fürst Ganzgott und Sänger Halbgott", 1818), Prinz und Höfling (Alfred de Musset, *Fantasio,* 1833) oder Erzieher und Zögling (Achim von Arnim, *Die Verkleidungen des französischen Hofmeisters und seines deutschen Zöglings,* 1824) kann in den Mittelpunkt des Geschehens gestellt werden und die gesamte Handlung tragen. Auch das Maskenspiel kann der Wahrheitsfindung dienen und aus dem erwachenden Zweifel am Wesen der äußeren Gestalt zur Erkenntnis der Widersprüche des Daseins führen (E.T.A. Hoffmann, *Prinzessin Brambilla,* 1821; Georg Büchner, *Leonce und Lena,* 1836).
2. Die Verkleidung und das Handlungsschema bedingen sich wechselseitig in Erzählungen, in denen ein Mann sein Heiratsversprechen bricht. Der Aufbau der Erzählungen folgt einem einfachen Plan: der Verführer erreicht sein Ziel durch das Heiratsversprechen; die Frau, grundsätzlich eine Dame von Stand oder ein gebildetes Mädchen, nie eine naive Schönheit vom Lande, die wie in Jean de La Fontaines „Comment l'esprit vient aux filles" (1674) der listigen →Täuschung zum Opfer fällt, wird verlassen; sie verfolgt jedoch den unzuverlässigen Liebhaber in Verkleidung und nähert sich ihm, ohne erkannt zu

werden; die jeweilige Signalfolge der Episoden und Hinweise auf die Charaktereigenschaften des Verführers bestimmt den Ausgang; der Mann entbrennt entweder in neuer Liebe zu der Frau, besinnt sich auf sein Ehrgefühl und heiratet sie, oder sie rächt sich und stellt ihre Ehre durch seinen Tod wieder her. In dieser Konstellation ruft das Motiv Erwartungen hervor, verweist auf zukünftige Ereignisse und steigert die Spannung in allen Szenen der Begegnung durch die immer gegenwärtige Möglichkeit der Entdeckung (Miguel de Cervantes, *Las dos doncellas,* 1613; Gabriel Tirso de Molina, *Don Gil de las calzas verdes,* 1617; *La villana de Vallecas,* 1627; *Esto si que es negociar,* 1635; *La dama del olivar,* 1636).

3. Verkleidungen in Possen, Schwänken und Komödien versetzen die Figuren in die Lage, die Anschläge der Gegenspieler zu erkunden. Da die Gefahr der Entdeckung besteht, bietet die Verkleidung die Möglichkeit zur Situationskomik (z.B. Molière, *Le Malade imaginaire,* 1673). Andererseits belegt Molières *Le Tartuffe* (1664), daß die Gegenkonzeption gleichermaßen bühnenwirksam ist. Tartuffe verkleidet sich, um seine abscheulichen Ziele zu erreichen, wird aber von den anderen durchschaut und demaskiert. In Verbindung mit den Themen des →Abenteuers und der →Aggression übernimmt das Motiv die Funktion, langsam, aber systematisch die →Angst der Opfer zu steigern, die vergebens versuchen, ihre verkleideten Feinde zu erkennen. Es beleuchtet die Verhaltensweise des Aggressors und des Opfers und bereitet den Leser auf eine dramatische Enthüllung vor. Die großen Unterschiede in der literarischen Tradition, die aus der gegenseitigen Beeinflussung von Verkleidung, Täuschung und der Motivation von Eigenschaftskomplexen der Orest-Figur (→Elektra) entstehen, lassen den Schluß zu, daß die Funktion des Motivs im Aufbau der Texte über lange Zeiten konstant bleibt, aber durch die Verknüpfung mit der persönlichen Motivierung einer Figur völlig andere Sinnbezüge entwickelt.

Siehe auch: Amphitryon, Täuschung

Verlorener Sohn

Die biblische Geschichte von dem jüngeren Sohn, der sein Erbteil verlangt, in die Welt hinauszieht, sein ganzes Geld leichtsinnig verschwendet, heimkehrt, seinen Vater um Vergebung bittet und von diesem voller Mitleid und mit großer Freude herzlich empfangen wird (Lukas 15, 11–32), bildet die Grundlage zahlreicher literarischer Gestaltungen. Die Parabel eignet sich für Lehrstücke und für die Entwicklung von Gegenkonzeptionen, in denen die kritische Auffassung des älteren Sohnes zu Wort kommt; sie begünstigt die Motivbildung und gestattet die szenische Ausgestaltung des liederlichen Lebens in der Fremde. Durch unterschiedliche Akzentsetzungen und thematische Angleichungen entstehen im Laufe der Jahrhunderte durchaus unterschiedliche Deutungen, so daß die Tradition zwar ein Kernmotiv beibehält, darüber hinaus aber stark aufgefächert wirkt. Viele der Werke haben unverkennbar moralische und soziale Anliegen. Unter anderem spiegeln die Texte auch starke gesellschaftliche Spannungen. Sowohl das französische Schauspiel *Courtois de Arras* (ca. 1200) als auch Wernhers der Gartenaere Erzählung *Helmbrecht* (Mitte 13. Jh.) erfassen beispielsweise in dem Geschehen starke Konflikte zwischen Bauern und Adligen. Überdies beleuchten beide Texte den Verfall des Rittertums und schließen mit einer unmißverständlichen Warnung. Der Vater weigert sich, den zum Raubritter heruntergekommenen Sohn aufzunehmen. Dieser wird verfolgt und erschlagen. Der Leser wird aufgerufen, sich der Meinung des Vaters anzuschließen: harte Arbeit und sittliche Reinheit garantieren den festen Bestand der gesellschaftlichen Ordnung.

In Bühnenstücken des 16. Jh. tritt das Arbeitsethos der Bürgerklasse deutlich zutage. Die Abkehr vom Elternhaus steht unter dem Vorzeichen einer Absage an die Pflichterfüllung, den Fleiß und die Sparsamkeit. In den Spielen von Gulielmus Gnaphaeus (*Acolatus de filio prodigo Comoedia,* 1529), Gregorius Macropedius (*Asotus, Evangilicus seu Evangelica de filio prodigo parabola,* 1537), Hans Ackermann („Ein schönes geistliches und fast nützliches Spiel vom verlorenen Sohn“,

1536) und Hans Sachs (*Der verlorn Sohn,* 1556) unterstreichen Szenen des liederlichen Lebens in der Fremde den Wert des bescheidenen Daseins zu Hause. Zugleich zeichnet sich in diesen Stücken die Tendenz ab, den Sinnenreiz der bösen Welt recht verlockend zu schildern. Szenen mit Bösewichten, Prostituierten, Hanswurst-Figuren und Typen aus der lateinischen *comoedia palliata* verdrängen streckenweise die moralische Lehre, die dann erst in der Schlußszene wieder zu Wort kommt. Eingehende Beschreibungen des Blendwerks der Welt, des ausschweifenden Lebenswandels und der Verschwendungssucht des Sohnes bleiben selbst in Werken ein fester Bestandteil, in denen Fragen der Reue und Vergebung in den Vordergrund treten. Im Zeitalter der Reformation und Gegenreformation macht die christliche Tugendlehre ihre Ansprüche nachhaltig geltend. Der Sohn wird zur Jedermann-Figur. Sein Lebensweg erscheint als eine Mitleid erregende Verirrung, und seine reuevolle Heimkehr fordert den christlichen Leser oder Zuschauer zur Selbstbesinnung auf (Thomas Murner, *Der schelmen zunfft,* 1512; Jörg Wickram, „Schönes und Evangelisches Spiel von dem verlorenen Sohn", 1540; San Juan de la Cruz, *Comoedia de filio prodigo,* 1589; Félix Lope de Vega, *El hijo prodigo,* 1604; *Peregrino en su patria,* 1604; Jose de Valdivielso, *Doze autos sacramentales y dos comedias divinas,* 1622). In späteren Jahrhunderten kommt es zu vereinzelten Neufassungen, die die Grundkonzeption im wesentlichen beibehalten (Robert Louis Stevenson, *The Misadventures of John Nicholson,* 1885; Iris Murdoch, *The Good Apprentice,* 1985). Verschiedene Werke lassen erkennen, daß die Parabelstruktur, die festgeprägten Eigenschaften des Sohnes und die Auslegung des Textes in Konflikt mit den geistigen Strömungen späterer Zeiten geraten. Die reuevolle Heimkehr widerspricht den maßgebenden Formen der →Selbstverwirklichung, der abenteuerlichen Lebensfahrt und dem Wunsch, sich auf der Reise (→Fahrt) zu bilden. In Angleichung an andere Themen wird die Figur daher umgedeutet und das Handlungsgeschehen durch andere Motive begründet. Der verlorene Sohn erscheint als großer Rebell (→Bruderkonflikt; Friedrich Schiller, *Die Räuber,* 1782) oder ist ins Maßlose gesteigert (Gustave Flaubert, „La Légende de Saint-Julien l'Hospitalier", 1877). Erst die völlige Umdeutung der Parabel und die feste Zuordnung der Figur zu neuen Verhaltensweisen schlägt eine Brücke zu Fragenkreisen, die die ursprüngliche Konzeption entscheidend erweitern. André Gides Erzählung *Le Retour de l'enfant prodigue* (1907) beleuchtet die Spannung zwischen dem Wunsch nach freier Entfaltung und der festen Bindung an ein religiöses Glaubenssystem. Der Sohn schwankt zwischen Freiheitsverlangen und Anlehnungsbedürfnis. Er kehrt nach Hause zurück, weil er nicht mit der Tradition der Familie und, in erweiterter Bedeutung, der Kirche brechen kann, ringt sich jedoch zu der Erkenntnis durch, daß er auch im Rahmen der alten Ordnung seine Eigenschaften entwickeln kann. Ganz ähnlich erfährt Malte in Rainer Maria Rilkes *Aufzeichnungen des Malte Laurids Brigge* (1910), daß sein Weg in die Welt zum Ausgangspunkt zurückführen muß, um in der Wiederentdeckung seines Ursprungs die Voraussetzung zur Annäherung an Gott zu finden. In dem Gedicht „Der Auszug des verlorenen Sohnes" (1907) erfaßt Rilke den unlösbaren Widerspruch zwischen der freudigen Bejahung der Lebensfahrt und der Beklemmung vor dem Abenteuer in der Fremde. Franz Kafka desillusioniert die Sicherheit des Hauses in „Heimkehr" (1920). Der Sohn kann kein sinnvolles Verhältnis zu der Familie herstellen, ist völlig auf sich zurückgeworfen und verfehlt den Sinn der Heimkehr. Seine Schuld wird nie ausgesprochen, daher nie vergeben. In Hermann Stahls Gedicht „Der verlorene Sohn" (1946) schließlich fordern die Eltern ihren Sohn auf, das von Bomben zerstörte Haus zu verlassen. Er kehrt zum Haus zurück, übernimmt die traditionell dem Vater vorbehaltene Rolle und vergibt der Welt. Aber selbst in dieser psychologischen Ausweitung bleibt die mit dem verlorenen Sohn verknüpfte Bewegungskurve der Ausfahrt-Heimkehr erhalten.

Lit.: W. Brettschneider: Die Parabel vom verlorenen Sohn. Das biblische Gleichnis in der Entwicklung der europäischen Literatur. Berlin 1978; A. Dörrer: Der verlorene Sohn. In: GRM 24 (1936);

D.H. Goetz: Der unsterbliche verlorene Sohn. Wien 1949; J.F.M. Kalf: De verloren zoon als letterkundig motief. Bussum 1952.

Siehe auch: Bruderkonflikt

Verlorenes Paradies

Siehe Paradies

Verwandlung

Siehe Metamorphose

Verzauberung

Siehe Merlin, Metamorphose

Vollkommenheit

Siehe Reifen, Utopie

Wahnsinn

1. Geistesstörungen bilden die Grundlage eindrucksvoller Motivgruppierungen und den Ansatz zu umfassenden thematischen Darstellungen. Der Wahnsinn beeinflußt maßgeblich das Handlungsschema von Schuld und Sühne. Er gestattet die Ausarbeitung der pathologischen Entwicklung einer Figur und bietet eine psychologische Begründung für den Zusammenbruch einer Person, die sich in einer völlig hoffnungslosen Situation befindet. Er ermöglicht die psychologisch wahrscheinlich wirkende Schilderung wilder Auftritte und außerordentlicher Leidenschaften; diese wiederum erlauben die Darstellung unterschiedlichster Reaktionen anderer Figuren auf das Handeln des Geistesgestörten. Der Wahnsinn liegt der Motivfügung der Welt als Irrenhaus zugrunde und motiviert die Flucht einzelner, die sich bedrückenden gesellschaftlichen Verhältnissen entziehen wollen. Er ist der Illusionsträger, der Zuschauer und Leser in das Geschehen verwickelt, und zugleich distanzierendes Stilelement, das die kritische Auseinandersetzung mit dem fiktiven Geschehen einleitet. Sowohl Thema als auch Motiv erscheinen häufig in sekundärer Verwendung im Zusammenhang mit →Aggression, →Blutrache, →Halluzination, →Jagd, →Künstler und →Rache.

2. Literarische Darstellungen des Wahnsinns haben eine ausgeprägte Tendenz, traditionelle Vorstellungen zu bewahren, selbst wenn diese im Widerspruch zu den medizinischen Erkenntnissen einer bestimmten Zeit stehen. Die ursprüngliche Ansicht, daß der Wahnsinn eine Strafe für Verbrechen und Sünde sei, behauptete sich von der Antike über das Mittelalter bis ins 19. Jh. Andererseits entstehen bereits früh Einzelbildnisse des Wahnsinnigen als Weltweiser, der den tieferen Sinn der menschlichen Leiden begreift. In der Renaissance greift die Auffassung um sich, daß jede übermäßig einseitige Konzentration auf Ideen zur geistigen Verirrung führen kann. Das ständige Lesen von Büchern ist ebenso gefährlich wie unvernünftige Leidenschaften, da es zur Entstellung der Wirklichkeitserfahrung führt (zahlreiche Embleme; Miguel de Cervantes, *Don Quixote,* 1605/15). Im vernünftigen Weltbild der Aufklärung erscheint der Wahnsinn als letzte Konsequenz ungezügelter Leidenschaften. Mit der Frühromantik setzen Darstellungen ein, in denen Störungen des Realitätsbewußtseins sowohl als Zeichen der künstlerischen Genialität als auch als Psychosen der Weltentfremdung einzelner Figuren gedeutet werden. Delirien und Halluzinationen gehören in der Romantik zur mystischen Erfahrung des Irrationalen. In der Euphorie sehnsüchtig widerstreitender Gefühle kommt die Absage an rationales Denken zum Ausdruck. Die Darstellungen versuchen, eine Gegenerfahrung zur Vorherrschaft der Vernunft zu vermitteln. Darüber hinaus wird der gefühlte, gespielte und vorgetäuschte Wahn zum Entgrenzungsmotiv, das im Bild des Ausweichens zum Protest gegen die gesellschaftliche Gleichschaltung wird (Wilhelm Wackenroder, „Ein wunderbares morgenländisches Märchen von einem nackten Heiligen“, posthum 1799; E.T.A. Hoffmann, „Kreisleriana“, 1815; *Lebens-Ansichten des Katers Murr,* 1820–22; Ludwig Tieck, „Die Reisenden“, 1824; Charles Nodier, *La Fée*

aux miettes, 1832). Im 19. Jh. greift die Tendenz um sich, Krankheitsstudien zu entwerfen. Die Darstellungen (z.B. Zola, Strindberg, Hauptmann) beleuchten häufig das Zusammenwirken von Krankheit und anderen Faktoren (Veranlagung, Milieu), die zum Zusammenbruch einer Person führen. Im →absurden Theater ist der Wahnsinn Chiffre für den allgemeinen Weltzustand. Seit den siebziger Jahren greifen Autoren (Hildesheimer, Bernhard, Kipphardt, Strauß) Vorstellungen der Romantik auf, um in Andeutungen schizophrener Eigenheiten, wie etwa der Unfähigkeit, Gespräche zu führen, oder dem ständigen Widerrufen von Aussagen, das Hinausgleiten aus der Gesellschaft zu veranschaulichen.

3. Literarische Darstellungen konzentrieren sich selten auf schwere Gesundheitsstörungen, obwohl die völlige Zerrüttung der Gesundheit Jugendlicher vereinzelt aufgegriffen wurde (das zurückgebliebene Kind in William Wordsworth, „The Idiot Boy", 1790; Benjamin in William Faulkner, *The Sound and the Fury,* 1929; Magersucht in Heinrich Hoffmann, „Der Suppen-Kaspar", 1845). Von größerem Interesse sind Sinnestäuschungen, Verfolgungswahn, Hysterie, das durch Rauschgifte oder Alkohol hervorgerufene Delirium und die krankhafte Langeweile (→Ennui), da diese Störungen eine ausführliche Gestaltung der Übergangserscheinungen vom Bewußtsein zu überreizten Visionen ermöglichen. Darüber hinaus hat der Wahnsinn in vielen Texten eine ausgeprägte Kontrastfunktion zu der zunehmenden Erkenntnisfähigkeit anderer Figuren.

Das Wechselspiel zwischen Vernunft und Unvernunft, klarer Weltsicht und dämonischer Besessenheit kennzeichnet bereits die literarischen Gestaltungen in der Antike. Die erotische Verzückung, die ungezähmte Wildheit und der dionysische Rausch stehen in schärfstem Kontrast zur apollinischen Klarheit und dem Bemühen um sittliche Vervollkommnung (Euripides, *Die Bakchantinnen*). Die Erinnyen jagen jeden, der die Blutschuld eines Vergehens gegen die Familie auf sich nimmt, in den Wahnsinn oder Tod. Orests Umnachtung folgt dem Muttermord, der, selbst als Tat der Vergeltung, gegen die sittliche Grundlage der Zivilisation verstößt und nur durch tiefe Leiden und die Erkenntnis der eigenen Schuld gesühnt werden kann (Aischylos, *Oresteia,* besonders *Choephoren* und *Eumeniden*). Auch die Strafe der Götter für die menschliche Hybris enthält in ihrer Deutung einen Hinweis auf den Antagonismus zwischen Vernunft und Unverstand. Ajax verfällt der Raserei und sühnt mit dem Tod für seinen Stolz (Sophokles, *Ajax*). →Herakles, der unverschuldet wahnsinnig wird, erreicht durch seine entsetzliche Erfahrung eine höhere Stufe der Erkenntnis.

In religiös orientierten Schriften spielt der Wahnsinn eine durchaus vergleichbare Rolle. Er erscheint als Strafe für Lasterhaftigkeit und seelische Verderbnis. Die Heilung ist ein Zeichen für die göttliche Gnade und Vergebung nach der aufrichtigen Reue und Buße des Sünders (Thomas Hoccleve, Vorwort zu *Regiment of Princes,* ca. 1412; *Complaint,* 1421–22; Antoinette Bourignon, „La Parole de Dieu ou la vie intérieure . . .", posthum 1679–84; William Cowper, „Lines Written during a Period of Insanity", 1774; *Memoir of the Early Life of William Cowper,* 1816; Jean-Joseph Surin, *La Possession de la sœur Jeanne des Anges de la maison de Coz,* 1828). Nie als Eingriff der göttlichen Macht wirken dagegen die Ausbrüche und Handlungen einzelner Figuren, die ihre Pläne mit monomaner Besessenheit verfolgen (z.B. Lady Macbeth in Shakespeare, *Macbeth,* 1606), die abnormalen Rachegelüste einzelner Aggressoren (→Rache), die verzückten Visionen des Bösen eines haltlos zwischen Klarsicht und Wahnvorstellung schwankenden Handlungsträgers (Medardus in E.T.A. Hoffmann, *Die Elixiere des Teufels,* 1815–16) oder die Hingabe an den Rausch (die dionysische Vision Aschenbachs in Thomas Mann, *Der Tod in Venedig,* 1913; der Sprecher in Sylvia Plath, *Ariel,* posthum 1965). Selbst wenn die Figuren das Schicksal oder eine unabwendbare Verstrickung für ihre Leiden verantwortlich machen, bietet die Motivation des Geschehens zahlreiche Anhaltspunkte für eine andere Deutung. In der hierarchischen Anordnung der Stufen menschlicher Selbstverwirklichung ist der Wahnsinn der Gegenpol zur Selbsterkenntnis. Im Wahnsinn setzt die Selbstzerstörung ein, die im Tod endet.

4. Die Metapher der Welt als Tollhaus erfährt ihre erste systematische Motiverweiterung im 15. und 16. Jh. Die Zeit großer Heimsuchungen durch Kriege, politische Erschütterungen und verheerende Seuchen (→Krankheit) gab zu wiederkehrenden Betrachtungen einer Weltverfassung Anlaß, die sich jeder vernünftigen Sinndeutung entzog. Diese Auslegung klingt selbst in Schriften an, die der Warnung dienen und an die Vernunft appellieren. Die Menschen werden von dem Wahnsinn angesteckt, der die Gesellschaft befallen hat (*La Sottie de folle Balance,* 15. Jh.; Sebastian Brant, *Das Narrenschiff,* 1494; Thomas Murner, *Narrenbeschwörung,* 1512; *Blauwe Schute,* 16. Jh.; Torquato Tasso, *Gerusalemme liberata,* 1575). Außerdem erfassen einzelne Autoren die besonderen Symptome individueller, seelischer und geistiger Störungen, welche die Erkrankung der ganzen Gesellschaft spiegeln (Tommaso Garzoni, *Il teatro de varii e diversi cevelli mondani,* 1583; *Hospidale de' pazzi incurabili,* 1586; Robert Burton, *Anatomy of Melancholy,* 1621). Darüber hinaus zeichnen sich im Figurenaufbau zuweilen Tendenzen ab, die einzelne Figur zum repräsentativen Typ einer allgemeinen Degeneration der Vernunft aufzuwerten (*La Farce des Cris de Paris*; *La Farce du gaudisseur,* 15. Jh.; Erasmus von Rotterdam, *Lob der Narrheit,* 1509; Etienne Jodelle, *L'Eugène,* 1552). Späteren Jahrhunderten blieb es vorbehalten, die Vorstellung eines wahnsinnigen Weltschöpfers zu entwicklen, die besonders im Zusammenhang mit Darstellungen einer bösartigen Weltverfassung auftritt (→das Böse; Bonaventura, *Nachtwachen,* 1804; Lautréamont, *Les Chants de Maldoror,* 1869). In direkter Beziehung zu der Schilderung eines Niedergangs der menschlichen und gesellschaftlichen Entwicklung, die ins irre Dasein mündet, stehen die Lebensläufe einzelner Handlungsträger, die im ausbrechenden Wahnsinn oder in einer irren Verzweiflungstat ihr Dasein beschließen (Georg Büchner, *Lenz,* 1836; Fjodor Dostojewski, *Der Doppelgänger,* 1846; Franz Kafka, „Das Urteil", 1916). In Texten des absurden Theaters veranschaulichen Szenen einer gestörten menschlichen Kommunikation und Anspielungen auf das Irrenhaus des Lebens den Un-Sinn einer Sinnstiftung des Daseins. Der irre einzelne und der wahnsinnige Gott ziehen sich aus dem Geschehen zurück. Was übrigbleibt, ist eine Welt, in der Vernunft und Unvernunft gleichermaßen undeutbar sind.

5. Die allgemeine Angst vor Geistesgestörten, ihre Absonderung und Berichte über die menschenunwürdigen Zustände in Pflegeanstalten führten zu gesellschaftskritischen Darstellungen (James Carkesse, *Lucida Intervalla,* 1679; Jonathan Swift, *A Tale of a Tub,* 1704; Alexander Pope, *The Dunciad,* 1728; Denis Diderot, *Le Neveu de Rameau,* 1762; Heinrich Hoffmann, *Der Struwwelpeter,* 1845, 1847; Gerhart Hauptmann, *Der Narr in Christo Emmanuel Quint,* 1910; Georg Heym, „Der Irre", 1911; Carl Einstein, „Der Besuch im Irrenhaus", 1913). Swift und Pope verwenden das Motiv jedoch, um allgemeine menschliche Schwächen anzuprangern, und Hoffmann verschmilzt es mit Schreckbildern des kindlichen Ungehorsams, um unvergeßliche Lehren zu erteilen. Infolgedessen rücken diese Schriften wieder in die Nähe literarischer Werke, die vor jedem Abfall von der vernünftigen Norm warnen und im Schreckbild des Wahnsinns ein eindringliches Beispiel menschlicher Verirrung geben.

6. Das Motiv wirkt besonders überzeugend in Texten, die den geistigen Zusammenbruch einer Figur als Ergebnis unerträglicher seelischer Belastung deuten. Obwohl die Motivation eindeutig ist, greifen die Darstellungen durchaus unterschiedliche Faktoren auf, die in eingehenden Schilderungen der Situation beleuchtet werden. Ausschlaggebend ist, daß die Situation hoffnungslos erscheint. Beispiele: die Wirklichkeit entspricht nicht den Erwartungen des Handlungsträgers, aber auch die von ihm geschaffene Welt der Illusion erweist sich letztlich als untragbar (Don Quijote); Schuldgefühle übermannen die Figur und zerstören das Urteilsvermögen (Gerhart Hauptmann, *Bahnwärter Thiel,* 1892); die Furcht, von der Frau betrogen zu werden, raubt dem Mann jede Besinnung (Shakespeare, *Othello,* 1604; *A Winter's Tale,* 1610?); Angstvorstellungen der Impotenz steigern sich zum Wahn, der das Leben zerstört (Rudolf Binding, *Der Wingult,* 1936); die Voreingenommenheit der Umwelt führt zum Wahnsinn (Claudia Marcella in Garzoni, *Hospidale de' pazzi incurabili*); die Gesellschaft steht dem Künstler, seiner Berufung und seinen Zielen völlig verständnislos gegenüber; diese Einstellung stößt ihn in die Vereinsamung und führt zum Bruch mit der Wirklichkeit (Goethe, *Torquato Tasso,* 1790; E.T.A. Hoffmann, „Ritter Gluck", 1809; Honoré de Balzac, „Le Chef d'œuvre inconnu", 1831; Emile Zola, *L'Œuvre,* 1886); das Milieu ist lebensfeindlich; die Unterdrückung, die Armut und der Hunger treiben die Menschen in den Wahnsinn (John Steinbeck, *Of Mice and Men,* 1937; Allen Ginsberg, „Howl", 1950); die Gesellschaft verhindert die freie Entfaltung der Frau, die sich der Bedrückung durch die Flucht in die Krankheit entzieht (Charlotte Perkins Gilman, „The Yellow Wallpaper", 1892). Außerdem kann eine Folge von Ereignissen, die sowohl die Blindheit einer Figur als auch das bösartig-bedrohliche Handeln der Gegenspieler einfangen, eine völlig ausweglose Situation herbeiführen, in der der Handlungsträger wahnsinnig wird (Shakespeare, *King Lear*; Toni Morrison, *Beloved,* 1987). In dieser Verwendung hebt das Motiv deterministische Faktoren in der menschlichen Entwicklung hervor, unterstreicht den Freiheitsverlust des einzelnen (→Begrenzung-Freiheit) und stellt die Vorstellung der Entwicklungsfähigkeit des Menschen in Frage.

Der Übergang von gesicherter Wirklichkeitserfahrung zum Chaos und vom rationalen Denken zu irrationalen Ideen bietet vielfältige Möglichkeiten der Beschreibung. Ihre Darstellung verlangt jedoch ein technisches Verfahren, das den geistigen Zusammenbruch „sinnvoll" anlegt, damit ihn der Leser oder Zuschauer aktualisieren kann (vgl. Cowper, Büchner, Dostojewski; Gérard de Nerval, *Aurélie,* 1853; Zolas psychologisch feinfühlige Studie der Familie Lantier in *Les Rougon-Macquart,* 1871–93). Zu den besonders wirksamen Stilmitteln gehören Ausrufe und Satzfragmente, in denen die innere Qual zum Ausdruck kommt, abgebrochene Strophen von Volksliedern, die verworren wirken, aber im Zusammenhang mit dem Geschehen plötzlich tief bedeutsam wirken, und erschreckende Wandlungen im Auftreten der Figuren (Ludovico Ariosto, *Orlando furioso,* 1516; Ophelias Lieder im *Hamlet*; Othello; Lear; Leontes in *A Winter's Tale* ; Oreste in Jean Racine, *Andromaque,* 1667; Gretchens Lied vom singenden Knochen in Goethe, *Faust I,* 1808; Heinrich von Kleist, *Penthesilea,* 1808). Der Aufbau dieser Szenen zielt darauf ab, im Leser oder Zuschauer die Illusion der Unmittelbarkeit zu verstärken und Empfindungen des Schreckens und Mitleids zu erregen. In der Entwicklung des Motivs zeichnet sich ein bedeutsamer Vorgang ab: die Strukturen der Gesellschaft treten zunehmend schärfer ins Blickfeld.

Quellen: *Cy est la nouvelle danse macabre des homes (et des) femes* (1491); Louise Labé, *Débat de folie et d'amour* (1555); Jean Paul, „Leben des vergnügten Schulmeisterlein Maria Wuz in Auenthal" (1790); Heinrich Hoffmann, *Bastian, der Faulpelz: Bildergeschichte für Kinder* (1854); Carl Sternheim, *Busekow* (1914); *Chronik von des 20. Jahrhunderts Beginn* (1918); Jean-Paul Sartre, „La Chambre" (1939); Wolfgang Hildesheimer, *Herrn Walsers Raben* (1960); Nachtstück (1963); Peter Handke, *Kaspar* (1968); Thomas Bernhard, *Der Ignorant und der Wahnsinnige* (1972); Heinar Kipphardt, *März* (1976); Botho Strauß, *Groß und klein* (1978); Gerhard Roth, *Das Töten des Bussards* (1982); *Landläufiger Tod* (1984).

Lit.: G.-P. Biasin: Literary Diseases: Theme and Metaphor in the Italian Novel. Austin, TX 1975; F.P. Bowman: Suffering, Madness, and Literary Creation in 17th-C. Spiritual Autobiography. In: French Forum 1 (1976); M. Byrd: Visits to Bedlam: Madness and Literature in the 18th C. Columbia, SC 1974; P. Chesler: Women and Madness. New York 1973; M.V. Deporte: Nightmares and Hobbyhorses: Swift, Stern, and Augustan Ideas of Madness. San Marino, CA 1974; P. Doob: Nebuchadnezzar's Children. Conventions of Madness in Middle English Literature. New Haven, CT 1974; L. Feder: Madness in Literature. Princeton, NJ 1980; Folie et déraison à la Renaissance. In: Colloque internationale. U. Bruxelles 1976; S. Felman: Writing and Madness. Ithaca, NY 1985; M. Foucault: Folie et déraison. Histoire de la folie à l'âge classique. Paris 1961; H. Geyer: Dichter des Wahnsinns. Eine Untersuchung über die dichterische Darstellbarkeit seelischer Ausnahmezustände. Göttingen 1955; S. Gilman: Wahnsinn. Text u. Kontext. Die historischen Wechselbeziehungen der Literatur, Kunst u. Psychiatrie. Ffm 1981; ders.: Seeing the Insane. New York 1982; S. M. Gilbert, S. Gubar. The Madwoman in the Attic. The Woman Writer and the Nineteenth-Century Literary Imagination. New Haven, CT 1979; M. Hulin: La Mystique Sauvage. Aux antipodes de l'esprit. Paris

1993; H. Lederer: Phantastik u. Wahnsinn. Köln 1986; J. Mattes: Der Wahnsinn im griechischen Mythos u. in der Dichtung bis zum Drama des 5. Jh. Heidelberg 1970; A. O'Brien-Moore: Madness in Ancient Literature. Weimar 1924; J. Reed: Madness, the Prize of Poetry. London 1989; G. Reuchlin: Bürgerliche Gesellschaft, Psychiatrie u. Literatur. München 1986; ders.: Man lerne von der Psychiatrie. In: JbIG 23 (1991); S. Skoda: Selbstdarstellungen von Geisteskranken u. Süchtigen in der schönen Literatur seit 1700. Zürich 1985; R.S. Struc: Madness as Existence. An Essay on a Literary Theme. In: Washington State U. Research Studies 38 (1970); J. Vernon: The Garden and the Map: Schizophrenia in 20th-C. Literature and Culture. Urbana, IL 1973.

Siehe auch: Halluzination, Jagd, Künstler, Nacht, Tod

Wald

Siehe Grenze

Wanderer *(Wandern)*

1. Die aufgefächerte Motivik des Wanderns kommt in zahlreichen Themen und Motiven zur Geltung. Sie beeinflußt den Aufbau der Handlungsfolge in der →Suche, unterstreicht die weltoffene Haltung einzelner Figuren auf der Bildungsreise (→Fahrt, Reise) und erscheint in direktem Zusammenhang mit Stationen der Lebensfahrt in thematischen Darstellungen der →Selbstverwirklichung und des →Reifens. Schilderungen des Wanderns bestimmen mitunter einzelne Erzählphasen im →Abenteuer und der →Aventiure und verleihen der Handlung feste Kontur. In der spezifischen Ausarbeitung konkretisiert das Motiv die Erfahrungssuche einzelner. Das Wandern umfaßt in Ausfahrt, Wegsuche und Einkehr wiederkehrende typische Grundhaltungen. Im Figurenaufbau des Wanderers kann es in Verbindung mit anderen Eigenschaften durchaus unterschiedliche Wesensmerkmale unterstreichen. Es charakterisiert innere Ruhelosigkeit und Sucher auf dem Weg zur göttlichen Ordnung. Ihnen zur Seite stehen Personen, die, aus der Erfahrung eines verunsicherten Daseins, eine gesellschaftliche Neuordnung anstreben. Das Wandern kennzeichnet auch die Existenz von Menschen, die sich in der Innenwelt ihrer Gedanken verlieren. Diese bilden wiederum einen scharfen Kontrast zu den Wandervögeln, die unbeschwert in die Welt ziehen. Das Motiv entwickelt bereits früh eine Polarstruktur. Es erscheint einerseits als Sinnträger für ein positiv empfundenes Freiheitsverlangen, und dient andererseits als Warnung vor den Gefahren des ruhelosen Schweifens in die Fremde. Es begünstigt die szenische Ausgestaltung eines wechselnden räumlichen Panoramas und ermöglicht Gegenüberstellungen der häuslich begrenzten Welt und der offenen Ferne. Das Motiv ist unlösbar mit einzelnen Figuren wie Ahasver, Kain, Odysseus dem Pilger und dem Wandervogel verbunden.

Mit Ausnahme der ritterlichen Helden, der religiösen Sucher und der Spaziergänger, die auf ihrem Weg einen Überblick über das gesamte Dasein gewinnen, sind die Wanderer gewöhnlich vom Widerspruchsgeist gegen das konventionelle Leben zu Hause beflügelt. Sie tragen die Züge des reinen Idealisten und des Toren, des Abenteurers und des Denkers, des sehnsüchtigen Taugenichts und des revolutionären Welterneuerers. Der Aufruf, sich auf der Fahrt im Leben zu bewähren, gehört im höfischen Roman zur festen Topik. Man ist daher geneigt, die Fahrt vor dem Hintergrund des ritterlichen Tugendsystems zu deuten. Allerdings kennzeichnet die typische innere Ruhelosigkeit der Wanderer auch einige Ritterfiguren (Chrestien de Troyes, *Yvain,* ca. 1170–1200; *Perceval,* ca. 1180; Hartmann von Aue, *Iwein, ca.* 1200–05). Es ist dieselbe Unruhe, die →Odysseus antreibt und die Wanderergestalten der Romantiker zwischen Fernweh und Heimweh schwanken läßt.

Die Zielsetzung und Deutung der Stationen der Reise in Pilgerfahrten und der Ort der Ankunft (das alte/neue Jerusalem, →Paradies) sind fest umrissen. Nach Abwegen und Verirrungen gelangt der Wanderer geistig geläutert zur Erkenntnis der göttlichen Ordnung. Im Streben nach sittlicher Vervollkommnung bewahren Pilger die Züge der existentiellen Notlage von Wanderern, die die Frage nach dem Sinn des Daseins stellen (Dante, *La Divina Commedia,* 1300–18; Georg Wickram, *Irr reittend Bilger,* 1555; Stephen Batman, *The Travayled Pylgrime,* 1569; der rote Ritter in Edmund Spenser, *The Faerie Queene,* 1590–96, 1609; Patrick Symon, *The Parable of the Pilgrim,* 1665; John Bunyan, *The Pilgrim's Progess,* 1684).

2. In der historischen Entwicklung entstehen zwei dominante Konzeptionen: die einer erzwungenen Wanderung, auf der der Wanderer heimatlos umherirrt, und die einer frohen Fahrt in die Welt, auf der sich alle Wünsche erfüllen. Der Mensch, der wie Lear (Shakespeare, *King Lear,* 1605?) sein Ansehen verliert, in die Fremde gestoßen wird und vergeblich Obdach sucht, erfährt das zeitlose Schicksal des unbehausten Menschen. Auch wenn die erzwungene Wanderschaft durch die Ereignisse im Text eindeutig motiviert ist (Machtanspruch, Rache, Pläne der Gegenspieler) und infolgedessen konkrete Reaktionen in der Figur auslöst, bleibt dieses Erlebnis maßgebend. Das Ausgesetztsein verlangt eine völlige Neuorientierung des Wanderers und entspricht, wie Candide (Voltaire, *Candide,* 1759) erfährt, der Vertreibung aus dem Paradies. Diese Wanderung wird zur fortgesetzten Prüfung, die den Menschen stählt (Charlotte Brontë, *Jane Eyre,* 1847) und läutert (August Strindberg, *Nach Damaskus,* 1898–1904); sie wird in der Erfahrung einer Generation aber auch zur unüberhörbaren Anklage gegen die Gesellschaft (John Steinbeck, *Of Mice and Men,* 1937; Gerhart Hauptmann, „Das Märchen", 1941; Wolfgang Borchert, *Draußen vor der Tür,* 1947). Zum Kontext der Erfahrung des unbehausten Menschen gehören weiterhin: (1) die Irrfahrten, die im Anschluß an die *Odyssee* die Leiden der Menschen veranschaulichen, die aus der Sicherheit der behüteten Existenz treten und mit der Frage nach dem Sinn des Lebens ringen (z.B. Hauptmann, *Till Eulenspiegel,* 1928; Ernst Schnabel, *Der sechste Gesang,* 1956); und (2) das in vielen Texten als Flucht gedeutete Herumirren in der Welt, wobei die Personen angesichts des unerkennbaren Schicksals in immer kleineren Räumen ihre Zuflucht suchen (das Brausen der Welt in Boris Vian, *Les Bâtisseurs d'empire,* 1959) oder ziellos durch die labyrinthischen Straßen einer Stadt laufen (Alain Robbe-Grillet, *Dans le labyrinthe,* 1959). Der namenlose Soldat in Robbe-Grillets Werk ist sich keiner Schuld bewußt. Seine Wanderung ist ihm unverständlich; sie erscheint als eine Strafe für sein verfehltes Dasein, wobei seine persönliche Schuld im dunkeln bleibt. Nur noch ganz entfernt klingt in diesen erzwungenen Wanderungen ein ursprüngliches Vergehen gegen das Göttliche, den Bruder und die Familie an, das Kain, den Ewigen Juden, Julien oder die Figuren in Eliots und Williams' Werken zum ewigen Herumirren in der Welt verdammt (George Eliot, *The Mill on the Floss,* 1866; Gustave Flaubert, „La Légende de Saint-Julien l'Hospitalier", 1877; Tennessee Williams, *A Streetcar Named Desire,* 1947).

Fragen der Orientierung im Dasein sind gleichermaßen ausschlaggebend in Darstellungen, in denen der Wanderer die Verunsicherung der Existenz erfährt, sich mit ihr auseinandersetzt und sich zu einer Haltung durchringt, die entweder im Vertrauen auf die eigene Fähigkeit das Leben bejaht oder die Widersprüche des Daseins anerkennt. Die Wanderer-Gedichte Goethes („Wandrers Sturmlied", 1772; „Der Wandrer", 1772; „Prometheus", 1774; „An Schwager Kronos", 1774; Anspielungen in „Seefahrt", 1776; „Meeresstille" und „Glückliche Fahrt", 1795) vermitteln einen guten Einblick in diese Verwendung des Motivs. Die Gedichte erfassen die Spannung zwischen Wanderer und Hütte, zwischen kühner Herausforderung der Götter und innerer Ungewißheit, zwischen dem Aufbegehren gegen die Gesellschaft und dem Verlangen nach Schutz, zwischen dem Gefühl, daß alles menschliche Leben vergänglich ist, und der frohen Hoffnung, trotz aller Widerstände das Dasein glücklich meistern zu können. Die individuellen Lösungen sind unterschiedlich. Gemeinsam ist ihnen die im Wandern zum Ausdruck kommende innere Bereitschaft, das Leben „scheiternd oder landend" mutig zu ergreifen. Der Wanderer vertraut auf die menschliche Fähigkeit zur Erneuerung und die Möglichkeit, sich letztlich zur Klarheit durchringen zu können. Diese Einstellung ist in den philosophisch orientierten, poetischen Spaziergängen des 18. und frühen 19. Jh. besonders deutlich ausgeprägt. In ihnen hat das Motiv weitgehend die Funktion, dem Leser einen Eindruck des vom Wanderer gewonnenen Weltüberblicks zu vermitteln. Einige der Spaziergänge fangen persönliche Auseinandersetzungen der Zeitgenossen und allgemein philosophische Betrachtungen ein (Jean-Jacques Rousseau, *Les Rêveries du promeneur solitaire,* 1776–78). Andere wie Friedrich Schillers „Der Spaziergang" (1795) und William Wordsworths *The Excursion* (1815) leiten den Wanderer auf sicherem Pfad zur umfassenden Weltsicht. Die Auseinandersetzung mit der Natur (→Landschaft), mit Wachstum, Verfall und Neubeginn der Zivilisation, mit →Einsamkeit und Geselligkeit wird zur Quelle des Weltverständnisses. Die Darstellung der Suche nach dem Weg in diesen Gedichten (u.a. Wordsworth, „The Old Cumberland Beggar", 1800) mündet ein in das Erkennen der historischen Entwicklung. Die Gedichte entwickeln zugleich die Vorstellung, daß die jeweilige Verfassung der Welt veränderlich ist.

Dagegen ist die Darstellung des Wanderns in zahlreichen Werken der Romantik viel stärker auf das Gefühl bezogen. Die wechselnden Stimmungen fangen sehr oft die Sehnsucht nach dem Unbekannten und das Heimweh ein. Zuweilen klingt in den Strophen, wie etwa in Joseph von Eichendorffs Gedicht „Der verspätete Wanderer" (1854), das plötzliche Erschrecken angesichts der Zukunft an („Wo werde ich wohl sein im künft'gen Lenze?"). Aber selbst der Gedanke an den Tod kann nie völlig die Freude an der poetisch beschwingten, reinen Wanderlust dämpfen (Wilhelm Müller, „Wanderschaft", „Der Lindenbaum" und zahlreiche andere Lieder, um 1820). Die Wanderer lassen die zweckorientierten Vorstellungen der Heimat hinter sich, werden in vielfältige Abenteuer verwickelt, betrachten die Wunder der Natur und sehen schließlich das Dasein unter dem Vorzeichen einer fortgesetzten Wanderung (Karl Philipp Moritz, *Anton Reiser,* 1785–94; Ludwig Tieck, *William Lovell,* 1795–96; *Franz Sternbalds Wanderungen,* 1798; Jean Paul, *Flegeljahre,* 1804–05; Eichendorff, *Ahnung und Gegenwart,* 1815). Das Wandern wird zuweilen mit dem starken Autonomieanspruch des einzelnen und der kritischen Haltung zur gesellschaftlichen Konvention begründet (George Gordon Byron, *Childe Harold's Pilgrimage,* 1812–18; *Don Juan,* 1819–24). In anderen Werken, für die Eichendorffs *Aus dem Leben eines Taugenichts* (1826) beispielhaft ist, löst sich jede Spannung zwischen gesellschaftlichem Anspruch und persönlicher Wunscherfüllung auf. Dem versöhnenden Ausgang der Wanderung stehen jedoch auch Gestaltungen zur Seite, in denen die Versuchung durch dämonische Kräfte der Fahrt einen Zug ins Schwermütige verleihen (François-René de Chateaubriand, *René,* 1802; Alfred de Musset, *La Confession d'un enfant du siècle,* 1836; Alain-Fournier, *Le Grand Meaulnes,* 1913). Das Motiv des Wanderns wird auch im 20. Jh. immer wieder aufgegriffen, um sowohl die Suche nach dem Sinn des Lebens als auch das Abenteuer der Lebensfahrt zu vergegenwärtigen (z.B. André Gide, *Le Voyage d'Urien,* 1929; Paul Claudel, *Le Soulier de satin,* 1929; Michel de Ghelderode, *Christophe Colombe,* 1929).

3. Die sagenhafte Figur des Ewigen Juden beleuchtet die Möglichkeiten und Grenzen des Motivs. Die Figurenkonzeption gestattet keine Erweiterung, da sich der Sinn des Daseins im Wandern erschöpft, und die ewige Wanderung verbietet die Neuorientierung im Leben. Die äußere Erscheinung Ahasvers und seine Haltung zur Welt wechseln von Werk zu Werk. Er ist nicht nur Heiliger (Achim von Arnim, *Halle und Jerusalem,* 1810; Adelbert von Chamisso, *Neuer Ahasverus,* 1825; Legenden) und Gotteslästerer (Percy Bysshe Shelley, „The Wandering Jew", 1810; „The Wandering Jew's Soliloquy", 1812; *Queen Mab,* 1813; Jean Richepin, *Les Blasphèmes,* 1884), sondern auch jüdischer Revolutionär (Frido Grelle, *Ahasver, der ewige Kampf!,* 1918; Alfred Andersch, *Efraim,* 1967; Stefan Heym, *Ahasver,* 1981). Er ist weltgewandt, klug und aufgeklärt (Antonio Sigler de Huerta, *Las cinco blancas de Juan de Espera en Dios,* 1669; Goethes Fragment „Ahasverus", 1773; Schiller, *Der Geisterseher,* 1794; Eugène Sue, *Le Juif errant,* 1846; George Viereck und Paul Eldridge, *My First Two Thousand Years. The Autobiography of the Wandering Jew,* 1928), aber auch titanisch in seinem Willensanspruch (Christian Friedrich Schubart, *Der wandernde Jude,* 1785; Matthew Gregory Lewis, *The Monk,* 1795). Er bleibt aber immer der ruhelose Außenseiter, der plötzlich erscheint und verschwindet und nie Ruhe findet. Einige Darstellungen deuten sein Verhängnis als das Los der Menschheit (Edgar Quinet, *Les Tablettes du Juif errant,* 1823; *Ahasvérus,* 1833; Levin Schücking, „Die drei Freier“ in: *Der Bauernfürst,* 1851; André Van Hasselt, *Les Quatre Incarnations du Christ,* 1867; Nelson S. Bond, „The Castaway“ in: *Planet Stories,* 1940); andere betrachten sein Wandern als Symbol für das Schicksal des jüdischen Volkes (Gustav Pfizer, „Der ewige Jude“, 1831; P.L. Jacob «Paul Lacroix», „Le Juif errant“, 1859) oder sehen in der Figur ein Sinnbild christlicher Liebe (Heym). Der ewige Jude dient außerdem dazu, vor der Sünde des unbedachten Handelns zu warnen („The Wandering Jew“ in Thomas Percys *Ballads,* 1765; Gedichte von Clemens Brentano, August Wilhelm Schlegel und Arnim), oder wird zum unsterblichen Zeugen des göttlichen Willens (Franz Horn, *Der ewige Jude,* 1816; Edouard Grenier, *La Mort du Juif errant,* 1857; Robert Hamerling, *Ahasver in Rom,* 1866). Die Gestalt wurde auch anderen verdammten oder ruhelosen Wanderern angeglichen: Cartaphilus, Isaac Laquedeem, Botadeus (Buttadeus, Boutedieu), Juan Espero en Dios und der „Ewigen Jüdin“. Durch die symbolische Erweiterung auf das jüdische und allgemein menschliche Schicksal erhält die Figur in der Moderne differenzierte Züge. Ahasver bewahrt jedoch auch in diesen Darstellungen die charakteristische Grunderfahrung der existentiellen Krise, die das Wandern veranlaßt.

Lit.: A. Compton-Rickett: The Vagabond. London 1906; I.G. Daemmrich: Motif Inversion as Homage: Landscape and Wanderer-Shelter in the Works of Goethe and Flaubert. NCFS 18 (1990); R.A. Foakes: The Romantic Assertion. London 1958; T. Gish: Wanderlust u. Wanderleid. The Motif of the Wandering Hero in German Romanticism. In: SIR 3 (1963); K.S. Guthke: Das Motiv des Wanderers bei G. Keller u. in der deutschen Romantik. In: Wege zur Literatur. Studien zur deutschen Dichtungs- u. Geistesgeschichte. Bern 1967; C. Hippler: Die Reise nach Jerusalem. Untersuchungen zu den Quellen, zum Inhalt u. zur literarischen Struktur der Pilgerberichte des Spätmittelalters. Ffm 1987; J.B. Holloway: The Pilgrim and the Book. A Study of Dante, Langland, and Chaucer. New York 1987; R. Käch: Eichendorffs Taugenichts u. Taugenichtsfiguren bei Gottfried Keller u. Herman Hesse. Bern 1988; G. Kaiser: Wanderer u. Idylle. Göttingen 1977; W.H. Moll: Über den Einfluß der lateinischen Vagantendichtung auf die Lyrik Walters von der Vogelweide u. die seiner Epigonen im 13. Jh. Amsterdam 1925; G. Roppen, R. Sommer: Strangers and Pilgrims. Oslo 1964; B. Schmidlin: Das Motiv des Wanderns bei Goethe. Winterthur 1963; H.J. Skorna: Das Wanderermotiv im Roman der Goethezeit. Diss. Köln 1961.

Lit. zu Ahasver u. dem Wandernden Juden: R. Aguet: Le Juif errant. Genèse d'une légende. Paris 1977; G.K. Anderson: The Wandering Jew Returns to England. In: JEGP 45 (1946); P. Brunel (Hg.): Dictionnaire des mythes littéraires. Paris 1988; H.-P. Ecker: Poetisierung als Kritik. Tübingen 1987; H. Eschelbach: Über die poetischen Bearbeitungen der Sage vom Ewigen Juden. Baden-Baden 1896; H. Fisch: Elijah and the Wandering Jew. In: L. Landman (Hg.), Rabbi Joseph H. Lookstein Memorial Volume. New York 1980; H. Glaesener: Le Type d'Ahasvérus au XVIIIe et XIXe siècles. In: RLC 11 (1931); G. Hasan-Rokem, A. Dundes (Hg.): The Wandering Jew. Essays in the Interpretation of a Christian Legend. Bloomington, IN 1986; F. Helbig: Die Sage vom Ewigen Juden, ihre poetische Wandlung u. Fortbildung. Berlin 1874; A. Killen: L'Evolution de la légende du Juif errant. In: RLC 5 (1925); E. Knecht: Le Mythe du Juif errant. Esquisse de bibliographie raisonnée (1600–1844). In: Romantisme 7, 8 (1974), 12 (1976); L. Neubaur: Die Sage vom Ewigen Juden. Leipzig 1884; ders.: Zur Bibliographie der Sage vom Ewigen Juden. In: Centralblatt für Bibliothekswesen 28 (1911); G. Paris: Le Juif errant. In: F. Lichtenberger (Hg.), Encyclopédie des sciences religieuses. Bd. 7. Paris 1880; A. Soergel: Ahasver-Dichtungen seit Goethe. Diss. Leipzig 1905; G. Vabre-Pradal: La Dimension historique de l'homme ou le mythe du Juif Errant dans la pensée d'Edger Quinet. Paris 1961.

Siehe auch: Begrenzung-Freiheit, Berg, Fahrt

Weg

1. Das Motiv beleuchtet die Verhaltensweisen einzelner Figuren im Augenblick der Entscheidung, vergegenwärtigt echte Alternativen des Handelns in Bildfügungen des geraden und krummen Weges, gibt dem Geschehen Richtung und deutet kommende Ereignisse voraus. Es erscheint außerordentlich häufig im Zusammenhang mit thematischen Gestaltungen unterschiedlicher Formen der

→Selbstverwirklichung und der →Begrenzung-Freiheit. Literarische Wege zeigen die unterschiedlichsten Ausprägungen. Sie sind eng, breit, geschwungen, holprig, voller Krümmungen und führen im Kreis. Als Sinnbilder wie etwa in Matthäus 7, 13–14 und Lukas 13, 24 veranschaulichen Wege eine völlig gegensätzliche Lebensführung. Die breit angelegte, leicht begehbare Straße führt in den Untergang. Der schmale, schwer zugängliche Pfad dagegen öffnet den Zugang zum Seelenheil. Zahlreiche Werke entwerfen Situationen, in denen sich die Handlungsträger wie Herakles an der Wegscheide befinden (*Hercules in bivio*) und zwischen dem schwierigen, mühseligen Pfad der Tugend und dem bequemen des Genusses und Lasters wählen müssen. Dieser Gegensatz zwischen der Sinnverfehlung und der sinnvollen Gestaltung des Daseins erscheint unter dem Vorzeichen des krummen und geraden Weges und in übertragener Bedeutung im Kontrastpaar des entleerten und erfüllten Dialogs (→Dialog-Schweigen). Er bestimmt fernerhin Vergleiche der Kreisbewegung einzelner Handlungsträger, die immer wieder zum Ausgangspunkt ihrer Gedanken zurückkehren, mit der geistigen Läuterung von Figuren, die auf ihrem Lebensweg eine hohe Stufe der Bewußtheit erreichen.

2. Die biblische Tradition und antike Überlieferungen des Menschen am Scheideweg verschmelzen in mittelalterlichen Beschreibungen ritterlicher Helden. Die Ritter, die dem angenehmen Hofleben verfallen oder sich zu Hause „verliegen", werden plötzlich aufgerufen, sich den Gefahren der Fahrt in die Fremde auszusetzen. Die Fahrt verlangt die Wahl zwischen ritterlicher Ehre und Gottes Huld und leitet häufig einen Erkenntnisvorgang ein, der es dem Helden ermöglicht, seiner Berufung im Leben zu folgen, ohne Gott untreu zu werden (Chrestien de Troyes, Hartmann von Aue, Wolfram von Eschenbach). Der Weg, der zur Prüfung im Dasein führt, stellt die Handlungsträger vor eine Reihe zunehmend schwieriger Bewährungsproben. Sie müssen selbstsüchtigen Wünschen entsagen, ins Unerschlossene vordringen (→Grenze), mit den Mächten des Bösen ringen (→Ungeheuer) und sich selbst treu bleiben, auch wenn sich das Ziel dem Zugriff zu entziehen scheint. Besonders die innere Zuversicht, doch auf dem richtigen Weg zu sein, wird wiederholt schweren Belastungsproben ausgesetzt. Nach harten Kämpfen, Versuchungen und Zweifeln (Parzival; Christian in John Bunyan, *The Pilgrim's Progress,* 1684) erreichen die Wegfahrer eine Station auf ihrer Reise, die ihnen die Gewißheit vermittelt, daß das Ziel ihres Weges im Einklang mit dem Sinn der rechten Lebensführung steht (auch Dante, *La Divina Commedia,* 1300–18, *Paradiso,* 31. Gesang). Der sichere, kurze, ruhmreiche Weg zum Ziel bleibt dem nationalen Heros (Roland, Siegfried) und den Märtyrerfiguren in der lateinischen Dichtung, dem Jesuitentheater und einigen Tragödien der Barockzeit vorbehalten. Die Verwendung des Motivs in Hartmanns von Aue *Gregorius* (nach 1190) zeigt, daß die Entscheidung für die verlockende Heerstraße des Lebens nicht unwiderruflich zum Verlust des Seelenheils führen muß. Die Opferbereitschaft eines Mitmenschen und die eigene Sühne ermöglichen die Neuorientierung. Diese besondere Ausprägung des Motivs kennzeichnet vorwiegend thematische Bearbeitungen der →Entsagung.

3. In der europäischen Klassik wird die Gegenüberstellung des geraden Weges der Wahrheit und des krummen Weges der Lüge zu einem zentralen Stilmittel im Aufbau der Texte. Die Motivreihe hat Schlüsselfunktion in der Charakterisierung einzelner Figuren und steuert das Handlungsgeschehen. Außerdem stellt die Signalfolge ein Netz von Beziehungen her, die im Zusammenhang mit den Handlungsträgern eine wiederkehrende Grundsituation unter veränderten Lebensbedingungen beleuchten. Die Figuren werden in widerspruchsvolle Ereignisse verwickelt, die keine einfachen Entscheidungen zwischen den Alternativen von Gut und Böse oder Recht und Unrecht zulassen. Der Aufbau der Motivreihe bewirkt jedoch Kristallisationspunkte, in denen das vorbildliche Handeln einer Person im Gegensatz zur Lebensverfehlung anderer deutlich hervortritt. Die Handlungsträger werden in der fortgesetzten Auseinandersetzung mit der Umwelt häufig dazu gezwungen, einen Weg zu finden, der, auch wenn er eindeutig als der gerade gekennzeichnet ist, eine neue, keineswegs in der Tradition vorgezeichnete Lösung der Frage menschlicher und gesellschaftlicher Beziehungen in Aussicht stellt. Durch die Verknüpfung der Motivreihe mit dem vorbildlichen Handeln rücken einige der Werke in die Nähe der Tradition christlicher Märtyrerdramen. Zu beachten sind daher die inneren Konflikte und Gewissensnöte, die der Entscheidung einer Figur vorausgehen. Prinz Polyeucte (Pierre Corneille, *Polyeucte,* 1643) beispielsweise bekennt sich erst nach anfänglichem Zögern und innerem Kampf zum Christentum. Er entwickelt das feste Vertrauen auf seine Bestimmung, das ihn befähigt, den Versuchungen der Welt zu widerstehen. Er stirbt für sein Ideal und bekehrt durch seinen Tod zuerst Pauline, dann ihren Vater und später die anderen Hinterbliebenen. Sein Handeln eröffnet die Aussicht auf eine neue Form des Gemeinschaftswesens. Die Wegsuche ist bestimmt von der Vorstellung einer zivilisierten Menschlichkeit, die mit dem Gedanken christlicher Sittlichkeit verschmilzt. In Jean Racines *Britannicus* (1669) kennzeichnet die Motivreihe die entgegengesetzte Lebensführung von Menschen, die auf der einen Seite „den Fußstapfen der Tyrannen" folgen und auf der anderen einer humanen Vorstellung der Menschheit zustreben. Sowohl Néron als auch Junie ringen mit der Frage der sinnvollen Lebensbestimmung. Néron folgt der alten Ordnung des aggressiven Machtanspruchs, während Junie sich für den Weg entscheidet, der zur gesellschaftlichen Neuorientierung führen kann.

Die Motivik ist in Friedrich Schillers *Wallenstein* (1800) und *Wilhelm Tell* (1804) besonders deutlich ausgeprägt. In den wiederholten Auseinandersetzungen zwischen Octavio und Max Piccolomini stoßen die gegensätzlichen Auffassungen des Lebensweges hart aufeinander. Octavio sieht in dem Weg, der den Ausbuchtungen des Flusses folgt und langsam die Hindernisse umgeht, die einzig sinnvolle Möglichkeit der Existenzgestaltung. Sie bewährt sich in der fortwährenden Anpassung an die wechselnden Umstände des Lebens. Max („Mein Weg muß gerade sein") verurteilt die Haltung seines Vaters, die ständige Kompromisse bedingt und schließlich in der Lebenslüge gipfelt. Tell deutet in seinem Monolog in der „Hohlen Gasse bei Küßnacht" seine Entscheidung, den Tyrannen zu beseitigen, als ein Bekenntnis zum Weg der sittlichen Erneuerung der Gesellschaft. Der Tod steht auf dem Weg, ist aber nicht das Ende der Straße, da diese in eine Gesellschaftsreform von Bestand mündet.

In Schillers Dramen wird eine Eigenart in der Motivbildung deutlich, die bereits in der französischen Klassik ausgeprägt ist. Die Motivreihe erscheint häufig im Zusammenhang mit den Kontrastpaaren →Herz-Hand und →Dialog-Schweigen. So tritt beispielsweise in Racines *Bérénice* (1670) an alle Figuren die Versuchung heran, die Stimme des Herzens zu überhören, die Wahrheit im Gespräch zu verbergen und einem Weg zu folgen, der zur Erfüllung des eigenen Liebesanspruchs führt, das Interesse der Gesellschaft aber vernachlässigt. Die im ruhigen Gleichmaß der Dialoge ablaufende Bühnenhandlung vergegenwärtigt, wie sich die Beteiligten zur Entsagung im Interesse des Staatswohls durchringen. Ebenso deutlich sind die Motive in Racines *Iphigénie* (1674) auf die Lösung des Konflikts zwischen persönlichem Liebesverlangen und dem Anspruch der Gesellschaft ausgerichtet. Die wechselnde Situationsanpassung der Politiker beleuchtet das feste Vertrauen Iphigénies, die die Stimme ihres Herzens in Einklang bringt mit dem Anspruch des Staatswesens. Diese Hinweise zeigen, daß die Motivreihe grundsätzlich auf ein vorbildliches Handeln verweist, das der bewußten Auseinandersetzung mit gegensätzlichen Lebensauffassungen entspringt. Der einzelne wird aufgefordert, sich sowohl aus der Ich-Bezogenheit zu lösen als auch die starre Formelhaftigkeit der gesellschaftlichen Konvention zu überwinden. Im Zentrum der Darstellungen steht der Mensch, der sich auf das Zukünftige hin entwickeln kann.

Diese Anlage ermöglichte die weitere Ausarbeitung der Motivreihe in späteren Epochen. Charles Dickens befestigt beispielsweise in *Bleak House* (1852–53) den Handlungsverlauf durch gegensätzliche Bildfügungen der Wegsuche. Und Emile Zola verknüpft in dem Romanzyklus *Les Trois Villes* (1894–98) mit der Motivreihe die Zielsetzung und den Weg der Handlungsträger. In der in diesen Werken angestrebten Lösung wird eine für das 19. Jh. typische Akzentverschiebung sichtbar, die noch deutlicher in *The Wings of the Dove* (1902) von Henry James hervortritt. Die Eigenart der großen, vorbildlichen Tat tritt zurück. Der Bewährung im kleinen Kreis kommt größere Bedeutung zu. Trotzdem bahnt sich im Aufweisen des geraden Weges, auf ganz ähnliche Art wie in der Klassik, die Vorbereitung auf eine neue Lebensgestaltung an.

4. Im Gegensatz zu den von der Motivreihe ausgelösten Vorstellungsgehalten der Prüfung, Bewährung und Entscheidung vergegenwärtigt der kreisförmige Weg die Unfreiheit der Handlungsträger. Das Motiv entsteht möglicherweise aus konsequenter Engführung der Situation des Menschen am Scheideweg. Sicher ist, daß es seit dem Realismus ein dominantes Motiv in der Raumgestaltung wird, obwohl es bereits in der Klassik auftritt. Das Motiv kann unterschiedlich ausgearbeitet werden. Marie de La Fayette schildert in *La Princesse de Clèves* (1678) den beständigen Wechsel des Handlungsorts und durch das Hin und Her die eintönige Wiederkehr derselben Situation. Goethe beschreibt in den *Wahlverwandtschaften* (1809) die Planung und Anlage von Wegen, auf denen die Personen später immer wieder zum Ausgangspunkt ihrer Wanderungen zurückkehren. In beiden Werken entspricht der Kreisbewegung der Wege eine zentripetale Kurve im Denken der Handlungsträger. Personen können keinen Weg nach außen finden. Ihr Denken bleibt den Vorstellungen der gesellschaftlichen Konventionen verhaftet, die jede freie Selbstbestimmung unterhöhlen. Das Geschehen erscheint aus der Sicht der Figuren als ein Ablauf unabänderlicher Vorgänge, die sich jeder bewußten Steuerung widersetzen. Darüber hinaus erfaßt die Kreisbewegung in vielen Werken von Balzac, Flaubert, Thackeray, Dickens und Fontane die Abhängigkeit der Menschen vom gesellschaftlichen Milieu und den Verlust an historischem Bewußtsein. Sowohl gesellschaftliche Prozesse als auch geschichtliche Entwicklungen werden undurchschaubar. Figuren wie Charles Grandet (Honoré de Balzac, *Eugénie Grandet*, 1833), Lady Dedlock (Dickens, *Bleak House*), Emma und Mâtho, Bouvard und Pécuchet (Gustave Flaubert, *Madame Bovary*, 1857; *Salammbô*, 1862; *Bouvard et Pécuchet*, posthum 1881) und Holk (Theodor Fontane, *Unwiederbringlich*, 1891) kehren zum Ausgangspunkt ihrer Wege zurück. Sie können wie die Personen in Fontanes *Stine* (1890) Spaziergänge ins Freie unternehmen, ohne innerliche Befreiung zu finden. Sie enden im Selbstmord oder in der hoffnungslosen Einsamkeit eines Zimmers. Jede Möglichkeit einer freien Entwicklung ist abgeschnitten, da sich den Figuren die Erkenntnis der Lebensbedingungen entzieht.

Das Motiv befestigt das Textfeld in zahlreichen Werken, in denen die Isolation und Entfremdung der Menschen in der modernen Gesellschaft im Mittelpunkt der Betrachtung stehen (Becque, Schnitzler, Williams, Beckett). In einigen Texten, die unter bewußtem Rückgriff auf die Motivik des Scheideweges die endlose Kreisbewegung der Figuren ausarbeiten (Bernanos, Arrabal, Robbe-Grillet, Updike), dient die ursprüngliche Sinndeutung des Motivs dazu, die Entscheidungsfreiheit zu desillusionieren. Die Figuren müssen erkennen, daß sie nicht aus dem Kreis ausbrechen können. Dieser Determinismus kann die Form eines kleinen Welttheaters des Leidens annehmen (Weiss), die Panik der eingekesselten Person einfangen (Updike), aber auch die wesensbedingte Blindheit der Menschen und die seelenlose Mechanik des Lebens beleuchten (Nathalie Sarraute, *Le Planétarium*, 1959) oder die →absurde Weltverfassung deuten (Robbe-Grillet, Arrabal, Beckett). Die in diesen Darstellungen dem Motiv ausnahmslos zugeordneten Motive des Sprechens im Leeren, der geschlossenen →Fenster und der Einkreisung in Räumen (Kerkermotivik) unterstreichen die allgemeine Situation, in der die Figuren nur noch auf der Stelle treten. Der Weg ist verschlossen. Die Wanderung hört auf.

Quellen: *La Chanson de Roland*, ca. 1080; Chrestien de Troyes, *Erec et Énide* (um 1160); *Lancelot ou le Chevalier à la charrette* (ca.1170); *Perceval ou le Conte du Graal* (ca. 1180); *Ivain ou le Chevalier au Lion* (ca. 1190–1200); Wolfram von

Eschenbach, *Parzival* (ca. 1205–10); Pierre Corneille, *Polyeucte* (1643); Joseph von Eichendorff, *Aus dem Leben eines Taugenichts* (1826); Honoré de Balzac, *Les Illusions perdues* (1837–43); Gérard de Nerval, *Sylvie* (1853); Gustave Flaubert, *Bouvard et Pécuchet* (posthum 1881); Henry Becque, *La Parisienne* (1885); Theodor Fontane, *Unwiederbringlich* (1891); Emile Zola, *Les Trois Villes* (1894–98); Arthur Schnitzler, *Der Reigen: Zehn Dialoge* (1903); Alain-Fournier, *Le Grand Meaulnes* (1913); Robert Frost, *A Boy's Will* (1913); *Mountain Interval* (1916); Georges Bernanos, *Sous le soleil de Satan* (1926); Tennessee Williams, *Cat on a Hot Tin Roof* (1955); Fernando Arrabal, *Fando et Lis* (1956); Samuel Beckett, *En attendant Godot* (1952); *Fin de partie* (1957); *Comédie* (1966); Alain Robbe-Grillet, *Dans le labyrinthe* (1959); Saul Bellow, *Henderson the Rain King* (1959); John Updike, *Rabbit-Run* (1960); *Rabbit Redux* (1971); Peter Weiss, *Der Schatten des Körpers des Kutschers* (1960); Christoph Meckel, *Bockshorn* (1973); Jochen Beyse, *Larries Welt* (1992).

Lit: V. Becker: Das Bild des Weges u. verwandte Vorstellungen im frühgriechischen Denken. Berlin 1937; H.S. u. I. G. Daemmrich: Abenteuer als Daseinsgestaltung. Zur Wechselbeziehung von Figurenkonzeptionen u. Themenführung bei Eichendorff u. Alain-Fournier. In: Aurora 40 (1980); I.G. Daemmrich: Diderot and Schiller. Parallels in Literary Pictorialism. In: CL 19 (1967); dies.: Parallelism in Motifs and Theme: Comparison of Schiller's Wilhelm Tell and Zola's Paris. In: Neuphilologische Mitteilungen 82 (1981); A. Espiau de la Maëstre: Le Thème de la route dans l'œuvre romanesque de Bernanos. In: Lettres Romanes 17 (1963); D. Grojnowski: Le Thème de la route dans l'œuvre d'Alain-Fournier. In: Critique 20 (1974); W. Harms: Homo viator in bivio. München 1970; K. Horn: Der Weg. In: J. Janning, H. Gehrts (Hg.), Die Welt im Märchen. Kassel 1984; J.P. Hunter: The Reluctant Pilgrim. Defoe's Emblematic Method and Quest for Form in Robinson Crusoe. Baltimore, MD 1966; E. Panofsky: Hercules am Scheidewege. Leipzig 1930; G. Poulet: Metamorphosen in der Dichtung. Ffm 1988; H. Siefken: Der saelden strâze. In: Euph. 61 (1967); E. Trachsler: Der Weg im mittelhochdeutschen Artusroman. Bonn 1979.

Siehe auch: Abenteuer, Begrenzung-Freiheit, Kreis, Labyrinth, Selbstverwirklichung, Wanderer

Weltentfremdung

Siehe Einsamkeit

Weltuntergang

Siehe Apokalypse

Wilder

Siehe Edler Wilder

Wolken

Seit der *Odyssee* und der *Ilias* sind Wolkenbildungen ein fester Bestandteil literarischer →Landschaftsgestaltungen und der Schilderung individueller Gefühle. Verhüllende, steigende und fallende Wolken verkünden das Eingreifen des Göttlichen in das menschliche Geschehen (2. Mose; Christi Auferstehung; fester Bestandteil der griechischen Literatur). Sie beleuchten die Einstellung des Dichters zur künstlerischen Berufung (Goethe, „Zueignung", 1784), begleiten die geistige Klärung in den philosophisch orientierten Spaziergängen des 18. Jh. und erfassen auch die Verdüsterung der Welt (→Stadt). Eine traditionsbildende Motiventwicklung setzt erst mit der Romantik ein. Das Motiv erscheint im Zusammenhang mit Traumvisionen, verweist auf schwer bestimmbare, schöpferische Verwandlungen im künstlerischen Schaffensvorgang und begründet, in direkter Analogie zu bedrohlichen Wolkenbildungen, düstere Empfindungen und blinde Leidenschaften. Die Motivfunktion, besonders in ihrer Wechselwirkung mit Gewitterneigung bei Vergil, Novalis und Goethe, um nur drei Beispiele zu nennen, ist bisher nicht geklärt.

Quellen: Goethe, „Wandrers Sturmlied" (1772); „Ganymed" (1774); William Wordsworth, *An Evening Walk* (1793); „Guilt and Sorrow" (1842); „To the Clouds" (1842); *The Prelude* XII (1850); Samuel Taylor Coleridge, *France: An Ode* (1817); John Keats, *Endymion* (1818); George Gordon Byron, *Don Juan* (1819–24); Percy Bysshe Shelley, „The Cloud" (1820); Victor Hugo, *Les Orientales* (1829); *Les Feuilles d'automne* (1831); Gustave Flaubert, *Salammbô* (1862); James Baldwin, „Sonny's Blues" (1958).

Lit.: K. Bart: Wolkenbilder u. Wolkengedichte der Romantik. Berlin 1960; J. Fabre: Variations sur les nuages. En marge de Pan Tadeusz et de la poésie descriptive. In: Mélanges de la littérature comparée offerte à M. Brahmer. Warszawa 1967.

Zelle

Siehe Begrenzung-Freiheit

Zeus

Siehe Macht

Zufall

1. Die vorchristliche Literatur bewertet den unvorhersehbaren Zufall als konstitutives Element des Daseins und sieht plötzliche Wechselfälle, außergewöhnliche und selbst übernatürliche Ereignisse als geeignete Bewährungsproben für den →Helden an, in denen er Klugheit, Mut und Ausdauer beweisen muß. Das christliche Denken, welches maßgebend von der Vorstellung der göttlichen Vorsehung bestimmt wurde und die historische Entwicklung aus der Sicht der Heilsgeschichte betrachtete, setzte auch die Abenteuer des Heros und des Suchers in Beziehung zu einem sinnvollen Plan. Begegnungen und Ereignisse auf der Lebensfahrt sind (→Fahrt) horizontal und vertikal geordnet. Die Figur stößt auf eine Folge von scharf profilierten Ereignissen, die ihre sittliche und geistige Entwicklung prüfen und wesentliche Stationen im Prozeß der →Selbstverwirklichung darstellen. Jede Station vermittelt neue Einblicke in das Gesamtgeschehen und dient als Gelenkstelle einer hierarchischen Stufenordnung, die Auskunft über den Prozeß des geistigen Bewußtwerdens gibt. Die Fahrt in die Welt nimmt somit die Form einer fortgesetzten Prüfung an. In der Auseinandersetzung mit widrigen Umständen muß der Held seine Ehre verteidigen, seine Tugend bewähren, sein Selbstvertrauen beweisen und an seinem Glauben festhalten. Die Stationen der Reise waren nicht zufällig, sondern für den Handlungsträger bestimmt; sie gaben der Suche nicht nur Richtung, sondern auch zusätzliche Bedeutung. Der stillschweigend einbeschlossene Prozeß der Selbstverwirklichung legitimierte die universelle Ordnung. In den mittelalterlichen höfischen Epen und Artusromanen erscheint selbst →Fortuna häufig als verlängerter Arm der Vorsehung, da sie die Standhaftigkeit der Figuren prüft. Werke wie etwa die *Tristan und Isolde*-Fassungen von Thomas à Bretagne (1160–65) und Gottfried von Straßburg (ca. 1210), in denen ein reiner Zufall (der Liebestrank) das menschliche Handeln völlig bestimmt, sind selten. Außerdem läßt selbst dieses Geschehen verschiedentlich den Rückschluß zu, daß der Zufall unter dem Vorzeichen einer besonderen Fügung steht.

2. Die Vorstellung einer freien Bestimmung des eigenen Handelns verlangt ein deutbares Ordnungssystem. Der Entwurf unvorhersagbarer Zufälle, unerwarteter Glücks- und Unglücksfälle oder einer List des Schicksals stellt nicht nur die Entscheidungsfreiheit, sondern auch die vollkommene Entfaltung menschlicher Anlagen in Frage. Der Zufall widerspricht der Kontinuität der Ereignisse, der Anlage kausaler Beziehungen und der Auffassung jeder inneren oder äußeren Notwendigkeit. Diese Voraussetzungen erklären eine besondere Eigenart der Motivbildung. Der Zufall entzieht sich dem Zugriff der Leser, weil er im Text an der gegenseitigen Beeinflussung veränderlicher Textgrößen teil hat. In seiner Funktion als Motiv stellt der Zufall Beziehungen zu anderen Einheiten des Textes her und wirkt durch die Signalfolge strukturbildend. Diese Aufgabe verwandelt das innerste Wesen des Zufälligen. Sobald der Zufall zum Angelpunkt des Geschehens wird, entsteht überdies die Illusion, daß er nicht nur wahrscheinlich, sondern auch typisch ist. Jeder Zufall, der den Eindruck innerer Notwendigkeit erweckt (Grundbaustein, Handlungsmotivation, Norm), wird vorhersagbar und verliert die Eigenart der Unbestimmbarkeit. →Don Quijote macht beispielsweise einen Zauberer für den Ausgang seiner Abenteuer verantwortlich. Er versucht, zufällige Begebenheiten zu meistern, ringt heroisch mit ungleichen Chancen, hat unerwartete Erfolge und erleidet Niederlagen. Er versucht jedoch, jedes Ereignis in einen der Realität entsprechenden, sinnvollen Zusammenhang zu stel-

len. Sein Handeln regt Leser dazu an, die Ursache der Ereignisse in Don Quijotes Auffassung der Wirklichkeit zu suchen, die von seiner Lektüre galanter Romane geprägt ist. Eine durchaus vergleichbare Situation entsteht, wenn der → Schelm vom Glücksrad des Lebens auf- und abgetragen wird, sich dem zufälligen Geschehen anpaßt und Erfolg hat. Leser werden Erfolg und Mißerfolg des Picaros selten mit dem reinen Zufall in Verbindung bringen, sondern sie eher auf die im Text beschriebenen, gesellschaftlichen Verfallserscheinungen zurückführen, die das Scheinleben des Picaros begünstigen. Die grundsätzliche Dialektik zwischen Notwendigkeit und Zufall wird jedoch in der abendländischen Tradition im Schelmenroman zuerst angesprochen. Sie ist später nachweisbar bei Pierre Carlet de Marivaux, *Le Paysan parvenu* (1735–36), Voltaire, *Zadig* (1747), und Denis Diderot, *Le Neveu de Rameau* (1762).

Die Erkenntnis, daß der Zufall menschliche Pläne durchkreuzt und daß zufällige Ereignisse von den Zielsetzungen und Sinnstiftungen des einzelnen unberührt sind, hat bedeutende Auswirkungen auf literarische Figurenkonzeptionen im 19. und 20. Jh. Sie bestimmt maßgebend den Textaufbau im Surrealismus und führt zu existentiellen Krisenerscheinungen zahlreicher Figuren in Werken des 20. Jh. In Wallensteins Ausruf „Die Sterne lügen nicht, das aber ist / Geschehen wider Sternenlauf und Schicksal. / Die Kunst ist redlich, doch dies falsche Herz / Bringt Lug und Trug in den wahrhaft'gen Himmel" (Friedrich Schiller, *Wallensteins Tod,* 1800, III: 9) klingt noch das Lebensverständnis der Klassik an: zufällige Ereignisse geschehen, aber der Mensch hat die Fähigkeit, das Ordnungsgefüge der Welt zu erkennen, und kann auch sein Leben dementsprechend planen. Die Vorstellung, daß der einzelne seine Entwicklung frei bestimmen kann, besteht in der Literatur auch später fort. Sie bestimmt weitgehend das Geschehen in der → Abenteuerliteratur, den von der Arbeitsideologie (→ Arbeit) geprägten Romanen des 19. Jh. und besonders in den historischen Romanen, die geschichtliche Ereignisse auf kausale Beziehungen zwischen Ursache und Wirkung zurückführen. Trotzdem nehmen Zufallserscheinungen in der Form überraschender Entdeckungen, zufälliger Begegnungen und völlig unvorhersagbarer Begebenheiten im realistischen Roman zu. Sie bestimmen das Verhältnis von Julien Sorel zu Frau Rênal (Stendhal, *Le Rouge et le noir,* 1831); sie verhindern, daß Frédéric Moreau im Leben Erfolg hat (Gustave Flaubert, *L'Education sentimentale,* 1869); eine zufällige Entdeckung entscheidet über Effi Briests Leben (Theodor Fontane, *Effi Briest,* 1895); völlig unvorhergesehene Ereignisse dringen in ununterbrochener Folge auf Noah Buchius ein, der sie durch ständige Vergleiche mit seinen erworbenen historischen Erfahrungen zu ordnen sucht (Wilhelm Raabe, *Das Odfeld,* 1888). In Adalbert Stifters *Abdias* (1847) wird der sprichwörtliche Blitz aus heiterem Himmel zum Ausgangspunkt für die unlösbare Frage nach der Möglichkeit menschlicher Selbstbestimmung. Der Himmel entleert sich, wenn die göttliche Vorsehung entschwindet und historische Prozesse undeutbar werden. Die Unbestimmbarkeit der Texte greift auf die Deutung der geschilderten Lebensläufe über, sobald der Zufall in den Mittelpunkt der Betrachtung rückt (Alfred de Musset, „Rolla", 1833; Franz Kafka, *Der Prozeß*, 1925; Albert Camus, *Le Malentendu,* 1947; Thomas Mann, *Der Erwählte*, 1951; Michel Butor, *Passage de Milan,* 1954; Friedrich Dürrenmatt, *Romulus der Große*, 1949; *Das Versprechen*, 1958; *Die Frist*, 1977).

Jede Verwendung des Motivs enthält das bewußte oder unbewußte Eingeständnis, daß unberechenbare, willkürliche Ereignisse vorsichtig ausgearbeitete Pläne durchkreuzen können. Das Motiv kann dazu dienen, das Denken in Ordnungskategorien zu verneinen (Jean Paul, *Blumen- Frucht- und Dornenstücke . . . Siebenkäs,* 1796–97); es kann den Zufallscharakter zwischenmenschlicher Beziehungen hervorheben (Butor; Alfred Döblin, *Der schwarze Vorhang*, 1919; *Wallenstein*, 1920; Franz Kafka, *Ein Landarzt,* 1919; *Der Prozeß,* 1925) oder, in ironischer Verwendung, die Vorstellung heilsgeschichtlicher Entwicklungen in Frage stellen (Thomas Mann, *Bekenntnisse des Hochstaplers Felix Krull*, 1954). In der Literatur der Gegenwart bestimmt das Motiv Erzählperspektive und Struktur ganzer Werke (Dürrenmatt; Max Frisch, *Graf Öderland,* 1951, 1961; *Stiller,* 1954; Peter Handke, *Die Angst des Tormanns beim Elfmeter,* 1970; →Kriminalität).

Lit.: M. Boll: L'Exploitation du hasard. Paris 1963; E. Köhler: Der literarische Zufall, das Mögliche u. die Notwendigkeit. München 1973; J. Monod: Le Hasard et la nécessité. Paris 1970; W. Pollard: Zufall u. Vorsehung. München 1960.

Siehe auch: Fortuna

Register

Das vorliegende Register verzeichnet Stichwörter zu Namen, Figuren, Themen und Motiven. Seitenzahlen werden fett gesetzt, wenn sie auf den Haupteintrag eines Stichwortes verweisen.